MAX-PLANCK-INSTITUT
FÜR AUSLÄNDISCHES UND INTERNATIONALES PRIVATRECHT

Sammlung der deutschen Entscheidungen zum interzonalen Privatrecht 1954–1957

Im Institut bearbeitet
von
ULRICH DROBNIG

Sonderveröffentlichung der Zeitschrift für
AUSLÄNDISCHES und INTERNATIONALES PRIVATRECHT

I. Halbband (Nr. 1–196)

1960

WALTER DE GRUYTER & CO.
BERLIN

J.C.B. MOHR (PAUL SIEBECK)
TÜBINGEN

Satz und Druck: Walter de Gruyter & Co., Berlin W 30

VORWORT

Die Rechtsprechung zum interzonalen Recht hat leider, da sich die Rechtsverschiedenheiten im geteilten Deutschland vertieft haben, wachsende Bedeutung erlangt. Darum folgt dem ersten Rechtsprechungs-Bericht für die Jahre 1945—1953 hiermit ein weiterer Band.

Obwohl der Bearbeiter um die Einbeziehung der Rechtsprechung aus beiden Teilen Deutschlands bemüht war, enthält dieser Bericht fast ausschließlich Entscheidungen von Gerichten der Bundesrepublik. In der Sowjetzone wird offenbar die Fragestellung des interzonalen Rechts nicht anerkannt, sondern grundsätzlich das eigene Recht angewendet. Die wenigen einschlägigen Entscheidungen sowjetzonaler Gerichte und Verwaltungsbehörden sind durch den Zusatz „(sowjet.)" hinter dem Ortsnamen besonders gekennzeichnet; alle anderen Entscheidungen sind von Gerichten im Bundesgebiet erlassen.

Die Entscheidungen sind grundsätzlich ohne Kommentar und nur insoweit wiedergegeben, als sie sich auf interzonenrechtliche Fragen beziehen. Entscheidungen, die dem Institut im Original vorlagen, sind hinter dem Rubrum durch einen Stern * bezeichnet; die Texte der übrigen wurden dem ausführlichsten Abdruck (an der ersten der jeweils angegebenen Fundstellen) entnommen. Die Rechtsprechung zur steckengebliebenen Banküberweisung konnte nicht berücksichtigt werden; verzichtet wurde ferner auf den Abdruck solcher Urteile, deren Begründung sich in der Wiedergabe des Gesetzeswortlautes erschöpft oder die mit anderen Entscheidungen desselben Gerichts übereinstimmen.

Einen wesentlichen Teil der Arbeit an diesem Band hat Fräulein Assessor *Dietlind Genzmer* geleistet; auch Frau Referendar *Edeltraut Harden* hat das Werk tatkräftig unterstützt. Dem Bearbeiter ist es eine angenehme Pflicht, beiden Institutskolleginnen auch hier seinen Dank für ihre Mithilfe auszusprechen.

Hamburg, im Juni 1960 *Ulrich Drobnig*

Zitierweise: IzRspr. 1954—1957 Nr. . .

INHALT*

I. Halbband

II. Halbband

* Jede Entscheidung ist nur einmal aufgenommen, und zwar im Rahmen der hauptsächlich von ihr behandelten Materie; vgl. im übrigen das Sachregister.

ABKÜRZUNGEN

a.A.	= anderer Ansicht
aaO	= am angegebenen Ort
ABGB	= Allgemeines Bürgerliches Gesetzbuch (Österreich)
ABl	= Amtsblatt
abl.	= ablehnend
a.E.	= am Ende
a.F.	= alter Fassung
AG	= Amtsgericht
AG.	= Aktiengesellschaft
AGg.	= Antragsgegner
AHK	= Alliierte Hohe Kommission
AktG	= Aktiengesetz
AltbG	= Altbankengesetz
a.M.	= anderer Meinung
amerik.	= amerikanisch (-e Besatzungszone)
Anm.	= Anmerkung
AO	= Anordnung
AP	= Arbeitsrechtliche Praxis
ArbG	= Arbeitsgericht
ArbGG	= Arbeitsgerichtsgesetz
ArchCivPr.	= Archiv für die civilistische Praxis
ArchJugR	= Archiv für Jugendrecht
ArchÖffR	= Archiv des öffentlichen Rechts
ARS	= Arbeitsrechtssammlung (Entscheidungen des Reichsarbeitsgerichts, der Landesarbeitsgerichte und Arbeitsgerichte)
ARSt.	= Arbeitsrecht in Stichworten
Art.	= Artikel
Artt.	= Artikel (Plural)
ASt.	= Antragsteller
AufwG	= Aufwertungsgesetz
AVO	= Ausführungsverordnung
AZGB	= Rundschreiben des Ausschusses zonenmäßig getrennter Betriebe, Hamburg C 1, Fölschblock
BAG	= Bundesarbeitsgericht
BAGS	= Entscheidungen des Bundesarbeitsgerichts
BAnz.	= Bundesanzeiger
BayJMBl	= Bayerisches Justizministerialblatt
BayObLG	= Bayerisches Oberstes Landesgericht
BayObLGZ	= Entscheidungen des Bayerischen Obersten Landesgerichts in Zivilsachen
BB	= Der Betriebsberater
BdL	= Bank deutscher Länder
BEG	= Bundesentschädigungsgesetz vom 29. 6. 1956 (BGBl I 559)
Bekl.	= Beklagter
Bem.	= Bemerkung
Beschl.	= Beschluß
Betrieb	= Der Betrieb
BGB	= Bürgerliches Gesetzbuch
BGBl	= Bundesgesetzblatt
BGH	= Bundesgerichtshof
BGHSt	= Entscheidungen des Bundesgerichtshofs in Strafsachen
BGHZ	= Entscheidungen des Bundesgerichtshofs in Zivilsachen
BK/O	= Anordnung der Alliierten Kommandantur Berlin
Bl.	= Blatt
BlfPMZ	= Blatt für Patent-, Muster- und Zeichenwesen

brit.	= britisch (-e Besatzungszone)
BVerfG	= Bundesverfassungsgericht
BVerfGE	= Entscheidungen des Bundesverfassungsgerichts
BVerwG	= Bundesverwaltungsgericht
BVerwGE	= Entscheidungen des Bundesverwaltungsgerichts
BVFG, auch BVG	= Gesetz über die Angelegenheiten der Vertriebenen und Flüchtlinge vom 19. 5. 1953 (BGBl I 201), abgeändert durch Gesetz vom 3. 8. 1954 (BGBl I 231)
bzw.	= beziehungsweise
DAVorm.	= Der Amtsvormund
DB, auch DfBest.	= Durchführungsbestimmung
DBG	= Deutsches Beamtengesetz
DDR	= Deutsche Demokratische Republik
DevRd	= Deutsche Devisenrundschau
DfBest., auch DB	= Durchführungsbestimmung
DFG	= Deutsche Freiwillige Gerichtsbarkeit
d.h.	= das heißt
Die AG.	= Die Aktiengesellschaft
DM	= Deutsche Mark
DNotZ	= Deutsche Notarzeitung
DÖV	= Die öffentliche Verwaltung
DR	= Deutsches Recht
DRiZ	= Deutsche Richterzeitung
DRsp.	= Deutsche Rechtsprechung (Loseblatt-Sammlung)
DRZ	= Deutsche Rechts-Zeitschrift
DVBl.	= Deutsches Verwaltungsblatt
DVO	= Durchführungsverordnung
DWK	= Deutsche Wirtschaftskommission in der sowjet. Zone
EGBGB	= Einführungsgesetz zum Bürgerlichen Gesetzbuch
EheG	= Ehegesetz (Kontrollratsgesetz Nr. 16 vom 20. 2. 1946)
EheVerfO	= Eheverfahrensordnung vom 7. 2. 1956 (GBl DDR I 145)
EheVO	= Verordnung über Eheschließung und Eheauflösung vom 24. 11. 1955 (GBl DDR 849)
EJF	= Entscheidungen aus dem Jugend- und Familienrecht
Entsch.	= Entscheidung
ErgGesWBG	= Ergänzungsgesetz zum Wertpapierbereinigungsgesetz vom = 29. 3. 1951 (BGBl I 211)
EVO	= Eisenbahnverkehrsordnung vom 8. 9. 1938 (RGBl II 663)
FamRZ	= Ehe und Familie
FGG	= Gesetz über die Freiwillige Gerichtsbarkeit
französ.	= französisch (-e Besatzungszone)
Frs.	= französische Francs
G, auch Ges.	= Gesetz
GBl	= Gesetzblatt
GBO	= Grundbuchordnung
gem.	= gemäß
GG	= Grundgesetz der Bundesrepublik Deutschland
GKG	= Gerichtskostengesetz vom 5. 7. 1927 (RGBl I 152)
GmbH	= Gesellschaft mit beschränkter Haftung
GmbH-Rdsch.	= Rundschau für GmbH
GRUR	= Gewerblicher Rechtsschutz und Urheberrecht
GRUR (Ausl.)	= Gewerblicher Rechtsschutz und Urheberrecht ,Auslandsteil
GVBl, auch GVOBl	= Gesetz- und Verordnungsblatt
GVG	= Gerichtsverfassungsgesetz
h.A.	= herrschende Ansicht
HannRpfl.	= Hannoversche Rechtspflege

HansJVBl	= Hanseatisches Justizverwaltungsblatt
HansOLG	= Hanseatisches Oberlandesgericht Hamburg
HEZ	= Höchstrichterliche Entscheidungen in Zivilsachen
HGB	= Handelsgesetzbuch
HLKO	= Haager Landkriegsordnung
h.M.	= herrschende Meinung
HRR	= Höchstrichterliche Rechtsprechung
i.d.F.	= in der Fassung
internat.	= international
IPR	= internationales Privatrecht
IPRspr.	= Die deutsche Rechtsprechung auf dem Gebiete des internationalen Privatrechts
IÜG	= Internationales Übereinkommen über den Eisenbahnfrachtverkehr vom 23. 11. 1933
IÜP	= Internationales Übereinkommen über den Eisenbahnpersonen- und -gepäckverkehr vom 23. 11. 1933
i.V.m.	= in Verbindung mit
JEIA	= Joint Export and Import Agency
JFG	= Jahrbuch für Entscheidungen in Angelegenheiten der freiwilligen Gerichtsbarkeit und des Grundbuchrechts
JMBl	= Justizministerialbaltt
JMBl NRW	= Justizministerialblatt für Nordrhein-Westfalen
JO	= Journal Officiel
JR	= Juristische Rundschau
JW	= Juristische Wochenschrift
JWG, auch RJWG	= Jugendwohlfahrtsgesetz vom 9. 7. 1922 (RGBl I 633)
JZ	= Juristenzeitung
KG	= Kammergericht
KG.	= Kommanditgesellschaft
KGJ	= Jahrbuch der Entscheidungen des Kammergerichts
Kl.	= Kläger
KO	= Konkursordnung
Komm.	= Kommentar
KRABl	= Amtsblatt des Kontrollrats in Deutschland
KRDir.	= Kontrollrats-Direktive
Kreditwesen	= Zeitschrift für das gesamte Kreditwesen
KRGes.	= Kontrollratsgesetz
krit.	= kritisch
KRProk.	= Kontrollrats-Proklamation
KTS	= Konkurs-, Treuhand- und Schiedsgerichtswesen
LAG	= Landesarbeitsgericht
LAG., auch LAGes.	= Lastenausgleichsgesetz
LG	= Landgericht
LM	= Lindenmaier-Möhring, Nachschlagewerk des Bundesgerichtshofs
MBl	= Ministerialblatt
MDR	= Monatsschrift für Deutsches Recht
MilReg.	= Militärregierung
MilRegGes.	= Militärregierungsgesetz
Mittlg.BdL	= Mitteilungen der Bank deutscher Länder
MKSchG	= Gesetz über den Mutter- und Kinderschutz und die Rechte der Frau vom 27. 9. 1950 (GBl DDR 1037)
NdsRpfl.	= Niedersächsische Rechtspflege
n.F.	= neuer Fassung, auch neue Folge

NJ	= Neue Justiz
NJW	= Neue Juristische Wochenschrift
NJW/RzW	= Neue Juristische Wochenschrift, Beilage: Rechtsprechung zum Wiedergutmachungsrecht
Nr.	= Nummer
OG	= Oberstes Gericht der DDR
OGH Köln	= Oberster Gerichtshof für die brit. Zone in Köln
OGHZ	= Entscheidungen des Obersten Gerichtshofs für die brit. Zone in Zivilsachen
OGZ	= Entscheidungen des Obersten Gerichts der DDR in Zivilsachen
OHG	= Offene Handelsgesellschaft
OLG	= Oberlandesgericht
OLGE	= Rechtsprechung der Oberlandesgerichte
ORG	= Oberstes Rückerstattungsgericht
ORGE	= Entscheidungen des Obersten Rückerstattungsgerichts
OVG	= Oberverwaltungsgericht
PStG	= Personenstandsgesetz vom 3. 11. 1937 (RGBl I 1146)
RAG	= Rechtsprechung des Reichsarbeitsgerichts
RAGebO	= Gebührenordnung für Rechtsanwälte vom 7. 7. 1879 (RGBl 176)
RdA	= Recht der Arbeit
REAO	= Anordnung der Alliierten Kommandantur (in West-Berlin) über die Rückerstattung vom 26. 7. 1949 (VOBl Groß-Berlin I 221)
rechtskr.	= rechtskräftig
REG	= Gesetz Nr. 59 der amerik. MilReg. vom 10. 11. 1947 (VOBl Hessen 113) und der brit.MilReg. vom 12. 5. 1949 (VOBl brit. Zone 152) über die Rückerstattung
RegBl	= Regierungsblatt
RFH	= Reichsfinanzhof
RG	= Reichsgericht
RGBl	= Reichsgesetzblatt
RGRK, auch RGR-Komm.	= Kommentar zum BGB von Reichsgerichtsräten und Bundesrichtern
RGSt	= Entscheidungen des Reichsgerichts in Strafsachen
RGZ	= Entscheidungen des Reichsgerichts in Zivilsachen
RJA	= Reichsjustizamt, Entscheidungssammlung in Angelegenheiten der Freiwilligen Gerichtsbarkeit
RJWG, auch JWG	= Reichsjugendwohlfahrtsgesetz vom 9. 7. 1922 (RGBl I 633)
RLG	= Reichsleistungsgesetz
RM	= Reichsmark
ROW	= Recht in Ost und West
Rpfl.	= Der deutsche Rechtspfleger
RStBl	= Reichssteuerblatt
russ.	= russisch
S.	= Seite
SaarlRuStZ	= Saarländische Rechts- und Steuerzeitschrift
SaBl	= Sammelblatt für Gesetze, Verordnungen und Bekanntmachungen des Bundes, der Länder und der Besatzungsmächte
SchlHolAnz.	= Schleswig-Holsteinische Anzeigen
SchlHolOLG	= Schleswig-Holsteinisches Oberlandesgericht
SeuffArch.	= Seufferts Archiv für Entscheidungen oberster Gerichte
SJZ	= Süddeutsche Juristenzeitung
SMAD	= Sowjetische Militäradministration (in Deutschland)
sowjet.	= sowjetisch (-e Besatzungszone)

StAnpG	= Steueranpassungsgesetz
Staudinger	= Staudinger, Kommentar zum BGB (EGBGB in der 9. Auflage [1932] bearbeitet von Raape)
StAZ	= Zeitschrift für Standesamtswesen, seit 1949 Nr. 2: Standesamt
StPO	= Strafprozeßordnung
u.a.	= unter anderem
UEG	= Umstellungsergänzungsgesetz vom 21. 9. 1953 (BGBl I 1439)
UG, auch UmstG	= Umstellungsgesetz vom 27. 6. 1949 (VOBl brit. Zone 149)
UmstVO, auchUVO	= (Westberliner) Umstellungsverordnung vom 4. 7. 1948 (VOBl Groß-Berlin I 374)
unveröff.	= unveröffentlicht
Urt.	= Urteil
USA	= Vereinigte Staaten von Amerika
usw.	= und so weiter
u.U.	= unter Umständen
v.	= vom
VEB	= Volkseigener Betrieb
VerglO	= Vergleichsordnung
VeröffBAV	= Veröffentlichungen des Bundesaufsichtsamtes für das Versicherungs- und Bausparwesen
VersR	= Versicherungsrecht
VersW	= Versicherungswirtschaft
VGH	= Verwaltungsgerichtshof
vgl., auch vergl.	= vergleiche
VHG	= Vertragshilfegesetz vom 26. 3. 1952 (BGBl I 198)
VO	= Verordnung
VOBl	= Verordnungsblatt
VOLRV	= Verordnungen über die Lebens- und Rentenversicherung aus Anlaß der Neuordnung des Geldwesens vom 5. und 27. 7. 1948 (VOBl brit. Zone 249 und 257)
Vorbem.	= Vorbemerkung
VRS	= Verkehrsrechtssammlung
VVB	= Vereinigung volkseigener Betriebe
VVG	= Gesetz über den Versicherungsvertrag vom 30. 5. 1908 (RGBl 263)
WährG	= Währungsgesetz
WBG	= Wertpapierbereinigungsgesetz vom 19. 8. 1949 (VOBl brit. Zone 443)
WEVO	= (Westberliner) Währungsergänzungsverordnung vom 20. 3. 1949 (VOBl Groß-Berlin I 86)
WM (IV)	= Wertpapier-Mitteilungen Teil IV B: Wertpapier- und Bankfragen, Rechtsprechung
WRV	= Weimarer Reichsverfassung
ZAkDR	= Zeitschrift der Akademie für Deutsches Recht
z.B.	= zum Beispiel
ZBlJR	= Zentralblatt für Jugendrecht
ZK	= Zivilkammer
ZPO	= Zivilprozeßordnung
ZS	= Zivilsenat
zust.	= zustimmend
ZustErgGes.	= Zuständigkeitsergänzungsgesetz vom 7. 8. 1952 (BGBl I 407)
ZVOBl	= Zentralverordnungsblatt für die sowjet. Besatzungszone
ZZP	= Zeitschrift für Zivilprozeß

I. ALLGEMEINES

1. Gerichtsbarkeit gegenüber der DDR

1. Nach einem allgemeinen Grundsatz des Völkerrechts sind ausländische Staaten der inländischen Gerichtsbarkeit mindestens insoweit nicht unterworfen, als der ausländische Staat hoheitsrechtlich gehandelt hat. — Die Deutsche Demokratische Republik als Teil des fortbestehenden Deutschen Reiches ist im Verhältnis zur Bundesrepublik kein ausländischer Staat; sie genießt daher vor ihren Gerichten keine Gerichtsfreiheit. — Die Regeln des deutschen internationalen Zivilprozeßrechts sind auf das interzonale Zivilprozeßrecht entsprechend anzuwenden. — Die Begriffe „Inland" und „Ausland" in verfahrensrechtlichem Sinn decken sich nicht mit den gleichlautenden staatsrechtlichen Begriffen. — § 23 ZPO ist gegenüber einem Schuldner mit Sitz in der Ostzone, der über Vermögenswerte im Bundesgebiet verfügt, entsprechend anwendbar. — Forderungen sind am Wohnsitz des Schuldners belegen. — Deutschen Gerichten fehlt die sachliche internationale Zuständigkeit zur Entscheidung von Ansprüchen aus ausländischen Hoheitsakten. — Dieser Grundsatz gilt entsprechend im interzonalen Recht; Hoheitsakte, deren Wirkung sich auf das Gebiet der Sowjetzone beschränkt, können von Gerichten der Bundesrepublik nicht nachgeprüft werden.

OLG Braunschweig, Urt. v. 21. 9. 1954 — 1 U 27/54:* unveröff.

Die Kl., eine Bergwerks-AG. mit Sitz in H. (Bundesgebiet), nimmt die DDR, vertreten durch das Innenministerium, als Bekl. auf Schadensersatz in Anspruch. Nach der Besetzung Deutschlands zerschnitt die Grenze zwischen der brit. und der sowjet. Besatzungszone zwei Tagebaue der Kl.

Die Kl. behauptet, daß ihr auf Grund von Vereinbarungen zwischen den beteiligten Militärverwaltungen der einheitliche Betrieb beider Tagebaue gestattet wurde. Zu diesem Zweck habe sie im Tagebau W., der von der brit. Zone aus abgebaut wurde, zahlreiche Abbaumaschinen sowie Transportmittel auch jenseits der Zonengrenze arbeiten lassen; andererseits habe sie im Tagebau V., der von der sowjet. Zone aus abgebaut wurde und ungeachtet der einheitlichen Betriebsführung unter Leitung der Kl. in Volkseigentum überführt worden war, dem „VEB Grube V." Abbaugeräte leihweise zur Verfügung gestellt. Am 26. 5. 1952 habe die Bekl. die vollständige Absperrung der Zonengrenze angeordnet; im Zusammenhang mit dieser Maßnahme seien alle von der Kl. auf sowjet. Besatzungsgebiet verbrachten Maschinen enteignet worden.

Mit der Klage macht die Kl. einen Teil ihres Schadensersatzanspruches in Höhe von 6500 DM geltend, und zwar einen Teil des Schadens, der ihr durch die Entziehung eines Baggers im Tagebau W. und eines an den „VEB V." ausgeliehenen Planierpfluges im Tagebau V. entstanden ist. Der Klageanspruch wird sowohl auf unerlaubte Handlung als auch (hinsichtlich des Planierpfluges) auf eine Verletzung des mit dem „VEB V." abgeschlossenen Leihvertrages gestützt, für welche die Bekl. hafte. Die Zuständigkeit wird auf das Vorhandensein von Bankkonten im Bezirk des LG B. (Bundesgebiet) gestützt. Die Bekl. ist im Prozeß nicht vertreten.

Der Vorsitzende der zuständigen Zivilkammer des LG lehnte zunächst die Bestimmung eines Termins ab, da die Bekl. exterritorial sei; auf die Beschwerde der Kl. wies das OLG den Vorsitzenden an, Termin zur Verhandlung anzuberaumen (siehe IzRspr. 1945—1953 Nr. 25). Darauf hat das LG die Klage abgewiesen, da die Bekl. als fremder Staat der Gerichtsbarkeit eines westdeutschen Gerichtes nicht unterliege. Das OLG wies die Berufung der Kl. zurück.

Aus den Gründen:

„Die Bekl. ist zum Termin rechtzeitig und ordnungsmäßig geladen. Ein dem Berufungsantrage entsprechendes Versäumnisurteil kann aber nicht ergehen, weil dem angerufenen Gericht die sachliche interzonale Zuständigkeit fehlt.

A.

Entgegen der Ansicht des LG ist allerdings die Bekl. der von den Gerichten der Bundesrepublik ausgeübten Gerichtsbarkeit unterworfen. Die Gerichtsbarkeit (die sogenannte facultas iurisdictionis) als Ausfluß der Staatsgewalt ist grundsätzlich immer gegeben, wenn nicht auf Grund allgemeiner Regeln des Völkerrechts oder auf Grund der innerstaatlichen Gesetzgebung eine Gerichtsfreiheit für bestimmte Personen besteht. Nach einem allgemeinen Grundsatz des Völkerrechts, der in der Gerichtspraxis aller Kulturländer anerkannt wird, sind zwar ausländische Staaten der inländischen Gerichtsbarkeit mindestens insoweit nicht unterworfen, als der ausländische Staat als Träger von Hoheitsrechten gehandelt hat. Diese Gerichtsfreiheit ausländischer Staaten folgt aus dem Grundsatz, daß es mit der Gleichberechtigung der Staaten unvereinbar sei, wenn einer von ihnen der Gerichtsbarkeit und damit der Staatsgewalt eines anderen Staates unterworfen wird. Die Bekl. ist aber im Verhältnis zur Bundesrepublik kein ausländischer Staat. Sie bildet vielmehr wie die Bundesrepublik einen Teil des noch bestehenden Deutschen Reiches.

Das Deutsche Reich ist weder durch die militärische Niederlage und ihre Folgeerscheinungen noch durch einen späteren Gesetzgebungsakt der Besatzungsmächte untergegangen. Nach der in der in- und ausländischen Rechtsprechung (BGHZ 8, 197 [199]; BVerfGE 2,266 [277]; 3,288 [319]) und im Schrifttum (*Mangold*, Bonner Grundgesetz, 651; *Scheuner*, DVBl. 1950, 481ff.; *Abendroth*, ArchÖffR 76, 21ff.) herrschenden Meinung haben die bedingungslose Kapitulation der deutschen Streitkräfte, die Verhaftung der letzten deutschen Regierung, die Besetzung des deutschen Staatsgebiets und die in der „Berliner Deklaration" vom 5. 6. 1945 ausgesprochene Übernahme der obersten Regierungsgewalt in Deutschland durch die vier im Kontrollrat vereinten Siegermächte nur die internat. Handlungsfähigkeit des Deutschen Reiches auf Zeit suspendiert, während es weiterhin als Rechtssubjekt des Völkerrechts bestehen geblieben ist.

Dieser Standpunkt, den auch die deutschen Länderverfassungen, die sich als Teile Deutschlands bekennen, und das Grundgesetz eingenommen haben, entspricht auch der Praxis des Alliierten Kontrollrats. Er hat in einer Reihe von Kontrollratsgesetzen Deutschland als das Gebiet des

Deutschen Reiches, wie es am 31. 12. 1937 bestanden hat, bezeichnet und ist vom Fortbestand der deutschen Staatsangehörigkeit ausgegangen.

Aus dem Fortbestand des Deutschen Reiches ergibt sich aber, daß auch das Gebiet der sowjet. besetzten Zone einen Teil Deutschlands dargestellt hat.

Auch die staatsrechtliche Entwicklung, die sich seit 1948 innerhalb Deutschlands angebahnt hat, hat nicht zum Untergang des Deutschen Reiches geführt. Eine staatsrechtliche Teilung Deutschlands in dem Sinne, daß dadurch an Stelle des Deutschen Reiches die beiden Staatsgebilde — die Bundesrepublik Deutschlands und die DDR — getreten sind, ist nicht erfolgt.

Zwar sind im Laufe der Entwicklung, die auch heute noch nicht abgeschlossen ist, auf dem Gebiete des Deutschen Reiches zwei selbständige Staaten entstanden.

Im Westen Deutschlands hat sich seit dem 20. 3. 1948 eine wirtschaftliche und politische Entwicklung angebahnt, die über den zunächst wirtschaftlichen Zusammenschluß der brit. und amerik. Besatzungszonen zu einem einheitlichen Wirtschaftsgebiet, dem sich später auch die französ. Besatzungszone angeschlossen hat, zur Gründung der Bundesrepublik Deutschland führte.

Die parallel hierzu verlaufende Entwicklung in der sowjet. besetzten Zone Deutschlands führte am 10. 10. 1949 zur Konstituierung der „Deutschen Demokratischen Republik", die als Verfassung die vom „Dritten Deutschen Volkskongreß" am 30. 5. 1949 bestätigten Texte in Kraft setzte.

Den beiden Staatsgebilden kann der Staatscharakter nicht abgesprochen werden. Die drei Wesensmerkmale eines Staates — nämlich ein Staatsvolk, Staatsgebiet und eine Staatsgewalt — sind in beiden Teilen vorhanden. Die zwar noch vorhandene Beschneidung der Souveränität durch die jeweiligen Besatzungsmächte steht der Bejahung des Staatscharakters nicht entgegen, denn auch eine beschränkte Souveränität reicht aus, um einen Staat zu begründen (vgl. hierzu *Riezler*, JZ 1952, 750; *Beitzke*, MDR 1954, 321).

Obwohl sich nunmehr auf dem Gebiete des Deutschen Reiches zwei Staaten gegenüberstehen, ist dadurch eine Auflösung des Deutschen Reiches nicht herbeigeführt worden. Bei der Bundesrepublik Deutschland und der DDR handelt es sich nicht um staatliche Neubildungen mit dem Zwecke, an die Stelle des Deutschen Reiches nunmehr zwei selbständige Staaten zu setzen, sondern um eine verfassungsrechtliche Neuformung im Rahmen des fortbestehenden deutschen Staates. Beide Staaten stellen nur Teilordnungen innerhalb des organisatorisch nicht ausgefüllten, aber fortexistierenden Rahmens des Gesamtstaates dar. Deutschland ist nicht neu konstituiert und in zwei selbständige Staaten aufgespalten, sondern nur neu organisiert worden. Die Errichtung dieser beiden Staaten stellt, wie besonders im Grundgesetz betont wird, nur eine Übergangslösung dar, die erforderlich wurde, da infolge der politischen Meinungsverschiedenheiten zwischen den Besatzungsmächten die sofortige Bildung eines einheitlichen Gesamtstaates und die Wiedererrichtung einer gesamtdeutschen Staatsgewalt ausgeschlossen wurde. Der Fortbestand Deutschlands als Rechtssubjekt ist dadurch nicht in Frage gestellt worden (vgl. *Scheuner*, DVBl. 1950, 481ff.). Deutschland verfügt gegenwärtig über zwei Verfassungen, die jeweils nur einen bestimmten territorialen Geltungsbereich haben.

Auch in der Rechtsprechung wird der Fortbestand des Deutschen Reiches trotz der Neubildung der beiden Staaten bejaht (BGHZ 8, 197 [199]; BVerfGE 2, 266 [277]; 3, 288 [319]).

Die Bekl. kann danach keine Gerichtsfreiheit in der Bundesrepublik genießen. Die Befreiung von der Gerichtsbarkeit setzt voraus, daß es sich um einen ausländischen Staat im Sinne des Völkerrechts handelt. Die Beziehungen zwischen der DDR und der Bundesrepublik sind aber nicht völkerrechtlicher, sondern staatsrechtlicher Natur. Beide sind Teile des noch bestehenden Deutschen Reiches. Eine Übertragung der auf völkerrechtlichem Gewohnheitsrecht beruhenden Gerichtsfreiheit ausländischer Staaten auf die innerstaatlichen Beziehungen der Gliedstaaten eines gemeinsamen Staates ist nicht möglich (vgl. auch *Ficker*, Grundfragen des Deutschen interlokalen Rechts, 8).

B.

Die Gerichte der Bundesrepublik sind aber für die Entscheidung dieses Rechtsstreites nicht zuständig. Ihnen fehlt nach der besonderen Lage des Falles die interlokale oder — nach dem Ausdruck, der sich im Hinblick auf die Teilung Deutschlands durch die Zonengrenzen eingebürgert hat — die interzonale sachliche Zuständigkeit.

I. 1. Der Begriff der interlokalen Zuständigkeit leitet sich aus dem Begriff der internat. Zuständigkeit her. Die Normen über die internat. Zuständigkeit sind Kollisionsnormen und setzen das Fehlen übergeordneter Normen voraus. Sie regeln, ob für die Entscheidung eines Rechtsstreits im Verhältnis zu einem fremden Staat die Gerichte des eigenen Staates zuständig sind oder ob die eigene Zuständigkeit ausgeschlossen ist. Die Gesichtspunkte, nach denen der Staat seine Zuständigkeit begrenzt, bleiben der eigenen Rechtsordnung überlassen (vgl. *Riezler* [Internat. Zivilprozeßrecht, 1949] 203, 205). Die Frage nach der internat. Zuständigkeit kann im Verhältnis der Bundesrepublik zur Bekl. allerdings nicht gestellt werden. Sie sind zwar beide Staaten; da sie aber gleichzeitig Teile eines gemeinsamen Staates bilden, bestehen zwischen ihnen nicht zwischenstaatliche Beziehungen im Sinne von Beziehungen des Inlands zum Ausland, sondern zwischengebietliche oder interlokale oder interzonale Beziehungen. Von einer interlokalen Zuständigkeit wird gesprochen, wenn innerhalb desselben Staatsgebietes verschiedene Prozeßordnungen mit beschränkter territorialer Geltung nebeneinander bestehen und es sich darum handelt, ob die Entscheidung einer Streitsache den Gerichten des einen oder des anderen Rechtsanwendungsgebietes zufällt (*Riezler* [aaO] 203).

2. Nach interlokalem Verfahrensrecht regelt sich deshalb auch die Zuständigkeit, wenn in einem Rechtsstreit der Tatbestand Beziehungen

zur sowjet. Besatzungszone aufweist. Ein einheitliches Prozeßrecht besteht innerhalb Deutschlands nicht mehr. Das bis zur Kapitulation einheitliche Prozeßrecht ist ebenso wie das materielle Recht zersplittert. Der Kontrollrat hat die ihm gesetzte Aufgabe, die Rechtseinheit Deutschlands zu wahren, nicht erfüllt. Infolge der politischen Gegensätze unter den im Kontrollrat vertretenen Mächten ist es nur in einem geringen Umfang zu einer für Gesamtdeutschland einheitlichen Gesetzgebung gekommen. Erst nach der Bildung der Bundesrepublik und der DDR setzte eine vereinheitlichende Gesetzgebung ein, die aber auf das Gebiet eines jeden dieser Staaten beschränkt blieb. Auf dem Gebiete des Justizrechts stehen sich deshalb in Deutschland heute zwei Rechtsgebiete gegenüber, das Recht der Bundesrepublik und das der DDR.

Über diesen beiden Gesetzgebungsinstanzen wirkt keine für Gesamtdeutschland einheitliche Gesetzgebungsgewalt. Die Gesetzgebungsorgane der beiden Staaten haben voneinander abweichende Gesetze erlassen und altes Reichsrecht geändert. Das Prozeßrecht und insbesondere das Gerichtsverfassungsrecht ist heute zwischen den beiden Rechtspflegegebieten verschieden. Wie der BGH wiederholt ausgesprochen hat, besteht die ursprüngliche Einheit des Verfahrensrechts für bürgerliche Rechtsstreitigkeiten im gesamtdeutschen Reiche nicht mehr (BGHZ 4, 62 [67]; 7, 218 [221][1]). Darüber hinaus fehlt es, wie *Beitzke* (MDR 1954, 321) mit Recht sagt, an einer die gesamtdeutsche Geltung der Entscheidungen gewährleistenden rechtlichen Grundlage. Aus diesem Nebeneinander zweier Prozeßordnungen ergibt sich die Notwendigkeit eines Kollisionsrechts. Da eine eigene interzonale Zuständigkeitsregelung fehlt, wendet die Rechtsprechung die für das internat. Verfahren bestehenden Regeln entsprechend an. Die Vermutung, die bei dem Fehlen eines interlokalen materiellen Kollisionsrechts dafür spricht, daß die Bestimmungen des internat. materiellen Kollisionsrechts entsprechend heranzuziehen sind, gilt auch für das interlokale Zivilprozeßrecht.

3. Dem steht nicht entgegen, daß das internat. Zivilprozeßrecht vielfach an die Begriffe „Ausland“ und „Ausländer“ anknüpft.

Die DDR stellt zwar kein Ausland im staatsrechtlichen Sinne dar. Da das Deutsche Reich noch besteht, ist auch das Gebiet der sowjet. besetzten Zone noch als Inland zu betrachten. Der Begriff „Inland“ und „Ausland“ im verfahrensrechtlichen Sinne deckt sich aber nicht notwendigerweise mit dem staatsrechtlichen Begriff (BGHZ 7, 218[2]). Im übrigen bedeutet die Heranziehung der für das internat. Verfahrensrecht bestehenden Kollisionsnormen auch nur, daß die Vorschriften, die das inländische Prozeßrecht für das Verhältnis zum ausländischen Staat gibt, auf die Rechtsbeziehungen zu dem staatsrechtlich als Inland anzusehenden Gebiet der sowjet. besetzten Zone entsprechend anzuwenden sind.

II. Wie auf dem Gebiete des internat. Verfahrensrechts zwischen der örtlichen und der sachlichen internat. Zuständigkeit zu unterscheiden ist, so müssen, soll die Klage zulässig sein, im vorliegenden Falle sowohl die örtliche als auch die sachliche interzonale Zuständigkeit gegeben sein.

---

[1] IzRspr. 1945–1953 Nr. 532. [2] IzRspr. 1945–1953 Nr. 532.

1. Die örtliche Zuständigkeit des angerufenen Gerichts liegt allerdings vor. Sie ergibt sich aus § 23 ZPO. Nach § 23 ZPO ist für Klagen wegen vermögensrechtlicher Ansprüche gegen eine Person, die im Inland keinen Wohnsitz hat, das Gericht zuständig, in dessen Bezirk sich Vermögen der Person befindet.

Die entsprechende Anwendung des § 23 ZPO bei Klagen gegen in der sowjet. besetzten Zone wohnende Personen begegnet keinen Bedenken, wie sich aus den vorhergehenden Ausführungen ergibt. Sie wird auch vom BGH gebilligt (BGHZ 4, 62 [66ff.][1]).

Nach dem Klagvortrag hat die Bekl. Bankguthaben bei der B. Staatsbank ... Da Forderungen am Wohnsitz des Schuldners belegen sind, handelt es sich um Vermögen der Bekl. im hiesigen Gerichtsbezirk. Die örtliche interzonale Zuständigkeit ist zwar von Amts wegen zu prüfen. Beim Ausbleiben der Bekl. sind aber, sofern, wie hier, die Kl. das Versäumnisurteil beantragt, die die Zuständigkeit begründenden Tatsachen gemäß § 331 ZPO als zugestanden anzusehen. Ein Gerichtsstand ist daher nach § 23 ZPO begründet.

2. Den Gerichten der Bundesrepublik fehlt aber die sachliche interzonale Zuständigkeit für die Entscheidung des Rechtsstreits.

a) Das internat. Zivilprozeßrecht hat den Begriff der internat. sachlichen Unzuständigkeit geprägt. Von sachlicher internat. Unzuständigkeit wird gesprochen, wenn ein Staat trotz gegebener örtlicher Zuständigkeit aus Gründen, die in der Natur und Eigenart des Streitgegenstandes liegen, eine Entscheidung ablehnt, seine staatliche Zuständigkeit also beschränkt (*Riezler*, Internat. Zivilprozeßrecht, 210, 230; *Riezler*, Beiträge zum Zivilprozeßrecht; Festgabe für Rosenberg, 201; *Stein-Jonas-Schönke* [ZPO] Anm. III 2 vor § 12). Unter die Fälle sachlicher Unzuständigkeit fallen u. a. Verfahren, deren Entscheidung einen Eingriff in fremdstaatliche Hoheitsrechte mit sich bringen würde (*Riezler*, Internat. Zivilprozeßrecht, 210, 231; Beiträge 201, 207). Die sachliche Unzuständigkeit für die Entscheidung über Ansprüche aus ausländischen Hoheitsakten folgt daraus, daß diese Ansprüche auf einer Ausübung der Staatshoheit beruhen und die Rechtmäßigkeit staatshoheitlicher Maßnahmen nicht der Erörterung durch einen fremden Staat und dessen Organe unterworfen werden können (*Riezler*, Internat. Zivilprozeßrecht, 232).

Der Begriff der sachlichen Unzuständigkeit kann auch in das interlokale Zivilprozeßrecht eingeführt werden. Sachliche Unzuständigkeit mit Rücksicht darauf, daß der Streitgegenstand die Prüfung eines fremdstaatlichen Hoheitsaktes erfordern würde, ist nicht etwa mit fehlender Gerichtsbarkeit wesensgleich. Der Ausschluß der Gerichtsbarkeit wurzelt, wie oben erwähnt, im Völkerrecht, nach dessen Regeln ein ausländischer Staat, wenn er hoheitlich handelt, von der Gerichtsbarkeit eines anderen Staates ausgenommen ist. Dagegen erklärt sich sachliche Unzuständigkeit daraus, daß die Eigenart des Streitgegenstandes zu einer territorialen Begrenzung der Entscheidungsgewalt führt. Ein unter Mißachtung der Gerichtsfreiheit ergehendes Urteil ist wirkungslos; ein Urteil, das die

[1] IzRspr. 1945—1953 Nr. 467.

sachliche internat. Zuständigkeit verletzt, ist der Rechtskraft fähig (*Riezler*, Internat. Zivilprozeßrecht, 201f., 359, 361, 404; vgl. auch RGZ 157, 389ff. und *Pagenstecher*, JW 1938, 2293). Sachliche Unzuständigkeit setzt daher begrifflich nicht voraus, daß ein ausländischer Staat einen Hoheitsakt erlassen hat, sondern ist auch denkbar, wenn innerhalb desselben Staatsgebietes verschiedene Prozeßordnungen mit beschränkter territorialer Geltung nebeneinander bestehen, sofern nur in jedem Territorium eine eigene ausschließliche Zwangsgewalt ausgeübt wird (vgl. auch *Ficker*, Grundfragen des Deutschen interlokalen Rechts, 79). Für das Verhältnis der Bundesrepublik zur Bekl. ist davon auszugehen, daß jeder der beiden Staaten für sein Staatsgebiet die Gesetzgebungsgewalt hat und innerhalb seines Machtbereichs allein zur Vornahme von Verwaltungshandlungen befugt ist, ohne daß es eine übergeordnete Behörde gibt. Keiner der beiden Staaten, die zwar im Verhältnis zueinander als Inland zu betrachten sind, hat die Möglichkeit, auf das Staatsgebiet des anderen einzuwirken und für dieses Gebiet Gesetze zu erlassen oder Verwaltungsmaßnahmen zu ergreifen. Aus dem Grundsatz, daß die Staatsgewalt eines jeden der beiden Staaten auf das eigene Staatsgebiet begrenzt ist, folgt, daß kein Gericht dieser Staaten die Rechtmäßigkeit der innerhalb des Rahmens der Staatsgewalt des anderen Staates ausgeübten Maßnahmen nachprüfen kann, solange sich diese Maßnahmen auf das Gebiet des handelnden Staates beschränken. Es ist daher erlaubt, auch im Verhältnis der Bundesrepublik zur Bekl. von sachlicher interzonaler Unzuständigkeit zu sprechen.

b) Der vorliegende Rechtsstreit hat die Ausübung eines im Gebiet der Bekl. ergangenen Hoheitsaktes zum Gegenstand. Die Wegnahme des Eimerleiterschwenkbaggers und des Planierpfluges stellen sich als hoheitliche Zwangsmaßnahmen, die das Wesen einer Enteignung haben, dar. Auf welcher Rechtsgrundlage die Wegnahme beruht hat und in welcher Rechtsform sie erfolgt ist, ist für den Begriff der Zwangsmaßnahme unerheblich. Sie kann auf Grund eines Gesetzes oder einer Verordnung erfolgen, sie kann aber auch eine Einzelmaßnahme bilden. Sie kann in Form einer Eigentumsentziehung geschehen, aber auch eine Beschlagnahme erfüllt den Begriff der Enteignung (*Ficker*, aaO. 87f.; *Beitzke*, Probleme der Enteignung im internat. Privatrecht: Festschrift für Raape, 93ff. [103]). Daher ist es unerheblich, auf welcher Grundlage der Kl. die ihr gehörigen Geräte entzogen sind, insbesondere ob eine förmliche Enteignungsverfügung ausgesprochen oder zugestellt worden ist. Die Kl. vermag im einzelnen nicht anzugeben, worauf die Wegnahme beruht hat. Es spricht alles dafür, daß das Vorgehen auf § 6 der VO vom 17.7.1952 (GBl DDR 615) gestützt gewesen ist. In § 6 dieser VO heißt es:

> Das im Gebiet der Deutschen Demokratischen Republik befindliche Vermögen von Personen deutscher Staatsangehörigkeit, die ihren Wohnsitz oder ständigen Aufenthalt in den westlichen Besatzungszonen Deutschlands oder in den von den westlichen Besatzungsmächten besetzten Sektoren Berlins haben, wird in den Schutz und die vorläufige Verwaltung der Organe der Deutschen Demokratischen Republik übernommen. Dasselbe gilt auch für juristische Personen, die ihren Sitz in den genannten Gebieten haben.

Die Kl. meint zwar, diese VO sei im Augenblick der Wegnahme noch nicht in Kraft getreten, da die Bekl. sich der Geräte unmittelbar nach der Verhängung der Grenzsperre am 26. 5. 1952 bemächtigt habe. Die genannte VO stellt aber offenbar eine Legalisierung der Maßnahmen dar, die im Zuge der Grenzsperre nach der VO vom 26.5.1952 über Maßnahmen an der Demarkationslinie (GBl DDR 405) getroffen waren. Die VO vom 17. 7. 1952 ist zwar inzwischen durch § 2 der VO über die in das Gebiet der DDR zurückkehrenden Personen vom 17. 6. 1953 (GBlDDR 805) wieder aufgehoben worden. Diese Aufhebung bewirkte aber nicht, daß alle auf Grund der VO vom 17.7.1952 ausgesprochenen Maßnahmen rückgängig gemacht worden sind. Nach § 1 der VO vom 17.6.1953 erhalten nur die republikflüchtigen Personen, die in das Gebiet der DDR zurückkehren, das beschlagnahmte Vermögen zurück. Im übrigen bleiben die bereits ausgesprochenen Beschlagnahmungen weiterhin wirksam. Die Übernahme von Vermögensgegenständen „in den Schutz und die vorläufige Verwaltung" ist zwar keine Enteignung im technischen Sinne, erfüllt als Beschlagnahme aber doch den Begriff einer Enteignung im weiteren Sinne, einer Zwangsmaßnahme (*Beitzke*, aaO 94; *Ficker* aaO 87). Selbst wenn indessen der Wegnahme keine ausdrückliche gesetzliche Ermächtigung zu Grunde gelegen haben sollte, so wäre sie nach dem eigenen Vortrag der Kl. doch eine von höchster Stelle befohlene Maßnahme aus staats- oder wirtschaftspolitischen Gründen gewesen, die im Zuge der Grenzsperre erfolgte. Wenn höchste Vertreter der Bekl., wie die Kl. behauptet, die im Bergbau verwendeten Geräte von sicher hohem Wert einem volkseigenen Bergbaubetrieb durch einen auf Grund ihrer Machtstellung einseitig verfügten Einzelakt zugeführt haben sollten, so wäre auch das eine hoheitliche Zwangsmaßnahme gewesen. Eine solche Betätigung der staatlichen Bergbauverwaltung in einem totalitären kommunistischen System könnte nicht im privaten Rechtsverkehr, sondern nur in Ausübung öffentlicher Gewalt geschehen sein. Solche Zwangsmaßnahmen müssen aber, wenn sie sich auf das Gebiet des enteignenden Staates erstrecken, ohne die Möglichkeit einer Nachprüfung hingenommen werden.

c) Daraus folgt, daß die Kl. ihre Klage vor dem angerufenen Gericht nicht geltend machen kann.

aa) Das gilt einmal für den von der Kl. verlangten Ersatz des ihr angeblich durch eine unerlaubte Handlung der Bekl. zugefügten Schadens, sei es, daß schon allgemein die Anordnung entschädigungsloser Enteignung Unrecht des anordnenden Organs bilden soll, sei es, daß gerade die Wegnahme der Bergbaugeräte ein rechtswidriger Eingriff der Organe und Beamten der Bekl. in Rechte der Kl. sein soll, etwa weil sie sich als Sonderbehandlung einer im Gebiet der Bundesrepublik ansässigen juristischen Person darstellt. In jedem Fall leitet die Kl. ihre Schadensersatzansprüche gerade aus der hoheitlichen Enteignungsmaßnahme selbst her.

Denn wenn die Kl. sich darauf beruft, daß die Bekl. durch ihre Organe oder daß die Beamten der Bekl. mit der Enteignung eine unerlaubte

Handlung begangen hätten, so sieht sie diese Maßnahme als das die Ersatzpflicht auslösende Tatbestandsmerkmal an und begehrt unmittelbar eine Entscheidung über einen hoheitlichen Akt der Bekl.

bb) Ob die Kl. etwa für den Fall, daß die Enteignung als wirksam anerkannt wird, hilfsweise Entschädigung für die Enteignung beanspruchen will, ergibt ihr Vortrag nicht mit Sicherheit. Sollte sie einen solchen Anspruch verfolgen wollen, so würde auch für ihn die Zuständigkeit des angerufenen Gerichts nicht gegeben sein. Der Entschädigungsanspruch ist öffentlich-rechtlicher Natur. Vor die ordentlichen Gerichte gehörte er im Gebiet der Bundesrepublik nur kraft ausdrücklicher Vorschrift (Art. 14 III GG). Der Streitgegenstand, nämlich der vermögensrechtliche Ausgleich für die erzwungene Aufopferung von Gütern zugunsten der Allgemeinheit, würde sich auch hier unmittelbar aus der Ausübung eines Hoheitsrechtes herleiten.

cc) Die sachliche interzonale Zuständigkeit des angerufenen Gerichts fehlt aber auch insoweit, als die Klage auf Verletzung eines über den Planierpflug geschlossenen Leihvertrages gestützt wird. Dem Streitgegenstand liegt auch bei dieser Klagegrundlage die öffentlich-rechtliche Maßnahme, die in der Wegnahme des Planierpfluges besteht, zugrunde. Die Kl. begehrt mit dem Schadensersatzanspruch Wertersatz für den Planierpflug wegen Verletzung des Leihvertrages. Diese Verletzung besteht in der Enteignung oder der Beschlagnahme des Planierpfluges. Die Kl. verlangt somit eine Entscheidung dahin, daß die Bekl. als Vertragsgegnerin für die Unmöglichkeit der Rückgabe einzustehen habe, weil sie als Hoheitsträgerin eine Zwangsmaßnahme durchgeführt habe und sich selbst als Eigentümerin oder Gewahrsamsinhaberin aufführe. Die Zwangsmaßnahme selbst soll also die Vertragsverletzung, die zum Schadensersatz führt, bilden. Damit wird eine Einwirkung auf das vertragliche Recht behauptet, die nur von einem Hoheitsträger ausgehen kann. Der Hoheitsakt stellt daher nicht nur eine Vorfrage dar; vielmehr ist Gegenstand des Streits gerade die Frage, ob der Hoheitsakt ein Recht der Kl. verletzt und daher zum Schadensersatz verpflichtet. Hierüber eine Entscheidung zu fällen, ist ein Gericht außerhalb des Territoriums der Bekl. nicht zuständig.

d) Die Kl. hat in der mündlichen Verhandlung die Ansicht vertreten, daß die Maßnahmen der Bekl. nach der im Rechtsleben der Völker herrschenden Auffassung als Willkürakte gegen jedes Recht verstießen, daher keinen Schutz genössen und der Beurteilung durch die hiesigen Gerichte unterlägen. Dieser Ansicht kann der Senat nicht folgen. Ob eine hoheitliche Maßnahme dann unberücksichtigt bleiben müßte, wenn sie den Grundsätzen jeder gesitteten Rechtsordnung widerspräche, wie etwa Ausübung der Sklaverei, kann dahingestellt bleiben. Um Eingriffe solcher Art handelt es sich hier nicht. Entschädigungslose Enteignung und Verfügungsbeschränkungen gegenüber Angehörigen anderer Länder sind dem Recht zivilisierter Staaten nicht fremd. Es erübrigt sich, Belege hierfür aus den letzten Jahrzehnten anzuführen. Nun ist zwar nach der Vorbehaltsklausel des Art. 30 EGBGB die Anwendung eines ausländischen Gesetzes ausgeschlossen, wenn sie gegen die guten Sitten oder gegen den Zweck eines deutschen Gesetzes verstoßen würde. Wiederholt ist auch in entsprechender Anwendung des Art. 30 den in der Ostzone ausgesprochenen entschädigungslosen Enteignungen die Anerkennung versagt worden, wenn enteignete Gegenstände später in das Gebiet der Bundesrepublik gelangt sind. Für die Prüfung der sachlichen internat. — ebenso der interzonalen — Zuständigkeit spielt indessen die Vorbehaltsklausel keine Rolle. Sie regelt, indem sie einen ausländischen Rechtssatz von der Anwendung ausschließt, welches nationale Recht materiell anzuwenden ist. Die Prüfung der sachlichen internat. oder interzonalen Zuständigkeit hat die ganz andere Frage zum Gegenstand, ob das Gericht eines Staates überhaupt zu einer materiellen Entscheidung befugt ist. Hierfür kommt es allein darauf an, ob der Streitgegenstand seinem Wesen nach vor ein ausländisches Gericht gebracht werden kann. Ist Streitgegenstand die Ausübung eines Hoheitsaktes durch einen anderen Staat, so ist es unerheblich, ob dieser Hoheitsakt nach dem Recht des eigenen Staates und des anderen Staates rechtswidrig ist. Auch eine rechtswidrige Maßnahme verliert durch die Rechtswidrigkeit nicht die Eigenschaft eines Hoheitsaktes. Der Senat sieht sich deshalb gehindert, zu prüfen, ob die gegen die Kl. angewendeten Zwangsmaßnahmen gegen Regeln des innerstaatlichen oder zwischenstaatlichen Rechts verstoßen. Das nachträglich eingereichte Gutachten des Prof. Dr. *Raape* befaßt sich mit der Frage der interzonalen Zuständigkeit nicht. Die Ausführungen des Gutachtens stehen daher der Auffassung des Senats nicht entgegen.

Das LG hat daher im Ergebnis zu Recht die Klage als unzulässig abgewiesen."

2. Nachprüfung fremder Hoheitsakte

2. Ein westdeutsches Gericht kann nachprüfen, ob Beschlagnahmeakte der Besatzungsmacht in der Sowjetzone mit den allgemein anerkannten Grundsätzen des Völkerrechts zu vereinbaren sind.

SchlHolOLG, Urt. v. 26. 2. 1954 — 5 U 69/53: SchlHolAnz. 1954, 254.

Die Kl. ist Alleinerbin ihres verstorbenen Ehemannes X. X. war Eigentümer von Musikinstrumenten, die er 1945 vor der Kapitulation seinem Bekannten Y. in Sachsen (sowjet.) in Verwahrung gab. Hier wurden sie nach der Kapitulation im Jahre 1945 von russischen Soldaten weggeholt. Die Bekl. brachten die Musikinstrumente 1947 nach Westdeutschland, nachdem sie diese nach ihrer Darstellung von der russischen Kommandantur käuflich erworben hatten. Die Herausgabeklage der Kl. hatte Erfolg.

Aus den Gründen:

„Ein Eigentumsverlust ist zunächst nicht eingetreten durch die nach dem unmittelbaren Zusammenbruch erfolgte Wegnahme bei Y. Wie sich im einzelnen diese Wegnahme vollzogen hat, hat durch die Beweisaufnahme nicht hinreichend aufgeklärt werden können. Ungeklärt ist insbesondere geblieben, ob die russischen Soldaten die Sachen in Besitz genommen haben und der Bekl. A. hierbei nur Begleiter oder Dolmetscher gewesen ist, oder ob A. die Musikinstrumente bei Y. abgeholt hat und er sich hierbei der Unterstützung russischer Soldaten bedient hat. Nicht erwiesen ist jedenfalls, daß bei der Wegnahme irgendwelche Anordnungen oder Erklärungen abgegeben worden sind. Das aber wäre notwendig gewesen, wenn es sich um einen wirksamen Akt hoheitlicher Beschlagnahme der Beatzungsmacht gehandelt hätte. Auch besatzungsrechtliche Verwaltungsakte werden regelmäßig erst mit der Bekanntgabe an den Betroffenen wirksam (BGH-I ZR 114/52 — Urt. v. 26. 10. 1953). Der Ehemann der Kl. hat jedoch von irgendeiner Beschlagnahme überhaupt keine Kenntnis erhalten. Gegenüber dem Y. liegt nach dem bisher erwiesenen Sachverhalt nicht mehr als eine einfache Inbesitznahme vor. Auch wenn man darin einen Beschlagnahmeakt sehen wollte, so bleibt unklar, ob es sich nur um eine sicherstellende oder enteignende Maßnahme gehandelt hat. Allem Anschein nach aber ist angenommen worden, daß es sich um Eigentum der deutschen Wehrmacht gehandelt hat, das kraft Beuterecht der Besatzungsmacht zustand. Diese Annahme war aber nicht zutreffend. Die Bekl. haben im einzelnen nicht angegeben, wann die Wegnahme der Sachen erfolgt ist. Soweit sich diese Wegnahme unmittelbar nach der Besetzung vor der Kapitulation ereignet hat, hat sie dem Ehemann der Kl. das Eigentum nicht entzogen (BGHZ 5, 124). Für die Zeit der Kampfhandlungen und des Bestandes einer völkerrechtlich anerkannten deutschen Regierung ist die Anwendbarkeit der HLKO zu bejahen (OGHZ 1, 272). Danach dürfen aber im Privateigentum stehende Gegenstände den Bewohnern des besetzten Landes nicht mit der Wirkung des Eigentumsverlustes weggenommen werden (Art. 46 HLKO). Soweit die Wegnahme der Sachen nach der Kapitulation durchgeführt worden ist, würde sie ebenfalls keine eigentumsentziehende Wirkung haben, denn insoweit sind die Rechtssätze der HLKO, wenn auch nicht unmittelbar, so aber doch als gewohnheitsrechtlich bereits allgemein anerkannte Völkerrechtsgrundsätze für Sieger und Besiegte gleichermaßen anwendbar (vgl. BGH, Urt. v. 7. 2. 1952 — IV ZR 74/51 — LM Art. 3 AHKG 13 Nr. 4; *Rentrop*, Requisitionen, Stuttgart 1950, 14). Das ist auch in der Sowjetzone anerkannt (vgl. OLG Halle, NJ 1949, 17). Es besteht insoweit keine abweichende Bestimmung oder Anordnung der Besatzungsmacht, die es den Gerichten verbietet, die Vereinbarkeit besatzungsrechtlicher Maßnahmen in der durch Sowjetrußland besetzten Zone mit den allgemein anerkannten Grundsätzen des Völkerrechts nachzuprüfen. Nach diesen Grundsätzen aber konnte dem Ehemann der Kl. durch eine Beschlagnahme das Eigentum an seinen Musikinstrumenten nicht entzogen werden."

3. (Ein West-Berliner Gericht kann nachprüfen, ob eine Verwaltungsstelle in Ost-Berlin ihr Ermessen ordnungsmäßig ausgeübt hat.) — Einem Bewohner Ost-Berlins ist es nicht zuzumuten, gegen die dort bestehenden Gesetze zu handeln; ein Nichthandeln unter diesen Umständen ist nicht schuldhaft. — Ist dem Besitzer einer Sache die Herausgabe an den Eigentümer nicht zuzumuten, so handelt er auch nicht schuldhaft, wenn er sie bei seiner Flucht zurückläßt.

BGH, Urt. v. 15. 2. 1956 — IV ZR 214/55: LM Nr. 21 zu § 985 BGB; JR 1956, 377; Auszug in Betrieb 1956, 302 und DRspr. I (181) 48b.

Der Kl. ist im August 1948 unter Zurücklassung seiner gesamten Wohnungseinrichtung aus Ost-Berlin nach West-Berlin geflohen. Durch Verfügung des Bergungsamtes wurde ein Teil der Möbel des Kl. dem Bekl. zur Benutzung zugewiesen.

Der im Jahre 1883 geborene Bekl. war früher Arzt in G. im Riesengebirge. Er war dort von den Polen vertrieben worden und darauf nach Berlin gekommen. Er zahlte für die Benutzung der Möbel eine Verwaltungsgebühr an das Bergungsamt. 1950 machte das Bergungsamt dem Bekl. ein Angebot, die ihm bisher zur Benutzung überlassenen Möbel zu dem Taxwert käuflich zu erwerben. Der Bekl. schloß daraufhin mit dem Bergungsamt einen Übereignungsvertrag, wonach dieses ihm die gesamten in seinem Besitz befindlichen Gegenstände des Kl. zu einem Taxwert von 2821 DM überließ.

Am 31. 1. 1953 ist auch der Bekl. unter Zurücklassung des gesamten Mobiliars nach West-Berlin geflohen.

Durch Urteil des LG Berlin und des KG ist der Bekl. verurteilt worden, an den Kl. für die Zeit von 1950 bis 31. 1. 1953 für den Hausrat eine Nutzungsentschädigung zu zahlen.

Der Kl. begehrt mit der vorliegenden Klage Ersatz für den Hausrat. Er hat behauptet, er habe dem Bekl. angeboten, ihm den gezahlten oder noch zu zahlenden Kaufpreis für die Möbel zu ersetzen und ihm andere Möbel zur Verfügung zu stellen. Dennoch habe der Bekl. sich geweigert, die Sachen herauszugeben. Es sei ihm damals noch möglich gewesen, den Hausrat nach West-Berlin zu bringen oder ihn wenigstens bei Bekannten in Ost-Berlin sicherzustellen. Es sei nicht zu ermitteln, wo der Hausrat sich jetzt befinde.

Das LG und OLG haben die Klage abgewiesen. Die Revision hatte keinen Erfolg.

Aus den Gründen:

„Der Kl. begehrt von dem Bekl. Schadensersatz, da er seinen Hausrat, den der Bekl. in Besitz gehabt hat, nicht mehr zurückerlangen kann. Er kann seine Klage nur auf §§ 985 ff. BGB stützen.

Der Hausrat des Kl. ist, nachdem der Kl. aus seiner Wohnung geflohen war, von dem Bezirksamt auf Grund der §§ 3a, 15 RLG beschlagnahmt und dem Bekl. gegen Zahlung einer Verwaltungsgebühr zur Benutzung zugewiesen worden. Das angefochtene Urteil geht davon aus, daß der Bekl. dadurch ein Recht zum Besitz des Hausrats erlangt habe. Das Berufungsgericht hat sich, wie die Urteilsgründe erkennen lassen, insoweit die Rechtsausführungen aus dem zwischen den Parteien am 11. 6. 1954 ergangenen, von demselben Senat in derselben Besetzung erlassenen Urteil zu eigen gemacht. Dort ist ausgeführt: Die für ganz Berlin erlassenen „Richtlinien für die Tätigkeit des Beschaffungsamts Großberlin — Bergungsamt — und der Verwaltungsstellen für Bergungsgut in den Bezirken“ vom 1. 7. 1947 i. V. m. §§ 3a, 15 I Ziffer 5 RLG hätten Bestimmungen enthalten, die eine Beschlagnahme und Zuweisung von zurückgelassenen Sachen durch das Bergungsamt an einen anderen zur Benutzung vorgesehen hätten. Nach diesen Bestimmungen sei für die Ausübung der dem Bergungsamt eingeräumten Befugnis zum Eingreifen das Ermessen entscheidend, ob die Sachen dem in Bezug auf die Einrichtungsgegenstände in den Nachkriegsjahren herrschenden Notstand entsprechend genutzt gewesen seien. Dem LG sei darin beizupflichten, daß dies habe verneint werden können, obwohl der Kl. seine Wirtschafterin in der Wohnung zurückgelassen gehabt habe; denn diese sei allein in der aus mehreren Zimmern bestehenden Wohnung zurückgeblieben. Selbst wenn dem Bekl. bekannt gewesen sein sollte, daß der Kl. seine Wirtschafterin zurückgelassen gehabt habe, rechtfertige dies nicht die Annahme einer Bösgläubigkeit zu dem damaligen Zeitpunkt.

Es kann dahingestellt bleiben, ob die Verfügung, durch die der Hausrat in Anspruch genommen und dem Bekl. zur Benutzung zugewiesen wurde, an einem Rechtsmangel litt, ob sie anfechtbar oder ob sie gar nichtig war. Nur wenn sie nichtig gewesen wäre, hätte der Bekl. durch diesen Verwaltungsakt kein Besitzrecht erlangen können. Er wäre aber, als er die Sachen in Besitz nahm, nur bösgläubig gewesen, wenn er gewußt hätte oder wenn ihm infolge grober Fahrlässigkeit unbekannt geblieben wäre, daß der Verwaltungsakt nichtig war. Das Berufungsgericht hat rechtsirrtumsfrei angenommen, daß diese Voraussetzungen bei dem Bekl. nicht vorlagen.

Es kann zweifelhaft sein, ob die Annahme des Berufungsgerichts zutrifft, der Bekl. sei seit dem 11. 4. 1950, nachdem er den Kauf- und Übereignungsvertrag geschlossen habe, bösgläubiger Besitzer. Nach den vom Berufungsgericht getroffenen Feststellungen haben sich die Besitzverhältnisse durch diesen Vertrag nicht geändert. Der Bekl. blieb nach wie vor Fremdbesitzer. Denn der Übereignungsvertrag sah vor, daß der Hausrat erst übereignet werden sollte, wenn der Bekl. den festgesetzten Kaufpreis gezahlt hatte. Das Berufungsgericht hat nicht als erwiesen angesehen, daß der Bekl. den vollen Kaufpreis gezahlt hat. Es hat im Gegenteil diese Tatsache als sehr unwahrscheinlich erachtet. Dann ist aber auch nicht erwiesen, daß der Bekl. die Möbel entgegen den zwischen ihm und dem Bergungsamt getroffenen Vereinbarungen schon in Eigenbesitz genommen und sich dadurch einer Unterschlagung schuldig gemacht hat.

Bösgläubig hätte der Bekl. seit dem 11. 4. 1950 sein können, wenn er auch nach diesem Zeitpunkt den Hausrat weiter auf Grund der Zuweisungsverfügung vom 23. 8. 1948 besaß und wenn er in diesem Zeitpunkt erfahren haben sollte, daß der Verwaltungsakt, auf den er sein Besitzrecht gründete, nichtig war. Dafür liegt nichts vor.

Das angefochtene Urteil läßt nicht erkennen, ob dort angenommen ist, der Bekl. sei dadurch bösgläubiger Besitzer geworden, daß der Verwaltungsakt, auf Grund dessen er den Hausrat bisher besaß, mit dem Abschluß des Kauf- und Übereignungsvertrages außer Kraft trat, daß der Bekl. von diesem Zeitpunkt an sein Besitzrecht nur aus diesem Vertrag herleitete und daß er erkannt oder infolge grober Fahrlässigkeit nicht erkannt hatte, daß dieser Vertrag nichtig war und ihm nicht einmal ein Recht zum Besitz der Sache verschaffen konnte.

Es kann auf sich beruhen, ob eine solche Rechtsansicht zutreffend wäre. Denn das Berufungsgericht hat rechtlich zutreffend ausgeführt, daß dem Kl. der geltend gemachte Anspruch auch in diesem Fall nicht zustehen würde.

Ansprüche aus unerlaubter Handlung stehen dem Kl. nach § 992 BGB nicht zu. Denn der Bekl. hat sich den Besitz weder durch verbotene Eigenmacht noch durch eine unerlaubte Handlung verschafft. Dahingehende schlüssige Behauptungen hat der Kl. in diesem Rechtsstreit nicht aufgestellt. Er kann sich nicht darauf berufen, daß er dieses in dem vorangegangenen Rechtsstreit getan und sich auf die Akten dieses Rechtsstreits bezogen habe und daß diese Gegenstand der Verhandlung dieses Verfahrens gewesen seien. Die Bezugnahme im Urteilstatbestand allein läßt nicht erkennen, daß der Kl. auch diese Behauptungen aus dem Vorprozeß vorgetragen hat. Eine bloße Bezugnahme auf die früheren Akten konnte den Vortrag solcher wesentlicher anspruchsbegründender Tatsachen nicht ersetzen, zumal da die Behauptungen im Vorprozeß als nicht erwiesen angesehen worden waren.

Da vertragliche Beziehungen zwischen den Parteien nicht bestehen, kann der Kl. nach § 987 BGB nur Schadensersatz fordern, wenn der Bekl. infolge seines Verschuldens die Sachen nicht herausgeben kann, oder nach §§ 985, 990, 286, 287 BGB, falls er mit der Erfüllung des gegen ihn bestehenden Anspruchs aus § 985 BGB in Verzug geraten sein sollte.

Selbst wenn der Bekl. auf Grund des Verwaltungsakts nicht mehr zum Besitz berechtigt gewesen sein sollte, konnte er doch, wie das Berufungsgericht rechtlich zutreffend ausgeführt hat, mit der Erfüllung des Herausgabeanspruchs so lange nicht in Verzug geraten, als er selbst noch in Ost-Berlin wohnte. Er mußte sich den dort geltenden Gesetzen fügen. Er hätte sich ernsten Verfolgungen ausgesetzt, wenn er auch nur in irgendeiner Weise mitgewirkt oder dazu beigetragen hätte, daß der Kl. seine Sachen, die die Ostberliner Behörden ihm fortgenommen hatten, zurückerlangte. Dieser Gefahr brauchte er sich nicht auszusetzen. Er konnte daher, solange er in Ost-Berlin ansässig war, nicht in Verzug geraten.

Anders wäre es gewesen, wenn er sich selbst bei den gegen den Kl. gerichteten rechtswidrigen Enteignungsmaßnahmen in einer gegen die guten Sitten verstoßenden Weise beteiligt hätte. Dafür bietet der Sachverhalt indes keinen Anhalt. In dem Abschluß des Kauf- und Übereignungsvertrages liegt keine derartige gegen die guten Sitten verstoßende Teilnahme. Der Kl. hatte damals, da auch der Bekl. ihm die Sachen nicht zurückgeben konnte, keine Möglichkeit, wieder in ihren Besitz zu gelangen. Die Möglichkeit, etwa zu späterer Zeit den Hausrat zurückzuerhalten, wäre dadurch, daß der Bekl. von dem Angebot des Bergungsamts, den Kaufvertrag abzuschließen, keinen Gebrauch gemacht hätte, eher noch mehr erschwert worden. Denn das Bergungsamt hätte die Sachen dann wieder an sich genommen und anderweit über sie verfügt. Keineswegs hat der Bekl. dazu beigetragen, daß es dem Kl. irgendwie erschwert wurde, seine Ansprüche durchzusetzen. Unter diesen Umständen kann auch mit Rücksicht darauf, daß er den Kauf- und Übereignungsvertrag schloß, nach Treu und Glauben nicht von ihm verlangt werden, daß er ungeachtet aller für ihn bestehenden Gefahren auf ein Verlangen des Kl. die Sachen zurückzugeben hätte.

Die Herausgabe ist dadurch unmöglich geworden, daß der Bekl. selbst fliehen mußte. Damit sind die Sachen wieder in die Gewalt der Ostberliner Behörden gekommen, von denen der Bekl. sie erhalten hatte und von denen er sein wirkliches oder vermeintliches Besitzrecht herleitete. Da er die Sachen nicht ohne persönliche Gefahr dem Eigentümer zurückgeben konnte, hätte ihm kein Vorwurf daraus gemacht werden können, wenn er, nachdem er erkannt hatte, daß er nicht rechtmäßiger Eigentümer der Möbel werden konnte, diese freiwillig an die Behörde zurückgegeben hätte, weil er mit der Sache nichts mehr zu tun haben wollte. Dann aber kann es ihm auch nicht als Verschulden angerechnet werden, wenn er diese Sachen, die er nicht sicherstellen konnte, bei seiner Flucht zurückließ, so daß sie von den Behörden wieder in Besitz genommen wurden."

3. Grundsatz der Rechtseinheit

4. Bei der Rechtsanwendung ist grundsätzlich die Rechtseinheit mit der Sowjetzone zu wahren, soweit dem nicht die Gesetzgebung der Bundesrepublik oder die Verfassungsgrundsätze der Freiheit und Rechtsstaatlichkeit entgegenstehen. — Art. 30 EGBGB ist im interzonalen Recht entsprechend anzuwenden. — Die Grundstückspreisverordnung von 1942 gilt auch für Verkäufe von Grundstücken in der Sowjetzone.

BGH, Urt. v. 9. 12. 1955 — V ZR 81/54: WM IV B, 1956, 532; Leitsätze in BB 1956, 355 und 541.

Die Bekl. sind Erben des 1951 verstorbenen F.; dieser hatte 1945 ein in Mecklenburg (sowjet.) gelegenes landwirtschaftliches Grundstück mit Inventar gekauft. F. verkaufte den Grundbesitz im Juni 1948 wenige Tage vor der Währungsreform an den Kl. zum Preise von 38000 RM; in dem Vertrag versicherten die Parteien, keine Nebenabreden über das Entgelt getroffen zu haben. Nach der Behauptung des Kl. soll dem Erblasser der Bekl. jedoch ein weiterer Betrag von 97000 RM bar bezahlt worden sein.

Der Kl. verlangt von den Bekl. nunmehr die Rückzahlung dieses Betrages wegen ungerechtfertigter Bereicherung auf Grund der §§ 4, 5 der VO über die Preisüberwachung und die Rechtsfolgen von Preisverstößen im Grundstücksverkehr vom 7. 7. 1942 (RGBl. I 451).

Das LG hat der Klage stattgegeben, das KG hat sie abgewiesen. Die Revision führte zur Aufhebung und Zurückverweisung.

Aus den Gründen:

„1. Daß es [das Berufungsgericht] die formelle und sachliche Rechtsgültigkeit der VO vom 7. 7. 1942 bejaht, steht im Einklang mit der Rechtsprechung des BGH (BGHZ 11, 90). Die Anwendung der Verordnung scheitert auch nicht daran, daß das verkaufte Grundstück nicht im Gebiet der Bundesrepublik oder West-Berlins lag, sondern in der sowjet. Besatzungszone. . . Schlüsse gegen die Anwendbarkeit der Grundstückspreisverordnung daraus zu ziehen, daß das Grundstück in der sowjet. Besatzungszone liegt, verbietet der keiner näheren Begründung bedürfende Grundsatz, daß bei der Rechtsanwendung die Rechtseinheit mit der sowjet. Besatzungszone zu wahren ist, soweit dem nicht die Gesetzgebung in der Bundesrepublik oder die in ihr herrschenden Grundsätze der Freiheit und Rechtsstaatlichkeit entgegenstehen (Art. 30 EGBGB in entsprechender Anwendung)."

II. PERSONEN- UND FAMILIENRECHT

1. Geschäftsfähigkeit

Vorbemerkung: Die beiden Entscheidungen Nr. 5 und 5 A. bezeugen, daß sich die vorherrschende Auffassung über die Anerkennung des sowjetzonalen Ges. vom 17. 5. 1950 über die Herabsetzung des Volljährigkeitsalters entgegen den Zweifeln des OLG Hamm (IzRspr. 1945-1953 Nr. 31) durchgesetzt hat.

5. Anknüpfungspunkt für das Personalstatut ist im interzonalen Recht der gewöhnliche Aufenthalt einer Person, nicht ihr Wohnsitz. — Die Volljährigkeit bestimmt sich nach dem Recht des gewöhnlichen Aufenthalts der Person.

LG Hannover, Beschl. v. 10. 3. 1954 — 9 T 38/54: DAVorm. 27 (1954/55) 41.

„Das Kreisjugendamt hat beantragt, F., der als Minderjähriger nicht prozeßfähig sei, für den Unterhaltsprozeß einen Pfleger zu bestellen. Das AG W. hat mit der angefochtenen Verfügung diesen Antrag abgelehnt, weil F. kraft Gesetzes den Wohnsitz seiner Mutter teile und daher nach dem in der Ostzone geltenden Recht volljährig sei. Dagegen richtet sich die Beschwerde des Kreisjugendamtes, die namens des Mündels F. eingelegt ist. Die Beschwerde ist nach § 57 Ziffer 3 FGG zulässig; sie ist auch hier begründet.

Mit der in Rechtsprechung und Schrifttum fast allgemein vertretenen Ansicht ist im interzonalen Privatrecht für das Personalstatut, mithin auch für die Frage der Volljährigkeit, an den gewöhnlichen Aufenthalt der Person anzuknüpfen. (Vgl. *Palandt* [BGB] Anm. 14c und g Vorbem. vor Art. 7 EGBGB und die dortigen Nachweise.) Demgemäß gilt das Gesetz der DDR vom 17. 5. 1950, wonach die Volljährigkeit mit Vollendung des 18. Lebensjahres eintritt, nur für die Personen, die bei Vollendung dieses Lebensjahres ihren gewöhnlichen Aufenthalt im Gebiete der DDR oder Ost-Berlin hatten. Dies gilt auch dann, wenn der in der DDR volljährig gewordene sich nunmehr im Bundesgebiet aufhält. Dagegen kommt es nicht darauf an, daß der gesetzliche Vertreter seinen gewöhnlichen Aufenthalt in der DDR hat; denn der gewöhnliche Aufenthalt kann für den Minderjährigen und den gesetzlichen Vertreter verschieden sein. Entscheidend ist hierfür immer nur der tatsächliche Aufenthalt. § 11 BGB, wonach das Kind den Wohnsitz seines gesetzlichen Vertreters teilt, findet für den gewöhnlichen Aufenthalt keine Anwendung. F. hat vor Vollendung seines 18. Lebensjahres seinen ständigen Aufenthalt in die Bundesrepublik verlegt und steht hier in Arbeit. Für seine Volljährigkeit ist daher nicht das Recht der DDR, sondern Bundesrecht maßgebend. Daß die Mutter ihren Wohnsitz in der Ostzone hat, ist unerheblich. F. ist also noch minderjährig und bedarf zur Prozeßführung eines Pflegers, da die Mutter an der Vertretung ihres Sohnes tatsächlich verhindert ist.“

5 A. Die durch das Vorhandensein zweier in vielen Punkten unterschiedlicher Rechtsordnungen in Deutschland entstehenden rechtlichen Kollisionen müssen mangels einer gesetzlichen Regelung durch die Rechtsprechung weithin in Analogie zu den Grundsätzen des internationalen Privatrechts gelöst werden. — Die entsprechende Anwendung des Art. 7 II EGBGB (Bewahrung der in der Sowjetzone erworbenen Volljährigkeit nach Übersiedlung in das Bundesgebiet) stellt keine Benachteiligung wegen Heimat oder Herkunft dar (Art. 3 III GG).

BVerfG, Beschl. v. 25. 5. 1956 — 1 BvR 83/56: BVerfGE 5, 17; FamRZ 1956, 217; NJW 1956, 985; DÖV 1956, 405; Auszug in DRspr. I (181) 45a; Leitsatz in MDR 1956, 470.

Aus den Gründen:

„A. I. Der Beschwerdeführer, der im Gebiet der heutigen sowjet. Besatzungszone geboren und herangewachsen ist, wurde am 13. 11. 1953 18 Jahre alt. Seit Anfang 1954 lebt er als politischer Flüchtling im Gebiet der Bundesrepublik.

Im Mai 1955 wurde ihm selbst ein Vollstreckungsbefehl über 740 DM zugestellt und anschließend die Zwangsvollstreckung betrieben. Der Beschwerdeführer legte durch seinen Prozeßbevollmächtigten gegen die Vollstreckungsmaßnahme — ein vorläufiges Zahlungsverbot gemäß § 845 ZPO — Erinnerung ein; er beantragte, die Zwangsvollstreckung aus dem Vollstreckungsbefehl für unzulässig zu erklären, weil er noch minderjährig sei, eine wirksame Zustellung an ihn selbst also nicht habe erfolgen können. Das AG wies die Erinnerung mit der Begründung zurück, daß der Beschwerdeführer zur Zeit seines 18. Geburtstages seinen Wohnsitz in der sowjet. Besatzungszone gehabt habe, daher auf Grund des dortigen Gesetzes über die Herabsetzung des Volljährigkeitsalters vom 17. 5. 1950 am 13. 11. 1953 volljährig geworden sei und diese rechtliche Stellung „gemäß Art. 7 II EGBGB" auch in der Bundesrepublik behalten habe. Sofortige Beschwerde und sofortige weitere Beschwerde waren erfolglos.

II. Die Verfassungsbeschwerde richtet sich gegen den Beschluß des OLG Celle vom 18. 1. 1956, durch den die sofortige weitere Beschwerde als unzulässig verworfen wurde. Der Beschwerdeführer macht geltend:

a) Zu Unrecht hätten die Instanzgerichte angenommen, daß er am 13. 11. 1953 seinen Wohnsitz in der sowjet. Besatzungszone gehabt habe. Er sei bereits am 10. 11. 1953 mit der Absicht, für die Zukunft im Westen zu bleiben, zu Bekannten nach Berlin gegangen, um sich nach einer Arbeitsstelle umzusehen; allerdings habe er sich damals weder beim Flüchtlingsamt noch in einem Notaufnahmelager oder polizeilich gemeldet. Am 5. 12. 1953 sei er in die Sowjetzone zurückgekehrt; am 24. 12. 1953 sei er dann mit seinen sämtlichen Sachen wieder nach Westberlin und dort am 26. 12. 1953 in das Flüchtlingslager Berlin-Marienfelde gegangen. Seither lebe er ununterbrochen in West-Berlin und in der Bundesrepublik.

b) Rechtsirrig sei es, daß man auf ihn, einen Deutschen, den Art. 7 II EGBGB angewendet habe, wonach ein Ausländer, der die Reichsangehörigkeit erwirbt, nachdem er bereits volljährig ist, die rechtliche Stellung eines Volljährigen behält, auch wenn er nach den deutschen Gesetzen nicht volljährig ist. Äußerstenfalls hätte man Art. 1 AHKGes. Nr. 23 über die Rechtsverhältnisse verschleppter Personen und Flüchtlinge und § 4 des Ges. über die Rechtsstellung heimatloser Ausländer vom 25. 4. 1951 (BGBl. I 269) analog auf ihn anwenden dürfen. Die Anwendung des Art. 7 II EGBGB bringe für ihn eine in sich widersprüchliche Rechtsstellung mit sich, da er im öffentlichen Recht (Wahlrecht, Ausstellung eines Reisepasses) als minderjährig behandelt werde. Auch werde z. B. bei Übersiedlung eines unehelichen Kindes in die Bundesrepublik die in der sowjet. Besatzungszone geltende gesetzliche Vertretungsmacht der Mutter nicht anerkannt, vielmehr trete Amtsvormundschaft ein.

c) Vor allem aber werde er durch die Anwendung des Art. 7 II EGBGB in seinem Grundrecht aus Art. 3 I und III GG verletzt: Er werde „wegen seiner Heimat und Herkunft“ gegenüber gleichaltrigen Deutschen in der Bundesrepublik benachteiligt, da man ihm den Rechtsschutz der beschränkten Geschäftsfähigkeit versage, der jenen bis zur Vollendung des 21. Lebensjahres zukomme.

B. I. Die Verfassungsbeschwerde ist zulässig . . .

II. Die Verfassungsbeschwerde ist jedoch offensichtlich unbegründet.

a) Das BVerfG hat eine mit der Verfassungsbeschwerde angegriffene gerichtliche Entscheidung nicht in vollem Umfang, sondern nur darauf zu prüfen, ob der Beschwerdeführer durch die Entscheidung in einem seiner Grundrechte oder in einem der in § 90 I BVerfGG aufgezählten sonstigen Rechte verletzt worden ist. Es kann deshalb in diesem Verfahren nicht darüber entschieden werden, ob die Instanzgerichte das Vorbringen des Beschwerdeführers zutreffend dahin gewürdigt haben, daß er an seinem Geburtstag seinen Wohnsitz noch nicht aus der sowjet. Besatzungszone nach Westberlin verlegt hatte, sondern zu diesem Zeitpunkt nur mit dem Vorhaben nach Berlin gegangen war, die dortigen Verhältnisse zu erkunden und eine etwaige spätere endgültige Übersiedlung vorzubereiten. Ebenso ist es der Nachprüfung durch das BVerfG entzogen, ob die analoge Anwendung von Art. 1 AHKGes. Nr. 23 und § 4 des Ges. über die Rechtsstellung heimatloser Ausländer zu einem anderen Ergebnis geführt hätte als die Anwendung des in Art. 7 II EGBGB ausgeprägten Rechtsgedankens und ob die analoge Anwendung jener Bestimmungen im Interesse einer einheitlichen Rechtsstellung des Berschwerdeführers richtiger gewesen wäre. Von Willkür — die stets im Verfahren über die Verfassungsbeschwerde nachprüfbar wäre — kann weder bei der Tatsachenwürdigung noch bei der Rechtsanwendung die Rede sein.

b) Es ist daher lediglich zu untersuchen, ob der Beschwerdeführer wegen seiner Heimat und Herkunft benachteiligt worden ist.

Es kann dahinstehen, ob der Eintritt der Volljährigkeit mit 18 statt mit 21 Jahren überhaupt eine Benachteiligung im Sinne des Art. 3 III GG darstellt oder ob es sich nur um eine andere Rechtsgestaltung handelt, die sowohl Vorteile wie Nachteile mit sich bringt; denn selbst wenn man in dem geringeren Schutzalter eine Benachteiligung erblickt, ist Art. 3 III GG nicht verletzt.

Durch das Vorhandensein zweier in vielen Punkten unterschiedlicher Rechtsordnungen in dem geteilten Deutschland entstehen vielfältige rechtliche Kollisionen, für deren Lösung es an einer positiv-rechtlichen Regelung fehlt. Die Gerichte müssen in solchen Fällen die Lücken des Gesetzesrechts durch die Rechtsprechung — weithin in Analogie zu Grundsätzen des internat. Privatrechts — ausfüllen. Als analog anwendbare Vorschrift kommt hier Art. 7 II EGBGB in Betracht. Er spricht den kollisionsrechtlichen Gedanken aus, daß ein einmal erworbener Status wie die Volljährigkeit nicht wieder verlorengehen kann, wenn der bereits Volljährige in ein Rechtsgebiet mit höherem Volljährigkeitsalter übersiedelt. Nur diesen allgemeinen Rechtsgedanken haben die Gerichte auf den Beschwerdeführer angewendet.

Der Begriff „Heimat" in Art. 3 III GG bezieht sich auf die örtliche Herkunft nach Geburt oder Ansässigkeit, der Begriff „Herkunft" darüber hinaus auf die ständischsoziale Abstammung und Verwurzelung. Diese beiden, durch Art. 3 III GG als Differenzierungsmerkmale ausgeschlossenen Kriterien sind für die Instanzgerichte nicht maßgeblich gewesen; Anknüpfungspunkte für die unterschiedliche Behandlung des Beschwerdeführers gegenüber den seit je dem Recht der Bundesrepublik unterworfenen Deutschen war vielmehr die Tatsache, daß er an seinem 18. Geburtstag einer anderen Rechtsordnung als der der Bundesrepublik unterworfen gewesen und daß er nach dieser Rechtsordnung volljährig geworden ist. Waren Heimat und Herkunft des Beschwerdeführers aber nicht ursächlich für die mit der Verfassungsbeschwerde angegriffene Entscheidung, so kann er auch durch diese in seinem Grundrecht aus Art. 3 III GG nicht verletzt worden sein."

2. Eherecht

Vorbemerkung: Unterhaltsansprüche von Ehegatten werden in Abschnitt 4 (unten Nr. 23 und 40) behandelt.

6. Wegen der Verschiedenheit der Prozeßrechtssysteme in beiden Teilen Deutschlands ist einem im Bundesgebiet wohnhaften Ehegatten ein Gerichtsstand für eine Ehescheidungsklage eröffnet, wenn der beklagte Gatte in der Sowjetzone wohnt. — [Die Bestimmung des anzuwendenden Rechts kann dahingestellt bleiben, wenn die Vorschriften für die zu entscheidende Rechtsfrage in beiden Teilen Deutschlands übereinstimmen.] — Die Weigerung der in der Sowjetzone befindlichen Ehefrau, dem im Bundesgebiet lebenden Ehemann an seinen Wohnort zu folgen, ist nicht unbedingt eine schuldhafte schwere Eheverfehlung. — [Die Volljährigkeit in der Sowjetzone wohnhafter Personen richtet sich nach dem dort geltenden Recht.]

OLG Celle, Urt. v. 13. 5. 1954 — 1 U 52/54: FamRZ 1954, 141; NJW 1954, 1526.

Die Parteien waren beide in O. (Kreis Z.) im Jahre 1906 geboren worden, hatten dort geheiratet und bis Kriegsende dort gelebt. Der Kl. ließ sich aus der Kriegsgefangenschaft nach N. (Bundesgebiet) entlassen, während die Bekl. und die einzige, 1934 geborene Tochter der Parteien von O., welches nach Kriegsende unter polnische Verwaltung kam, in die nahegelegene Kreisstadt Z. (sowjet.) flüchteten und dort heute noch leben. Beide Parteien haben an ihrem jeweiligen Wohnort Wohnung sowie Arbeit gefunden und weigern sich, an den Wohnort der anderen Partei überzusiedeln. Der Kl. hat in der Sowjetzone keine politische Verfolgung zu befürchten.

Das LG hat die Ehe der Parteien aus Verschulden der Bekl. nach § 43 EheG geschieden. Das OLG gab der Berufung der Bekl. teilweise statt und schied die Ehe ohne Schuldausspruch nach § 48 EheG.

Aus den Gründen:

„I. Das LG B. hat seine örtliche Zuständigkeit mit Recht angenommen. Leben Ehegatten nicht oder nicht mehr in häuslicher Gemeinschaft, so ist zwar, falls die Klage nach dem 1. 4. 1953 erhoben wird, grundsätzlich das LG des gewöhnlichen Aufenthaltsortes der beklagten Partei für die

Ehescheidungsklage ausschließlich zuständig (*Hagemeyer*, NJW 1953, 605; OLG Hamm, NJW 1953, 910; OLG Stuttgart, NJW 1953, 1552). Eine Ausnahme gilt jedoch für den Fall, daß die beklagte Partei ihren gewöhnlichen Aufenthalt in der sowjet. Besatzungszone hat; denn unbeschadet des Fortbestandes des Deutschen Reiches als einer staatsrechtlichen Einheit nötigt die Verschiedenheit der Prozeßrechtssysteme in den beiden Teilen Deutschlands dazu, dem in der Bundesrepublik wohnenden Gatten ein Prozeßverfahren zu eröffnen, das nach den Grundsätzen des landgerichtlichen Verfahrens gestaltet ist (BGHZ 7, 218ff. = NJW 1952, 1415[1]). Diese Entscheidung, die zu einer Zeit ergangen ist, als in der sowjet. Besatzungszone noch die Amtsgerichte zur Entscheidung von Ehescheidungsklagen zuständig waren, gilt sinngemäß auch für den durch das neue GVG der sowjet. Besatzungszone vom 2. 10. 1952 (GBl DDR 983) geschaffenen Rechtszustand. Auch die nach § 42 GVG DDR für die Ehescheidungsklage nunmehr zuständigen Kreisgerichte sind nicht — wie die Landgerichte — mit drei Berufsrichtern, sondern mit einem Richter bzw. „Volksrichter" und zwei Schöffen besetzt, die der Vorsitzende „aus besonderen Gründen" abweichend von der listenmäßigen Reihenfolge berufen darf (§ 43 GVG DDR). Eine Vertretung durch Anwälte — wie in § 78 ZPO für das Verfahren vor den Landgerichten zwingend vorgeschrieben — ist im Verfahren vor den sowjetzonalen Kreisgerichten nicht notwendig (§ 11 der Angleichungs-VO vom 4. 10. 1952 — GBl DDR 998). Die in einem Rechtsstaat selbstverständliche und auch in der sowjet. Besatzungszone durch Art. 127 der Verfassung gewährleistete Unabhängigkeit der Richter ist praktisch dadurch hinfällig geworden, daß die Richter vorfristig gemäß § 17 GVG DDR in einem Verwaltungsverfahren durch den Minister der Justiz abberufen werden können. Unter diesen Umständen gelten auch für die jetzige Gerichtsverfassung der sowjet. Besatzungszone die in BGHZ 7, 218[2] entwickelten Gesichtspunkte, so daß dem Kl. am Orte seines Aufenthalts in der Bundesrepublik ein Gerichtsstand für die Ehescheidung gegen die in der sowjet. Besatzungszone wohnhafte Ehefrau eröffnet werden muß.

II. In der Sache kann die Berufung der Bekl. nur teilweise Erfolg haben. Das Scheidungsbegehren des Kl. ist zwar nicht nach § 43, wohl aber nach § 48 EheG gerechtfertigt.

a) Nach § 43 EheG kann ein Ehegatte die Scheidung u. a. dann verlangen, wenn der andere Ehegatte durch eine schwere Eheverfehlung die Ehe schuldhaft so tief zerrüttet hat, daß die Wiederherstellung einer ihrem Wesen entsprechenden Lebensgemeinschaft nicht mehr erwartet werden kann. In der Weigerung der Bekl. mit ihrer Tochter dem Kl. an dessen neuen Wohnsitz in Westdeutschland zu folgen, ist eine schuldhafte schwere Eheverfehlung nicht zu erblicken.

Die Frage, ob sich die Bekl. durch ihre Weigerung einer Eheverfehlung schuldig gemacht hat, ist nach dem Rechtszustand zu entscheiden, wie er zur Zeit der letzten mündlichen Verhandlung vor dem erkennenden Gericht gilt. Dabei kann unerörtert bleiben, ob die durch den Grundsatz

[1] IzRspr. 1945—1953 Nr. 532. [2] IzRspr. 1945—1953 Nr. 532.

der Gleichberechtigung von Mann und Frau zu § 1354 BGB entstandenen Rechtsfragen, die sich auf die persönlichen Rechtsbeziehungen der Ehegatten zueinander beziehen, nach den Gesetzen der Bundesrepublik oder nach den in der sowjet. Besatzungszone geltenden Vorschriften zu beurteilen sind (Art. 14 EGBGB); denn in beiden Teilen Deutschlands ist gegenwärtig davon auszugehen, daß ein Alleinbestimmungsrecht des Mannes im Sinne des § 1354 nicht mehr besteht. Während in der Bundesrepublik bis zum 31. 3. 1953 dem Manne die Entscheidung in allen das gemeinschaftliche Leben betreffenden Angelegenheiten zustand, er insbesondere über den gemeinsamen Wohnort und die Ehewohnung zu bestimmen hatte (§ 1354 I BGB), ist diese Bestimmung in der sowjet. Besatzungszone bereits seit dem 7. 10. 1949 nicht mehr geltendes Recht (Artt. 30 Satz 2, 144 Verfassung der DDR). In der sowjet. Besatzungszone hat hierzu § 14 des Gesetzes vom 27. 9. 1950 (GBl DDR 1037) bestimmt:

„Die Eheschließung hat für die Frau keine Einschränkung oder Schmälerung ihrer Rechte zur Folge. Das bisherige Alleinbestimmungsrecht des Mannes in allen Angelegenheiten des ehelichen Lebens ist zu ersetzen durch das gemeinsame Entscheidungsrecht beider Eheleute. Insbesondere soll über die Wahl des Wohnsitzes und der Wohnung, über die grundsätzlichen Fragen der Haushaltführung, über die Erziehung der Kinder usw. nur gemeinsam entschieden werden".

Daß diese Bestimmung am Wohnort der Bekl. in der sowjet. Besatzungszone sinngemäß bereits seit dem 7. 10. 1949 gilt und die Textfassung lediglich eine Erläuterung des mit Inkrafttreten der DDR-Verfassung geschaffenen Rechtszustandes darstellt, ergibt sich aus § 13 des Ges. vom 27. 9. 1950. Damit ist die Vorschrift des § 1354 BGB für das Gebiet der sowjet. Besatzungszone ausdrücklich beseitigt. Nachdem nun auch in der Bundesrepublik am 1. 4. 1953 gemäß Art. 117 I GG alle Vorschriften, die dem Verfassungsgrundsatz der Gleichberechtigung von Mann und Frau (Art. 3 II GG) widersprechen, ersatzlos weggefallen sind, ist auch hier § 1354 BGB in der bisherigen Fassung unanwendbar geworden (*Palandt*, BGB[12], Vorbem. zu § 1354; *Hagemeyer*, NJW 1953, 603; LG Hamburg, NJW 1953, 1104).

Das bedeutet jedoch weder nach dem gegenwärtigen Rechte der Bundesrepublik noch nach den in der sowjet. Besatzungszone geltenden Vorschriften, daß jeder Ehegatte, der die Wohnsitzwahl des anderen Ehegatten nicht billigt, ein Recht zum Getrenntleben hätte. Vielmehr bleiben die Ehegatten nach wie vor einander zur ehelichen Lebensgemeinschaft verpflichtet, wie es der in beiden Teilen Deutschlands unverändert weitergeltende § 1353 BGB ausdrücklich bestimmt. Eheliche Lebensgemeinschaft ist aber nur dann denkbar, wenn beide Ehegatten, mögen sie aus äußeren Gründen zeitweise getrennt leben müssen, ständig bemüht sind, eine gemeinsame Häuslichkeit entweder am Wohnort des Mannes oder der Frau oder auch an einem dritten Orte einzurichten, um an diesem Mittelpunkte ihrer Beziehungen gemeinsam wie Eheleute zu leben. Ergeben sich Meinungsverschiedenheiten, wo diese Häuslichkeit einzurichten ist, so haben die Ehegatten nach dem Recht beider Teile Deutschlands gemeinsam zu entscheiden, wobei jeder Ehegatte auf die berechtigten Interessen des anderen Gatten Rücksicht zu nehmen hat. Ausschlaggebend für diese Entscheidung beider Gatten muß immer das Wohl der Ehe und Familie sein, wobei von jedem Ehegatten verlangt werden muß, daß er sich um eine sachliche Prüfung der Dinge bemüht (*Palandt* aaO). Nur wenn feststeht, daß die Entscheidung des einen Teiles nach objektiven Maßstäben dem Interesse der Familie am besten dient, während die Gründe des anderen Teiles einer ernsthaften Prüfung nicht standhalten, wird der Ehegatte mit den besseren Gründen unter Berufung auf die gegenseitige Pflicht zur ehelichen Lebensgemeinschaft von dem anderen Teile verlangen dürfen, daß seine Entscheidung respektiert wird und von dem anderen Teile befolgt werde. Nur wenn diese Voraussetzung gegeben ist, wird in der Weigerung des anderen Teiles, seinem Ehegatten an dessen Wohnort zu folgen, eine schwere Eheverfehlung im Sinne des § 43 EheG erblickt werden können.

Daß diese nach dem 1. 4. 1953 den Gerichten durch das Schweigen des Gesetzgebers anheimgefallene Prüfung der Frage, welcher Ehegatte dem andern bei Meinungsverschiedenheiten über den gemeinsamen Wohnort zu folgen hat, den Richter häufig vor schwer lösbare Aufgaben stellt, zeigt der hier vorliegende Fall besonders deutlich. Während sich zahlreiche Fälle denken lassen, in denen die Entscheidung zugunsten des Mannes oder der Frau verhältnismäßig einfach zu treffen ist (vgl. das Beispiel des berufstätigen Mannes, der von seinem Einkommen die ganze Familie unterhält, bei *Hagemeyer* aaO, oder umgekehrt das Beispiel der berufstätigen, als Spezialistin an einen bestimmten Arbeitsplatz gebundenen Frau, die einen arbeitsunfähigen Schwerkranken heiratet), können im vorliegenden Falle beide Parteien wesentliche Gesichtspunkte anführen, die ihre Entscheidung auch vom Standpunkt des Familieninteresses als berechtigt erscheinen lassen. So kann der Kl. anführen, daß er in Westdeutschland in seinem erlernten Beruf als Tischler wieder eine ständige Beschäftigung gefunden hat, die es ihm ermöglicht, für seine Frau so zu sorgen, daß diese nicht mehr selbst zur Arbeit zu gehen braucht. Er kann weiter darauf hinweisen, daß es ihm gelingen wird, eine angemessene Familienwohnung und eine einschlägige Arbeitsstelle für seine Tochter hier in Westdeutschland zu finden, sobald sich die Bekl. dazu entschließen sollte, zu ihm zu kommen. Auch wenn er sich nicht ausdrücklich darauf beruft, sondern sogar meint, daß sein Entschluß zum Verbleiben in Westdeutschland wesentlich durch wirtschaftliche Erwägungen bestimmt worden sei, würde für seine Entscheidung auch der Umstand sprechen, daß er hier mit seiner Familie als freier Mann leben und auch seine Familie an den freieren Umständen des westlichen Lebens teilnehmen lassen kann. Andererseits lassen sich aber auch die Gründe der Bekl. nicht ohne weiteres von der Hand weisen. Selbst wenn man nach den Erfahrungen, die während der letzten 9 Jahre in den beiden Teilen Deutschlands gemacht worden sind, annehmen kann, daß die Bekl. hier besser leben würde, als es ihr unter den gegenwärtigen Bedingungen der sowjet. Besatzungszone möglich ist, muß man ihr doch zubilligen, daß ihr der Entschluß, Z. zu verlassen und zum Kl. nach Westdeutschland zu kommen, besonders schwer fallen würde; denn in Z. lebt sie praktisch in der alten Heimat. Das alte Dorf liegt nur eine knappe Wegestunde entfernt, mag auch die „Friedensgrenze" es ihr verwehren, es in Frieden wieder zu besuchen. In Z. hat sie ihre Mutter und Schwester; die Menschen, mit denen sie zu tun hat, sprechen die gleiche Mundart, wie sie ihr aus dem benachbarten Geburtsort O. vertraut ist. Gerade bei ihr als Frau ist es zu verstehen, daß sie sich davor fürchtet, aus den alten Bindungen verwandtschaftlicher und volkstumsmäßiger Art herausgerissen zu werden und in eine ihr nach Sprache, Art und Lebensweise völlig fremde Umgebung zu kommen, mag ihr auch der Mann den Weg in die neue Umgebung erleichtern wollen, die sie glaubt, nie als Heimat empfinden zu können. Mögen auch Millionen vertriebener Deutscher diese Umstellungsschwierigkeiten empfunden und trotzdem überwunden haben, so ist der Beharrungswille der Bekl. doch insofern verständlich, als sie durch die unmittelbare und stets gegenwärtig sichtbare Nähe der alten Heimat das Vertriebenenschicksal anders empfinden muß als diejenigen, die über Hunderte oder Tausende von Kilometern hinweg ohne fortdauernde Berührung mit der alten Heimat in eine völlig andere Umgebung verschlagen wurden.

Auch läßt sich nicht widerlegen, daß der Kl. bei einer Rückkehr nach Z., wo er nach seinen eigenen Angaben nicht mit einer Verfolgung aus politischen Gründen zu rechnen braucht, auch dort wieder Arbeit in seinem Beruf finden würde. Es kann jedoch dahingestellt bleiben, ob die Bekl. bei Abwägung aller objektiven Momente nicht doch verpflichtet ist, unter Aufgabe ihrer Arbeit und Wohnung mit der Tochter zum Kl. nach Westdeutschland zu kommen; denn jedenfalls kann man angesichts der für ihren Standpunkt sprechenden Gründe nicht feststellen, daß sie durch ihre Weigerung schuldhaft eine schwere Eheverfehlung begangen hat. In einem Fall, dessen Umstände so zweifelhaft liegen wie hier, könnte der Bekl. aus ihrer Weigerung ein Vorwurf im Sinne schuldhaften Handelns erst dann gemacht werden, wenn die Bekl. erkennen müßte, daß sie ungeachtet ihrer Weigerungsgründe im Interesse der Erhaltung der Familie verpflichtet wäre, die eheliche Lebensgemeinschaft mit dem Kl. dadurch herzustellen, daß sie ihm nach Westdeutschland folgte, und daß nicht der Kl. in den Umkreis der alten Heimat zurückkehren mußte. Um eine für beide Parteien rechtsverbindliche Entscheidung über die Wohnortfrage herbeizuführen, hätte der Kl. die Herstellungsklage nach § 1353 BGB erheben können. Wäre in einem solchen Verfahren rechtskräftig festgestellt worden, daß die Bekl. verpflichtet war, dem Kl. nach Westdeutschland zu folgen, so würde in der Weigerung der Bekl., einem solchen Urteil freiwillig Folge zu leisten, nunmehr auch eine schuldhafte schwere Eheverfehlung zu erblicken sein. Solange in zweifelhaften Fällen eine solche Entscheidung des Gerichts nicht ergangen ist, fehlt es an einem schuldhaften Verhalten desjenigen Ehegatten, der der Aufforderung des anderen Teiles, an seinen Wohnort überzusiedeln, aus vielleicht objektiv unberechtigten, aber menschlich begreiflichen Beweggründen keine Folge leistet. Eine etwaige Fehlentscheidung der Bekl. kann ihr schließlich auch deshalb nicht als Verschulden angerechnet werden, weil der Kl. bei seinem ersten Besuch in Z. im Jahre 1946 selbst den Gedanken geäußert hat, daß er vielleicht später einmal doch wieder nach Z. zurückkommen werde, wenn sich die Verhältnisse einmal ändern würden. Da der Kl. weiterhin erklärt hat, daß er den endgültigen Entschluß, im Westen zu bleiben, nicht aus politischen, sondern aus ernährungsmäßigen und wirtschaftlichen Gründen des äußeren Wohlergehens gefaßt hat, kann man der Bekl., die aus eigener Erfahrung niemals die tiefgreifenden Unterschiede der Lebensart in den beiden Teilen Deutschlands kennen gelernt hat und deshalb den Entschluß des Kl. in seiner Tragweite nicht voll zu würdigen vermag, nicht den Vorwurf einer schweren Eheverfehlung daraus machen, daß sie an der ihr vertrauten Umgebung festhielt und dem Kl. nicht nach Westdeutschland folgen wollte.

Nach § 43 EheG kann deshalb der Kl. die Scheidung der Ehe nicht verlangen.

b) Dagegen ist die Scheidungsklage aus § 48 EheG begründet.

Durch die kriegsbedingte Flucht der Bekl. aus O., das jenseits der Lausitzer Neiße liegt und nach dem Zusammenbruch unter polnische Verwaltung kam, haben die Parteien ihre frühere gemeinsame Ehewohnung verloren. Später haben sie eine gemeinsame Häuslichkeit nicht wiederbegründet, obwohl die Möglichkeit dazu sowohl am Wohnsitz des Kl. in N. bzw. M., als auch am Wohnort der Bekl. in Z. bestand. Mag auch der Kl. bei seinem ersten Besuch in Z. noch mit dem Gedanken gespielt haben, zu seiner Frau nach Z. zu ziehen, so hat er sich doch sehr bald dazu entschlossen, endgültig in Westdeutschland zu bleiben. Die Bekl. dagegen hat den neubegründeten Wohnsitz des Kl. im Westen niemals als ihr Heim angesehen, sondern immer daran festgehalten, in Z. bleiben zu wollen. Spätestens seit Anfang 1951, als der Kl. die Bekl. im Brief vom 8. 1. 1951 vor die Frage stellte, ob sie zu ihm nach M. kommen wollte, und die Bekl. diese Forderung des Kl. ablehnte, leben die Parteien aus freiem Entschluß getrennt; und spätestens seit diesem Zeitpunkt hat keine Partei die Häuslichkeit des anderen als gegenwärtigen oder zukünftigen Mittelpunkt eines gemeinsam zu führenden Ehelebens angesehen (vgl. hierzu BGHZ 4, 279 ff.). Damit rechtfertigt sich die Feststellung, daß die häusliche Gemeinschaft der Parteien seit mehr als drei Jahren aufgehoben ist.

Die Ehe der Parteien ist auch unheilbar zerrüttet. Dies kommt dadurch zum Ausdruck, daß der Kl., der sich jahrelang bemüht hat, die Bekl. zu sich nach Westdeutschland zu holen, nunmehr keine Möglichkeit mehr sieht, die Ehe mit der Bekl. fortzusetzen, und sich endgültig durch Erhebung der Scheidungsklage von der Bekl. abgewendet hat. Da keine Partei in der Wohnortfrage nachgeben will, ist auch nicht damit zu rechnen, daß die Parteien doch noch einmal zu gemeinsamer Lebensführung zueinander finden werden. Die Voraussetzungen des § 48 I EheG sind deshalb gegeben.

Der Widerspruch der Bekl. gegen die Scheidung ist nicht zulässig; denn der Kl. hat die Zerrüttung der Ehe weder allein noch überwiegend verschuldet (§ 48 II Satz 1 EheG). Aus der Tatsache, daß er nicht zur

Bekl. nach Z. ziehen will, ist ihm ebensowenig ein Vorwurf zu machen, wie der Bekl. aus ihrem Entschluß, in Z. zu bleiben. Ob der Kl. in den vergangenen Jahren mehr für seine Familie hätte tun können, mag dahingestellt bleiben; denn die Ehe der Parteien ist nicht an mangelnder Fürsorge des Kl., sondern allein daran gescheitert, daß sich die Parteien nicht darüber einigen konnten, wo sie nach dem Zusammenbruch ein neues gemeinsames Heim aufbauen wollten. Im übrigen waren die Verhältnisse des Kl., der bis zur Währungsreform als Landarbeiter nur ein Taschengeld und später dann durchschnittlich etwa 250 DM im Monat verdiente, bisher ziemlich beengt, während die Bekl. nach ihrer eigenen Darstellung mit ihrer Tochter in Z. jahrelang auskömmlich verdient hat. Endlich ist es verständlich, daß der Kl., der der Auffassung war und sein konnte, daß die Bekl. zu ihm kommen müsse, ihr nicht an ihren Wohnsitz Lebensmittel und Kleidung in erheblichem Umfang geschickt hat, während auf der anderen Seite die Briefe der Tochter ergeben, daß er diese nicht unerheblich bedacht hat. Von einem ausschließlichen oder auch nur überwiegenden Verschulden des Kl. an der Zerrüttung der Ehe kann also nicht gesprochen werden. Die Parteien sind vielmehr ein Opfer der Zonentrennung geworden, deren nicht von ihnen zu vertretenden Folgen und Belastungen ihre eheliche Gesinnung beiderseits nicht stangehalten hat.

Die Heimtrennungsklage kann auch nicht deshalb abgewiesen werden, weil möglicherweise das Interesse der Tochter der Parteien die Aufrechterhaltung der Ehe fordern könnte; denn die jetzt fast 20jährige Tochter ist nach dem in Z. geltenden Recht der sowjet. Besatzungszone bereits volljährig (§ 1 des Ges. vom 17. 5. 1950 — GBl DDR 437), so daß § 48 III EheG hier keine Anwendung finden kann. Selbst wenn die Tochter der Parteien noch als minderjährig zu behandeln wäre, würde ihr wohlverstandenes Interesse die Aufrechterhaltung der Ehe nicht erfordern; denn auch beim Bestehenbleiben der Ehe kommt angesichts der räumlichen Trennung ein irgendwie gearteter persönlicher Einfluß des Kl. auf die fast erwachsene Tochter nicht mehr in Betracht. Auch wird ihr Unterhalt durch die Scheidung nicht gefährdet, weil sie schon seit Jahren eigenes, auskömmliches Arbeitseinkommen hat und Geldüberweisungen in die sowjet. Besatzungszone zur Zeit nur auf dem Verrechnungswege über ein Sperrkonto möglich sind. Dafür, daß der Kl. nach der Scheidung seine Tochter nicht mehr mit Paketen bedenken werde, sind keine Anhaltspunkte hervorgetreten.

Hiernach ist die Ehe der Parteien ohne Schuldanspruch zu scheiden."

7. Die Zustimmung des Ehemannes zu Verfügungen der Ehefrau über ein zum eingebrachten Vermögen gehörendes Grundstück ist nach der für das Ehegüterrecht maßgebenden Rechtsordnung zu beurteilen. — Das Ehegüterrecht bestimmt sich nach dem Heimatrecht des Ehemannes zur Zeit der Eheschließung. — Das saarländische Recht enthält kein Sonderstatut für Grundstücke. — Die Unwandelbarkeit des Ehegüterstatuts ist für den Fall der Ausgliederung einer Rechtsordnung aus einer anderen Rechtsordnung nicht angemessen; sie ist aber dann zu beachten, wenn der Ehe-

mann sowohl zur Zeit der Eheschließung als auch zur Zeit der Entscheidung des Rechtsstreites demselben Staat angehört hat.

LG Saarbrücken, Beschl. v. 22. 2. 1955 — 5 T 39/55: SaarlRuStZ 1956, 32.

Die Ehefrau NN hat am 24. 8. 1954 durch Notar A. unter Vorlage einer entsprechenden Bewilligung die Eintragung einer Sicherungshypothek bis zum Höchstbetrage von 100000 Frs. auf den ihr gehörenden Grundbesitz zugunsten der Gemeinde S. (Gemeindefürsorgeverband) (Saargebiet) zur Sicherung der Forderungen der Gemeinde beantragt. Es wurde von ihr u. a. eine „B." (Bundesgebiet) als Ausstellungsort angebende, mit dem Namen ihres Ehemannes unterschriebene Erklärung vom 25. 9. 1953 vorgelegt, in der dieser seine Zustimmung zur Eintragung einer Sicherungshypothek erteilt. Das Schreiben trägt einen handgeschriebenen Beglaubigungsvermerk eines „Vollzugsbeamten" und enthält als weitere Ortsangabe „Sozialamt".

Der Rechtspfleger sowie der Erstrichter haben die Eintragung wegen Fehlens der ehelichen Zustimmung in der Form des § 29 GBO abgelehnt; die Beschwerde der ASt. hatte Erfolg.

Aus den Gründen:

„Da der Ehemann nach dem Vorbringen der Beschwerdeführerin im Zeitpunkt der Eheschließung (1924) die deutsche Staatsangehörigkeit besessen hat, wäre in Anwendung des aus Art. 15 EGBGB zu entnehmenden Grundsatzes, wonach güterrechtliche Fragen sich nach dem Heimatrecht des Ehemannes zur Zeit der Eheschließung beurteilen, auch die vorliegende Frage nach dem Erfordernis der Zustimmung des Ehemannes zu Verfügungen der Frau über Gegenstände des eingebrachten Gutes nach deutschem Recht zu beantworten, mit der Folge, daß mit Rücksicht auf den am 1. 4. 1953 in der Bundesrepublik eingetretenen Wegfall des Verwaltungs- und Nutznießungsrechtes des Ehemannes (vgl. *Palandt*, [BGB][13] Grundzüge 4 vor § 1363 BGB) diesem Erfordernis der Boden entzogen wäre. Hieran würde durch die Belegenheit des Grundstückes im Saarland nichts geändert, da die damit angedeutete Möglichkeit eines vorrangig zu berücksichtigenden Sonderstatutes für Immobilien (Art. 28 EGBGB) auch nach saarländischem Recht nicht besteht.

Die im EGBGB enthaltene Kollisionsnorm des Art. 15, die auf dem Staatsangehörigkeitsprinzip beruht, vermag allerdings in Fällen der Bildung einer selbständigen neuen Rechtsordnung, wie sie bei der Ausgliederung des Saarlandes zu verzeichnen ist, nicht immer zu befriedigenden Ergebnissen [zu] führen. Es erscheint schwerlich gerechtfertigt, die güterrechtlichen Verhältnisse sämtlicher vor der Schaffung der saarländischen Staatsangehörigkeit geschlossener Ehene auch dann weiterhin nach deutschem Recht zu behandeln, wenn der Ehemann die saarländische Staatsangehörigkeit erlangt hat. Die Anknüpfung an diese dürfte andererseits, solange der Gesetzgeber die Frage nicht geregelt hat, in Anbetracht des bisherigen Rechtszustandes kaum zu entbehren sein. Ohne daß es eines Eingehens auf die bei solcher Rechtsanwendung im einzelnen entstehenden Schwierigkeiten bedarf, ist vorliegend, in negativer Abgrenzung des Tatbestandes, jedenfalls festzustellen, daß die Zustimmungserfordernis hier dann entfällt, wenn der Ehemann der Beschwerdeführerin zur Zeit der Eingehung der Ehe deutscher Staatsangehöriger war und nicht Saarländer geworden ist. Dies ist nach dem Inhalt der Akten mit Wahrscheinlichkeit der Fall. Der Erstrichter wird daher erneut über den Eintragungsantrag unter Abstandnahme von seinen bisher geäußerten Bedenken zu entscheiden haben.“

8. Im Bundesgebiet bedarf es einer Befreiung vom Ehehindernis des Ehebruchs nicht, wenn die Ehe in der Sowjetzone auf Grund des dort geltenden allgemeinen Scheidungstatbestandes geschieden wurde.

Der Präsident des LG Karlsruhe, Entsch. v. 29.8.1956: StAZ 1957, 50.

Aus den Gründen:

„Befreiung vom Eheverbot wegen Ehebruchs ist nur notwendig, wenn der Ehebruch als Grund der Scheidung im Scheidungsurteil, sei es in der Urteilsformel oder in den Entscheidungsgründen, festgestellt ist, und zwar unter Benennung des Mitschuldigen. Der Ehebruch muß im Wege der Klage oder Widerklage aus § 42 EheG geltend gemacht sein. Dies trifft in vorliegendem Falle nicht zu. Die sowjetzonale VO über Eheschließung und Eheauflösung vom 24. 11. 1955 kennt den absoluten Scheidungsgrund des § 42 EheG nicht mehr.

Da das Ehescheidungsrecht der DDR den Ehebruch als absoluten Scheidungsgrund nicht mehr vorsieht, das Eheverbot des § 6 I EheG eine solche Regelung aber voraussetzt, bedarf es meines Erachtens in Fällen wie dem vorliegenden (Scheidung der Ehe nach § 8 der sowjetzonalen VO) einer Befreiung im Sinne des § 6 II EheG nicht.

Die gleiche Ansicht vertritt *Fischer* in StAZ 1956, 70. Zu beachten ist jedoch — worauf *Fischer* hinweist —, daß der in der Bundesrepublik zuständige Landgerichtspräsident dann über die Befreiung zu entscheiden hat, wenn das Urteil vor Inkrafttreten der neuen EheVO in der DDR wegen Ehebruchs ergangen ist und die dortigen Behörden die Entscheidung über das Befreiungsgesuch verweigern.“

9. Ein sowjetzonales Ehescheidungsurteil, das auf Grund des in der Sowjetzone geltenden allgemeinen Scheidungstatbestandes ergangen ist, errichtet im Bundesgebiet das Ehehindernis des Ehebruchs auch dann nicht, wenn in den Urteilsgründen ein Ehebruch festgestellt worden ist*. — Es verstößt nicht gegen den westdeutschen ordre public, daß das Recht der Sowjetzone nicht den gesetzlichen Scheidungsgrund des Ehebruchs kennt.

LG Bielefeld, Beschl. v. 28. 9. 1956 — 3a T 251, 253/56: NJW 1957, 64 (abl. *Kubisch* S. 388); StAZ 1957, 99.

Die Ehe des Kraftfahrers H. ist durch Urteil des Kreisgerichts H. (sowjet.) gemäß §8 der VO über Eheschließung und Ehescheidung vom 24.11.1955 geschieden worden. Aus den Urteilsgründen ergibt sich, daß K. während der Ehe mit seiner

* Im Sinne dieses Leitsatzes ist — im Einvernehmen mit den zuständigen Ministern des Bundes und der Länder — ein Runderlaß des Hessischen Ministers des Innern vom 31. 1. 1957 ergangen (StAZ 1957, 68).

jetzigen Verlobten Sch. geschlechtlich verkehrt hat; diese will er jetzt heiraten. Der Standesbeamte in M. (Bundesgebiet) hat sich geweigert, das Aufgebot zu erlassen und die Ehe zu schließen, bevor Befreiung vom Ehehindernis des Ehebruchs erteilt worden ist. Das AG hat den Antrag von K., den Standesbeamten zur Vornahme dieser Handlung anzuweisen, zurückgewiesen. Das LG gab der Beschwerde statt.

Aus den Gründen:

„Gemäß § 6 EheG darf eine Ehe nicht geschlossen werden zwischen einem wegen Ehebruchs geschiedenen Ehegatten und demjenigen, mit dem er den Ehebruch begangen hat, wenn dieser Ehebruch in dem Scheidungsurteil als Grund der Scheidung festgestellt ist. Nach Absatz II dieser Vorschrift kann hiervon Befreiung bewilligt werden. Sie soll nur versagt werden, wenn schwerwiegende Gründe der Eingehung der neuen Ehe entgegenstehen. Absatz I des § 6 EheG enthält eine doppelte Voraussetzung für das Ehehindernis wegen Ehebruchs. Einmal muß die aufgelöste Ehe „wegen Ehebruchs" geschieden sein. Dies ist die materielle Seite der Vorschrift, die den Ehebruch nach Kausalitätsprinzipien rein tatsächlicher Art zur Voraussetzung macht. Es kann keinem Zweifel unterliegen, daß für den vorliegenden Fall nach den Gründen des Scheidungsurteils diese Voraussetzungen gegeben sind. Das Scheidungsurteil hat ausdrücklich Geschlechtsverkehr zwischen dem Beteiligten zu 1 und G. Sch. als erwiesen festgestellt. Die andere Seite der Bestimmung in § 6 EheG ergibt sich aus dem Konditionalsatz, mit dem die ausdrückliche „Feststellung" zur Voraussetzung des Ehehindernisses wegen Ehebruchs in dem Scheidungsurteil als Grund der Scheidung gemacht wird. Damit tritt zu der rein tatsächlichen Voraussetzung eine solche formaler Art hinzu. Diese Voraussetzung kann jedoch nur dann erfüllt werden, wenn die Rechtsordnung, der das Scheidungsrecht angehört, die Ehescheidung wegen Ehebruchs als selbständigen Gesetzestatbestand, losgelöst von weiteren hinzutretenden Scheidungsvoraussetzungen, kennt, wie sich dies für die Rechtsordnung der Deutschen Bundesrepublik aus § 42 EheG ergibt, wonach ein Ehegatte Scheidung begehren kann, „wenn der andere die Ehe gebrochen hat". Dies ergibt sich aus folgender Überlegung.

Der Ehebruch ist nach unserem Rechtssystem zwar ein absoluter Scheidungsgrund. Seine rechtlichen Folgen unterliegen jedoch weitgehend der Disposition der Ehegatten, die nach dem System unseres Scheidungsrechts die letzte Entscheidung darüber behalten sollen, ob und welche Folgerungen sie aus dem Tatbestand des Ehebruchs herbeiführen wollen. So bleibt es einem Ehegatten durchaus überlassen, die Rechtsfolgen eines Ehebruchs dadurch aufzuheben, daß er den Ehebruch des anderen verzeiht oder als ehestörend nicht empfinden will. Andererseits folgt aus seiner prozessualen Stellung als Partei, daß er trotz Vorliegens eines Ehebruchs als Lebenstatbestand durchaus in der Lage ist, seine Ehescheidung rechtlich auf § 43 EheG zu stützen. Damit ist er in der Lage, den Ehebruch nicht zum Ehehindernis werden zu lassen. In dem einen Fall folgt aus der Dispositionsbefugnis die Aufrechterhaltung der Ehe, in dem anderen Falle wenigstens die Möglichkeit, auch die Trennung der Ehe mit einem letzten Zug von Versöhnlichkeit herbeizuführen, damit selbst nach Auflösung der Ehe dem anderen nicht noch vermeidbare Schwierigkeiten bei Eingehung einer neuen Ehe bereitet werden. In Absatz II des § 42 EheG muß man nicht eine solche Dispositionsbefugnis sehen. Danach hat der verletzte Ehegatte kein Recht auf Scheidung, wenn er dem Ehebruch zugestimmt oder ihn durch sein Verhalten absichtlich ermöglicht oder erleichtert hat. Geht man davon aus, daß in solchem Fall die Dispositionsbefugnis dann genommen ist, so bleibt doch festzuhalten, daß das Ziel in diesem Falle die Aufrechterhaltung der Ehe ist. Tragender Gesichtspunkt ist also in allen Fällen einmal die Aufrechterhaltung der Ehe oder doch die Möglichkeit, den Ehebruch nicht unbedingt zum Ehehindernis werden zu lassen, zum anderen Herbeiführung dieser Erfolge durch die Dispositionsbefugnis der Beteiligten. Diese tragenden Gesichtspunkte im System unseres Scheidungsrechts können aber nur dann wirksam werden, wenn der Ehebruch, wie in § 42 EheG, selbständiger Gesetzestatbestand ist. Dies ergibt sich am deutlichsten bei einem Blick auf die Rechtsordnung, die im vorliegenden Fall zur Ehescheidung des Beteiligten zu 1 geführt hat.

Das sowjetzonale Scheidungsrecht ist niedergelegt in der VO über Eheschließung und Eheauflösung vom 24. 11. 1955. Diese VO kennt die Ehescheidung wegen Ehebruchs als selbständigen Gesetzestatbestand nicht. Das Scheidungsrecht ist allein in § 8 der genannten VO enthalten, der folgenden Wortlaut hat:

> „Eine Ehe kann nur geschieden werden, wenn ernstliche Gründe hierfür vorliegen und wenn das Gericht durch eine eingehende Untersuchung festgestellt hat, daß die Ehe ihren Sinn für beide Eheleute, für die Kinder und für die Gesellschaft verloren hat. Dabei hat das Gericht insbesondere zu prüfen, ob die Folgen der Scheidung für den anderen Teil eine unzumutbare Härte bedeuten und ob das Wohl der minderjährigen Kinder einer Scheidung entgegensteht.
>
> Die eine Scheidung rechtfertigenden Umstände können auch vor der Eheschließung eingetreten sein."

Nach sowjetzonalen Recht kann daher der Lebenstatbestand eines Ehebruchs nur auf dem Wege über den gesetzlichen Sammeltatbestand des § 8 der genannten VO zur Ehescheidung führen. Wollte man sich nun auf den Standpunkt stellen, der Ehebruch könne, wenn er im Scheidungsurteil eindeutig bezeugt ist, nur dann nicht zum Ehehindernis werden, wenn der andere Ehegatte von der ihm eingeräumten Dispositionsbefugnis im Sinne eines Verzichtes etwa in der Weise Gebrauch machte, daß er sein Scheidungsbegehren nicht auf § 42, sondern auf § 43 EheG stützt, so würde das im Hinblick auf Rechtssysteme, die diese Ausgleichsmöglichkeit gar nicht kennen, zu unhaltbaren Ergebnissen führen. Während demnach bei einem unter strengeren sittlichen Gesichtspunkten stehenden Rechtssystem, in dem der Ehebruch absoluter Scheidungsgrund ist, die Parteien die Möglichkeit hätten, den Ehebruch nicht zum Ehehindernis werden zu lassen, würden Personen, die wegen Ehebruchs nach einem Rechtssystem geschieden sind, das den Ehebruch als Scheidungsgrund bewußt ausgeschlossen hat, nicht einmal die Möglichkeit haben, den Ehebruch nicht zum Ehehindernis werden zu lassen. Hierfür ist eben erforderlich, daß die Rechtsordnung, der das Scheidungsrecht angehört, die Ausweichmöglichkeit von dem gesetzlichen Sondertatbestand des Ehebruchs auf einen allgemeiner gehaltenen Gesetzestatbestand überhaupt erst einmal vorsieht. Wo sich diese Möglichkeit nicht ergibt, ist eine Dispositionsbefugnis der Parteien im Eheprozeß ausgeschlossen. Dies müßte aber, wollte man allein die Ersichtlichkeit des Ehebruchs aus dem Scheidungsurteil als Voraussetzung für die Errichtung des Ehehindernisses gemäß § 6 EheG genügen lassen, zu einer auch eine letzte Nachsicht ausschließenden Unerbittlichkeit führen, die dem System unseres Scheidungsrechts fremd ist. Rechtsfolgen, die dem Rechtssystem unseres Scheidungsrechts entsprechen, lassen sich daher nur dann erreichen, wenn der Konditionalsatz in § 6 I EheG dahin verstanden wird, daß er eine rein formale Voraussetzung zum Inhalt hat, nämlich die „Feststellung" eines Ehebruchs im Scheidungsurteil, die ihrerseits nur dann erfüllt werden kann, wenn das Rechtssystem, auf das die Ehescheidung wegen Ehebruchs gegründet ist, den Ehebruch als gesetzlichen Sondertatbestand überhaupt kennt. Dies ist beim sowjetzonalen Scheidungsrecht nicht der Fall. Scheidungsurteile der Sowjetzone nach § 8 der geannten VO können daher, auch wenn die Entscheidungsgründe den Lebenstatbestand des Ehebruchs ergeben, nicht das Ehehindernis des § 6 EheG errichten, da sie nur die materielle Voraussetzung im ersten Teil des § 6 I EheG, nämlich den Ehebruch, ergeben können, nicht aber die Formalvoraussetzung der ausdrücklichen „Feststellung des Ehebruchs im Scheidungsurteil" (Konditionalsatz in § 6 I EheG) zu erfüllen geeignet sind.

Damit erübrigt sich eine Entscheidung der Frage, ob zur Erfüllung der Voraussetzungen des § 6 EheG der Ehebruch alleiniger Scheidungsgrund sein müßte oder neben anderen Scheidungsgründen, etwa der Ehewidrigkeit, wie hier Trennung der Ehegatten, Abwanderung aus der Sowjetzone nach dem Gebiet der Bundesrepublik, auch mit zu der Scheidung geführt hätte. Auch zur Entscheidung dieser Frage ist logische Voraussetzung, daß der Ehebruch als absoluter Scheidungsgrund einen Gesetzestatbestand für sich bildet. Trifft dies zu, so dürfte es gleichgültig sein, ob die Ehe nur oder auch „wegen" Ehebruchs geschieden ist. Nach dem Eherecht der Bundesrepublik würde es daher ohne Belang sein, ob die Scheidung lediglich auf § 42 oder auf §§ 42 und 43 EheG gestützt wäre. Steht für die Scheidung jedoch lediglich ein gesetzlicher Tatbestand wie der des § 8 der sowjetzonalen VO zur Verfügung, so muß ohnehin zu dem Ehebruch noch die Erfüllung anderer Tatbestandsmerkmale, wie Wertlosigkeit der Ehe für die Ehegatten, Kinder und Gesellschaft, hinzutreten. Welches Gewicht dabei dem Ehebruch zukommt, ist in solchem Falle um so weniger ersichtlich.

Die Voraussetzungen des Art. 30 EGBGB liegen nicht vor. Die Anwendung eines außerhalb der Deutschen Bundesrepublik bestehenden Gesetzes ist nur dann ausgeschlossen, wenn die Anwendung gegen die guten Sitten oder gegen den Zweck eines deutschen Gesetzes verstoßen würde. Die Anforderungen, die an die Anwendung dieser Bestimmung zu stellen sind, müssen sehr strenge sein. Danach müßte schon die Anwendung einer fremden Rechtsordnung für die Rechtsordnung der Deutschen Bundesrepublik geradezu unerträglich sein (*Soergel*, [BGB] Bem. 1b zu Art. 30 EGBGB). Hiervon kann jedoch keine Rede sein, wenn in einer Rechtsordnung der Ehebruch nicht einen absoluten Scheidungsgrund bildet.

Da die Voraussetzungen des § 6 EheG demnach nicht vorliegen, mußte der Standesbeamte angewiesen werden, von seinen Bedenken gegen den Erlaß des Aufgebots und die Vornahme der Eheschließung Abstand zu nehmen."

10. [Die Bestimmung des anzuwendenden Rechts kann dahingestellt bleiben, wenn die Vorschriften hinsichtlich der zu entscheidenden Rechtsfrage in beiden Teilen Deutschlands übereinstimmen. —] Die Weigerung der in der Sowjetzone befindlichen Ehefrau, dem im Bundesgebiet lebenden Ehemann an seinen Wohnort zu folgen, ist keine schwere Eheverfehlung.

SchlHolOLG, Urt. v. 30. 8. 1957 — 5 U 56/57: FamRZ 1957, 420 (krit. *Bosch*).

Die seit 1945 kinderlos verheirateten Parteien hatten ihren letzten ehelichen Wohnsitz in H. (sowjet.); sie hatten dort eine eigene Wohnung und einen vollen Hausstand. Im Juli 1953 hat der Kl. H. verlassen und im Bundesgebiet bei seiner Mutter ein Zimmer bezogen. Nach einem mehrwöchigen Besuch der Bekl. beim Kl. im Herbst 1954 haben die Parteien noch bis zum Mai 1955 in Briefwechsel gestanden.

Dem Kl. ist erst auf Beschwerde die Erlaubnis zum Aufenthalt im Bundesgebiet erteilt worden; im Aufnahmeverfahren wurde festgestellt, daß die Freiheit des Kl. nicht bedroht und seine Verhaftung nicht zu befürchten gewesen sei. Der Kl. bezieht eine kleine Pension, hat sich aber eine Ehewohnung noch nicht beschaffen können.

Die auf § 48, hilfsweise auf § 43 EheG gestützte Klage wurde in beiden Instanzen abgewiesen.

Aus den Gründen:

„I. . . . Zur Aufhebung der häuslichen Gemeinschaft im Sinne des § 48 EheG ist . . . erforderlich, daß der Wille zugleich auch auf die Aufhebung der ehelichen Gemeinschaft überhaupt gerichtet ist. Der ehefeindliche Inhalt dieses Willensentschlusses ist das entscheidende Merkmal.

Im vorliegenden Falle hatte der Kl. zwar im Juli 1953 den Willen, sich von der Bekl. zu trennen und die häusliche Gemeinschaft aufzuheben; er hatte aber zu dieser Zeit nicht den Willen, die eheliche Gemeinschaft aufzuheben und für die Zukunft zu verweigern. Denn er ging in der Erwartung nach Westdeutschland, daß die Bekl. ihm alsbald folgen werde und daß die Ehegatten in M. die häusliche Gemeinschaft wiederherstellen würden [wird ausgeführt]. Die häusliche Gemeinschaft der Parteien ist infolgedessen noch nicht 3 Jahre aufgehoben. Schon aus diesem Grunde kann die Klage aus § 48 EheG keinen Erfolg haben, wobei dahingestellt bleiben kann, ob die Ehe der Parteien unheilbar zerrüttet ist.

II. Auch die auf § 43 EheG gestützte Scheidungsklage kann keinen Erfolg haben. Wenn die Bekl. sich weigert, zu dem Kl. nach M. überzusiedeln und dort die häusliche Gemeinschaft wiederherzustellen, so liegt darin keine schuldhafte schwere Eheverfehlung im Sinne des § 43 EheG. Dahingestellt bleiben kann, ob für die rechtliche Würdigung des Verhaltens der Bekl. das in der Sowjetzone geltende Recht oder das Recht der Bundesrepublik Anwendung findet. Denn die Vorschrift des § 1354 BGB ist in der Sowjetzone bereits seit dem 7. 10. 1949 nicht mehr geltendes Recht (Artt. 30 Satz 2, 144 Verfassung DDR; § 14 des Ges. vom 27. 9. 1950 — GBl DDR 1037). In der Bundesrepublik ist seit dem 1. 4. 1953 gemäß Art. 117 I GG i. V. m. Art. 3 II GG § 1354 ersatzlos weggefallen (vgl. BGHZ 11, Anhang 62; OLG Celle, FamRZ 1954, 141 ff.[1]; *Soergel*, § 1354 BGB Vorbem.; *Palandt-Lauterbach*, § 1354 BGB Vorbem.). Danach steht dem Manne also nicht mehr die Entscheidung in allen das gemeinschaftliche Eheleben betreffenden Angelegenheiten zu. Der Kl. kann daher nicht einseitig den Wohnort und die Wohnung bestimmen. Auch nach Art. 1 Ziffer 5 des Gleichberechtigungsgesetzes vom 18. 6. 1957 (BGBl. I 609) ist § 1354 BGB mit Wirkung vom 1. 7. 1958 ersatzlos weggefallen.

Auch § 1353 BGB, der auch in der Sowjetzone noch gilt, verpflichtete die Bekl. nicht, dem Kl. nach M. zu folgen. Nach dieser Vorschrift sind die Ehegatten einander zur ehelichen Lebensgemeinschaft verpflichtet. Nach dem ersatzlosen Fortfall des § 1354 BGB hat diese Pflicht für die beklagte Ehefrau nicht den Inhalt, daß sie sich der Entscheidung des Kl., ihres Ehemannes, zu unterwerfen hätte. Ein solcher Entscheid des Mannes würde dem gleichen Rechte der Frau widersprechen und wäre mit Art. 3 II GG unvereinbar. Die Vorschrift des § 1353 BGB kann daher nicht in diesem Sinne ausgelegt werden. Vielmehr ist die Bekl. nur verpflichtet, die das gemeinschaftliche eheliche Leben betreffenden Angelegenheiten, wozu auch die häusliche Gemeinschaft gehört, gemeinsam mit dem Kl. zu entscheiden (vgl. *Palandt-Lauterbach*, § 1354 BGB Vorbem.; OLG Celle, FamRZ 1954, 141 ff.[2]). Bei Meinungsverschiedenheiten sind daher die Ehegatten verpflichtet, unter Würdigung der beiderseits vertretenen Auffassung um eine Einigung sich zu bemühen. Die Bekl. hat infolgedessen im vorliegenden Falle ihre Pflicht nicht schon dadurch verletzt, daß sie sich weigert, die häusliche Gemeinschaft in der gegenwärtigen Wohnung des Kl. wiederherzustellen, selbst wenn auch durch die Weigerung der Bekl. eine Einigung der Ehegatten zur Zeit nicht erzielt wird . . ."

3. Kindschaftsrecht

Vorbemerkung: Die Fälle Nr. 11 a, b, 13-15, 17 und 19 betreffen die Rechtsbeziehungen unehelicher Kinder, die Fälle Nr. 12, 18 und 20 die Rechtsverhältnisse ehelicher Kinder zu ihren Eltern und Nr. 16 eine interlokalrechtliche Adoption. Unterhaltsansprüche von Kindern werden in Abschnitt 4 unter Nr. 21 ff. behandelt.

---

[1] Siehe oben Nr. 6. [2] Siehe oben Nr. 6.

11. Die auch heute noch in der Sowjetzone lebende Mutter eines dort geborenen unehelichen Kindes erklärte sich im Jahre 1949 unwiderruflich damit einverstanden, daß ihr Kind bis zum Abschluß eines Adoptionsvertrages bei den in Aussicht genommenen Adoptiveltern in Pflege gegeben würde; sie verpflichtete sich, das Kind nicht zurückzufordern oder zurückzuholen. Die Pflegeeltern lebten damals in oder bei Qu. (sowjet.) und siedelten im Jahre 1950 mit dem Kind nach H. (Bundesgebiet) über. Im gleichen Jahr gab das Jugendamt Qu. die Vormundschaft über das Kind gemäß § 39 JWG an das Jugendamt H. ab.

Im Jahre 1953 beantragten die Pflegeeltern beim Vormundschaftsgericht, dieses möge den Amtsvormund anweisen, namens des Kindes mit ihnen den Adoptionsvertrag abzuschließen. Alle Instanzen wiesen den Antrag ab (Entscheidung a).

Nachdem der Annahmevertrag später durch das Jugendamt H. doch abgeschlossen worden war, ergaben sich bei der Genehmigung und Bestätigung des Vertrages Zweifel an der Vertretungsbefugnis des Jugendamtes. Das OLG bestätigte jedoch die Vertretungsberechtigung (Entscheidung b).

a) Die Vorschrift des sowjetzonalen Gesetzes über den Mutterschutz, wonach die Mutter eines unehelichen Kindes die vollen elterlichen Rechte hat, ist nach den Grundsätzen des interlokalen Rechts anzuerkennen, wenn sich Mutter und Kind in der Sowjetzone aufhalten. — Hat ein uneheliches Kind vor dem Inkrafttreten des sowjetzonalen Mutterschutzgesetzes seinen Aufenthalt im Bundesgebiet begründet, so tritt in Analogie zu § 35 III JWG die Amtsvormundschaft eines westdeutschen Jugendamtes ein.

OLG Hamm, Beschl. v. 19. 2. 1954 — 15 W 64/54: DAVorm. 27 (1954/55) 66[1] und 42; ZBlJR 1954, 144.

Aus den Gründen:

„Nach § 17 I Satz 2 des Gesetzes der DDR über den Mutter- und Kinderschutz und die Rechte der Frau vom 27. 9. 1950 (GBl DDR 1037) stehen der Mutter eines nichtehelichen Kindes die vollen elterlichen Rechte zu, die nicht durch die Einsetzung eines Vormundes für das Kind geschmälert werden dürfen. Nach § 31 II ist das Gesetz am 1. 10. 1950 in Kraft getreten. In § 13 heißt es aber, Gesetze und Bestimmungen, die eine Beschränkung oder Minderung der Rechte der Frau im Familienrecht festlegten, seien mit Inkrafttreten der Verfassung der DDR aufgehoben worden. Mit diesem Zeitpunkt, spätestens jedoch mit dem 1. 10. 1950, ist die Mutter alleinige gesetzliche Vertreterin ihres unehelichen Kindes geworden, falls es sich zu den genannten Zeitpunkten noch in der Sowjetzone aufgehalten hat. Nach den Grundsätzen des interlokalen Rechts kann die Anerkennung dieser Rechtsfolge für die Personen, die in der Sowjetzone Aufenthalt und Wohnsitz — letzterer folgt für das Kind nach § 11 I Satz 1 BGB dem der Mutter — haben, nicht versagt werden. In dem hier angenommenen Fall wäre das Jugendamt in der Bundesrepublik nicht Amtsvormund geworden, und das Vormundschaftsgericht könnte schon aus diesem Grunde ihm die gewünschte Anweisung nicht erteilen.

Ist das Kind aber vor dem maßgeblichen Zeitpunkt in das Gebiet der Bundesrepublik gelangt, so dürfte damit in entsprechender Anwendung der §§ 35 III, 7 I RJWG das Jugendamt H. Amtsvormund geworden

[1] Hier ist das Aktenzeichen falsch angegeben.

sein. Überdies ist auch eine Abgabe der Vormundschaft vom Jugendamt Qu. gemäß § 39 erfolgt. Alsdann dürfte sich aus den Umständen, insbesondere der Belassung des Kindes in der Pflege der Beschwerdeführer für die Dauer ergeben, daß der Amtsvormund als dazu befugter gesetzlicher Vertreter des Kindes dessen Aufenthalt und Wohnsitz im Gebiet der Bundesrepublik bestimmt hat (§§ 1793, 1800, 1631, 8 BGB; vgl. *Erman*, BGB § 11 Anm. 3, § 1631 Anm. 4, § 1800 Anm. 1). Dann ist ein Anknüpfungspunkt für die Anwendung des Rechts der DDR nach den Grundsätzen des interlokalen Privatrechts nicht mehr gegeben (vgl. Beschl. des Senats v. 8. 12. 1953 — 15 W 360/53[1]).“

b) Auf das interlokale Privatrecht sind — unter Beachtung seiner Besonderheiten — grundsätzlich die Bestimmungen des internationalen Privatrechts anzuwenden. — Die Befugnis zur Vertretung eines unehelichen Kindes, welches in der Sowjetzone geboren wurde, aber im Bundesgebiet lebt, während seine Mutter in der Sowjetzone wohnt, richtet sich entsprechend § 35 III JWG nach westdeutschem Recht; mit der Übersiedlung des Kindes in das Bundesgebiet tritt die Amtsvormundschaft des Jugendamtes des Aufenthaltsortes ein. (Das Kind wird insofern als „deutsches“, im „Ausland“ geborenes Kind behandelt.) — Unter den Voraussetzungen des Art. 23 EGBGB kann ein westdeutsches Gericht über ein uneheliches Kind, das sich im Bundesgebiet aufhält, dessen Mutter aber in der Sowjetzone lebt, die Vormundschaft übernehmen; (insoweit wird das Kind als „Ausländer“ behandelt). — Ein Fürsorgebedürfnis kann für ein ausländisches uneheliches Kind dann bestehen, wenn nach dessen Heimatrecht seine Mutter zwar die gesetzliche Vertretung hat, sie aber tatsächlich nicht ausüben kann.

OLG Hamm, Beschl. v. 14. 9. 1955 — 15 W 319/55: ZBlJR 1955, 295; Leitsatz in FamRZ 1956, 114.

Aus den Gründen:

„Nach § 17 des Gesetzes der DDR über den Mutter- und Kinderschutz und die Rechte der Frau vom 27. 9. 1950 — in Kraft seit dem 1. 10. 1950 — stehen der Mutter eines nicht ehelichen Kindes die vollen elterlichen Rechte zu, die nicht durch die Einsetzung eines Vormundes für das Kind geschmälert werden dürfen . . .

Die Frage, ob das Jugendamt in H. zur Vertretung des Kindes bei dem Abschluß des Adoptionsvertrages mit den Beschwerdeführern berechtigt war, hängt danach davon ab, ob das in der Bundesrepublik geltende Recht oder das Recht der DDR Anwendung findet. Diese Frage ist eine Frage des sogenannten interlokalen oder interzonalen Privatrechts. Für das interlokale Privatrecht kommen im Hinblick auf seine enge Verwandtschaft mit dem internat. Privatrecht dessen Grundsätze — allerdings unter Beachtung der Besonderheiten des interlokalen Rechts — im allgemeinen zur Anwendung (vgl. *Palandt*, Vorbem. vor EGBGB § 7 Anm. 14a; RGZ 170, 202). Wenn danach auch grundsätzlich das Heimatrecht der Mutter für das Rechtsverhältnis zwischen ihr und dem unehelichen Kind maßgebend ist, so ist doch hier die Frage

[1] IzRspr. 1945—1953 Nr. 48.

der gesetzlichen Vertretungsbefugnis des unehelichen Kindes nach dem in der Bundesrepublik geltenden Recht zu beurteilen. Das ergibt sich aus der entsprechenden Anwendung des § 35 III JWG. Nach dieser Bestimmung findet auf uneheliche deutsche Kinder, die im Ausland geboren sind und in Deutschland ihren Aufenthalt nehmen, falls eine deutsche Vormundschaft noch nicht eingeleitet ist, die Bestimmung des Absatzes I mit der Maßgabe Anwendung, daß das Jugendamt des Aufenthaltsortes die Vormundschaft über das Kind erlangt. Für ein deutsches uneheliches, im Auslande geborenes Kind entsteht keine gesetzliche Amtsvormundschaft (vgl. *Riedel*, JWG² Anm. 8 zu § 35). Da nach § 1707 BGB die Mutter nicht zur gesetzlichen Vertretung des unehelichen Kindes berechtigt ist, würde das Kind bei seinem Eintritt in das Bundesgebiet ohne gesetzlichen Vertreter sein im Gegensatz zu den in Deutschland geborenen unehelichen deutschen Kindern. Zum Schutze des Kindes tritt daher gemäß Absatz III die Amtsvormundschaft ein.

Auf uneheliche ausländische Kinder findet die Vorschrift zwar auch keine entsprechende Anwendung. Hier handelt es sich aber um ein uneheliches deutsches Kind, das hinsichtlich der Schutzvorschriften nicht schlechter gestellt sein darf, als jedes andere deutsche uneheliche Kind, das sich im Bundesgebiet befindet. Die Bestimmungen des internat. Privatrechts, die den Notwendigkeiten und Besonderheiten des interzonalen Rechtes nicht in der erforderlichen Weise Rechnung tragen, haben hier insoweit zurückzutreten. Zwar hat die Mutter in der Sowjetzone das Recht, ihr uneheliches Kind gesetzlich zu vertreten. Nimmt aber das Kind im Bundesgebiet seinen Aufenthalt, ist es praktisch des Schutzes durch den gesetzlichen Vertreter beraubt. Die Notwendigkeit des sofortigen Eintritts einer Amtsvormundschaft ist daher auch hier gegeben. Das muß umso mehr gelten, wenn die Mutter in der Sowjetzone sich mit der Adoption ihres Kindes unwiderruflich einverstanden erklärt hat und daher praktisch zur Ausübung der elterlichen Gewalt gar nicht in der Lage ist, normalerweise sogar über den späteren Aufenthalt ihres Kindes ohne Kenntnis bleibt. Für das Kind muß daher kraft Gesetzes ein sofort wirksamer Schutz eintreten, wie sie die amtliche Vormundschaft darstellt. In entsprechender Anwendung des § 35 III i. V. m. § 7 JWG war danach das Jugendamt in H. Vormund geworden und daher zum Abschluß des Adoptionsvertrages als gesetzlicher Vertreter des Kindes befugt. Zu dem gleichen Ergebnis, jedoch mit anderer Begründung, gelangt auch *Schröer* (Die familienrechtliche Gesetzgebung der sowjet. Zone in ihrer Auswirkung in der Bundesrepublik, StAZ 1954, 75 [77]).

Lehnt man jedoch die entsprechende Anwendung des § 35 III JWG ab, richtet sich die Frage der Rechtsbeziehungen der Mutter zu ihrem unehelichen Kind, wie oben ausgeführt, nach den Grundsätzen des internat. Privatrechts. Gemäß Art. 23 EGBGB kann eine Vormundschaft im Inland auch über einen Ausländer angeordnet werden, wenn der Ausländer nach den Gesetzen dieses Staates der Fürsorge bedarf, sofern der Staat, dem er angehört, die Fürsorge nicht übernimmt.

Das Heimatrecht des Ausländers, hier also des unehelichen Kindes, muß ein Fürsorgebedürfnis ergeben. Ein Fürsorgebedürfnis wird in der Regel dann zu verneinen sein, wenn das uneheliche Kind unter der vollen elterlichen Gewalt seiner Mutter steht, sie also zur gesetzlichen Vertretung des Kindes berechtigt ist. Etwas anderes gilt aber dann, wenn die elterliche Gewalt der Mutter tatsächlich ruht. Das Ruhen der elterlichen Gewalt muß hier aus den Gründen der §§ 1686 i. V. m. 1677, 1678 BGB bejaht werden. Nach § 1677 BGB ruht die elterliche Gewalt des Vaters — für die Mutter gilt nach § 1686 BGB das gleiche —, wenn von dem Vormundschaftsgericht festgestellt wird, daß der Vater auf längere Zeit an der Ausübung der elterlichen Gewalt tatsächlich verhindert ist. Es genügt, wenn lediglich eine Verhinderung in der Ausübung der einzelnen Bestandteile der elterlichen Gewalt, z. B. der Personensorge, vorliegt (vgl. *Palandt*, Anm. 1 zu § 1677 BGB). Eine tatsächliche Verhinderung der Mutter an der Ausübung der elterlichen Gewalt ergibt sich aus ihrer Erklärung vom 11. 11. 1949. In dieser Erklärung hat die Mutter sich damit einverstanden erklärt, daß das Kind bis zum Abschluß des Adoptionsvertrages, auch wenn der Vertrag aus gesetzlichen Gründen erst zu einem späteren Zeitpunkt zum Abschluß komme, den in Aussicht genommenen Eheleuten in Pflege gegeben werde und dort auch verbleibe. Sie hat sich weiterhin verpflichtet, bis zur Klärung der Frage der Adoption das Kind weder zurückzufordern noch etwa gegen den Willen der Personen, die es in Pflege nehmen, zurückzuholen. Diese Erklärung ist unwiderruflich erteilt. Unter diesen Umständen stand für das Vormundschaftsgericht fest, daß die Mutter auf längere Zeit an der Ausübung, insbesondere der Personensorge, tatsächlich verhindert ist. Bestand aber nach dem Heimatrecht ein Fürsorgebedürfnis, so war das Vormundschaftsgericht zur Anordnung der Vormundschaft befugt, wenn der Heimatstaat die Fürsorge nicht übernimmt. Zwar hat das Vormundschaftsgericht nicht ausdrücklich festgestellt, daß die Übernahme der Vormundschaft von dem Heimatstaat nicht erfolgte. Diese Feststellung erübrigte sich aber, weil die Vormundschaftsbehörden der Sowjetzone seinerzeit alle Vorgänge an die zuständigen Jugendämter der Bundesrepublik sowie an das Vormundschaftsgericht H. zwecks Übernahme der Vormundschaft abgegeben hatten. Abgesehen davon wird die Anordnung einer Vormundschaft auch nicht deshalb nichtig, weil irrtümlicherweise angenommen wird, daß die Voraussetzungen des Art. 23 EGBGB gegeben seien (vgl. *Palandt*, EGBGB Art. 23 Anm. 3 B; RGSt 45, 309). Insbesondere dauert bis zu ihrer Aufhebung die Vertretungsmacht des Vormundes fort. Da die Vormundschaft vom Jugendamt H. übernommen war, erübrigt es sich auch auf Grund des Art. 23 EGBGB, die bestehende Vormundschaft nochmals ausdrücklich zu bestätigen. Auch hiernach würde das Jugendamt H. als Vormund des unehelichen Kindes das Kind rechtsgültig bei dem Abschluß des Adoptionsvertrages vertreten haben.

Schließlich würden auch die folgenden Erwägungen zu dem gleichen Ergebnis führen. Die Tatsache, daß die Mutter eines unehelichen Kindes durch § 17 des Mutterschutzgesetzes die volle elterliche Gewalt über ihr

Kind erhalten hat, schließt die Anordnung einer Vormundschaft über das Kind nicht aus, wenn aus anderen gesetzlichen Gründen die Voraussetzungen für eine Vormundschaft gegeben sind. Ist also die Mutter an der Ausübung der elterlichen Gewalt auch in einzelnen Beziehungen tatsächlich verhindert, so muß eine Vormundschaft, wie bereits oben dargelegt wurde, gemäß §§ 1686, 1677, 1687 BGB angeordnet werden. Daß die Voraussetzungen für die Anordnung der Vormundschaft vorgelegen haben, ist bereits ausgeführt. Da die Amtsvormundschaft auf Grund des § 35 I JWG mit der Geburt des Kindes entstanden war, später aber die Mutter die unwiderrufliche Einverständniserklärung zur Adoption erteilt hat, wäre es ein unnötiger Formalismus für das Vormundschaftsgericht gewesen, wenn es die Amtsvormundschaft infolge der gesetzlichen Änderung aufgehoben hätte, um dann wegen der tatsächlichen Verhinderung der Mutter an der Ausübung der elterlichen Gewalt erneut eine Vormundschaft anzuordnen. Infolgedessen ist die Vormundschaft über das Kind nie erloschen. Sie ist dann auf ordnungsmäßigem Wege an das zuständige Jugendamt in der Bundesrepublik abgegeben worden und von hier aus an das Jugendamt H. gelangt. Als Vormund war das Jugendamt H. aber zur Vertretung des Kindes berechtigt."

12. **Ein Vater mißbraucht sein Sorgerecht, wenn er trotz des Fehlens jedes Vertrauensverhältnisses zwischen sich und seinem Sohn und trotz der baldigen Beendigung seines Erziehungsrechts darauf besteht, daß der Sohn entgegen dessen Willen zu ihm in die Ostzone komme.**

OLG Oldenburg, Beschl. v. 31. 7. 1954 — Wx 56/54: NdsRpfl. 1954, 221.

Der 1936 geborene H. B. lebte seit Kriegsende und nach dem Tode seiner Mutter im Haushalt seiner Großmutter in E. (Bundesgebiet). Sein Vater beließ ihn nach dem Tode der Mutter bei der Großmutter, ist selbst jedoch in der Sowjetzone ansässig und hat dort wieder geheiratet. Der Junge ist der Erziehung seiner Großmutter entwachsen, hat seine erste Arbeitsstätte wegen mangelhaften Verhaltens verloren und ist bereits wegen Diebstahls verwarnt worden. Im Jahr 1951 wurde die Großmutter zum Pfleger des Jungen zur Geltendmachung der Waisenrente und des Unterhaltsanspruchs gegen den Vater bestellt. Dieser verlangt, daß der Junge zu ihm in die Ostzone komme; der Junge lehnt dies jedoch ab. Nachdem der Vater Klage auf Herausgabe seines Sohnes erhoben hatte, beantragte die Großmutter beim Vormundschaftsgericht, dem Vater das Recht zur Bestimmung des Aufenthaltes seines Sohnes wegen Mißbrauchs des Sorgerechtes zu entziehen. AG und LG wiesen den Antrag ab, das OLG gab ihm statt.

Aus den Gründen:

„Die weitere Beschwerde der Großmutter ist gemäß § 57 Ziffer 8 FGG zulässig. Sie mußte auch zu einer Aufhebung des angefochtenen Beschlusses führen, da er auf einer Verletzung des § 1666 BGB beruht. Danach hat das Vormundschaftsgericht, wenn das geistige oder leibliche Wohl des Kindes dadurch gefährdet wird, daß der Vater das Sorgerecht mißbraucht oder das Kind vernachlässigt, die zur Abwendung der Gefahr erforderlichen Maßregeln zu treffen. Im vorliegenden Falle kann dahingestellt bleiben, ob und in welchem Umfange den Vater ein Verschulden daran trifft, daß zwischen ihm und seinem Sohn jede persönliche Verbindung verlorenging, so daß zwischen ihnen eine überaus starke Entfremdung eingetreten ist. Durchaus zutreffend hat auch das LG ausgeführt, daß dem Jungen bisher die leitende väterliche Hand gefehlt habe und daß er dringend einer starken Hand zu seiner Erziehung bedürfe. Soweit jedoch das LG keinen Nachteil für das Wohl des Jungen darin erblickt, wenn er jetzt nicht mehr bei der infolge ihres Alters offenbar nicht mehr zu seiner Erziehung geeigneten Großmutter verbleibt, sondern ohne Rücksicht auf seinen entgegenstehenden Willen in die Ostzone zum Vater kommt, so übersieht es, daß der Junge, der schon in Kürze das 18. Lebensjahr vollendet, mit der Vollendung seines 18. Lebensjahres auf Grund des § 1 des ostzonalen Gesetzes über die Herabsetzung des Volljährigkeitsalters vom 17. 5. 1950 (GBl DDR 437) volljährig wird und dann in der Ostzone nicht mehr der väterlichen Gewalt des Vaters untersteht. Gerade mit Rücksicht auf die bisher ungenügende Erziehung des Jungen kann es daher nicht dem geistigen und sittlichen Wohl des Jungen dienen, wenn er jetzt gegen seinen Willen in den Haushalt des ihm völlig entfremdeten Vaters kommt, der nur noch kurze Zeit Erziehungsgewalt über ihn ausüben könnte. Da sich der Vater auch in den letzten Jahren nicht bemüht hat, die Zuneigung des Jungen zu gewinnen, und der Junge selbst eine Übersiedlung zum Vater ablehnt, kann auch in nächster Zeit nicht erwartet werden, daß bei zwangsweiser Überführung des nahezu erwachsenen Sohnes in den Haushalt des ihm entfremdeten Vaters und dessen ihm unbekannter Frau ein gedeihliches Verhältnis zwischen Vater und Sohn hergestellt wird. Für den dann kurz vor der Erreichung der Volljährigkeit stehenden Sohn bedeutet aber der vom Vater verlangte Aufenthaltswechsel einen so tiefen Eingriff in seine künftige Lebensgestaltung, daß der Wille des Sohnes nicht unbeachtet bleiben darf. Wenn daher der Vater, obwohl es zwischen ihm und dem Jungen an jedem Vertrauensverhältnis fehlt, trotz seines bald endenden Erziehungsrechtes darauf besteht, daß der Junge zu ihm in die Ostzone kommt, so ist darin ein Mißbrauch seines Sorgerechts zu erblicken. Entgegen der Auffassung des LG sind daher Maßnahmen gemäß § 1666 BGB zu treffen. Da es im Interesse des Jungen dringend einer Beseitigung seiner unzulänglichen Erziehung bedarf, erscheint es auch nicht ausreichend, dem Vater das ihm gemäß § 1631 BGB zustehende Recht, den Aufenthalt des Kindes zu bestimmen, zu entziehen. Ohne an den von der Großmutter gestellten Antrag gebunden zu sein, hat daher das Vormundschaftsgericht noch zu prüfen, welche Maßregeln im Interesse der Erziehung des Jungen zur Abwendung seiner Gefährdung gemäß § 1666 BGB zu treffen sind. Der angefochtene Beschluß war daher aufzuheben und die Sache zur erneuten Prüfung und Entscheidung an das Vormundschaftsgericht zurückzuverweisen."

13. Kollisionen zwischen dem westdeutschen und dem sowjetzonalen Recht sind in entsprechender Anwendung der Bestimmungen des internationalen Privatrechts zu lösen. — Anknüpfungspunkt ist an Stelle der Staats-

angehörigkeit der Wohnsitz oder Aufenthalt der maßgeblichen Person. — Soweit das sowjetzonale Mutterschutzgesetz der Mutter eines unehelichen Kindes die vollen Elternrechte gewährt, steht der Anwendung dieser Bestimmung der westdeutsche ordre public nicht entgegen, da sie einem Programmsatz der westdeutschen Verfassung entspricht. — Siedelt die Mutter eines unehelichen Kindes in die Sowjetzone über, so erlischt — gleichgültig ob das uneheliche Kind ebenfalls dorthin übersiedelt oder ob es im Bundesgebiet verbleibt (?) — die Amtsvormundschaft des westdeutschen Jugendamtes.

LG Darmstadt, Beschl. v. 16. 2. 1955 — 5 T 116/55: DAVorm. 27 (1954/55) 301.

„Mit der Verlegung des Wohnsitzes der Kindesmutter von O. nach G. (Mecklenburg) endigte die Amtsvormundschaft über das Mündel. Nach § 1882 BGB endigt die Vormundschaft mit dem Wegfall der in § 1773 BGB für die Anordnung bestimmten Voraussetzungen. Ein uneheliches Kind erhält mit seiner Geburt stets einen Vormund, weil seiner Mutter nach § 1707 die elterliche Gewalt nicht zusteht (§§ 35 JWG, 1773 BGB). Mit der Übersiedelung in die Ostzone ist diese für den Eintritt der gesetzlichen Amtsvormundschaft wesentliche Voraussetzung entfallen. Denn nach § 17 I Satz 2 des Gesetzes der DDR über Mutter- und Kinderschutz vom 27. 9. 1950 stehen der unehelichen Mutter die vollen elterlichen Rechte über ihr Kind zu. Dieses Gesetz ist für die Beurteilung des Rechtsverhältnisses zwischen Kind und Mutter zugrunde zu legen, weil es nach interzonalem Privatrecht als Heimatrecht der Mutter maßgebend ist. Für die Frage, welches Recht von einem Gericht der Bundesrepublik zu beobachten ist, wenn im Verhältnis zum Recht der Ostzone Kollision[snorm]en bestehen, ist das deutsche internat. Privatrecht entsprechend anzuwenden. Danach richtet sich das Rechtsverhältnis zwischen einem unehelichen Kind und seiner Mutter nach deutschen Gesetzen, wenn die Mutter eine Deutsche ist (Art. 20 EGBGB). Aus dieser einseitigen Kollisionsnorm haben Rechtsprechung und Schrifttum den Rechtssatz entwickelt, daß für die Rechtsbeziehung zwischen unehelichem Kind und Mutter deren Heimatrecht, also wenn sie Ausländerin ist, das ausländische Recht maßgebend ist. Allerdings ist die Staatsangehörigkeit im interlokalen Bereich für die Feststellung des anzuwendenden Rechts ungeeignet, weil bei gleicher Staatsangehörigkeit zwei verschiedene Rechtssysteme anwendbar sein können. Infolgedessen muß als Anknüpfungspunkt der Wohnsitz oder der gewöhnliche Aufenthaltsort an die Stelle der Staatsangehörigkeit treten. Da die Mutter des unehelichen Kindes in der Ostzone wohnt, ist gemäß Art. 20 EGBGB ihr Heimatrecht das Recht der Ostzone und damit das Gesetz der DDR über Mutter- und Kinderschutz vom 27. 9. 1950 maßgebend. Der Anwendung dieses Gesetzes steht auch Art. 30 EGBGB nicht entgegen, weil es weder gegen die guten Sitten noch gegen den Zweck eines Gesetzes der Bundesrepublik verstößt. Ein Verstoß gegen den Zweck eines Gesetzes der Bundesrepublik läge nur vor, wenn die Anwendung des fremden Rechts die Grundlagen des staatlichen Lebens angreifen würde (*Palandt*,

Art. 30 EGBGB Anm. 2). Dies ist aber zweifellos nicht der Fall, wie sich schon aus Art. 6 V GG ergibt, wonach den unehelichen Kindern durch die Gesetzgebung die gleichen Bedingungen zu schaffen sind wie den ehelichen. Es wäre also durchaus denkbar, daß nach schon jetzt herrschender Rechtsanschauung in einem künftigen Gesetz der unehelichen Mutter die volle elterliche Gewalt über ihr Kind eingeräumt wird. Zwar tritt durch die Anwendung des Heimatrechts der Mutter ein Wechsel des Kindschaftsstatuts ein. Dies ist aber durch Art. 20 EGBGB nicht ausgeschlossen, weil die vollkommene Kollisionsnorm dieser Vorschrift einen solchen Wechsel zur Folge hat, wenn sich das Heimatrecht der Mutter ändert. Die Vormundschaft kann auch gemäß Art. 23 EGBGB nicht beibehalten werden. Hiernach kann zwar im Inland eine Vormundschaft über den Ausländer angeordnet werden, wenn der Staat, dem er angehört, die Fürsorge nicht übernimmt und wenn der Ausländer nach den Gesetzen dieses Staates der Fürsorge bedarf. Eine entsprechende Anwendung dieser Vorschrift auf den vorliegenden Fall — also im interlokalen Bereich — wäre nur dann möglich, wenn das Kind im Inland seinen Wohnsitz oder gewöhnlichen Aufenthalt hätte. Ohne einen solchen ist das Vormundschaftsgericht nach § 36 FGG nicht zuständig. Aber auch wenn das Kind in der Bundesrepublik wohnte, wäre Art. 23 EGBGB nicht anwendbar, weil dessen materielle Voraussetzungen nicht erfüllt sind. Denn es müßte nach dem Heimatrecht der Mutter ein Fürsorgebedürfnis bestehen, es müßte also auch eine Vormundschaft nach dem Recht der Ostzone angeordnet werden dürfen. Da der Mutter die vollen elterlichen Rechte zustehen, ist dies nicht der Fall."

14. Siedelt eine Mutter mit ihrem unehelichen Kind aus der Sowjetzone, in der die Amtsvormundschaft über das Kind erloschen war, in das Bundesgebiet über, so tritt die Amtsvormundschaft eines westdeutschen Jugendamtes und damit die Zuständigkeit eines westdeutschen Vormundschaftsgerichts ein.

OLG Karlsruhe, Beschl. v. 1. 4. 1955 — 5 W 46/55: ZBlJR 1955, 141.

Aus den Gründen:

„Es handelt sich um keinen Fall des § 46 II FGG. Die Abgabe einer Vormundschaft — und dementsprechend die Entscheidung aus § 46 II FGG — setzt voraus, daß eine Vormundschaft bereits bei einem Gericht geführt wird. Die im vorliegenden Fall beim AG G. [sowjet.] seinerzeit geführte Vormundschaft ist durch das Inkrafttreten des ostzonalen Gesetzes über den Mutter- und Kinderschutz und die Rechte der Frau vom 27. 9. 1950 beendet worden. In Frage steht also nach Übersiedlung von Mutter und Kind in die Westzone die örtliche Zuständigkeit für die Aufsicht über die nunmehr wieder eingetretene Amtsvormundschaft (vgl. dazu OLG Stuttgart v. 16. 7. 1953, JZ 1953, 572 = ZBlJR 1953, 218 = EJF 34, 5[1] und *Potrykus*, JWG, § 35 Anm. 9). Aber auch für ein Ver-

---

[1] IzRspr. 1945 — 1953 Nr. 47.

fahren des OLG nach § 5 FGG ist kein Raum. Es besteht kein Streit zwischen mehreren Gerichten."

15. Die Grundsätze des internationalen Privatrechts sind im interzonalen Recht entsprechend anzuwenden. — Die elterliche Gewalt einer Mutter über ihr uneheliches Kind bestimmt sich nach der für das Rechtsverhältnis zwischen Mutter und Kind maßgebenden Rechtsordnung. — Leben Mutter und uneheliches Kind in der Sowjetzone, so ist das sowjetzonale Recht anzuwenden. — Hat die Mutter nach sowjetzonalem Recht die elterliche Gewalt über ihr uneheliches Kind, so erlischt die Amtsvormundschaft des westdeutschen Jugendamtes. — Ein westdeutsches Gericht kann im interzonalen Recht eine Vormundschaft in Analogie zu Art. 23 EGBGB nur dann anordnen, wenn sich der Aufenthalt des Kindes im Bundesgebiet befindet.

LG Detmold, Beschl. v. 11. 5. 1955 — T 145/55: DAVorm. 28 (1955/56) 90.

Das Jugendamt hat beantragt, festzustellen, daß die Amtsvormundschaft infolge des Wegzuges von Mutter und unehelichem Kind in die Sowjetzone beendet sei.

Das AG wies den Antrag zurück, das LG gab ihm statt.

Aus den Gründen:

„Da die Mutter des Mündels zu ihren Eltern in die Ostzone verzogen ist und mit dem Kinde dort ihren ständigen Aufenthalt genommen hat, liegt auch der Wohnsitz des Mündels in der Ostzone (§ 11 BGB). Damit gilt für Mutter und Kind das MKSchG. Nach dessen § 17 stehen der Mutter eines unehelichen Kindes die vollen elterlichen Rechte zu, die nicht durch Einsetzung eines Vormundes für das Kind geschmälert werden dürfen. Damit ist für eine Amtsvormundschaft in der Bundesrepublik kein Raum mehr; denn jede Vormundschaft über Minderjährige setzt nach § 1773 BGB voraus, daß das Kind nicht unter elterlicher Gewalt steht oder die Eltern zur Vertretung nicht berechtigt sind. Gegen die Rechtswirksamkeit der Bestimmung des § 17 MKSchG auch in den Westzonen für in der Ostzone lebende Kinder, deren unterhaltspflichtiger Erzeuger in der Bundesrepublik lebt, bestehen keine Bedenken. Sie wird allgemein aus dem entsprechend anzuwendenden Art. 20 EGBGB hergeleitet.

Nun ist zwar gemäß Art. 23 EGBGB in der Bundesrepublik eine Vormundschaft über ein im Ausland unter elterlicher Gewalt stehendes Kind unter bestimmten Voraussetzungen nicht ausgeschlossen. Eine entsprechende Anwendung dieser Bestimmung für Kinder aus der Sowjetzone ist aber nur möglich, sofern das Kind sich in der Bundesrepublik aufhält (vgl. auch *Palandt*, EGBGB Art. 23 Anm. 3d). Im übrigen kann nicht ohne weiteres festgestellt werden, daß die minderjährige Ch. M. hinsichtlich ihrer Unterhaltsansprüche gegen den in der Bundesrepublik lebenden Vater schutzlos sei, denn nach § 17 MKSchG haben die Verwaltungsbehörden der Ostzone unmittelbar kraft Gesetzes die Stellung eines Beistandes der vertretungsberechtigten Mutter mit der Aufgabe, die Unterhaltsregelung durchzuführen.“

16. Auch in Adoptionssachen ist die Ostzone nicht mehr als Inland anzusehen, weil die dortigen staatlichen Notariate die „gerichtliche Bestätigung“ des Annahmevertrages nicht geben können. — Eine westdeutsche Zuständigkeit in Adoptionssachen ist auch dann begründet, wenn das sowjetzonale Recht vom westdeutschen Recht abweicht und der Anzunehmende seinen Wohnsitz im Bundesgebiet hat. — Aus der Zuständigkeit eines westdeutschen Gerichts folgt die Anwendung westdeutschen Rechts.

OLG Hamburg, Beschl. v. 27. 9. 1955 — 2 W 206/55: *FamRZ 1956, 395 (krit. *Machleid*); Auszug in DRsp. I (181) 50 c; Leitsatz in DNotZ 1957, 262.

Frau B., geborene C. (geboren im Jahr 1877), deren kinderlose Ehe mit B. im Jahre 1912 geschieden worden ist, hat mit dem 1905 geborenen Beschwerdeführer A. im Jahre 1952 einen Adoptionsvertrag geschlossen; in dem Vertrag war u. a. bestimmt, daß der Angenommene in Zukunft nur den Namen B. führen dürfe. B. wohnt in Ost-Berlin, A. im Bundesgebiet.

Die Aufgaben des für die Bestätigung des Vertrages örtlich zuständigen AG B. (sowjet.) gingen im Oktober 1952 auf das staatliche Notariat B. über. Das staatliche Notariat B. lehnte die weitere Bearbeitung ab, da nach den gesetzlichen Bestimmungen nur noch die Adoption Minderjähriger möglich sei. Darauf beantragte der Beschwerdeführer A. die Bestätigung des Vertrages durch das AG Berlin-Schöneberg (West-Berlin); dieses hat die Sache auf Grund des § 14 der VO vom 31. 5. 1934 an das AG H. (Bundesgebiet) abgegeben.

AG und LG haben den Antrag abgelehnt; die weitere Beschwerde blieb erfolglos.

Aus den Gründen:

„1. Zutreffend bejahen die Vorgerichte die Ersatzzuständigkeit des AG H. Da das an sich für den Wohnsitz der Annehmenden zuständige AG B. auf Grund der VOen vom 15. 10. 1952 (GBl DDR 1055, 1057) nicht mehr zuständig, die Entscheidungsbefugnis vielmehr auf das staatliche Notariat B. übergegangen ist, so fehlt es in der Ostzone an einem „Gericht“, das die nach § 1741 Satz 2 erforderliche Bestätigung aussprechen könnte. Soweit man das staatliche Notariat der Ostzone als gleichzuachtende Nachfolgestelle ansehen wollte, ist die Bestätigung durch den von ihm erteilten Bescheid aus sachlichen Gründen abgelehnt worden, nämlich weil Volljährige nach dem Recht der Ostzone nicht mehr adoptiert werden sollen. Da der Beschwerdeführer, der adoptiert werden soll, in der Westzone wohnt und hier diese Bedenken nicht bestehen, so ist die entsprechende Anwendung des § 66 II FGG nicht zu beanstanden, auf Grund dessen eine Ersatzzuständigkeit des AG Berlin-Schöneberg dann begründet wird, wenn der Annehmende als Deutscher im Inlande weder Wohnsitz noch Aufenthalt hat. Die Verweigerung eines innerhalb der Westzone erforderlichen gerichtlichen Aktes durch die Behörden der Ostzone ist für den Fall, daß von den beiden deutschen Vertragspartnern einer Adoption der in der Westzone wohnende Anzunehmende lediglich auf Grund des Wohnsitzes des Annehmenden in der Ostzone Rechtsnachteile erleidet, dem Fall gleichzuachten, daß der Annehmende im „Ausland“ weder Wohnsitz noch Aufenthalt hat. Es entspricht daher den Erfordernissen der freiwilligen Gerichtsbarkeit, die Ersatzzuständigkeit des AG Berlin-Schöneberg zu bejahen, wie es auch in anderen ähnlichen Fällen von der Rechtsprechung in der Bundesrepublik anerkannt ist.

2. Dem LG ist weiter dahin zuzustimmen, daß für die Beurteilung des Adoptionsvertrages das Recht der Bundesrepublik anzuwenden ist, wobei dahingestellt bleiben kann, ob es einer Heranziehung des Art. 22 I EGBGB bedarf.

a) Der hiernach maßgebende § 1758 I Satz 2 BGB schließt es aus, daß der Beschwerdeführer durch vertragliche Vereinbarung ermächtigt werden kann, den Namen des geschiedenen Ehemannes der Annehmenden zu führen, ohne daß eine Befreiung von dieser Bestimmung zulässig ist . . .

b) Die Bestimmung des § 1758 I Satz 2 BGB widerspricht auch nicht dem Gleichheitsgrundsatz (Artt. 3 II, 117 GG). . . .

c) Die Anwendung ostzonalen Rechtes scheidet bereits deshalb aus, weil die Zuständigkeit des westdeutschen Gerichtes gerade darauf beruht, daß die in Westdeutschland für den Beschwerdeführer erforderliche Bestätigung in der Ostzone nicht erteilt worden ist. Dabei kann dahingestellt bleiben, ob die Ablehnung durch das staatliche Notariat B. der allgemein in der Ostzone oder der speziell in Ost-Berlin geltenden Rechtsauffassung tatsächlich entspricht. Denn entscheidend ist, daß in der Ostzone jedenfalls eine gerichtliche Bestätigung nicht stattfinden kann und diese von dem Beschwerdeführer angestrebt wird. Im übrigen wird dem LG darin gefolgt werden können, daß der Beschluß des staatlichen Notariats Delitzsch vom 16. 4. 1953 (NJ 1953, 690), wonach die Adoption Volljähriger der Verfassung der DDR widerspreche, auch vom Notariat B. im Ergebnis gefolgt worden ist. Die Erleichterung durch § 3 der VO des Magistrats von Groß-Berlin vom 28. 1. 1952 für die Übertragung eines durch Heirat erworbenen Namens ist für den hier zu entscheidenden Fall daher gegenstandslos.

Der Beschwerdeführer kann sich auch nicht darauf berufen, daß bei rechtzeitiger Erledigung in der Ostzone das AG B. die Bestätigung erteilt hätte. Denn nach dem Recht der Bundesrepublik wären die jetzt vom AG erhobenen Bedenken auch bereits in jenem Zeitpunkt zu erheben gewesen. Die Möglichkeit, eine für ihn günstigere Entscheidung im Ostsektor zu erlangen, ist dem Beschwerdeführer aber nach seinen eigenen Ausführungen nunmehr verschlossen. Er kann nicht verlangen, daß die westdeutschen Gerichte einen in der Ostzone selbst inzwischen zweifelhaft gewordenen Rechtszustand ihrer Entscheidung zugrunde legen. Die entsprechende Anwendung des § 66 II FGG ist gerade nur durch den Umstand gerechtfertigt, daß der Beschwerdeführer in der Ostzone einen gerichtlichen Akt nicht erreichen kann, dessen er in der Westzone bedarf, um dem Adoptionsvertrag nach dem in der Westzone geltenden Recht Gültigkeit zu verschaffen.“

17. Auf das interzonale Recht sind die Regeln des internationalen Privatrechts entsprechend anzuwenden. — Als Anknüpfungspunkt tritt an die Stelle der Staatsangehörigkeit der gewöhnliche Aufenthalt der maßgebenden Person. — Verlegt die Mutter eines unehelichen Kindes ihren gewöhnlichen Aufenthalt in die Sowjetzone, so richtet sich das Rechtsverhältnis zu ihrem Kinde gemäß Art. 20 Satz 2 EGBGB weiterhin nach westdeutschem Recht, wenn das uneheliche Kind hier seinen Aufenthalt beibehält. — Die Anwendung der Bestimmung des sowjetzonalen Gesetzes über den Mutterschutz, welche der Mutter eines unehelichen Kindes die vollen elterlichen Rechte gewährt, würde nicht gegen den westdeutschen ordre public verstoßen, da jene Vorschrift westdeutschen rechtspolitischen Forderungen entspricht.

LG Duisburg, Beschl. v. 29. 9. 1955 — 5 T 109/55: DAVorm. 29 (1956/57) 12; Leitsatz in FamRZ 1956, 389.

Aus den Gründen:

„Es könnte zunächst zweifelhaft sein, ob nicht die Amtsvormundschaft durch den Wohnungswechsel der Kindesmutter in die sowjet. Besatzungszone erloschen ist, da dort nach § 17 des Gesetzes zum Schutze von Mutter und Kind vom 27. 9. 1950 die uneheliche Mutter jetzt die volle elterliche Gewalt besitzt.

Ob das Rechtsverhältnis zwischen Kindesmutter und Kind nach hiesigem Recht oder dem Recht der sowjet. Besatzungszone zu beurteilen ist, richtet sich nach den Regeln des interzonalen Rechts, auf das das internat. Privatrecht analog anzuwenden ist (OGHZ 1, 386[1]; *Raape*, IPR[3] [106]; *Schumacher*, NJW 1951/169). An die Stelle der Staatsangehörigkeit, die für die Bewohner beider Rechtskreise dieselbe geblieben ist, tritt als Anknüpfungspunkt der gewöhnliche Aufenthalt (*Beitzke*, JR 1952, 142; *Raape*, NJW 1951, 437; *Schlichting*, MDR 1951, 138). Gemäß Art. 20 EGBGB bestimmt sich das Rechtsverhältnis zwischen dem unehelichen Kinde und seiner Mutter nach deutschen Gesetzen, sofern die Mutter eine Deutsche ist. Nach Satz 2 des Art. 20 EGBGB gilt das gleiche, wenn die Reichsangehörigkeit der Mutter erloschen, die Reichsangehörigkeit des Kindes aber bestehen geblieben ist. Dieser Vorbehalt in Satz 2 ist bei entsprechender Anwendung im interzonalen Recht so zu lesen, daß an die Stelle von „Erlöschen der Reichsangehörigkeit" zu setzen ist: „Verlegung des gewöhnlichen Aufenthalts aus einem deutschen Rechtsgebiet". Das führt zu dem Ergebnis, daß das Rechtsverhältnis zwischen Mündel und Mutter weiterhin nach dem Recht der Bundesrepublik beurteilt wird, da der Mündel hier seinen gewöhnlichen Aufenthalt hat. *Beitzke* aaO möchte das Verhältnis zwischen unehelichem Kind und Kindesmutter nur nach dem jeweiligen Aufenthaltsort der Mutter bestimmen. Er hält es aber aus Gründen der Rechtskontinuität für besser, der Kindesmutter bei einem Wechsel ihres Aufenthalts aus der sowjet. Besatzungszone in die Bundesrepublik Deutschland die volle elterliche Gewalt zu belassen. Derselbe Grund muß aber umgekehrt auch anerkannt wer-

[1] IzRspr. 1945—1953 Nr. 365.

den, wenn die Kindesmutter aus der Bundesrepublik Deutschland in die sowjet. Besatzungszone übersiedelt. *Raape* hält in seinem Werk (IPR 349) die Anwendung des Gesetzes der DDR zum Schutze von Mutter und Kind unter Hinweis auf Art. 30 EGBGB für ausgeschlossen, weil sie gegen den Zweck der in der Bundesrepublik Deutschland geltenden Gesetze verstoße. Diese Ansicht wird aber allgemein abgelehnt (*Beitzke*, aaO), da auch in der Bundesrepublik Deutschland Bestrebungen dahin gehen, der Mutter eines unehelichen Kindes die volle elterliche Gewalt zu übertragen. Es besteht auch keine Notwendigkeit, den Art. 30 EGBGB hier anzuführen, da die analoge Anwendung des Art. 20 Satz 2 EGBGB zu einem befriedigenden Ergebnis führt. Diese analoge Anwendung wird vor allem von *Schweckendieck* befürwortet (JR 1952, 364). Er begründet sie vor allem damit, daß es der Sinn des Satzes 2 des Art. 20 EGBGB sei, eine Änderung des Kindschaftsstatuts zu vermeiden, wenn das Kind weiterhin demselben Rechtskreis unterstellt sei. Die Amtsvormundschaft ist demnach nicht dadurch erloschen, daß die Kindesmutter in die sowjet. Besatzungszone verzogen ist; denn das Rechtsverhältnis zwischen Mutter und Kind bestimmt sich nach dem Recht der Bundesrepublik Deutschland."

18. Auf das deutsche interlokale Privatrecht sind die Bestimmungen des deutschen internationalen Privatrechts entsprechend anzuwenden. — Anknüpfungspunkt ist anstelle der Staatsangehörigkeit der tatsächliche Aufenthaltsort. — Der Aussteueranspruch einer in der Sowjetzone lebenden Tochter gegen ihren im Bundesgebiet lebenden Vater bestimmt sich gemäß Art. 19 EGBGB nach westdeutschem Recht. — Die Teilfrage, ob die Tochter ohne Einwilligung ihres Vaters zur Eheschließung berechtigt war, ist selbständig anzuknüpfen. — Die Volljährigkeit und die Ehemündigkeit (?) einer Person richtet sich gemäß Art. 7 EGBGB nach dem an ihrem tatsächlichen Aufenthaltsort geltenden Recht. — Die Anwendung des sowjetzonalen Volljährigkeitsgesetzes verstößt nicht gegen den westdeutschen ordre public.

LG Hamburg, Urt. v. 23. 11. 1955 — 17 S 274/55: MDR 1956, 552.

Die Kl. lebt mindestens seit 1952 in der Sowjetzone, ihr Vater in H. (Bundesgebiet). Nachdem die Kl. im Jahr 1952 in der Sowjetzone ohne Einwilligung ihres Vaters geheiratet hatte, beauftragte sie den Bekl., einen Rechtsanwalt, ihren Anspruch auf Aussteuer gegen ihren Vater geltend zu machen. Nunmehr verlangt die Kl. vom Bekl. Schadenersatz, da er ihren Aussteueranspruch habe schuldhaft verjähren lassen. AG und LG haben der Klage stattgegeben.

Aus den Gründen:

„Die Rechtsbeziehungen zwischen der in dem Gebiet der DDR lebenden Kl. und ihrem im Gebiet der Bundesrepublik wohnenden Vater gehören dem deutschen interlokalen Privatrecht an, auf das anerkanntermaßen (vgl. *Palandt*, [BGB][14] Vorbem. 14ff. vor EGBGB Art. 7) die Bestimmungen des internat. Privatrechts entsprechende Anwendung finden. Als Anknüpfungspunkt tritt dabei an Stelle der Staatsangehörigkeit der gewöhnliche Aufenthaltsort, wobei gerade für den vorliegenden

Fall, in dem es sich um Rechtsbeziehungen zwischen Vater und Tochter handelt, von Bedeutung ist, daß der tatsächliche Aufenthaltsort entscheidend ist und es einen abgeleiteten Aufenthaltsort etwa entsprechend §§ 10, 11 BGB nicht gibt.

Bei dem Aussteueranspruch der Kl. gegen ihren Vater handelt es sich um ein Rechtsverhältnis zwischen den Eltern und einem ehelichen Kinde, dessen Behandlung im internat. Privatrecht Art. 19 EGBGB vorschreibt. Danach muß der Aussteueranspruch nach dem Recht der Bundesrepublik beurteilt werden, da der Vater der Kl. in diesem Gebiet seinen Aufenthalt hat. Gemäß § 1620 BGB war somit der Vater der Kl. verpflichtet, dieser auf Grund ihrer Heirat eine angemessene Aussteuer zu gewähren, da er auf Grund seiner damaligen wirtschaftlichen Verhältnisse dazu ohne Gefährdung seines standesgemäßen Unterhaltes in der Lage war.

Der seit dem 1. 4. 1953 geltende Grundsatz der Gleichberechtigung von Mann und Frau stand diesem Anspruch der Kl. nicht entgegen, da er bereits 1952 entstanden war und der Grundsatz der Gleichberechtigung die vor dem 1. 4. 1953 entstandenen Aussteueransprüche unverändert bestehen läßt (vgl. BGH, LM Nr. 2 zu § 1620).

Diesem Anspruch der Kl. konnte ihr Vater auch nicht ein Leistungsverweigerungsrecht gemäß § 1621 BGB entgegensetzen. § 1621 BGB setzt voraus, daß die Tochter ohne Einwilligung des Vaters geheiratet hat und diese Einwilligung gemäß § 3 EheG erforderlich war. § 3 EheG besagt, daß, wer minderjährig ist, zur Eingehung der Ehe der Einwilligung seines gesetzlichen Vertreters bedarf. Es kommt daher für die Begründetheit des Leistungsverweigerungsrechts entscheidend darauf an, ob die Kl. zur Zeit ihrer Eheschließung minderjährig war. Diese Frage ist aber für sich und unabhängig von den bisher allein für den Aussteueranspruch herangezogenen (ostzonalen) Rechtsgrundsätzen zu beurteilen, und zwar, wie sich aus der entsprechenden Anwendung von Art. 7 EGBGB ergibt, nach dem Recht des Aufenthaltsortes der Kl., somit nach ostzonalem Recht. Auf Grund von § 1 des Gesetzes der DDR vom 17. 5. 1950 hat die Kl. mit der Vollendung des 18. Lebensjahres die Volljährigkeit erlangt, die die Ehemündigkeit zur Folge hat.

Dieses Gesetz verstößt auch nicht gegen den ordre public der Bundesrepublik, weil ein Verstoß gegen § 1 EheG nicht den Bestand der Ehe berührt (vgl. *Palandt*, Vorbem. 14gff. vor EGBGB Art. 7). Es liegen somit die Beurteilung des Aussteueranspruches und die Frage der Volljährigkeit der Kl. auf zwei verschiedenen, voneinander unabhängigen Ebenen. Nach gemäß Art. 19 EGBGB anwendbarem westzonalem Recht ergibt sich, daß der Vater der Kl. gemäß § 1620 BGB verpflichtet war, dieser eine Aussteuer zu gewähren, weiterhin, daß er gemäß § 1621 BGB ein Leistungsverweigerungsrecht geltend machen könnte, wenn die Kl., ohne ehemündig zu sein, ohne seine Einwilligung geheiratet hat. Aus dem gemäß Art. 7 EGBGB anwendbaren ostzonalen Recht ergibt sich dagegen, daß die Kl. zur Zeit ihrer Eheschließung bereits volljährig und ehemündig war. Daraus folgt, daß die Kl. zu ihrer Eheschließung nicht der Einwilligung ihres Vaters bedurfte; die Voraussetzungen des § 1621 BGB sind nicht gegeben.“

19. Die interlokale Gerichtsbarkeit für vormundschaftsgerichtliche Maßnahmen wird durch den Aufenthalt des Kindes begründet. — Auf das interlokale Privatrecht sind die Rechtssätze des internationalen Privatrechts grundsätzlich entsprechend anzuwenden. — Die Voraussetzungen der Vormundschaft richten sich nach dem Heimatrecht des Betroffenen. — Anknüpfungspunkt für das Personalstatut ist anstelle der Staatsangehörigkeit der gewöhnliche Aufenthalt und nicht der gesetzliche Wohnsitz. — Das Rechtsverhältnis einer Mutter zu ihrem unehelichen Kinde richtet sich gemäß Art. 20 EGBGB nach dem Recht am Aufenthaltsort der Mutter. — Die Anwendung der Vorschrift des sowjetzonalen Mutterschutzgesetzes, nach welcher der Mutter eines unehelichen Kindes die vollen elterlichen Rechte zustehen, verstößt nicht gegen den westdeutschen ordre public. — Die entsprechende Anwendung des § 35 III JWG setzt voraus, daß westdeutsches Recht Kindschaftsstatut ist. — Die Voraussetzungen für den Eintritt der Amtsvormundschaft eines westdeutschen Jugendamtes bestimmen sich nach westdeutschem Recht.

KG Berlin-West, Beschl. v. 8. 7. 1957 — 1 W 1293/57: FamRZ 1957, 383 (zust. *Meyer* S. 429); EJF, Nr. 3 zu A II; Auszug in DRsp. I (181) 50d—e; Leitsätze in DAVorm. 30 (1957/58) 230; Archiv-Bericht 1957, 134; ArchJugR 1957, 56; DRiZ 1958, B 6 Nr. 76.

Ralf W. ist 1954 in Z. (sowjet.) als uneheliches Kind geboren worden. Im September 1955 hat die Mutter, die weiterhin in Z. lebt, das Kind zu ihren Eltern nach West-Berlin gebracht, wo es auch in Zukunft bleiben soll. Im Januar 1957 beantragte das Jugendamt T. (West-Berlin) beim AG T., den Eintritt der Amtsvormundschaft gemäß § 37 JWG zu bescheinigen. In einer dem Gericht vorgelegten Bescheinigung erklärte sich die Mutter damit einverstanden, daß das Jugendamt T. Vormund des Kindes werde, weil dadurch die Geltendmachung der Unterhaltsansprüche des Kindes gegenüber dem in Westdeutschland lebenden Erzeuger des Kindes erleichtert würde. Das AG lehnte die Erteilung der Bescheinigung ab, da das Kind nach dem Recht der Sowjetzone unter der elterlichen Gewalt seiner Mutter stehe. Erinnerung, Beschwerde und weitere Beschwerde des Jugendamtes hatten keinen Erfolg.

Aus den Gründen:

„Zutreffend haben die Vorinstanzen angenommen, daß die interlokale Zuständigkeit des AG T. für etwa erforderliche vormundschaftsgerichtliche Maßnahmen gegeben ist, weil das Kind seinen gewöhnlichen Aufenthalt im Bezirk dieses Gerichts hat; auf den Wohnsitz des Kindes im Rechtssinne kommt es nicht an (BGHZ 21, 306[1]; Senat in FamRZ 1957, 272[2]).

Mit der Bejahung der verfahrensrechtlichen Zuständigkeit des Vormundschaftsgerichts ist jedoch, was das Jugendamt verkennt, noch nicht die Frage entschieden, welches sachliche Recht das Vormundschaftsgericht anzuwenden hat. Die Rechtsverhältnisse des Kindes weisen dadurch, daß es in Z. geboren ist, wo seine Mutter noch jetzt wohnt, während das Kind seinen gewöhnlichen Aufenthalt in West-Berlin hat, Beziehungen zu zwei verschiedenen Teilrechtsgebieten Deutschlands auf, so daß das anzuwendende Recht nach den Regeln des interlokalen Privat-

[1] Siehe unten Nr. 368b. [2] Siehe unten Nr. 370.

rechts zu bestimmen ist. Im interlokalen Privatrecht sind die Rechtssätze des internat. Privatrechts grundsätzlich entsprechend anzuwenden (KG, JFG 21, 203 = DR 1940, 802; RGZ 170, 202; LG Berlin, JR 1954, 108[3]; *Soergel-Kegel*, BGB[8] Vorbem. I 13 vor Art. 7 EGBGB mit Nachweisen). Die sachlichrechtliche Frage, ob eine Vormundschaft einzuleiten ist, richtet sich nach dem Heimatrecht des Betroffenen (BayObLG, NJW 1954, 350[4]; *Soergel-Kegel*, aaO, Art. 23 EGBGB Anm. III 1; *Palandt-Lauterbach*, BGB[16] Art. 23 EGBGB Anm. 2).

Für die Bestimmung des Vormundschaftsstatuts scheidet die Staatsangehörigkeit im interlokalen Privatrecht aus, weil sie in beiden Teilen Deutschlands dieselbe ist. Als geeigneter Anknüpfungspunkt für die Bestimmung des Personalstatuts ist der gewöhnliche Aufenthalt dem gesetzlichen Wohnsitz vorzuziehen (Senat aaO; *Soergel-Kegel*, aaO Vorbem. I 13 vor Art. 7 EGBGB). Mithin beantwortet sich die Frage, ob eine Vormundschaft anzuordnen ist, nach dem in West-Berlin geltenden Recht, also nach § 1773 BGB. Eine Amtsvormundschaft kann daher nur eingetreten sein, wenn das Kind nicht unter elterlicher Gewalt steht.

Nach dem der einseitigen Kollisionsnorm des Art. 20 EGBGB zu entnehmenden allgemeinen Rechtsgedanken beurteilt sich das Rechtsverhältnis zwischen dem unehelichen Kinde und seiner Mutter nach dem Heimatrecht der Mutter (KG, JFG 13, 167 = JW 1936, 392; *Soergel-Kegel*, aaO Art. 20 EGBGB Anm. I 1). Der in Z., dem gewöhnlichen Aufenthalt der Mutter, geltende § 17 MKSchG bestimmt, daß der Mutter eines unehelichen Kindes die vollen elterlichen Rechte zustehen, die nicht durch die Einsetzung eines Vormundes für das Kind geschmälert werden dürfen. Der Anwendung dieser Vorschrift steht, wie das LG rechtlich zutreffend annimmt, Art. 30 EGBGB nicht entgegen (so schon KG, JFG 13, 170 für die Gleichstellung des unehelichen mit dem ehelichen Kinde durch das sowjetrussische Recht). An diesem Rechtsverhältnis hat sich dadurch, daß das Kind seinen gewöhnlichen Aufenthalt in West-Berlin hat, nichts geändert; denn maßgebend ist nicht das Heimatrecht des Kindes, sondern das der Mutter (so auch *Beitzke*, JR 1952, 144; *Soergel-Kegel*, aaO Art. 20 EGBGB Anm. V 1). Ob die Mutter nach dem Grundsatz der Wandelbarkeit des Kindschaftsstatuts die elterliche Gewalt verliert, wenn sie selbst in das westliche Rechtspflegegebiet übersiedelt (so OLG Stuttgart, JZ 1953, 572[5]), ist hier nicht zu entscheiden.

Die Voraussetzungen für den Eintritt der gesetzlichen Amtsvormundschaft des Jugendamtes (§ 35 JWG) liegen daher, wie die Vorinstanzen mit Recht angenommen haben, nicht vor, weil das Kind unter der elterlichen Gewalt seiner Mutter steht.

Diese Auffassung hat auch das OLG Hamm in einer Entscheidung vom 19. 2. 1954[6] vertreten. In einer weiteren Entscheidung vom 14. 9. 1955[7] hat dieses OLG jedoch in einem Fall der vorliegenden Art die Vorschrift des § 35 III JWG für entsprechend anwendbar gehalten. Diese Vorschrift bestimmt, daß über deutsche uneheliche Kinder, die im Ausland geboren sind und ihren Aufenthalt in Deutschland nehmen, das Jugendamt des

[3] IzRspr. 1945—1953 Nr. 558. [4] IPRspr. 1952—1953 Nr. 222.
[5] IzRspr. 1945—1953 Nr. 47. [6] Siehe oben Nr. 11a. [7] Siehe oben Nr. 11b.

Aufenthaltsorts die gesetzliche Amtsvormundschaft erlangt, wenn eine deutsche Vormundschaft noch nicht eingeleitet ist. Mit Recht hat das LG es abgelehnt, dieser Rechtsauffassung zu folgen. § 35 JWG setzt die Geltung des § 1707 BGB voraus, nach welchem der Mutter die elterliche Gewalt über ihr uneheliches Kind nicht zusteht (*Soergel-Vogel*, BGB[8] Vorbem. 4 vor § 1773). Unter unehelichen „deutschen" Kindern im Sinne des § 35 III JWG sind solche deutschen Kinder zu verstehen, nach deren Kindschaftsstatut (Art. 20 EGBGB) es der Einleitung einer Vormundschaft bedarf. Die Amtsvormundschaft des § 35 III JWG tritt außerdem nur hilfsweise ein, wenn eine deutsche Vormundschaft, die nur eine Einzelvormundschaft sein könnte, noch nicht eingeleitet ist. Sie entfällt daher erst recht, wenn das Kind unter elterlicher Gewalt steht.

Die angeführte Entscheidung des OLG Hamm gibt dem Senat keine Veranlassung, die weitere Beschwerde gemäß § 28 II FGG dem BGH vorzulegen, weil die Entscheidung des OLG Hamm nicht auf der abweichenden Auslegung des § 35 III JWG beruht. Denn sie stützt sich für den Fall, daß eine entsprechende Anwendung dieser Vorschrift abzulehnen sei, weiter darauf, daß die elterliche Gewalt der Mutter nach dem jener Entscheidung zugrunde liegenden Sachverhalt gemäß § 1677 BGB geruht habe. Solche Umstände liegen hier nach der Feststellung des LG nicht vor.

Dem beschwerdeführenden Jugendamt und der Mutter kommt es vor allem darauf an, die Mithilfe des Jugendamtes bei der Geltendmachung der Unterhaltsansprüche des Kindes gegen seinen in Westdeutschland lebenden Vater zu erreichen. Diese Möglichkeit besteht auch dann, wenn der Mutter die elterliche Gewalt zusteht. § 17 I 2 MKSchG bestimmt, daß zur Regelung der Ansprüche gegen den Vater die untere Verwaltungsbehörde nur noch als Beistand der Mutter tätig werden soll. Das Heimatrecht der Mutter gestattet also in diesem Umfang eine Beschränkung der elterlichen Gewalt der unehelichen Mutter durch eine Beistandschaft. Ob diese Vorschrift dahin zu verstehen ist, daß mit der Geburt des Kindes die gesetzliche Beistandschaft des Jugendamtes für die Geltendmachung der Unterhaltsansprüche entsprechend § 1693 BGB eintritt, ist zweifelhaft (vgl. *Soergel-Kegel*, aaO Art. 20 EGBGB Anm. V 1). Auch wenn die Vorschrift so auszulegen wäre, könnte sie nicht die Rechtsfolge haben, daß die Beistandschaft eines westlichen Jugendamtes kraft Gesetzes eintritt, da die Voraussetzungen für dessen Tätigwerden sich nach dem für dieses Jugendamt geltenden Verfahrensrecht richten. Es ist jedoch statthaft, daß das Jugendamt auf Antrag der Mutter gemäß den §§ 1693 BGB, 46, 41 II JWG zum Beistand mit dem Wirkungskreis der Geltendmachung der Unterhaltsansprüche des Kindes gegen den Vater bestellt wird, so daß es die Rechte und Pflichten eines Pflegers erlangt."

20. **(Die Entscheidung über die Personensorge der Kinder aus einer geschiedenen Ehe ist im Scheidungsverfahren nach sowjetzonalem Recht zu treffen, wenn die geschiedene Ehefrau in der Sowjetzone wohnt, während der beklagte Ehemann und das umstrittene Kind im Bundesgebiet leben.) — Ein sowjetzonales Gericht kann einen Schuldner jedenfalls**

dann, wenn der Leistungsort einer Geldzahlung außerhalb des Gebietes der Sowjetzone liegt, zur Zahlung in der Währung des Leistungsortes verurteilen.

Bezirksgericht Leipzig (sowjet.), Urt. v. 27. 8. 1957 — 1 S 242/56: *DAVorm. 30 (1957/58) 226; Leitsatz in Archiv-Bericht 1958,20.

Die Parteien hatten 1949 in L. (Bundesgebiet) die Ehe geschlossen und hatten ihren gemeinsamen Wohnsitz in N. (Westdeutschland); aus der Ehe sind drei Kinder hervorgegangen. Im Juli 1955 hat die Kl. den Bekl. mit den zwei jüngeren Kindern verlassen und ist zu ihren Eltern nach No. bei A. (Sowjetzone) übersiedelt. Sie hat alsdann Klage auf Scheidung der Ehe erhoben. Das Kreisgericht A. (sowjet.) hat die Ehe der Parteien geschieden, die Sorge für die drei Kinder der Kl. übertragen und den Bekl. zur Zahlung von monatlich 30 DM Unterhalt für jedes Kind verurteilt. Mit seiner Berufung beantragt der Bekl. u. a., ihm das Sorgerecht für den bei ihm gebliebenen Sohn W. zu übertragen; die Kl. bittet um Zurückweisung der Berufung und beantragt mit der Anschlußberufung, den Bekl. zur Zahlung von monatlich 40 DM-West für jedes Kind zu verurteilen. Das Bezirksgericht hat hinsichtlich des Sorgerechts der Berufung, hinsichtlich der Unterhaltszahlung teilweise der Anschlußberufung stattgegeben.

Aus den Gründen:

„Da gegen das Urteil des Kreisgerichts, soweit es die Scheidung der Ehe ausspricht, keine Berufung eingelegt worden und die Scheidung somit rechtskräftig geworden ist, ist jetzt vor allem über die elterliche Sorge zu entscheiden, die vom Kreisgericht dahin geregelt war, daß alle drei Kinder der Mutter zugesprochen wurden. Mit seiner Berufung verlangt der Bekl., daß die elterliche Sorge für das älteste Kind, den am 19. 12. 1949 geborenen W., ihm übertragen wird. Maßgeblich für die darnach jetzt zu treffende Entscheidung ist nach § 9 II der EheVO ausschließlich das Wohl des Kindes, wobei wegen des engen Zusammenhanges der Erziehung aller Kinder nicht nur auf den Sohn W., sondern auch auf die beiden jüngeren Kinder E. und Ch. Rücksicht zu nehmen ist, während die persönlichen Wünsche der Eltern nur insoweit Beachtung finden können, als sie für das Wohl des Kindes von Bedeutung sind . . .

Mit ihrer Anschlußberufung hat die Kl. beantragt, daß die vom Kreisgericht dem Bekl. auferlegte Unterhaltsleistung in Höhe von 30 DM für jedes Kind auf 40 DM erhöht werde und daß die Zahlung in DM-West erfolgen soll. Was zunächst den letzteren Punkt anlangt, so ist es früher nicht üblich gewesen, gegenüber den in der Bundesrepublik wohnenden Unterhaltsschuldnern den von ihnen zu zahlenden Betrag in DM-West zu bestimmen, da die Gerichte der Bundesrepublik bei der Vollstreckung der auf DM lautenden Urteile von Gerichten der DDR die Zahlungen in DM-West entsprechend dem unveränderten Urteilsbetrag, also ohne Anwendung irgendwelcher Währungs- oder Kursdifferenzen einzogen.

Später gingen aber die in der Bundesrepublik wohnenden Unterhaltsschuldner zum Teil dazu über, unter Berufung auf § 244 BGB und auf den sogenannten Wechselstubenkurs bei dem westdeutschen Geldinstitut nicht einen der Urteilssumme gleichen Betrag, sondern nur einen entsprechend dem einer Rechtsgrundlage entbehrenden und dem von der Deutschen Notenbank festgelegten Berechnungssatz (1 : 1) widersprechenden „Wechselstubenkurs“ umgerechneten, erheblich niedrigeren Betrag einzuzahlen, und dieses Verfahren wurde von einzelnen Gerichten der Bundesrepublik gebilligt. Die von den beiderseitigen Jugendbehörden geförderte, im Interesse der unterhaltsbedürftigen Kinder in beiden Währungsgebieten notwendige Konten- bzw. Förderungsverrechnung wird dadurch, wie *Osenbrueg* (NJ 1955, 279) darlegt, verringert, ja sogar unmöglich gemacht. Um die dadurch herbeigeführte Schädigung minderjähriger Unterhaltsgläubiger auszugleichen, wurden von solchen Unterhaltsgläubigern unter Berufung auf eine wesentliche Veränderung der Verhältnisse bei westdeutschen Gerichten Klagen nach § 323 ZPO erhoben, in denen verlangt wurde, daß der Schuldner statt des durch ein früheres Urteil zuerkannten „DM“-Betrages den gleichen Betrag in DM-West zahlt. Einen solchen Fall betrifft anscheinend der von *Osenbrueg* angeführte Beschluß des LG Nürnberg/Fürth vom 3. 2. 1954 (soweit der wiedergegebene Auszug erkennen läßt). Dieses Gericht hat für die betreffende Abänderungsklage einstweilige Kostenbefreiung bewilligt mit der richtigen Begründung, der Sinn der gesetzlichen Unterhaltspflicht sei, daß der Unterhaltspflichtige den gesamten Lebensbedarf des Unterhaltsberechtigten sichern solle, und deshalb müßten die Beschwerdeführer in der Lage sein, wegen ihrer Forderungen in gesamter Höhe in DM-West vollstrecken zu können.

Die Rechtsprechung der westdeutschen Gerichte in dieser Frage ist aber nicht einheitlich oder sie hat sich geändert, denn dem Senat liegt ein Beschluß des AG Herford [Bundesgebiet] vom 28. 12. 1956 (9 C 1375/56) vor, durch den ein entsprechendes Kostenbefreiungsgesuch (das Kreisgericht Wurzen [Sowjetzone] hatte den in Herford wohnenden Vater eines in B., Kreis Wurzen, lebenden nichtehelichen Kindes in einem vom Bezirksgericht Leipzig bestätigten Urteil vom 19. 6. 1953 zur Zahlung von Unterhalt in „DM“ verurteilt, und das Kind wollte auf Änderung in DM-West klagen) mit der Begründung zurückgewiesen wurde, daß eine Veränderung im Sinne des § 323 ZPO nicht eingetreten sei und daß das Kind von vornherein auf Zahlung in DM-West hätte klagen müssen; das AG Herford hätte „mit der Mehrzahl der Gerichte der Bundesrepublik Deutschland“ aus der nicht wegzuleugnenden Tatsache der Kursdifferenz zwischen DM-West und DM-Ost seit langem die Folgerung gezogen und verurteilt auf Unterhaltsklagen von Unterhaltsgläubigern, die im Währungsgebiet der DM-Ost wohnen, gegen hier (d. h. in der Bundesrepublik) wohnende Unterhaltsschuldner, zur Zahlung von Unterhaltsbeträgen in DM-West auf Sperrkonto.

Bei dieser Sachlage — der fragliche Beschluß des AG Herford gibt annehmbar die jetzt in der westdeutschen Rechtsprechung herrschende Ansicht wieder — ergibt sich, wenn das in der DDR wohnende Kind eines in der Bundesrepublik wohnenden Vaters den ihm gebührenden Unterhalt erhalten und nicht mit einem völlig ungenügenden Bruchteil abgespeist werden soll, die Notwendigkeit, die Verurteilung in DM-West auszusprechen. Ein Rechtssatz, der dies verbietet, ist weder aus den Vorschriften zur Regelung des innerdeutschen Zahlungsverkehrs noch sonst ersichtlich. Auch das Urteil des OG vom 7. 11. 1951 (NJ 1952, 176[1]) steht nicht entgegen, denn es betrifft den entgegengesetzten Fall, daß ein in einem anderen Währungsgebiet (dort war es Österreich) lebendes und dort beheimatetes nichteheliches Kind vor einem Gericht der DDR den in der DDR wohnenden Vater auf Zahlung von Unterhalt in Anspruch nimmt. In diesem Falle konnte allerdings, da der Schuldner seinen Wohnsitz in der DDR hatte und deshalb dort der Leistungsort (§ 269 BGB) war, nur auf Zahlung in DM-Ost erkannt werden. Aus den vom OG in der angeführten Entscheidung entwickelten Grundsätzen ergibt sich aber, daß die Bestimmung der Unterhaltsverpflichtung in der Währung der DDR dann nicht notwendig ist, wenn, wie im jetzt zu entscheidenden Fall, der Leistungsort in einem anderen Währungsgebiet liegt. Selbst wenn man sich übrigens auf den Standpunkt stellen wollte, daß die Gerichte der DDR nur zur Zahlung in DM-Ost verurteilen können, so könnte diese Meinung für Fälle der hier vorliegenden Art nicht aufrechterhalten werden, weil es, wie z. B. schon das damalige LG Leipzig in einem gleichfalls eine Währungsfrage betreffenden Beschluß vom 20. 6. 1951[2] ausgesprochen hat, „die Aufgabe des Gerichts ist, einem Gläubiger einen Weg zu eröffnen, auf dem er zu seinem Recht gelangen kann". Solange kein anderer Weg gangbar ist, muß daher in dem hier in Frage stehenden Fall eine Verurteilung zur Zahlung in DM-West erfolgen. Die hier vertretene Ansicht entspricht übrigens, soweit einem Aufsatz von *Wiemann* (NJ 1956, 438, rechte Spalte) entnommen werden kann, auch der Praxis des Schiedsgerichts bei der Kammer für Außenhandel."

4. Unterhaltsansprüche

Vorbemerkung: Der überwiegende Teil der Entscheidungen zum Unterhaltsrecht betrifft Ansprüche unehelicher Kinder; um Ansprüche ehelicher Kinder handelt es sich bei Nr. 21, 23, 31 und 38, um solche von Ehegatten in Nr. 23 und 40. Während sich die meisten Entscheidungen auf die Rechtsverschiedenheiten zwischen dem Bundesgebiet und der Sowjetzone beziehen, betreffen das Verhältnis zum Saargebiet die Nr. 23, 24, 27, 33 und 39 sowie das Verhältnis zu den deutschen Ostgebieten die Entscheidung Nr. 31. Besondere Bedeutung haben Abänderungsklagen nach § 323 ZPO erlangt, die vor allem bei Übersiedlung des Unterhaltsberechtigten in das Bundesgebiet erhoben werden (Nr. 21, 26, 28, 29, 41—43). Zum Währungsrecht der Unterhaltsansprüche siehe unten Abschnitt VI 2 (Nr. 125 ff.).

21. Aus einem in der Sowjetzone ergangenen Urteil kann im Bundesgebiet grundsätzlich vollstreckt werden. — Die Vollstreckung aus einem auf DM-Ost lautenden Urteil erfolgt zum Wechselstubenkurs. — Liegt einem auf DM-Ost lautenden Titel ein Unterhaltsanspruch zu Grunde und hat der Schuldner seinen Wohnsitz aus der Sowjetzone in das Bundesgebiet verlegt, so sind die Voraussetzungen für eine Abänderungsklage nach § 323 ZPO gegeben.

[1] IPRspr. 1950—1951 Nr. 101.

[2] IzRspr. 1945—1953 Nr. 466.

LG Nürnberg, Beschl. v. 12. 2. 1954 — 1 T 282/53: DAVorm. 27 (1954/55) 158.

Aus den Gründen:

„Die Beschwerdeführer sind die minderjährigen, ehelichen Kinder des Beschwerdegegners und aus der zweiten, inzwischen geschiedenen Ehe desselben hervorgegangen.

Eine Vollstreckung aus auf DM lautenden Titeln von Gerichten der DDR zugunsten von Ostzonen-Gläubigern gegen Westzonen-Schuldner ist zwar grundsätzlich möglich.

Es macht dabei keinen Unterschied, ob der Titel auf DM-Ost oder DM-West lautet (vgl. *Stein-Jonas*, ZPO[17] II Anm. X vor § 704 und BGHZ 7, 397[1]). Bei der Vollstreckung ist gemäß § 244 BGB zu verfahren, d. h. die fremde Währung ist zu dem maßgebenden Kurs in die Landeswährung umzurechnen. Dabei ist das Bestehen eines amtlichen Kursverhältnisses nicht erforderlich. Es genügt, daß für den Umtausch zweier Währungen ein legal gebildeter Kurs besteht. Da der Ostmark-Westmark-Umtausch im westdeutschen Bundesgebiet erlaubt ist und außerdem die Wechselstuben, die den Umtausch besorgen, von den zuständigen Behörden zugelassen sind und beaufsichtigt werden, besteht keine Veranlassung, den in den Wechselstuben gebildeten Kurs nicht als legal zu betrachten. Es bestehen demnach regelmäßig keine Bedenken. Vollstreckungen aus auf Ostmark lautenden Titeln in Westdeutschland vorzunehmen (vgl. *Kühne*, Die Durchsetzung von Ostmarkforderungen im Westlichen Bundesgebiet, NJW 1950, 729).

Einen Ausnahmefall bildet aber der hier vorliegende, in welchem ein ostzonales Gericht einen in Westdeutschland ansässigen Schuldner ostzonaler Gläubiger zur Zahlung in Ostmark verurteilt hat, während aus dem gleichen Schuldverhältnis (hier gesetzliche Unterhaltspflicht des Vaters) nach westzonalem Recht ein ebenso hoher Betrag in Westmark geschuldet wird (vgl. NJW 1950, 729). Der Beschwerdegegner könnte bei Zahlung des von ihm anerkannten Betrages bei Geltung der oben erörterten grundsätzlichen Regelung sich auf § 244 BGB berufen und den DM-West-Betrag an die Beschwerdeführer nach dem jeweils am Zahlungstage geltenden Umrechnungskurs der westdeutschen Wechselstuben bezahlen, der dem Betrag von 30 DM-Ost entspräche. Dieser Betrag wäre für den Unterhaltsbedarf der ASt. keinesfalls ausreichend. Als Maßstab für die Unterhaltszahlung muß aber im Ergebnis der Lebensbedarf entsprechender, in der Westzone lebender Kinder in Betracht kommen, der sich nur unwesentlich von den Lebenshaltungskosten in der Ostzone unterscheiden mag (vgl. MDR 1951, 490). Weil der Sinn der gesetzlichen Unterhaltspflicht aber der ist, daß der Unterhaltspflichtige den gesamten Lebensbedarf des Unterhaltsberechtigten sichern soll, müssen die Beschwerdeführer in der Lage sein, wegen ihrer Forderungen in gesamter Höhe in DM-West vollstrecken zu können. Dieses ist ihnen aus dem ostzonalen und auf DM-Ost lautenden Titel nicht möglich. Ein Rechtsschutzbedürfnis für die beabsichtigte Klage ist deshalb gegeben.

[1] IzRspr. 1945—1953 Nr. 350.

Darüber hinaus haben aber auch die aus der Umsiedlung des AGg. in die Bundesrepublik bei der Vollstreckung des auf DM-Ost lautenden Titels sich ergebenden Schwierigkeiten, insbesondere der sich zum Nachteil der ASt. ergebende Umrechnungskurs, eine wesentliche Änderung der Verhältnisse gebracht, die für die Bestimmung der Höhe der Leistungen maßgebend waren. Auch das heutige Einkommen des AGg. ist verschieden von dem bei Erlaß des früheren Urteils vorhandenen Einkommen.

Die beabsichtigte Klage der ASt. bietet daher auch aus dem Gesichtspunkt des § 323 ZPO hinreichende Aussicht auf Erfolg."

22. Die Unterhaltspflicht des Erzeugers gegenüber dem unehelichen Kind richtet sich gemäß Art. 21 EGBGB nach den Gesetzen des Staates, dem die Mutter zur Zeit der Geburt des Kindes angehörte; [im interzonalen Recht tritt an die Stelle der Staatsangehörigkeit der Wohnsitz einer Person]. — Soweit das anzuwendende ostzonale Recht auf die Leistungsfähigkeit des Erzeugers abstellt, ist diese Bestimmung gegenüber einem im Bundesgebiet wohnhaften Unterhaltungsschuldner nicht anwendbar. — Die Umstellung einer Unterhaltsforderung richtet sich nach dem Recht derjenigen Währung, in welcher die Forderung geltend gemacht wird. — Die Hemmung der Verjährung einer Unterhaltsforderung richtet sich nach dem Recht des Ortes, an dem der Schuldner zur Zeit des die Verjährung hemmenden Ereignisses seinen Wohnsitz hatte [!].

LG Berlin-West, Urt. v. 18. 2. 1954 — 73 S 212/53: DAVorm. 27 (1954/55) 64.

Der in der Sowjetzone bei seiner Mutter lebende Kl. ist ein uneheliches Kind des in West-Berlin wohnhaften Bekl. Der Kl. nimmt den Bekl. auf die Zahlung eines Unterhaltes von monatlich 35 DM-Ost in Anspruch.

Das LG hat das nach Antrag zusprechende Urteil des AG teilweise abgeändert.

Aus den Gründen:

„Der Bekl. gilt gemäß § 1717 BGB als Erzeuger des Kl. und ist gemäß § 1708 BGB verpflichtet, dem Kl. den der Lebensstellung der Kindesmutter entsprechenden Unterhalt zu gewähren. Gegen die Höhe von monatlich 35 DM-Ost sind Bedenken nicht zu erheben. Dies gilt um so mehr, als der Bekl. nach dem Erfüllungsstatut verpflichtet wäre, den Unterhalt in der Währung der Deutschen Mark der BdL [DM-West] zu leisten, wenn dabei auch der gleichmäßigen Verteilung des sich aus dem Kursgefälle ergebenden Gewinns Rechnung zutragen wäre. Da der Kl. Zahlung der Unterhaltsrente in der Währung der Deutschen Notenbank [DM-Ost] verlangt, kann der Bekl. sich nicht darauf berufen, daß die Rückstände vor der Währungsreform im Verhältnis 1 : 10 abzuwerten seien, weil nach den im Währungsgebiet der Deutschen Notenbank geltenden Währungs- und Umstellungsbedingungen eine Abwertung der Schulden nicht erfolgt ist.

Der Bekl. kann sich auch nicht darauf berufen, daß er infolge der Gefangenschaft oder seiner Arbeitslosigkeit nicht in der Lage gewesen sei oder nicht in der Lage sei, die Unterhaltsansprüche zu erfüllen, weil der Unterhaltsanspruch des unehelichen Kindes nicht davon abhängig ist, daß der Unterhaltspflichtige gemäß § 1603 in der Lage ist, den Unterhaltsanspruch zu erfüllen. Dies gilt auch, wie die erkennende Kammer in ständiger Rechtsprechung entschieden hat, obwohl der Kl. und die Kindesmutter ihren Wohnsitz im Währungsgebiet der Deutschen Notenbank haben und dort auch bereits bei der Währungsreform sowie die Kindesmutter in demselben Gebiet schon bei der Geburt des Kindes ihren Wohnsitz gehabt haben. Zwar richtet sich die Unterhaltspflicht des Vaters gegenüber dem unehelichen Kind gemäß Art. 21 EGBGB nach den Gesetzen des Staates, dem die Mutter zur Zeit der Geburt des Kindes angehört, und zwar bestimmt der Art. 33 der sogenannten Verfassung der DDR die völlige Gleichstellung des unehelichen Kidnes mit dem ehelichen Kind und daß die uneheliche Geburt ihm weder zum Nachteil noch zum Vorteil gereichen kann; es ist jedoch nach ständiger Rechtsprechung der Kammer, wie sie auch in MDR 1953, 44[1] zum Teil veröffentlicht worden ist, und in der noch nicht veröffentlichten Entscheidung vom 27./29. 12. 1953 — 73 S 182/53 — entschieden worden, daß nicht die Vorschrift des § 1603 auf den Unterhaltsanspruch des unehelichen Kindes im Währungsgebiet der Deutschen Notenbank anzuwenden ist, weil der sich im Währungsgebiet der Deutschen Mark der BdL aufhaltende Bekl., der nicht den Bestimmungen des Art. 33 der sogenannten Verfassung der sogenannten DDR unterliegt und auf den auch nicht das MKSchG ohne weiteres anwendbar ist, von dem unehelichen Kind nicht beerbt werden kann und gegen ihn auch nicht die Ansprüche geltend gemacht werden können, die gegen den ehelichen Vater bestehen. Demnach kann sich der Bekl. auf seine schlechte Einkommens- und Vermögenslage gegenüber dem Kl. nicht berufen . . .

Begründet ist seine Berufung jedoch, soweit der Bekl. sich auf die Verjährung eines Teiles der Ansprüche, die gegen ihn geltend gemacht werden, beruft. Gemäß § 197 BGB verjähren die Unterhaltsansprüche in vier Jahren. Folglich sind alle Unterhaltsansprüche, die vier Jahre vor der Klageerhebung fällig geworden sind, verjährt. Da die Klage am 22. 12. 1952 zugestellt worden ist, sind gemäß §§ 197 und 201 BGB [die] bis zum 31. 12. 1947 fälligen Unterhaltsansprüche verjährt. . . .

Der Umstand, daß der Bekl. sich in Kriegsgefangenschaft befunden hat und daß in einzelnen Teilen Deutschlands gewisse Vorschriften über Hemmung der Verjährung bestanden, steht der Verjährung in dem hier vorliegenden Fall nicht entgegen. Nach dem auch in Westberlin übernommenen Gesetz über den Ablauf der durch Kriegs- und Nachkriegsvorschriften gehemmten Fristen (§ 1) stehen Hemmungsvorschriften einer vollendeten Verjährung nicht mehr entgegen. Da der Bekl. 1949 nach seinem eigenen Vortrag aus der Kriegsgefangenschaft zurückgekehrt ist, kann er sich auch gemäß § 2 des Gesetzes über den Ablauf der durch Kriegs- und Nachkriegsvorschriften gehemmten Fristen seit Januar 1951 auf die vollendete Verjährung berufen. Das Westberliner

---

[1] IzRspr. 1945—1953 Nr. 52.

Verjährungsrecht ist deshalb anwendbar, weil der Bekl. zur Zeit seiner Einberufung zur Wehrmacht seinen Wohnsitz in dem Teil Berlins hatte, der später zu Westberlin gehörte."

23. Nach den für das Verhältnis zwischen dem Saargebiet und Westdeutschland geltenden Regeln des internationalen Privatrechts bestimmen sich die Unterhaltsansprüche einer geschiedenen Ehefrau sowie eines ehelichen Kindes (!) nach dem Heimatrecht des Ehemannes zur Zeit der Ehescheidung (Art. 17 EGBGB). — Aus dem rechtspolitischen Zweck der allgemeinen gesetzlichen Erhöhung von Unterhaltsbeträgen im Saargebiet folgt, daß diese Erhöhungen nur auf solche Unterhaltsansprüche Anwendung finden, bei denen sowohl der Gläubiger als auch der Schuldner ihren gewöhnlichen Aufenthalt im Saargebiet haben.

LG Saarbrücken (Saargebiet), Beschl. v. 6. 4. 1954 — 5 T 448/53: SaarlRuStZ 1954, 93.

Die Ehe der Parteien wurde 1941 durch das LG M. (jetzt Bundesgebiet) geschieden. Am 18. 9. 1949 verpflichtete sich der jetzt im Saargebiet wohnende Schuldner in einem Vergleich vor dem AG L. (Saargebiet), zugunsten seiner im Bundesgebiet lebenden geschiedenen Ehefrau und seines minderjährigen Kindes einen monatlichen Unterhaltsbetrag von 5000 Frs. zu zahlen.

Im August 1953 beantragte die Gläubigerin, auf dem Vergleich die Beträge einzutragen, die sich aus den im Saargebiet erlassenen gesetzlichen Bestimmungen über die Erhöhung der Unterhaltsrenten ergeben. Das AG gab dem Antrag statt und trug für die Zeit ab 1. 2. 1951 einen auf 7000 Frs., für die Zeit ab 1. 3. 1952 einen auf 9000 Frs. erhöhten Betrag auf dem Titel ein. Das LG hob diesen Beschluß auf Beschwerde des Schuldners auf und wies den Antrag zurück.

Aus den Gründen:

„Die Beschwerde . . . ist auch sachlich begründet, da die Eintragung des tatsächlich zu leistenden Frankenbetrages nach § 3 des Ges. Nr. 371 vorliegend nicht angeordnet werden durfte. Eine solche Eintragung würde voraussetzen, daß die dem Vollstreckungstitel zugrunde liegende Forderung der Gläubigerin durch die 4. VO über die Erhöhung der Unterhaltsansprüche usw. vom 22. 2. 1952 (ABl 355) erhöht worden wäre. Dies ist jedoch nicht der Fall, denn im Zeitpunkt des Wirksamwerdens der daselbst angeordneten Erhöhung — 1. 3. 1952 — war nur der Schuldner, nicht dagegen die Gläubigerin im Saarland wohnhaft.

Von den Parteien besitzt nur der Schuldner die saarländische Staatsangehörigkeit. Für die Beantwortung der Frage, ob die 4. VO auf den Anspruch der Gläubigerin angewendet werden und damit eine Eintragung nach dem Ges. Nr. 371 erfolgen kann, erscheint daher zunächst eine Entscheidung darüber erforderlich, ob die Regeln des internat. Privatrechts das Schuldverhältnis der Parteien dem saarländischen Recht unterstellen. Da die gesetzlichen Erhöhungen die betroffenen Ansprüche mit materiellrechtlicher Wirksamkeit in ihrem Bestand verändert haben, muß an sich davon ausgegangen werden, daß die Anwendbarkeit der Erhöhungs-VOen in „international gelagerten" Fällen durch die für die jeweilige Forderung zuständige Kollisionsnorm des internat. Privatrechts geregelt wird. Auf den vorliegenden Fall angewandt, würde dies bedeuten, daß die Forderung der Gläubigerin als geschiedener Ehefrau, soweit ihr durch den Vergleich vom 18. 9. 1949 ein Beitrag zur Bestreitung ihres eigenen Unterhalts zugesprochen werden sollte, dem „Scheidungsstatut“ des Art. 17 EGBGB unterliegt, so daß für die Frage des anzuwendenden Rechts die Staatsangehörigkeit des Schuldners zur Zeit der Erhebung der Scheidungsklage entscheidend wäre. Da die Ehe bereits 1941 in M. geschieden wurde, käme sonach deutsches Recht zur Anwendung, da ein Staatsangehörigkeitswechsel im Rahmen des Art. 17 EGBGB keine Bedeutung erlangt. Aber auch der in der vereinbarten Summe mit enthaltene ziffernmäßig nicht zum Ausdruck gelangte Unterhaltsbeitrag für das gemeinschaftliche Kind — dessen Unterhaltsansprüche gemäß Art. 19 EGBGB an sich nach saarländischem Recht zu beurteilen wären — dürfte richtigerweise als — zweckgebundener — Bestandteil der Forderung der Gläubigerin zu werten sein, so daß insgesamt Art. 17 EGBGB als maßgebende Kollisionsnorm anerkannt werden müßte.

Die Kammer sieht es jedoch zumindest als sehr zweifelhaft an, ob in dem hier in Frage stehenden Bereich des Geltungsumfanges der Erhöhungs-VOen die sonst zu beachtenden Vorschriften des internat. Privatrechts uneingeschränkt Anwendung finden können, mit der Folge, daß die Erhöhungen beispielsweise auch dann von vornherein außer Betracht zu bleiben hätten, wenn Gläubiger und Schuldner zwar im Saarland wohnhaft, einer von beiden oder beide jedoch nach den geltenden Bestimmungen nicht im Besitz der saarländischen Staatsangehörigkeit wären. Ein solches Ergebnis erscheint mit dem — noch zu erörternden — Sinn und Zweck der Erhöhungs-VOen schwerlich vereinbar. Vielmehr dürfte es, zumindest im Verhältnis zwischen dem Saarland und der [Westdeutschen] Bundesrepublik im Hinblick auf die bestehende Gleichartigkeit sowohl der internationalprivatrechtlichen als auch der materiellrechtlichen Normen, vertretbar erscheinen, die Frage der Anwendbarkeit der Erhöhungen lediglich in der im folgenden dargestellten Art und Weise von dem dauernden Aufenthalts- bzw. Beschäftigungsort der Parteien abhängig zu machen.

Vorliegend bedarf es keiner Entscheidung dieses Rechtsproblems, da, wie die nachfolgenden Gründe ergeben werden, die Erhöhung des Anspruches der Gläubigerin bereits bei Zugrundelegung der saarländischen Vorschriften verneint werden muß.

Der Wortlaut des Ges. Nr. 371 enthält zunächst keine hinreichenden Anhaltspunkte für die Bestimmungen des Geltungsumfanges.

Dies gilt einmal für die in § 3 I des Ges. Nr. 371 getroffene Regelung, wonach die Eintragung des tatsächlich zu leistenden Frankenbetrages nur erfolgen soll, „soweit die zugrundeliegende Forderung nach den Währungsbestimmungen in Franken umgestellt ist“ (vgl. auch § 1 II).

Daß der Gesetzgeber damit nicht etwa von vornherein die Eintragung auf bereits vor dem 20. 11. 1947 festgesetzte Forderungen — da notwendigerweise nur diese von der Währungsumstellung erfaßt werden konnten — beschränken wollte, so daß sämtliche nach dem 20. 11. 1947 in Franken festgesetzte Vollstreckungstitel von der Eintragung ausgeschlossen wären, hat die Kammer bereits in ihrer Entscheidung vom 31. 8. 1953 (5 T 391/53) klargestellt. . . .

Auch aus § 3 III des Ges. Nr. 371 ist nichts Sachdienliches zu entnehmen. [Wird ausgeführt.]

Der rein prozeßrechtlichen Charakter tragenden Vorschrift des § 3 III eine weitergehende Bedeutung beizumessen erscheint nicht am Platze.

Dagegen sprechen im Hinblick auf die Entstehungsgeschichte der Erhöhungs-VO sowie deren materiellrechtliche Auswirkungen überwiegende Gründe für eine einschränkende Auslegung der 4. Unterhalts-VO sowie des Ges. Nr. 371 dahingehend, daß beide nur auf „Inlandsschuldverhältnisse" Anwendung finden können.

Anlaß für das Zustandekommen dieser VOen war das Ungenügen der bei Anwendung des amtlichen Umstellungskurses (1 : 20) für die Rentengläubiger nach dem 20. 11. 1947 sich ergebenden Beträge in Verbindung mit den neu sich bildenden erhöhten Einkommen der Schuldner einerseits sowie das aus währungspolitischen Gründen zu deutende Festhalten an einem einheitlichen Umstellungskurs andererseits. Hinzu kam das Bestreben, die große Zahl der zu erwartenden Abänderungsklagen nach Möglichkeit einzuschränken. In diesem Zusammenhange erscheint es bezeichnend, daß die erste VO vom 2. 3. 1948 (ABl 485) eine Erhöhung mit Wirkung vom 20. 11. 1947 „unter Beibehaltung des gesetzlichen Umrechnungskurses (1 : 20)" angeordnet hat und daß sie als (Rechts-)VO der Regierung des Saarlandes unter Berufung auf das verfassungsändernde sogenannte ÜbergangsGes. vom 7. 2. 1948 (ABl 205) erging, worin die Landesregierung ermächtigt wurde, Anpassungsvorschriften insbesondere auf dem Gebiet der Wirtschafts- und Sozialpolitik zu erlassen. Die 2. VO vom 4. 11. 1948 (ABl 1574) nahm Bezug auf einen früheren Erlaß der französischen Regierung vom 31. 11. 1947 (ABl 78) über die Befugnisse des Hohen Kommissars im Saarland, dessen Art. 5 eine von dem Visum des Hohen Kommissars abhängige Entscheidungsbefugnis der „Saarländischen Behörden" in den zur Zuständigkeit des Hohen Kommissars gehörenden Fragen begründete, die ihrerseits in Art. 3 als Maßnahmen gekennzeichnet werden, „die als Folge der Währungseinheit des Saarlandes mit Frankreich — sowie als Folge der Zolleinheit und des wirtschaftlichen Anschlusses nach Verwirklichung desselben erforderlich sind". In Art. 3 heißt es weiterhin, daß jede unberechtigte Unterscheidung zwischen dem saarländischen und dem französ. Wirtschaftsregime vermieden werden muß. Auf die gleiche Rechtsgrundlage stützen sich die 3. Erhöhungs-VO vom 7. 3. 1951 (ABl 441) sowie die 4. VO vom 22. 2. 1952 (ABl 355). Diese Entstehungsgeschichte weist deutlich darauf hin, daß die gesamten Erhöhungen eine „innersaarländische Angelegenheit" darstellten, bedingt durch den wirtschaftlichen Anschluß und die Vereinheitlichung der Währung. Fest stand, daß einerseits die im Saarland wohnenden Gläubiger bei einer Umstellung ihrer Forderung gegen die im Saarland wohnenden Schuldner mit einem Koeffizienten von 1 : 20 ihren Lebensbedarf nicht in dem früheren Maße bestreiten konnten und daß andererseits die im Saarland wohnenden und dort arbeitenden Schuldner nach dem 20. 11. 1947 über ein Einkommen in Franken verfügten, das erheblich über den mit 1 : 20 umgerechneten früheren RM-Einkommen lag. Dabei konnte man auf Grund statistischer Erhebungen verallgemeinernd feststellen, daß einerseits die Lebenshaltungskosten, verglichen mit den aus der amtlichen Umrechnung sich ergebenden Beträgen, um so und so viel Prozent gestiegen waren, wogegen die Löhne und Gehälter, auf derselben Basis verglichen, eine Erhöhung von so und so viel Prozent erfahren hatten. Auf solcher Grundlage konnte sich der Gesetzgeber entschließen, ohne Rücksicht auf die konkreten Verhältnisse des einzelnen Falles sämtliche Forderungen um einen bestimmten Prozentsatz zu erhöhen. Ein solches Verfahren konnte demnach nur auf Grund genauer Kenntnis der Bedarfs- und Einkommenslage durchgeführt werden. Eine — wohl erstmalig im Gegensatz zu der bisherigen Rechtslage vorgenommene — materiellrechtlich unmittelbar wirksame und den Inhalt der jeweiligen Titel unmittelbar ändernde gesetzliche Anspruchserhöhung erschien nur unter der Voraussetzung gerechtfertigt, daß die jeweils um ein bestimmtes Maß erhöhten Unterhaltsbeträge in der Regel sowohl mit den gestiegenen Lebenshaltungskosten als mit den erhöhten Einkommen in Übereinstimmung standen. Nur in Ausnahmefällen sollte eine gerichtliche Abänderung der sich ergebenden neuen Beträge möglich und auch erforderlich sein. Diese Regel entfiel jedoch notwendigerweise, wenn einer der an dem Schuldverhältnis Beteiligten nicht im Inland lebte. Alsdann fehlte es im Hinblick auf die verschiedenartige Entwicklung der wirtschaftlichen Verhältnisse in den einzelnen Ländern entweder an einem gleichartigen Ansteigen des Bedarfs oder aber an einem entsprechenden Wachsen des Einkommens. Es ist aber schwerlich anzunehmen, daß der Gesetzgeber angesichts der alsdann offensichtlichen Notwendigkeit zu differenzieren und auf den einzelnen Fall abzustellen, die generelle Erhöhung auch für diese Fälle anwenden wollte, um es dem Schuldner zu überlassen, auf dem Umwege über eine eventuelle Härteklage die in zahlreichen Fällen von vornherein als nicht gerechtfertigt anzusehende Erhöhung auf das richtige Maß zu korrigieren. Eine solche Auslegung entspricht nicht der ratio legis und verstößt gegen den Grundsatz, daß es Sache des Gläubigers ist, bei einer Änderung der Verhältnisse gegebenenfalls eine Erhöhung des Anspruches herbeizuführen (vgl. § 323 ZPO). Nach dem oben zur Entstehungsgeschichte Gesagten erscheint es zudem auch sehr fraglich, daß die Regierung des Saarlandes durch VOen, erlassen zum Zwecke der Anpassung der inländischen Verhältnisse an die durch die Währungsumstellung und den wirtschaftlichen Anschluß eingetretenen grundlegenden Veränderungen, Rechtsnormen hätte schaffen wollen, durch die eine an sich schon äußerst seltene generelle ziffernmäßige Anspruchserhöhung auf ausländische Gläubiger bzw. Schuldner ausgedehnt worden wäre. Wenn auch, vom Standpunkt des Auslandes aus betrachtet, das internat. Privatrecht an sich einer solchen Gestaltung von Rechten, an denen Ausländer beteiligt sind, nicht notwendig entgegensteht — vorausgesetzt nur, daß beispielsweise nach deutschem internat. Privatrecht saarländisches materielles Recht zur Anwendung kommt — so dürften doch für den inländischen Gesetzgeber erhebliche Bedenken gegen eine solche Ausweitung bestanden haben: Falls der Schuldner im Ausland wohnt, die Einkommen dort überhaupt nicht oder in einem wesentlich geringeren Umfange gestiegen sind und nach der dortigen Rechtsordnung eine Erhöhung des Anspruchs nur im einzelnen Falle und in einem besonderen Verfahren stattfinden kann, verstößt die gesetzliche Erhöhung, vom Standpunkt dieses Staates aus gesehen, u. U. gegen den ordre public (vgl. u. a. Art. 21 EGBGB) und bleibt daher ohne Anerkennung, wogegen im umgekehrten Falle (Schuldner im Saarland) grundsätzlich keine Veranlassung vorlag, den im Ausland wohnenden Gläubiger besser zu stellen, als dies die konkreten Verhältnisse erfordern.

Es ließe sich allenfalls einwenden, daß nach saarländischem und beispielsweise auch nach deutschem Recht in gewissen Fällen bei der Bemessung des geschuldeten Rentenbetrages ausschließlich auf die Bedürfnisse (Lebenshaltung des Berechtigten bzw. eines Dritten und nicht auf die Leistungsfähigkeit des Verpflichteten abzustellen sei, so z. B. im Falle des unehelichen Kindes (§ 1708 — maßgebend ist die Lebensstellung der Mutter), des unterhaltungsberechtigten Verwandten (§ 1610 — abgesehen von ehelichen minderjährigen Kindern, deren Lebensstellung sich nach derjenigen des Vaters richtet) sowie des Berechtigten aus unerlaubter Handlung oder Gefährdungshaftung. In allen anderen Fällen — so auch vorliegend — dürften dagegen von vornherein Bedürftigkeit des Berechtigten und Leistungsfähigkeit des Verpflichteten beachtlich sein (siehe §1360 BGB, §§58, 59, 60, 61 EheG). Hinsichtlich dieser zuerst genannten Fälle könnte man sonach sagen, es genüge, daß der Gläubiger (bzw. im Falle des unehelichen Kindes die Mutter) im Saarland wohne und daher ein erhöhter Bedarf eingetreten sei. Das gesetzliche Maß der Erhöhung sei auf jeden Fall gerechtfertigt, da der Gesetzgeber keinesfalls über den gestiegenen Bedarf der Gläubiger hinausgegangen sei. Auch in diesen — hier nicht gegebenen — Fällen neigt die Kammer dazu, die Anwendbarkeit der VOen zu verneinen. Es kann nicht angenommen werden, daß der Gesetzgeber, obwohl keinerlei Verschiedenheit in der Behandlung zum Ausdruck gekommen ist, eine solche Differenzierung der Fälle gewollt habe. Die für eine Einschränkung sprechenden Momente dürften derart schwerwiegend sein, daß eine unterschiedliche Regelung einzelner Forderungen nicht gerechtfertigt werden kann. Zudem ist zu beachten, daß insofern eine Kollision mit ausländischem Recht nur im Falle der Bundesrepublik von vornherein mit Sicherheit nicht eintreten konnte, wogegen die Anwendung der Erhöhungen, falls die fremde Rechtsordnung nicht einseitig auf die Verhältnisse des Berechtigten abstellt (so z. B. die DDR hinsichtlich der unehelichen Kinder), zu dieser auch hier in Widerspruch stände. Auch insoweit muß daher nach dem Willen des Gesetzgebers die Anpassung der Anspruchshöhe an veränderte Verhältnisse wohl richtigerweise einem auf den Einzelfall abstellenden Verfahren überlassen bleiben.

Im vorliegenden Falle spricht für die einschränkende Auslegung, vom Ergebnis her gesehen, u. a. auch der Umstand, daß es, wie sicher in gleicher Weise in zahlreichen anderen Fällen, mehr oder weniger auf einem Zufall beruht, daß die Parteien statt, wie es nach 1948, falls der Gläubiger in der Bundesrepublik, der Schuldner im Saarland wohnte, üblich war, der Bemessung des Unterhalts einen D-Mark-Betrag, zahlbar in der sich durch die amtliche Umrechnung ergebenden Frankensumme, zu Grunde zu legen, den Unterhaltsvergleich auf Frankenbasis abgeschlossen haben. Im ersteren Falle ist kaum zu bezweifeln, daß eine gesetzliche Erhöhung des D-Mark-Betrages bzw. eine Eintragung nach dem Ges. Nr. 371 nicht in Betracht kommt. Zwar versteht sich dies nach den Regeln des internat. Privatrechts nicht etwa von selbst, aber es ist offensichtlich, daß einerseits die Lebenshaltungskosten des in der Bundesrepublik wohnenden Gläubigers nicht um 20, 30 oder 40% gestiegen sind und daß zum anderen die Steigerung der Lebenshaltungskosten im Inland in der Regel auch ein Ansteigen des Wechselkurses zur Folge hat, so daß der im Saarland wohnende Schuldner ohnehin bereits erhöhte Frankenbeträge zahlen mußte. Einer Eintragung stände zudem auch der Wortlaut des § 3 I des Ges. Nr. 371 entgegen, worin ausdrücklich von der Eintragung des tatsächlich zu leistenden Frankenbetrages die Rede ist, wogegen in den hier in Frage stehenden Fällen nur die D-Mark-Beträge in den Vollstreckungstiteln ziffernmäßig bestimmt sind. Während diese Gläubiger demnach gegebenenfalls auf eine Abänderungsklage nach § 323 ZPO angewiesen wären, würden sich diejenigen Gläubiger, die, in der Regel wohl mehr oder weniger unbewußt, einen reinen Frankentitel erwirkt haben, im Ergebnis erheblich besser stehen, selbst wenn man berücksichtigt, daß bei der Festsetzung in D-Mark der Gläubiger den Vorteil einer verhältnismäßig stabilen Kaufkraft für sich hat.

Abschließend ist somit festzustellen, daß die 4. ErhöhungsVO — ebenso wie die vorausgegangenen VOen — nur auf Inlandsschuldverhältnisse angewandt werden kann und demzufolge auch eine Eintragung nach dem Ges. Nr. 371 den gleichen Einschränkungen unterworfen ist. Dabei wird der Begriff der Inlandsschuldverhältnisse dahin zu bestimmen sein, daß der Gläubiger seinen dauernden Aufenthalt im französ. Währungsgebiet hat und dort seinen Unterhalt bestreitet, vorausgesetzt, daß die wirtschaftlichen Verhältnisse (Lebenshaltungskosten) mit denen des Saarlandes annähernd übereinstimmen. Hingegen ist es bezüglich des Schuldners erforderlich, daß dieser sich in dem genannten Gebiet dauernd aufhält bzw. dort sein Einkommen bezieht. Solange beide Parteien in derartigen Verhältnissen leben, nimmt der Anspruch an den gesetzlichen Erhöhungen teil. Diese Erhöhung bleibt, da sie den Anspruch in seinem Bestande effektiv verändert hat, auch dann bestehen, wenn eine der beiden Parteien ihren gewöhnlichen Aufenthaltsort ins Ausland verlegt. Handelt es sich um den Schuldner, so muß dieser gegebenenfalls im Wege der Härteklage eine Abänderung des Titels, soweit die für die Zukunft geschuldeten Beträge in Frage stehen, herbeiführen. Kehrt er in das Gebiet der französ. Währung zurück, so wird die Forderung von etwaigen zukünftigen gesetzlichen Erhöhungen wiederum erfaßt, wobei aus Gründen gleichmäßiger Behandlung auch etwaige in der Zwischenzeit ergangene Erhöhungen bei der Berechnung zu berücksichtigen sein dürften.

Die Kammer verkennt keineswegs, daß mit Rücksicht auf die bisherige verschiedenartige Auslegung der Erhöhungs-VOen bzw. des Ges. Nr. 371 durch die AGe bei Vornahme der Eintragungen bzw. im Zusammenhang mit Zwangsvollstreckungsmaßnahmen der in der vorliegenden Entscheidung — welche erstmalig die Gelegenheit einer Stellungnahme bot — vertretene Standpunkt zu gewissen Härten führen wird. Dies gilt insbesondere für die Fälle, in denen, entgegen der hier vertretenen Auffassung, der Rentenanspruch als von Gesetzes wegen erhöht angesehen wurde. Da einerseits die gesetzliche Erhöhung nicht anerkannt werden kann, andererseits u. U. aber ein berechtigtes Interesse an einer Erhöhung — wenn auch in einem geringerem Umfange — nicht zu leugnen ist, vermag der betreffende Gläubiger auf dem Wege einer Abänderungsklage nach § 323 ZPO nur noch für die Zukunft eine Anpassung des Titels an die veränderten Verhältnisse herbeizuführen, wogegen von ihm hinsichtlich der Vergangenheit, soweit nicht der Schuldner bereits erhöhte Beträge gezahlt hat, ein vollstreckbarer Titel nicht mehr erwirkt werden kann. Bei Kenntnis der wahren Rechtslage hätte er dagegen schon früher Veranlassung gehabt, die Abänderungsklage zu erheben. Soweit allerdings die Eintragung bereits unanfechtbarer Titelinhalt geworden ist, dürfte der Vollstreckung in dem erhöhten Umfange zunächst nichts im Wege stehen. Hier kann der unten angeführte Lösungsvorschlag zu einer den Interessen beider Parteien in etwa gerecht werdenden Regelung führen. Es mag zudem nicht unerwähnt bleiben, daß auch bei ausgedehnter Anwendung der VOen in den Fällen in denen bisher die Erhöhungen als nicht eingetreten erachtet wurden, Unbilligkeiten eingetreten wären, indem z. B. der Schuldner, gegen den bislang in dem früheren Umfange vollstreckt wurde, durch die — unerwartete — Verpflichtung, u. U. erhebliche Rückstände zahlen zu müssen, in Schwierigkeiten geraten sein würde. Auch hier hätte allenfalls im Wege der Härteklage Abhilfe geschaffen werden können.

Nach Auffassung der Kammer sind die bei einschränkender Auslegung die Gläubiger im einzelnen Falle eventuell treffenden Nachteile jedenfalls nicht derart schwerwiegend, daß sie das zuvor aus grundsätzlichen Erwägungen gewonnene Auslegungsergebnis ändern könnten.

Was die in der Vergangenheit zu Unrecht vorgenommenen Eintragungen anbelangt, deren Beseitigung bzw. Berichtigung wegen Ablaufs der Beschwerdefrist gemäß § 2 II der DVO vom 13. 6. 1953 nicht mehr auf dem Beschwerdeweg erfolgen kann, so dürfte zwar insoweit die unrichtige Eintragung Inhalt des Vollstreckungstitels geworden sein. Es erscheint jedoch zur Vermeidung unbilliger Ergebnisse gerechtfertigt, in entsprechender Anwendung des § 3 der 4. VO bzw. des § 2 des Ges. Nr. 371 die Härteklage zum Zwecke der Abänderung des Titelinhalts zuzulassen, wobei gleichzeitig etwaige durch die Verhältnisse des einzelnen Falles geforderte Anspruchserhöhungen Berücksichtigung finden könnten."

24. Im Verhältnis zwischen dem Bundesgebiet und dem Saargebiet sind die Bestimmungen des internationalen Privatrechts nicht anwendbar, da die Bewohner beider Gebiete deutsche Staatsangehörige sind. — Die Höhe

des Unterhaltsanspruches ist nach der Lebensstellung der Kindesmutter unter Berücksichtigung der allgemeinen Lebensverhältnisse an deren Wohnort festzusetzen.

LG Zweibrücken, Beschl. v. 22. 10. 1954 — T 131/54: DAVorm. 27 (1954/55) 248.

Aus den Gründen:

„Die Kl. ist das uneheliche Kind der Näherin M. N. in J. (Saargebiet). Sie wohnt bei ihrer Mutter. Gesetzlicher Vertreter der Kl. ist der Landrat des Kreises H. (Saargebiet).

Die Kl. begehrt von dem Bekl. als ihrem außerehelichen Erzeuger die Zahlung einer Unterhaltsrente. Sie hat zum AG W. gegen ihn Klage auf Zahlung einer Unterhaltsrente im Betrag von vierteljährlich 147 DM vom Tage ihrer Geburt an bis zur Vollendung des 16. Lebensjahres eingereicht und um die Bewilligung des Armenrechts für die Klage nachgesucht.

Das AG hat der Kl durch Beschluß vom 13. 7. 1954 das Armenrecht für die Geltendmachung einer Unterhaltsrente von vierteljährlich DM 120 bewilligt. Im übrigen hat es für die Klage das Armenrecht verweigert, weil die weitergehende Rechtsverfolgung mit der Klage keine Aussicht auf Erfolg biete. . .

Die Beschwerde gegen den angefochtenen Beschluß ist . . . begründet. Der Kl. war das Armenrecht für die Klage in vollem Umfang zu gewähren, weil die Klage auch insoweit hinreichende Aussicht auf Erfolg bietet, soweit mit ihr eine höhere Unterhaltsrente als vierteljährlich 120 DM begehrt wird.

Es ist richtig, wie die Beschwerde ausführt, daß Art. 21 EGBGB in vorliegendem Rechtsstreit nicht anzuwenden ist, weil sowohl die Kindesmutter als auch der Bekl. deutsche Staatsangehörige sind und weil auch im Saargebiet, am Wohnort der Kindesmutter und der Kl., deutsches Recht gilt.

Es ist aber auch richtig, wie die Kl. in ihrer Beschwerde ausführt, daß gemäß § 1708 I BGB für die Höhe der Unterhaltsrente des unehelichen Kindes die Lebensstellung der Kindesmutter maßgebend ist. Bei der Beurteilung der Lebensstellung der Kindesmutter sind auch in vollem Umfang die allgemeinen Lebensverhältnisse an deren Wohnort zu berücksichtigen. Unter Hinweis auf das Ges. der Regierung des Saarlandes vom 10. 4. 1953 (ABl 289) und unter Vorlage einer Abschrift einer Beschwerdeentscheidung des LG Krefeld vom 13. 12. 1952 — 4 T 336/52 — hat der gesetzliche Vertreter der Kl. in einer für das Armenrechtsprüfungsverfahren genügenden Weise glaubhaft dargetan, daß die allgemeinen Lebensverhältnisse am Wohnort der Kindesmutter und der Kl. einen Mindestunterhaltsbetrag von monatlich 4000 Frs. erfordern, wie er von der Kl. begehrt wird. Bei der Zugrundelegung des amtlichen Umrechnungskurses von 1 DM = 84 Frs. ergibt sich, daß der Mindestunterhaltssatz von 4000 Frs. = 47,62 DM monatlich = 142,86 DM vierteljährlich am Wohnort der Kindesmutter beträgt. Da der Mindestunterhaltssatz regelmäßig dem zur Bestreitung der notwendigen Kosten einer äußersten Existenzgrundlage erforderlichen Betrag gleichkommt, wird der Kl. der begehrte Mindestunterhaltsbetrag zuzusprechen sein.“

25. Auf das interzonale Recht sind die Grundsätze des internationalen Privatrechts entsprechend anzuwenden. — Der Unterhaltsanspruch des unehelichen Kindes gegenüber seinem Erzeuger richtet sich nach dem Recht derjenigen Zone, welcher die Mutter zur Zeit der Geburt des Kindes angehört hat. — Die sowjetzonalen Bestimmungen über die Rechte der unehelichen Kinder verstoßen nicht gegen den westdeutschen ordre public, da sie den verfassungsrechtlichen Forderungen des Bundesgebietes entsprechen. — Art. 21 Halbsatz 2 EGBGB ist im interzonalen Recht anwendbar. — Der Unterhaltsanspruch entsteht in der am Wohnsitz des Berechtigten geltenden Währung. — Der im Bundesgebiet wohnhafte Schuldner eines in der Sowjetzone wohnhaften Unterhaltsberechtigten hat den in DM-Ost entstandenen Anspruch durch Zahlung von DM-West zum Nennwert zu tilgen. — Dem Schuldner kann nicht nachgelassen werden, sich durch Zahlung von DM-Ost zu befreien.

LG Verden/Aller, Urt. v. 7. 12. 1954 — 1 S 351/54:* Auszug in MDR 1955, 167; Leitsätze in FamRZ 1955, 147.

Der Kl. ist ein 1949 in A. (sowjet.) geborenes uneheliches Kind, welches bei seiner Mutter in A. lebt. Der Kl. beansprucht vom Bekl. als seinem Erzeuger Unterhalt. Das AG hat den Bekl. zur Zahlung einer Unterhaltsrente von vierteljährlich 97,50 DM für die Zeit von der Geburt bis zum 31. 5. 1954 und von vierteljährlich 120 DM für die Zeit vom 1. 6. 1954 bis zur Vollendung des 16. Lebensjahres verurteilt. Der auf die Höhe der Unterhaltsbeträge beschränkten Berufung des Kl. hat das LG im wesentlichen stattgegeben.

Aus den Gründen:

„Die Unterhaltspflicht des Bekl. als [des] außerehelichen Erzeugers (§§ 1708, 1717 BGB) ist nach Art. 21 EGBGB nach dem Gesetz des Staates zu beurteilen, dem die Mutter zur Zeit der Geburt des Kindes angehört. Nach dieser Bestimmung können jedoch nicht weitergehende Ansprüche geltend gemacht werden, als nach den deutschen Gesetzen begründet sind. Nach Art. 30 EGBGB ist die Anwendung eines ausländischen Gesetzes nur dann ausgeschlossen, wenn die Anwendung gegen die guten Sitten oder den Zweck eines deutschen Gesetzes verstoßen würde. Diese Grundsätze sind auf das Verhältnis zwischen West- und Ostrecht entsprechend anzuwenden. Der Unterhaltsanspruch des Kl. richtet sich also nach dem Recht der Ostzone. Durch Art. 33 der am 7. 10. 1949 in Kraft getretenen Verfassung der DDR ist bestimmt worden, daß die außereheliche Geburt einem Kinde und seinen Eltern nicht zum Nachteil gereichen dürfe; entgegenstehende Bestimmungen sind aufgehoben worden. Nach § 17 II des MKSchG soll sich der Unterhalt, den die Mutter für das nicht eheliche Kind zu beanspruchen hat, nach der wirtschaftlichen Lage beider Eltern richten. Die dadurch ausgesprochene rechtliche Gleichstellung der unehelichen Kinder ist aber bereits durch die Verfassung herbeigeführt worden, weil dort in Art. 144 bestimmt ist, daß alle Bestimmungen der Verfassung unmittelbar geltendes Recht sind.

Wie die Kammer bereits in S 364/53 ausgesprochen hat, haftet also der uneheliche Vater in einem derartigen Falle nur noch im Rahmen der §§ 1601ff. BGB. Danach ist gemäß § 1603 BGB die Leistungsfähigkeit des Vaters und gemäß § 1602 BGB die Bedürftigkeit des Kindes zu berücksichtigen. Die Bestimmung des § 1606 II Satz 2 BGB (Vorrang des Vaters vor der Mutter) kann unter Berücksichtigung des § 17 II MKSchG nur dahin aufgefaßt werden, daß beide Elternteile nach ihrer wirtschaftlichen Lage für den Unterhalt des Kindes zu sorgen haben (vgl. dazu im einzelnen LG Aachen, NJW 1954, 841[1] mit weiteren Nachweisen). Der vom LG Berlin-West (MDR 1953, 44[2]) — gleiche Ansicht LG Frankenthal, MDR 1954, 614[3] — unter Hinweis auf Art. 30 EGBGB vertretenen abweichenden Auffassung, daß sich der im Geltungsbereich des Grundgesetzes wohnende uneheliche Vater des Kindes nicht auf § 17 des MKSchG berufen könne, hat sich die Kammer nicht anschließen können. Aus Art. 30 EGBGB können schon deshalb keine Bedenken hergeleitet werden, weil in Art. 3 II und Art. 6 V GG ähnliche Grundsätze enthalten sind (vgl. dazu LG Aachen aaO mit weiteren Nachweisen). Wenn demnach also die Unterhaltspflicht des Bekl. nach den §§ 1601 ff. BGB zu beurteilen ist, so kann aus der Gleichstellung des unehelichen mit dem ehelichen Kinde jedoch nicht der weitergehende Schluß gezogen werden, daß der uneheliche Erzeuger dann auch über den zeitlichen Rahmen des § 1708 BGB hinaus zu haften habe und der Unterhalt für die Vergangenheit nur bei Verzug oder seit Rechtshängigkeit verlangt werden könne (§ 1613 BGB — § 1711 BGB). Abgesehen davon, daß Art. 21 EGBGB die Geltendmachung weitergehender Ansprüche als nach den deutschen Gesetzen [begründet,] ausschließt, beruht die unterschiedliche Behandlung des ehelichen und unehelichen Kindes nach dem BGB darauf, daß das uneheliche Kind und sein Erzeuger nicht als verwandt gelten (§ 1589 II BGB) — vgl. auch dazu LG Aachen aaO mit weiteren Nachweisen. — Es ist also bei der Beurteilung der Frage, welche Unterhaltsbeträge der Bekl. zu zahlen hat, mit Wirkung vom 7. 10. 1949 von den Grundsätzen der §§ 1601 ff. BGB auszugehen. Bis zu diesem Zeitpunkt ist der Unterhaltsanspruch nach § 1708 BGB zu bemessen.

. . . Der Bekl. hat somit für die Zeit von der Geburt des Kl. (27. 4. 1949) bis zum Inkrafttreten der Verfassung der DDR (7. 10. 1949) den vom Kl. verlangten vollen Unterhaltsbetrag zu zahlen. Da der Kl. auch seitdem bedürftig war und von der Kindesmutter bei dem geringen Arbeitsverdienst nicht unterhalten werden konnte, hat der Bekl. in der Zeit vom 7. 10. 1949 bis zum 1. 4. 1952 den nach seinen wirtschaftlichen Verhältnissen möglichen Unterhalt zu zahlen. Der Bekl. hat während dieser Zeit Arbeit gehabt und so viel verdient, daß er eine Unterhaltsrente von vierteljährlich 48,75 DM, also monatlich 16,25 DM zahlen konnte. Zu höheren Leistungen war der Bekl. in diesem Zeitraum nicht in der Lage. Das ergibt sich aus der Höhe seines Arbeitsverdienstes und aus seinen sonstigen Verpflichtungen gegenüber seiner Ehefrau und seinem ehelichen Kinde.

Seit dem 1. 4. 1952 verdient die Kindesmutter so viel, daß sie zum Unterhalt des Kl. beitragen kann. Damit entfällt die Unterhaltspflicht des Bekl. aber nicht. Wenn der Verdienst der Kindesmutter von etwa

[1] IzRspr. 1945—1953 Nr. 56a. [2] IzRspr. 1945—1953 Nr. 52.
[3] Siehe unten Nr. 131.

270 DM netto rein ziffernmäßig etwas höher liegt als das Einkommen des Bekl., der 1952 durchschnittlich 228,60 DM verdient und für 3 Personen zu sorgen hat, so erschien es gleichwohl billig, die Kindesmutter und den Bekl. in gleicher Weise für den Unterhalt des Kl. sorgen zu lassen. Die Kaufkraft des vom Bekl. verdienten Geldes ist stärker als die des Lohnes der Kindesmutter. Diese wird im übrigen, wenn sie voll arbeitet und verdient, durch die Sorge für den Kl. erhöhte Aufwendungen gehabt haben. Es war daher auch billig, für den erhöhten Unterhaltsanspruch des Kl. ab 1. 9. 1954 den Bekl. und die Kindesmutter zu gleichen Teilen sorgen zu lassen, zumal der Bekl. ab 1. 9. 1954 mindestens so viel wie die Kindesmutter verdient.

Der Unterhaltsanspruch des Kl. ist zwar in DM-Ost entstanden, weil der Kl. in der Ostzone lebt. Die Zahlung der Unterhaltsrente kann jedoch nur in DM-West ausgesprochen werden. Insbesondere war der Kursunterschied zwischen DM-West und DM-Ost nicht zu berücksichtigen. Die Zahlung hat auf ein in der Westzone zu errichtendes Sperrkonto zu erfolgen (19. DVO zum UG in Allgemeiner Genehmigung Nr. 27/49 des Ges. Nr. 52/53). Dem Wunsche des Bekl., in DM-Ost zu zahlen, konnte nicht entsprochen werden. Abgesehen davon, daß die Zahlungsmöglichkeit durch die Zeugin B., wie das AG mit Recht festgestellt hat, keine ausreichende Grundlage bildet, ist die Kammer der grundsätzlichen Auffassung, daß die Zahlungen ausnahmslos in DM-West auf ein Sperrkonto zu erfolgen haben (vgl. dazu im einzelnen Urteil vom 7. 12. 1954 in 1 S 346/54[1]). Der in der Westzone lebende Unterhaltsverpflichtete hat namentlich bei verhältnismäßig niedrigen Unterhaltsbeträgen den in der Ostzone lebenden Unterhaltsberechtigten so zu stellen, als ob dieser in der Westzone lebte. Er hat ihm daher in der in der Westzone allein zulässigen Zahlungsweise, also in DM-West den erforderlichen Unterhalt zu zahlen. Jede andere Regelung würde dazu führen, daß der Unterhaltsverpflichtete ohne Rechtsgrund den wechselnden Kursunterschied zwischen DM-West und DM-Ost für sich ausnutzen könnte und weniger zu zahlen brauchte, als er einem Unterhaltsberechtigten, der in der Westzone lebt, zahlen müßte. Der Verpflichtete muß also den Betrag zahlen, den er nach seinen Verhältnissen zahlen kann, darf aber dafür nicht einen niedrigeren Betrag aufwenden, der ausreichen würde, um unter Ausnutzung des Kursunterschiedes den Unterhaltssatz in nominell gleicher Höhe, aber in DM-Ost, zu erreichen. Diese allein billige Regelung stellt den Unterhaltspflichtigen nicht schlechter. Sie stellt aber auch den Unterhaltsberechtigten nicht besser, da ihm der auf Sperrkonto eingezahlte Betrag nur im Verhältnis 1:1 zur Verfügung steht, mag er den Unterhalt nun von der Ostzone oder von der Westzone her in Anspruch nehmen."

26. Bei Verlegung des Wohnsitzes des Unterhaltsschuldners aus der Sowjetzone in das Bundesgebiet sind veränderte Umstände im Sinne des § 323 ZPO gegeben. — Aus dem auf DM-Ost lautenden Titel eines sowjet-

---

[1] Siehe unten Nr. 133.

zonalen Gerichts kann im Bundesgebiet zum Wechselstubenkurs vollstreckt werden.

LG Frankenthal, Urt. v. 15. 12. 1954 — 1 S 241/54:* Auszug in MDR 1955, 230.

Die Kl., ein uneheliches Kind des Bekl., wurde 1944 in B. bei H. (jetzt: Bundesgebiet) geboren, wo sie auch jetzt noch lebt. Durch Urteil des AG W. (sowjet.) vom September 1950 wurde der Bekl., der damals in der Sowjetzone wohnte, zur Zahlung einer monatlichen Unterhaltsrente von 35 DM-Ost verurteilt. 1952 verlegte der Bekl. seinen Wohnsitz in das Bundesgebiet.

Die Kl. verlangt die Erhöhung ihrer Unterhaltsrente auf 45 DM. Das AG hat den Bekl. zur Zahlung von weiteren 38 DM-West verurteilt. Das LG hat die Berufung zurückgewiesen.

Aus den Gründen:

„Nach der Überzeugung des Berufungsgerichts hat die Kl. keine Unterhaltungsergänzungsklage, sondern eine Abänderungsklage gemäß § 323 ZPO erhoben. Die Abänderungsklage ist auch begründet. Es liegen veränderte Umstände im Sinne von § 323 ZPO vor, da der in der Ostzone verurteilte Bekl. seinen Wohnsitz in die Bundesrepublik verlegt hat. Darüber hinaus haben sich die Lebenshaltungskosten in Westdeutschland seit dem Unterhaltsurteil vom 18. 9. 1950 bis zur Klageerhebung am 19. 1. 1954 im Sinne von § 323 ZPO wesentlich erhöht. Der Bekl. ist daher verpflichtet, an die im Kreis H. wohnende Kl. eine erhöhte Unterhaltsrente von monatlich insgesamt 45 DM-West zu zahlen.

Die Kammer teilt nicht die Ansicht des Erstrichters, daß das Begehren der Kl. eine Unterhaltsergänzungsklage nach § 1708 BGB darstelle. Das AG W. hat über den gesamten Unterhaltsanspruch der Kl. — dem Grunde und der Höhe nach — entschieden, ohne daß ein Teil des Antrags offen geblieben wäre. Für eine Ergänzung des Urteils, dem im übrigen aus den zutreffenden Gründen des Erstrichters von den Gerichten der Bundesrepublik die rechtliche Anerkennung nicht versagt werden kann, ist daher kein Raum mehr. In dem Verlangen der Kl. kann somit nur eine Abänderungsklage nach § 323 ZPO erblickt werden.

Dies gilt auch, obwohl der Bekl. zur Zahlung von Ostmark verurteilt worden ist. Die Frage, ob das AG. W. nur eine Verurteilung in DM-West hätte aussprechen dürfen, da nach § 1708 I BGB die Lebensstellung der in der Westzone lebenden Kindesmutter maßgebend ist, kann dahingestellt bleiben. Denn auch aus dem auf Ostmark lautenden Schuldtitel kann in Westdeutschland vollstreckt werden. Das erkennende Gericht hat sich bereits in dem Urteil vom 28. 7. 1954 — 1 S 80/54 (MDR 1954, 614[1]) der überwiegenden Meinung und Rechtsprechung angeschlossen, wonach die Vollstreckung von Ostzonentiteln in der Bundesrepublik durch entsprechende Anwendung des § 244 BGB nach dem jeweiligen Wechselstubenkurs erfolgt (vgl. *Kühne*, NJW 1950, 729; OLG Hamburg, MDR 1951, 109[2]; OLG Celle, MDR 1951, 619[3], OLG Neustadt a. d. Weinstraße, Beschluß vom 5. 6. 1953 — 3 W 46/53 — zitiert vom LG Frankenthal, NJW 1954, 843[4]; *Baumbach-Lauterbach*, ZPO[22], 1954, Grundzüge 4 A f zu § 704).

---

[1] Siehe unten Nr. 131.
[2] Siehe IzRspr. 1945—1953 Nr. 143.
[3] Siehe IzRspr. 1945—1953 Nr. 198.
[4] Siehe unten Nr. 148.

Der augenblickliche Wechselstubenkurs steht unbestritten im Verhältnis von 5 Ostmark zu 1 Westmark. Die Kl. kann daher ihren auf 35 Ostmark lautenden Unterhaltstitel im Wege der Zwangsvollstreckung nur in Höhe von 7 DM-West realisieren. Als der Bekl. seinen Wohnsitz in der Sowjetzone hatte, mußte er monatlich 35 DM-Ost leisten. Er war somit gegenüber den anderen Zahlvätern in der Ostzone nicht besser gestellt. Den durch die Teilung Deutschlands bedingten Nachteil bei der Umrechnung hatte ausschließlich die Kl. zu tragen, denn sie erhielt im Monat nur eine Unterhaltsrente von 7 DM-West. Es wäre höchst unbillig und würde gegen den verfassungsrechtlichen Grundsatz der Gleichheit vor dem Gesetz verstoßen (Art. 3 I GG), wenn der Bekl. nach der Verlegung seines Wohnsitzes in die Bundesrepublik sich seiner Unterhaltspflicht durch Zahlung von nur 7 DM-West entledigen könnte. In diesem Falle wäre die Kl. weiterhin die Leidtragende des in zwei Währungsgebiete gespaltenen Deutschlands und gegenüber anderen unehelichen Kindern, deren Erzeuger gleichfalls in der Bundesrepublik wohnen, benachteiligt. Andererseits hätte der Bekl., der jetzt in westdeutschen Verhältnissen lebt und in Arbeit steht, gegenüber den anderen unehelichen Vätern in der Bundesrepublik den nicht einzusehenden Vorteil, einen wesentlich geringeren Unterhalt von monatlich nur 7 DM-West leisten zu müssen. Das Berufungsgericht ist daher der Überzeugung, daß in der Wohnsitzverlegung des in der Sowjetzone zur Unterhaltszahlung in Ostgeld verurteilten Bekl. nach der Bundesrepublik veränderte Umstände im Sinne von § 323 ZPO zu erblicken sind. Zur Anwendung des § 323 ZPO genügt es auch, wenn diese neuen Umstände nur in der Person des Verpflichteten liegen (*Baumbach-Lauterbach*, § 323 Anm. 2 C). Die hier vertretene Auffassung wird im übrigen auch vom LG Bremen, NJW 1954, 1768[1] (nur im Leitsatz abgedruckt) geteilt.

Der Bekl. ist daher zunächst zur Zahlung von weiteren 28 DM-West verpflichtet, da sich der Unterhaltstitel der Kl. über 35 Ostmark durch die Vollstreckung nur in Höhe von 7 DM-West verwirklichen läßt. Aber auch der weitergehende Anspruch der Kl. ist begründet. Nach der amtlichen Auskunft des AG H. wurde der Unterhaltsrichtsatz für einfachste Verhältnisse der Kindsmutter im Sinne von § 1708 I BGB bereits seit 1. 7. 1951 auf monatlich 45 DM erhöht. . . .

Unter diesen Umständen müssen der Kl. also monatlich 45 DM-West an Unterhalt effektiv zukommen. Der Erstrichter hat den Bekl. daher mit Recht zur Zahlung von weiteren 38 DM-West — außer dem durch die Vollstreckung des Osttitels zu erlangenden Betrag von 7 DM-West — verurteilt.

Die Berufung des Bekl. war deswegen mit der Kostenfolge aus § 97 ZPO zurückzuweisen.

Die Kammer hielt es jedoch zur eindeutigen Klarstellung für angebracht, den Tenor des angefochtenen Urteils mit der Maßgabe abzuändern, daß der Bekl. unter Einbeziehung des ostzonalen Urteils ab

[1] Siehe unten Nr. 132.

Klagezustellung zur Unterhaltszahlung von insgesamt 45 DM-West im Monat verpflichtet ist."

27. Im Armenrechtsverfahren kann eine wesentliche Veränderung der tatsächlichen Verhältnisse im Sinne des § 323 ZPO durch den Hinweis auf ein am Wohnsitz des Unterhaltsberechtigten ergangenes Gesetz über die Erhöhung der Unterhaltsrenten dargetan werden.

LG Marburg, Beschl. v. 20. 1. 1955 — T 390/54: DAVorm. 28 (1955/56) 46.

Aus den Gründen:

„Das AG führt mit Recht aus, daß die begehrte Urteilsabänderung im Sinne des § 323 ZPO eine wesentliche Änderung der tatsächlichen Lebensverhältnisse der Kindesmutter, d. h. auch der wirtschaftlichen Verhältnisse an ihrem Wohnort, seit der früheren Verurteilung voraussetzt. Der Ansicht des AG, der Beschwerdeführer habe es unterlassen, eine solche wesentliche Veränderung der wirtschaftlichen Verhältnisse zu behaupten und unter Beweis zu stellen, kann nicht gefolgt werden. Das Vorbringen des Beschwerdeführers in der Klageschrift, daß der bisherige Unterhaltsbetrag zur Bestreitung des Lebensunterhalts nicht mehr ausreiche, kann nur als Behauptung einer wesentlichen Änderung im obigen Sinne aufgefaßt werden. Für diese Behauptung hat der Beschwerdeführer durch Bezugnahme auf die vorgelegten Bestimmungen der saarländischen Regierung auch Beweis angetreten. Er vertritt mit Recht den Standpunkt, daß die gesetzlichen Richtsatzbestimmungen für Unterhaltsrentenzahlungen an uneheliche Kinder nicht willkürlich erfolgt seien, sondern das Ergebnis einer amtlichen Feststellung bezüglich der wesentlich gestiegenen Lebenshaltungskosten im Saarland darstellen. Danach ergibt sich, daß der Kl. und Beschwerdeführer sein Klagebegehren nicht, wie das AG meint, auf das Ges. 371 vom 10. 4. 1953 selbst stützt, sondern dieses allein als Indiz gewertet wissen will für seine Behauptung der wesentlichen Änderung der wirtschaftlichen Verhältnisse am Wohnort der Kindesmutter seit dem letztergangenen Urteil, und damit das Vorliegen der Voraussetzung nach § 323 ZPO.

Es kann dabei hinsichtlich des Antrags auf Bewilligung des Armenrechts nicht darauf ankommen, ob die sich aus dem angeführten Gesetz zur Zeit allgemein ergebende Steigerung der Lebenshaltungskosten nun auch tatsächlich seit dem 6. 11. 1951 $33^1/_5\%$ der bisherigen Höhe ausmacht. Die genaue Höhe des gestiegenen Lebenshaltungskoeffizienten und in Verbindung damit die genaue Bestimmung der Höhe des fortan zu zahlenden Unterhaltsbetrages mag im Prozeß festgestellt werden; entscheidend für den Armenrechtsantrag kann nur sein, ob eine seit dem letzten Urteil eingetretene wesentliche Änderung der tatsächlichen Verhältnisse dargetan ist, so daß eine Abänderungsklage im Sinne des § 323 ZPO hinreichende Aussicht auf Erfolg bietet.

Für das Vorliegen dieser Voraussetzung dürfen die vom Beschwerdeführer vorgelegten Gesetzesbestimmungen mit Recht als Indiz angesehen werden."

28. Einem in der Sowjetzone wohnhaften Unterhaltsgläubiger ist nicht zuzumuten, die Leistung des im Bundesgebiet wohnhaften Unterhaltsschuldners unter Verstoß gegen sowjetzonale Devisenvorschriften entgegenzunehmen. — Einem westdeutschen Unterhaltsschuldner kann nachgelassen werden, seine Unterhaltspflicht gegenüber einem Gläubiger in der Sowjetzone aus einem Guthaben in dieser Zone und unter Beachtung der sowjetzonalen Devisenvorschriften zu erfüllen. — Die Unterhaltsverpflichtung eines westdeutschen Unterhaltsschuldners gegenüber dem Gläubiger in der Sowjetzone entsteht in DM-Ost; wenn die Verbindlichkeit durch Zahlung auf ein westdeutsches Sperrkonto erfolgt, so ist der Nennbetrag der Verbindlichkeit in DM-West zu leisten. — Verlegt der Unterhaltsgläubiger seinen Wohnsitz aus der Sowjetzone in das Bundesgebiet, so ist eine wesentliche Veränderung der Verhältnisse im Sinne des 323 ZPO gegeben.

LG Hagen, Beschl. v. 3. 2. 1955 — 1 T 3/55: DAVorm. 27 (1954/55) 300.

Der Bekl. hat sich durch einen im Mai 1949 vor dem LG D. (sowjet.) abgeschlossenen Vergleich verpflichtet, an jeden der Kl. monatlich 35 DM-Ost Unterhalt zu zahlen. Der Bekl., der damals wie die Kl. in der Sowjetzone wohnte, ist inzwischen in das Bundesgebiet verzogen.

Der Bekl. erfüllt nunmehr seine Unterhaltsverpflichtung in DM-West, jedoch unter Umrechnung nach dem Wechselstubenkurs. Das AG H. hat durch Beschluß vom 11. 9. 1954 eine dagegen gerichtete Erinnerung der Kl. zurückgewiesen. Daraufhin haben die Kl. Klage erhoben und beantragt, den Bekl. unter Abänderung des Vergleiches vom Mai 1949 zur Zahlung von 35 DM-West an jeden Kl. zu verurteilen.

Das AG hat die Klage abgewiesen, das LG hat ihr stattgegeben.

Aus den Gründen:

„Die Kammer ist im Gegensatz zur Auffassung des Vorderrichters der Ansicht, daß sich die Verhältnisse, die für den Abschluß des Vergleichs maßgebend waren, wesentlich geändert haben. Zwar haben die verschiedenen Währungen schon vor Abschluß des Vergleichs bestanden, doch war dies damals für das streitige Rechtsverhältnis ohne Bedeutung, da beide Parteien in der Ostzone wohnten.

Diese Lage hat sich durch die Übersiedlung des Bekl. in die Bundesrepublik geändert. Solange der Bekl. noch in der Ostzone lebte, erhielten die Kl. monatlich den vollen Betrag DM-Ost, zu dessen Zahlung sich der Bekl. verpflichtet hatte. Durch seinen Umzug in die Bundesrepublik ist der Schuldtitel jedoch gemäß dem Beschluß des AG in H. vom 11. 9. 1954 nur noch zu einem Bruchteil vollstreckbar. Die Kl. können zur Zeit nur einen Betrag von etwa 7,77 DM-West beitreiben. Hiergegen wäre nichts einzuwenden, wenn es ihnen erlaubt wäre, für dieses Geld unter Inanspruchnahme der Wechselstuben je 35 DM-Ost zu erhalten. Das ist jedoch nicht der Fall. Die Unterhaltsforderung der Kl. ist nach dem Recht der Ostzone eine anmeldepflichtige Geldforderung, deren Erfüllung nur durch Vermittlung der ostzonalen Deutschen Notenbank angenommen werden darf. Die Wechselstuben sind in der Ostzone nicht anerkannt. Bewohner der Ostzone, die Geld der Wechselstuben annehmen, werden bestraft. Der Bekl. kann die Kl. aber nicht zwingen, Geld auf eine Weise anzunehmen, in der diese sich strafbar machen. Die einzige legale Möglichkeit, Geld an Gläubiger in der Ostzone zu zahlen, besteht im Verrechnungswege über ein Sperrkonto. Hierbei erfolgt mit Genehmigung der Deutschen Notenbank jedoch lediglich eine Verrechnung im Verhältnis 1:1. Zahlt nun der Bekl. in Erfüllung des Vergleichs vom 30. 5. 1949 auf ein Sperrkonto DM-West nach dem Kurse der Wechselstuben, so erhalten die Kl. zur Zeit nur je 7,77 DM-Ost ausbezahlt. Das aber widerspricht dem Sinn der gesetzlichen Unterhaltspflicht, durch die der gesamte Lebensbedarf des Unterhaltsberechtigten sichergestellt werden soll. Da sich, wie ausgeführt, ein höherer Betrag auch nicht im Wege der Zwangsvollstreckung beitreiben läßt, können die Kl. auf Grund des Vergleichs heute anders als im Jahre 1949 nicht mehr die zu ihrem Unterhalte erforderlichen Gelder erhalten. Die Kl. müssen daher berechtigt sein, im Wege der Klage eine Abänderung dieses Vergleichs zu erstreben. Dieses Ergebnis entspricht der ständigen Rechtsprechung der Kammer, derzufolge westdeutsche Unterhaltsschuldner, soweit sie nicht ausnahmsweise devisenrechtlich in der Lage sind, über Ostmark-Guthaben auch nach den Bestimmungen der Sowjetzone wirksam zu verfügen, regelmäßig dazu zu verurteilen sind, den an sich in Ostmark geschuldeten Betrag in voller Höhe in Westmark auf ein Sperrkonto einzuzahlen."

29. Das Urteil eines Gerichts in der Sowjetzone, welches gegen einen dort lebenden Schuldner ergangen ist und auf „DM" lautet, ist dahin auszulegen, daß der Schuldner zur Zahlung von DM-Ost verurteilt worden ist. — Verlegt der Schuldner eines Unterhaltsanspruchs seinen Wohnsitz aus der Sowjetzone in das Bundesgebiet, so ist damit die Voraussetzung für eine Abänderungsklage gegeben.

LG Tübingen, Beschl. v. 21. 3. 1955 — 1 T 38/55:* Leitsatz in MDR 1955, 487.

Der im Bundesgebiet lebende Kl., das uneheliche Kind des Bekl., hat im Jahre 1950 gegen den damals in A. (sowjet.) wohnhaften Bekl. ein Urteil des AG A. auf Unterhaltsleistungen erwirkt. Nach der Übersiedlung des Bekl. in das Bundesgebiet hat der Kl. das Armenrecht für eine Klage gemäß § 323 ZPO beantragt, mit welcher er eine monatliche Unterhaltszahlung von 45 DM verlangt. Der Kl. macht geltend, daß er aus dem auf DM-Ost lautenden Urteil des AG A. lediglich entsprechend dem Umrechnungskurs vollstrecken könne. Das AG hatte das Armenrecht versagt; auf die Beschwerde des Kl. wurde dieser Beschluß aufgehoben und das Armenrecht bewilligt.

Aus den Gründen:

„2. Der Bekl. wohnte im Zeitpunkt des Ergehens des Versäumnisurteils durch das AG A. ausweislich der vom Kl. vorgelegten Urteilsausfertigung in A., also in der Ostzone; das Urteil kann damit sinngemäß nur als auf DM-Ost lautend ausgelegt werden.

3. Schon damit, daß der Bekl. zwischenzeitlich seinen Wohnsitz in die Bundesrepublik verlegt hat, sind die Voraussetzungen für eine Abänderungsklage gegeben (vgl. LG Bremen, Urteil v. 8. 9. 1954[1]). Hinzu kommt, daß sich die Lebenshaltungskosten seit 1950 ganz wesentlich

[1] Siehe unten Nr. 132.

erhöht haben. Auch dieser Umstand stellt nach der ständigen Rechtsprechung der Kammer eine wesentliche Veränderung im Sinne des § 323 ZPO dar."

30. **(Der Unterhaltsanspruch eines in Westdeutschland lebenden unehelichen Kindes gegen seinen in der Ostzone lebenden Erzeuger richtet sich nach dem Recht der Sowjetzone.) — Höherer Unterhalt kann nicht mit der Begründung verlangt werden, daß die Lebenshaltungskosten in Westdeutschland gestiegen seien und daß sich die Lebenslage in der Sowjetzone allgemein verbessert habe.**

Bezirksgericht Magdeburg (sowjet.), Beschl. v. 16. 3. 1955 — 1 SH 2/55: DAVorm. 28 (1955/56) 62.

Aus den Gründen:

„Die Ausführungen der Antragsschrift vom 8. 1. 1955 sind nicht geeignet, die Entscheidung des Urteils des Kreisgerichts Magdeburg-Ost vom 26. 11. 1954 zu erschüttern. Der ASt. kann sich nicht darauf berufen, daß ein Unterhalt von 25 DM monatlich zu niedrig sei. Er muß vielmehr gemäß § 323 ZPO nachweisen, daß eine wesentliche Veränderung der Verhältnisse eingetreten ist, die im Jahre 1949 bei dem Anerkenntnis des ASt. maßgebend waren. Soweit der ASt. sich auf die Erhöhung der Lebenshaltungskosten in Westdeutschland beruft, ist der Begründung des Vordergerichts beizutreten, daß die Preissteigerung auf die Rüstungsmaßnahmen der dortigen Regierung zurückzuführen ist, so daß diese Mehrkosten von einem in der DDR lebenden Schuldner nicht verlangt werden können. Soweit der ASt. geltend macht, daß eine allgemeine Verbesserung der Lebenslage in der DDR eingetreten ist, reicht diese Begründung nicht aus, um eine Verpflichtung des Schuldners zur Erhöhung des Unterhaltsbeitrages darzutun. Der Schuldner ist verheiratet und hat eine fünfköpfige Familie zu unterhalten, wovon 3 Kinder noch minderjährig sind. Nach der Behauptung des ASt. hat der AGg. jetzt ein monatliches Einkommen von 480 DM. Es ist aber nicht dargetan, inwieweit diese Einkommensverhältnisse bei den bestehenden Unterhaltsverpflichtungen gegenüber der Familie eine Verbesserung gegenüber dem Stande im Zeitpunkt der Abgabe des Anerkenntnisses am 6. 1. 1949 bedeuten. Es ist konkret darzulegen, worin die wesentliche Verbesserung der Verhältnisse des AGg. liegt, die gemäß § 17 II des MKSchG für die Bemessung der Unterhaltsrente zugrunde zu legen sind. Solange in dieser Hinsicht keine bestimmten Ausführungen gemacht werden können, bietet die beabsichtigte Rechtsverfolgung keine hinreichende Erfolgsaussicht (§ 114 ZPO)."

31. **Das Rechtsverhältnis zwischen deutschen Eltern und Kindern bestimmt sich auch dann, wenn ein Kind vom polnischen Staat als polnischer Staatsangehöriger in Anspruch genommen wird, gemäß Art. 19 EGBGB nach deutschem Recht. — Ein in den polnisch verwalteten deutschen Ostgebieten lebendes eheliches Kind kann angesichts des dor-**

tigen niedrigen Lebensstandardes nicht beanspruchen, die Lebensverhältnisse des im Inland wohnenden Vaters zu teilen.

LG München II, Urt. v. 24. 5. 1955 — 1 b S 122/55: NJW 1955, 1720.

Der Kl. ist der eheliche Vater der Bekl. Diese lebt in den von Polen verwalteten Ostgebieten und verdient als Magazinangestellte 600 Zloty monatlich. Der Kl. hat ein monatliches Einkommen von 210 DM netto. Er war durch Urteil des AG E. (Bundesgebiet) im Jahre 1951 zur Zahlung von monatlich 15 DM an die Bekl. verurteilt worden und strebt mit der nunmehr erhobenen Klage die Aufhebung seiner Unterhaltspflicht an. Das AG wies die Klage ab, das LG gab ihr statt.

Aus den Gründen:

„Darüber besteht zwischen den Streitsteilen kein Streit, daß die rechtlichen Beziehungen zwischen ihnen sich ungeachtet der Tatsache, daß auch der polnische Staat die Bekl., welche in dem unter polnischer Verwaltung stehenden Teil Oberschlesiens lebt, als polnische Staatsangehörige in Anspruch nimmt, ausschließlich nach dem deutschen Recht beurteilen. Dies kann auch mit Rücksicht auf Art. 19 Satz 1 EGBGB nicht zweifelhaft sein. Gemäß § 1610 BGB bemißt sich das Maß des zu gewährenden Unterhalts nach der Lebensstellung des Berechtigten. Dies bedingt andererseits, daß eine Unterhaltsberechtigung nur dann besteht, wenn die in Betracht kommende Person außerstande ist, den ihrer Lebensstellung entsprechenden Unterhalt selbst zu bestreiten. Die Bekl. als eheliches Kind ist dazu bereits dann außerstande, wenn hierfür der Ertrag ihrer Arbeit nicht ausreicht, da sie unstreitig eigenes Vermögen nicht besitzt.

Nach h. A., der sich das Berufungsgericht anschließt, richtet sich die Lebensstellung eines ehelichen Kindes nach der Lebensstellung des Vaters. Es kann also beanspruchen, in seiner Umwelt eine der Lebensstellung des Vaters entsprechende Stellung einzunehmen. Unstreitig handelt es sich bei dem Vater um einen in einfachen Lebens- und Einkommensverhältnissen lebenden Hilfsarbeiter. Dieser Stellung entspricht durchaus die Stellung der Bekl. als Angestellte in einem Magazin, also als einfache Arbeitnehmerin, die sie während der streitigen Zeit eingenommen hat.

Die Bekl. kann daher nur einen Unterhalt beanspruchen, der dieser Lebensstellung entspricht. Es kann nicht bezweifelt werden, daß zwischen dem Lebensstandard eines einfachen Hilfsarbeiters in der Bundesrepublik und dem einer Person gleicher Lebensstellung in den polnisch besetzten Gebieten ein erheblicher Unterschied besteht. Dies rechtfertigt jedoch nicht die Annahme, das Kind habe ein Recht darauf, den Lebensstandard seines Vaters nun am eigenen Aufenthaltsort und unter den eigenen Lebensbedingungen aufrecht zu erhalten. Die Übertragung des in der Bundesrepublik möglichen Lebensstandards auf die Lebensverhältnisse, unter denen die Bekl. leben muß, ist praktisch überhaupt nicht möglich, da bei dem künstlich hochgehaltenen Kurswert des Zloty im Verhältnis zur DM und bei der inneren geringen Kaufkraft des Zloty der Kl. unzumutbare Aufwendungen leisten müßte. Praktisch würde die Übertragung des Lebensstandards des Kl., wie er ihn praktisch in der Bundesrepublik verwirklichen kann, dazu führen, daß die Lebensstellung der Bekl. über die Lebensstellung des Vaters hinausgehoben würde. Es kann nicht Inhalt der Unterhaltspflicht sein, die örtlich und umweltbedingten Verschiedenheiten des Lebensstandards innerhalb verschiedener Wirtschaftssysteme im Einzelfall auszugleichen, wenn dies zu unzumutbaren Leistungen des Verpflichteten und zu einer ungerechtfertigten Besserstellung der Berechtigten führen müßte."

32. Solange ein uneheliches Kind mit der Mutter und sein Erzeuger in der Sowjetzone leben, besteht kein interlokales Rechtsproblem; Umfang, Währung und Umstellungsverhältnis von Unterhaltsansprüchen richten sich nach sowjetzonalem Recht. — Die Anwendung des sowjetzonalen Umstellungsrechtes verstößt nicht gegen den westdeutschen ordre public. — Der Unterhaltsanspruch eines in der Sowjetzone bei seiner Mutter lebenden unehelichen Kindes richtet sich auch nach der Verlegung des Wohnsitzes seines Erzeugers in das Bundesgebiet weiterhin nach sowjetzonalem Recht. — Art. 21 Halbsatz 2 EGBGB ist im interzonalen Recht nicht entsprechend anwendbar.

LG Kassel, Beschl. v. 8. 6. 1955 — 1 T 47/55: FamRZ 1956, 29.

Der Kl., ein uneheliches Kind, lebt seit Anfang 1945 mit seiner Mutter in der Sowjetzone. Der Bekl., dessen Anschrift zunächst nicht bekannt war, lebte bis Ende 1951 ebenfalls in der Sowjetzone und verzog, nachdem er auf Unterhalt in Anspruch genommen worden war, in das Bundesgebiet. Der Kl. verlangt nunmehr Unterhalt nach sowjetzonalen Recht zum Nennbetrag in DM-West. Das LG hat ihm das Armenrecht für die beabsichtigte Klage in vollem Umfang bewilligt.

Aus den Gründen:

„1. Was zunächst die Ansprüche des Kl. aus der Zeit von Kriegsende bis Ende 1951 anbetrifft, d. h. bis zu dem Zeitpunkt, in welchem der Bekl. das Gebiet der DDR verließ, so besteht insoweit kein interlokales (interzonales) Rechtsproblem. Da sowohl der Kl. und seine Mutter wie der Bekl. in dieser Zeit im Gebiet der heutigen DDR wohnten, ist dessen angebliche Unterhaltsschuld nur im dortigen politischen und rechtlichen Bereich entstanden und daher nur nach dem dort geltenden Recht zu beurteilen. Die in dieser Zeit fällig gewordenen Beträge unterlagen zur Zeit ihrer Entstehung — ebenso wie die Beteiligten des Schuldverhältnisses persönlich — allein dem dortigen bürgerlichen wie Währungsrecht; und die so entstandenen Unterhaltsforderungen konnten ihren Rechtsgrund, ihren Umfang und ihren Charakter nicht nachträglich dadurch ändern, daß der Bekl. im Jahre 1951 das genannte Rechtsgebiet verließ, so daß es auf die Anwendbarkeit des Art. 21 Halbsatz 2 EGBGB insoweit noch nicht ankommt.

Daraus folgt insbesondere, daß jene Unterhaltsansprüche sämtlich als reine DM-Ost-Ansprüche bzw., soweit sie vor der Währungsreform bis zum 27. 6. 1948 entstanden sind, als allein nach ostzonalem Recht von RM in DM-Ost umzustellende Zahlungsansprüche entstanden sind. Nach dem damals für beide Teile — Gläubiger wie Schuldner — geltenden ostzonalen Währungs- und Umstellungsrecht gilt hier aber nur eine Umstellung von RM in DM-Ost zum Nennbetrage. Daß der Anwendung dieses Umstellungsrechts vor westdeutschen Gerichten auch nicht etwa Art. 30 EGBGB entgegengehalten werden kann, ist wiederholt in der Rechtsprechung anerkannt worden. ...

Da bis zum 7. 10. 1949 demnach im Ost- wie im Westrechtsgebiet noch einheitlich die alten Bestimmungen der §§ 1708ff. BGB galten und anzuwenden sind, besteht also auch insoweit gar kein interlokales Rechtsproblem (vgl. *Palandt-Lauterbach*, Anm. 14 a vor Art. 7 EGBGB). Daraus folgt insbesondere, daß für den Anspruchsbeginn bis dahin unverändert § 1711 BGB und für Höhe und Rangfolge allein die §§ 1708, 1709 BGB galten. Nur für die Folgezeit wurde das Schuldverhältnis zwischen Kind und Vater (bzw. Mutter) gesetzlich abgeändert und besteht daher die Frage, ob und wieweit die später noch im Gebiet der DDR oder die inzwischen im Gebiet der Bundesrepublik fällig gewordenen rückständigen bzw. laufenden und künftigen Forderungen sich noch nach den §§ 1708ff. oder nach den §§ 1601ff. BGB richten.

2. Soweit Unterhaltsansprüche zwischen dem 7. 10. 1949 (dem Inkrafttreten der Verfassung der DDR) und Ende 1951 (der Übersiedlung des Bekl. in das Gebiet der Deutschen Bundesrepublik) entstanden, die Beträge also noch im Ostrechtsgebiet fällig geworden sind, gilt vorliegend zunächst wiederum nach den obigen Ausführungen unter 1. unbeschränkt das dort jetzt für uneheliche Kinder geltende bürgerliche Recht, ohne daß dabei die zwischenstaatliche Regel des Art. 21 EGBGB eine Rolle spielt. Nach dem Recht der DDR sind aber nunmehr für die Unterhaltspflicht des Bekl. gegenüber seinem unehelichen Kinde, wie das AG in Übereinstimmung mit dem Kl. mit Recht annimmt, grundsätzlich die §§ 1601ff. BGB maßgebend. [Folgen Ausführungen zum sowjetzonalen Unterhaltsrecht.]

Zweifelhaft kann schließlich hinsichtlich des Anspruchsendes nicht sein, daß nach dem Recht der DDR die Unterhaltspflicht des unehelichen Vaters gemäß § 1602 BGB für die ganze Dauer der Unterhaltsbedürftigkeit, d. h. in der Regel zur Erlangung der wirtschaftlichen Selbständigkeit bzw. Selbsterhaltungsfähigkeit, gilt. Die Angabe *Kegels* aaO [NJW 1953, 615], im Ostrechtsgebiet selbst fehle bisher eine entsprechende Praxis, dürfte durch die weitere Entwicklung überholt sein (vgl. dazu *Palandt-Lauterbach* [BGB][14] Anm. 2 vor § 1705 BGB). Dieser Zeitpunkt (Erlangung der Selbständigkeit bzw. Selbsterhaltungsfähigkeit) kann auch schon vor der Vollendung des 16. Lebensjahres liegen, wird indessen regelmäßig erst später eintreten. Ob diese Regel für das Kind günstiger, für den Erzeuger jedoch ungünstiger ist, wird also im Einzelfalle erst die Zukunft erweisen. — Gegen die Anwendung dieses ostzonalen Rechts durch westdeutsche Gerichte bestehen von vornherein wiederum keine Bedenken etwa auf Grund von Art. 30 EGBGB — ganz abgesehen von der Frage, wie weit diese Bestimmung zwischen beiden Teilen Deutschlands überhaupt anwendbar ist. Dies um so mehr, als z. B. nach österreichischem Recht für das uneheliche wie das eheliche Kind seit jeher ebenfalls im wesentlichen gleichartige Vorschriften gelten, deren zwischenstaatliche Anwendbarkeit vor deutschen Gerichten grundsätzlich nie bezweifelt worden ist.

3. Soweit Ansprüche des Kl. gegen den Bekl. aus der Zeit seit Juli 1951, d. h. seit dessen Aufenthalt in Westdeutschland entstanden sind, ist die Anwendung dieser Regeln nach Auffassung der Kammer weiter nicht beschränkt durch die besondere Vorbehaltsklausel des Art. 21 Halbsatz 2 EGBGB.

Der Meinung, diese Bestimmung sei im Verhältnis zwischen beiden Teilen Deutschlands entsprechend anwendbar, vermag die Kammer nicht zu folgen. Eine solche Auffassung würde u. a. dazu führen, daß der außereheliche Erzeuger allein durch seinen nachträglichen Ortswechsel von Ost- nach Westdeutschland — wie hier — dem Kinde seine dort gesetzlich begründeten Ansprüche weitgehend abschneiden und alle ihm, dem Erzeuger, ungünstigen Folgerungen des dortigen Rechts, dem beide Teile bisher unterstanden, mindestens für die Zukunft abwehren, alle ihm günstigen, dem Kinde aber ungünstigen Bestimmungen jedoch weiterhin für sich in Anspruch nehmen könnte. Daß das nicht rechtens sein kann, erscheint offensichtlich. Würde er andererseits später in das Gebiet der DDR zurückkehren, so würde er allein damit das Rechtsverhältnis zu seinem Kinde erneut verändern und z. B. statt wie bisher nur bis zum 16. Lebensjahre wieder bis zur wirtschaftlichen Selbständigkeit des Kindes auf Unterhalt haftbar sein. Schon dies führt zu sachlich nicht begründeten und nicht zu rechtfertigenden Widersprüchen und Ungerechtigkeiten. Auf jeden Fall darf aber der im Westen lebende Erzeuger die Vorteile der im Osten getroffenen gesetzlichen Regelung nicht einseitig zuungunsten des Kindes für sich ausnutzen, indessen die sich daraus für ihn etwa ergebenden Nachteile einfach abwenden können; da beide Teile deutsche Staatsangehörige sind, würde ein solches Verhalten im Gegenteil gegen Treu und Glauben, wenn nicht gar gegen die guten Sitten verstoßen (vgl. LG Berlin-West, MDR 1953, 44[1]). Die Kammer hat deshalb schon früher zum Ausdruck gebracht, daß nach ihrer Meinung das ostzonale Unehelichenrecht auch im Verhältnis zu einem westdeutschen Vater entweder gar nicht oder aber ganz anzuwenden sei, wobei sie nunmehr den letzteren Standpunkt vertritt. Die lediglich für echt zwischenstaatliche Verhältnisse geschaffene Regel des Art. 21 Halbsatz 2 EGBGB soll Deutsche nur gegenüber Ansprüchen ausländischer unehelicher Kinder schützen, aber nicht vor den begründeten Ansprüchen deutscher Kinder, wenn auch zwischen beiden Teilen Deutschlands zur Zeit eine staatsähnliche Grenze bestehen mag. Innerhalb des grundsätzlich noch immer einheitlichen und nach Wiedervereinigung strebenden Deutschlands ist eine solche Bevorzugung des unehelichen Vaters seinem deutschen Kinde gegenüber nicht zu rechtfertigen. Dies um so mehr, da das hiei in Frage stehende Recht auch den westdeutschen Reformbestrebungen in bezug auf das Unehelichenrecht zumindest weitgehend nahekommt, erst recht von einem Widerspruch der dort getroffenen Regelungen gegen das allgemeine sittliche Empfinden keine Rede sein kann, schließlich auch eine übermäßige Belastung der unehelichen Väter durch die Anwendung dieser Regelungen nicht

[1] IzRspr. 1945—1953 Nr. 52.

zu befürchten ist (so auch *Raape*, IPR³ § 30 I 4; Gutachten des Max-Planck-Instituts v. 2./8. 8. 1951 in DAVorm. 1952; *Beitzke*, JR 1952, 144; *Kegel*, NJW 1953, 615; *Palandt Lauterbach* [BGB]¹³/¹⁴ Anm. 4 zu Art. 21, Anm. 14g—ff. vor Art. 7 EGBGB). Bei dem Gewicht dieser Stimmen kann der abweichenden Ansicht von *Schweckendiek* (JR 1952, 463ff.) und der ihm folgenden Gerichte nicht beigestimmt werden.

Hinzu kommt, daß auch im Verhältnis zu unehelichen Kindern, die in der Zeit des „Anschlusses an das Reich" in Österreich oder im Sudetengebiet geboren wurden, jedenfalls für Ansprüche aus der Zeit bis 1945, nach bis heute unbestrittener Meinung Art. 21 Halbsatz 2 EGBGB nicht anwendbar ist, obwohl nach dem dort unverändert geltenden ABGB (Artt. 163ff., 166) für uneheliche Kinder eine weitgehend ähnliche Regelung gilt wie jetzt im deutschen Ostrechtsgebiet und obwohl dort vorher sogar eine feste Staatsgrenze zum deutschen Rechtsgebiet bestanden hatte (so schon der Große ZS des RG in ZAkDR 1944, 67 und weiterhin die einheitliche Rechtsauffassung und Praxis). Auch dort wurde und wird mit Recht betont, daß die besondere Vorbehaltsklausel des Art. 21 Halbsatz 2 EGBGB eine Ausnahmeregel sei; sie müsse daher möglichst eng ausgelegt und angewandt werden, und sie erfordere vor allem ein echtes Gegenüberstehen von ausländischem und inländischem Recht, könne also im innerdeutschen, interlokalen Recht grundsätzlich keine Anwendung finden (vgl. für österreichische Kinder *Nirk*, JZ 1953, 300; LG Düsseldorf, MDR 1952, 624[1] und 1953, 236[2]; LG Berlin-West, NJW 1952, 1379[3]; für sudetendeutsche Kinder *Brühl*, NJW 1952, 333, 351, 1205). Ja, die Nichtanwendung des Art. 21 Halbsatz 2 EGBGB wird hier unter Berufung auf die „grundsätzliche Unwandelbarkeit des Unterhaltsstatuts" für die während der „Anschlußzeit" geborenen Kinder sogar vielfach über 1945 hinaus (hinsichtlich der später entstandenen und noch laufend entstehenden Ansprüche) bejaht, obwohl das ABGB inzwischen wieder ein rein ausländisches Recht ist und jene Kinder vielfach inzwischen ausländische Staatsangehörige geworden sind. Die Kammer hat diesen Standpunkt jedenfalls in den Fällen schon wiederholt vertreten, in denen das uneheliche Kind und seine Eltern bei dessen Geburt beide im Sudetengebiet wohnten und inzwischen sämtlich als sudetendeutsche Flüchtlinge im Inland leben. Erst recht muß das gleiche aber gegenüber von jeher deutschen unehelichen Kindern gelten, die zufällig im Gebiet der jetzigen DDR geboren worden sind oder leben, die niemals ausländische Staatsangehörige waren und niemals einem ausländischen Recht unterstanden. — Diese Folgerung gilt gegenüber außerehelichen Erzeugern, die schon zur Zeit der Geburt ihres in der Ostzone lebenden Kindes in Westdeutschland lebten, erst recht aber gegenüber solchen, die erst wesentlich später nach Westdeutschland übergesiedelt sind. Hieraus folgt insbesondere, daß der Kl. seine Unterhaltsansprüche gegen den Bekl. weiterhin auch für die gesamte Dauer seines Unterhaltsbedürfnisses einklagen kann und nicht lediglich bis zur Vollendung seines 16. Lebensjahres."

---

[1] IPRspr. 1952—1953 Nr. 203.
[2] IPRspr. 1952—1953 Nr. 207.
[3] IPRspr. 1952—1953 Nr. 204.

33. Über die Frage des anzuwendenden Rechts braucht nicht entschieden zu werden, wenn die beteiligten Rechtsordnungen inhaltlich übereinstimmen. — Die Berechtigung des geforderten Unterhaltsbetrages kann durch den Hinweis auf den am Wohnsitz des Unterhaltsberechtigten gesetzlich festgelegten Mindestunterhaltssatz dargetan werden.

LG Koblenz, Urt. v. 2. 8. 1955 — 6 S 46/55: DAVorm. 28 (1955/56) 217.

Aus den Gründen:

„Sachlich mußte die Berufung der Kl. auch zum Erfolg führen.

Der Bekl., dessen Gilt-Vaterschaft im Sinne des § 1717 BGB durch rechtskräftiges Urteil festgestellt ist, ist nämlich gemäß §§ 1708, 1710 BGB verpflichtet, der Kl. bis zur Vollendung des 16. Lebensjahres eine der Lebensstellung der Mutter entsprechende Unterhaltsrente zu gewähren. Soweit die Kl. statt wie bisher 105 DM vierteljährlich oder 35 DM monatlich, nunmehr 49 DM monatlich — also zusätzlich 14 DM monatlich — als Unterhaltsrente verlangt, hält die Kammer diesen Betrag im Sinne des § 1708 BGB auch für angemessen. Die Kl. hat nämlich vorgetragen, daß sie zur Deckung ihres Unterhalts unter Berücksichtigung der Lebensstellung ihrer Mutter mindestens 49 DM monatlich brauche. Sie hat dafür auch Beweis angetreten durch Einholung einer Auskunft bei dem Stadtjugendamt H. (Saargebiet). Dieses Vorbringen ist gemäß § 542 II ZPO als zugestanden zu erachten, da das im angefochtenen Urteil festgestellte Sachverhältnis dem nicht entgegensteht und anzunehmen ist, daß das Jugendamt H. eine entsprechende Auskunft erteilen wird.

Dies gilt um so mehr, als die Kl. durch einen in Abschrift vorgelegten Auszug aus dem Amtsblatt der Regierung des Saarlandes dargetan hat, daß sich der dortige Mindestunterhaltsatz auf 4000 Frs. monatlich beläuft. Nach Kenntnis der Kammer entspricht diese Summe in etwa einem Betrag von 49 DM. Es kann zudem davon ausgegangen werden, daß auch im Saarland durch den Mindestunterhaltssatz nicht mehr als die äußerste Existenzgrundlage gedeckt wird, so daß der Kl. der begehrte Betrag zukommen muß. Soweit die Kl. zusätzlich Unterhalt ab 10. 6. 1954 verlangt, ist dieses Begehren in § 1711 BGB, wonach Unterhalt auch für die Vergangenheit verlangt werden kann, im Wege der Zusatzklage begründet (vgl. den Beschluß des LG Koblenz v. 13. 7. 1955 — 3 T 56/55).

Die Beantwortung der Frage, ob vorliegend Art. 21 EGBGB hinsichtlich der Unterhaltspflicht des Bekl. zur Anwendung kommt, weil die Kl. schon zur Zeit ihrer Geburt mit ihrer Mutter im Saarland wohnte, kann dahingestellt bleiben. Denn selbst wenn dies der Fall sein sollte, wäre der Anspruch der Kl. aus denselben, oben angeführten Bestimmungen des Bürgerlichen Rechts und des Zivilprozeßrechts begründet, da auch im Saarland deutsches Recht gilt. Einer Erörterung der Ansicht, daß Art. 21 EGBGB hier auch schon deshalb keine Anwendung finde, weil sowohl die Kindesmutter als auch die Kl. deutsche Staatsangehörige sind, bedarf es daher ebenfalls nicht.“

34. Auf das interzonale Privatrecht sind die Regeln des internationalen Privatrechts entsprechend anzuwenden. — Anknüpfungspunkt ist an Stelle der Staatsangehörigkeit der Wohnsitz oder der gewöhnliche Aufenthalt. — Für die Unterhaltspflicht des Erzeugers gegenüber seinem unehelichen Kind ist gemäß Art. 21 EGBGB der Wohnsitz oder gewöhnliche Aufenthalt der Kindesmutter zur Zeit der Geburt des Kindes maßgebend. — Die Neuregelung des Rechts der unehelichen Kinder in der Sowjetzone steht mit dem ordre public des Bundesgebiets nicht in Widerspruch, da sie einem Programmsatz der westdeutschen Verfassung entspricht. — Die Auslegung gesetzlicher Bestimmungen der Sowjetzone erfolgt ohne Rücksicht auf eine bestimmte Gerichtspraxis in der Sowjetzone nach westdeutscher Rechtsauffassung. — Art. 21 Halbsatz 2 EGBGB ist im interzonalen Recht entsprechend anwendbar. — Der Unterhaltsanspruch des in der Sowjetzone lebenden unehelichen Kindes gegen seinen im Bundesgebiet wohnhaften Erzeuger entsteht zwar in DM-Ost, kann jedoch nur durch Zahlung von DM-West sichergestellt werden.

LG Frankenthal, Urt. v. 28. 3. 1956 — 1 S 33/56: *Auszug in MDR 1956, 419.

Der 1953 in R. (sowjet.) geborene Kl., ein uneheliches Kind, verlangt von seinem im Bundesgebiet lebenden Erzeuger, dem Bekl., Unterhalt. Das AG verurteilte den Bekl. nach dem Antrag des Kl. zur Zahlung von monatlich 35 DM-West.

Das LG wies die Berufung des Bekl. zurück.

Aus den Gründen:

„Der Kl. wohnt seit seiner Geburt zusammen mit der Kindesmutter in der Ostzone Deutschlands. In Schrifttum und Rechtsprechung ist allgemein anerkannt, daß — so wie hier — im interzonalen Privatrecht die Regeln des internat. Privatrechts entsprechend anzuwenden sind. An die Stelle der Staatsangehörigkeit im Sinne des Art. 21 EGBGB tritt der Wohnsitz oder — nach überwiegender Meinung — der gewöhnliche Aufenthaltsort der Kindesmutter im Zeitpunkt der Geburt des Kl. (vgl. *Soergel*, BGB[8] Art. 21 EGBGB Anm. V 1; *Marquordt*, MDR 1951, 392; *Beitzke*, JR 1952, 141 ff.; *Schweckendieck*, JR 1952, 463 ff.; *Kegel*, NJW 1953, 615; *Hahnenfeld*, NJW 1955, 528; LG Köln, NJW 1953, 629 f.[1]; LG Wuppertal, NJW 1953, 1185 f.[2]; LG Aachen, NJW 1954, 841 f.[3]; LG Frankenthal, MDR 1954, 614 f.[4]; LG Verden, MDR 1955, 167[5]). Die Unterhaltspflicht des in Westdeutschland lebenden Bekl. gegenüber seinem unehelichen Kind in der Ostzone richtet sich daher gemäß Art. 21 EGBGB nach den dort gültigen Gesetzen.

Auch in der DDR sind noch die Bestimmungen des BGB — also auch die §§ 1705 ff. BGB — anwendbar, jedoch nur insoweit, als sie nicht mit der ostzonalen Verfassung vom 7. 10. 1949 und dem MKSchG im Widerspruch stehen. Die Verfassung der DDR gebietet in Artt. 7 und 30 die Gleichstellung von Mann und Frau. In Art. 33 ist hinsichtlich der unehelichen Kinder folgendes bestimmt:

---

[1] IzRspr. 1945—1953 Nr. 280.
[2] IzRspr. 1945—1953 Nr. 56.
[3] IzRspr. 1945—1953 Nr. 56a.
[4] Siehe unten Nr. 131.
[5] Siehe oben Nr. 25.

(1) Außereheliche Geburt darf weder dem Kinde noch seinen Eltern zum Nachteil gereichen.

(2) Entgegenstehende Gesetze und Bestimmungen sind aufgehoben.

Nach Art. 144 sind die Bestimmungen der ostzonalen Verfassung unmittelbar geltendes Recht (*Schweckendieck*, *Kegel* und LG Aachen, jeweils aaO). Zum verfassungsmäßigen Grundsatz der Gleichstellung von außerehelichen mit ehelichen Kindern hat der Gesetzgeber der Ostzone in § 17 MKSchG folgende nähere Regelung getroffen:

(1) Die nichteheliche Geburt ist kein Makel. Der Mutter eines nichtehelichen Kindes stehen die vollen elterlichen Rechte zu, die nicht durch die Einsetzung eines Vormundes für das Kind geschmälert werden dürfen. Zur Regelung der Ansprüche gegen den Vater sollen die unteren Verwaltungsbehörden nur noch als Beistand der Mutter tätig werden.

(2) Der Unterhalt, den die Mutter für das nichteheliche Kind zu beanspruchen hat, soll sich nach der wirtschaftlichen Lage beider Eltern richten.

Die vorgenannten, für die Unterhaltspflicht des Bekl. maßgebenden verfassungsmäßigen und gesetzlichen Bestimmungen des ostzonalen Gesetzgebers stehen der Vorbehaltsklausel des Art. 30 EGBGB, wonach ein ausländisches Gesetz nicht anzuwenden ist, wenn die Anwendung gegen die guten Sitten oder gegen den Zweck eines deutschen Gesetzes verstoßen würde, nicht entgegen. Mit Recht hat das LG Aachen (aaO) ausgeführt, daß sich das östliche Kindschaftsrecht im Rahmen dessen hält, was auch für das Bundesgebiet geplant und dort als Grundsatz bzw. unmittelbar anwendbares Recht bereits verfassungsmäßig verankert ist (vgl. Artt. 3 III, 6 IV, V, 117 I GG; vgl. ferner *Schweckendieck*, aaO; *Schöne*, NJW 1951, 697; LG Düsseldorf, MDR 1952, 556[1]; LG Wuppertal und Aachen aaO; a. M. LG Berlin, MDR 1953, 44[2]). Im übrigen wäre die Anwendung der allgemeinen Vorschrift des Art. 30 EGBGB schon deswegen nicht geboten, weil die Vorbehaltsklausel der besonderen Regelung in Art. 21 Halbsatz 2 EGBGB ohnedies die Grenzen festlegt, bis zu denen die Anwendung des fremden Rechts gestattet ist (so LG Wuppertal aaO).

Die von dem erkennenden Gericht im Urteil vom 28. 7. 1954 — 1 S 80/54 (veröffentlicht in MDR 1954, 614[3]) vertretene Auffassung, wonach unter Berücksichtigung der von *Kegel* (aaO) angeführten ostzonalen Gerichtspraxis, die §§ 1708, 1710 und 1711 BGB als in vollem Umfang weiterhin anwendbar und eine Haftung des Bekl. im Rahmen der §§ 1601 ff. BGB als nicht gegeben angesehen wurden, wird teilweise aufgegeben. Das Berufungsgericht schließt sich der herrschenden Meinung in Rechtslehre und Rechtsprechung an, wonach die §§ 1705 ff. BGB bei derartigen Fällen nur noch insoweit Anwendung finden, als sie nicht mit der ostzonalen Regelung im Kindschaftsrecht — also mit dem Grundsatz der Gleichstellung von unehelichen und ehelichen Kindern — im

---

[1] IzRspr. 1945—1953 Nr. 56.

[2] IzRspr. 1945—1953 Nr. 52.

[3] Siehe unten Nr. 131.

Widerspruch stehen. Der Unterhaltsanspruch des Kl. richtet sich daher im wesentlichen nach den §§ 1601 ff. BGB. Die zum Teil hiervon abweichende und umstrittene Rechtsprechung ostzonaler Gerichte (vgl. die Nachweise bei *Beitzke*, *Schweckendieck* und *Kegel*, jeweils aaO) vermag zu keiner anderen Beurteilung zu führen.

In Übereinstimmung mit der Ansicht des LG Aachen (aaO) und in Ablehnung des Hinweises von *Kegel* (aaO) für den vorliegenden Fall, wonach der Richter bei der Anwendung fremden Rechts mit seiner eigenen Ansicht zurückhalten und der überwiegenden Praxis des fremden Gebiets folgen soll, ist die Berufungskammer der Überzeugung, daß die Ostzone nach wie vor zum deutschen Rechtsgebiet gehört und der westdeutsche Richter daher gehalten ist, auch die Gesetze der DDR so auszulegen, wie er es von jeher gewöhnt ist. Die nach den Regeln des internat. Privatrechts anzuwendenden ostzonalen Rechtssätze gehören nicht einem völlig fremden Rechtssystem an, so daß sie das erkennende Gericht in der üblichen Weise — also ihrem Wortlaut nach und wo dieser nicht klar und eindeutig ist, nach dem Sinn und Zweck des Gesetzes — auslegen kann.

Eine Auslegung des Art. 33 der Ostzonen-Verfassung im dargelegten Sinn ergibt, daß durch diese Verfassungsbestimmung der gleichzustellende Personenkreis der unehelichen Kinder mit allen Rechten und Pflichten in die ihm bisher vorenthaltene Rechtsstellung der ehelichen Abkömmlinge eintreten soll. Keineswegs kann aber eine derartige Auslegung — weder nach dem klaren Wortlaut noch nach Sinn und Zweck des Art. 33 der Verfassung der DDR — zu der Schlußfolgerung führen, daß durch die Gleichstellung nur die dem Kinde nachteiligen Vorschriften des BGB aufgehoben, nicht aber die ihm nach dem bisherigen Recht zukommenden Vorteile beseitigt seien (vgl. LG Aachen aaO). Insoweit kann sich der westdeutsche Vater nach überwiegender Meinung auf das Privileg der milderen Haftung nach Art. 21 Halbsatz 2 EGBGB berufen. Er kann daher die Einrede des Mehrverkehrs im Sinne des § 1717 I BGB erheben (so auch *Soergel*, aaO und LG Wuppertal, aaO). Außerdem hat er nur bei Bedürftigkeit des Kindes (§ 1602 I BGB) und nur insoweit Unterhalt zu leisten, als er nach seinen Vermögens- und Einkommensverhältnissen und unter Berücksichtigung seiner sonstigen Verpflichtungen (§ 1603 I BGB) hierzu in der Lage ist (so *Soergel*, Art. 21 EGBGB Anm. V 1; *Schöne* und *Schweckendieck*, aaO; ferner *Eichel*, NJW 1952, 450; LG Berlin, JR 1950, 667[1] und MDR 1953, 44[2]; LG Aachen, NJW 1952, 471[3] und 1954, 841 f.[4]; LG Hamburg, MDR 1952, 423[5]; LG Düsseldorf, Wuppertal und Verden aaO; a. M. *Kegel* und *Beitzke*, aaO). Das gleiche gilt auch für die Dauer der Unterhaltspflicht, so daß ein unehelicher Vater im Bundesgebiet für sein uneheliches Kind in der Ostzone nicht für die gesamte Zeit der Unterhaltsbedürftigkeit, sondern nur bis zur Vollendung des 16. Lebensjahres des Kindes Unterhaltszahlungen zu leisten hat (Art. 21 Halbsatz 2 EGBGB i. V. m. § 1708 I BGB; so auch

---

1 IzRspr. 1945—1953 Nr. 244.
2 IzRspr. 1945—1953 Nr. 44.
3 IzRspr. 1945—1953 Nr. 273.
4 IzRspr. 1945—1953 Nr. 52.
5 IzRspr. 1945—1953 Nr. 269.

Kegel, aaO, obwohl er im übrigen die Anwendung des Art. 21 Halbsatz 2 EGBGB ablehnt; ferner LG Düsseldorf und LG Wuppertal aaO; a. M. *Schweckendieck*, aaO; LG Hamburg, MDR 1952, 423[1]; LG Düsseldorf, aaO und LG Berlin, MDR 1953, 44[2]).

Die Bestimmung des § 1711 BGB, wonach Unterhalt auch für die Vergangenheit verlangt werden kann, ist dagegen trotz des § 1613 BGB zugunsten des ostzonalen Kindes weiter anzuwenden. In der Begründung folgt die Kammer den Ausführungen des LG Aachen (aaO), wonach die Regelung des § 1711 BGB auch bei grundsätzlicher Gleichstellung des unehelichen mit dem ehelichen Kind vertretbar ist, weil sie einem praktischen Bedürfnis entspricht. Nach § 1613 BGB können eheliche Abkömmlinge nur von der Zeit an Unterhalt fordern, zu welcher der Verpflichtete in Verzug gekommen oder der Unterhaltsanspruch rechtshängig geworden ist. Diese Beschränkung rechtfertigt sich daraus, daß der Unterhaltspflichtige nach §§ 1601 ff. BGB regelmäßig jederzeit und ohne Schwierigkeit in Verzug gesetzt werden kann, während für ein uneheliches Kind diese Möglichkeit nicht immer gegeben ist. Denn es dauert erfahrungsgemäß meistens längere Zeit, u. U. sogar Jahre, bis der Erzeuger mit hinreichender Sicherheit ermittelt ist. Das erkennende Gericht hält daher die Haftung des westdeutschen Vaters auch für rückständigen Unterhalt im Sinne des § 1711 BGB für gerechtfertigt (so *Soergel*, aaO und Vorbem. 3 vor § 1705; ferner *Marquordt* und *Kegel* mit weiteren Nachweisen aaO; *Beitzke*, JR 1952, 2; LG Hamburg und LG Aachen, aaO; a. M. *Schöne* und *Schweckendieck*, aaO; ferner *Eichel*, NJW 1952, 450; LG Wuppertal, aaO).

Im Ergebnis ist somit festzustellen, daß der im Bundesgebiet lebende Erzeuger eines ostzonalen unehelichen Kindes, das sich nicht selbst unterhalten kann, verpflichtet ist, an das Kind bis zu dessen 16. Lebensjahr eine Unterhaltsrente entsprechend der wirtschaftlichen Lage beider Eltern auch für die Vergangenheit zu zahlen, es sei denn, daß der Vater bei Berücksichtigung seiner sonstigen Verpflichtungen außerstande ist, ohne Gefährdung seines standesmäßigen Unterhalts den Unterhalt zu gewähren.

Nach der vorliegenden Sach- und Rechtslage hat der Bekl. unter Berücksichtigung obiger Ausführungen dem Kl. Unterhalt zu leisten. ...

Der Bekl. hat die monatliche Geldrente von 35 DM in voller Höhe in DM-West zu leisten. Die Kammer hat sich in ständiger Praxis, unter Ablehnung der übrigen Meinungen, der überwiegenden Auffassung in Literatur und Rechtsprechung angeschlossen, wonach der Unterhaltsanspruch des ostzonalen unehelichen Kindes gegen seinen in der Bundesrepublik lebenden Vater zwar in DM-Ost entsteht, aber in Westgeld auf ein Sperrkonto im Verhältnis von 1 DM-West = 1 DM-Ost einzuzahlen ist, weil nur dadurch der Unterhalt des Kl. hinreichend sichergestellt werden kann (so OLG Schleswig, MDR 1950, 253[3] und OLG Braunschweig, MDR 1954, 422[4]; ferner die LG Göttingen, MDR 1949, 757 =

[1] IzRspr. 1945—1953 Nr. 269.
[2] IzRspr. 1945—1953 Nr. 52.
[3] IzRspr. 1945—1953 Nr. 203a.
[4] Siehe unten Nr. 130.

NJW 1950, 602[1]; Dortmund, MDR 1950, 552[2]; 1953, 367[3]; Braunschweig, MDR 1951, 238[4]; Lüneburg, MDR 1951, 303[5]; Würzburg, MDR 1951, 490[6]; Osnabrück, MDR 1951, 745[7]; Bielefeld, MDR 1952, 108[8]; Passau, MDR 1952, 169[9]; Düsseldorf, MDR 1952, 298[10]; Hamburg, MDR 1952, 301[11], 423[12]; Mannheim, NJW 1952, 748; München, NJW 1952, 1179[13]; Köln, NJW 1953, 629[14]; Oldenburg, NJW 1953, 1183[15]; Frankenthal, MDR 1954, 614[16]; Hagen, MDR 1955, 230[17]; Bremen, MDR 1955, 547[18]; weitere Nachweise bei *Kegel*, NJW 1953, 617 Note 37). Es besteht keine Veranlassung, von dieser Rechtsprechung abzuweichen.

Der Erstrichter hat den Bekl. daher mit Recht zur Zahlung einer monatlichen Geldrente von 35 DM für die Zeit vom 1. 10. 1953 bis zum 30. 9. 1969 an den Kl. verurteilt."

35. Die Bestimmungen des internationalen Privatrechts sind im allgemeinen auf das interlokale Privatrecht entsprechend anzuwenden. — Im Verhältnis zur Sowjetzone kann nicht grundsätzlich auf die Anwendung der besonderen Vorbehaltsklausel des Art. 21 Halbsatz 2 EGBGB verzichtet werden. — Der Unterhaltsanspruch eines in der Sowjetzone wohnhaften unehelichen Kindes gegen seinen in Westdeutschland lebenden Erzeuger richtet sich daher im Ergebnis nach westdeutschem Recht.

LG Bochum, Beschl. v. 12. 1. 1957 — 8 S 278/56: *Auszug in MDR 1957, 228 und DRsp. I (181) 50 b; Leitsätze in DAVorm. 30 (1957/1958) 175; Archiv-Bericht 1957, 35; ArchJugR 1957, 57.

Die Kl. ist das uneheliche Kind des Bekl., der im Bundesgebiet wohnt. Die Kl. wohnte bis zum August 1953 in der Sowjetzone und klagt Unterhaltsrückstände aus dieser Zeit ein. Das AG hat den Bekl. zur Zahlung von Unterhaltsrückständen für die Zeit von 1950—1953 verurteilt. Der Bekl. hat gegen dieses Urteil Berufung eingelegt, Bewilligung des Armenrechts beantragt und geltend gemacht, daß er sich nach den Vorschriften der Sowjetzone auf mangelnde Leistungsfähigkeit berufen könne.

Das LG hat dem Bekl. das Armenrecht versagt, da seine Berufung keine hinreichende Aussicht auf Erfolg biete.

Aus den Gründen:

„II. Für den Umfang der Unterhaltsverpflichtung des Bekl. ist entscheidend, ob die für die Bundesrepublik oder die für die Sowjetzone bestehende Regelung maßgebend ist.

Die Rechtstellung der unehelichen Kinder ist in den beiden Gebieten grundlegend verschieden. Während die rechtliche Stellung der unehelichen Kinder in der Bundesrepublik sich nach wie vor nach den §§ 1705 ff.

---

1 IzRspr. 1945—1953 Nr. 237.
2 IzRspr. 1945—1953 Nr. 241.
3 IzRspr. 1945—1953 Nr. 285.
4 IzRspr. 1945—1953 Nr. 238.
5 IzRspr. 1945—1953 Nr. 347.
6 IzRspr. 1945—1953 Nr. 261.
7 IzRspr. 1945—1953 Nr. 262.
8 IzRspr. 1945—1953 Nr. 266.
9 IzRspr. 1945—1953 Nr. 263.
10 IzRspr. 1945—1953 Nr. 273 a.
11 IzRspr. 1945—1953 Nr. 271.
12 IzRspr. 1945—1953 Nr. 269.
13 IzRspr. 1945—1953 Nr. 281.
14 IzRspr. 1945—1953 Nr. 280.
15 IzRspr. 1945—1953 Nr. 287.
16 Siehe unten Nr. 131.
17 Siehe unten Nr. 134.
18 Siehe unten Nr. 132.

BGB beurteilt, sieht das MKSchG der Sowjetzone eine weitgehende Gleichstellung der ehelichen und unehelichen Kinder vor. Was den Unterhaltsanspruch angeht, so bestimmt § 17 II MKSchG, daß sich der Unterhalt des unehelichen Kindes nach der wirtschaftlichen Lage beider Eltern richten solle. Aus dieser Gleichstellung ist jedenfalls, wenn Unterhaltsberechtigter und Unterhaltspflichtiger in der Sowjetzone wohnen und ausschließlich dem Recht dieser Zone unterstellt sind, die Folgerung zu ziehen, daß für beide Gruppen von Kindern die §§ 1601ff. BGB, die das Unterhaltsrecht der ehelichen Kinder regeln, maßgebend sind. Dies hat einerseits zur Folge, daß sich der Unterhalt des Kindes nicht mehr ausschließlich nach der Lebensstellung der Mutter richtet und auch nicht auf die Zeit bis zur Vollendung des 16. Lebensjahres beschränkt ist, wie es — von der Ausnahmebestimmung des § 1708 II BGB abgesehen — dem § 1708 BGB entspricht. Der unterhaltspflichtige Vater kann also über den Rahmen des § 1708 hinaus in Anspruch genommen werden. Andererseits bringt diese Regelung es mit sich, daß die Unterhaltsverpflichtung des außerehelichen Vaters entfällt, wenn er ohne Gefährdung seines angemessenen Unterhalts zur Unterhaltsleistung außerstande ist (§ 1603 BGB). Der Unterhaltspflichtige kann sich also gegenüber dem Unterhaltsanspruch des unehelichen Kindes auf mangelnde Leistungsfähigkeit berufen, was ihm nach dem in den §§ 1708ff. BGB niedergelegten Unterhaltsrecht der unehelichen Kinder versagt ist.

Die Frage, welches Recht nun anzuwenden ist, wenn — wie im vorliegenden Falle hinsichtlich des hier maßgebenden Zeitraums — das uneheliche Kind in der Sowjetzone wohnhaft ist, während der außereheliche Vater seinen Wohnsitz in der Bundesrepublik hat, ist nach den Grundsätzen des interlokalen Privatrechts zu beurteilen. Im allgemeinen ist die im internat. Privatrecht getroffene Regelung auf die Fälle des interlokalen Privatrechts entsprechend anzuwenden. Für das internat. Privatrecht bestimmt Art. 21 EGBGB, daß die Unterhaltspflicht des Vaters gegenüber dem unehelichen Kinde nach den Gesetzen des Staates beurteilt wird, dem die Mutter zur Zeit des Kindes angehört. Jedoch können nach Art. 21 Halbsatz 2 nicht weitergehende Ansprüche geltend gemacht werden, als nach den deutschen Gesetzen begründet sind. Eine entsprechende Anwendung dieser Grundsätze würde bedeuten, daß die Unterhaltsansprüche des unehelichen Kindes nicht nach den §§ 1708ff. BGB, sondern nach den §§ 1601ff. BGB zu beurteilen wären, wobei aber der unterhaltspflichtige Vater nicht über den in den §§ 1708 gezogenen Rahmen hinaus haften würde. Im praktischen Ergebnis würde dies bedeuten, daß das Kind seinen Vater nicht in weiterem Umfange in Anspruch nehmen könnte, als dieser einem unehelichen Kinde nach dem Recht der Bundesrepublik haftet. Wenn der Vater also im Vergleich zu der Mutter des Kindes eine gehobene Lebensstellung hätte und deshalb nach dem Recht der Sowjetzone über denjenigen Betrag hinaus verpflichtet wäre, der an sich der Lebensstellung der Mutter entspräche, könnte sich der Vater gegenüber diesen gesteigerten Ansprüchen des Kindes auf Art. 21 (a. E.) mit dem Erfolge berufen, daß dem Kinde nicht mehr als derjenige Unterhaltsbeitrag zugebilligt werden könnte, der der Lebensstellung seiner Mutter entspricht. In gleicher Weise könnte sich der Vater gegenüber Ansprüchen über das 16. Lebensjahr des Kindes hinaus auf Art. 21 a. E. berufen, wenn nicht ausnahmsweise die Voraussetzungen des § 1708 II gegeben wären. Im praktischen Ergebnis würde sich der Vater mithin in den weitaus meisten Fällen auf die zeitliche Beschränkung des Unterhalts berufen können, während doch gerade erfahrungsgemäß bei einer Berufsausbildung des Kindes diese zeitliche Grenze meist überschritten wird. Unter Hinweis auf Art. 21 a. E. könnte also der außereheliche Vater jede Inanspruchnahme über die einem unehelichen Kinde nach den §§ 1708ff. zustehenden Unterhaltsansprüche hinaus verhindern. Daneben hätte er nunmehr noch den Vorteil, sich auf mangelnde Leistungsfähigkeit zu berufen. Er könnte also die Vorteile, die die sowjetzonale Regelung dem Vater gewährt, restlos ausschöpfen, ohne die Nachteile in Kauf nehmen zu müssen, die die Regelung in der Sowjetzone für ihn bringen würde. Diese Auffassung wird in der Rechtsprechung in der Tat weitgehend vertreten (so LG Düsseldorf, Urt. v. 23. 5. 1952, MDR 1952, 556[1]; LG Aachen, Urt. v. 21. 8. 1953, NJW 1954, 841[2]; LG Wuppertal, Urt. v. 19. 3. 1953, NJW 1953, 1185[3]; a. A. LG Hamburg, Urt. v. 1. 11. 1951, MDR 1952, 423[4] und LG Berlin (West), Urt. v. 20. 3. 1952, MDR 1953, 44[5]). Sie kann nach Auffassung der Kammer aber nicht rechtens sein.

Mag die Regelung des Art. 21 im internat. Privatrecht berechtigt sein, so eignet sie sich uneingeschränkt doch nicht zur Meisterung der Rechtsprobleme, die sich aus der Aufspaltung des früheren deutschen Reichsgebietes ergeben. In der Zeit von 1938—1945 (Angliederung Österreichs) wurde Art. 21 auf die interlokalen Rechtsverhältnisse innerhalb des deutschen Staatsverbandes nur mit der Einschränkung als maßgebend angesehen, daß die Vorbehaltsklausel des 2. Halbsatzes nicht für anwendbar gehalten wurde (vgl. *Raape*, IPR⁴ 343 Anm. 146). Der innere Grund für diese Einschränkung war, daß es in den innerdeutschen Rechtsbeziehungen untragbar erschien, von einer innerhalb des deutschen Staatsgebietes geltenden Rechtsordnung, die wegen der teilweisen Rechtszersplitterung von einer anderen deutschen Rechtsordnung, insbesondere von der für den weitaus überwiegenden Teil des deutschen Staatsgebietes maßgeblichen reichsrechtlichen Regelung abwich (man denke an das Verhältnis des BGB zum österreichischen ABGB), nur einen Teil für maßgeblich zu erachten, während dem anderen Teil dieser an sich maßgeblichen Rechtsordnung auf dem Wege über Art. 21 Halbsatz 2 die Anerkennung versagt wurde. Für die damaligen Verhältnisse wurde mit Recht die Auffassung vertreten, daß die Rechtsstellung des unehelichen Kindes in vollem Umfange so beurteilt werden sollte, wie sie in der maßgeblichen Rechtsordnung geregelt war.

Nun geht es sicher nicht an, diese Rechtsauffassung auf die interlokalen Rechtsverhältnisse zwischen den westlichen und östlichen Teilgebieten des früheren einheitlichen Reichsgebietes zu übertragen. Denn

[1] IzRspr. 1945—1953 Nr. 54.
[2] IzRspr. 1945—1953 Nr. 56a.
[3] IzRspr. 1945—1953 Nr. 56.
[4] IzRspr. 1945—1953 Nr. 269.
[5] IzRspr. 1945—1953 Nr. 52.

es besteht ein grundlegender Unterschied insofern, als das frühere deutsche Gebiet mit seinen teilweise verschiedenen Rechtsordnungen ein einheitliches Staatsgebiet unter einem Gesetzgeber darstellte, der jederzeit gesetzgeberisch eingreifen und die verschiedenen Rechtsordnungen aufeinander abstimmen konnte. Heute unterstehen die Teilgebiete einer verschiedenen Staatshoheit. Das Gebiet der Sowjetzone ähnelt insofern in seiner Stellung zur Bundesrepublik dem Ausland. Aus diesem Grund erscheint es ausgeschlossen, die im Verhältnis zum Ausland erforderliche Vorbehaltsklausel des Art. 21 a. E. im Verhältnis zur Sowjetzone fallen zu lassen. Die Bundesrepublik wäre in einem solchen Falle der Einwirkung des Rechts aus der Sowjetzone preisgegeben, was ebenso wenig angängig ist, wie eine Preisgabe gegenüber der Einwirkung ausländischen Rechts. Diese Gesichtspunkte, die für die Schaffung der Vorbehaltsklausel im Verhältnis zum Ausland gesprochen haben, sind auch im Verhältnis zur Sowjetzone maßgebend. Es verbietet sich daher eine Anwendung des ostzonalen Rechts ohne den Vorbehalt des Art. 21 a. E.

Andererseits kann die gleichförmige Behandlung der interlokalen Rechtsbeziehungen entsprechend dem internat. Privatrecht im Verhältnis der beiden deutschen Teilgebiete zu einander nicht so weit gehen, im Ergebnis nun denjenigen Teil der Regelung der Sowjetzone, der dem ostzonalen unehelichen Kind ungünstig ist, für maßgeblich zu erachten, während der übrige Teil der Regelung aus den vorstehend erwähnten Gründen wegen der Vorbehaltsklausel unanwendbar bleibt. Gegen eine solche Beurteilung spricht entscheidend, daß der Vergleich von Inland und Ausland, der letzten Endes die Regelung in Art. 21 bestimmt hat, im Verhältnis der deutschen Teilgebiete zu einander der Lage nicht ganz gerecht wird. Das Kind, um dessen Ansprüche es geht, ist ein deutsches Kind, das in gleicher Weise schutzbedürftig erscheint wie ein deutsches Kind in der Bundesrepublik. Die vorbehaltlose Anwendung des Art. 21 auf die interlokalrechtlichen Verhältnisse führt aber dazu, dieses deutsche Kind in seinen schutzwürdigen Rechten aufs stärkste zu beeinträchtigen. Sein schutzwürdiges Interesse besteht darin, daß es, wenn schon seine Rechtsverhältnisse von denjenigen eines unehelichen Kindes in der Bundesrepublik verschieden geregelt sind, wenigstens nicht grundlegend schlechter gestellt wird als das Kind in der Bundesrepublik. Ein weiterer Gesichtspunkt spricht gegen eine solche Schlechterstellung. Durch die sowjetzonale Neuregelung sollte eine Besserstellung der unehelichen Kinder herbeigeführt werden. Es widerspricht dem Geist dieser Neuregelung, nur einen Teil, nämlich den dem Kinde ungünstigen Teil anzuwenden, obwohl diese Nachteile der Neuregelung für das Kind in unlösbarer Verbindung mit den rechtlichen Vorteilen stehen, die diese Regelung für das Kind mit sich bringt. In erster Linie war es der Sinn und Zweck der Neuregelung in der Sowjetzone, dem Kinde gerade die mit der rechtlichen Stellung des ehelichen Kindes verbundenen Rechtsvorteile zu verschaffen.

Aus allen diesen Gründen eignet sich Art. 21 nicht uneingeschränkt zur entsprechenden Anwendung auf die interlokalrechtlichen Verhältnisse zwischen der Bundesrepublik und der Sowjetzone. Das schutzwürdige Interesse des Kindes verlangt, ihm die Vorteile der früher gemeinsamen gesetzlichen Regelung so lange zu erhalten, als nicht eine Neuregelung in ihrer Gesamtheit anwendbar ist. Die in §§ 1708ff. getroffene Regelung muß den Mindestbetrag dessen darstellen, was ein in der Sowjetzone wohnhaftes uneheliches Kind von seinem in der Bundesrepublik wohnhaften Vater beanspruchen kann (vgl. auch *Raape*, IPR⁴ 351).

Es sei noch darauf hingewiesen, daß in der Rechtsprechung, auch soweit sie im übrigen Art. 21 EGBGB auf die interlokalrechtlichen Verhältnisse zwischen West und Ost uneingeschränkt für anwendbar hält, immerhin angenommen wird, daß es für die Vergangenheit nicht einer Inverzugsetzung nach § 1613 BGB bedürfe, sondern — neben den im übrigen maßgeblichen Bestimmungen der §§ 1601ff. BGB — an Stelle des § 1613 die Bestimmung des § 1711 BGB maßgebend bleiben solle, wonach der Unterhalt für die Vergangenheit ohne die Voraussetzungen des § 1613 geltend gemacht werden kann (vgl. LG Aachen, NJW 1954, 841[1]).

Das AG hat daher im Ergebnis mit Recht die Bestimmung des § 1708 BGB auf den vorliegenden Fall angewandt. Die erst in der Berufungsinstanz hiergegen erhobenen Einwendungen des Bekl. sind nicht begründet. Seine Berufung bietet deshalb keine hinreichende Erfolgsaussicht, so daß das Armenrecht zu versagen war."

36. Auf das interzonale Recht sind die Grundsätze des internationalen Privatrechts entsprechend anzuwenden, soweit sie eine vergleichbare Konfliktssituation sinnvoll lösen. — Der Unterhaltsanspruch des in der Sowjetzone geborenen und dort bei seiner Mutter lebenden unehelichen Kindes gegen den im Bundesgebiet wohnhaften Erzeuger bestimmt sich entsprechend Art. 21 EGBGB nach sowjetzonalem Recht. — Nach der Übersiedlung von Kind und Mutter in das Bundesgebiet bestimmt sich dagegen der Unterhaltsanspruch entgegen dem Prinzip des Art. 21 EGBGB gemäß dem „Grundsatz der rechtlichen Gleichstellung aller Deutschen in der Bundesrepublik" nach westdeutschem Recht.

LG Köln, Teilurt. v. 24. 1. 1957 — 11 S 157/54: DAVorm. 30 (1957/58) 225; Leitsätze in Archiv-Bericht 1958, 22; ArchJugR 1957, 57.

Aus den Gründen:

„Die Unterhaltspflicht des [im Bundesgebiet lebenden] Bekl. bestimmt sich bis zum 7. 10. 1949 nach §§ 1708, 1710 BGB. Denn bis dahin galten diese Vorschriften auch in der Ostzone, in der damals der Kl. mit seiner Mutter lebte. Für diesen Zeitraum kann daher der Kl. entsprechend seinem Antrage als angemessenen Unterhalt gemäß § 1708 I BGB von seiner Geburt bis zur Währungsreform vierteljährlich 87,75 RM = 8,77 DM verlangen, während die nach der Währungsreform bis zum 7. 10. 1949 fällig gewordenen Unterhaltsbeträge vierteljährlich 87,75 DM betragen.

[1] IzRspr. 1945—1953 Nr. 56a.

Seit dem 7. 10. 1949 ist gemäß Artt. 7 und 33 der Verfassung der DDR, später ergänzt durch § 17 MKSchG vom 27. 9. 1950, die grundsätzliche Gleichstellung der unehelichen mit den ehelichen Kindern für das Gebiet der Ostzone bestimmt worden. In entsprechender Anwendung des Art. 21 EGBGB ist der dadurch eingetretenen Änderung des Rechts in der Ostzone bei der Bestimmung des Unterhaltsanspruchs des Kl. Rechnung zu tragen, für die nun die Vorschriften der §§ 1601 ff. BGB gelten (vgl. *Palandt*, BGB[15] Vorbem. 14 g ff. vor Art. 7 EGBGB mit weiteren Nachweisen). Für die Bestimmung der Höhe des danach von dem Bekl. geschuldeten Unterhaltes sind aber noch weitere Feststellungen erforderlich, so daß insoweit die Klage noch nicht zur Entscheidung reif ist.

Nachdem der Kl. mit seiner Mutter im Januar 1956 in die Bundesrepublik Deutschland übergesiedelt ist, bestimmen sich die nach diesem Zeitpunkt fällig gewordenen und noch fällig werdenden Unterhaltsbeträge wieder nach §§ 1708, 1710 BGB (so auch *Soergel*, BGB[8] Anm. V 1 zu Art. 21 EGBGB; vgl. dort die Zusammenstellung der verschiedenen Meinungen). Dem steht nicht etwa Art. 21 EGBGB entgegen, wonach für die Unterhaltsansprüche das Gesetz des Staates gilt, dem die Mutter zur Zeit der Geburt des Kindes angehörte. Zwar wendet die Kammer für die Ansprüche der in der Ostzone geborenen und dort lebenden unehelichen Kinder Art. 21 EGBGB entsprechend an und bemißt deshalb den Unterhalt nach dem jetzt in der Ostzone geltenden Recht. Damit sollen aber nicht schlechthin diese Kinder in der Rechtsstellung zu ihrem Erzeuger in der Bundesrepublik einem ausländischen Kind gleichgestellt werden. Vielmehr handelt es sich hier um eine analoge Anwendung des Art. 21 EGBGB speziell für den Fall, daß das Kind in der Ostzone geboren ist und dort lebt. Denn hierfür bietet Art. 21 EGBGB aus der vergleichbaren Konfliktsituation des internat. Privatrechtes eine sinnvolle Lösung, die der inzwischen eingetretenen Abweichung der Rechtsentwicklung beider Teile Deutschlands Rechnung trägt. Aus Art. 21 EGBGB kann aber nicht auch gefolgert werden, daß bei der Übersiedlung eines unehelichen Kindes aus der Ostzone in die Bundesrepublik für dessen Unterhaltsansprüche gegen seinen ebenfalls hier wohnenden Erzeuger weiter das zur Zeit in der Ostzone geltende Recht anzuwenden ist. Denn die Starrheit der internationalprivatrechtlichen Anknüpfung paßt nicht allgemein auf die besonderen Verhältnisse des gewaltsam getrennten Deutschlands (so auch *Kegel*, NJW 1953, 615). Sie wird den fortbestehenden engen Verbindungen zwischen den Deutschen der Ostzone und der Bundesrepublik und ihrer im Rahmen des Möglichen daher zu erstrebenden rechtlichen Gleichbehandlung nicht gerecht. Da jetzt alle Beteiligten im Gebiete der Bundesrepublik wohnen und der Anwendung hiesigen Rechtes auf die Unterhaltsansprüche des Kl. auch keine schutzwürdigen Interessen entgegenstehen, ist kein Grund mehr vorhanden, diese Ansprüche weiter nach ostzonalem Recht zu behandeln. Vielmehr fordert nun der Grundsatz der rechtlichen Gleichstellung aller Deutschen in der Bundesrepublik, die Unterhaltsansprüche des Kl. nach dem hier geltenden Recht zu bestimmen.“

37. Soweit ostzonale Urteile im Bundesgebiet anerkannt werden, ist ein Gericht auch zu ihrer Abänderung nach § 323 ZPO befugt. — Urteile sowjetzonaler Gerichte sind im Bundesgebiet grundsätzlich anzuerkennen, sofern sie nicht im Einzelfall gegen den ordre public verstoßen. — Die sowjetzonalen Vorschriften über den Unterhaltsanspruch des unehelichen Kindes verstoßen nicht gegen den westdeutschen ordre public, da sie einem Programmsatz der westdeutschen Verfassung entsprechen. — Auf das interzonale Recht sind mangels ausdrücklicher Bestimmungen die Bestimmungen des deutschen internationalen Privatrechts entsprechend anzuwenden. — Auch Art. 21 Halbsatz 2 EGBGB ist im interzonalen Recht entsprechend anwendbar.

AG Minden, Urt. v. 12. 3. 1957—2 C 1186/56: *Leitsätze in DAVorm. 30 (1957/58) 176; Archiv-Bericht 1957, 109; ArchJugR 1957, 48; Auszug in MDR 1957, 489.

Der Kl. wohnt in M. (sowjet.) und ist durch Urteil des Kreisgerichts M. als außererhelicher Erzeuger des Bekl., der in Mi. (Bundesgebiet) lebt, zur Zahlung einer Unterhaltsrente von monatlich 40 DM verurteilt worden. Wegen der wesentlichen Verschlechterung seiner wirtschaftlichen Verhältnisse hat der Kl. beantragt, die Unterhaltsrente auf monatlich 20 DM herabzusetzen.

Das AG gab der Klage statt.

Aus den Gründen:

„Nach § 323 ZPO kann im Falle der Verurteilung zu künftig fällig werdenden wiederkehrenden Leistungen im Wege der Klage eine entsprechende Abänderung des Urteils verlangt werden, wenn eine wesentliche Änderung derjenigen Verhältnisse eintritt, die für die Verurteilung zur Entrichtung der Leistungen, für die Bestimmung der Höhe der Leistungen oder der Dauer ihrer Entrichtung maßgebend waren. Diese Voraussetzungen liegen hier vor. Die Abänderungsklage ist im vorliegenden Falle auch nicht deshalb ausgeschlossen, weil die Abänderung des Urteils eines ostzonalen Gerichts begehrt wird. Trotz der erheblichen Unterschiede, die hinsichtlich der Gerichtsverfassung und des gerichtlichen Verfahrens zwischen der Bundesrepublik und der sowjet. besetzten Zone bestehen, sind Urteile ostzonaler Gerichte grundsätzlich als Urteile deutscher Gerichte anzuerkennen, sofern sie nicht etwa im Einzelfalle gegen die guten Sitten oder den Zweck eines deutschen Gesetzes verstoßen oder in einem Verfahren zustande gekommen sind, das den nach rechtsstaatlichen Grundsätzen zu stellenden Anforderungen nicht genügt (vgl. BGH, NJW 1956, 1436[1]). Im vorliegenden Falle bestehen keine Bedenken dagegen, daß das Urteil des Kreisgerichts M. auch in der Bundesrepublik als wirksam anzuerkennen ist. Irgendwelche Verletzungen rechtsstaatlicher Verfahrensgrundsätze läßt das Urteil nicht erkennen. In den Entscheidungsgründen ist zwar die Anspruchsgrundlage nicht angeführt. Daraus, daß das Gericht die Einkommensverhältnisse beider Elternteile erwähnt und dann den Unterhalt „unter Berücksichtigung dieser Umstände“ bemessen hat, ergibt sich jedoch, daß es die Vorschrift des § 17 II des MKSchG seiner Entscheidung zugrunde

[1] Siehe unten Nr. 322.

gelegt hat. Nach dieser Vorschrift soll sich der Unterhalt, den die Mutter für das nichteheliche Kind zu beanspruchen hat, nach der wirtschaftlichen Lage beider Eltern richten. Diese Vorschrift widerspricht keinesfalls den guten Sitten oder dem Zweck eines deutschen Gesetzes, denn sie bezweckt die Gleichstellung der unehelichen Kindern mit den ehelichen Kindern, was nach Art. 6 V GG auch in der Bundesrepublik vorgesehen ist. Auch die Gerichte der Bundesrepublik wenden diese Bestimmung an, wenn es sich um Unterhaltsforderungen in der Ostzone lebender unehelicher Kinder gegen Erzeuger in der Bundesrepublik handelt. Auf das interzonale Privatrecht sind mangels ausdrücklicher Bestimmungen die Vorschriften des internat. Privatrechts entsprechend anzuwenden. In entsprechender Anwendung des Art. 21 EGBGB kommt es also darauf an, ob die Mutter eines unehelichen Kindes zur Zeit der Geburt in der sowjet. besetzten Zone oder in der Bundesrepublik lebte. Nach dem letzten Halbsatz des Art. 21 EGBGB, der nach überwiegender Auffassung ebenfalls anwendbar ist, kann ein in der sowjet. besetzten Zone wohnhaftes Kind gegen einen Erzeuger in der Bundesrepublik jedoch nicht höhere Ansprüche geltend machen, als nach den in der Bundesrepublik geltenden Gesetzen begründet sind. Die Unterhaltspflicht geht also nicht über den nach § 1708 BGB gesetzten Rahmen hinaus (vgl. LG Köln, NJW 1953, 629[1]; LG Verden, MDR 1955, 167[2]; LG Aachen, NJW 1954, 841[3]; LG Frankenthal, MDR 1956, 419[4]; LG Hamburg, MDR 1952, 423[5]). Handelt es sich im umgekehrten Falle um den Unterhaltsanspruch eines unehelichen Kindes, dessen Mutter zur Zeit der Geburt in der Bundesrepublik lebte, gegen einen in der sowjet. Besatzungszone wohnhaften Erzeuger, so muß in entsprechender Anwendung des Art. 21 EGBGB auf den Unterhaltsanspruch die Vorschrift des § 1708 BGB angewendet werden. Die Tatsache, daß das Kreisgericht M. diese Bestimmung nicht angewendet hat, kann jedoch die Anerkennung des Urteils nicht hindern. Die entsprechende Anwendung des letzten Halbsatzes des Art. 21 EGBGB muß zu dem Ergebnis führen, daß auch die ostzonalen Gerichte sich nicht in der Lage sehen, unehelichen Kindern höhere Ansprüche zuzubilligen, als nach den in der Ostzone geltenden Gesetzen begründet sind. Hätte das Kreisgericht M. den Unterhalt grundsätzlich nach § 1708 BGB bemessen, ihn aber nach § 17 des MKSchG beschränkt, so könnte der Bekl. höchstens den sich aus § 1708 BGB ergebenden, der Lebensstellung seiner Mutter entsprechenden Unterhalt verlangen, der Kl. brauchte jedoch nur im Rahmen seiner Leistungsfähigkeit zu leisten. Dadurch, daß das Kreisgericht M. ausschließlich § 17 des MKSchG angewandt hat, ist der Bekl. besser gestellt, denn im Falle einer erheblichen Verbesserung der wirtschaftlichen Lage des Kl. ist der Kl. auch über die Grenze des § 1708 BGB hinaus zu Leistungen verpflichtet. Wollte man den Standpunkt vertreten, für den Unterhaltsanspruch eines in der Bundesrepublik lebenden Kindes gegen einen in der Ostzone lebenden Erzeuger sei ausschließlich § 1708 BGB

[1] IzRspr. 1945—1953 Nr. 280.
[2] Siehe oben Nr. 25.
[3] IzRspr. 1945—1953 Nr. 56a.
[4] Siehe oben Nr. 34.
[5] IzRspr. 1945—1953 Nr. 269.

ohne die Einschränkungen des Gesetzes vom 27. 9. 1950 maßgebend, so würde dies an der Entscheidung nichts ändern. Das Gericht, das über die Abänderungsklage nach § 323 ZPO zu entscheiden hat, ist an die in dem Urteil vertretene Rechtsauffassung gebunden. Es hat zu prüfen, welche Verhältnisse nach den Entscheidungsgründen für die Bestimmung der Höhe der Leistungen maßgebend waren. Im Falle einer Veränderung dieser Verhältnisse hat es das Urteil entsprechend abzuändern. Das Gericht kann aber nicht das Urteil selbst nachprüfen und von einer Änderung absehen, wenn es der Auffassung ist, die in dem ersten Urteil zugrunde gelegten Verhältnisse seien in Wirklichkeit für die Entscheidung nicht wesentlich.

Daß die wirtschaftlichen Verhältnisse des Kl. sich erheblich verschlechtert haben, ist unverkennbar [wird ausgeführt]."

38. Kann ein Vater aus devisenrechtlichen Gründen den Unterhalt für sein eheliches Kind nicht leisten und haftet deswegen ersatzweise ein Verwandter des Kindes für den Unterhalt, so entfällt diese Haftung, sobald effektive Zahlungen des Vaters devisenrechtlich möglich sind. — (Ein westdeutsches Gericht hat fremde Devisenbestimmungen zu beachten.)

LG Frankenthal, Urt. v. 8. 5. 1957 — 1 S 50/57: *Leitsatz in NJW 1957, 1403.

Die beiden Bekl. sind die minderjährigen Töchter aus der geschiedenen Ehe des Arztes Dr. H.; zwei weitere Töchter sind inzwischen volljährig geworden und haben geheiratet. Der Vater der Kinder lebt seit Kriegsende in B. (sowjet.), die Bekl. leben bei ihrer sorgeberechtigten Mutter in L. (Bundesgebiet). Die 84 Jahre alte Kl. ist die Großmutter väterlicherseits der Bekl.; außerdem leben noch die Großeltern mütterlichseits.

Durch Urteil des AG L. vom 26. 4. 1949 ist die Kl. verurteilt worden, an die Bekl. und deren beide Schwestern monatlich je 25 DM Unterhalt zu zahlen. Durch Urteil des erkennenden Gerichts vom 6. 1. 1950 ist diese Unterhaltsrente auf monatlich je 15 DM festgesetzt worden mit der Begründung, daß an Stelle des Vaters, der wegen Verbots von Geldüberweisungen aus der Ostzone seine Unterhaltspflicht nicht erfüllen könne, die gleichnahen Verwandten gerader Linie zu gleichen Teilen hafteten, die Kl. also bei drei lebenden Großelternteilen bis zu einem Drittel; die Unterhaltspflicht der Kl. entfalle jedoch, sobald der Vater den Unterhalt überweisen könne.

Die Kl. hat gegen die Bekl. und ihre beiden volljährigen Schwestern Vollstreckungsgegenklage erhoben. Die beiden volljährigen Schwestern haben in der mündlichen Verhandlung auf ihre Rechte aus den Urteilen verzichtet.

Das AG hat die Klage gegen die beiden Bekl. abgewiesen; die Berufung hatte Erfolg.

Aus den Gründen:

„Schon das LG Frankenthal hat in den Entscheidungsgründen seines Urteils vom 6. 1. 1950 (3 S 18/49) darauf hingewiesen, daß eine weitere Vollstreckung im Wege der Vollstreckungsabwehrklage zu beseitigen ist, sobald der Vater den Unterhalt aus der Ostzone überweisen kann. Entgegen dem Erstrichter ist das Berufungsgericht auf Grund der mündlichen Verhandlung zu der Überzeugung gelangt, daß diese Voraussetzung jetzt gegeben ist. Da aber die Kl. als Großmutter der Bekl. gegenüber deren Vater nur subsidiär haftet (§§ 1606 II Satz 1, 1607

BGB), wird sie von ihrer Unterhaltsverpflichtung frei, sobald die von dem Vater geleisteten Unterhaltsrenten an die Bekl. ausgezahlt werden können.

Nach dem ostzonalen Ges. zur Regelung des innerdeutschen Zahlungsverkehrs vom 15. 12. 1950 (§§ 1, 2) sind die in der Ostzone wohnhaften Schuldner verpflichtet, Zahlungen zugunsten von Personen in Westdeutschland ausschließlich an ein Kreditinstitut im Ostwährungsgebiet zu leisten. Diese Zahlung hat die gleiche Rechtswirkung wie eine Zahlung an den Zahlungsempfänger (§ 2 aaO). Um nun ein im Bundesgebiet wohnhaftes unterhaltsberechtigtes Kind auch in den Genuß dieses bei laufender Zahlung des Unterhalts mehr und mehr anwachsenden Guthabens gelangen zu lassen, haben die Jugendämter in West und Ost folgende Vereinbarung getroffen: Die auf DM-Sperrkonten bei Geldinstituten im Bundesgebiet vorhandenen Guthaben ostzonaler Berechtigter werden westdeutschen Unterhaltsberechtigten ausgezahlt. Im gleichen Umfange werden Guthaben in der Ostzone, die westdeutschen Unterhaltsberechtigten zustehen, an ostzonale Gläubiger ausgezahlt. Es ist dies ein Verfahren, das dem für den Warenverkehr im Berliner Abkommen vereinbarten Verfahren ähnlich ist. Da es sich rechtlich dabei um Verrechnungen handelt, bedarf es in jedem Fall der devisenrechtlichen Genehmigung durch die betreffende Landeszentralbank, denn diese Verrechnungen sind Geschäfte, die den Verboten in Art. 1 Ziffer 1 der Devisenbewirtschaftungsgesetze unterliegen. Zur Erteilung der Devisengenehmigungen sind die Landeszentralbanken durch Rundschreiben Nr. 116/51 vom 16. 6. 1951 der BdL ermächtigt worden. Wesentlich ist, daß diese Verrechnungen nicht nur von den Jugendämtern durchgeführt werden können, sondern daß jeder einzelne Unterhaltsberechtigte die Genehmigung zur Verrechnung von der Landeszentralbank auf Antrag erhält, sofern er einen Verrechnungspartner im Ostwährungsgebiet namhaft macht (*Jahn*, Handbuch des Interzonenzahlungsverkehrs [1956] 25f.). Wenn auch dieses Verrechnungsverfahren nicht ganz einfach ist und immer wieder einmal Schwierigkeiten dabei entstehen, so ist aber doch gerichtsbekannt, daß nach dieser Methode praktisch verfahren wird und dabei auch im Rahmen des Möglichen befriedigende Ergebnisse erzielt werden.

Die Bekl. haben nicht bestritten, daß ihr Vater laufend Unterhaltszahlungen auf ein Sperrkonto leistet. Sie haben selbst in der Berufungsverhandlung die letzte Benachrichtigung der Deutschen Notenbank vorgelegt, wonach ihr Vater am 2. 4. 1957 auf Mündelkonto 270 DM eingezahlt hat, ferner ein an ihre Mutter gerichtetes Schreiben des Rates der Stadt B. vom 8. 4. 1957, wonach der Kontostand des Mündelkontos bei der Deutschen Notenbank B. am 1. 4. 1957 21139,40 DM betrug. Dieses Schreiben enthält ferner eine Belehrung über die Verrechnungsmöglichkeiten der oben geschilderten Art und schließlich noch den Hinweis, daß nicht nur die Jugendämter, sondern auch Privatpersonen (Einzelvormünder oder Pfleger) die Unterhaltsverrechnung durchführen können. Eine weitere Bestätigung hierfür ist die von der Kl. vorgelegte Bescheinigung des Rates der Stadt B. vom 12.4.1957. Hieraus ergibt sich, daß der Vater der Bekl. seiner Unterhaltspflicht durch Einzahlungen auf das Mündelkonto pünktlich nachkommt, daß mit der Zahlung auf dieses Konto seine Verpflichtung gegenüber den Bekl. erfüllt ist und daß er nicht berechtigt ist, einen Geldtransfer nach Westdeutschland von sich aus in die Wege zu leiten. Weiter heißt es wörtlich: „Da die Gläubiger in Westdeutschland ihren dauernden Wohnsitz haben, unterstehen sie in Verrechnungssachen dem zuständigen westdeutschen Jugendamt. Die gesetzliche Vertreterin der Kinder hätte zum Geldtransfer dem Kreisjugendamt S. eine Generalvollmacht zu erteilen. Von seiten des Kreisjugendamtes S. sind leider noch keine Verrechnungen durchgeführt worden. Die bisher durchgeführten Verrechnungen sind vom Referat Jugendhilfe/Heimerziehung B. durchgeführt worden, ohne daß für diese Dienststelle eine gesetzliche Pflicht hierzu vorliegt.“ Gemeint sind damit offenbar die beiden Überweisungen von 800 DM und 300 DM vom Dezember 1956.

Danach steht zur Überzeugung des Berufungsgerichts fest, daß die Voraussetzungen, die zum Erlaß der Urteile vom 26. 4. 1949 und 6. 1. 1950 geführt haben, nämlich die Unmöglichkeit der Überweisung der von dem Vater der Bekl. in B. eingezahlten Unterhaltsbeträge an die Bekl., nicht mehr bestehen. Dem steht auch nicht die Auskunft des Oberkreisdirektors in S. vom 22. 11. 1956 an die Prozeßbevollmächtigten der Kl. entgegen, wonach sich die Mutter der Bekl. schon seit Jahren um die Durchführung der Ost-West-Verrechnungen ohne Erfolg bemühe. Mit Recht rügt die Kl. die allgemein gehaltene Formulierung dieses Schreibens, das keine konkreten Angaben über die Bemühungen der Mutter der Bekl. im einzelnen, insbesondere in letzter Zeit seit der Korrespondenz mit den Prozeßbevollmächtigten der Kl. enthält. Auf die von der Kl. beantragte verantwortliche Zeugenvernehmung des zuständigen Beamten des Oberkreisdirektors kommt es indes nach der Überzeugung der Kammer nicht mehr an, weil die Berufung der Kl. auf Grund der übrigen Feststellungen bereits begründet ist. Das Berufungsgericht hat den Eindruck gewonnen, daß es der Mutter der Bekl. bisher am guten Willen gefehlt hat, ihrerseits alle Möglichkeiten für eine laufende Transferierung der von dem Vater der Bekl. gezahlten Unterhaltsbeträge auszuschöpfen, und daß sie in dieser Hinsicht längst nicht alles getan hat, wozu sie verpflichtet war. Es ist doch immerhin merkwürdig, daß hier trotz angeblich jahrelanger Bemühungen keine Transferierungsmöglichkeit gefunden werden konnte, während sie tatsächlich besteht und, wie gerichtsbekannt ist, in anderen Fällen, wenn auch manchmal mit Schwierigkeiten, praktisch durchgeführt werden konnte, daß aber andererseits alsbald nach der am 20. 11. 1956 erfolgten Klagezustellung innerhalb kürzester Frist noch vor Weihnachten gleich zwei Beträge von 800 DM und 300 DM transferiert wurden. Die Vermutung der Kl., daß die Mutter der Bekl. auf die Klagezustellung hin sich etwas intensiver als vorher um eine Transferierung bemüht hat, läßt sich nicht von der Hand weisen. Daraus ergibt sich aber die Schlußfolgerung, daß bei entsprechenden Bemühungen auch früher schon Überweisungen hätten getätigt werden können. Daß es den Bekl. und ihrer Mutter offensichtlich am guten Willen fehlt, schließt die Kammer auch aus der Fortsetzung der Zwangsvollstreckung gegen die Kl. bezüglich der verheirateten und seit 30. 10. 1953 bzw. 21. 12. 1955 volljährigen [Töchter] I. und U., die erst nach Klageerhebung in der mündlichen Verhandlung vom 14. 12. 1956 auf ihre Rechte aus den früheren Urteilen verzichtet haben, während sie dies doch eigentlich freiwillig schon zu dem Zeitpunkt hätten tun müssen, zu dem ihre Unterhaltsbedürftigkeit weggefallen war. Neben dieser Rechtspflicht besteht immerhin auch die gleich große moralische Pflicht gegenüber der Kl. als ihrer über 80jährigen Großmutter, die von ihrer monatlichen Pension von 292,90 DM netto (nach den Feststellungen des Urteils vom 6. 1. 1950) seit 1. 12. 1948 monatlich 60 DM als Unterhaltsbeitrag an die 4 Kinder ihres Sohnes gezahlt hat und sich dadurch zweifellos trotz ihres hohen Alters beachtliche Einschränkungen in ihrer Lebensführung zugunsten ihrer Enkel auferlegen mußte. Der Kl. ist auch darin beizustimmen, daß die Behauptung der Bekl., sie benötigten den transferierten Betrag von 1100 DM auch für die Einkleidung zur Konfirmation, angesichts des Alters der Bekl. von 16 und 18 Jahren nicht ohne weiteres verständlich erscheint, denn wie gerichtsbekannt ist, finden Konfirmationen im Alter von 14, höchstens 15 Jahren statt. Obwohl die Kl. diese Behauptung der Bekl. ausdrücklich bestritten hat, haben diese sich nur darauf beschränkt, die Behauptung in der Berufungsbeantwortung zu wiederholen, ohne zu den Zweifeln der Kl. im einzelnen Stellung zu nehmen und sie zu widerlegen.

Nach der ganzen Sach- und Rechtslage kommt es aber hierauf nicht mehr an. Es steht fest, daß eine Transferierung der Unterhaltsbeträge zugunsten der Bekl. möglich ist. Nach dem ausdrücklichen Vorbehalt in den Entscheidungsgründen des Urteils vom 6. 12. 1950 und nach der Vorschrift des § 1606 II Satz 1 BGB, wonach die Kl. im Verhältnis zu dem Vater der Bekl. nur subsidiär für deren Unterhalt haftet, sind die Voraussetzungen für eine weitere Inanspruchnahme der Kl. aus den Urteilen vom 26. 4. 1949 und 6. 1. 1950 entfallen."

39. Deutsche Gerichte können seit der Eingliederung des Saargebietes die Vereinbarkeit saarländischen Landesrechts mit dem Grundgesetz überprüfen. — (Der Unterhaltsanspruch eines unehelichen Kindes bestimmt sich nach dem an seinem Wohnsitz geltenden Recht.) — Die gesetzliche Erhöhung der Unterhaltsrente im Saargebiet stellt eine wesentliche Veränderung der Verhältnisse im Sinne des § 323 ZPO dar.

AG Augsburg, Urt. v. 10. 5. 1957 — 2 C 832/57: DAVorm. 30 (1957/58) 78.

Aus den Gründen:

„Nach dem Klagevortrag hat die Regierung des Saarlandes durch RechtsVO zum Gesetz Nr. 371 vom 28. 12. 1956 die monatliche Unterhaltsrente ab 1. 1. 1957 auf 5000 Frs. erhöht (siehe ABl 1729).

Nach Art. 1 des Saarvertrages vom 27. 10. 1956 ist Frankreich damit einverstanden, daß das Saarland vom 1. 1. 1957 an in den Geltungsbereich des Grundgesetzes einbezogen wird.

Das Deutsche Eingliederungsgesetz vom 23. 12. 1956 (BGBl 1011) setzt demgemäß das GG mit Wirkung vom 1. 1. 1957 auch an der Saar in Kraft. Es sieht vor, daß grundsätzlich das gesamte am 1. 1. 1957 an der Saar geltende Recht aufrechterhalten bleibt, soweit es nicht unmittelbar mit den an diesem Tag in Kraft tretenden Bestimmungen des GG in Widerspruch steht. Nach Art. 74 Nr. 1 GG gehört das Bürgerliche Recht zur konkurrierenden Gesetzgebung. Die Länder haben nur dann Gesetzgebungsbefugnis, solange und soweit der Bund von seinem Recht keinen Gebrauch gemacht hat (Art. 72 GG). Der Bund hat eine Festlegung der Unterhaltsrenten durch Gesetz nicht getroffen. Die Festsetzung der Unterhaltsrente im Saargebiet durch Gesetz verstößt demnach nicht gegen das GG. Die dort geltenden Gesetze bleiben damit in Kraft, so daß sie also zu beachten sind. Die Kl. kann daher die erhöhte Unterhaltsrente von monatlich 60 DM fordern. Die Änderung der Unterhaltsrente durch Gesetz ist erst nach der letzten mündlichen Verhandlung erfolgt. Gemäß § 323 I ZPO ist die Änderung der Gesetzgebung dann beachtlich, wenn die Anwendung des Gesetzes eine wesentliche Abweichung von der früheren Beurteilung nach Höhe und Dauer verlangt (siehe RGZ 166, 305). Die RechtsVO im Saargebiet bedeutet für die Kl. eine wesentliche Erhöhung der Unterhaltsrente im Betrage von monatlich 12 DM."

40. Mangels besonderer Kollisionsnormen werden die Fragen des interzonalen Privatrechts in Anlehnung an die Bestimmungen des internationalen Privatrechts beantwortet. — Anstelle der Ankünpfung an die Staatsangehörigkeit kann jedoch nicht grundsätzlich die Anknüpfung an den Aufenthalt der maßgebenden Person treten. — Der Unterhaltsanspruch eines geschiedenen Ehegatten gegen den anderen Teil richtet sich nach der Rechtsordnung des Gebietes, in dem der Berechtigte wohnt. — Die Anwendung der sowjetzonalen Regelung über die Unterhaltsansprüche geschiedener Ehegatten verstößt nicht gegen den westdeutschen ordre public.

LG Hagen, Urt. v. 23. 5. 1957 — 1 S 289/56: *Auszug in MDR 1957, 548.

Die Ehe der Parteien ist im September 1955 vom LG Hagen aus Verschulden des Bekl. geschieden worden. Die Kl., die in der Sowjetzone wohnt, verlangt vom Bekl., der bereits zur Zeit des Scheidungsrechtsstreites in H. (Bundesgebiet) lebte, monatlich 40 DM Unterhalt.

Das AG hatte der Klage stattgegeben. Die Berufung des Bekl. hatte keinen Erfolg.

Aus den Gründen:

„Entgegen der Ansicht des AG kann die Klage allerdings nicht auf die Bestimmungen des EheG gestützt werden. Ob und inwieweit die Kl. einen Unterhaltsanspruch gegen den Bekl. hat, richtet sich vielmehr nach dem in der sowjetisch besetzten Zone Deutschlands geltenden Recht, nämlich der VO über Eheschließung und Eheauflösung vom 24. 11. 1955 (GBl I 849).

Mangels besonderer Kollisionsnormen werden die Fragen des interzonalen Privatrechtes allgemein in Anlehnung an die Bestimmungen des internat. Privatrechts beantwortet (vgl. *Raape*, IPR[4] 150; *Palandt*, BGB[11] Vorbem. 14a vor Art. 7 EGBGB). Demgemäß ist die Ansicht vertreten worden, daß in entsprechender Anwendung des Art. 17 I EGBGB im interzonalen Privatrecht für die Scheidung der Ehe und demzufolge auch für die Unterhaltsansprüche geschiedener Eheleute (vgl. *Palandt*, aaO Anm. 6 zu Art. 17 EGBGB) die Gesetze des Teiles Deutschlands maßgebend sind, in dem sich der Ehemann zur Zeit der Erhebung der Scheidungsklage aufgehalten hat (vgl. *Marquordt*, MDR 1951, 391; LG Hamburg, MDR 1952, 301[1]; LG Braunschweig, MDR 1953, 367[2]). Dem vermag sich die Kammer jedoch nicht anzuschließen.

Abgesehen davon, daß die erwähnten Entscheidungen zu einer Zeit ergangen sind, als in beiden Teilen Deutschlands noch das EheG von 1946 galt, eine Kollision ost- und westdeutschen Rechts also gar nicht vorlag (vgl. *Raape*, aaO 150; *Palandt*, aaO Vorbem. 14a vor Art. 7 EGBGB), bedeutet es keine entsprechende Anwendung des Art. 17 I EGBGB, wenn man statt an die Staatsangehörigkeit an den Aufenthalt des Ehemannes anknüpft. Denn auf diesen kommt es nach dem klaren Wortlaut des Gesetzes gerade nicht an.

Den ständigen Aufenthalt als Anknüpfungspunkt im interzonalen Privatrecht grundsätzlich der Staatsangehörigkeit gleichzustellen, muß nach Auffassung der Kammer aber vor allem daran scheitern, daß ein Wechsel des Aufenthaltsortes zwischen den beiden Teilen Deutschlands im Gegensatz zu einem Staatsangehörigkeitswechsel ohne besondere Schwierigkeiten durchführbar ist und auch tatsächlich noch häufig vorkommt. Wollte man dennoch stets an den Aufenthaltsort des Ehemannes zur Zeit der Ehescheidung anknüpfen, so würde die Entscheidung, welches Recht für die Unterhaltsansprüche geschiedener Eheleute anzuwenden ist, weitgehend von Zufälligkeiten abhängen, ohne daß dafür ein innerer Grund gegeben wäre. Wie *Raape*, aaO 151 betont, muß es aber darauf ankommen, auch im interzonalen Privatrecht billige und gerechte Lösungen zu finden.

Aus diesem Grunde ist es gerechtfertigt, die Frage, ob und inwieweit einem geschiedenen Ehegatten ein Unterhaltsanspruch gegen den anderen Teil zusteht, nach der Rechtsordnung des Gebietes zu beurteilen, in dem der Unterhaltsberechtigte wohnt und der er unterliegt. Denn es ist nicht einzusehen, wieso dem einen Teil ein Unterhaltsanspruch dadurch erwachsen soll, daß der andere Teil seinen Aufenthalt in ein Gebiet Deutschlands verlegt, zu dem der Unterhaltsberechtigte keinerlei Rechtsbeziehungen hat oder gehabt hat.

Die maßgebenden Bestimmungen der sowjetzonalen VO über Eheschließung und Eheauflösung lauten wie folgt: [Es folgt der Wortlaut der §§ 13, 14 der VO.]

Ein Verstoß gegen den ordre public mit der Folge der Nichtanwendung dieser Rechtsvorschriften kann in der darin liegenden Beschränkung der Unterhaltsansprüche gegenüber dem Rechtszustand nach dem

---

[1] IzRspr. 1945 – 1953 Nr. 271. [2] IzRspr. 1945 – 1953 Nr. 57.

EheG von 1946 nicht gesehen werden; die Bestimmungen der VO beruhen auf dem auch im GG verankerten Grundsatz der Gleichberechtigung von Mann und Frau (vgl. Art. 3 II).

Die Voraussetzungen des § 14 der VO sind hier gegeben . . .

Entgegen der Bestimmung des § 13 I der VO ist der Unterhaltsanspruch unter den Voraussetzungen des § 14 I der VO zeitlich unbegrenzt, so daß das AG der Klage im Ergebnis zu Recht stattgegeben hat."

41. In der Sowjetzone ergangene Urteile sind inländische Urteile, aus denen im Bundesgebiet vollstreckt werden kann. — Bei Vorliegen eines solchen Titels besteht kein Rechtsschutzbedürfnis für eine Klage im Bundesgebiet. — Verlegt ein Unterhaltsschuldner nach Erlaß eines Unterhaltstitels in der Sowjetzone seinen Wohnsitz in das Bundesgebiet, so liegt darin eine wesentliche Änderung der Verhältnisse im Sinne des § 323 ZPO. — Grundsätzlich wird der Unterhaltsgläubiger bei einer solchen Abänderungsklage den im ostzonalen Urteil auf DM-Ost zuerkannten Unterhaltsbetrag zum Nennwert in DM-West verlangen können.

LG Nürnberg, Beschl. v. 26. 7. 1957 — 6 T 97/57: DAVorm. 30 (1957/58) 175; Leitsatz in ArchJugR 1957. 48.

Aus den Gründen:

„Zwar kann man einer neuen Klage, wie sie von der ASt. beabsichtigt ist, hinreichende Erfolgsaussichten nicht einräumen, da es hierfür am Rechtsschutzbedürfnis fehlen wird. Nach der herrschenden Meinung (LG Baden-Baden, MDR 1956, 421[1]; *Stein-Jonas*, ZPO[18] § 328 Anm. 2; *Baumbach*, Anm. 1 zu § 328) sind nämlich Urteile von Gerichten der DDR als inländische Urteile anzusehen, aus denen auch im Gebiet der Bundesrepublik vollstreckt werden kann.

Dagegen wird man eine auf Erlangung eines Westmark-Titels gerichtete Abänderungsklage gemäß § 323 ZPO — sie bedeutet gegenüber der neuen Klage ein Weniger und wird deshalb vom Armenrechtsgesuch mit umfaßt — als erfolgsversprechend beurteilen können.

Wenn schon die überwiegende Meinung der Gerichte der Bundesrepublik dahin geht, daß aus Unterhaltstiteln, die auf DM-Ost lauten, in entsprechender Anwendung des § 244 BGB in der Bundesrepublik nur nach dem jeweiligen Wechselstubenkurs (zur Zeit 1 DM-West = 5 DM-Ost) vollstreckt werden könne (so *Kühne*, NJW 1950, 729; OLG Celle, MDR 1951, 619[2]; OLG Düsseldorf, MDR 1957, 225[3]; *Baumbach-Lauterbach*, ZPO[22], 4 A f § 704; Rpfl. 1956, 251), dann wird man auch wie LG Bremen, Rpfl. 1954, 572[4]; LG Frankenthal, MDR 1955, 230[5]; LG Stuttgart, MDR 1956, 34[6], und wohl auch OLG Düsseldorf, MDR 1957, 225[7] in der nachträglichen Übersiedlung des in der DDR zur Unterhaltszahlung in DM-Ost verurteilten Schuldners in die Bundesrepublik eine wesentliche Änderung der Verhältnisse im Sinne von § 323 ZPO

[1] Siehe unten Nr. 140.
[2] IzRspr. 1945—1953 Nr. 257b.
[3] Siehe unten Nr. 173.
[4] Siehe unten Nr. 132.
[5] Siehe oben Nr. 26.
[6] Siehe unten Nr. 137.
[7] Siehe unten Nr. 173.

erblicken können; denn bei einer Vollstreckung im Umrechnungsverhältnis des Wechselstubenkurses erhält der in der DDR wohnende Unterhaltsgläubiger im Hinblick auf die von der DDR zugelassene Umrechnung von 1 DM-West = 1 DM-Ost dann nur einen Bruchteil des ihm zum Titel zuerkannten Ostmarkbetrages.

Den erforderlichen Ostmarkbetrag wird die ASt. aber dann bekommen, wenn sie im Wege der Abänderungsklage einen im Nennbetrag des Ostmarkurteils auf DM-West lautenden Titel erhält (wie sie ihn nach der wohl h. M. — vgl. LG Bochum, MDR 1952, 622[1]; LG München, NJW 1952, 1173[2]; LG Bremen, NJW 1954, 176[3]; LG Hagen, MDR 1955, 230[4] — auch erhalten hätte, wenn die erste Verurteilung des AGg. zur Unterhaltszahlung in der Bundesrepublik erfolgt wäre). Da durch die Abänderungsklage gemäß § 323 III ZPO eine Abänderung des Ostmarkurteils nur für die Zeit nach ihrer Erhebung herbeigeführt werden kann, eröffnet sich für die ASt. kein Weg, auch bezüglich der Unterhaltsrückstände einen DM-West-Titel zu erhalten."

42. Im internationalen Privatrecht sind die Regeln des internationalen Privatrechts entsprechend anzuwenden. — Anknüpfungspunkt ist an Stelle der Staatsangehörigkeit der Wohnsitz oder gewöhnliche Aufenthaltsort. — Die sowjetzonalen Vorschriften über den Unterhalt unehelicher Kinder verstoßen nicht gegen den westdeutschen ordre public, da sie den Verfassungssätzen des Bundesgebietes entsprechen. — Gesetzliche Bestimmungen der Sowjetzone werden nach westdeutscher Rechtsauffassung ausgelegt. — Art. 21 Halbsatz 2 EGBGB ist im interzonalen Recht anwendbar. — Verlegt ein Unterhaltsschuldner, der an seinem bisherigen Wohnsitz in der Sowjetzone zur Leistung von Unterhalt in DM-Ost verurteilt worden war, seinen Wohnsitz in das Bundesgebiet, so liegt darin eine wesentliche Veränderung der Verhältnisse im Sinne des § 323 ZPO. — Der Unterhaltsanspruch entsteht in der am Wohnsitz des Berechtigten geltenden Währung. — Der im Bundesgebiet wohnhafte Unterhaltsschuldner des in der Sowjetzone lebenden Gläubigers hat den in DM-Ost entstandenen Unterhaltsanspruch durch Zahlung des Nennbetrages in DM-West zu erfüllen.

LG Frankenthal, Urt. v. 30. 10. 1957 — 1 S 188/57: *Auszug in MDR 1958, 102; EJF, Nr. 6 zu A II (*Deisenhofer*); Leitsätze in DAVorm. 31 (1958/59) 32; Archiv-Bericht 1958, 22 und 48.

Die Kl. ist ein in A. (sowjet.) geborenes und dort lebendes uneheliches Kind, der Bekl. ihr Erzeuger. Durch Urteil des Kreisgerichts A. wurde der Bekl. im Jahre 1955 zur Zahlung einer Unterhaltsrente von monatlich 50 DM verurteilt. Beide Parteien wohnten damals in der Sowjetzone.

Nachdem der Bekl. in das Bundesgebiet übergesiedelt war, hat die Kl. den Titel des Kreisgerichts A. nur unter Umrechnung nach dem Kurs der Wechselstuben und daher lediglich in Höhe von 12 DM-West vollstrecken können. Die Kl. hat nunmehr Klage erhoben und vorgetragen, daß der Titel wegen der veränderten Verhält-

---

[1] IzRspr. 1945—1953 Nr. 282. [2] IzRspr. 1945—1953 Nr. 281.
[3] Gemeint ist offenbar das Urteil unten Nr. 132. [4] Siehe unten Nr. 134.

nisse abgeändert werden müsse. Die Kl. hat beantragt, den Bekl. zur Zahlung von monatlich 50 DM-West zu verurteilen. In einem Teilvergleich verpflichtete sich der Bekl. zur Zahlung von monatlich 25 DM, während die Kl. vorbehaltlich ihrer weitergehenden Ansprüche auf die Rechte aus dem Urteil des Kreisgerichts A. verzichtete. AG und LG wiesen die Klage wegen des weitergehenden Anspruchs ab.

Aus den Gründen:

„Die Kl. wohnt seit ihrer Geburt zusammen mit der Kindsmutter in der Ostzone Deutschlands. In Schrifttum und Rechtsprechung ist allgemein anerkannt, daß im interzonalen Privatrecht die Regeln des internat. Privatrechts entsprechend anzuwenden sind. An die Stelle der Staatsangehörigkeit im Sinne des Art. 21 EGBGB tritt der Wohnsitz oder — nach überwiegender Meinung — der gewöhnliche Aufenthaltsort der Kindsmutter im Zeitpunkt der Geburt der Kl. (vgl. *Soergel*, BGB[8] Art. 21 EGBGB Anm. V 1; *Marquordt*, MDR 1951, 392; *Beitzke*, JR 1952, 141ff.; *Schweckendieck*, JR 1952, 463ff.; *Kegel*, NJW 1953, 615; *Hahnenfeld*, NJW 1955, 528 [530]; LG Köln, NJW 1953, 629f.[1]; LG Wuppertal, NJW 1953, 1185f.[2]; LG Aachen, NJW 1954, 841f.[3]; LG Frankenthal, MDR 1954, 614f.[4]; LG Verden, MDR 1955, 167[5]). Die Unterhaltspflicht des in Westdeutschland lebenden Bekl. gegenüber seinem unehelichen Kind in der Ostzone richtet sich gemäß Art. 21 EGBGB nach den dort gültigen Gesetzen.

Auch in der DDR sind noch die Bestimmungen des BGB — also auch die §§ 1705ff. BGB — anwendbar, jedoch nur insoweit, als sie nicht mit der ostzonalen Verfassung vom 7. 10. 1949 und dem MKSchG im Widerspruch stehen. Die Verfassung der DDR gebietet in Artt. 7 und 30 die Gleichstellung von Mann und Frau. In Art. 33 ist hinsichtlich der unehelichen Kinder folgendes bestimmt:

(1) Außereheliche Geburt darf weder dem Kinde noch seinen Eltern zum Nachteil gereichen.

(2) Entgegenstehende Gesetze und Bestimmungen sind aufgehoben.

Nach Art. 144 sind die Bestimmungen der ostzonalen Verfassung unmittelbar geltendes Recht (*Schweckendieck*, *Kegel* und LG Aachen, jeweils aaO). Zum verfassungsmäßigen Grundsatz der Gleichstellung von außerehelichen mit ehelichen Kindern hat der Gesetzgeber der Ostzone in § 17 MKSchG folgende nähere Regelung getroffen:

(1) Die nichteheliche Geburt ist kein Makel. Der Mutter eines nichtehelichen Kindes stehen die vollen elterlichen Rechte zu, die nicht durch die Einsetzung eines Vormundes für das Kind geschmälert werden dürfen. Zur Regelung der Ansprüche gegen den Vater sollen die unteren Verwaltungsbehörden nur noch als Beistand der Mutter tätig werden.

(2) Der Unterhalt, den die Mutter für das nichteheliche Kind zu beanspruchen hat, soll sich nach der wirtschaftlichen Lage b e i d e r Eltern richten.

---

[1] IzRspr. 1945—1953 Nr. 280.
[2] IzRspr. 1945—1953 Nr. 56.
[3] IzRspr. 1945—1953 Nr. 56a.
[4] Siehe unten Nr. 131.
[5] Siehe oben Nr. 25.

Die vorgenannten, für die Unterhaltspflicht des Bekl. maßgebenden verfassungsmäßigen und gesetzlichen Bestimmungen des ostzonalen Gesetzgebers stehen der Vorbehaltsklausel des Art. 30 EGBGB, wonach ein ausländisches Gesetz nicht anzuwenden ist, wenn die Anwendung gegen die guten Sitten oder gegen den Zweck eines deutschen Gesetzes verstoßen würde, nicht entgegen. Mit Recht hat das LG Aachen (aaO) ausgeführt, daß sich das östliche Kindschaftsrecht im Rahmen dessen hält, was auch für das Bundesgebiet geplant und dort als Grundsatz bzw. unmittelbar anwendbares Recht bereits verfassungsmäßig verankert ist (vgl. Artt. 3 II; 6 IV, V; 117 I GG; vgl. ferner *Schweckendieck* aaO; *Schöne*, NJW 1951, 697; LG Düsseldorf, MDR 1952, 556[1]; LG Wuppertal u. Aachen, aaO; a. M. LG Berlin, MDR 1953, 44[2]). Im übrigen wäre die Anwendung der allgemeinen Vorschrift des Art. 30 EGBGB schon deswegen nicht geboten, weil die Vorbehaltsklausel der besonderen Regelung in Art. 21 Halbsatz 2 EGBGB ohnedies die Grenzen festlegt, bis zu denen die Anwendung des fremden Rechts gestattet ist (so LG Wuppertal aaO).

Das Berufungsgericht schließt sich nunmehr unter teilweiser Aufgabe der früher in 1 S 80/54 = MDR 1954, 614[3] vertretenen Auffassung der jetzt in Rechtslehre und Rechtsprechung herrschenden Meinung an, wonach die §§ 1705 ff. BGB bei derartigen Fällen nur noch insoweit Anwendung finden, als sie nicht mit der ostzonalen Regelung im Kindschaftsrecht — also mit dem Grundsatz der Gleichstellung von unehelichen und ehelichen Kindern — im Widerspruch stehen. Der Unterhaltsanspruch der Kl. richtet sich daher im wesentlichen nach den §§ 1601 ff. BGB. Die zum Teil hiervon abweichende und umstrittene Rechtsprechung ostzonaler Gerichte (vgl. die Nachweise bei *Beitzke*, *Schweckendieck* und *Kegel* jeweils aaO) vermag zu keiner anderen Beurteilung zu führen.

In Übereinstimmung mit der Ansicht des LG Aachen (aaO) und in Ablehnung des Hinweises von *Kegel* (aaO) für den vorliegenden Fall, wonach der Richter bei der Anwendung fremden Rechts mit seiner eigenen Ansicht zurückhalten und der überwiegenden Praxis des fremden Gebietes folgen soll, ist die Berufungskammer der Überzeugung, daß die Ostzone nach wie vor zum Deutschen Rechtsgebiet gehört und der westdeutsche Richter daher gehalten ist, auch die Gesetze der DDR so auszulegen, wie er es von jeher gewöhnt ist. Die nach den Regeln des internat. Privatrechts anzuwendenden ostzonalen Rechtssätze gehören nicht einem völlig fremden Rechtssystem an, so daß sie das erkennende Gericht in der üblichen Weise — also ihrem Wortlaut nach und wo dieser nicht klar und eindeutig ist, nach dem Sinn und Zweck des Gesetzes — auslegen kann.

Eine Auslegung des Art. 33 der Ostzonen-Verfassung im dargelegten Sinn ergibt, daß durch diese Verfassungsbestimmung der gleichzustellende Personenkreis der unehelichen Kinder mit allen Rechten und Pflichten in die ihm bisher vorenthaltene Rechtsstellung der ehelichen

[1] IzRspr. 1945—1953 Nr. 54.
[2] IzRspr. 1945—1953 Nr. 52.
[3] Siehe unten Nr. 131.

Abkömmlinge eintreten soll. Keineswegs kann aber eine derartige Auslegung — weder nach dem klaren Wortlaut noch nach Sinn und Zweck des Art. 33 der Verfassung der DDR — zu der Schlußfolgerung führen, daß durch die Gleichstellung nur die dem Kinde nachteiligen Vorschriften des BGB aufgehoben, nicht aber die ihm nach dem bisherigen Recht zukommenden Vorteile beseitigt seien (vgl. LG Aachen aaO). Insoweit kann sich der westdeutsche Vater nach überwiegender Meinung auf das Privileg der milderen Haftung nach Art. 21 Halbsatz 2 EGBGB berufen. Er kann daher auch die Einrede des Mehrverkehrs im Sinne des § 1717 I BGB erheben (so auch *Soergel*, aaO und LG Wuppertal, aaO). Außerdem hat er nur bei Bedürftigkeit des Kindes (§ 1602 I BGB) und nur insoweit Unterhalt zu leisten, als er nach seinen Vermögens- und Einkommensverhältnissen und unter Berücksichtigung seiner sonstigen Verpflichtungen (§ 1603 I BGB) hierzu in der Lage ist (so *Soergel*, Art. 21 EGBGB Anm. V 1; *Schöne* und *Schweckendieck*, aaO; ferner *Eichel*, NJW 1952, 450; LG Berlin, JR 1950, 667[1] und MDR 1953, 44[2]; LG Aachen, NJW 1952, 471[3] und 1954, 841f.[4]; LG Hamburg, MDR 1952, 423[5]; LG Düsseldorf, Wuppertal und Verden, aaO; a. M. *Kegel* und *Beitzke* aaO). Das gleiche gilt auch für die Dauer der Unterhaltspflicht, so daß ein unehelicher Vater im Bundesgebiet für sein uneheliches Kind in der Ostzone nicht für die gesamte Zeit der Unterhaltsbedürftigkeit, sondern nur bis zur Vollendung des 16. Lebensjahres des Kindes Unterhaltszahlungen zu leisten hat (Art. 21 Halbsatz 2 EGBGB i. V. m. §1708 I BGB; so auch *Kegel*, aaO, obwohl er im übrigen die Anwendung des Art. 21 Halbsatz 2 EGBGB ablehnt; ferner LG Düsseldorf und LG Wuppertal, aaO; a. M. *Schweckendieck*, aaO; LG Hamburg, MDR 1952, 423[6]; LG Düsseldorf, aaO und LG Berlin, MDR 1953, 44[7]).

Im Ergebnis ist somit festzustellen, daß der im Bundesgebiet lebende Erzeuger eines ostzonalen unehelichen Kindes, das sich nicht selbst unterhalten kann, verpflichtet ist, an das Kind bis zu dessen 16. Lebensjahr eine Unterhaltsrente entsprechend der wirtschaftlichen Lage beider Eltern auch für die Vergangenheit zu zahlen, es sei denn, daß der Vater bei Berücksichtigung seiner sonstigen Verpflichtungen außerstande ist, ohne Gefährdung seines standesmäßigen Unterhalts den Unterhalt zu gewähren.

Das Berufungsgericht hat keine Bedenken, die Voraussetzungen des § 323 ZPO an sich zu bejahen. Denn in der Verlegung des Wohnsitzes des in der DDR zur Unterhaltszahlung in Ostgeld verurteilten Bekl. nach der Bundesrepublik sind veränderte Umstände im Sinne des § 323 ZPO zu erblicken. Zur Anwendung dieser Vorschrift genügt es schon, wenn die neuen Umstände nur in der Person des Verpflichteten liegen (*Baumbach*, § 323 Anm. 2 C; so auch LG Bremen, NJW 1954, 1768[8] und auch LG Frankenthal, 1 S 241/54[9]).

---

[1] IzRspr. 1945–1953 Nr. 244.
[2] IzRspr. 1945–1953 Nr. 52.
[3] IzRspr. 1945–1953 Nr. 273.
[4] IzRspr. 1945–1953 Nr. 56a.
[5] IzRspr. 1945–1953 Nr. 269.
[6] IzRspr. 1945–1953 Nr. 269.
[7] IzRspr. 1945–1953 Nr. 52.
[8] Siehe unten Nr. 132.
[9] Siehe oben Nr. 26.

Auf Grund der eingezogenen Lohnauskünfte ist erwiesen, daß der Bekl. in der Zeit von Mai bis September 1957 ein monatliches Durchschnittseinkommen von 319,30 DM netto gehabt hat. Nach der letzten Auskunft verfügte die Kindsmutter über ein Monatseinkommen von 192,25 DM. Unter Berücksichtigung der Tatsache, daß der Bekl. wieder verheiratet ist und ein Kind von zwei Jahren aus dieser Ehe hat, kann ihm nach der Überzeugung der Berufungskammer unter Berücksichtigung der wirtschaftlichen Lage beider Eltern eine weitere Unterhaltszahlung über den im Teilvergleich vom 17. 5. 1957 übernommenen Unterhaltsbeitrag von 25 DM-West hinaus nicht zugemutet werden, weil er sonst den eigenen standesgemäßen Lebensunterhalt und den seiner Familie erheblich gefährden würde (§ 17 II MKSchG; § 1603 BGB). Nach Abzug der übernommenen Unterhaltsverpflichtung gegenüber der Kl. im Teilvergleich vom 17. 5. 1957, die an sich gemäß § 850 d II Ziffer 2 ZPO im Rang nach den Unterhaltsansprüchen der Ehefrau und des ehelichen Kindes steht, verbleiben dem Bekl. noch 294,30 DM. Wenn man ihm zur Erhaltung seiner Arbeitskraft und Arbeitsfreude wenigstens einen Betrag von 200 DM zubilligen wollte, verblieben für den Unterhalt seiner Frau und des zweijährigen Kindes nur noch je 47,15 DM übrig. Unter diesen Umständen erscheint es nicht vertretbar, dem Bekl. noch weitere Unterhaltsleistungen an die Kl. aufzubürden, da der Unterhalt seiner Familie bei der derzeitigen allgemeinen Teuerungslage aufs äußerste gefährdet wäre. Mit Recht hat daher der Erstrichter die weitergehende Klage abgewiesen.

Nur ergänzend sei hervorgehoben, daß der Bekl. die monatliche Unterhaltsrente von 25 DM in voller Höhe in DM-West zu leisten hat. Die Kammer hat sich in nunmehr ständiger Praxis — unter Ablehnung der übrigen Meinungen — der überwiegenden Auffassung in Literatur und Rechtsprechung angeschlossen, wonach der Unterhaltsanspruch des ostzonalen unehelichen Kindes gegen seinen in der Bundesrepublik lebenden Vater zwar in DM-Ost entsteht, aber in DM-West auf ein Sperrkonto im Verhältnis von 1 DM-West = 1 DM-Ost einzuzahlen ist, weil nur dadurch der Unterhalt der Kl. hinreichend sichergestellt werden kann (so LG Göttingen, MDR 1949, 757[1]; NJW 1950, 602[2]; Dortmund, MDR 1950, 552[3]; 1953, 367[4]; Braunschweig, MDR 1951, 238[5]; Lüneburg, MDR 1951, 303[6]; Würzburg, MDR 1951, 490[7]; Osnabrück, MDR 1951, 745[8]; Bielefeld, MDR 1952, 108[9]; Düsseldorf, MDR 1952, 298[10]; Hamburg, MDR 1952, 301[11], 423[12]; Frankenthal, MDR 1954, 614[13]; Bremen, MDR 1955, 547[14] und bei *Kegel*, NJW 1953, 617 Fußnote 37). Das Berufungsgericht sieht keine Veranlassung gegeben, von dieser Rechtsprechung abzuweichen."

---

[1] IzRspr. 1945—1953 Nr. 237.
[2] IzRspr. 1945—1953 Nr. 239.
[3] IzRspr. 1945—1953 Nr. 241.
[4] IzRspr. 1945—1953 Nr. 285.
[5] IzRspr. 1945—1953 Nr. 255.
[6] IzRspr. 1945—1953 Nr. 347.
[7] IzRspr. 1945—1953 Nr. 261.
[8] IzRspr. 1945—1953 Nr. 262.
[9] IzRspr. 1945—1953 Nr. 266.
[10] IzRspr. 1945—1953 Nr. 273a.
[11] IzRspr. 1945—1953 Nr. 271.
[12] IzRspr. 1945—1953 Nr. 269.
[13] Siehe unten Nr. 131.
[14] Siehe unten Nr. 132.

43. Verlegt der Unterhaltsschuldner nach Erlaß eines Unterhaltstitels in der Sowjetzone seinen Wohnsitz in das Bundesgebiet, so liegt hierin eine wesentliche Änderung der Verhältnisse im Sinne des § 323 ZPO.

LG Stuttgart, Beschl. v. 23. 11. 1957 — 3 T 45/57: DAVorm. 30 (1957/58) 224; Leitsatz in ArchJugR 1957, 58.

Aus den Gründen:

„Dagegen hält die Kammer die im Hilfsantrag der Beschwerde angekündigte Zahlungsklage insoweit für aussichtsreich, als es sich um die Umstellung der in Höhe von monatlich 35 DM-Ost erfolgten Verurteilung des AGg. vom Tage der Klageerhebung an in DM-West zum Nennbetrag handelt. Insoweit ist das Klagbegehren gemäß § 323 ZPO gerechtfertigt. Der AGg. ist erst nach Erlaß des Versäumnisurteils des Kreisgerichts F. vom 2. 5. 1955 in die Bundesrepublik Deutschland gekommen. Verlegt jedoch der zur Unterhaltszahlung in der DDR verurteilte außereheliche Erzeuger seinen Wohnsitz in die Bundesrepublik Deutschland, so liegt darin eine wesentliche Änderung der Verhältnisse im Sinne von § 323 ZPO (LG Tübingen, MDR 1955, 487[1]).“

5. Gewöhnlicher Aufenthalt und Wohnsitz

Vorbemerkung: Die Anwendung zahlreicher gesetzlicher Vorschriften des Bundesgebietes, die der Regelung von Kriegsfolgen dienen, hängt davon ab, daß die berechtigte natürliche Person ihren gewöhnlichen Aufenthalt oder Wohnsitz bezw. eine berechtigte Gesellschaft ihren Sitz oder den Ort ihrer Geschäftsleitung im Bundesgebiet hat oder zu einem bestimmten Zeitpunkt gehabt hat. Die wichtigeren Entscheidungen zur Auslegung dieser Anknüpfungspunkte sind im folgenden mitgeteilt, ohne daß hierbei Vollständigkeit angestrebt wurde.

44. Ein Wohnsitz im Bundesgebiet wird „im Anschluß an die Aussiedlung“ begründet, wenn der Entschluß zu dieser Niederlassung alsbald nach der Aussiedlung gefaßt, mit seiner Ausführung begonnen und er zwischenzeitlich nicht wieder aufgegeben worden ist.

BGH, Urt. v. 25. 10. 1954 — III ZR 238/53: BGHZ 15, 130; Leitsatz in LM Nr. 1 zu § 4 G zu Art. 131 GG (*Pagendarm*); NJW 1955, 23.

Der Kl., der seit 1900 im Postdienst gestanden hatte, war zuletzt in Schlesien beschäftigt und Ende 1939 in den Ruhestand versetzt worden. Nachdem er im Juli 1945 aus Schlesien (östlich der Oder-Neiße-Linie) ausgewiesen worden und nach Bautzen (sowjet.) gelangt war, erhielt er dort am 1. 9. 1945 einen Passierschein nach N. (sowjet., in der Nähe der Zonengrenze zum Bundesgebiet). Auf dem Wege nach N. erkrankte er, lag bis zum Juni 1946 im Krankenhaus in H. (sowjet.) und befand sich auch nach seiner Entlassung noch in ärztlicher Behandlung. Seit dem Frühjahr 1948 bemühte sich der im Bundesgebiet wohnende Sohn des Kl. um eine Zuzugsgenehmigung für seinen Vater. Als diese Anfang Dezember 1949 erteilt worden war, begründete der Kl. noch im gleichen Monat seinen Wohnsitz im Bundesgebiet.

Der Kl. verlangt von der Bekl. Versorgungsleistungen auf Grund des Bundesgesetzes zum Art. 131 GG für die Zeit seit April 1951. Der Personenkreis der nach diesem Gesetz Begünstigten ist von einem Wohnsitz des Berechtigten im Bundes-

[1] Siehe oben Nr. 29.

gebiet abhängig. Heimatvertriebene müssen diesen Wohnsitz „im Anschluß an die Aussiedlung" begründet haben, Einwohner der Sowjetzone bis zu einem bestimmten Stichtag.

Das LG wies die Klage ab, OLG und BGH gaben ihr statt.

Aus den Gründen:

„Zur Erfüllung der Voraussetzung der Wohnsitzbegründung oder dauernden Aufenthaltsnahme im Bundesgebiet ‚im Anschluß an die Ausweisung' ist nicht notwendig, daß die Niederlassung im Bundesgebiet sich ‚unmittelbar' an die Ausweisung anschließen müßte, d. h. ohne jede ‚Zwischenstation'. Das wird — in Übereinstimmung mit dem Schrifttum (vgl. z. B. *Anders* [Gesetz zur Regelung der Rechtsverhältnisse der unter Art. 131 des GG fallenden Personen][1] 5 zu § 4: ‚Ein vorübergehender Aufenthalt in der sowjet. Zone oder im Ausland unterbricht den Zusammenhang nicht, sofern er nach den Umständen des Falles lediglich als Zwischenstation anzusehen ist'; ähnlich *Ambrosius-Löns-Rengier* [Gesetz zur Regelung der Rechtsverhältnisse der unter Art. 131 GG fallenden Personen] 6 zu § 4) — auch von der Revision zugestanden. Ist aber angesichts des Umstandes, daß im Gesetz von dem Erfordernis eines ‚unmittelbaren' Anschlusses keine Rede ist, davon auszugehen, daß das Vorliegen einer Zwischenstation unschädlich ist, so kann die Frage nur sein, welcher Aufenthalt außerhalb der Bundesrepublik ‚lediglich als Zwischenstation' anzusehen ist.

Es geht nicht an, es mit der Revision entscheidend darauf abzustellen, ob der Zwischenaufenthalt von einer kürzeren oder längeren Dauer war. Bei einer schweren Erkrankung z. B. oder einer Inhaftierung kann es nicht darauf ankommen, ob diese nur etwa ein Jahr lang oder aber fünf Jahre gedauert hat. Das entscheidende Merkmal muß aus der Einstellung der Ausgewiesenen zu dem Zwischenaufenthalt gewonnen werden. Wer sich mit dem Verbleiben an einem bestimmten Ort abgefunden hat, der hat dort nicht nur einen Zwischenaufenthalt genommen; wer aber an der Durchführung eines alsbald nach der Ausweisung gefaßten und bereits in der Verwirklichung begriffenen Entschlusses, sich im Gebiet der jetzigen Bundesrepublik niederzulassen, durch außerhalb seines Willens liegende Umstände gehindert und zu einem ursprünglich nicht beabsichtigten Aufenthalt außerhalb der Bundesrepublik gezwungen worden ist, der hat dort, so lange er seinen ursprünglichen Plan nicht aufgegeben hat, nur einen Zwischenaufenthalt genommen, mag auch die Zeitspanne dieses Aufenthalts, wie im vorliegenden Fall, mehrere Jahre einschließen. Der auf Grund des Erfordernisses ‚im Anschluß an die Aussiedlung' notwendige Zusammenhang zwischen Ausweisung und Wohnsitzbegründung oder dauernder Aufenthaltsnahme in der Bundesrepublik ist gegeben, wenn der Entschluß zu dieser Niederlassung alsbald nach der Aussiedlung gefaßt, mit seiner Ausführung begonnen und er zwischenzeitlich nicht wieder aufgegeben worden ist."

45. Der Aufenthalt in einem Durchgangslager für Flüchtlinge begründet einen gewöhnlichen Aufenthalt, wenn er voraussichtlich noch mehrere Monate andauern wird. — Hängt von der Bestimmung des gewöhnlichen

Aufenthaltes die Zuständigkeit eines Gerichts ab, so ist auch zu berücksichtigen, ob der Rechtsstreit voraussichtlich längere Zeit beanspruchen wird.

SchlHolOLG, Beschl. v. 27. 10. 1954 — 7 W 177/54: SchlHolAnz. 1955, 166.

Die Parteien sind aus politischen Gründen aus der sowjetisch besetzten Zone in die Bundesrepublik geflohen und befinden sich seit 30. 4. 1954 im Flüchtlingsdurchgangslager L.-B. Ihre neue Heimat soll Nordrhein-Westfalen werden. Wie der Lagerleiter am 8. 9. 1954 jedoch bescheinigt hat, besteht gegenwärtig noch eine allgemeine „Ausschleusungssperre" nach Nordrhein-Westfalen. Das bedeutet, daß gegenwärtig noch nicht abzusehen ist, wann die Parteien das Lager verlassen werden und nach Nordrhein-Westfalen übersiedeln können. Sie werden sich deshalb nach der Bescheinigung des Lagerleiters voraussichtlich noch mehrere Monate im Lager aufhalten müssen.

Aus den Gründen:

„Dieser Sachverhalt rechtfertigt die Annahme, daß das Lager der gemeinsame gewöhnliche Aufenthalt der Parteien im Sinne des § 606 ZPO geworden ist. Diese Vorschrift will in erster Linie die Zuständigkeit desjenigen Gerichts sicherstellen, das in der Regel den maßgeblichen objektiven Verhältnissen am nächsten liegt (vgl. SchlHolOLG, SchlHolAnz. 1950, 195). Zu einer zweckentsprechenden Anwendung dieser Vorschrift ist daher eine vernünftige Würdigung der besonderen Umstände des einzelnen Falles erforderlich.

Allgemein läßt sich sagen, daß der gewöhnliche Aufenthalt kein ständiger zu sein braucht (SchlHolOLG, SchlHolAnz. 1953, 11). Es darf sich jedoch nicht nur um ein gelegentliches oder vorübergehendes Verweilen an einem bestimmten Ort handeln, wie z. B. zum Besuch naher Angehöriger (OLG Düsseldorf, DR 1944, 628). Es genügt für die Feststellung eines gewöhnlichen Aufenthalts, wenn die Parteien sich an diesem Ort wenigstens für längere Zeit, wenn auch nicht notwendig ununterbrochen aufzuhalten pflegen und dieser Ort dadurch objektiv der tatsächliche Mittelpunkt ihres Daseins wird (RG, DR 1944, 914; KG, DR 1943, 250; OLG Kassel, NJW 1949, 868; SchlHolOLG, SchlHolAnz. 1950, 195; vgl. auch *Stein-Jonas-Schönke* [ZPO][17], Anm. IV zu § 606). So liegt der Fall bei den Parteien. Die Ungewißheit, wann sie das Lager in B. werden verlassen können, hat bei der Länge der inzwischen verstrichenen Zeit dazu geführt, daß das Lager notgedrungen für längere Zeit zum Mittelpunkt ihres Daseins wurde, auch wenn dies nicht in ihrer Absicht lag.

Der hiervon abweichende Beschluß des SchlHolOLG, 4. ZS vom 29. 3. 1954 (4 W 74/54) betraf zwar auch einen Fall von politischen Flüchtlingen im selben Lager. Jedoch betrug damals die voraussichtliche Aufenthaltsdauer der Ehegatten nach der Bescheinigung der Lagerleitung nur drei Monate. Es war nicht damit zu rechnen, daß in dieser Zeit der Rechtsstreit entschieden werden würde, zumal er eine umfangreiche Beweisaufnahme erforderte. Dadurch unterscheidet sich jener Fall grundlegend von dem vorliegenden, in dem der Sachverhalt unstreitig ist. Der für Sachen dieser Art inzwischen nicht mehr zuständige 4. ZS hat auf Anfrage mitgeteilt, daß er die Zuständigkeit des LG L. für Scheidungsklagen von Insassen des Lagers in B. nur nach den tatsächlichen Umständen des ihm damals vorgetragenen Sachverhalts abgelehnt, jedoch nicht grundsätzlich entschieden habe."

46. (Die Sowjetzone ist nicht „Inland" im Sinne des § 606 ZPO.) — Ein gewöhnlicher Aufenthalt wird weder durch die Verbüßung einer mehrjährigen Zuchthausstrafe noch durch den Aufenthalt in einem Durchgangslager für Flüchtlinge begründet.

SchlHolOLG, Beschl. v. 8. 12. 1954 — 2 W 195/54: SchlHolAnz. 1955, 98.

Die Kl. hat beim LG Lü. (Bundesgebiet) Klage auf Ehescheidung erhoben und die Bewilligung des Armenrechts beantragt. Der letzte gemeinsame Wohnsitz der Parteien befand sich in L. (sowjet.). Im Sommer 1950 hat der Bekl. seine Familie verlassen und sich nach den Angaben der Kl. im Bundesgebiet herumgetrieben. Er ist nicht seßhaft geworden und wiederholt zu Freiheitsstrafen verurteilt worden. Gegenwärtig verbüßt er eine Zuchthausstrafe von zwei Jahren in der Strafanstalt in H. (Bundesgebiet). Die Kl. ist im Mai 1954 in das Bundesgebiet gekommen und befindet sich seit Juni 1954 im Durchgangslager für Flüchtlinge in W., wo sie auf ihre Umsiedlung wartet.

LG und OLG lehnten den Armenrechtsantrag wegen mangelnder Erfolgsaussicht ab.

Aus den Gründen:

„Da hiernach die Parteien im Inland ihren gemeinsamen gewöhnlichen Aufenthalt weder haben noch gehabt haben (BGHZ 7, 219[1]), der Fall des § 606 I Satz 1 ZPO also nicht vorliegt, und da die in § 606 I Satz 2 ZPO getroffene Regelung, daß dann der gewöhnliche Aufenthaltsort des Mannes und — wenn ein solcher fehlt — der gewöhnliche Aufenthaltsort der Frau die Zuständigkeit bestimmt, gemäß Artt. 3 II, 117 I GG seit dem 1. 4. 1953 außer Kraft ist, richtet sich diese nunmehr nach dem gewöhnlichen Aufenthaltsort des beklagten Ehegatten (vgl. den Beschluß des Senats vom 2. 3. 1954 — 2 W 37/54; ebenso der 1., 3. und 4. ZS, vgl. SchlHolAnz. 1954, 147 und 231). Es fragt sich also zunächst, ob der Bekl. im Inland einen gewöhnlichen Aufenthaltsort hat. Das ist nach den Darlegungen der Kl. zu verneinen. Insbesondere kann nicht etwa H. als gewöhnlicher Aufenthaltsort des Bekl. angesehen werden, weil er dort als Strafgefangener eine Zuchthausstrafe absitzt. . . . Wer sich unfreiwillig irgendwo aufhalten muß, ist dort nicht ‚gewöhnlich'. Ein Gefangener, der eine Freiheitsstrafe zu verbüßen hat, hat also auch dann, wenn es sich um eine längere Strafzeit handelt, seinen gewöhnlichen Aufenthalt nicht in der Anstalt, in der er verwahrt wird. Sein gewöhnlicher Aufenthaltsort bleibt da, wo er ihn vor dem Antritt der Strafe gehabt hat, auch während der Strafvollstreckung. . . .

Da mithin nach dem Gesagten der Bekl. einen gewöhnlichen Aufenthaltsort im Inland nicht hat, erhebt sich weiter die Frage, ob dann der gewöhnliche Aufenthaltsort der Kl. die Zuständigkeit des LG L. begründen könnte. Diese Frage bejaht der Senat in der Erwägung, daß § 606 ZPO den Gerichtsstand in Ehesachen ausschließlich regelt. Wie sich

[1] IzRspr. 1945—1953 Nr. 532.

bis zum 31. 3. 1953 der Gerichtsstand, wenn es an einem gemeinsamen gewöhnlichen Aufenthalt der Eheleute fehlt, in erster Linie nach dem gewöhnlichen Aufenthaltsort des Mannes, in zweiter Linie nach dem der Frau richtete, erscheint es zur Ausfüllung der Lücke, die der Wegfall dieser Vorschrift in das Gesetz gerissen hat, sinnvoll, nunmehr den gewöhnlichen Aufenthaltsort des klagenden Ehegatten maßgebend sein zu lassen, sofern der beklagte Eheteil einen gewöhnlichen Aufenthaltsort im Inland nicht hat.

Die Entscheidung darüber, ob die Kl. die Scheidungsklage beim LG in L. erheben kann, hängt somit davon ab, ob sie in W. ihren gewöhnlichen Aufenthaltsort hat. Das hat das LG mit Recht verneint. Der Senat schließt sich insoweit dem Beschluß des 4. ZS vom 29. 3. 1954 — 4 W 74/54 — an, in dem zutreffend ausgeführt ist, daß die in das Durchgangslager für Sowjetzonenflüchtlinge in W. eingewiesenen Personen dort von vornherein nur vorübergehend zu dem Zweck demnächstiger Umsiedlung untergebracht werden und daß deshalb das Lager, auch wenn sie längere Zeit in ihm bleiben müssen, bis sich die Umsiedlung bewerkstelligen läßt, nicht ihr gewöhnlicher Aufenthaltsort ist. Indem der Gesetzgeber die örtliche Zuständigkeit in Ehesachen für den Regelfall an den gewöhnlichen Aufenthalt der Parteien oder wenigstens einer Partei geknüpft hat, hatte er im Auge, daß möglichst das Gericht, in dessen Bezirk sich das Eheleben der Parteien abgespielt hat, mit dem Ehestreit befaßt werden sollte, auch wenn sich die Parteien getrennt hatten und nur noch ein Eheteil an dem bisherigen Aufenthaltsort geblieben war. Mit dieser vom Gesetz verfolgten Absicht würde es aber nicht vereinbar sein, wenn ein Lageraufenthalt, der lediglich zur Vorbereitung einer künftigen Niederlassung der Insassen in der Bundesrepublik dient, den Gerichtsstand sollte begründen können. Denn da völlig ungewiß ist, wohin die Kl. einmal kommt, ist denkbar und erfahrungsgemäß keineswegs unwahrscheinlich, daß der Scheidungsstreit vor dem LG in L. durchgeführt werden müßte, obwohl keine Partei sich im Bezirk dieses Gerichtes befindet oder mehr befindet. Ein solches Ergebnis widerstreitet dem Sinn und Zweck der Regelung der örtlichen Zuständigkeit in Ehesachen und ist deshalb zu vermeiden.“

47. Als Wohnsitz des Rechtsnachfolgers eines Verfolgten gilt auch der Wohnsitz des Nacherben, selbst wenn der Nacherbfall noch nicht eingetreten ist.

KG Berlin-West, Beschl. v. 11. 10. 1955 — 15 W 2441/53: NJW/RzW 1956, 77.

Aus den Gründen:

„Die Entscheidungen des Wiedergutmachungsamts und des LG über die Beschränkung des Geltungsbereichs der REAO auf West-Berlin entsprechen der Rechtsprechung des KG (vgl. KG, RzW/NJW 1952, 94[1]; 1953, 155[2], 222[3]). Grundsätzlich hat diese Auffassung durch die BK/O

[1] IzRspr. 1945—1953 Nr. 444.
[2] IzRspr. 1945—1953 Nr. 446.
[3] IzRspr. 1945—1953 Nr. 447.

(54) 15 vom 15. 11. 1954 ihre Bestätigung erfahren. Durch diese Anordnung ist nämlich der örtliche Geltungsbereich insoweit erweitert worden, als bei Ansprüchen gegen das Deutsche Reich auch Entziehungen im sowjet. Sektor von Berlin der REAO unterstellt werden, wenn bestimmte Voraussetzungen erfüllt sind. Eine dieser Voraussetzungen ist, daß der Verfolgte oder sein Rechtsnachfolger in der Zeit vom 30. 1. 1933 bis 8. 5. 1945 seinen Wohnsitz oder dauernden Aufenthalt oder eine geschäftliche Hauptniederlassung im Gebiete der jetzigen Westsektoren von Berlin oder der Bundesrepublik Deutschland hatte. Diese gesetzliche Erweiterung ist nach ständiger Rechtsprechung auch durch das Beschwerdegericht zu berücksichtigen.

Zunächst einmal enthält die Erweiterung jedoch keine Bestimmung darüber, wann die Rechtsnachfolge nach der verfolgten Person eingetreten sein muß. Hier ist die Rechtsnachfolge mit dem Tode der Ehefrau am 10. 2. 1950, also nach der maßgebenden Zeit und nach Erlaß der REAO, eingetreten. Da jedoch davon auszugehen ist, daß durch die BK/O (54) 15 der Kreis der Berechtigten und ihrer Ansprüche erweitert werden sollte, ist für die Frage des Eintritts der Rechtsnachfolge der Zeitpunkt des Inkrafttretens der BK/O (54) (Art. 5) maßgebend. Es kommt also darauf an, ob in diesem Zeitpunkt ein Rechtsnachfolger vorhanden war, der in seiner Person die Wohnsitzvoraussetzungen der BK/O erfüllt, wenn nicht der Verfolgte selbst schon diese Voraussetzungen besitzt. Der ASt., der als Vorerbe ohne Zweifel Rechtsnachfolger seiner Frau im Sinne der BK/O (54) 15 ist, erfüllt diese Voraussetzungen nicht, da er in der Zeit vom 30. 1. 1933 bis zu seiner Auswanderung in S. bei Berlin, also in der jetzigen sowjetisch besetzten Zone gewohnt hat.

Es kommt also daher weiter darauf an, ob unter die Rechtsnachfolger im Sinne der BK/O (54) 15 auch der Nacherbe zu rechnen ist. Der Nacherbe ist zwar noch nicht Erbe, er hat aber doch Anwartschaftsrechte. Hier kommt noch hinzu, daß der Nacherbe der Sohn der Verfolgten ist. Beim Eintritt der gesetzlichen Erbfolge würde er zu den Rechtsnachfolgern als Miterbe gehört haben. Die testamentarische Regelung aus dem Jahre 1915 kann nicht dazu führen, daß der Sohn von Rechten, die ihm die BK/O (54) 15 einräumen wollte, ausgeschlossen wird, da diese BK/O die Anspruchsberechtigung erweitern wollte und ihre Bestimmungen ausdehnend auszulegen sind. Wenn daher die Behauptungen des ASt. über den Wohnsitz des Nacherben zutreffend sind, ist die BK/O (54) 15 im vorliegenden Falle anzuwenden.“

48. Infolge der Vertreibung der deutschen Bevölkerung aus den Gebieten östlich der Oder-Neiße-Linie hat ein Vermißter seinen Wohnsitz in diesem Gebiet auch dann verloren, wenn er zur Zeit der Vertreibung von diesem abwesend war. — Die Ehefrau eines Vermißten ist ohne rechtsgeschäftliche Bevollmächtigung nicht befugt, einen Wohnsitz ihres Ehemannes zu begründen.

KG Berlin-West, Beschl. v. 5. 12. 1955 — 1 W Umw. 3102/55: WM IV B 1955, 1717.

Im Wertpapierbereinigungsverfahren wurden für den zuletzt in C. (Ostpreußen, östlich der Oder-Neiße-Linie) wohnhaft gewesenen ASt. Schuldverschreibungen der X.-Anstalt als glaubhaft gemacht anerkannt. Der ASt. ist vermißt; zum Abwesenheitspfleger hat das AG Berlin-Sch. (Berlin-West) im Jahre 1952 seine Ehefrau bestellt. Diese hatte auf Grund der Kriegsereignisse C. im Jahre 1945 verlassen und wohnte seit August 1945 in Berlin-Sch.

Das Schuldnerinstitut hat die Einstellung der Verbindlichkeit in seine Altbankenrechnung abgelehnt, da der Wohnsitz des ASt. nicht in West-Berlin liege.

Das LG hat dem Antrag der Abwesenheitspflegerin auf gerichtliche Entscheidung stattgegeben. Das KG hat den Antrag zurückgewiesen.

Aus den Gründen:

„Das Schuldnerinstitut kann gemäß § 5 I Buchstabe b i. V. m. § 7 I des AltbG vom 10. 12. 1953 (GVBl für Berlin 1483) für die Verbindlichkeit aus den angemeldeten Schuldverschreibungen nur in Anspruch genommen werden, wenn die Verbindlichkeit am 1. 10. 1949 gegenüber einem Gläubiger bestand, der seinen Wohnsitz oder dauernden Aufenthalt zu diesem Zeitpunkt in Berlin-West, im Bundesgebiet oder außerhalb von Deutschland nach dem Gebietsstande vom 31. 12. 1937 hatte oder ihn bis zum 31. 12. 1952 in dieses Gebiet verlegt hat. Einen Wohnsitz oder Aufenthalt kann nur eine noch lebende Person haben. Der Senat hat in der Entscheidung vom 7. 7. 1955 (WM 1955, 1138) den Fall erörtert, daß der von einem Abwesenheitspfleger vertretene Berechtigte unbekannten Aufenthalts ist und für sein Fortleben bis zum 1. 10. 1949 keine Lebensvermutung besteht. Der Senat hat in dieser Entscheidung ausgesprochen, daß von dem Nachweis des Fortlebens des Berechtigten bis zu diesem Zeitpunkt abgesehen werden kann, wenn die genannten örtlichen Voraussetzungen sowohl in der Person des Berechtigten erfüllt sein würden, wenn er am 1. 10. 1949 noch gelebt hätte, als auch in der Person eines der in § 7 V AltbG genannten nahen Angehörigen, wenn dieser geltend macht, daß er für den Fall des Todes des Berechtigten vor dem 1. 10. 1949 Erbe oder Miterbe sein würde. Diese Entscheidung beruhte auf der Erwägung, daß es unter den genannten Voraussetzungen auf das Fortleben des Berechtigten nicht ankommt, weil die Altbank sowohl von dem Berechtigten selbst als auch von seinem Erben in Anspruch genommen werden könnte und die Handlungen des Abwesenheitspflegers nicht nur gegenüber dem Berechtigten, sondern auch gegenüber seinen Erben verbindlich sind, wenn der Gläubiger zur Zeit des rechtsgeschäftlichen Handelns des Abwesenheitspflegers bereits verstorben gewesen sein sollte. Unter diesen Voraussetzungen ist die Altbank in jedem Falle leistungspflichtig, und sie wird durch die Leistung an den Abwesenheitspfleger befreit.

Da das LG das Bestehen einer Lebensvermutung für den Gläubiger auf den 1. 10. 1949 nicht festgestellt hat, kommt es darauf an, ob sowohl der Gläubiger selbst wie auch seine Ehefrau als erbberechtigte Angehörige zu diesem Zeitpunkt, spätestens am 31. 12. 1952, ihren Wohnsitz in Berlin-West oder im Bundesgebiet gehabt haben. Auf Grund des vom LG festgestellten Sachverhalts kann zwar angenommen werden, daß beide Eheleute ihren früheren Wohnsitz in Ostpreußen infolge der

Vertreibung und Aussiedlung der deutschen Bevölkerung verloren haben, auch wenn der Ehemann zur Zeit dieser Ereignisse von seinem früheren Wohnsitz schon abwesend gewesen sein sollte, da er dorthin, jedenfalls zur Zeit, nicht zurückkehren kann. Der Sachverhalt bietet auch keine Anhaltspunkte dafür, daß der Ehemann inzwischen an einem anderen Ort einen Wohnsitz begründet haben könnte. Die Annahme des LG, daß die Ehefrau an dem maßgebenden Stichtag ihren Wohnsitz in Berlin-West oder im Bundesgebiet gehabt hat, ist rechtlich bedenkenfrei. Da als maßgebender Zeitpunkt hier der 31. 12. 1952 in Betracht kommt, ist der Beurteilung dieser Frage noch das vor dem Inkrafttreten des Grundsatzes der Gleichberechtigung von Mann und Frau geltende Recht zugrunde zu legen. Nach § 10 II BGB kann die Frau selbständig einen Wohnsitz haben, solange der Mann keinen Wohnsitz hat. Die Ehefrau des Gläubigers war daher befugt, selbständig einen Wohnsitz für sich zu begründen.

Dagegen hält die Annahme des LG, daß die Ehefrau auch für den Gläubiger selbst einen Wohnsitz im Bundesgebiet oder in Berlin-West begründet habe, einer rechtlichen Nachprüfung nicht stand. Die Ausführungen des LG lassen nicht erkennen, ob es diese Befugnis der Ehefrau aus rechtsgeschäftlicher Bevollmächtigung, aus gesetzlicher Vertretungsmacht oder aus ihrer Stellung als Abwesenheitspfleger herleitet. Die Begründung eines Wohnsitzes kann zwar als geschäftsähnliche Handlung (so BGHZ 7, 109) auch durch einen Bevollmächtigten bewirkt werden, wenn der Vertretene durch äußere Umstände daran gehindert ist, die mit der Wohnsitzbegründung verbundene tatsächliche Niederlassung selbst vorzunehmen, und der Vertreter die tatsächlichen Voraussetzungen dafür schafft, daß künftig der neue Ort der räumliche Mittelpunkt der gesamten Lebensbeziehungen des Vertretenen ist. Die Bevollmächtigung braucht nicht ausdrücklich erklärt zu werden; sie kann, wenn die Ehefrau während einer Abwesenheit des Mannes von dem bisherigen Wohnort fortzieht, auch darin liegen, daß diese Maßnahme im Einverständnis mit dem Ehemann erfolgt oder dieser die Wahl des neuen Wohnorts, sei es auch nur stillschweigend, genehmigt (RG, Recht 1913 Nr. 2823). Eine stillschweigende Ermächtigung, die in einem schlüssigen Verhalten des Ehemannes zum Ausdruck kommen kann, setzt aber mindestens die Kenntnis des Mannes von der Verlegung des Wohnsitzes voraus. Ohne dieses Erfordernis würde die Annahme einer Bevollmächtigung lediglich eine Fiktion sein, selbst wenn die Maßnahme der Ehefrau im Interesse der Familie erforderlich ist und von dem Mann vermutlich genehmigt worden wäre (*Beitzke*, DRZ 1949, 104; *Soergel-Siebert*, BGB[8] § 10 Anm. 3b). Für die Annahme, daß alle aus Kriegsgründen abwesenden Ehemänner ihre Ehefrauen stillschweigend allgemein ermächtigt hätten, Rechtsgeschäfte für den Mann wahrzunehmen, fehlt es an einer tatsächlichen Grundlage. Aus dem vom LG festgestellten Sachverhalt ist nicht ersichtlich, daß die Ehefrau seit der Aufgabe ihres Wohnsitzes in Ostpreußen mit ihrem Ehemann noch in Nachrichtenverbindung gestanden hat. Eine rechtsgeschäftliche Bevollmächtigung läßt sich daher nicht feststellen.

Eine unmittelbar auf dem Gesetz beruhende allgemeine Befugnis der Ehefrau, während der Abwesenheit des Mannes für diesen zu handeln, ist dem Gesetz unbekannt (BayObLG, SeuffArch. 56 Nr. 240; OGH, NJW 1950, 307). Auch aus dem Recht der Frau, im Rahmen der Schlüsselgewalt innerhalb ihres häuslichen Wirkungskreises die Geschäfte des Mannes zu besorgen und ihn zu vertreten (§ 1357 BGB), kann eine Befugnis, den Wohnsitz des Mannes zu ändern, nicht hergeleitet werden. Mögen auch die Kriegs- und Nachkriegsverhältnisse vielfach dazu Anlaß geben, diesen Wirkungskreis nach Art und Umfang der in Betracht kommenden Rechtsgeschäfte gegenüber geordneten Zeitläuften wesentlich zu erweitern, so kann es sich doch stets nur darum handeln, ob und inwieweit die Ehefrau berechtigt ist, den Mann auf Grund des § 1357 BGB vermögensrechtlich zu verpflichten. Die Begründung oder Aufhebung des Wohnsitzes ist aber vornehmlich eine die Person betreffende Angelegenheit, wenn sie auch vermögensrechtliche Folgen nach sich ziehen kann (KG, DR 1939, 246 und DFG 1943, 129; BayObLG, NJW 1952, 587; BGHZ 7, 108; *Soergel-Siebert*, aaO § 8 Anm. 1; *Staudinger-Coing*, BGB[11] § 8 Anm. 3). Ebenso wie die Schlüsselgewalt nicht zu Rechtsgeschäften ermächtigt, welche die berufliche Stellung des Mannes betreffen (*Beitzke* aaO; *Soergel-Vogel*, aaO § 1357 Anm. 1), berechtigt sie auch nicht zur Vertretung des Mannes bei der Begründung und Aufhebung seines Wohnsitzes (a. M. *Soergel-Siebert*, aaO § 10 Anm. 3c).

Schließlich konnte die Ehefrau auch nicht in ihrer Eigenschaft als Abwesenheitspflegerin einen Wohnsitz des Mannes begründen, weil der Wirkungskreis des Abwesenheitspflegers nur die Wahrnehmung der Vermögensangelegenheiten umfaßt (§ 1911 BGB; RGZ 126, 262; *Palandt*, BGB[14] § 1911 Anm. 3).

In Ermangelung eines Wohnsitzes des Gläubigers im Bundesgebiet oder in Berlin-West kann daher das Schuldnerinstitut zur Zeit noch nicht in Anspruch genommen werden. Durch diese sich aus dem geltenden Recht ergebende Folgerung werden die Rechte der Kriegsverschollenen, die ihren Wohnsitz außerhalb des genannten Gebietes hatten, nicht beeinträchtigt. Denn sobald sie zurückkehren, können sie gemäß § 7 III AltbG ihren Anspruch geltend machen, sofern sie als Heimkehrer, Vertriebene, Aussiedler, Sowjetzonenflüchtlinge oder im Wege der Familienzusammenführung einen Wohnsitz in dem genannten Gebiet begründen. Sollte jedoch der Gläubiger vor dem 1. 1. 1953 verstorben sein oder zu einem vor diesem Stichtag liegenden Zeitpunkt für tot erklärt werden, so können seine Erben gemäß § 7 IV Buchstabe b AltbG den Anspruch geltend machen, sofern wenigstens einer von ihnen die örtlichen Voraussetzungen des § 7 I AltbG erfüllt."

49. Im Sinne der Berliner Rückerstattungsvorschriften ist für den Wohnsitz ein rechtsgeschäftlicher Wille auf dauernde Niederlassung nicht erforderlich; ein dauernder oder gewöhnlicher Aufenthalt ist ein Aufenthalt, der keinen nur vorübergehenden Zweck hat.

KG Berlin-West, Beschl. v. 24. 4. 1956 — 15 W 2038/55: NJW/RzW 1956, 329.

Aus den Gründen:

„Das LG hat sich zunächst schon nicht mit der deutschen Übersetzung des Art. 27 III auseinandergesetzt, nach welcher die Anwendbarkeit der REAO hinsichtlich der persönlichen Voraussetzung gegeben ist, wenn die betreffende Person in dem betreffenden Gebiet ‚zu irgendeinem Zeitpunkt 1. einen Wohnsitz oder 2. dauernden Aufenthalt oder 3. eine geschäftliche Hauptniederlassung hatte'. Das LG hat offenbar den ‚Wohnsitz' als Rechtsbegriff im Sinne des § 7 BGB dahin aufgefaßt, daß der Wohnsitz durch ständige Niederlassung (Aufenthaltsnahme) begründet wird, wenn der rechtsgeschäftliche Wille besteht, nicht nur vorübergehend zu bleiben und den Ort zum Mittelpunkt der Lebensverhältnisse zu machen (vgl. *Palandt* [BGB][11] Anm. 2 zu § 7 BGB).

Das LG hat hierbei den Begriff des Wohnsitzes in Art. 27 III REAO verkannt. Es hat auch nicht geprüft, ob der Erblasser seinen ‚dauernden Aufenthalt' oder seine ‚geschäftliche Hauptniederlassung' in West-Berlin hatte und ob die eidesstattlichen Versicherungen insoweit zum Beweise ausreichen. Diese Prüfung ist nachzuholen, und zu diesem Zweck ist die Sache an das LG zurückzuverweisen.

Dabei wird aber zu beachten sein, daß die zitierte deutsche Fassung des Art. 27 III REAO keine genaue und keine sinngemäße Übersetzung des maßgebenden englischen Textes darstellt. Dort heißt es: ‚. . . if the deprived person or any person deriving title under him was permanently or habitually resident or possessed his principal place of business in the area . . .' Bei genauer sinngemäßer Übersetzung sind die Worte ‚permanently' als ‚fortdauernd oder ständig', ‚habitually' als ‚gewöhnlich' und ‚resident' als, wohnend, wohnhaft oder aufhaltend' zu verstehen. Die Übersetzung hat also zu lauten: ... ‚wenn die Personen dauernd oder gewöhnlich wohnhaft waren' bzw. ‚ihren dauernden oder gewöhnlichen Aufenthalt hatten'. Bei diesem Wortlaut kann nicht angenommen werden, daß ein Wohnsitz im Sinne des § 7 BGB zu den Voraussetzungen gehört, die gemäß Art. 27 III REAO eine Anwendung der Bestimmungen der REAO zulassen. Vielmehr genügt es, daß die betreffenden Personen ihren dauernden oder gewöhnlichen Aufenthalt im betreffenden Gebiet hatten. Für diese Übersetzung und Auslegung spricht auch, daß das Gesetz diese Voraussetzung nur für ‚irgendeine Zeit' (at any time) innerhalb des maßgeblichen Zeitraumes vom 30. 1. 1933 bis 8. 5. 1945 erfordert.

Nach deutschem Recht unterscheidet sich der Begriff des ‚Aufenthalts' von dem des ‚Wohnsitzes' dadurch, daß es bei dem Aufenthalt nur auf das tatsächliche Verweilen, nicht aber auf den rechtsgeschäftlichen Willen ankommt (RGRK, Anm. I zu § 7 BGB; *Staudinger* [BGB][10] Vorbem. I 1 zu § 7 BGB). Der Begriff des ‚dauernden' Aufenthalts ist dem deutschen Recht fremd, es kennt nur den Begriff des ‚gewöhnlichen Aufenthalts' (z. B. Art. 29 EGBGB) und des Aufenthalts ‚von längerer Dauer' (§ 20 ZPO). Für den ‚gewöhnlichen Aufenthalt' genügt die Tatsache eines ‚nicht nur vorübergehenden Verweilens, eines Verweilens von einer gewissen Dauer und Regelmäßigkeit' (RGZ 91,

288). Die überwiegende Meinung scheint allerdings der Ansicht zu sein, daß der gewöhnliche Aufenthalt nur dort angenommen werden könne, wo die Person den Mittel- oder Schwerpunkt ihrer Lebensverhältnisse hat (*Soergel*, Anm. II 2 zu Art. 29 EGBGB mit Hinweisen). Es entspricht jedoch mehr dem Zweck der BK/O (54) 15, daß der Begriff des gewöhnlichen Aufenthaltes in dem ersterwähnten weniger strengen Sinne aufgefaßt wird. Die Vorschrift des Art. 27 III REAO ist daher bei richtiger Übersetzung des maßgebenden englischen Textes dahin auszulegen, daß es für den Wohnsitz im Sinne dieser Vorschrift entgegen dem Begriff des § 7 BGB nicht auf den rechtsgeschäftlichen Willen einer dauernden Niederlassung ankommt und daß ein dauernder oder gewöhnlicher Aufenthalt, der keinen nur vorübergehenden Zweck hat, genügt."

50. **(Die Frage des anzuwendenden Rechts kann dahingestellt bleiben, wenn die beiden in Frage kommenden Rechtsordnungen inhaltlich übereinstimmen.) — Begibt sich der Vater ehelicher Kinder vom letzten gemeinsamen Aufenthalt der Eheleute in der Sowjetzone nach West-Berlin, so hat er einen Wohnsitz für die Kinder in West-Berlin auch dann begründet, wenn die Kinder bei ihrer Mutter in der Sowjetzone zurückbleiben und ein entgegenstehender Wille der Eltern nicht dargetan ist.**

LG Berlin-West, Beschl. v. 7. 2. 1957 — 83 T 59/57: ROW 1957, 87 (krit. *Michel*).

Die ASt. hat gebeten, für ihre ehelichen Kinder zum Zwecke der Geltendmachung von Unterhaltsansprüchen gegen den in West-Berlin wohnhaften AGg., den Vater der Kinder, eine Unterhaltspflegschaft anzuordnen. Die ASt., die Mutter der Kinder, wohnt mit diesen am letzten ehelichen Wohnsitz in C. (sowjet.).

Das AG hat die Anordnung der Pflegschaft abgelehnt mit der Begründung, es sei nicht örtlich zuständig. Das LG hat diese Entscheidung auf die Beschwerde der ASt. aufgehoben.

Aus den Gründen:

„Irrig ist allerdings die Ansicht der Beschwerdeführerin, die örtliche Zuständigkeit des AG ergäbe sich mindestens aus § 44 FGG. Ihrem klaren Wortlaut nach bezieht sich diese Bestimmung allein auf die in den §§ 1665 und 1846 BGB und im Art. 23 II EGBGB bezeichneten Maßregeln, kann also hier nicht zur Anwendung kommen, weil die Anordnung einer Ergänzungspflegschaft nach § 1909 BGB in Rede steht. Maßgeblich ist vielmehr in einem solchen Falle die Vorschrift des § 37 FGG. Danach soll in erster Linie, falls der Fürsorgebedürftige bereits bevormundet ist, auch die Pflegschaft über ihn von dem Vormundschaftsgericht geführt werden. Da bei dem vorliegenden Sachverhältnis unbedenklich angenommen werden kann, daß die beiden betroffenen Kinder nicht unter Vormundschaft stehen, bewendet es jedoch bei der Anwendung des § 36 FGG (§ 37 I Satz 2 FGG). Sonach richtet sich die örtliche Zuständigkeit nach dem Wohnsitz der beiden Kinder.

Zu Unrecht ist das AG bei der Prüfung dieser Frage von der Annahme ausgegangen, als Wohnsitz der Kinder komme C. (sowjet.) in Betracht. Gemäß § 11 BGB teilt ein eheliches Kind den Wohnsitz des Vaters.

Diese Wohnsitzregelung beruht auf einer Zweckmäßigkeitserwägung und geht davon aus, daß das Kind einen vom Sorgerecht und tatsächlichen Aufenthaltsort unabhängigen gesetzlichen Wohnsitz haben soll, um damit vornehmlich Klarheit über die Zuständigkeit eines anzurufenden Gerichts zu schaffen. Sie ist daher mit dem mit Ablauf des 31. 3. 1953 in Kraft getretenen Grundsatz der Gleichberechtigung von Mann und Frau vereinbar (OLG Schleswig, SchlHolAnz. 1956, 14f.; vgl. weiter SchlHolAnz. 1954, 154; OLG Karlsruhe, FamRZ 1955, 53f.; OLG Frankfurt, NJW 1954, 154; BGH, NJW 1956, 1148) und auch jetzt noch in Kraft. Teilt aber das Kind grundsätzlich den Wohnsitz des Vaters, so gilt dies unabhängig davon, ob es bei ihm oder anderweit wohnt. § 11 gilt selbst dann, wenn der Vater — wie hier — nach dem insoweit zunächst als richtig zu unterstellenden Vorbringen der Beschwerdeführerin die Kinder verlassen und anderweit einen neuen Wohnsitz begründet hat (OLGE 12, 1; BayObLG, NJW 1951, 275[1]; *Palandt-Danckelmann*, BGB[15] § 11 Anm. 1 a).

Damit steht fest, daß die Kinder der Beschwerdeführerin, die zunächst den Wohnsitz des Kindesvaters in C. teilten, durch dessen Wohnsitzverlegung nach Berlin gemäß § 11 BGB den Wohnsitz in Berlin kraft Gesetzes erworben haben. Allerdings läßt § 11 BGB eine Ausnahme zu. Das Kind kann, wie sich aus § 11 I Satz 2 BGB ergibt, den vom Vater abgeleiteten Wohnsitz aufheben und einen neuen begründen. Diese Möglichkeit besteht auch dann, wenn das Kind geschäftsunfähig oder — wie hier — in der Geschäftsfähigkeit beschränkt ist. Da aber § 8 BGB bestimmt, daß, wer geschäftsunfähig oder in der Geschäftsfähigkeit beschränkt ist, ohne den Willen seines gesetzlichen Vertreters einen Wohnsitz weder begründen noch aufheben kann, ist erforderlich, daß [entweder] der gesetzliche Vertreter selbst für das Kind mit dem Willen des gesetzlichen Vertreters handelt. Gesetzlicher Vertreter im Sinne des § 8 BGB ist derjenige, dem das Recht der gesetzlichen Vertretung des Kindes in persönlichen Angelegenheiten zusteht (BGH, JR 1952, 364 = BGHZ 7, 108). Das sind beide Elternteile, weil sie bei bestehender Ehe nach dem Grundsatz der Gleichberechtigung von Mann und Frau die elterliche Gewalt gemeinsam ausüben, wobei es keinen Unterschied begründet, daß die hier betroffenen Kinder zunächst den Wohnsitz ihres Vaters in der sowjetisch besetzten Zone Deutschlands teilten, weil auch dort der genannte Grundsatz rechtens ist.

Es steht nun zwar fest, daß die Kinder, auch nachdem der Kindesvater C. verlassen hat, sich weiterhin dort aufhalten. Ob der Vater hiergegen eine Einwendung erhoben hat, ist nicht dargetan, ist aber nach dem bisher bekannten Sachverhalt auch nicht anzunehmen. Selbst wenn nun unterstellt wird, daß mindestens die Mutter, soweit ihre Person als gesetzliche Vertreterin der Kinder in deren persönlichen Angelegenheiten in Betracht kommt, den Willen zur Aufhebung des abgeleiteten Wohnsitzes der Kinder in Berlin und zur Begründung eines neuen Wohnsitzes in C. hat, so bedürfte es hierzu noch desselben Willens beim Kin-

[1] IPRspr. 1950–1951 Nr. 109.

desvater, weil er seine Kinder in deren persönlichen Angelegenheiten im gleichen Umfange wie die Kindesmutter gesetzlich vertritt. Dieser Wille muß also dahin gehen, daß der gesetzliche Wohnsitz der Kinder fortab unabhängig von dem väterlichen Wohnsitz und der Regel des § 11 BGB in C. sein soll. Rechtliche Wirksamkeit kann ein solcher Wille aber nur dann zeitigen, wenn er erkennbar zum Ausdruck gebracht worden ist (KGJ 1938, 79). Mit Rücksicht auf die Bedeutung des Wohnsitzes im Rechtsverkehr muß gefordert werden, daß dieser Wille, um rechtlich beachtlich zu sein, in schlüssiger Form zum Ausdruck kommt. Eine solche schlüssige Willensäußerung kann bereits darin liegen, daß der Vater dem Verbleib des Kindes bei der Mutter nicht widerspricht. In diesem Sinne ist es wohl auch zu verstehen, wenn das AG in seinem Schreiben vom 10. 12. 1956 ausgeführt hat, es dürfte zu folgern sein, daß der Kindesvater als Wohnsitz der Kinder C. bestimmt habe. Indessen kann dieser Ansicht jedenfalls im vorliegenden Falle nicht beigetreten werden, da die näheren Umstände der Trennung nicht bekannt sind, weswegen es bei der Regel des § 11 I Satz 1 BGB verbleiben muß.

Die Kammer befindet sich damit im Einklang mit der Rechtsprechung des BGH (aaO), nach der der Wille der personensorgeberechtigten geschiedenen Mutter, gemäß § 8 BGB unter Aufhebung des vom Vater abgeleiteten Wohnsitzes einen neuen Wohnsitz für das Kind zu begründen, keiner ausdrücklichen oder sonstigen nach außen erkennbaren Willensäußerung bedarf, sondern aus den Umständen erschlossen werden kann. Wenn der BGH in der zitierten Entscheidung ausführt, die Frage, ob die Mutter ihren Willen, für das Kind einen neuen (von seinem abgeleiteten Wohnsitz abweichenden) Wohnsitz zu begründen, hinreichend deutlich zum Ausdruck gebracht habe, würde in vielen Fällen zu Zweifeln und damit zu einem Zustand der Rechtsunsicherheit führen, so ist dieser Auffassung vollauf beizupflichten. In der Tat würde die Entscheidung hierüber vielfach erst nach umständlichen Ermittlungen getroffen werden können, und es muß genügen, schon in dem Umstand, daß die personensorgeberechtigte geschiedene Mutter das Kind zu sich nimmt und ihm bei sich einen neuen räumlichen Mittelpunkt seiner Lebensbeziehungen aufbaut, auch die Begründung eines neuen Wohnsitzes für das Kind gemäß § 8 BGB in Abweichung von dem bisherigen gesetzlichen Wohnsitz beim Vater zu erblicken. In einem derartigen Falle sprechen bereits die tatsächlichen Verhältnisse eine ausdrückliche Sprache, so daß auch von der Willensäußerung in schlüssiger Form gesprochen werden kann. Anders ist es in dem hier zur Entscheidung stehenden Fall, bei dem als richtig zu unterstellen lediglich der Umstand ist, daß sich der Kindesvater trotz Fortbestehens seiner Ehe von Frau und Kindern im Dezember 1954 getrennt hat, ohne daß im einzelnen bekannt wäre, weshalb die Trennung erfolgt ist. Diese kann auf persönlichen, familiären, wirtschaftlichen, möglicherweise auch politischen Gründen beruhen. Deren Feststellung würde wahrscheinlich erst zeitraubender Ermittlungen bedürfen und daher gerade zu dem vom BGH aaO aufgezeigten Zustand der Rechtsunsicherheit führen. Hier muß es deshalb bei der Regel des § 11 I Satz 1 BGB bewenden."

51. Ein Wohnsitz im Bundesgebiet ist auch dann anzunehmen, wenn der Berechtigte am Stichtag zwar noch außerhalb des Bundesgebietes wohnte, aber später im Rahmen der Familienzusammenführung seinen Wohnsitz zu Angehörigen verlegt hat, die am Stichtag bereits im Bundesgebiet wohnten.

LG Kiel, Beschl. v. 22. 2. 1957 — KWpR 6503: WM IV B 1957, 744.

Aus den Gründen:

„Weder befanden sich die Papiere am 21. 6. 1948 im Währungsgebiet, noch hatten die Anmelder formell an diesem Tage ihren Wohnsitz im Währungsgebiet (§ 6 I der 35. DVO zum UG). Jedoch ist § 6 aaO hier entsprechend anzuwenden. In Übereinstimmung mit der Stellungnahme der Bankenaufsichtsbehörden zu Einzelfragen der 35. DVO zum UG Ziffer 1 d) aaO wird § 6 auch dann angewendet, wenn der Berechtigte am 21. 6. 1948 seinen Wohnsitz noch nicht im Bundesgebiet hatte, aber auf Grund der Familienzusammenführung später seinen Wohnsitz zu bereits an diesem Tage im Währungsgebiet wohnenden Angehörigen verlegt hat. Diese Voraussetzung liegt hier vor. Nachgewiesenermaßen haben die Anmelder ursprünglich mit ihrer Tochter in Breslau- . . . einen gemeinschaftlichen Haushalt geführt. Die Tochter der Anmelder hat sich bereits am 11. 5. 1946 nach Verlassen des sowjet. Besatzungsgebietes nach E. (Bundesgebiet) begeben und sich dort niedergelassen. Den Anmeldern war nach ihrer glaubhaften Angabe infolge vielerlei Mißgeschicks und völliger Vermögenslosigkeit die Verwirklichung ihrer Absicht, sich ebenfalls nach dem Westen zu begeben, nicht alsbald möglich. Erst Ende Dezember 1953 gelang ihnen die Übersiedlung zu ihrer Tochter. Hiernach sind bei entsprechender Anwendung die Voraussetzungen des § 6 aaO hinsichtlich des Wohnsitzes der Anmelder am 21. 6. 1948 als gegeben anzusehen.“

52. Ort des Wohnsitzes ist innerhalb Berlins im allgemeinen der jeweilige Verwaltungsbezirk.

LG Berlin-West, Beschl. v. 28. 2. 1957 — 85 T Umw 794/56: *unveröff.

Die ASt. wurde im November 1938 in der Heil- und Pflegeanstalt X. (jetzt: Berlin-Ost) untergebracht, wo sie sich seitdem ununterbrochen aufhält; sie leidet an progressiver Paralyse. Zusammen mit ihrem Ehemann wohnte sie bis zum Jahre 1938 in dem jetzigen Gebiet von West-Berlin. Das letzte der Kinder der ASt. hat die alte Wohnung im Winter 1953 verlassen. Während der Erkrankung der ASt. wurden verschiedene Gebrechlichkeitspfleger für diese bestellt, deren Wirkungskreis sich auf die Wahrnehmung der Vermögensrechte der ASt. beschränkte.

Die ASt. hat bei der Beteiligten zu a) ein Uraltguthaben zur Umwandlung angemeldet; der Antrag wurde abgelehnt, da die ASt. keinen Wohnsitz in West-Berlin habe. Das LG gab dem Antrag auf gerichtliche Entscheidung statt.

Aus den Gründen:

„Gemäß § 1 I UEG werden Reichsmarkguthaben, die am 8. 5. 1945 bei einer Berliner Niederlassung eines Kreditinstitutes bestanden, durch Gutschrift von 1 DM-West für je 20 RM in Neugeldguthaben umgewandelt, wenn derjenige, dem sie bei Ablauf des 31. 12. 1952 zustanden, zu diesem Zeitpunkt seinen Wohnsitz oder dauernden Aufenthaltsort im Geltungsbereich dieses Gesetzes, im Saargebiet oder im Ausland hatte.

Diese Voraussetzungen werden von der ASt. erfüllt, da sie am 31. 12. 1952 ihren Wohnsitz noch in Berlin-West, nämlich in dem Verwaltungsbezirk Berlin-..., zu dem das Haus... gehört, hatte.

Gemäß § 8 BGB kann, wer geschäftsunfähig oder in der Geschäftsfähigkeit beschränkt ist, ohne den Willen seines gesetzlichen Vertreters einen Wohnsitz weder begründen noch aufheben. Auf Grund des bei den Pflegschaftsakten befindlichen ärztlichen Attestes vom 20. 8. 1941 und des andauernden Aufenthaltes der ASt. in der Heil- und Pflegeanstalt sieht die Kammer die Geschäftsunfähigkeit der ASt. als erwiesen an. Die ASt. konnte deshalb von sich aus ihren Wohnsitz in Berlin ... nicht aufheben.

Entgegen der Annahme der Beteiligten zu a) ist es in dem hier zu entscheidenden Fall rechtlich ausgeschlossen, daß mit Zustimmung eines der Pfleger für die ASt. der bisherige Wohnsitz aufgehoben und ein neuer Wohnsitz begründet worden ist; denn nach der Feststellung der beschließenden Kammer hatte keiner der Pfleger das Recht zur Bestimmung des Aufenthalts. Der bestehende Wohnsitz der ASt. ist somit trotz der dauernden Unterbringung in der Heilanstalt und der Bestellung von Gebrechlichkeitspflegern bisher nicht aufgehoben worden. Hinsichtlich des Wohnsitzes der ASt. am Stichtag, dem 31. 12. 1952, muß deshalb von der bisherigen Wohnung Berlin... ausgegangen werden.

Als Wohnsitz der ASt. gilt der Verwaltungsbezirk ... Wie das RG (RGZ 67, 194) ausgesprochen hat, kann als ‚Ort des Wohnsitzes' sowohl der Ort im Raum, der Flächenabschnitt, angesehen werden, auf dem sich die ständige Niederlassung der Person befindet, wie das Ortsganze, die Ortschaft, innerhalb der die Niederlassung belegen ist. Der Wohnsitz im weiteren Sinne befindet sich in der kleinsten örtlichen Verwaltungseinheit, zu der die Wohnung gehört (vgl. *Palandt*, Anm. 1 zu § 7 BGB). Das Gebiet eines Landes kann für die verschiedenen Zweige der Verwaltung in verschiedene Bezirke eingeteilt sein; diese Einteilung hat die Wirkung, daß der jedesmalige kleinste räumliche Bezirk als örtliche Einheit, als Ort, erscheint. So ist bei Teilung einer örtlichen Verwaltungseinheit in mehrere Gerichtsbezirke der Ort des Wohnsitzes der betreffende Gerichtsbezirk (RGZ 67, 194). Das RG hat den ‚Ort des Wohnsitzes' in der genannten Entscheidung wie folgt bestimmt: ‚ein durch die Landesgesetzgebung bestimmter, rechtlich abgegrenzter räumlicher Bezirk des Bundesstaates, innerhalb dessen die ständige Niederlassung einer Person sich befindet.' Innerhalb Berlins ist danach im allgemeinen der jeweilige Verwaltungsbezirk Ort des Wohnsitzes im Sinne des Gesetzes. Demzufolge spricht auch die Bestimmung des Magistrats von Groß-Berlin vom 19. 12. 1945 (VOBl 172) von dem Wechsel des ‚Wohnsitzes' von einem Verwaltungsbezirk in einen anderen. § 17 III des WahlGes. vom 4. 8. 1954 (GVBl 471) knüpft an den Wohnsitz im Verwaltungsbezirk an. § 15 II des EheG erklärt ähnlich dem früheren § 1320 BGB den Standesbeamten für die Eheschließung als zuständig, in dessen Bezirk einer der Verlobten seinen Wohnsitz hat. Die Standesamtsbezirke decken sich in Berlin mit den Verwaltungsbezirken.

Der Verwaltungsbezirk..., in dem die ASt. ihre Wohnung hatte, ist deshalb als Ort des Wohnsitzes der ASt. anzusehen, den sie bisher nicht aufgegeben hat. Eine Aufhebung des Wohnsitzes der ASt. hätte nur durch einen eigenen rechtlichen Entschluß der ASt. oder durch eine Willenserklärung eines gesetzlichen Vertreters erfolgen können."

53. Ein Wohnsitz im Bundesgebiet ist auch dann anzunehmen, wenn eine Person am Stichtag in der Sowjetzone gewohnt hat, später aber als politischer Sowjetzonenflüchtling anerkannt worden ist.

LG Kiel, Beschl. v. 8. 3. 1957 — KWpR 6739: WM IV B 1957, 744.

Aus den Gründen:

„Für die Bereinigungsfähigkeit des erhobenen Anspruchs kommt es darauf an, ob der Anmelder dem Kreis der ‚Westgläubiger' im Sinne des § 6 I der 35. DVO zum UG zugerechnet werden kann.

Der Anmelder wohnte am 21. 6. 1948 in der sowjetisch besetzten Zone. Erst im Sommer 1949 ist er als politischer Flüchtling anerkannt worden und hat seinen Wohnsitz in der Bundesrepublik genommen.

Nach dem Wortlaut des § 6 I der 35. DVO zum UG würde dieser späte Wohnsitzwechsel nicht ausreichen, um die Voraussetzungen der Bereinigungsfähigkeit zu erfüllen. Die BdL hat in ihrer Mitteilung Nr. 1079/50 jedoch eine Stellungnahme der Bankaufsichtsbehörden veröffentlicht, die als authentische Interpretation des § 6 der 35. DVO zum UG angesehen werden kann und der sich die Kammer anschließt. Nach Buchstaben d) bb) dieser Stellungnahme ist bei bestimmten Personengruppen, die erst später in das Währungsgebiet gekommen sind, insbesondere wenn es Vertriebene und Heimkehrer im Sinne der einschlägigen Gesetzgebung sind, die Wohnsitzvoraussetzung des § 6 I der 35. DVO zum UG in gleicher Weise als erfüllt anzusehen.

Der Begriff der Sowjetzonenflüchtlinge war zu der Zeit, als die Bankenaufsichtsbehörden ihre oben zitierte Stellungnahme abgaben, noch nicht gesetzlich anerkannt. Erst § 5 des UEG vom 21. 9. 1953 stellt die Sowjetzonenflüchtlinge im Sinne des § 3 des BVG vom 19. 5. 1953 den Vertriebenen und Heimkehrern gleich und behandelt alle diese Gruppen, wie wenn sie am Stichtag des Gesetzes ihren Wohnsitz im Währungsgebiet gehabt hätten.

Aus den gleichen Erwägungen ist die Kammer der Überzeugung, daß § 6 der 35. DVO zum UG dahin ausgelegt werden muß, daß nicht nur die in der Mitteilung Nr. 1079/50 der BdL genannten Gruppen, sondern auch die anerkannten politischen Sowjetzonenflüchtlinge als Personen behandelt werden müssen, die die Wohnsitzvoraussetzungen des Gesetzes erfüllen."

54. Innerhalb Berlins ist Ort des Wohnsitzes in der Regel der jeweilige Verwaltungsbezirk. — Bei der durch die Kriegsverhältnisse bedingten Aussiedlung eines Berliners aus Berlin spricht nach allgemeiner Erfahrung eine Vermutung für den Willen, den Wohnsitz in Berlin beizu-

behalten; bezieht dagegen ein Berliner aus dem gleichen Grunde eine neue Wohnung in einem anderen Teile Berlins, so besteht eine entsprechende Vermutung für die Aufrechterhaltung des alten Wohnsitzes in dem bisherigen Verwaltungsbezirk nicht.

LG Berlin-West, Beschl. v. 10. 5. 1957 — 85 T Umw 959/56: *unveröff.

Der ASt. hat von 1906 bis 1943 in Berlin- C. (jetzt: Berlin-West) gewohnt und fand nach dem Verlust seiner Wohnung Aufnahme bei Verwandten im Verwaltungsbezirk Berlin-P. (jetzt: Berlin-Ost). Seit Ende 1951 bemühte er sich um Zuzug nach West-Berlin; dies gelang ihm mit Hilfe seiner Arbeitgeberin aber erst Anfang 1953.

Der ASt. hat die Umwandlung seines Uraltguthabens bei der A.-Bank beantragt; diese lehnte die Umwandlung ab, da der ASt. am Stichtag des 31. 12. 1952 keinen Wohnsitz in West-Berlin gehabt habe. Das LG lehnte den Antrag auf gerichtliche Entscheidung ab.

Aus den Gründen:

„Die Anerkennung der Umwandlungsfähigkeit von Uraltguthaben in Neugeldguthaben durch Gutschrift von 1 DM-West für je 20 RM setzt nach § 1 I UEG zunächst voraus, daß der Gläubiger am 31. 12. 1952 seinen Wohnsitz oder dauernden Aufenthalt im Geltungsbereich des UEG hatte.

Der ASt. erfüllt diese Wohnsitzvoraussetzungen nicht. Am 31. 12. 1952 hat er unstreitig nicht im Geltungsbereich des Gesetzes, sondern im Ostsektor von Berlin, und zwar in ... gewohnt. Der Zuzug für West-Berlin ist ihm erst nach am 16. 1. 1953 erfolgter polizeilicher Anmeldung unter dem ... erteilt worden. Die Voraussetzungen des § 5 UEG lagen dabei nicht vor. Das Bezirksamt ist vielmehr bei seiner Entscheidung von § 4 Ziffer 1 des Ges. über den Zuzug nach Berlin vom 9. 1. 1951 ausgegangen, hat mithin den Zuzug unter dem Gesichtspunkt erteilt, daß die Anwesenheit des ASt. in Berlin dessen wirtschaftlicher Entwicklung diene bzw. für das öffentliche Leben notwendig sei. Die Anträge des ASt. um Bewilligung des Zuzuges waren im übrigen auf die gleiche Weise begründet worden. Diese Entscheidung der Verwaltungsbehörde hat allerdings für das beschließende Gericht keine bindende Wirkung, sondern dieses hat unabhängig von dem Bescheid zu prüfen, ob der ASt. nicht dennoch die Wohnsitzvoraussetzungen des § 1 I UEG erfüllt. Das aber ist nicht der Fall.

Der ASt. hat zwar von 1906 bis 1943 in Berlin-C. gewohnt. Er hat diesen Berliner Verwaltungsbezirk auch nicht freiwillig verlassen, sondern hat im Zuge der Ausbombung bei seiner Schwiegermutter in ... mit seiner Familie Aufnahme gefunden. Er ist also zunächst notgedrungen nach Berlin ... gezogen und hat damals nicht den Willen gehabt, diesen Ort als seinen endgültigen Wohnsitz anzusehen. Sein Wohnort war vielmehr nach wie vor Berlin, das zu jener Zeit und auch noch bis 1948 eine Einheit bildete, nur daß der ASt. zunächst in C., später in ... wohnte. Erst durch die 1948 durchgeführte Trennung Berlins in einen West- und Ostsektor erlangte das Wohnen in den verschiedenen Verwaltungsbezirken Bedeutung, weil bei einem Wohnen im Ostsektor von Berlin nicht die örtlichen Voraussetzungen des § 1 I UEG erfüllt sind. Es kommt deshalb entscheidend darauf an, in welchem Verwaltungsbezirk Berlins der ASt. gewohnt hat, weil nur dieser als sein Wohnsitz gelten kann.

Dabei geht das beschließende Gericht, wie es bereits in anderer Sache — 85 T Umw 794/56[1] — ausgeführt hat, davon aus, daß, wie das RG (RGZ 67, 194) ausgesprochen hat, als ,Ort des Wohnsitzes' sowohl der Ort im Raum, der Flächenabschnitt, angesehen werden kann, auf dem sich die ständige Niederlassung der Person befindet, als auch das Ortsganze, die Ortschaft, innerhalb der Niederlassung belegen ist. Der Wohnsitz im weiteren Sinne befindet sich in der kleinsten örtlichen Verwaltungseinheit, zu der die Wohnung gehört (vgl. *Palandt*, Anm. 1 zu § 7 BGB). Das Gebiet eines Landes kann für die verschiedenen Zweige der Verwaltung in verschiedene Bezirke eingeteilt sein. Diese Einteilung hat die Wirkung, daß der jeweils kleinste räumliche Bezirk als örtliche Einheit, d. h. als Ort erscheint. So ist bei Teilung einer örtlichen Verwaltungseinheit in mehrere Gerichtsbezirke der Ort des Wohnsitzes der betreffende Gerichtsbezirk (RGZ 67, 194). Das RG hat den ,Ort des Wohnsitzes' in der genannten Entscheidung wie folgt bestimmt: ,ein durch die Landesgesetzgebung bestimmter, rechtlich abgegrenzter räumlicher Bezirk des Bundesstaates, innerhalb dessen die ständige Niederlassung einer Person sich befindet.'

Innerhalb Berlins ist danach im allgemeinen der jeweilige Verwaltungsbezirk Ort des Wohnsitzes im Sinne des Gesetzes. Demzufolge spricht auch die Bestimmung des Magistrats von Groß-Berlin vom 19. 12. 1945 (VOBl 172) von dem Wechsel des ,Wohnsitzes' von einem Verwaltungsbezirk in einen anderen. § 17 III des Wahlgesetzes vom 4. 8. 1954 (GVBl 473) knüpft gleichfalls an den Wohnsitz im Verwaltungsbezirk an. § 15 II des EheG erklärt ähnlich dem früheren § 1320 BGB den Standesbeamten für die Eheschließung als zuständig, in dessen Bezirk einer der Verlobten seinen Wohnsitz hat. Die Standesamtsbezirke decken sich aber in Berlin mit den Verwaltungsbezirken.

Aus alledem folgt, daß der Wohnsitz des ASt. bis zu seiner Ausbombung 1943 in Berlin-C. gewesen ist.

Der ASt. müßte also trotz seines späteren nahezu 10jährigen Aufenthaltes im Verwaltungsbezirk ... bzw. ... den Verwaltungsbezirk C. weiter als den Mittelpunkt seiner Lebensinteressen angesehen haben, wenn die Voraussetzungen des § 1 I UEG in seiner Person gegeben sein sollen. Dafür, daß das der Fall gewesen ist, sind jedoch keine Anhaltspunkte vorhanden.

Das würde zunächst voraussetzen, daß der ASt. beim Wohnungswechsel vom Bezirk C. in den Bezirk P., wozu ... als Ortsteil gehört, nicht den Willen gehabt habe, C. als Wohnsitz aufzugeben. Während sich ein Berliner bei einer Evakuierung im eigentlichen Sinne, d. h. nach einem außerhalb Berlins gelegenen Ort (zumal wenn es sich um einen kleineren Ort handelte) nach allgemeiner Erfahrung in der Regel

[1] Siehe oben Nr. 52.

von der Vorstellung leiten ließ, Berliner zu bleiben — also regelmäßig keinen Wohnsitzaufgabewillen zu äußern —, können ähnliche Erwägungen bei einem solchen Berliner, der nach der Ausbombung seiner bisherigen Wohnung nicht evakuiert wurde, sondern innerhalb Groß-Berlins eine Unterkunft finden konnte, nicht ohne weiteres unterstellt werden. Ein Wohnungswechsel innerhalb Groß-Berlins war zu damaliger Zeit für einen Ausgebombten nicht so entscheidend, da er damals in seiner Stellung als Berliner in jedem anderen Berliner Bezirk gleiche Rechte und Pflichten hatte. Es wird deshalb ohne weiteres ein allgemeines Interesse, gerade in dem Bezirk der bisherigen ausgebombten Wohnung ansässig zu bleiben, nicht als bestehend unterstellt werden können. Es kann auch nicht ohne weiteres in einem solchen Fall angenommen werden, daß ein Ausgebombter nicht den Willen gehabt habe, seinen bisherigen Wohnsitz innerhalb eines Berliner Bezirkes aufzugeben, sofern er ihn mit einem Wohnsitz in einem anderen Berliner Bezirk hat vertauschen können. In besonderen Fällen kann durchaus ein bestimmtes Interesse an der Aufrechterhaltung des Wohnsitzes im bisherigen Berliner Bezirk gegeben sein. So hat die Kammer dies bereits bejaht in einem Falle, in dem ein Berechtigter jahrelang vorher in einem eigenen, in West-Berlin gelegenen Hausgrundstück wohnte und dorthin nach Wiederaufbau des Hauses zurückkehrte. Es können auch für einen Mieter ähnliche Gründe für die Aufrechterhaltung des Wohnsitzes im Bezirk der ausgebombten Wohnung gegeben sein, die ihn veranlaßten, anläßlich der Ausbombung und des Beziehens einer Ausweichwohnung in einem anderen Berliner Bezirk den Willen zu äußern, nicht den Wohnsitz im bisherigen Bezirk aufzugeben. Ein solcher Wille müßte aber, da für ihn keine allgemeine Vermutung streitet, klar und erkennbar nach außen hin bekundet sein. In einem solchen Falle müßte nachweisbar schon bald nach Einstellung der Kriegshandlungen mit den Bemühungen begonnen worden sein, im alten Bezirk wieder seßhaft zu werden.

Nach dem Vortrag des ASt. läßt sich eine derartige besondere Bindung gerade an den Bezirk C. nicht feststellen, die geeignet wäre, ohne weiteres eine Wohnsitzaufgabe zugunsten des Bezirks P. in Frage zu stellen. Auch aus seinem sonstigen Verhalten läßt sich nicht schließen, daß [er] auch ohne eine augenfällige besondere Bindung an den Bezirk C. als Wohnsitz auf alle Fälle hat festhalten wollen. Es läßt sich eher das Gegenteil aus den Zuzugsakten feststellen.

Der ASt. hat selbst vorgetragen, sich erst von November 1951 ab um den Zuzug nach West-Berlin bemüht zu haben. Aus dieser Zeit ... datiert auch das Schreiben der ... an das Bezirksamt C. — Zuzugsstelle — und der Antrag des ASt. vom 30. 11. 1952 an das Bezirksamt ... Nachdem dieser Antrag abschlägig beschieden worden war, hat der ASt. am 16. 1. 1953 einen neuen Antrag gestellt, und zwar auf Grund einer Befürwortung des Präsidenten ... vom 16. 12. 1952, dem ein Schreiben der ... vom 26. 11. 1952 vorausgegangen war. Sämtliche Anträge sind unter Berufung auf § 4 Ziffer 1 des Berliner ZuzugsGes. gestellt worden. Erst auf diesen Antrag hin ist dann schließlich die Zuzugsgenehmigung vom 19. 2. 1953 erteilt worden.

In diesem Zusammenhang ist die von der Arbeitgeberin des ASt., der ..., gegebene Begründung recht aufschlußreich. Diese wies unter dem ... 1951 auf den Verlust der Unterlagen und die Notwendigkeit der Rekonstruierung von Geschäftsvorfällen aus dem Gedächtnis ihrer alten bewährten Angestellten hin und fuhr fort, daß sie die möglichen Auswirkungen des ostzonalen Gesetzes vom 3. 10. 1951 über den Einsatz zur Zwangsarbeit auf die Ost-West-Grenzgänger mit Besorgnis betrachte. Da es sich bei dem ASt. um eine ausgesprochene ‚Schlüsselkraft' handele, könnte sie es als Arbeitgeberin nicht darauf ankommen lassen, daß durch eine Dienstverpflichtung für einen ostzonalen Betrieb die Arbeitskraft des ASt. verloren gehen würde. Aus der Begründung, die unmittelbar und offenbar unter dem Eindruck des Erlasses des ostzonalen Gesetzes vom 3. 10. 1951 erfolgte, geht nach Auffassung der Kammer eindeutig hervor, daß in diesem Falle in erster Linie die ... als Arbeitgeberin des ASt. an dem Wohnungswechsel nach West-Berlin interessiert war.

Hiernach war nicht festzustellen, daß der ASt. seinen Wohnsitz im Verwaltungsbezirk C. beibehalten hat. Der ASt. hat deshalb am 31. 12. 1952 seinen Wohnsitz im Verwaltungsbezirk P. von Berlin gehabt und erfüllt deshalb die Wohnsitzvoraussetzungen des § 1 I UEG nicht."

55. **Einem Wohnsitz im Bundesgebiet zur Zeit der Währungsreform steht es gleich, wenn eine Person, die sich damals in Kriegsgefangenschaft befand, unmittelbar nach ihrer Entlassung einen Wohnsitz im Bundesgebiet begründet hat.**

OLG Düsseldorf, Beschl. v. 15. 10. 1957 — 6 W Wp 48/57: WM IV B 1957, 1550.

Der Anmelder, der früher in O. (ostwärts der Oder-Neiße-Linie) wohnte, ist im Januar 1949 aus jugoslawischer Kriegsgefangenschaft entlassen worden und hat sich anschließend im Bundesgebiet niedergelassen. Er hat das Recht an den Wertpapieren, welche sich zuletzt für ihn in Streifbandverwahrung bei der A.-Bank in O. befunden haben, unter Angabe der Stücknummern rechtzeitig angemeldet und zum Beweise eine von der B.-Bank in W. (Bundesgebiet) auf Grund der verlagerten Depotbücher der Verwahrbank ausgestellt Bescheinigung und eine eidesstattliche Versicherung vorgelegt.

Das LG hat die Anmeldung abgelehnt; zwar hatten die Bankaufsichtsbehörden in einer Stellungnahme zu Fragen der 35. DVO zum UG (Mittlg. der BdL Nr. 1079/50 v. 27. 10. 1950) den Kreis der Westgläubiger verlagerter Geldinstitute dadurch erweitert, daß auch Personen, die zwangsweise festgehalten worden seien, zu den Westgläubigern gerechnet werden könnten, wenn sie unmittelbar nach ihrer Freilassung im Bundesgebiet ansässig geworden seien; diese Stellungnahme stehe jedoch nicht im Einklang mit dem Gesetz und sei auch nicht bindend.

Das OLG hat der sofortigen Beschwerde stattgegeben.

Aus den Gründen:

„Das Rechtsmittel ist in zulässiger Weise eingelegt. Es mußte zu der Aufhebung des angefochtenen Beschlusses führen. Der Kammer ist darin beizutreten, daß die Stellungnahme der Bankaufsichtsbehörden zu Einzelfragen der 35. DVO zum UG keine Gesetzeskraft hat und die Gerichte nicht bindet, soweit sie mit den Vorschriften der 35. DVO zum UG nicht in Einklang stehen. Wie der Senat jedoch bereits in seiner Entscheidung vom 8. 5. 1956 (WM 1956, 837) ausgesprochen hat, können

Vertriebene und Heimkehrer, die infolge ihrer zwangsweisen Festhaltung erst nach dem Währungsstichtage im Bundesgebiet ansässig werden konnten, als Westgläubiger behandelt werden, wenn sie unmittelbar nach erlangter Bewegungsfreiheit ihren dauernden Aufenthalt im Bundesgebiet genommen haben. Diese Auffassung ist unabhängig von den Vorschriften der Heimkehrergesetze aus zweckentsprechender und sinnvoller Auslegung der Vorschriften der 35. DVO zum UG herzuleiten, da die genannten Personen am 21. 6. 1948 ihren Wohnsitz und Aufenthalt nicht frei bestimmen konnten.

Diese Auffassung steht nicht im Widerspruch mit den erwähnten Entscheidungen des Senats vom 8. 11. 1956 über die Anmeldung von Flüchtlingen (WM 1956, 1602 und 1603). Denn in jenen Fällen waren die Anmelder am Währungsstichtag im sowjetisch besetzten Teil Deutschlands wohnhaft und nicht persönlich festgehalten, und es erschien nicht vertretbar, den Kreis der Westgläubiger, der in der 35. DVO zum UG aus währungs- und finanzpolitischen Gründen klar umschrieben ist, im Wege der Auslegung auf die große Zahl der Flüchtlinge auszudehnen, die nach dem 21. 6. 1948 ihren Wohnsitz im Bundesgebiet genommen haben.

Da der Anmelder sich nachweislich am 21. 6. 1948 in jugoslawischer Kriegsgefangenschaft befunden hat und unmittelbar nach seiner Entlassung seinen Wohnsitz im Bundesgebiet genommen hat, ist er auf Grund sinngemäßer und zulässiger Gesetzesauslegung den Personen gleich zu achten, die bereits am Währungsstichtag ihren Wohnsitz im Bundesgebiet hatten. Wegen der Verbindlichkeiten aus den ihm gehörigen Pfandbriefen kann die Ausstellerin daher gemäß § 6 I Nr. 2a der 35. DVO zum UG in Anspruch genommen werden. Die Anmeldung war mithin entgegen der Annahme der Kammer zulässig."

56. Die Ehefrau eines Vermißten, der ihr eine Generalvollmacht erteilt hatte, kann schlüssig bevollmächtigt sein, den Wohnsitz des Ehemanns aus der Sowjetzone in das Bundesgebiet zu verlegen.

SchlHolOLG, Beschl. v. 10. 12. 1957 — 5 WWp 2/57: WM IV B 1958, 472.

Der 1887 geborene Anmelder wohnte mit seiner Ehefrau und seinen Kindern bis 1945 in O. (sowjet.). Er wurde 1939 Soldat. 1944 wurde seine Familie nach R. (sowjet.) evakuiert. Am 7. 3 1945 wurde die bisherige Wohnung in O. mit der gesamten Einrichtung durch Feindeinwirkung völlig zerstört. Anfang April 1945 verließ der Anmelder R., um sich bei einem neuen Truppenteil in E. (Bundesgebiet) zu melden. Am 6. 4. 1945 schrieb er vom Bahnhof L. (Bundesgebiet) zuletzt an seine Ehefrau. Seit dieser Zeit fehlt eine Nachricht von ihm. Eine Todeserklärung ist nicht beantragt worden. Mitte 1945 verzog die Ehefrau mit den Kindern in das Gebiet der Bundesrepublik nach W. Dort ist sie seit 1945 polizeilich gemeldet und ständig wohnhaft. Schon im November 1941 hatte der Anmelder seiner Ehefrau in notarieller Verhandlung Vollmacht erteilt, ihn in allen Rechtsangelegenheiten zu vertreten, die sein Vermögen betreffen, und zwar sowohl Behörden als auch Privatpersonen gegenüber. Die Vollmacht sollte nach ausdrücklicher Erklärung mit dem Tode des Anmelders nicht erlöschen, sondern solange gelten, bis eine etwaige Erbregelung erfolgt sei.

Der Anmelder, vertreten durch seine Ehefrau, hat nun 1500 RM Hypothekenpfandbriefe der M.-Bank zur Wertpapierbereinigung angemeldet. Das LG Kiel (Beschluß v. 22. 2. 1957 — KWpR 6761 — WM IV B 1958, 890) hat das Recht des Anmelders anerkannt und zugleich festgestellt, daß die Voraussetzungen nach § 6 I Ziffer 2a) der 35. DVO zum UG gegeben seien, der Anmelder also am 21. 6. 1948 seinen Wohnsitz im Bereich der Bundesrepublik gehabt habe. Dieser Beschluß ist von der Bankaufsichtsbehörde mit der sofortigen Beschwerde angefochten. Die Beschwerde hatte keinen Erfolg.

Aus den Gründen:

„Nach § 70 Zweites ErgGesWBG ist in dem Anerkennungsbescheid festzustellen, ob für das anerkannte Recht die Voraussetzungen des § 6 I Ziffer 2 oder des § 6 I Ziffer 3 der 35. DVO zum UG gegeben sind. Im vorliegenden Falle kommt, wie das LG zutreffend ausgeführt hat, nur eine Feststellung nach § 6 I Ziffer 2 a) in Frage, da im übrigen die Voraussetzungen für eine Feststellung nicht vorliegen können. Nach dieser Vorschrift können Geldinstitute im Währungsgebiet wegen ihrer Verbindlichkeiten nur in Anspruch genommen werden, soweit die Verbindlichkeiten im Geschäftsbetrieb einer als verlagert anerkannten Niederlassung begründet sind und es sich dabei um Verbindlichkeiten handelt, die am 21. 6. 1948 gegenüber Personen bestanden, deren Wohnsitz, dauernder Aufenthaltsort, Sitz, Ort der Niederlassung oder Geschäftsleitung sich am 21. 6. 1948 im Währungsgebiet befunden hat. Hierzu hat das LG dahingestellt sein lassen, ob die Ehefrau des Anmelders durch Zuzug in die Bundesrepublik einen eigenen Wohnsitz für sich allein habe begründen können. Doch sei die von ihr im Bundesgebiet vorgenommene Niederlassung nach Lage der Dinge als die Aufhebung des bisherigen gemeinschaftlichen ehelichen Wohnsitzes in O. und damit als Aufhebung des Wohnsitzes des Ehemannes und Begründung eines neuen gemeinschaftlichen Wohnsitzes im Bundesgebiet und damit eines Wohnsitzes des Ehemannes aufzufassen, den sie wiederum ihrerseits teile. Dabei habe die Ehefrau des Anmelders in Vertretung ihres Ehemannes gehandelt, sei es nun auf Grund stillschweigend erteilter Vertretungsmacht, sei es als Geschäftsführerin ohne Auftrag, sei es im Rahmen ihrer Schlüsselgewalt gemäß § 1357 BGB. Zur Frage der stillschweigenden Bevollmächtigung hat das LG sodann weiter ausgeführt, daß eine Wohnsitzänderung für und mit Wirkung auch gegen den Ehemann naturgemäß dann nicht angenommen werden könne, wenn die Ehefrau bei Bestehen der Ehe in Abwesenheit des Ehemannes allein und unter Zurücklassung des gesamten Hausstandes verziehe. Wenn sie aber den gemeinsamen Hausstand verlege, so müsse das als rechtsverbindliche Verlegung des Wohnsitzes des Mannes erachtet werden, es sei denn, daß dessen Willen oder besondere Umstände dem entgegenständen. Das gleiche müsse aber dann gelten, wenn durch Kriegseinwirkung kein Hausstand mehr vorhanden sei, aber durch Aufgabe der bisherigen Wohnung eine endgültige Lösung aus dem bisherigen Lebenskreise gewollt sei. Das sei auch dann der Fall, wenn eine Ehefrau bei Kriegs- oder Internierungsabwesenheit ihres Ehemannes sich aus ihrem bisherigen ehelichen Wohnsitz aus politisch bedingten Gründen löse, sei es auch unter Zurücklassung des Hausstandes, wie das in tausenden von Fällen in dem sowjet. Besatzungsgebiet geschehen sei. Dabei bedürfe es nicht eines besonderen Ausdruckes eines solchen Willens. Die Umstände ergäben den Willen, den Wohnsitz des Mannes und damit den gemeinschaftlichen ehelichen Wohnsitz aufzuheben und am neuen Niederlassungsort ihn neu zu begründen. Bei Abwesenheit des Ehemannes, die ihn außerstande setze, seine laufenden Angelegenheiten zu besorgen, sei grundsätzlich die Ehefrau ohne weiteres als ermächtigt und berechtigt anzusehen, für Ordnung dieser Dinge zu sorgen. Das sei besonders in solchen Zeiten und unter solchen Umständen der Fall, wenn der Ehemann sich im Kriegseinsatz, in Gefangenschaft oder Internierung befinde und seine Angelegenheiten tatsächlich selbst nicht zu besorgen in der Lage sei, auch keine Verbindung zwischen den Eheleuten bestehe oder diese Verbindung sich nur in einem beschränkten Rahmen halte. Die Notwendigkeiten des Lebens erforderten es zwingend, in solchen Fällen eine stillschweigende Stellvertretung der Ehefrau anzunehmen, zumal in solchen Zeiten und unter solchen Umständen, wie es die Jahre seit 1939 bewiesen hätten, häufig unaufschiebbare Verhältnisse bindend sofort hätten geregelt werden müssen. Dabei könne, ohne dem Recht oder den tatsächlichen Verhältnissen Gewalt anzutun, ohne weiteres davon ausgegangen werden, daß ein Ehemann unter solchen Umständen seine Ehefrau zu allen notwendigen Rechtsgeschäften und Rechtshandlungen ermächtigt habe, es sei denn, daß ein entgegenstehender Wille ausdrücklich erkennbar sei.

Diese Ausführungen greift die Beschwerde an. Sie macht geltend, daß nach der Bestimmung des § 7 BGB der Wohnsitz des Vermißten fortbestehe, weil er selbst ihn bisher nicht aufgehoben habe und nicht habe aufheben können. Ohne rechtsgeschäftliche Bevollmächtigung sei eine Ehefrau nicht befugt, einen Wohnsitz für ihren Ehemann zu begründen. Im einzelnen macht sich die Beschwerde hierzu die Ausführungen des KG in seinem Beschluß vom 5. 12. 1955 (WM 1955, 1717[1]) zu eigen.

Die mit der Beschwerde erhobenen Rügen greifen nicht durch.

a) Der angefochtene Beschluß hat die Frage nicht erörtert, ob der Anmelder Mitte 1945, als seine Ehefrau den Wohnsitz in die Bundesrepublik verlegte, noch am Leben war. [Das OLG bejaht diese Frage.] Im übrigen würde der Nachweis, daß der Anmelder Mitte 1945 noch lebte, entbehrlich sein, weil seine Ehefrau eine über den Tod des Anmelders hinauswirkende Vollmacht hat und die im § 6 I Ziffer 2 a) der 35. DVO zum UG genannten örtlichen Voraussetzungen sowohl in der Person des Anmelders erfüllt sein würden, wenn er am 21. 6. 1948 noch gelebt hätte, als auch in der Person seiner Ehefrau, die seine gesetzliche Miterbin ist. Denn dann kommt es auf das Fortleben des Berechtigten nicht an, weil die Pfandbriefschuldnerin sowohl von dem Anmelder selbst als auch von seiner Miterbin in Anspruch genommen werden könnte und die Handlungen der Ehefrau des Anmelders auch gegenüber den Erben verbindlich sind. Denn die Pfandbriefschuldnerin wäre in jedem Falle leistungspflichtig und würde durch die Leistung an die Ehefrau des Anmelders befreit werden. (Siehe auch KG aaO und WM 1955, 1138.)

---

[1] Siehe oben Nr. 48.

Die Auffassung des LG, daß die Ehefrau des Anmelders auf Grund stillschweigend erteilter rechtsgeschäftlicher Vollmacht für den Anmelder Mitte 1945 den Wohnsitz in das Bundesgebiet verlegt hat, hält einer rechtlichen Nachprüfung stand. Die Feststellung des LG, daß die Ehefrau des Anmelders den Wohnsitz für den Anmelder habe aufheben wollen und auch für diesen einen neuen Wohnsitz in ihrem jetzigen Wohnort habe begründen wollen, unterliegt keinen Bedenken. Insoweit bedurfte es keiner ausdrücklichen Erklärung. Es genügte, daß die Umstände einen dahingehenden Willen, verbunden mit der tatsächlichen Aufhebung der bisherigen Niederlassung und der neuen ständigen Niederlassung in W., ergeben. Das LG hat das Handeln der Ehefrau des Anmelders zutreffend und rechtlich bedenkenfrei in diesem Sinne gedeutet. Daß insoweit bei der Aufhebung und Begründung des Wohnsitzes eine Stellvertretung zulässig und möglich ist, wird auch von der Beschwerde nicht in Zweifel gezogen. Begründung und Aufhebung des Wohnsitzes sind zwar keine Rechtsgeschäfte. Es handelt sich auch nicht um rechtsgeschäftliche Willenserklärungen. Vielmehr handelt es sich um Rechtshandlungen, die einen bestimmten hierauf gerichteten Willen voraussetzen (vgl. *Staudinger*, § 7 BGB Anm. 3; BGHZ 7, 104). Aufhebung und Begründung des Wohnsitzes können daher auch durch Bevollmächtigte vorgenommen werden (so auch KG, NJW 1956, 264). Nicht notwendig ist weiter, daß in diesen Fällen eine Vollmacht durch ausdrückliche Erklärung erteilt wird. Es genügt ein schlüssiges Verhalten (*Staudinger*, § 167 BGB Anm. 6c; *Palandt*, § 167 Anm. 1). Das muß insbesondere bei der Begründung und Aufhebung eines Wohnsitzes gelten, weil diese Rechtshandlungen keine eigentlichen Willenserklärungen sind und infolgedessen hier auch ein Erklärungsgegner fehlt.

Im vorliegenden Falle hat nun der Anmelder in notarieller Verhandlung seiner Ehefrau eine umfassende, nicht eingeschränkte Generalvollmacht hinsichtlich aller Angelegenheiten erteilt, die sein Vermögen betreffen, und zwar sowohl Behörden als auch Privatpersonen gegenüber. Die Vollmacht sollte mit seinem Tode auch nicht erlöschen, sondern so lange gelten, bis eine etwaige Erbregelung erfolgt sei. Das LG hat nicht erörtert, ob nach dem Willen des Anmelders diese in notarieller Verhandlung abgegebene Erklärung sich auch auf Rechtshandlungen erstrecken sollte, die im strengen Sinne keine vermögensrechtlichen Angelegenheiten sind, gleichwohl aber auch für das Vermögen des Anmelders Auswirkungen haben können. Dann würde die Ehefrau des Anmelders auch befugt gewesen sein, für ihn seinen Wohnsitz aufzuheben und einen neuen zu begründen. Für eine solche nach § 133 BGB mögliche Auslegung spricht der weitgehende, sämtliche Angelegenheiten ohne jede Einschränkungen umfassende Wortlaut der Vollmachtsurkunde. Das LG hat hierzu keine tatsächlichen Feststellungen getroffen. Sie sind auch entbehrlich, und es liegt infolgedessen kein die Aufhebung rechtfertigender verfahrensrechtlicher Verstoß durch Verletzung der Aufklärungspflicht (§ 12 FGG) vor, weil unter den gegebenen Umständen mindestens die Annahme des LG rechtlich bedenkenfrei ist, daß im vorliegenden Falle der Anmelder seine Ehefrau stillschweigend auch zu einer Wohnsitzverlegung bevollmächtigt hat. Zwar kann dahingestellt bleiben, ob allgemein bei Abwesenheit des Ehemannes, die ihn außerstande setzt, seine laufenden Angelegenheiten zu besorgen, grundsätzlich eine Ehefrau ohne weiteres als ermächtigt und berechtigt anzusehen ist, für Ordnung dieser Dinge zu sorgen. Jedenfalls rechtfertigen die gesamten Umstände des vorliegenden Falles die Annahme, daß der Anmelder seine Ehefrau auch zu einer Wohnsitzverlegung bevollmächtigt hat, wie das LG rechtsirrtumsfrei angenommen hat. Die vom angefochtenen Beschluß vorgenommene Deutung widerspricht nicht den Denkgesetzen, sie hält sich auch im Rahmen des § 133 BGB. Schon der Wortlaut der erteilten Generalvollmacht spricht entscheidend für die Auffassung des LG. Hinzu kommt weiter, daß der Anmelder vor seinem Weggang aus R. die von ihm schon im Jahre 1941 erteilte Vollmacht in keiner Beziehung eingeschränkt oder irgendwie widerrufen hat. Dabei war ihm die damalige Situation und die sich daraus ergebenden Notwendigkeiten, die auch eine Wohnsitzverlegung in Erwägung stellen mußten, bekannt. Hinzu kommt, daß die Wohnung des Anmelders in D. schon am 7. 3. 1945 durch Feindeinwirkung mit der gesamten Einrichtung völlig zerstört worden ist. Auch dieser Umstand hätte dem Anmelder Anlaß geben können, seine Vollmacht einzuschränken oder klarzustellen, daß er eine Wohnsitzverlegung nicht wolle, falls er nicht den gegenteiligen Willen gehabt haben sollte. Denn es war eine Rückkehr nach D. mindestens für eine längere Zeit ausgeschlossen. D. konnte unter den gegebenen Umständen auch nicht mehr als Mittelpunkt der gesamten Lebensverhältnisse des Anmelders gelten. Der Ort R. war hingegen nur ein durch die Evakuierung bedingter vorläufiger Aufenthaltsort. Schließlich aber war das eheliche Verhältnis zwischen dem Anmelder und seiner Ehefrau in keiner Weise getrübt. Es liegen keine Anhaltspunkte dafür vor, daß der Anmelder etwa den Willen gehabt haben könnte, sich anders als seine Ehefrau zu entscheiden. Unter diesen Umständen ist der vom LG gezogene Schluß gerechtfertigt, daß der Anmelder auch hinsichtlich einer Aufhebung und der Begründung eines neuen Wohnsitzes seine Ehefrau stillschweigend bevollmächtigt hat (vgl. BGH, LM Nr. 2 Blatt 2 zu § 164; *Staudinger*, § 167 BGB Anm. 3c; *Palandt*, Anm. 1 zu § 167 BGB).

Nun kann eine stillschweigende Bevollmächtigung, die ausschließlich die Verlegung des Wohnsitzes zum Inhalte hat, sicher dann angenommen werden, wenn der Ehemann Kenntnis von der Verlegung des Wohnsitzes hat (so KG, Beschluß v. 5. 12. 1955, WM 1955, 1717). Indessen sind die Fälle der Duldungsvollmacht (BGH, MDR 1953, 345) nicht die einzigen Fälle einer stillschweigend erteilten Vollmacht. Die Unkenntnis des Vollmachtgebers von einzelnen konkreten Rechtshandlungen seines Vertreters schließt jedenfalls dann nicht die Annahme einer stillschweigend erteilten Vollmacht aus, wenn diese eine Gattung von Rechtshandlungen betrifft. Eine allgemeine Bevollmächtigung, die alle Geschäfte oder Rechtshandlungen eines umfassenden Kreises von Geschäften oder Handlungen betrifft, schließt in der Regel die Kenntnis von einzelnen jeweils notwendig werdenden Fällen eines Handelns auf Grund dieser

Vollmacht aus. Das würde auch dem Wesen einer solchen allgemeinen Vollmacht widersprechen, die ausdrücklich darauf verzichtet, die einzelnen Handlungen, für welche eine Bevollmächtigung in Frage kommen soll, aufzuzählen. Um eine solche Vollmacht handelt es sich aber im vorliegenden Falle. Die besondere Lage des Anmelders, der Soldat und abwesend war, ohne den Zeitpunkt seiner Rückkehr bestimmen zu können, die in ihrem Ausmaß nicht vorher zu übersehenden Ereignisse, die im Jahre 1945 die Ehefrau des Anmelders vor unerwartete, nicht aufschiebbare, auch für den Anmelder zu treffende Entscheidungen stellte, gestattete nur eine allgemeine Bevollmächtigung, wie sie auch das LG hinsichtlich der nichtvermögensrechtlichen Angelegenheiten des Anmelders rechtlich bedenkenfrei angenommen hat. Es kann dem LG auch darin gefolgt werden, daß solche nicht nur für einzelne Geschäfte erteilten Vollmachten in zahlreichen Fällen damals 1945 die Regel waren. Bei einer solchen Vollmacht ist daher lediglich zu fragen, ob die Wohnsitzverlegung in den Kreis derjenigen Geschäfte fällt, für welche die allgemein erteilte Vollmacht gelten sollte. Im vorliegenden Falle aber hat das LG mit Recht angenommen, daß die Wohnsitzverlegung bei der Vollmachterteilung nicht ausgeschlossen ist. Dabei kommt im vorliegenden Fall hinzu, daß der Wortlaut der in notarieller Verhandlung erteilten Generalvollmacht den klaren Willen des Anmelders erkennen läßt, für die Regelung seiner Angelegenheiten durch die Bevollmächtigung seiner Ehefrau eine möglichst umfassende Vorsorge zu treffen. Konnte aber die Ehefrau des Anmelders auf Grund rechtsgeschäftlich erteilter Vollmacht den Wohnsitz des Anmelders Mitte 1945 verlegen, so kann dahingestellt bleiben, ob die Ehefrau des Anmelders auch kraft Gesetzes mit Wirkung für den Anmelder handeln konnte.

Es ist zutreffend, wie die Beschwerde ausführt, daß der Anmelder selbst seinen Wohnsitz nicht aufgehoben hat. Das hat auch das LG nicht festgestellt. Eigenes Handeln war auch nicht notwendig. Maßgeblich ist das Handeln seines Bevollmächtigten. Nicht gefolgt werden kann der Beschwerde darin, daß der Anmelder seinen Wohnsitz nicht habe aufheben können. Durch einen Bevollmächtigten war er hierzu durchaus in der Lage. Daß im übrigen auf Grund stillschweigend erteilter Vollmacht auch die Ehefrau des Anmelders für diesen seinen Wohnsitz verlegen konnte, nimmt auch der bereits genannte Beschluß des KG vom 5. 12. 1955 an. Der Senat stimmt darin mit der Auffassung des KG überein, so daß auch eine Vorlegung an den BGH nach § 28 FGG entfällt."

III. GESELLSCHAFTSRECHT

1. Enteignung und Auflösung

Vorbemerkung: Der Rechtssatz, daß juristische Personen und nichtrechtsfähige Gesellschaften des Handelsrechts in Westdeutschland fortbestehen, obwohl ihr Vermögen in der Sowjetzone enteignet wurde und sie im Register ihres Sitzortes in der Sowjetzone gelöscht wurden, wird nicht mehr angezweifelt. Einen ganz besonders gelagerten Fall, bei dem die Enteignungs-

folgen nur mit Hilfe aktienrechtlicher Vorschriften abgewehrt wurden, betrifft die Entscheidung Nr. 62, während sich die Fälle Nr. 59 und 61 mit den Auswirkungen der interzonalen Rechtsverschiedenheiten im Saargebiet befassen.

57. **a) Für die Sitzverlegung einer Personengesellschaft aus der Sowjetzone bedarf es einer Mitwirkung des Registergerichts am bisherigen Sitz der Gesellschaft nicht. — Die Wirksamkeit einer Enteignung bestimmt sich nach dem Recht des enteignenden Staates; eine Überprüfung der Wirksamkeit durch das Gericht eines anderen Rechtsgebietes erscheint möglich. — Eine Enteignung ergreift die außerhalb des enteignenden Staates gelegenen Vermögenswerte nicht. — Wird das Gesamtvermögen einer Personengesellschaft, die ihren Sitz im enteignenden Staat hat, dort enteignet, so erlischt die Gesellschaft ohne Liquidation. — Auch durch Eintragung einer Sitzverlegung in ein westdeutsches Handelsregister kann die alte Gesellschaft nicht fortgesetzt werden.**

OLG Hamburg, Urt. v. 2. 4. 1954 — 1 U 375/53: *GmbH-Rdsch. 1954, 92; AZGB Nr. 174 no. 796, Nr. 175 no. 798; Auszug in DRsp. I (181) 40b.

Eine KG. mit Sitz in G. (sowjet.) hatte in diesem Ort eine Druckerei betrieben. Im Dezember 1945 hatte der als Treuhänder eingesetzte persönlich haftende Gesellschafter eine Druckmaschine zur Sicherung eines Darlehens der Landesbank Thüringen zur Sicherheit übereignet. Im Jahre 1946 wurde das Vermögen der Gesellschaft in der Sowjetzone entschädigungslos enteignet, 1948 wurde die Gesellschaft im Handelsregister gelöscht.

Die Landesbank Thüringen übereignete die Druckmaschine dem „Thüringer Volksverlag GmbH" in G., dem auch das übereignete Vermögen der KG. übertragen worden war, nachdem der „Thüringer Volksverlag GmbH" die durch die Übereignung gesicherten Verbindlichkeiten der KG. gegenüber der Landesbank Thüringen in Höhe von 35640 RM beglichen hatte. Der „Thüringer Volksverlag GmbH" hatte die Maschine an die PLAMAG in P. (sowjet.) verkauft; diese hat die Maschine der Bekl. in H. (Bundesgebiet) verpachtet.

LG und OLG Hamburg hatten das Armenrechtsgesuch der KG. für eine Herausgabeklage gegen die Bekl. abgewiesen (siehe IzRspr. 1945—1953 Nr. 7a).

Daraufhin hatten die Gesellschafter der enteigneten KG. in K. (Bundesgebiet) eine KG. gleicher Firma gegründet und in das Handelsregister eintragen lassen; im Register ist vermerkt, daß der Sitz der Gesellschaft von G. nach K. verlegt worden sei.

Diese KG. hat nunmehr Klage auf Zahlung einer Nutzungsentschädigung für den Gebrauch der Druckmaschine gegen die Bekl. erhoben. Die Klage wurde in allen Instanzen abgewiesen.

Aus den Gründen:

„Die Kl. ist zur Geltendmachung des behaupteten Anspruches nicht aktiv legitimiert; denn sie ist nicht mit der in G. (sowjet.) enteigneten KG. gleicher Firma identisch.

Durch die Eintragung in das Handelsregister des AG K. (Bundesgebiet) kann die Kl. den Nachweis der Identität nicht führen. Zwar besagt diese Eintragung, daß die Gesellschaft im Jahre 1938 begonnen und ihren Sitz von G. nach K. verlegt habe und daß sie die gleiche Firma führe, wie sie früher in G. eingetragen gewesen ist. Der Eintragung in das Handelsregister kommt eine Rechtsvermutung, wie sie in § 891 BGB für den Grundbucheintrag bestimmt ist, nicht zu; sie schafft nur eine widerlegbare Vermutung für die Richtigkeit der eingetragenen Tatsache, die im Prozeß von Bedeutung sein kann (*Geßler-Hildebrandt*, HGB² § 8 Bem. 18; *Schlegelberger*, FGG⁶ § 125 Bem. 3; RGZ 68, 92). Das Prozeßgericht ist an eine Eintragung in das Handelsregister nur gebunden, wenn durch die Eintragung für den Beteiligten ein Recht begründet worden ist (*Schlegelberger*, aaO; RGZ 81, 208). Die Eintragung vom 26. 5. 1952 hatte aber keinen rechtsbegründeten Charakter. Eine KG., die Druckereigeschäfte betreibt, erlangt die Kaufmannseigenschaft kraft Gesetzes nach § 1 II Ziffer 9 HGB und wird unabhängig von ihrer Eintragung in das Handelsregister wirksam (*Baumbach-Duden*, HGB¹⁰ § 162 Anm. 1 E). Nur bei Kommanditgesellschaften, die ein Handelsgewerbe nach §§ 2, 3 II betreiben, hat die Eintragung rechtsbegründende Wirkung (*Geßler*, HGB² § 162 Bem. 9).

Bei dieser Rechtslage kann zugunsten der Kl. davon ausgegangen werden, daß § 13 c HGB auf die Sitzverlegung einer Personengesellschaft aus der Sowjetzone nicht anwendbar ist (*Würdinger*, RGR-Komm. zum HGB² I, Allgemeine Einleitung Anm. 80; *Vogel*, Festschrift für Raape 203ff.; *Weipert*, RGR-Komm. zum HGB² II § 107 Anm. 2). Trotzdem kann die ohne Mitwirkung des AG in G. durchgeführte Eintragung in K. der Entscheidung nicht zugrunde gelegt werden; denn die KG. ist durch die in Thüringen durchgeführten Enteignungsmaßnahmen in ihrem Bestande vernichtet worden. Zur Begründung wird auf den Beschluß des Berufungsgerichtes vom 8. 5. 1951 (1 W 50/51[1]) verwiesen. Ob die Enteignung nach den maßgebenden Bestimmungen der Sowjetzone wirksam ist, beurteilt sich nach dem Recht des Beschlagnahmestaates (*M. Wolff*, IPR³ 67ff., 12; *Raape*, IPR³ 427). Daß die Enteignung nach diesem zulässig und territorial beschränkt auf das Gebiet der Sowjetzone wirksam, keinesfalls aber nichtig war, ergibt sich daraus, daß die Enteignung von den sowjetzonalen Stellen als wirksam angesehen wurde und demzufolge auch das Ersuchen des Ministerpräsidenten des Landes Thüringen vom 11. 10. 1948 an das Handelsregister G. erging (vgl. OLG Gera, DRZ 1948, 493[2]; AG Magdeburg, MDR 1949, 759 mit Anm. von *Beitzke*; *Benkard*, DRZ 1947, 356). Auch der Hinweis der Kl. auf die Nichtigkeit der Enteignung aus formellen Gründen geht fehl. Es mag zweifelhaft sein, ob die Enteignung durch Verwaltungsakt ausgelöst worden ist, der seine Rechtsgrundlage im thüringischen Ges. vom 24. 7. 1946 (RegBl Thüringen 1946 I 111) bzw. im Befehl Nr. 124 der SMAD hatte, oder ob das Ges. vom 24. 7. 1946 die Enteignung unmittelbar bewirkt hatte und die einzelnen Bescheide nur bestätigend und ausführend ergangen waren. Der Wortlaut des Art. 1 des Ges. vom 24. 7. 1946 spricht für eine unmittelbare Enteignung durch das Gesetz. Damit würden spezielle Formen des Enteignungsverfahrens und Erwägungen über die Zulässigkeit der Enteignung entfallen (*Turegg*, Lehrbuch des Verwaltungsrechts² 170). Aber auch wenn die Auswahl der

---

[1] IzRspr. 1945—1953 Nr. 7a. [2] IzRspr. 1945—1953 Nr. 134.

im einzelnen betroffenen Personen und Unternehmen in das Ermessen der zuständigen Landeskommission gestellt gewesen sein sollte, wäre die Enteignung wirksam; denn die Frage der Wirksamkeit beurteilt sich allein nach dem Recht des Landes Thüringen (siehe hierzu *Beitzke*, BB 1949, 520 und MDR 1949, 761). Daß diesem Recht nicht genügt sei, kann nicht festgestellt werden. Der Enteignung ist ein Sequestrierungsverfahren vorausgegangen. In diesem war der persönlich haftende Gesellschafter der KG. als Treuhänder eingesetzt worden. Wie die Kl. selbst vorträgt, hat dieser das gesamte Vermögen der Thüringer X-GmbH übergeben, nachdem er die Abwicklung der Übergabe im einzelnen vorbereitet hatte.

Danach hat der persönlich haftende Gesellschafter von allen Vorgängen im Sequestrierungsverfahren Kenntnis gehabt. Dies ergibt sich auch aus weiteren Einzelheiten [die dargelegt werden].

Die Enteignungsmaßnahmen in der Sowjetzone bewirken die vollständige Vermögensentziehung und die sofortige liquidationslose Vernichtung (Vollbeendigung) der Gesellschaft (*Würdinger*, aaO Allgemeine Einleitung Anm. 59; OLG Braunschweig, NJW 1947/48, 486[1]; *Schmidt*, JR 1949, 553; *Beitzke*, MDR 1949, 761), wenn das gesamte Vermögen der Gesellschaft sich in dem Bezirk befindet, in dem die Enteignungsmaßnahmen Wirkung beanspruchen können. Das außerhalb des Beschlagnahmestaates belegene Vermögen kann angesichts der territorialen Begrenzung der Enteignung nicht ergriffen werden. Insoweit bleibt die rechtliche Organisation der Gesellschaft erhalten. Die Enteignung in der Sowjetzone stellt sich dann als teilweiser Wertverlust der in ihrem rechtlichen Bestande unberührt gebliebenen Gesellschaft dar (*Würdinger*, aaO Anm. 76). Diese Voraussetzungen sind jedoch für die Kl. nicht gegeben. Im Gegenteil steht nach ihren eigenen Angaben und denen ihres persönlich haftenden Gesellschafters fest, daß das gesamte Vermögen der Gesellschaft sich bei der Enteignung in der Sowjetzone befunden hat und demzufolge von der Enteignung erfaßt worden ist. In der eidesstattlichen Versicherung vom 23. 4. 1951 hat der persönlich haftende Gesellschafter erklärt: ‚Die Kommanditgesellschaft besitzt heute keine Mittel mehr. Das bare Geschäftskapital bzw. die Bankenguthaben sind durch die Bankensperren verloren gegangen und das mobile und immobile Besitztum des Unternehmers ist durch die totale entschädigungslose Enteignung an die Thüringische X-GmbH. in W. übergegangen'. In dem Antrag vom 17. 3. 1952 an das AG in K. ist das gleiche nochmals erklärt worden. Danach muß nach dem eigenen Vorbringen der Kl. und ihres persönlich haftenden Gesellschafters festgestellt werden, daß sich bei der Enteignung das gesamte Vermögen der in G. ansässigen KG. im Lande Thüringen befunden hat und von der Enteignung erfaßt worden ist. Damit ist die in G. ansässige KG. im Jahre 1948 liquidationslos vernichtet. Sie hat zu bestehen aufgehört. Die Löschung im Handelsregister hatte nur noch bestätigende Wirkung. Die am 26. 5. 1952 in K. eingetragene Gesellschaft ist nicht mit der

---

[1] IzRspr. 1945–1953 Nr. 358a.

früher in G. ansässigen KG. identisch. Sie kann daher auch nicht die auf die früher in G. ansässige KG. zurückgehenden Rechte geltend machen."

Der BGH wies die Revision gegen dieses Urteil aus anderen Gründen zurück:

b) BGH, Urt. v. 25. 11. 1954 — IV ZR 105/54: *unveröff.

„I. Die Entscheidungsgründe des angefochtenen Urteils beschränken sich darauf, darzulegen, die Kl. sei nicht aktiv legitimiert, den ‚behaupteten' Anspruch geltend zu machen; denn sie sei nicht mit der G.er Firma identisch. Diese sei im Jahre 1948 liquidationslos vernichtet worden und habe zu bestehen aufgehört.

II. Der Senat hat gegen die Ausführungen des Berufungsgerichts Bedenken. Sie brauchen hier jedoch nicht erörtert zu werden. Es kann auch dahinstehen, ob und gegebenenfalls inwieweit die Enteignungen in der sowjetisch besetzten Zone anzuerkennen sind, ferner auch, ob die besonderen Voraussetzungen eines Anspruchs auf Nutzungsentschädigung für die Zeit vor Rechtshängigkeit (§§ 990, 987 BGB) gegeben sind. Denn die Klage ist schon aus einem anderen Grunde nicht gerechtfertigt.

Nach dem Sicherungsübereignungsvertrag vom 10. 12. 1945 ist das Eigentum an der Maschine auf die Landesbank Thüringen übergegangen. Es fehlt jede Darlegung darüber, daß die Kl. das Eigentum wiedererlangt hat.

a) Die Kl. meint zu Unrecht, der Sicherungsübereignungsvertrag sei sittenwidrig; deshalb sei auch die Eigentumsübertragung nichtig. Sie hält insbesondere den § 5 für unsittlich. Die Bestimmung lautet:

‚Die Landesbank Thüringen ist berechtigt, der Firma die Benutzung der übereigneten Maschine jederzeit zu entziehen. In diesem Falle hat die Firma die für die Verwahrung der Maschine bis dahin benutzten Räume und Einrichtungen bis zur vollen Abdeckung der Forderung unentgeltlich zur Verfügung zu stellen und dem Beauftragten der Landesbank Thüringen die Schlüssel zu den Räumen zu übergeben.'

Der Vertrag vom 10. 12. 1945 hält sich im ganzen im Rahmen der allgemein üblichen Bedingungen solcher Sicherungsübereignungsverträge. Das gilt auch für seinen § 5 (vgl. hierzu *Kersten-Küntzel*, Formularbuch und Praxis der freiwilligen Gerichtsbarkeit [1948] I 66 unter 8: ‚Die Firma B. ist befugt, die übereigneten Gegenstände jederzeit unter Aufhebung des Verwahrungsverhältnisses in ihren unmittelbaren Besitz zu nehmen oder sie auf Kosten der Firma A. an anderer Stelle einzulagern.') Ihrem Wortlaut nach geht die Vertragsbestimmung für eine bloße Sicherungsübereignung etwas weit. Es sind jedoch Fälle denkbar, in denen gerade der Sicherungszweck es erfordern kann, daß der Sicherungsnehmer kurzfristig eingreift, um sich die Sicherung zu erhalten. Für diese — nicht sämtlich vorhersehbaren — Fälle kann er sich nur durch eine möglichst weitgehende Generalklausel schützen. Die Vorschrift enthält andererseits keine übermäßige Gefahr für den Sicherungsgeber. Denn es ist zu berücksichtigen, daß die Abrede wie der ganze Vertrag für seine Auslegung und Erfüllung unter den Grundsätzen von Treu und Glauben (§§ 157, 242 BGB) steht und daß § 5 daher der Bank — entgegen der Ansicht der Kl. — keine Handhabe gab, der G.er Firma die Benutzung willkürlich, also ohne jeden Grund zu entziehen. Dem entspricht es übrigens, daß die Bank die Maschine nach § 8 des Vertrages ausdrücklich nur aus wichtigem Grunde herausverlangen konnte.

b) Auch die Gründe, aus denen das LG sich über die Sicherungsübereignung hinweggesetzt hat, sind nicht stichhaltig. Es meint, aus dem Schriftwechsel zwischen Volksverlag und Landesbank vom 8. 3. und 2. 5. 1947 ergebe sich nicht, daß die Landesbank die Maschine, wie die Bekl. behaupte, auf Grund ihres Verwertungsrechts nach § 8 des Vertrages dem Volksverlag übereignet habe. Der Volksverlag habe vielmehr, nachdem die G.er Druckerei ihr im Januar 1947 ‚zur weiteren Verwertung übergeben worden sei', der Landesbank gegenüber Eigentumsrechte an der Maschine geltend gemacht, und sie habe, nachdem die Landesbank auf die Sicherungsübereignung hingewiesen habe, die Forderung der Landesbank gegen die G.er Druckerei bezahlt, um das Sicherungseigentum der Landesbank zum Erlöschen zu bringen. Habe aber, so folgert das LG, die Landesbank die Maschine nicht verwertet, dann habe ein von ihrem Eigentum an der Maschine abgeleiteter Eigentumswechsel nicht stattgefunden. Diesem Schluß liegt der Gedanke zugrunde, die Sicherungsübereignung sei eine bedingte Übereignung; wenn infolge Tilgung der Schuld der Sicherungszweck fortfalle, werde in der Regel der Zustand wieder hergestellt, der vor der Sicherungsübereignung bestanden habe.

Die Ausführungen des LG treffen rechtlich nicht zu. Hierbei kann dahinstehen, ob der streitige Sicherungsübereignungsvertrag eine solche auflösend bedingte Übereignung erkennen läßt oder ob etwa, wie das Berufungsgericht annimmt, die G.er Firma mit der Tilgung der gesicherten Forderung nur einen (schuldrechtlichen) Anspruch auf Rückübereignung erwarb (vgl. Berufungsurteil S. 13: ‚Rückerstattungsanspruch'). Die etwaige auflösende Bedingung, unter der die Übereignung an die Bank stand, ging allenfalls dahin, daß die G.er Druckerei selbst die Schuld tilgte oder mindestens, daß ein Dritter es zu ihren Gunsten tat. So liegt es hier aber nicht. Der Volksverlag hat nach dem erwähnten Schriftwechsel nicht für Rechnung der G.er Druckerei gezahlt, also nicht um deren Schuld zu tilgen und ihr damit das Eigentum wieder zu verschaffen, sondern um selbst das Eigentum von der Landesbank zu erwerben. Dann spricht aber alles dafür, daß die Landesbank dem Volksverlag unmittelbar das Eigentum an der Maschine übertragen hat. Wie das im einzelnen geschehen ist und ob die Eigentumsübertragung an den Volksverlag der G.er Firma gegenüber wirksam wäre, wenn sie die auflösende Bedingung nachträglich auch ihrerseits noch erfüllen könnte und erfüllen würde (vgl. § 161 II BGB), ist nicht zu prüfen. Es genügt hier festzustellen, daß die Kl. auf Grund der Zahlung des Volksverlages nicht Eigentümerin der Rotationsmaschine geworden ist.

III. Die Revision war hiernach mit der Kostenfolge aus § 97 ZPO zurückzuweisen."

58. **In der Enteignung des Vermögens und dem Verbot weiterer Tätigkeit in der Sowjetzone liegt keine rechtliche Vernichtung einer Kapitalgesellschaft. — Die Wirkung einer Enteignung ist auf das Gebiet des enteignenden Hoheitsträgers beschränkt. — Die Bank deutscher Länder ist nicht verpflichtet, für jedes Geldinstitut, welches unter § 9 der 35. DVO zum Umstellungsgesetz fällt, einen Treuhänder zu bestellen; ist ein Treuhänder nicht bestellt, so sind die nach allgemeinem Recht bestellten gesetzlichen Vertreter der Geldinstitute vertretungsbefugt.**

BGH, Urt. v. 12. 4. 1954 — IV ZR 231/53 (Bamberg): BGHZ 13, 106; DRiZ 1954, 130; NJW 1954, 1195; DNotZ 1954, 372; Auszüge in DRsp. I (181) 40 a und II (224) 58 d; Leitsätze in LM Nr. 2 zu Völkerrecht — Allgemeines, Nr. 9 zu Art. 7 EGBGB (*Ascher*); Betrieb 1954, 452 und BB 1954, 454.

Die Kl., die ehemalige Heeres-Rüstungskredit-AG., gewährte der Bekl. einen größeren Rüstungskredit. Die Kl. hatte ihren Sitz in Berlin und eine Verwaltungsstelle in E. (Bundesgebiet). Der Ende 1945 von der amerik. MilReg. bestellte Pfleger (Custodian) wurde Ende 1949 wieder abberufen und zugleich die Vermögenskontrolle über die Kl. aufgehoben. In einer außerordentlichen Hauptversammlung der Kl. wurde im Oktober 1950 u. a. beschlossen, die Firma zu ändern, ihren Sitz von Berlin nach Frankfurt a. M. zu verlegen, in Liquidation zu treten und Dr. X. zum Abwickler zu bestellen.

Die Teilklage aus dem Kredit hat das LG abgewiesen; das OLG und der BGH haben ihr stattgegeben.

Aus den Gründen:

I. „Das LG hat die Klage abgewiesen, weil die Kl. zu den Geldinstituten gehöre, die nach § 9 II der 35. DVO zum UG gerichtlich und außergerichtlich nur durch einen Treuhänder vertreten werden könnten, ein solcher jedoch für sie nicht bestellt worden sei. Das Berufungsgericht hat jedoch mit Recht angenommen, daß die genannte Vorschrift hier nicht eingreife und daß die Bekl. keine sonstigen prozeßhindernden Einreden erheben könne.

II. Die Revision hat neu die Parteifähigkeit der Kl. in Zweifel gezogen. Sie hat dazu vorgetragen, die Gesetzgebung der sowjet. Besatzungszone habe sich nicht damit begnügt, bestimmte natürliche und juristische Personen zu enteignen, sie habe vielmehr die in ihrem Hoheitsgebiet domizilierenden juristischen Personen, insbesondere die dazugehörigen Bankunternehmen, in ihrer Existenz vernichtet. Diese Rechtslage müsse nach den Grundsätzen, die das RG für die nach dem ersten Weltkriege nationalisierten altrussischen Aktiengesellschaften aufgestellt habe (RGZ 129, 98), im Bundesgebiet anerkannt werden. Die Heeres-Rüstungskredit-AG. sei schon vor dem 12. 10. 1950 untergegangen. Sie habe daher ihren Sitz zu diesem Zeitpunkt nicht mehr verlegen können.

Es kann dahingestellt bleiben, inwieweit den Ausführungen des RG in der angeführten Entscheidung zu folgen wäre, die den besonderen Pflichten des Deutschen Reiches aus dem Rapallovertrag vom 16. 4. 1922

(RGBl 1922 II 677) und dem deutsch-russischen Vertragswerk vom 12. 10. 1925 (RGBl 1926 II 1) Rechnung getragen haben. Es kann weiter auf sich beruhen, ob der Ausgangspunkt der Revision zutrifft, Handelsgesellschaften, die in der Sowjetzone aufgelöst worden seien, könnten nicht allein wegen ihres Westvermögens weiterbestehen. Die Heeres-Rüstungskredit-AG. ist, soweit ersichtlich, zwar enteignet, aber nicht völlig vernichtet worden. Das Berufungsgericht hat angenommen, daß sie unter die VO zur Überführung von Konzernen und sonstigen Unternehmen in Volkseigentum vom 10. 5. 1949 (VOBl Groß-Berlin [Ost] I 112) gefallen sei. Nach § 1 I der VO ist die Heeres-Rüstungskredit-AG. zwar als eine Tochtergesellschaft der in Liste A aufgeführten Deutschen I.-Bank, Berlin, enteignet und ist ihr Vermögen in das Eigentum des Volkes überführt worden. Die VO ergibt aber nicht, daß die enteigneten Gesellschaften auch als Rechtspersonen untergegangen sind. Nach § 1 II aaO ist den in den Listen aufgeführten Unternehmen und Gesellschaften nur jede weitere Tätigkeit in Groß-Berlin verboten. Das Berufungsgericht hat hieraus — insoweit rechtlich bedenkenfrei — gefolgert, die Existenz der Heeres-Rüstungskredit-AG. im sowjet. Machtbereich sei de facto zunächst als beendet anzusehen. Daß sie darüber hinaus rein rechtlich vernichtet worden ist, hat auch die Revision nicht dargelegt. Die Revision verkennt andererseits selbst nicht, daß die Enteignungen von Handelsgesellschaften in der Sowjetzone jedenfalls deren Westvermögen nicht erfassen konnten. Das beruht darauf, daß die Wirkung einer Enteignung da aufhört, wo die Gebietshoheit der enteignenden Macht endet (*Raape*, IPR³ 431; vgl. auch OGHZ 4, 6 [9][1] und das Urteil des Senats v. 22. 12. 1953 — IV ZR 81/53).

III. Die Kl. ist auch ordnungsgemäß gesetzlich vertreten.

1. Das Berufungsgericht hat rechtlich einwandfrei ausgeführt, die gesetzlichen Vertreter der Heeres-Rüstungskredit-AG. hätten mit der Aufhebung der Vermögenskontrolle am 4. 11. 1949 ihre Handlungsfreiheit wiedererlangt. . . .

2. Auch § 9 der 35. DVO zum UG steht der Vertretungsbefugnis des Liquidators nicht entgegen. . . .

b) Nach § 9 I aaO bestellt die BdL Treuhänder für die Verwaltung der im Währungsgebiet vorhandenen Vermögenswerte von Geldinstituten, die ihren Sitz am 21. 6. 1948 in einem nicht zum Währungsgebiet gehörenden Gebiet Deutschlands hatten und im Währungsgebiet keine Niederlassung im Sinne von § 1 Buchstabe a oder b haben. Aus der Vorschrift folgt nicht, daß die BdL unter den angegebenen Voraussetzungen in jedem Falle verpflichtet ist, einen Treuhänder zu bestellen. Insbesondere ergibt sich nichts dafür, daß die nach allgemeinem Recht bestellten gesetzlichen Vertreter eines solchen Geldinstituts seit dem Inkrafttreten der 35. DVO zum UG (1. 10. 1949) ihre Vertretungsbefugnis auch dann verloren haben, wenn die BdL keinen Treuhänder bestellt hat. In der Begründung der 35. DVO zum UG (abgedruckt u. a. bei

[1] IzRspr. 1945—1953 Nr. 381.

Harmening-Duden, Ergänzungsband 189 und bei *Binder-Wetter*, Die Währungsreform I/1, 160) ist zu § 9 I aaO lediglich ausgeführt, die Vorschrift wolle eine ordnungsgemäße Erfassung und Verwaltung der im Währungsgebiet vorhandenen Vermögenswerte derjenigen Geldinstitute mit Sitz außerhalb des Währungsgebiets sicherstellen, die nicht unter § 1 aaO fallen; demgemäß sei die Einsetzung von Treuhändern für solche Vermögenswerte vorgesehen. Wortlaut und amtliche Begründung der streitigen Bestimmung bestätigen somit die Auffassung, die von der Rechts- und Währungsabteilung der BdL in dem Schreiben vom 2. 2. 1953 (vorgelegt mit der Berufungsbegründung) vertreten wird, die BdL habe lediglich die Möglichkeit, bei ‚ausreichender Veranlassung' allerdings auch die Pflicht, einen Treuhänder zu bestellen, um dadurch die ordnungsmäßige Verwaltung dieser Vermögenswerte im Interesse der Gläubiger dieser Institute zu gewährleisten. Es ist also nichts dafür ersichtlich, daß etwa § 9 aaO dem bisher Vertretungsberechtigten ohne weiteres die Verfügungs-, Verwaltungs- oder auch nur die Vertretungsbefugnis hat entziehen wollen."

59. Die Wirkung von Hoheitsmaßnahmen ist auf das Gebiet des Hoheitsträgers beschränkt, der die Maßnahmen erlassen hat. — Für eine juristische Person, die in der Sowjetzone enteignet worden ist, kann auch im Saarland ein Abwesenheitspfleger bestellt werden. — Eine Bank mit Sitz in der Sowjetzone gilt als ausländische juristische Person; Heimatstaat ist die Sowjetzone. — Nach Art. 23 EGBGB ist bei der Enteignung einer juristischen Person in ihrem Heimatstaat ein Fürsorgebedürfnis hinsichtlich derjenigen Vermögenswerte der Gesellschaft anzunehmen, die außerhalb des Enteignungsstaates liegen und daher nicht enteignet worden sind.

LG Saarbrücken (Saargebiet), Beschl. v. 14. 1. 1955 — 5 T 481/54: SaarlRuStZ 1956, 35.

Für die Volksbank A. eGenmbH mit Sitz in S. (sowjet.) hatten die Anerkennung von Teilschuldverschreibungen in der saarländischen Wertpapierbereinigung beantragt einerseits die N.-Bank in S. und andererseits der Deutsche Genossenschaftsverband e. V. in Bonn (Bundesgebiet); die N.-Bank stützte ihre Anmeldung auf die Rechtsnachfolge nach der Berechtigten, der Deutsche Genossenschaftsverband auf seine Bestellung als Treuhänder für die Berechtigte auf Grund des § 9 der 35. DVO zum westdeutschen UG. Die Kammer für Handelssachen beim LG Saarbrücken hält beide Anmeldungen für unwirksam und meint, die Wertpapiere könnten nur auf die wirklich Berechtigte, nämlich die Volksbank A. eGenmbH, anerkannt werden; zu diesem Zweck hat sie beim AG die Bestellung eines Pflegers für diese Bank angeregt.

Das AG hat den Antrag zurückgewiesen; das LG hat die von der Kammer für Handelssachen eingelegte Beschwerde für zulässig und begründet gehalten.

Aus den Gründen:

„Der Auffassung des Erstrichters, daß die Voraussetzungen für die Bestellung eines Abwesenheitspflegers nach § 1911 BGB i. V. m. Art. 23 EGBGB nicht gegeben seien, kann nicht beigepflichtet werden.

Zwar würde es dem Antrag auf Pflegerbestellung dann an dem erforderlichen Rechtsschutzinteresse fehlen, wenn die Rechtsnachfolge zugunsten der N.-Bank in S. nach saarländischem Recht anerkannt werden könnte. Dies ist jedoch nicht der Fall. Denn, wie schon aus dem vom KG im Beschluß vom 27. 6. 1952 (WM 1952, 543[1]) zitierten Urteil des OG der sowjet. Zone vom 8. 11. 1950 eindeutig hervorgeht, handelt es sich bei der Einsetzung der N.-Bank in S. um eine entschädigungslose Enteignung der ehemaligen A.-Bank in S. Zudem bedarf es bei Maßnahmen von hoher Hand außerhalb des Währungsgebietes — wie OLG Frankfurt, WM 1954, 773[2] überzeugend ausführt — keiner Prüfung im Einzelfall, ob eine Enteignung vorliege, da § 21 Ziffer 3 WBG dies ausschließe. Nach der Rechtsprechung der Bundesrepublik (vgl. KG aaO[1]; OLG Düsseldorf, WM 1952, 69[3] und 149[4] sowie OLG München, WM 1952, 107) sind die neu eingesetzten Banken wegen Verstoßes gegen Art. 14 des Bonner GG und Art. 21 WBG somit weder rechtsgeschäftliche noch gesetzliche Rechtsnachfolger der früheren Banken geworden.

Wie *Ziganke* (WBG, 1950, zu § 21 I) ausführt, ist zur Frage, inwieweit Maßnahmen von hoher Hand den Eigentumsübergang von Wertpapieren bewirken, die sich zwar im territorialen Bereich der verfügenden Macht befinden, aber in einer anderen Rechtssphäre wurzeln, für die Wertpapierbereinigung gesetzlich dahin Stellung genommen, daß solchen Maßnahmen die Anerkennung versagt wird. In Anm. 9 legt er weiter dar, daß das Gesetz damit im Interesse einer einheitlichen Rechtsprechung für die Wertpapierbereinigung eine strittige Frage kläre, indem es insoweit die Wertpapiere den beweglichen Sachen nicht gleichstelle, sondern die urkundlich verbrieften Aktionär- und Forderungsrechte als dort belegen ansehe, wo der Aussteller seinen Sitz hat. Auch *Eichhorn* (Handbuch für die Wertpapierbereinigung, 1949) führt Seite 123 aus, daß sich der in dem Wertpapier verkörperte Vermögensgegenstand nicht dort befindet, wo das Papier liegt, sondern dort, wo das Unternehmen, an dem die Urkunde ein Mitgliedschaftsrecht gewährt, oder wo der Schuldner der in der Urkunde verbrieften Forderung seinen Sitz hat, daß es also für die Wirksamkeit einer Beschlagnahmung oder Enteignung nicht darauf ankommt, in welchem Staat sich das Wertpapier befindet, sondern darauf, in welchem Staat der Aussteller des von der Maßnahme betroffenen Wertpapiers seinen Sitz hat.

Die in der DDR vorgenommenen Enteignungen von hoher Hand können aus denselben Erwägungen auch im Saarland nicht anerkannt werden. Desgleichen ist auch die Einsetzung der Deutschen Genossenschaftsbank in Bonn territorial auf das Hoheitsgebiet der Deutschen Bundesrepublik begrenzt.

Die N.-Bank in S. kann somit den ihr nach § 4 des saarländischen WBG obliegenden Nachweis, daß sie seit dem 1. 12. 1944 ununterbrochener Eigentümer war oder daß sie nach dem 9. 5. 1945 auf Grund im Saarland gültiger Gesetzesvorschriften Eigentümer geworden ist, nicht erbringen.

Somit ist das Rechtsschutzinteresse an der beantragten Pflegerbestellung zu bejahen.

---

[1] IzRspr. 1945—1953 Nr. 87.
[2] Siehe unten Nr. 205.
[3] IzRspr. 1945—1953 Nr. 17.
[4] IzRspr. 1945—1953 Nr. 86.

Dieser stehen auch keine durchgreifenden Bedenken aus Art. 23 EGBGB, § 1911 BGB entgegen.

Nach § 1911 II BGB kann für einen Abwesenden, dessen Aufenthalt bekannt, der aber an der Rückkehr und der Besorgung seiner Vermögensangelegenheiten verhindert ist, ein Pfleger bestellt werden, wenn er der Fürsorge bedarf. Mag der Gesetzgeber bei Erlaß der Bestimmung auch — wie der Wortlaut zeigt — an natürliche und nicht an juristische Personen gedacht habe, so bestehen doch keine Bedenken, in fortschreitender Gesetzesauslegung der durch die besonderen Nachkriegsverhältnisse, insbesondere durch die Teilung Deutschlands geschaffenen Lage Rechnung zu tragen und die Abwesenheitspflegschaft auch für eine juristische Person zuzulassen, wie es das in der Deutschen Bundesrepublik erlassene ZustErgGes., das auch in West-Berlin durch Ges. vom 7. 11. 1952 übernommen wurde, vorsieht. Danach kann unbeschadet der allgemeinen gesetzlichen Vorschriften einer natürlichen und einer juristischen Person oder Gesellschaft für diejenigen Vermögensangelegenheiten, die innerhalb der Bundesrepublik zu erledigen sind, ein Abwesenheitspfleger bestellt werden, wenn die Verbindung mit dem Aufenthaltsort der natürlichen Person oder den zur Vertretung berechtigten Personen der juristischen Person oder Gesellschaft unterbrochen oder in einer Weise erschwert ist, daß die Vermögensangelegenheiten der Person oder Gesellschaft in der Bundesrepublik nicht ordnungsgemäß besorgt werden können (vgl. *Palandt*, Anhang nach § 1911 BGB).

Wenn auch in Ermangelung eines entsprechenden saarländischen Gesetzes eine so weitgehende Anwendung des § 1911 nicht statthaft ist, so treffen doch die dieser VO zugrunde liegenden Erwägungen gleichermaßen im Saarland zu und rechtfertigen die Einleitung einer Abwesenheitspflegschaft für eine juristische Person, die ihren Sitz in der Ostzone Deutschlands (DDR) hat und deren Vertreter an der Besorgung der im Saarland anfallenden Vermögensangelegenheiten verhindert sind. Dies um so mehr, als schon nach h. M. zu § 1911 unter Abwesenheit im Sinne des § 1911 II BGB, abweichend von der zu engen Auslegung in den Motiven zum BGB, nicht nur die Abwesenheit vom Wohnsitz und Behinderung an einer ‚Rückkehr‘ dorthin, sondern auch eine räumliche Entfernung vom Ort der wahrzunehmenden Vermögensangelegenheit zu verstehen ist (vgl. *Palandt*, Anm. 2 a bb zu § 1911 BGB und RGZ 98, 263 f.). Die Vermögensangelegenheiten der ehemaligen A.-Bank in S. bedürfen auch der Fürsorge, da ihr die ihr zustehenden Rechte an den angemeldeten Wertpapieren verloren gehen würden.

Schließlich bestehen weiterhin keine Bedenken, daß die A.-Bank in S. — die als eine ausländische juristische Person gilt — auch nach den Gesetzen ihres Staates der Fürsorge bedarf (Art. 23 EGBGB).

Zwar hat der eigene Staat ihr durch Einsetzung eines neuen Vermögensträgers die Rechtspersönlichkeit genommen. Gleichwohl muß im Hinblick darauf, daß die Enteignungsmaßnahmen nach internat. Recht territorial auf das Hoheitsgebiet des die Enteignung anordnenden Staates begrenzt sind, ein Fürsorgebedürfnis für die enteignete juristische Person nach dem Recht des eigenen Staates insoweit bejaht werden, als für sie Vermögensinteressen außerhalb des Hoheitsgebietes wahrzunehmen sind. Dies wird nicht nur von der Rechtslehre und Rechtsprechung der Deutschen Bundesrepublik vertreten (vgl. *Eichhorn*, aaO 123 Anm. 6 und die dort zitierte Rechtsprechung), sondern auch von den Gerichten der DDR. Wie das OLG Gera (AZGB Nr. 95 Nr. 374[1]) ausführt, beschränkt sich die Enteignung des Betriebsvermögens der früheren OHG auf das in der russisch-besetzten Zone Deutschlands vorhandene Vermögen, so daß die Möglichkeit bestehe, daß sich in anderen Zonen noch beschlagnahmefreies Vermögen der OHG befinde. In diesen Gebieten bestände die untergegangene OHG insoweit noch. Mit diesem Urteil findet — wie in dem Rundschreiben festgestellt wird — der von den Gerichten der Westzone vertretene Standpunkt, daß die ostzonale Enteignung keine Wirkung auf im Westen befindliche Vermögenswerte der im Osten enteigneten Firmen hat, auch ostzonale Anerkennung. Im gleichen Sinne hat auch das LG Dresden entschieden (vgl. AZGB aaO Nr. 109).

Das Fürsorgebedürfnis zur Interessenwahrung für die ehemalige A.-Bank in S. im saarländischen Wertpapierbereinigungsverfahren ist somit zu bejahen.

Da die ostzonalen Behörden die im Saarland erforderliche Fürsorge bisher nicht übernommen haben und nach den bisherigen Erfahrungen auch nicht damit gerechnet werden kann, daß sie eine derartige Fürsorge auf Nachfrage selbst übernehmen, sind somit alle Voraussetzungen zur Einleitung einer Abwesenheitspflegschaft gegeben."

60. **Zwischen der „Sparkasse der Stadt Berlin" und der „Sparkasse der Stadt Berlin-West" besteht Identität.**

LG Berlin-West, Beschl. v. 18. 3. 1955 — 84 T 45/55: JR 1955, 226.

Aus den Gründen:

„Mit Recht ist das Grundbuchamt davon ausgegangen, daß die Vorschrift des § 39 GBO dafür sorgen soll, daß der Inhalt des Grundbuchs mit der wahren Rechtslage im Einklang steht, daß der Zwang zur Voreintragung den Schutz des wahren Berechtigten gegen Verfügungen durch Nichtberechtigte bezwecke und gleichzeitig dem Grundbuchamt die Legitimationsprüfung erleichtern solle (RGZ 87, 287; *Güthe-Triebel*, § 39 GBO Bem. 3; *Henke-Mönch-Horber*, § 39 Bem. 1 A). Der Betroffene und sein Recht sollen also richtig und vollständig eingetragen sein. Dazu gehört die Eintragung des Rechts in inhaltlich zulässiger Weise. Jedoch braucht eine Ungenauigkeit oder nachträglich eingetretene Unrichtigkeit in der Bezeichnung nicht beseitigt zu werden, sofern die Identität feststeht (*Güthe-Triebel*, § 39 GBO Bem. 13; *Henke-Mönch-Horber*, § 39 Bem. 4 A). Die Berichtigung ist in einem solchem Fall zwar zweckmäßig, aber nicht notwendig. ... Anders läge es, wie das Grundbuchamt zutreffend ausgeführt hat, dann, wenn keine bloße Unrichtigkeit in der

[1] IzRspr. 1945—1953 Nr. 134.

Bezeichnung vorläge, sondern der Berechtigte gewechselt hätte, insbesondere also im Falle der Gesamtrechtsnachfolge. Denn dann läge echte Unrichtigkeit vor, die zunächst zu berichtigen wäre, wenn nicht § 40 GBO eingreift (*Henke-Mönch-Horber* aaO), was hier nicht der Fall ist.

Die vom Grundbuchamt und dei Beschwerdeführerin angezogene VO der Alliierten MilReg. vom 30. 12. 1949 (VOBl Groß-Berlin 1949, 2) enthält aber gar nicht die Anordnung eines Rechtsübergangs im Wege der Gesamtrechtsnachfolge. Es heißt dort wörtlich u. a. in:

Ziffer 1 II:

‚Die im amerikanischen, britischen und französischen Sektor von Groß-Berlin belegenen Zweigstellen der Sparkasse der Stadt Berlin werden hiermit als selbständige Sparkasse unter der Bezeichnung ‚Sparkasse der Stadt Berlin West‘ errichtet; Zentrale der neuen Sparkasse wird die bisherige Zweigstelle in Berlin-Wilmersdorf, Berliner Straße 40.‘

Ziffer 2:

‚Diese neu errichteten Banken [gemeint sind Berliner Stadt-Kontor West und Sparkasse der Stadt Berlin-West] übernehmen alle Guthaben im amerikanischen, britischen und französischen Sektor von Groß-Berlin der Banken, zu denen sie früher gehörten, d. h. . . . die Sparkasse der Stadt Berlin West die Guthaben der Sparkasse der Stadt Berlin und üben die ausschließliche Kontrolle darüber aus.

Dem Grundbuchamt und der Beschwerdeführerin ist zwar zuzugeben, daß die Ausdrucksweise, daß die bisherigen Zweigstellen in West-Berlin unter der Bezeichnung ‚Sparkasse der Stadt Berlin West‘ als ‚selbständige Sparkasse errichtet‘ würde und daß diese die in den Westsektoren belegenen Guthaben der Sparkasse der Stadt Berlin ‚übernehmen‘, dem Wortlaut nach als Anordnung einer Gesamtrechtsnachfolge ausgelegt werden könnte. Auch ein Gesetz ist jedoch nicht nach dem buchstäblichen Ausdruck, sondern nach seinem wahren Sinn und Zweck und seiner aus den tatsächlichen Gegebenheiten zu entnehmenden Bedeutung auszulegen. Diese Auslegung führt hier dazu, daß trotz des mißverständlichen Wortlauts der VO in Wirklichkeit die Anordnung einer Gesamtrechtsnachfolge nicht vorlag. Eine Gesamtrechtsnachfolge setzt voraus, daß entweder der bisherige Rechtsträger nicht mehr vorhanden ist oder gleichzeitig vernichtet wird (z. B. bei der Erbfolge, der Fusion, Eingemeindungen) oder der bisherige Rechtsträger das gesamte Vermögen auf den neuen Berechtigten überträgt (z. B. Vermögensübernahme § 419 BGB). Beide Voraussetzungen liegen hier nicht vor. Eine Übertragung durch die bis zur Spaltung Berlins durch Einführung zweier verschiedener Währungen im Jahre 1948 noch vorhanden gewesene Sparkasse der Stadt Berlin auf die Sparkasse der Stadt Berlin West ist nicht erfolgt und schied auch aus faktischen Gründen aus. Aber auch eine gesetzliche Auflösung des bisherigen Rechtsträgers, wie sie insbesondere bei der Fusion und der Eingemeindung vorkommen, ist hier, wie die VO vom 30. 12. 1948 ergibt, nicht vorgenommen worden und konnte, eben wegen der Spaltung Berlins, auch gar nicht vorgenommen werden. Die westlichen MilReg. haben vielmehr mit der VO vom 30. 12. 1948 lediglich die notwendige Konsequenz aus der faktisch eingetretenen, wenn auch niemals de jure anerkannten Spaltung Berlins und damit auch der bis dahin noch bestehenden Sparkasse der Stadt Berlin gezogen und durch dieses Gesetz mit Wirkung gegen alle, auch gegen das Grundbuchamt, festgestellt, daß für die in den drei Westsektoren Berlins belegenen Guthaben die bisherigen, nunmehr unter der Bezeichnung ‚Sparkasse der Stadt Berlin-West' zusammengefaßten Zweigstellen der Sparkasse der Stadt Berlin für dieses Gebiet identisch mit der bisherigen ‚Sparkasse der Stadt Berlin' sind. Daß nur dies gemeint war, ergibt sich auch aus den weiteren Bestimmungen dieser VO. Hätte es sich um die Anordnung einer Gesamtrechtsnachfolge auf ein völlig neues Rechtssubjekt gehandelt, so wäre die Vorschrift in Ziffer 3 der VO überflüssig gewesen, daß die neu errichteten Banken keine Verbindlichkeiten gegenüber den Banken im sowjet. Sektor übernehmen, mit denen sie früher verbunden waren. Gerade weil es sich hier nur um Feststellung der Identität handelt, war ferner auch die Bestimmung in Ziffer 4 der VO erforderlich, [daß] die unter der Bezeichnung ‚Sparkasse der Stadt Berlin-West' zusammengefaßten Zweigstellen nicht auf die in den Westsektoren befindlichen Guthaben angewiesen sein sollten, sondern, falls diese nicht ausreichten, wegen der Fehlbeträge mit öffentlichen Mitteln der Stadt Berlin ausgestattet werden sollten. Dieselbe Bedeutung hat auch die Anordnung in Ziffer 5 daselbst, daß Berlin auch die Verwaltungskosten der Sparkasse der Stadt Berlin-West ganz oder teilweise zu bestreiten hatte, falls diese Guthaben nicht ausreichten.

Nach alledem liegt hier keine Gesamtrechtsnachfolge, sondern eine bloße Unrichtigkeit in der Bezeichnung der Berechtigten vor, so daß § 39 I GBO nicht anwendbar ist."

61. Infolge der Schließung und Enteignung einer Bankgesellschaft, die früher ihren Sitz in Ost-Berlin hatte, hat sich das Unternehmen in eine östliche und eine westliche Vermögensmasse aufgespalten. — Im Saarland erscheint bis zu einer gesamtdeutschen Regelung allein der westliche Unternehmenszweig als Fortsetzung der Gesellschaft, weil er zur Abwicklung auch der ausländischen Ansprüche und Verbindlichkeiten der Gesellschaft fähig und willig ist.

LG Saarbrücken (Saargebiet), Beschl. v. 3. 5. 1955 — 5 T 61/55: SaarlRuStZ 1956, 43.

Die ASt., die A.-Bank AG. in K. (Bundesgebiet), hat die Kraftloserklärung eines Hypothekenbriefes beantragt; die verbriefte Hypothek lastet auf einem im Saarland belegenen Grundstück. Als Hypothekengläubiger ist die A.-Bank AG. in Berlin eingetragen; ihre ehemalige Hauptniederlassung befindet sich heute in Ost-Berlin und ist dort geschlossen. Die A.-Bank AG. hat heute eine Geschäftsleitung in Berlin (West) und eine Niederlassung in K. (Bundesgebiet); die letztere ist auf Grund der 35. DVO zum westdeutschen UG als „verlagertes Geldinstitut" anerkannt.

Das AG lehnte den Antrag ab, da sich die Geschäftstätigkeit der ASt. auf das Gebiet Westdeutschlands beschränke und sie daher nicht ein im Saargebiet belegenes Recht geltend machen könne. Das LG hat diesen Beschluß aufgehoben und die Sache an das AG zurückverwiesen.

Aus den Gründen:

„Es mag zutreffen, daß bei strikter Beachtung der für eine AG. geltenden Vorschriften die — seitens des Erstrichters nicht erörterte, als

Vorfrage bei Bejahung des Antragrechts jedoch zu prüfende — Identität zwischen der buchberechtigten Gläubigerin und dem in Westdeutschland sowie in West-Berlin tätigen Unternehmen nicht bejaht werden kann. Die nach der Schließung der im Berliner Ostsektor gelegenen Hauptniederlassung stattgefundene Übersiedlung der Geschäftsleitung nach Berlin (West) stellt sich vielmehr als ein durch die damaligen außerordentlichen Umstände zwangsläufig bedingter tatsächlicher Vorgang dar, der wie in zahlreichen sonstigen Fällen eine Spaltung der betreffenden Unternehmen im Gefolge hatte. Diese als factum hinzunehmende Aufteilung der früheren AG., die zu einem verschiedenartigen rechtlichen Schicksal der in den voneinander getrennten Gebieten belegenen Vermögensmassen geführt hat, verlangt nach einer rechtlichen Regelung, die den Bedürfnissen der Betroffenen in einem bestmöglichen Sinne gerecht wird. Andernfalls bliebe ein rechtsleerer Raum mit allen damit für die Beteiligten verbundenen Gefahren der Interessenschädigung. Das erkennende Gericht ist demzufolge der Auffassung, daß der in der Bundesrepublik Deutschland bzw. West-Berlin in Erscheinung getretene, durch die westdeutsche Gesetzgebung legitimierte Unternehmenszweig der Hypothekengläubigerin bis zu einer gesamtdeutschen Regelung (diese Beschränkung enthalten auch die genannten Gesetze) zur Geltendmachung der dieser zustehenden Rechte befugt ist. Allein diese Geschäftsleitung erscheint gegenwärtig und auf absehbare Zeit zu einer ordnungsgemäßen Liquidierung der vorhandenen Ansprüche (hier: Hypothekenforderungen, die auf saarländischen Grundstücken lasten) geeignet und ist andererseits, wie sich aus den angeführten Gesetzen ergibt, auch zur Begleichung der die eingetragene AG. treffenden Verpflichtungen — und zwar, was die Auslandsschulden betrifft, zumindest zu einem erheblichen Teile — bereit und in der Lage. Das Recht der Beschwerdeführerin, die Kraftloserklärung des vorliegenden Hypothekenbriefes zu beantragen, muß daher grundsätzlich bejaht werden.

Fraglich könnte allenfalls sein, ob die Liquidierung der Auslandsforderungen durch die auf Grund der 35. DVO zum UG gebildete Niederlassung in der Bundesrepublik (‚verlagertes Geldinstitut') vorzunehmen ist oder ob diese Tätigkeit dem Zuständigkeitsbereich der Berliner Geschäftsleitung unterfällt. Im Hinblick darauf, daß, worauf die Beschwerdeführerin zutreffend hinweist, K. (Bundesgebiet) und Berlin lediglich Niederlassungen eines einheitlichen Unternehmens, nämlich der A.-Bank AG. darstellen, bedürfte diese Frage dann keiner Entscheidung, wenn die Beschwerdeführerin durch Vorlage von Handelsregisterauszügen den Nachweis dafür erbringt, daß der Antrag von solchen Personen unterzeichnet ist, die sowohl für die K.er als auch für die Berliner Niederlassung Vertretungsbefugnis besitzen. Hierzu hat sich die Beschwerdeführerin ausdrücklich bereit erklärt. Andernfalls wäre eine weitere Aufklärung hinsichtlich der Kompetenz der K.er Niederlassung zur Vornahme von Geschäften der in Frage stehenden Art nicht zu entbehren."

62. Bewohner der Sowjetzone sind zur Sicherheitsleistung für die Prozeßkosten nicht verpflichtet; dies gilt auch für die staatlichen Wirtschaftsunternehmen. — Der Hauptversammlungsbeschluß einer Aktiengesellschaft kann auf Grund einer Nichtigkeitsklage nur auf seine Übereinstimmung mit den westdeutschen öffentlichen Interessen überprüft werden. — Eine Handelsgesellschaft, die an ihrem Sitz in der Sowjetzone enteignet worden ist, besteht in Westdeutschland fort. — Die Ausübung des Stimmrechts und die Erklärung des Widerspruchs gegen den Beschluß einer im Bundesgebiet abgehaltenen Hauptversammlung einer Aktiengesellschaft durch einen Devisenausländer sind genehmigungspflichtige Geschäfte; die Devisengenehmigung muß bei Vornahme dieser einseitigen Gestaltungsgeschäfte vorliegen. — Eine Stadtgemeinde in der Sowjetzone, welche die Vorzugsaktionäre einer Aktiengesellschaft zur entschädigungslosen Übertragung ihrer Aktien bewogen hatte, um den Fortbestand des Unternehmens zu gewährleisten, ist zur Rückübertragung der Aktien verpflichtet, wenn das Unternehmen ein halbes Jahr später entschädigungslos enteignet wird. — Diese Verpflichtung besteht im Bundesgebiet, obwohl die Gesellschaft im Gebiet der Sowjetzone untergegangen ist. — Eine Stadtgemeinde der Sowjetzone ist zur Ausübung ihrer Aktionärrechte an der Gesellschaft im Bundesgebiet nicht befugt, wenn sie damit gegen ihre schuldrechtliche Pflicht zur Rückübertragung ihrer Aktien verstoßen würde.

OLG Karlsruhe, Urt. v. 21. 12. 1955 — 1 U 244/54: *Auszug in MDR 1956, 174; Leitsatz in GmbH-Rdsch. 1956, 77.

I. Das 1826 gegründete Unternehmen der Bekl. wurde seit 1915 in der Rechtsform einer AG. betrieben, die ihren Sitz in C. (jetzt: sowjet.) hatte. Das Grundkapital betrug zuletzt 2277000 RM und bestand aus 2250000 RM Stammaktien und 27000 RM Vorzugsaktien mit 33fachem Stimmrecht. Es gehörte zum größten Teil einem Konsortium, das aus Mitgliedern der Familie des Gründers bestand.

Nach dem Zusammenbruch des Reichs 1945 erklärte sich der überwiegende Teil der Vorzugsaktionäre mit der entschädigungslosen Übertragung ihrer Aktien (und der überwiegende Teil der Stammaktionäre mit der unwiderruflichen Übertragung ihres Stimmrechts) an die klagende Stadtgemeinde C. einverstanden (der Umfang ist bestritten); die das Konsortialaktiendepot verwaltende Treuhandgesellschaft in C. führte die Übertragung im Januar und Februar 1946 aus.

Auf Grund des Volksentscheids vom 30. 6. 1946 in der Sowjetzone wurde die Bekl. enteignet und in die Verwaltung des Landes Sachsen überführt; als dessen Bevollmächtigter wurde die Kl. bestellt. Die Bekl. wurde 1948 im Handelsregister in C. gelöscht und in der Folgezeit ohne den Zusatz „AG." als volkseigener Betrieb (VEB) fortgeführt.

Im Jahre 1953 bestellte das AG W. (Bundesgebiet) gemäß § 10 des ZustErgGes. vom 7. 8. 1952 den im Rubrum als Vorstand der Bekl. genannten Rechtsanwalt und Notar Dr. M. in E. (Bundesgebiet) zum Abwesenheitspfleger der Bekl. für ihre in der Bundesrepublik zu erledigenden Angelegenheiten, einschließlich der Vorbereitung und Durchführung der Hauptversammlung mit dem Ziel der Sitzverlegung, der Neubestellung der Organe und der Umstellung des Gesellschaftskapitals. Auf der durch Dr. M. im November 1953 nach W. einberufenen außerordentlichen Hauptversammlung war die Kl. durch den Rechtsanwalt und Notar L. aus X. (Bundesgebiet) vertreten, den sie zur Stimmrechtsabgabe „gegen die Verlegung von C. sowie gegen die übrigen Tagesordnungspunkte" bevollmächtigt hatte. Durch ihn beanspruchte die Kl. das Stimmrecht als Vorzugs- und Stammaktionärin und erhob Widerspruch gegen die Feststellung der Ordnungsmäßigkeit der Einberufung der Versammlung, gegen die Abhaltung der Versammlung, gegen die Aufnahme einiger

Erschienener in das Aktionärverzeichnis, gegen die Verneinung des Stimmrechts der Kl. sowie gegen alle Beschlüsse der Hauptversammlung. Die Hauptversammlung wählte Dr. M. mit allen Stimmen gegen die Stimmen der Kl. zu ihrem Vorsitzer; dieser erklärte, daß die Kl. kein Stimmrecht habe, und schloß ihren Vertreter im Einverständnis der übrigen Erschienenen von der Teilnahme an der weiteren Abstimmung aus. Hierauf beschloß die Hauptversammlung einstimmig, jedoch ohne die Stimmen der Kl., zu den einzelnen Punkten der Tagesordnung:

1. die Sitzverlegung der Bekl. von C. nach W. (Änderung des § 1 der Satzung);
2. die Wahl der drei im Rubrum als solche aufgeführten Personen sowie des Herrn G. zu Mitgliedern des Aufsichtsrats;
3. (betreffend Bestellung des Vorstands) nichts;
4. die Wahl von drei Abschlußprüfern.

Am 16. 2. 1954 beantragte Rechtsanwalt L. namens der Kl. die nachträgliche Devisengenehmigung zur Stimmrechtsausübung mit 27000 RM Vorzugsaktien, bei der Abstimmung „über eine Sitzverlegung innerhalb von Westdeutschland". Die Genehmigung wurde von der Landeszentralbank S. im beantragten Umfang erteilt. Beide Genehmigungsbescheide wurden im Juli 1954 auf Anweisung der BdL in vollem Umfang zurückgenommen. Gegen diese Rücknahme hat die Kl. Anfechtungsklage beim BVerwG erhoben; über sie ist noch nicht entschieden.

II. Die Kl. erhob innerhalb der Monatsfrist des § 199 AktG Klage gegen die Bekl. auf:

1. Feststellung der Nichtigkeit der in der Hauptversammlung gefaßten Beschlüsse nach Aktienrecht (aktienrechtliche Nichtigkeitsklage nach § 201 AktG),
2. fürsorglich: Nichtigerklärung folgender damals gefaßter Beschlüsse nach Aktienrecht (aktienrechtliche Anfechtungsklage nach §§ 197ff. AktG):
   a) soweit Aktien von vier bestimmten Personen zur Abstimmung zugelassen wurden,
   b) soweit die Kl. von der weiteren Abstimmung mit ihren Vorzugsaktien ausgeschlossen wurde,
   c) Wahl von Dr. M. als Vorsitzer für die Versammlung,
   d) Sitzverlegung von C. nach W.,
   c) Wahl des bezeichneten Aufsichtsrats,
   f) soweit die Hauptversammlung in W. stattfand;
3. fürsorglich: Feststellung der Nichtigkeit der damals gefaßten Beschlüsse nach allgemeinem Recht (allgemeine Feststellungsklage nach ZPO § 256).

Die Kl. begründete die Klagen mit Unwirksamkeit der beanstandeten Beschlüsse wegen:

Nichtzulassung der Kl. zur Abstimmung,
mangelnder Aktionärslegitimation der vier unter oben Ziffer 2a genannten Personen,
Unzulässigkeit von W. als Tagungsort,
Fehlens der satzungsmäßigen $\frac{3}{4}$ Mehrheit für die Sitzverlegung,
Protokollmängel (Fehlen von Angaben über die Art der Abstimmung und über die Feststellung des Abstimmungsergebnisses).

Die Bekl. trat den Beanstandungen der Kl. entgegen und machte ihrerseits unter Bestreiten der Kl. geltend:

mangelnde Sicherheitsleistung der Kl. für die Prozeßkosten (§ 110 ZPO),
mangelnde Devisengenehmigung der Kl. sowohl zur Teilnahme an der Hauptversammlung als auch zur Klageerhebung,
Fehlen der Aktionärseigenschaft der Kl. wegen Unwirksamkeit ihres Aktienerwerbs aus formellen und materiellen Gründen (mangelnde Indossierung, mangelnde Aufsichtsratszustimmung, mangelnder Eintrag im Aktienbuch; Gesetz- und Sittenwidrigkeit, da unter Zwang und Druck erfolgt); deshalb sowohl mangelnde Aktivlegitimation der Kl. als auch Ordnungsmäßigkeit der Abstimmungen,
Widerspruch zum eigenen Verhalten (die Kl. sei als Verwalter des VEB in der

Sowjetzone Nutznießer der dortigen Aktienenteignungsmaßnahmen und könne daher nicht in der Bundesrepublik Rechte aus Aktienbesitz geltend machen), unzulässige Rechtsausübung (die Kl. verfolge mit der Klage ebenso wie mit ihrem Auftreten in der Hauptversammlung ausschließlich den Zweck, das Wiederaufleben der Bekl. zu verhindern und gesellschaftsfremde Sondervorteile zu erlangen),
mangelndes Feststellungsinteresse im Sinne von § 256 ZPO.

Das LG hat nach Beweiserhebung die Klage als unbegründet abgewiesen. Es hält in formeller Hinsicht die Prozeßkostensicherheitseinrede auf Sowjetzonenbewohner nicht für anwendbar und eine Devisengenehmigung (dahingestellt, wie bei Verurteilung) jedenfalls zur Klagabweisung für unnötig. Für beide aktienrechtlichen Klagen wird die Aktivlegitimation der Kl. verneint, weil sie nicht Aktionär sei; die Kl. habe allerdings einen Teil der Vorzugsaktien formell und materiell rechtswirksam erworben (keine Nichtigkeit nach § 134 oder § 138 BGB; zwar Anfechtbarkeit nach § 123, aber keine rechtzeitige Anfechtungserklärung); sie habe ihre Aktienrechte aber durch die ostzonale Enteignung der Bekl. wieder verloren, weil sie bei der Enteignung (vorher und nachher) maßgebend mitgewirkt habe, sich deshalb als Teil des enteignenden Staates behandeln lassen müsse und nicht auf Aktionärsrechte berufen könne, die ihr Staat vernichten wollte. Zur allgemeinen Feststellungsklage schließlich wird das Feststellungsinteresse im Sinne von § 256 ZPO verneint, weil ein rechtliches Interesse mangels Aktionärseigenschaft nicht vorliege und das tatsächliche Interesse der Kl. aus Gründen des westdeutschen ordre public nicht schutzwürdig sei.

III. Gegen dieses Urteil hat die Kl. Berufung eingelegt unter Beschränkung auf folgende Punkte: an Nichtigkeitsgründen: Protokollmängel (§ 195 Ziffer 2 AktG); an Anfechtungsgründen: Gesetzesverletzung bei der Abstimmung durch Nichtzulassung der Kl. und Zulassung der genannten vier Nichtberechtigten (§§ 197, 198 I Ziffer 1 AktG). Sie hat außerdem Zwischenfeststellungsklage dahin erhoben, daß sie Aktionärin, und zwar Hauptaktienbesitzerin, der beklagten Aktiengesellschaft sei; diese Klage wurde jedoch ausdrücklich nur für den Fall erhoben, daß die Versagung der Devisengenehmigung von rechtlicher Bedeutung ist (im Sinn der Klagabweisung oder Verfahrensaussetzung) oder daß das Rechtsschutzbedürfnis für die Klage verneint wird.

Die Bekl. hat ihre prozeßhindernde Einrede wiederholt; sie beantragt hinsichtlich der Punkte II 2 d und f, welche die Kl. fallen gelassen hatte, Verlustigerklärung und Kostenausspruch nach § 515 III ZPO, im übrigen Zurückweisung der Berufung sowie Abweisung der neuen Zwischenfeststellungsklage als unzulässig, fürsorglich als unbegründet.

Das OLG hat die Berufung zurückgewiesen.

Aus den Gründen:

„A. Hinsichtlich der Beanstandungspunkte d und f (Sitzverlegung von C. nach W. und Beanstandung von W. als Tagungsort) war dem Antrag der Bekl. auf Verlustigerklärung auf Grund des Anerkenntnisses der Kl. nach §§ 515 III, 307 ZPO zu entsprechen.

Der Klagantrag ist allerdings in sich uneinheitlich, insofern er als Beanstandungspunkte zum Teil die behaupteten Abstimmungsmängel, zum Teil das Abstimmungsergebnis bezeichnet (jenes bei Punkt a, b und f, dieses bei Punkt c, d und e); mit Recht weist die Bekl. darauf hin, daß Gegenstand der Anfechtungsklage und ebenso der Nichtigkeitsklage nur Hauptversammlungsbeschlüsse als solche sein können (also Punkte c, d und e). Die Anführung der Punkte a, b und f kann nur die Bedeutung haben, daß als beanstandet alle diejenigen Hauptversammlungsbeschlüsse angesehen werden sollen, die in Anwendung des von der Kl. hier als mangelhaft gerügten Verfahrens zustande gekommen sind; da das aber bei sämtlichen in jener Hauptversammlung gefaßten Beschlüssen der Fall ist, müssen sämtliche Hauptversammlungsbeschlüsse als von der Klage bekämpft angesehen werden. ...

B. Die Einrede der mangelnden Prozeßkostensicherheit ist unbegründet. ... Ob die Sicherheitsleistungspflicht des § 110 ZPO auf Sowjetzonenbewohner anwendbar ist, ist bestritten. Eine unmittelbare Anwendung scheidet nach allgemeiner Auffassung aus, da die Sowjetzonenbewohner keine Nichtdeutschen sind. Erwägbar ist nur eine entsprechende Anwendung der Bestimmung im Hinblick darauf, daß wegen der Wertungleichheit von DM-West und DM-Ost eine vollwertige Durchsetzung des Kostenerstattungsanspruchs des obsiegenden Bekl. in der Sowjetzone nicht möglich ist (so LG Berlin, NJW 1951, 489[1]; LG Stuttgart — 9 O 38/54[2]). Aber diesen wirtschaftlichen Erwägungen wird mit Recht entgegengehalten, daß dem Ostzonenbewohner als Deutschem Rücksicht entgegengebracht werden muß und daß das den wirtschaftlichen Belangen voranzustellen ist. Demgemäß hält die h. M. eine entsprechende Anwendung der Prozeßkostensicherheitsbestimmung auf Sowjetzonenbewohner für ausgeschlossen (OLG Hamburg, MDR 1950, 433[3]; KG Berlin (West), JZ 1952, 84[4]; OLG Stuttgart, Teilurteil v. 6. 4. 1955 — 1 U 127/54[5]). Die von der Bekl. herangezogene BGH-Rechtsprechung zu § 606 ZPO stellt in ihrer Begründung auf den Auslandsbegriff dieser Bestimmung im besonderen ab und kann deshalb nicht verallgemeinert werden (vgl. dazu andererseits — für § 328 ZPO — OLG Karlsruhe, NJW 1954, 844[6]). Die genannte KG-Entscheidung läßt allerdings offen, ob die genannte Rücksicht auf jeden Sowjetzonenbewohner als Kl. zu nehmen sei, insbesondere auch auf Unternehmungen, die ihr Entstehen sowjet. Wirtschaftsordnungen verdanken; aber diese Abstellung auf den individuellen Einzelfall steht mit der ratio legis des § 110 ZPO nicht in Einklang. Außerdem weist das OLG Hamburg aaO mit Recht darauf hin, daß selbst dann, wenn man die Sowjetzonenbewohner als Angehörige eines fremden Staates im Sinne von § 110 I ZPO ansehen wollte, eine Sicherheitsleistungspflicht nach Absatz 2 Ziffer 1 aaO ausgeschlossen ist; denn auch nach ostzonaler Rechtsauffassung besteht im umgekehrten Fall keine Prozeßkostensicherheitsleistungspflicht des Westbewohners als Kl. in der Ostzone (KG-Ost, NJW 1952, 189[7]), und für die Frage der Gegenseitigkeit kommt es nur darauf an, ob eine Prozeßkostensicherheitsleistungspflicht besteht, nicht darauf, ob ein Kostentitel durchsetzbar ist. Nach allem hält der Senat mit der h. M. und dem LG eine Pflicht des Kl. zur Leistung einer Prozeßkostensicherheit nicht für gegeben, trotz der von der Bekl. für den Einzelfall vorgetragenen Billigkeitsbedenken. Die prozeßhindernde Einrede ist daher nicht begründet.

C. [Das Gericht bejaht das Rechtsschutzinteresse der Kl.].

---

[1] IzRspr. 1945—1953 Nr. 482.
[2] Siehe unten Nr. 285.
[3] IzRspr. 1945—1953 Nr. 477.
[4] IzRspr. 1945—1953 Nr. 481.
[5] Aufgehoben durch BGH, Urteil vom 28. 1. 1958 — I ZR 122/55 (vorgesehen zur Veröffentlichung im nächsten Band der IzRspr.).
[6] IzRspr. 1945—1953 Nr. 489.
[7] IzRspr. 1945—1953 Nr. 480.

D. Die Nichtigkeitsklage ist unbegründet, weil ein Grund für die Nichtigkeit eines Hauptversammlungsbeschlusses nicht vorliegt. (Aus demselben Grund wäre auch eine weiterverfolgte Feststellungsklage nach § 256 ZPO unbegründet.)

a) Die hier allein noch erhobene Protokollmängelrüge ist nicht stichhaltig [wird ausgeführt].

b) Der Tatsachenvortrag der Parteien gibt auch keinen Anhaltspunkt für das Vorliegen eines sonstigen Nichtigkeitsgrundes.

Die Nichtigkeitsgründe sind in § 195 AktG erschöpfend aufgezählt. Von vornherein scheiden die im einleitenden Satzteil angeführten Nichtigkeitsgründe aus (Beschlüsse betreffend Jahresabschluß § 135 I, Kapitalerhöhung oder — und — Kapitalherabsetzung §§ 159 IV, 181 II, 188 III, 189 II). Mängel der ordnungsmäßigen Einberufung der Versammlung (§ 195 Ziffer 1) sind nicht ersichtlich (der Einberufer Dr. M. war als auf Grund des ZustErgGes. berufener Pfleger ordnungsmäßig bestellter Vertreter der Bekl.). Von einer inhaltlichen Sittenwidrigkeit eines der beanstandeten Beschlüsse (§ 195 Ziffer 4) kann keine Rede sein. Eine Löschung im Handelsregister als nichtig auf Grund rechtskräftiger Entscheidung (§ 144 II FGG, § 195 Ziffer 5 AktG) ist unstreitig nicht erfolgt. Zu prüfen bleibt noch § 195 Ziffer 3:

Unvereinbarkeit eines Hauptversammlungsbeschlusses mit dem Wesen der AG. liegt dann vor, wenn der Beschluß Grundgedanken des Rechts überhaupt verletzt, also etwa einem Aktionär das Gläubigerrecht abspricht (*Baumbach-Hueck*, AktG § 195 Anm. 3 C). Das wird von *Weipert* im Großkommentar zum AktG § 195 Anm. 19 dahin erläutert, daß nur der dauernde Ausschluß eines Aktionärs für alle Zukunft Beschlußnichtigkeit begründet, aber die Nichtzulassung eines Aktionärs in einem Einzelfall zur Hauptversammlung oder zur Abstimmung den Beschluß nur anfechtbar, nicht nichtig macht (RG, JW 1938, 1329 einerseits, JW 1931, 2961 andererseits). Dem ist beizutreten. Im vorliegenden Fall kommt dazu, daß in der fraglichen Hauptversammlung nicht etwa der Kl. trotz Zuerkennung der Aktionärseigenschaft das Stimmrecht (wenn auch nur in den wenigen zur Abstimmung stehenden Beschlüssen) verweigert wurde, sondern daß ihre Aktionärseigenschaft verneint wurde; die Hauptversammlung hat sich also nicht gegen den aktienrechtlichen Grundgedanken gewandt, daß ein Aktionär ein Stimmrecht haben müsse, sondern hat der Kl. die Grundlage ihres Stimmrechts, nämlich das Aktienrecht abgesprochen; die Frage, ob das zu Recht oder Unrecht geschah, kann aber niemals eine Frage der Nichtigkeit sein, sondern betrifft einen typischen Fall unqualifizierter Gesetzesverletzung, also einen Fall bloßer Anfechtung nach § 197 AktG.

Schließlich fragt sich, ob einer der beanstandeten Beschlüsse ‚durch seinen Inhalt Vorschriften verletzt, die ausschließlich oder überwiegend zum Schutze der Gläubiger der Gesellschaft oder sonst im öffentlichen Interesse gegeben sind'. Auch das ist nicht zu verneinen. ... Wieso einer der angefochtenen Beschlüsse sonst durch seinen Inhalt (nicht bloß durch die Art seines Zustandekommens, etwa die Abstimmungsart)

Gläubigerinteressen oder öffentliche Interessen (in Betracht kommt nur der westdeutsche ordre public) verletzen sollte, ist nicht ersichtlich. Die Anerkennung der Fortexistenz der Bekl. im Westen trotz ihrer Enteignung in der Sowjetzone (dieser Fortexistenz dienen die beanstandeten Beschlüsse) entspricht gefestigter Rechtsprechung, wird auch von der Kl. nicht in Zweifel gezogen, sie stellt sich vielmehr insoweit ausdrücklich auf den Boden westdeutschen Rechts.

Ergebnis zu D: Ein Nichtigkeitsgrund liegt nicht vor, die Nichtigkeitsklage ist daher unbegründet.

E. Die Anfechtungsklage ist unbegründet, weil die Kl. für sie nicht aktiv legitimiert ist.

1. Es fehlt mangels wirksamer Devisengenehmigung an einem rechtsgültigen Widerspruch der Kl. in der Hauptversammlung.

a) Die Anfechtungsbefugnis der Kl. läßt sich nur auf § 198 I Ziffer 1 AktG stützen, da ein Anstreben von gesellschaftsfremden Sondervorteilen durch die übrigen Stimmrechtsausübenden (Fall des § 198 I Ziffer 3 i. V. m. § 197 II) nicht ersichtlich ist und die übrigen Ziffern von § 198 von vornherein ausscheiden. Infolgedessen ist Voraussetzung der Klaglegitimation der Kl., daß sie in der Hauptversammlung gegen die beanstandeten Beschlüsse Widerspruch zur Niederschrift erklärt hat. Sie hat diese Erklärung ausweislich der Niederschrift hinsichtlich sämtlicher beanstandeter Beschlüsse tatsächlich abgegeben. Diese Widerspruchserklärungen sind jedoch nicht rechtsgültig.

b) Der Widerspruch gegen einen Hauptversammlungsbeschluß bedarf ebenso wie die Stimmrechtsabgabe bei einem Devisenausländer der devisenrechtlichen Genehmigung. Der Begriff des devisengenehmigungspflichtigen ‚Geschäfts' (transaction) im Sinne von Art. b mit Art. 1 des MilRegGes. Nr. 53 ist zwar reichlich unklar, aber in weitestem Sinne auszulegen (*Langen*, Kommentar zum Devisengesetz, 1952, 97 ff.). Als ‚Geschäft' in diesem Sinne sind insbesondere Willenserklärungen verfügenden Inhalts anzusehen; und in diese Richtung gehören auch Stimmrechtsausübung und Widerspruch eines Aktionärs in der Hauptversammlung einer Aktiengesellschaft (vgl. über den Charakter der Stimmabgabe als Willenserklärung: RGZ 118, 69 und *Baumbach-Hueck*, AktG § 14 Anm. 2 E; ferner *Enneccerus-Nipperdey*, BGB I 2 § 146 IV, insbesondere zu Fußnote 12 mit Zitaten). Die Stimmrechtsabgabe und ebenso der Widerspruch sind zu den ‚einseitigen Gestaltungsgeschäften' wie Kündigung oder Aufrechnung zu rechnen, die in der Literatur mit Recht ausdrücklich als Beispiele für devisengenehmigungspflichtige Geschäfte angeführt werden (vgl. Ziffer 1 Ende der Mittlg. BdL Nr. 6018/55 BAnz. Nr. 69 v. 9. 4. 1955 S. 2; Die Justiz [Stuttgart] 1955, 142). Die BdL hat in ihrer im vorliegenden Verfahren dem LG erstatteten Auskunft ausdrücklich denselben Standpunkt vertreten, ebenso neuerdings die Landeszentralbank Stuttgart selbst. An der Devisenausländereigenschaft der Sowjetzonenbewohner, also auch der Kl., besteht kein Zweifel.

c) Die Devisengenehmigung muß bei einseitigen Rechtsgeschäften vor ihrer Abgabe erteilt werden. Das ergibt sich nach Auffassung des Senats zwangsläufig daraus, daß diese Erklärungen tief in fremde Interessen eingreifen und diese Interessen nur einen sofort gewissen und sofort wirksamen Eingriff zulassen. Es kann dahingestellt bleiben, ob sich dies bereits unmittelbar aus § 182 III mit § 111 BGB ergibt; mindestens besteht eine Parallelität zu den dort geregelten Fällen, wo ebenfalls bei genehmigungsbedürftigen einseitigen Erklärungen strengere Maßstäbe hinsichtlich des Genehmigungszeitpunkts angelegt werden. Dieselbe Auffassung, daß die vorherige Erteilung der obrigkeitlichen Genehmigung notwendig ist, wird vertreten: für die Devisengenehmigung von der BdL (in der genannten allgemeinen Mitteilung Nr. 6018/55, sowie in der Auskunft im vorliegenden Falle) und neuerdings auch von der Landeszentralbank Stuttgart; ferner für zwar nicht gleiche, aber ähnliche Fälle von KG, NJW 1937, 1545f. (betreffend Genehmigung der Mietpreisstelle zu einer durch sie bedingten Miet-Kündigungserklärung) sowie OGH, NJW 1949, 669 (671 a. E., betreffend Genehmigung nach MilRegGes. Nr. 52: ‚einseitige Gestaltungserklärungen wie Kündigung können nur nichtig sein, da mit ihnen ein Schwebezustand nicht vereinbar ist'). (Die in diesem Zusammenhang von der Bekl. zitierte Entscheidung RG, JW 1924, 810, ist nicht eindeutig, da sie einerseits — für den Fall einer Auflassung, die der Genehmigung nach der Grundstücksverkehrsbekanntmachung bedarf — die Erklärungsabgabe ohne vorherige Genehmigung für unzulässig, sie aber andererseits durch nachträgliche Genehmigung für heilbar hält. Bei analoger Heranziehung von § 111 BGB wäre die Einwendung der Kl. aus § 111 Satz 2 jedenfalls unbegründet, da diese Bestimmung eine zwar nicht nachgewiesene, aber objektiv vorhandene vorherige Einwilligung voraussetzt, die aber im vorliegenden Fall unstreitig zur Zeit der Hauptversammlung nicht vorlag).

d) Hiernach konnten die nachträglich von der Landeszentralbank S. erteilten Devisengenehmigungen weder der Stimmabgabe noch der Widerspruchserklärung der Kl. in jener Hauptversammlung zur Rechtswirksamkeit verhelfen. Deshalb kommt es nicht darauf an, daß sich die Genehmigungen von vornherein nur auf einen Teil der beanstandeten Beschlüsse bezogen (Aufsichtsratswahl ja; Vorsitzerwahl zweifelhaft; Abschlußprüferwahl nein; übrigens auch nicht auf die in erster Instanz umstrittene Sitzverlegung von C. nach W., da die Genehmigung entsprechend dem Genehmigungsantrag des Prozeßbevollmächtigten der Kl., Rechtsanwalt L., nur die Sitzverlegung innerhalb der Bundesrepublik betrifft, zur Abstimmung aber die Sitzverlegung aus der Sowjetzone in die Bundesrepublik stand). Es kommt auch nicht darauf an, ob die Genehmigungen durch ihren späteren Widerruf (vgl. Auskunft) ihre Rechtsgültigkeit verloren haben (in Betracht kommt der Widerrufsgrund der Erschleichung auf Grund unrichtiger und unvollständiger Angaben im Genehmigungsantrag, insbesondere über die Sitzverlegung, vgl. Auskunft). Aus diesem Grunde ist der Ausgang des verwaltungsgerichtlichen Verfahrens für die Entscheidung des vorliegenden Rechtsstreits unerheblich. Der Aussetzungsantrag der Kl. ist daher unbegründet.

Ergebnis zu 1.: Es fehlt an einem wirksamen Widerspruch der Kl. in der Hauptverhandlung, infolgedessen ist sie zur Anfechtungsklage nicht aktiv legitimiert.

2. Falls man entgegen der Auffassung des Senats den Widerspruch für rechtsgültig ansehen wollte, ist die Klage in der Person der Kl. rechtsmißbräuchlich und aus diesem Grunde abzuweisen.

Dahingestellt bleiben können die vom LG ausführlich erörterten Fragen, ob und in welchem Umfang die Kl. Aktienrechte zivilrechtlich gültig durch Übertragung seitens der früheren Aktionäre erworben hat, ob der Erwerb entgeltlich oder unentgeltlich erfolgte sowie ob und in welchem Umfange die Kl. anläßlich der späteren Enteignung auf seiten des enteignenden Sowjetzonenstaates aktiv mit tätig war. Denn auch wenn man in diesen Fragen ein der Kl. günstiges Ergebnis unterstellt (zivilrechtliche Gültigkeit des Aktienerwerbs, keine eigene Mitwirkung bei Enteignungsmaßnahmen), so wurde durch die ostzonale Enteignung des Unternehmens (Überführung in Volkseigentum) und damit der Aktionäre eine obligatorische Verpflichtung der Kl. zur Rückübertragung der Aktienrechte auf deren frühere Inhaber begründet.

Das ergibt sich zunächst aus Bereicherungsrecht, § 812 II Satz 2 BGB. Denn der mit der Aktienrechtsübertragung bzw. dem ihr zugrunde liegenden Verpflichtungsgeschäft bezweckte Erfolg war nach Sachlage die Fortexistenz des [Unternehmens der Bekl.] in C. als AG. mindestens für einen Zeitraum von solchem Umfang, wie er für die Planungen eines solchen wirtschaftlichen Unternehmens unerläßlich ist, d. h. jedenfalls mehr als nur wenige Wochen oder Monate. Wie die von der Bekl. in bezug genommenen Urkunden aus der damaligen Zeit dartun, beruhte die damalige Übereignungszustimmung der Altaktionäre auf der ihnen von der Kl. selbst damals eingegebenen Erwägung, daß ‚das Weiterbestehen des [Unternehmens der Bekl.] von der entschädigungslosen Überlassung eines Aktienpaketes‘ abhängig sei, ‚das der Stadt (Kl.) einen maßgeblichen Einfluß sichert‘. Die Altaktionäre wollten einen Teil ihres Aktienbesitzes aufgeben, um durch die damit herbeizuführende Wiederingangbringung des Unternehmens ihrem übrigen, ihnen verbleibenden Aktienbesitz wieder einen wirtschaftlichen Wert zu geben, den er im damaligen Augenblick des völligen Darniederliegens des Betriebs nicht hatte, sie wollten unter den damaligen politischen Verhältnissen mehr oder weniger freiwillig eine Teilposition aufgeben, um ihre Restposition halten zu können. Daß dieser Gedanke: Opferung eines Vermögensteils, um das Restvermögen zu erhalten, für den Entschluß der Aktienhergabe entscheidend war, entspricht der natürlichen Lebenserfahrung; die Kl. selbst erkennt das auch in Punkt ... ihres Schriftsatzes vom ... ausdrücklich an, indem sie vorträgt: die von Vorzugsaktionären durch die Aktienhergabe zu erwerbende Möglichkeit des Wiederaufbaus ohne die bisherigen Schwierigkeiten sei so ein großer und entscheidender Vermögensvorteil für sie gewesen, daß die Aufgabe eines verhältnismäßig kleinen Prozentsatzes des Gesamtaktienkapitals demgegenüber kein allzu großes Opfer gewesen sei. Der für die Aktionäre mit der Weggabe der Vorzugsaktien verbundene Vermögensvorteil konnte nur darin bestehen, daß die ihnen verbleibenden Stammaktien wieder einen realen Wert bekommen. So war es auch durchaus sinnvoll, daß die Kl. ihr Verlangen hinsichtlich der Stammaktien auf die Stimmrechtsübertragung beschränkte: sie wollte zwar machtmäßig in der AG. im Vordergrund stehen (33faches Stimmrecht der Vorzugsaktien!), am finanziellen Ertrag des Unternehmens (Dividende!) sollten jedoch die bisherigen Aktionäre in weit überwiegendem Maße beteiligt bleiben (vgl. das Verhältnis der Nominalwerte der übertragenen zu dem der nicht übertragenen Aktien). Es kann auch unter den damaligen politischen Verhältnissen nicht ohne weiteres angenommen werden, daß die Vorzugsaktionäre bereit waren, ihren Aktienbesitz ohne Rücksicht auf ihnen verbleibende Vermögenswerte in Gestalt des restlichen Aktienwerts schlechthin (etwa aus bloßer Angst) aus der Hand zu geben; derartiges hat die Kl. auch nicht vorgetragen. Gerade durch die Aussicht auf die mit der verbleibenden Restposition verbundenen Vermögensvorteile wurde den Aktionären die Aufgabe der Teilposition schmackhaft gemacht. Die genannte Zweckbestimmung bildete daher nach der Lebenserfahrung nicht nur einseitig auf seiten der veräußernden Aktionäre ein inneres Motiv, sondern ist auch von den damals maßgeblich für die Kl. handelnden Personen als die entscheidende Grundlage für die Aktienübertragung angesehen worden. Infolgedessen ist anzunehmen, daß die Zweckbestimmung: Fortbestand des Unternehmens als wirkliche Aktiengesellschaft am alten Ort, wenigstens für eine gewisse Zeit der näheren Zukunft nach dem Willen beider Parteien des Übertragungsgeschäfts einen wesentlichen Teil des Vertrags bildete. Der Fall liegt in diesem Punkt rechtlich ähnlich wie der vom RG in RGZ 118, 360 entschiedene, wo der Schwiegervater eines ungetreuen Sparkassenbeamten für den angeblichen Kredit seines Schwiegersohnes eine Bürgschaftserklärung abgegeben hatte, die zusammen mit einem Kreditgenehmigungsgesuch vorgelegt wurde und wo als im Sinne von § 812 mit der Bürgschaftserklärung bezweckter Erfolg die Vermeidung eines Disziplinarverfahrens gegen den Schwiegersohn angesehen, infolgedessen wegen der doch erfolgten Einleitung eines Disziplinarverfahrens dem Bürgen ein Rückforderungsrecht zugebilligt wurde. Dadurch, daß die AG. schon vor Ablauf eines halben Jahres nach der Aktienübertragung durch Volksentscheid enteignet wurde, ist der mit der Leistung nach dem Inhalt des Rechtsgeschäfts bezweckte Erfolg nicht eingetreten.

Aber auch wenn man nicht so weit gehen will, den Fortbestand der AG. im genannten Umfang als bezweckten rechtsgeschäftlichen Erfolg im Sinne von § 812 BGB anzusehen, so war dies doch die maßgebende Vorstellung, die mindestens auf seiten der veräußernden Aktionäre zur Grundlage des Geschäfts gemacht wurde und deren Maßgeblichkeit von der Kl. als Empfängerin erkannt und nicht beanstandet wurde. Die Vorstellung war so entscheidend, daß mit der schon wenige Monate später erfolgenden Überführung in Volkseigentum die Geschäftsgrundlage für die Aktienübertragung weggefallen ist. Der Wegfall der Geschäftsgrundlage führt nach § 242 BGB dazu, daß die Rechtsverhältnisse zwischen den Beteiligten nach Treu und Glauben automatisch einen neuen Inhalt bekommen. Zwar wird dem Wegfall der Geschäftsgrundlage im allgemeinen nur bei noch nicht abgewickelten (noch nicht beiderseits erfüllten) Schuldverhältnissen Bedeutung zuerkannt. Dies wurde jedoch durch die neuere Rechtsprechung ausgedehnt auf solche Fälle, in denen das Geschäft zwar auf beiden Seiten rechtlich erfüllt ist, aber zugleich maßgeblich die Existenzsicherung der einen oder anderen Partei für die Zukunft im Auge hat und daher wirtschaftlich in der Zukunft entscheidend fortwirkt (so stillschweigend RGZ 169, 249 und ausdrücklich BGH, LM Nr. 18 zu § 242 BGB (B b) = NJW 1953, 1585). Und derselbe Grundgedanke trifft auch für den vorliegenden Fall zu, wo es den veräußernden Aktionären ja gerade darum ging, durch die Veräußerung eines Teils der Aktien sich ihre restliche Aktionärsposition für die Zukunft zu erhalten und wieder zu einem erheblichen realen wirtschaftlichen Wert zu machen.

Hiernach war und ist die Kl. seit der Enteignung der Bekl. AG. in der Sowjetzone zivilrechtlich zur Rückübertragung der von ihr (etwa) erworbenen Aktien an die Altaktionäre verpflichtet. Daß die AG. in der Sowjetzone als solche nicht mehr existiert, hat außer Betracht zu bleiben, da die dortige Enteignung in der Bundesrepublik nicht anerkannt wird; für das Bundesgebiet besteht die AG. als solche fort, und infolgedessen ist auch die Rückübertragungspflicht der Kl. innerhalb der Bundesrepublik und mit Wirkung in ihrem Machtbereich rechtlich und tatsächlich erfüllbar. Die Altaktionäre haben auch keineswegs auf dieses ihr obligatorisches Rückforderungsrecht verzichtet; im Gegenteil haben sie, soweit sie außerhalb der Sowjetzone wohnhaft sind, durch die Teilnahme an der Hauptversammlung 1953 und der ihre Beschlüsse fortführenden Hauptversammlung von 1955 gegen die Kl. im Sinne der Geltendmachung ihrer früheren Aktionärrechte Stellung genommen (... ihr ‚Einspruch‘ ... ist in diesem Zusammenhang ohne Bedeutung, da er sich nicht gegen die Aktienübertragung an die Kl., sondern gegen die Enteignung richtet).

Hiernach war die Kl. zur Ausübung der von ihr beanspruchten Aktionärrechte, auch wenn sie ihr dinglich zustanden (wie unterstellt wird), nur dadurch in der Lage, daß sie ihrer obligatorischen Rückübertragungspflicht zuwiderhandelte. Würde die Kl. ihr Aktionärsrecht durch Klage gegenüber den früheren Aktionären geltend machen, so stünde diesen Bekl. als den jetzigen Rückübertragungsgläubigern die Einrede der Arglist zu (dolo petit, qui petit, quod redditurus). Ob diese Einrede auch der AG. selbst als Bekl. zusteht, die zwar ein gegenüber den Aktionären selbständiges Rechtsubjekt darstellt, mit ihnen aber rechtlich und wirtschaftlich gerade auch in dem hier maßgebenden Punkte eng verbunden ist, kann dahingestellt bleiben. Denn der Umstand, daß die Kl. zur Aktionärsrechtsausübung rechtlich, wenn überhaupt, dann nur durch Verletzung ihrer schuldrechtlichen Rückübertragungspflicht in der Lage war, macht ihre Aktionärrechtsausübung in der Hauptversammlung und damit auch ihre Beschlußanfechtung durch die vorliegende Klage mißbräuchlich. Der Fall liegt insoweit ähnlich wie der vom RG in JW 1939, 760 für eine GmbH entschiedene, wo der anfechtende Gesellschafter die Anfechtungsklage damit begründete, daß er seine zur Übertragung eines Geschäftsanteils erforderliche Genehmigung nicht erteilt hatte, obwohl er dazu gegenüber dem Zedenten oder Zessionar verpflichtet war; dort stellte das RG ausdrücklich fest: ‚Hierauf kann sich gegenüber der Anfechtungsklage auch die Bekl. (GmbH) berufen, obwohl der Anspruch auf Genehmigung nicht ihr, sondern der X.-Bank zusteht.' Dieser Auffassung ist beizutreten. Sie gilt erst recht im vorliegenden Falle: Wenn die Klage schon bei an sich unbestrittener Aktivlegitimation des Kl. als Gesellschafters wegen inhaltlicher Rechtsmißbräuchlichkeit seines Anfechtungsbegehrens abzuweisen ist, so erst recht dann, wenn die Mißbräuchlichkeit bereits in der Inanspruchnahme der Gesellschafterstellung selbst (Aktivlegitimation) besteht.

Ergebnis zu E: Auch die Anfechtungsklage ist unbegründet, ohne daß es einer Beweisaufnahme über den Umfang der Aktienübertragung oder den Umfang der eigenen Betätigung der Kl. bei den Enteignungsmaßnahmen bedarf.

F. Die im Schlußtermin erhobene Klage auf Feststellung der Aktionärseigenschaft der Kl. ist gegenstandslos. Sie wurde ausdrücklich nur bedingt für 2 Fälle erhoben [und diese Fälle sind nicht eingetreten].

Aber auch wenn diese Klage als unbeschränkte Eventualklage oder als unbedingte Klage erhoben worden wäre, könnte sie keinen Erfolg haben, sondern müßte als unzulässig abgewiesen werden. Dabei kann dahingestellt bleiben, ob der Klagantrag den an seine inhaltliche Bestimmtheit zu stellenden Anforderungen genügt, obwohl er (und zwar nach der mündlichen Erläuterung der Kl. im Schlußtermin bewußt) von der Bezifferung des Aktienrechtsumfangs absieht. Soweit die Klage Zwischenfeststellungsklage ist (wie sie wohl gemeint ist), ergibt sich ihre Unzulässigkeit schon daraus, daß nach den obigen Ausführungen (E) die Entscheidung des Rechtsstreits von der Frage, ob die Kl. Aktionärrechte (dinglich) hat, nicht abhängt. Sowohl als Zwischenfeststellungsklage wie als normaler weiterer Klagantrag stellt der Antrag außerdem eine Klagänderung dar, die in 2. Instanz entweder der Einwilligung des Gegners oder der Zulassung als sachdienlich durch das Gericht bedarf (*Rosenberg*, Zivilprozeßrecht § 92 III 2). Die Bekl. hat nicht eingewilligt. Die Zulassung in diesem späten Verfahrensstadium wäre auch nicht sachdienlich; denn sie würde eine in ihrem Umfang noch nicht abzusehende Beweisaufnahme über das Verhalten der Parteien vor, bei und nach der Aktienübertragung erforderlich machen, während die Beweisaufnahme zur Entscheidung über die bisherigen Anträge nicht erforderlich ist (oben E.).

G. Hiernach ist die Berufung, abgesehen von dem durch Verlustigerklärung erledigten Teil, in vollem Umfang sachlich unbegründet. Sie war deshalb zurückzuweisen."

63. Durch Hoheitsmaßnahmen können juristische Personen und deren Vermögen gespalten werden. — Wird vor der Spaltung einer juristischen Person deren in Westdeutschland belegenes Vermögen auf eine Tochter-

gesellschaft übertragen, so ist das nicht eine Übertragung des gesamten Vermögens der Muttergesellschaft im Sinne des § 419 BGB. — Eine juristische Person, die ihren Sitz in der Ostzone hatte und deren Vermögen dort enteignet wurde, besteht in den Westzonen fort, wenn sie hier noch Vermögenswerte hat. — Nach dem Grundsatz der territorialen Beschränkung von Enteignungswirkungen wird das in Westdeutschland belegene Vermögen einer Handelsgesellschaft mit Sitz in der Ostzone von der dort ausgesprochenen Enteignung nicht erfaßt. — Hat eine Gesellschaft mit Sitz in der Sowjetzone eine Tochtergesellschaft, die ihren Sitz zur Zeit der Enteignung ebenfalls in der Sowjetzone und Vermögenswerte im Bundesgebiet hat, so gilt für die Abwehr von Enteignungsmaßnahmen die Beteiligung der Muttergesellschaft an ihrer Tochtergesellschaft nicht bloß an deren Sitz, sondern überall da als belegen, wo sich Vermögen der Tochtergesellschaft befindet.

BGH, Urt. v. 30. 1. 1956 — II ZR 168/54: BGHZ 20, 4; NJW 1956, 785 (abl. *W. Lewald*); GmbH-Rdsch. 1956, 122 (zust. *Töteberg*); AZGB Nr. 186 Nr. 870; WM IV B 1956, 349; BB 1956, 254; Betrieb 1956, 278; Auszug in DRsp. I (181) 47 a—b; Leitsatz in DRiZ 1955, 91; LM Nr. 6 zu § 419 BGB.

Der Kl. glaubt, Ansprüche gegen die Bekl., die L.-GmbH, und gegen deren Alleingesellschafterin, die Prevag, zu haben.

Die Betriebsführung der Prevag, die ihren Sitz in der Sowjetzone hatte, wurde im Juli 1949 von der DWK dem Energiebezirk West, einer im Volkseigentum stehenden Körperschaft des öffentlichen Rechts, übertragen; der Vorstand der Prevag blieb jedoch im Amt. Ende Juli 1948 ersuchte der Minister des Innern von Sachsen-Anhalt das Registergericht, die Prevag zu löschen, weil ihr gesamtes Vermögen enteignet sei; diesem Ersuchen wurde nicht stattgegeben, weil die Prevag nicht in der Enteignungsliste verzeichnet war.

Im Oktober 1948 gründete die Prevag mit einem ihrer Vorstandsmitglieder, das seinen Stammanteil abredegemäß alsbald an die Prevag abtrat, die bekl. L-GmbH mit Sitz in H. (sowjet.); die Gesellschaft hatte ein Stammkapital von 50 000 DM-Ost. Die Prevag verkaufte und übereignete der Bekl. durch Vertrag vom 22. 12. 1948 ihre drei in den westlichen Besatzungszonen liegenden Betriebsstellen F., R. und S.; die Kaufpreisforderung von 3 888 000 DM-Ost wurde der Bekl. gestundet.

Im Februar 1949 wurde das Vermögen der Prevag auf Grund der VO der Sowjetzone vom 30. 7. 1946 i. V. m. der AO zur Ergänzung der Vorschriften über Volkseigentum vom 2. 2. 1949 (ZVOBl 79) enteignet und auf den Energiebezirk West übertragen. Die Prevag wurde Ende Februar 1949 im Handelsregister gelöscht. Die Bekl. hat ihren Sitz inzwischen in das Bundesgebiet verlegt.

Der Kl. stützt seine gegen die Bekl. erhobene Klage u. a. darauf, daß ihm das Westvermögen der Prevag unbeschadet der Gründung der Bekl. hafte und diese außerdem als Übernehmerin des gesamten Westvermögens der Prevag für deren Verbindlichkeiten einzustehen habe.

Die Klage wurde in allen Instanzen mangels Passivlegitimation der Bekl. abgewiesen.

Aus den Gründen:

1. „§ 419 BGB setzt voraus, daß jemand durch Vertrag das Vermögen eines anderen übernimmt. Die durch den Vertrag vom 22. 12. 1948 übernommenen Gegenstände stellten nicht das Vermögen der Prevag, sondern nur einen kleinen Bruchteil davon dar. Der Umstand, daß die übernommenen Vermögenswerte das ganze Westvermögen der Prevag aus-

machten, rechtfertigt die Anwendung des § 419 BGB nicht. Diese Vermögensstücke stellten für sich kein gesondert zu beurteilendes Vermögen dar, sondern bildeten mit dem Ostvermögen der Prevag noch eine Einheit. Durch eine staatliche Hoheitsmaßnahme können allerdings juristische Personen und deren Vermögen gespalten werden. Das folgt aus der gebietsbeschränkten Wirkung staatlicher Zwangseingriffe und der Notwendigkeit, das Rechtssubjekt um des außerhalb des Zugriffsbereichs belegenen und deshalb von der Zwangsmaßnahme nicht betroffenen Vermögens willen zu erhalten. Das gilt für Eingriffe wie eine entschädigungslose Enteignung, eine Beschlagnahme oder die Einsetzung von Vertretern an Stelle des Vorstandes oder Geschäftsführers. Die Dinge lagen hier aber anders. Als die Prevag ihr Westvermögen auf die Bekl. übertrug, lag nichts weiter vor, als daß dem Energiebezirk West die Betriebsführung der Prevag übertragen war. Erst nach dem Vertrag vom 22. 12. 1948 wurde die Prevag enteignet. Die Möglichkeit hierzu wurde erst mit der AO zur Ergänzung der Vorschriften über Volkseigentum vom 2. 2. 1949 eröffnet. Vorher schwebte kein Enteignungsverfahren. Das Löschungsersuchen des Ministers des Innern von Sachsen-Anhalt vom 30. 7. 1948 war abgelehnt, weil die Prevag nicht auf der Enteignungsliste stand, und war damit erledigt. Der Vorstand der Prevag rechnete nicht mit einer Enteignung, da infolge Enteignung der privaten Aktionäre nur Rechtsträger des öffentlichen Rechts Aktionäre waren und eine Enteignung der Prevag auf eine Umwandlung von Staats- und Kommunaleigentum in Volkseigentum hinauslief. Wie das Berufungsgericht festgestellt hat, blieb der Vorstand nach der Anordnung des Überganges der Betriebsführung auf den Energiebezirk West bis zur Enteignung der Prevag im Amt. Tatsächlich hat der Vorstand den Vertrag vom 22. 12. 1948 geschlossen und die darin festgelegten Übereignungen vorgenommen. Bei dieser Sachlage kann nicht davon ausgegangen werden, daß das Westvermögen der Prevag vor einer Übertragung auf die Bekl. bereits von dem übrigen Gesellschaftsvermögen abgespalten war. Der III. ZS des BGH hat in seinem Urteil vom 21. 6. 1954 — III ZR 75/53 (nicht veröffentlicht)[1] das Westvermögen einer Person als ein im Sinne des § 419 BGB übernommenes Vermögen gewertet, falls der Gläubiger mit den dem Schuldner verbliebenen, im Herrschaftsbereich der sowjetzonalen Machthaber belegenen Vermögenswerten „nichts anzufangen vermag". Dort handelte es sich aber um eine Steuerforderung, deretwegen § 419 BGB angezogen wurde, und außerdem hatte das Berufungsgericht tatsächlich festgestellt, daß die im Einflußbereich der sowjetzonalen Machthaber belegenen Vermögensteile des Steuerschuldners dem Zugriff des Gläubigers entzogen waren; schließlich wurde die Anwendung der Vorschrift unterstützend noch damit gerechtfertigt, daß das Westvermögen unentgeltlich übertragen worden war. Im vorliegenden Falle dagegen handelt es sich nicht um einen Anspruch der öffentlichen Hand, sondern um einen privatrechtlichen Anspruch, und es ist nicht dargetan, daß der Zugriff eines solchen

---

[1] Siehe unten Nr. 98.

Gläubigers in das Ostvermögen der Prevag unmöglich gewesen wäre. Keinesfalls griff bereits die Ziffer 2 des SMA-Befehls Nr. 64 (ZVOBl 1948, 140) ein, da danach nur bereits enteignetes Vermögen von der Haftung für vor dem 9. 5. 1945 entstandene Verbindlichkeiten befreit ist und die Prevag im Jahre 1948 noch nicht enteignet war. Es kommt daher nicht erst darauf an, ob der Ansicht des III. ZS gefolgt werden könnte.

2. Soweit der Kl. geltend macht, an der Haftung des Westvermögens der Prevag könne sich durch die Gründung der Bekl. und den Vertrag vom 22. 12. 1948 nichts geändert haben, kann dies nur unter dem Gesichtspunkt beachtlich sein, daß die hinter der Bekl. stehende Prevag unter der Rechtsperson und der Firma der Bekl. für die Klageforderung in Anspruch genommen werden könne.

Ein derartiger Durchgriff auf das persönliche Substrat der Bekl. kann jedoch nicht als berechtigt anerkannt werden. Über die Rechtsform der juristischen Person darf nicht leichtfertig oder schrankenlos hinweggegangen werden. Darauf würde es aber hinauslaufen, wenn man dem Kl. gestatten wollte, seinen Streit mit der Prevag in einem Prozeß mit der Bekl. auszutragen und die Bekl. unmittelbar in Anspruch zu nehmen, statt der Prevag, die in der Bundesrepublik bisher keinen Sitz und keine Organe hat, durch das Gericht der Belegenheit ihres Westvermögens einen Vertreter nach § 57 ZPO bestellen zu lassen, dann die Prevag zu verklagen und bei obsiegendem Urteil ihre Anteilsrechte an der Bekl. zu pfänden.

Das ist möglich. Die Prevag ist zwar durch die vollständige Enteignung ihres sowjetzonalen Vermögens für das Gebiet der Sowjetzone vernichtet worden (*Beitzke*, BB 1949, 519; MDR 1949, 761; *Raape*, IPR § 66 IV; der von BGHZ 13, 106[1] entschiedene Fall lag anders). Sie lebt aber durch ihre Mitgliedschaft an der Bekl. weiter. Diese Beteiligung bestand allerdings, solange die Bekl. ihren Sitz in H. hatte, an einer Ostgesellschaft; sie wurde aber von der Enteignung der Prevag insoweit nicht erfaßt, als die Bekl. in den ihr durch den Vertrag vom 22. 12. 1948 übertragenen Vermögenswerten Westvermögen besaß. Dieses Vermögen gehörte zwar der Bekl. und nicht ihrem einzigen Gesellschafter, der Prevag, denn die Rechtsordnung hat die GmbH als eine juristische Person und damit als ein von ihren Mitgliedern scharf zu scheidende Rechtssubjekt ausgebildet. Die ausnahmslose Anwendung dieses Prinzips führt aber zu Ergebnissen, die mit dem Grundsatz der Rechtsstaatlichkeit unvereinbar sind und nicht als Recht anerkannt werden können. Die Bekl. ist mit dem Ziele gegründet worden, sie zu einer Gesellschaft zu machen, deren alleiniger Gesellschafter die Prevag sein sollte. Das ist auch erreicht worden. Darüber hinaus war die Gründung der Bekl. als eine rein organisatorische Maßnahme gedacht, um das Westvermögen der Prevag zu verselbständigen und in F. eine Filiale zu haben, von der aus die drei westlichen Betriebsstellen selbständig verwaltet und die Stromversorgung der vom Osten her eingespeisten Westgebiete sichergestellt werden könnten, falls sich bei

[1] Siehe oben Nr. 58.

einer Verstärkung der Abschnürung beider Teile Deutschlands eine Notwendigkeit hierzu ergab. Überdies sollte die Bekl., vielleicht von ihrem geringen Stammkapital in DM-Ost abgesehen, mit Westvermögen ausgestattet werden. Mindestens in einem Fall solcher Art muß auf die von der juristischen Person verdeckten Verhältnisse durchgegriffen werden. Dies bedeutet, daß die Mitgliedschaft der Prevag an der Bekl. für die Zwecke der Abwehr der gegen die Prevag gerichteten Enteignungsmaßnahme nicht bloß am Sitz der Gesellschaft, also in H., sondern überall da als belegen anzusehen ist, wo die Bekl. Gesellschaftsvermögen besaß (vgl. dazu *Seidl-Hohenveldern*, Internat. Konfiskations- und Enteignungsrecht, Tübingen 1952; Juristische Blätter 1952, 411 und BB 1953, 837). *Serick* (Rechtsform und Realität juristischer Personen, Berlin/Tübingen 1955) will den Durchgriff auf die von der juristischen Person verdeckten Kräfte und Verhältnisse nicht schon dann zulassen, wenn dies nach Inhalt und Zweck der Rechtsordnung erforderlich ist, um zu einer sachgerechten Entscheidung zu gelangen, sondern — von hier nicht interessierenden Tatbeständen abgesehen — bloß dann, wenn die juristische Person absichtlich zu anderen als den von der Rechtsordnung vorgesehenen Zwecken gebraucht werde. Das ist zu eng. Beim absichtlichen Mißbrauch der juristischen Person kann es nicht schwer fallen, die durch das Rechtssubjekt verdeckte Wirklichkeit bloßzulegen. Die Rechtsprechung hat den Durchgriff auf die hinter der juristischen Person stehenden Kräfte nicht von einem absichtlichen Mißbrauch der Rechtsfigur der juristischen Person abhängig gemacht. So hat das RG (RGZ 120, 287; 122, 481; 124, 164; 150, 401; JW 1929, 1374; 1930, 3740) den Verkauf sämtlicher Anteilsrechte als eine Veräußerung des von der Gesellschaft betriebenen Unternehmens angesehen, und, anders als *Serick*, nicht darauf abgehoben, ob der Wille der Vertragschließenden hierauf gerichtet war. Der I. ZS des BGH hat in seinem Urteil vom 3. 7. 1953 (BGHZ 10, 207) für die Aufrechnung gegenüber Kriegsgesellschaften genügen lassen, daß diese objektiv ein unselbständiges Werkzeug des Reiches waren, wenn nur die Forderung des Reichsgläubigers mit dem Daseinszweck der Reichsgesellschaft in einem engen Verhältnis stand (vgl. auch BGHZ 15, 27 [30]). Dem ist der Senat in seinem Urteil vom 28. 2. 1955 (LM, BGB § 387 [15] = BB 1955, 333) beigetreten (vgl. auch BGHZ 17, 19). Die Rechtsfigur der juristischen Person kann nur in dem Umfang Beachtung finden, in dem ihre Verwendung dem Zweck der Rechtsordnung entspricht. Es genügt nicht, daß diese Rechtsfigur ihren eigenen Zwecken gemäß benutzt wird. An einer rechtsordnungsmäßigen Verwendung der juristischen Person fehlt es, wenn ihre Einschaltung oder bloß die Tatsache ihres Vorhandenseins dazu führt, daß sich eine entschädigungslose Enteignung ihres Gesellschafters auf Vermögen auswirkt, das außerhalb des Machtbereichs des enteignenden Hoheitsträgers belegen ist und daher von einer Enteignung weder dann erfaßt werden würde, wenn die Enteignung das Vermögen der Gesellschaft beträfe, noch dann, wenn sie sich gegen den Gesellschafter richtete und das extraterritoriale Vermögen ihm gehörte. Es ist weder erforderlich, daß mit der Schaffung einer juristischen Person und der Übertragung von Vermögen auf sie der Zweck verfolgt wird, exterritoriales Vermögen in eine Enteignung einzubeziehen, noch, daß diese Folge überhaupt in Betracht gezogen wird (*Beitzke*, JZ 1956, 40). Durch die Errichtung der Bekl. und die Übertragung des Westvermögens der Prevag auf sie konnte eine Enteignung der Prevag nicht über den Einflußbereich der sowjetzonalen Machthaber hinaus erweitert werden. Die gebietsbeschränkte Wirkung von hoheitlichen Zwangsmaßnahmen erfordert den Durchgriff auf das, was durch die Rechtsfigur der Bekl. verdeckt wird. Soweit es um die Betriebsstellen F., R. und S. und das dazu gehörige Vermögen geht, stellt die Mitgliedschaft der Prevag an der Bekl. in Wirklichkeit nichts anderes als das Westvermögen der Prevag dar. Es würde zu weit gehen, wollte man hieraus die Folge ziehen, die der Bekl. übertragenen Vermögensstücke gehörten noch der Prevag, denn damit würde man das westliche Gesellschaftsvermögen der Bekl. als ihrem Gesellschafter gehörig ansehen und die Bekl. nicht mehr als eine von ihrem Gesellschafter verschiedene Person behandeln. Soll die nur gegen die Prevag und nicht auch gegen die Bekl. gerichtete Enteignung nicht das Westvermögen erfaßt haben, und das verlangt das Territorialitätsprinzip, so muß die Mitgliedschaft der Prevag an der Bekl. für die Zwecke der Abwehr einer sonst über die Gebietsgrenzen der Sowjetzone hinausgreifenden Enteignungsmaßnahme als im Westen belegen beurteilt werden. Insoweit ist die Beteiligung der Prevag an der Bekl. von der Enteignung verschont geblieben. Kraft dieser Beteiligung lebte die Prevag im Westen weiter. Nur dieser Vermögenswert und nicht das Westeigentum der Bekl. gehört der fortbestehenden Prevag. Der Kl. kann daher auf dem oben aufgezeigten Wege gegen die Prevag vorgehen. Für die Zulassung einer Klage, mit der eine Schuld der Prevag gegen die Bekl. geltend gemacht wird oder mit der unter der Firma der Bekl. die Prevag als ihr einziger Gesellschafter gefaßt werden soll, besteht kein Bedürfnis."

64. Die Wirkung von Enteignungsmaßnahmen ist auf das Hoheitsgebiet des enteignenden Staates beschränkt. — Kapitalgesellschaften, deren Vermögen in der Sowjetzone enteignet und die dort im Handelsregister gelöscht wurden, bestehen im Bundesgebiet weiter, wenn sie hier Vermögen haben; eine Sitzverlegung ist nicht erforderlich. — Der Bestellung eines Prozeßvertreters für eine solche Kapitalgesellschaft steht nicht entgegen, daß das Vormundschaftsgericht den Wirkungskreis des Pflegers auf die bloße Verwaltung der im Bundesgebiet befindlichen Vermögenswerte beschränkt hat.

OLG Köln, Beschl. v. 20. 6. 1956 — 5 W 25/56: NJW 1956, 1445; JMBl NRW 1956, 257; Die AG. 1957, 16[1]; Auszug in DRsp. I (181) 49b; Leitsätze in AZGB Nr. 190 Nr. 880 und BB 1957, 277.

Die ASt. ist die Witwe eines früheren Vorstandsmitglieds der AGg., der ASW-AG.; sie will auf Grund eines Versorgungsvertrages Pensionsansprüche gegen die AGg. geltend machen.

[1] Hier mit unrichtigem Datum veröffentlicht.

Das Vermögen der AGg., deren Sitz sich in D. (sowjet.) befand, ist in der Sowjetzone nach 1945 enteignet worden. Im Wertpapierbereinigungsverfahren ist rechtskräftig festgestellt worden, daß ein größerer Anteilsbesitz der AGg. an der Th.-Gasgesellschaft, welche 1948 ihren Sitz nach K. (Bundesgebiet) verlegt hatte, nach wie vor der AGg. zusteht. Die Gutschrift für diese Wertpapiere ist auf einem Anderkonto des gerichtlich bestellten Abwesenheitspflegers der AGg. erteilt worden.

Der Wirkungskreis des Pflegers hatte zunächst allgemein die Regelung aller Angelegenheiten hinsichtlich des Westvermögens der AGg. umfaßt, wurde jedoch später auf die Verwaltung der oben erwähnten Beteiligung eingeschränkt. Der Antrag des Pflegers, seinen Wirkungskreis dahin auszudehnen, daß er durch Urteil festgestellte, nicht verjährte Pensionsansprüche aus den Dividenden der Th.-Gasgesellschaft zahlen darf, wurde vom Vormundschaftsgericht abgelehnt.

Die ASt. hat für die gerichtliche Geltendmachung ihrer Versorgungsansprüche beantragt, ihr das Armenrecht zu gewähren und der AGg. einen besonderen Vertreter für die Durchführung des Prozesses zu bestellen.

Das LG wies den Antrag ab, das OLG gab ihm statt.

Aus den Gründen:

„Die Voraussetzungen des § 57 ZPO sind gegeben. Nach dieser Vorschrift hat der Vorsitzende des Prozeßgerichts, falls eine nicht prozeßfähige Partei verklagt werden soll, die ohne gesetzlichen Vertreter ist, dieser auf Antrag bis zum Eintritt des gesetzlichen Vertreters einen besonderen Vertreter zu bestellen, wenn für den Kl. Gefahr im Verzuge besteht.

Grundsätzlich ist jede AG. eine nicht prozeßfähige Partei im Sinne der ZPO, also auch die ASW. Dieser fehlt auch zur Zeit jedes zu ihrer gesetzlichen Vertretung berufene Organ. Trotz dieses Sachverhalts bestehen Bedenken gegen die Anwendung des § 57 ZPO, weil selbstverständlich nur für eine solche AG. ein besonderer Prozeßvertreter bestellt werden kann, die noch als rechtsfähige juristische Person, d. h. als rechtlich existent angesehen werden muß. In dieser Hinsicht erheben sich Zweifel in bezug auf die ASW., weil diese in der Sowjetzone ansässig war und dort enteignet, aufgelöst und im Handelsregister gelöscht worden ist.

In Rechtsprechung und Literatur besteht Einmütigkeit darüber, daß die in der Sowjetzone durchgeführten Enteignungsmaßnahmen keine rechtliche Wirksamkeit außerhalb der Gebietshoheit der Zone entfalten konnten, also das in der Bundesrepublik gelegene Vermögen der enteigneten — juristischen oder natürlichen — Personen nicht erfaßt haben (siehe für viele: BGHZ 5, 37[1]; 13, 108[2]). Das sogenannte Westvermögen gehört somit nach wie vor dem enteigneten Privatmann oder Unternehmen. Diese Feststellung kann nur dann Bedenken begegnen, wenn die Enteignungsmaßnahmen eine juristische Person getroffen und — wie es oft der Fall war — gleichzeitig deren Rechtspersönlichkeit vernichtet haben oder doch jedenfalls haben beseitigen wollen. Jedoch kann in einem solchen Fall das Westvermögen nicht als herrenlos angesehen werden. Vielmehr muß die Rechtspersönlichkeit des enteigneten Unternehmens jedenfalls insoweit als fortbestehend angesehen werden, als die Trägerschaft des Eigentumsrechtes an dem von der sowjetzonalen Enteignung nicht erfaßten Vermögen in Frage steht. Dies ist die notwendige Folge aus der Nichtanerkennung der Enteignungsmaßnah-

[1] IzRspr. 1945—1953 Nr. 402b. [2] Siehe oben Nr. 58.

men in bezug auf das Westvermögen (siehe hierzu *Ascher*, LM, Art. 7 EGBGB Nr. 9 unter Hinweis auf die Entscheidung des BGH vom 22. 12. 1953 — IV ZR 81/53). Soweit es sich um Kapitalgesellschaften handelt, kann in diesem Zusammenhang auch auf die in Rechtsprechung und Literatur gefestigte Ansicht hingewiesen werden, daß solche Gesellschaften trotz Auflösung, Abwicklung und Löschung fortbestehen, solange noch Vermögen vorhanden ist (RGZ 134, 93; *Baumbach*, Überblick § 203 AktG Anm. 1 B; *Baumbach*, Überblick § 60 GmbHG Anm. 1 B).

Es ist daher davon auszugehen, daß die enteigneten Ostunternehmen als Rechtspersönlichkeit in der Bundesrepublik fortbestehen, soweit sie dort Vermögen haben. Dieses Ergebnis wird nicht dadurch in Frage gestellt, daß sich häufig das enteignete Unternehmen vorerst in der Bundesrepublik nicht wieder konstituiert hat, nicht im Handelsregister eingetragen oder erst recht nicht als werbende Gesellschaft tätig ist. Das Unternehmen ist jedenfalls als eine im Stadium der Liquidation befindliche Gesellschaft anzusehen (vgl. BGH, Betrieb 1955, 685[1]).

Auch die ASW. besteht also in Beziehung auf ihr Westvermögen noch fort. Solches Vermögen hatte sie im Zeitpunkt der Enteignung in Form von Aktien der in K. ansässigen Th.-Gasgesellschaft im Nennwert von 10562800 RM. Diese Aktien sind von der Enteignung nicht erfaßt worden, wie im Wertpapierbereinigungsverfahren rechtskräftig festgestellt worden ist.

Die zuvor geäußerten Bedenken gegen die Anwendung des § 57 ZPO greifen somit nicht durch. Ferner kann gegen die beantragte Bestellung eines besonderen Prozeßvertreters für die ASW. nicht eingewandt werden, daß der Gesetzgeber nur an Fälle vorübergehender Verhinderung der gesetzlichen Vertreter gedacht habe, hier aber vor einer gesetzlichen Regelung der Rechtsverhältnisse dieser sogenannten Westvermögen von Ostgesellschaften mit der Bestellung gesetzlicher Vertreter der ASW. kaum zu rechnen sei. Dem steht einmal entgegen, daß „vorübergehend" eine sehr relative Zeitbestimmung darstellt. Jedenfalls sind bisher keine rechtlichen Bedenken dagegen laut geworden, daß ein besonderer Prozeßvertreter bis zum rechtskräftigen Abschluß eines u. U. langjährigen Rechtsstreites tätig wird, wenn immer noch kein gesetzlicher Vertreter vorhanden ist. Außerdem besteht nach Ansicht des Senats durchaus die Möglichkeit, daß für die ASW., die ja als in Liquidation befindlich anzusehen ist, ein gesetzlicher Vertreter vom AG in der Person eines Abwicklers bestellt werden kann, und zwar auf Antrag eines Gläubigers (§ 206 II AktG i. V. m. entsprechender Anwendung des § 76 aaO; vgl. *Baumbach*, § 206 AktG Anm. 3 B; ferner kommt die analoge Anwendung von § 214 IV AktG in Betracht).

Dem Antrag steht auch nicht entgegen, daß das Vormundschaftsgericht den Wirkungskreis des Pflegers ausdrücklich im Hinblick auf drohende Pensionsforderungen eingeschränkt hat. Die dem Vormundschaftsgericht gestellte Aufgabe ist eine ganz andere als die davon völlig

---

[1] Siehe unten Nr. 147.

unabhängige des Prozeßgerichts. Jenes soll durch die Pflegerbestellung Vermögen erhalten und für dessen ordnungsmäßige Verwaltung sorgen; dieses ist dazu berufen, über streitige Forderungen zu entscheiden, und hat dabei nur die prozeß- und materiellrechtlichen Voraussetzungen zu prüfen. Das gilt auch für den Fall, daß vor der Durchführung eines Rechtsstreits zunächst über einen Antrag auf Bestellung eines Vertreters gemäß § 57 ZPO zu entscheiden ist.

Der Antrag müßte jedoch zurückgewiesen werden, wenn die beabsichtigte Klage offenbar aussichtslos wäre (*Baumbach*, § 57 Anm. 1 B). Das ist aber nicht der Fall, wenn auch die u. U. zu prüfenden, mit der besonderen rechtlichen Situation der Westvermögen von enteigneten Unternehmen zusammenhängenden materiellrechtlichen Fragen recht schwierig und außerordentlich ungeklärt sein mögen.

Das zu prüfen, ist Sache des Prozesses selbst. Dasselbe gilt auch für die Frage der Zuständigkeit des angegangenen Prozeßgerichts, deren Untersuchung und Entscheidung nicht in das Verfahren nach § 57 ZPO gehört. Unter dem hier behandelten Gesichtspunkt (offenbare Aussichtslosigkeit der Klage) kann weiterhin nicht geprüft werden, ob eine eventuelle demnächstige Vollstreckung Erfolg verspricht bzw. bei der derzeitigen rechtlichen Situation auf seiten der ASW. überhaupt möglich ist. Darauf kommt es für die Frage der Begründetheit der Klage nicht an, wie keiner näheren Begründung bedarf.

Nach alledem bedarf nur noch der Entscheidung, ob für die ASt. mit dem Verzuge Gefahr verbunden ist. Entgegen dem ersten Richter ist auch dies zu bejahen. Der ASt. droht die Verjährung ihrer Ansprüche. Dem kann sie nicht dadurch begegnen, daß sie, wie der angefochtene Beschluß meint, statt zunächst nur ein Armenrechtsgesuch gleich eine Klage einreicht und dann wegen § 261 b III ZPO in Ruhe auf eine eventuelle demnächstige Zustellung der Klage wartet. Der Bestellung eines besonderen Prozeßvertreters bedarf es im vorliegenden Fall immer, damit überhaupt eine wirksame Zustellung erfolgen kann, nachdem feststeht, daß die ASW. zur Zeit gesetzlich nicht vertreten ist und das Vormundschaftsgericht die Bestellung eines zur Prozeßführung befugten Pflegers abgelehnt hat.“

65. Die Verlagerung von Vermögenswerten einer Kapitalgesellschaft aus dem Ostsektor Berlins in das Bundesgebiet verstieß im Jahre 1945 nicht gegen das westdeutsche Devisenrecht. — Die Enteignung des Vermögens von Handelsgesellschaften ist auf deren im Gebiet des enteignenden Staates belegenes Vermögen beschränkt. — Ein Unternehmen, dessen Vermögen in der Sowjetzone entschädigungslos enteignet wurde, gilt hinsichtlich seiner im Bundesgebiet befindlichen Vermögenswerte nach einer Sitzverlegung als fortbestehend. — Das Vorstandsmitglied einer in der Sowjetzone enteigneten Aktiengesellschaft, dem großen Teile des beweglichen Vermögens der Gesellschaft treuhänderisch übertragen wurden, um sie der Enteignung zu entziehen, behält hinsichtlich dieser Vermögenswerte seine Verwaltungsbefugnis; in ihrem Rahmen kann er sich auch für seine eigenen Gehaltsansprüche befriedigen.

BGH, Urt. v. 9. 7. 1956 — II ZR 279/54: WM IV B 1956, 1330; NJW 1957, 342.

Der Kl. war bis 1945 Vorsitzender des Vorstandes der B.-AG., die ihren Sitz im Gebiet des heutigen Ostsektors von Berlin hatte. Ehe der Kl. Anfang März 1945 Berlin verließ, legte er 400000 RM und größere Posten Wertpapiere aus dem Vermögen der B.-AG. auf ein von ihm in G. (heute: Bundesgebiet) mit dem Zusatz „Anderkonto B." eingerichtetes Bankkonto; der Bank gegenüber war der Kl. allein verfügungsberechtigt.

Am 16. 9. 1945 schlossen der Kl. und P., ein ehemaliges Vorstandsmitglied der B.-AG., zwei Verträge ab; P. handelte als Vertreter für seinen Schwiegervater E., den ehemaligen Hauptaktionär der B.-AG. und Alleinaktionär der Bekl. Im ersten Vertrag teilten der Kl. und E. — unter Vorbehalt etwaiger Ansprüche von Kleinaktionären — den größten Teil der noch greifbaren Vermögenswerte der B.-AG. im Verhältnis ihres Aktienbesitzes auf. In dem zweiten Vertrag wurden dem Kl. u. a. zur Sicherung seiner Ansprüche auf Ruhegehalt 225000 RM überlassen; von diesem Betrag stellte der Kl. 150000 RM der Bekl. für den Einkauf von Gerste zur Verfügung. Der Kl. sollte neben der Rückgewähr dieses Betrages eine Gewinnbeteiligung von 6,6%, mindestens aber 10000 RM im Jahr erhalten. Bis zur Währungsumstellung wurde dem Kl. dieser Mindestbetrag gezahlt.

Der Kl. verlangt nunmehr Rechnungslegung sowie Zahlung für die Zeit seit der Währungsumstellung bis Ende 1951.

Die Bekl. hat u. a. vorgebracht, die B.-AG. habe durch ihren im Westen bestellten Notvorstand alle Forderungen gegen den Kl. an sie, die Bekl., abgetreten. Der Kl. sei als Treuhänder der B.-AG. verpflichtet, alle in dieser Stellung für ihn begründeten Rechte an die B.-AG. zurückzugewähren. Da der Kl. einen Anspruch auf Ruhegehalt nicht habe, könne er auch keine Ansprüche auf die vom ihm beanspruchten Vermögenswerte der B.-AG. erheben. Außerdem seien der Abrechnungsanspruch des Kl. und seine Herausgabepflicht gegenüber der B.-AG. in einer, der Bekl., Person vereinigt und dadurch erloschen.

Der Kl. hat wegen seiner rückständigen Ruhegehaltsforderungen für die Zeit vom 1. 10. 1945 bis 31. 10. 1952 in Höhe von 88950 DM ein Zurückbehaltungsrecht geltend gemacht.

LG und OLG haben dem Antrag des Kl. auf Rechnungslegung durch Teilurteil entsprochen; der BGH hat diese Entscheidungen aufgehoben und die Sache zurückverwiesen.

Aus den Gründen:

„I. Der Kl. stützt den Anspruch auf Rechnungslegung auf den zweiten Vertrag vom 16. 9. 1945.

1. Daß dieser Vertrag rechtsunwirksam sei, weil er die in den MilReg-Ges. Nr. 52 und 53 enthaltenen Beschränkungen nicht beachte, hat das Berufungsgericht mit Recht verneint.

a) Weder die Verlagerung von Vermögenswerten der B. vom Ostsektor Berlins in die spätere brit. Besatzungszone Deutschlands noch die Überweisung der 150000 RM von dem Konto der X.-Bank, Filiale G., an die Bekl. enthielt einen Verstoß gegen Devisenbestimmungen. Zur Zeit der Verlagerung (März 1945) galt das MilRegGes. Nr. 53 in dem hier in Betracht kommenden Teil Deutschlands auch in seiner ursprünglichen Fassung nicht. Bei der Überlassung des Geldes an die Bekl. (September 1945) wurde das Gesetz im Verhältnis zu Rechtsinhabern im sowjet. Machtbereich noch nicht angewendet. Die Neufassung des Art. X g MilReg.Ges. Nr. 53, die eine Abgrenzung der verschiedenen Währungsgebiete innerhalb Deutschlands vorgenommen hat, ist erst am 19. 9. 1949 in Kraft getreten. Auch die im MilRegGes. Nr. 52 (Art. I

1f) für die brit. Besatzungszone angeordnete Sperre über Vermögen von Eigentümern außerhalb des Kontrollgebiets des Obersten Befehlshabers hinderte die Geldüberweisung an die Bekl. nicht, da diese Maßnahme, wie das Berufungsgericht zutreffend festgestellt hat, in der brit. Zone erst im Jahre 1946 Wirksamkeit erlangt hat.

b) Daß die Bekl. einer Vermögensbeschränkung gemäß Art. I 1f MilRegGes. Nr. 52 unterworfen gewesen sei, weil sich ihre Aktien in der Hand des amerik. Staatsangehörigen E., also eines Angehörigen der Vereinten Nationen, befanden, ist von keiner Partei vorgetragen worden. Das Berufungsgericht hat im übrigen mit Recht ausgeführt, der die Finanzierung des Gersteneinkaufs bezweckende Vertrag wäre auch bei einer Anwendung des MilRegGes. Nr. 52 nicht unwirksam gewesen, weil der gewöhnliche Geschäftsbetrieb der Bekl. innerhalb des besetzten Gebiets ein solches Geschäft normalerweise mit sich gebracht und dieses das Unternehmen der Bekl. wirtschaftlich nicht beeinträchtigt haben würde (Art. IV 6 a MilRegGes. Nr. 52); diese allgemeine Genehmigung habe damals auch für Unternehmen gegolten, die dem MilRegGes. Nr. 53 (Art. I 1 b a. F.) deshalb unterstanden hätten, weil einer ihrer Gesellschafter Devisenausländer war (vgl. auch *Palandt*, [BGB][7] Anm. 2 zu Art. I MilRegGes. Nr. 53). Die Revision hat diese Ausführungen des angefochtenen Urteils nicht beanstandet.

[Das Gericht sieht in dem Vertrag vom 16. 9. 1945 auch nicht die Vereinbarung einer gesetzlich unzulässigen Wertsicherungsklausel und bejaht den Anspruch des Kl. auf Rechnungslegung.]

II. Die gegen den Rechnungslegungsanspruch des Kl. erhobenen Einwände der Bekl. hält das Berufungsgericht nicht für begründet.

1. Das gilt einmal für den Hinweis der Bekl. darauf, daß der Anspruch des Kl. auf Rechnungslegung infolge der Abtretung aller Forderungen der B. gegen den Kl. durch Vereinigung von Schuld und Forderung in ihrer Person erloschen sei.

a) Die Annahme des Berufungsgerichts, daß die Forderungsübertragung seitens des Notvorstands der B. rechtswirksam sei, läßt sich nicht beanstanden. Nach ständiger Rechtsprechung des OGH Köln, der sich der BGH angeschlossen hat, erfaßt die Enteignung des Vermögens von Handelsgesellschaften im sowjet. Machtbereich nicht deren in der Bundesrepublik und in West-Berlin gelegene Vermögensteile (OGHZ 1, 390ff.[1]; 4, 9[2]; BGHZ 2, 222; 7, 304[3]; 13, 108[4]; 17, 213[5]). Das hinsichtlich seines im Ostsektor von Berlin gelegenen Betriebsvermögens entschädigungslos enteignete und in Volkseigentum überführte Unternehmen gilt mit Bezug auf seine in der Bundesrepublik und in West-Berlin befindlichen Vermögensteile auch ohne Sitzverlegung und Neueintragung im Handelsregister in der bisherigen Rechtsform als fortbestehend. Der für das Westvermögen der B. — als solches sind auch die nach G. verlagerten Gelder und Effekten anzusehen — bestellte Notvorstand konnte

[1] IzRspr. 1945—1953 Nr. 365.
[2] IzRspr. 1945—1953 Nr. 381.
[3] IzRspr. 1945—1953 Nr. 367.
[4] Siehe oben Nr. 58.
[5] Siehe unten Nr. 215.

daher die Ansprüche der B. auf dieses Vermögen an die Bekl. abtreten. Daß der Notvorstand nach seiner Ergänzung durch ein zweites Mitglied zu der Übertragung der Forderung rechtlich oder tatsächlich nicht befugt gewesen wäre, ist nicht ersichtlich. Die Wirksamkeit der Abtretung läßt sich daher nicht in Zweifel ziehen.

b) Der Übergang der ursprünglich der B. gegen den Kl. zustehenden Forderungen auf die Bekl. hat den Rechnungslegungsanspruch des Kl. nicht zu Fall gebracht. Allerdings erlischt ein Rechtsverhältnis durch die Vereinigung von Forderung und Schuld in einer Person; denn jedes Schuldverhältnis erfordert begrifflich zwei Subjekte, und niemand kann sein eigener Gläubiger oder Schuldner sein. Voraussetzung für eine solche Konfusion ist aber, daß die sich in einer Person vereinigenden Verbindlichkeiten und Ansprüche aus demselben Schuldverhältnis hervorgehen und daß sie ihrem Leistungsinhalt nach übereinstimmen. Das ist hier nicht der Fall. Der Rechnungslegungsanspruch des Kl. beruht auf dem Vertrage über die Hingabe von 150000 RM zwecks Ankaufs und Verwertung von Gerste. Die auf die Bekl. übertragenen Forderungen der B. dagegen ergeben sich aus dem mit dem Kl. getroffenen Abkommen über die Verlagerung von Vermögensteilen der B., die dadurch dem Zugriff der auf Berlin anrückenden sowjet. Streitkräfte entzogen werden sollten. Sie verpflichten den Kl. als Treuhänder des ihm anvertrauten Teils des Gesellschaftsvermögens zur Rechenschaftslegung über Bestand, Veränderungen und Verbleib des Treuguts, nach Beendigung des Treuhandverhältnisses zur Herausgabe des während der Vermögensverwaltung Erlangten, u. U. auch zum Ersatz eines durch sein Verschulden etwa eingetretenen Schadens. Schon hieraus ergibt sich, daß der Anspruch des Kl. auf Rechnungslegung gegen die Bekl. und die auf diese übergegangene Forderung der B. auf Abrechnung über die dem Kl. zu treuen Händen überlassenen Vermögensgegenstände sowohl auf verschiedenen Rechtsverhältnissen beruhen als auch inhaltlich voneinander abweichen. Dadurch, daß die Ansprüche der B. aus dem Treuhandverhältnis mit dem Kl. auf die Bekl. übergegangen sind, ist somit eine Vereinigung von Schuld und Forderung in ihrer Person hinsichtlich des Vertrages vom 16. 9. 1945 nicht eingetreten, der Rechnungslegungsanspruch des Kl. also nicht hinfällig geworden.

2. Die Bekl. bezeichnet das Verlangen des Kl. auf Rechnungslegung angesichts des Übergangs der Forderungen der B. auf sie als rechtsmißbräuchlich. Sie meint, der Kl. handele arglistig, wenn er eine Abrechnung verlange, obwohl feststehe, daß er auf das, was sich aus der Rechnungslegung ergebe, keinen Anspruch habe und daß er auf Grund des Treuhandverhältnisses alles aus der Geschäftsführung Erlangte an die B. und nach Abtretung der dieser gegen ihn zustehenden Ansprüche an sie, Bekl., herauszugeben habe. [Der BGH schließt sich dieser Ansicht an, wenn unterstellt werde, daß dem Kl. eine Ruhegehaltsforderung gegen die B. nicht zusteht.]

b) Es bleibt zu prüfen, ob das Klagebegehren gerechtfertigt wäre, wenn der Kl. die Forderung auf Rechnungslegung auf das Bestehen von Ansprüchen gegen die B. stützen könnte, die ihm das Recht gäben, die von der Bekl. auf Grund der Abtretung geforderte Herausgabe des Treuguts zu verweigern. Tatsächlich hat sich der Kl. gegenüber den von der Bekl. erhobenen Ansprüchen der B. auf ein Zurückbehaltungsrecht wegen der ihm bis einschließlich Oktober 1952 zustehenden Pensionsansprüche berufen.

Das RG hat die Ansicht vertreten, gegenüber einem Anspruch auf Herausgabe des durch eine Geschäftsbesorgung Erlangten (§ 667 BGB) könne der Beauftragte gleichgültig, ob das durch den Auftrag begründete Rechtsverhältnis als ein Treuhandverhältnis im eigentlichen Sinne aufzufassen sei oder nicht, kein Zurückbehaltungsrecht wegen solcher Ansprüche geltend machen, die mit der Geschäftsbesorgung außer Zusammenhang ständen. [Das Gericht verweist auf RGZ 160, 59 sowie auf BGHZ 14, 346.] Die genannten Entscheidungen schließen aber die Geltendmachung des Zurückbehaltungsrechts oder die Aufrechnung gegenüber dem Anspruch auf Rückgabe des Treuguts nicht schlechthin aus. Sie lassen sie nur dann nicht zu, wenn die Erörterung des Bestehens von Gegenforderungen mit dem Inhalt des Treuhandverhältnisses nicht vereinbar ist. So liegt der Fall hier jedoch nicht. Der Kl. war, als er den Auftrag auf Verlagerung von Vermögenswerten nach dem Westen erhielt, Vorsitzender des Vorstands der B. Das durch den Auftrag begründete Treuhandverhältnis an den verlagerten Gegenständen stand mit seiner Stellung als Vorstandsmitglied in engem Zusammenhang. Es ist ohne das durch seine langjährige Tätigkeit in den Diensten der B. begründete Vertrauensverhältnis wohl überhaupt nicht denkbar. Die Übergabe eines großen Teils des beweglichen Vermögens der B. an den Kl. in seiner Eigenschaft als Vorstandsmitglied begründete nicht nur die Verpflichtung des Kl., das anvertraute Gut sicher zu verwahren, zu verwalten und es zur gegebenen Zeit an den Berechtigten herauszugeben; sie gab dem Kl. als Vorstandsmitglied auch das Recht, das Treugut nach Maßgabe der ihm verbliebenen Verfügungsbefugnis und der durch den Kriegsausgang und die sowjet. Besetzung eingetretenen Beschränkung des Tätigkeitskreises der B. für deren Zwecke und Aufgaben zu verwenden. Im Rahmen dieser Befugnis würde es keine schuldhafte Verletzung des Treuhandverhältnisses dargestellt haben, wenn der Kl. aus dem Treugut unter Berücksichtigung der zur Verfügung stehenden Mittel Verbindlichkeiten der B. berichtigt, z. B. die Schuld aus einer unstıeitigen Warenlieferung bezahlt oder Gehaltsansprüche eines Angestellten erfüllt hätte. In gleicher Weise muß eı aber auch für berechtigt angesehen werden, sich aus dem Treugut wegen eigener Ansprüche auf Gehalt oder Pension zu befriedigen. Für welche Zeit und in welcher Höhe dies geschehen durfte, bedarf in diesem Zusammenhange keiner näheren Erörterung. Kann aber dem Kl. für den Fall, daß sein ihm vertraglich zugesicherter Anspruch auf Zahlung eines Ruhegehalts nicht erloschen ist, das Recht, sich nach Lage der Verhältnisse an das Treugut zu halten, gegebenenfalls auch sich aus ihm zu befriedigen, nicht abgesprochen werden, so muß ihm gegenüber dem Herausgabeverlangen des Treugebers auch ein Zurückbehaltungsrecht an den zu seiner Sicherung rechtmäßig in Anspruch genommenen Teilen des Treuguts zugebilligt werden. Die Bekl. als Rechtsnachfolgerin der B. könnte dem Kl., soweit er wegen seiner Ruhegehaltforderungen Ansprüche auf das Treugut zu erheben hat, das Recht auf Rechnungslegung nicht mit dem Hinweis darauf verweigern, daß er der B. und nach der Abtretung ihr nach dem Inhalt des Treuhandverhältnisses das gesamte Treugut herauszugeben habe. Vielmehr hätte der Kl., wenn ihm Pensionsansprüche gegen die B. zuständen, ungeachtet der Abtretung der Ansprüche der B. an die Bekl. das Recht, über die der Bekl. auf Grund des Vertrages vom 16. 9. 1945 hingegebenen 150000 RM für die im Antrage auf Rechnungslegung vorgesehene Zeit Rechenschaft zu verlangen.

III. Für die Frage, ob der Rechnungslegungsanspruch des Kl. begründet ist, kommt es hiernach entscheidend darauf an, ob dem Kl. gegen die B. die Forderung auf Zahlung eines Ruhegehalts zusteht. Das Berufungsgericht durfte diese Frage nicht ungeprüft lassen."

2. Juristische Personen des Landesrechts

66. In der Sowjetzone ergangene Enteignungsgesetze können dahin ausgelegt werden, daß die enteigneten juristischen Personen nicht aufgelöst oder völlig vernichtet werden sollten. — Die Verlegung des Sitzes einer nach Landesrecht gegründeten juristischen Person in ein Gebiet außerhalb des Gründungslandes führt zwar zur Auflösung der Gesellschaft; diese besteht jedoch insoweit fort, als es der Zweck der Abwicklung verlangt. — Die Wirkung einer Enteignung ist auf das Gebiet des enteignenden Hoheitsträgers beschränkt. — Klagt ein in der Sowjetzone enteignetes Unternehmen auf Herausgabe von Betriebsvermögen, weil sich dieses zur Zeit der Enteignung in Westdeutschland befunden hatte, dann braucht das Unternehmen nur sein Eigentum zu beweisen; der beklagte Besitzer hat zu beweisen, daß die Gegenstände erst nach der Enteignung in das Bundesgebiet gelangt sind. — Es kann festgestellt werden, daß das allein vertretungsberechtigte Organ eines in der Sowjetzone enteigneten Unternehmens, welches nach der Enteignung in dem volkseigenen Nachfolgebetrieb tätig war, Rechtsgeschäfte nur für diesen Nachfolgebetrieb abgeschlossen hat, selbst wenn sich der Nachfolgebetrieb der alten Firma bediente.

BGH, Urt. v. 6. 7. 1955 — IV ZR 57/55: WM IV B 1955, 1318; Betrieb 1955, 916; Auszug in DRsp. I (181) 44c.

Die Kl. ist als bergrechtliche Gewerkschaft nach dem Recht von Sachsen-Meiningen gegründet worden und hatte ihren Sitz in L. (jetzt: sowjet.). Sie wurde durch das thüringische Ges. vom 30. 5. 1947 entschädigungslos enteignet und später im Handelsregister gelöscht. Der zum „bevollmächtigten Direktor" der Kl. bestellte G. ist auf Anordnung der thüringischen Landesverwaltung mit allen anderen Mitgliedern der Betriebsleitung noch bis in das Jahr 1948 in dem Werk der Kl. in L. tätig gewesen. 1951 beschloß die Kl., ihren Sitz nach Westdeutschland zu verlegen; ferner wurde ein neuer Grubenvorstand gewählt und dessen Mitglieder zu Liquidatoren bestellt. Bisher ist die Kl. im Bundesgebiet noch nicht in das Handelsregister eingetragen worden.

Im Jahre 1948 schlug die im Bundesgebiet ansässige Bekl., die eine größere Anzahl von Stahlflaschen gesammelt hatte, welche der Kl. mindestens bis zu ihrer Enteignung gehört hatten, der „Gewerkschaft X., Werk in L." vor, diese Flaschen auszutauschen gegen gleichartige Flaschen, welche sie durch ein Zweigwerk in der Sowjetzone liefern werde. Das Werk in L. war mit diesem Tausch einverstanden. Dieser Schriftwechsel wurde von dem Werk in L. auf Briefbogen der Kl. geführt; die Schreiben sind mit „Gewerkschaft Werk L." unterstempelt und von R., einem früheren Schlosser des Werkes, und G. unterzeichnet.

In ähnlicher Weise tauschte die Bekl. in den Jahren 1949/50 weitere Flaschen mit dem Werk in L. Diesen Briefwechsel hat das Werk in L. auf Briefbogen der Kl. geführt; diese waren jedoch mit dem Aufdruck und der Unterschrift „VVB Mineral und Erz, Werk X. in L." versehen. G. hat diese Schreiben nicht mehr unterzeichnet.

Die Kl. verlangt von der Bekl. die eingetauschten Flaschen heraus. Die Klage hatte in allen Instanzen Erfolg[1].

Aus den Gründen:

I. „Die Kl. ist parteifähig und auch ordnungsgemäß vertreten.

1. Nach den Feststellungen des Berufungsgerichts hat das thüringische Ges. vom 30. 5. 1947 (RegBl für das Land Thüringen I 53f.) das Vermögen der Kl. in der Sowjetzone enteignet und es ‚in das Eigentum des Volkes' und damit des thüringischen Staates übertragen, ohne hierbei zugleich die Kl. als juristische Person aufzulösen oder gar völlig zu vernichten. Diese Annahme entspricht dem Wortlaut des Gesetzes und ist auch sonst rechtlich bedenkenfrei. Es kann daher auf sich beruhen, ob das Revisionsgericht die Ausführungen des Berufungsgerichts hier deshalb nachprüfen kann, weil sie Umstände betreffen, die von Amts wegen zu prüfen sind. Die Kl. ist hiernach als juristische Person bestehen geblieben. Sie ist als solche rechtsfähig und damit auch parteifähig (§ 50 I ZPO; BGHZ 13, 106 [107f.][2]). Auf die Frage, ob die Kl. ihren Sitz wirksam nach Westdeutschland verlegt hat, kommt es insoweit nicht an. Das Berufungsgericht hat zudem zutreffend dargelegt, da die Rechtsfähigkeit der Kl. auf sachsen-meiningischem Bergrecht beruhe, würde eine wirksame Sitzverlegung von L. nach Westdeutschland zwar die Auflösung der Kl. bewirken; hieraus folge jedoch nur, daß sie als Gewerkschaft in Liquidation mit Rechtspersönlichkeit erhalten bleibe (RG, JW 1918, 510 mit Anm. von *Isay*; RG, Warneyers Jahrbuch 1918, 203 Nr. 134; vgl. auch *Müller-Erzbach*, Das Bergrecht Preußens und des weiteren Deutschlands [1917] 280 unter II und II 3). Als solche gilt die Kl. mindestens entsprechend § 49 II BGB als fortbestehend, soweit der Zweck der Liquidation es erfordert. In diesen Rahmen fällt es auch, wenn sie ihr Westvermögen zu erfassen und zu sammeln versucht und hierzu Prozesse führt.

2. Die Kl. ist nach den getroffenen Feststellungen auch ordnungsgemäß vertreten. Die Bekl. macht insoweit nur geltend, der neue Grubenvorstand sei nicht gemäß Art. 136 des BergGes. von Sachsen-Meiningen i. d. F. vom 18. 2. 1904 (Sammlung der landesherrlichen VOen im Herzogtum Sachsen-Meiningen 24, 201 [239]) der Bergbehörde namhaft

---

[1] Vgl. den tatsächlich und rechtlich sehr ähnlichen Fall in IzRspr. 1945—1953 Nr. 109.

[2] Siehe oben Nr. 58.

gemacht worden. Das Berufungsgericht hat dargelegt, daß es sich hierbei nur um eine bergpolizeiliche Ordnungsvorschrift handele, ein Verstoß hiergegen jedenfalls die Vertretungsmacht der Vorstandsmitglieder und Liquidatoren nicht berühre. Auch insoweit ist kein Rechtsfehler ersichtlich.

II. Die Klage ist sachlich gemäß § 985 BGB voll gerechtfertigt. Es ist davon auszugehen, daß die Kl. Eigentümerin der herausverlangten Stahlflaschen geblieben ist.

1. Die Enteignung durch das thüringische Ges. vom 30. 5. 1947 konnte das Vermögen der Kl. in Westdeutschland nicht erfassen, weil eine Enteignung nicht weiter wirken kann, als die Gebietshoheit der enteignenden Macht reicht (BGHZ 13, 106 [108] mit Nachweisen[1]). Die Kl. ist schon deshalb trotz des Gesetzes Eigentümerin aller Stahlflaschen geblieben, die sich vor der Enteignung außerhalb der Sowjetzone befanden.

2. Die Klage geht davon aus, daß alle herausverlangten Flaschen schon vor diesem Zeitpunkt in Westdeutschland gewesen und demzufolge nicht mit enteignet worden seien. Das Berufungsgericht hat es mit Recht für unerheblich gehalten, daß die Bekl. dies bestreitet. Die Kl. ist zwar für die Tatsachen darlegungs- und beweispflichtig, aus denen sich ihr Eigentum ergibt. Insoweit genügt es aber, wenn sie Tatsachen vorträgt, aus denen folgt, daß sie Eigentümerin war; sie braucht nicht außerdem, was kaum möglich wäre, darzulegen, daß sie das Eigentum auf keine Weise wieder verloren hat. Insoweit steht ihr die Vermutung zur Seite, daß das Eigentum, das sie unstreitig ursprünglich an den Flaschen gehabt hat, fortdauert (vgl. RGRK, BGB[10] § 985 Anm. 6 I 339 mit Nachweisen). Sie braucht daher auch nicht darzutun, die streitigen Flaschen seien nicht von der sowjetzonalen Enteignung ergriffen worden. Es wäre vielmehr Sache der Bekl. gewesen, darzulegen, welche der Flaschen erst nach der Enteignung aus der Sowjetzone nach Westdeutschland gelangt sein sollen. Es kann daher auch dahinstehen, inwieweit eine solche Enteignung hier anzuerkennen wäre.

Auf § 1006 BGB kann die Bekl. sich dagegen ihrerseits nicht berufen. Hiernach wird zwar zugunsten des Besitzers einer beweglichen Sache vermutet, daß er Eigentümer der Sache sei (Absatz 1 Satz 1). Das gilt jedoch nicht, wenn der Besitzer zunächst unstreitig Fremdbesitzer war und er erst später Eigenbesitzer und damit Eigentümer geworden sein will (OGHZ 1, 285 [286]; BGH-Urteile vom 24. 4. 1952 — IV ZR 107/51 — S. 9 = LM Nr. 2 § 1006 BGB und vom 2. 10. 1952 — IV ZR 200/51 — S. 14; RGRK, BGB[10] § 1006 Anm. 2 II 382; *Wolff*, Sachenrecht[9] § 22 I 57). So liegt es hier. Die Bekl. will nachträglich auf Grund des von ihr am 5. 3. 1948 begonnenen Schriftwechsels Eigentümerin der Stahlflaschen geworden sein.

3. Nach ihrem eigenen Vortrag hat die Bekl. aber an keiner der Stahlflaschen Eigentum erlangt.

a) Bei dem zweiten Tausch von insgesamt 548 Flaschen, der nach dem Schreiben der Bekl. an das Werk in L. vom 21. 2. 1950 um die Jahres-

[1] Siehe oben Nr. 58.

wende 1949/1950 vollzogen worden ist, ist das ganz eindeutig. In dem Schreiben hat sie der Firma ‚VVB Mineral und Erz Thüringen Kohlensäurewerk X. in L.‘ mitgeteilt, nach Angabe ihres Thüringer Werkes seien ‚inzwischen 528 Zehner und 20 Zwanziger für Sie fertig gemacht worden‘. Es heißt dann weiter: ‚Wir haben die gleiche Stückzahl Flaschen von Ihrer Firma in unseren Park übernommen.‘ Der ganze vorangegangene Schriftwechsel über den zweiten Tausch (begonnen am 26. 1./2. 2. 1949) war schon mit derselben neuen ‚Firma‘ geführt worden. Die Bekl. hat hiernach diesen Posten ausdrücklich von dem volkseigenen Betrieb, also von einem Nichtberechtigten übernommen. Ein gutgläubiger Erwerb scheidet hierbei schon deshalb aus, weil die Bekl. den Besitz nicht von dem volkseigenen Betrieb erlangt hatte (§§ 929 Satz 2, 932 I Satz 2 BGB; entsprechend wegen der Verfügungsbefugnis § 366 HGB).

b) Soweit die Bekl. geltend macht, G. habe den Tausch als alleinvertretungsberechtigter Vertreter der Kl. mit ihr vereinbart und vollzogen, kann es sich nur um den ersten Tausch über insgesamt 205 Stahlflaschen handeln. Insoweit hat allerdings G. — neben R. — mit Schreiben vom 30. 11. 1948 noch davon Kenntnis genommen, daß die Bekl. ‚laut der . . . mitgesandten Aufstellung‘ 205 Flaschen ‚übernommen und umgeschlagen‘ habe. In diesem Briefwechsel lag die Einigung über den Eigentumsübergang. Damit konnte aber schon deshalb kein Eigentum nach § 929 Satz 2 BGB übergehen, weil G., wie das Berufungsgericht feststellt, seit Oktober 1947 Beauftragter des ‚Chefdirektors der Landeseigenen Betriebe‘ in dem Werk in L. war, er seit dem nur noch in dieser Eigenschaft in dem enteigneten Betrieb tätig gewesen ist und sein wollte und er auch nur im Rahmen dieser Tätigkeit die erste Tauschvereinbarung getroffen und durchgeführt hat. Auf die Frage, ob G. die Kl. allein hätte vertreten können, und auf alle insoweit erhobenen Revisionsrügen kommt es hiernach nicht an.

Die Revision meint zu Unrecht, die Auffassung des Berufungsgerichts, G. habe nicht im Namen der Kl. gehandelt, sei mit den vorgelegten Urkunden unvereinbar. Daß die Vertreter eines enteigneten Betriebes zunächst die alte Firma weiterführen und deren Briefbogen unverändert benutzen, zwingt nicht zu der Annahme, daß sie im Namen der alten Firma handeln wollen und handeln. Wie das Beispiel der Firmenfortführung (§ 25 HGB) zeigt, können im Geschäftsleben hinter demselben Betriebsnamen verschiedene Rechtsträger stehen. Es ist daher für sich allein unerheblich, daß G. unter dem Namen der Kl. aufgetreten ist, sofern nicht feststeht, daß er gerade für die Kl. und nicht für den zunächst noch gleichnamigen staatseigenen Betrieb gehandelt hat. Das erste hat das Berufungsgericht jedoch — rechtlich unangreifbar — verneint. Für seine Ansicht spricht, daß wohl der staatseigene Betrieb, aber nicht die enteignete Kl. an dem Tausch interessiert sein konnte und daß ferner die streitigen Schreiben an erster Stelle von einem früheren Schlosser der Kl., R., unterzeichnet worden sind, der unstreitig erst nach dem Zusammenbruch in die Betriebsleitung eingerückt und nie von der Kl. bevollmächtigt worden ist. Der Schluß der Revision, R. habe möglicherweise den volkseigenen Betrieb, G. dagegen die Kl. verpflichtet, entspricht nicht der Sachlage. Das Berufungsgericht konnte vielmehr bedenkenfrei annehmen, daß beide mit ihrer gemeinsam abgegebenen Erklärung für die enteignete ‚Gewerkschaft X.' in ihrer damaligen Rechtsstellung innerhalb der Sowjetzone, also für den landeseigenen Betrieb, gehandelt haben.

Wenn der landeseigene Betrieb im Jahre 1948 in dem Schriftwechsel mit der Bekl. noch die Briefbogen der Kl. und deren Firma benutzt hat, ohne auf die eingetretenen Änderungen hinzuweisen, und wenn die Bekl. hierauf vertraut haben sollte, so ergibt sich hieraus allein nichts gegen die Kl. Insbesondere können die Grundsätze der sogenannten Anscheins- oder Duldungsvollmacht, auf welche die Revision in der mündlichen Verhandlung verwiesen hat, nicht eingreifen. Ihre Anwendbarkeit ist schon zweifelhaft, weil das Wirtschaftsleben die Fortführung eines Betriebs unter der bisherigen Firma, ohne daß ein ‚das Nachfolgeverhältnis andeutender Zusatz' beigefügt wird, kennt (§ 25 HGB). Außerdem ist nicht ersichtlich, daß die verantwortlichen Organe der Kl. diesen Zustand gekannt und geduldet haben oder daß sie gar etwas dagegen hätten unternehmen können. Die Bekl. mußte überdies nach allgemeiner Erfahrung schon im Jahre 1948 damit rechnen, daß die Kl. enteignet war, falls sie, wie sie behauptet, von der Enteignung der Kl. nichts gewußt hat; sie konnte daher auch nicht ohne weiteres annehmen, daß sie die Tauschgeschäfte mit der wahren Eigentümerin der streitigen Stahlflaschen schloß.

Ein Erwerb kraft guten Glaubens scheidet auch hinsichtlich des ersten Tausches schon aus den zu II 3 a erörterten Gründen aus."

3. Ort der Geschäftsleitung und Sitz von Gesellschaften

Vorbemerkung: Siehe die Vorbemerkung zu Abschnitt II 5, oben vor Nr. 44. Entscheidungen zur Frage der Zulässigkeit eines Doppelsitzes von Kapitalgesellschaften sind nicht mehr bekannt geworden.

67. Der einmal begründete Ort der Geschäftsleitung wird durch die Einsetzung eines Treuhänders nicht aufgehoben, sondern bleibt bestehen.

KG Berlin-West, Beschl. v. 28. 3. 1955 — 1 W Umw 801/55: WM IV B 1955, 894.

Die ASt., ein rechtsfähiger Verein, der seine Rechtsfähigkeit durch staatliche Verleihung erhalten hatte, ist im Jahre 1945 nach dem MilRegGes. Nr. 52 unter Treuhänderschaft gestellt worden. Im Februar 1953 sind durch Beschluß das AG Berlin-C. (Berlin-West) Notvertreter für die ASt. bestellt worden. Bis zur Einsetzung des Treuhänders hatte die ASt. ihren Sitz in Berlin und den Ort ihrer Geschäftsleitung im jetzigen Gebiet von Berlin-West.

Nachdem das Schuldnerinstitut, die Beteiligte zu 1), die Umwandlung eines Uraltkontos der ASt. abgelehnt hatte, beantragte diese eine gerichtliche Entscheidung; sie legte u. a. eine Bescheinigung des Hauptfinanzamtes für Körperschaften von Berlin vom 7. 5. 1954 vor, wonach die ASt. im Dezember 1952 unbeschränkt körperschaftssteuerpflichtig gewesen sei.

Das LG gab dem Antrag auf gerichtliche Entscheidung statt; die von der Beteiligten zu 2), der Bundesrepublik Deutschland, eingelegte sofortige Beschwerde hat das KG zurückgewiesen.

Aus den Gründen:

„Das LG hat in der angefochtenen Entscheidung ausgeführt:

Aus dem Umstand, daß ein Treuhänder nicht berechtigt sei, den Bestand des Vermögens des seiner Verwaltung unterliegenden Unternehmens zu schmälern und beeinträchtigende Geschäfte zu tätigen, sondern diesen Bestand lediglich zu wahren habe (Senat in 1 W 1670/49 vom 1. 9. 1949, HuW 1950, 133; LG Berlin, JR 1951, 244), könne allenfalls geschlossen werden, daß der Treuhänder nicht befugt sei, den Ort der Geschäftsleitung des Unternehmens zu verlegen oder neu zu begründen. Letzteres komme aber hier nicht in Betracht. Der einmal begründete Ort der Geschäftsleitung eines Unternehmens werde durch die Einsetzung eines Treuhänders nicht aufgehoben, sondern bleibe bestehen. Mit Rücksicht auf die Bestimmung des Art. IVa des MilRegGes. Nr. 52 sei demgemäß auch stets in einhelliger Rechtsprechung (LG Berlin, JR 1950, 243; LG Göttingen, NJW 1952, 668; KG, NJW 1954, 351 Nr. 7) die Befugnis des Treuhänders zur Vornahme von Rechtsgeschäften, die der Erhaltung des Vermögensbestandes dienten, bejaht worden. Die von dem Beteiligten zu 2) vertretene Ansicht, ein unter Treuhandschaft gestelltes Unternehmen führe keine dem früheren Unternehmen entsprechenden Geschäfte, stehe in unlösbarem Widerspruch zu Art. IV des Ges. Nr. 52 und der dazu ergangenen Rechtsprechung und könne deshalb nicht gebilligt werden. Die von *Schoele* (Die Anmeldung von Schuldverschreibungen der Berliner Altbanken nach der 2. DVO zum UG, 77 unter C 2a letzter Absatz) vertretene Auffassung, die Tatsache, daß ein Treuhänder in Berlin (West) bestellt sei, rechtfertige für sich allein nicht die Annahme, daß eine Geschäftsleitung in diesem Gebiete gegeben sei, stehe nicht entgegen, da hier im Einklang mit Art. IV des Ges. Nr. 52 lediglich festzustellen sei, daß eine beim Zusammenbruch bereits in Berlin (West) bestehende Geschäftsleitung vom Treuhänder fortgesetzt worden sei. Auch Wortlaut und Sinn des § 1 III UEG nötigten nicht zu der Annahme, daß ein nach dem 8. 5. 1945 gemäß Ges. Nr. 52 unter Treuhandschaft gestelltes Unternehmen, das bis zu diesem Tage sowohl Sitz in Berlin wie auch den Sitz der Geschäftsleitung in Berlin (West) gehabt habe, am 31. 12. 1952 im Geltungsbereich des UEG keinen Sitz der Geschäftsleitung gehabt hätte. Die Vorschrift des § 1 III UEG sei, wie *Schoele* aaO 76 unter C 2a überzeugend dargelegt habe, notwendig gewesen, weil eine juristische Person ihren Sitz nur in Berlin, nicht aber in Berlin (West) oder Berlin (Ost) haben könne und daher außer dem Sitz ein weiterer Anknüpfungspunkt die Zugehörigkeit zum Währungsgebiet der Deutschen Mark der BdL habe gewährleisten müssen. Die Verneinung des Bestehens einer Geschäftsleitung bei einem unter Treuhandschaft nach dem Ges. Nr. 52 stehenden Unternehmen stehe im Widerspruch zu Sinn und Zweck des Art. IV des Ges. Nr. 52, der gerade eine Fortsetzung der Geschäftstätigkeit zum Zwecke der Erhaltung des Treuhandvermögens voraussetze und lediglich eine Schmälerung des Vermögensbestandes verbiete. Daraus folge, daß die ASt. am 31. 12. 1952 den Ort ihrer Geschäftsleistung unverändert in Berlin-Sch. und damit im Geltungsbereich des UEG gehabt habe. Dieses Ergebnis finde seine Bestätigung darin, daß die ASt. im Jahre 1952 in Berlin (West) unbeschränkt körperschaftsteuerpflichtig gewesen sei, wie sich aus der Bescheinigung des Hauptfinanzamtes für Körperschaften von Berlin vom 7. 5. 1954 einwandfrei ergebe, was auch von den Beteiligten nicht bezweifelt werde. Nach § 4 II der 1. DVO zum UEG reiche es aber zum Nachweis des Ortes der Geschäftsleitung für ein Unternehmen aus, wenn dieses gemäß einer Bescheinigung des zuständigen Finanzamtes im Dezember 1952 im Bundesgebiet oder in Berlin (West) unbeschränkt körperschaftsteuerpflichtig gewesen sei. Das Gegenteil sei nach den vorstehenden sonstigen Anhaltspunkten nicht im Sinne des § 6 der 1. DVO zum UEG ‚bekannt geworden'.

Diese Ausführungen lassen eine Gesetzesverletzung, auf die er nach § 24 II UEG im Verfahren der Rechtsbeschwerde allein ankommt, nicht erkennen und werden von dem Beschwerdeführer vergeblich bekämpft. Die Erwägungen, von denen sich das LG hat leiten lassen, sind in vollem Umfange als rechtlich zutreffend zu bezeichnen. Hieran vermag auch der Hinweis des Beschwerdeführers auf § 6 der 35. DVO zum UG und auf die hierzu ergangene Mitteilung der BdL vom 27. 10. 1950 nichts zu ändern. Dort hat zwar die BdL in der Weise Stellung genommen, daß nach ihrer Auffassung im Sinne des § 6 der 35. DVO zum UG eine Geschäftsleitung im Bundesgebiet nicht anerkannt werden kann, wenn am 21. 6. 1948 (dem für die Anwendung der 35. DVO zum UG maßgebenden Stichtag) im Bundesgebiet nur Abwicklungsmaßnahmen oder lediglich Maßnahmen zur Erhaltung des Vermögens, aber keine Neugeschäfte vorgenommen wurden. Indessen diente die im § 6 der 35. DVO zum UG vorgenommenen Anknüpfung an den Ort der Geschäftsleitung den durch die 35. DVO zum UG gedachten Zwecken, die ersichtlich andere waren als diejenigen, die im § 1 UEG im Vordergrund standen. Daher kann eine Übertragung der bei der 35. DVO zum UG in Betracht kommenden Erwägungen auf die mit dem UEG bezweckte Regelung nicht vorgenommen werden. Wie das LG rechtsbedenkenfrei ausgeführt hat, kann aus § 1 UEG nicht entnommen werden, daß Unternehmen, die am 8. 5. 1945 ihren Sitz in Berlin und den Ort ihrer Geschäftsleitung in Berlin (West) hatten, nur deshalb nicht in den Genuß der Vorteile des UEG gelangen sollen, weil sie nach dem 8. 5. 1945 bis über den 31. 12. 1952 (den Stichtag des UEG) hinaus durch Einsetzung eines Treuhänders gemäß Gesetz Nr. 52 in der Verfügung über ihr Vermögen beschränkt waren. Diese Tatsache war während der angegebenen Zeit dem Hauptfinanzamt für Körperschaften von Berlin offenbar bekannt. Wenn es gleichwohl die ASt. im Dezember 1952 in Berlin (West) als unbeschränkt körperschaftsteuerpflichtig ansah und dies ihr bescheinigte, so kann dieser Vorgang nur so aufgefaßt werden, daß damit den gegebenen Verhältnissen Rechnung getragen worden ist. Es geht schließlich auch nicht an, einem Unternehmen den Nachteil der unbeschränkten Körperschaftsteuerpflicht aufzubürden und ihm andererseits die Vorteile vorzuenthalten, die ihm als unbeschränkt Körperschaftsteuerpflichtigen aus anderen Gesetzen, hier aus dem UEG zukommen."

68. Eine Personengesellschaft hat eine Geschäftsleitung, solange sie noch Vermögen hat und eine zu ihrer Vertretung berechtigte und bereite Person vorhanden ist. — Die Geschäftsleitung und damit der Sitz einer Kommanditgesellschaft befindet sich an dem Ort, an dem der Alleingesellschafter der einzigen persönlich haftenden Gesellschafterin der Kommanditgesellschaft seine Geschäfte betreibt. — Eine Geschäftsleitung liegt auch dann vor, wenn die Gesellschaft keine werbenden Geschäfte mehr vornimmt. — Die Wirkung von Enteignungsmaßnahmen ist auf das Gebiet des enteignenden Hoheitsträgers beschränkt. — Eine Kapitalgesellschaft besteht trotz Enteignung ihres Vermögens in der Sowjetzone in Westdeutschland fort, sofern sie hier Vermögenswerte hat.

KG Berlin-West, Beschl. v. 14. 4. 1955 — 1 W Umw 926/55: WM IV B 1955, 892 (zust. *Kahleyss*); NJW 1955, 1442.

Die ASt., die KG. R. W. GmbH & Co., ist im Handelsregister des AG Berlin-C. (West-Berlin) mit dem Sitz in Berlin eingetragen. Einziger persönlich haftender Gesellschafter ist die R. W. GmbH; alleiniger Gesellschafter der GmbH und deren Geschäftsführer sowie gleichzeitig alleiniger Kommanditist der KG. ist B. Beide Gesellschafter hatten bis zum Mai 1955 ihre Geschäftsleitung im jetzigen Ostsektor von Berlin. Das Vermögen der R. W.-GmbH ist dort enteignet und die Gesellschaft im Handelsregister des AG Berlin-Mitte (Berlin-Ost) gelöscht worden.

B. verließ Berlin im Frühjahr 1955 und gründete in Lü. (Bundesgebiet) zwei Gesellschaften, die ähnlich organisiert waren wie die beiden Berliner Gesellschaften, aber eine andere Firma trugen. Der Sitz dieser Gesellschaften ist inzwischen nach H. (Bundesgebiet) verlegt worden, wo B. jetzt seine Geschäfte betreibt.

Die ASt. hatte ein Uraltguthaben zur Umwandlung angemeldet. Nachdem das kontoführende Postscheckamt die Anmeldung abgelehnt hatte, wies das LG auch den Antrag auf gerichtliche Entscheidung zurück; das KG gab der sofortigen Beschwerde statt.

Aus den Gründen:

„Das LG hat keine tatsächliche Feststellung dahin getroffen, daß die beschwerdeführende KG. am 31. 12. 1952, dem Stichtage, auf den es nach dem UEG allein ankommt, noch einen Ort der Geschäftsleitung im Ostsektor von Berlin gehabt habe, wie früher bis zum 8. 5. 1945. Eine solche Behauptung ist auch von keinem der Beteiligten aufgestellt worden. Vielmehr wollte das LG ersichtlich aus der Tatsache, daß die Gesellschaft jetzt keine gewerblichen Geschäfte mehr betreibt, folgern, daß ein Ort der Geschäftsleitung überhaupt nicht vorhanden ist. Das ist rechtsirrig. Im Gegensatz zu der Firma eines Einzelkaufmanns erlischt eine KG., auf die nach § 161 II HGB die für die OHG geltenden Vorschriften Anwendung finden, nicht schon mit der Einstellung des Betriebes, auch nicht ohne weiteres mit der Auflösung der Gesellschaft (*Baumbach-Duden*, HGB[11], § 157 Anm. 1 A; RG, JW 1926, 1432). Erst nach der Abwicklung sämtlicher Geschäfte, insbesondere nach Beendigung der Liquidation, ist das Erlöschen der Firma zur Eintragung in das Handelsregister anzumelden (§ 157 I HGB). Daraus folgt, daß die Gesellschaft zur Beibehaltung ihrer Firma berechtigt und verpflichtet ist, solange noch ungeteiltes Vermögen vorhanden ist (KG, RJA 11, 42). Die Gesellschaft hat daher, solange noch Vermögen und eine zu ihrer Vertretung berechtigte und bereite Person vorhanden ist, eine Geschäftsleitung, mag diese sich auch infolge der Einstellung der werbenden Geschäftstätigkeit darauf beschränken, die zur Erhaltung des vorhandenen Vermögens erforderlichen Geschäfte wahrzunehmen, wie z. B. die Anmeldung des hier streitigen Uraltguthabens.

Für die Umwandlungsfähigkeit kommt es daher allein darauf an, wo dieser Ort der Geschäftsleitung gelegen ist. Zur Vertretung der KG. ist nach den §§ 170, 125 HGB jeder persönlich haftende Gesellschafter berufen, wenn er nicht durch den Gesellschaftervertrag davon ausgeschlossen ist. Einziger persönlich haftender Gesellschafter ist hier die R. W. GmbH, die ihrerseits durch den Geschäftsführer vertreten wird (§ 35 GmbHG). Auf dessen persönlichen Wohnsitz kommt es allerdings nicht an, wohl aber auf den Ort, von welchem aus er die Geschäfte der KG. leitet. Dieser Ort fällt aber mit seinem Wohnsitz Ha. zusammen, denn es ist nichts dafür beigebracht, daß die Geschäfte der KG. am 31. 12. 1952 von einem anderen Orte, etwa gar vom Ostsektor Berlins aus, geführt worden seien. Der Ort der Geschäftsleitung der Beschwerdeführerin am genannten Stichtag war daher Ha.

Diese Feststellung zieht die weitere Folgerung nach sich, daß die KG. in Wahrheit an dem genannten Stichtage auch ihren Sitz im Sinne des § 106 II Ziffer 2 HGB in Ha. gehabt hat. Der Sitz der Personengesellschaften folgt notwendig stets dem Orte, von dem aus die Geschäfte der Gesellschaft tatsächlich geleitet werden (*Baumbach-Duden*, aaO § 105 Anm. 6 B; *Gessler-Hefermehl*, HGB[2] § 106 Anm. 3). Anders als bei den Kapitalgesellschaften, deren Sitz durch den Gesellschaftsvertrag bestimmt wird (statutarischer Sitz, vgl. *Scholz*, GmbHG[3] § 3 Anm. 4) und deren Ort der Geschäftsleitung von dem Ort des Sitzes verschieden sein kann (RGZ 59, 106), sind die handelsrechtlichen Personengesellschaften nicht befugt, einen von dem Ort der Geschäftsleitung verschiedenen Sitz der Gesellschaft zu bestimmen (*Baumbach-Duden*, aaO § 105 Anm. 6 B; *Düringer-Hachenburg*, HGB[3] § 106 Anm. 3; *Hueck*, Das Recht der offenen Handelsgesellschaft[2] 62; KG, OLGE 42, 214 Fußnote 1 a). Die Sitzverlegung vollzieht sich daher ohne Eintragung in das Handelsregister durch Verlegung des Ortes der Geschäftsleitung. Die Gesellschaft ist zwar nach § 107 HGB zur Anmeldung der Sitzverlegung verpflichtet und kann vom Handelsregisterrichter dazu angehalten werden. Die Eintragung hat aber keine konstitutive Bedeutung und verlautbart nur eine bereits geschehene Tatsache (*Baumbach-Duden* aaO § 105 Anm. 6 D). Diese Verlegung des Sitzes durch Verlegung der Geschäftsleitung ist hier eingetreten unbeschadet des Umstandes, daß die Gesellschaft zur Zeit keine werbende Tätigkeit mehr ausübt, da selbst im Zustande der Liquidation die Verlegung der Verwaltung an einen anderen Ort den Sitz der Gesellschaft ändert (*Düringer-Hachenburg*, aaO § 149 Anm. 7).

Die Beschwerdeführerin hat daher ihren Sitz und den Ort ihrer Geschäftsleitung in Ha., so daß sie ohne weiteres die Wohnsitzvoraussetzungen des § 1 I und III UEG erfüllt. Dem steht auch der Umstand nicht entgegen, daß der persönlich haftende Gesellschafter, die R.W. GmbH, noch ihren Sitz in Berlin hat, da bei dieser Gesellschaft die Sitzverlegung als Satzungsänderung nur durch Beschluß der Gesellschafter in der Form des § 53 II GmbHG erfolgen kann, der zu seiner Wirksamkeit der Eintragung in das Handelsregister bedarf (§ 54 III GmbHG). Denn ebenso wie für den Ort der Geschäftsleitung der Personengesellschaft nicht der Wohnsitz der Gesellschafter maßgebend ist, wenn dieser eine natürliche Person ist (*Staub-Pinner*, HGB[14] § 106 Anm. 4; *Düringer-Hachenburg*, aaO § 106 Anm. 3), kann dafür der Sitz der an der Personengesellschaft beteiligten Kapitalgesellschaft maßgebend sein. Es kommt vielmehr nur auf den tatsächlichen Ort der Geschäftsleitung an.

Es kann daher der nicht näher begründeten Auffassung von *Strauch* (UEG § 1 Anm. 6 b) nicht gefolgt werden, nach welcher eine Geschäftsleitung in dem betreffenden Gebiet nicht anerkannt werden könne, wenn sie an dem Stichtage in dem Gebiet nur Abwicklungsmaßnahmen oder Maßnahmen zur Erhaltung ihres Vermögens, aber keine Neugeschäfte vorgenommen habe. Damit wird die Auffassung, die die Bankenaufsichtsbehöide in ihrer Stellungnahme zu Einzelfragen der 35. DVO zum UG (Mittlg. BdL Nr. 1079 vom 27. 10. 1950) zu dem Begriff der Geschäftsleitung im Sinne des § 6 35. DVO zum UG vertreten hat, auch auf den Bereich des UEG übertragen. Der Senat hat jedoch bereits in der Entscheidung vom 28. 3. 1955 (1 W Umw. 801/55[1]) ausgesprochen, daß das UEG eine solche einschränkende Auslegung nicht zuläßt. Das Gesetz läßt nicht erkennen, daß es auf ruhende oder in der Abwicklung befindliche Unternehmen keine Anwendung finden solle. Aus dem Begriff des Ortes der Geschäftsleitung läßt sich eine so weitgehende Einschränkung nicht entnehmen, da, wie ausgeführt, auch ein ruhendes oder in der Abwicklung befindliches Unternehmen eine Geschäftsleitung haben kann. Auch der besondere Zweck des UEG rechtfertigt kein Abweichen von den allgemein geltenden Grundsätzen des Handelsrechts. Das ergibt sich daraus, daß auch die Guthaben eines Einzelkaufmanns oder einer nur aus natürlichen Personen bestehenden Handelsgesellschaft nach § 1 I und § 6 II UEG umwandlungsfähig sind, sofern der Inhaber oder die Mitberechtigten am Stichtage mindestens ihren dauernden Aufenthalt in dem betreffenden Gebiet gehabt haben, ohne daß die Umwandlungsfähigkeit davon abhängig gemacht worden ist, daß das Handelsgeschäft, in welchem das Guthaben entstanden ist, noch betrieben wird. Es entbehrt auch jeder inneren Berechtigung, nur solche in der Sowjetzone oder im Ostsektor von Berlin enteigneten Kapital- und Personengesellschaften als umwandlungsberechtigt anzuerkennen, die ihre werbenden Geschäfte in dem betreffenden Gebiet wieder aufgenommen haben, nicht aber solche, die sich in diesem Gebiet auf die Verwaltung und Erhaltung des ihnen außerhalb des Gebietes der enteignenden Macht verbliebenen Vermögens beschränken.

Zugunsten der Beschwerdeführerin sind aber auch die Voraussetzungen des § 6 II UEG erfüllt. Diese Vorschrift stellt Sonderbestimmungen für

---

[1] Siehe oben Nr. 67.

sonstige Gemeinschaften zur gesamten Hand (außer Erbengemeinschaften und ehelichen Gütergemeinschaften) auf, zu denen auch die KG. gehört. Für solche Gemeinschaften sollen die Voraussetzungen des § 1 I UEG als erfüllt gelten, wenn sie entweder in der Person aller Mitberechtigten gegeben sind oder wenn die Gesellschaft bei Ablauf des 31. 12. 1952 ihren Sitz oder Ort der Geschäftsleitung in dem betreffenden Gebiet hatte. Diese Voraussetzung trifft zunächst für den Kommanditisten zu, der seinen Wohnsitz schon vor dem Stichtage in Ha. hatte. Sie ist aber auch für den persönlichen Gesellschafter, die R. W. GmbH, erfüllt. Diese Gesellschaft besteht trotz der im Ostsektor von Berlin durchgeführten Enteignung noch fort, weil die Wirkung der Enteignungsmaßnahme auf das Gebiet der enteignenden Macht beschränkt ist und das Fortbestehen des enteigneten Rechtsträgers außerhalb dieses Gebietes nicht berührt wird, soweit er dort Vermögen hat (KG, MDR 1951, 40[1]; BGH, NJW 1954, 1195[2]). Sie hat ihren Sitz, wie ausgeführt, in Berlin. Als Kapitalgesellschaft kann der Ort der Geschäftsleitung sich außerhalb ihres Sitzes befinden. Dieser Ort ist, mag die Geschäftstätigkeit sich zur Zeit auch nur auf die Verwaltung ihres Vermögens erstrecken, ebenfalls Ha., wo der Geschäftsführer seine Tätigkeit ausübt. Demnach sind für die Beschwerdeführerin auch die Voraussetzungen des § 6 II i. V. m. § 1 III UEG erfüllt.

Mit Rücksicht auf die schwer durchschaubaren Rechtsverhältnisse der Beschwerdeführerin war es nicht angebracht, von der Befugnis des § 26 UEG, den unterlegenen Beteiligten außergerichtliche Kosten aufzuerlegen, Gebrauch zu machen.“

69. Ein Unternehmen hat eine Geschäftsleitung auch dann, wenn es keine werbenden Geschäfte vornimmt. — Die obrigkeitliche Einsetzung eines Treuhänders begründet für sich allein keine Geschäftsleitung. — Die Befugnisse des Treuhänders enden an der Gebietsgrenze des Hoheitsträgers, von dem er seine Befugnisse ableitet.

KG Berlin-West, Beschl. v. 20. 6. 1955 — 1 W Umw 1444/55: WM IV B 1955, 1133.

Der ASt., der Reichsnährstand, ist nach der VO über den vorläufigen Aufbau des Reichsnährstandes vom 8. 12. 1933 (RGBl I 1060) eine Körperschaft des öffentlichen Rechts mit Sitz in Berlin. Der Sitz der Verwaltung befand sich bis 1945 im jetzigen Gebiet von West-Berlin. Das nach dem MilRegGes. Nr. 52 beschlagnahmte Vermögen des ASt. wurde in West-Berlin zunächst durch den „Custodian für die Reichsstellen, Wirtschaftsgruppen und andere staatliche Wirtschaftsstellen im amerik., brit. und französ. Sektor von Groß-Berlin“, seit März 1953 durch den Senat von Berlin verwaltet.

Der ASt. hat Schuldverschreibungen bei der B.-Bank in Berlin-C. (Berlin-West) angemeldet; diese hat die Anmeldung abgelehnt, da Zweifel am Bestehen einer Geschäftsleitung in West-Berlin bestanden. Das LG hat dem Antrag auf gerichtliche Entscheidung stattgegeben, das KG wies ihn zurück.

Aus den Gründen:

„Nach § 17 AltbG hat ein Gläubiger einer Altbank seinen Sitz im Sinne dieses Gesetzes in Berlin-West, wenn er seinen Sitz zu dem

[1] IzRspr. 1945—1953 Nr. 379. [2] Siehe oben Nr. 58.

maßgebenden Zeitpunkt, d. h. entweder am 1. 10. 1949 oder am 31. 12. 1952, in Berlin hatte und die Geschäftsleitung sich beim Inkrafttreten des AltbG, nämlich am 15. 12. 1953 (§ 21 AltbG) in Berlin-West oder im Bundesgebiet befand. Nach § 1 II der VO über den vorläufigen Aufbau des Reichsnährstandes vom 8. 12. 1933 (RGBl I 1060) hat der Reichsnährstand seinen Sitz in Berlin. Das weitere Erfordernis des § 17 AltbG, daß die Geschäftsleitung sich spätestens am 15. 12. 1953 in Berlin-West oder im Bundesgebiet befand, ist jedoch nicht erfüllt. Ein eigenes Organ des Reichsnährstandes, welches zur Vertretung dieser Körperschaft, zur Wahrnehmung ihrer Aufgaben und zur Leitung ihrer Geschäfte befugt gewesen wäre, war zu diesem Zeitpunkt nicht vorhanden. Der zur Verwaltung und Vertretung des Berliner Vermögens des Reichsnährstandes bestellte Treuhänder leitet seine Befugnisse ebenso wie der für die Zeit bis zum 1. 3. 1953 amtierende Custodian aus dem MilRegGes. Nr. 52 her, da die Alliierte Kommandantur Berlin ihre Befugnisse aus diesem Gesetz durch die BK/O (53) 3 vom 13. 2. 1953 (GVBl 172) auf den Senat von Berlin übertragen hat. Die Tatsache, daß ein Treuhänder gemäß MilRegGes. Nr. 52 bestellt ist, rechtfertigt jedoch für sich allein nicht die Annahme, daß eine Geschäftsleitung im Sinne des AltbG vorhanden ist. Zwar kommt in diesem Zusammenhang dem Umstande keine Bedeutung zu, ob der Treuhänder sich imRahmen der ihm durch Art. III MilRegGes. Nr. 52 auferlegten Verpflichtungen darauf beschränkt, das Vermögen zu verwalten und in seinem Bestande zu erhalten, oder ob das unter Treuhandschaft stehende geschäftliche Unternehmen im Rahmen des Art. IV MilRegGes. Nr. 52 fortgeführt wird. Wie der Senat in dem Beschluß vom 14. 4. 1955 — 1 W Umw 926/55 (WM 1955, 892[1]) zu § 1 I UEG ausgesprochen hat, hat ein Unternehmen eine Geschäftsleitung auch dann, wenn es zu dem maßgebenden Zeitpunkt nur Maßnahmen der Abwicklung oder zur Erhaltung des Vermögens vorgenommen, aber keine werbende Geschäftstätigkeit mehr ausgeübt hat. Das gilt auch für den gleichbedeutenden Begriff der Geschäftsleitung im Sinne des AltbG.

Gleichwohl stellt die Tätigkeit eines Treuhänders keine Geschäftsleitung im Sinne der Umstellungs- und Altbankengesetzgebung dar. Die alten Zahlungsverbindlichkeiten der Berliner Altbanken werden nach den §§ 5 I b, 7 I AltbG nur insoweit in die gesetzliche Regelung einbezogen, als sie gegenüber ‚West- und Auslandsgläubigern' bestehen. Es werden daher nur diejenigen Verbindlichkeiten berücksichtigt, die nach der Person des Berechtigten dem Währungsgebiet der DM-West zuzurechnen sind. Der erforderliche Anknüpfungspunkt wird bei natürlichen Personen durch den Wohnsitz oder dauernden Aufenthalt, bei juristischen Personen oder Personenvereinigungen durch den Sitz oder Ort der Geschäftsleitung hergestellt. Dieser Anknüpfungspunkt muß aber in der Person des Berechtigten selbst begründet sein. Er wird durch einen Eingriff der Staatsgewalt nicht hergestellt. Ebenso wie für eine natürliche Person dadurch, daß sie an einem Orte durch äußeren Zwang, etwa

[1] Siehe oben Nr. 68.

durch Straf- oder Internierungshaft, festgehalten wird, kein Wohnsitz oder dauernder Aufenthalt begründet wird, führt die in Ausübung staatshoheitlicher Gewalt angeordnete Beschlagnahme eines Vermögens und die zu ihrer Sicherung und Durchführung vorgenommene Einsetzung eines Treuhänders nicht dazu, eine Geschäftsleitung des Vermögensträgers zu begründen. Nach der jetzt gefestigten Auffassung in Rechtsprechung und Schrifttum ist der auf Grund des MilRegGes. Nr. 52 oder anderer Gesetze der Besatzungsmacht bestellte Treuhänder, dessen Rechtsstellung im Besatzungsrecht wurzelt und dem die ausschließliche Verwaltungsbefugnis an Stelle des Vermögensinhabers übertragen ist, nicht dessen gesetzlicher Vertreter, sondern er bekleidet im Rechtsstreit die Stellung einer Partei kraft Amtes (BGHZ 12, 380 = NJW 1954, 918; BGH, WM 1955, 33). Ihm steht ein an fremdem Vermögen bestehendes Verwaltungsrecht zu, kraft dessen er berechtigt ist, Verfügungen über das von ihm verwaltete Vermögen zu treffen und Verbindlichkeiten einzugehen (KG, JR 1950, 636). Als Verwalter fremden Vermögens kraft Amtes handelt er im eigenen Namen (BGH, WM 1955, 33; BayObLG v. 17. 2. 1955 — RReg. 1 Z 73/54) und ist deshalb kein Organ des von der Beschlagnahme betroffenen Vermögensträgers. Seine Handlungen ersetzen hinsichtlich des seiner Verwaltung unterstehenden Vermögens die des Vermögensinhabers oder der zu seiner gesetzlichen Vertretung berufenen Personen. Durch seine Einsetzung wird die etwa vorhandene Geschäftsleitung von der Einwirkungsmöglichkeit auf die zum beschlagnahmten Vermögen gehörenden Gegenstände ausgeschlossen. Der Ort, an welchem der Treuhänder seine Tätigkeit ausübt, ist der Ort seiner Verwaltung, nicht aber schon deswegen auch der Ort der Geschäftsleitung des Unternehmens der Körperschaft, dessen Vermögen seiner Verwaltung untersteht. Überdies enden die Befugnisse des Treuhänders an den Gebietsgrenzen des Hoheitsträgers, von dem er seine Machtbefugnis ableitet (*Möhring*, NJW 1949, 384 mit Nachweisen). Demgemäß obliegt auch im vorliegenden Falle dem anmeldenden Treuhänder nur die Verwaltung des Berliner Vermögens des Reichsnährstandes, so daß ihm nur ein begrenzter Wirkungskreis eingeräumt und die Möglichkeit nicht ausgeschlossen ist, daß in anderen Gebietsteilen Deutschlands andere Treuhänder eingesetzt sind. Die gegenteilige Auffassung würde sonst dazu führen, daß ein Unternehmen, dessen Vermögen über das ganze ehemalige Reichsgebiet verteilt ist und deshalb der Verwaltung verschiedener Treuhänder in den einzelnen ehemaligen Besatzungszonen unterstellt worden ist, in jeder Besatzungszone eine Geschäftsleitung gehabt haben müßte. Eine solche Folgerung entspräche schwerlich dem Sinn des Gesetzes.

§ 17 AltbG erfordert für solche Gläubiger, die ihren Sitz in Berlin haben, zur Begründung der Eigenschaft als Westgläubiger neben dem Sitz in Berlin zusätzlich das Vorhandensein einer Geschäftsleitung am 15. 12. 1953 in Berlin-West oder im Bundesgebiet. Eine eigene Geschäftsleitung des Reichsnährstandes, die nach § 10 I der VO über den vorläufigen Aufbau des Reichsnährstandes vom 8. 12. 1933 (RGBl 1060) bestellt worden ist, war aber zu dem genannten Zeitpunkt weder in

Berlin-West noch im Bundesgebiet vorhanden. Auf die Erwägungen des LG darüber, daß am 8. 5. 1945 eine Geschäftsleitung in dem jetzt zu Berlin-West gehörenden Teil Berlins bestanden habe, kommt es nicht an, da dieser Stichtag nach § 17 AltbG keine Bedeutung hat. Demnach besteht kein Anspruch des Reichsnährstandes auf Einstellung der Verbindlichkeit aus den genannten Schuldverschreibungen in die Altbankenrechnung.

Ob eine andere Beurteilung dann gerechtfertigt wäre, wenn neben der Treuhandschaft zu dem maßgebenden Zeitpunkt eine Geschäftsleitung in dem genannten Gebiet bestanden hat, bedarf hier keiner Entscheidung."

70. Eine Geschäftsleitung besteht auch dann, wenn sie keine werbenden Geschäfte vornimmt. — Ein Treuhänder begründet für die von ihm verwaltete Gesellschaft keine Geschäftsleitung. — Eine rechtsgeschäftlich bevollmächtigte Person begründet ebenfalls keine Geschäftsleitung für das von ihr vertretene Unternehmen.

KG Berlin-West, Beschl. v. 4. 7. 1955 — 1 W Umw 1417/55: WM IV B 1955, 1135.

Das Bankhaus W.-KG. hat seinen Sitz in S. (sowjet.). Sein Vermögen wurde 1945 enteignet. Die Interessen der KG. an ihrem Vermögen in West-Berlin und im Bundesgebiet nahm der ASt. wahr, der schließlich auch von der BdL zum Treuhänder der KG. bestellt wurde. In dieser Eigenschaft meldete er Schuldverschreibungen der KG. zur Umwandlung an. Die Anmeldung wurde abgelehnt, da die KG. ihren Sitz nicht nach West-Berlin oder in das Bundesgebiet verlegt habe.

Den Antrag auf gerichtliche Entscheidung wiesen das LG (WM IV B 1955, 896) sowie das KG zurück.

Aus den Gründen:

„Das LG hat im Anschluß an die zu § 6 der 35. DVO zum UG ergangene Mitteilung der BdL Nr. 1079/50 vom 27. 10. 1950 angenommen, daß . . . eine Geschäftsleitung im Sinne des Gesetzes nicht anerkannt werden könne, wenn sie an dem Stichtage in dem betreffenden Gebiet nur Maßnahmen zur Erhaltung oder Abwicklung ihres Vermögens, aber keine Neugeschäfte vorgenommen habe. Diese Erwägung kann die angefochtene Entscheidung nicht tragen. Wie der Senat in dem Beschluß vom 14. 4. 1955 — 1 W Umw 926/55 (WM 1955, 892[1]) dargelegt hat, kann eine solche Einschränkung der Umstellungs- und Altbankengesetzgebung nicht entnommen werden. Die Anwendbarkeit dieser Gesetze auch auf ruhende oder in der Abwicklung befindliche Unternehmen ergibt sich außer aus den in der angeführten Entscheidung des Senats erörterten Gründen auch aus gewissen Vorschriften des UEG selbst. In § 2 Buchstabe a und § 41 I Buchstabe a UEG ist bestimmt, daß Uraltguthaben bei der Berliner Niederlassung eines Kreditinstituts und gewisse andere alte Zahlungsverbindlichkeiten einer solchen Niederlassung erlöschen, wenn sie am 8. 5. 1945 gegenüber näher bezeichneten Kreditinstituten bestanden haben. Eine Ausnahme hiervon ist jedoch

[1] Siehe oben Nr. 68.

vorgesehen für Kreditinstitute, die sich am 31. 12. 1952 in Liquidation befunden haben und ihre bankgeschäftlichen Verbindlichkeiten zu diesem Zeitpunkt bereits erfüllt hatten. Daraus kann nur geschlossen werden, daß solche Verbindlichkeiten nicht nur nicht erlöschen, sondern auch geltend gemacht werden können, sofern der Berechtigte im übrigen die Sitzvoraussetzungen erfüllt. Hier ist demnach solchen Kreditinstituten, die keine werbende Geschäftstätigkeit mehr ausüben, gegenüber anderen eine Vorzugsstellung eingeräumt worden. Es ist aber kein einleuchtender Grund dafür ersichtlich, warum juristische Personen oder Personenvereinigungen, die keine Kreditinstitute sind, in ihren Rechten dadurch beschränkt sein sollen, daß sie keine Neugeschäfte mehr vornehmen, zumal eine solche Einschränkung auch für natürliche Personen nicht besteht.

Da somit der Umstand, daß ein Gläubiger keine werbende Geschäftstätigkeit mehr ausübt, die Berechtigung zur Inanspruchnahme der Altbank grundsätzlich nicht ausschließt, kommt es auf die Folgerungen nicht an, die der Beschwerdeführer daraus glaubt ziehen zu können, daß die Gesellschaft infolge der Enteignungsmaßnahmen in der sowjet. Zone Deutschlands ihre Bankgeschäfte nicht mehr fortsetzt. Für die Eigenschaft als Westgläubiger ist es unerheblich, ob die KG. noch als werbende Gesellschaft besteht, ob sie aufgelöst ist und sich im Zustande der Abwicklung befindet oder ob sie als Gesellschaft bürgerlichen Rechts fortbesteht, weil sie den Betrieb des Handelsgewerbes eingestellt hat, ohne daß es zu einer Auflösung der Gesellschaft gekommen ist (vgl. RGZ 155, 75 [84]).

Gleichwohl besteht kein Anspruch des Beschwerdeführers auf Einstellung der Verbindlichkeit aus den angeführten Schuldverschreibungen in die Altbankenrechnung. In der Entscheidung v. 20. 6. 1955 — 1 W Umw 1444/55 (WM 1955, 1133[1]) hat der Senat ausgesprochen, daß die Tätigkeit eines Treuhänders nach dem MilRegGes. Nr. 52 keine Geschäftsleitung im Sinne der Umstellungs- und Altbankengesetzgebung begründet. Die Inanspruchnahme einer Altbank setzt nach § 5 I b AltbG voraus, daß die alte Zahlungsverbindlichkeit gegenüber ‚West- und Auslandsgläubigern' besteht. Es werden daher nur solche Verbindlichkeiten berücksichtigt, die nach der Person des Berechtigten dem Währungsgebiet der DM-West zuzurechnen sind. Der erforderliche Anknüpfungspunkt wird bei natürlichen Personen durch den Wohnsitz oder dauernden Aufenthalt, bei juristischen Personen oder Personenvereinigungen durch den Sitz oder Ort der Geschäftsleitung hergestellt. Dieser Anknüpfungspunkt muß aber in der Person des Berechtigten selbst vorhanden sein. Durch einen Eingriff der Staatsgewalt wird er nicht hergestellt. Die in Ausübung staatshoheitlicher Gewalt angeordnete Beschlagnahme eines Vermögens und die zu ihrer Sicherung und Durchführung vorgenommene Einsetzung eines Treuhänders führt nicht dazu, eine Geschäftsleitung des Vermögensträgers zu begründen. Nach jetzt gefestigter Auffassung in Rechtsprechung und Schrifttum ist der

[1] Siehe unten Nr. 69.

auf Grund des MilRegGes. Nr. 52 bestellte Treuhänder nicht der gesetzliche Vertreter des Vermögensinhabers, sondern er bekleidet im Rechtsstreit die Stellung einer Partei kraft Amtes (BGHZ 12, 380 = NJW 1954, 918; BGH, WM 1955, 33). Als Verwalter fremden Vermögens kraft Amtes handelt er im eigenen Namen (BGH, WM 1955, 33; BayObLG vom 17. 2. 1955 — RReg 1 Z 73/94). Durch seine Einsetzung wird die etwa vorhandene Geschäftsleitung von der Einwirkungsmöglichkeit auf die zum beschlagnahmten Vermögen gehörenden Gegenstände ausgeschlossen. Der Ort, an welchem der Treuhänder seine Tätigkeit ausübt, ist der Ort seiner Verwaltung, nicht aber der Ort der Geschäftsleitung des Unternehmens, dessen Vermögen er verwaltet. Durch seine Tätigkeit erfüllt er die ihm von dem Hoheitsträger, der ihn bestellt hat, übertragenen Aufgaben, nicht aber die Aufgaben des Vermögensinhabers, mögen auch die Interessen beider nicht selten übereinstimmen, da der Treuhänder das ihm anvertraute Vermögen in seinem Bestande zu erhalten hat.

Diese Grundsätze gelten auch für den auf Grund des § 9 der 35. DVO zum UG und § 16 AltbG bestellten Treuhänder zur Verwaltung der im Bundesgebiet und Berlin-West vorhandenen Vermögenswerte solcher Kreditinstitute mit dem Sitz in Deutschland nach dem Gebietsstand vom 31. 12. 1937, die weder in Berlin noch im Bundesgebiet eine Niederlassung haben. Die rechtliche Stellung dieses Treuhänders unterscheidet sich nicht von der eines Treuhänders nach dem MilRegGes. Nr. 52. Der BGH hat dies in der Entscheidung LM Nr. 1 zu § 9 der 35. DVO zum UG ausgesprochen. Der Senat schließt sich dieser Auffassung an. Der nach den angeführten Vorschriften berufene Treuhänder hat die Verwaltung nach der Weisung und unter der Aufsicht der BdL, in Berlin-West des für das Bankwesen zuständigen Senatoıs zu führen (§ 9 I Satz 2 der 35. D VO zum UG, § 16 I Satz 2 AltbG). Er hat bei der Ausübung seiner Tätigkeit nicht nur die Interessen des Vermögensträgers, sondern auch die der Gesamtheit der Gläubiger zu wahren (§ 9 IV bzw. § 16 IV). In seiner Verfügungsfreiheit unterliegt er aus währungspolitischen Gründen wesentlichen Beschränkungen (§ 9 III bzw. § 16 III).

Die Tätigkeit des Beschwerdeführers begründet daher keine Geschäftsleitung im Sinne des § 7 I und 6 AltbG. Dies gilt auch dann, wenn er etwa das besondere Vertrauen der Gesellschaft genießen oder gar von dieser zur Wahrnehmung ihrer Vermögensinteressen bevollmächtigt sein sollte. Das Vorhandensein einer mit rechtsgeschäftlicher Vollmacht versehenen Person im Bundesgebiet oder in Berlin-West für sich allein ist im allgemeinen keine Geschäftsleitung im Sinne des Gesetzes. Im übrigen könnten die Rechte aus einer solchen Vollmacht zur Zeit infolge der Anordnung der Treuhandschaft nicht ausgeübt werden."

71. Der zufällige Wegfall eines Vorstandes während eines vorübergehenden Zeitraumes schließt die Annahme einer Geschäftsleitung nicht aus, namentlich wenn geschäftsführungsberechtigte Bevollmächtigte vorhanden sind. — Rechtsgeschäftlich bevollmächtigte Personen allein be-

gründen dagegen keine Geschäftsleitung. — Die Annahme einer Geschäftsleitung wird nicht dadurch ausgeschlossen, daß ein Unternehmen keine werbenden Geschäfte mehr betreibt.

KG Berlin-West, Beschl. v. 22. 8. 1955 — 1 W Umw 2229/55: WM IV B 1955, 1258.

Die ASt., die AG. P. mit Sitz in St. (östlich der Oder-Neiße-Linie), besaß außer Beteiligungen Werkanlagen in P. bei St. und in O. (sowjet.). Nachdem das Werk P. in dem polnisch besetzten Gebiet aufgegeben werden mußte, wurde die Verwaltung der Gesellschaft nach S. (sowjet.) verlegt, von wo das Werk O. geleitet wurde. Nachdem auch dieses Werk 1949 enteignet worden war, wurde die in S. bestehende Verwaltung im Oktober 1950 aufgelöst. Alleinvertretungsberechtigtes Vorstandsmitglied der ASt. war zuletzt Dr. M., der seinen Wohnsitz in West-Berlin hatte. Dieser bestellte durch notariellen Vertrag vom 12. 9. 1949 den langjährigen Prokuristen der Gesellschaft, G. B. in K. (Bundesgebiet) zum „Treuhänder“ der Vermögenswerte der Gesellschaft in den Westzonen; dieses Vermögen bestand aus Bankguthaben, Forderungen, Aktien und einer größeren Anzahl von Kesselwagen, die teils veräußert, teils vermietet wurden. Der Vorstand Dr. M. ist im September 1952 verstorben. Im November 1953 wurde E. in H. (Bundesgebiet) gemäß § 76 AktG zum Notvorstand bestellt. Durch Beschluß der Hauptversammlung vom Mai 1954 wurde er in diesem Amt bestätigt und der Sitz der Gesellschaft von St. nach H. verlegt.

Die ASt. hat ein Uraltguthaben bei der A.-Bank zur Umwandlung angemeldet; diese hat die Anmeldung abgelehnt, da die ASt. eine Geschäftsleitung im Bundesgebiet nicht gehabt habe. LG und KG haben dem Antrag auf gerichtliche Entscheidung stattgegeben.

Aus den Gründen:

„Zutreffend ist das LG davon ausgegangen, daß die Gesellschaft zwar an dem nach § 1 I UEG maßgebenden Stichtag, dem 31. 12. 1952, ihren Sitz noch in St. hatte, daß es jedoch für die Umwandlungsfähigkeit genügt, wenn sich der Ort ihrer Geschäftsleitung zu diesem Zeitpunkt im Geltungsbereich des UEG befand. Durch die Anerkennung einer Geschäftsleitung in diesem Gebiet auch für solche Unternehmen, die ihren Sitz außerhalb dieses Gebiets haben, sollten gerade die Unternehmen in die Umstellungsgesetzgebung einbezogen werden, deren Tätigkeit in den unter sowjet. oder polnischer Verwaltung stehenden Gebieten Deutschlands durch Enteignungsmaßnahmen unterbunden worden war und die im Bundesgebiet und in Berlin (West) weiterbestanden, aber aus den verschiedensten Gründen ihren Sitz bis zum Stichtag noch nicht förmlich in das Währungsgebiet der DM-West hatten verlegen können.

Ort der Geschäftsleitung im Sinne des § 1 I UEG ist der Ort, von dem aus die Verwaltung des Unternehmens geführt wird. Bei einer Kapitalgesellschaft kann dieser Ort von dem Ort ihres Sitzes verschieden sein (RGZ 59, 106). Auch braucht die Verwaltung nicht notwendig an dem Ort geführt zu werden, an welchem die Vorstandsmitglieder persönlich ihren Wohnsitz haben. Sie können auch von ihrem Wohnsitz aus die an einem anderen Ort bestehende Verwaltung des Unternehmens leiten. Nach den Feststellungen des LG war am Stichtag, dem 31. 12. 1952, eine Geschäftsleitung in der Sowjetzone oder im polnisch verwalteten Gebiet Deutschlands nicht mehr vorhanden. Es kann dahingestellt bleiben, ob der — jedenfalls bedenklich erscheinenden — Auffassung des

LG zu folgen ist, nach welcher eine Kapitalgesellschaft, solange sie als rechtsfähige juristische Person noch besteht, begriffsnotwendig eine Geschäftsleitung habe oder ob nicht auch Fälle denkbar sind, in denen eine Kapitalgesellschaft wegen des gänzlichen Fehlens des Vorstandes und einer Verwaltung zwar noch besteht, aber keine Geschäftsleitung hat. Denn ein solcher Fall ist hier nicht gegeben. Insbesondere kann der zufällige Umstand, daß die Gesellschaft am Stichtage ohne Vorstand war, weil das einzige Vorstandsmitglied einige Monate vorher verstorben war und es erst am 6. 9. 1953 zur Bestellung eines neuen Vorstandes gekommen ist, nicht die Annahme rechtfertigen, daß die Gesellschaft am 31. 12. 1952 keine Geschäftsleitung gehabt habe. Ein vorübergehender Wegfall des Vorstandes gerade um die Zeit des Stichtages schließt das Fortbestehen der Verwaltung einer Gesellschaft nicht aus, zumal wenn Bevollmächtigte vorhanden sind, die zur Führung der Geschäfte berechtigt sind. Denn deren Vollmacht wird durch den Wegfall des Vorstandes, der die Vollmacht namens der Gesellschaft erteilt hat, nicht berührt. Der Senat hat zwar in dem Beschluß vom 4. 7. 1955 — 1 W Umw 1417/55[1] (WM 1955, 1135) — ausgeführt, daß das Vorhandensein einer mit rechtsgeschäftlicher Vollmacht versehenen Person im Bundesgebiet oder in Berlin (West) für sich allein im allgemeinen keine Geschäftsleitung im Sinne des Gesetzes sei. Das gilt für diejenigen Fälle, in denen bei einer Personengesellschaft die vertretungsberechtigten Gesellschafter oder bei einer Kapitalgesellschaft der Vorstand sich außerhalb des in § 1 I UEG bezeichneten Gebiets befinden. So liegt der Fall hier nicht. Hier übten sowohl der Vorstand— von der Zeit seines vorübergehenden Wegfalls abgesehen — wie auch die von ihm nach der rechtsbedenkenfreien Annahme des LG in der Person des B. eingesetzte Verwaltung ihre Tätigkeit im Bundesgebiet oder in Berlin (West) aus. Für die Entscheidung ist es ohne Bedeutung, ob als Ort der Verwaltung Berlin (West) als Ort der Tätigkeit des Vorstandes Dr. M. oder K. als Ort der von B. ausgeübten Tätigkeit anzusehen ist. Ein in der Sowjetzone oder im polnisch verwalteten Gebiet gelegener Ort der Geschäftsleitung kommt für den Stichtag jedenfalls nicht in Betracht.

Nach der Rechtsprechung des Senats (Beschlüsse vom 14. 4. 1955 — 1 W Umw 926/55[2] und vom 4. 7. 1955 — 1 W Umw 1417/55[3]) schließt der Umstand, daß ein Gläubiger keine werbende Geschäftstätigkeit mehr ausübt, die Umwandlungsfähigkeit nicht aus. Die Ausführungen von *Harmening* (WM 1955, 1110) geben dem Senat keine Veranlassung, hiervon abzugehen. Der Begriff der Geschäftsleitung besagt nichts darüber, ob das Unternehmen einen Geschäftsbetrieb, eine Betriebsstätte oder eine gewerbliche Niederlassung tatsächlich unterhält. Die Begriffe Sitz, Geschäftsleitung, Niederlassung und Betriebsstätte stehen selbständig nebeneinander. Der Sitz ist der Mittelpunkt der rechtlichen Beziehungen des Unternehmens. Bei den Kapitalgesellschaften ist es der Ort, den der Gesellschaftsvertrag als Sitz bestimmt (statutarischer Sitz). In der Regel,

---

[1] Siehe oben Nr. 70.

[2] Siehe oben Nr. 68.

[3] Siehe oben Nr. 70.

wenn auch nicht notwendig, wird es der Ort sein, wo sich die Geschäftsleitung befindet oder die Verwaltung geführt wird (vgl. § 5 AktG, § 24 BGB, § 17 I Satz 2 ZPO). Bei den Personengesellschaften folgt der Sitz notwendig stets dem Orte, von dem aus die Geschäfte der Gesellschaft tatsächlich geleitet werden (*Baumbach-Duden*, HGB[11] § 105 Anm. 6 B; *Gessler-Hefermehl*, HGB[2] § 106 Anm. 3). Eine Geschäftsleitung hat ein Unternehmen aber nicht nur, solange es werbend tätig ist, also einen Geschäftsbetrieb oder eine Betriebsstätte unterhält, sondern auch dann, wenn die werbende Geschäftstätigkeit aus irgend welchen Gründen ruht oder die Gesellschaft sich nach ihrer Auflösung im Zustande der Abwicklung befindet. Denn auch dann bedarf sie einer Leitung ihrer geschäftlichen Angelegenheiten. Demgemäß ist bei der Kapitalgesellschaft auch im Liquidationsstadium eine Sitzverlegung zulässig, wenn Gründe vorhanden sind, die Verwaltung an einen anderen Ort zu verlegen (*Scholz*, GmbHG[3] § 69 Anm. 5), und bei Personengesellschaften hat auch im Zustande der Liquidation die Verlegung der Verwaltung an einen anderen Ort die Änderung des Sitzes der Gesellschaft zur Folge, selbst wenn oder vielleicht gerade weil die Betriebsstätte von den Liquidatoren veräußert worden ist (*Düringer-Hachenburg*, HGB[3] § 149 Anm. 7; *Gessler-Hefermehl*, aaO § 149 Anm. 18). Ebenso hat der BGH in der Entscheidung NJW 1955, 1110 zum Begriff des geschäftlichen Unternehmens im Sinne des Art. VII Ziffer 9 b MilRegGes.Nr. 52 ausgesprochen, daß die geschäftliche Betätigung bei einer Handelsgesellschaft nicht durch ihre Auflösung, auch nicht durch den Fortfall neuer Kauf- oder Verkaufsgeschäfte ende, sondern daß dazu auch die Abwicklung früherer Geschäfte, insbesondere die Einziehung von Forderungen und die Begleichung von Verbindlichkeiten, also auch die Tätigkeit von Abwicklern gehöre.

Auch wo sonst in gesetzlichen Vorschriften der Begriff ‚Ort der Geschäftsleitung' verwendet wird, deutet er nicht darauf hin, daß die Geschäfte notwendig noch werbender Art sein müßten. In § 5 AktG wird der Ort, wo sich die Geschäftsleitung befindet, von dem Ort unterschieden, wo die Gesellschaft einen Betrieb hat. Das StAnpG erläutert im § 15 den Begriff der Geschäftsleitung im Sinne der Steuergesetze als den Mittelpunkt der geschäftlichen Oberleitung und in § 16 den davon verschiedenen Begriff der Betriebsstätte. Dieselbe Bedeutung wurde dem Ort der Leitung im Sinne des Devisenrechts beigelegt (*Hartenstein*, Devisennotrecht § 6 Anm. 40). Nach der Rechtsprechung des RFH kommt es darauf an, wo der für das Unternehmen maßgebende Wille gebildet wird (RFH, RStBl 1938, 949), also auf den Ort, an dem die gesetzlichen Vertreter des Unternehmens oder ihre Stellvertreter die ihnen obliegende Tätigkeit entfalten (RFH, RStBl 1933, 132; *Kühne*, Reichsabgabenordnung[3] § 15 StAnpG Anm. 3). Damit wird nichts darüber ausgesagt, welcher Art diese Tätigkeit ist, ob sie insbesondere noch auf die Ausübung einer werbenden Geschäftstätigkeit gerichtet sein muß. Zutreffend nimmt auch *Harmening* (aaO 1111) an, daß man von einer geschäftlichen Oberleitung im steuer- und devisenrechtlichen Sinne auch dann sprechen könne, wenn die Geschäfte, um deren Leitung es sich handelt, in reinen Abwicklungsmaßnahmen bestehen. Wie ausgeführt, gilt dies auch für das Gebiet des Handelsrechts. Auch für den Ort der Geschäftsleitung im Sinne des § 85 des BVG werden dieselben Grundsätze gelten müssen. Denn es kann nicht angenommen werden, daß juristische Personen und Handelsgesellschaften, deren Verwaltung sich an dem maßgebenden Stichtag im Bundesgebiet oder in Berlin-West befand, von den Wohltaten der Schuldenregelung nach dem BVG ausgeschlossen sein sollen, weil es ihnen bis dahin noch nicht gelungen war, ihre werbende Geschäftstätigkeit wieder aufzunehmen.

Die Vorschriften des UEG lassen nicht erkennen, daß sie den Begriff der Geschäftsleitung in einem anderen Sinne verwenden. Wie der Senat in der Entscheidung vom 14. 4. 1955 — 1 W Umw 926/55 (WM 1955, 892[1]) — ausgeführt hat, sind die Guthaben eines Einzelkaufmanns oder einer nur aus natürlichen Personen bestehenden Handelsgesellschaft nach § 1 I und § 6 II UEG umwandlungsfähig, sofern der Inhaber oder die Mitberechtigten am Stichtage mindestens ihren dauernden Aufenthalt in dem betreffenden Gebiet gehabt haben, ohne daß die Umwandlungsfähigkeit davon abhängig gemacht worden ist, daß das Handelsgeschäft, für welches das Guthaben entstanden ist, noch betrieben wird. Ebenso lassen die Bestimmungen des § 2 Buchstabe a und des § 41 I Buchstabe a UEG erkennen, daß ein Kreditinstitut, das sich am 31. 12. 1952 in Liquidation befand und seine bankgeschäftlichen Verbindlichkeiten zu diesem Zeitpunkt bereits erfüllt hatte, nicht schon aus diesem Grunde von der Umwandlung ausgeschlossen sein soll, wenn es im übrigen die örtlichen Voraussetzungen des § 1 I UEG erfüllt (Senat in 1 W Umw 1417/55, WM 1955, 1135[2]). Die Annahme aber, daß die Abwicklung eines Kreditinstituts durch die dazu berufenen Organe keine Geschäftsleitung darstelle, ist rechtlich schlechterdings ausgeschlossen (vgl. auch BGH aaO).

Die als Voraussetzung für die Umwandlungsfähigkeit erforderliche Anknüpfung an das westliche Währungsgebiet, die in der Person des Gläubigers begründet sein muß, ist daher gegeben, wenn sich in diesem Gebiet die Geschäftsleitung in dem dargelegten Sinne befindet. Richtig ist, daß der Gesetzgeber aus währungs- und finanzpolitischen Gründen eine Grenze zwischen dem Ost- und Westgeschäft der verlagerten Geldinstitute ziehen mußte (*Harmening*, aaO 1112). Für diese Grenzziehung kommt es aber nicht darauf an, ob der Gläubiger schon früher, das soll offenbar heißen bis zum 9. 5. 1945, ein ‚Westgeschäft' gehabt hat, ob sich schon damals der ‚Geschäftsbereich' auf das spätere westliche Währungsgebiet erstreckte und ob deshalb schon früher in diesem Gebiet eine ‚Geschäftsstelle' vorhanden gewesen ist, durch deren Ausbau der Geschäftsbetrieb fortgesetzt werden konnte. Es kommt vielmehr allein auf den Stichtag des 31. 12. 1952 an und auf die Frage, ob die Geschäftsleitung des Unternehmens bis zu diesem Zeitpunkt in das betreffende Gebiet verlegt worden ist. In der amtlichen Begründung (Drucksachen des Deutschen Bundestages 1. Wahlperiode Nr. 4327 zu

[1] Siehe oben Nr. 68. [2] Siehe oben Nr. 70.

§ 1 VI Seite 19) heißt es hierzu: ‚Die Notwendigkeit eines Stichtages ergab sich daraus, daß es finanziell nicht tragbar erschien, den Kreis der Umwandlungsberechtigten durch Zuzug aus dem Osten in nicht übersehbarer Weise zu erweitern. Die zur Erreichung einer billigen Regelung notwendige Einschränkung des Stichtagsprinzips ergibt sich aus § 5. Wenn als Stichtag in Abweichung von der Berliner Uraltkontenbestimmung nicht der 1. 10. 1949, sondern der 31. 12. 1952 gewählt wurde, so beruht das darauf, daß im Interesse der Gläubiger der Uraltguthaben ein möglichst später Stichtag angezeigt erschien. Im übrigen entspricht der Stichtag des 31. 12. 1952 der Regelung im Berliner AltbG‘. Es genügt also, wenn der Anknüpfungspunkt zum westlichen Währungsgebiet durch Zuzug aus dem Osten bis zum 31. 12. 1952 begründet worden ist, auch wenn das Unternehmen bis dahin keinerlei geschäftliche Beziehungen zu diesem Gebiet unterhielt. Demnach ist es ausreichend, wenn die Geschäftsleitung, das heißt die Tätigkeit der Organe, denen die Willensbildung für das Unternehmen obliegt, bis zu dem genannten Stichtag in das Gebiet verlegt worden ist. Die Auffassung, daß die Geschäftsleitung an dem maßgebenden Stichtag bereits wieder oder noch eine werbende Tätigkeit ausgeübt haben, also einen lebenden Geschäftsbetrieb oder eine Betriebsstätte zum Gegenstand gehabt haben müsse, hat im Gesetz keinen Ausdruck gefunden. Maßgebend für die Auslegung einer Gesetzesbestimmung ist der in dieser zum Ausdruck kommende objektivierte Wille des Gesetzgebers, so wie er sich aus dem Wortlaut der Gesetzesbestimmung und dem Sinnzusammenhang ergibt. Die subjektive Vorstellung der am Gesetzgebungsverfahren beteiligten Organe oder einzelner ihrer Mitglieder über die Bedeutung der Bestimmung ist nicht entscheidend (BVerfGE 1, 312). Es ist daher unerheblich, ob etwa die an dem Erlaß des UEG beteiligten Organe geglaubt haben, durch die Fassung des Gesetzeswortlauts der Rechtsauffassung Ausdruck gegeben zu haben, die die BdL in der Mitteilung Nr. 1079/50 zu § 6 der 35. DVO zum UG vertreten hat.

Es kommt daher nicht darauf an, in welchem Umfange die Gesellschaft am 31. 12. 1952 noch geschäftlich tätig gewesen ist.“

72. Eine Geschäftsleitung kann trotz der Einsetzung eines Treuhänders gegeben sein, wenn ein verfassungsmäßig berufener Vertreter des Unternehmens vorhanden ist; eine bloße Geschäftsstelle genügt jedoch nicht.

KG Berlin-West, Beschl. v. 16. 2. 1956 — 1 W Umw 287/56: WM IV B 1956, 443.

Die Reichsstelle für Garten- und Weinbauerzeugnisse hat den Anspruch auf Gutschrift und Umwandlung einer steckengebliebenen Banküberweisung bei der D.-Bank in Berlin angemeldet. Da die Bankaufsichtsbehörde ihre Zustimmung verweigerte, hat die Bank den Antrag abgelehnt.

In dem Antrag auf gerichtliche Entscheidung legt die Reichsstelle dar, daß sich ihre Geschäftsleitung seit dem Kriege ununterbrochen in Berlin-West befinde. Der ehemalige Abteilungsleiter V. hatte nach Kriegsende und nach Ausscheiden des Reichsbeauftragten die verantwortliche Leitung der Reichsstelle übernommen und bis jetzt fortgesetzt. Zwar sei von der brit. MilReg. ein Treuhänder nach dem

MilRegGes. Nr. 52 eingesetzt worden; daneben habe die Verwaltung für Ernährung, Landwirtschaft und Forsten des Vereinigten Wirtschaftsgebietes in Frankfurt a.M. ihre Tätigkeit überwacht. Nachdem die Alliierte Kommandantur Berlin im Februar 1953 die Treuhänderschaft auf die Stadt Berlin übertragen habe, sei zwischen dem Senat von Berlin und der Bundesrepublik Deutschland im Juni 1953 vereinbart worden, daß die mit Genehmigung der Alliierten Kommandantur gebildete Verwaltung des Berliner Vermögens der Reichsstelle und des Reichsnährstandes bestehen bleibe und als Verwalter und Vertreter dieser Vermögensverwaltung Dr. W. S. in Berlin-West bestellt werde.

Das LG hat den Antrag auf gerichtliche Entscheidung zurückgewiesen, das KG hat diesen Beschluß aufgehoben und die Sache an das LG zurückverwiesen.

Aus den Gründen:

„Das LG meint, die Umwandlungsfähigkeit des Uraltguthabens könne nicht darauf gestützt werden, daß neben dem Treuhänder in der Person des X. Y. ‚ein sogenannter Leiter der Reichsstelle von deutschen Dienststellen eingesetzt war'. Hieraus muß geschlossen werden, daß das LG das Vorhandensein einer Geschäftsleitung auch für den von ihm unterstellten Fall nicht für gegeben erachten will, daß X. Y. verfassungsmäßig berufener Vertreter der Reichsstelle gewesen sein sollte; denn die Bezeichnung ‚Leiter der Reichsstelle' schließt diese Möglichkeit ein. Die dieser Beurteilung zugrunde liegende Rechtsauffassung kann nicht gebilligt werden. Nach der Rechtsprechung des Senats, an der festzuhalten ist, begründet die Tätigkeit eines Treuhänders nach dem MilRegGes. Nr. 52 allerdings keine Geschäftsleitung des anspruchsberechtigten Unternehmens im Sinne der Umstellungs- und Altbankengesetzgebung (1 W Umw 1444/55 = WM 1955, 1133[1]; 1 W Umw 1417/55 = WM 1955, 1135[2]; 1 W Umw 1758/55 = WM 1955, 1414; 1 W Umw 2553/55 = WM 1955, 1526; ebenso *Harmening*, WM 1955, 1110 [1114]). In den angeführten Entscheidungen ist jedoch am maßgebenden Stichtag neben dem Treuhänder ein eigenes satzungsgemäß berufenes Organ des Unternehmens entweder überhaupt nicht oder nicht im Währungsgebiet der DM-West vorhanden gewesen. Die Frage, ob die Altbank in Anspruch genommen werden kann, wenn neben der Treuhandschaft eine Geschäftsleitung bestanden hat, konnte der Senat bisher dahingestellt lassen (1 W Umw 1444/55 = WM 1955, 1133[3]). Diese Frage ist jetzt zu bejahen. Ebenso wie die Einsetzung eines Treuhänders eine fehlende Geschäftsleitung nicht ersetzt, kann diese Maßnahme auch nicht dazu führen, daß eine vorhandene Geschäftsleitung als gänzlich fortgefallen zu behandeln ist. Allerdings wird die Tätigkeit der Geschäftsleitung, d.h. der satzungsgemäß zur Geschäftsführung berufenen Organe des Unternehmens durch die Einsetzung des Treuhänders in ihrer Wirksamkeit gehemmt. Nach der Rechtsprechung des Senats ist es jedoch nicht erforderlich, daß das Unternehmen noch im Rahmen seines früheren Aufgabenkreises tätig, die Geschäftsleitung also noch eine werbende ist (1 W Umw 2229/55 = WM 1955, 1258[4]). Die Altbanken- und Umstellungsgesetzgebung läßt nicht erkennen, daß die Zugehörigkeit eines nach

[1] Siehe oben Nr. 69.
[2] Siehe oben Nr. 70.
[3] Siehe oben Nr. 69.
[4] Siehe oben Nr. 71.

Sitz und Geschäftsleitung im Währungsgebiet der DM-West beheimateten Unternehmens durch Einsetzung eines Treuhänders sollte entfallen können.

Die Geschäftsleitung ist der Mittelpunkt der geschäftlichen Oberleitung (§ 15 StAnpG; 1 W Umw 2229/55 = WM 1955, 1258[1]). Die Oberleitung in diesem Sinne liegt dem satzungsgemäß berufenen Organ des Unternehmens ob. Von der Geschäftsleitung zu unterscheiden ist daher die Betriebsstätte oder Geschäftsstelle (Senat aaO). Das Vorhandensein einer Geschäftsstelle, ohne daß neben dem Treuhänder ein satzungsgemäß berufener Vertreter vorhanden ist, würde den Begriff der Geschäftsleitung nicht erfüllen. Diese Voraussetzung wäre daher nicht gegeben, wenn X. Y. nur Leiter der Geschäftsstelle der Reichsstelle, nicht aber Leiter (Vorsitzender) der Reichsstelle gewesen wäre. Es kommt daher für die Entscheidung darauf an, ob X. Y. die eine oder die andere Stellung innegehabt hat. Nach § 2 der DVO vom 30. 9. 1936 (RGBl I 857) wird die Reichsstelle vertreten durch den Vorsitzenden oder durch zwei Stellvertreter. Nach § 1 Satz 2 dieser VO bestellt der Reichsminister für Ernährung und Landwirtschaft den Vorsitzenden und regelt seine Stellvertretung. Die Ausführungen des LG lassen die Möglichkeit offen, daß X. Y. entweder noch vom Reichsminister für Ernährung und Landwirtschaft oder nach 1945 durch eine andere Stelle, die zur Ausübung der Befugnisse dieses Reichsministers für Berlin befugt war, zum Vorsitzenden der Reichsstelle oder zu dessen Stellvertreter bestellt worden ist. Wenn dieser Fall vorliegt, würde es unschädlich sein, wenn der Genannte sich während der Dauer der Treuhandschaft darauf beschränkt hätte, die Geschäftsstelle der Reichsstelle unter der Aufsicht und nach den Weisungen des Treuhänders zu leiten.

In dieser Richtung wird das LG über die Stellung des X. Y. Ermittlungen anzustellen haben. Zu diesem Zweck ist die Sache unter Aufhebung des angefochtenen Beschlusses an das LG zurückzuverweisen."

(Aus der in einer ähnlichen Sache zugunsten der gleichen Anmelderin ergangenen Entscheidung des KG v. 31. 10. 1957 — 1 W Umw 1374/57 [siehe unten Nr. 82] ergibt sich, daß die Voraussetzungen einer Geschäftsleitung als gegeben angesehen wurden.)

73. Der Ort der Geschäftsleitung befindet sich dort, wo die für die Willensbildung des Unternehmens maßgebenden Organe ihre Tätigkeit ausüben. — In einer Personengesellschaft, die zwei vertretungsberechtigte Gesellschafter hat, kann trotzdem die Oberleitung bei einem dieser Gesellschafter liegen.

KG Berlin-West, Beschl. v. 27. 2. 1956 — 1 W Umw 216/56: WM IV B 1956, 582.

Die ASt. ist eine OHG mit dem Sitz in Berlin; sie betrieb ein Speditionsgeschäft, dessen Geschäftsräume sich in Ostberlin befanden. Im Jahre 1953 ist das Unternehmen enteignet worden. Gesellschafter der OHG sind der in Ostberlin lebende B. und der in Westberlin wohnende D.

---

[1] Siehe oben Nr. 71.

Die X.-Bank lehnte die beantragte Umwandlung eines Uraltguthabens ab, da die Aufsichtsbehörde die erforderliche Zustimmung versagt habe. In dem Antrag auf gerichtliche Entscheidung hat die ASt. u. a. vorgetragen, daß die Geschäftsleitung der Gesellschaft in Westberlin gelegen habe, weil der Gesellschafter D. das Geschäft praktisch geführt habe. Der Gesellschafter B. sei 1952 schon 79 Jahre alt gewesen, habe aber ein- oder zweimal wöchentlich D. zur Besprechung aller wichtigen Fragen aufgesucht. Die Prokuristin der Gesellschaft sei täglich zu D. gekommen, um geschäftliche Fragen zu besprechen und seine Weisungen einzuholen; auch einer der Angestellten sei häufig zu dem gleichen Zweck nach Westberlin geschickt worden.

Das LG hat, ohne die für dieses Vorbringen angetretenen Beweise zu erheben, den Antrag auf gerichtliche Entscheidung zurückgewiesen, da der Wille zur Geschäftsleitung in den Geschäftsräumen zur Auswirkung gekommen sei. Auf die sofortige Beschwerde hat das KG die Sache zur weiteren Aufklärung an das LG zurückverwiesen.

Aus den Gründen:

„Nach der Rechtsprechung des Senats ist die Geschäftsleitung der Mittelpunkt der geschäftlichen Oberleitung; sie befindet sich an dem Ort, an dem die Organe des Unternehmens den für dieses maßgebenden Willen bilden (Beschlüsse v. 22. 8. 1955, 1 W Umw 2229/55 = WM 1955, 1258[1] und v. 27. 10. 1955, 1 W Umw 2553/55 = WM 1955, 1526[2]). Der Senat hat hierbei den in § 15 I StAnpG gesetzlich bestimmten Begriff im Sinne der Steuergesetze, der in der Rechtsprechung des RFH entwickelt worden ist, auch für das Gebiet des Währungsrechts übernommen, da die Vorschriften des UEG nicht erkennen lassen, daß sie mit diesem aus der Steuer- und Devisengesetzgebung bekannten Begriff einen anderen Sinn verbinden. Während der Sitz eines Unternehmens ein durch die Satzung oder den Gesellschaftsvertrag bestimmtes und durch die Eintragung im Handelsregister verlautbartes rechtliches Merkmal ist, richtet sich die Frage, wo sich der Mittelpunkt der geschäftlichen Oberleitung befindet, nach den im Einzelfall gegebenen tatsächlichen Verhältnissen (RFH, RStBl 1936, 804; Senat in WM 1955, 1526; *Kühn*, Reichsabgabenordnung § 15 StAnpG Anm. 2). Es kommt somit darauf an, wo die für die Willensbildung des Unternehmens maßgebenden Organe ihre Tätigkeit tatsächlich ausüben. Der Ort der Geschäftsleitung ist von dem Ort der Betriebsstätte (§ 16 StAnpG) zu unterscheiden. In der Regel wird sich die Geschäftsleitung zwar an der Betriebsstätte befinden, weil die vertretungsberechtigten Organe des Unternehmens ihre Tätigkeit dort ausüben. Sie können jedoch die Betriebsstätte auch von einem anderen Ort aus leiten. Es ist daher rechtsirrig, wenn das LG meint, die Geschäftsleitung befinde sich dort, wo die Firma ein Büro unterhalte, wo das Personal tätig werde und wo die Aufträge der Kunden entgegengenommen und erledigt würden. Auf den Ort, wo die Entschließungen der willensbildenden Organe sich auswirken, kommt es nach der ständigen Rechtsprechung des RFH nicht an, sondern auf den Ort, wo der maßgebende Wille gebildet wird (RFH, RStBl 1938, 949). Darauf weist die Beschwerdeführerin mit Recht hin.

[1] Siehe oben Nr. 71. [2] Vgl. unten Nr. 83.

Andererseits befindet sich die Geschäftsleitung nicht schlechthin da, wo der Vorstand oder Leiter des Unternehmens seinen Wohnsitz hat, sondern dort, wo er seine geschäftsleitende Tätigkeit ausübt. Wenn daher der Leiter eines im Ostsektor Berlins gelegenen Unternehmens in West-Berlin wohnt, seiner geschäftlichen Tätigkeit aber im Ostsektor an der Betriebsstätte nachgeht, befindet sich dort auch die Geschäftsleitung. Anders ist es, wenn der im Ostsektor gelegene Betrieb tatsächlich von den Westsektoren Berlins aus geleitet wird. Dann kann sich die Geschäftsleitung in den Westsektoren befinden, auch wenn dort ständige Geschäftseinrichtungen, wie Büro und Personal, nicht vorhanden sind (vgl. RFH, RStBl 1936, 765).

Bei einer OHG sind nach den §§ 114, 115 HGB alle Gesellschafter zur Führung der Geschäfte berechtigt und verpflichtet, sofern der Gesellschaftsvertrag nichts anderes bestimmt. Jeder der zur Geschäftsführung berufenen Gesellschafter ist allein zu handeln berechtigt. Eine Handlung muß unterbleiben, wenn ein anderer geschäftsführender Gesellschafter widerspricht. Nach dem Vorbringen der Beschwerdeführerin kann unterstellt werden, daß beide Gesellschafter zur Geschäftsführung berufen waren. Auch in diesem Falle ist es rechtlich möglich, daß nach der tatsächlichen Gestaltung der Verhältnisse im wesentlichen einer der Gesellschafter die wirkliche Oberleitung ausübt und in allen wichtigen Fragen die Entscheidung fällt. Nach der Rechtsprechung des RFH kann sich die tatsächliche Leitung sogar in den Händen des Gesellschafters einer Kapitalgesellschaft befinden, der nicht als Vorstand oder Geschäftsführer zur Vertretung des Unternehmens nach außen berufen ist, der aber eine beherrschende Stellung ausübt und bei wichtigen Geschäften das entscheidende Wort spricht, so daß er, wie der RFH es ausdrückt, als Seele und Kopf der Geschäftsführung anzusehen ist und die gesetzlichen Vertreter nur seine ausführenden Organe sind (RFH, RStBl 1936, 804). Der Umstand, daß der Gesellschafter B. rechtlich neben dem Gesellschafter D. zur Geschäftsführung und Vertretung der Gesellschaft befugt war, schließt daher nicht schlechthin aus, daß die Oberleitung tatsächlich in der Hand des anderen Gesellschafters lag, weil er die maßgebenden Entschlüsse faßte, denen der Gesellschafter B. sich anschloß und die er in der im Ostsektor gelegenen Betriebsstätte lediglich vollzog. Wenn der für das Unternehmen maßgebende Wille demnach seit Jahren ständig, wie es die Beschwerdeführerin in dem Verfahren vor dem LG behauptet hat, durch den Gesellschafter D. in dessen in West-Berlin gelegener Wohnung gebildet wurde, wohin der andere Gesellschafter sich zu den geschäftlichen Besprechungen begab und wo auch sonst der Gesellschafter D. der Prokuristin und den Angestellten Weisungen erteilte, dann kann sich dort auch der Ort der Geschäftsleitung befunden haben.

Da das LG diese Rechtsgrundsätze verkannt hat, ist der angefochtene Beschluß aufzuheben. Das LG wird nunmehr zu ermitteln haben, ob der von der Beschwerdeführerin behauptete Sachverhalt zutrifft."

74. Der für ein Versicherungsunternehmen bestellte Sonderbeauftragte ist einem von der Militärregierung bestellten Treuhänder nicht gleichzustellen; ein solcher Sonderbeauftragter begründet eine Geschäftsleitung.

KG Berlin-West, Beschl. v. 7. 5. 1956 — 1 W Umw 901—903/55: VersR 1957, 225.

Die ASt., die Unfallversicherungskasse für die Feuerwehren der Provinz Brandenburg, ist nach § 1 ihrer Satzung eine Körperschaft des öffentlichen Rechts mit Sitz in Berlin; ihr Leiter ist nach § 9 der Satzung der jeweilige Generaldirektor der Feuersozietät der Provinz Brandenburg (Feuersozietät). Im August 1950 hat der Magistrat von Groß-Berlin unter Bezugnahme auf § 81 VAG i. V. m. Art. 3 der DVO zu diesem Gesetz vom 21. 4. 1936 Generaldirektor M. zur Wahrung der Interessen der Versicherten des Berliner Versicherungsbestandes der Feuersozietät bestellt.

Die ASt. hat durch M. Schuldverschreibungen zweier Kreditinstitute in Berlin gemäß der 2. DVO zum UEG angemeldet. Nach Ablehnung der Anmeldung wegen Fehlens einer Geschäftsleitung außerhalb der Sowjetzone beantragte die ASt. gerichtliche Entscheidung. LG und KG haben dem Antrag stattgegeben.

Aus den Gründen:

„Die Auffassung der Beschwerdeführerin, daß der für die Feuersozität bestellte Sonderbeauftragte einem Treuhänder nach dem MilRegGes. Nr. 52 vergleichbar sei, ist nicht anzuerkennen. Die Beschwerdeführerin verkennt den besonderen Sinn und Zweck der Einsetzung eines Sonderbeauftragten nach § 81 VAG i. V. mit Art. 3 der DVO vom 21. 4. 1936 (RGBl I 376). § 81 II VAG, der nach § 1II Satz 2 der VO vom 22. 6. 1943 (RGBl I 363) auch für die öffentlich-rechtlichen Versicherungsanstalten gilt, gibt der Aufsichtsbehörde die Befugnis, diejenigen Anordnungen zu treffen, die geeignet sind, den Geschäftsbetrieb mit den gesetzlichen Vorschriften und dem Geschäftsplan im Einklang zu erhalten oder Mißstände zu beseitigen, welche die Belange der Versicherten gefährden oder den Geschäftsbetrieb mit den guten Sitten in Widerspruch bringen. Äußerstenfalls kann die Aufsichtsbehörde nach Art. 3 DVO einen Sonderbeauftragten zur Wahrung der Belange der Versicherten bestellen. Diese Bestellung führt zwar nicht dazu, daß der Sonderbeauftragte nunmehr der satzungsmäßige Vorstand der Anstalt ist. Vielmehr ruhen die Befugnisse der ordentlichen Organe in dem Umfang, in welchem sie auf den Sonderbeauftragten übertragen worden sind (*Prölss*, VAG § 81 Anm. 11), und der Sonderbeauftragte nimmt die Rechtsstellung des ordentlichen Organs, insbesondere des Vorstandes, ein. Insofern scheint seine Stellung in gewisser Hinsicht der eines Treuhänders nach dem MilRegGes. Nr. 52 ähnlich zu sein. Gleichwohl ist die Rechtslage hinsichtlich der Frage, ob die Tätigkeit dieser Personen eine Geschäftsleitung im Sinne des AltbG ist, verschieden zu beurteilen. Das MilRegGes. Nr. 52 bezweckte die Beschlagnahme gewisser Vermögensmassen, über die später befunden werden sollte. Der Sicherung und Durchführung der Vermögensbeschlagnahme diente die Einsetzung des Treuhänders. Eine solche Maßnahme ist unabhängig davon, ob sich in dem Gebiet des Hoheitsträgers, der sie anordnet und durchführen läßt, eine Geschäftsleitung des Rechtsträgers befindet, über dessen Vermögen die Beschlagnahme verhängt wurde. Die Geschäftsleitung im Sinne des

AltbG soll aber ein Kennzeichen dafür sein, ob eine Verbindlichkeit nach der Person des Berechtigten dem Währungsgebiet der DM-West zuzurechnen ist. Dieser Anknüpfungspunkt muß in der Person des Berechtigten selbst gegeben sein und wird dadurch, daß sein in einem bestimmten Gebiet befindliches Vermögen der Beschlagnahme unterworfen wird, nicht hergestellt (KG, WM 1955, 1133[1]). Anders ist die Rechtslage dagegen bei der Bestellung eines Sonderbeauftragten nach § 81 VAG. Seine Bestellung bezweckt nicht die Beschlagnahme des Vermögens des Versicherungsunternehmens, sondern sie erfolgt, weil die bisherige Geschäftsleitung bei der Erfüllung ihrer Aufgaben versagt hat. Sie dient dazu, die Ordnungsmäßigkeit des Geschäftsbetriebes aufrechtzuerhalten oder wiederherzustellen. Es tritt also lediglich ein Wechsel in der Geschäftsleitung ein, die nunmehr von einem durch die Aufsichtsbehörde eingesetzten Beauftragten ausgeübt wird. Der Tätigkeit dieses Sonderbeauftragten kann daher die Eigenschaft einer Geschäftsleitung im Sinne des § 7 AltbG nicht abgesprochen werden. Dabei kommt es für die Beurteilung der Rechtsstellung des Sonderbeauftragten nicht darauf an, aus welchem besonderen Anlaß im vorliegenden Falle der Sonderbeauftragte für die Feuersozietät bestellt worden ist.

Da dem Sonderbeauftragten der Feuersozietät alle Rechte des Vorstandes dieser Versicherungsanstalt übertragen worden sind, kann er auch dessen auf § 9 der Satzung der Unfallversicherungskasse beruhende Befugnisse als Leiter dieser Kasse ausüben. Unerheblich ist es, daß der satzungsmäßige Geschäftsbetrieb der Unfallversicherungskasse sich nicht auf das Gebiet von West-Berlin, sondern auf das Gebiet der Provinz Brandenburg erstreckt. Der Ort der Geschäftsleitung befindet sich dort, wo die für die Willensbildung des Unternehmens maßgebenden Organe ihre Tätigkeit tatsächlich ausüben. Auf den Ort, wo deren Entschließungen sich auswirken, kommt es nicht an (KG, WM 1956, 582[2]). Daß die Tätigkeit des Leiters der Unfallversicherungskasse keine werbende mehr ist, sondern sich auf die Verwaltung des Vermögens beschränkt, steht nach der Rechtsprechung des Senats der Annahme einer Geschäftsleitung nicht entgegen (KG, WM 1955, 1258[3])."

75. Zwangsmaßnahmen in der Sowjetzone haben für das dortige Gebiet nur faktische Wirkung und haben außerhalb dieses Gebietes keine Rechtswirkung. — Wird dem alleinigen Geschäftsführer einer Gesellschaft mit beschränkter Haftung durch Einsetzung einer Treuhandschaft die Verfügung über das Gesellschaftsvermögen und die Geschäftsräume entzogen, so wird der Wohnsitz des Geschäftsführers zum Ort der Geschäftsleitung der Gesellschaft. — Eine Geschäftsleitung wird nicht dadurch ausgeschlossen, daß eine Gesellschaft keine werbenden Geschäfte mehr ausführt.

LG Berlin-West, Beschl. v. 28.2.1957 — 85 T Umw 108/55:* unveröff.

Die ASt. ist eine GmbH mit Sitz in Berlin; ihre Alleingesellschafterin ist Frau A., alleiniger Geschäftsführer ist Herr A. Die Gesellschaft hatte ihre Geschäftsräume

[1] Siehe oben Nr. 69.
[2] Siehe oben Nr. 73.
[3] Siehe oben Nr. 71.

in Ostberlin; im September 1951 ist die Gesellschaft dort unter Treuhandschaft gestellt worden. Danach sind die Eheleute nach Berlin-West gezogen. Eine werbende Tätigkeit hat die Gesellschaft in Westberlin nicht mehr entfaltet.

Die ASt. hat bei der A.-Bank ein Uraltguthaben zur Umwandlung angemeldet; die Schuldnerin lehnt die Umwandlung ab, da sich eine Geschäftsleitung des ASt. in Westberlin nicht nachweisen lasse. Das LG hat dem Antrag auf gerichtliche Entscheidung stattgegeben.

Aus den Gründen:

„Aus den Handelsregisterakten ergibt sich, daß die ASt. ihren Sitz am 31. 12. 1952 in Berlin hatte. Dem steht nicht die Tatsache entgegen, daß der Betrieb der ASt. in Ost-Berlin unter Treuhandverwaltung gestellt und später zum Erliegen gekommen ist, da dies auf die rechtliche Existenz der ASt. ohne Einfluß ist. Die Enteignungsmaßnahmen der Behörden des sowjet. Machtbereichs haben nach allgemeiner Rechtsauffassung nur faktische Wirkung in dem dortigen Gebiet und haben außerhalb dieses Gebietes keine rechtlichen Wirkungen.

Die Umwandlungsfähigkeit des Uraltguthabens der ASt. hängt somit davon ab, ob sich am 31. 12. 1952 ihre Geschäftsleitung in Berlin-West befand. Ort der Geschäftsleitung im Sinne der Altbankengesetzgebung ist, wie das KG in ständiger Rechtsprechung ausgesprochen hat, ebenso wie in der Steuergesetzgebung (§ 15 StAnpG), der Ort der ‚geschäftlichen Oberleitung‘, der Ort, an dem die satzungsgemäßen Organe der juristischen Person den für sie maßgeblichen Willen bilden. Auch eine abwickelnde Tätigkeit für das Unternehmen reicht aus, die Annahme eines Orts der Geschäftsleitung zu rechtfertigen.

Die beschließende Kammer hat auf Grund der vorgelegten polizeilichen Meldebescheinigungen keinen Zweifel daran, daß der Geschäftsführer der ASt. mit seiner Ehefrau, der alleinigen Gesellschafterin der ASt., am 10. 12. 1951 seinen Wohnsitz nach West-Berlin verlegt und am 11. 9. 1952 eine Dauerzuzugsgenehmigung erhalten hat. Die Wohnsitzverlegung wird bestätigt durch folgendes Schreiben, das der Geschäftsführer am . . . . . 1951 an das Registergericht gerichtet hat. [Der Geschäftsführer teilt die widerrechtliche Treuhandverwaltung mit; eine Verlegung des Geschäftslokals nach West-Berlin werde erwogen; er selbst sei nach wie vor allein vertretungsberechtigt.]

Aus diesem Schreiben ist aber auch zu entnehmen, daß der Geschäftsführer die Geschäfte der ASt. nunmehr von seinem neuen Wohnsitz von Berlin-West aus leitete. Der Wohnsitz des Geschäftsführers wurde dadurch, daß der ASt. die Verfügungsgewalt über ihr bisheriges Geschäftslokal entzogen wurde und der Geschäftsführer dieses nicht mehr benutzen konnte, zum neuen Ort der Geschäftsleitung. Der Geschäftsführer hat neben dem oben genannten Schreiben dem Registergericht die jährliche Gesellschafterliste gemäß § 40 GmbHG übersandt. Er hat ferner bei den Behörden des sowjet. Sektors . . . für die ASt. Rechtsmittel eingelegt.

Daß die ASt. keine Tätigkeit werbender Art in Berlin-West entfaltete, sondern sich im wesentlichen nur auf die Aufrechterhaltung ihrer rechtlichen Existenz konzentrierte, schließt die Annahme einer Geschäftsleitung nicht aus. Entgegen der Ansicht der Beteiligten zu b) muß diese

Tätigkeit des Geschäftsführers als Geschäftsleitung im Sinne des UEG angesehen werden. Ebenso wie bei einer bereits aufgelösten juristischen Person der Ort, an dem die abwickelnden Maßnahmen vorgenommen werden, als Ort der Geschäftsleitung gilt, mögen diese Maßnahmen auch noch so geringfügig sein, ist bei einer juristischen Person, die sich trotz Enteignung der wichtigsten Vermögensgegenstände nicht auflösen will, der Ort der Geschäftsleitung dort, wo ihre laufenden Geschäfte vorgenommen werden, wenn diese auch zur Zeit nur kleinen Umfang haben. Verneinte man dies, würden die Enteignungsmaßnahmen der Behörden der sowjet. Zone faktisch anerkannt. Solange der ASt. noch irgendwelche Vermögensgegenstände zustehen, müssen die von dem Geschäftsführer in Bezug auf die ASt. ergriffenen Maßnahmen auch als geschäftsleitende Tätigkeit angesehen werden."

76. Trotz Enteignung ihres Vermögens in der Sowjetzone besteht eine Handelsgesellschaft hinsichtlich ihrer in West-Berlin und im Bundesgebiet belegenen Vermögenswerte fort. — Die Abwickler einer Kapitalgesellschaft stellen eine Geschäftsleitung der Gesellschaft dar, auch wenn ihr Wirkungskreis durch Organe der Besatzungsmächte zeitweise beschränkt war.

KG Berlin-West, Beschl. v. 11. 3. 1957 — 1 W Umw 262/57: *unveröff.

Die I.-GmbH., eine Tochtergesellschaft der I.-AG., hat ihren Sitz in Berlin. Das Vermögen der I.-GmbH wurde als Teil des Vermögens der I.-AG. durch das KRGes. Nr. 9 vom 30. 11. 1945 beschlagnahmt; die auf den Kontrollrat übergegangenen Rechte an der Gesellschaft wurden bezüglich des in Westdeutschland befindlichen Vermögens von dem I.-Kontrolloffizier vertreten. Die Tripartite I. Control Group löste die Gesellschaft im Jahre 1952 auf. Auf Anraten des amerik. Kontrollbeamten bestellte das AG Berlin-C. (Berlin-West) am 31. 10. 1952 gemäß § 66 GmbHG drei Abwickler für die Gesellschaft. Im Februar 1953 wurde die I.-GmbH aus der alliierten Kontrolle entlassen. Nach Beendigung der Liquidation wurde das Erlöschen der Firma im Dezember 1955 in das Handelsregister eingetragen, nachdem u. a. die hier streitigen Ansprüche an die I.-AG. abgetreten worden waren.

Die I.-AG. hat die Uraltguthaben der I.-GmbH zur Umwandlung angemeldet. Gegen die Ablehnung der Umwandlung beantragte die I.-AG. die gerichtliche Entscheidung. LG und KG haben dem Antrag stattgegeben.

Aus den Gründen:

„Das LG legt zunächst dar, daß die I.-GmbH hinsichtlich ihres in der Bundesrepublik und in West-Berlin belegenen Vermögens unbeschadet ihrer Enteignung im sowjet. Machtbereich am 31. 12. 1952 noch fortbestanden habe. Diese Ausführungen sind frei von Rechtsirrtum; sie werden auch von der Beschwerdeführerin nicht angegriffen.

Eine Geschäftsleitung im Sinne des § 1 I und III UEG erblickt das LG in dem Vorhandensein der am 31. 12. 1952 durch das Registergericht gemäß § 66 II GmbH bestellten Abwickler ...

Das LG führt sodann aus: Das Vorhandensein einer Geschäftsleitung der Gesellschaft könne zwar nicht schon deshalb bejaht werden, weil am maßgebenden Stichtag noch die Tripartite Control Group das Vermögen der I.-GmbH verwaltet habe. Die mit der Verwaltung des Konzernvermögens beauftragten alliierten Kontrollbeamten seien keine Gesellschaftsorgane, also gesetzliche Vertreter des Unternehmens, sondern ebenso wie die Treuhänder nach dem MilRegGes. Nr. 52 Verwalter eines fremden Vermögens gewesen. Durch die Tätigkeit dieser Verwalter sei kein eigenverantwortlicher Wille der Gesellschaft selbst, sondern ein fremder Wille gebildet worden, der an die Stelle des Willens der weggefallenen Gesellschaftsorgane getreten sei. Die Tätigkeit dieser Verwalter begründe daher keine Geschäftsleitung im Sinne des UEG. Andererseits schließe das Bestehen der Verwaltung nicht aus, daß neben dem Alliierten Kontrollorgan eine eigene Geschäftsleitung des Unternehmens bestanden habe. Die Tätigkeit der von den Besatzungsmächten bestellten Treuhänder und Verwalter stehe der Annahme einer Geschäftsleitung nicht entgegen, wenn am Stichtag satzungsgemäße Organe des Unternehmens vorhanden gewesen seien, sei es, daß sie nicht weggefallen, sei es, daß sie neu bestellt worden seien. Wenn derartige Organe vorhanden gewesen seien und eine geschäftsleitende — wenn auch nicht notwendig werbende — Tätigkeit ausgeübt hätten, so seien die Erfordernisse einer Geschäftsleitung erfüllt, unbeschadet des Umstandes, daß die Tätigkeit der satzungsgemäß zur Geschäftsführung berufenen Organe des Unternehmens durch das Bestehen der Kontrolle in ihrer Wirksamkeit gehemmt gewesen sei.

So verhalte es sich im vorliegenden Falle. Bei der Bestellung der Abwickler habe das Registergericht ihren Wirkungskreis nicht, wie sonst häufig bei der Bestellung von Notvertretern gemäß § 29 BGB, Beschränkungen unterworfen, durch die ihnen die rechtliche Fähigkeit zur verantwortlichen Willensbildung vorenthalten worden sei. Die Willensbildung der Abwickler sei nur dadurch gehemmt worden, daß sie an die Weisungen der Alliierten Kontrollbehörden gebunden gewesen seien. Wie der von den Abwicklern der I.-AG. in der Hauptversammlung vom . . . vorgelegte Bericht ergebe, seien die Entflechtung und die Abwicklung des Konzerns vom Zeitpunkt der Berufung deutscher Vertreter an auf zweierlei Weise durchgeführt worden, nämlich einerseits durch Anordnungen der Alliierten Hohen Kommission oder der Drei-Mächte-Kontroll-Gruppe, andererseits in den Formen des deutschen Rechts durch Verträge, die von den Abwicklern abgeschlossen wurden. Das LG habe keine Bedenken, anzunehmen, daß für die I.-GmbH insoweit dasselbe gelte wie für ihre Muttergesellschaft, die I.-AG. Die Abwickler hätten allerdings bis zum Erlaß der AO Nr. 68 tatsächlich die Stellung eines Hilfs-und Ausführungsorgans der Besatzungsmächte gehabt, da sie alliierter Weisungsbefugnis unterstanden und ihre Maßnahmen alliierter Zustimmung bedurft hätten. Diese Unterordnung beseitigte aber nicht die den Abwicklern nach deutschem Recht zustehende Vertretungs- und Verfügungsmacht. Die Abwickler hätten nach dem angeführten Bericht eine Doppelstellung insofern inne gehabt, als sie einerseits nur auf Anweisung oder mit Genehmigung der Alliierten hätten handeln dürfen, andererseits aber alle Rechtshandlungen nach deutschem Recht in ihrer Eigenschaft als Abwickler vorgenommen hätten. Für die Frage, ob sie die rechtliche Fähigkeit zur verantwortlichen Willensbildung gehabt hätten, komme es auf den Umfang ihrer Vertretungs- und Verfügungsmacht nach deutschen Recht an, nicht darauf, ob und inwieweit diese Befugnisse durch das Besatzungsrecht suspendiert oder nur nach den Weisungen der Alliierten Kontrollbehörden auszuüben gewesen seien. Mit dem Fortfall der alliierten Kontrollen und Beschränkungen auf Grund der AO Nr. 68 habe sich die Vertretungs- und Verfügungsmacht der Abwickler ohne weiteres in ihrer vollen Wirksamkeit entfalten können, ohne daß hierzu, wie bei einem nach § 29 BGB mit beschränktem Wirkungskreis bestellten Notvertreter, eine Erweiterung ihrer Befugnisse erforderlich gewesen sei. Es beständen daher keine Bedenken, die Tätigkeit der am 31. 10. 1952 bestellten Abwickler der I.-GmbH unbeschadet der fortdauernden Kontrolle der Besatzungsmächte als Geschäftsleitung des Unternehmens anzusehen.

Diese Ausführungen sind frei von Rechtsirrtum. Sie werden daher von der Beschwerdeführerin ohne Erfolg angegriffen. Nach der ständigen Rechtsprechung des Senats begründet die Tätigkeit eines Treuhänders nach dem MilRegGes. Nr. 52 allerdings keine Geschäftsleitung des anspruchsberechtigten Unternehmens im Sinne der Umstellungsgesetzgebung (Senat in WM 1955, 1133[1]; WM 1955, 1135[2]; WM 1955, 1414[3]; WM 1955, 1526[3]; ebenso *Harmening*, WM 1955, 1114). Rechtlich zutreffend hat das LG angenommen, daß diese Grundsätze auch für die durch das KRGes. Nr. 9 vom 30. 11. 1945 angeordnete Kontrolle und Verwaltung des Vermögens der I.-AG. und ihrer Tochtergesellschaft gelten. Das Vorhandensein einer treuhänderischen Verwaltung kann den nach § 1 UEG erforderlichen Anknüpfungspunkt für die Zugehörigkeit des Unternehmens zum Währungsgebiet der DM-West weder begründen noch beseitigen. Ein hinreichender Anknüpfungspunkt zum Währungsgebiet der DM-West ist daher gegeben, wenn die I.-GmbH, abgesehen von ihrem Sitz in Berlin, am 31. 12. 1952 neben der Treuhandschaft noch satzungsgemäße gesetzliche Vertreter gehabt hat, die zur verantwortlichen Geschäftsleitung berufen gewesen wären, wenn die Treuhandschaft nicht bestanden hätte (Senat in WM 1956, 443[4]). Rechtlich zutreffend hat das LG angenommen, daß es hierfür keinen Unterschied machen kann, ob die satzungsgemäß zur Vertretung des Unternehmens berufenen Organe seit der Anordnung der Treuhandschaft bis zum maßgebenden Stichtag nicht weggefallen oder ob sie noch vor dem Stichtag neu bestellt worden waren. Schließlich hat das LG auch rechtsbedenkenfrei angenommen, daß die am 31. 10. 1952 durch das Registergericht bestellten Abwickler satzungsgemäß berufenen Organen der Gesellschaft gleichzustellen sind und daß sie hinsichtlich des Umfanges ihrer Vertretungsmacht keinen Einschränkungen unterlagen, soweit ihre Tätigkeit nicht durch das Bestehen der treuhänderischen Verwaltung gehemmt war."

77. Der für ein Unternehmen bestellte Abwesenheitspfleger begründet keine Geschäftsleitung. — Die Bestellung eines satzungsmäßigen Organs eines Unternehmens zum Abwesenheitspfleger hebt nicht seine satzungs-

---

[1] Siehe oben Nr. 69
[2] Siehe oben Nr. 70.
[3] Vgl. unten Nr. 83.
[4] Siehe oben Nr. 72.

mäßige Vertretungsbefugnis auf. — Der Vorsitzende des Vorstands einer Genossenschaft, der zugleich als Abwesenheitspfleger bestellt worden ist, bildet eine Geschäftsleitung.

LG Berlin-West, Beschl. v. 28. 5. 1957 — 85/84 T Umw 434/436/55: *unveröff.

Der ASt. ist eine Genossenschaft, deren Vermögen in der Sowjetzone enteignet worden ist. Zwei Mitglieder des Vorstandes wohnten zumindest im Jahre 1952 im Bundesgebiet. Sie führten die Verwaltung des restlichen Vermögens des ASt. im Bundesgebiet in der Weise, daß A. in Y. (Bundesgebiet) die Federführung hatte, aber zu allen wesentlichen Verfügungen die Zustimmung des Vorstandsmitglieds B. einholte und diesem auch laufend über die alltägliche Verwaltungsarbeit berichtete. Um die Auszahlung eines Geschäftsguthabens für den ASt. zu erreichen und der Schuldnerin die Vertretungsberechtigung der beiden Vorstandsmitglieder nachzuweisen, hat A. im Jahre 1952 beim AG Berlin-C. (Westberlin) die Bestellung eines Abwesenheitspflegers für den ASt. beantragt. Nach Abberufung eines anderen Pflegers ist A. selbst zum Pfleger bestellt worden.

Der ASt. hat die Umwandlung von Uraltguthaben beantragt; nachdem die Umwandlung wegen des Fehlens einer Geschäftsleitung im westlichen Währungsgebiet abgelehnt worden war, stellte der ASt. Antrag auf gerichtliche Entscheidung. Das LG gab dem Antrag statt.

Aus den Gründen:

„Der ASt. hatte am 31. 12. 1952 seinen Ort der Geschäftsleitung im Bundesgebiet, und zwar in Y. am Wohnsitz des Vorstandsvorsitzenden A. Zwar hätte allein durch die Bestellung des A. zum Pfleger durch das AG Berlin C. ein Ort der Geschäftsleitung im Sinne des UEG nicht begründet werden können. Die Bestellung zum Abwesenheitspfleger schließt aber eine Prüfung nicht aus, ob die Tätigkeit des A. schon aus anderen Gründen eine Geschäftsleitung dargestellt hat. Sowohl A. als auch B. gehörten dem Vorstand des ASt. an. . .

A. und B. hatten sich in ihrer Eigenschaft als Vorstandsmitglieder mit Schreiben vom . . . . . an das AG Berlin-C. gewandt, das bereits eine außenstehende Person, nämlich den C. zum Pfleger bestellt hatte, um die Bestellung des Vorstandsvorsitzenden zum Pfleger zu erreichen. Am . . . . bestellte das AG Berlin-C. den Vorstandsvorsitzenden A. zum ‚Abwesenheitspfleger für das im . . . . . befindliche Vermögen‘ des ASt. und am . . . . . für ‚das in der Bundesrepublik Deutschland und West-Berlin befindliche Vermögen‘. Diese Bestellung, für die eine Rechtsgrundlage in den Akten nicht angegeben ist, erscheint zwar mit Rücksicht darauf, daß die Vorstandsmitglieder im Bundesgebiet wohnten, nicht gerechtfertigt; für die Entscheidung dieses Verfahrens ist sie im übrigen aber unerheblich.

Aus den Pflegschaftsakten entnimmt die Kammer, daß der A. eine umfangreiche Tätigkeit für den ASt. ausgeübt hat. Insbesondere befindet sich in den Akten ein Jahresbericht vom . . . . . über die im Jahre 1952 von ihm getroffenen Maßnahmen. Hierbei handelt es sich um eine geschäftsleitende Tätigkeit im Sinne des UEG, denn A. war zur geschäftlichen Oberleitung des ASt. satzungsgemäß berufen. Der Umstand, daß A. darüber hinaus zum ‚Abwesenheitspfleger‘ bestellt war, beseitigt nicht seine Legitimation als Vorstandsvorsitzender. Ein Ort der Geschäftsleitung im Bundesgebiet am Stichtag ist damit nachgewiesen.“

78. Gesellschaften, die ihren Sitz in den Gebieten östlich der Oder-Neiße-Linie hatten, bestehen in West-Berlin und in Westdeutschland fort, soweit sie hier vor und nach Kriegsende Vermögen hatten. — Eine Forderung ist am Sitz des Schuldners belegen. — Der Wohnsitz des allein vertretungsberechtigten Geschäftsführers einer Gesellschaft mit beschränkter Haftung begründet eine Geschäftsleitung der Gesellschaft. — Eine Geschäftsleitung besteht, auch wenn die Gesellschaft werbende Geschäfte nicht mehr ausübt, solange noch Gesellschaftsvermögen und eine zur Vertretung der Gesellschaft berechtigte und bereite Person vorhanden ist.

BGH, Urt. v. 4. 6. 1957 — 5 StR 87/57: ROW 1957, 251.

Aus den Gründen:

„Der Angeklagte wurde 1943 zum allein vertretungsberechtigten Geschäftsführer der E.-GmbH bestellt. Sie hatte ihren Sitz in K. und Kr. [östlich der Oder-Neiße-Linie]. Im Mai 1945 hatte die E.-GmbH bei der Reichskreditgesellschaft AG. (RKG) in Berlin ein Konto mit einem Guthaben. Der Angeklagte zog im August 1945 nach Berlin W 15. Mit der wahrheitswidrigen Behauptung, die E.-GmbH habe am 1. 10. 1949 ihren Sitz in West-Berlin gehabt, erreichte der Angeklagte die Umstellung des Uraltguthabens.

Die Strafkammer ist der Auffassung, der Angeklagte habe sich eines vollendeten Betruges zum Nachteil des Landes Berlin und eines vollendeten Umstellungsvergehens schuldig gemacht, weil er durch Täuschung bewirkt habe, daß das Guthaben umgestellt wurde und das Land Berlin der umstellenden Bank eine Ausgleichsforderung in Höhe des umgestellten Betrages gewährte, obwohl die Voraussetzungen der Umstellung nicht vorgelegen hätten. Die Revision des Angeklagten ist begründet. . . .

Gesellschaften, die ihren Sitz in polnisch verwalteten Gebieten Deutschlands und in den ehemals deutscher Herrschaft unterworfenen Gebieten Polens hatten, sind mit dem Zusammenbruch im Mai 1945 nicht schlechthin untergegangen. Sie haben im heutigen Gebiet der Bundesrepublik Deutschland und von West-Berlin (bis zur Spaltung Berlins im Gebiet von Groß-Berlin) fortbestanden, soweit sie hier vor und nach dem Zusammenbruch Vermögen hatten (vgl. BGH, NJW 1952, 540[1]; *Hachenburg*, GmbHG[6] § 3 Anm. 7 II; *Vogel*, GmbHG[2] § 3 Anm. 3 IV). Das trifft im vorliegenden Falle zu. Die Forderung, die die E.-GmbH gegen die RKG in Berlin hatte, war Vermögen, das sich in Berlin als dem Sitz der Schuldnerin befand (vgl. BGHZ 1, 109, [112 unten, 113[2]]) . . . Nach Nr. 1 I a 19. DB-UVO (Uraltkontenbestimmung) vom 23.12. 1949 (VOBl Berlin I 509) ist allerdings Voraussetzung der Umstellung, daß der Gläubiger am 1. 10. 1949 seinen Wohnsitz, Sitz oder Ort der Niederlassung in Berlin hatte . . . Einen Sitz in Berlin, der den Vorschriften der §§ 3, 7, 53 GmbHG gemäß begründet worden wäre, hatte die E.-GmbH nicht. Eine Niederlassung (Zweigniederlassung im Sinne des § 12 GmbHG) in Berlin bestand am 1. 10. 1949 gleichfalls nicht.

[1] IzRspr. 1945—1953 Nr. 402b. [2] IzRspr. 1945—1953 Nr. 232.

Die Vorschrift der Nr. 1 I a (aaO) ist indessen nicht dahin zu verstehen, daß in Fällen wie dem vorliegenden, in dem eine GmbH ihren Sitz im polnisch verwalteten Gebiet Deutschlands und in den ehemals deutscher Herrschaft unterworfenen Gebieten Polens hatte, die Umstellung eines Uraltguthabens, das sich im Gebiet von Berlin befand, eine förmliche Sitzverlegung der Gesellschaft voraussetze. Eine solche Sitzverlegung, die einen Beschluß der Gesellschafter erforderte, war hier in der Regel unmöglich. Sie zu verlangen, würde zur Folge haben, daß bei den Ostunternehmen, die, wie es in vielen Fällen geschehen ist, enteignet wurden, in aller Regel das Westvermögen wegen fehlender Sitzverlegung herrenlos geworden wäre. Daß dies nicht Rechtens sein kann, liegt auf der Hand (vgl. BGH, NJW 1952, 540[1]). Erforderlich und genügend ist daher, daß am Stichtag der Ort, von dem aus die Geschäfte der Gesellschaft geleitet wurden, Berlin war. Dem entspricht es, daß § 1 I des UEG vom 21. 9. 1953 (BGBl I 1439; GVBl Berlin 1476) es ausdrücklich auf den Wohnsitz, dauernden Aufenthalt, Sitz oder Ort der Geschäftsleitung des Gläubigers abstellt. Ort der Geschäftsleitung der E.-GmbH war aber am 1. 10. 1949 West-Berlin. Hier hatte der Angeklagte damals seinen Wohnsitz, und hier waren demgemäß damals auch die Geschäfte der Gesellschaft zu leiten, die er für sie noch zu erledigen hatte, nämlich die Anmeldung des Uraltguthabens bei der RKG.

Dieser Auffassung steht nicht entgegen, daß, wie die Feststellungen des Urteils ergeben, die E.-GmbH mit dem Zusammenbruch im Mai 1945 ihren auf Erwerb gerichteten Geschäftsbetrieb eingestellt hatte. Eine Gesellschaft — das gilt auch für eine GmbH — hat eine Geschäftsleitung nicht nur, solange sie werbend tätig ist, d. h. einen Geschäftsbetrieb oder eine Betriebsstätte unterhält, sondern auch dann, wenn die werbende Geschäftstätigkeit aus irgendwelchen Gründen ruht oder die Gesellschaft sich nach ihrer Auflösung im Zustand der Abwicklung befindet. Sie hat eine Geschäftsleitung, solange noch Vermögen und eine zu ihrer Vertretung berechtigte und bereite Person vorhanden ist, mag diese sich auch infolge der Einstellung der werbenden Tätigkeit darauf beschränken, die zur Erhaltung des vorhandenen Vermögens erforderlichen Geschäfte wahrzunehmen, wie z. B. die Anmeldung eines in West-Berlin befindlichen Uraltguthabens (vgl. KG, WM 1955, 892, 893[2]; ebenso KG 1 W Umw 2229/55 v. 22. 8. 1955[3]).

Der Angeklagte war im Gegensatz zur Auffassung der Strafkammer auch noch zur Vertretung der E.-GmbH berechtigt. Hierbei kann unerörtert bleiben, ob die Gesellschaft mit dem Zusammenbruch im Mai 1945 nur ihren Geschäftsbetrieb einstellte oder ob sie aufgelöst wurde. Die Auflösung einer GmbH hat nur zur Folge, daß die juristische Person aus dem werbenden in das Abwicklungsstadium (Liquidation) überführt wird (vgl. *Hachenburg*, GmbHG[5] § 60 Anm. 1 und 2; *Vogel*, GmbHG[2] § 60 Anm. 1). Liquidatoren der GmbH sind aber nach § 66 GmbHG grundsätzlich die Geschäftsführer. Das war hier der Angeklagte als allein vertretungsberechtigter Geschäftsführer. Daß etwa die Liquidation

---

[1] IzRspr. 1945—1953 Nr. 402b.
[2] Siehe oben Nr. 68.
[3] Siehe oben Nr. 71.

durch den Gesellschaftsvertrag oder durch Beschluß der Gesellschafter anderen Personen übertragen worden wäre (§ 66 I zweiter Satzteil GmbHG), ist nicht festgestellt.

Die Annahme der Strafkammer, der Angeklagte habe sich eines vollendeten Betruges in Tateinheit mit vollendetem Umstellungsvergehen schuldig gemacht, beruht hiernach auf rechtsirrigen Erwägungen. Der Betrug (§ 263 StGB) setzt der äußeren Tatseite nach voraus, daß der Täter das Vermögen eines anderen beschädigt. Der äußere Tatbestand des Umstellungsvergehens (Nr. 6 I a Uraltkontenbestimmung) erfordert, daß der Täter eine Umstellung entgegen den Umstellungsvorschriften bewirkt. An beiden fehlt es nach den bisherigen Feststellungen."

79. Trotz der in Ost-Berlin gegen eine Kapitalgesellschaft getroffenen Enteignungsmaßnahmen besteht diese in West-Berlin fort. — Ein Notvorstand stellt dann keine Geschäftsleitung dar, wenn er nicht eine satzungsmäßige Vertretung der Gesellschaft ermöglicht; unerheblich ist der Wirkungskreis des Notvorstandes.

KG Berlin-West, Beschl. v. 12. 8. 1957 — 1 W Umw 413/57: *unveröff.

Die ASt., die B.-AG., hat ihren Sitz in Berlin; ihre Betriebsstätte in Berlin-F. (Ostberlin) wird seit dem Jahre 1945 durch einen Treuhänder verwaltet. Eine Enteignung ist nach Angabe der ASt. deswegen unterblieben, weil sich mehr als 3/4 ihres Grundkapitals in ausländischem Besitz befindet.

§ 6 der Satzung der ASt. bestimmt, daß der Vorstand aus zwei oder mehr Direktoren bestehe und die Gesellschaft durch zwei Vorstandsmitglieder oder durch ein Vorstandsmitglied und einen Prokuristen vertreten werde. Im Mai 1952 bestellte das AG Berlin-C. (Berlin-West) Dr. Z. gemäß § 76 AktG zum Notvorstand der ASt. Sein Wirkungskreis umfaßt die Verwaltung des in Westberlin und im Bundesgebiet befindlichen Vermögens der ASt.; im Januar 1954 ist vom Gericht ein weiteres Vorstandsmitglied bestellt worden.

Die D.-Bank in Berlin lehnt die Umwandlung eines Uraltguthabens von über 300000 RM der ASt. ab, da die Bankaufsichtsbehörde die Zustimmung versagt habe.

LG und KG haben den Antrag auf gerichtliche Entscheidung zurückgewiesen.

Aus den Gründen:

„Nach § 1 I UEG werden RM-Guthaben, die eine AG. am 8. 5. 1945 bei der Berliner Niederlassung eines Kreditinstituts unterhielt, nur umgewandelt, wenn die Gläubigerin am 31. 12. 1952 ihren Sitz oder Ort der Geschäftsleitung im Geltungsbereich dieses Gesetzes, im Saargebiet oder im Ausland hatte. Dabei hat nach § 1 III UEG ein Unternehmen im Sinne des Gesetzes seinen Sitz dann in Berlin-West, wenn es seinen Sitz in Berlin hat und sich die Geschäftsleitung zu dem maßgebenden Zeitpunkt im Geltungsbereich des UEG befand. Soweit das LG hierzu annimmt, daß die Beschwerdeführerin als juristische Person des Handelsrechts und damit als Gläubigerin des Uraltguthabens trotz der im Ostsektor gegen sie getroffenen enteignungsgleichen Maßnahmen fortbestehe, befindet es sich in Übereinstimmung mit der höchstrichterlichen Rechtsprechung (BGH, NJW 1957, 628[1]) und insbesondere mit der des Senats (NJW 1955, 1442[2]). Da sich der Sitz der Beschwerdeführerin in Berlin befindet, hat das LG zutreffend weiter geprüft, ob sie bei Ablauf

[1] Siehe unten Nr. 231. [2] Siehe oben Nr. 68.

des 31. 12. 1952 eine Geschäftsleitung im Bundesgebiet oder in West-Berlin gehabt hat. Es führt hierzu rechtsbedenkenfrei aus, daß die Geschäftsleitung, wie der Senat in dem Beschluß vom 22. 8. 1955 (WM 1955, 1258[1]) näher dargelegt hat, der Mittelpunkt der geschäftlichen Oberleitung und damit der Ort ist, an welchem die vertretungsberechtigten Organe des Unternehmens den für dieses maßgebenden Willen bilden. . . .

Demnach ist für die Umwandlungsfähigkeit des Guthabens entscheidend, ob der im Zeitpunkt des 31. 12. 1952 allein tätig gewesene Notvorstand Dr. Z. als vertretungsberechtigtes Organ der Beschwerdeführerin mit der Befugnis angesehen werden kann, einen für sie rechtserheblichen Willen zu bilden. Diese Frage muß verneint werden. Entgegen den hierzu vom LG angestellten Erwägungen und der Auffassung der Beschwerdeführerin kommt es insoweit allerdings nicht auf den Wirkungskreis des Notvertreters an. Ausschlaggebend hierfür ist vielmehr, daß die Satzung der Beschwerdeführerin eine Gesamtvertretung durch zwei Vorstandsmitglieder oder durch ein Vorstandsmitglied und einen Prokuristen vorschreibt. An diese Regelung der Vertretung ist das Registergericht auch im Falle des § 76 AktG gebunden. Wenn es in dieser Vorschrift heißt, das Gericht könne — beim Vorliegen bestimmter Voraussetzungen — die zur Vertretung der Gesellschaft ‚erforderlichen' Vorstandsmitglieder bestellen, soweit sie fehlen, so bedeutet dies, daß das Gericht die Regelung der Vertretung beachten muß, welche das Gesetz oder die Satzung im Einzelfall jeweils vorsieht. Denn allein hiervon hängt es ab, wie viele Vorstandsmitglieder für die Vertretung der Gesellschaft erforderlich sind. Das Registergericht ist deshalb nicht befugt, von dieser Regelung abzuweichen und, wie es vorliegend geschehen ist, ein alleinvertretungsberechtigtes Vorstandsmitglied zu bestellen (*Schlegelberger-Quassowski*, AktG[3] § 76 Anm. 5; *Brodmann*, Aktienrecht § 231 Anm. 3e; vgl. auch *Oertmann*, BGB[3] Anm. 1b zu § 29, welcher durch § 76 AktG ersetzt worden ist). Sollte der Registerrichter der Meinung gewesen sein, daß hier es genügt hätte, ein alleinvertretungsberechtigtes Vorstandsmitglied zu bestellen, so wäre diese Auffassung nach dem eben Gesagten rechtsirrig. Nach der im Ergebnis zutreffenden Annahme des LG hat hiernach die Beschwerdeführerin am 31. 12. 1952 ein vertretungsberechtigtes und damit handungsfähiges Organ nicht gehabt; denn die gerichtliche Bestellung des Prokuristen B. zum zweiten Mitglied des Vorstandes ist erst im Januar 1954 erfolgt. Es kann deshalb bereits aus diesem Grund von dem Vorhandensein einer Geschäftsleitung im Sinne des § 1 III UEG für die Beschwerdeführerin am maßgebenden Stichtag nicht gesprochen werden."

80. Trotz Auflösung und Löschung im Handelsregister besteht der Sitz einer Gesellschaft fort, sofern diese noch Vermögen hat. — Ein Notvertreter mit beschränktem Wirkungskreis, insbesondere ohne Verfügungsbefugnis, begründet keine Geschäftsleitung.

KG Berlin-West, Beschl. v. 19. 8. 1957 — 1 W Umw 712/57: *unveröff.

[1] Siehe oben Nr. 71.

Die T.-GmbH mit dem Sitz in Berlin befand sich seit 1932 in Liquidation. 1940 wurde über das Vermögen der Gesellschaft das Konkursverfahren eröffnet; nach Abhaltung des Schlußtermins hob das Konkursgericht das Verfahren im Mai 1944 wieder auf. Im November 1944 wurde die Gesellschaft im Handelsregister als vermögenslos gelöscht.

Im November 1951 bestellte das AG Berlin-C. (Berlin-West) den stud. jur. U. zum Notliquidator der Gesellschaft und bestimmte als seinen Wirkungskreis „die Wahrnehmung der Interessen der Gesellschaft auf Grund der Rückerstattungsanordnung". Nachdem das Rückerstattungsverfahren durch einen Vergleich beendet worden war, hob das Registergericht die Beschränkungen des Wirkungskreises des Notliquidators am 24. 4. 1953 auf. Der Löschungsvermerk vom 10. 11. 1944 im Handelsregister wurde gelöscht und eingetragen, daß die Liquidation der Gesellschaft fortgesetzt werde. Im April 1955 ist die Gesellschaft erneut im Handelsregister gelöscht worden, nachdem der Notliquidator vorher die Beendigung der Liquidation angezeigt hatte.

Die T.-GmbH hat ein bei der D.-Bank unter der Bezeichnung „Anderkonto Konkursverwalter B./T.-GmbH" geführtes Konto als Uraltkonto zur Umwandlung angemeldet. Gegen den ablehnenden Bescheid der Bank beantragte der Notliquidator gerichtliche Entscheidung. Das LG gab dem Antrag statt, das KG wies ihn zurück.

Aus den Gründen:

„Das LG hat ferner beachtet, daß im vorliegenden Falle die Umwandlungsfähigkeit des Uraltguthabens gemäß § 11 UEG davon abhängt, ob die Liquidationsgesellschaft als diejenige, für welche das Anderkonto von ihrem früheren Konkursverwalter bei der D. Bank unterhalten wurde, die Voraussetzungen des § 1 UEG erfüllt. Nach dieser Vorschrift findet eine Umwandlung von Uraltguthaben statt, wenn der Gläubiger bei Ablauf des 31. 12. 1952 seinen Sitz oder Ort der Geschäftsleitung im Geltungsbereich des UEG, im Saargebiet oder im Ausland hatte. Dabei hat ein Unternehmen im Sinne dieses Gesetzes seinen Sitz dann in Berlin-West, wenn es seinen Sitz in Berlin hat und sich die Geschäftsleitung zu dem maßgebenden Zeitpunkt in Berlin-West oder in der Bundesrepublik befand.

Das LG hat hierzu ohne nähere Begründung angenommen, der Sitz der Gesellschaft habe sich am 31. 12. 1952 in Berlin befunden. Diese Annahme erweist sich im Ergebnis aus folgenden Gründen als zutreffend: Nach § 60 I Nr. 4 GmbHG wird eine GmbH durch die Eröffnung des Konkursverfahrens aufgelöst. Das bedeutet aber nicht etwa die Vernichtung ihrer Rechtspersönlichkeit und Handlungsfähigkeit (JFG 2, 265). Daher konnte hier die Gesellschaft nach Beendigung des Konkursverfahrens im Hinblick auf das noch vorhandene Vermögen die Abwicklung fortsetzen (*Scholz*, GmbHG § 63 Anm. 4). Ebenso wenig hat die am 10. 11. 1944 auf Grund des Ges. über Auflösung und Löschung von Gesellschaften und Genossenschaften v. 9. 10. 1934 vorgenommene Löschung der Gesellschaft im Handelsregister für die hier zu entscheidende Frage nach dem Sitz der Gesellschaft Bedeutung. Gemäß § 2 III dieses Gesetzes gilt zwar die Gesellschaft mit der Löschung als aufgelöst, besteht aber im Zustande der Abwicklung noch fort, wenn sich das Vorhandensein vom Vermögen herausstellt, das der Verteilung unterliegt (Senat in 1 W Umw 777/56; 1 W Umw 2707/56).

Besteht hiernach kein Zweifel darüber, daß sich der Sitz der Gesellschaft bei Ablauf des 31. 12. 1952 in Berlin befand, so kommt es für die Umwandlungsfähigkeit des Guthabens allein darauf an, ob in diesem Zeitpunkt auch eine Geschäftsleitung der Gesellschaft in Berlin-West oder in der Bundesrepublik vorhanden gewesen ist. Das LG führt hierzu aus: Die Tätigkeit des schon im November 1951 bestellten Notliquidators stelle eine Geschäftsleitung im Sinne des UEG dar. Allerdings habe der Notvertreter damals wegen der Beschränkung seines Wirkungskreises nur Rückerstattungsansprüche für die Gesellschaft gerichtlich geltend machen können. Da aber diese Ansprüche den wesentlichen Teil des Vermögens der Gesellschaft gebildet hätten und weitere Abwicklungsmaßnahmen zunächst nicht notwendig gewesen seien, könne von einer wesentlichen Einschränkung der Handlungsfähigkeit des Notvertreters nicht gesprochen werden.

Diese Ausführungen halten einer rechtlichen Nachprüfung nicht stand. Die Geschäftsleitung ist, wie der Senat in ständiger Rechtsprechung angenommen hat, der Mittelpunkt der geschäftlichen Oberleitung, der Ort, an dem die Organe des Unternehmens den für dieses maßgebenden Willen bilden. Nach der Verfügung des Registergerichts vom 9. 11. 1951 war die Tätigkeit des Notvertreters darauf beschränkt, die Interessen der Gesellschaft auf Grund der REAO wahrzunehmen. Damit war seine Handlungsfähigkeit aber entgegen der Meinung des LG in so erheblichem Maße eingeschränkt, daß die Erfordernisse einer Geschäftsleitung im Sinne des UEG nicht gegeben sind. Eine verantwortliche Willensbildung lag dem Notvertreter allein hinsichtlich der Durchsetzung der Rückerstattungsansprüche ob. Hierbei ist es ohne Bedeutung, ob außer den Rückerstattungsansprüchen weiteres Vermögen der Gesellschaft nicht vorhanden oder wenigstens nicht bekannt war. Selbst wenn dies der Fall gewesen sein sollte, hatte der Notvertreter, worauf die Beschwerdeführerin mit Recht hinweist, auf Grund seines eng begrenzten Wirkungskreises keinerlei Einfluß auf die Gestaltung des rechtlichen Schicksals der Gesellschaft oder auf die Verwertung ihres Vermögens nach Durchführung der Rückerstattung, gleichgültig, ob das Vermögen in Grundstücken oder in Geld bestand. Seine Tätigkeit war hiernach lediglich geeignet, etwaiges Vermögen der Gesellschaft auf Grund der REAO festzustellen und damit eine weitere Abwicklung vorzubereiten. Die Voraussetzung einer verantwortlichen geschäftlichen Oberleitung erfüllt eine solche Tätigkeit nicht. Die Richtigkeit dieser Auffassung wird dadurch bestätigt, daß der Notvertreter seine spätere Tatigkeit als Abwickler nach der Feststellung des LG erst aufnehmen und durchführen konnte, nachdem das Registergericht am 24. 4. 1953 angeordnet hatte, sein Wirkungskreis solle künftig keinen Beschränkungen mehr unterliegen.

Entgegen der Auffassung des LG unterscheidet sich der vorliegende Fall, worauf die Beschwerdeführerin ebenfalls zutreffend hinweist, auch nicht wesentlich von dem, welcher der Entscheidung des Senats vom 27. 10. 1955 — 1 W Umw 2554/55 (WM 1955, 1527[1]) — zugrunde lag. In dieser

---

[1] Vgl. unten Nr. 83.

Entscheidung war die Tätigkeit des Notvertreters darauf beschränkt, die Freigabe des beschlagnahmten Vermögens zu betreiben sowie das Vermögen nach der Freigabe zu übernehmen und zu verwalten, ohne hierüber verfügen zu dürfen. Auch im vorliegenden Falle war die ursprüngliche Aufgabe des Notvertreters ihrem Ziele nach keine wesentlich andersartige. Denn auch hier sollte der Notvertreter zunächst nur das nach der REAO möglicherweise der Gesellschaft zurückzugewährende Vermögen feststellen, ohne daß ihm weitere Befugnisse, insbesondere eine Verfügungsmacht über das rückerstattete Vermögen, eingeräumt worden sind. Hiermit steht die Tatsache nicht im Widerspruch, daß der Notvertreter in dem Rückerstattungsverfahren vergleichsweise gegen die Verpflichtung zur Zahlung eines Abfindungsbetrages auf die Rückerstattung der Grundstücke verzichtet hat. Lag nämlich diese Regelung im Interesse der Gesellschaft, so war der Notvertreter zu ihrer Vornahme rechtlich befugt, weil seine Tätigkeit gerade die Wahrnehmung der Interessen der Gesellschaft im Rückerstattungsverfahren betraf. Er war jedoch bis zu der am 24. 4. 1953, also erst nach dem maßgebenden Stichtag vorgenommenen Erweiterung seines Wirkungskreises rechtlich nicht imstande, über den an die Stelle des Rückerstattungsgegenstandes getretenen Abfindungsbetrag in irgendeiner Weise zu verfügen und insoweit verantwortliche Entschließungen für die Gesellschaft zu treffen. Ein so beschränkter Aufgabenkreis steht aber der Annahme einer Geschäftsleitung entgegen."

81. **Die Einsetzung eines Treuhänders für eine Handelsgesellschaft durch eine Behörde in Ost-Berlin wird in West-Berlin nicht anerkannt. — Der Sitz einer Personengesellschaft folgt dem Ort, von dem aus die Geschäfte tatsächlich geleitet werden. — Ist infolge der behördlichen Entziehung des in Ost-Berlin belegenen Geschäftsbetriebes dort eine geschäftsleitende Tätigkeit unmöglich geworden und werden die maßgebenden Entschlüsse nur noch in West-Berlin am Wohnsitz eines Gesellschafters getroffen, so hat sich die Geschäftsleitung und damit der Sitz der Gesellschaft ohne weiteres nach West-Berlin verlagert; unerheblich ist, daß einer der geschäftsführenden Gesellschafter seinen Wohnsitz in Ost-Berlin beibehält.**

KG Berlin-West, Beschl. v. 7. 10. 1957 — 1 W Umw 1521/57: WM IV B 1958, 226.

Im Wertpapierbereinigungsverfahren wurden Pfandbriefe der X.-Bank für die Firma A. & B., Lacke- und Farbenfabrik, in Berlin-N 58 (sowjet.) anerkannt. Gesellschafter dieser OHG waren am 1. 10. 1949 die ASt., Frau B., die damals wie heute in Berlin-P. (sowjet.) wohnt, sowie die im Jahre 1954 verstorbene Frau A., deren Wohnsitz sich in West-Berlin befand. Am 26. 7. 1951 wurde das Unternehmen unter Treuhandschaft gestellt. Im Dezember 1954 wurde die Gesellschaft durch eine Ost-Berliner Behörde aufgelöst.

Von den für die OHG anerkannten und für diese verbuchten Wertpapieren wurde ein Teil im August 1951 auf den Namen der Frau B. umgeschrieben.

Die X.-Bank lehnte die Einstellung der Verbindlichkeiten in ihre Altbankenrechnung ab, weil nur die Gesellschafterin Frau A. die Wohnsitzvoraussetzungen des § 7 I des AltbG erfülle.

LG und KG gaben dem Antrag auf gerichtliche Entscheidung statt.

Aus den Gründen:

„Für die Voraussetzungen, unter denen eine Altbank wegen ihrer Verbindlichkeiten gegenüber einer sonstigen Gemeinschaft zur gesamten Hand außer einer Erbengemeinschaft, also auch gegenüber einer OHG, in Anspruch genommen werden kann, stellt § 7 VI AltbG besondere Vorschriften auf. Hiernach gelten die örtlichen Voraussetzungen des § 7 I AltbG zunächst als erfüllt, wenn sie zu dem maßgebenden Zeitpunkt in der Person aller Mitberechtigten erfüllt waren, d. h. wenn alle Gesellschafter entweder ihren Wohnsitz oder ihren dauernden Aufenthalt an den maßgebenden Stichtagen, nämlich am 1. 10. 1949 oder spätestens am 31. 12. 1952, in dem in § 7 I AltbG bezeichneten Gebiet gehabt haben. Daran fehlt es hier, weil die Gesellschafterin Frau Frieda B. ihren Wohnsitz und dauernden Aufenthalt stets im Ostsektor Berlins gehabt hat. Als weitere Voraussetzung läßt § 7 VI AltbG es genügen, wenn die Gemeinschaft zur gesamten Hand am 31. 12. 1952 ihren Sitz oder Ort der Geschäftsleitung in West-Berlin, im übrigen Bundesgebiet oder außerhalb Deutschlands nach dem Gebietsstande vom 31. 12. 1937 hatte. Diese Vorschrift ist nicht etwa dahin zu verstehen, daß eine Gesamthandsgemeinschaft der in § 7 VI AltbG bezeichneten Art ihren Sitz oder ihre Geschäftsleitung gerade nur am 31. 12. 1952 in dem bezeichneten Gebiet gehabt haben müsse; sie will ersichtlich die übrigen Bestimmungen des AltbG über die Erfüllung der örtlichen Voraussetzungen nur ergänzen, indem zur Klarstellung angeordnet wird, daß auch der persönliche Wohnsitz oder Aufenthalt der Berechtigten genügen soll, selbst wenn der Sitz oder die Geschäftsleitung der Gesamthandsgemeinschaft sich außerhalb des in § 7 I AltbG bezeichneten Gebietes befand. Die für alle Gläubiger geltende Vorschrift des § 7 I AltbG und für Gläubiger mit dem Sitz in Berlin auch die Vorschrift des § 17 AltbG finden mithin auf offene Handelsgesellschaften ebenfalls Anwendung. Demgemäß ist es ausreichend, wenn der Sitz oder die Geschäftsleitung der Gesellschaft sich zu irgendeinem Zeitpunkt während des Zeitraumes vom 1. 10. 1949 bis zum 31. 12. 1952 in dem in § 7 I AltbG bezeichneten Gebiet befunden hat oder wenn bei einer Gesellschaft mit dem Sitz in Berlin die Geschäftsleitung sich spätestens am 15. 12. 1953 in West-Berlin oder im übrigen Bundesgebiet befand (§ 17 AltbG). Unschädlich ist es mithin insbesondere, wenn die Geschäftsleitung, die am 1. 10. 1949 in dem in § 7 I AltbG bezeichneten Gebiet vorhanden war oder später in dieses Gebiet verlegt worden ist, am 31. 12. 1952 nicht mehr bestanden hat, weil die Gesellschaft zu diesem Zeitpunkt bereits endgültig beendet war.

Nach der Feststellung des LG haben sich der Sitz und die Geschäftsleitung der Firma A. & B. jedenfalls bis zum 26. 7. 1951, dem Tage der Einsetzung eines Treuhänders durch den Magistrat von Ost-Berlin, im Ostsektor Berlins befunden. Diese Maßnahme hat nicht etwa die Folge gehabt, daß die Geschäftsleitung der OHG nunmehr durch den Treuhänder ausgeübt wurde. Dieser in West-Berlin nicht anzuerkennende Eingriff in die Rechte der Gesellschaft hatte lediglich die tatsächliche Folge, daß der Gesellschaft die Betriebsstätte und die Betriebsmittel entzogen wurden. Die Geschäftsführung blieb vielmehr weiter in den Händen der Gesellschafterinnen, soweit sie nicht in bezug auf die im Ostsektor Berlins belegene Betriebsstätte an der Ausübung ihrer Befugnisse tatsächlich gehindert waren.

Der Sitz einer Personengesellschaft folgt stets dem Ort, von dem aus die Geschäfte der Gesellschaft tatsächlich geleitet werden. Eine Sitzverlegung vollzieht sich mithin ohne Eintragung in das Handelsregister durch die Verlegung des Ortes der Geschäftsleitung (Senat in WM 1955, 892[1]; BGH, WM 1957, 999 [1000][2]). Die Verlegung des Sitzes durch Verlegung der Geschäftsleitung kann unbeschadet des Umstandes eintreten, daß die Gesellschaft ihre werbende Tätigkeit nicht mehr ausübt, da selbst im Zustande der Liquidation die Verlegung der Verwaltung an einen anderen Ort den Sitz der Gesellschaft ändert (Senat aaO). Bei der Firma A. & B. waren nach dem vorgelegten Handelsregisterauszug zur Geschäftsführung beide Gesellschafterinnen berufen, von denen die eine im Ostsektor Berlins, die andere im Westsektor wohnte. Durch die behördliche Entziehung des im Ostsektor belegenen Geschäftsbetriebes war die Ausübung einer geschäftsleitenden Tätigkeit im Ostsektor unmöglich geworden. Maßgebende Entschlüsse, z. B. die im August 1951 vollzogene Auseinandersetzung unter den Gesellschafterinnen über die hier in Rede stehenden Wertpapiere, konnten nur noch im Westsektor Berlins am Wohnsitz der Gesellschafterin Frau A. getroffen werden. Ungeachtet des Umstandes, daß eine der geschäftsführenden Gesellschafterinnen ihren Wohnsitz im Ostsektor Berlins beibehielt, hat sich mithin infolge des behördlichen Eingriffs die Geschäftsleitung und damit der Sitz der Gesellschaft ohne weiteres nach West-Berlin, dem Wohnsitz der anderen Gesellschafterin verlagert. Mithin hat die Gesellschaft seit dem 26. 7. 1951 ihren Sitz in West-Berlin gehabt. Diese Auffassung wird auch allein der Sachlage gerecht. Denn ersichtlich hatten die Maßnahmen des Magistrats von Ost-Berlin gegen die Gesellschaft ihren Grund gerade darin, daß eine der Gesellschafterinnen ihren Wohnsitz in West-Berlin hatte."

82. Eine Geschäftsleitung kann trotz der Einsetzung eines Treuhänders gegeben sein, wenn ein verfassungsmäßig berufener Vertreter des Unternehmens vorhanden ist. — Der Wirkungskreis des verfassungsmäßig berufenen Vertreters braucht nicht über die Vermögensverwaltung hinauszugreifen. — Bei völliger Bindung des Verwalters an die Weisungen einer Behörde hat diese die Geschäftsleitung des Unternehmens inne.

KG Berlin-West, Beschl. v. 31. 10. 1957 — 1 W Umw 1374/57: WM IV B 1957, 1548; NJW 1958, 389.

Der Sachverhalt entspricht weitgehend dem unter Nr. 72 dargelegten. Ergänzend hat die Reichsstelle vorgetragen:

Nach dem Zusammenbruch im Jahre 1945 habe der Magistrat von Groß-Berlin die Befugnisse des Reichsministers für Ernährung und Landwirtschaft in Berlin ausgeübt. Er habe u. a. den Direktor K. als Liquidator einer anderen Reichsstelle des Ernährungssektors eingesetzt. Dieser sei im Dezember 1947 durch die Verwal-

[1] Siehe oben Nr. 68.

[2] IPRspr. 1956—1957 Nr. 17.

tung für Ernährung, Landwirtschaft und Forsten im Vereinigten Wirtschaftsgebiet in Frankfurt a. M. (als Nachfolgebehörde des Reichsernährungsministeriums) ermächtigt worden, die Vermögenswerte aller ehemaligen Reichsstellen im brit. und amerik. Sektor von Berlin zu erfassen und zu verwalten; dazu sei die „Vermögensverwaltung der ehemaligen Reichsstellen und Hauptvereinigungen des Ernährungssektors" errichtet worden. Der Berliner Custodian habe dieser Vereinbarung zugestimmt. Als Nachfolger des K. sei im April 1951 Dr. W. S. vom Bundesminister für Ernährung, Landwirtschaft und Forsten im Einvernehmen mit dem Custodian ernannt worden.

LG und KG entsprachen dem Antrag auf gerichtliche Entscheidung.

Aus den Gründen:

„Die Umwandlungsfähigkeit des Uraltguthabens der Reichsstelle, welches durch die Erfüllung des Anspruchs auf Gutschrift der steckengebliebenen Überweisungen gemäß § 9 UEG entsteht, hängt gemäß § 1 III UEG davon ab, ob für die Reichsstelle, die ihren Sitz in Berlin hat, spätestens am 31. 12. 1952 eine im Geltungsbereich des UEG tätige Geschäftsleitung vorhanden war. Diese Voraussetzung ist gegeben, wenn die Reichsstelle zu diesem Zeitpunkt einen verfassungsmäßig berufenen Vertreter hatte. Das LG nimmt an, daß die Geschäftsleitung durch den am 1. 4. 1951 von dem Bundesminister für Ernährung, Landwirtschaft und Forsten zum Leiter der Vermögensverwaltung der ehemaligen Reichsstellen und Hauptvereinigungen des Ernährungssektors bestellten Dr. W. S. ausgeübt worden sei. Diese Feststellung ist rechtlich nicht zu beanstanden. Nach § 1 Satz 2 der DVO zum Ges. über den Verkehr mit Garten- und Weinbauerzeugnissen vom 30. 9. 1936 (RGBl I 857) bestellt der Reichsminister für Ernährung und Landwirtschaft den Vorsitzenden der Reichsstelle und regelt seine Stellvertretung. Die Befugnisse dieses Reichsministers sind gemäß Art. 129 I GG auf den Bundesminister für Ernährung, Landwirtschaft und Forsten übergegangen. Dieser war daher befugt, einen verfassungsmäßig berufenen Vertreter der Reichsstelle zu bestellen. Es bestehen auch keine Bedenken dagegen, daß er diese Befugnisse auch mit Wirkung für das Gebiet des Landes Berlin ausgeübt hat, obwohl Berlin nach dem besatzungsrechtlichen Vorbehalt in Ziffer 4 des Genehmigungsschreibens der Militär-Gouverneure vom 12. 5. 1949 zum GG nicht ‚von der Bundesregierung regiert werden kann'. Denn dieser Vorbehalt gilt nur insoweit, als er von der MilReg. aufrecht erhalten wird (BVerfG, NJW 1957, 1273). Aus dem Vorbringen der ASt., insbesondere aus dem von ihr vorgelegten Schreiben des Bundesministers für Ernährung, Landwirtschaft und Forsten vom 19. 7. 1956 ergibt sich, daß die Vermögensverwaltung im Einvernehmen mit der MilReg. eingerichtet worden ist. Auch in der Verwaltungsvereinbarung zwischen Berlin und der Bundesrepublik Deutschland vom 18. 6. 1953 wird herhoben, daß die Vermögensverwaltung mit Genehmigung der Alliierten Kommandantur gebildet worden sei.

Die Frage, ob die Tätigkeit des Dr. S. nach dem Umfang seiner rechtlichen Befugnisse als Geschäftsleitung angesehen werden könne, hat das LG aus folgenden Erwägungen bejaht: Die Beschränkung des Leiters der Vermögensverwaltung, die darin liege, daß der Bundesminister für Ernährung, Landwirtschaft und Forsten sich die Verfügung über das Vermögen der Reichsstellen ausdrücklich vorbehalten habe, sei im Gegensatz zu der Auffassung des Senators für Wirtschaft und Kredit nicht geeignet, die Eigenschaft dieser Vermögensverwaltung als einer Geschäftsleitung im Sinne des UEG zu beeinträchtigen. Der Vorsitzende der Reichsstelle unterliege nach § 3 der VO vom 30. 9. 1936 den Weisungen des Reichsministers für Ernährung und Landwirtschaft, an dessen Stelle gemäß Art. 129 I GG der Bundesminister für Ernährung, Landwirtschaft und Forsten getreten sei. Die ASt. befinde sich bereits in Abwicklung und werde nicht mehr in ihrem ursprünglichen Aufgabenbereich tätig. Der nach § 4 der VO für den Fall der Auflösung vorgesehene Anfall des Vermögens an das Reich sei bisher nicht eingetreten; denn eine Übertragung des Vermögens durch Gesetz oder Verwaltungsakt sei bisher nicht vorgenommen worden. Die Abwicklung der Reichsstelle sei in § 4 der VO in der Weise vorgesehen, daß sie von dem Reichsminister für Ernährung und Landwirtschaft geregelt werde. Die von dem Bundesminister für Ernährung, Landwirtschaft und Forsten angeordnete Einsetzung der Vermögensverwaltung der Reichsstellen sei daher, soweit die ASt. in Betracht komme, als Abwicklungsmaßnahme auf Grund des § 4 der genannten VO aufzufassen. Es habe dem Bundesminister freigestanden, die Maßnahmen zu treffen, die ihm für die Abwicklung der ASt. als geeignet erschienen. Der von dem Bundesminister mit der Abwicklung betraute Vermögensverwalter Dr. S. sei daher ein gesetzmäßiges Organ der ASt. Mithin könne entgegen der Ansicht des Senators für Wirtschaft und Kredit die Beschränkung der Verfügungsbefugnis des Dr. S. nicht als ein Anzeichen dafür angesehen werden, daß er eine Geschäftsleitung im Sinne des § 1 UEG nicht ausübe.

Diese Ausführungen werden von der Beschwerdeführerin ohne Erfolg angegriffen. Sie meint, mit Rücksicht auf die nach 1945 eingetretenen Verhältnisse habe es der Einsetzung neuer Organe der Reichsstellen nicht bedurft, weil es sich nur noch um die Erfassung und Erhaltung etwa über den Zusammenbruch hinweg geretteter Vermögensteile der Reichsstellen habe handeln können. Dem entspreche auch die Einrichtung einer gemeinsamen Vermögensverwaltung für die gesamte Organisation des ehemaligen Reichsnährstandes, zu welcher auch die Reichsstellen des Ernährungssektors gehört hätten. Die Feststellung des LG, daß der Bundesminister sich die Verfügung über das Vermögen der Reichsstelle ausdrücklich vorbehalten habe, zeige, daß jedenfalls der Geschäftskreis der Vermögensverwaltung auf die Erfassung und Einziehung der Außenstände und auf die Erhaltung noch vorhandener Vermögensgegenstände beschränkt sei. Eine derart eingeschränkte Stellung der Vermögensverwaltung stehe im Ergebnis nur den Befugnissen eines Treuhänders gleich, nicht aber der Rechtsstellung eines gesetzlichen Organs, welches als wesentlichen Bestandteil seiner Rechtsstellung die uneingeschränkte Verfügungsbefugnis besitze.

Diese Einwendungen greifen nicht durch. Wenn die Tätigkeit eines Treuhänders nach dem MilRegGes. Nr. 52 nach der Rechtsprechung des beschließenden Senats keine Geschäftsleitung im Sinne des UEG darstellt, so beruht dies darauf, daß es sich hierbei um eine Zwangsmaßnahme handelt, die der Sicherung und Durchführung einer Vermögensbeschlagnahme dient und unabhängig davon ist, ob sich in dem Gebiet des Hoheitsträgers, der die Beschlagnahme anordnet, eine Geschäftsleitung des Rechtsträgers befindet, über dessen Vermögen die Beschlagnahme verhängt wurde. In vorliegendem Falle aber ist der Vermögensverwalter nach den für die Verfassung der Reichsstelle maßgebenden Vorschriften des deutschen Rechts und von der dazu befugten obersten Verwaltungsbehörde bestellt worden. Die Bestellung sollte gerade den Mangel beheben, der durch den Fortfall des früheren Vorsitzenden der Reichsstelle eingetreten war. Wenn hierbei der Umfang der Rechte und Pflichten des Verwalters auf die Vermögensverwaltung beschränkt wurde, so lag das in der Natur der Sache, da eine werbende Geschäftstätigkeit nicht mehr in Betracht kommen konnte und der endgültige Verbleib des Vermögens der Reichsstelle der Entschließung der gesetzgebenden Organe vorbehalten bleiben mußte, worauf die Beschwerdeführerin selbst zutreffend hinweist. Für den Begriff der Geschäftsleitung ist es hier unschädlich, wenn der Bundesminister sich die Verfügung über die Vermögenswerte der Reichsstellen vorbehalten hat, wobei es dahingestellt bleiben kann, ob diese Beschränkung nur für das Innenverhältnis oder auch für die Vertretungsmacht nach außen gelten solle. In dem als ‚Vollmacht' bezeichneten Schreiben der Verwaltung für Ernährung, Landwirtschaft und Forsten des Vereinigten Wirtschaftsgebietes vom 19. 12. 1947 an den Amtsvorgänger des Dr. S., K., ist diese Beschränkung, wie folgt, zum Ausdruck gebracht worden:

> ‚Die Verfügung über die Vermögenswerte der Reichsstellen und Hauptvereinigung bleibt dagegen meiner ausschließlichen Entscheidung vorbehalten, die nach den Richtlinien der Militärregierung erfolgen wird.'

Ersichtlich nimmt das LG an, daß dieselbe Beschränkung auch für die Tätigkeit des durch den Bundesminister für Ernährung, Landwirtschaft und Forsten bestellten Vermögensverwalters Dr. S. gegolten habe. Diese Verfügungsbeschränkung betrifft aber nach ihrem erkennbaren Sinn nur solche Verfügungen, die über eine Vermögensverwaltung, zu der auch die Anlage von Vermögenswerten gehört, hinausgehen und eine Entscheidung über den Verbleib des Vermögens, insbesondere hinsichtlich seiner Übertragung auf andere Rechtsträger oder Anfallberechtigte, zum Inhalt haben. Zu solchen Entscheidungen war aber auch ein nach der VO vom 30. 9. 1936 bestellter Vorsitzender der Reichsstelle nicht befugt. Wenn schließlich in dem angeführten Schreiben vom 19. 12. 1947 weiter angeordnet wird, daß die Vermögensverwaltung nach den Richtlinien der Verwaltung für Ernährung, Landwirtschaften und Forsten zu führen sei, so liegt hierin, wie das LG zutreffend bemerkt, keine weitergehende Beschränkung, als sie auch dem Vorsitzenden der Reichsstelle durch § 3 der VO vom 30. 2. 1936 schon kraft Gesetzes in seinem Verhältnis zum Reichsminister für Ernährung und Landwirtschaft auferlegt war. Selbst wenn man aber mit der Beschwerdeführerin die Abhängigkeit des Vermögensverwalters Dr. S. von der Weisungsbefugnis des Bundesministers für so erheblich halten wollte, daß seine Tätigkeit nicht mehr als eine geschäftsleitende angesehen werden könnte, so würde eine Geschäftsleitung der Reichsstelle damit keineswegs gänzlich entfallen, sondern es müßte dann angenommen werden, daß die Geschäftsleitung in den Händen des Bundesministers für Ernährung, Landwirtschaft und Forsten gelegen hat. Es müßten dann die Grundsätze entsprechende Anwendung finden, die der beschließende Senat (WM 1956, 582[1]) im Anschluß an die Rechtsprechung des RFH (RStBl 1936, 804) in bezug auf Kapitalgesellschaften aufgestellt hat, bei denen die tatsächliche Leitung sich sogar in den Händen eines Gesellschafters befinden kann, der nicht als Vorstand oder Geschäftsführer zur Vertretung des Unternehmens nach außen berufen ist, der aber eine beherrschende Stellung ausübt und bei wichtigen Geschäften das entscheidende Wort spricht, so daß er, wie der RFH (aaO) es ausdrückt, als Seele und Kopf der Geschäftsführung anzusehen ist und die gesetzlichen Vertreter nur seine ausführenden Organe sind. Nach alledem kann in der Annahme des LG, daß die Tätigkeit des Vermögensverwalters den Erfordernissen einer Geschäftsleitung genüge, eine Gesetzesverletzung nicht gefunden werden."

83. Allein aus dem Fortbestand einer Rechtspersönlichkeit folgt nicht das Bestehen einer Geschäftsleitung. — Fehlen einem Unternehmen verfassungsmäßig berufene Vertreter, so begründen weder ein für das Unternehmen eingesetzter Treuhänder noch ein gerichtlich bestellter Notvertreter mit beschränktem Wirkungskreis oder eine unbefugte tatsächliche Vornahme einzelner Geschäfte eine Geschäftsleitung.

KG Berlin-West, Beschl. v. 25. 11. 1957 — 1 W Umw 1546/57: WM IV B 1958, 85.

Auf Grund der 1. DVO zum Ges. zur Vorbereitung des organischen Aufbaus der deutschen Wirtschaft vom 27. 11. 1934 (RGBl I 1194) war die Fachgruppe A. errichtet worden. Sie hatte kraft Gesetzes die Stellung eines rechtsfähigen Vereins (§ 5 der 1. DVO); Sitz des Vereins war Berlin. Nach der Satzung wurde der Verein gerichtlich und außergerichtlich von einem Fachgruppenleiter vertreten, der die Stellung eines gesetzlichen Vertreters hatte und einen oder mehrere Geschäftsführer bestellen konnte.

Nach dem Zusammenbruch im Jahre 1945 wurde das Vermögen aller Fachgruppen von dem „Custodian für die Reichsstellen, Wirtschaftsgruppen und andere staatliche Wirtschaftsstellen im amerik., brit. und französ. Sektor von Berlin" verwaltet. Am 28. 2. 1953 hat das AG Berlin-C. (Berlin-West) für den Verein den Rechtsanwalt X. zum Notvertreter bestellt; sein Wirkungskreis war darauf beschränkt, die Freigabe des Vermögens des Vereins zu erwirken und das freigegebene Vermögen zu verwalten, ohne darüber zu verfügen. Durch Beschluß vom 23. 11. 1956 hat der Senat von Berlin-West gemäß § 2 II des Ges. über die Auflösung der Organisation der gewerblichen Wirtschaft vom 20. 1. 1956 (GVOBl Berlin-West 87) das Vermögen der Fachgruppe A. auf den Verband C. e. V. in B. (Bundesgebiet) übertragen.

Zum Vermögen der aufgelösten Fachgruppe gehörte ein Posten Pfandbriefe der Y.-Bank, Berlin; diese Pfandbriefe hat der Notvertreter gemäß § 1 der 2. DVO zum UEG zur Bereinigung angemeldet. Das Schuldnerinstitut hat die Bereinigung abgelehnt, da wegen des Fehlens einer Geschäftsleitung der Anmeldenden in Westberlin oder im Bundesgebiet die gesetzlichen Voraussetzungen nicht gegeben seien.

In dem Antrag auf gerichtliche Entscheidung des Verbandes C. und des Notvertreters wird u. a. geltend gemacht, daß der alte Geschäftsführer der Fachgruppe A. im Einvernehmen mit deren altem Leiter alle erforderlichen Maßnahmen zur

[1] Siehe oben Nr. 73.

Verwaltung des Vermögens der Fachgruppe und zur Feststellung ihrer Verbindlichkeiten getroffen hätten, soweit das neben der Tätigkeit des Custodian möglich war; auch der Verband C. habe sich schon vor Übertragung der Vermögenswerte der Fachgruppe A. um deren Angelegenheiten gekümmert.

Das LG gab dem Antrag auf gerichtliche Entscheidung statt, das KG wies ihn zurück.

Die Gründe des KG decken sich mit zahlreichen Entscheidungen des Gerichts, die zu gleichgelagerten Sachverhalten ergangen sind, so KG, Beschl. v. 11. 8. 1955 — 1 W Umw 1758/55: WM IV B 1955, 1414; 18. 8. 1955 — 1 W Umw 1814/55: WM IV B 1955, 1415; 20. 10. 1955 — 1 W Umw 2553/55: WM IV B 1955, 1526; 27. 10. 1955 — 1 W Umw 2554/55: WM IV B 1955, 1527.

Aus den Gründen:

„Das Schuldnerinstitut kann, wie das LG rechtsirrtumsfrei annimmt, gemäß § 5 I AltbG für die Verbindlichkeiten aus der angemeldeten Schuldverschreibung nur in Anspruch genommen werden, wenn die aufgelöste Fachgruppe am 1. 10. 1949 ihren Sitz oder Ort der Geschäftsleitung im Bundesgebiet oder in Berlin (West) hatte oder bis zum 31. 12. 1952 in dieses Gebiet verlegt hat (§ 7 I AltbG). Nach § 17 des AltbG hat der Gläubiger einer Altbank seinen Sitz im Sinne des Gesetzes in Berlin (West), wenn er seinen Sitz zu dem maßgebenden Zeitpunkt, d. h. entweder am 1. 10. 1949 oder am 31. 12. 1952 oder während dieser Zeit in Berlin hatte und die Geschäftsleitung sich bei Inkrafttreten des AltbG, also am 15. 12. 1953 (§ 21 AltbG), in Berlin (West) oder im Bundesgebiet befand. Nach der Feststellung des LG hatte die Fachgruppe A. ihren Sitz in Berlin. Diese Feststellung wird von der sofortigen Beschwerde auch nicht angegriffen.

Zutreffend nimmt das LG weiter an, daß die Anerkennung der Schuldverbindlichkeit nach dem AltbG mithin nur davon abhängt, ob sich der Ort der Geschäftsleitung der Fachgruppe in der Zeit vom 1. 10. 1949 bis 31. 12. 1952 oder am 15. 12. 53 in Berlin (West) oder im Bundesgebiet befunden hat. Das LG bejaht diese Frage mit folgender Begründung: Das Ges. zur Vorbereitung des organischen Aufbaues der deutschen Wirtschaft vom 27. 2. 1934 (RGBl I 185) und die dazu gehörenden DVOen seien erst durch das Ges. über die Auflösung der Organisation der gewerblichen Wirtschaft vom 20. 1. 1956 (GVBl Berlin [West] 87) aufgehoben worden. Bis dahin richtete sich also die Frage, wer die Fachgruppe A. vertreten habe, nach der 1. DVO vom 27. 11. 1934. Das sei satzungsgemäß der Fachgruppenleiter gewesen. Die Ansicht, daß dieser Leiter nach der Kapitulation infolge der Beschlagnahme des Vermögens der Organisation der gewerblichen Wirtschaft durch die MilReg. eine Tätigkeit nicht mehr habe ausüben können, treffe nicht zu. Das KG habe in einem Beschluß vom 16. 2. 1956 (1 W Umw 287/56, WM 1956, 443[1]) ausgesprochen, eine Treuhandverwaltung durch den von der MilReg. eingesetzten Custodian schließe nicht aus, daß daneben die satzungsmäßigen Organe des Unternehmens eine geschäftsleitende Tätigkeit in dem ihnen trotz der Beschlagnahme noch möglichen Rahmen ausübten.

[1] Siehe oben Nr. 72.

Das müsse auch für die auf Grund der 1. DVO vom 27. 11. 1934 eingesetzten Leiter gelten. Die gegenteilige Ansicht des Registergerichts [Berlin-]C., mit der es in seinem Beschluß vom 28. 2. 1953 die Bestellung eines Notvertreters begründet habe, könne nicht als richtig anerkannt werden. Es komme daher nur darauf an, ob die satzungsmäßigen Vertreter der Fachgruppe A. in der maßgebenden Zeit eine geschäftsleitende Tätigkeit tatsächlich ausgeübt hätten. Diese Frage müsse nach den getroffenen Feststellungen bejaht werden.

Diese Ausführungen halten allerdings einer rechtlichen Nachprüfung nicht stand und werden deshalb von der sofortigen Beschwerde mit Erfolg angegriffen. Das LG geht davon aus, daß die auf Grund des Ges. zur Vorbereitung des organischen Aufbaues der deutschen Wirtschaft vom 27. 2. 1934 (RGBl I 185) und der hierzu ergangenen DVOen gebildeten Organisationen erst durch das mehrfach erwähnte Berliner Ges. über die Auflösung der Organisation der gewerblichen Wirtschaft vom 20. 1. 1956 endgültig aufgelöst worden sind. Ob diese Auffassung zutrifft oder ob nicht vielmehr angenommen werden muß, daß das Berliner Gesetz einen schon bis dahin bestehenden tatsächlichen Zustand der Auflösung nur bestätigt, ist nicht unzweifelhaft. Die Frage ist im Schrifttum durchaus umstritten (vgl. *Dölle-Zweigert*, Ges. Nr. 52 zu Art. II 150ff.; *Nehlert*, Die Beschränkung der Deutschen Gerichtsbarkeit, zu Art. II des Ges. Nr. 52, 49; *Meltendorf*, NJW 1953, 1380; *Möhring*, BB 1953, 1035; *Bremer*, NJW 1956, 161). Der Senat brauchte jedoch die Frage, ob die Gliederungen der Organisation der gewerblichen Wirtschaft als im Jahre 1945 aufgelöst anzusehen sind, nicht zu entscheiden. Denn selbst wenn die Gliederungen — zu denen die Fachgruppe A. gehörte — erst durch das Berliner Ges. vom 20. 1. 1956 aufgelöst worden sein sollten, so ist damit noch nicht die hier interessierende Frage beantwortet, ob sie eine Geschäftsleitung im Sinne des AltbG behalten haben. Das LG bejaht diese Frage, indem es sich auf einen Beschluß des Senats vom 16. 2. 1956 (1 W Umw 287/56, WM 1956, 443[1]) beruft. In diesem Beschluß hat der Senat zwar anerkannt, daß eine Geschäftsleitung im Sinne des UEG trotz der Einsetzung eines Treuhänders nach dem MilRegGes. Nr. 52 vorhanden sein kann, wenn ein verfassungsmäßig berufener Vertreter des Unternehmens vorhanden war. Der Senat hält auch an dieser Rechtsprechung fest. Es fragt sich hier aber, ob die in Betracht kommende Fachgruppe nach dem Zusammenbruch im Jahre 1945 noch eine Leitung besessen hat, die im Sinne der Rechtsprechung des Senats als eine geschäftsleitende anerkannt werden kann. Das muß entgegen der Auffassung des LG verneint werden. Wenn auch im Schrifttum über die Frage, ob die Gliederungen der Organisation der gewerblichen Wirtschaft als aufgelöst zu betrachten sind, keine einheitliche Meinung besteht, so wird doch, soweit ersichtlich, im Schrifttum durchweg die Auffassung vertreten, daß die Vertretungsbefugnis ihrer Leiter im Jahre 1945 fortgefallen ist (vgl. insbesondere *Möhring* aaO). Dem kann nur beigetreten werden. Die Bestimmungen der 1. DVO vom 27. 11. 1934 über die Be-

---

[1] Siehe oben Nr.. 72

stellung und Befugnisse des Leiters (§§ 11ff.) ergeben, daß die Leiter der Organisation der gewerblichen Wirtschaft und ihrer Gliederungen nach dem damals geltenden Führerprinzip bestellt worden sind und mit autoritären Befugnissen gegenüber den Mitgliedern ausgestattet waren. Aufgabe der Leiter war vor allem, ihre Gruppe im Sinne des nationalsozialistischen Staates zu führen (§ 16 II aaO). Diese Leiter verkörperten also die nationalsozialistische Wirtschaftsordnung und Wirtschaftsführung. Es erscheint daher undenkbar und mit den jetzigen Anschauungen unvereinbar, daß sie nach dem Fortfall ihrer öffentlich-rechtlichen Aufgaben ihr bisheriges Amt und damit die Vertretung ihrer Gliederungen beibehalten haben sollten. Es muß vielmehr angenommen werden, daß sie ihre Stellung als Leiter mit dem Zusammenbruch des nationalsozialistischen Staates und auf Grund der bekannten Maßnahmen der MilReg.en verloren haben, ohne daß eine förmliche Abberufung erforderlich gewesen wäre. Auf diesen Standpunkt haben sich übrigens die Mitglieder der Wirtschaftsgruppen selbst gestellt, wie die zahlreichen Anträge auf Bestellung von Notvertretern beweisen. Das Ergebnis ist also, daß der Leiter der Fachgruppe A. nicht befugt war, in der maßgebenden Zeit eine geschäftsleitende Tätigkeit auszuüben, worauf die sofortige Beschwerde mit Recht hinweist. Es kann in der Tat nicht anerkannt werden, daß die Fachgruppe in der maßgebenden Zeit im Bundesgebiet oder in West-Berlin eine Geschäftsleitung gehabt hat. Da das LG insoweit die Rechtslage verkannt hat, unterliegt seine Entscheidung der Aufhebung. Zugleich wird dem Senat eine eigene Würdigung des Sachverhalts ermöglicht.

War der letzte Leiter der Fachgruppe A. seit dem Zusammenbruch im Jahre 1945 zu ihrer Vertretung nicht mehr berechtigt, so kommt es nicht darauf an, ob er für seine Fachgruppe tatsächlich noch tätig gewesen ist; denn eine solche Tätigkeit konnte eine geschäftsleitende Tätigkeit im Sinne des AltbG und im Sinne der Rechtsprechung des beschließenden Senats niemals begründen. Dasselbe gilt nach der ständigen Rechtsprechung des Senats auch hinsichtlich des Treuhänders nach dem MilRegGes. Nr. 52 und hinsichtlich des bestellten Notvertreters, weil dieser nach dem Beschluß des Registergerichts vom 28. 2. 1953 über das Vermögen der Fachgruppe nicht verfügen durfte. Schließlich fehlte in der maßgebenden Zeit auch jede Rechtsgrundlage für eine geschäftsleitende Tätigkeit des ASt. zu 1) als Nachfolgeorganisation, weil das Vermögen der aufgelösten Fachgruppe erst am 23. 11. 1956 auf ihn übertragen worden ist. Der Antrag auf gerichtliche Entscheidung muß aus diesen Gründen zurückgewiesen werden."

IV. SCHULD- UND WIRTSCHAFTSRECHT

1. Verjährung

84. Im interzonalen Privatrecht richtet sich die Verjährung von Ansprüchen aus einem Vertrage, der vor der Besetzung Deutschlands abgeschlossen wurde, nach dem Recht des Erfüllungsortes.

BGH. Urt. v. 12. 11. 1954 — I ZR 198/52: WM IV B 1955, 112.

Die Kl., eine vom Deutschen Reich gegründete Gesellschaft mit Sitz in Berlin, verlangt von der Bekl. die Bezahlung von drei Baracken sowie Einrichtungsgegenständen, die sie der Bekl. laut Rechnung vom 5., 13. und 28. 8. sowie 10. 9. 1943 zum Gesamtbetrag von 22848 RM geliefert haben will.

Die Bekl. hat die Einrede der Verjährung erhoben.

OLG und BGH hielten die Einrede der Verjährung nicht für begründet.

Aus den Gründen:

„Auch in den Ausführungen des Berufungsgerichts, mit denen dieses die Verjährungseinrede der Bekl. als unbegründet zurückgewiesen hat, tritt ein Rechtsirrtum nicht zutage. Bas Berufungsgericht führt insoweit aus, die im internat. Privatrecht und auch im interzonalen Recht zur Ermittlung der maßgeblichen Rechtsordnung anzuwendenden Grundsätze, wonach in erster Linie der ausdrückliche oder stillschweigende, hilfsweise der mutmaßliche Parteiwille heranzuziehen sei, könnten auf vor dem Zusammenbruch entstandene interzonale Rechtsverhältnisse keine Anwendung finden, da keine der Parteien bei Vertragsschluß im Jahre 1943 die spätere Rechtsentwicklung, die zur Zerstörung der einheitlichen Rechtsordnung in Deutschland und Herausbildung verschiedener Rechtssätze für Berlin und Westdeutschland geführt habe, habe voraussehen können. Es könne daher hier nur das Recht des Erfüllungsortes maßgebend sein. Dies sei nach § 269 BGB der Sitz der Bekl. Nach den Feststellungen des Berufungsgerichts ist ein besonderer Erfüllungsort zwischen den Parteien nicht vereinbart. In diesem Zusammenhange führt das Berufungsgericht noch aus, wenn tatsächlich die Rechnungen der Kl. mit dem Vermerk ‚Erfüllungsort Berlin' versehen gewesen sein sollten, so sei dies unerheblich, da einseitige Erklärungen der Parteien nach Vertragsschluß, insbesondere auf Rechnungen, für die Vereinbarung eines Erfüllungsortes nicht genügten. Von dieser allgemeinen Rechtsauffassung (RGZ 65, 330 [331]) ist allerdings, worin der Revision zuzustimmen ist, dann eine Ausnahme zu machen, wenn die betreffende Rechnung einen Teil eines Bestätigungsschreibens darstellt (RGZ 57, 410; BGH, NJW 1952, 1369). Diese Voraussetzungen liegen nach dem festgestellten Sachverhalt hier aber entgegen der Ansicht der Revision nicht vor. Wie die betreffenden Rechnungen ergeben, haben sie keinen über den üblichen Rahmen einer Rechnung hinausgehenden Inhalt. Die Revision meint, die streitigen Rechnungen müßten zugleich als Bestätigungsschreiben aufgefaßt werden, das ergebe sich als zwangsläufige Folge aus der Ansicht, daß zwischen den Parteien ein Kaufvertrag abgeschlossen worden sei. Nähme man einen solchen stillschweigend abgeschlossenen Kaufvertrag an, dann sei die Rechnung zugleich erste und abschließende Willenserklärung der Kl., also die Bestätigung des Auftrages. Dem kann nicht gefolgt werden. Denn der Vertrag ist vorliegend nach den rechtsirrtumsfrei getroffenen Feststellungen des Berufungsgerichts bereits vorher zustandegekommen. Die Rechnungszusendung konnte daher den Vertragsinhalt nicht mehr beinflussen.

Darin, daß die Kl. ihre sonstigen Vertragsbedingungen über den Erfüllungsort, nämlich Berlin, hier nicht gelten lassen wolle, kann ein arglistiges Verhalten nicht gesehen werden.

Zu Unrecht rügt die Revsision auch, das Berufungsgericht habe bei Prüfung der Frage, ob etwa die Umstände des vorliegenden Falles auf Berlin als Erfüllungsort hinweisen, nicht berücksichtigt, daß die Kl. eine Monopolstellung eingenommen habe, deren Bedingungen sich auch die Bekl. habe beugen müssen, was gar keine andere Auslegung zulasse, als tatsächlich Berlin als Erfüllungsort anzusehen. Diese Annahme ist schon mit Rücksicht auf die damaligen Kriegsverhältnisse, die für die Reichshauptstadt immer bedrohlicher wurden und schließlich auch das Personal der Kl. zum Ausweichen in das Reichsgebiet veranlaßten, nicht zwingend.

Das Berufungsgericht hat daher zu Recht die für den Sitz der Bekl. geltenden Verjährungsvorschriften zur Anwendung gebracht. Danach war die Klageforderung (im Gegensatz zu Berlin, wo die in § 34 der 2. KriegsmaßnahmeVO bestimmte Hemmung der Verjährung Ende 1945 beendet war) vor dem 1. 4. 1951 nicht verjährt (vgl. VO des OLG-Präsidenten Hamm vom 1. 1. 1946, Justizblatt für den OLG Bezirk Hamm 1946; 2. VO des Zentral-Justizamts für die brit. Zone vom 16. 12. 1946 und vom 17. 12. 1948 — VOBl brit. Zone 1947, 9 und 174; § 2 der VO des Zentral-Justizamts vom 13. 1. 1949 — VOBl brit. Zone 1949, 19 und 367 — sowie BundesGes. vom 28. 12. 1950 — BGBl I 821)."

2. Interzonenhandel

85. Die Rechtsfähigkeit einer Gesellschaft richtet sich nach dem Recht des Staates, in dem das Unternehmen seinen Sitz hat. — Die Rechtsfähigkeit der volkseigenen Handelsunternehmen der Sowjetzone ist im Bundesgebiet anzuerkennen, da sie nicht gegen den ordre public des Bundesgebiets verstößt. — Hängt in einem Interzonenhandelsgeschäft die Lieferung der Ware davon ab, daß eine sowjetzonale Behörde die Warenbegleitscheine siegelt, und wird diese Siegelung erst nach Eröffnung der für den Kaufpreis gestellten Akkreditive des westdeutschen Käufers vorgenommen, so ist der Käufer mit der Gestellung der Akkreditive vorleistungspflichtig. — Der Käufer hat keinen Anspruch auf Schadensersatz wegen Nichterfüllung, wenn er nicht bis zum Ende der vertraglich bestimmten Lieferzeit die Akkreditive für den Kaufpreis eröffnet hat.

OLG Hamburg, Urt. v. 17. 3. 1955 — 6 U 307/54: *unveröff.

Die Kl., die „Deutsche Innen- und Außenhandel Textil" VEB mit Sitz in Berlin (Ost), hat gegen die Bekl., eine Handelsgesellschaft in H. (Bundesgebiet), wegen einer Warenlieferung vom Oktober 1952 zwei Vorbehaltsurteile des LG H. erwirkt über insgesamt 59985 DM, zahlbar im Clearing-Verfahren über die BdL; der Bekl., welche im Rechtsstreit mit Schadensersatzansprüchen aufgerechnet und Widerklage erhoben hatte, wurde die Ausführung ihrer Rechte im Nachverfahren vorbehalten.

Die Bekl. stützt ihre Schadenersatzansprüche auf folgenden Sachverhalt: Mit Vertrag vom 9. 11. 1951 kaufte sie von der Kl. Scheuertücher im Gesamtwert von etwa 400000 DM, lieferbar bis 30. 11. 1951. Am 16. 11. 1951 telegrafierte die Kl. der Bekl., daß die Lieferung der Tücher genehmigt worden sei, teilte die Genehmigungsnummer für die einzelnen Posten mit und bat um sofortige Eröffnung der Akkreditive. Die Bekl. erwiderte am 20. 11. 1951, daß ein Akkreditiv über

38900 DM für eine Teillieferung eröffnet worden sei; diese Lieferung ging Mitte Dezember bei der Bekl. ein. Am 22. 12. 1951 ließ die Bekl. der Kl. ein weiteres Akkreditiv über 40700 DM eröffnen; darauf ging jedoch keine Ware mehr ein.

Die Bekl. hat im Nachverfahren widerklagend beantragt, die Teilvorbehaltsurteile des LG aufzuheben und die Kl. zur Zahlung von 100000 DM zu verurteilen.

Das LG hat die Vorbehaltsurteile bestätigt und die Widerklage abgewiesen; das OLG hat die Berufung der Bekl. zurückgewiesen.

Aus den Gründen:

„Für die mit der Widerklage geltend gemachte Teilforderung von 100000 DM ist eine bis zum 31. 12. 1953 geltende Genehmigung der Landes-Zentralbank der Freien und Hansestadt Hamburg beigebracht worden. Im übrigen kann dahingestellt bleiben, ob — wie die Kl. jetzt behauptet — für den Vertrag vom 9. 11. 1951 und dessen Abwicklung erforderliche Genehmigungen nicht erteilt waren und ob für die in diesem Rechtsstreit erklärte Aufrechnung noch eine Zustimmung der Hamburger Wirtschaftsbehörde notwendig ist; denn die Schadensersatzansprüche der Bekl. aus dem Vertrage vom 9. 11. 1951 sind auch nach dem Ergebnis der Berufungsverhandlung materiellrechtlich unbegründet.

Gegen die Passivlegitimation der Kl. bestehen keine rechtliche Bedenken. Sofern überhaupt internat. Privatrecht auf interzonale Beziehungen anwendbar ist, richtet sich die Frage der Rechtsfähigkeit nach dem Recht des Sitzstaates (vgl. hierzu Art. 10 EGBGB). Nach dem im Ministerialblatt der DDR [1952] Nr. 47 S. 52, 177 veröffentlichten Statut der volkseigenen Handelsunternehmen ‚Deutscher Innen- und Außenhandel' sind diese selbständige Rechtspersönlichkeiten. Den als Handelsgesellschaft betriebenen volkseigenen Unternehmen kann auch die Anerkennung im deutschen Bundesgebiet nicht versagt werden. Die Rechtsfähigkeit derartiger Betriebe verstößt weder gegen den Zweck eines deutschen Bundesgesetzes noch gegen die guten Sitten.

Es kann auf sich beruhen bleiben, ob die Bekl. — wie die Kl. behauptet und unter Beweis stellt — auf etwaige Schadensersatzansprüche aus dem Vertrage vom 9. 11. 1951 verzichtet hat; denn die insoweit geltend gemachten Ansprüche der Bekl. sind ungerechtfertigt.

Nach dem Vortrag der Parteien muß davon ausgegangen werden, daß zwischen ihnen der am 9. 11. 1951 von der Kl. bestätigte Kauf von Scheuertüchern im Gesamtwert von 400512,21 Verrechnungseinheiten zustande gekommen ist. Die Durchführung eines solchen Kaufvertrages setzt — wie unstreitig beiden Parteien bekannt war — u. a. voraus, daß die Warenbegleitscheine von der ostzonalen Verwaltung gesiegelt wurden und daß vor der Siegelung für den Kaufpreis entsprechende Akkreditive gestellt waren. Ersichtlich sind sich die Parteien dieses Rechtsstreits auch darüber einig, daß ohne die Vorausgestellung wirksamer Akkreditive eine Siegelung der Begleitscheine und damit eine Erfüllung des Vertrages nicht in Betracht kam. Aus dieser Lage in Verbindung mit den insoweit übereinstimmenden Erklärungen der Parteien muß gefolgert werden, daß die Bekl. mit der Gestellung von Akkreditiven vorleistungspflichtig war.

Die Parteien streiten indessen nicht etwa über die Verpflichtung zur Vorleistung, sondern darüber, ob diese Verpflichtung auch durch die

Gestellung von Teilakkreditiven erfüllt werden konnte. Die Kaufbestätigung vom 9. 11. 1951 besagt hierzu ausdrücklich nichts. Das Telegramm der Kl. auf die Erteilung der Liefergenehmigung spricht von ‚umgehenden Akkreditiven'. Aus der Bestimmung der Lieferzeit (bis zum 30. 11. 1951) ist aber zu entnehmen, daß die Akkreditive über den gesamten Kaufpreis jedenfalls so rechtzeitig gestellt werden mußten, daß sämtliche Lieferungen bis Ende November 1951 abgewickelt sein konnten. Das macht einen Vertragswillen der Parteien dahin deutlich, daß gleichviel, ob nach dem Vertrage Teilakkreditive oder ein Gesamtakkreditiv zu stellen waren, diese Vorleistung spätestens bis gegen Ende November 1951 erbracht sein mußte. Es kommt hinzu, daß diese Auslegung des Vertrages seinem Sinn nach auch von den Zeugen P. und W. bestätigt worden ist. Die Bekl. greift zwar die Glaubwürdigkeit dieser Zeugen an. Da aber die Aussagen der Zeugen, die überdies keines erheblichen Wahrheitsverstoßes überführt worden sind, insoweit mit dem schon aus den Vertragsbestimmungen hervorgehenden Parteiwillen in Einklang stehen, sind keine Bedenken gegen die Annahme begründet, daß der gesamte Preis von der Bekl. durch die Gestellung von Akkreditiven spätestens bis gegen Ende des Monats November 1951 vorgelegt werden mußte. Tatsächlich hat die Bekl. aber innerhalb der maßgeblichen Vertragszeit nur am 20. 11. 1951 ein Teilakkreditiv über 38900 DM gestellt. Offensichtlich hatte sie sich die Erfüllung der Vorleistungspflicht so gedacht, daß sie jeweils ein Teilakkreditiv stellen und darauf den Wareneingang abwarten wollte, um dann ein weiteres Teilakkreditiv zu erbringen, auf dessen Abwicklung nach und nach weitere Teilakkreditive folgen sollten. Erkennbar reichte ihre Kreditfähigkeit nicht aus, um einen über den Wert einer Teillieferung hinausgehenden Kredit von ihrer Bankverbindung zu erlangen. Da jedoch eine diesem Vorhaben entsprechende Regelung keinesfalls in den Vertrag aufgenommen worden ist, dieser vielmehr seinem Sinn nach eine solche Regelung ausschließt, muß das darauf gestützte Vorbringen der Bekl. als dem Inhalt des Kaufvertrages widersprechend angesehen werden.

Die Bekl. kann in diesem Zusammenhang auch nicht damit gehört werden, daß bei Anwendung des ihr vorschwebenden Abwicklungsverfahrens der gesamte Kontrakt bis zum Ende der Lieferzeit ohne weiteres habe durchgeführt werden können. Der tatsächliche Ablauf beweist das Gegenteil. Außerdem übersieht die Bekl., daß der Vertrag vom 9. 11. 1951 als Endtermin seiner Durchführung den 30. 11. 1951, nicht aber den 31. 12. 1951, gesetzt hatte und daß sie selbst immerhin mindestens 4 Tage benötigte, um ein Teilakkreditiv von 38900 DM bereitzustellen. Ihr Hinweis darauf, daß die Kl. noch im Dezember 1951 mit der ‚Gefag' ein großes gleichgeartetes Geschäft in wenigen Tagen vollständig habe durchführen können, liegt neben der Sache, weil sie — im Gegensatz zur ‚Gefag' — nicht die Voraussetzung eines rechtzeitigen Gestellung von Akkreditiven in Höhe der gesamten Vertragssumme erfüllt hatte.

Ferner sind auch nicht die Beweisantritte der Bekl. aus den Schriftsätzen vom ... und vom ... für die Ermittlung des Vertragsinhaltes erheblich; denn selbst wenn vereinbart worden wäre, daß die Partie in Teilmengen von je 100000 Stück gegen Teilakkreditive ausgeführt werden sollte, bedeutet das noch nicht, daß — entgegen der eindeutigen Lieferzeitbestimmung des Vertrages — jeweils nach Gestellung eines Teilakkreditivs vor der nächsten Teilakkreditivgestellung auf die Ankunft der Ware gewartet werden konnte. Mithin bedurfte es einer Vernehmung der hierzu angebotenen Zeugen nicht.

Die Bekl. war demnach mit Ablauf des Monats November 1951 mit ihrer Vorleistungspflicht in Verzug.

Die Gestellung der restlichen Akkreditive war im November 1951 fällig geworden. Mit dem im Vertrage bestimmten Endtermin für die Lieferung war auch der letztmögliche Endtermin für die Vorleistung überschritten, wobei es nach § 284 II BGB für den Eintritt des Verzuges keiner Mahnung mehr bedurfte.

Die Bekl. hat auch nicht dargetan, daß sie diesen Verzug nicht zu vertreten hat. In diesem Zusammenhang beruft sie sich darauf, daß die Kl. die Ware auf das am 20. 11. 1951 eröffnete Akkreditiv erst Mitte Dezember 1951 geliefert habe und sie daher zu einer Zurückhaltung ihrer weiteren Vorleistung berechtigt gewesen sei. Die Bekl. kann mit dieser Einwendung aber schon deshalb nicht durchdringen, weil sie nach dem Vertrage grundsätzlich nicht beanspruchen konnte, die weitere Vorleistung vom Eingange der schon akkreditierten Ware abhängig zu machen. Außerdem war innerhalb des der Bekl. nach dem 20. 11. 1951 verbliebenen Vorleistungszeitraumes schwerlich eine Möglichkeit gegeben, schon die Frage einer schuldhaften Verzögerung der fälligen Teillieferung zu beurteilen und darauf Gegenmaßnahmen zu stützen. Schließlich hat die Bekl. auch nicht die Behauptung der Kl. widerlegt, daß die Lieferungsverzögerung hinsichtlich der ersten Partie lediglich die Folge der Aufnahme einer falschen Lieferungsgenehmigungsnummer in das erste Teilakkreditiv gewesen ist. Die Bekl. weist zwar darauf hin, daß die Nummer der Liefergenehmigung bereits im Telegramm der Kl. vom . . . von dieser unrichtig angegeben worden sei. Damit kann sie aber nicht gehört werden; denn bei sorgfältiger Lesung des Telegramminhaltes war für einen Kaufmann ohne weiteres erkennbar, daß die Nummer 2/93382 sowohl bei dem Artikel A 203 wie auch bei dem Artikel 4 M 19/11 H, also doppelt verzeichnet worden ist und daß am Ende des Telegramms zur Lieferung 4 M 19/11 H die richtige Lieferungsgenehmigungsnummer 2/93383 eingesetzt war.

Die Annahme eines Vorleistungsverzuges kann auch nicht mit der Behauptung abgewendet werden, daß die Kl. hinsichtlich der Gestellung von Akkreditiven im einzelnen verpflichtet gewesen sei, die Versandbereitschaft der zu liefernden Ware anzuzeigen und die Akkreditive abzufordern. Die Kl. hatte durch die Mitteilung der Liefergenehmigungsnummern alles getan, was ihr zunächst innerhalb der Vertragsabwicklung oblag.

Die mit ihrer Vorleistungspflicht in Verzug befindliche Bekl. kann schon aus diesem Grunde keine Schadensersatzansprüche aus dem Vertrage vom 9. 11. 1951 geltend machen, abgesehen davon, daß sie auch die sonstigen Voraussetzungen des § 326 BGB nicht erfüllt hat.

Nun hat die Kl. allerdings nach dem 30. 11. 1951 außer der Anlieferung der akkreditierten ersten Partie Scheuertücher noch ihre Bereitschaft bekundet, den Rest der Scheuertücher zu liefern. Diese Bereitschaft ist aber ersichtlich unter der Voraussetzung erklärt worden, dass die Bekl. binnen 10 Tagen ein Akkreditiv über die gesamte Restkaufpreissumme stellen würde. Diese auch von den Zeugen bekundete Erklärung der Kl. wird von der Bekl. nicht ernsthaft bestritten. Das darin liegende Angebot auf Abschluss eines neuen Vertrages, das gegenüber dem von der Bekl. allgemein bevollmächtigten Zeugen D. erklärt worden ist, ist aber von der Bekl. — wie sie selbst vorträgt — jedenfalls nicht mit dem erklärten Inhalt (Gesamtakkreditiv binnen 10 Tagen) angenommen worden. Soweit sich der Zeuge D. mit dem Angebot einverstanden erklärt haben sollte, hat er nach dem Vortrag der Bekl. mangels Abschlußvollmacht keinen rechtswirksamen Vertrag zustande gebracht. Dafür aber, daß die Bekl. etwa eine Verlängerung des auf den 30. 11. 1951 befristeten Liefervertrages unter Aufrechterhaltung seines ursprünglichen Inhaltes bis Ende Dezember 1951 erwirkt hätte, fehlt es sowohl an substantiierten Behauptungen als auch an entsprechenden Beweisantritten der Bekl. Daher kann die Bekl., die unstreitig innerhalb der 10-Tagefrist kein Gesamtakkreditiv auf den Restkaufpreis gestellt hat, auch keine Rechte aus dem Dezemberangebot der Kl. herleiten. Insbesondere ist es belanglos, daß sie nach Ablauf der 10-Tagefrist noch ein Teilakkreditiv über 40700 DM erbracht hat und ob die Kl. auch wegen einer Unterbrechung des Interzonenhandels auf das letztgenannte Akkreditiv nicht mehr mit einer Lieferung eingehen konnte. Schließlich ist es auch ohne Bedeutung, ob die Kl. nach dem 22. 12. 1951 vielleicht infolge einer um diese Zeit erfolgten anderweitigen Auslieferung der Ware nicht mehr erfüllungsbereit war.

Nach allem hat es die Bekl. daran fehlen lassen, die Grundlagen eines gegen die Kl. gerichteten Schadensersatzanspruches nachzuweisen, so daß sowohl die Aufrechnungseinrede wie auch die Widerklage ungerechtfertigt sind.“

86. Vertreibt ein volkseigener Betrieb aus der Sowjetzone seine Waren durch eine Firma im Bundesgebiet, so besteht ein rechtlicher Zusammenhang im Sinne des § 302 ZPO zwischen den Forderungen der Firma aus den Warenlieferungen und den Ersatzansprüchen des westdeutschen Käufers wegen Verletzung seiner gewerblichen Schutzrechte. — Handelte die westdeutsche Firma als Treuhänder des sowjetzonalen Verkäufers und war sie seinen Weisungen nach Art eines Angestellten unterstellt, so kann es die Billigkeit unter Berücksichtigung der Vorschriften des Interzonenhandels gebieten, gegen die Ansprüche des Treuhänders eine Aufrechnung mit Forderungen gegen den Treugeber zuzulassen. — Eine Aufrechnung ohne die erforderliche devisenrechtliche Genehmigung ist nichtig.

BGH, Urt. v. 22. 10. 1957 — VIII ZR 67/56: *BGHZ 25, 360; WM IV B 1957, 1539; NJW 1958, 18; BB 1957, 1159; KTS 1958, 8; Leitsätze in LM Nr. 26 zu § 387 BGB und Nr. 5 zu § 302 ZPO.

Die Kl., eine Firma mit Sitz in G. (Bundesgebiet), verlangt Zahlung von Teilbeträgen für Waren, die der VEB „Carl Zeiss Jena“ (sowjet.) hergestellt hat, die auf Grund von Bezugsgenehmigungen an die Kl. in das Bundesgebiet eingeführt und ab November 1953 an Zweigniederlassungen der Bekl. im Bundesgebiet geliefert worden sind.

Die Bekl. ist die Firma „Carl Zeiss“ in H. (Bundesgebiet). Sie hat gegenüber den Kaufpreisforderungen der Kl. mit Gegenforderungen aufgerechnet, die aus folgendem Sachverhalt hergeleitet werden: Nach der im Sachverhalt zum unten abgedruckten Urteil des BGH vom 24. 7. 1957 (Nr. 222) näher geschilderten Verlagerung der Firma C. Zeiss von J. nach H. arbeiteten diese Firma und der VEB C. Zeiss beim Vertrieb der Erzeugnisse des VEB C. Zeiss stillschweigend zusammen. Die von der Geschäftsleitung der Bekl. in mehreren Schreiben (u. a. vom 3. 12. 1951) an den VEB C. Zeiss Jena unterbreiteten Vorschläge über die Bedingungen und die Form dieser Zusammenarbeit wurden nicht beantwortet; trotzdem entwickelte sich ein Verfahren, durch welches die Erzeugnisse des VEB C. Zeiss Jena im Einvernehmen mit der Bekl. durch deren Vertriebsorganisation außerhalb der Sowjetzone, der Sowjet-Union und der ihr nahestehenden Staaten vertrieben wurden.

Im Rahmen des Vertriebs hat — nach dem Vortrag der Bekl. — der Inhaber der Kl. die Aufgabe gehabt, die nach dem Interzonenhandelsabkommen erforderlichen Anträge, insbesondere auf Erteilung von Bezugsgenehmigungen, zu stellen und die eingehenden Gelder für den VEB C. Zeiss Jena an die BdL einzuzahlen. Die Zweigniederlassungen der Bekl. hätten unmittelbar in J. bestellt, und J. habe diese Bestellungen den Niederlassungen unmittelbar bestätigt; der Kl. habe jeweils Durchschläge erhalten. Rechnungen habe der Kl. ausgestellt, jedoch habe er Durchschläge nach J. gesandt. Seine Bezüge seien von J. aus im Benehmen mit der Bekl. festgesetzt worden. Die Bekl. will den Kl. nur als Treuhänder des VEB C. Zeiss Jena ansehen.

Mitte 1953 übernahm das volkseigene Unternehmen „Deutscher Innen- und Außenhandel, Feinmechanik-Optik“ (kurz: „DIA“) den Vertrieb der Zeiss-Erzeugnisse in der Sowjetzone und bediente sich dabei auch der Mithilfe des Kl. Durch einstweilige Verfügung des LG Göttingen vom 27.3.1954, bestätigt durch Urteil vom 26. 5. 1955, ließ die Bekl. der Kl. verbieten, unter dem Namen Carl Zeiß für ihre Waren zu werben oder diese zu vertreiben. Durch Urteil des LG Düsseldorf vom 19. 4. 1955 sind der VEB C. Zeiss Jena, der DIA sowie der Kl. und ein weiterer Händler verurteilt worden, die Werbung und den Vertrieb von Waren unter dem Zeichen Ernst Abbe zu unterlassen, der jetzige Kl. und der andere Händler außerdem auch zur Erteilung von Auskunft über den bisherigen Vertrieb; ferner ist die Verpflichtung dieser Bekl. zum Schadensersatz festgestellt worden. Mit diesen Forderungen rechnet die Bekl. gegenüber dem Klageanspruch auf.

Das LG hat der Klage stattgegeben, aber die Entscheidung über die Aufrechnung vorbehalten. Das OLG hat die Berufung zurückgewiesen. Die Bekl. hält das Vorbehaltsurteil für unzulässig und begehrt die Zurückverweisung der Sache an das LG, hilfsweise an das OLG. Der BGH gab dem Hilfsantrag der Revision statt.

Aus den Gründen:

[Der BGH weist zunächst die Angriffe der Revision zurück, daß die Kl. nicht Verkäuferin der von ihr gelieferten Waren gewesen sei und daher nicht aus eigenem Recht klagen könne.]

„III. Die Revision hat dagegen insoweit Erfolg, als sie die Meinung vertritt, das Vorbehaltsurteil des LG hätte deshalb nicht bestätigt werden dürfen, weil es nach § 302 ZPO nicht zulässig sei. Ein Vorbehaltsurteil nach dieser Vorschrift darf nicht erlassen werden, wenn eine im Wege der Aufrechnung geltend gemachte Gegenforderung mit der in der Klage geltend gemachten Forderung in rechtlichem Zusammenhang steht.

[Der BGH führt aus, neben einem rechtlichen sei auch ein wirtschaftlicher Zusammenhang der Ansprüche ausreichend, wenn die zugrunde liegenden Tatbestände innerlich zusammengehörten sowie Treu und Glauben die Berücksichtigung des Gegenanspruchs erforderten.]

Im vorliegenden Falle ist der rechtliche Zusammenhang der Gegenforderungen mit der Klageforderung schon dadurch begründet, daß die Bekl. erklärt hatte, sie wolle gegen die Verwendung ihrer Namens-, Patent- und Markenrechte dann keine Einwendungen erheben, wenn die von ihr gestellten Bedingungen beachtet werden, und daß die Bekl. nur im Rahmen dieser Zugeständnisse bereit war, die Erzeugnisse des VEB Jena zu beziehen, das Lieferverhältnis aber jedenfalls nach der Behauptung der Bekl. (vgl. Schriftsatz vom . .) schon zur Zeit der Lieferungen, die der Klage zugrunde liegen, durch ein dem VEB Jena anrechenbares Verhalten des DIA gestört worden ist. Denn der gesamte für die Klagansprüche in Betracht kommende Bezug von Waren seitens der Bekl. vom VEB Jena über die Kl. stand nach dem vom Berufungsgericht insoweit nicht gewürdigten Sachverhalt in engem Zusammenhang mit der von der Bekl. gestellten und vom VEB Jena stillschweigend hingenommenen Bedingung, den Vorschlägen der Bekl. vom 3. 12. 1951 nicht zuwiderzuhandeln. Diese Beziehung trifft auch für das Verhältnis der Parteien zu. Dabei ist nicht wesentlich, ob die Bekl. schon bis zu dem Zeitpunkt, zu dem die Kaufverträge abgewickelt sein sollten oder abgewickelt waren, Schadensersatzforderungen in Höhe des eingeklagten Betrages erworben hat. Es genügt, daß das Lieferverhältnis durch den Einbruch in die Rechtssphäre der Bekl. gestört worden ist und daß zum Schadensersatz verpflichtende Handlungen in diesem Zusammenhang begangen worden sind, die der Bekl. Veranlassung geben konnten, die geschäftlichen Beziehungen abzubrechen. Dabei ist auch unerheblich, ob die Kl. selbst schon an den Störungshandlungen beteiligt war, solange die Bekl. noch von ihr Waren bezog. Denn die späteren Handlungen des VEB Jena oder des DIA und die der Kl. vorgeworfene Mitwirkung hieran bilden nur die Fortsetzung der Lieferungsstörung und können deshalb nicht von dieser getrennt werden. Unter diesem Gesichtspunkt hat es daher das Berufungsgericht rechtsirrtümlich verneint, daß ein rechtlichen Zusammenhang zwischen den Klageforderungen und den Gegenforderungen besteht.

1. Hinsichtlich der Gegenforderung gegen den VEB Jena vertritt die Bekl. die Auffassung, der Inhaber der Kl. könne sich auf seine formelle Rechtsstellung als selbständiger Vermögensträger gegenüber der Aufrechnung deshalb nicht berufen, weil er keine selbständige Geschäftstätigkeit entfaltet und die Warenlieferungen lediglich an die Bekl. weitergeleitet und nach den mit dem VEB Jena getroffenen Vereinbarungen diese Aufgabe nur nach Art eines Angestellten unter Beschränkung seiner Entnahmen aus den ihm zur Verfügung gestellten Betriebsmitteln vorgenommen habe, während der Gegenstand der eingeklagten Ansprüche weisungsgebunden zu verwenden sei, wobei eine Spitze von 3 bzw. 5% in den Händen der Kl. zu verbleiben hätte, im übrigen der von der Bekl. zu entrichtende Kaufpreis nur zur Weiter-

leitung an den Lieferanten nach den Bestimmungen über den Interzonenhandel Verwendung finden dürfte.

Nach § 387 BGB ist die Aufrechnung nur zulässig, wenn der Schuldner der einen Forderung Gläubiger der zur Aufrechnung gestellten Forderung ist, also die Gegenseitigkeit beider Forderungen besteht. In diesem Zusammenhang stellt sich daher die Frage, ob die Zulässigkeit der Aufrechnung bereits bei Erlaß des Vorbehaltsurteils und demzufolge auch bei seiner Überprüfung geklärt sein muß.

[Der BGH bejaht diese Frage, soweit zu prüfen ist, ob die Aufrechnung von vornherein unzulässig ist.]

Die Bekl. ist nicht dadurch beschwert, daß das Berufungsgericht ohne Prüfung der Zulässigkeit der Aufrechnung mit einer Forderung gegen den VEB Jena die Entscheidung hierüber dem Nachverfahren überlassen hat. Die Frage muß aber in dem soeben gezogenen Rahmen deshalb geprüft werden, weil die Revision der Bekl., mit der sie die Zulässigkeit der Vorbehaltsentscheidung bekämpft, wegen der in diesem Abschnitt erörterten Gegenansprüche gegen den VEB Jena dann nicht durchdringen kann, wenn sich die Aufrechnung von vorneherein als unzulässig darstellt.

Bei Behandlung dieses Punktes ist mit dem Berufungsgericht das Bestehen des behaupteten besonderen Treuhandverhältnisses zu unterstellen. Die Frage, ob der Schuldner einer Forderung, deren formeller Inhaber der Treuhänder ist, zur Aufrechnung mit einer Forderung gegenüber dem Treugeber berechtigt ist, kann nicht grundsätzlich verneint werden. Ihre Beantwortung ist abhängig von der besonderen Art und Gestaltung des Treuhandverhältnisses. So wird im Schrifttum die Meinung vertreten, im Falle einer sogenannten fiduziarischen Abtretung zum Zwecke der Einziehung, mit der das Vollrecht auf den Zessionar übergegangen ist, könne der Schuldner der abgetretenen Forderung auch über § 406 BGB hinaus mit einer Forderung gegen den Zedenten (Treugeber) aufrechnen, während andererseits der Schuldner nicht mit Forderungen gegen den Inkassozessionar aufrechnen dürfe. (*Hahne* bei *Soergel*, BGB[8] § 387 Anm. 1b und § 398 Anm. V 2; RGRK, BGB[10] § 387 Anm. 2). Die Erwägungen, die bei der Inkassozession (Vollzession) für die Zulassung der Aufrechnung sprechen, können auch für andere Fälle der Treuhandschaft herangezogen werden. Sie können jedenfalls dann eine entsprechende rechtliche Beurteilung rechtfertigen, wenn der Treuhänder die Forderung zwar durch ein in eigenem Namen mit einem Dritten abgeschlossenes Geschäft begründet, jedoch nur im Rahmen eines Treuhandverhältnisses gehandelt hat, das ihn den Weisungen des Treugebers nach Art eines Angestellten unterstellt hat. Hinzukommen muß dabei, daß unter Berücksichtigung aller Umstände, im vorliegenden Falle insbesondere auch der Vorschriften über den Interzonenhandel, die Berufung darauf, daß die Forderung formell in der Person des Treuhänders entstanden ist, Treu und Glauben widerspricht (§ 242 BGB; vgl. hierzu den allgemeinen Gesichtspunkt in BGHZ 17, 19 [23 unten]).

Deshalb kann nicht gesagt werden, daß die Aufrechnung mit der Forderung gegen den VEB Jena von vornherein unzulässig sei. Es bedarf vielmehr einer Aufklärung durch den Tatsachenrichter darüber, wie das behauptete Treuhandverhältnis wirklich gestaltet war, und auf Grund der sich danach ergebenden Sachlage einer rechtlichen Prüfung der Frage, ob die Kl. hinnehmen muß, daß die Bekl. mit einer Forderung gegen den VEB Jena aufrechnet.

Es wird aber auch zu prüfen sein, ob die Aufrechnung mit der hierfür erforderlichen devisenrechtlichen Genehmigung erklärt oder mangels einer solchen als nichtig zu behandeln ist (BGHZ 11, 27; vgl. auch Mittlg. BdL Nr. 6018/55 vom 4. 4. 1955, BAnz. Nr. 69 vom 9. 4. 1955 S. 2 zu Nr. 1 II). Diese Frage ist in dem Rechtsstreit bisher nicht erörtert worden. Dies ist daher dem weiteren Verfahren zu überlassen.

Infolgedessen ist der Angriff der Bekl. gegen das Vorbehaltsurteil nicht schon deshalb als unbegründet anzusehen, weil sich diese Aufrechnung etwa von vornherein als unzulässig darstelle.

2. Das Berufungsurteil muß ferner deshalb aufgehoben werden, weil die Bekl. auch gegen die Kl. unmittelbare Ansprüche geltend gemacht hat. Die Verurteilung unter Vorbehalt ist ohne Rücksicht darauf, ob die Bekl. mit der Forderung gegen den VEB Jena aufrechnen kann, deshalb als unzulässig anzusehen, weil sie Gegenforderungen zur Aufrechnung gestellt hat, die ihr unmittelbar gegen die Kl. erwachsen seien, und weil diese, wie oben ausgeführt worden ist, in rechtlichem Zusammenhang mit der Klageforderung stehen.

Das behauptete Treuhandverhältnis schließt die Aufrechnung nicht aus. Wenn in der Rechtsprechung im Falle der Abtretung einer Forderung zum Zwecke der Einziehung angenommen worden ist, die Aufrechnung mit Forderungen gegen den Inkassozessionar sei nicht zulässig (OLGE 23, 19), so kann unter diesem Gesichtspunkt gegen die Aufrechnung in dem vorliegenden Fall schon deshalb kein Bedenken hergeleitet werden, weil die Gegenforderungen auf einem Verhalten beruhen sollen, für das auch der ‚Treugeber' verantwortlich wäre.

Das Berufungsgericht hat in einem anderen Zusammenhang, nämlich bei Behandlung der Frage, ob die Verhandlung über die Gegenforderungen zur Entscheidung reif sei, ausgeführt, es sei nicht vorgetragen, geschweige denn bewiesen, in welcher Weise die Kl. gegen das Verbot der einstweiligen Verfügung des LG Göttingen vom 27. 2. 1954 und gegen das Urteil desselben Gerichts vom 26. 5. 1955 verstoßen habe. Auch hinsichtlich des Sachverhalts, der in dem Urteil des LG Düsseldorf vom 19. 4. 1955 im Zusammenhang mit der Verwendung des Namens Ernst Abbe und eines mit diesem Namen ausgestatteten Bildzeichens behandelt worden ist, habe die Bekl. nicht substantiiert und unter Beweisantritt vorgetragen, daß und in welcher Weise ihr Schaden entstanden sei. Insoweit rügt die Revision mit Recht, das Berufungsgericht habe den vorgetragenen Sachverhalt unzureichend gewürdigt. Es hätte berücksichtigen müssen, daß in dem Urteil des LG Düsseldorf, auf das sich die Bekl. bezogen hat, auch Verletzungen ihrer Rechte durch die Kl. des vorliegenden Rechtsstreits festgestellt worden sind, und ferner, daß substantiiert vorgetragen worden ist, in welcher Höhe Kosten für die beanstandete Werbeaktion aufgewandt worden sind. Ob sich hieraus die Höhe des der Bekl. entstandenen Schadens in Anwendung des § 287 ZPO schätzen läßt, bedarf einer erneuten Prüfung durch den Tatrichter. Deshalb kann nicht schon jetzt gesagt werden, daß die Aufrechnung aus dem Grunde nicht beachtet werden könne, weil die Gegenforderung der erforderlichen Substantiierung ermangele.

3. Das Berufungsurteil hat den Angriff der Bekl. gegen eine Vorbehaltsentscheidung auch mit der Begründung abgelehnt, diese habe auch gegenüber dem Urteil des LG Düsseldorf vom 7. 12. 1954 nicht substantiiert und unter Beweisantritt vorgetragen, daß und in welcher Weise und Höhe ihr Schaden entstanden sei. In diesem Zusammenhang ist darauf hinzuweisen, daß die Bekl. ihrer Aufrechnung mit einer Forderung gegen den VEB Jena auch den Schaden zugrunde gelegt wissen will, der ihr durch Verletzung ihrer Namens-, Patent- und Warenzeichenrechte im Ausland entstanden sei, worauf die Revision hingewiesen hat. Das Berufungsgericht wird sich deshalb erforderlichenfalls auch hiermit auseinanderzusetzen haben."

3. Haftung für Ostverbindlichkeiten

a) Grundsätze

87. Ein Kaufmann, der stets seinen Wohnsitz in Westdeutschland gehabt und ein Handelsgeschäft in Schlesien betrieben hat, kann sich wegen der Verbindlichkeiten aus diesem Geschäft nicht auf die Schutzvorschriften des Bundesvertriebenen-Gesetzes berufen. — Unerheblich ist, ob der Geschäftsinhaber einen etwaigen Ausgleichsanspruch gegen die frühere Geschäftsinhaberin dadurch verloren hat, daß diese für Ostverbindlichkeiten nicht mehr haftet. — Die gesetzlichen Schutzvorschriften zugunsten von juristischen Personen und Handelsgesellschaften mit Sitz in den Ostgebieten sind auf das Handelsgeschäft eines Einzelkaufmannes nicht entsprechend anwendbar.

BGH, Urt. v. 29.6.1955 — IV ZR 50/55: *MDR 1956, 90 (zust. *Pohle*); WM IV B 1956, 1053; Auszug in Betrieb 1955, 751; LM Nr. 1 zu § 85 BVFG; Leitsätze in BB 1955, 656.

Die Mutter des Kl. betrieb in N. (östlich der Oder-Neiße-Linie) ein im Handelsregister eingetragenes Unternehmen. Durch Vertrag v. 6. 11. 1943 hat der Bekl. das Geschäft mit allen Aktiven und Passiven übernommen und die Mutter des Kl. als „stille Gesellschafterin" unter Ausschluß des Verlustes an dem Geschäft beteiligt. Zu den übernommenen Verbindlichkeiten gehört auch die hier geltend gemachte Darlehensforderung des Kl. von 15000 RM.

Der Bekl. hat seinen Wohnsitz immer in D. (jetzt: Bundesgebiet) gehabt; er ist vermögend. Der Kl. drang mit seiner auf Rückzahlung des Darlehens gerichteten Klage in Höhe von 1500 DM in allen Instanzen durch.

Aus den Gründen:

„Der Bekl. hat nicht darum aufgehört, für die Forderung des Kl. zu haften, weil das Vermögen seines Geschäftes in Schlesien verlorengegangen ist. Wenn auch der gesetzgeberische Grund des § 25 HGB darin besteht, das Vermögen des Handelsgeschäfts dem Zugriff der Geschäftsgläubiger zu erhalten, so besagt diese Bestimmung doch nicht, daß nur das Geschäftsvermögen für die Forderungen hafte. § 25 HGB will die Rechte der Gläubiger sichern, aber nicht beschränken. Derjenige, der für Geschäftsforderungen nach § 25 HGB haftet, weil er das Handelsgeschäft eines Einzelkaufmanns übernommen hat, haftet für diese Forderungen mit seinem ganzen Vermögen.

Dadurch, daß die Mutter des Kl. nach § 82 BVG (BGBl 1953 I 201) von diesem für die eingeklagte Forderung nicht in Anspruch genommen werden kann, hört der Bekl. gleichfalls nicht auf zu haften. Es kann dahinstehen, ob die Mutter des Kl. überhaupt noch für die Darlehnsforderung haftet. Nach den zwischen ihr und dem Bekl. getroffenen Vereinbarungen hat dieser zusammen mit der Geschäftsübernahme auch die hier geltend gemachte Darlehnsforderung als Schuldner übernommen. Er kann deswegen, wenn er die Forderung des Kl. tilgt, auch wenn die Mutter für diese Forderung weiter haften würde, keinen Ausgleich von ihr fordern. Unter diesen Umständen kann er sich nicht darauf berufen, daß die etwa noch mithaftende Mutter des Kl. von diesem nach § 82 BVG nicht in Anspruch genommen werden kann. Der Bekl. haftet für die Schuld so, wie sie beim Erwerb des Handelsgeschäftes bestand. Damals handelte es sich um eine voll wirksame Verbindlichkeit. Wenn die Forderung gegen die etwa dem Kl. gegenüber als Gesamtschuldnerin noch mithaftende frühere Inhaberin des Geschäfts nach § 82 BVG nicht mehr geltend gemacht werden kann, so handelt es sich dabei um einen Umstand, auf den sich der Bekl. nach § 425 BGB hier nicht berufen kann (vgl. auch *Saage*, Schuldenregelung für Vertriebene und Sowjetzonenflüchtlinge, § 82 Erläuterung II 3 c *β*, Seite 31, und *Werber-Bode-Ehrenforth*, BVG § 82 Anm. 7 a. E. Seite 197).

Der Bekl. kann sich, wie das Berufungsgericht zutreffend ausgeführt hat, nicht auf § 82 BVG berufen, da er nicht Vertriebener im Sinne des § 1 BVG ist. Seine Lage ist nicht anders als die zahlreicher Personen, die ihren Wohnsitz in der jetzigen Bundesrepublik gehabt, aber Vermögen in den jetzt polnisch besetzen Gebieten verloren haben.

Rechtlich zutreffend hat das Berufungsgericht weiter ausgeführt, daß der Bekl. sich nicht auf § 85 BVG stützen kann. Diese Bestimmung bezieht sich, wie ihr Wortlaut ergibt, nur auf juristische Personen und Handelsgesellschaften. Diese hat der Gesetzgeber den juristischen Personen gleichgestellt, da sie auch sonst vom Gesetz in vieler Hinsicht ebenso wie jene behandelt werden, insbesondere wird ihr Vermögen als eine von dem sonstigen Vermögen ihrer Träger gesonderte Einheit behandelt. Das zeigt sich besonders darin, daß nach § 209 KO über das Vermögen einer OHG und einer KG. ein selbständiges Konkursverfahren stattfindet. Ganz anders ist es, wenn eine natürliche Person ein Handelsgeschäft oder mehrere Handelsgeschäfte betreibt. Hier ist rechtlich nur ein Vermögen einer Person vorhanden, über das auch nur ein einheitlicher Konkurs möglich ist. Wenn auch die §§ 82ff. BVG wirtschaftlichen Zwecken dienen, kann dies doch nicht dazu führen, § 85 BVG entsprechend auf einen Einzelkaufmann anzuwenden, der stets im Gebiete der jetzigen Bundesrepublik wohnend ein Handelsgeschäft in den jetzt polnisch verwalteten Gebieten betrieben hat. Die wirtschaftliche Lage der unter § 85 BVG fallenden Handelsgesellschaften kann aus den oben angeführten Gründen mit der eines Einzelkaufmanns nicht verglichen werden, zumal da § 85 BVG auch nichts darüber aussagt, wie weit die persönlich haftenden Träger der Handelsgesellschaften für die in Rede stehenden Verbindlichkeiten in Anspruch genommen werden können (vgl. *Saage*, aaO § 85 Erläuterung II 2 a).

Die Ansicht der Revision, § 85 BVG müsse hier entsprechend angewandt werden, da die frühere Geschäftsinhaberin, die Mutter des Kl., nach der Veräußerung des Geschäfts an diesem weiter als stille Gesellschafterin beteiligt gewesen sei und da es sich dabei um eine atypische stille Gesellschaft gehandelt habe, ist irrig. Es braucht nicht entschieden zu werden, ob § 85 BVG auf die atypische stille Gesellschaft entsprechend anzuwenden ist. Denn es handelt sich hier überhaupt nicht um eine atypische stille Gesellschaft. Eine solche würde nur bestehen, wenn die Beteiligten entgegen § 335 HGB, der nach außenhin weitergelten würde, vereinbart hätten, daß der stille Gesellschafter in ihrem Verhältnis zueinander so gestellt sein solle, als sei er an dem Gesellschaftsvermögen gesamthänderisch beteiligt. Diese Voraussetzungen liegen hier nicht vor. Die frühere Geschäftsinhaberin war insbesondere an der Geschäftsführung nicht beteiligt (vgl. über die atypische stille Gesellschaft BGHZ 7, 173ff. [178]; 8, 157ff. [160]). Der Vertrag über die Beteiligung der früheren Geschäftsinhaberin an dem Unternehmen enthielt keine für die stille Gesellschaft atypischen Bestimmungen. . . .

Die Verbindlichkeit des Bekl. ist auch nicht nach § 242 BGB dadurch untergegangen, daß er sein Geschäftsvermögen in Schlesien verloren hat. Wie das Berufungsgericht zutreffend ausgeführt hat, hätte der Bekl., selbst wenn er Vertriebener im Sinne des BVG wäre, für diese Verbindlichkeit in Anspruch genommen werden können, da er dann in das wirtschaftliche und soziale Leben in einem nach seinen früheren sozialen und wirtschaftlichen Verhältnissen zumutbaren Maße eingegliedert wäre. Er könnte dann nach § 13 I BVG die Rechte und Vergünstigungen dieses Gesetzes nicht für sich in Anspruch nehmen. Der Bekl., der nicht Vertriebener ist, kann aber nicht günstiger gestellt werden als ein Vertriebener in gleicher wirtschaftlicher Lage. Soweit der Bekl. sich etwa darauf berufen will, daß seine Schuld infolge der Verluste, die er erlitten hat, nicht mehr in voller Höhe besteht oder daß sie nicht auf einmal zu begleichen sei, kann er dies nicht in dem anhängigen Rechtsstreit nach § 242 BGB geltend machen. Diese Einwände kann er, wie der erkennende Senat und auch der II. ZS des BGH wiederholt entschieden haben, nur im Vertragshilfeverfahren vorbringen (BGHZ 2, 140; 8, 344 [347]; LM Nr. 13 zu § 242 [A])."

88. Auch für eine Großbank kann es eine unbillige Härte bedeuten, wenn eine große Zahl ihrer Schuldner von der Haftung für die Ostverbindlichkeiten befreit wird. — Wird dem Gläubiger ein Teil seiner — an Grundstücken im Gebiet östlich der Oder-Neiße-Linie dinglich gesicherten — Forderung zugesprochen, kann der Schuldner nicht verlangen, daß

seine Leistungspflicht von der Hergabe einer löschungsfähigen Quittung über den Gesamtbetrag der Grundschulden abhängen soll.

OLG Celle, Beschl. v. 12. 3. 1956 — 3 OLG II 2/55: NdsRpfl. 1956, 164.

Aus den Gründen:

„1. Mit Recht ist das LG davon ausgegangen, daß die nach der Regel des § 82 BVG eintretende völlige Befreiung des Beschwerdeführers von der Kontokorrentschuld bei der Rechtsvorgängerin der ASt. für diese eine unbillige Härte (§ 83 I BVG) bedeuten würde.

a) Der Beschwerdeführer ist am Währungsstichtage bereits wieder nennenswert in das Wirtschaftsleben eingegliedert gewesen ... (wird ausgeführt).

b) Was die Verhältnisse der ASt. anlangt, so ist zwar für sie nicht auf den Zeitpunkt der Währungsreform, sondern auf den der Entscheidung in dem vorliegenden Verfahren abzustellen (*Saage*, Schuldenregelung für Vertriebene 43). Es ist nun richtig, daß die ASt. zu den gut fundierten Kreditinstitutionen der Bundesrepublik gerechnet werden muß. Dieser Umstand hat jedoch, wie schon das LG zutreffend hervorhebt, als solcher auf die Entscheidung keinen ausschlaggebenden Einfluß. Wäre die Annahme einer ‚unbilligen Härte' im Sinne des § 83 I BVG für den Gläubiger schon dann ausgeschlossen, wenn er nach der Währungsreform zu Vermögen gekommen ist und deshalb etwa den Verlust der Forderung am ehesten ‚verschmerzen' könnte, so müßte das dahin führen, daß der tüchtige Gläubiger für seine wirtschaftliche Tüchtigkeit bestraft werden würde. Es kommt vielmehr auf eine Abwägung aller konkreten Umstände des Falles an. Insoweit ist hier folgendes entscheidend: Die ASt. hat rund 3 Millionen DM Forderungen gegen Schuldner aus den Vertreibungsgebieten, welche heute in der Bundesrepublik ansässig sind. Dem stehen rund 21 Millionen DM Verbindlichkeiten gegenüber, die aus Krediten an Schuldner mit früherem Wohnsitz in der sowjetisch besetzten oder der polnisch verwalteten Zone (darunter den Beschwerdeführer) herrühren, diesen damals über ausländische Banken gewährt worden sind und für die (als Fremdwährungsschulden) die ASt. den betreffenden Auslandsbanken heute rückzahlungspflichtig ist. Es wäre nun in der Tat eine unbillige Härte für die ASt., wenn sie mit diesen 21 Millionen DM Verbindlichkeiten belastet, ihr auf der anderen Seite aber die Möglichkeit schlechthin verschlossen bliebe, wenigstens einen Teil der gegebenen Kredite von denjenigen Schuldnern, die heute im Bundesgebiet ansässig sind und denen die Zahlung auch unbeschadet ihrer Vertriebeneneigenschaft nach ihrer Vermögenslage im Zeitpunkt der Währungsreform billigerweise zugemutet werden kann, hereinzuholen. Darin ist dem LG zuzustimmen. Denn der Gesichtspunkt der unbilligen Härte ist auf die Person des Gläubigers abgestellt: wirkt eine solche Härte für die ASt. sich dadurch aus, daß sie spezifische Verluste durch die Häufung von innerlich und gattungsmäßig zusammenhängenden wirtschaftlichen Vorgängen in der Streuung auf einen größeren Kreis von Flüchtlingsschuldnern erleidet, dann erscheint es nur folgerichtig und angemessen, die so zusammenhängenden Verhältnisse auch als Gesamtheit zu sehen und, soweit die Belange der ASt. betroffen sind, für die Anwendung des § 83 I BVG als Gesamtheit zu behandeln. Keiner der beteiligten Schuldner kann deshalb verlangen, daß seine Geschäftsbeziehungen zur ASt. einer isolierten Betrachtung unterworfen werden mit dem Ziel, daß der Fortfall gerade seiner Verbindlichkeit — für sich betrachtet — noch keine ‚unbillige Härte' für die ASt. bedeuten würde. Ebensowenig kann der Beschwerdeführer verlangen, daß auf der Gläubigerseite die Vermögensverhältnisse sämtlicher Nachfolgeinstitute der ehemaligen D. Bank, sei es im ganzen, sei es im Hinblick auf die Belastungen mit Verpflichtungen aus früheren ‚Ostkrediten', einer Art Verbundbetrachtung unterzogen werden müßten. Da auf die Verhältnisse des Gläubigers im Zeitpunkt der Entscheidung abzustellen ist, kann die Tatsache der (durch Gesetz erzwungenen) Aufspaltung der Rechtspersönlichkeit der ehemaligen Gläubigerin in mehrere Nachfolgeinstitute nicht entscheidend sein. Ausschlaggebend ist vielmehr, daß bei dieser Aufspaltung diejenige Filiale, mit der der Beschwerdeführer ausschließlich in Geschäftsbeziehungen stand, mit ihrem Geschäftsbestand als ganzes in die jetzige ASt. als Rechtsnachfolgerin eingegangen ist.

c) Das LG hat nach reiflicher Erwägung aller Umstände dem Beschwerdeführer auferlegt, zur Abwendung einer die ASt. sonst treffenden unbilligen Härte auf seine Schuld einen Teil abzutragen, der etwa $^1/_{10}$ des DM-Umstellungsbetrages ausmacht und der zugleich $^1/_4$ des am Währungsstichtage vorhanden gewesenen Vermögens des Beschwerdeführers ausmachen würde. Dieses Ergebnis ist sachgemäß und zu billigen. . . .

2. Der Beschwerdeführer glaubt, an die ASt. allenfalls leisten zu müssen Zug um Zug gegen Aushändigung einer löschungsfähigen Quittung hinsichtlich der Grundschulden auf seinen früheren Gütern, welche der Sicherung des hier in Rede stehenden Bankkredits gedient haben, sowie der hierüber erteilt gewesenen Grundschuldbriefe. In diesem Umfange macht er ein Zurückbehaltungsrecht geltend.

Soweit er nunmehr in der Beschwerdebegründung — unter Berufung auf BGH, LM zu § 242 c d Nr. 19[1] — eine dauernde Einrede hieraus herleiten will, stünde sie dem Vertragshilfeverfahren nicht entgegen. Denn wofern nur die Höhe des Anspruchs — wenn er besteht — feststeht, kann sogar bei Bestreiten des Grundes ein Vertragshilfeverfahren durchgeführt werden (§ 11 I VHG).

Darüber hinaus ist der Standpunkt des Beschwerdeführers auch sachlich nicht haltbar.

Daß die ASt., falls es zur Wiedervereinigung mit den zur Zeit abgetrennten Ostgebieten kommt, in ihre Rechtsstellung hinsichtlich der Grundschulden und der durch sie dargestellten Deckung für die gewährten Kredite wieder einrücken wird, ist naheliegend, mindestens aber nicht ausgeschlossen. Insoweit ist die Regelung des gegenwärtigen Verfahrens nur eine notwendig vorläufige, auf den gegenwärtigen politischen Status Deutschlands beschränkte (vgl. die Präambel zum LAGes.). Sie erfolgt

[1] Siehe unten Nr. 234.

unter bewußtem Absehen von eben der grundschuldmäßigen, zur Zeit als verloren anzusehenden Deckung; anderenfalls würde ihr bereits § 1 IV VHG in Verbindung mit einem Gegenschluß aus § 87 I Ziffer 1 BVG entgegenstehen. Der Beschwerdeführer kann mithin wohl eine Quittung über die jetzt gezahlten Abgeltungsbeträge (§ 368 BGB), nicht aber eine löschungsfähige Quittung über die Gesamtverbindlichkeit in Ansehung der Grundschulden verlangen. An ihr fehlt dem Beschwerdeführer auch jedes schutzwürdige Interesse. Denn für Zwecke des Grundbuchverkehrs könnte er sie ohnehin nicht verwenden, weder zur Zeit — da es einen Grundbuchverkehr für die betreffenden Grundstücke nicht (oder doch für ihn nicht) gibt — noch später im Falle einer Wiedererlangung der deutschen Gebietshoheit über die abgetrennten Ostgebiete — da für diesen Fall die Streichung der persönlichen Verbindlichkeit durch das BVG in Ansehung der grundschuldmäßigen Sicherung keine Geltung mehr beanspruchen kann und wird. Das gleiche hätte für das Verlangen auf Aushändigung der Grundschuldbriefe oder auf Aushändigung einer Teillöschungsquittung zu gelten. Aus beiden Gründen ist das Zug-um-Zug-Begehren des Beschwerdeführers ungerechtfertigt.

Der Hinweis des Beschwerdeführers auf die oben angeführte Entscheidung des BGH geht fehl. Jener Fall lag wesentlich anders. In ihm handelte es sich darum, daß ein in der sowjet. Besatzungszone belegenes Grundstück mit einer Hypothek für ein privates Versicherungsunternehmen belastet und diese Hypothek zugunsten der Versicherungsanstalt des Landes Brandenburg enteignet worden war. Dem Schuldner und Grundstückseigentümer, der in der sowjet. Besatzungszone wohnhaft geblieben war, wurde vom BGH eine dauernde Einrede gegenüber der persönlichen Forderung der inzwischen im Bundesgebiet domizilierenden Versicherungsgesellschaft zugebilligt mit der Begründung, die Gläubigerin sei nicht in der Lage, dem Schuldner und Grundstückseigentümer eine wirksame löschungsfähige Quittung zur Verwendung beim sowjetzonalen Grundbuchamt zu erteilen. Darum aber handelt es sich im vorliegenden Falle gar nicht. Nicht einmal die Gefahr einer Doppelinanspruchnahme (so jenes Schuldners durch die Versicherungsanstalt des Landes Brandenburg), die für die Erwägungen des BGH leitend gewesen ist, würde hier vergleichsweise in Frage stehen. Wiederum kann insoweit auf die zutreffende Begründung des angefochtenen Beschlusses verwiesen werden."

89. Ist der Hauptschuldner durch ausdrückliche gesetzliche Vorschrift von der Haftung für Ostverbindlichkeiten befreit, so kann auch der Bürge nicht in Anspruch genommen werden.

KG Berlin-West, Urt. v. 19. 3. 1956 — 4 U 2415/55: NJW 1956, 1481 (abl. *Kubisch* 1924); AZGB Nr. 190 no. 881.

Aus den Gründen:

„Dem Anspruch der Kl. gegen die Bekl. auf Zahlung der Pensionsrückstände für die Zeit vom 1. 1. 1945 bis 31. 12. 1952 auf Grund der Bürgschaftsübernahme der Bekl. steht entgegen, daß die Hauptschuld der

L.-H.-Werke-AG. der Schuldenregelung nach §§ 82, 85 BVG unterliegt. Diese Regelung wirkt zugunsten des Bürgen.

Die Hauptschuldnerin, die L.-H.-Werke-AG., kann von der Kl. auf Zahlung der Pensionsrückstände gemäß §§ 82, 85 BVG nicht in Anspruch genommen werden; denn die L.-H.-Werke-AG. hatte unstreitig vor dem 8. 5. 1945 ihren Sitz in den jetzt unter fremder Verwaltung stehenden Ostgebieten, nämlich in B.; ihr Sitz ist jetzt in der Bundesrepublik, wie dem Senat bekannt ist. Die Pensionsansprüche sind auch vor der Vertreibung bzw. Verlegung des Sitzes der Gesellschaft begründet worden. Nach § 87 I Ziffer 3 BVG sind allerdings Löhne und Gehälter von der Schuldenregelung auf Grund des BVG ausgeschlossen. Den Löhnen und Gehältern sind Pensionsansprüche jedoch nicht gleichgestellt (so auch *Saage*, Schuldenregelung § 87, 101 unter Hinweis auf *Saage*, VHG zu § 6 Anm. II 3f.; ebenso auch BGHZ 2, 150 [154] = NJW 1951, 796 zu § 21 III UG = Art. 19 Ziffer 47 UVO. Die Vorschrift des § 87 I Ziffer 3 BVG entspricht insofern inhaltlich der inzwischen aufgehobenen Vorschrift des § 21 III UG).

Die Schuldenregelung nach § § 82, 85 BVG gewährt dem Schuldner nicht wie bei der Vertragshilfe ein Leistungsverweigerungsrecht, sondern stellt den Schuldner grundsätzlich von der Verbindlichkeit frei. Das BVG weicht damit, wie seine Entstehungsgeschichte zeigt, insofern bewußt von der Regelung in den Vorschriften zur Vertragshilfe — ausgenommen der Fall in § 87 II — ab (vgl. hierzu *Saage*, Schuldenregelung 1, 15, 25f.). Die der Schuldenregelung unterliegende Schuld ist damit allerdings nicht erloschen oder kraft Gesetzes erlassen, sondern sie ist kraft Gesetzes ähnlich den Spiel- und Wettschulden nach § 762 BGB und anderen natürlichen Verbindlichkeiten zu einer sogenannten unvollkommenen oder natürlichen Verbindlichkeit geworden (so allgemeine Rechtsmeinung, vgl. *Saage*, Schuldenregelung, zu § 82 BVG Anm. II 3a Seite 25f.; *Werber-Bode-Ehrenpfort*, BVG § 82 Anm. 5; *Strassmann-Nitsche*, BVG § 84 am Schluß [aber abweichend Anm. I zu § 82]; *Leitreiter*, BVG zu § 82). Dafür, daß die Verbindlichkeiten nach § 82 BVG nicht erlöschen, spricht dabei auch die in § 83 vorgesehene Regelung, nach der der Gläubiger Vertragshilfe beantragen kann. Das setzt, wenn man nicht eine Fiktion annehmen will, voraus, daß die Verbindlichkeit noch besteht. Diese Regelung hat zur Folge: Die Erfüllung der Schuld eines Vertriebenen kann im Wege der Klage und der Zwangsvollstreckung nicht erzwungen werden, die Verbindlichkeit des Vertriebenen ist aber erfüllbar, und soweit erfüllt ist, kann das Geleistete nicht wegen ungerechtfertigter Bereicherung zurückverlangt werden.

Wie die genannte Schuldenregelung auf die Verpflichtung des Bürgen für die Verbindlichkeit eines Vertriebenen oder eines Unternehmens im Sinne des § 85 BVG wirkt, ist im Gesetz nicht geregelt worden. Es liegt nahe, anzunehmen, daß der Gesetzgeber bewußt von einer Regelung insoweit abgesehen hat, wie er auch bei Erlaß des VHG vom 26. 3. 1952 (vgl. *Saage*, VHG 62f.) der Rechtsprechung und dem Schrifttum zu klären überlassen hat, ob die dem Schuldner gewährte Vertragshilfe dem Bürgen zugute kommt; denn es ist nicht zu verkennen, daß die Frage der Rückwirkung der Vertragshilfe auf die Bürgschaft verwandt ist der Frage der Rückwirkung der Schuldenregelung nach dem BVG auf die Bürgschaft. In der Rechtsprechung ist, soweit ersichtlich, die Frage der Rückwirkung der Schuldenregelung nach dem BVG auf die Bürgschaft bisher nicht behandelt worden. Im Schrifttum vertritt *Saage*, Schuldenregelung 30, 73 die Meinung, der Bürge bleibe grundsätzlich zur Leistung verpflichtet, wenn der Hauptschuldner nach §§ 82, 85 BVG nicht in Anspruch genommen werden könne; demgegenüber meinen *Werber-Bode-Ehrenpfort*, BVG zu § 82 Anm. 6, dem Bürgen müsse in gleicher Weise wie dem Hauptschuldner der Schutz des § 82 BVG zugute kommen. Der Senat schließt sich der letztgenannten Rechtsmeinung an. Hierfür sind folgende Erwägungen maßgebend:

Würde § 82 BVG die Verbindlichkeit des Hauptschuldners zum Erlöschen bringen, so könnte kein Zweifel sein, daß der Bürge von seiner Verpflichtung ebenfalls frei würde; denn die Verpflichtung des Bürgen gemäß § 765 I BGB geht dahin, für die Erfüllung der Verbindlichkeit des Hauptschuldners einzustehen, der Bürge haftet aber gemäß § 767 I Satz 1 BGB nur entsprechend dem jeweiligen Bestand der Hauptverbindlichkeit. Da die Hauptverbindlichkeit auf Grund von § 82 BVG zur natürlichen oder unvollkommenen Verbindlichkeit geworden ist, kann *Saage*, aaO 30 nur darin zugestimmt werden, daß diese Veränderung der Hauptverbindlichkeit deren Bestand ‚als solche' nicht berührt und dem Bürgen keine Einrede im Sinne von § 768 I Satz 1 BGB gewährt. Die weiteren Ausführungen *Saages*, ‚die Lage ist vielmehr wirtschaftlich und damit wohl auch rechtlich die gleiche wie in dem Fall, in dem ein Gläubiger wegen wirtschaftlichen Unvermögens des Schuldners nicht in der Lage ist, seine Ansprüche durchzusetzen; die Interessenlage des Bürgen dürfte in beiden Fällen die gleiche sein', nur werde in § 82 BVG kraft Gesetzes das wirtschaftliche Unvermögen vermutet, ‚man wird annehmen müssen, daß ein solches Risiko von der Bürgschaft mit gedeckt werden soll', mögen wirtschaftlich wenigstens im Einzelfall eine gewisse Berechtigung haben. Keinesfalls können sie rechtlich gesehen ein unverändertes Fortbestehen der Verpflichtung des Bürgen begründen. Diese Rechtsmeinung drängt nicht nur den Grundsatz der Abhängigkeit der Bürgschaft von der Hauptverbindlichkeit zurück, sondern läßt zugleich auch den Sicherungszweck der Bürgschaft außer Betracht.

Alleiniger Zweck der Bürgschaft ist die Sicherung des Gläubigers. Dabei ist die Abhängigkeit der Bürgschaftsverpflichtung von der Hauptschuld eine Eigenschaft der Bürgschaft, weil anders der Sicherungszweck nicht erreicht wird, andererseits der Sicherungszweck entfällt, wenn die Bürgenschuld nicht von der Hauptschuld abhängig wäre. Nicht mehr und nicht weniger als Sicherung gewährt die Bürgschaft dem Gläubiger. Insofern ist *Bettermann*, NJW 1953, 1817, beizupflichten, daß kein Gegensatz zwischen dem Prinzip der Abhängigkeit und dem Sicherungszweck der Bürgschaft besteht, sondern daß beide miteinander harmonieren, jede Sicherungsschuld akzessorisch ist; aber *Bettermann* bekämpft insofern zu Unrecht die Entscheidung des BGHZ 6, 385 = NJW 1952, 1049, in der von keinem Gegensatz beider Prinzipien die Rede ist, vielmehr lediglich für den Sonderfall der Vertragshilfe untersucht wird, ob ausnahmsweise der Grundsatz der Abhängigkeit hinter dem Sicherungszweck der Bürgschaft zurücktreten müsse.

Wird die Hauptverbindlichkeit kraft Gesetzes zur natürlichen oder unvollkommenen Verbindlichkeit, so verändert sich notwendig auch die Bürgenschuld. In der Rechtsprechung ist anerkannt, daß die Bürgschaft für eine unvollkommene Verbindlichkeit selbst unvollkommen ist. Dies folgt daraus, daß die Verbindlichkeit des Bürgen sowohl von der Hauptschuld abhängig ist, als auch von vornherein oder im vorliegenden Fall durch den gesetzlichen Eingriff des § 82 BVG nachträglich nur den Zweck hat, eine unvollkommene Verbindlichkeit zu sichern (vgl. *RGZ* 47, 48 [52]; 52, 39f.; 134, 130; *Staudinger*, BGB[10] § 765 Anm. 16; RGR-Komm. zu § 762 BGB Anm. 2). Diese Erwägungen könnten schon die Abweisung der Klage rechtfertigen, weil auch der Bürge aus einer unvollkommenen Verbindlichkeit im Wege der Klage nicht in Anspruch genommen und die Erfüllung seiner Schuld durch Zwangsvollstreckung nicht erzwungen werden kann, wenngleich auch die Bekl. als Bürge nicht gehindert ist, ihre natürliche Verbindlichkeit gegenüber der Kl. zu erfüllen.

Es ist indessen weiterhin zu prüfen, ob die Tatsache, daß der Sicherungszweck der Bürgschaft gerade dahin geht, den Gläubiger gegen Zahlungsunfähigkeit des Hauptschuldners zu sichern, eine abweichende Entscheidung dahin verlangt, daß der Bürge ohne Rücksicht auf die durch § 82 BVG veränderte Hauptschuld uneingeschränkt weiter haftet. Diese Erwägungen sind notwendig, weil das Gesetz Fälle kennt, in denen die Bürgschaft dadurch, daß die Verbindlichkeit des Hauptschuldners zu einer natürlichen oder unvollkommenen Verbindlichkeit wird, nich berührt wird. Dies ist insbesondere in § 193 Satz 2 KO und § 82 II VerglO für den Fall bestimmt, daß die Hauptschuld im Wege des Zwangsvergleichs im Konkursverfahren oder des Vergleichs zur Abwendung des Konkurses im Vergleichsverfahren teilweise erlassen wird. Es ist in der Rechtsprechung und im Schrifttum anerkannt, daß in diesem Fall der Teil der Hauptverbindlichkeit, der durch Vergleich erlassen wird, zu einer natürlichen Verbindlichkeit wird (vgl. RG, JW 1916, 398; RGZ 153, 342 und 160, 38 sowie Kommentare zu § 193 KO). Diese besondere gesetzliche Regel findet auch ihre Erklärung jedenfalls mit in dem Zweck der Bürgschaft, den Gläubiger für den Fall der Zahlungsunfähigkeit und insbesondere des Vermögensverfalls des Hauptschuldners zu sichern (vgl. RGZ 153, 342). Im Schrifttum und in der Rechtsprechung wird hierzu überwiegend dargelegt, daß es sich hier um Ausnahmevorschriften handle, die außerhalb des Konkurses und Vergleichsverfahrens keine Anwendung finden können (so *Staudinger*, BGB[10] § 768 Anm. 8; *Jaeger*, KO[7] § 193 Anm. 21; BGHZ 6, 385 = NJW 1952, 1049). Eine wirkliche Ausnahme von den Vorschriften der §§ 765, 767, 768 BGB enthalten die genannten Fälle nur, wenn man dem Prinzip der Abhängigkeit der Bürgenschuld den Vorrang vor dem Sicherungszweck der Bürgschaft gibt (so *Staudinger* vor § 765 Anm. 11 und 51, was BGH, aaO jedoch dahingestellt läßt). Der wirtschaftliche Zweck der Bürgschaft erfordert aber gerade für den

Fall des Konkurses oder des Vergleichsverfahrens über das Vermögen des Hauptschuldners eine Regelung, wie sie § 193 KO und § 82 VerglO getroffen haben, um den Gläubiger gegen Zahlungsunfähigkeit des Hauptschuldners zu sichern. Die Bürgschaft würde ihren Sinn und Zweck verlieren, wenn sie diese wichtigsten Fälle des Unvermögens des Hauptschuldners — mangels einer abweichenden Vereinbarung zwischen Gläubiger und Bürgen, die zulässig ist — nicht umfassen würde.

Selbst wenn man nun aber eine analoge Anwendung der §§ 193 Satz 2 KO und 82 II VerglO auf rechtsähnliche Fälle für möglich hält, so hat doch bereits *Jauernig*, NJW 1953, 1207, für den Fall, daß der Hauptschuldner Anspruch auf Vertragshilfe hat, eine solche analoge Anwendung der genannten Bestimmung für die Haftung des Bürgen verneint mit der zutreffenden Begründung, daß es sich bei der Vertragshilfe nicht allein darum handele, dem Unvermögen des Hauptschuldners wirksam zu begegnen, sondern zugleich darum handele, ob und inwieweit dem Hauptschuldner seine Notlage zugerechnet werden könne und inwieweit ihm zuzumuten sei, diese durchzustehen. Es fehle somit an dem gleichen gesetzlichen Grundgedanken für den Konkurs und das Vergleichsverfahren einerseits und die Vertragshilfe andererseits. Eine analoge Anwendung der genannten Bestimmungen, § 193 KO, § 82 VerglO, kann danach um so weniger für den Fall, daß der Hauptschuldner kraft Gesetzes von seiner Verpflichtung freigestellt wird (§ 82 BVG), in Betracht kommen.

Fehlt eine ausdrückliche Regelung, wie ein gesetzlicher Eingriff in das Hauptschuldverhältnis auf die Schuld des Bürgen wirkt — gleichgültig, ob die Regelung bewußt unterlassen oder vom Gesetzgeber übersehen ist —, so muß es bei dem Grundsatz des § 767 I Satz 1 BGB und dem Grundsatz, daß auch eine Bürgschaft für eine unvollkommene Verbindlichkeit selbst unvollkommen ist, verbleiben (vgl. BGHZ 6, 385 ff. = NJW 1952, 1049), wenn nicht der Zweck der Bürgschaft, den Gläubiger gegen die Zahlungsunfähigkeit des Hauptschuldners zu sichern, im Einzelfall auch den gerade vorliegenden besonderen gesetzlichen Eingriff in das Hauptschuldverhältnis mitumfaßt. Insofern ist, worauf insbesondere *Beitzke* (NJW 1952, 841 [844]) und *Bettermann* (NJW 1953, 1818) aufmerksam gemacht haben, jeweils zu prüfen, ob der staatliche Eingriff noch in den Bereich der durch die Bürgschaft gedeckten Risiken fällt. Will man auch für den Regelfall annehmen, daß der Bürge alle denkbaren wirtschaftlichen Risiken tragen wolle, sofern er nicht solche bei Bürgschaftsübernahme ausdrücklich ausschließt, so kann dies für das Risiko eines staatlichen Eingriffs, mag dieser auch einem tatsächlichen oder vermuteten wirtschaftlichen Unvermögen des Hauptschuldners Rechnung tragen, nicht ohne weiteres gelten, wie dies *Saage*, Schuldenregelung 30 für den Fall des § 82 BVG annimmt. Wäre die Meinung *Saages* zutreffend und wäre seine Meinung auch die des Gesetzgebers gewesen, so könnte man annehmen, daß der Gesetzgeber dies im BVG auch ausgesprochen hätte. *Beitzke* und *Bettermann*, aaO, ist indessen zuzustimmen, daß im Einzelfall zunächst der tatsächliche oder mutmaßliche Wille der Beteiligten, also hier der Parteien bei Abschluß des Bürgschaftsvertrages, zu erforschen ist. Es bedarf aber keiner weiteren Begründung, daß die Parteien zur Zeit der Bürgschaftsübernahme im Jahre 1935 und 1937 mit einem gesetzlichen Eingriff, wie ihn § 82 BVG zugunsten der Vertriebenen vorgenommen hat, nicht gerechnet haben, ihr Wille also nicht dahin gegangen sein kann, die Bürgschaft der Bekl. solle von einem solchen Eingriff nicht berührt werden. Der mutmaßliche Wille eines Bürgen im Jahre 1935 und 1937, wenn er eine Regelung wie die des § 82 BVG und die Umwälzung der Zeitverhältnisse vorausgesehen hätte, kann ferner nur dahin festgestellt werden, daß der Bürge keinesfalls die Bürgschaft für den Fall übernommen hätte, daß der Staat kraft Gesetzes den Hauptschuldner von seiner Verbindlichkeit wegen vermuteten Unvermögens infolge Vertreibung aus den Ostgebieten freistellen würde. Am wenigsten hätte die Bekl. als Bank eine solche Bürgschaft übernommen; denn dies wäre für sie wirtschaftlich nicht vertretbar gewesen.

Ein anderer mutmaßlicher Wille kann auch schon deshalb nicht festgestellt werden, weil die Parteien, wenn sie eine so weitgehende Haftung der Bekl. hätten vereinbaren wollen, eine Garantie oder eine Mitschuldübernahme hätten vereinbaren können, was aber tatsächlich, wie ausgeführt, nicht geschehen ist.

Aus dem Schweigen des Gesetzgebers bei Erlaß des BVG kann ein mutmaßlicher Wille des Gesetzgebers, wie die Schuldenregelung auf die Bürgschaft wirken soll — wonach *Bettermann* folgend weiterhin zu forschen ist —, nicht festgestellt werden. Letztlich will *Bettermann*, aaO, geprüft wissen, ob der Sicherungszweck der Bürgschaft abstrakt und generell eine Haftung des Bürgen im Einzelfall erfordert. *Coing* (NJW 1951, 385ff.), der die Bürgenschuld und das Leistungsverweigerungsrecht nach § 21 IV UG (= Art. 19 Ziffer 48 UVO) behandelt, stellt darauf ab, ob der staatliche Eingriff in die Verbindlichkeit des Hauptschuldners überwiegend mit Rücksicht auf die individuelle Notlage des Schuldners, insbesondere zur Erhaltung seiner wirtschaftlichen Existenz, vorgenommen wird oder aus einem allgemeinen Notstand (Wirtschaftskrise, Kriegsverhältnisse usw.) begründet ist; im letzteren Fall soll der Eingriff auch dem Bürgen zugute kommen. *Jauernig*, aaO, will die Meinung *Coings* schließlich noch etwas modifiziert wissen. Bei der Anwendung dieser Grundsätze auf das Vertragshilfeverfahren und auf das Leistungsverweigerungsrecht nach § 21 IV UG gelangen die genannten Schriftsteller zu voneinander abweichendem Ergebnis. Der BGH schließlich gelangt in seiner Entscheidung BGHZ 6, 381 = NJW 1952, 1049, abweichend vom OLG Karlsruhe und OLG Schleswig, zum Ergebnis, daß die Herabsetzung oder Stundung im Vertragshilfeverfahren zugunsten des Bürgen wirke, indem der BGH an dem Grundsatz der Abhängigkeit der Bürgschaft von der Hauptverbindlichkeit, wie er in § 767 I Satz 1 BGB zum Ausdruck kommt, festhält mangels eines genügenden Anhaltspunkts dafür, daß dieser Grundsatz hinter dem Sicherungszweck der Bürgschaft zurücktreten müsse (vgl. auch die Anm. zu dieser Entscheidung bei LM zu § 767 I BGB Nr. 1). Es ist hier nicht zu entscheiden, ob die dem Hauptschuldner gewährte Vertragshilfe dem Bürgen zugute kommen muß. Die von *Beitzke*, *Bettermann*, *Coing* und *Jauernig* aufgestellten Grundsätze können jedenfalls bei richtiger Würdigung der einmaligen allgemeinen außerordentlichen Umwälzung politischer und wirtschaftlicher Art, die den Gesetzgeber zur Schuldenregelung nach §§ 82, 85 BVG zugunsten des Vertriebenen veranlaßt haben, nur dahin führen, den Bürgen in gleicher Weise wie den Hauptschuldner von seiner Verbindlichkeit freizustellen (so *Werber-Bode-Ehrenpfort*, aaO, und *Beitzke*, aaO). Handelt es sich insofern keinesfalls um vom Bürgen bei Bürgschaftsübernahme voraussehbare Insolvenzgründe des Hauptschuldners, so kann man jedenfalls für den Fall der §§ 82, 85 BVG eine unveränderte Haftung des Bürgen nicht allein damit rechtfertigen, daß gerade in solchen Fällen die Sicherungsfunktion sich bewähren müsse. Dieser Schlußfolgerung *Bettermanns*, aaO, für außergewöhnliche staatliche Eingriffe kann nicht beigetreten werden.

Die hier vertretene Rechtsmeinung wird schließlich durch folgende Erwägungen noch gestützt: Soweit die Kl. Pensionsrückstände für die Zeit nach dem 25. 6. 1948 geltend macht — und der weitaus größte Teil ihrer Ansprüche bezieht sich auf diese Zeit —, sind diese Ansprüche kraft Gesetzes im Verhältnis 1:1 auf DM-West umgestellt; eine von der Hauptschuldnerin beantragte Vertragshilfe für diese Ansprüche würde für den Fall der Herabsetzung der Schuld zu einer anderen Umstellung als der gesetzlichen führen. Für diese sogenannte korrigierende Vertragshilfe (vgl. *Duden-Rowedder*, VHG allgemeine Erklärungen Anm. 11) wird allgemein bejaht, daß sie dem Bürgen zugute kommt, weil damit die Forderung selbst in ihrem Bestand korrigiert werde (so *Duden-Rowedder*, aaO Anm. 18; *Jauernig*, aaO 1209; *Reinicke*, MDR 1952, 711). Was für die korrigierende Vertragshilfe angenommen wird, muß erst recht für die Schuldenregelung der einer korrigierenden Vertragshilfe unterliegenden Ansprüche nach § 82 BVG gelten.

Es ist weiterhin aber auch gerecht und billig, daß allgemein in den Fällen, in denen der Staat kraft Gesetzes in ein privatrechtliches Schuldverhältnis derart eingreift, daß das Gesetz selbst die Verbindlichkeit in ihrem Bestand oder in ihrem Charakter verändert oder zum Erlöschen bringt, diese gesetzliche Maßnahme auch dem Bürgen zugute kommt, wenn der Bürge nicht ausnahmsweise auch für diesen Fall ausdrücklich die Bürgschaft übernommen hat. Andernfalls würde der Gesetzgeber gleichzeitig dem einen etwas zuwenden (der Hauptschuldner kann nicht in Anspruch genommen werden) und den anderen (den Bürgen) belasten. Das hieße, dem Bürgen Unrecht zufügen. Demzufolge hat das RG in seiner Entscheidung RGZ 134, 130 auch angenommen, daß der gesetzliche Ausschluß der Aufwertung der Hauptschuld gemäß § 66 AufwertungsGes. dem Bürgen zugute kommt."

90. Die gesetzliche Voraussetzung für die Befreiung von der Haftung für die Ostverbindlichkeiten — nämlich der Verlust des überwiegenden Vermögens — ist erfüllt, wenn der Flüchtling den überwiegenden Teil seines Aktivvermögens verloren hat; die Höhe der diesem Aktivvermögen gegenüberstehenden Verbindlichkeiten ist unerheblich.

BGH, Urt. v. 30. 6. 1955 — II ZR 55/54: WM IV B 1955, 1165; Leitsätze in BB 1955, 877 und 881.

Die Kl. betreibt einen Buchverlag im Bundesgebiet. Sie stand bis zum Zusammenbruch 1945 mit dem Bekl., der unter der Fa. F. in L. (sowjet.) eine Kommissions- und Buchgroßhandlung betrieb, in laufender Geschäftsverbindung. Die Kl. macht den zu ihren Gunsten lautenden Saldo — im Verhältnis 10:1 auf DM umgestellt — geltend.

Der Bekl. ging im Juni 1945 in die Westzone und betrieb seine Buchgroßhandlung weiter. Sein Geschäft in L. wurde auf Grund des SMA-Befehls Nr. 124 beschlagnahmt und nach Art. 1 des sächsischen Ges. vom 30. 6. 1946 enteignet. Im Laufe des Jahres 1948 wurde dem Bekl. angeboten, den Betrieb wieder zu übernehmen; er lehnte dies jedoch ab. 1950 wurde das Konkursverfahren über das Vermögen der Fa. F. in L. eröffnet, das nach dem Eröffnungsbeschluß als selbständige Vermögensmasse betrachtet wurde.

Die Vorinstanzen haben der Klage stattgegeben; die Revision führte zur Aufhebung und Zurückweisung.

Aus den Gründen:

[Das Berufungsurteil sieht die Voraussetzungen des § 88 BVG beim Bekl. nicht als gegeben an:] „Das, was der Bekl. nach der Westzone herübergerettet habe, habe das eigentliche Vermögen des Bekl. dargestellt, dem in der Ostzone nur ein überschuldeter Betrieb gegenüber gestanden habe.

Diesen Erwägungen kann aus Rechtsgründen nicht beigetreten werden. Sie laufen darauf hinaus, daß die Schutzbestimmung des § 88 BVG für den Inhaber eines in der Sowjetzone enteigneten Betriebes regelmäßig dann nicht eingreifen würde, wenn der enteignete Betrieb überschuldet war. Das wäre aber weder mit dem Wortlaut noch mit dem Sinn des Gesetzes vereinbar. Unter dem Vermögen einer Person kann an sich sowohl die Gesamtheit der ihr zustehenden Vermögensrechte, das Aktivvermögen, verstanden werden, wie auch der Vermögenswert, der nach Abzug der Schulden übrig bleibt (reines Vermögen, so RGZ 69, 284 [285]). Der Tatbestand des § 88 BVG knüpft an den Verlust des überwiegenden Vermögens im Sinne dieser Vorschrift die Folgen für die Verbindlichkeiten des ‚enteigneten' Vermögensträgers und hat damit dem Vermögen die Verbindlichkeiten gegenübergestellt. Der gesetzgeberische Sinn des § 88 geht dahin, dem Flüchtling deshalb beizustehen, weil er die in der sowjetisch besetzten Zone befindlichen Vermögenswerte wegen der Enteignungs- oder gleichgeachteter Maßnahmen nicht zur Tilgung seiner Schulden verwenden kann. Hieraus folgt, daß die Voraussetzungen dieser Vorschrift grundsätzlich dann gegeben sind, wenn der Sowjetzonenflüchtling im maßgebenden Zeitpunkt den überwiegenden Teil seines Aktivvermögens in der sowjetisch besetzten Zone hatte und diesen Teil durch die erwähnten Maßnahmen verloren hat. Bei Prüfung der Frage, ob diese Voraussetzungen gegeben sind, können daher die Aktiven der beiden Firmen in L. nicht schon deshalb außer Betracht gelassen werden, weil sie geringer gewesen seien, als die ihnen gegenüberstehenden Geschäftsverbindlichkeiten des Bekl. Jedenfalls kann dem Bekl. in einem Falle wie dem vorliegenden, in dem die Aktiva der ‚enteigneten' Betriebe einen beträchtlichen Umfang hatte und für die Tilgung der Geschäftsverbindlichkeiten des Bekl. von wirtschaftlich erheblicher Bedeutung waren, die Berufung auf die Schutzbestimmung des § 88 BVG nicht aus dem Grunde versagt werden, daß die Geschäftsverbindlichkeiten die Geschäftsaktiven um einen verhältnismäßig hohen Betrag überstiegen hätten. Da das Berufungsgericht dies verkannt und seine Entscheidung im wesentlichen auf seine unrichtige Rechtsauffassung gestützt hat und die Entscheidung des Berufungsgerichts sich auch nicht aus einem anderen Grunde als richtig darstellt, war das Berufungsurteil aufzuheben. Es bedarf einer näheren Feststellung durch die Tatsacheninstanz, welchen Wert die Aktiven hatten, die dem Bekl. in der Ostzone durch die Sequestrations- und Enteignungsmaßnahmen entzogen wurden und welche Vermögenswerte hiervon nicht betroffen worden sind."

91. Die Erfüllung eines langfristigen Interessengemeinschaftsvertrages, der nur mit den in der Sowjetzone belegenen Vermögenswerten der Vertragsparteien erfüllt werden kann, ist durch die Enteignung dieser Vermögenswerte nicht dauernd unmöglich geworden. — Die im Bundesgebiet angeordnete Liquidation einer Aktiengesellschaft erstreckt sich nicht auf die in der Sowjetzone belegenen Vermögenswerte der Gesellschaft.

BGH, Urt. v. 23. 5. 1957 — II ZR 250/55: *BGHZ 24, 279; NJW 1957, 1279; BB 1957, 523, 659.

Am 14. 10. 1926 schlossen die Bekl., die IG-Farben AG. mit Sitz in F. (jetzt: Bundesgebiet), und die R.-AG. mit Sitz in H. (jetzt: sowjet.) einen bis zum Jahre 2023 laufenden Interessengemeinschaftsvertrag. In dem Vertrag verpflichtete sich die Bekl. u. a. gegenüber den Aktionären der R.-AG., während der Laufzeit des Vertrages jede Aktie der R.-AG. im Nennwert von 1000 RM gegen eine Aktie der Bekl. im Nennwert von 600 RM umzutauschen. Auf Grund der 8. VO zur Durchführung der Vorschriften über die Kapitalherabsetzung in erleichterter Form vom 14. 3. 1934 beschloß eine Hauptversammlung der Bekl. im April 1934, das Kapital der Bekl. um 30 Mill. RM bedingt zu erhöhen; die Erhöhung sollte erst wirksam werden, wenn von Umtauschrechten (wie denen der R.-Aktionäre) Gebrauch gemacht würde. Durch Kapitalberichtigungen hat sich das Umtauschverhältnis später auf 2:1 verändert.

Nach Kriegsende wurden die in der Sowjetzone belegenen Vermögenswerte der Bekl. und der R.-AG. entschädigungslos enteignet, darunter die L.-Werke der Bekl., welche aus dem A.-Revier der R.-AG. Kohlen bezogen hatten. Die R.-AG. besitzt im Bundesgebiet noch Vermögen. Im Jahre 1952 kündigte die Bekl. den Interessengemeinschaftsvertrag.

Die Kl. sind R.-Aktionäre. Sie haben zunächst auf Feststellung geklagt, daß die Bekl. ihnen Zug um Zug gegen Lieferung ihrer R.-Aktien Aktien der Bekl. im Verhältnis 2:1 einzutauschen habe.

Das LG hat der Klage stattgegeben. In der Berufungsinstanz hat die Bekl. hilfsweise beantragt, die Klage als zur Zeit unbegründet abzuweisen. Das OLG hat die Klage abgewiesen und in den Gründen den Berufungsantrag als zur Zeit unbegründet erklärt. Auf die Revision der Kl. hat der BGH das Urteil des Berufungsgerichts nur im Kostenpunkt abgeändert; die weitergehende Revision der Kl. und die Anschlußrevision der Bekl. wurden zurückgewiesen.

Aus den Gründen:

[Der BGH legt zunächst dar, daß das Umtauschrecht der Kl. trotz der Maßnahmen der Besatzungsmächte gegen die Bekl. fortbestehe, daß es jedoch nach wie vor vom Schicksal des Interessengemeinschaftsvertrages abhänge.]

„IV. Aber auch die Ansicht der Bekl., daß allein die R.-Aktionäre das Risiko einer Verschlechterung der Allgemeinverhältnisse getragen hätten, kann nicht gebilligt werden.

1. § 726 BGB entfällt entgegen der Ansicht der Kl. allerdings nicht schon deshalb, weil zwischen der Bekl. und der R.-AG. keine Gesellschaft bürgerlichen Rechts begründet worden ist. Wesentliches Erfordernis der BGB-Gesellschaft ist ein gemeinsamer Zweck, nicht dagegen die Begründung eines Gesellschaftsvermögens (Urteil des Senats vom 28. 4. 1954 — II ZR 86/53). Im vorliegenden Fall besteht der gemeinsame Zweck, wie das Berufungsgericht richtig angenommen hat, in der langfristig gewollten wirtschaftlichen Verbindung zwischen den R.-Werken und der Bekl.

§ 726 BGB trifft jedoch nicht zu, da die Erreichung des Zwecks der Interessengemeinschaft nicht unmöglich geworden ist. Hierzu reicht eine bloß vorübergehende Unmöglichkeit nicht aus. Soll die Folge der Auflösung der BGB-Gesellschaft eintreten, so muß die Unmöglichkeit der Zweckerreichung eine dauernde, offenbare und ausgemachte sein (RGZ 164, 129 [142]).

a) Daran fehlt es hier, soweit man die Ostenteignung der R.-Werke und die Enteignung des Ostbesitzes der Bekl. ins Auge faßt. Die Dauer der durch den Vertrag vom 14. 10. 1926 begründeten Interessengemeinschaft ist fest bis zum 31. 3. 2023 vorgesehen. Es läßt sich heute noch nicht überblicken, ob die Ostenteignungen während der ganzen Laufzeit des Interessengemeinschaftsvertrages bestehen bleiben werden. Das meint auch die Bekl. nicht. Sie beruft sich vielmehr auf das Urteil des BGH vom 31. 3. 1953 — I ZR 54/52 (LM Nr. 2 zu § 275 BGB[1]), nach dem nicht bloß zeitweilige, sondern dauernde Unmöglichkeit vorliegt, wenn die künftige Beseitigung eines Leistungshindernisses zwar nicht völlig ausgeschlossen, der Zeitpunkt der Beseitigung aber einstweilen unübersehbar ist. Dieser zu § 275 BGB ausgesprochene Grundsatz kann nicht ohne weiteres auf § 726 BGB übertragen werden, weil es anders als in dem entschiedenen Falle nicht um eine einmalige Herausgabeverpflichtung, sondern um die automatische Beendigung eines für Jahrzehnte abgeschlossenen und erst zu einem kleinen Teil abgewickelten Vertrages geht. Der Senat hat in seinem Urteil vom 24. 2. 1955 — II ZR 244/53 — ausgesprochen, daß die zeitweise Unmöglichkeit der endgültigen dann gleichzusetzen ist, wenn ein Festhalten am Vertrage infolge der langen Dauer dem Vertragsgegner unzumutbar ist (ebenso der VI. ZS in LM Nr. 7 zu § 275 BGB). Daran fehlt es jedoch hier, wie die nachfolgenden Ausführungen ergeben.

b) Auch die Liquidation der Bekl. rechtfertigt nicht die Anwendung des § 726 BGB. Gewiß darf die Bekl. nach den sie treffenden Verboten keine werbenden Geschäfte mehr betreiben und gewiß auch ist die Bundesrepublik hieran gebunden (Art. 2 I c AHKG Nr. 84; Art. 11 des Vertrages zur Regelung aus Krieg und Besatzung entstandener Fragen,

[1] Gemeint ist offenbar die Entscheidung Aktenzeichen I ZR 74/52 — IzRspr. 1945—1953 Nr. 387.

BGBl 1955 II 417). Aber ebenso sicher ist auch, daß sich diese Anordnungen nicht auf die in der Sowjetzone belegenen Werke der Bekl. erstrecken. Die L.-Werke, die aus dem A.-Revier und dem übrigen Braunkohlenbesitz der R.-Werke gespeist wurden, sind, falls es zur Wiedervereinigung Deutschlands in Frieden und Freiheit kommt, unzweifelhaft nicht zu liquidieren. Daß sich heute noch nichts darüber sagen läßt, in welcher Rechtsform sie fortgesetzt werden können, ob als weitere Nachfolgegesellschaft der Bekl. oder wie sonst, und ob die mitteldeutschen Braunkohlenvorkommen dann noch eine für die Versorgung der Werke der Bekl. ausreichende Ergiebigkeit haben werden, ist kein Umstand, der die Anwendung des § 726 BGB rechtfertigt.

2. Der Vertrag vom 14. 10. 1926 ist auch durch die von der Bekl. ausgesprochene Kündigung nicht beendet worden.

An sich kann zwar die Auflösung einer AG. einen wichtigen Grund zur Kündigung langfristiger Verträge abgeben (*Baumbach-Hueck*, AktG Bem. 2 vor § 203). Das wird namentlich dann in Betracht kommen, wenn die Fortsetzung des Vertragsverhältnisses mit dem Abwicklungszweck unvereinbar ist. Unverkennbar kann die Bekl. nicht zu Ende liquidiert werden, solange sie mit der Ausübung des Umtauschrechts der R.-Aktionäre rechnen muß. Abgeschwächt wird diese Überlegung aber dadurch, daß die Bekl. ohnehin nicht ausliquidiert werden kann, solange noch eine ernsthafte Hoffnung auf die Wiedervereinigung Deutschlands in Frieden und Freiheit und damit auf die Möglichkeit einer Beseitigung der Enteignung ihres Ostbesitzes besteht. Andererseits würde die Kündigung des Interessengemeinschaftsvertrages vom 14. 10. 1926 den entschädigungslosen Wegfall des Umtauschrechts der R.-Aktionäre zur Folge haben. Die Grundlage hierfür zu bieten, ist nicht Sinn und Zweck der Zwangsauflösung der Bekl. Außerdem kann der Interessengemeinschaftsvertrag nicht um des Umtauschrechts willen gekündigt werden. Der Kündigungsgrund kann nur aus Umständen hergeleitet werden, die das Rechtsverhältnis der Vertragschließenden zueinander, also das Verhältnis der Bekl. zur R.-AG., als nicht fortsetzbar erscheinen lassen. Ein derartiger Grund ist die Zwangsauflösung der Bekl. und die Notwendigkeit, sie zu Ende zu liquidieren, nicht, da die enteigneten Ostanlagen der Bekl. hiervon nicht betroffen werden und darum auch die Erfüllung des Vertrages vom 14. 10. 1926 für den Fall möglich bleibt, daß die Bekl. und die R.-AG. ihre enteigneten Ostwerte zurückerlangen und die dann gegebenen Verhältnisse ein weiteres Zusammengehen zulassen.

Was die Bekl. gegenwärtig belastet, ist nicht so sehr der Interessengemeinschaftsvertrag mit der R.-AG., als der Bestand des auf diesem Vertrage beruhenden Umtauschrechts der R.-Aktionäre. Es birgt die Gefahr, die R.-Aktionäre so stellen zu müssen, wie sie gestanden haben würden, wenn sie vor der Zwangsauflösung der Bekl. deren Aktionäre gewesen wären. Hiergegen kann sich die Bekl. allerdings nicht nach Maßgabe der §§ 208, 213 II AktG schützen. Aber es kann auch keine Kündigung aus einem Grunde zugelassen werden, [der] nicht die Fortsetzung des Gesellschaftsverhältnisses unmöglich macht, sondern bloß das Umtauschrecht als mit dem Zweck der Liquidation unvereinbar erscheinen läßt und darum seine Ablösung nahelegt.

3. Entscheidend ist, welchen Einfluß die Enteignung des Ostvermögens der Bekl. und der R.-AG. auf den Interessengemeinschaftsvertrag hat.

Das Besondere des Falles liegt insoweit darin, daß beide Parteien der Interessengemeinschaft mit ihrem Ostvermögen von den in der Sowjetzone vorgenommenen Enteignungen betroffen wurden. Infolge der Enteignung der Kohlenfelder und Anlagen der R.-AG. und der L.-Werke der Bekl. können die Parteien zur Zeit nicht bei dem Betrieb dieser Unternehmen zusammenarbeiten. Diese zeitweilige Unmöglichkeit hat für deren Dauer das Ruhen des Interessengemeinschaftsvertrages zur Folge (RGZ 164, 129 [146/47]). Wegen der Abhängigkeit des Umtauschrechts von dem Schicksal des Interessengemeinschaftsvertrages ruht auch das Umtauschrecht. Solange dies der Fall ist, ist der Bekl. die Möglichkeit genommen, sich auf den Wegfall der Geschäftsgrundlage zu berufen, denn so lange braucht sie nicht umzutauschen und ist bloß mit der Gefahr des gänzlichen oder teilweisen Wiederauflebens des Umtauschrechts belastet. Das Umtauschrecht der R.-Aktionäre würde im alten Umfang wieder aufleben, falls die Vertragsparteien des Interessengemeinschaftsvertrages vom 14. 10. 1926 ihr enteignetes Ostvermögen freigegeben erhielten. Der Fall eines nur teilweisen Wiederauflebens des Umtauschrechts träte dagegen ein, wenn es bei der Enteignung des Ostvermögens der R.-AG. verbliebe, denn in diesem Falle hätten die R.-Aktionäre durch einen hoheitlichen Eingriff endgültig einen Rechtsverlust erlitten, der sie möglicherweise nach den Grundsätzen über den Wegfall der Geschäftsgrundlage berechtigt, von der Bekl. für ihr verlorengegangenes Umtauschrecht einen Ausgleich zu verlangen. Hierüber kann aber zur Zeit nicht entschieden werden, so daß nicht erst geprüft zu werden braucht, ob die richterliche Entscheidungsbefugnis durch den Wortlaut des Berufungsantrags der Kl. begrenzt wird oder ob dieser Antrag dahin ausgelegt werden könnte, daß die Kl. das Bestehen eines Umtauschrechts nicht bloß im Verhältnis von 2:1, sondern notfalls auch zu einem geringeren Verhältnis festgestellt haben wollen.

4. Die Anschlußrevision vertritt noch den Standpunkt, das Umtauschrecht der Kl. sei gemäß § 323 BGB erloschen, weil die R.-Aktionäre, wenn sie dieses Recht ausübten, ihrerseits eine Leistung zu erbringen hätten, diese Verpflichtung jedoch nicht erfüllen könnten. In dem Vertrag vom 14. 10. 1926 sei der Umtausch von Aktien lebender Betriebe vereinbart. Heute und für unabsehbare Zeit könnten die Kl. aber nur nahezu wertlose Aktien einer Gesellschaft hergeben, die ihre Werke nicht betreiben könne und in der Bundesrepublik nur unerhebliche Vermögenswerte besitze. Die Anschlußrevision sieht diesen Sachverhalt ähnlich dem vom RG in seinem Urteil vom 6. 12. 1933 (RGZ 143, 20) entschiedenen Falle an. Richtig daran ist, daß die Lieferung verkaufter Aktien unmöglich wird, wenn das darin ausgedrückte Mitgliedschaftsrecht vor seiner Übertragung untergeht oder in seinem Bestande so

verändert wird, daß seine Übertragung nicht mehr als Erfüllung gelten kann. Aber hier kommt eine Lieferung entwerteter R.-Aktien so lange nicht in Betracht, als das Umtauschrecht wegen des Ruhens des Interessengemeinschaftsvertrages nicht ausgeübt werden kann, und, falls es bei der Enteignung des Ostvermögens der R.-AG. verbleibt, kann die Bekl. über die Lehre vom Wegfall der Geschäftsgrundlage verpflichtet sein, ihr Freiwerden von der Umtauschverpflichtung in angemessener Form auszugleichen.

Nach alledem muß sowohl die Revision der Kl. wie die Anschlußrevision der Bekl. erfolglos bleiben.

Da die Bekl. den Fortbestand des Umtauschrechts zu Unrecht bestritten hat und die Klage lediglich als zur Zeit unbegründet abgewiesen worden ist, haben beide Parteien teils obsiegt und sind teils unterlegen. Daher war der Bekl. in Anwendung des § 92 ZPO ein Teil der Kosten des Rechtsstreits aufzuerlegen. Im übrigen beruht die Kostenentscheidung auf den §§ 91, 97, 100 ZPO."

92. Auf das interzonale Recht sind die Grundsätze des internationalen Privatrechts entsprechend anzuwenden. — Das Währungsstatut ist nach ähnlichen Regeln zu ermitteln wie das Schuldstatut: mangels ausdrücklicher oder stillschweigender Parteivereinbarung ist unter objektiver Wertung der beiderseitigen Interessen ein Schwerpunkt des Schuldverhältnisses festzustellen; fehlt ein solcher, so ist an den Erfüllungsort oder, wenn dieser versagt, an den Wohnsitz des Schuldners am Währungsstichtag anzuknüpfen. — Der Schwerpunkt einer durch Hypothek gesicherten Darlehensverbindlichkeit befindet sich am Grundstücksort jedenfalls dann, wenn Gläubiger und Schuldner gewechselt haben. — Aus Art. 30 EGBGB ergibt sich nicht, daß ein Schuldner, der durch Eingriff einer auswärtigen Macht in der Verfügung über einen Teil seines Vermögens beschränkt wird, von den auf diesen Vermögensteil bezüglichen Verbindlichkeiten befreit wird; dies gilt auch dann, wenn der Gläubiger einer derartigen Verbindlichkeit seinen Wohnsitz im Gebiet des Hoheitsträgers hat, der die Verfügungsbeschränkung vorgenommen hat. — Vertragshilfe (nach westdeutschem Recht) kann auch für Verbindlichkeiten gewährt werden, welche dem ostdeutschen Währungsrecht unterliegen.

BGH, Urt. v. 19. 9. 1957 — VII ZR 431/56: WM IV B 1957, 1367; Betrieb 1957, 1126; MDR 1958, 86 (abl. *Beitzke*); BlfPMZ 1958, 262; Auszüge in BB 1957, 1056; ROW 1958, 122 (zust. *Michel*); DRsp. I (181) 53b; Leitsätze in GRUR (Ausl.) 1959 Nr. 242; JMBI NRW 1958, 70; SchlHolAnz. 1957, 353; Kreditwesen 1957, 896.

In einer notariellen Urkunde vom 29. 12. 1942 bekannte Frau W., dem Fräulein S. ein mit 4,5% zu verzinsendes Darlehen von 15000 RM zu schulden; zur Sicherung bestellte Frau W. der Gläubigerin an ihrem Grundstück in Ost-Berlin eine Hypothek und unterwarf sich der sofortigen Zwangsvollstreckung in ihr Vermögen. 1943 erwarb die Kl. das belastete Grundstück und übernahm in Anrechnung auf den Kaufpreis — offenbar mit Genehmigung der Gläubigerin — die durch die Hypothek gesicherte Darlehensschuld. 1950 zahlte sie zur Tilgung der Schuld 8000 DM-Ost; im Grundbuch wurde vermerkt: „8000 RM Teilbetrag gelöscht."

Da die Kl. in West-Berlin wohnte, wurde das belastete Grundstück durch die „volkseigene Wohnungsverwaltung“ in Berlin-K. (sowjet.) verwaltet; diese zahlte seit 1951 keine Zinsen auf die Darlehensschuld. Die Bekl. wohnt in Ost-Berlin und hat die Forderung nebst Hypothek im Wege der Erbauseinandersetzung erworben. Sie betrieb auf Grund einer vollstreckbaren Ausfertigung der notariellen Urkunde vom 29. 12. 1942 wegen 7000 DM-Ost Kapital und 1496 DM-Ost Zinsen die Zwangsvollstreckung des Grundstückes; das Verfahren wurde jedoch aufgehoben, da die Bekl. den Antrag zurücknahm. Wegen des genannten Zinsbetrages ließ die Bekl. 1956 bei der Kl. eine Maschine pfänden.

Die Kl. hält die Zwangsvollstreckung aus der Schuldurkunde für unzulässig. Die Klage wurde in allen Instanzen abgewiesen.

Aus den Gründen:

„1. Ohne Rechtsirrtum haben die Vorinstanzen das Vorliegen der Voraussetzungen für die Erhebung einer Vollstreckungsabwehrklage bejaht (§§ 795, 794 I Nr. 5, 767, 797 IV ZPO). Hiergegen sind von der Bekl. auch keine Einwendungen erhoben worden.

2. In Übereinstimmung mit dem LG ist das KG der Ansicht, die Darlehnsschuld der Kl. sei nach den im sowjet. Besatzungsgebiet Deutschlands geltenden Währungsvorschriften im Verhältnis 1:1 in DM-Ost umgestellt (vgl. VI Nr. 18 der VO über die Währungsreform in der sowjet. Besatzungszone Deutschlands vom 21. 6. 1948, abgedruckt bei *Harmening-Duden*, Die Währungsgesetze 512). Das Berufungsgericht folgt mit dieser Auffassung der vom BGH entwickelten feststehenden Rechtsprechung, daß die Entscheidung darüber, welche Forderung der Bekl. gegen die Kl. zusteht, davon abhängt, wie die Währungsspaltung auf die Schuld der Kl. eingewirkt hat. Nach den auf das interzonale Recht entsprechend anwendbaren Grundsätzen des internat. Privatrechts ist ähnlich den für die Ermittlung des Schuldstatuts geltenden Regeln auch bei der Feststellung des Währungsstatuts zu prüfen, ob sich — mangels ausdrücklicher oder stillschweigender Parteivereinbarung — unter objektiver Wertung der beiderseitigen Interessen ein Schwerpunkt ermitteln läßt, der auf die eine oder die andere Rechtsordnung hinweist, bevor etwa an den Erfüllungsort oder, wenn dieser versagt, an den Wohnsitz des Schuldners am Währungsstichtag angeknüpft werden kann (BGH, NJW 1952, 540[1]; BGHZ 7, 231 [235][2] und 17, 89 [92ff.][3]). Diese Prüfung hat das KG dazu geführt, den Schwerpunkt des hier in Betracht kommenden Schuldverhältnisses nach der Lage des belasteten Grundstücks zu bestimmen, weil jedenfalls nach dem Wechsel auf der Gläubiger- und Schuldnerseite für die Weitergewährung des Darlehens die hypothekarische Sicherung, nicht aber die persönlichen Verhältnisse der Schuldnerin maßgebend gewesen sind. Im Hinblick auf die vorstehend angeführte Rechtsprechung des BGH, die auch in der Rechtslehre Zustimmung gefunden hat (*Raape*, IPR[4] 510, 512; vgl. auch *Beuck*, Interzonales Recht 70ff.; *Drobnig*, Interzonale Kollisionsnormen in der Gesetzgebung Deutschlands, RabelsZ 1954, 463ff. [472]) und der sich der erkennende Senat anschließt, ist die Auffassung des Berufungsgerichts aus Rechtsgründen nicht zu beanstanden.

[1] IzRspr. 1945—1953 Nr. 402b.
[2] IzRspr. 1945—1953 Nr. 213b.
[3] Siehe unten Nr. 146.

Der Hinweis der Revision auf die Urteile des BGH vom 26. 1. 1951 und 3. 4. 1952 (BGHZ 1, 109, 112ff[1]. und 5, 302, 309ff.[2]) führt zu keiner anderen Beurteilung. Abgesehen davon, daß diese Entscheidungen einen anderen Sachverhalt betreffen, gehen auch sie in Anlehnung an die für das internat. Privatrecht geltenden Grundsätze davon aus, daß für die Bestimmung des Währungsstatuts in erster Linie die Parteiabmachung und in Ermangelung einer solchen der hypothetische Parteiwille maßgebend sei. Daß sie statt dessen als Anknüpfungspunkt für das anzuwendende Währungsrecht den Wohnsitz des Schuldners am Währungsstichtag feststellen, beruht auf den besonderen Umständen des zur Entscheidung stehenden Falles. In dem Urteil BGHZ 1, 113 wird zwar die Möglichkeit nicht ausgeschlossen, daß in bezug auf die Währungsumstellung die persönliche Forderung und das sie sichernde dingliche Recht verschiedenen Rechtsordnungen unterstellt werden; es wird aber auch eingeräumt, die wirtschaftliche Verbindung der persönlichen Forderung mit der dinglichen Sicherung könne so eng sein, daß die Forderung dem Recht unterstellt werden müsse, das für die Hypothek gelte (BGHZ 1, 114).

Hiernach ist das Berufungsgericht mit Recht davon ausgegangen, daß die persönliche Forderung der Bekl. gegen die Kl. gemäß VI Nr. 18 der auch im Ostsektor Berlins geltenden sowjetzonalen WährungsVO vom 21. 6. 1948 im Verhältnis 1:1 auf DM-Ost umgestellt worden ist.

3. Der Umstand, daß die Kl. infolge von Maßnahmen der ostsektoralen Wohnungsverwaltung nach der Währungsumstellung an der Nutzung und der ordnungsmäßigen Verwaltung des belasteten Grundstücks und dadurch an der Bezahlung der Schuldzinsen aus den Hauseinkünften gehindert worden ist, kann zu keinem abweichenden Umstellungsergebnis führen; denn dieses richtet sich nach den Verhältnissen am Tage des Währungsstichtages, nicht nach später eintretenden Ereignissen.

Die gegen die Kl. getroffenen Maßnahmen lassen die von der Bekl. betriebene Zwangsvollstreckung auch nicht als unzulässig erscheinen. Die der Vollstreckung zugrunde liegende notarielle Urkunde rührt ebenso wie die der Bekl. erteilte vollstreckbare Ausfertigung von einem in West-Berlin wohnhaften Notar her. Das Berliner Ges. über die Vollstreckung von Entscheidungen auswärtiger Gerichte findet daher auch in seiner teilweise erweiterten Fassung vom 26. 2. 1953 — GVOBl Berlin 152 — auf den hier streitigen Schuldtitel keine Anwendung. Der diesem Gesetz innwohnende, im wesentlichen dem Art. 30 EGBGB entlehnte Rechtsgedanke läßt sich auf das Verhältnis zwischen den Parteien auch nicht entsprechend anwenden. Denn daß ein Grundstückseigentümer, der zugleich der persönliche Schuldner eines hypothekarisch gesicherten Darlehns ist, wegen jahrelangen Verzuges mit der Zinszahlung nötigenfalls im Wege der Zwangsvollstreckung in sein bewegliches Vermögen zur Zahlung der Zinsrückstände angehalten wird, widerspricht regelmäßig weder den guten Sitten noch dem Zweck bestehender Rechtsvor-

[1] IzRspr. 1945—1953 Nr. 232. [2] IzRspr. 1945—1953 Nr. 216.

schriften noch den in der Bundesrepublik und in West-Berlin geltenden verfassungsmäßigen Grundsätzen (§ 1 des Berliner Ges. vom 26.2.1953). Etwas anderes kann nicht deshalb gelten, weil der Kl. durch die Spaltung Deutschlands und durch die im Ostsektor getroffenen Maßnahmen ohne ihr Verschulden die Erträgnisse ihres dort gelegenen Eigentums entzogen worden sind. Ein allgemeiner Rechtssatz des Inhalts, daß ein Schuldner, der durch Eingriffe einer auswärtigen Macht in der Verfügung über einen Teil seines Vermögens beschränkt wird, von der Verpflichtung zur Bezahlung der auf diesen Vermögensteil bezüglichen Schulden freizustellen ist, läßt sich aus Art. 30 EGBGB nicht herleiten. Selbst durch den unverschuldeten Untergang der eine Forderung sichernden Sache wird der Schuldner von den ihm vertraglich obliegenden Verpflichtungen regelmäßig nicht befreit. Es bedarf vielmehr besonderer im Verhältnis zwischen Gläubiger und Schuldner liegender Umstände, um das Verlangen des Gläubigers auf Erfüllung als unzulässige Rechtsausübung erscheinen zu lassen. Derartige Umstände sind hier nicht erkennbar. Sie können insbesondere nicht darin erblickt werden, daß die Bekl. im Ostsektor Berlins wohnt und daß sie den Antrag auf Versteigerung des belasteten Grundstücks zurückgenommen hat. Die Bekl. ist ebenso wie die Kl. deutsche Staatsangehörige. Sie hat die zur Beschränkung der Verwaltungsbefugnis der Kl. führenden Maßnahmen weder veranlaßt noch trägt sie dafür irgendeine Verantwortung. Sie kann daher im Hinblick auf die von ihr betriebene Zwangsvollstreckung nicht schlechter gestellt werden als ein Bewohner der Bundesrepublik oder West-Berlins. Es besteht auch kein Anlaß, die Bekl. auf die Vollstreckung in das belastete Grundstück zu verweisen. Eine dem § 777 ZPO entsprechende Vorschrift, wonach der Schuldner der Vollstreckung in sein übriges Vermögen widersprechen kann, wenn der Gläubiger eine bewegliche Sache im Besitz hat, in Ansehung deren ihm ein Pfandrecht für seine Forderung zusteht, ist für das unbewegliche Vermögen des Schuldners nicht erlassen worden. Die Bekl. hat im übrigen ohne Widerspruch der Kl. geltend gemacht, die Weiterverfolgung des Versteigerungsantrags habe wegen des Fehlens von Bietern und die Pfändung der Mieten wegen der ungünstigen Ertragslage des belasteten Grundstücks keine Aussicht auf eine Befriedigung versprochen. Bei dieser Sachlage kann die im Auftrage der Bekl. vorgenommene Zwangsvollstreckung in das sonstige Vermögen der Kl. nicht als willkürlich bezeichnet werden. Sie ist mithin weder unzulässig noch für die Kl. schlechthin unzumutbar.

4. Daß die Anwendung der Grundsätze von Treu und Glauben zu einer anderen Beurteilung des Sachverhalts führt, hat das Berufungsgericht ohne Rechtsirrtum verneint. Nach seinen Feststellungen ist die Kl., die in günstigen Vermögensverhältnissen lebt, durchaus in der Lage, ihre Schuld an die mittellose Bekl. aus ihrem in West-Berlin befindlichen Vermögen zu bezahlen, so daß zu einer Änderung oder Aufhebung der Schuld der Kl. unter dem Gesichtspunkt von Treu und Glauben kein Anlaß besteht. Auch die von der Kl. hervorgehobenen besonderen Umstände oder die Höhe der geschuldeten Leistung rechtfertigen keine andere Beurteilung der Sachlage.

Sollte die Kl. gleichwohl der Ansicht sein, daß die Zahlung der verbleibenden Hauptforderung nebst den rückständigen Zinsen für sie eine unbillige Härte darstellt, so bleibt ihr die Möglichkeit, die richterliche Vertragshilfe für sich in Anspruch zu nehmen. Denn auch für solche RM-Verbindlichkeiten, die nach den für die Umstellung maßgebenden Grundsätzen des interzonalen Rechts auf DM-Ost umgestellt sind, ist das Vertragshilfeverfahren gegeben (*Saage*, VHG 38). Eine solche Entscheidung, für die ein anderes Verfahren vorgesehen und eine andere Zuständigkeit gegeben ist, kommt aber in diesem Rechtsstreit nicht in Betracht. Der Gewährung von Vertragshilfe stände schon das Bestreiten des Betrags der Ansprüche der Bekl. entgegen (§ 11 I VHG und *Saage*, aaO 133).

5. Hiernach hat das KG das Verlangen der Kl., die Zwangsvollstreckung in ihr in West-Berlin befindliches Vermögen für unzulässig zu erklären, mit Recht abgelehnt. Die gegen diese Entscheidung gerichtete Revision mußte daher als unbegründet zurückgewiesen werden."

b) Wirtschaftlicher Zusammenhang

Vorbemerkung: Von der Schuldenregelung durch das BVG werden nach § 87 I Nr. 1 Verbindlichkeiten eines Flüchtlings ausgenommen, die in „wirtschaftlichem Zusammenhang" mit seinen Vermögenswerten im Bundesgebiet stehen. Die Auswahl von Entscheidungen gerade zu diesem Rechtsbegriff rechtfertigt sich deswegen, weil sich das Gesetz mit seiner Hilfe offenbar um eine Bestimmung der Belegenheit gewisser Verbindlichkeiten bemüht. Über frühere gesetzliche Bestimmungen zu diesem Problem siehe RabelsZ 19 (1954) 472 ff.

93. Ein wirtschaftlicher Zusammenhang zwischen den Verbindlichkeiten eines Flüchtlings mit seinen Vermögenswerten im Bundesgebiet besteht nur bei einer sehr engen Beziehung zwischen den Verbindlichkeiten und den im Westen erhalten gebliebenen Vermögenswerten; eine solche liegt vor, wenn der Gläubiger bei Nichtbefriedigung in erster Linie auf die Vermögenswerte im Westen zurückgegriffen hätte oder wenn das Rechtsgeschäft den wirtschaftlichen Zwecken der Vermögenswerte im Westen diente. — Dem Vertragshilfeantrag des Gläubigers kann auch dann stattgegeben werden, wenn die Verhältnisse des Gläubigers durchaus günstig sind, der Schuldner aber wesentliche Teile seines Vermögens gerettet hat.

OLG München, Urt. v. 13. 4. 1954 — 4 U 1286/52: NJW 1954, 1249.

Aus den Gründen:

„2. Soweit gegen den Bekl. . . . eine fällige Kaufpreisforderung entstanden war, ist hingegen gemäß § 89 BVG der Rechtsstreit für erledigt zu erklären. Dies gilt bezüglich der Kaufpreisforderung in Höhe von 860,14 DM. . . .

a) Diese Forderung ist mit Rücksicht auf § 82 BVG nicht mehr klagbar. Der Bekl. ist Heimatvertriebener im Sinne der genannten Bestimmung . . . [wird ausgeführt].

Die Forderung der Kl. steht auch nicht im Sinne des § 87 I BVG mit Vermögenswerten des Bekl. im Geltungsbereich des GG oder in Berlin (West) in wirtschaftlichem Zusammenhang. Ein solcher wirtschaftlicher Zusammenhang besteht nicht schon dann, wenn der Vertriebene sein Vermögen nach dem Westen verbracht hat oder auch bei Begründung der Forderung Vermögen im Westen hatte. Von einem wirtschaftlichen Zusammenhang im Sinne des § 87 BVG könnte vielmehr nur dann gesprochen werden, wenn die Beziehungen zwischen der Verbindlichkeit des Bekl. und seinen Vermögenswerten im Westen so eng gewesen wären, daß die Kl. im Falle der Nichtbefriedigung des Anspruchs durch den Bekl. normalerweise in erster Linie auf die Vermögenswerte im Westen zurückgegriffen hätte oder wenn allgemein das Rechtsgeschäft den wirtschaftlichen Zwecken der Vermögenswerte im Westen diente oder doch dienen sollte (so zutreffend *Saage*, Schuldenregelung für Vertriebene § 87 Anm. II 1 Seite 100). Solche Tatbestände sind nicht festzustellen.

b) Die Kl. hat nun allerdings innerhalb der Frist des § 84 I Satz 1 BVG einen Vertragshilfeantrag nach § 83 des gleichen Gesetzes gestellt und dabei die Gewährung der Vertragshilfe durch das Prozeßgericht (§ 83 III aaO) begehrt. ...

Der Vertragshilfeantrag der Kl. ist aber nicht begründet. Nach § 83 I BVG hat das Vertragshilfegericht — das Prozeßgericht — zur Vermeidung unbilliger Härten die unter die Regelung des § 82 fallenden Verbindlichkeiten im Wege der richterlichen Vertragshilfe nach den Vorschriften des VHG vom 26. 3. 1952 abweichend zu regeln. Dies bedeutet, daß eine abweichende Gestaltung vorzunehmen ist, wenn und soweit das Verbot des § 82 dem Gläubiger bei gerechter Abwägung der Interessen und der Lage von Gläubiger und Schuldner nicht zugemutet werden kann (ebenso *Saage*, Schuldenregelung für Vertriebene § 83 Anm. II 3a). Eine unbillige Härte für den Gläubiger liegt dabei u. U. nicht nur dann vor, wenn sich der Gläubiger, etwa selbst Vertriebener, an dem für die Vertriebenenvertragshilfe maßgeblichen Zeitpunkt, nämlich am Währungsstichtag oder gegebenenfalls später, in ungünstiger wirtschaftlicher Lage oder doch in schlechteren Einkommens- und Vermögensverhältnissen als der Schuldner befindet. Die abweichende Regelung hat vielmehr auch dann u. U. Platz zu greifen, wenn die Verhältnisse des Gläubigers durchaus günstig sind, der Schuldner aber vor oder bei oder nach seiner Vertreibung wesentliche Teile seines Vermögens gerettet hat (ebenso der Bericht des Bundestagsausschusses für Heimatvertriebene vom 11. 2. 1953 — Bundestagsdrucksache Nr. 4080 — zu den §§ 81 bis 88 des Entwurfes des BVG, abgedruckt bei *Saage*, Schuldenregelung 9ff.). Die Klaglosstellung ist nämlich für den Gläubiger immer, also auch dann eine Härte, wenn er sich in günstigen Vermögensverhältnissen befindet. Unbillig ist diese Härte u. U. auch schon dann, wenn der vertriebene Schuldner zumindest wesentliche Teile seines Vermögens gerettet hat; denn in vermögensrechtlicher Beziehung kommt ihm in diesem Falle insoweit die Behandlung als Vertriebener nach den Gesichtspunkten der materiellen Gerechtigkeit u. U. überhaupt nicht zu.“

94. Zwischen einer Hypothek und dem belasteten Grundstück besteht ein wirtschaftlicher Zusammenhang nur dann, wenn die gesicherte Verbindlichkeit für Zwecke des Sicherungsvermögens aufgenommen worden ist.

LG Hildesheim, Beschl. v. 16. 6. 1954 — 5 T 968/53: AZGB Nr. 179 no. 822.

Der ASt. hat dem AGg. im Jahre 1939 ein Darlehen von 150000 RM zur Ablösung einer für eine Bank bestellten Hypothek am Rittergut H. (jetzt: sowjet.) des AGg. gegeben; zur Sicherung des Darlehens wurde dem ASt. eine Hypothek am Rittergut W. (Bundesgebiet) des AGg. bestellt. Dem AGg. ist das in der Sowjetzone liegende Rittergut H. enteignet worden.

Der ASt. beantragt, die im Verhältnis 10:1 auf DM umgestellte Hypothek in der Weise zu regeln, daß der AGg. zur Zahlung des vollen Betrages verpflichtet sei.

Das Gericht hat dem Antrag stattgegeben, obwohl es einen wirtschaftlichen Zusammenhang zwischen der Hypothek und dem Rittergut W. ablehnte.

Aus den Gründen:

„Der Anwendung des § 88 I BVG steht auch nicht der § 87 I Ziffer 1 aaO, der gemäß § 88 II daselbst anzuwenden ist, entgegen. Gemäß § 87 I Ziffer 1 BVG wäre § 88 I aaO dann unanwendbar, wenn es sich um Verbindlichkeiten handelte, die mit Vermögenswerten des Sowjetzonenflüchtlings im Geltungsbereich des GG oder in Berlin (West) in wirtschaftlichem Zusammenhang stünden. Zwischen der Darlehnsverbindlichkeit des AGg. und seinem Westvermögen, nämlich dem Gute W., besteht aber kein wirtschaftlicher Zusammenhang. Die Kammer vermag sich der Auffassung von *Saage* (BAnz. 1953, 6ff.), daß ein wirtschaftlicher Zusammenhang zwischen der Verbindlichkeit und dem Westvermögen immer schon dann bestehe, wenn die Verbindlichkeit durch eine Hypothek an einem in der Bundesrepublik oder Berlin (West) belegenen Grundstück gesichert ist, nicht anzuschließen. Zwischen der Hypothek und dem belasteten Grundstück besteht zunächst nur ein rein äußerer rechtlicher Zusammenhang. Das Bestehen eines wirtschaftlichen Zusammenhanges ist nur zu bejahen, wenn auf Grund einer natürlichen Betrachtung, unter Berücksichtigung der Grundsätze von Treu und Glauben, die gesicherte Verbindlichkeit für Zwecke des Sicherungsvermögens aufgenommen wurde (*Mathieu*, Betrieb 1954, 364ff.). Der AGg. hatte das Darlehn von 150000 RM aber nicht für Zwecke des Gutes W. aufgenommen, sondern allein für Zwecke des Rittergutes H., denn er hat mit diesem Gelde den größten Teil der auf H. lastenden Hypothek der Bank für X. abgelöst. Hierdurch hatte sich der Wert des Gutes H. um 150000 RM erhöht. Das von dem AGg. aufgenommene Darlehn war also in voller Höhe in den Wert des Gutes H. aufgegangen. Mit dem Gut H. ist dem AGg. aber alles das verlorengegangen, was er durch die Aufnahme des Darlehens erlangt hatte. In einem solchen Falle entspricht es einer natürlichen Betrachtungsweise und dem Grundsatz von Treu und Glauben, wenn man ausschließlich einen wirtschaftlichen Zusammenhang zwischen der Verbindlichkeit und dem Gute H. annimmt."

95. Zwischen Verbindlichkeiten Vertriebener aus einem im Jahre 1930 in Oberschlesien eingetretenen Unfall und dem Anspruch dieser Vertriebenen gegen einen in der Bundesrepublik ansässigen Haftpflichtversicherer auf Befreiung von den Verbindlichkeiten besteht ein wirtschaftlicher Zusammenhang im Sinne des § 87 des Bundesvertriebenengesetzes. — Der Verdienstausfall des Unfallgeschädigten in der Bundesrepublik kann auch dann eine adäquate Folge des Unfalls sein, wenn er ohne die Vertreibung des Geschädigten aus Oberschlesien nicht eingetreten wäre.

BGH, Urt. v. 27. 10. 1954 — VI ZR 167/53: VeröffBAV 1955, 218; VersR 1955, 210; Auszug in LM Nr. 1 zu § 87 BVG.

Der Kl. hat im Jahre 1930 in Oberschlesien einen Unfall erlitten. Der Vater bzw. Großvater der Bekl., der inzwischen verstorben ist und die Bekl. als Erben hinterlassen hat, ist rechtskräftig verurteilt worden, dem Kl. $3/4$ des aus dem Unfall entstandenen Schadens zu ersetzen. In dem Verfahren über die Höhe des Anspruchs ist dem Kl. durch Urteil des OLG B. (östlich der Oder-Neiße-Linie) rechtskräftig eine Rente von vierteljährlich 180 RM zugesprochen worden.

Alle Beteiligten sind inzwischen aus den deutschen Ostgebieten vertrieben worden. Der Kl. hatte schon 1938 den Hof seines Vaters verlassen. Die Bekl. genießen auch heute noch wegen der aus dem Unfall sich ergebenden Schadensersatzansprüche Versicherungsschutz bei einer Versicherungsgesellschaft, die ihren Sitz im jetzigen Gebiet der Bundesrepublik Deutschland hat. Der Kl. verlangt nunmehr auf Grund von § 323 ZPO wegen völliger Veränderung der Verhältnisse die Abänderung des Urteils des OLG B.

Das LG hat die Bekl. als Gesamtschuldner verurteilt, neben der auf 180 DM umgestellten Rente eine weitere Rente von 495 DM vierteljährlich zu zahlen; das OLG H. hat dieses Urteil dahin abgeändert, daß zusätzlich eine vierteljährliche Rente von 225 DM zu zahlen sei. Auf die Revision des Kl. wurde die Sache an das Berufungsgericht zurückverwiesen.

Aus den Gründen:

„I. Die Bekl. sind offensichtlich Vertriebene im Sinne des BVG. Es handelt sich bei der im Wege der Abänderungsklage beantragten Erhöhung der Schadensersatzansprüche um eine Verbindlichkeit, die vor der Vertreibung begründet worden ist. Daß der rechtskräftig festgesetzte Rentenanspruch eine solche Verbindlichkeit ist, unterliegt keinen Bedenken, denn auch diese erst jeweils fällig werdenden Leistungen sind im Zeitpunkt der die Haftung auslösenden Handlung begründet worden (vgl. *Saage*, Schuldenregelung für Vertriebene und Sowjetzonenflüchtlinge [1953] § 82, 2b). Diese Grundlage der Haftung ist für alle aus dem Unfall von 1930 erhobenen Ansprüche gegeben, selbst dann, wenn eine Erweiterung der Haftung wegen Änderung der Verhältnisse gemäß § 323 ZPO gefordert wird, mögen auch die ändernden Umstände später liegen.

Vertriebene können wegen Verbindlichkeiten, die vor der Vertreibung begründet worden sind, grundsätzlich nicht in Anspruch genommen werden (§ 82 BVG). Es kann offen bleiben, ob diese Bestimmung von Amts wegen zu beachten ist, denn im vorliegenden Fall scheitert ihre Anwendung bereits daran, daß die aus dem Unfall von 1930 herrührenden Verbindlichkeiten mit Vermögenswerten der Bekl. im Geltungsbereich des GG in wirtschaftlichem Zusammenhang stehen (§ 87 I Ziffer 1 BVG). Für die aus dem Unfall herrührenden Verbindlichkeiten — und nur solche stehen zur Entscheidung — genießen die Bekl. bei einer in der Deutschen Bundesrepublik ansässigen Versicherungsgesellschaft Versicherungsschutz. In solchen Fällen ist aber ein wirtschaftlicher Zusammenhang gegeben. Die Zweckbestimmung (*Mathieu*, Betrieb 1954, 364) des in der Bundesrepublik vorhandenen Vermögenswertes, nämlich des Anspruchs gegen die Versicherungsgesellschaft, dient gerade dem Schutze gegen die Inanspruchnahme wegen der hier streitigen Verbindlichkeit. Der aus dem Haftpflichtversicherungsvertrag herrührende Anspruch gegen die Versicherungsgesellschaft ist so eng mit dem geltend gemachten Anspruch verbunden, daß er nur dann gegeben ist, wenn der Schadenersatzanspruch selbst besteht, wenn man einmal von dem weitergehenden Recht auf Abwehr gegen unbegründete Ansprüche absieht.

Das BVG steht daher der erhobenen Abänderungsklage nicht entgegen.

II. a) Nach den rechtskräftigen Entscheidungen im Vorprozeß kann der Kl. von den Bekl. Ersatz in Höhe von drei Vierteln allen Schadens beanspruchen, den er durch den Unfall vom 4. 10. 1930 erlitten hat. Ihm ist außer einzelnen Sonderbeträgen für einen Verdienstausfall eine Rente zugesprochen worden. . . .

Das OLG H. hat in dem jetzt anhängigen Rechtsstreit auf Abänderung gemäß § 323 ZPO geprüft, welche Schäden des Kl. mit dem Unfall in adäquatem Zusamenhang stehen. Es hat dies für alle Folgen der Vertreibung aus Schlesien verneint. Der Kl. habe zudem ursprünglich auf dem Hof seines Vaters selbst weiterarbeiten wollen, habe diese Absicht aber aus persönlichen Gründen aufgegeben. Was er im übrigen über die Möglichkeiten der Übernahme einer anderweiten lohnenderen Beschäftigung vortrage, seien lediglich Vermutungen, die nicht geeignet seien, mit der erforderlichen Gewißheit einen Schaden anzunehmen. Dagegen seien die Veränderungen der allgemeinen wirtschaftlichen Verhältnisse auf Grund der Veränderung der Kaufkraft nicht zu bezweifeln. Auf Grund dieser Erwägungen kommt das OLG zu der Erhöhung der Rente um vierteljährlich 225 DM.

b) Diese Ausführungen sind nicht frei von Rechtsirrtum zu Lasten des Kl. Ausgangspunkt des früheren Urteils war, daß der damalige Bekl. für den aus dem Unfall erwachsenen und noch entstehenden Schaden zu drei Vierteln Ersatz leisten müsse. Für die Rentenberechnung war maßgeblich, daß der Kl. Hoferbe und noch zu 20% arbeitsfähig war. Das OLG in B. ist sich darüber klar gewesen, daß die Zukunft des Kl. keineswegs festgelegt war. Es hat in seinen Gründen erörtert, daß der Kl. entweder Hoferbe geworden wäre oder durch eine andere Berufswahl eine Sicherung seines Lebensabends erreicht hätte.

Mit Recht hat das Berufungsgericht ausgeführt, die Abänderungsklage sei dann begründet, wenn die tatsächlichen Grundlagen der Entscheidung sich nachträglich geändert hätten. . . . Zutreffend sind auch die weiteren Erwägungen des Berufungsgerichts, daß nur der Schaden zu ersetzen ist und Grundlage einer Abänderung des Urteils nach § 323 ZPO sein kann, der mit dem schädigenden Ereignis in einem adäquaten Zusammenhang steht. Das Berufungsgericht hat nicht verkannt, daß die als Ursache zu bezeichnende Tatsache des Unfalls den

Schaden nicht allein herbeigeführt zu haben braucht. Erforderlich ist vielmehr grundsätzlich nur, daß der Schaden ohne den Unfall nicht eingetreten wäre. Das ist aber hier behauptet. Der Kl. hat vorgetragen, ohne den Körperschaden hätte er erhebliche Einnahmen gehabt. Im Rechtssinne ist die schädigende Handlung eine Bedingung für den behaupteten Einnahmeausfall. Rechtsirrig sind aber die weiteren Ausführungen des Berufungsgerichts, mit denen es den Unfallschaden, den der Kl. durch Verdienstausfall in der Deutschen Bundesrepublik behauptet, aus dem Grunde als unerheblich bezeichnet, weil er ohne die Vertreibung aus der Heimat des Kl. nicht eingetreten sein würde und deshalb außerhalb jeder adäquaten Auswirkung liege. Es ist zwar richtig, daß ein Schaden dann nicht als Folge der Verletzung bezeichnet werden kann, wenn diese ihrer allgemeinen Natur nach für die Entstehung eines derartigen Schadens ganz gleichgültig und nur infolge anderer ungewöhnlicher Umstände zu einer Bedingung des Schadens wurde. Daß die Verletzung des Kl. ihrer Natur nach geeignet war, einen wesentlichen Verdienstausfall herbeizuführen, steht außer Zweifel. Es ist zwar richtig, daß der Kl. ohne die Vertreibung seine Heimat nicht verlassen haben würde. Andererseits müßte der Schädiger, wenn der Kl. auch ohne Zwang den Hof verlassen hätte und die Verletzung eine ordnungsgemäße Arbeit gehindert hätte, für den Schaden einstehen, soweit nicht ein mitwirkendes Verschulden des Kl. vorläge.

Nun ist zwar nicht zu verkennen, daß die Vertreibung des Kl. aus seiner Heimat sich auf die Höhe des Schadens mit ausgewirkt hat, wenn man seine Behauptung zugrunde legt, er würde ohne den Unfall in der Bundesrepublik mehr verdienen als in seiner Heimat. Selbst wenn man aber unterstellt, der Kl. wäre nur durch die politischen Verhältnisse dazu gekommen, seine Heimat zu verlassen, so können diese mitwirkenden Umstände der durch die Verletzung bedingten Erwerbsminderung nicht dazu führen, den behaupteten Mehrverdienst als inadäquat und daher nicht ersatzfähig zu bezeichnen, wie das Berufungsgericht meint. Es handelt sich bei dem geltend gemachten Schaden auch nicht um einen reinen vom Schädiger nicht zu ersetzenden Vertreibungsschaden. Daß die mitwirkende Ursache der Vertreibung nicht in dem Sinne als inadäquat anzusehen ist, daß alle durch sie mitbedingten Folgen von der Ersatzpflicht auszuscheiden haben, ergibt sich daraus, daß die politischen und wirtschaftlichen Verhältnisse in Europa und auch in Deutschland zum mindesten seit 1914 wesentlichen Veränderungen unterlagen. Solche Änderungen, mögen sie im Einklang mit dem Völkerrecht stehen oder nicht, können aber nicht als so außerhalb aller Erwartungen liegend angesehen werden, wie das Berufungsgericht meint. Dazu gehört auch die Vertreibung des Kl. nach dem Kriege aus seiner Heimat in den deutschen Ostgebieten. Soweit diese Vertreibung bei der Schadenhöhe mitgewirkt hat, hindert sie nicht die Ersatzpflicht des für den Schaden mitursächlich haftbaren Schädigers. Die Ersatzpflicht kann daher nicht mit der Begründung des Berufungsgerichts, es fehle an einer adäquaten Kausalität zwischen dem haftungsbegründenden Ereignis und einem Verdienstausfall in der Bundesrepublik, verneint werden.

Der Schaden kann in einem solchen Falle — gleichgültig, ob es sich um eine erstmalige Feststellung oder um eine Abänderung gemäß § 323 ZPO handelt — nur ermittelt werden, wenn die Stellung des Geschädigten im Erwerbsleben und die hierdurch gegebenen Verdienstmöglichkeiten berücksichtigt werden, wie sie ohne die schädigende Handlung bestanden haben würden (BGHZ 10, 6)....

III. Das Berufungsgericht wird demgemäß unter Beachtung des § 287 ZPO zu würdigen haben, ob der Kl. einen Verdienstausfall erlitten hat oder nicht. Verneint es diesen oder einen höheren Ausfall, als sich nach der jetzt zugesprochenen Rente ergibt, so wäre die Klage insoweit nicht gerechtfertigt.

Bei der Prüfung des Verdienstausfalls wird der Tatsachenrichter festzustellen haben, welchen Beruf der Kl. nach der Überzeugung des Gerichts in der Bundesrepublik ohne den Unfall vom Jahre 1930 ergriffen haben würde, welches Einkommen und wie lange er es beziehen würde und welche Sicherung seines Lebensabends er erworben hätte.

Der Kl. müßte auch in dieser Beziehung so gestellt werden, wie er stünde, wenn er als Unversehrter geflüchtet wäre. Andererseits wird das Berufungsgericht unter Berücksichtigung der Umstände, die für die Zeit seit Klageerhebung maßgeblich sind und voraussichtlich für die Zeit, in der der Kl. arbeiten könnte, maßgeblich sein werden, erwägen müssen, ob der Kl. den noch vorhandenen Rest seiner Arbeitskraft hätte verwerten können. Von dem so errechneten Ausfall hätte der Kl. drei Viertel zu beanspruchen."

96. Eine eindeutige Bestimmung des Begriffs „Wirtschaftlicher Zusammenhang" im Sinne des § 87 des Bundesvertriebenengesetzes läßt sich nicht geben. — Eine Darlehensverbindlichkeit hängt dann mit Westvermögen wirtschaftlich zusammen, wenn die kreditgebende Bank seit Jahren mit dem im Westen Deutschlands wohnhaften Schuldner in Geschäftsverbindung gestanden und dessen im Westen befindlicher Hauptbetrieb sich günstig entwickelt hatte; unerheblich ist es, daß der Kredit zum Ausbau eines Zweigwerkes außerhalb Deutschlands bestimmt war, insbesondere wenn dieses Zweigwerk bis zur Aufnahme des Kredites mit Verlust gearbeitet hatte.

BGH, Beschl. v. 5. 12. 1957 — VII ZB 7/57: WM IV B 1958, 25[1]; NJW 1958, 223[1]; Kreditwesen 1958, 133; Auszüge in AZGB Nr. 197 no. 918 und BB 1958, 10; Leitsatz in ROW 1958, 162.

Der ASt. betreibt seit 1930 in G. (Bundesgebiet) eine Werkzeugfabrik und Gießerei; 1942 errichtete er in N. (Sudetenland) ein Zweigwerk, in das er einen Teil seines Betriebes in G. verlegte. Zum Ausbau des Zweigwerkes in N. erhielt der ASt. von der AGg., einer Bank, einen Kredit von 1 Million RM.

1952 schloß der ASt. mit der AGg. einen Vergleich ab, in dem die AGg. der Herabsetzung ihrer noch offenen Forderung auf 60400 DM zustimmte; der ASt. behielt sich etwaige Rechte aus einer künftigen Gesetzgebung ausdrücklich vor.

Unter Berufung auf das inzwischen erlassene BVG und auf den Vorbehalt im Vergleich beantragt der ASt. nunmehr die Stundung und Herabsetzung seiner Verbindlichkeit im Wege richterlicher Vertragshilfe nach § 86 II BVG.

---

[1] Hier fälschlich unter dem Datum v. 20. 9. 1957 veröffentlicht.

Das LG hat den Antrag zurückgewiesen; sofortige Beschwerde und sofortige weitere Beschwerde blieben erfolglos.

Aus den Gründen:

„Zutreffend geht das OLG von der Frage aus, ob zwischen der Verbindlichkeit des ASt. W. und seinem Betrieb in G. ein wirtschaftlicher Zusammenhang besteht. Denn wenn dies zu bejahen wäre, so könnten sich die ASt. gemäß § 87 I Nr. 1 BVG nicht auf die §§ 82 bis 86 aaO berufen; es würden dann also dem ASt. W. durch das BVG keine neuen Rechte erwachsen sein; damit wäre der Vorbehalt im Vergleich gegenstandslos, und es könnte wegen des im Vergleich enthaltenen Verzichts auf die allgemeine Vertragshilfe weder Stundung noch Herabsetzung der Schuld gewährt werden. Wäre dagegen ein wirtschaftlicher Zusammenhang zu verneinen, so würden die sich aus der Anwendung der §§ 82 bis 86 zugunsten des ASt. W. ergebenden Vorteile zu berücksichtigen sein.

Das erste Beschwerdegericht hat einen wirtschaftlichen Zusammenhang zwischen der in Frage stehenden Verbindlichkeit und dem Werk in G. des ASt. W. bejaht. Dem ist zuzustimmen.

Zu der Frage, wann ein wirtschaftlicher Zusammenhang im Sinne des § 87 I Nr. 1 BVG zwischen einer Verbindlichkeit und einem bestimmten Vermögen oder Vermögensteil des Schuldners vorliegt, haben insbesondere *Saage* (Schuldenregelung für Vertriebene und Sowjetzonenflüchtlinge 100), *Mathieu* (Betrieb 1954, 364) und *Moors* (Betrieb 1953, 986) Stellung genommen.

Saage nimmt einen wirtschaftlichen Zusammenhang an, wenn wirtschaftlich gesehen die Beziehung zwischen der Verbindlichkeit und den Vermögenswerten im Westen so eng war, daß normalerweise der Gläubiger im Falle der Nichtbefriedigung in erster Linie auf die Vermögenswerte im Westen zurückgegriffen hätte oder wenn allgemein die Verbindlichkeit den wirtschaftlichen Zwecken des Vermögenswerts im Westen diente oder doch dienen sollte. Er meint, für die Anwendung des § 87 I Nr. 1 müsse der wirtschaftliche Sinn einer Maßnahme über die rechtliche Konstruktion gestellt werden.

Mathieu meint, die Zweckbestimmung der Verbindlichkeit sei die entscheidende Voraussetzung für die Annahme eines wirtschaftlichen Zusammenhangs. Er schließt sich damit der Rechtsprechung des RFH an, der zu der Frage des wirtschaftlichen Zusammenhangs anläßlich der Auslegung dieses Begriffs u. a. im Einkommensteuergesetz und im Reichsbewertungsgesetz Stellung genommen [hat] und zu der von *Mathieu* übernommenen, oben wiedergegebenen Ansicht gelangt ist.

Moors schließlich ist der Ansicht, ein wirtschaftlicher Zusammenhang könne nur angenommen werden, wenn die Mittel, die sich der Schuldner durch Eingehung der Verbindlichkeit beschafft habe, entweder ganz oder doch zum Teil in die westlichen Vermögenswerte geflossen sind, oder wenn zumindest der Gläubiger die Mittel mit Rücksicht auf die westlichen Vermögenswerte oder jedenfalls unter deren Mitberücksichtigung hingegeben habe.

Keine dieser Lösungen erscheint befriedigend. Mag auch in vielen Fällen der Zweck, der mit der Eingehung der Verbindlichkeit verfolgt wurde, ein hinreichendes Merkmal für die Abgrenzung geben, so versagt diese Lösung doch für den Fall, daß die Verbindlichkeit ohne jede Zweckbestimmung entstanden ist, wie etwa eine Schadensersatzforderung aus unerlaubter Handlung oder aus Verschulden bei Vertragsschluß. Es ist nicht einzusehen, weswegen bei derartigen Forderungen nicht ein wirtschaftlicher Zusammenhang mit dem Westvermögen zu bejahen sein könnte, wenn sie z. B. in einem im Westen belegenen Betrieb entstanden sind.

Derselbe Einwand greift gegen die Ansicht durch, es komme darauf an, ob die aus der Eingehung der Verbindlichkeit beschafften Mittel in das Westvermögen geflossen seien oder ob der Gläubiger die Mittel ganz oder zum Teil mit Rücksicht auf die westlichen Vermögenswerte gegeben habe. Schließlich kann auch *Saages* Ansicht nicht befriedigen, ein wirtschaftlicher Zusammenhang liege vor, wenn wegen der engen Beziehung der Verbindlichkeit zu Westvermögenswerten der Gläubiger normalerweise im Falle der Nichtbefriedigung in ersten Linie auf diese Werte zurückgegriffen hätte. Denn es wird sich in der Regel kaum feststellen lassen, wann im einzelnen Fall diese Voraussetzung gegeben ist. Diese Ansicht gibt also keine hinreichend sichere Grundlage für die Gesetzesanwendung.

In Wahrheit läßt sich eine eindeutige, alle Fälle treffende Bestimmung des Begriffs des wirtschaftlichen Zusammenhangs nicht geben. Dazu sind die wirtschaftlichen Vorgänge und Tatbestände zu mannigfaltig. Dies schließt allerdings nicht aus, das Vorliegen gewisser Voraussetzungen grundsätzlich für ausreichend zu erachten, um einen wirtschaftlichen Zusammenhang zu bejahen. So ist hier die Annahme des OLG rechtlich bedenkenfrei, jedenfalls in der Regel hänge eine Darlehnsverbindlichkeit dann mit Westvermögen wirtschaftlich zusammen, wenn die kreditgebende Bank sich zur Gewährung des Darlehens dadurch hatte bestimmen lassen, daß sie seit Jahren in Geschäftsverbindung mit dem im Westen wohnhaften Schuldner stand, sowie namentlich dadurch, daß dessen ebenfalls im Westen befindlicher Hauptbetrieb sich günstig entwickelt hatte und deshalb der Gläubigerin eine ihr hinreichend sicher erscheinende Zugriffsmöglichkeit bot. Dem OLG ist weiter darin zuzustimmen, daß der dadurch gegebene wirtschaftliche Zusammenhang nicht deswegen entfällt, weil das Darlehen zum Ausbau eines Zweigwerkes außerhalb der Grenzen Deutschlands (nach dem Stand vom 31. 12. 1937) bestimmt war, um so weniger, als dieses Zweigwerk bis zur Darlehnshingabe mit Verlust gearbeitet hatte.

Daß diese Voraussetzungen im vorliegenden Fall gegeben sind, hat das Beschwerdegericht in rechtlich bedenkenfreier Weise festgestellt.

Da somit nach dem eingangs Ausgeführten der ASt. W. sich nicht auf die Bestimmungen des BVG berufen kann, bleibt es bei dem Vergleich vom 12./25. 6. 1952."

4. Abtretung

97. Auf das interlokale Privatrecht sind die Regeln des internationalen Privatrechts entsprechend anzuwenden. — Bei gesetzlichem Forderungs-

übergang bestimmt sich der Zessionsgrund nach dem Recht der zu ersetzenden Leistung, die Zessionswirkung nach dem Recht der zu übertragenden Forderung. — (Der Versorgungsanspruch eines Beamten richtet sich nach dem Recht des Dienstherrn; für den Schadenersatzanspruch aus unerlaubter Handlung ist das Recht des Begehungsortes maßgebend.)

LG Hannover (Niedersachsen), Urt. v. 14. 2. 1957 — 12 O 262/56: VersR 1958, 555 (abl. *Möring* 855).

Im März 1952 verunglückte die pensionierte Lehrerin F. auf der vereisten Treppe vor der Pension der Bekl. in B. (Niedersachsen), in der sie als Kurgast ein Zimmer gemietet hatte. Die Bekl. ist rechtskräftig verurteilt worden, wegen der Folgen des Unfalles 1382 DM an die Lehrerin zu zahlen.

Der Kl., der Dienstherr der Lehrerin (das Land Nordrhein-Westfalen), hat dieser aus Anlaß des Unfalles insgesamt 3405 DM als Beihilfen gewährt. Der Kl. meint, da die Lehrerin einen Rechtsanspruch auf die Beihilfen gehabt habe, seien Ersatzansprüche der Lehrerin gegen die Bekl. in Höhe der geleisteten Beihilfe nach § 175 des Landesbeamtengesetzes von Nordrhein-Westfalen auf ihn selbst übergegangen. Der Kl. hat Klage auf Zahlung eines Teilbetrages erhoben.

Das LG hat die Klage abgewiesen.

Aus den Gründen:

[Das LG legt dar, daß nach § 175 des Landesbeamtengesetzes von Nordrhein-Westfalen Schadenersatzansprüche eines Beamten gegen einen Dritten auf das Land übergehen, wenn dieses infolge einer Handlung des Dritten dem Beamten höhere Versorgung zu gewähren habe; die Gewährung einer Beihilfe sei jedoch keine Versorgungsleistung im Sinne dieser Bestimmung.]

„Aber selbst wenn nach den nordrhein-westfälischen Recht ein gesetzlicher Übergang der Schadensersatzansprüche der Lehrerin gegen die Bekl. auf den Kl. stattgefunden hätte, so könnte das auf die in Niedersachsen, in B., begründete Forderung der Lehrerin keinen Einfluß haben. Die für das interlokale Privatrecht entsprechend anzuwendenden Regeln des internat. Privatrechts bestimmen nämlich für den gesetzlichen Forderungsübergang, daß für den Zessionsgrund zwar das dafür maßgebende Recht, hier also nordrhein-westfälisches Recht, gilt. Das nordrhein-westfälische Recht könnte einen solchen gesetzlichen Forderungsübergang kraft Gesetzes aber nur anordnen; die Vollziehung des Forderungsübergangs könnte nur nach dem Zessionsstatut, d. h. dem die zu übertragende Forderung beherrschenden Recht, hier also nach in Niedersachsen geltendem Recht, geschehen (vgl. *Raape*, IPR[4] 470ff.). Das in Niedersachsen geltende Beamtengesetz sieht einen gesetzlichen Forderungsübergang der Ersatzansprüche gegen Dritte im Falle der Gewährung von Beihilfen an den Beamten aber ebenfalls nicht vor (§ 39 Landesbeamtengesetz). Denn in Niedersachsen besteht kein Anspruch des Beamten auf Beihilfen für einen außerdienstlichen Unfall."

5. Vermögensübernahme

98. **Wer von einer Person mit Wohnsitz in Ost-Berlin deren gesamtes in West-Berlin liegendes Vermögen unentgeltlich übernimmt, welches allein dem Zugriff eines bestimmten Gläubigers zugänglich ist, hat das**

gesamte Vermögen der Person im Sinne des § 419 BGB übernommen und haftet für deren Verbindlichkeiten.

BGH, Urt. v. 21. 6. 1954 — III ZR 75/53: *unveröff.

Die Kl. sind persönlich haftende Gesellschafter der L.-KG. in Berlin-N. (West-Berlin). Ihre Mutter wohnt in Ost-Berlin; sie war die alleinige Kommanditistin der Gesellschaft und übertrug ihren Kommanditanteil, der bei einem Nennwert von 21000 DM einen tatsächlichen Wert von 80000 DM hat, durch notariellen Vertrag vom 15. 2. 1951 schenkungsweise je zur Hälfte an die beiden Kl. Damit war die Mutter der Kl. außerhalb des Währungsgebiets der DM-O stvermögenslos geworden.

Die Mutter der Kl. schuldet dem Finanzamt Berlin-N. insgesamt 4000 DM-West Steuern; die Bekl. hat die Kl. durch Haftungsbescheid je zur Hälfte auf diesen Betrag gemäß § 419 BGB in Anspruch genommen.

Der hiergegen gemäß § 330 II Abgabenordnung erhobenen Feststellungsklage wurde vom LG stattgegeben; auf die Berufung der Bekl. ist die Klage abgewiesen worden. Die vom Berufungsgericht zugelassene Revision wurde vom BGH zurückgewiesen.

Aus den Gründen:

„II. 1. Das Berufungsgericht hält die Bestimmung des § 419 BGB über die Schuldmitübernahme desjenigen, der das Vermögen eines anderen durch Vertrag übernimmt, hier für anwendbar, obwohl die Mutter der Kl. noch Vermögen im sowjet. besetzten Teil Berlins hat, weil dieses Vermögen dem Zugriff der Bekl. praktisch entzogen sei und weil jedenfalls nicht in DM-West vollstreckt werden könne. Die dortigen Behörden leisteten der Bekl. keine Amtshilfe. Den Kl. sei bekannt gewesen, daß sie das gesamte West-Vermögen ihrer Mutter übernahmen, und sie hätten als Berliner Fabrikanten genau gewußt, welche Schwierigkeiten der Geschäfts- und Rechtsverkehr zwischen Ost- und West-Berlin mache. Sie hätten, wenn nicht diese Schwierigkeiten überhaupt die Veranlassung zur Vermögensübernahme gewesen seien, mindestens den Sachverhalt in allen Einzelheiten gekannt, der zur Anwendung des § 419 BGB führe. Sie hafteten daher als Gesamtschuldner für die Forderung der Bekl.

2. a) [Die Revision rügt in erster Linie Verletzung des § 139 ZPO].

b) In sachlich-rechtlicher Beziehung macht die Revision geltend, es liege keine Vermögensübernahme im Sinne des § 419 BGB vor. Das Berufungsgericht habe zu Unrecht das im sowjetisch besetzten Teil Berlins belegene Vermögen der Bekl. außer Betracht gelassen. Es handele sich dabei um inländisches Vermögen. Überdies sei auch hinsichtlich ausländischen Vermögens in Rechtsprechung und Rechtslehre nicht die Ansicht vertreten worden, daß solches dem Vermögen im Sinn des § 419 BGB nicht zuzurechnen sei. Das Vermögen der Mutter im sowjetisch besetzten Teil Berlins könne auch nicht unpfändbarem Vermögen gleichgesetzt werden. Überdies fehle es an einer höchstrichterlichen Anerkennung der vom Berufungsgericht vertretenen Ansicht, die Haftung des Übernehmers sei dadurch nicht ausgeschlossen, daß dem übertragenden Schuldner zwar wertmäßig beachtliche Vermögensteile blieben, die aber dem Zugriff des Gläubigers als unpfändbar entzogen seien.

3. Die Frage, um die es sich hier handelt, ist nicht dahin zu stellen, ob nichtübertragenes Auslandsvermögen dem übernommenen Inlandsvermögen hinzuzurechnen ist, wenn es sich darum handelt, festzustellen,

ob eine Vermögensübernahme im Sinn des § 419 BGB vorliegt. Es ist deshalb auch nicht zu entscheiden, ob das Vermögen der Mutter im sowjetisch besetzten Teil Berlins als Auslandsvermögen anzusehen ist, eine Frage, die im Hinblick auf den Vorspruch des GG, das sich zur Wahrung der nationalen und staatlichen Einheit Deutschlands bekennt, zu verneinen wäre (vgl. BGHZ 4, 66). Die Frage ist vielmehr die, ob Vermögen, das dem Zugriff des Gläubigers entzogen ist, dann außer Betracht zu bleiben hat, wenn der Übernehmer das gesamte, dem Zugriff des Gläubigers unterliegende Vermögen übernommen hat.

Es ist durchaus herrschende Meinung, daß die Vorschrift in § 419 BGB dem Gläubigerschutz dient, daß ihr der deutschrechtliche Gedanke zugrunde liegt, Schulden seien Lasten des Vermögens (RGZ 130, 34 [37]), und daß der Gläubiger dort, wo das Vermögen, die natürliche Kreditunterlage, geblieben ist, seine Befriedigung solle suchen können (RGZ 92, 86; zur geschichtlichen Entwicklung des § 419 BGB vgl. *Laue*, ArchCivPr. 146 [n. F. 26] 157 ff.). Unbestritten ist auch, daß nicht das gesamte Vermögen übernommen zu sein braucht und daß die Zurückbehaltung unbedeutender Vermögensteile durch den Veräußerer der aus § 419 BGB folgenden Mitschuldübernahme des Vermögensübernehmers nicht entgegensteht (RGZ 139, 209).

Ob das Zurückbehaltene im Vergleich zum Übertragenen unbedeutend ist, bestimmt sich nach wirtschaftlichen Gesichtspunkten. Unbedeutend in diesem Sinne ist zurückbehaltenes Vermögen jedenfalls dann, wenn es dem Gläubiger keine Befriedigungsmöglichkeit bietet. Dieser Fall liegt hier vor, denn aus den tatsächlichen Feststellungen des Berufungsgerichts ergibt sich, daß die Bekl. mit den im sowjetisch besetzten Teil Berlins liegenden Vermögensstücken der Mutter der Kl. nichts anzufangen vermag. Bei solcher Sachlage stellt die Übernahme des gesamten, allein dem Zugriff der Bekl. unterliegenden Westberliner Vermögens der Mutter eine Vermögensübernahme im Sinne des § 419 BGB dar.

Ob und in welchem Umfang die etwaige Unkenntnis davon, daß die übernommenen Vermögensstücke das Vermögen des Übertragenden in diesem Sinne darstellen, die Anwendbarkeit des § 419 BGB ausschließt, braucht hier nicht entschieden zu werden. Denn die Kl. wußten, daß sie alles Westberliner Vermögen ihrer Mutter übernahmen, und sie kannten den Sachverhalt in seinen Einzelheiten, aus denen sich ergab, daß die zurückbehaltenen, im sowjetisch besetzten Teil Berlins liegenden Vermögensstücke der Mutter dem Zugriff der Bekl. entzogen waren. Demnach müssen die Kl. als Folge der Übernahme des Westberliner Vermögens ihrer Mutter die Haftung für deren Steuerschulden nach Maßgabe des § 419 BGB im Umfang der Haftungsbescheide gegen sich gelten lassen. Das ist umsomehr gerechtfertigt, als sie dieses Vermögen unentgeltlich erworben haben.

Die Abweisung der Feststellungsklage durch das Berufungsgericht ist somit gerechtfertigt. Die Revision ist insoweit unbegründet. Auf die vom Berufungsgericht verneinte Frage, ob die Haftung der Kl. für die Steuerschuld ihrer Mutter auch auf Gläubigeranfechtung nach dem Anfechtungsgesetz gestützt werden könnte, kommt es nicht mehr an."

6. Kartellrecht

99. Wird im Zusammenhang mit der öffentlichen Bewirtschaftung von Erzeugnissen ein Zwangskartell gegründet, so teilt sich dieses Kartell bei einer Aufspaltung des früheren Bewirtschaftungsgebietes ebenfalls automatisch in mehrere Kartelle. — Mitglieder in einem einzelnen Kartell sind nur diejenigen Firmen, die im Bereiche dieses Kartells einen Geschäftsbetrieb führen.

BGH, Urt. v. 18. 12. 1954 — II ZR 222/53: MDR 1955, 219.

Durch eine AO vom 4. 9. 1939 errichtete der Reichswirtschaftsminister auf Grund der Ermächtigung, die ihm durch das ZwangskartellGes. vom 15. 7. 1933 gegeben war, die Arbeitsgemeinschaft Mineralölverteilung (AMV), in der die damals etwa 320 an der Verteilung von Mineralölerzeugnissen im Reichsgebiet beteiligten Firmen für die Dauer der Beschlagnahme dieser Erzeugnisse zusammengeschlossen wurden. Nach der gleichzeitig vom Reichswirtschaftsminister erlassenen Satzung der AMV war diese eine Gesellschaft des bürgerlichen Rechts. Ihre Aufgabe bestand darin, die „von der Reichsstelle für Mineralöl beschlagnahmten Mineralölerzeugnisse für gemeinsame Rechnung ihrer Mitglieder aufzukaufen, zu lagern, zu versenden und zu vertreiben". Sie hatte dabei „als privatrechtliche Organisation in Erfüllung der ihr übertragenen Gemeinschaftsaufgaben" zu handeln. Den gesamten Geschäftsgewinn hatte sie nach einem festgelegten Verteilungsschlüssel an ihre Mitglieder auszuschütten. Der Verteilungsschlüssel wurde unter Berücksichtigung der Umsätze, die die einzelnen Mitgliedsfirmen in der Zeit vom 1. 7. 1938 bis 30. 6. 1939 erzielt hatten, festgelegt.

Nach dem Zusammenbruch übte die AMV ihre Tätigkeit in den drei westlichen Besatzungszonen weiter aus, während in Berlin ein Zusammenschluß der dortigen Firmen, die Arbeitsgemeinschaft Berliner Mineralölfirmen (ABM), arbeitete und in der sowjet. Besatzungszone die einzelnen Firmen in das dort geltende Bewirtschaftungssystem eingegliedert wurden. Diese Aufspaltung hatte zur Folge, daß die AMV seit dem Zusammenbruch an dem Gewinn der in Berlin und in der sowjet. Besatzungszone tätigen Firmen nicht mehr beteiligt wurde.

Die Kl., deren Geschäftstätigkeit sich im Vergleichsjahr nur auf Mittel- und Ostdeutschland erstreckte, wurde nach dem Zusammenbruch an den Gewinnausschüttungen der AMV nicht mehr beteiligt.

Sie ist der Ansicht, sie sei auch nach der Beschränkung des Tätigkeitsgebiets der AMV auf das Gebiet der jetzigen Bundesrepublik Gesellschafterin der AMV geblieben. Ein Ausschluß sei von der Gesellschaft nicht beschlossen worden, auch hätte ein solcher Beschluß nicht ohne Zustimmung des Reichswirtschaftsministers gefaßt werden können. Die Kl. hat demgemäß die Feststellung begehrt, daß sie noch Gesellschafterin der AMV sei.

Das LG hat der Klage stattgegeben, das OLG sie abgewiesen; die Revision führte zur Aufhebung und Zurückverweisung der Sache an das OLG.

Aus den Gründen:

[Der BGH bejaht zunächst den Rechtsweg vor den ordentlichen Gerichten, da die AMV keine öffentlich-rechtliche Körperschaft sei. Die Mitgliedschaft der Kl. sei nicht etwa deshalb erloschen, weil sie ihren Geschäftsbetrieb beim Zusammenbruch eingestellt habe.]

„In diesem Zusammenhang kommt es vielmehr auf einen anderen Umstand tatsächlicher Art an, nämlich darauf, auf welches räumliche Gebiet sich der Tätigkeitsbereich der Kl. vor Errichtung des Zwangskartells erstreckt hat. Die Besonderheit des hier in Betracht kommenden Zwangskartells besteht nämlich darin, daß seine Errichtung und sein Zweck einen engen inneren Zusammenhang mit der Zwangsbewirtschaftung der

Mineralölerzeugnisse aufwies, daß es als privatrechtliche Organisation der Bewirtschaftungsstelle, und zwar zugleich im Interesse ihrer Mitglieder, die Durchführung der ihr übertragenen öffentlichen Bewirtschaftungsaufgabe erleichtern sollte. Dadurch war es bedingt, daß sich der zwangsweise Zusammenschluß nur auf solche Firmen erstreckte und sich auf solche Firmen beschränkte, die bis zur Beschlagnahme der Mineralölerzeugnisse im Bewirtschaftungsgebiet der Reichsstelle für Mineralölerzeugnisse Handel mit diesen Erzeugnissen getrieben hatten. Beim Zusammenbruch fiel nun dieses einheitliche Bewirtschaftungsgebiet auseinander. Es schieden von diesem Zeitpunkt ab nicht allein das Gebiet des Staates Österreich und Teile des Gebiets des Staates Tschechoslowakei aus dem bisherigen Bewirtschaftungsgebiet der Reichsstelle für Mineralölerzeugnisse aus, sondern auch im alten Gebiet des Deutschen Reiches entstanden nun mehrere selbständige Bewirtschaftungsgebiete für die Mineralölerzeugnisse. Dabei ergab sich, daß die AMV zwar als solche bestehen blieb, wie das Berufungsgericht im einzelnen zutreffend dargelegt hat, daß sie sich aber nur noch auf den eingeschränkten Bewirtschaftungsbereich der drei westlichen Besatzungszonen erstreckte. Dafür entstanden u. a. für das Gebiet von Berlin und für das Gebiet der Sowjetzone besondere Zusammenschlüsse der dortigen mit Mineralölerzeugnissen handelnden Firmen. Diese tatsächliche Entwicklung der Verhältnisse hatte in rechtlicher Hinsicht zur Folge, daß sich von diesem Zeitpunkt an der Kreis der weiterhin zur AMV gehörenden Mitglieder auf diejenigen beschränkte, die vorher in dem nunmehr verkleinerten Bewirtschaftungsgebiet der drei westlichen Besatzungszonen Handel mit Mineralölerzeugnissen betrieben hatten. Für eine — in anderen Fällen u. U. notwendige — Entlassung der ausscheidenden Mitglieder aus dem Zwangskartell durch die zuständige staatliche Stelle war hier von vornherein kein Raum, weil das bisherige einheitliche Bewirtschaftungsgebiet nicht mehr bestand und demgemäß eine entsprechende staatliche Stelle für das bisherige gesamte Bewirtschaftungsgebiet nicht mehr vorhanden war, die eine solche Entlassung hätte aussprechen können.

Für einen Fall dieser Art führt die tatsächliche Entwicklung der Verhältnisse schon allein zu einer Änderung im rechtlichen Mitgliederbestand eines Zwangskartells, dessen Errichtung und Zweck in einem inneren Zusammenhang mit der öffentlichen Zwangsbewirtschaftung bestimmter Erzeugnisse steht. In einem solchen Fall, in dem für die Entlassung eines ausscheidenden Mitgliedes aus dem Zwangskartell durch die zuständige staatliche Stelle von vornherein kein Raum sein kann, müssen jedenfalls die Erwägungen durchgreifen, die im Schrifttum zu der Auffassung geführt haben, daß beim Erliegen eines kartellierten Betriebes die Mitgliedschaft des bisherigen Zwangsmitgliedes ohne weiteres erlischt. Denn eine andere Form der Beendigung der Mitgliedschaft ist in einem solchen Fall überhaupt nicht möglich, weil privatrechtliche Kündigungserklärungen einzelner Mitglieder oder der verbleibenden Mitglieder hier mit Rücksicht auf die rechtliche Natur des Zwangskartells eine Beendigung der Mitgliedschaft nicht herbeiführen können und weil andererseits eine zuständige staatliche Stelle zur Entlassung der betreffenden Mitglieder nicht vorhanden ist. Wenn sich demgegenüber die Revision auf die Ansicht *von Brunns* (Grundzüge des Kartellrechts [1938] 92) beruft und meint, daß die Mitgliedschaft in einem Kartell auch dann möglich sei, wenn das Kartellmitglied einen Betrieb nicht mehr hat, so übersieht sie zunächst, daß sich die Ausführungen *von Brunns* auf das freiwillige Kartell beziehen, bei dem nach den vorstehenden Ausführungen die Voraussetzungen in einem entscheidenden Punkt gerade anders als bei dem Zwangskartell sind. Zum anderen kommt hinzu, daß es nach den vorstehenden Ausführungen für den Fortbestand der Mitgliedschaft in dem Zwangskartell gar nicht entscheidend ist, ob der Betrieb der Kl. zum Erliegen gekommen ist, sondern daß es für die Beurteilung des geltend gemachten Klageanspruchs hier allein darauf ankommt, ob bei der Aufgliederung oder dem Zerfall des bisher einheitlichen Bewirtschaftungsgebietes die Mitglieder des bisherigen Zwangskartells, das sich nunmehr nur noch auf einen für die Bewirtschaftung verselbständigten Teil des früheren Bewirtschaftungsgebiets erstreckt, ihren Betrieb im Bereich dieses verselbständigten Bewirtschaftungsgebietes geführt haben.“

7. Versicherungsrecht

100. Ist als Erfüllungsort und Gerichtsstand der Sitz einer Gesellschaft vereinbart, so ist der Sitz der Gesellschaft bei Eingehung des Vertrages maßgebend; eine spätere Sitzverlegung der Gesellschaft ist unerheblich. — Befinden sich der Sitz des Versicherers und der Wohnsitz des Versicherungsnehmers in demselben Gebiet, so gehört der zwischen ihnen bestehende Versicherungsvertrag zum „Bestand“ dieses Gebietes. — Die Währungsumstellung eines Versicherungsvertrages richtet sich nach dem für den „Bestand“ maßgebenden Währungsrecht. — Ein Versicherungsunternehmen, dessen Geschäftsbetrieb in der Sowjetzone verboten war, war einem in dieser Zone wohnhaften Versicherungsnehmer gegenüber nicht verpflichtet, auf die Möglichkeit einer Fortsetzung des Vertrages in West-Berlin hinzuweisen.

LG Berlin-West, Urt. v. 21. 6. 1954 — 7 S 3/54: VersR 1954, 410.

Die Ehefrau des Kl. schloß 1927 mit dem Rechtsvorgänger der Bekl. eine Lebensversicherung zugunsten des Kl. ab. Die Ehegatten wohnten damals in Oberschlesien (östlich der Oder-Neiße-Linie). Nach den Geschäftsbedingungen der Bekl. sind Erfüllungsort für beide Teile die Geschäftsräume am Sitz des Versicherers; dieser befand sich damals in Berlin.

1945 wurden der Kl. und seine Ehefrau aus Oberschlesien vertrieben; sie nahmen Wohnsitz in M. (sowjet.). Die Bekl. verlegte ihren Sitz in die Westzone. Anfang 1946 meldeten sich der Kl. und seine Ehefrau bei der Bezirksdirektion der Bekl. in M. Diese teilte mit, daß sie die Eheleute betreuen werde, daß zur Zeit allerdings Beiträge nicht entrichtet werden könnten, da alle Versicherungsverträge auf Grund einer AO des Präsidenten der Provinz Sachsen ruhten. Da der Kl. eine weitere Nachricht nicht erhielt, zahlte er ab April 1945 keine Beiträge mehr.

Im Juni 1949 verstarb die Ehefrau des Kl. Dieser verlegte 5 Monate später seinen Wohnsitz nach West-Berlin und erwirkte hier vom Aufsichtsamt für das Versicherungswesen eine Verfügung, durch die er hinsichtlich der Lebensversicherung seiner Ehefrau die Rechtsstellung erhielt, als wenn er und seine Ehefrau bereits vor der Währungsumstellung nach Berlin gekommen wären. Die Bekl. wandelte daraufhin die Lebensversicherung in eine beitragsfreie Versicherung um und zahlte die abgewertete Prämienreserve in Höhe von 49,60 DM-West an den Kl.

Der Kl. verlangt die Zahlung von 365,75 DM-West. Dieser Betrag errechnet sich aus der Versicherungssumme unter Berücksichtigung der Umstellung und der Beitragsrückstände.

AG und LG wiesen die Klage ab.

Aus den Gründen:

„Die Berufung ist sachlich gerechtfertigt. Die Einrede der örtlichen Unzuständigkeit des Gerichts ist zwar nicht begründet, denn die Zuständigkeit ergibt sich daraus, daß die Bekl. ihre Verpflichtung in Berlin hätte erfüllen müssen (§§ 29 ZPO, 269 BGB), weil gemäß § 13 Ziffer 1 der Allgemeinen Versicherungsbedingungen der Sitz der Bekl. als Erfüllungsort vereinbart war und bei Vertragsschluß sich dieser in Berlin befand, worauf es entgegen der Ansicht der Bekl. allein ankommt. Dies ergibt sich aus der Heranziehung der Regelung des § 269 BGB, wo für den Fall, daß kraft Gesetzes Erfüllungsort der Wohnsitz des Schuldners ist, der Wohnsitz zur Zeit der Entstehung des Schuldverhältnisses für maßgeblich erklärt ist. Das gleiche muß gelten, wenn auf Grund von Parteivereinbarung der Wohnsitz oder Sitz des Schuldners als Erfüllungsort bestimmt ist, weil nur entscheidend ist, daß es für den Erfüllungsort auf den Wohnsitz ankommt, nicht aber, aus welchem Grunde (§ 269 oder Parteivereinbarung) dies der Fall ist. So wird allgemein auch die Ansicht vertreten, daß Sitzverlegung die einmal begründet gewesene Zuständigkeit nicht entfallen lasse (OLG Koblenz, MDR 1950, 45 mit im Grundsatz zustimmender Anm. von *Blomeyer*).

Die Klage ist jedoch nicht begründet. Es ist davon auszugehen, daß der Versicherungsvertrag der Ehefrau des Kl. zum sogenannten „Berliner Bestand" gehört. Denn die Bekl. hatte bei Abschluß des Vertrages ihren Sitz in Berlin, und der Kl. ist auf Grund der ihm von dem Aufsichtsamt für das Versicherungswesen gewährten ‚Wiedereinsetzung in den vorigen Stand' so zu behandeln, als habe er im Zeitpunkt der Währungsumstellung seinen Wohnsitz in West-Berlin gehabt. Es finden mithin die Berliner Vorschriften zum Umstellungsrecht Anwendung, deren Rechtsgültigkeit in den hier in Frage kommenden Teilen die Kammer schon verschiedentlich geprüft und bejaht hat, so wie dies auch hinsichtlich der 2. VOLRV durch den BGH geschehen ist. Die für den vorliegenden Fall maßgeblichen Bestimmungen sind in dem Rundschreiben des Aufsichtsamtes für das Versicherungswesen R 59/49 vom 11. 2. 1949 enthalten. Da der Vertrag der Ehefrau des Kl. nach dem 8. 5. 1945 in Berlin nicht erneuert worden ist, findet § 2 Anwendung, wonach der Vertrag gemäß den Richtlinien des Rundschreibens des Aufsichtsamts für das Versicherungswesen R 18/49 vom 28. 3. 1949 zu behandeln ist. Darin ist unter Ziffer 1 bestimmt, daß bei einer vor dem 8. 5. 1945 abgeschlossenen Lebensversicherung das Versicherungsverhältnis als aufgelöst gilt, sofern nicht die Beitragszahlungen bis zum 31. 12. 1946 wieder aufgenommen worden sind. Soweit danach das Versicherungsverhältnis als aufgelöst gilt, wird die Versicherung, falls möglich, in eine beitragsfreie Versicherung umgewandelt. Zu dem gleichen rechtlichen Ergebnis führt es, wenn die unter entsprechender Anwendung des Rundschreibens R 59/49 erfolgte ‚Wiedereinsetzung' des Kl. in den vorigen Stand auch in den Rechtsfolgen danach behandelt wird. Denn auch dort ist nur die Umwandlung in eine beitragsfreie Versicherung vorgesehen, wenn bis zum 31. 12. 1946 keine Beiträge gezahlt worden sind (Veröffentlichungen des Aufsichtsamts Berlin 1951,18ff.).

Der Kl. ist dieser auch vom Vorderrichter mit Recht zu Grunde gelegten Rechtslage nicht mehr entgegengetreten. Hiernach kann sich der Kl. zunächst nicht darauf stützen, daß der Beitrag nach Erlaß des Betätigungsverbots gegen die Bekl. in der Sowjetzone nicht mehr fällig werden konnte, denn Voraussetzung für die Auflösung des Versicherungsverhältnisses ist nicht das Vorhandensein eines bestimmten fälligen Prämienrückstandes, sondern es genügt, daß die Beitragszahlungen bis zum 31. 12. 1946 — wie im vorliegenden Fall — nicht wieder aufgenommen worden sind.

Eine von dieser allgemeinen Regelung abweichende Behandlung des Versicherungsvertrages der Ehefrau des Kl. ist auch nicht wegen Annahmeverzuges der Bekl. gerechtfertigt (§ 324 II BGB). Durch die VO des Präsidenten der Provinz Sachsen vom 15. 9. und 28. 11. 1945 wurde den nicht zugelassenen Versicherungsunternehmen, zu denen die Bekl. unstreitig gehörte, jede weitere Betätigung untersagt. Es wurde die Übertragung ihrer Vermögen auf eine neu zu gründende Anstalt angeordnet, für die die bestehenden Versicherungsunternehmen nur noch eine verwaltende Funktion auszuüben hatten. Die Einziehung von Beiträgen und die Gewährung von Versicherungsleistungen war ihnen ausdrücklich verboten. Bei dieser Sachlage liegt Annahmeverzug der Bekl. schon deswegen nicht vor, weil der Kl., der ja Beiträge nur an die Bezirksdirektion Mittelelbe zu zahlen gedachte, die ihm der Bekl. gegenüber obliegende Leistung weder zur rechten Zeit, noch am rechten Ort angeboten hat. Es kann so dahin gestellt bleiben, ob Annahmeverzug der Bekl. nicht auch entfällt, weil der Kl. seinerzeit den Vorschriften der Sowjetzone unterlag und daher an die Bezirksdirektion für die Bekl. keinerlei Leistungen erbringen durfte (§ 297 BGB), ferner, ob die allgemeinen Regeln über Schuldverhältnisse unter den dargelegten Umständen neben den besonderen Bestimmungen des Umstellungsrechts überhaupt noch zur Anwendung kommen können.

Der Kl. kann auch nicht verlangen, nach Treu und Glauben von der Bekl. so gestellt zu werden, als habe er die Beitragszahlung vor dem 31. 12. 1946 wieder aufgenommen [wird ausgeführt].

Schließlich kann der Kl. seinen Anspruch auch nicht auf eine positive Vertragsverletzung der Bekl. stützen, die [nach] seiner Ansicht das Klagebegehren in erster Linie rechtfertigt. Denn weder liegt eine schuldhafte Handlung oder Unterlassung der Bekl. selbst, noch eine solche der Zweigstelle Mittelelbe vor, für die die Bekl. nach § 278 BGB einzustehen hätte [wird ausgeführt].

Ein Verschulden der Bezirksdirektion läge nur dann vor, wenn man sie für verpflichtet ansehen wollte, den Kl. schon im Jahre 1946 über die Möglichkeit, seine Versicherung in West-Berlin fortzusetzen, zu belehren. Eine derartige Rechtspflicht bestand jedoch entgegen der Ansicht des Kl. keinesfalls [wird ausgeführt]".

101. Der Kl. war seit 1912 zunächst Angestellter der Rechtsvorgängerin der „VG" und seit deren Gründung Angestellter der VG selbst, der Nebenintervenientin. Der Kl. war zeitweilig Abteilungsleiter bei der Westberliner Verwaltung der VG und ist am 1. 2. 1954 nach Erreichen des 65. Lebensjahres in den Ruhestand getreten. Der Kl. wohnt seit jeher im heutigen Ostsektor von Berlin. Seit 1915 ist der Kl. Mitglied der Bekl., der Pensionskasse deutscher Eisenbahner und Straßenbahner. Der Sitz der Bekl. befand sich zur Zeit der Währungsreform in West-Berlin; jetzt hat sie ihren Sitz in Westdeutschland und untersteht der Aufsicht des Finanzministers von Nordrhein-Westfalen.

Die Bekl. regelte im Jahre 1952 durch Einfügung des § 64 ihrer Satzung die Rechte ihrer Versicherten aus der Mitgliedszeit vor dem 8. 5. 1945. Der Kl. wandte sich auf Grund dieser Bestimmungen unter Darlegung seiner persönlichen Verhältnisse an die Bekl. und fragte an, ob er durch Zahlung der in § 64 der Satzung vorgesehenen Anerkennungsgebühr sein Mitgliedschaftsrecht aufrechterhalten könne. Im Dezember 1952 bestätigte die Bekl. dem Kl. schriftlich, daß er durch Zahlung der Anerkennungsgebühr seine Anwartschaft aufrechterhalten könne, bewilligte Ratenzahlungen für die nachzuzahlenden Beiträge und bestätigte, daß das spätere Ruhegeld des Kl. 400 DM-West betrage. Nachdem der Kl. die Anerkennungsgebühr bezahlt hatte, widerrief die Bekl. ihren ersten Bescheid, da er von falschen rechtlichen Voraussetzungen ausgegangen sei, und kündigte die Rückzahlung der Anerkennungsgebühr an.

Der Kl. verlangte zunächst die Zahlung seines Ruhegeldes für März und April 1954. LG und KG gaben der Klage statt (a). In einem weiteren Rechtsstreit klagte er sein Ruhegehalt für die Zeit vom Mai 1954 bis April 1955 ein; auch dieser Anspruch wurde in allen Instanzen zugesprochen (b).

a) Die Währungsumstellung der Ansprüche aus einem Versicherungsvertrag richtet sich nach dem Recht am Sitz der Versicherungsgesellschaft zur Zeit der Währungsreform oder nach dem Recht, das für den „Bestand" maßgebend ist, zu dem der Versicherungsvertrag gehört; ein Pensionsversicherungsvertrag gehört zum Bestand am Arbeitsort des Arbeitsnehmers. — Der Arbeitsort und nicht der Wohnsitz kann unter besonderen Umständen den wirtschaftlichen Mittelpunkt einer Person darstellen.

KG Berlin-West, Urt. v. 25. 10. 1954 — 4 U 1074/54: VersR 1955, 227.

Aus den Gründen:

„5. Der mit der Klage geltend gemachte Anspruch hängt im übrigen davon ab, ob der Kl. seine Anwartschaft aus dem vor dem 8. 5. 1945 begründeten Versicherungsverhältnis durch Zahlung der Anerkennungsgebühr aufrechterhalten hat. Dies ist zu bejahen. Hierfür ist nunmehr Art. 8 der Anlage zur neuen Satzung maßgebend. Dabei ist zunächst zu prüfen, ob diese Satzungsbestimmung mit den in Betracht kommenden Vorschriften der Währungsgesetze derart in Einklang steht, daß sie jedenfalls gegen zwingende Gesetzesvorschriften nicht verstößt. Andernfalls wäre diese Satzungsbestimmung, die die Rechte aus alten Versicherungsverhältnissen regelt, gemäß § 134 BGB nichtig. Für Versicherungsverhältnisse mit einem Versicherungsunternehmen, das, wie die Bekl., seinen Sitz zur Zeit der Währungsreform in Berlin hatte, ist Berliner Währungsrecht anzuwenden, wie der Senat bereits in seiner Entscheidung (VersR 1952, 162) angenommen hat. Im vorliegenden Falle gilt das gleiche, wenn man derjenigen Rechtsmeinung folgt, die Berliner Währungsrecht für Versicherungsverhältnisse, die zum sogenannten

Berliner Bestand gehören, anwendet. Die Pensionsversicherung des Kl., der unstreitig seit 1912 bei der Nebenintervenientin in Berlin beschäftigt war, gehört zum Berliner Bestand.

Die in West-Berlin geltende UVO enthält eine Vorschrift, die dem in der Bundesrepublik geltenden § 23 UG entspricht und sich auf Sozialversicherungen bezieht, nicht. Für die Bundesrepublik hat der BGH (VersR 1952, 42 = NJW 1952, 345) entschieden, daß für die Leistungen der Bekl. § 23 UG maßgebend sei. Mangels einer entsprechenden Vorschrift in der Berliner UVO für Sozialversicherungsleistungen bleibt nur möglich, für die Umstellung der Pensionsversicherung der Bekl. — jedenfalls soweit es den Berliner Bestand betrifft — die gesetzlichen Bestimmungen der Währungsgesetze und die ergänzenden Anordnungen der Versicherungsaufsichtsbehörde betreffend die Fortführung oder Aufrechterhaltung der Ansprüche aus privatrechtlichen Versicherungsverhältnissen entsprechend anzuwenden. Auf diese letzteren Bestimmungen verweist auch Art. 8 Satz 2 der Satzungsanlage ausdrücklich. Beide Parteien berufen sich in diesem Rechtsstreit für ihre Rechtsmeinung auch auf die Satzung der Bekl., und zwar zunächst auf § 64 der alten Satzung und nunmehr auf die entsprechende Vorschrift des Art. 8 der Anlage der neuen Satzung.

Die hier in Betracht kommende grundsätzliche gesetzliche Bestimmung enthält Absatz 54 UVO i. d. F. vom 28. 3. 1952 (VOBl West-Berlin 1952, 260). Diese Bestimmung hatte für Versicherungsansprüche von Versicherungsnehmern, die im Ostsektor von Berlin wohnten, besondere Bedeutung, seitdem Ende April 1949 im Ostsektor die VO zur Überführung der Konzerne und sonstigen wirtschaftlichen Unternehmen in Volkseigentum in Kraft getreten war (VOBl Ost-Berlin 1949, 112), durch die auch das Vermögen der Versicherungsunternehmen beschlagnahmt wurde. Es kann unterstellt werden, daß die Bekl., die ihr gesamtes Vermögen verloren haben will, auch Aktivvermögen im Ostsektor Berlins gehabt hat, über das sie nicht mehr verfügen kann. Dementsprechend steht die Vorschrift des Art. 8 der Satzungsanlage mit Absatz 54 UVO im Einklang. Darüber hinaus ist die Versicherungsaufsichtsbehörde durch § 29 der 4. DB zur UVO vom 5. 7. 1948 (VOBl 1948, 377) — entsprechendes gilt nach § 8 IV der 3. DVO zum UG — ermächtigt worden, weitere Vorschriften für einzelne Versicherungsunternehmen oder einzelne Versicherungsarten zu treffen, wenn die Aufsichtsbehörde dies zur Wahrung der Interessen der Versicherungsnehmer für erforderlich hält. Da die Aufsichtsbehörde die Satzungsbestimmung des Art. 8 der Anlage genehmigt hat, so kommt eine Nachprüfung der Genehmigung daraufhin, ob die tatsächlichen Voraussetzungen für den Erlaß einer solchen Satzungsbestimmung, die im Zusammenhang mit der Währungsreform eine besondere Regelung für Ansprüche aus alten Versicherungsverhältnissen vorsieht, vorliegen, nicht in Betracht. Dementsprechend ist die Rechtsgültigkeit des Art. 8 der Satzungsanlage nicht zweifelhaft (vgl. insofern die Ausführungen des BGH in seiner Entscheidung vom 13. 5. 1953 = VersR 1953, 249 = LM Nr. 1 zur 2. VOLRV[1]).

[1] IzRspr. 1945—1953 Nr. 169 b.

Der erwähnte Art. 8 bestimmt nun in seinem Satz 3 unabhängig von Satz 1 und 2 ‚außerdem', daß die Versicherungsverhältnisse der am 30. 6. 1945 bei Berliner Eisenbahnverwaltungen beschäftigten Mitglieder dann als erloschen gelten, wenn das Mitglied nicht bis zum 31. 12. 1954 die Aufrechterhaltung seiner Anwartschaft durch Zahlung einer Anerkennungsgebühr beantragt oder die ordentliche oder freiwillige Mitgliedschaft wiederherstellt. Diese Bestimmung des Satz 3 stellt entgegen den Bestimmungen in Satz 1 und 2 nicht auf den Wohnsitz des Mitgliedes ab. Das Versicherungsverhältnis des Kl., der die Anerkennungsgebühr bereits im Jahre 1953 gezahlt hatte, ist somit nicht erloschen.

Art. 8 Satz 1 bestimmt allerdings, daß Ansprüche aus vor dem 8. 5. 1945 begründeten Versicherungsverhältnissen vorläufig gegen die Bekl. nur noch geltend gemacht werden können, wenn der Berechtigte am Währungsstichtag seinen Wohnsitz im Währungsgebiet, d. h. im westlichen Währungsgebiet, hatte, und anschließend an Satz 1 verweist Satz 2 auf die entsprechende Anwendung der Bestimmungen der Währungsgesetze über Aufrechterhaltung der Ansprüche aus privatrechtlichen Versicherungsverhältnissen. Es ist daher zu prüfen, wie diese beiden Sätze des Art. 8 auszulegen sind. Die wörtliche Auslegung würde Ansprüche des Kl. vorläufig ausschließen, weil er seinen Wohnsitz unstreitig seit jeher, also auch am Währungsstichtag — gleichgültig welcher Tag damit in Art. 8 gemeint ist —, außerhalb des Währungsgebietes, nämlich im Ostsektor Berlins, hatte. Diese wörtliche Auslegung knüpft an den Begriff des Wohnsitzes im Sinne von § 7 BGB an, wonach zum Begriff des Wohnsitzes die Begründung einer ständigen Niederlassung irgendwelcher Art gehört. In diesem Sinne hatte und hat der Kl. nur im Ostsektor Berlins einen Wohnsitz. Der Begriff des Wohnsitzes ist aber nicht schlechthin und notwendig in allen Gesetzen der gleiche. Einen besonderen Wohnsitzbegriff kennt z. B. das Steuer- und Devisenrecht (vgl. *Enneccerus-Nipperdey*, Bürgerliches Recht Allgemeiner Teil I 376). Auch für die Währungs- und Umstellungsvorschriften und somit auch für den gesamten Art. 8 der Satzungsanlage der Bekl. muß der Begriff des Wohnsitzes ausnahmsweise weiter als im BGB aufgefaßt werden, um im Einzelfall schlechthin unbillige Entscheidungen zu vermeiden. Dabei sind folgende Erwägungen maßgebend: Die Währungsgesetze haben davon abgesehen, die Auswirkungen der Währungsreform auf die bestehenden Versicherungsverhältnisse im vollen Umfange selbst zu regeln, sondern sie haben, wie dargelegt, die Versicherungsaufsichtsbehörden ermächtigt, ergänzende Bestimmungen zu erlassen. Wenn der Gesetzgeber dies ausnahmsweise getan hat, so deshalb, weil die Aufsichtsbehörden mit den beaufsichtigten Versicherungsunternehmen eng zusammenarbeiten und die Notwendigkeit einer besonderen Regelung aus Anlaß der Währungsreform nach Meinung des Gesetzgebers am besten zu beurteilen in der Lage sind. Die Aufsichtsbehörde ist dabei wesentlich auf die von den Versicherungsunternehmen gemachten tatsächlichen Angaben angewiesen, und die Meinung der Versicherungsunternehmen selbst ist dabei für die Regelung seitens der Versicherungsaufsichtsbehörden von wesentlicher Bedeutung, inwieweit es für das einzelne Unternehmen tragbar ist,

Ansprüche aus früheren Versicherungsverhältnissen zu befriedigen. Entscheidendes Gewicht kommt für die Abwicklung alter Versicherungsverhältnisse, die zum Berliner Bestand gehören, daher der im Geschäftsbericht der Vereinigung der Versicherungsunternehmen e. V. in Berlin von 1950/51 zur Frage der rechtlichen Bedeutung des Wohnsitzes auf Seite 119 bis 130, insbesondere Seite 127 bis 130, geäußerten Rechtsmeinung zu, denn sie berücksichtigt die besonderen Verhältnisse der Versicherungsunternehmen. Diese Rechtsmeinung geht dahin, daß der bürgerlich-rechtliche Begriff des Wohnsitzes für die Zwecke des Absatz 54 UVO zu eng ist und daß die Formulierung, wie sie Absatz 54 a UVO und die späteren AOen des Berliner Aufsichtsamtes zur Frage der aus dem Versicherungsvertrag Berechtigten getroffen haben, einer Ergänzung in besonderen Fällen bedarf. Nur solche Personen sollten, sofern sie außerhalb des Währungsgebietes wohnen, mit ihren Rechten auf Leistung aus früheren Versicherungsverträgen ausgeschlossen werden, bei denen der wirtschaftliche Mittelpunkt ihres Lebens im Osten liegt. Der wirtschaftliche Mittelpunkt liegt, wie dort zutreffend Seite 128 gesagt ist, für Lohn- und Gehaltsempfänger dort, wo sie ihren Arbeitsplatz haben. In diesem Zusammenhang ist auch bedeutsam, daß die Bekl. selbst in ihrem Schriftwechsel mit der Nebenintervenientin zur Frage des Wohnsitzbegriffes in der Satzung der Bekl. die Auffassung vertreten hat, dieser Begriff sei weit auszulegen.

Dafür, daß der Währungsgesetzgeber den außerhalb des Währungsgebietes wohnhaften Berechtigten aus Versicherungsverträgen nicht ausnahmslos die Geltendmachung ihrer Versicherungsansprüche in Absatz 54 a Satz 2 UVO vorläufig versagt hat, sprechen auch die ergänzenden Bestimmungen zu Absatz 54, die die DB Nr. 3 zur UVO vom 20. 1. 1950 (VOBl West-Berlin 1950, 42), insbesondere im Art. 7 Ziffer 4, enthält. Dort ist bestimmt, daß zwar grundsätzlich Verbindlichkeiten aus Versicherungsverträgen in die Umstellungsrechnung nach Absatz 54 UVO nicht aufzunehmen sind, wenn deren Berechtigte außerhalb des Währungsgebietes wohnen und in diesem außerhalb des Währungsgebietes gelegenen Gebiet Aktiva des Versicherungsunternehmens enteignet und beschlagnahmt sind. Es heißt dort jedoch, daß diese Verbindlichkeiten dann in die Umstellungsrechnung aufzunehmen sind, wenn Versicherungsverträge solcher Berechtigten im Währungsgebiet durch Beitragsleistung nach der Enteignung oder Beschlagnahme von Vermögenswerten des Versicherungsunternehmens fortgeführt worden sind. Ergibt diese Bestimmung auch nicht unmittelbar etwas für den Anspruch des Kl., der das Versicherungsverhältnis durch Beitragszahlung nicht fortgeführt hat, so gibt auch diese Regelung einen Anhalt dafür, daß der Währungsgesetzgeber und die Versicherungsaufsichtsbehörde bei Anwendung des Absatz 54 UVO den Wohnsitzbegriff nicht eng ausgelegt wissen wollen. Es bedarf danach nicht der vom LG in seinem Urteil angestellten Erwägungen über die Behandlung von Gruppenversicherungen, dementgegen die Bekl. zutreffend darauf hinweist, daß die Nebenintervenientin für ihre Angehörigen keine solche Gruppenversicherung bei der Bekl. abgeschlossen hat. Die dargelegten allgemeinen Erwägungen, insbesondere aus

Kreisen der Versicherungsunternehmen selbst, genügen, um für den vorliegenden Fall den Begriff des Wohnsitzes im Sinne von Art. 8 der Satzungsanlage weit auszulegen.

Wesentlich ist insofern folgendes: Der Kl. macht einen Versicherungsanspruch geltend, der in engem Zusammenhang mit seiner Berufstätigkeit steht. Seit mehr als 40 Jahren ist der Kl. ununterbrochen bei der Nebenintervenientin tätig gewesen und mit Erreichung des 65. Lebensjahres in den Ruhestand versetzt worden. Er hat noch 5½ Jahre seit der Währungsreform bei der VG gearbeitet. Der Kl. hat somit insbesondere auch durch die Länge seiner Dienstzeit seinen wirtschaftlichen Mittelpunkt bei der im Westsektor Berlins gelegenen Verwaltungsstelle der Nebenintervenientin begründet gehabt. Es würde eine innere Rechtfertigung dafür fehlen, ihn wegen seiner Pensionsansprüche gegen die Bekl. anders zu behandeln, als einen Angestellten der Nebenintervenientin, der im Westsektor seine Wohnung hat. Dabei dürfen die tatsächlichen Verhältnisse nicht außer acht gelassen werden, daß zur Zeit, als der Kl. seine Wohnung im jetzigen Ostwährungsgebiet Berlins bezog, jedermann die Wahl einer Wohnung innerhalb des ganzen Raumes von Groß-Berlin freistand. Es ist hier nicht zu entscheiden, ob der Kl. einen Ruhegeldanspruch gegen die Bekl. geltend machen könnte, wenn er seit 1945 oder seit der Spaltung der Stadt in zwei Währungsgebiete bei der Nebenintervenientin nicht mehr tätig gewesen wäre. Der Kl., der bis zum 31. 1. 1954, also auch lange Zeit nach der Währungsreform, bei der Nebenintervenientin tätig war, kann hinsichtlich seiner Pensionsansprüche nicht anders behandelt werden als ein — zufällig — im Westsektor wohnender Betriebsangehöriger. Allen Betriebsangehörigen der VG (Westberliner Verwaltung) muß die gleiche Möglichkeit der Aufrechterhaltung ihrer Anwartschaft aus der Pensionsversicherung gerechterweise gewährt werden. Eine andere, enge Auslegung des Wohnsitzbegriffes in Art. 8 der Satzungsanlage müßte dahin führen, diese Bestimmung insofern als gegen die guten Sitten verstoßend und somit als nichtig anzusehen.

Der Kl. war danach berechtigt, die Anwartschaft seiner Pensionsversicherung durch Zahlung einer Anerkennungsgebühr aufrechtzuerhalten."

b) Bei Pensionskassen mit Zwangsbeitritt gelten als Versicherungsnehmer sowohl der versicherte Arbeitnehmer als auch der die Versicherung veranlassende Arbeitgeber; solche Versicherungen werden daher auch dann aufrechterhalten, wenn zwar der Arbeitnehmer seinen Wohnsitz in der Sowjetzone hat, der Sitz des Arbeitgebers sich dagegen in West-Berlin oder Westdeutschland befindet.

BGH, Urt. v. 24. 6. 1957 — II ZR 43/56: VersR 1957, 475; AP Nr. 30 zu § 242 BGB (zust. *Molitor*); ROW 1957, 200 (zust. *Mampel*); Auszüge in LM Nr. 1 zu Lebensversicherungs-RegelungsG; BB 1957, 751; Leitsatz in RdA 1958, 77.

Aus den Gründen:

„2. Die in Art. 8 der Anlage zu § 58 der neuen Satzung der Bekl. in Bezug genommenen ‚Bestimmungen der Währungsgesetze über die Aufrechterhaltung der Ansprüche aus privatrechtlichen Versicherungsverhältnissen' sind jetzt in dem BundesGes. zur Regelung von Ansprüchen aus Lebens- und Rentenversicherungen vom 5. 8. 1955 (BGBl I 474) niedergelegt, das nach dem Berliner Ges. vom 5. 8. 1955 (GVOBl Berlin 1955, 981) auch in Berlin Anwendung findet. Entgegen der Auffassung der Revision handelt es sich in der Tat auch bei diesem Gesetz um ein, Währungsgesetz über die Aufrechterhaltung der Ansprüche aus privatrechtlichen Versicherungsverhältnissen', wie schon die rechtsgeschichtliche Entwicklung zeigt. Die Regelung der Ostversicherungen war von Anfang an eng mit der Währungsumstellung verknüpft. Die erste grundsätzliche Regelung hierüber wurde in § 24 VI des UG bzw. in Ziffer 50 der Berliner UVO getroffen. Sie wurde dann durch die 2. VOLRV (vgl. BGH, VersR 1953, 249[1]) bzw. durch die AO des Berliner Aufsichtsamts für das Versicherungswesen vom 26. 3. 1949 (VOBl Berlin 1950 I 107) ergänzt. Diese Regelung wurde schließlich unter Anpassung an die inzwischen geänderten Verhältnisse durch das genannte Ges. vom 5. 8. 1955 ersetzt. Dieses Gesetz stellt also insoweit eine nachträgliche Korrektur der Währungsgesetzgebung dar und bildet damit einen Teil von ihr (*Arnold*, VeröffBAV 1955, 286 [287]; *Fleischmann*, Deutsches Bundesrecht III J 39, 7; *Adler*, VW 1955, 392). Daß das Ges. vom 5. 8. 1955 erst nach dem Inkrafttreten der neuen Satzung der Bekl. ergangen ist, hindert seine Anwendbarkeit auch auf das streitige Versicherungsverhältnis schon deshalb nicht, weil die Bekl. gar nicht in der Lage gewesen wäre, die bei ihr begründeten Versicherungsverhältnisse dieser zwingenden gesetzlichen Regelung zu entziehen (BGH, VersR 1956, 363).

3. Das Ges. vom 5. 8. 1955 knüpft die Aufrechterhaltung von Ansprüchen aus laufenden Versicherungen in § 2 a an die Voraussetzung, daß der Versicherungsnehmer an dem maßgebenden Stichtag seinen Wohnsitz oder dauernden Aufenthalt in dem dort bezeichneten Gebiet hatte, zu dem zwar die Westsektoren gehören, nicht aber dessen Ostsektor. Das Berufungsgericht meint, daß dieser Begriff des Wohnsitzes weit auszulegen sei und daß von ihm auch der Arbeitsplatz des Versicherungsnehmers als der wirtschaftliche Mittelpunkt seines Lebens erfaßt werde. Ob eine solche Auslegung in dieser Allgemeinheit richtig ist, bedarf hier keiner Entscheidung, weil für die bei der Bekl. vor dem Zusammenbruch begründeten Versicherungsverhältnisse schon folgende Erwägungen zu demselben Ergebnis führen:

a) Die bekl. Pensionskasse hat den Zweck, die Altersversorgung der Belegschaftsangehörigen der an der Bekl. beteiligten Privateisenbahnen sicherzustellen. Zur Erreichung dieses Zwecks haben die Eisenbahnverwaltungen, die der Bekl. beigetreten sind, ihre in Betracht kommenden Betriebsangehörigen zum Beitritt zu der Bekl. zu verpflichten. Die Mittel,

---

[1] IzRspr. 1945–1953 Nr. 169 b.

aus denen die Bekl. ihre Versicherungsleistungen bestreitet, stammen zum überwiegenden Teil aus den Zuschüssen der beteiligten Eisenbahnverwaltungen. Diese haben demgemäß auch nach der Satzung einen maßgebenden Einfluß auf die Organisation und Verwaltung der Bekl. und damit auch auf die satzungsmäßige Gestaltung der bei ihr begründeten Versicherungsverhältnisse. Damit weist aber die Bekl. die typischen Wesenszüge einer Pensionskasse mit Zwangsbeitritt auf, die darin bestehen, daß der Abschluß der Einzelversicherungen auf den Willen des Arbeitgebers zurückzuführen ist, daß die Beiträge zu einem großen Teil von ihm bezahlt werden und daß die Arbeitgeber bei der satzungsmäßigen Gestaltung der Versicherungsverhältnisse beteiligt sind. Gerade wegen dieser typischen Wesensmerkmale der Pensionskasse mit Zwangsbeitritt war es aber schon zur Zeit der Geltung der 2. VOLRV allgemein, insbesondere auch von allen Versicherungsaufsichtsbehörden einschließlich der von Berlin, anerkannt, daß bei ihnen als Versicherungsnehmer neben den Versicherten selbst auch die Betriebe anzusehen sind, so daß also die Versicherungen auch dann aufrechterhalten bleiben, wenn zwar der Versicherte selbst am Stichtag im Ausschlußgebiet wohnte, aber sein Betrieb, in dem er arbeitete, seinen Sitz im Währungsgebiet hatte (VeröffBAV 1948, 82; 1950, 9; Veröffentlichungen des Aufsichtsamts Berlin 1951, 16; BGH, VersR 1953, 249[1]; *Hartmann-Metsch*, Lebensversicherungsverträge in der Währungsumstellung[2], 75; *Rolcke*, Wille, Wege und Wandlungen, VW Heft 6, 136; *Krumbach*, Sonderdienst für betriebliche Altersversorgung, BB 1953, 38). Da das die 2. VOLRV ablösende Ges. vom 5. 8. 1955 die bisherige Rechtslage der Anspruchsberechtigten nicht verschlechtern will, gilt dies unverändert auch unter seinem Wirkungsbereich (vgl. *Arnold*, VeröffBAV 1955, 286 [287]).

Entgegen der Meinung der Bekl. beschränkt sich die Geltung dieses Rechtsgrundsatzes auch nicht etwa auf die reinen Betriebspensionskassen, die nur die Angehörigen eines bestimmten einzelnen Betriebes erfassen, sondern erstreckt sich in gleicher Weise auf überbetriebliche Pensionskassen mit Zwangsbeitritt nach Art der Bekl., weil die hierfür entscheidenden, oben angeführten Wesenszüge bei beiden dieselben sind. Es liegt ja auch kein innerer Grund vor, der es rechtfertigen könnte, die Versicherten einer überbetrieblichen Pensionskasse mit Zwangsbeitritt schlechter zu stellen als die Versicherten einer Pensionskasse für einen einzelnen Betrieb.

b) Der Bekl. kann auch nicht in ihrer Auffassung gefolgt werden, daß jener Rechtsgrundsatz jedenfalls auf das Versicherungsverhältnis des Kl. nicht anwendbar sei, weil sein Arbeitgeber, die Nebenintervenientin, seit dem Vergleich vom 30. 3. 1939 nicht mehr zu den an der Bekl. beteiligten Verwaltungen gehört. In jenem Vergleich ist ausdrücklich bestimmt, daß die bei der Bekl. versicherten Gefolgschaftsangehörigen dieses Unternehmens weiter ordentliche Mitglieder der Bekl. mit allen satzungsmäßigen Rechten und Pflichten bleiben sollten (vgl. dazu auch BGH vom 13. 10. 1955 — II ZR 29/54). Diese Betriebsangehörigen, zu denen auch

[1] IzRspr. 1945—1953 Nr. 169 b.

der Kl. gehört, blieben hiernach ungeachtet des Ausscheidens der Nebenintervenientin aus der Bekl. in jeder Hinsicht den übrigen ordentlichen Mitgliedern gleichgestellt. Infolgedessen können sie auch jetzt bei Anwendung des Art. 8 der Anlage zu § 58 der neuen Satzung nicht schlechter als diese behandelt werden. Demgemäß konnte auch der Kl. seine Anwartschaft nach dieser Bestimmung durch Zahlung einer Anerkennungsgebühr aufrechterhalten, weil sein Arbeitsbetrieb, die Nebenintervenientin, den Sitz in West-Berlin hat.

c) Das Berufungsgericht hat schließlich auch mit Recht den Einwand der Bekl. und der Nebenintervenientin zurückgewiesen, daß die Zuerkennung eines Ruhegeldanspruchs an den Kl. gegen die Bekl. nicht der Billigkeit entspreche. Es ist in der Tat kein innerer Grund ersichtlich, der es rechtfertigen könnte, die bei der Nebenintervenientin in West-Berlin tätigen, aber zufällig im Ostsektor Berlins wohnenden Versicherten der Bekl. hinsichtlich ihres Ruhegeldes schlechter zu stellen als die in demselben Westberliner Betrieb tätigen, aber in West-Berlin wohnenden Versicherten oder als die bei dem Ostberliner Teil des Unternehmens tätigen, aber in West-Berlin wohnenden Versicherten. Dies ließe sich nur rechtfertigen, wenn nach den Währungsbestimmungen Versicherungsleistungen westlicher Versicherer an Anspruchsberechtigte, die im Ostsektor Berlin wohnen, überhaupt unzulässig wären. Das ist aber nicht der Fall (Art. II des Berliner Ges. vom 3. 12. 1955 und Rundschreiben des Berliner Aufsichtsamtes für das Versicherungswesen R 2/50 — Berlin 1950, Veröffentlichungen des Aufsichtsamts Berlin 1950, 3). Nach den zutreffenden Ausführungen des Berufungsgerichts wird die Rechtswirksamkeit des Versicherungsanspruchs des Kl. gegen die Bekl. auch nicht davon berührt, ob er außerdem auch noch Sozialversicherungsansprüche gegen den Ostberliner Sozialversicherungsträger hat, wie die Bekl. und die Nebenintervenientin behaupten; denn da solche etwaigen Sozialversicherungsansprüche auf einer ganz anderen Rechtsgrundlage beruhen, können die unabhängig hiervon aus einem Privatversicherungsverhältnis begründeten Versicherungsansprüche gegen die Bekl. dadurch nicht beeinträchtigt werden (vgl. auch BGH, VersR 1952, 44). Die Bekl. und die Nebenintervenientin halten ferner die Zuerkennung des Ruhegeldanspruchs des Kl. gegen die Bekl. aus dem Grunde für unbillig, weil der Kl. daneben auch noch aus einer vorläufigen Ruhegeldeinrichtung der Nebenintervenientin Ruhegeld bezieht. Dieser Einwand ist aber schon deshalb unbeachtlich, weil dem Kl. unstreitig auf dieses Ruhegeld alle Versicherungsleistungen der Bekl. im vollen Umfang angerechnet werden, so daß dadurch auch keine Doppelbelastung der Nebenintervenientin eintritt."

102. Die Erklärung der sowjetischen Besatzungsmacht, daß sie einen bestimmten Betrag als Schadensersatz für die Beschädigung eines Militärfahrzeuges bei einem Unfall verlange, ist einer Einigung über oder einer rechtskräftigen Feststellung der Schadensersatzforderung nicht gleichzustellen. — Der Haftpflichtversicherer hat dem Versicherten auch

gegenüber Ansprüchen der sowjetischen Besatzungsmacht Versicherungsschutz zu gewähren; unerheblich ist es, ob die sowjetische Besatzungsmacht das an dem Unfall beteiligte Fahrzeug des Versicherten zur Dekkung ihrer Schadensersatzforderung beschlagnahmt hat.

BGH, Urt. v. 20. 2. 1956 — II ZR 53/55: VeröffBAV 1956, 88; VersR 1956, 186; LM Nr. 3 zu § 149 VVG; NJW 1956, 826.

Der Kl. ist Halter eines Fernlastzuges, der im Interzonenverkehr eingesetzt war; er ist bei der Bekl. gegen Haftpflicht versichert. Am 5. 10. 1952 stieß der Lastzug des Kl. im Gebiet der Sowjetzone mit einem Armeefahrzeug der sowjet. Besatzungsmacht zusammen; es entstand Personen- und Sachschaden. Der Fahrer des Lastzuges wurde durch ein sowjet. Militärgericht zu einer längeren Freiheitsstrafe verurteilt. In einem Schreiben der sowjet. Kontrollkommission heißt es, daß der dem sowjet. Eigentum zugefügte Schaden 20287 DM betrage; bis zur Befriedigung dieser Schadensersatzforderung seien der Lastzug und die Fracht in Verwahrung genommen worden.

Der Kl. hat beantragt, die Bekl. in erster Linie zur Zahlung von 20287 DM an die sowjet. Kontrollkommission zu verurteilen; hilfsweise bittet er festzustellen, daß die Bekl. ihm für den Haftpflichtschaden Versicherungsschutz und Deckung zu gewähren habe.

Das LG hat die Klage abgewiesen; das OLG (Hamm, 22. 11. 1954, VersR 1955, 167) hat dem Hauptantrag des Kl. stattgegeben. Auf die Revision der Bekl. wurde dem Hilfsantrag des Kl. stattgegeben.

Aus den Gründen:

„1. Das Berufungsgericht sieht schon den auf Zahlung der angeblichen Schadensumme an die sowjet. Kontrollkommission gerichteten Hauptantrag des Kl. als begründet an. Es geht zunächst zutreffend davon aus, daß der Streit darüber, ob und in welchem Umfang der Versicherungsnehmer dem Geschädigten haftet, ausschließlich im Haftpflichtprozeß zwischen diesen Personen und nicht im Deckungsprozeß zwischen Versicherungsnehmer und Versicherer auszutragen ist (RGZ 154, 340 u. a.; ständige Rechtsprechung). Eine vorgängige gerichtliche Entscheidung über die Haftpflichtfrage hält es jedoch gemäß der Rechtsprechung des RG (RGZ 141, 185 [190]; 113, 286 [290] u. a.) dann nicht für erforderlich, wenn sie im Einzelfall auf Grund ungewöhnlicher Umstände, wie sie hier vorlägen, nicht erreichbar sei. Das Berufungsgericht hat daher versucht, die Haftpflichtfrage im vorliegenden Deckungsprozeß zu klären; nach seinen weiteren Ausführungen sei das aber nicht gelungen, weil die Beweisaufnahme kein hinreichend sicheres Bild vom Unfallsgeschehen vermittelt habe. Gleichwohl könne der Kl. die Versicherungsleistung der Bekl. verlangen. Da nämlich die Versicherung nach § 2 I AKB [Allgemeine Kraftfahrzeugbedingungen] für ganz Europa gilt, habe sich die Bekl. etwa bestehenden Besonderheiten des Rechtsganges, denen der Versicherungsnehmer bei Fahrten in andere Länder oder Besatzungsgebiete unterliege, unterworfen. Die vom deutschen Richter nicht nachprüfbare Schadenfestsetzung durch die sowjet. Besatzungsmacht habe auch der Bekl. gegenüber urteilsähnliche Wirkung. Daraus rechtfertige sich die entsprechende Anwendung des § 156 II VVG mit der Folge, daß die Bekl. auf Verlangen des Kl. verpflichtet sei, den von der sowjet. Kontrollkommission geforderten Schadenbetrag an diese auszuzahlen.

Diese Ausführungen sind rechtlich nicht haltbar. Der Versicherungsanspruch geht bei der Haftpflichtversicherung nicht auf Zahlung, sondern grundsätzlich nur auf Befreiung des Versicherungsnehmers oder Versicherten von der auf ihm lastenden Haftpflichtschuld. Zahlung an sich kann der Versicherungsnehmer nur unter der Voraussetzung verlangen, daß er selbst den Haftpflichtgläubiger in zulässiger Weise befriedigt hat (§ 154 VVG); Zahlung an den Geschädigten kann er nach § 156 II VVG erst dann beanspruchen, wenn der Streit über das Bestehen der Schadenersatzforderung durch Vergleich, Anerkenntnis oder rechtskräftiges Urteil erledigt ist (BGHZ 15, 154; 7, 244; BGH, VersR 1954, 578; *Sieg*, Ausstrahlungen der Haftpflichtversicherung 167f.). Diese Voraussetzungen sind im vorliegenden Fall nicht erfüllt. Es kann dahingestellt bleiben, ob die von einer Besatzungsbehörde im Rahmen ihrer Zuständigkeit und unter Beachtung des nach Besatzungsrecht hierfür vorgesehenen Verfahrens getroffene Verwaltungsentscheidung, welche die Schadenersatzpflicht eines Deutschen nach Grund und Höhe feststellt, einem rechtskräftigen Urteil im Sinne des § 156 II VVG gleichzusetzen wäre und inwieweit bei Erlaß des Berufungsurteils Hoheitsakte der sowjet. Besatzungsmacht auch für die Gerichte der Bundesrepublik verbindlich waren. Denn ein solcher besatzungsrechtlicher Akt liegt hier nach den Feststellungen des Berufungsgerichts gar nicht vor. Das Schreiben der sowjet. Kontrollkommission vom 12. 2. 1953 enthält nichts anderes als die einseitige Erklärung, daß ein bestimmter Schadensersatzbetrag gefordert werde; auf welcher tatsächlichen und rechtlichen Grundlage dieser im einzelnen nicht näher erläuterte Anspruch ermittelt worden ist und ob überhaupt ein förmliches Schadensfestsetzungsverfahren stattgefunden hat, ist daraus nicht ersichtlich. Da hiernach die Voraussetzungen des § 156 II VVG hier nicht vorliegen, ist das Urteil des LG insoweit im Ergebnis richtig, als es den Hauptantrag des Kl. abgewiesen hat.

2. Hingegen ist der Hilfsantrag des Kl. auf Feststellung, daß die Bekl. ihm Versicherungsschutz gewähren müsse, nach dem unstreitigen Sachverhalt begründet. Der Anspruch auf Versicherungsschutz setzt lediglich voraus, daß ein Dritter auf Grund gesetzlicher Haftpflichtbestimmungen privatrechtlichen Inhalts Entschädigungsansprüche gegen den Versicherungsnehmer, den Halter oder den berechtigten Fahrer erhebt (§ 10 I AKB); er hängt nicht davon ab, ob diese Ansprüche auch wirklich begründet sind, sofern sie nur auf einen unter die Haftpflichtversicherung fallenden Tatbestand gestützt werden (RGZ 154, 340; 152, 235 [240]; 148, 282; a. M. *Prölß*, VVG[8] § 149 Anm. 5B). Zu Unrecht bezweifelt die Revision, daß die sowjet. Kontrollkommission hier einen privatrechtlichen Haftpflichtanspruch im Sinne des § 10 AKB geltend macht. Die Forderung von 20287 DM wird auf die Behauptung gestützt, daß beim Betrieb eines dem Kl. gehörigen Kraftfahrzeugs an sowjet. Militäreigentum ein Schaden in dieser Höhe entstanden sei, also auf einen Sachverhalt, der nach dem sowohl in der Bundesrepublik als auch in der Sowjetzone geltenden bürgerlichen Recht Entschädigungsansprüche gegen den Kraftfahrzeughalter und

seinen Fahrer auslösen kann. Soweit der Anspruch auf Schadenersatz in Frage steht, verfolgt die sowjet. Behörde keine hoheitlichen Ziele, sondern rein fiskalische Belange. Daß sie diese unter Einsatz ihrer Machtmittel zwangsweise durchzusetzen versucht, berührt die privatrechtliche Natur ihres Anspruches ebensowenig wie etwa der Versuch eines Geschädigten, seine Ersatzforderung gegen den Schädiger im Wege eines Arrestes sichern zu lassen. Erst recht kann entgegen der Ansicht von *Sasse* (VersR 1955, 168) nicht zweifelhaft sein, daß die sowjet. Besatzungsmacht in den Schutzbereich des Versicherungsvertrages fallende Haftpflichtansprüche ‚erhoben' hat. Jede ernstliche Erklärung des Verletzten, aus der der Versicherungsnehmer ersieht, daß der Verletzte Ersatzansprüche gegen ihn geltend machen wolle, reicht aus, um den Versicherungsanspruch aus § 10 AKB entstehen zu lassen (vgl. RGZ 152, 235 [241]). Diese Erklärung kann ausdrücklich oder auch durch schlüssige Handlungen erfolgen. Im übrigen setzt die Feststellungsklage auf Gewährung von Versicherungsschutz nicht einmal unbedingt voraus, daß der Verletzte bereits Ansprüche erhoben hat; es genügt, daß sie mit einer gewissen Wahrscheinlichkeit zu erwarten sind (*Stiefel-Wussow*, AKB³ § 10 Anm. 4). Wie es in dem Schreiben der sowjet. Kontrollkommission heißt, haben die sowjet. Militärbehörden gegen den Fahrer des Kl. eine Schadenersatzforderung gestellt und den Lastzug beschlagnahmt, um diesen Anspruch sicherzustellen. Durch dieses Vorgehen haben sie mit aller Deutlichkeit zu verstehen gegeben, daß sie den Eigentümer und den mitversicherten Fahrer des Lastzuges für die Schadenfolgen haftbar machen wollten.

Ihrer somit bestehenden Verpflichtung, dem Kl. Versicherungsschutz zu gewähren, kann sich die Bekl. nicht deswegen entziehen, weil die Feststellung des Versicherungsfalles und die Auseinandersetzung mit dem Geschädigten hier besonders schwierig sein mögen. Es ist nicht Sache des Versicherungsnehmers, sondern des Versicherers, solche Schwierigkeiten zu überwinden. . . .

3. Auf die Ausschlußbestimmung des § 2 Ziffer 3a AKB kann sich die Bekl. nicht berufen. Bei dem Tatbestand, auf Grund dessen der Kl. Versicherungsschutz begehrt, handelt es sich nach den insoweit zutreffenden Ausführungen des Berufungsgerichts nicht um einen Schaden, der unmittelbar oder mittelbar mit einer Verfügung von hoher Hand zusammenhängt. Soweit die Haftpflichtversicherung in Betracht kommt, besteht der von der Bekl. zu deckende Schaden des Kl. darin, daß er von der sowjet. Kontrollkommission auf Grund des Verkehrsunfalls vom 5. 10. 1952 auf Schadenersatz in Anspruch genommen und sein Vermögen dadurch belastet wird (BGHZ 15, 154 [158]). Die Beschlagnahme des Fahrzeugs, die als solche zweifellos eine Verfügung von hoher Hand darstellt, ist aber keine Ursache, sondern eine Folge dieses Schadens. Sie ist lediglich ein Mittel, um die das Vermögen des Kl. belastenden Haftpflichtansprüche zu sichern. Der abweichenden, im Hinblick auf das vorliegende Berufungsurteil vertretenen Ansicht von *Stiefel-Wussow* (aaO § 2 Anm. 46) kann nicht gefolgt werden. Die Rechtsprechung, auf die sich die Revision in diesem Zusammenhang beruft, betrifft die

ganz anders gelagerten Rechtsverhältnisse bei der Kaskoversicherung und ist daher für den vorliegenden Fall nicht verwertbar.

4. Da die Bekl. sich weigert, dem Kl. Versicherungsschutz zu gewähren, hat dieser ein rechtliches Interesse daran, daß diese Verpflichtung der Bekl. alsbald durch Urteil festgestellt wird (§ 256 ZPO). Seinem Hilfsantrag war daher stattzugeben und die Revision der Bekl. insoweit zurückzuweisen."

103. Die Rechtswirksamkeit der Neuordnung des Versicherungswesens in der Ostzone kann nicht in Zweifel gezogen werden. — Trotz Übernahme selbständiger Versorgungseinrichtungen in die Sozialversicherung der Sowjetzone sind Ansprüche der Versicherten gegen die Versorgungseinrichtung nicht erloschen, wenn die Übernahme erfolgte, nachdem der Berechtigte seinen Wohnsitz nach Westdeutschland verlegt hatte. — Enteignungsmaßnahmen in der Sowjetzone berühren weder das Vermögen noch den rechtlichen Bestand von Versorgungseinrichtungen.

OLG München. Urt. v. 28. 3. 1957 — 1 U 1582/56: VersR 1957, 473 (krit. *Deiters*); ROW 1959, 35[1] (krit. *Mampel*).

Die Kl., deren im Jahre 1944 verstorbener Ehemann Bezirksschornsteinfegermeister und Mitglied der Bekl., des Versorgungsvereins Deutscher Schornsteinfegermeister, war, hatte bis zum 31. 7. 1945 von der Bekl. Versorgungsbezüge erhalten. Die Kl., die bis 1945 in S. (östlich der Oder-Neiße-Linie) und bis 1949 in C. (sowjet.) lebte, kam 1949 in das Bundesgebiet. Sie klagt auf Auszahlung ihrer Witwenrente. LG und OLG gaben der Klage statt.

Aus den Gründen:

„Nach der amtlichen Begründung (Bundestags-Drucksache Nr. 1142) hat das Ges. vom 5. 8. 1955 die Aufgabe, die Härten der Währungsgesetze, insbesondere der 1. VOLRV sowie der 2. VOLRV für Versicherte, die am Währungsstichtag außerhalb des Währungsgebietes ihren Wohnsitz hatten, zu mildern und zu beseitigen und die Bestimmungen den Verhältnissen, wie sie sich aus der verschiedenen Behandlung der Versicherungsverhältnisse in der Bundesrepublik und der sowjet. Besatzungszone ergeben, anzupassen. Während nach § 24 VI UG alle Verbindlichkeiten von Versicherungsunternehmen mit dem Sitz im Währungsgebiet zum Währungsstichtag erloschen sind, soweit diese Verbindlichkeiten auf Grund eines außerhalb des Währungsgebiets ergangenen Gesetzes auf ein anderes Unternehmen übertragen worden sind, bestimmten die 1. und 2. VOLRV darüber hinaus das Erlöschen jeglicher Versicherungsansprüche von Versicherungsnehmern mit dem Wohnsitz außerhalb des Währungsgebietes ohne Rücksicht auf eine Übertragung dieser Verbindlichkeiten auf ein anderes Unternehmen außerhalb des Währungsgebietes. Demgegenüber sieht das Ges. vom 5. 8. 1955 in Übereinstimmung mit § 24 VI UG, aber unter Aufhebung der weitergehenden Bestimmungen der 2. VOLRV (§ 15 des Ges. vom 5. 8. 1955) ein Erlöschen der Verbindlichkeiten aus einem mit einer im

[1] Hier unter dem Datum vom 28. 2.

Währungsgebiet zugelassenen Versicherungsanstalt in RM abgeschlossenen Versicherungsverhältnis mit Wirkung vom 21. 6. 1948 nur noch vor, wenn und soweit das Versicherungsverhältnis auf ein Versicherungsunternehmen außerhalb des Währungsgebietes übertragen oder durch einen Vertrag mit einem Versicherungsunternehmen außerhalb des Geltungsbereichs des Gesetzes ersetzt worden ist. In diesen Fällen besteht für den Gesetzgeber der Bundesrepublik kein Grund, die erloschenen Ansprüche wieder aufleben zu lassen und neben der außerhalb des Währungsgebiets bereits bestehenden Leistungspflicht auch noch eine solche im Währungsgebiet zu begründen. Der Wille des Gesetzgebers geht offensichtlich dahin, dem Versicherungsnehmer weitgehend Versicherungsschutz zu gewähren und ihn vor den Zufälligkeiten, die sich aus der Teilung Deutschlands, der Währungsreform und den Kriegsfolgen ergeben, zu bewahren. Dazu besteht aber kein Anlaß, wenn der Versicherungsnehmer seines Versicherungsschutzes nicht verlustig gegangen ist, weil seine Versicherungsansprüche durch Übertragung der Versicherungsaufgaben des bisherigen Versicherungsträgers auf einen anderen bestehen geblieben sind. In allen anderen Fällen sollten in Anpassung an die gewandelten Verhältnisse die Versicherungsansprüche allgemein wiederaufleben, soweit nicht die Vorschriften des § 24 VI UG und des § 6 I Satz 1 des Ges. vom 5. 8. 1955 entgegenstehen. ...

Da bei Prüfung der Frage, ob die Ansprüche der Kl. gegen die Bekl. gemäß § 6 des Ges. vom 5. 8. 1955 erloschen sind, der Fall des Abschlusses einer Anschlußversicherung durch die Kl. mit einem ostzonalen Versicherungsunternehmen (§ 6 II des Ges. vom 5. 8. 1955) nach dem übereinstimmenden Vortrag der Parteien ausscheidet, kommt es allein darauf an, ob eine Übertragung der Versicherungsansprüche der Kl. auf ein anderes Versicherungsunternehmen erfolgt ist (§ 6 I Satz 1 des Ges. vom 5. 8. 1955) und die Übertragung ein Erlöschen der Ansprüche der Kl. gegen die Bekl. zur Folge hatte.

Wenn die Kl. dartun könnte, daß sie die so übertragenen Ansprüche gegen ein Versicherungsunternehmen außerhalb des Bundesgebietes infolge gegen sie gerichteter Vertreibungs- oder Enteignungsmaßnahmen nicht geltend machen könne, dann könnte die Frage der Übertragung der Versicherungsansprüche der Kl. auf ein ostzonales Versicherungsunternehmen dahingestellt bleiben; denn in diesem Fall wären die Versicherungsansprüche der Kl. gegen die Bekl. nicht erloschen (§ 6 I Satz 2 des Ges. vom 5. 8. 1955). Dieser Nachweis wäre erbracht, wenn die Kl. den Flüchtlingsausweis C besäße (§§ 3, 15 BVG), der als amtliche Bestätigung dafür gilt, daß der Inhaber in der Ostzone verfolgt wurde und flüchten mußte. Da die Kl. als Heimatvertriebene unstreitig den Flüchtlingsausweis A besitzt, den Heimatvertriebene auch dann erhalten, wenn sie zusätzlich Sowjetzonenflüchtlinge sind, müßte sie gegen sie gerichtete Vertreibungs- oder Enteignungsmaßnahmen besonders nachweisen. Einen solchen Nachweis vermag sie aber nicht zu führen. Selbst wenn man unterstellt, daß sie aus dem polnisch verwalteten S. vertrieben wurde und fliehen mußte, so kam sie nach ihrer eigenen Darstellung schon im Herbst 1945 nach C. in Sachsen (sowjet.) und blieb dort fast 4 Jahre. Bei dieser Sachlage läßt sich nicht feststellen, daß die Kl. im Anschluß an ihre Vertreibung aus S. in das Bundesgebiet gekommen ist, zumal sie nichts dafür vorgetragen hat, daß sie bereits alsbald nach der Flucht aus S. den Entschluß gefaßt habe, sich im Bundesgebiet niederzulassen, daß sie diesen Entschluß auch äußerlich erkennbar zu verwirklichen begonnen habe und nur durch außerhalb ihres Willens gelegene Umstände an der Ausführung gehindert worden sei. Auch wenn man die Schilderung der Kl. über die Vorgänge beim Grenzübergang von der Ostzone nach Westdeutschland zugrunde legt, kann von einer Zwangslage oder einer Verfolgung nicht gesprochen werden. Der Entschluß der Kl., in die Westzone überzusiedeln, ist nicht auf irgendeine Zwangslage zurückzuführen. Sie lebte jahrelang völlig unbehelligt in C. Sie wurde wohl bei zweimaligem unerlaubtem Grenzübertritt, der der Vorbereitung der Übersiedlung nach Westdeutschland diente, jeweils kurze Zeit festgenommen. Weitere Nachteile sind ihr daraus aber nicht erwachsen. Aus dem eigenen Sachvortrag der Kl. geht sohin hervor, daß sie die Ostzone nicht wegen Gefahr für Leib und Leben, sondern aus freien Stücken zwecks Zusammenführung mit ihrer Tochter verlassen hat.

Im Zuge der Verstaatlichung des Versicherungswesens in der Ostzone hatten die in der Sowjetzone zugelassenen privaten und öffentlichen Versicherungsunternehmen ihre Tätigkeit einzustellen (Ziffer 4 des Befehls Nr. 10 der SMAD vom 23./25. 7. 1945). Gleichzeitig wurde den Landesverwaltungen aufgegeben, regionale Versicherungsanstalten zur Wiederaufnahme des Versicherungsgeschäftes zu gründen. So kam es noch im Laufe des Jahres 1945 zur Errichtung von fünf regionalen Versicherungsanstalten, deren Geschäftsgebiet jeweils auf ein Land beschränkt war und die innerhalb ihres Gebietes eine Monopolstellung hatten (vgl. VO über die Gründung der Provinzialversicherungsanstalt der Mark Brandenburg vom 28. 8. 1945, VO über die Gründung der Sach-und Lebensversicherungsanstalt der Provinz Sachsen vom 15. 9. 1945, Ges. über den Neuaufbau des privaten und öffentlich-rechtlichen Versicherungswesens in Thüringen vom 22. 9. 1945, VO über die Gründung der Versicherungsanstalt des Bundeslandes Sachsen vom 11. 10. 1945, AO Nr. 22 über die Errichtung der Mecklenburg-Vorpommer'schen Sach- und Personenversicherungsanstalt sowie der Mecklenburg-Vorpommer'schen Hagelversicherungsanstalt vom 11. 10. 1945). Diesen Anstalten wurde zunächst die Durchführung der Pflichtversicherung übertragen. Daneben war die Möglichkeit der Zulassung privater Versicherer zur Durchführung der freiwilligen Versicherung in Aussicht genommen. Tatsächlich wurden aber neue Privatversicherungsunternehmen nur in der Provinz Sachsen-Anhalt zur Geschäftstätigkeit zugelassen, jedoch bald wieder aufgelöst. Das Vermögen der geschlossenen Versicherungsunternehmen wurde den Landesversicherungsanstalten zunächst zur treuhänderischen Verwaltung übertragen. In der Lebensversicherung wurde durch den Befehl Nr. 247 der SMAD vom 14. 8. 46 (abgedruckt in VW 1946, 20) eine für die ganze Zone geltende ausschließliche Regelung getroffen, durch die alle diesem Befehl etwa entgegenstehenden früheren landesrechtlichen Bestimmungen aufgehoben wurden. Durch diesen Befehl erhielten die in der Ostzone ansässigen Versicherungsnehmer, die vor dem 8. 5. 1945 bei in Deutschland zur Geschäftstätigkeit zugelassenen deutschen und ausländischen Versicherern Lebensversicherungsverträge abgeschlossen hatten, bis 31. 12. 1947 die Möglichkeit, ihre Verträge durch Abschluß von ‚Anschlußversicherungen' bei der für ihren Wohnsitz zuständigen Versicherungsanstalt zu erneuern, wobei die aus den Verträgen bereits erworbenen Anwartschaften angerechnet wurden. Aus den Verträgen, für die Anschlußversicherungen nicht abgeschlossen worden sind, konnten die Versicherungsanstalten der Ostzone nicht in Anspruch genommen werden, da von diesen lediglich die Versicherer, bei denen diese Verträge abgeschlossen worden waren, übernommen wurden, eine Überführung der Versicherungsverträge aber nicht erfolgte (vgl. *Rösch*, ArchCivPr. 150, 50). Durch Nr. 5 des Befehls Nr. 247 wurde weiter angeordnet, daß die in der Ostzone befindlichen Aktiven der ehemals zugelassenen privaten und öffentlich-rechtlichen Versicherer auf die neuen Anstalten zu übertragen seien. Wie sich aus dem Sinn des Befehls und dem Wortlaut der zu seiner Durchführung ergangenen LandesGes. und VOen ergibt, erfolgte die Übertragung entschädigungslos. Auch sind die neuen Anstalten trotz der Vermögensübernahme nicht Rechtsnachfolgerinnen der Vorversicherer geworden (vgl. *Rösch*, Zur Verstaatlichung des Versicherungswesens in der Ostzone, NJW 1947/48, 290; *Prölß*, Interzonale Probleme des Versicherungsvertragsrechts, ArchCivPr. 150, 28ff.). Auf diese Weise wurden die Prämien-Reservewerte, die sich im Osten befanden, den Lebensversicherern entzogen und in Zusammenhang mit den Verpflichtungen aus dem Versicherungsbestand in der russischen Zone gebracht, so daß sie aus dem Deckungsstock für den Gesamtbestand ausscheiden und nur noch als Deckungsgrundlage für den Ostbestand dienen.

Die Rechtswirksamkeit dieser Neuordnung des Versicherungswesens in der Ostzone kann nicht in Zweifel gezogen werden. Die zur Verstaatlichung des Versicherungswesens ergangenen Ges. und AOen der Länder sind durch die Befehle der SMAD Nr. 10 vom 23./25. 7. 1945 und Nr. 247 vom 14. 8. 1946 gedeckt. Außerdem finden sie eine weitere Stütze in dem Befehl Nr. 110 der SMAD vom 22. 10. 1945, mit dem den Landesgesetzgebern von der Besatzungsmacht eine nahezu unbegrenzte Gesetzgebungsbefugnis übertragen wurde. Soweit bei der Neuordnung des Versicherungswesens Enteignungen erfolgten, sind sie nicht von einer deutschen Stelle, sondern von der Besatzungsmacht angeordnet worden. Wenn deutsche Stellen die Einzelanweisungen für die Durchführung der Enteignung gegeben haben, so sind sie dabei nur als ausführende Organe der Besatzungsmacht tätig geworden. Es liegt sonach insoweit kein innerstaatlicher, sondern ein völkerrechtlicher Eingriff vor, dessen Vereinbarkeit mit innerdeutschen Bestimmungen, insbesondere mit Art. 14 GG, nicht nachgeprüft werden kann (BGHZ 1, 363 [368]).

Eine weitere Vereinheitlichung des Versicherungswesens brachte die am 1. 2. 1947 in Kraft getretene VO über die Sozialversicherungspflicht vom 28. 1. 1947 (VSV). Danach waren alle neben den Sozialversicherungsanstalten etwa noch vorhandenen Versicherungsträger zu liquidieren;

ihre Aktiven und Passiven waren den Sozialversicherungsanstalten zu übergeben (§ 9 dieser VO), ohne daß diese in die bestehenden Versicherungsverträge eintraten. Die Versicherungsnehmer der liquidierten Versicherungsträger hatten daher keinen Anspruch auf die vertraglichen Versicherungsleistungen. Sie waren im Falle der Bedürftigkeit auf den Bezug von Wohlfahrtsrente angewiesen, sofern sie nicht einen Anspruch auf Rente auf Grund eigener Versicherung aus der Sozialversicherung hatten. Dabei wäre eine etwaige Sozialversicherungsrente nach § 49 VSV zu berechnen gewesen. Nach Absatz 3 des § 49 VSV schließt der Begriff ‚Dienstzeit' die gesamte Arbeitstätigkeit des Versicherten ein, in der er der Pflichtversicherung nach den Bestimmungen dieser VO oder eines früheren Gesetzes unterlag. Nach dem System der Sozialversicherung kann es keinem Zweifel unterliegen, daß unter den Begriff ‚oder eines früheren Gesetzes' nur eine Pflichtversicherung bei einem früheren reichsgesetzlichen Versicherungsträger zu verstehen ist. Aus der Mitgliedschaft beim Versorgungsverein Deutscher Schornsteinfegermeister können Ansprüche auf die Leistungen der Sozialversicherung nicht hergeleitet werden. Denn dieser Versorgungsverein war keine Einrichtung der Sozialversicherung. Durch das Ges. vom 21. 12. 1938 über die Altersversorgung des deutschen Handwerks (RGBl 1900) wurden die selbständigen Handwerksmeister in die Rentenversicherung der Angestellten einbezogen. Von Einbeziehung der Bezirksschornsteinfegermeister in den von diesem Gesetz erfaßten Personenkreis wurde abgesehen, weil für die Bezirksschornsteinfegermeister bereits auf Grund der VO über das Schornsteinfegerwesen vom 28.7.1937 (RGBl 841, 1134) Versicherungsschutz bestand. Der Versicherung beim Versorgungsverein ist auch ein sozialversicherungsrechtlicher Charakter abzusprechen, weil die Bezirksschornsteinfegermeister, wenn sie nicht beim Versorgungsverein versicherungspflichtig gewesen wären, die Möglichkeit der Wahl gehabt hätten, ob sie an Stelle der Angestelltenversicherung eine private Versicherung nehmen oder lieber in der Angestelltenversicherung bleiben wollten (BGHZ 4, 197 [203, 205] = VersR 1952, 42 [43, 44]).

Wenn sonach durch die VO vom 28. 1. 1947 Verbindlichkeiten der Bekl. an ostzonale Versicherungsträger zweifellos nicht übertragen wurden, so trat mit der am 30. 1. 1951 in Kraft getretenen VO zur Übertragung des Vermögens der Pensionsversicherungseinrichtungen auf die Sozialversicherung vom 25. 1. 1951 (GBl DDR 39) insofern eine Änderung ein, als die vor der Kapitulation beim Versorgungsverein versicherten Schornsteinfegermeister und ihre Hinterbliebenen auf Grund dieser früheren Versicherung mit Wirkung vom 1. 1. 1951 in die Sozialversicherung übernommen wurden (§§ 2, 6 dieser VO mit § 1 der 1. DB hierzu vom 1. 11. 1951 — GBl DDR 997). Sie erlangten damit allerdings vorerst nur einen Anspruch auf die Mindestrente nach §§ 49 ff. VSV. Um jedoch die Schornsteinfegermeister bei der Rentenberechnung gegenüber den anderen Handwerksmeistern nicht schlechter zu stellen, wurde durch VO der Sozialversicherungszentralverwaltung vom 31. 1. 1955 die Zugehörigkeit zum Versorgungsverein für die Zeit ab 1. 1. 1939 der Zugehörigkeit zu einer früheren reichsgesetzlichen Rentenversicherung gleichgestellt, so daß die Versicherungszeiten nach dem 31. 12. 1938 beim Versorgungsverein Deutscher Schornsteinfegermeister als Dienstzeit im Sinne des § 49 VSV anzurechnen sind.

Wenn verschiedene Sozialversicherungsanstalten der Ostzone bereits vor dem Inkrafttreten der VO vom 25. 1. 1951 bei der Rentenfestsetzung nach der VSV die zum Versorgungsverein geleisteten Beiträge berücksichtigt haben sollten, so hätte dieses Verfahren nicht der gesetzlichen Regelung entsprochen. Eine Übertragung der Verbindlichkeiten des Versorgungsvereins auf ostzonale Versicherungsträger für die Zeit vor dem 1. 1. 1951 könnte daraus nicht hergeleitet werden.

Da die Kl. bereits im August 1949 in die Westzone übergesiedelt ist, bevor Ansprüche gegen ostzonale Versicherungsträger auf Grund der Mitgliedschaft beim Versorgungsverein anerkannt wurden und ein Versicherungsverhältnis bei den sowjetzonalen Versicherungsträgern begründet wurde, hat sie keine Versorgungsansprüche gegen die ostzonalen Versicherungsträger erworben. Denn die genannte Regelung war auf das Gebiet der sowjet. Besatzungszone beschränkt (§ 3 VO vom 25. 1. 1951; §§ 1, 56 VSV) und bezog sich nur auf Personen mit Wohnsitz in der Sowjetzone. Mit Rücksicht auf die Vorschrift in § 7 der VO vom 25. 1. 1951 kann die Kl. solche Ansprüche jetzt auch nicht mehr erlangen. Soweit es sich um die Versorgungsansprüche der Kl. handelt, liegt somit eine Übertragung der Verbindlichkeiten aus dem Versicherungsverhältnis mit der Bekl. auf ostzonale Versicherungsträger im Sinne des § 6 I Satz 1 des Ges. vom 5. 8. 1955 nicht vor. Die Versorgungsansprüche der Kl. sind sonach nicht erloschen. Bei dieser Sachlage braucht nicht geprüft zu werden, ob und inwieweit die von der Kl. erhobenen Bedenken gegen die von der Bekl. behauptete Übertragung ihrer Verbindlichkeiten auf ostzonale Versicherungsträger zutreffend sind.

Durch die Enteignungsmaßnahmen in der Ostzone ist das in der Bundesrepublik und in Westdeutschland belegene Vermögen der Bekl. nicht berührt worden. Die Bekl. hat unbeschadet der erfolgten Enteignungsmaßnahmen mit den Mitteln des ihr verbliebenen Vermögens das Unternehmen fortgeführt. Da die Bekl. durch die gegen sie gerichteten Enteignungsmaßnahmen in ihrem rechtlichen Bestand nicht berührt worden ist, konnten diese Maßnahmen auch die Forderung der Kl. nicht vernichten. Das Vermögen der Bekl. ist zwar durch die Enteignung betroffen und dadurch entsprechend verringert worden, aber weggefallen ist es nicht, da die Bekl. auch noch in der Bundesrepublik Vermögen besaß und mit Hilfe dieses Vermögens ihren Betrieb weiterführte. Auch unter dem Gesichtspunkt des Wegfalls der Geschäftsgrundlage läßt sich hier gegen den Fortbestand der Forderung der Kl. nichts einwenden; denn für die Leistung, welche die Bekl. schon empfangen hat, bleibt sie zur Entrichtung der vertraglichen Gegenleistung verpflichtet (RGZ 103, 329 [331 ff.]). Da die Beitragspflicht der Kl. seit 1. 4. 1944 beendet ist und bis 31. 7. 1945 Versorgungsbezüge seitens der Bekl. gewährt wurden, kann sich die Bekl. auch nicht darauf berufen, daß die Kl. ihrer Beitragspflicht nicht nachgekommen sei.

Die Bekl. ist sonach verpflichtet, an die Kl. eine Witwenrente nach dem Ges. zur Regelung der Ansprüche aus Lebens- und Rentenversicherungen vom 5. 8. 1955 zu zahlen."

8. Eisenbahnrecht

104. Ein Verlust im Sinne des Eisenbahnfrachtrechts liegt auch dann nicht vor, wenn die Eisenbahn eine Sendung deswegen nicht ordnungsmäßig abliefern kann, weil die Behörde eines anderen Hoheitsträgers eingegriffen hat. — Es ist unerheblich, ob der Absender die formelle Möglichkeit eines Rechtsmittels gegenüber der eingreifenden Behörde hat.

LG Mainz, Urt. v. 11. 5. 1955 — 3 S 29/55: NJW 1955, 1114 (zust. *Goltermann*).

Im Oktober 1952 gab die Kl. drei Pakete mit Strümpfen im Gesamtgewicht von 10 kg auf eine Expreßgutkarte ohne Warenbegleitscheine nach West-Berlin auf. Der Annahmebeamte der beklagten Bundesbahn hatte am Tage vorher auf Anfrage gesagt, daß bei Zerlegung einer größeren in mehrere kleine Sendungen bis zu je 7 kg Warenbegleitscheine nicht erforderlich seien. Eine ostzonale Behörde beschlagnahmte die drei Pakete.
AG und LG wiesen die Klage auf Schadensersatz ab.

Aus den Gründen:

„Gemäß § 82 EVO haftet die Eisenbahn für den Schaden, der durch Verlust des Frachtgutes in der Zeit vor der Annahme zur Beförderung bis zur Ablieferung entsteht, es sei denn, daß der Schaden durch ein Verschulden oder eine nicht von der Eisenbahn verschuldete Anweisung des Verfügungsberechtigten usw. verursacht ist. Grundvoraussetzung für die Haftung ist also, daß ein Verlust des Frachtgutes eingetreten ist. Der Begriff ‚Verlust' ist weder im Wortlaut des Gesetzes erläutert, noch ist darüber aus den Gesetzesmaterialien etwas ersichtlich. Verlust wird in der Rechtsprechung dann angenommen, wenn der Frachtführer außerstande ist, das Frachtgut nach den Bestimmungen des Absenders auszuhändigen, wobei im allgemeinen die Gründe, die zum Verlust geführt haben, unerheblich sind (RGZ 70, 174). Von dem Grundsatz, daß die Gründe, die zum Verlust geführt haben, unerheblich sind, wird in den Fällen abgewichen, wo der Verlust auf das Eingreifen einer Behörde zurückzuführen ist. In diesen Fällen vertritt der BGH den Standpunkt, daß ein Verlust dann nicht vorliegt, wenn die Unmöglichkeit ordnungsmäßiger Ablieferung oder der Rückgabe des Frachtgutes darauf zurückzuführen ist, daß eine Behörde eingeriffen und die Sendung an sich genommen hat. Der in der maßgeblichen Entscheidung des BGH (in NJW 1954, 1524[1]) behandelte Fall unterscheidet sich zwar vom vorliegenden dadurch, daß dort eine Haftung der Post aus § 6 PostG in Frage steht, während hier die Bundesbahn aus § 82 EVO haftbar gemacht werden soll. Es ist aber kein Grund ersichtlich, weshalb der Begriff des Verlustes nach § 6 PostG ein anderer sein soll wie der des § 82 EVO. Für diesen muß also auch der Grundsatz gelten, daß ein Verlust

---

[1] Siehe unten Nr. 107.

nicht vorliegt, die Haftung also entfällt, wenn die Unmöglichkeit ordnungsmäßiger Ablieferung darauf zurückzuführen ist, daß eine Behörde eingegriffen und die Sendung beschlagnahmt hat. Dabei kann es keinen Unterschied machen, ob die eingreifende Behörde einem anderen staatlichen Hoheitsträger als die befördernde Eisenbahnverwaltung untersteht und ob der Absender die formelle Möglichkeit eines Rechtsmittels gegenüber der eingreifenden Behörde hat. Wenn aber eine Haftung aus § 82 EVO deshalb ausscheidet, weil die Voraussetzung des Verlustes nicht gegeben ist, dann muß auch eine Ersatzpflicht der Bahn aus dem Gesichtspunkt eines Verschuldens, sei es aus Vertrag oder aus unerlaubter Handlung, entfallen. Denn genau wie in den §§ 6—12 PostG die Haftung der Post erschöpfend und ausschließlich geregelt ist, so enthalten auch die §§ 82—86 EVO eine erschöpfende und ausschließliche Regelung der Haftung der Bahn, die es verbietet, ein etwaiges Verschulden zu einer von § 82 EVO unabhängigen Haftungsgrundlage zu machen.

Es geht auch nicht an, über den Gesichtspunkt von Treu und Glauben eine von § 82 EVO unabhängige Haftungsgrundlage aus § 242 BGB zu schaffen. Allen diesen Grundsätzen des BGH schließt sich das Gericht voll an. Wollte man es aber auch nicht tun, müßte die Klage doch abgewiesen werden, weil angesichts der verschiedenen Auffassungen, die die westdeutschen Stellen und die ostzonalen Behörden in der Frage der Warenbegleitscheinpflicht für Sendungen bis zu 20 kg vertreten, nicht nachgewiesen ist, daß der Angestellte der Bekl. im Rahmen seiner Verrichtungen fahrlässig eine falsche Auskunft an die Kl. erteilt hat und daß die Beschlagnahme darauf zurückzuführen ist, daß den fraglichen Sendungen ein Begleitschein nicht beigefügt war."

105. Trotz inhaltlicher Gesetzesgleichheit besteht eine formelle Gesetzesgleichheit nicht mehr, wenn zwei verschiedene Hoheitsgewalten die übereinstimmenden Gesetze jederzeit für ihr Gebiet abändern können. — Für das Verhältnis der getrennten Teile Deutschlands können völkerrechtliche Normen nicht unmittelbar, wohl aber entsprechend angewendet werden. — Die Ähnlichkeit des interzonalen mit dem internationalen Eisenbahnfrachtverkehr rechtfertigt es, die Bestimmungen der Eisenbahnverkehrsordnung, die auf Grund eines Tarifabkommens für den Interzonenverkehr gelten, unter Berücksichtigung des internationalen Übereinkommens über den Eisenbahngüterverkehr auszulegen. — Danach können Zuschläge, welche die Eisenbahn der Sowjetzone für dieses Gebiet zum Interzonentarif erhebt, nicht von der Deutschen Bundesbahn zurückverlangt werden.

BGH, Urt. v. 24. 5. 1955 — I ZR 164/53: BGHZ 17, 307; NJW 1955, 1111; WM IV B 1955, 1090; American Journal of Internat. Law 52 (1958) 541; Auszüge in Betrieb 1955, 647 und DRsp. I (181) 43d; Leitsätze in LM Nr. 13 zu Art. 7 EGBGB und Nr. 1 zu § 96 EVO; BB 1955, 591.

Zur Regelung des interzonalen Eisenbahnverkehrs bestand seit 1. 3. 1950 ein von der Reichsbahndirektion Berlin (sowjet.) und der Eisenbahndirektion Hannover ausgegebener „Güter- und Tiertarif Westzonen — Sowjetzone und Berlin". Hiernach sollte der deutsche Eisenbahngütertarif, insbesondere auch die EVO, gelten, soweit nichts anderes bestimmt war. Es war durchgehende Frachtberechnung für die gesamte Entfernung vom Versandbahnhof bis zum Bestimmungsbahnhof vorgesehen. Der durchgehenden Frachtberechnung waren die Frachten und Frachtsätze des Tarifs zugrundegelegt. Unter der Überschrift „Zonenzuschläge" war bestimmt:

„Die in den Zonen etwa eingeführten Zuschläge werden besonders berechnet, und zwar von den Frachten, die sich für die Tarifentfernung in den jeweils in Frage kommenden Zonen bis zu und von den Zonenübergangsbahnhöfen nach den bei der durchgehenden Frachtberechnung zugrundegelegten Tarifen ergeben würden."

In dem Tarif waren die Zuschläge, die die Westzonen für ihr Gebiet bereits eingeführt hatten, angegeben.

Hinsichtlich der Veröffentlichung war bestimmt, daß die Ausgabe des Tarifs und seine Änderungen bekanntgemacht werden sollten: in den Westzonen im Tarif- und Verkehrsanzeiger (TVA) Hannover, in der Sowjetzone und in Berlin im TVA Berlin.

Zu § 6 V EVO war bestimmt, daß die Abkürzung der Veröffentlichungsfrist bei Tariferhöhungen der Genehmigung der beiderseits hierfür zuständigen Behörden bedarf.

Im TVA vom 17. 5. 1952 machte die Eisenbahnverwaltung der Sowjetzone bekannt, daß vom 20. 5. 1952 an für ihre Strecke auf den Interzonenverkehr beschränkte Zuschläge zu den Frachten und Frachtsätzen des Tarifs eingeführt werden. Gleichzeitig wurde mitgeteilt, daß die Abkürzung der Veröffentlichungsfrist gemäß § 6 V EVO vom Minister für Verkehr genehmigt sei.

Die entsprechende Bekanntmachung im TVA Hannover erschien erst am 20. 6. 1952. Auch sie enthielt den Vermerk: „Die Abkürzung der Veröffentlichungsfrist gemäß § 6 V der EVO ist durch den Herrn Bundesminister für Verkehr genehmigt".

In der Zeit vom 24. bis 30. 5. 1952 versandte die Firma M. vom Bundesbahnhof G. (Bundesgebiet) 8 Waggons Steinkohlenkoks nach Berlin-W. (Bahnhof der Deutschen Reichsbahn). Die Eisenbahn der Sowjetzone erhob für sich von der Empfängerin auf diese Sendung Zuschläge von insgesamt 1088 DM. Die Empfängerin hält diese Zuschläge für unberechtigt und hat den Rückerstattungsanspruch wegen zuviel erhobener Frachtgebühren an den Kl. abgetreten, der diesen Anspruch nunmehr auf Grund von § 96 III EVO gegen die Bekl. als Versandbahn gerichtlich geltend macht.

LG und OLG haben verurteilt. Die Revision der Bekl. führte zur Klageabweisung.

Aus den Gründen:

„Das Berufungsgericht hat zur Frage der Passivlegitimation ausgeführt: Durch das zwischen den beiden Eisenbahnverwaltungen getroffene Abkommen sei die EVO Vertragsinhalt geworden und im Interzonenverkehr anzuwenden. Demnach müsse auch § 96 III EVO, der eine Haftungsgemeinschaft der Versandbahn und der Empfangsbahn vorsehe, angewandt werden. Eine Anwendung des IÜG scheide aus, da der Interzonenverkehr kein internat. Verkehr, sondern ein innerdeutscher zwischen zwei zur Zeit getrennten Landesteilen sei, weshalb anzunehmen sei, daß es nicht Vertragsinhalt werden sollte. Das Abkommen sei nicht nur ein Vertrag zwischen den Parteien schlechthin, sondern eine Regelung des Interzonenverkehrs, die weitgehend auch den Interessen der Verkehrsteilnehmer diesseits und jenseits der Zonengrenze dienen solle.

Die Ausführungen des Berufungsgerichts lassen Zweifel darüber entstehen, ob es die Bedeutung der im Interzonenverkehr getroffenen Regelung für die der Klage zugrunde liegenden Frachtverträge richtig erkannt hat.

Infolge der durch die Besatzungsmächte herbeigeführten Trennung ist Deutschland de facto kein einheitliches Staatsgebilde mehr, sondern in zwei Teile zerfallen, von denen jeder tatsächlich eine eigene Hoheitsgewalt besitzt. Die in den beiden Teilen geltenden EVOen sind zwar einer einheitlichen Rechtsquelle entsprungen, so daß noch weitgehend materielle Gesetzesgleichheit bestehen mag; dagegen ist eine formelle Gesetzesgleichheit so lange nicht vorhanden, als zwei verschiedene Hoheitsgewalten bestehen, die tatsächlich jederzeit in der Lage sind, die noch vorhandene Gesetzesgleichheit durch Gesetzesänderungen aufzuheben. Formell hat daher sowohl die Bundesrepublik als auch die Sowjetzone je ihre eigene EVO. Hiernach scheidet § 96 III EVO als unmittelbare, auch beim Fehlen eines Interzonenabkommens geltende Rechtsgrundlage für eine Inanspruchnahme der Bundesbahn aus. Denn diese Vorschrift vermag eine Sachverpflichtung der Bekl. nur innerhalb des Bundesgebiets zu begründen. Hinsichtlich des Eisenbahnverkehrs in der Sowjetzone unterliegt die Bundesbahn weder einem Beförderungszwang (§ 453 HGB, §§ 3, 53 EVO) noch einem hieraus entspringenden (RGZ 130, 76 [81]) Tarifzwang (§ 6 EVO). Nur für solche Frachtverträge, die eine Beförderung innerhalb des Bundesgebiets im Rahmen der EVO zum Gegenstand haben, gilt § 96 III EVO, wie überhaupt das Anwendungsgebiet der (westdeutschen) EVO nach § 1 I EVO auf das Bundesgebiet beschränkt ist (vgl. RGZ 104, 389 [392]; ferner wegen der Bedeutung des § 1 II RGZ 142, 241 [248]). Erstreckt sich die Beförderung über die Grenzen des Bundesgebiets hinaus auf fremde Staaten, so ist für die Sachverpflichtung bei der Rückerstattung von Frachtentgelten Art. 42 § 1 IÜG anzuwenden, soweit im übrigen die Voraussetzungen hierfür vorliegen, insbesondere der andere Staat dem IÜG beigetreten ist.

Das Berufungsgericht will nun zwar den § 96 III EVO nicht unmittelbar anwenden. Es ist aber der Auffassung, die beiden Eisenbahnverwaltungen hätten für den Interzonenverkehr die Anwendung der EVO mit gewissen Einschränkungen vereinbart; auf Grund dieses Abkommens gelte auch § 96 III EVO, da die EVO bewußt zum Vertragsinhalt gemacht worden sei. Daraus folgert das Berufungsgericht, daß Ansprüche auf Frachterstattung gegen die Bekl. als Versandbahn auch dann geltend gemacht werden können, wenn der zu viel erhobene Betrag weder von der Bekl. erhoben noch ihr zugute gekommen ist.

Dieser Rechtsauffassung kann nicht beigetreten werden. Es ist in der Rechtsprechung anerkannt, daß internat. Verträge grundsätzlich Rechte und Pflichten nur unter den Vertragsstaaten schaffen; insbesondere erhalten Verträge, die Gegenstände des internat. Privatrechts behandeln und damit auch das eigene Recht des Staates berühren, nicht bereits durch ihren Abschluß den Charakter einer Rechtsordnung, sondern sie bedürfen hierzu eines innerstaatlichen Gesetzgebungsaktes (Ratifizierung, Ausfertigung und Verkündung). Falls sie hierdurch innerstaatliche Kraft erhalten, so können die in solchen Verträgen enthaltenen Vorschriften unmittelbar privatrechtliche Wirkungen ausüben, wenn Inhalt, Zweck und Fassung der einzelnen Vorschrift mit voller Klarheit die Annahme zuläßt, daß eine solche Wirkung gewollt sei (RGZ 117, 284; 119, 156 [162]; 121, 7 [9f.]). Solange aber ein internat. Vertrag nicht durch Gesetz innerstaatliche Kraft erlangt hat, können die in ihm enthaltenen

Bestimmungen auch keine Rechte zugunsten Dritter gemäß §§ 328ff. BGB erzeugen, da der einzelne Staat erst durch seinen Gesetzgebungsakt seinen Willen kundgibt, die im internat. Übereinkommen enthaltenen Bestimmungen Dritter gegenüber zur Anwendung zu bringen. Wohl kann sich aus dem internat. Vertrag eine Verpflichtung des Staates gegenüber seinem Vertragspartner ergeben, durch einen Gesetzgebungsakt ein dem Übereinkommen entsprechendes staatliches Recht zu schaffen; bis zum Erlaß eines solchen Gesetzes können aber Dritte aus dem Übereinkommen grundsätzlich keine Rechte für sich herleiten. Daher müssen völkerrechtliche Verträge, die sich auf Gegenstände der Bundesgesetzgebung (früher Reichsgesetzgebung) beziehen (z. B. auf die Eisenbahn, Art. 73 Nr. 6 GG, Art. 7 Nr. 19 WRV), gemäß Art. 59 II GG (früher Art. 45 III WRV) in Gesetzesform im BGBl (früher RGBl) bekanntgemacht werden.

Nun ist zwar ein Interzonenabkommen kein völkerrechtlicher Vertrag. Die beschränkte Souveränität der beiden Teile Deutschlands und ihre gegenseitige Nichtanerkennung als souveräne Staaten auf der einen Seite und der — wenn auch zur Zeit nicht durchsetzbare — Wille des deutschen Volkes zur Wiedervereinigung sowie der Fortbestand des deutschen Gesamtstaates im Rechtssinne (BGHZ 13, 265 [292]) auf der andern Seite verbieten die unmittelbare Anwendung völkerrechtlicher Normen auf die getrennten Teile Deutschlands. Jedoch zwingt die Tatsache der getrennten staatlichen Hoheit zur Prüfung der Frage, inwieweit etwa eine gerade hieraus zu begründende entsprechende Anwendbarkeit völkerrechtlicher Normen geboten ist.

Außer Frage steht, daß ein Abkommen, das in der Weise wie das vorliegende zustandekommen ist, die EVO in ihrer Geltung innerhalb des Bundesgebiets nicht abändern und auch keine gesetzliche Grundlage für die Anwendung der EVO auf den Interzonenverkehr schaffen kann. Dem würde schon der Umstand entgegenstehen, daß es sich nur um eine Tarifvereinbarung handelt, die Tarifverträge selbst aber, in denen lediglich erläuternd die für die Beförderung maßgebenden Vorschriften der EVO aufgenommen sind, den Charakter von allgemeinen Geschäftsbedingungen haben, unter denen die Eisenbahn die Beförderung übernimmt und ausführt (*Finger*, EVO § 6 Anm. 1 b aa). Die Eisenbahndirektion Hannover, die auf seiten der Bundesrepublik das Tarifwerk aufgestellt hat (*Heinze*, Die Bundesbahn [1951] 694), wäre auch zu einer solchen rechtsverordnungsmäßigen Tätigkeit nicht ermächtigt (vgl. früher § 458 HGB, jetzt Allgemeines Eisenbahngesetz vom 29. 3. 1951, BGBl I 225, § 3 I b II). Das Abkommen vermag aber auch aus den gleichen Erwägungen, wie sie oben zu den völkerrechtlichen Verträgen angestellt wurden, keine Rechte zugunsten Dritter zu schaffen.

Die rechtliche Bedeutung des Abkommens erschöpft sich, soweit es sich um die Rechtsbeziehungen zu Dritten handelt, darin, daß die Bekl. durch die Bekanntmachung des Interzonentarifs den Verkehrstreibenden gegenüber die Bedingungen mitgeteilt hat, unter denen sie die Beförderung von Gütern im Verkehr mit der sowjet. Besatzungszone und mit Berlin übernehme. Der Interzonentarif wird damit Vertragsinhalt jedes einzelnen Frachtvertrages. Ebenso wie bei allgemeinen Geschäftsbedingungen ist die tatrichterliche Auslegung des Interzonentarifs in ihrer Bedeutung für die abgeschlossenen Frachtverträge der Nachprüfung durch das Revisionsgericht zugänglich.

Wenn der gemeinsam aufgestellte Tarif bestimmt, es solle — von einzelnen ausdrücklichen Änderungen abgesehen — die EVO gelten, so schließt dies nicht aus, daß sich aus der Natur der Sache heraus die Anwendung einzelner Bestimmungen unter den gegebenen Verhältnissen verbietet (§ 133 BGB). Vielmehr ist jeweils zu prüfen, inwieweit die Anwendung der Vorschriften der EVO, die unter der selbstverständlichen Voraussetzung der Einheitlichkeit des Staatsgebietes und der Gerichtsbarkeit erlassen ist, durch die Tatsache des Fehlens des die beiden Teile Deutschlands verknüpfenden Bandes einer einheitlichen Hoheitsgewalt beeinflußt wird. Während die Bekl. innerhalb des Bundesgebiets zur Beförderung verpflichtet ist (§ 453 HGB, §§ 3, 53 EVO), hat sie eine solche Verpflichtung auf den Strecken der sowjet. Besatzungszone nicht übernommen, wie sich aus der Besonderen Bestimmung des Tarifs zu § 73 II EVO ergibt. Hieraus folgt zunächst, daß die Vorschrift des § 96 I EVO nicht uneingeschränkt angewandt werden kann. Ähnliches gilt aber auch für die Vorschrift des § 96 III, die mit § 96 I in engem Zusammenhang steht und bei der untersucht werden muß, ob die Art des auf Grund des Frachtvertrages erhobenen Anspruchs die wahlweise gerichtliche Geltendmachung gegen die dort bezeichneten Bahnen rechtfertigt. Da dem interzonalen und dem internat. Verkehr das Fehlen eines einheitlichen Hoheitsgebietes und einer einheitlichen Gerichtsbarkeit gemeinsam ist, ist es naheliegend, die insoweit im internat. Verkehr geltende Regelung zur Auslegung des Interzonentarifs heranzuziehen. Nach Art. 42 § 1 IÜG können Rückerstattungsansprüche wegen zuviel gezahlter Frachtbeträge nur gegen diejenige Eisenbahn gerichtlich geltend gemacht werden, die den zu hohen Betrag erhoben hat oder der dieser Betrag zugutegekommen ist. Hierdurch sollen die Schwierigkeiten, die bei der Geltendmachung von Rückgriffsansprüchen zwischen den beteiligten Eisenbahnen im internat. Verkehr entstehen, vermieden werden. Diese Schwierigkeiten bestehen aber in weit höherem Maße im Interzonenverkehr, wie auch der Kl. nicht verkennt. Es hätte daher einer ganz eindeutigen Erklärung der Bekl. bedurft, daß sie entgegen der internat. Übung in dem mit noch größerem Risiko verbundenen Interzonenverkehr eine Verpflichtung zur Erstattung von Beträgen, die sie nicht erhoben hat und die ihr nicht zugeflossen sind, übernehmen wollte. Eine solche eindeutige Erklärung kann aber in der allgemeinen Erklärung, daß die EVO im Interzonenverkehr gelten solle, nicht gesehen werden.

Da hiernach die Bekl. mangels Anwendbarkeit des § 96 III EVO nicht passiv legitimiert ist, braucht die Frage nicht erörtert zu werden, ob nicht wenigstens die Abkürzung der Veröffentlichungsfrist nach vorheriger Fühlungnahme der beiden Eisenbahnverwaltungen auch der Genehmigung des Bundesverkehrsministers, die nach § 6 V EVO nicht mit rückwirkender Kraft erfolgen konnte, bedurfte, und ob die Zuschläge trotz einseitiger Veröffentlichung im TVA Berlin zu Recht erhoben wurden."

106. Für den Interzonenverkehr gilt kraft Gesetzes weder die Eisenbahnverkehrsordnung noch das internationale Übereinkommen über den Eisenbahnfrachtverkehr; die Eisenbahnverkehrsordnung gilt jedoch kraft Vereinbarung für das einzelne Frachtgeschäft. — Gegen die Empfangsbahn können Ansprüche aus dem Frachtvertrag auch dann geltend gemacht werden, wenn sie das Frachtgut mit dem Frachtbrief nicht übernommen hat. — Die gesetzlich vorgesehene unwiderlegbare Vermutung für den Verlust von Frachtgut gilt auch dann, wenn die Ablieferung des Frachtgutes durch Eingriff eines Hoheitsträgers verhindert wird. — Der Schuldbeitritt der Empfangsbahn, der auf Erfüllung der Verpflichtungen aus dem Frachtvertrag mit der Versandbahn in der Sowjetzone gerichtet ist, umfaßt nicht entschädigungslose Enteignungen, bei denen entweder die Versandbahn selbst beteiligt ist oder die zumindestens im Bereich der Versandbahn vollzogen werden.

BGH, Urt. v. 28. 2. 1956 — I ZR 59/54: VersR 1956, 278; LM Nr. 2 zu § 96 EVO; BB 1956, 383; Auszug in DRsp. I (181) 48 a.

Der Kaufmann D. kaufte Anfang Januar 1951 in West-Berlin von der Firma O. einen Privatkesselwagen. Der Wagen befand sich innerhalb der Westsektoren auf einem privaten Anschlußgleis, welches an den Bahnhof Berlin-Sp. der Deutschen Reichsbahn in der Sowjetzone (DRB) angeschlossen war. Am 15. 1. 1951 hat D. den Wagen auf dem Bahnhof Berlin-Sp. zum Versand an sich selbst nach Westdeutschland aufgegeben. Der Wagen ist nicht am Bestimmungsort angekommen. Nach wiederholten Rückfragen beim Versandbahnhof und bei der Kesselwagen-Leitstelle (KWL) der DRB teilte ihm letztere am 11. 6. 1951 folgendes mit: „Das Ministerium des Innern — Amt zum Schutze des Volkseigentums — hat in dieser Angelegenheit entschieden, daß die Wagen als Eigentum der Firma O. unter den Befehl 64 der SMAD fallen und daher eine Eigentumsübertragung an Sie nicht anerkannt werden kann. Da das ehemalige Eigentum der Firma O. in Anwendung des genannten Befehls einer Sonderbehandlung unterliegt, bedauern wir, die Wagen nicht an Sie zurückstellen zu können. Wir bitten Sie, sich wegen einer Annulierung der im Widerspruch zum Befehl Nr. 64 abgeschlossenen Kaufverträge mit dem Verkäufer auseinanderzusetzen."

Die angeblichen Ersatzansprüche aus dem Frachtvertrag hat D. an seine Versicherungsgesellschaft und diese hat sie an den Kl. abgetreten.

Der Kl. nimmt die beklagte Bundesbahn als Empfangsbahn auf Schadensersatz mit der Begründung in Anspruch, der Wagen gelte als verloren, weil er nicht innerhalb von drei Monaten am Bestimmungsbahnhof eingetroffen sei; auch hafte die Bekl. dafür, daß die DRB den Wagen in arglistiger Weise an sich gebracht habe. Mit der Klage hat der Kl. einen Teilbetrag des Schadens in Höhe von 3500 DM geltend gemacht.

Beide Vorinstanzen haben die Klage abgewiesen; auch die Revision des Kl. hatte keinen Erfolg.

Aus den Gründen:

„I. Das Berufungsgericht geht davon aus, daß die EVO auch für den Interzonengüterverkehr gelte. Die EVO sei sowohl im Gebiet der Bundesrepublik als auch im Gebiet der DDR geltendes Recht geblieben. Dementsprechend hätten die beteiligten Eisenbahnverwaltungen mit Wirkung vom 1.3.1950 den ‚Güter- und Tiertarif Westzonen-Sowjetzone und Berlin' (Interzonentarif) vereinbart. Nach Ziffer 2 der Eingangsbestimmungen dieses Tarifs solle, sofern nichts anderes vereinbar sei, der Deutsche Eisenbahn- und Gütertarif Teil I A gelten, der die EVO enthalte, die durch den Tarif in einzelnen Punkten geändert und ergänzt worden sei.

Wie der erkennende Senat bereits in seinem Urteil vom 24. 5. 1955 (BGHZ 17, 309 [312f.][1]) näher dargelegt hat, gilt für den Interzonenverkehr weder die EVO noch das Internationale Übereinkommen über den Eisenbahnfrachtverkehr [IÜG] kraft Gesetzes, da die Beförderungsgemeinschaft nach § 96 EVO sich auf den Beförderungszwang der Bundesbahn (§ 453 HGB, §§ 1, 3 EVO) gründet, der nur innerhalb des Bundesgebietes besteht, und da die beiden getrennten Teile Deutschlands auch das CIM im Verhältnis zueinander nicht in Kraft gesetzt haben. Jedoch gilt die EVO kraft Vereinbarung für das einzelne Frachtgeschäft. Durch die Aufstellung des Interzonentarifs hat die Bundesbahn den Verkehrstreibenden gegenüber die Bedingungen mitgeteilt, unter denen sie die Beförderung von Gütern im Verkehr mit der sowjet. Besatzungszone und mit Berlin übernehme und für die Pflichten der DRB aus den von dieser geschlossenen Frachtverträgen hafte. Die EVO hat hiernach im Interzonenverkehr den Charakter von allgemeinen Geschäftsbedingungen, sie wird damit Inhalt jedes einzelnen Frachtvertrages und ist nach den Vorschriften und Grundsätzen über rechtsgeschäftliche Willenserklärungen auszulegen.

II. Der Frachtvertrag ist zwischen der DRB und D. geschlossen. Die Bekl. ist in den Frachtvertrag nicht eingetreten, da sie den Kesselwagen mit dem Frachtbrief nicht übernommen hat (§ 96 II). Jedoch können nach § 96 III — im Interzonentarif sind insoweit keine abweichenden Bestimmungen vorgesehen — Ansprüche aus dem Frachtvertrag im Wege der Klage auch gegen die Empfangsbahn, und zwar auch dann geltend gemacht werden, wenn sie das Gut nicht erhalten hat. Das Berufungsgericht ist der Ansicht, daß die Bekl. auf Grund dieser Vorschrift für den vorliegenden Rechtsstreit passiv legitimiert sei. Für den Bereich des IÜG (Art. 42 § 3), so führt das OLG aus, sei es bestritten, ob die Empfangsbahn, die das Gut nicht erhalten habe, nur dann in Anspruch genommen werden könne, wenn sie wenigstens den Frachtbrief erhalten habe, oder ob auch dies nicht erforderlich sei. Im Anschluß an *Loening* (IÜG Art. 42 Anm. 5) vertritt das Berufungsgericht im Gegensatz zu *Nanassy* (IÜG Art. 42 § 3 Anm. 3) den Standpunkt, die Vorschrift des Art. 42 § 3 sei erweiternd dahin auszulegen, daß die Empfangsbahn auch dann hafte, wenn sie weder das Gut noch den Frachtbrief erhalten habe. Das Berufungsgericht beruft sich dabei zur Stützung seiner Ansicht auf den Beschluß der 5. Revisionskonferenz von Montreux, wonach dem Art. 42 § 3 II (‚Auch wenn die Empfangsbahn das Gut nicht erhalten hat, kann sie gleichwohl gerichtlich in Anspruch genommen werden') zur Vermeidung unterschiedlicher Auffassung die Worte beigefügt werden sollen ‚selbst wenn sie den Frachtbrief nicht erhalten hat'. Der Zweck der Vorschrift des § 96 III, dem Empfänger die Rechtsverfolgung zu erleichtern, würde, so meint das OLG, nicht erreicht werden, wenn der Empfangsbahn der Nachweis offenstände, daß sie den Frachtbrief nicht erhalten habe.

---

[1] Siehe oben Nr. 105.

Der erkennende Senat stimmt der Rechtsansicht des Berufungsgerichts zu. Die Richtigkeit dieser Rechtsauffassung ergibt sich insbesondere aus einem Vergleich mit der Regelung der Aktivlegitimation. Nach § 75 III EVO ist der Empfänger nach Ankunft des Gutes auf dem Bestimmungsbahnhof berechtigt, die Übergabe des Frachtbriefs und die Ablieferung des Gutes zu verlangen; ist der Verlust des Gutes festgestellt oder wird er nach § 87 vermutet, so kann der Empfänger seine Rechte aus dem Frachtvertrag, insbesondere also den Entschädigungsanspruch nach § 82, gegen vorherige Erfüllung der sich für ihn aus dem Frachtbrief ergebenden Verpflichtungen geltend machen. Kann nun die Eisenbahn ihrer Verpflichtung, bei Verlust des Gutes dem Empfänger wenigstens den Frachtbrief zu übergeben, um ihm die von ihm nach Maßgabe des Frachtbriefs zu leistenden Zahlungen zu ermöglichen, nicht nachkommen, so wird hiernach der Empfänger selbstverständlich nicht rechtlos gestellt; vielmehr kann er seine anderweit festzustellenden, sich aus dem Frachtvertrag ergebenden Verpflichtungen erfüllen (so auch nach der Fassung des Art. 16 § 3 IÜG) und sodann die Entschädigung nach § 82 verlangen. Hiernach ist also, wenn die Eisenbahn außerstande ist, dem Empfänger den Frachtbrief zu übergeben, der Besitz des Frachtbriefes nicht Voraussetzung für die Sachbefugnis des Empfängers. Nichts anderes kann aber für die Passivlegitimation der Empfangsbahn gelten, da durch die Vorschrift des § 96 III gerade auch dem Empfänger zur Erleichterung seiner Rechtsverfolgung die Möglichkeit eröffnet werden soll, die Empfangsbahn als die ihm zunächst gelegene Bahn in Anspruch zu nehmen, was im Bereich der entsprechenden Vorschriften des IÜG, aber auch ebenso im Interzonenverkehr, natürlich noch eine größere praktische Rolle spielt als im Bereich der EVO. Für das internat. Eisenbahnfrachtrecht ist durch Art. 43 § 3 II des am 1. 3. 1956 in Kraft tretenden Internationalen Übereinkommens über den Eisenbahnfrachtverkehr (CIM) vom 25. 10. 1952 (BGBl 1956 II 35) eine entsprechende Klarstellung erfolgt. Für den Interzonenverkehr kann insoweit nichts anderes gelten. Die Bekl. ist daher sachverpflichtet.

III. Das angefochtene Urteil geht davon aus, daß ein Anspruch aus dem zwischen der DRB und D. geschlossenen Frachtvertrag im Sinne des § 96 III EVO in Frage komme, da der Kesselwagen verloren sei (§ 82). Verlust im Sinne des § 82 EVO liegt vor, wenn die Eisenbahn aus irgendeinem Grunde, nicht nur vorübergehend, außerstande ist, das Gut auszuliefern (RGZ 94, 97 [99]; 103, 146 [147]). Nach § 87 I EVO i. d. F. des § 4 der 35. VO zur EVO vom 22. 1. 1942 (RGBl II 125) kann der Verfügungsberechtigte das Gut ohne weiteres als verloren betrachten, wenn es nicht innerhalb von drei Monaten nach der Aufgabe abgeliefert oder zur Ablieferung bereitgestellt worden ist. Das Berufungsgericht hält den § 87 I EVO für anwendbar und betrachtet demnach den Kesselwagen als verloren im Sinne des § 82 EVO. Dieser Ansicht tritt der Senat bei.

Die Vorschrift des § 87 EVO regelt nicht die frachtrechtliche Haftung der Bahn, für die vielmehr, soweit es sich um den Grund des Entschädigungsanspruches handelt, §§ 454 bis 456, 458 HGB, §§ 82 bis 84 EVO maßgebend sind. § 87 EVO trifft nur eine der nach § 82 EVO in Betracht kommenden Haftungsvoraussetzungen, nämlich die Frage des Verlustes. Ohne Rücksicht darauf, ob das Gut tatsächlich verloren ist oder nicht, kann der Verfügungsberechtigte, und nur dieser, nicht die Eisenbahn, nach Fristablauf bei Vorliegen der sonstigen Voraussetzungen der §§ 82f. Entschädigung verlangen. § 87 enthält demnach eine von der Geltendmachung durch den Verfügungsberechtigten abhängige unwiderlegbare Vermutung (§ 292 ZPO) für den Verlust des Gutes.

Der II. ZS hat zwar in einem dem § 6 PostG unterliegenden, also eine besonders strenge Haftung der Post begründenden Fall angenommen, daß ein Verlust im Sinne jener Bestimmung auch dann nicht gegeben sei, wenn der Post der Gewahrsam an einer Sendung durch das Eingreifen einer Behörde entzogen wird, die einem anderen Hoheitsträger untersteht als die Post (BGHZ 14, 274 [278][1]). Für das anders geordnete und zahlreiche Haftungsbefreiungsgründe für die Bahn enthaltende Eisenbahnfrachtrecht kommt es jedoch im Hinblick auf die Vorschrift des § 87 EVO nur darauf an, ob das Gut abgeliefert (oder zur Abholung bereitgestellt) ist oder nicht. Auf den Grund der Nichtablieferung kommt es nicht an. Die Unmöglichkeit der Ablieferung und damit der Verlust im Sinne des Eisenbahnfrachtrechts kann daher auch darauf beruhen, daß die Ablieferung durch den Eingriff eines Hoheitsträgers verhindert wird (RG, Eisenbahn- und verkehrstechnische Entscheidungen und Abhandlungen 41, 266 = JW 1924, 1718).

IV. Die Haftung der Eisenbahn für den Verlust des Gutes ist aber nach § 82 EVO u. a. dann ausgeschlossen, wenn der Schaden durch höhere Gewalt oder durch ein Verschulden des Verfügungsberechtigten verursacht ist. Durch höhere Gewalt ist der Schaden dann verursacht, wenn er auf einem von der Bahn nicht zu vertretenden, mit dem Eisenbahnbetrieb nicht zusammenhängenden außergewöhnlichen Ereignis beruht, das auch bei größter Sorgfalt mit den der Eisenbahn ohne Gefährdung ihres Betriebes oder ihrer Wirtschaftlichkeit zumutbaren Vorkehrungen nicht abgewendet werden konnte (vgl. z. B. RGZ 95, 64 [66]; 104, 150 [151]; RG, Eisenbahn- und verkehrsrechtliche Entscheidungen und Abhandlungen 38, 59; 40, 53; 43, 421; BGH, NJW 1951, 357).

Der Kl. hat vorgetragen, die DRB habe bei der Wegnahme des Kesselwagens durch die sowjetzonalen Behörden mitgewirkt; sie habe sogar arglistig gehandelt; denn sie habe die für die Beförderung erforderliche Leerlaufgenehmigung in der Absicht erteilt, in den Besitz des Wagens zu kommen, um ihn sich anzueignen. Das Berufungsgericht hat die Richtigkeit dieses Vorbringens dahingestellt gelassen, so daß sie für die Revisionsinstanz unterstellt werden muß. Dann liegt aber für die DRB keine höhere Gewalt vor, da sie — wenn auch unrechtmäßig — im Rahmen ihres Betriebes gehandelt hat.

Das Berufungsgericht hat dem Verschulden des D. eine entscheidungserhebliche Bedeutung beigelegt. Es nimmt zutreffend an, daß der Schaden durch ein Verschulden des Rechtsvorgängers des Kl. mitverursacht wurde (vgl. RGZ 108, 276; 112, 284). Der Kl. hat ausgeführt, D. habe

[1] Siehe unten Nr. 107.

gegen das besondere Risiko einer willkürlichen Beschlagnahme eine Transportversicherung abgeschlossen. Er habe jedenfalls mit der Haftung der Eisenbahn bei Verlust seiner Wagen gerechnet. Damit wollte der Kl. dartun, daß D. nicht fahrlässig gehandelt habe. Wenn der Kl. unter der ‚Eisenbahn', wie nach seinem beigefügten Schreiben an die Versicherungsgesellschaft zweifellos anzunehmen ist, auch die Bekl. meinte, so bestätigt diese Erklärung die Ausführungen des Berufungsgerichts, daß D. auf Kosten der Bekl. den Versuch machte, den Kesselwagen wirtschaftlich nutzbar zu machen. Die Absicht des Rechtsvorgängers des Kl., die in seinem Gefahrenbereich liegende Gefahr der willkürlichen Beschlagnahme des Wagens, die er selbst in Rechnung gezogen hat, unter Berufung auf frachtrechtliche Bestimmungen auf die Bekl. abzuwälzen, stellt dieser gegenüber ein an Arglist grenzendes Verschulden (§ 82 I) dar. Falls die Bekl. nach § 96 III EVO das Verhalten der DRB vertreten müßte, hätte im Verhältnis der Parteien zueinander eine Abwägung der Verursachung und des Verschuldens nach § 254 BGB zu erfolgen. Einer Prüfung in dieser Richtung bedarf es jedoch nicht, da die Bekl. sich nicht verpflichtet hat, für ein solches Verhalten der DRB einzustehen.

Das Berufungsgericht hat hierzu ausgeführt: Auch wenn die KWL arglistig gehandelt haben sollte, hätte die Bekl. hierfür nicht einzustehen, da die Haftungsgemeinschaft der beiden Eisenbahnen den Verfügungsberechtigten nur im Rahmen der normalen Transportgefahren gegen Verlust schützen solle; dagegen habe der Gesetzgeber nicht an Fälle gedacht, in welchen die Versandbahn das Gut vorsätzlich mit der Begründung zurückhalte, daß das Gut nach den in ihrem Bereich geltenden Vorschriften enteignet sei. Mindestens müsse die Haftung der Empfangsbahn dann ausgeschlossen sein, wenn der Absender bewußt ein derartiges Risiko in Kauf genommen habe oder sich doch grob fahrlässig der Erkenntnis eines solchen Risikos verschlossen habe.

Der gegen diese Auslegung des § 96 III EVO gerichtete Revisionsangriff geht fehl. Die Revision weist darauf hin, daß die Geltung dieser Bestimmung auf der freien Vereinbarung der Bekl. mit der DRB (genauer: auf der in der Aufstellung des Interzonentarifs enthaltenen Erklärung der Bekl., den für den Interzonenverkehr abzuschließenden Verträgen die Vorschriften der EVO zugrunde zu legen) beruhe. Gerade von diesem Ausgangspunkt aus ist aber die Rechtsansicht des Berufungsgerichts zu billigen. Der Senat hat in seinem bereits erwähnten Urteil (BGHZ 17, 315[1]) darauf hingewiesen, die Vereinbarung der Anwendung der EVO schließe nicht aus, daß sich aus der Natur der Sache heraus die Anwendung einzelner Bestimmungen unter den gegebenen Verhältnissen verbiete (§ 133 BGB); bei der Frage der Anwendbarkeit des § 96 III müsse untersucht werden, ob die Art des auf Grund des Frachtvertrages erhobenen Anspruchs die wahlweise gerichtliche Geltendmachung gegen die dort bezeichneten Bahnen rechtfertigt. Da, wie oben unter II ausgeführt, die Empfangsbahn, die das Gut nicht erhalten hat, nicht Ver-

[1] Siehe oben Nr. 105.

tragsgegner des Absenders geworden ist, bedeutet die in ein verfahrensrechtliches Gewand eingekleidete Vorschrift des § 96 III materiell-rechtlich eine Haftung für fremde Schuld, hier für die Schuld der Versandbahn: Durch Schuldbeitritt verpflichtet sich die Empfangsbahn, ohne Rücksicht darauf, ob sie in den Frachtvertrag selbst eintritt (§ 96 II), die Verpflichtungen der Versandbahn und der ihr nachfolgenden, in den Frachtvertrag eingetretenen Bahnen zu erfüllen, soweit sie auf dem Frachtvertrag beruhen. Hierbei gilt nur die Besonderheit, daß nach § 96 III die gesamtschuldnerisch haftenden Eisenbahnen nicht zusammen verklagt werden können, sondern der Kl. eine von ihnen auswählen muß. Durch die Aufstellung des Interzonentarifs hat die Bundesbahn dem Absender gegenüber, der einen Frachtvertrag mit der DRB schließt, sowie dem sonst Verfügungsberechtigten gegenüber die Verpflichtung mitübernommen, die Ansprüche aus dem Frachtvertrag zu befriedigen. Diese nicht auf einer Anordnung des Gesetzgebers, sondern auf einem freiwilligen Willensentschluß der Bekl. beruhende Schuldbeitrittserklärung kann aber mit dem Berufungsgericht nach Treu und Glauben nur dahin ausgelegt werden, daß die Bundesbahn die Haftung für die mit dem Eisenbahnbetrieb als solchem in Zusammenhang stehenden Gefahren übernommen hat. Bei den bekannten, mit rechtsstaatlichen Grundsätzen nicht im Einklang stehenden Verhältnissen der Sowjetzone kann die Erklärung der Bundesbahn nicht dahin ausgelegt werden, daß sie auch für die Hilfestellung der DRB bei sowjetzonalen Enteignungsmaßnahmen einstehen wolle, die nach Art. 30 EGBGB — weil in Widerspruch mit Art. 14 GG stehend — in der Bundesrepublik nicht anerkannt werden können. Die Erklärung der Bekl. bietet keine Grundlage dafür, daß sie für etwaige politische Maßnahmen der DRB-Behörden, die mit dem Frachtverkehr in keinem Zusammenhang stehen und für die das Frachtverhältnis nur das Mittel zur Erreichung politischer Zwecke darstellt, zu haften bereit sei, obwohl diese Maßnahmen ihrer Einflußnahme völlig entzogen sind. Eine solche Auslegung wäre auch deshalb nicht möglich, weil in diesen Fällen die Bundesbahn im Hinblick auf die besonderen Verhältnisse der Sowjetzone von vornherein nicht damit rechnen kann, daß sie gegen die DRB mit Aussicht auf Erfolg Rückgriff nehmen kann. Wenn auch im allgemeinen die Entscheidung über den Anspruch gegen eine nach § 96 III passiv legitimierte Bahn nicht von den Rückgriffsaussichten dieser Bahn abhängig gemacht werden kann, so bildet doch die an sich grundsätzlich gegebene Möglichkeit des Rückgriffs (§ 96 IV) die Grundlage für den Schuldbeitritt (vgl. RGZ 104, 389 [392]). Fehlt diese von vornherein, so kann die an sich eng auszulegende Erklärung der Bekl. nicht auf derartige Fälle ausgedehnt werden.

Zu demselben Ergebnis muß man im vorliegenden Fall auch dann kommen, wenn man annimmt, die DRB habe ihrerseits nicht arglistig bei der Enteignung des Kesselwagens mitgewirkt, diese Enteignung sei vielmehr ohne ihre aktive Mitwirkung von anderen Behörden der sowjet. Besatzungszone vollzogen worden. Die Bundesbahn hat die frachtrechtliche Haftung auch nicht dafür übernommen, daß ein Beförderungsgut, das auf dem Wege von Westberlin nach der Bundesrepublik die sowjet.

Besatzungszone passiert, in der sowjet. Besatzungszone als ursprünglich von einer bestimmten Firma herrührend entschädigungslos enteignet wird. Es wäre mehr als ungereimt, wenn die Bundesbahn für einen Eingriff von hoher Hand im Gebiet der sowjet. Besatzungszone haften würde, der sich nach den Rechtsvorstellungen der Bundesrepublik als ein Akt des Unrechts darstellt, den die Bundesbahn aber schlechthin nicht beeinflussen kann und in Bezug auf den sie ihre Haftung auch nicht auf die DRB abwälzen kann.“

9. Postrecht

107. Ein Verlust im Sinne des § 6 des Post-Gesetzes ist auch dann nicht gegeben, wenn der Post der Gewahrsam an einer Sendung durch das Eingreifen einer Behörde entzogen wird, die einem anderen Hoheitsträger (hier: Sowjetzone) untersteht als die Post. — Es ist unerheblich, ob der behördliche Eingriff gerechtfertigt war oder nicht und ob er der Anfechtung durch ein Rechtsmittel überhaupt entzogen war. — Auf ein Verschulden der Post oder auf Treu und Glauben kann in einem solchen Falle ein Ersatzanspruch nicht gestützt werden.

BGH, Urt. v. 14. 7. 1954 — II ZR 278/53: BGHZ 14, 274; JR 1954, 459; NJW 1954, 1524; VRS 7 (1954) 266; VersR 1954, 432; DVBl 1955, 433; Auszüge in Betrieb 1954, 717; DRsp. V (598) 14a und BB 1954, 670; Leitsätze in DRiZ 1954, 226; LM Nr. 4 zu § 6 PostG (*Delbrück*) und BB 1954, 702.

Am 20., 21. und 23. 7. 1951 versandte die Kl. von einem Paketamt in West-Berlin insgesamt 142 Säcke mit Ziegenfellen, von denen jeder einzelne etwa 20 kg wog, als gewöhnliche Postpakete nach W. (Bundesgebiet). Sämtliche Pakete wurden an der Zonengrenze bei M. von der Volkspolizei mit der Begründung beschlagnahmt, daß es sich um Postgut-Kettensendungen mit Handelsware ohne die hierfür erforderlichen Warenbegleitscheine handele. und später eingezogen.

Die Kl. fordert von Berlin, der Bekl., Ersatz auf Grund des Postgesetzes. Sie beruft sich darauf, die Bekl. habe die Pakete ohne Hinweis auf die Notwendigkeit von Warenbegleitscheinen zur Beförderung angenommen und die Öffentlichkeit fälschlich dahin unterrichtet, daß Warenbegleitscheine nicht erforderlich seien.

Das LG hat die Klage abgewiesen. Das Berufungsgericht hat dem Klageantrag entsprochen. Die Revision führte zur Wiederherstellung des Urteils des LG.

Aus den Gründen:

„II. Das Berufungsgericht stellt den streitigen Vorgang in den Zusammenhang mit dem sogenannten ‚Paketkrieg‘, der sich nach seinen Feststellungen im zeitlichen Anschluß an die Berliner Blockade entwickelt hatte. Der Koordinierungsausschuß der alliierten Kontrollbehörden hatte mit Wirkung vom 15. 5. 1947 den Postverkehr mit 7 kg Höchstgewicht je Paket zwischen Berlin und den gesamten vier Besatzungszonen Deutschlands zugelassen. Nach der Unterbrechung durch die Blockade wurde dieser Zustand auf Grund des New Yorker Abkommens vom 4. 5. 1949 zunächst unverändert wieder hergestellt. Am 25. 7. 1949 teilte die amerik. MilReg. im Namen aller westlichen Kommandanten der Bekl. mit, daß die Gewichtsbegrenzung (Herauf- oder Herabsetzung des Gewichts) der einzelnen Pakete nunmehr allein der Zuständigkeit der Bekl. unterliege. Die Bekl. setzte darauf am 1. 8. 1949 das Höchstgewicht für Pakete auf 20 kg fest.

Am 21. 4. 1950 erließ die Regierung der sowjet. Besatzungszone das Ges. zum Schutze des innerdeutschen Handels (GBl 327), dessen § 1 für den Warenverkehr zwischen der Zone und den Westsektoren Groß-Berlins die Bestimmungen über den innerdeutschen Handel für entsprechend anwendbar erklärte und für Waren, die ohne den erforderlichen Warenbegleitschein befördert wurden, die Einziehung androhte. Die Behörden der Sowjetzone stellten sich auf den Standpunkt, daß diese Bestimmung auch für den Transitpostverkehr von Berlin nach Westdeutschland durch das Gebiet der Sowjetzone Geltung habe, während die Bekl. in Übereinstimmung mit der Bundespost und den Westalliierten die Ansicht vertrat, daß der Transitverkehr von dem sowjetzonalen Gesetz nicht betroffen werden könne und Warenbegleitscheine daher auch dann nicht erforderlich seien, wenn die Pakete Handelsware enthielten. In der Zeit vom 7. 7. 1950 an wurden in größerem Umfange Pakete auf dem Wege zwischen den Berliner Westsektoren und der Bundesrepublik von der Volkspolizei mit der Begründung beschlagnahmt, es fehle der nach dem Gesetz dafür erforderliche Warenbegleitschein. Die westalliierten Besatzungsmächte protestierten am 23. 8. 1950 gegen die Maßnahmen der sowjetzonalen Behörden und bezeichneten diese Maßnahmen als widerrechtlich. Vom 14. 9. 1950 an unterblieben dann die Beschlagnahmen, sie setzten aber am 18. 7. 1951 wieder ein. An diesem Tage wurden 24 und am 19. 7. 1951 37 Pakete am Kontrollpunkt M. von der Volkspolizei beschlagnahmt.

Das Berufungsgericht stellt weiter fest, daß die Öffentlichkeit von diesen neuen Beschlagnahmemaßnahmen jedenfalls bis zum 23. 7. 1951 nicht unterrichtet worden ist und daß die Kl. zur Zeit der Aufgabe der Pakete davon keine Kenntnis hatte.

III. Die Haftung der Bekl. setzt voraus, daß die Beschlagnahme und Einziehung der streitigen Pakete ein ‚Verlust‘ im Sinne des § 6 I PostG ist. Dazu bedarf es einer Prüfung, wie dieser Ausdruck hier zu verstehen ist.

1. Der Begriff des ‚Verlustes‘ wird weder im Wortlaut des Gesetzes erläutert, noch ist darüber aus den Gesetzesmaterialien etwas ersichtlich. Die Rechtsprechung hat sich bisher mit der Auslegung und Abgrenzung des Begriffes nur vereinzelt befaßt. Die dazu (z. B. bei *Aschenborn-Schneider*[2] [1928] Bem. 7 zu § 6 PostG Seite 227) angeführten Entscheidungen des RG vom 6. 3. 1880 (*Eger* [EVO] I 132 [135]) und 4. 1. 1909 (RGZ 70, 174) sind zu Fällen des Eisenbahnfrachtrechts ergangen und wollen den Fall des Verlustes des Gutes in erster Linie von dem der völligen Zerstörung abgrenzen. Nach der erstgenannten Entscheidung ist das Frachtgut für den Frachtführer verloren, wenn er außer Stande ist, es nach den Bestimmungen des Absenders auszuhändigen. RGZ 70, 174 [175] bezeichnet als ‚Verlust‘ im Gegensatz zur bloßen Beschädigung den gänzlichen Abgang einer Sache durch eine beliebige Ursache, einschließlich der gänzlichen Zerstörung. Dabei wird vermerkt, diese Begriffsbestimmung gelte neben anderen gesetzlichen Vorschriften (z. B. §§ 255, 701, 804 BGB, §§ 390, 414, 429 [457], 606, 609, 610, 673 II HGB) auch für § 6 PostG. Auch die hieran anknüpfenden Äußerungen im Schrifttum beschränken sich auf allgemeine Ausführungen. *Aschenborn-Schneider* (aaO) übernehmen (aus *Eger*, Anm. 445 zu § 84 EVO von 1908) die Fassung, es sei unerheblich, wodurch der Verlust verursacht worden ist, ob die Sendung ‚vernichtet, verloren, entwendet, verwechselt, vertauscht, unrichtig ausgeliefert oder trotz rechtzeitig geänderter Adresse dem ursprünglich benannten Adressaten ausgehändigt ist‘. Nach *Niggl* (Postverkehrsgesetze[2] [1928] Anm. 6 zu § 6 PostG; Deutsches Postrecht[2] [1931] 285) liegt der Verlust vor, wenn die Sendung weder an eine empfangsberechtigte Person ausgehändigt noch an den Absender zurückgegeben werden kann. Eine inhaltlich gleiche Fassung gibt das Handwörterbuch des Postwesens (1927) 216 zum Stichwort ‚Ersatzpflicht der Post‘ zu 2 a.

2. Wenn auch die Gründe, die zum ‚Verlust' der Sendung geführt haben, abgesehen von den in § 6 III PostG aufgeführten Ausnahmen, schlechthin unerheblich sind, es insbesondere auf ein Verschulden der Post oder eines ihrer Beamten oder Angestellten nicht ankommt, so gelten doch nach einhelliger Auffassung Besonderheiten dann, wenn der Verlust auf das Eingreifen einer Behörde zurückzuführen ist. Dabei kann es sich, wenn von den besonderen Zeitumständen abgesehen wird, um Fälle der Beschlagnahme nach §§ 99ff. StPO oder auch um Maßnahmen der Zollbehörde anläßlich der Vorführung und Übergabe eingehender zollpflichtiger Sendungen (§ 53a I Satz 2 der Postordnung vom 30. 1. 1929 [RGBl I 33] i. d. F. der VO zur Änderung der Postordnung vom 31. 3. 1940 [ABl des Reichspostministeriums A 297]) handeln. Die Vorschrift des § 53a I Satz 2 der Postordnung i. d. F. vom 31. 3. 1940 entspricht wörtlich der Fassung des § 39 XV der Postordnung von 1921. Die Bestimmung war in die Postordnung vom 30. 1. 1929 nicht aufgenommen, da diese Bestimmungen über die Zollabfertigung von Postsendungen nicht enthielt. Sie ist dann durch die VO vom 31. 3. 1940 wieder eingeführt worden. Danach erlischt die Haftung der Post mit der Übergabe der Postsendung an die Zollbehörde. Wie sich aus der Entstehungsgeschichte ergibt, hat aber diese Vorschrift nicht die Bedeutung einer konstitutiven Haftungsbeschränkung, sondern nur diejenige einer Klarstellung.

3. Es besteht kein Anlaß zur Abweichung von dem so herausgearbeiteten Grundsatz, daß ein Verlust im Sinne des § 6 PostG dann nicht vorliegt, die Haftung der Post also dann entfällt, wenn die Unmöglichkeit ordnungsmäßiger Ablieferung oder der Rückgabe darauf zurückzuführen ist, daß eine Behörde eingegriffen und die Sendung an sich genommen hat.

Der Streitfall weicht freilich von denjenigen Fällen, an denen die dargestellte Rechtsprechung entwickelt ist, in verschiedener Hinsicht ab. Die hier eingreifende Behörde untersteht einem anderen staatlichen Hoheitsträger als die befördernde Postverwaltung; nach den von diesem Hoheitsträger erlassenen Vorschriften war die Einlegung eines Rechtsmittels gegen die Einziehung nicht möglich, und nach der übereinstimmenden Auffassung beider Streitteile war die Einziehung auch nach diesen Vorschriften nicht gerechtfertigt, weil das Ges. zum Schutz des innerdeutschen Handels auf den Durchgangsverkehr nicht anwendbar sei. Auch wenn man dieser Auslegung jenes Gesetzes folgt, könnte doch aus diesen Besonderheiten des Falles nichts für die von der Kl. geltend gemachten Ansprüche hergeleitet werden.

Es trifft zwar zu, daß in einem rechtlich geordneten Staat derjenige, der von einer Beschlagnahme oder einem anderen behördlichen Eingriff betroffen wird, in aller Regel seine wirklichen oder vermeintlichen Rechte gegenüber der eingreifenden Behörde geltend machen kann und daß er, falls sich der Eingriff als ungerechtfertigt erweist, entweder den beschlagnahmten Gegenstand selbst oder, falls dies nicht möglich ist, eine Entschädigung erhält, sei es unter dem rechtlichen Gesichtspunkt des Schadensersatzes wegen Amtspflichtverletzung, sei es unter dem des öffentlich-rechtlichen Verwahrungsverhältnisses. Aber der Rechtsgrund für den Wegfall der Haftung der Post in diesen Fällen liegt nicht in dieser anderen Ersatzmöglichkeit, sondern in der besonderen Regelung, die die Haftung der Post in § 6 PostG gefunden hat. Diese Haftung setzt kein Verschulden der Post oder eines ihrer Beamten oder Angestellten voraus, sie wird, wenn nur ihre Voraussetzungen gegeben sind, nicht einmal durch einen Fall der höheren Gewalt, sondern nur durch die unabwendbaren Folgen eines Naturereignisses ausgeschlossen, sie geht also über die im BGB, in § 1 Haftpflichtgesetz und §§ 7, 8 Straßenverkehrsgesetz geregelte Gefährdungshaftung noch hinaus. Eine so weitgehende Haftung konnte der Post aber nur deshalb auferlegt werden, weil sie die aufgegebenen Sendungen in ihren Gewahrsam nimmt und die Möglichkeit und die Pflicht hat, diesen Gewahrsam gegen unbefugte Eingriffe zu schützen sowie diejenigen Vorkehrungen zu treffen, die die Gefahr schädlicher Einwirkungen von Naturkräften (Feuer, Wasser) verhindern. Diese Möglichkeit versagt aber dann, wenn die Post sich einem behördlichen Eingriff gegenüber sieht. Sie kann vielleicht prüfen, ob es sich wirklich um eine behördliche Maßnahme handelt oder etwa um einen völlig außerhalb der Dienstgeschäfte liegenden, auf außerdienstlichen Erwägungen beruhenden Übergriff eines Menschen, der zwar nach seiner Amtsstellung auch zu einem dienstlichen Eingreifen zuständig wäre, im Einzelfall aber augenscheinlich außerhalb dieser seiner Stellung handelt. Liegt aber dieser Sonderfall, wie bei der hier erörterten Einziehung, nicht vor, so ist die Post nicht in der Lage, irgendwelche weiteren Prüfungen darüber anzustellen, ob der Eingriff im Einzelfall nach dem für die eingreifende Behörde oder nach dem für die Post maßgebenden Recht sachlich gerechtfertigt ist oder ob und wie der Absender sich gegen den Eingriff der Behörde wehren oder im Falle eines unberechtigten Eingriffs Ersatz erlangen kann. Die Post verliert hier ihren Gewahrsam durch einen Vorgang, zu dessen Vermeidung sie auch bei noch so sorgfältiger Organisation und Überwachung ihres Betriebes nichts tun kann, und darin liegt der grundlegende und rechtlich bedeutsame Unterschied gegenüber solchen Fällen, in denen der Gewahrsam durch Diebstahl, Raub, Aushändigung an einen Nichtberechtigten, Feuer oder ähnliche Ursachen verloren wird. Stellt man aber, wie es hiernach geboten ist, die Entscheidung auf die Ursache für den Verlust des Gewahrsams ab, so kann es keinen Unterschied machen, ob der Absender die formelle Möglichkeit eines Rechtsmittels gegenüber der eingreifenden Behörde hat. Deshalb kann dem Berufungsgericht darin nicht gefolgt werden, daß ein Verlust im Sinne des § 6 PostG deshalb gegeben sei, weil in dem Streitfall die Kl. nicht wie sonst als Absenderin bei dem Übergang des Gewahrsams von der Post an eine andere Behörde durch entsprechende Rechtsgarantien vor einem durch Verlust eintretenden Schaden hinreichend geschützt war. Es bedarf deshalb auch keiner Prüfung, ob die Rechtsgarantien schon deshalb fehlen, weil gegen die Beschlagnahme kein Rechtsmittel gegeben war.

Aus demselben Grund kommt es aber auch nicht darauf an, ob die hier vorgenommene Einziehung sich im Falle einer geregelten Nachprüfung als gerechtfertigt erwiesen hätte oder nicht, denn der Sachverhalt und der Vortrag der Parteien bieten keinen Anhalt dafür, daß es sich um einen absolut nichtigen Verwaltungsakt im Sinne der hierüber entwickelten Rechtsprechung gehandelt hätte. Ebensowenig ist es erheblich, ob die beschlagnahmende und einziehende Behörde einem anderen staatlichen Hoheitsträger untersteht als die Post. Es wird zwar stets ein Ausnahmefall sein, daß die Post ihre Beförderung durch fremdes Hoheitsgebiet leitet, ohne die Sendungen dabei einer auswärtigen Beförderungsanstalt im Sinne des § 6 III c PostG zu übergeben. Wenn sie dies aber tut, so ist sie in dem fremden Hoheitsgebiet den Eingriffen der dortigen Behörden in derselben Weise und mit denselben Rechtsfolgen unterworfen wie im Hoheitsgebiet des eigenen Staates. Deshalb bedarf es nicht einmal der Prüfung der viel erörterten Frage, ob das Gebiet der sowjet. Besatzungszone in dem einen oder dem anderen rechtlich bedeutsamen Sinne als Ausland anzusehen ist.

4. Die Kl. hat sich darauf berufen, daß die Postverwaltung die Öffentlichkeit nicht hinreichend über die am 18. 7. 1951 einsetzende neue Beschlagnahmewelle aufgeklärt habe. Das Berufungsgericht folgt ihr darin und macht der Bekl. den Vorwurf einer Pflichtverletzung. Es ist aber nicht möglich, ein solches Verschulden, selbst wenn es entgegen dem Bestreiten der Bekl. zutreffend festgestellt wäre oder festgestellt werden könnte, zu einer von § 6 PostG unabhängigen Haftungsgrundlage zu machen. Nach feststehender Rechtsprechung (RGZ 107, 41) ist die Haftung der Post in den §§ 6 bis 12 PostG ausschließlich und erschöpfend geregelt. Der Grund hierfür liegt in der Notwendigkeit, die Leistungsfähigkeit der Post zu erhalten, andererseits aber die Gebühren im Interesse der Benutzer so niedrig wie möglich zu halten. Beide Notwendigkeiten waren zur Zeit des streitigen Vorganges und sind auch heute noch in gleich starkem Maße vorhanden wie früher, es besteht daher kein Anlaß zur Abweichung von dieser Rechtsprechung. Sie verbietet es aber, eine Ersatzpflicht der Post für einen nicht unter § 6 I PostG fallenden Schaden unter dem Gesichtspunkt des Verschuldens zu bejahen.

Auch der von der Kl. vor allem in der mündlichen Verhandlung vor dem Revisionsgericht betonte Gesichtspunkt von Treu und Glauben vermag den Klageanspruch nicht zu stützen. Es ist zwar in der Rechtsprechung wiederholt auch einer Körperschaft des öffentlichen Rechts unter Berufung auf den das gesamte Recht beherrschenden und nur in § 242 BGB besonders zum Ausdruck gebrachten Gesichtspunkt von Treu und Glauben das Recht abgesprochen worden, sich auf bestimmte Einwendungen zu berufen. Daraus kann aber nicht die Möglichkeit hergeleitet werden, unter Berufung auf Treu und Glauben die gesetzlichen Voraussetzungen einer an einen bestimmten Tatbestand geknüpften Haftung da als gegeben zu fingieren, wo es an diesem Tatbestand fehlt. Der von der Kl. vertretene Rechtsgedanke würde darauf herauskommen, entweder aus der Verletzung von Treu und Glauben einen eigenen Haftungstatbestand zu schaffen oder auf dem Wege über Treu und Glauben der Post eine von § 6 PostG unabhängige Haftung für Verschulden aufzuerlegen. Keiner dieser Wege ist gangbar."

V. Arbeitsrecht

108. Im interlokalen Privatrecht entscheidet in erster Linie der Parteiwille über das anzuwendende Recht. — Gehen beide Prozeßparteien von der Anwendung eines bestimmten Landesrechts auf ein Arbeitsverhältnis aus, so liegt darin eine stillschweigende Vereinbarung dieses Landesrechts.

ArbG Bremen, Urt. v. 29. 10. 1954 — II Ca 2413/54: *Leitsätze in RdA 1955, 240.

Aus den Gründen:

„II. In der Sache selbst streiten die Parteien über die Frage, ob der Kl. dem Bekl. gegenüber noch Urlaubsgeldansprüche aus den Kalenderjahren 1953 und 1954 zustehen. Dabei gehen beide Parteien ohne weiteres von der Anwendbarkeit niedersächsischen Rechts aus. Das mag darauf zurückzuführen sein, daß beide Parteien in Niedersachsen beheimatet sind, die Kl. in L. und der Bekl. in H.

Die Parteien haben damit durch ihr Verhalten zum mindesten stillschweigend zu erkennen gegeben, daß sie das zwischen ihnen bestandene Lehrverhältnis niedersächsischem Recht unterwerfen wollten. Das Gericht brauchte deshalb nicht weiter der nach den Regeln des interlokalen Privatrechts zu lösenden Frage über das anzuwendende Urlaubsrecht nachzugehen. Die sogenannte Parteiautonomie, d. h. der Parteiwille hinsichtlich des anzuwendenden Rechts, hat ohnehin im Bereich des interlokalen Privatrechts den Vorzug.“

109. Groß-Berlin und Berlin-West sind rechtlich identisch; Beschäftigungszeiten an einer zunächst von Groß-Berlin getragenen und nach der Spaltung der Stadt von Berlin-West fortgeführten Bühne sind daher zusammenzurechnen.

Bühnenoberschiedsgericht, Senat Berlin, Schiedsspruch v. 30. 10. 1954 — OSch. 4/54: AP Nr. 1 zu § 611 BGB (Bühnenengagementsvertrag) (zust. *Neumann-Duesberg*).

Die Kl. war seit 1. 8. 1939 bis zum Zusammenbruch ununterbrochen an der Berliner Staatsoper als Opernsängerin beschäftigt. Im September 1944 wurde das Theater geschlossen. Nach Wiedereröffnung der Oper im A.-Palast, die die ungeteilte Stadt Berlin 1946 in Gang setzte, wurde sie daselbst weiter beschäftigt. Bei der Spaltung Berlins am 8. 9. 1948 war sie dort noch tätig bis zum Ende der Spielzeit 1948/49. Ab 1. 8. 1949 trat sie in das Ensemble der Städtischen Oper Berlin-West ein, wo sie seither gegen eine Jahresgage engagiert war. Sie erhielt am 21. 1. 1953 die Mitteilung der Nichtverlängerung ihres Engagements für die Spielzeit 1953/54.

Die Kl. hat geltend gemacht, daß sie fast 15 Jahre an der Staatsoper B. oder den Städtischen Opern im A.-Palast und im Westen, die als deren Nachfolgeinstitute angesehen werden müßten, beschäftigt gewesen sei. Mindestens sei sie aber mehr als 5 Jahre an einer der Städtischen Opern B., nämlich im A.-Palast und in Berlin (West) beschäftigt gewesen. Deshalb hätte ihr spätestens zum 31. 10. 1952 die Mitteilung der Nichtverlängerung ihres Engagements zugehen müssen. Die am 21. 1. 1953 zugegangene Mitteilung sei verspätet und ihr Engagement somit für die Spielzeit 1953/54 verlängert. Sie hat zunächst eine Monatsgage eingeklagt.

Die Bekl. hat u. a. geltend gemacht, die Beschäftigungszeit bei der Staatsoper „Unter den Linden“ und im A.-Palast können der Kl. nicht angerechnet werden.

Die jetzige Städtische Oper Berlin (West) sei nicht Rechtsnachfolgerin der ehemaligen Staatsoper oder der seinerzeit im A.-Palast in Berlin (Ost) in Betrieb befindlichen Oper. Die Kl. sei nicht an derselben Bühne über 5 Jahre beschäftigt gewesen und somit könne sie sich nicht auf die verlängerte Mitteilungsfrist berufen.

Das Bezirks-Bühnenschiedsgericht hat durch Schiedsspruch vom 20. 2. 1954 die Bekl. antragsgemäß verurteilt. Das Bühnenoberschiedsgericht hat die Berufung der Bekl. zurückgewiesen.

Aus den Gründen:

„Die entscheidende Frage, ob die Beschäftigungszeit der Kl. an der Oper im A.-Palast anzurechnen ist, hat das Bezirks-Bühnenschiedsgericht zutreffend bejaht. Es kann für den vorliegenden Rechtsstreit dahingestellt bleiben, ob vor der Spaltung Berlins die Stadt als Nachfolgeinstitut der Preußischen Staatsoper die Oper im A.-Palast eröffnet hat. Für den vorliegenden Rechtsstreit kommt es nur auf das Verhältnis der Beschäftigungszeit an der Oper im A.-Palast seit 1946 und an der Westberliner Oper und deren Anrechnung an.

Die Bekl. glaubt, ohne Rücksicht auf die Frage der Rechtsnachfolge die Anrechnung der Beschäftigungszeit im A.-Palast schon um deswillen ablehnen zu können, weil Voraussetzung einer Anrechnung die Beschäftigung an der gleichen Bühne sei. Dabei komme es auf den Rechtsträger nicht an. [Das Schiedsgericht legt unter Hinweis auf den Tarifvertrag und die Auslegung des Angestellten-Kündigungsschutzgesetzes vom 9. 7. 1926 die Unrichtigkeit dieser Auffassung dar.] Es kann deshalb nur ein Wechsel des Rechtsträgers möglicherweise von Bedeutung sein.

Zu prüfen war die Frage, ob die Beschäftigungszeit an der Oper im A.-Palast deshalb nicht anrechnungsfähig ist, weil diese Oper nur bis zum 8. 9. 1948 ein Institut der ungeteilten Stadt Berlin gewesen ist und von da ab von der Verwaltung der Stadt Berlin (Ost) betrieben wird. Das Bezirks-Bühnenschiedsgericht hat mit einer kurzen Begründung den Standpunkt vertreten, daß die Westberliner Oper als alleinige Nachfolgerin der alten Staatsoper und daß die Oper im A.-Palast als deren Vorgängerin anzusehen sei. Auf Grund dieser kontinuierlichen Beschäftigung hätte der Kl. die Mitteilung des Fortfalls ihrer Weiterbeschäftigung spätestens am 31. 10. 1952 zugestellt werden müssen.

Die Entscheidung berührt die im höchsten Grade streitige und zweifelhafte Frage der Rechtsnachfolge im staatsrechtlichen Sinne. Diese hat nach dem Zusammenbruch sowohl Gerichte wie auch das Schrifttum, insbesondere bezüglich der Rechtsnachfolge der Bundesrepublik hinter dem Reich, beschäftigt. Diese Frage war auch Gegenstand der Erörterung von Entscheidungen der Gerichte seit der Teilung Berlins im Hinblick auf die beiden geteilten Körperschaften. Die von dem LAG vorgelegten Entscheidungen betreffen zwar nicht die Anrechnung von Dienstzeiten wie im vorliegenden Fall, sie lassen aber immerhin eine gewisse Auffassung in der Richtung erkennen, daß die Arbeitsgerichtsbehörden die Frage der Rechtsnachfolge der Stadt und des Landes Berlin (West) nach der früheren ungeteilten Stadt Berlin zu bejahen geneigt sind. Denn sie sehen Vertragsverletzungen der Arbeitnehmer gegenüber der letzteren als der ersteren gegenüber begangen an, als ob beide Körperschaften identisch seien.

Im staatsrechtlichen Sinne wird die Identität von Ländern, Kreisen, Gemeinden und sonstigen Gebietskörperschaften mit den jeweiligen früheren Gebietskörperschaften bejaht, wenn sie gebietsmäßig mit diesen übereinstimmen (vgl. insbesondere KG, JR 1947, 50; 1950, 147; *Loening*, DRZ 1946, 129; *Reinhardt*, NJW 1952, 442). Sind nur Teile einer früheren Gebietskörperschaft von einer jetzigen übernommen worden, so wird für die Haftung der letzteren für Schulden der ersteren darauf abgestellt, ob diese Schulden gebietsbezogen (relativ) sind, dies auch in dem Falle, in dem die frühere Gebietskörperschaft nicht mehr besteht und an ihre Stelle zwei geteilte neue getreten sind (*Loening*, aaO 132). Nun können diese Grundsätze aber nicht unmittelbar die hier zur Entscheidung stehende Frage der Anrechnung von Beschäftigungszeiten bei Teilung einer Gebietskörperschaft lösen, weil es sich hier nicht um eine Frage der Schuldenhaftung handelt. Ebenso kann wegen der Teilung der Gesichtspunkt der Funktionsnachfolge (BGHZ 5, 303[1]) hier nicht durchgreifen. Die Behandlung des Problems der allgemeinen Rechtsnachfolge auf staatsrechtlichem Gebiet wird dadurch ungemein erschwert, daß es seit der Ausrufung der DDR zwei Prätendenten gibt, von denen jeder unter Ausschluß des anderen den Anspruch erhebt, er sei die legitime Gestalt des weiterbestehenden Reiches. Dieselbe politische Ideologie gilt für die Stadt Berlin nach der Teilung in Ost und West, von denen jeder Teil für sich die legitime Rechtsnachfolge hinter der Gebietskörperschaft Groß-Berlin in Anspruch nimmt. Diese politische Forderung, auf die im wesentlichen sich der Schiedsspruch erster Instanz stützt, kann allerdings allein keine ausreichende Rechtsgrundlage für die rein juristische Frage darstellen. Hierzu können nur Tatsachen mit ihren rechtsbegründenden Wirkungen eine Entscheidungsgrundlage geben (vgl. *Reinhardt*, NJW 1952, 442). Es kommt dabei darauf an festzustellen, um welche Rechtswirkungen gestritten wird und auf welche wirklich tragenden Gesichtspunkte sich diese Rechtswirkungen stützen lassen. Diese Begründung erfordert eine Würdigung der Interessen und ein Abwägen der Gründe für die Zurechenbarkeit eines Beschäftigungsverhältnisses. Die Begriffe Identität und Rechtsnachfolge können dabei höchstens eine dienende, nie aber eine herrschende Funktion für sich in Anspruch nehmen (vgl. *Reinhardt*, aaO). Mit Recht sagt auch *Krüger* (SJZ 1950, 113): Rechtliche Veränderungen in der Struktur eines Gemeinwesens schließen nach heutiger Auffassung die Identität dann nicht aus, wenn nur die Substanz dieselbe geblieben ist. Die Substanz der Stadt Groß-Berlin nach Gebiet und Volk ist auch durch die Teilung und verfassungsmäßige Verschiedenheit der Teilgebiete nicht berührt.

Welches sind nun die Tatsachen, auf die die Beantwortung der Frage der Anrechnung der Beschäftigungszeiten der Kl. gestützt werden kann? Die allgemeine Frage, ob Stadt und Land Berlin (West) Rechtsnachfolgerin der früher ungeteilten Stadt Berlin ist, hat der 9. ZS des KG nach einer Auskunft stets dahin beantwortet, daß die im Mai 1945 neu

---

[1] Dieses Zitat ist offenbar (siehe IzRspr. 1945—1953 Nr. 216) ein Irrtum.

organisierte Gebietskörperschaft Groß-Berlin mit Stadt und Land Berlin in der jetzigen Gestalt identisch ist und daß die verfassungsmäßigen Organe von Berlin (West) lediglich zur Zeit tatsächlich behindert sind, im sowjet. Sektor Berlins die Landesgewalt auszuüben (vgl. hierzu KG, Urteil vom 8. 8. 1949 — 4 U 341/49 — und vom 8. 11. 1946, JR 1947, 50 und JR 1950, 146). So hat auch der BGH in seinem Beschluß vom 17. 11. 1952 (II ZB 19/52[1]) ausgesprochen: ‚Das LG Berlin C 2 befindet sich im Jurisdiktionsbereich des KG Berlin, weil dieser Bereich das Gebiet der Stadt Berlin umfaßt.' Ferner haften nach der Auffassung des 9. ZS des KG Stadt und Land Berlin im Rahmen von Art. 131 der WRV für Amtspflichtverletzungen von Beamten und Angestellten, die vom Mai 1945 bis Dezember 1948 in Ausübung öffentlicher Gewalt im sowjet. Sektor von Berlin begangen worden sind. Diese Auffassung liegt auch stillschweigend u. a. einem Urteil des KG vom 12. 3. 1951 — 4 U 2416/50[2] — zugrunde (bestätigt durch BGHZ 5, 138[3]) und einem Urteil des KG vom 25. 3. 1952 — 9 U 396/51. Die Stadt Berlin (West) hat in diesen Streitigkeiten ihre zivilrechtliche Verantwortlichkeit für Amtspflichtverletzungen ihrer im sowjet. Sektor tätig gewesenen Bediensteten im Zeitraum von 1945 bis 1948 nie geleugnet und hat damit zu erkennen gegeben, daß sie diese Bediensteten der ungeteilten Stadt als zu ihrem Dienstbereich gehörig betrachtet hat. Somit kann nicht nur für die Frage der Schuldenhaftung ein enger Zusammenhang zwischen den Beschäftigungsverhältnissen aus der Zeit vor der Spaltung und denjenigen aus der Zeit nach der Übernahme von Arbeitsverhältnissen durch West-Berlin festgestellt werden. In Übereinstimmung hiermit kann unbedenklich die Folgerung gezogen werden, daß die Bekl. sich auch bezüglich der Mitteilungspflicht die frühere Tätigkeit der Kl. bei der Oper im A.-Palast, die eine Städtische Oper der ungeteilten Stadt Groß-Berlin damals war, in gleicher Weise anrechnen lassen muß, wie die Tätigkeit an der Oper in Berlin (West). Tatsächlich lagen die Verhältnisse hier so, daß die Kl. aus der Städtischen Oper im A.-Palast nur unter dem Zwang politischer Verhältnisse deshalb ausgeschieden und in die Oper Berlin (West) übergetreten ist, weil der Magistrat der Stadt Berlin (West) nicht mehr in der Lage war, seinen Machtbereich auf die Oper im A.-Palast zu erstrecken. Stattdessen hat er in Berlin (West) den Opernbetrieb allein übernommen. Letzten Endes ist auch die geschichtliche Entwicklung nach dem Zusammenbruch so gewesen, daß 1945 auch die preußischen Bühnen in Berlin in städtische Bühnen übergeführt worden sind und die Städtische Oper in Berlin (West) die künstlerische Tradition der preußischen Staatsoper und später der Oper im A.-Palast übernommen hat. Im Hinblick auf diese Tatsachen kommt auch das Bühnenoberschiedsgericht zum Ergebnis, daß eine Kontinuität der Beschäftigung der Kl. zum mindesten in bezug auf die Beschäftigung an der Oper im A.-Palast und derjenigen in Berlin (West) festzustellen ist.

Demgemäß war die der Kl. unter dem 21. 1. 1953 zugegangene Mitteilung der Nichtverlängerung ihres Engagements verspätet. Hieraus er-

[1] IzRspr. 1945—1953 Nr. 542.
[2] IzRspr. 1945—1953 Nr. 144a.
[3] IzRspr. 1945—1953 Nr. 144b.

gibt sich, daß der Anstellungsvertrag sich für die Spielzeit 1953/54 entsprechend der Tarifvereinbarung vom 10. 10. 1947 verlängert hat. Der Anspruch auf die zunächst eingeklagte Gage für August 1953 ist deshalb begründet.“

110. Durch die gesetzliche Beschränkung der Haftung der Genossenschaften auf ihr Westvermögen werden Ansprüche aus Arbeits- und Dienstverträgen nicht betroffen.

LG Berlin-West, Beschl. v. 6. 12. 1954 — 81 T 1271/54: NJW 1955, 993.

Der Gläubiger war früher Vorstandsmitglied der Schuldnerin, einer gemeinnützigen Genossenschaft in Berlin, die Vermögenswerte in allen Teilen Berlins besaß. Er hat ein Urteil über seine Gehaltsansprüche für die Jahre 1949 und 1950 erstritten und auf Grund dieses Urteils Forderungen der Schuldnerin gepfändet. Das AG hat die Erinnerung der Schuldnerin zurückgewiesen und das LG die dagegen eingelegte Beschwerde zurückgewiesen.

Aus den Gründen:

[Das Gericht legt zunächst dar, daß die durch das Berliner Ges. über die Rechtsverhältnisse der Erwerb- und Wirtschaftsgenossenschaften mit dem Sitz in Berlin vom 9. 1. 1951 (VOBl I 249) angeordnete Unzulässigkeit der Zwangsvollstreckung nicht im Wege der Erinnerung nach § 766 ZPO, sondern nur durch Klage nach § 767 ZPO geltend gemacht werden kann.]

„Wohl aber teilt die Kammer die Ansicht des Gläubigers, daß Ansprüche gegen eine Genossenschaft aus einem früheren Dienst- und Arbeitsverhältnis nicht unter das Ges. vom 9. 1. 1951 fallen. Das ergibt sich aus folgendem:

Der Grundgedanke des § 7 des Gesetzes ist der, daß der Gläubiger einer Genossenschaft, der eine aus der Zeit vor dem Gesetz stammende Forderung hat, Befriedigung nur insweit verlangen kann, als seine Gegenleistung dem Westvermögen der Genossenschaft zugeflossen, d. h. in West-Berlin angelegt oder verwendet worden ist. Hatte der Gläubiger seine Gegenleistung noch nicht bewirkt oder läßt sich nicht ermitteln, wo der geleistete Gegenwert verblieben ist, so soll die Genossenschaft nur entsprechend dem Verhältnis des Westvermögens zum Gesamtvermögen nach dem letzten Gesamtjahresabschluß zur Leistung verpflichtet sein. Diese — durchaus zweckmäßige und wirtschaftlich auch gerechtfertigte — Regelung paßt aber schon rein gedanklich nicht auf einen Gläubiger, der aus einem alten Dienst- oder Arbeitsverhältnis eine Forderung gegen eine Genossenschaft hat. Denn hier kann von ‚der Genossenschaft als Gegenwert zugeflossenen Mitteln‘ nicht die Rede sein. Auch Absatz 3 des § 7, der voraussetzt, daß ‚Mittel als Gegenwert‘ der Genossenschaft nicht zugeflossen sind oder daß der Verbleib dieser ‚Mittel‘ nicht feststellbar ist, kann ebensowenig mit dem Begriff der zugeflossenen oder nicht zugeflossenen ‚Mittel‘ die Dienstleistungen eines Angestellten oder eines Arbeiters der Genossenschaft gemeint haben. Das bedarf keiner näheren Begründung. Wenn das Gesetz also von

‚Mitteln' spricht, die als Gegenwert der Genossenschaft zugeflossen sind usw., so kann es danach nur materielle Werte im Auge gehabt haben, und nur so auch hat das Gesetz einen vernünftigen, wirtschaftlich gerechtfertigten und billigenswerten Sinn. Wäre es anders, so würde das Gesetz eine unvorstellbare und gerade heute nicht vertretbare soziale Härte ausgerechnet gegenüber den Arbeitnehmern der Genossenschaft enthalten. Denn während z. B. der Warengläubiger, dessen Leistung (Baumaterialien usw.) von der Genossenschaft in West-Berlin verwendet worden ist, nach dem Gesetz in voller Höhe befriedigt wird, würde ein früher von der Genossenschaft beschäftigt gewesener Angestellter oder Handwerker, der teils in Ost-Berlin, teils in West-Berlin gearbeitet hat, nur einen Bruchteil seines rückständigen, vor dem Inkrafttreten des Gesetzes (22. 2. 1951) fällig gewordenen Gehalts bzw. Lohnes erhalten. Daß ein solches Ergebnis nicht richtig und vom Gesetz nicht gewollt sein kann, liegt auf der Hand. Die Schuldnerin ist — jedenfalls in der Praxis — der gleichen Auffassung, daß ihre Arbeitnehmer nicht unter das Gesetz fallen; jedenfalls hat sie nicht vorgetragen, daß ihre Angestellten und Arbeiter, die schon vor dem Inkrafttreten des Gesetzes von ihr beschäftigt worden sind, ihr am 22. 2. 1951 rückständiges Gehalt bzw. ihren rückständigen Lohn nur verkürzt ausgezahlt bekommen hätten. Die hier in Rede stehende Forderung des Gläubigers, die vor dem Inkrafttreten des Ges. vom 9. 1. 1951 entstanden ist, hat aber zweifellos ihren Ursprung in dem früheren Dienstverhältnis, in welchem der Gläubiger zur Schuldnerin gestanden hat. Danach kann das Gesetz im vorliegenden Fall keine Anwendung finden."

111. **Der Ruhegehaltsanspruch des Vorstandsmitglieds einer Aktiengesellschaft wird erst durch das Ausscheiden aus dem Dienst der Gesellschaft begründet. — Die Vermögensverluste einer Aktiengesellschaft, die früher ihren Sitz in den Ostgebieten hatte, sind bei der Bemessung eines solchen Ruhegehaltsanspruchs zu berücksichtigen.**

BGH, Urt. v. 18. 12. 1954 — II ZR 281/53: BGHZ 16, 50; Betrieb 1955, 118; BB 1955, 166; NJW 1955, 501; Auszug in AZGB Nr. 178 no. 816; Leitsatz in LM Nr. 2 zu § 78 AktG *(Delbrück)*.

Aus den Gründen:

„Die Fürsorge- und Treupflicht der AG. und der allgemeine Gesichtspunkt von Treu und Glauben können zwar nicht dazu herhalten, einen Versorgungsanspruch ohne jede Vertragsgrundlage zu geben. Wenn jedoch eine generelle Zusage oder selbst nur ein ihr gleichkommender Sachverhalt gegeben ist, so kann es unter ganz besonderen Umständen gegen Treu und Glauben verstoßen, wenn sich die Gesellschaft der Zahlung einer angemessenen Pension versagt. Diese Voraussetzungen sind nach dem unstreitigen Sachverhalt gegeben. . . . Die erheblichen Vermögensverluste, die die Bekl. durch die Kriegsereignisse erlitten hat, hat der Senat nicht außer acht gelassen. Sie müssen zu einer wesentlichen Herabsetzung der Bezüge führen; sie reichen aber nicht aus, dem Kl. jeden Anspruch zu versagen. . . .

Gleichviel, ob dem Kl. ein Anspruch aus Übung oder aus dem vorstehenden Gesichtspunkt zusteht, wird er sich allerdings gefallen lassen müssen, daß seine Bezüge an die besondere Lage der Bekl. angepaßt werden. Die gegenwärtigen Verhältnisse der Bekl. sind jedoch nicht ein für allemal maßgebend. Wie der Senat bereits in seinem Urteil vom 21. 10. 1953 — II ZR 231/53 — anerkannt hat, kann auch eine Besserung der Verhältnisse des pensionspflichtigen Unternehmens zu einer Aufbesserung von nach der wirtschaftlichen Lage bemessenen Pensionsrechten führen.

Den sich aus vorstehenden Erwägungen ergebenden Rechten des Kl. steht §82 BVG nicht entgegen. Nach dieser Vorschrift können Vertriebene wegen einer vor der Vertreibung begründeten Verbindlichkeit grundsätzlich nicht in Anspruch genommen werden. § 82 BVG ist auf die Bekl., die an und für sich nicht als Vertriebene gilt (§ 1 BVG), entsprechend anzuwenden, weil sie vor dem 8. 5. 1945 ihren Sitz in den in § 1 I BVG bezeichneten Gebieten hatte und ihre Niederlassung sich nunmehr in der Bundesrepublik befindet (§ 85 BVG). Die Bekl. wird jedoch nicht wegen einer vor der Vertreibung begründeten Verbindlichkeit in Anspruch genommen. Die Begründung der Verbindlichkeit im Sinne des § 82 BVG ist gleichbedeutend mit ihrer Entstehung (*Saage*, Schuldenregelung für Vertriebene und Sowjetzonenflüchtlinge § 82 Erläuterung II 2b). Entstanden ist ein aus Übung oder § 242 BGB hergeleiteter Versorgungsanspruch erst im Zeitpunkt des Ausscheidens des Berechtigten aus seinem Dienstverhältnis. Vorher kann allenfalls eine Anwartschaft bestehen (vgl. Urteil des Senats vom 17. 10. 1951 — II ZR 83/51), die jedoch für eine ‚Begründung' einer Verbindlichkeit im Sinne des § 82 BVG nicht ausreicht. Wenn auch das Anstellungsverhältnis des Kl. bereits vor der Vertreibung der Bekl. aus den deutschen Ostgebieten begründet worden ist, so sind doch die hieraus abgeleiteten Ruhegehaltsansprüche nicht vor der Entlassung des Kl. im Jahre 1947 als ‚entstanden' anzusehen."

112. Auf das interlokale Recht sind die Regeln des internationalen Privatrechts entsprechend anzuwenden. — Bei Arbeitsverhältnissen läßt sich in der Regel ein mutmaßlicher Parteiwille nicht feststellen. — Erfüllungsort eines Arbeitsverhältnisses ist der Ort der Arbeitsleistung. — Ort der Arbeitsleistung ist eine auswärtige Baustelle dann, wenn der Arbeitnehmer ausschließlich für diese eingestellt und verwendet wurde.

ArbG Offenburg (Südbaden), Urt. v. 17. 2. 1955 — Ca 579/54: AP Nr. 1 zu § 269 BGB (krit. *Beitzke*); NJW 1955, 1944.

Die Bekl., eine Firma in St. (Nordwürttemberg), hatte in L. (Südbaden) eine Baustelle, an welcher etwa 6—7 Arbeiter beschäftigt waren und die von einem Obermonteur geleitet wurde. Der Kl. wurde am 9. 6. 1954 eingestellt und ihm gleichzeitig gesagt, daß dies nur für die Baustelle in L. sei. Am 26. 10. 1954 wurde das Arbeitsverhältnis wegen Beendigung der Baustelle in L. aufgelöst. Der Lohn des Kl. wurde in St. ausgerechnet, dem Obermonteur überwiesen und von diesem den Arbeitern ausgehändigt.

Der Kl. ist der Ansicht, daß ihm nach dem Südbadischen Urlaubsgesetz Anspruch auf Urlaubsentgelt zustehe.

Die Klage hatte Erfolg.

Aus den Gründen:

„Das ArbG ist der Ansicht, daß auf das Arbeitsverhältnis zwischen den Parteien das in Südbaden geltende UrlaubsG vom 13. 7. 1949 (GVBl 289) und nicht das in Nordwürttemberg und Nordbaden geltende UrlaubsG vom 6.8.1947 in den Fassungen vom 6.4.1949 und vom 3.4.1950 (RegBl Württemberg-Baden 1947, 144; 1949, 57; 1950, 30) anzuwenden ist. Nach § 3 II des Südbadischen UrlaubsG entsteht der volle Urlaubsanspruch nach einer erstmaligen ununterbrochenen Wartezeit von 6 Monaten im gleichen Betrieb. Arbeitnehmer, die innerhalb des Urlaubsjahres weniger als 6 Monate beschäftigt waren, erhalten für jeden vollen Monat $^1/_{12}$ des gesetzlichen Jahresurlaubs. Das UrlaubsG von Württemberg-Baden sieht in § 2 I Satz 4 ebenfalls eine Wartezeit von 6 Monaten vor. Es gewährt jedoch keinen Anspruch auf Teilurlaub bei einer Beschäftigung von weniger als 6 Monaten.

Bei der Entscheidung der Frage, welches UrlaubsG anzuwenden ist, handelt es sich um eine Streitfrage des interlokalen Privatrechts. Eine gesetzliche Regelung der Behandlung von Konkurrenzen verschiedener arbeitsrechtlicher Landesgesetze fehlt. Die h. M. steht auf dem Standpunkt, daß hier die Regeln des internat. Privatrechts analog anzuwenden sind (LAG Bremen vom 18. 4. 1951, AP 1951 Nr. 273[1] mit weiteren Hinweisen). Nach dem interlokalen [soll wohl heißen: internat.] Privatrecht ist bei Schuldverhältnissen hinsichtlich der Rechtsanwendung zunächst der wirkliche oder hypothetische Parteiwille (Grundsatz der Parteiautonomie) und in zweiter Linie das Recht des Erfüllungsorts maßgebend (*Palandt*, BGB Vorbem. vor Art. 12 EGBGB Anm. 2). Nach *Beitzke* (Arbeitsrechtsblattei, Rechtsquellen III, B II) findet auf Arbeitsverhältnisse der Grundsatz der Parteiautonomie keine Anwendung. Ob dies richtig ist, brauchte im vorliegenden Falle nicht entschieden zu werden. Einmal haben die Parteien bei der Einstellung hinsichtlich der einzelnen Landesgesetze nichts vereinbart. Die Rechtsanwendung kann im Arbeitsrecht aber auch in aller Regel nicht vom hypothetischen Parteiwillen abhängig gemacht werden, da bei der üblichen schematischen Einstellung von Arbeitnehmern kaum Feststellungen hinsichtlich eines ‚mutmaßlich gewollten Willens' getroffen werden können (LAG Bremen, aaO). Im vorliegenden Falle ist daher vom Recht des Erfüllungsortes auszugehen.

Nach § 269 I BGB ist für eine Leistung der Erfüllungsort dort, wo der Schuldner zur Zeit der Entstehung des Schuldverhältnisses seinen Wohnsitz hatte, falls ein Erfüllungsort weder bestimmt noch aus den Umständen zu entnehmen ist. Hiernach haben schuldrechtliche gegenseitige Verträge für die verschiedenen Leistungsverpflichtungen oftmals verschiedene Erfüllungsorte (*Palandt*, aaO § 269 Anm. 5). Abgesehen davon, daß das Arbeitsverhältnis in neuerer Zeit nicht mehr als ein reines schuldrechtliches Verhältnis angesehen wird, widerspricht es auch aus anderen Gründen seinem Wesen, für Arbeitsleistung und Arbeitsentgelt verschiedene Erfüllungsorte anzunehmen. Die Arbeitsleistung

---

[1] IzRspr. 1945—1953 Nr. 179.

prägt das Wesen des ganzen Vertrags, so daß der Erfüllungsort hinsichtlich der Arbeitsleistung als Erfüllungsort für alle Verpflichtungen aus dem Arbeitsverhältnis anzusehen ist (LAG Bremen, aaO). Dies rechtfertigt sich allein schon aus der Tatsache, daß der Arbeitnehmer den übergroßen Teil seiner Zeit und seiner Kraft benötigt, um seinen Verpflichtungen zur Arbeitsleistung nachzukommen.

Bei Arbeitsverhältnissen ist der Erfüllungsort dort, wo der wirtschaftliche Mittelpunkt des Arbeitsverhältnisses ist. Das LAG Bremen spricht vom Arbeitsort. Dieser Begriff ist, wie *Beitzke* in der Anmerkung zu dieser Entscheidung (AP 1951 Nr. 273) mit Recht ausgeführt hat, irreführend, da daran gedacht werden könnte, jeweils den Ort als Erfüllungsort zu nehmen, an welchem die Arbeit faktisch geleistet wird. So wird z. B. bei vorübergehenden Versetzungen und sonstigen auswärtigen Beschäftigungen, wie anläßlich einer Montage, der Erfüllungsort nicht verändert. Anders ist es jedoch, wenn, wie im vorliegenden Fall, der Arbeitnehmer an einer auswärtigen Arbeitsstelle arbeitet. Hier ist der Mittelpunkt des Arbeitsverhältnisses der Ort der auswärtigen Baustelle und somit auch Erfüllungsort dieses Arbeitsverhältnisses. Das ArbG teilt nicht die Ansicht *Beitzkes* (AP 1951 Nr. 273), wonach dies nur dann gelte, wenn es sich um Baustellen mit selbständiger Verwaltungstätigkeit handle. Es ist nicht einzusehen, aus welchen Gründen diese Einschränkung gemacht werden soll. Es kommt daher im vorliegenden Fall nicht darauf an, ob der Lohn des Kl. in St. berechnet wurde. Wesentlich ist einzig und allein, daß der Kl. für die Baustelle in L. eingestellt und nur hier verwendet wurde. Die Entscheidung dürfte nach Ansicht des ArbG auch dann keine andere sein, wenn die Bekl. lediglich einen Monteur auf eine auswärtige Baustelle geschickt hätte, mit dem Auftrag, die notwendigen Hilfsarbeiter am Ort der Baustelle einzustellen. Für diese Arbeitnehmer ist der wirtschaftliche Mittelpunkt ihrer Arbeitsverhältnisse der Ort der Einstellung und der ausschließlichen Arbeitsleistung und daher auch Erfüllungsort für alle sich aus dem Arbeitsverhältnis ergebenden Verpflichtungen. Es ist nicht einzusehen, warum ein Arbeitnehmer anderen Rechtsregeln unterworfen werden soll, wenn er statt auf einer Baustelle eines einheimischen auf einer Baustelle eines auswärtigen Unternehmens tätig ist. Man kann auch dem Arbeitgeber zumuten, sich nach dem auswärtigen Recht zu richten, wenn er auswärts Arbeitsstellen einrichtet und nicht alle notwendigen Arbeitnehmer vom Ort seines Betriebssitzes mitbringt. Dagegen kann dem Arbeitnehmer, der nur für die auswärtige Arbeitsstelle eingestellt [worden ist] und auch nur hier gearbeitet hatte, nicht zugemutet werden, sich nach dem Recht am Betriebssitz des Unternehmens zu richten und weiter gemäß § 29 ZPO Prozesse gegen den Arbeitgeber bei dem für dessen Betriebssitz zuständigen ArbG zu führen. Dies wäre die Folge, wenn man mit *Beitzke* (Arbeitsrechtsblattei, Rechtsquellen III, B III 1) dem LAG Stuttgart (AP 1952 Nr. 130[1]) und dem ArbG Stuttgart (Urteil vom 28. 4. 1953 — I Ca 138/53) lediglich das am Ort des Betriebssitzes geltende Recht anwenden

---

[1] IzRspr. 1945—1953 Nr. 183.

würde. Abgesehen von der im allgemeinen vorhandenen größeren wirtschaftlichen und finanziellen Beweglichkeit des Arbeitgebers im Gegensatz zum Arbeitnehmer hat der Arbeitgeber zum Ort einer auswärtigen Arbeitsstelle naturgemäß größere Beziehungen, als der nur für diese Arbeitsstelle eingestellte und nur an ihr beschäftige Arbeitnehmer zum Betriebssitz des Arbeitgebers. Im vorliegenden Falle ist daher für alle Leistungen aus dem Arbeitsverhältnis L. Erfüllungsort, deshalb gemäß § 29 ZPO das ArbG zuständig und das in Südbaden geltende UrlaubsG anwendbar."

113. Die Lohnzahlungspflicht an gesetzlichen Feiertagen bestimmt sich auf Grund der Regeln des interlokalen Verwaltungsrechts nach dem Recht des Arbeitsortes. — Arbeitsort ist eine auswärtige Baustelle dann, wenn der Arbeitnehmer für diese eingestellt und nur auf ihr verwendet wurde. — Unerheblich ist das Recht am Wohnsitz des Arbeitnehmers.

LAG Stuttgart, Urt. v. 29. 4. 1955 — II Sa 5/55: *AP Nr. 1 zu Württ.-Bad. Feiertagsgesetz (*Beitzke*); Leitsätze in BB 1955, 637 und RdA 1957, 198.

Aus den Gründen:

„Nach § 3 II des Württemberg-Badischen FeiertagsGes. war Allerheiligen in H., Kreis U. [Baden-Württemberg], wo der Bekl. eine Baustelle unterhielt, für die der Kl. eingestellt worden ist, Feiertag, da unbestritten die Bewohner der Gemeinde ganz überwiegend dem katholischen Bekenntnis angehören und herkömmlicherweise Allerheiligen als Feiertag gefeiert wird. Allerheiligen ist gemäß § 7 des Württemberg-Badischen Feiertags-Ges. kein für den Arbeitgeber lohnzahlungspflichtiger Feiertag; er ist es jedoch nach § 5 des Württemberg-Hohenzollerischen FeiertagsGes., das am Sitz des Unternehmens des Bekl. gilt. Die Bestimmungen des Württemberg-Hohenzollerischen FeiertagsGes. können nicht in den Rechtsbereich des Württemberg-Badischen FeiertagsGes. hereinwirken. Bei dem Recht, das die gesetzlichen Sonn-, Fest- und Feiertage im Rechtsverkehr regelt, handelt es sich um öffentliches Recht. Nach den Grundsätzen des interlokalen Verwaltungsrechts, das in vorliegendem Streitfall heranzuziehen ist, gilt daher das Recht des Arbeitsortes (vgl. hierzu *Molitor*, BB 1955, 381). Nach diesem hat der Kl. keinen Anspruch auf Ersatz des Lohnausfalls durch den Arbeitgeber, da Allerheiligen kein lohnzahlungspflichtiger Feiertag ist.

Der vorliegende Fall läßt es im übrigen angebracht erscheinen, mit dem LAG Bremen (Urteil vom 18. 4. 1951 — Sa 15/51: AP 1951 Nr. 273[1] mit Anm. *Beitzke*) dem Ort der Arbeitsleistung bei der Lösung der schwierigen interlokalen Rechtsanwendungsfragen eine weitergehende Bedeutung einzuräumen, als die Lehre anerkennen will (vgl. hierzu *Beitzke* aaO und *Molitor* aaO). Soweit nicht besondere Gesichtspunkte eine andere Beurteilung begründet erscheinen lassen, kommt zunächst dem Recht, das an dem Arbeitsort gilt, Maßgeblichkeit zu. Ist der Arbeit-

[1] IzRspr. 1945—1953 Nr. 179.

nehmer ausschließlich für eine auswärtige Baustelle eingesetzt und nur auf ihr beschäftigt worden, so tritt eine wesentliche Betriebsbezogenheit nicht ein, weshalb das Recht des Betriebssitzes in der Sphäre des Rechtes, das am Erfüllungsort des Arbeitsverhältnisses gilt, nicht einzuwirken vermag. Das Arbeitsverhältnis steht zu dem Arbeitsvertrag in dem Verhältnis des Erfüllungsgeschäftes zu dem Verpflichtungsgeschäft. Das begründet eine stärkere Betonung des Arbeitsortes im besonderen.

Hingegen kommt dem Recht, das am Wohnort des Arbeitnehmers gilt, für die Lösung der Fragen des interlokalen Arbeitsrechtes überhaupt keine Bedeutung zu."

114. Das Urlaubsgesetz eines Landes kann nur auf Unternehmungen mit Sitz oder Niederlassung in diesem Land angewendet werden. — Das Arbeitsverhältnis bestimmt sich nach dem Recht des Betriebssitzes; dies gilt insbesondere für einen Arbeitnehmer, der vom Betriebssitz auf eine auswärtige Baustelle entsandt wird.

ArbG Oldenburg (Niedersachsen), Urt. v. 31. 3. 1955 — II Ca 1258/54: *Auszug in ARSt. VIII, 33.

Der Kl., der am 5. 5. 1954 das 18. Lebensjahr vollendete, war bei der Baufirma St. in O. (Niedersachsen) bis zum 31. 3. 1954 als Maurerlehrling und anschließend bis zum 26. 6. 1954 als Maurergeselle tätig. Für die Zeit vom 1. 4. bis 26. 6. 1954 wurden ihm 6 Urlaubstage gewährt. Nach einer kurzfristigen Beschäftigung bei einer anderen Baufirma in Bremen trat er am 20. 7. 1954 bei dem Bekl. ein, der seinen Betriebssitz in L., Landkreis W. (Niedersachsen) hat. Der Kl. wurde zu einer Baustelle des Bekl. in Bremen entsandt. Das Arbeitsverhältnis endete am 23. 11. 1954. Vom Bekl. erhielt der Kl. 8 Urlaubstage.

Der Kl. macht Urlaubsansprüche geltend. Das ArbG hat die Klage abgewiesen.

Aus den Gründen:

„Zwar besagt das UrlaubsG für das Land Bremen vom 4. 5. 1948 (GBl der Freien Hansestadt Bremen 67) i. d. F. des Ges. vom 25. 4. 1949 (GBl der Freien Hansestadt Bremen 71) und vom 21. 1. 1950 (GBl der Freien Hansestadt Bremen 23) in § 1 a u. a., daß es anzuwenden ist auf alle Betriebe der Privatwirtschaft, die im Lande Bremen tätig werden. Dem kann sich die erkennende Kammer aber nicht anschließen. Nach diesseitiger Überzeugung kann der Bremische Gesetzgeber seine Gesetze insoweit nur auf in Bremen domizilierende Filialbetriebe oder Betriebsniederlassungen auswärtiger Firmen rechtsverbindlich anwenden und eventuell die Vergebung von öffentlichen Aufträgen im Lande Bremen an auswärtige Firmen von der Anwendung und Beachtung Bremischer Gesetze seitens des Auftragnehmers abhängig machen. Daß das geschehen ist, ist weder vorgetragen noch bewiesen worden. Der Bekl. unterhält weder einen solchen Filialbetrieb noch eine sonstige Betriebsniederlassung im Lande Bremen. Er hat seinen Betriebssitz nicht in Bremen, sondern in Niedersachsen, nämlich in der politischen Gemeinde L., Landkreis W. L. ist also sein rechtlicher Mittelpunkt, von dem aus er alle Rechtsbeziehungen mit seinen Arbeitnehmern und somit auch mit dem Kl. regelt. Der Kl. kann also darausfolgend seinen Urlaub bei dem Bekl. nur auf das Niedersächsische UrlaubsG vom 10. 12. 1948 stützen. Allenfalls hätte Anwendung zu finden das Niedersächsische ArbeitsschutzG für Jugendliche vom 9. 12. 1948, weil der Kl. am 5. 5. 1954 18 Jahre alt wurde. Nach dem Bremer UrlaubsG ist das Urlaubsjahr in Betrieben der privaten Wirtschaft das Kalenderjahr (§ 4 aaO). In § 4 des Niedersächsischen UrlaubsG ist das Urlaubsjahr ebenfalls das Kalenderjahr. Der Urlaub nach dem Niedersächsischen ArbeitsschutzG für Jugendliche ist in seinem § 23 ebenfalls auf das Kalenderjahr abgestellt und beträgt 24 Arbeitstage. Der Rahmentarifvertrag für das Baugewerbe im Gebiet der Bundesrepublik Deutschland sieht für Arbeitnehmer unter 18 Jahren, also Jugendlichen, einen Jahresurlaub von nur 18 Tagen Urlaub vor. Soweit einem Jugendlichen anderweitig betrieblicher Urlaub erteilt worden ist, entfällt sein Urlaubsanspruch für das Kalenderjahr. Für das Urlaubsjahr 1954, in dem der Kl. am 5. 5. sein 18. Lebensjahr vollendet hat, hat er weder während der restlichen Laufzeit seines Lehrverhältnisses vom 1. 1. — 31. 3. 1954 noch in der nachfolgenden Zeit als Maurergeselle 24 Tage Urlaub erhalten. Ihm hat sein früherer Lehrchef und Arbeitgeber für 1954 sechs Arbeitstage und der Bekl. für die 4-monatige Beschäftigungsdauer 8, insgesamt also 14 Urlaubstage, gewährt. Im Zeitpunkt des Eintritts bei dem Bekl. hatte der Kl. bereits das 18. Lebensjahr vollendet. Der Bekl. hatte nach der Überzeugung der erkennenden Kammer nicht zu prüfen, ob der Kl. bei seinem Lehrchef und Vorarbeitgebern als Jugendlicher unter 18 Jahren 24 Tage Erholungsurlaub nach dem Bremer UrlaubsG oder nach dem Niedersächsischen ArbeitsschutzG für Jugendliche erhalten hat. Er konnte vielmehr davon ausgehen, daß dem Kl. nach dem Niedersächsischen UrlaubsG Erholungsurlaub zu gewähren sei. Danach sind dem Kl. unstreitig 8 Tage Erholungsurlaub gewährt worden. Es kann nicht der Wille des Gesetzgebers sein, daß die nachmaligen Arbeitgeber der freien Wirtschaft in umfangreiche Prüfungen und Ermittlungen über die Frage eintreten, ob einem Arbeitnehmer von seinen Vorarbeitgebern der entsprechende gesetzliche Urlaub nach verschiedenen Landesgesetzen gewährt worden ist oder nicht. Es wäre Sache des Kl. gewesen, den Erholungsurlaub 1954 als Jugendlicher unter 18 Jahren bei seinem früheren Lehrchef während des restlichen Laufes der Lehrzeit vom 1. 1. 1954 bis 31. 3. 1954 oder aber als dort tätiger Maurergeselle aus der Dienstvertragszeit vom 1. 4. 1954 bis 23. 6. 1954 geltend zu machen. Das hat er offenbar nicht getan. Er hat aber auch unwidersprochen offensichtlich bei dem nachfolgenden Arbeitgeber, der Arbeitsgemeinschaft B./D. in Bremen, keinen Urlaubsanspruch erhoben, obschon es nahegelegen haben würde, dort Urlaub nach dem Bremischen UrlaubsG für das Urlaubsjahr 1954 geltend zu machen. Es wird nicht verkannt, daß die verschiedenen landesrechtlichen Urlaubsregelungen einer Umgehung gesetzlicher Urlaubsbestimmungen Tür und Tor öffnen können. Es würde in der freien Wirtschaft im Gegensatz zum öffentlichen Dienst die Möglichkeit bestehen, daß ein Arbeitnehmer, der innerhalb eines Urlaubsjahres in verschiedenen Ländern der Bundesrepublik Deutschland berufstätig wird, innerhalb eines Urlaubsjahres mehrfach in diesen Ländern Urlaubsansprüche geltend machen könnte."

115. Fragen des interzonalen Privatrechts sind nach den Grundsätzen des internationalen Privatrechts zu entscheiden, wenn nicht im Einzelfall aus besonderen Gründen eine Abweichung geboten ist. — Ansprüche aus einem Arbeitsverhältnis sind nach dem Recht des Ortes zu beurteilen, an dem das Arbeitsverhältnis seinen Schwerpunkt hat; Schwerpunkt ist in der Regel der Sitz des Betriebes. — Auch die Rechtsverhältnisse von Betriebsleitern haben ihren Schwerpunkt nicht am Sitz des übergeordneten Unternehmens. — Die Vereinbarung eines Gerichtsstandes bedeutet nicht ohne weiteres die Vereinbarung des an diesem Ort geltenden sachlichen Rechts. — Für Ruhegehaltsbeziehungen gelten die für Arbeitsverhältnisse entwickelten kollisionsrechtlichen Regeln.

BAG, Urt. v. 5. 5. 1955 — 2 AZR 55/53: BAGS 2, 18; JZ 1955, 512 (abl. *Gamillscheg*); NJW 1955, 1005; AP Nr. 4 zu § 242 BGB (Ruhegehalt) (zust. *Beitzke*); Auszug in BB 1955, 541 und RdA 1955, 319.

Der Kl. war bei der Bekl. von 1924 bis 1945 als Betriebsdirektor und Werkdirektor auf verschiedenen Bergwerken tätig, zuletzt als Leiter eines Kaliwerkes in St. (sowjet.). Die Bekl. kündigte dem Kl. wegen des Verlustes eines großen Teils ihrer Betriebe sowie wegen ihrer schwierigen Finanzlage zum 31. 12. 1945, später zum 31. 12. 1946. Der Kl. verlangt Zahlung seines Ruhegehalts für die Jahre 1947 und 1948.

Das ArbG hat die Klage abgewiesen mit der Begründung, daß der Kl. nach den auch für die Bekl. und ihn geltenden Bestimmungen des Magistrats von Groß-Berlin vom 10. 3. 1947 über die Auszahlung von Versorgungsbezügen (VOBl Groß-Berlin 69) sowie auf Grund der dazu ergangenen AVOen vom 9. 4. 1948 (VOBl 219) für die Jahre 1947/48 keinen Anspruch auf Ruhegehalt habe. Das LAG hingegen hat die Bekl. nach dem Antrag des Kl. verurteilt. Es ist der Auffassung, daß die erwähnten AOen des Berliner Magistrats die Bekl. eben so wenig an der Zahlung des eingeklagten Ruhegehalts hindern wie die damit zusammenhängenden AOen der Alliierten Kommandantur in Berlin.

Das BAG verwies die Sache an das LAG zurück.

Aus den Gründen:

„I. Das LAG hat dem Kl., wie verlangt, rückständiges Ruhegehalt für 1947 und 1948 zugesprochen. Es hat dazu ausgeführt, daß die AOen der Alliierten Kommandantur in Berlin und des Berliner Magistrats [im folgenden kurz Berliner Pensionsbestimmungen genannt] nach ihrem Sinn und Inhalt den Ruhegehaltsanspruch weder vernichtet haben, noch seine Erfüllung hindern. Auf die Vorfrage, ob diese Bestimmungen überhaupt auf die Ansprüche des Kl. anwendbar sind, ist das LAG nicht eingegangen. Es hat sie stillschweigend bejaht. Dies beruht auf Rechtsirrtum.

Es handelt sich dabei um eine Frage des Interzonenrechts. Nach h. A., der sich der Senat anschließt, sind Fragen des interzonalen Privatrechts nach den Grundsätzen des internat. Privatrechts zu entscheiden, wenn nicht im Einzelfall aus besonderen Gründen eine Abweichung geboten ist (so LAG Stuttgart, RdA 1950, 116[1]; ArbG Göttingen, RdA 1950, 117[2]; LAG Berlin, AP 1952 Nr. 97[3], sämtlich mit insoweit zustimmenden Anm. von *Beitzke*). Nach internat. Privatrecht kommt bei Arbeits-

[1] IzRspr. 1945—1953 Nr. 178.
[2] IzRspr. 1945—1953 Nr. 181.
[3] IzRspr. 1945—1953 Nr. 186.

verhältnissen als Anknüpfungspunkt in erster Linie der Sitz des Betriebes in Frage. Ansprüche aus einem Arbeitsverhältnis sind nach dem Recht des Ortes zu beurteilen, an dem das Arbeitsverhältnis seinen Schwerpunkt hat. Dieser liegt dort, wo die aus dem Arbeitsverhältnis entspringenden Verpflichtungen zu erfüllen sind. Das ist regelmäßig am Sitz des Betriebes der Fall, und zwar auch dann, wenn der Betrieb zu einem Unternehmen gehört, welches seinen Sitz an einem anderen Ort hat. Denn am Sitz des Betriebes und nicht an dem des Unternehmens wirkt sich das Arbeitsverhältnis in jeder Beziehung aus (vgl. *Palandt*, BGB[11] Vorbem. 6 d vor Art. 12 EGBGB; *Beitzke*, aaO und in RdA 1951, 134).

Der Kl. ist nun aber im Zeitpunkt seiner Entlassung als Leiter eines Kaliwerkes der Bekl. in St. tätig gewesen. Das in der sowjet. Zone Deutschlands liegende St. war also der Sitz seines Betriebes, obgleich die Bekl. als sein Arbeitgeber mit ihrem Unternehmen ihren Sitz in Berlin hatte. In St. und nicht in Berlin lag daher im Zweifel der Schwerpunkt des Arbeitsverhältnisses zwischen den Parteien.

Es fragt sich aber, ob besondere Umstände des Falles nicht doch Berlin zum Schwerpunkt des Arbeitsverhältnisses oder wenigstens der Ruhegehaltsbeziehungen zwischen den Parteien machen. Solche Umstände könnten vor allem darin erblickt werden, daß der Kl. leitender Angestellter war und daß er als solcher entsprechend dem Vorbehalt in § 3 seines Dienstvertrages vom 17. 4. 1935 im Laufe der Zeit unstreitig in verschiedenen Betrieben der Bekl. an verschiedenen Orten beschäftigt worden ist. Dies könnte dafür sprechen, daß er mehr noch als dem jeweiligen Betrieb dem Gesamtunternehmen zugehörig und verbunden war. Bei näherem Zusehen ergibt sich jedoch, daß kein ausreichender Grund vorliegt, um den Schwerpunkt des Arbeitsverhältnisses in Berlin zu sehen. Auch bei einem leitenden Angestellten, selbst wenn er Betriebsleiter ist, erschöpft sich seine Tätigkeit in der Regel am Ort seines Betriebes. Die Bekl. hat jedenfalls nicht behauptet, daß der Kl. in seiner Eigenschaft als Werksleiter zu irgendeiner Zeit zugleich an der Leitung des Gesamtunternehmens mitgewirkt habe oder auch nur irgendwie am Sitz des Unternehmens in Berlin tätig geworden sei, wenn man davon absieht, daß er Berlin gelegentlich zum Zwecke dienstlicher Besprechungen hinsichtlich seines Betriebes aufgesucht hat. Einen allgemeinen Grundsatz, daß die Rechtsverhältnisse von Betriebsleitern ihren Schwerpunkt am Sitz des übergeordneten Unternehmens haben, vermag der Senat nicht anzuerkennen. Ein solcher scheint auch, entgegen der Auffassung von *Beitzke* (vgl. dessen Besprechung in AP 1952 Nr. 97) in der Rechtsprechung bisher nicht entwickelt worden zu sein. Die Entscheidungen, die *Beitzke* zur Begründung seiner Auffassung heranzieht (vgl. Nachweise RdA 1951, 134; LAG Stuttgart, RdA 1950, 117[1] und LAG Hamburg, MDR 1947, 97[2]) stellen einen derartigen Grundsatz nicht heraus und geben auch keine genügende Grundlage dafür ab. Der Fall des Kl. ist nach dem vom LAG festgestellten Sachverhalt jedenfalls nicht so gelagert, daß sein Arbeitsverhältnis zu Berlin wesentliche Beziehungen

[1] IzRspr. 1945–1953 Nr. 178.
[2] IzRspr. 1945–1953 Nr. 176.

hatte. Eine solche Beziehung wird dann auch nicht dadurch geschaffen, daß die Bekl. den Kl. kraft ihres im Dienstvertrag noch besonders festgelegten Direktionsrechts von einem Betrieb zum anderen versetzen konnte und dies im Laufe der Jahre wiederholt getan hat. Mit einer solchen Versetzung änderte sich zwar jeweils der Ort des Arbeitsverhältnisses und damit zugleich unter Umständen auch das anwendbare Recht, soweit es lokaler Art war. Aber die Versetzungsmöglichkeit verlagert den Schwerpunkt des Arbeitsverhältnisses nicht nach Berlin.

Diese Folge tritt ferner auch nicht dadurch ein, daß im Abschnitt D der Richtlinien für die Gewährung von Ruhegehalt, die Bestandteil des Dienstvertrages geworden sind, als Gerichtsstand für alle aus den Richtlinien sich ergebenden Streitigkeiten ausdrücklich Berlin vereinbart worden ist. Denn die Vereinbarung eines Gerichtsstandes bedeutet nicht ohne weiteres, daß damit zugleich auch das am Gerichtsort geltende materielle Recht anwendbar gemacht werden sollte. Der gegenteiligen Ansicht des LAG Berlin (AP 1952 Nr. 97[1]) kann nicht zugestimmt werden. *Beitzke* weist in seiner Anmerkung zu dieser Berliner Entscheidung mit Recht darauf hin, daß eine solche Folgerung schon deshalb nicht gezogen werden könne, weil die Parteien zur Zeit des Vertragsschlusses an eine Spaltung des Rechts in Deutschland noch gar nicht gedacht haben. Dies trifft auch für den vorliegenden Fall zu.

Bleibt es nach alledem dabei, daß der Schwerpunkt des Arbeitsverhältnisses des Kl. am Sitz des von ihm zuletzt — wenn auch nur noch kurze Zeit — geleiteten Betriebes in St. und nicht in Berlin zu suchen ist, so muß dasselbe auch für die mit dem Arbeitsverhältnis zusammenhängenden Ruhegehaltsbeziehungen gelten, zumal der Kl. nach seinem Ausscheiden aus dem Dienst der Bekl. zunächst in St. geblieben ist. Dort hatte die Bekl. ihre Ruhegehaltsverpflichtungen zu erfüllen, soweit nicht etwa der Kl. seinen Wohnsitz verlegte und sie ihm auf Grund ihrer Fürsorgepflicht das Ruhegehalt nachzusenden hatte. Ein allgemeiner Rechtssatz, der besagt, daß alle Ruhegehaltsbeziehungen als am Sitz des Unternehmens zusammengefaßt zu gelten haben und deshalb nach dortigem Recht zu behandeln sind, ist, soweit ersichtlich, in Rechtsprechung und Rechtslehre niemals aufgestellt worden. Ein solcher Rechtssatz kann auch nicht als allgemein gültig anerkannt werden. Dabei ist es auch nicht von ausschlaggebender Bedeutung, ob die Pensionslast intern wie in der Regel beim Betrieb oder ausnahmsweise beim Unternehmen verrechnet wird.

Aus den vorstehenden Ausführungen ergibt sich, daß der Klageanspruch nicht nach den Berliner Pensionsbestimmungen zu beurteilen ist. Auch die von der Alliierten Kommandantur in Berlin als Besatzungsmacht erlassenen Bestimmungen sind unanwendbar, weil sich ihre Geltung ebenfalls auf die Stadt Berlin beschränkten. Denn auch AOen einer Besatzungsmacht können über deren Machtbereich hinaus keine Geltung beanspruchen. Da das Arbeitsverhältnis des Kl. einschließlich der Pensionsansprüche außerhalb Berlins abzuwickeln war, wird es von

[1] IzRspr. 1945—1953 Nr. 186.

den Berliner Pensionsbestimmungen nicht ergriffen. Es braucht daher nicht darauf eingegangen zu werden, ob das LAG diese Bestimmungen richtig ausgelegt hat und ob und inwieweit es sie mit Rücksicht auf die noch geltenden Vorschriften des Ges. Nr. 7 der Alliierten Kommandantur Berlin i. d. F. des Ges. Nr. 17 vom 27. 8. 1951 (GVBl Groß-Berlin 639) überhaupt einer ihren Zweck erforschenden Auslegung unterziehen durfte.

II. Zu fragen ist vielmehr, ob der Klageanspruch nach allgemeinem deutschen bürgerlichen Recht begründet ist. Soweit in der sowjetisch besetzten Zone, also auch am Betriebssitz St., alle Ruhegehaltsansprüche ganz beseitigt und durch Sozialrenten ersetzt worden sind, kommt es für den vorliegenden Fall hierauf nicht an. Denn die Bekl. hat sich auf diesen völligen Wegfall nicht berufen, sondern durch Vorschüsse und laufende Zahlungen zum Ausdruck gebracht, daß sie die Ruhegehaltsberechtigung des Kl. an sich anerkennt. Es braucht daher nicht erörtert zu werden, ob der völlige Wegfall der Ruhegehälter in der sowjet. Besatzungszone überhaupt mit der rechtsstaatlichen Ordnung in der Bundesrepublik vereinbar wäre oder gegen die guten Sitten oder den Zweck eines deutschen Gesetzes verstoßen würde (Art. 30 EGBGB). Nicht in Betracht kommt auch ein Ausschluß des Klageanspruchs nach § 77 des Ges. zu Art. 131 GG, weil die Bekl., obwohl sich ihr gesamtes Kapital in öffentlicher Hand befindet, kein öffentlicher Betrieb ist.

Zu prüfen ist aber, ob nicht der Kl. mit Rücksicht auf die ungünstigen wirtschaftlichen Verhältnisse, in denen sich die Bekl. nach dem Zusammenbruch im Jahre 1945 angeblich befunden hat, für die Jahre 1947 und 1948 eine vorübergehende Kürzung oder gar einen vorübergehenden Wegfall seines Ruhegehalts hinnehmen muß. Ein solches Opfer wäre ihm nach der Rechtslehre und nach ständiger Rechtsprechung, der sich auch der erkennende Senat anschließt, auf Grund seiner im gewissen Umfang auch nach Beendigung des Arbeitsverhältnisses noch fortbestehenden Treuepflicht dann zuzumuten, wenn es zur Aufrechterhaltung des Unternehmens der Bekl. notwendig ist (vgl. *Nikisch*, Arbeitsrecht[2] 483; RGR-Komm.[10], Vorbem. III 5 vor § 611 BGB; RAG, ARS 36, 188; BGH, AP 1955 Nr. 1 zu § 242 BGB). Dabei ist der Grundsatz der Gleichbehandlung gleichartiger Arbeitnehmer zu beachten.

In eine derartige Prüfung ist das LAG von seinem Standpunkt aus, daß die Berliner Pensionsbestimmungen maßgebend seien, nicht eingetreten. Um sie zu ermöglichen, müssen zunächst die maßgebenden tatsächlichen Verhältnisse geklärt und mit den Parteien erörtert werden. Zu diesem Zweck muß die Sache unter Aufhebung des angefochtenen Urteils an das LAG zurückverwiesen werden."

116. Die Enteignung des in der Sowjetzone liegenden Vermögens eines Arbeitgebers kann zu einer verhältnismäßigen Kürzung der Ruhegehaltsbezüge aller Pensionäre führen, berechtigt aber den Arbeitgeber nicht, einer nach einem bestimmten Stichtag in das Bundesgebiet zugezogenen Witwe eines früheren Arbeitnehmers das Witwengeld gänzlich zu versagen. — Die Kürzung von Ruhegehaltsbezügen kann auch nach der Bedürftigkeit der Berechtigten abgestuft werden; Voraussetzungen,

die in einem Gesetz zur Regelung der Ansprüche von Bediensteten des öffentlichen Dienstes enthalten sind, können auf privatrechtliche Dienstverhältnisse auch nicht entsprechend angewendet werden. — Bei einem besonders persönlichen Dienstverhältnis ist die Ruhegehaltsverpflichtung nicht an dem jeweiligen oder dem letzten Arbeitsort des Arbeitnehmers belegen.

BAG, Urt. v. 16. 6. 1955 — 2 AZR 97/54: BAGS 2,36; AP Nr. 5 zu § 242 BGB-Ruhegehalt; Leitsätze in BB 1955, 640 und ARSt. 1955, 425 und 467.

Der Ehemann der Kl. hatte von 1910 an in den Diensten des Bekl. gestanden, und zwar als Hofdiener auf Schloß C. (jetzt: Bundesrepublik) und von 1935 ab als Schloßverwalter auf Schloß F. (jetzt: sowjet.).

Der Bekl., der an seine in der Bundesrepublik lebenden Pensionäre das volle, ihnen zugesagte Ruhegeld zahlt, verweigert die Ruhegehaltszahlung an die im September 1951 in das Bundesgebiet wegen eigener Pflegebedürftigkeit zugezogene Kl.

Die Kl. klagt auf Feststellung, daß der Bekl. zur Zahlung des Witwengeldes verpflichtet ist. Alle Instanzen haben der Klage stattgegeben.

Aus den Gründen:

„Der von der Kl. geltend gemachte Anspruch auf Zahlung eines Witwenruhegeldes hat seine Wurzel in der allgemeinen Fürsorgepflicht des Bekl. für seine Arbeitnehmer und beruht auf der besonderen Ruhegehaltszusage, wie sie in dem Dekret vom 19. 7. 1919 enthalten ist.

Wenn der Bekl. seinen anderen, in der Bundesrepublik lebenden Ruhegehaltsberechtigten das ihnen zugesagte Ruhegeld voll zahlt (für 26 Pensionäre etwa 5500 DM monatlich), aber der Kl. nichts zahlen will, so verträgt sich das nicht mit seiner allen seinen Pensionären gegenüber bestehenden Fürsorgepflicht.

Es ist zwar von jeher in der arbeitsrechtlichen Rechtsprechung anerkannt und erst jüngst vom erkennenden Senat durch Urteil vom 5. 5. 1955 in 2 AZR 55/53[1] diese alte Rechtsprechung bestätigend ausgesprochen worden, daß dann, wenn ein Unternehmen in wirtschaftliche Schwierigkeiten gerät, sich die Ruhegehaltsberechtigten auf Grund ihrer Treupflicht vorübergehend mit einer Kürzung ihrer Ansprüche abfinden müssen, soweit das zur Aufrechterhaltung des Unternehmens notwendig ist. Es ist dann aber der Grundsatz der Gleichbehandlung zu beachten. Die wirtschaftliche Notlage darf also nicht dazu führen, daß ein Teil der Pensionäre sein volles Ruhegehalt und ein anderer überhaupt nichts erhält.

Es ist nun zwar zulässig, daß statt einer schematischen Kürzung der Bezüge aller Ruhegehaltsberechtigten die Kürzung in der Weise erfolgt, daß eine Gruppenbildung nach Maßgabe größerer oder geringerer Bedürftigkeit vorgenommen wird und dadurch eine Gleichbehandlung aller Gruppenangehörigen, aber ungleiche Behandlung der einzelnen Gruppen erfolgt (vgl. Urteil des erkennenden Senats vom 10. 5. 1955 in 2 AZR 7/54).

Eine solche zulässige Gruppenbildung liegt jedoch nicht vor, wenn der Bekl. die Kl., die wegen eigener Pflegebedürftigkeit im September

[1] Siehe oben Nr. 115.

1951 den Zuzug in die Bundesrepublik erhalten hat, anders als andere in der Bundesrepublik wohnende Pensionäre behandeln will, zumal das enge patriarchalische Verhältnis zwischen dem Bekl. und dem Ehemann der Kl. als seinem Hofdiener, wie es in den Dekreten zum Ausdruck kommt, in besonderem Maße die Erfüllung von Fürsorgepflichten erfordert.

Alles, was der Bekl. zur Rechtfertigung einer Schlechterstellung der Kl. anführt, vermag eine von der Behandlung anderer Pensionäre abweichende Behandlung der Kl. nicht zu rechtfertigen.

Auf das RegelungsGes. zu Art. 131 GG vom 11. 5. 1951 i. d. F. vom 1. 9. 1953 (BGBl I 1287) vermag sich der Bekl. nicht zu berufen. In § 4 des RegelungsGes. hat zwar der Bundesgesetzgeber für die verdrängten Bediensteten des öffentlichen Dienstes eine Gruppenbildung danach vorgenommen, ob sie am Stichtag, der nach der früheren Fassung des Gesetzes der 23. 5. 1949 war und nach der jetzt geltenden Fassung der 31. 3. 1951 ist, ihren Wohnsitz im Bundesgebiet genommen hatten oder nicht. Diese Regelung gibt aber dem privaten Arbeitgeber kein Recht, unter seinen Pensionsberechtigten die gleiche Gliederung vorzunehmen und die Pensionäre, die bis zum Stichtage im Bundesgebiet gewohnt haben, voll zu berücksichtigen und die später zugezogenen überhaupt nicht. Das RegelungsGes. gilt für die verdrängten Bediensteten des öffentlichen Dienstes; der Ehemann der Kl. stand jedoch in einem rein privaten Dienstverhältnis zum Bekl., so daß eine unmittelbare Anwendung des RegelungsGes. ausgeschlossen ist. Aber auch eine entsprechende Anwendung des Gesetzes ist nicht angängig. Das RegelungsGes. ist geschaffen, um die dem Bund und den Ländern in Art. 131 GG zur Pflicht gemachte Fürsorge für die verdrängten Beamten, Angestellten und Arbeiter des öffentlichen Dienstes an die wirtschaftlichen Möglichkeiten des Bundes und der Länder anzupassen. Es ist für die Rechtsverhältnisse des öffentlichen Dienstes zugeschnitten und verträgt daher keine Anwendung auf die Vertragsverhältnisse des privaten Dienstes, bei denen es andere, jeweils auf die Besonderheiten des einzelnen Falles zugeschnittene Möglichkeiten der Anpassung an veränderte Verhältnisse gibt (vgl. § 242 BGB u. a.). Selbst wenn man diesen oder jenen Rechtsgedanken aus dem RegelungsGes. auf Vertragsverhältnisse des privaten Dienstes anwenden wollte, was vielleicht im Wege ergänzender Vertragsauslegung denkbar wäre, so könnte man doch keinesfalls die Festsetzung des Stichtages aus § 4 des RegelungsGes. auf Vertragsverhältnisse des privaten Dienstes übernehmen. Ein solcher Stichtag kann nur durch feste Vertragsvereinbarung oder den Gesetzgeber erfolgen, kann aber nicht, wenn der Gesetzgeber ihn für festbestimmte Rechtsverhältnisse des öffentlichen Dienstes vorgesehen hat, in Vertragsverhältnisse des privaten Dienstes hineingedeutet werden, zumal es sich bei dem Stichtag aus § 4 des RegelungsGes. um einen mehr oder minder zufällig gefundenen, auch bereits einmal gesetzlich verlegten Zeitpunkt handelt. Überdies ist im § 4 III des RegelungsGes. auch für die nach dem Stichtag in das Bundesgebiet verzogenen Personen, die — wie die Kl. — wegen eigener Hilfsbedürftigkeit von Verwandten im Bundesgebiet aufgenommen worden sind, die Gewährung von Versorgungsbezügen vorgesehen, so daß selbst bei einer entsprechenden Anwendung des § 4 auf Rechtsverhältnisse des privaten Dienstes die Kl. von der Pensionszahlung nicht gänzlich auszuschalten wäre.

Auch die Tatsache, daß der Ehemann der Kl. zuletzt als Schloßverwalter auf Schloß F. tätig war, berechtigt den Bekl. nicht, die Kl. aus dem Kreise seiner Pensionsberechtigten auszuschließen. Es kann dahingestellt bleiben, ob der Gedanke der sogenannten Gebietsbezogenheit dazu führen kann, daß bei Lieferungsverträgen des Handels- oder allgemeinen bürgerlichen Rechts der Kaufpreis für eine Ware oder Leistung, die dem jetzt im sowjet. Gebiet liegenden Teil des Unternehmens zugeflossen ist, von dem im Bundesgebiet liegenden Restteil dieses Unternehmens verlangt werden kann und ob bei juristischen Personen, die durch die Enteignung im sowjet. Gebiet tatsächlich von ihrem im Bundesgebiet gelegenen anderen Teil abgeschnitten sind, eine nicht nur tatsächliche, sondern auch rechtliche Spaltung eingetreten ist, die dazu führt, daß die Rechte und Verbindlichkeiten unter die aufgespaltenen beiden Teile der ehemals einheitlichen juristischen Person zu verteilen sind. Es kann auch dahingestellt bleiben, ob auf dem Gebiete des Arbeitsrechts überhaupt der Gedanke der Gebietsbezogenheit Beachtung zu finden hat. Jedenfalls vertragen die ganz persönlichen Beziehungen, wie sie zwischen dem Bekl. und seinem Hofdiener bestanden, keine Verdinglichung. Wo auch immer der Ehemann der Kl. als Hofdiener des Bekl. tätig war, immer stand er zu ihm in einem ganz engen persönlichen patriarchalischen Verhältnis. Daß der Ehemann der Kl., nachdem er 25 Jahre lang Hofdiener auf Schloß C. gewesen war, noch weitere 10 Jahre Schloßverwalter auf Schloß F. war, ändert hieran nichts. Denn auch da war er, wie bisher, unter gleichen Bezügen ein Mitglied der Hofdienerschaft des Bekl. Überdies würde es mit der Fürsorgepflicht des Bekl. nicht vereinbar sein, die Witwe des Hofdieners, der ihm 25 Jahre lang auf seinem Schloß C. gedient hat, von der Pensionszahlung auszuschließen, weil dieser auf Geheiß des Bekl. die anschließenden 10 Jahre Schloßverwalter des Schlosses F. war.

Weiter war zu bedenken, daß der Bekl. an zwei Witwen das volle Witwengeld zahlt, obwohl deren Männer im G.er Bereich [jetzt: sowjet.] tätig waren. Es wäre also mit dem Grundsatz der Gleichbehandlung nicht vereinbar, wenn der Bekl. an die Kl. deshalb kein Witwengeld zahlte, weil der Ehemann außer seinen im C.er Bereich [jetzt: Bundesgebiet] verbrachten 25 Dienstjahren noch weitere 10 Jahre im G.er Bereich tätig war, während der Bekl. an zwei Witwen, deren Ehemänner nur im G.er Bereich gearbeitet haben, das volle Witwengeld zahlt.

Die Verpflichtung des Bekl. zur Zahlung eines Witwengeldes an die Kl. ist auch nicht etwa von dem sowjetzonalen Staat mit einer den Bekl. befreienden Wirkung übernommen worden. Abgesehen davon, daß der sowjetzonale Staat gar nicht die Ruhegehaltsverpflichtung des Bekl. übernommen, sondern sie hat wegfallen und an ihre Stelle eine Rente aus der Sozialversicherung hat treten lassen, fehlt es an einer für eine befreiende Schuldübernahme erforderlichen Genehmigung der Kl.

Die Kl. hat auch ihre Ansprüche gegen den Bekl. nicht verwirkt. Um leben zu können, mußte sie die sowjetzonale Rente aus der Sozialversicherung entgegennehmen. Daß sie auf ihre Ansprüche gegen den Bekl. nicht verzichten wollte, hat sie durch ihre Anfrage beim Bekl. im Jahre 1946 zu erkennen gegeben. Aus zwingenden Gründen hat sie die Sojetzone verlassen; ohne eigene Hilfsbedürftigkeit wäre ihr der Zuzug zu ihren Verwandten nicht gewährt worden.

Dem Antrage der Kl., festzustellen, daß der Bekl. verpflichtet ist, an sie ein Witwengeld wie an die übrigen Pensionsberechtigten des Bekl. zu zahlen, ist daher mit Recht von den Vorinstanzen entsprochen worden.

Mit der Frage, ob die Schrumpfung, die durch die Enteignungen der sowjet. Zone im Vermögensbestande des Bekl. eingetreten ist, zu einer allgemeinen, alle Pensionäre des Bekl. ergreifenden Kürzung der Ruhegelder führt, brauchte sich der erkennende Senat nicht zu beschäftigen, da nicht über die Höhe der Pensionsansprüche der Kl., sondern nur über die Frage zu entscheiden war, ob die Kl. überhaupt zum Kreise der Pensionsberechtigten des Bekl. gehört oder nicht."

117. Für ein Arbeitsverhältnis ist der am Erfüllungsort der Arbeitsleistung, also der Betriebsstätte des Arbeitgebers, geltende Tarifvertrag maßgebend; dies gilt auch bei der Beschäftigung in Nebenbetrieben oder auf Grund besonderer Weisungen außerhalb des Tarifgebietes. — Werden dagegen Arbeiten in einer außerhalb des Tarifgebietes liegenden Betriebsstätte geleistet, so ist der am Unternehmenssitz geltende Tarifvertrag nicht maßgebend.

LAG Düsseldorf, Urt. v. 23. 8. 1956 — 3 Sa 275/56: *Auszug in BB 1957, 77.

Der Bekl. war als kaufmännischer Angestellter bei der Kl. tätig; er hatte die kaufmännische Leitung der Niederlassung E. (Nordrhein-Westfalen) der Kl. Der Bekl. hat aus der Kasse der Kl. rund 2000 DM entnommen. Die Kl. fordert die Erstattung dieses Betrages. Der Bekl. behauptet, daß ihm dieser Betrag auf Grund des Tarifvertrages vom 6. 5. 1954 für die gewerblichen Arbeitnehmer, kaufmännischen und technischen Angestellten des Braugewerbes in Bayern zustehe.

Beide Instanzen haben der Klage stattgegeben.

Aus den Gründen:

„. . . Tarifansprüche nach dem Bayerischen Tarifvertrag sind nicht gegeben. Dieser Tarifvertrag erstreckt sich nach seinem ausdrücklichen Wortlaut auf das Land Bayern. Für die Frage, welcher von verschiedenen Tarifverträgen in Frage kommt, wenn der Sitz des Betriebes oder des Unternehmens und der Arbeitsplatz des Arbeitnehmers derart auseinanderfallen, daß der Arbeitsplatz außerhalb des Tarifgebietes des angezogenen Tarifvertrages liegt, ist im Zweifel der Erfüllungsort der Arbeitsleistung, d. h. die Betriebsstätte des Arbeitgebers maßgeblich (*Hueck-Nipperdey-Tophoven*, Tarifvertragsgesetz[3] Anm. 15 zu § 4 und die dort zitierte Literatur und Rechtsprechung). Die Arbeitsstätte muß im Tarifgebiet liegen. Ist das nicht der Fall, so greift die Tarifwirkung nicht ein. Bei Nebenbetrieben oder auf Grund des Direktionsrechts auszuführenden Außenarbeiten außerhalb des Tarifgebietes ist grundsätzlich der Tarif maßgebend, in dessen Gebiet die Arbeitsstätte des Arbeitgebers liegt, da sie als rechtlicher Sitz des Arbeitsverhältnisses anzusehen ist. Anders ist es aber dann, wenn die Ausführung der Arbeiten von einer örtlich außerhalb des Tarifgebietes liegenden Betriebsstätte oder ‚betrieblichen Grundlage' aus erfolgt (*Hueck-Nipperdey-Tophoven*, aaO). Eine solche betriebliche Grundlage am Ort der Arbeitsstelle setzt keine besondere Betriebsabteilung oder einen Nebenbetrieb des Unternehmens voraus. Es genügt, wenn die Beschäftigung von einem außerhalb des Tarifgebietes liegenden Büro oder dem Dienstsitz des Beschäftigte naus erfolgt (RAG, Urteil vom 26. 11. 1940 — RAG 91/40; ARS 41, 10; *Hueck-Nipperdey-Tophoven*, aaO). Der Bekl. hat selbst ... vorgetragen, daß ihm die Nebenstelle in E. zur selbständigen Leitung übertragen worden sei und daß die Abrechnung für alle bei dieser Nebenstelle beschäftigten Personen von ihm habe vorgenommen werden müssen. Daraus ergibt sich eindeutig, daß die Voraussetzungen der ‚betrieblichen Grundlage' im Sinne der obigen Ausführungen gegeben sind.

Die Behauptung, das Arbeitsverhältnis der Parteien richte sich nach dem Tarifvertrag für die Brauereien und Mälzereien im Lande Nordrhein-Westfalen, hat der Bekl. nicht mehr aufrechterhalten."

118. Ein nach der Enteignung des Vermögens einer Handelsgesellschaft ergangenes Urteil kann der Gesellschaft nicht rechtswirksam durch Zustellung an den volkseigenen Betrieb zugestellt werden, dem die Vermögenswerte der Handelsgesellschaft übertragen worden sind. — Wenn auch Lohn- und Gehaltsansprüche von der gesetzlichen Befreiung der Haftung für Ostverbindlichkeiten ausdrücklich ausgenommen sind, so kann sich eine Befreiung auch hinsichtlich dieser Ansprüche aus besonderen Gründen ergeben. — Hat der Arbeitnehmer durch Beschlagnahme und Enteignung eines Betriebes seinen Arbeitsplatz verloren, so kann er die Weiterbeschäftigung nur dann verlangen, wenn dies dem Arbeitgeber infolge besonderer Umstände zuzumuten ist. — Nicht zumutbar ist eine lebenslängliche Weiterbeschäftigung eines Arbeitnehmers, wenn dieser dem Arbeitgeber seine Dienste nicht angeboten hat.

BAG, Urt. v. 22. 11. 1956 — 2 AZR 314/54: AP Nr. 1 zu § 615 BGB (zust. *Beitzke*); BAGS 3, 185; NJW 1957, 518; ROW 1957, 130 (zust. *Mampel*); Auszüge in BB 1957, 184 und Betrieb 1957, 119; Leitsätze in RdA 1957, 119 und ARSt. 18 (1957) 6.

Der Kl. wurde im Jahre 1906 bei der Firma W., einer OGH mit Sitz in Th. (damals: Westpreußen), angestellt. Durch Vertrag vom 14. 3. 1925 wurde der Kl. als lebenslänglicher Prokurist der in Berlin von denselben Gesellschaftern errichteten W.-OHG angestellt.

Nach der Beschlagnahme des Berliner Betriebes der Firma W. wurde der Kl. vom Oktober 1945 bis zum Oktober 1948 als Treuhänder für diesen Betrieb eingesetzt. Am 8. 2. 1949 wurde der Betrieb entschädigungslos enteignet. Nach der Enteignung erwirkte der Kl. gegen die „Firma W.-OHG" ein Versäumnisurteil über 9000 DM-Ost wegen seiner Gehaltsansprüche für die Zeit vom 1. 11. 1948 bis zum 31. 10. 1949.

Die Bekl., die seit 1941 Gesellschafter sowohl der Gesellschaft in Berlin als auch der Stammgesellschaft in Th. waren, haben den Sitz dieser letzteren Firma im Jahre 1948 nach I. (Bundesgebiet) verlegt und betreiben dort ein Geschäft in der alten Branche.

Der Kl. verlangt von den Bekl. die Zahlung eines Teilbetrages seines Gehaltes in Höhe von 500 DM. Die Klage wurde in allen Instanzen abgewiesen.

Aus den Gründen:

„1. Das gegen die Firma W. — OHG ergangene Versäumnisurteil vom 21. 1. 1950 kann jedenfalls schon deshalb keine genügende Grundlage für den vom Kl. nach §§ 128, 129 HGB gegen die Bekl. als Gesellschafter der OHG geltend gemachten Gehaltsanspruch bilden, weil es nicht rechtskräftig ist. Wie das LAG zu Recht annimmt, ist die Zustellung dieses Versäumnisurteils unwirksam. Denn dieses Versäumnisurteil ist nach den Feststellungen des LAG am 11. 2. 1950, also nach der Enteignung des Betriebes, dem Pförtner des nunmehr volkseigenen Betriebes zugestellt worden. Diese Zustellung entsprach nicht den Erfordernissen des § 183 ZPO; denn die OHG unterhielt, sofern sie nach der Enteignung fortbestand, damals jedenfalls kein Geschäftslokal in dem bezeichneten Hause in Berlin; der Pförtner des enteigneten Betriebes war also kein in dem Geschäftslokal der Zustellungsempfängerin anwesender Gewerbegehilfe.

Aber auch ohne wirksame Zustellung ist, wie das LAG richtig ausführt, das Versäumnisurteil nicht etwa durch bloßen Fristablauf rechtskräftig geworden. Denn die Bestimmungen des § 516 Halbsatz 2 und des § 552 Halbsatz 2 ZPO, daß die Berufungs- und Revisionsfrist mit dem Ablauf von 5 Monaten nach der Verkündung des Urteils beginnt, sind jedenfalls für die Einspruchsfrist im Verfahren vor dem ArbG nach dem hier noch zur Anwendung kommenden ArbGG 1926 nicht analog anwendbar. . . .

2. Auch aus § 88 i. V. m. § 87 I Nr. 3 BVG folgt, wie dem LAG zuzustimmen ist, nicht, daß Löhne und Gehälter in jedem Falle von einem Sowjetzonenflüchtling voll zu erfüllen sind. Wenn dort Löhne und Gehälter von der grundsätzlichen Bestimmung ausgenommen sind, daß Sowjetzonenflüchtlinge wegen Verbindlichkeiten, die vor der Flucht begründet worden sind, nicht in Anspruch genommen werden dürfen, so ist damit noch nicht positiv gesagt, daß nun Löhne und Gehälter von Sowjetzonenflüchtlingen in jedem Falle voll erfüllt werden müßten. Ein solcher Umkehrschluß geht nicht an. Vielmehr regelt sich die Frage, wieweit Löhne und Gehälter von Sowjetzonenflüchtlingen zu erfüllen sind, nach den allgemeinen Vorschriften, für deren Ausschluß nämlich keine innere Begründung einzusehen ist.

3. Das LAG hält die Beschlagnahme und Enteignung nicht für eine ‚gewöhnliche Betriebsstörung' und stellt daher ausdrücklich nicht die Frage, ob die Beschlagnahme und Enteignung im Gefahrenbereich des Unternehmers oder der Arbeitnehmer lag. Es prüft vielmehr die rechtlichen Folgen der Beschlagnahme und Enteignung für den Gehaltsanspruch des Kl. nur unter dem Gesichtspunkt, ob das Verlangen des Kl. auf Fortzahlung seines Gehalts über den Zeitpunkt der Beschlagnahme

hinaus eine nach Treu und Glauben unzulässige Rechtsausübung darstelle. Dabei stellt es auf die Art und die Schwere des Eingriffs lediglich in den Berliner Betrieb ab, hält aber die sonstige wirtschaftliche Lage der Bekl. für unerheblich. Eine Beschäftigungspflicht in dem nach I. verlegten Betrieb lehnt es ab, weil der Kl. nur für den Berliner Betrieb eingestellt worden sei. Aber auch für den Fall, daß die Bekl. den Kl. in dem I. er Betriebe hätte beschäftigen müssen, läßt das LAG einen Vergütungsanspruch nur unter der Bedingung zu, daß der Kl. sich zur Dienstleistung in dem I.er Betrieb erboten hätte; dies habe er aber nicht getan.

Jedenfalls im Ergebnis ist entgegen den Angriffen der Revision den Ausführungen des LAG beizutreten. Wie auch die Revision nicht verkennt, hatten die Beschlagnahme und die Enteignung zur Folge, daß einerseits der OHG, deren Gesellschafter die Bekl. waren, die tatsächliche Möglichkeit genommen wurde, den Kl. in dem ihrer Verfügungsbefugnis entzogenen Berliner Betrieb zu beschäftigen, der Kl. umgekehrt spätestens mit seiner Abberufung als Treuhänder am 18. 10. 1948 tatsächlich nicht mehr in der Lage war, in dem Berliner Betrieb gemäß seinem Arbeitsvertrag tätig zu werden. Die rechtlichen Folgen der Unmöglichkeit bestimmen sich für Arbeitsverträge grundsätzlich nicht nach den Vorschriften der §§ 323—326 BGB, die für gegenseitige Verträge gegeben sind, sondern sind aus dem besonderen Wesen des Arbeitsvertrags als eines auf der Treuepflicht des Arbeitnehmers und der Fürsorgepflicht des Arbeitgebers beruhenden personenrechtlichen Gemeinschaftsverhältnisses zu finden (RAG 22, 18; RAG, ARS 37, 231; 43, 168; BGHZ 10, 187; BVerfGE 3, 176f.).

Zu Recht geht das LAG daher davon aus, daß die Folgen, welche die Beschlagnahme und die Enteignung des Berliner Betriebes auf den Gehaltsanspruch des Kl. gegenüber den Bekl. haben, im wesentlichen dem Gesichtspunkt von Treu und Glauben zu entnehmen sind. Dies zieht auch die Revision grundsätzlich nicht in Zweifel. Danach ist aber nicht, wie die Revision meint, der Gehaltsanspruch des Kl. nur dann ausgeschlossen, wenn seine Erfüllung den ‚völligen oder nahezu annähernden Existenzverlust' der Schuldner zur Folge haben würde. Die Beschlagnahme und Enteignung des Berliner Betriebes durch die sowjetzonalen Machthaber ist für unsere Rechtsordnung ein ungewöhnliches Ereignis, das seiner Natur nach von den Parteien des Arbeitsvertrages nicht zu vertreten ist und in seiner Auswirkung beide Teile trifft. Dies um so mehr, als die Machthaber der Sowjetzone in der Enteignung einen originären Rechtserwerb zugunsten der neuen Eigentümer erblicken und die Erfüllung der zuvor eingegangenen Verpflichtungen, also auch der Arbeitsverträge, wie hier des lebenslänglichen Anstellungsvertrages des Kl., ablehnen. Unter diesen Umständen braucht nicht geprüft zu werden, ob der Arbeitsvertrag von selbst ohne Kündigung geendet ist (BVerfGE 3, 177ff.) oder ob er, wie das LAG meint, lediglich ruht. Denn jedenfalls kann der Arbeitnehmer, der seinen Arbeitsplatz in dem beschlagnahmten und enteigneten Betriebe verloren hat, die Weitererfüllung seines Arbeitsvertrages von dem durch die Beschlagnahme und Enteignung betroffenen Arbeitgeber nur insoweit verlangen, als dies besondere Umstände dem Arbeitgeber zumutbar machen.

4. Bei der Frage der Zumutbarkeit zieht das LAG nur die greifbaren materiellen Werte, die die Bekl. aus dem Berliner Betriebe in den Westen gerettet haben, nämlich nach den Feststellungen des LAG Industrieobligationen und den Anspruch aus einer zur Sicherung des Ruhegehaltsanspruchs des Kl. abgeschlossenen — von ihm mit dieser Klage aber nicht verlangten — Lebensversicherungssumme, die 1953 fällig geworden ist, in Betracht.

Demgegenüber vertritt die Revision den Standpunkt, daß das Unternehmen der Bekl. als Ganzes in Betracht komme, daß also sowohl die von den Bekl. aus dem Th.er Betrieb geretteten, vom LAG nicht näher festgestellten Unternehmenswerte als auch alle geretteten, gleichfalls nicht festgestellten immateriellen Werte, wie der Wert der Firma, der Kundenwert, die Fachkenntnisse, für die Zumutbarkeit mit berücksichtigt werden müßten.

Indes braucht diese Frage nicht entschieden zu werden. Denn auch wenn man dem von der Revision vertretenen, dem Kl. günstigeren Standpunkt grundsätzlich beitritt, so kann dies nicht dazu führen, der Klage stattzugeben. Bei dem Versuch eines Neuaufbaues ihres Unternehmens, den die Bekl. nach der Beschlagnahme des Berliner Betriebes, als sie somit schon nicht mehr in ihm und über ihn verfügen konnten, begannen und der ihnen nicht verwehrt werden konnte, war ihnen die Fortzahlung des Gehalts des lebenslänglich angestellten Kl. nicht unter allen Umständen, also auch ohne jede Gegenleistung, sondern jedenfalls nur insoweit zuzumuten, als sie den Kl. in ihrem in I. neu gegründeten Betriebe zu beschäftigen hatten.

Eine solche Beschäftigung in dem I.er Betrieb setzte aber unter den gegebenen Umständen zunächst einmal überhaupt voraus, daß sie der Kl. von sich aus anbot. Denn nach der Auslegung, die das LAG dem Anstellungsvertrag gibt, war der Kl. nur für den Berliner Betrieb und nicht allgemein für das Unternehmen der Bekl. eingestellt. . . .

5. Wie das LAG aber feststellt, hat der Kl. sich zur Dienstleistung in dem Betriebe in I. nicht erboten. Diese tatsächliche Feststellung bindet das Revisionsgericht."

119. Versorgungsansprüche eines Bankangestellten sind grundsätzlich im Geschäftsbereich der Niederlassung begründet, in welcher der Angestellte tätig war.

KG Berlin-West, Beschl. v. 16. 12. 1957 — 1 W Umw. 2146/57: WM IV B 1958, 87; AP Nr. 40 zu § 242 BGB — Ruhegehalt (zust. *Beitzke*); Leitsatz in RdA 1958, 439.

Der ASt. war seit 1907 Angestellter einer Privatbank in D. (östlich der Oder-Neiße-Linie). Nach Übernahme des Vermögens dieser Bank durch die X.-Bank-AG. in Berlin im Jahre 1941 wurde der ASt. Prokurist der Niederlassung D. der X.-Bank. Unter dem Datum „Berlin-D., den 3. Juli 1944" schloß die X.-Bank, vertreten durch ihren Vorstand, mit dem ASt. einen Vertrag über die Gewährung von Ruhegehalt. Die X.-Bank zahlte auf Grund dieses Vertrages Ruhegehalt seit dem

1. 1. 1953, stellte jedoch diese Zahlung auf Veranlassung des Aufsichtsamtes für Banken in Berlin mit dem 30. 9. 1954 ein. Der ASt. begehrt nunmehr die Weiterzahlung seines Ruhegehaltes.

Das LG gab dem Antrag auf gerichtliche Entscheidung gemäß den Bestimmungen des auf die AGg. anzuwendenden Berliner AltbG vom 10. 12. 1953 statt; das KG lehnte den Antrag ab.

Aus den Gründen:

„Nach den insoweit rechtlich unbedenklichen Feststellungen des LG kann es zwar keinem Zweifel unterliegen, daß dem ASt. auf Grund des Vertrages vom 3. 7. 1944 rechtsverbindliche Ruhegehaltsansprüche gegen die X.-Bank zustehen. Für die Inanspruchnahme einer Berliner Altbank, sei es auf Grund des UEG wegen ihrer Verpflichtungen aus Uraltguthaben, sei es auf Grund des AltbG wegen ihrer sonstigen Zahlungsverbindlichkeiten, genügt jedoch die Feststellung nicht, daß der Gläubiger eine Forderung gegen die Altbank als einheitliches Bankunternehmen erworben hat; das hat der Senat im Zusammenhang mit der Umstellung von Uraltguthaben bereits wiederholt ausgesprochen (WM 1957, 179 und 1038). Es ist vielmehr weiter erforderlich, daß die Verbindlichkeit gerade in dem Geschäftsbetrieb der Berliner Niederlassung der Altbank begründet und auf DM umgestellt ist (§ 5 I Buchstabe b i. V. m. § 7 I AltbG). Fehlt es hieran, so bleibt die Zahlungsverbindlichkeit nach § 5 II AltbG zwar bestehen, ihre Erfüllung kann jedoch erst nach Maßgabe einer weiteren, in § 54 UEG in Aussicht gestellten gesetzlichen Regelung verlangt werden.

Für die hier zutreffende Entscheidung sind daher alle diejenigen Feststellungen nicht erheblich, aus denen sich ergibt, daß durch den Vertrag vom 3. 7. 1944 eine rechtswirksame Verbindlichkeit der Bank als Gesamtinstitut gegenüber dem ASt. begründet worden ist. Es kommt deshalb nicht darauf an, ob der Ruhegehaltsvertrag durch die Vorstandsmitglieder der Bank selbst oder durch deren Bevollmächtigte abgeschlossen, ob die Vertragsurkunde in Berlin oder in D. ausgestellt wurde, auf welche Weise die X.-Bank sich anläßlich der Übernahme des ASt. in ihre Dienste wegen der ihm gegenüber bestehenden Ruhegehaltsverpflichtung Dekkung verschafft und wie sie diese Deckung in ihre Bilanz eingestellt hat. Denn alle diese Umstände ergeben nur, daß die Bank als Gesamtinstitut dem ASt. gegenüber Verpflichtungen eingegangen ist. Für die Frage aber, ob diese Verbindlichkeit im Sinne des § 5 I Buchstabe b AltbG im Geschäftsbetrieb der D.er oder der Berliner Niederlassung der Bank begründet worden ist, d. h. ob die Forderung in D. oder in Berlin belegen ist, sind andere Umstände maßgebend. Im allgemeinen sind zwar Forderungen am Sitz oder Wohnsitz des Schuldners belegen, und alle Verbindlichkeiten einer Bank richten sich gegen das Gesamtunternehmen als einheitlichen Rechtsträger. Wie der beschließende Senat aber bereits in der Entscheidung vom 18. 7. 1957 (WM 1957, 1038) im Hinblick auf § 1 UEG im Anschluß an die Rechtsprechung des OGH Köln (OGHZ 3, 1 [8]) und des BGH (BGHZ 1, 363 [366]) zu § 6 der 35. DVO zum UG ausgesprochen hat, haben diese Vorschriften dadurch daß sie die Verbindlichkeiten der Banken als Verbindlichkeiten ihrer

Niederlassungen behandeln, aus Gründen des Währungsrechts die rechtlich unselbständigen Teile des Gesamtunternehmens verselbständigt, so daß es so angesehen werden muß, als hätten die Niederlassungen selbst Verbindlichkeiten. Für die Frage, ob eine Verbindlichkeit im Sinne des § 5 I Buchstabe b AltbG im Geschäftsbetrieb der einen oder anderen Niederlassung begründet worden ist, kommt es für die Umwandlungsfähigkeit von Uraltguthaben darauf an, bei welcher Niederlassung das Konto geführt wurde oder — im Überweisungsverkehr — wo die Bank zur Gutschrift verpflichtet ist (BGHZ 2, 218 [227]; Senat in WM 1957, 1038). Diese Umstände begründen mithin bei Bankguthaben die Belegenheit der Verbindlichkeit der Bank im Geschäftsbetriebe einer bestimmten Niederlassung. Hieraus ergibt sich, daß die Verbindlichkeit der Bank bei derjenigen Niederlassung belegen ist, mit deren Geschäftsbetrieb sie in unmittelbarem Zusammenhang steht. Versorgungsbezüge werden als Nachwirkungen eines Anstellungsverhältnisses gewährt. Wo es, wie hier, für die rechtliche Beurteilung eines Arbeitsverhältnisses eines Anknüpfungspunktes bedarf, kommt es, wie *Beitzke* (Anm. zu AP 1951 Nr. 273 und zu AP 1952 Nr. 97) ausgeführt hat, im allgemeinen nicht auf den Geschäftssitz des Unternehmens, auch nicht schlechthin auf den Beschäftigungsort, sondern auf den Sitz des Betriebes an, für welchen der Arbeitnehmer tätig ist. Diese Auffassung hat auch das BAG in der Entscheidung vom 5.5.1955 (NJW 1955, 1005[1]) vertreten, wo ausgeführt wird: ‚Ansprüche aus einem Arbeitsverhältnis sind nach dem Recht des Ortes zu beurteilen, an dem das Arbeitsverhältnis seinen Schwerpunkt hat. Dieser liegt dort, wo die aus dem Arbeitsverhältnis entspringenden Verpflichtungen zu erfüllen sind. Das ist regelmäßig am Sitz des Betriebes der Fall, und zwar auch dann, wenn der Betrieb zu einem Unternehmen gehört, welches seinen Sitz an einem anderen Ort hat. Denn am Sitz des Betriebes und nicht an dem des Unternehmens wirkt sich das Arbeitsverhältnis in jeder Beziehung aus.‘ Nach diesen Grundsätzen ist auch die Belegenheit von Versorgungsansprüchen nach § 5 I Buchstabe b AltbG zu beurteilen. Das Schleswig-Holsteinische OLG hat in Übereinstimmung hiermit schon in einem Urteil vom 18. 3. 1952 (2 U 203/51) angenommen, daß Ruhegehaltsansprüche eines Bankangestellten im Sinne des § 6 I Nr. 1 der 35. DVO zum UG im Geschäftsbetrieb der Zweigniederlassung begründet worden sind, bei welcher der Angestellte tätig war. Dieses Urteil ist zwar durch die Entscheidung des BGH vom 25. 2. 1953 (BGHZ 9, 94 = NJW 1953, 817) aufgehoben worden, jedoch aus anderen, hier nicht in Betracht kommenden Gründen.

Besondere Umstände, die im vorliegenden Falle die Annahme rechtfertigen könnten, daß der Schwerpunkt des Arbeitsverhältnisses und der Ruhegehaltsansprüche nicht in D., sondern in Berlin lag, sind nicht ersichtlich. Der ASt. hat zu keiner Zeit an der Leitung des Gesamtunternehmens in Berlin mitgewirkt oder auch nur eine Tätigkeit am Sitz der Bank in Berlin ausgeübt. Ob bei leitenden Angestellten der Schwerpunkt des Dienstverhältnisses am Sitz des Gesamtunternehmens

[1] Siehe oben Nr. 115.

belegen ist (so *Beitzke* in Anm. zu AP 1952 Nr. 97; verneinend für Betriebsleiter BAG aaO), kann hier dahingestellt bleiben, da der ASt. nach der rechtsbedenkenfreien Feststellung des LG nicht als leitender Angestellter in diesem Sinne angesehen werden kann. Auf den Ort des Vertragsschlusses kommt es, wie ausgeführt, nicht an. Ebensowenig ist es von Bedeutung, ob die Ruhegehaltsverpflichtung innerbetrieblich bei der Zweigniederlassung oder bei dem Gesamtunternehmen verrechnet wurde (BAG aaO).

Hiernach muß der angefochtene Beschluß aufgehoben und der Antrag auf gerichtliche Entscheidung zurückgewiesen werden."

VI. WÄHRUNGSRECHT

1. Anrechnung von Leistungen und Aufwendungen in DM-Ost

120. Es ist zumindest fraglich, ob nicht eine besondere devisenrechtliche Genehmigung erforderlich ist, wenn ein im Bundesgebiet wohnhafter Schuldner zur Zahlung von DM-West wegen eines auf DM-Ost lautenden Geldanspruches zugunsten eines in der Sowjetzone wohnhaften Gläubigers verurteilt wird. — Die Umstellung von Geldbeträgen, die zur Zeit der Währungsreform fällig waren, richtet sich nach dem am Sitz des Schuldners geltenden Währungsrecht. — Schadensersatzansprüche lauten nicht von vornherein auf eine bestimmte Währung; eine Verurteilung erfolgt in der Regel in der „heimischen" (am Sitz des Schuldners und am Gerichtsort geltenden) Währung. — Hat sich der Schaden in fremder Währung ausgewirkt, so bilden diese Schadensbeträge Rechnungsposten für die Feststellung des vom Schuldner in der Währung seines Landes zu leistenden Schadensersatzes. — Der Schuldner wird von der Verpflichtung zur Zahlung einer Unterhaltsrente nicht dadurch befreit, daß er devisenrechtlich nur auf ein Sperrkonto zahlen darf. — Ist aus devisenrechtlichen Gründen ein Transfer von DM-West-Beträgen in die Sowjetzone ausgeschlossen, so kann der Errechnung des in DM-West zu bemessenden Schadensersatzes aus Rechnungsposten in DM-Ost nicht ein Umrechnungskurs, sondern nur das innere Kaufkraftverhältnis beider Währungen zugrunde gelegt werden.

BGH, Urt. v. 10. 7. 1954 — VI ZR 102/53: BGHZ 14, 212; VersR 1954, 485; NJW 1954, 1441 (krit. *Werner* 1762); MDR 1954, 665; JZ 1955, 161 (zust. *Kegel*); DevRd 1955, 92 (zust. *Laumann*); Auszüge in Betrieb 1954, 781; BB 1954, 785 und DRsp. II (250) 34a—b; Leitsätze in LM Nr. 3 zu § 244 BGB, Nr. 5 zu § 249 (Ha) BGB sowie Nr. 11 zu Art. 7ff. EGBGB (*Hanebeck*) und in AZGB 1955 Nr. 179 no. 824.

Der Kl. erlitt am 11. 9. 1937 in W. (jetzt: Bundesgebiet) bei einem durch den Bekl. verschuldeten Verkehrsunfall Armverletzungen, durch die er in seiner Erwerbsfähigkeit beeinträchtigt wurde. Zum Ersatz seines Schadens zahlte ihm die Versicherung des Bekl. eine laufende Rente von wöchentlich 24,25 RM. Die Zahlungen wurden mit Ende Februar 1945 eingestellt. Unter der Behauptung, daß er nach wie vor in seiner Arbeitsfähigkeit beschränkt gewesen sei und es dauernd bleiben werde, hat der Kl. den Bekl. mit der im Dezember 1951 erhobenen Klage auch für die folgende Zeit auf Schadensersatz in Anspruch genommen. Den Minderverdienst bei seiner in S. (jetzt: sowjet.) ausgeübten Tätigkeit in dem Malergeschäft seines Vaters hat er auf wöchentlich 23,40 RM bzw. DM-Ost beziffert. Er hat ferner behauptet, daß ihm durch eine Röntgenuntersuchung in der Universitätsklinik in Jena und die Reise dorthin Kosten von 16,66 + 25,— = 41,66 DM-Ost entstanden seien. Den Ersatz seines Schadens hat er in DM-West verlangt.

Er hat beantragt, den Bekl. zu verurteilen, die Zahlungen auf ein für den Kl. im Gebiet der Bundesrepublik Deutschland einzurichtendes Sperrkonto zu leisten.

Das LG hat der Kl. stattgegeben. Das OLG hat dagegen den Bekl. nur zur Zahlung solcher DM-West-Beträge auf Sperrkonto verurteilt, wie sie am Tage der Zahlung nach dem Kurswerte den Klagebeträgen in DM-Ost entsprechen. Die Revision des Kl. führte zur Wiederherstellung des landgerichtlichen Urteils.

Aus den Gründen:

„Über die Verpflichtung des Bekl., dem Kl. nach den Bestimmungen über unerlaubte Handlungen den durch seinen Unfall verursachten Schaden zu ersetzen, besteht unter den Parteien kein Streit. Im Rechtsstreit geht es nur darum, ob und in welcher Höhe seit 1945 Unfallauswirkungen noch vorhanden sind und Schaden zu ersetzen ist. Das Berufungsgericht hat das Vorbringen des Kl. als erwiesen angesehen und den behaupteten bisherigen Verdienstausfall und künftigen Verdienstentgang als dargetan erachtet. . . .

Bei der Beurteilung des hieraus sich ergebenden Anspruchs des Kl. hat das Berufungsgericht in Anlehnung an die Ausführungen in dem Urteil BGHZ 5, 138[1] erwogen, es handle sich hier nicht so sehr um die Frage, in welcher Währung oder nach welchem Währungsstatut, dem des Tatorts oder dem des Wohnsitzes des Kl. oder Bekl., der Kl. zu entschädigen sei; vielmehr gehe es lediglich um die Festsetzung des Betrages, der erforderlich sei, um den Zustand herzustellen, der bestehen würde, wenn der zum Ersatz verpflichtende Umstand nicht eingetreten wäre. Entscheidend sei der Betrag, der zur Zeit der letzten mündlichen Verhandlung benötigt werde. Maßgebend für Tatbestand und Wirkung der unerlaubten Handlung sei das Recht des Ortes, wo die unerlaubte Handlung begangen sei. Für die allein vorzunehmende Prüfung, nach welchen Grundsätzen der entstandene Schaden der Höhe nach wiedergutzumachen sei, ergebe sich aber aus der sowohl am Tatort W. wie am Wohnsitz der Parteien geltenden Bestimmung des § 249 BGB, daß Ersatz immer an dem Ort zu leisten sei, wo der Arbeitsverdienst ohne den zum Ersatz verpflichtenden Umstand den Interessen des Gläubigers gedient hätte. Dieser Rechtssatz führe aber dazu, daß der Rentenanspruch des Kl. nach den in der sowjet. Besatzungszone aufzuwendenden Beträgen zu bemessen sei. Für den dort wohnenden Kl. komme nur ein Arbeitsverdienst in DM-Ost in Betracht; daher könne er unter dem Gesichtspunkt des Schadensersatzes auch nur die Überlassung der Geldmittel verlangen, die notwendig seien, seinen Vermögensverlust in DM-Ost auszugleichen. Hiernach stehe aber fest, daß er einen auf DM-Ost lautenden Rentenanspruch gegenüber dem Bekl. besitze. Dasselbe gelte auch für

[1] IzRspr. 1945—1953 Nr. 144b.

seine Fahrtauslagen und Kosten für die Röntgenaufnahme. Dies schließe indessen, so hat das Berufungsgericht weiter ausgeführt, nicht aus, daß der Bekl. auf das Verlangen des Kl. ohne weiteres auch zur Zahlung von DM-West verurteilt werden könne; einer besonderen devisenrechtlichen Genehmigung bedürfe es hierzu nicht. Nur müsse in diesem Falle in Anwendung des § 244 BGB die DM-Ost-Forderung in DM-West umgerechnet werden. Wenn auch die DM-Ost für die Bundesrepublik keine Devise im Sinne der Begriffsbestimmung des Art. X des MilRegGes. Nr. 53 sei, vielmehr ebenso wie die DM-West ein „deutsches Zahlungsmittel" darstelle, stehe sie praktisch doch einem ausländischen Zahlungsmittel gleich, so daß § 244 BGB mit der Maßgabe angewendet werden müsse, daß mangels einer amtlichen Festsetzung des Kurswerts zwischen der West- und Ostwährung die Umrechnung nach dem Tageskurs der in der Bundesrepublik errichteten Wechselstuben vorzunehmen sei. Dies entspreche auch der Billigkeit, da nicht einzusehen sei, weshalb ein Ostmarkgläubiger, der eine Verurteilung in DM-West verlange, besser gestellt sein sollte, als wenn die Verurteilung in DM-Ost erfolge. Darüber hinaus sei es aber auch gerade der Zweck des § 244 BGB, dem inländischen Gläubiger die Möglichkeit zu geben, in „Reichswährung" zu bezahlen und einen möglichen Kursgewinn auszunutzen, ganz abgesehen davon, daß sich ein zur Zeit günstiger Kurs zu einem späteren Zeitpunkt vielleicht auch einmal als ungünstiger auswirken könne.

Diese Ausführungen sind nicht frei von rechtlichen Bedenken.

Nach Art. I 1 d und h, Art. X MilRegGes. Nr. 53 ist es dem Bekl., vorbehaltlich einer von der MilReg. oder einer von ihr bestimmten Stelle erteilten Ermächtigung, untersagt, Zahlungen an den Kl. zu leisten; demgemäß ist nach Art. 1 DVO 3 zum MilRegGes. Nr. 53 auch eine entsprechende Verurteilung nicht statthaft. Kraft der ihr durch Allgemeine Genehmigung Nr. 8 zum MilRegGes. Nr. 53 erteilten Ermächtigung hat die BdL durch die Allgemeine Genehmigung Nr. 27/49 (Mittlg. der BdL 40/1949, 628) die in der 19. DVO zum UG enthaltene Ermächtigung auch als Allgemeine Genehmigung auf Grund des Art. I MilRegGes. Nr. 53 in Kraft gesetzt. Danach dürfen Verbindlichkeiten in DM, die eine Person im Währungsgebiet gegenüber einer Person mit Wohnsitz, Sitz oder Ort der Niederlassung in der sowjetisch besetzten Zone Deutschlands oder im sowjet. Sektor von Groß-Berlin hat, in der Weise beglichen werden, daß der geschuldete Betrag auf ein nach § 26 II UG gesperrtes Konto des Gläubigers bei einem Geldinstitut oder Postscheckamt im Währungsgebiet gezahlt oder überwiesen wird. Der Kl. hat im Hinblick hierauf auch nur Zahlung des eingeklagten Betrages auf ein für ihn einzurichtendes Sperrkonto verlangt. Wenn das Berufungsgericht von der Annahme ausging, daß es sich bei dem Klagebegehren um einen auf DM-Ost lautenden Anspruch handelte, so durfte es aber nicht von der Prüfung absehen, ob die Allgemeine Genehmigung der 19. DVO zum UG auch auf eine derartige Verbindlichkeit zutrifft. Zwar ist verschiedentlich als unbedenklich erachtet worden, sie auch auf den Fall zu beziehen, daß an sich DM-Ost geschuldet werden und nach Lage der Umstände nur die Erfüllung in DM-West verlangt wird; bei dem Fehlen anderweitiger Schuldbefreiungsmöglichkeiten ist dies namentlich für Unterhaltsverbindlichkeiten von Westschuldnern gegenüber Ostzonengläubigern vertreten worden (so *Raape*, IPR³ 345; *Beitzke*, NJW 1950, 929f.; *Marquordt*, MDR 1951, 390 [394]; LG Dortmund, MDR 1950, 552[1]; LG Bochum, NJW 1951, 239[2] und MDR 1952, 169; LG Würzburg, MDR 1951, 490[3] u. a.). In dem Beschluß vom 12. 2. 1954 hat es der I. ZS des BGH (I ZR 106/51)[4] auch für zulässig gehalten, die Erstattung von Kosten, die dem in der sowjet. Besatzungszone ansässigen Kl. durch Zuziehung eines dortigen Patentanwalts in dem Rechtsstreit gegen die im Westsektor von Berlin ansässige unterlegene Bekl. in DM-Ost entstanden und an sich daher auch nur in DM-Ost zu erstatten waren, in der Weise zu regeln, daß ein gleicher Betrag in DM-West auf ein für den Kl. im Währungsgebiet anzulegendes Sperrkonto zu zahlen sei. Indessen ist nicht zu verkennen, daß die 19. DVO zum UG als eine Bestimmung, die im Rahmen der Währungsumstellung im Währungsgebiet der DM-West ergangen ist, nur die DM-West gemeint haben kann, wenn sie von Verbindlichkeiten in DM spricht. Zur Durchführung ihrer Allgemeinen Genehmigung Nr. 127/49 i. V. m. der 19. DVO zum UG hat die BdL in ihrer Mitteilung Nr. 6013/52 vom 19. 3. 1952 hierauf auch noch besonders hingewiesen. Es fragt sich daher, ob es nicht doch besonderer devisenrechtlicher Genehmigung bedarf, wenn auf die Klage eines in der sowjet. Besatzungszone wohnenden Gläubigers ein im Währungsgebiet der DM-West wohnender Schuldner wegen eines auf DM-Ost lautenden Geldanspruchs zur Zahlung eines DM-West-Betrages, sei es auch auf Sperrkonto, verurteilt werden soll (*Beitzke*, JR 1952, 419 [422]). Der Frage braucht hier aber nicht näher nachgegangen zu werden. Dem Berufungsgericht kann nämlich nicht gefolgt werden, wenn es annimmt, daß es währungsrechtlich eine auf DM-Ost lautende Geldforderung sei, die den Gegenstand des Rechtsstreits bildet.

Der Unfall des Kl. hat sich 1937 zugetragen. Lange bevor es zu der Währungsreform in den westlichen Besatzungsgebieten und in der sowjetisch besetzten Zone mit der Einführung der DM-West (DM der BdL) bzw. DM-Ost (DM der Deutschen Notenbank) gekommen ist, hat die Schadensersatzpflicht des Bekl. bereits bestanden und in der Form einer dem Kl. gezahlten Rente zum Ausgleich des durch die Minderung seiner Erwerbsfähigkeit verursachten Schadens Gestalt gewonnen. Wenn der Kl. verlangt, daß ihm die bis Ende Februar 1945 gezahlte Rente in der seinem fortdauernden Verdienstausfall entsprechenden Höhe weitergezahlt wird, so handelt es sich, soweit die Zahlung für die Zeit bis zur Währungsreform begehrt wird, unzweifelhaft nur darum, nach welchem Währungsstatut die bis dahin als RM-Verbindlichkeit entstandene Zahlungsverpflichtung des Bekl. umgestellt worden ist. Maßgebend ist hierfür das Recht derjenigen staatlichen Hoheitsgewalt, der der Bekl. als Schuldner angehört (BGHZ 5, 302 [311/312][5]). Das ist vorliegend die Bundesrepublik mit dem hier geltenden Währungsrecht der DM-West.

---

[1] IzRspr. 1945—1953 Nr. 241.
[2] IzRspr. 1945—1953 Nr. 258.
[3] IzRspr. 1945—1953 Nr. 261.
[4] Siehe unten Nr. 181.
[5] IzRspr. 1945—1953 Nr. 216.

Die bis zur Währungsreform aufgelaufenen Rentenbeträge sind hiernach gemäß § 16 UG im Verhältnis von 10:1 auf DM-West umgestellt worden.

Was die Rentenbeträge für die Folgezeit betrifft, so sind es DM-Ost-Beträge, die dem Kl. entgangen sind und weiterhin entgehen werden. Wenn auch das Rentenstammrecht bereits vorher begründet worden war, so bestimmen sich die hiervon zu unterscheidenden Ansprüche auf Zahlung der laufenden Rentenbeträge doch nach den Umständen, wie sie bei Beginn des jeweiligen Zeitraumes gegeben sind, auf den sie entfallen (BGHZ 1, 34 [41/42]). Von einer bloßen Umstellung der Rente kann daher keine Rede sein. Wenn die Rente dem Ersatz des Schadens zu dienen hat, den der Kl. nunmehr dadurch erleidet, daß ihm Verdienst in DM-Ost entgeht und nach dem Tode seines Vaters erhöhte Aufwendungen in DM-Ost erwachsen, so nötigt dies aber nicht zu dem Schluß, daß die Rentenverpflichtung des Bekl. eine auf DM-Ost lautende Fremdwährungsschuld sei. Zwar muß der Bekl. den Kl. nach dem beiderseits der Zonengrenze geltenden Schadensersatzrecht des BGB so stellen, wie er ohne den Unfall gestellt sein würde. Er hat ihm daher solche Geldmittel zur Verfügung zu stellen, daß sein Verdienstausfall hierdurch einen Ausgleich erfährt. Das muß aber nicht in DM-Ost geschehen. Schadensersatzansprüche gehören nicht zu solchen Ansprüchen, die von vornherein auf eine bestimmte Währung lauten; in der Regel ist vielmehr anzunehmen, daß das Urteil auf Zahlung in der heimischen Währung zu ergehen hat, so vor allem dann, wenn der Kl. selbst nur solche Zahlung begehrt und der Schuldner keine triftigen Gegengründe hat (*Raape*, aaO 334). Daß sich der Schaden in fremder Währung ausgewirkt hat, kommt in einem derartigen Falle nur als Maßstab für die Bemessung der Schuld des Ersatzpflichtigen in Betracht (*Raape*, aaO 344); die in der fremden Währung ermittelten Schadensbeträge bilden Rechnungsfaktoren für die Feststellung des vom Schuldner in der Währung seines Landes zu leistenden Schadensersatzes (vgl. RGZ 96, 121 [123]; RG, Warneyers Rechtsprechung 1923/24 Nr. 60; *Staudinger*, BGB[10] § 244 Anm. 22; zum Teil a. A. *Beitzke*, JR 1952, 419 [421]).

Die vom Berufungsgericht angezogene Entscheidung BGHZ 5, 138[1] steht dieser Auffassung nicht entgegen. Wenn hier ausgeführt worden ist, daß für die der Kl. durch unerlaubte Handlung entzogenen Sachen Ersatz dort zu leisten sei, wo sie ohne den zum Ersatz verpflichtenden Umstand ihren Interessen gedient hätten, der zu zahlende Geldbetrag sich also danach bemesse, welche Beträge sie an diesem Orte aufwenden müsse, um sich gleichwertige Sachen zu beschaffen, so ist damit keine Entscheidung darüber getroffen, in welcher Währung der Schuldner den Schadensersatz zu leisten hat. Es ist nicht auf die Frage abgehoben worden, in welcher Währung zu entschädigen ist, sondern darauf, daß der Schadensausgleich zu voller Befriedigung der Gläubigerin führen muß.

Im vorliegenden Falle besteht kein Grund zu der Annahme, daß es sich bei dem Schadensersatzanspruch des Kl., entgegen seinem auf Zah-

---

[1] IzRspr. 1945–1953 Nr. 144b.

lung von DM-West gerichteten Klagebegehren, der Sache nach um eine auf DM-Ost lautende spezifische Fremdwährungsschuld des Bekl. handele; der Bekl. hat auch nicht etwa vorgebracht, daß ihm aus besonderen Gründen daran gelegen sei, seine Schadensersatzpflicht durch Leistung von DM-Ost zu erfüllen. Gegenstand des Rechtsstreits ist daher eine DM-West-Schuld des Bekl. Das gilt sowohl für das Rentenbegehren des Kl. als auch für den Anspruch auf Ersatz der durch die Röntgenuntersuchung veranlaßten Kosten. Danach besteht aber kein devisenrechtliches Hindernis, das der begehrten Verurteilung des Bekl. zur Zahlung auf ein Sperrkonto des Kl. entgegenstände.

Aus dem Gesagten folgt weiter, daß für eine Anwendung des § 244 BGB kein Raum ist. Es kommt nicht in Betracht, daß eine in DM-Ost ausgedrückte Geldschuld des Bekl. in DM-West umzurechnen wäre; vielmehr geht es nur darum, die von vornherein in DM-West bestehende Schadensersatzpflicht des Bekl. zu bestimmen.

Der vom Bekl. zu leistende Geldbetrag muß dem Kl. vollen Ersatz seines Schadens gewähren. Nach den Feststellungen des Berufungsgerichts bemißt sich der durch die dauernde Erwerbsbeeinträchtigung des Kl. verursachte Schaden seit der Währungsreform auf wöchentlich 23,40 DM-Ost; dazu treten die einmaligen Schadensbeträge von 41,66 DM-Ost. . . .

Nach den derzeitigen Bestimmungen ist ein Transfer der vom Bekl. zu zahlenden Beträge aus dem Währungsgebiet der DM-West in das der DM-Ost nicht möglich. Wenn dies den Bekl. auch nicht davon befreit, seine Verpflichtung zu erfüllen (Urteil des erkennenden Senats vom 23. 9. 1953 — VI ZR 152/52), so ergeben sich hieraus doch Schwierigkeiten bei der Bemessung der Höhe des Betrages, den der Bekl. in DM-West zahlen muß, damit der Kl. seinen DM-Ost-Schaden voll ersetzt erhält. Da sich das Guthaben, das durch die Einzahlungen des Bekl. in DM-West für den Kl. bei einem Geldinstitut im Gebiet dieser Währung entsteht, weder in ein DM-Ost-Guthaben bei einem Geldinstitut der sowjet. Besatzungszone transferieren läßt noch auch für den Kl. eine legale Möglichkeit besteht, mit Mitteln des Guthabens erworbene DM-Ost-Beträge aus dem westlichen in das östliche Währungsgebiet hinüberzuschaffen, geht es nicht an, die Höhe der vom Bekl. zu zahlenden DM-West-Beträge nach dem Umrechnungskurs zu bestimmen, der von den in der Bundesrepublik eingerichteten Wechselstuben beim Umtausch von DM-West in DM-Ost zugrunde gelegt wird. Der von *Beitzke* (NJW 1952, 1179) bei der Erörterung von Unterhaltsansprüchen vertretenen gegenteiligen Meinung kann nicht beigetreten werden. Rechtsgeschäftliche Vorgänge, wie sie unter Anwendung des Umrechnungskurses abgewickelt werden, kommen vorliegend nicht in Betracht. Daher kann auch der Umrechnungskurs der Wechselstuben nicht anwendbar sein. Ebensowenig kann es aber auch als Maßstab dienen, daß nach der Handhabung in der sowjet. Besatzungszone für DM-West ein gleicher Betrag in DM-Ost gegeben wird. Da ein Geldwechsel nicht stattfindet, ist bei der Bemessung der Höhe des in DM-West zu leistenden Schadensersatzes auch für die Heranziehung eines auf den Geldwechsel bezogenen Umrechnungskurses kein Raum. Da ein maßgeblicher Kurswert zur Ermittlung des Umrechnungsverhältnisses der beiden Währungen nicht zur Verfügung steht, bleibt nichts anderes übrig, als den Maßstab der Umwechslung dem inneren Wertverhältnis der beiden Währungen zu entnehmen, wobei beim Schadensersatzanspruch der Geldwert zu den Gütern und Leistungen ins Verhältnis zu setzen ist, deren Erstattung begehrt wird. Die Berechnung des in DM-West zu leistenden Schadensbetrages kann daher im allgemeinen nur in der Weise erfolgen, daß in Anbetracht der verschiedenen Kaufkraft der DM-Ost und DM-West zu vergleichen ist, welche Aufwendungen in der sowjet. Besatzungszone und welche in der Bundesrepublik erforderlich sind, um die entstandenen und zu ersetzenden Nachteile zu beheben. Der Schuldner hat alsdann denjenigen Betrag in DM-West zu zahlen, den hier die Herstellung des Zustandes kosten würde, der in der sowjet. Besatzungszone mit den in DM-Ost errechneten Beträgen herzustellen ist. Etwaige Indexzahlen für die Kosten der in Betracht kommenden Güter und Leistungen, wie sie z. B. von dem Deutschen Institut für Wirtschaftsforschung in Berlin veröffentlicht werden, können hierbei einen Anhalt bieten. Im übrigen muß eine großzügige Schätzung Platz greifen. Leitender Gesichtspunkt muß sein, die Leistungspflicht des Schuldners in DM-West der Höhe nach so zu bestimmen, wie es unter Berücksichtigung aller Umstände des jeweiligen Falles den Grundsätzen von Treu und Glauben entspricht.

In gewissen Grenzen kann sich von dem im Währungsgebiet der DM-West bestehenden Sperrkonto der in der sowjet. Besatzungszone wohnende Inhaber Beträge zur Verwendung in diesem Währungsgebiet freigeben lassen, so namentlich für den Lebensunterhalt bei einem Aufenthalt im westlichen Währungsgebiet oder für die Anschaffung und Versendung von Gebrauchsgütern in die sowjet. Besatzungszone. Treu und Glauben können es gebieten, bei der Bemessung des vom Schuldner zu zahlenden Betrages dieser Möglichkeit dadurch Rechnung zu tragen, daß dem Schuldner die Zahlung gleichhoher Westmark-Beträge aufgegeben wird, wie sie ziffernmäßig dem Ostmark-Schaden des Gläubigers entsprechen, dies vor allem dann, wenn die in der sowjet. Besatzungszone wohnenden Inhaber gesperrter Westmark-Guthaben nach ihren Verhältnissen darauf angewiesen sind, sich die vom Schuldner zu zahlenden Beträge auf diese Weise nutzbar zu machen. Die begrenzte Möglichkeit der Freigabe von Sperrguthaben zu solcher Verwendung läßt es freilich nicht ohne weiteres zu, in vollem Umfang auch bei höheren Schadensersatzverpflichtungen in dieser Weise zu verfahren. Auch im vorliegenden Falle erheben sich bei der Höhe des dem Kl. zu ersetzenden Schadens Bedenken, unter diesem Gesichtswinkel die Zahlungen des Bekl. insgesamt auf den Nennbetrag des Ostmark-Schadens zu bemessen.

Auch daraus kann für den vorliegenden Fall nichts gefolgert werden, daß sich bei Unterhaltsansprüchen von Bewohnern der sowjet. Besatzungszone gegen Verpflichtete in der Bundesrepublik einerseits und Unterhaltsansprüchen von Bewohnern der Bundesrepublik gegen Verpflichtete in der sowjet. Besatzungszone andererseits mit behördlicher Genehmigung eine Art Clearing herausgebildet hat, bei dem die Ansprüche des einen Gläubigers gegen die des anderen ausgetauscht werden. Zwar wird es gegebenenfalls dem Unterhaltsverpflichteten zugemutet werden können, dem Berechtigten durch Zahlung eines dem Unterhaltsbedarf in DM-Ost ziffernmäßig gleichstehenden Betrages in DM-West die Möglichkeit zu geben, auf diesem Wege die für seinen Unterhalt erforderlichen Mittel zu erlangen. Für die hier zu treffende Entscheidung kommt dies aber schon darum nicht in Betracht, weil es mangels entsprechender Darlegungen an tatsächlichen Grundlagen für die Annahme fehlt, daß dem Kl. der angedeutete Weg zur Verwirklichung des Schadensersatzes offen steht.

Dennoch erscheint es angebracht und geboten, die vom Bekl. zu erbringenden Zahlungen auf den Nennbetrag des Ostmark-Schadens des Kl. zu bestimmen. Wie das Berufungsgericht festgestellt hat, wirkt sich die unfallbedingte Körperbeschädigung des Kl. in der Weise aus, daß er nur einen Teil des für sich und seine Familie notwendigen Lebensbedarfs zu verdienen imstande und daß er bei seinen wirtschaftlichen Verhältnissen nahezu in voller Höhe des Verdienstausfalls auf fremde Unterstützung angewiesen ist. Wenn es sich bei seinem Schadensersatzanspruch rechtlich auch nicht um einen Unterhaltsanspruch handelt, so soll er ihm nach Lage der Sache im wesentlichen doch Ersatz für Einkünfte verschaffen, die er zum Lebensunterhalt benötigt und verwendet haben würde. Billigerweise müssen die Schadensersatzzahlungen des Bekl. daher auf eine solche Höhe bemessen werden, wie in der Bundesrepublik zur Deckung des Lebensbedarfs erforderlich wäre, den der Kl. in der sowjet. Besatzungszone mit den Beträgen des Verdienstentgangs hätte bestreiten können und bestritten haben würde. Über die verschiedene Höhe der Lebenshaltungskosten geben die Wochenberichte des Deutschen Instituts für Wirtschaftsforschung in Berlin Aufschluß. Wie sie erkennen lassen, ist die Kaufkraft der Ostmark verschieden nach der Höhe des Einkommens; für denselben gesamten Lebensunterhalt sind bei größerem Einkommen höhere Ausgaben erforderlich als bei geringerem. Im großen und ganzen erfordert der Lebensunterhalt für eine Familie mit so niederem Einkommen wie dem des Kl. in der sowjet. Besatzungszone aber ungefähr dieselben Aufwendungen in DM-Ost wie bei einigermaßen gleichem Lebenszuschnitt in der Bundesrepublik in DM-West (vgl. *Schweckendieck*, JR 1952, 463 [467]; *Kegel*, NJW 1953, 615 [617]; LG Kassel, MDR 1953, 105). Soll der Kl. vollen Schadensausgleich erhalten, so muß ihm sein Schaden in DM-West daher in gleicher Höhe zugesprochen werden, wie er sich auf DM-Ost beziffert. In seiner Entscheidung vom 20. 5. 1953 (VI ZR 62/52) hat der erkennende Senat es auch bereits gebilligt, daß die Unterhaltsrente, die der Bekl. wegen des von ihm verschuldeten Todes des Ehemannes der Kl. an diese zu zahlen hatte, nicht aus dem Grunde eine Kürzung erfuhr, daß die Kl. von ihrem Ehemann getrennt in der sowjet. Besatzungszone lebte.

Das landgerichtliche Urteil muß hiernach wieder hergestellt werden.“

121. Leistungen in DM-Ost, die einem Verfolgten in der Sowjetzone gewährt wurden, sind nach dem Wechselstubenkurs von 1 : 4 oder 1 : 5 auf einen Entschädigungsanspruch in DM-West anzurechnen.

OLG Frankurt a. M., Beschl. v. 2. 3. 1955 — 8 U 332/54: NJW/RzW 1956, 21.

Die Kl. ist rassisch Verfolgte und ist während des nationalsozialistischen Regimes inhaftiert gewesen. Dafür ist ihr von der Entschädigungsbehörde ein Betrag von 2250 DM als Haftentschädigung zugebilligt worden. Auf diese Entschädigung hat die Behörde Wiedergutmachungsleistungen in Höhe von ungefähr 12000 DM-Ost angerechnet, die die Kl. während ihres Aufenthaltes in der Ostzone von 1948 bis Februar 1953 an Rentenzahlungen als Opfer des Faschismus (OdF) erhalten hat. Die gegen diesen Bescheid erhobene Klage hat das LG abgewiesen. Das Armenrecht für die Berufung wurde versagt.

Aus den Gründen:

„Die Kl. gibt selbst zu, die OdF-Rente erhalten zu haben, weil sie als Verfolgte anerkannt worden ist. Damit sind die an sie erfolgten Rentenzahlungen, im Zuge der Entschädigung für Opfer des Nationalsozialismus' (§ 4 BEG) bewirkt worden. Dabei ist es unerheblich, ob diese Leistungen im Bundesgebiet oder in der Sowjetzone vorgenommen worden sind. Verfolgte, die ähnliche Zahlungen im Ausland von ausländischen Staaten erhalten, müssen sich diese Leistungen ebenfalls anrechnen lassen (siehe auch *Blessin-Wilden*, [BEG] 109 Absatz 1). . . .

Auch gegen den vom LG angewandten Umwechslungskurs von DM-Ost auf DM-West (1:4 bzw. 1:5) bestehen keine Bedenken."

122. Leistungen in DM-Ost, die einem Verfolgten in der Sowjetzone gewährt wurden, sind nach ihrer Kaufkraft auf einen Entschädigungsanspruch in DM-West anzurechnen.

OLG Frankfurt a. M., Beschl. v. 2. 11. 1955 — 8 U 363/54: NJW/RzW 1956, 264.

Der Kl. beansprucht Entschädigung für einen Ausbildungsschaden nach den §§ 52ff. BEG. Nach § 52 BEG ist die Entschädigung auf den Höchstbetrag von 5000 DM beschränkt. Streitig ist, ob und wie auf diesen Betrag Ausbildungshilfen von 4260 DM-Ost anzurechnen sind, welche der Kl. in der Sowjetzone erhalten hatte.

Das OLG bejahte die Anrechenbarkeit der Ausbildungsbeihilfen in Höhe von 2556 DM-West. Die Entscheidung ist rechtskräftig geworden, nachdem die beim BGH eingelegte Revision zurückgenommen wurde.

Aus den Gründen:

„Nach der allgemeinen Anrechnungsanordnung des § 4 BEG ordnet § 54 BEG die Anrechnung der aus öffentlichen Mitteln gewährten Ausbildungsbeihilfen an, ohne daß diese Zuwendungen wie in § 4 BEG Leistungen im Zuge der Wiedergutmachung zu sein brauchen. Daraus ergibt sich, daß die in der Sowjetzone und in der Bundesrepublik dem Kl. zugeflossenen Ausbildungsbeihilfen auf die Entschädigung anzurechnen sind, auch wenn sie ganz allgemein den Studierenden als Beihilfen gewährt wurden.

Unstreitig hat der Kl. in der Sowjetzone an Ausbildungsbeihilfen 4260 DM-Ost erhalten. Dieser Betrag ist auf die in DM-West zu gewährende Entschädigung anzurechnen. Der Kl. will, falls eine Anrechnung überhaupt erfolgt, die Anrechnung allenfalls zum jetzigen Wechselstubenkurs zulassen und beruft sich insoweit auf die §§ 244, 245 BGB und die hierzu ergangene Rechtsprechung.

Zwar geht die h. M. (vgl. *Palandt*, BGB § 245 Anm. 4d und die dort zitierte Rechtsprechung) davon aus, daß auch eine DM-Ost-Schuld Fremdwährungsschuld sei und bei Begleichung einer solchen Schuld der Umrechnung der Kurs der nächsten Wechselstube zugrunde zu legen sei. Im vorliegenden Fall handelt es sich aber nicht um Begleichung einer Fremdwährungssschuld und auch nicht, wie der Kl. meint, um eine vorzunehmende Aufrechnung. Das Gesetz sieht nicht Aufrechnung von Geldbeträgen, sondern Anrechnung von Leistungen vor. Die Leistungen müssen bei ihrer Anrechnung in dem Umfange bewertet werden, wie sie für den Kl. an Ort und Stelle eine Hilfe bedeuten. Diesem Grundsatz wird man nicht gerecht, wenn man bei der Anrechnung den Wechselstubenkurs einsetzt. Dieser Kurs entsteht aus dem Angebot und der Nachfrage bezüglich der beiden deutschen Währungseinheiten; er gibt aber keinen Anhalt für die Lebensführungskosten in der Sowjetzone. Der Wechselstubenkurs bietet mithin keine Grundlage für den Umfang der Anrechnung. Dem steht auch der vom Kl. nach der letzten mündlichen Verhandlung zitierte Beschluß des Senats vom 2.3.1955 (8 U 332/54 = NJW/RzW 1956, 21 Nr. 29[1]) nicht entgegen. Dort wird lediglich der Ansicht des LG beigepflichtet, wonach selbst bei einer der dortigen Kl. günstigsten Berechnung der beiden DM-Kurse mit 1:4 oder 1:5 der erhobene Anspruch durch Vorleistungen in DM-Ost in vollem Umfange erledigt sei. Eher wäre davon auszugehen, daß Löhne und Gehälter in der Sowjetzone durchschnittlich eher niedriger als höher liegen als in der Bundesrepublik. Demgemäß ist auch der Lebensstandard des Durchschnittsbürgers in der Sowjetzone, in der die primitiveren Lebensgüter preisgebunden sind, während die in den HO[Handelsorganisation]-Verkaufstellen geführte Ware weit über dem Preis in der Bundesrepublik liegt, erheblich niedriger als im Westen. Hiervon ausgehend, könnte es sogar gerechtfertigt erscheinen, die beiden deutschen Währungen in diesem Falle einander gleichzusetzen, da bei dem niedrigeren Lebensstandard in der Sowjetzone mit dem gleichen durchschnittlichen DM-Ost-Betrag der Lebensunterhalt bestritten wird.

Es soll aber zugunsten des Kl. davon ausgegangen werden, daß die Anrechnungsmethode, welche das LG vorgenommen hat, zur Anwendung zu bringen sei. Das angefochtene Urteil berechnet den Anrechnungssatz nach der sogenannten ‚Warenkorblösung', die auf dem allgemeinen Kraftverhältnis beider Währungen beruht. Nach dem Wochenbericht des deutschen Instituts für Wirtschaftsforschung in Berlin-Dahlem vom 28. 3. 1952 entsprach im September 1950 — die Beihilfezahlungen begannen im Oktober 1950 — die Kaufkraft von 5 DM-Ost etwa der Kaufkraft von 3 DM-West. Für die spätere Zeit liegen Berechnungen nicht vor. Da aber selbst der Wechselstubenkurs seit dem Jahre

[1] Siehe oben Nr. 121.

1950 nur gelegentliche Schwankungen durchgemacht, schließlich aber immer auf den Kurs von etwa 1:5 zurückgekehrt ist, kann hinsichtlich der Kaufkraft der beiden Währungen unbedenklich der Stand von 1950 der gesamten Berechnung zugrunde gelegt worden. Bei Annahme eines Kaufkraftverhältnisses von 3:5 würden die in der Sowjetzone in Höhe von 4260 DM-Ost gewährten Ausbildungshilfen mit 2556 DM-West anzurechnen sein."

123. Es ist rechtlich zulässig, die in der Sowjetzone an ehemalige Beamte gezahlten Pensionsrenten auf beamtenrechtliche Versorgungsbezüge, die im Bundesgebiet gezahlt werden, im Verhältnis 1 : 1 anzurechnen.

BGH, Urt. v. 12. 1. 1956 — III ZR 127/55: LM Nr. 1 zu § 129 DBG.

Der Kl., ein früherer Beamter der Stadt G. (jetzt: Bundesgebiet), bezog von dieser Stadt ein Ruhegehalt. Seinen Wohnsitz hatte er in Thüringen (jetzt: sowjet.). Nach dem Zusammenbruch wurde sein Ruhegehalt auf ein Sperrkonto in Westdeutschland eingezahlt. Nachdem der Kl. nach Westdeutschland verzogen war, erhielt er sein laufendes Ruhegehalt wieder ausgezahlt. Die auf Sperrkonto angesammelten Beträge wurden ihm für die Zeit bis zum 31.3.1950 voll ausbezahlt. Von dem Ruhegehalt für die Zeit vom 1.4.1950 bis 31.3.1952 wurden auf Grund eines Runderlasses des Finanzministers von Nordrhein-Westfalen vom 6. 3. 1950 (MBl 235) 1510 DM einbehalten, weil der Kl. während dieser Zeit in der Sowjetzone eine Rente von 1510 DM-Ost auf Grund einer AO der DWK über die Zahlung von Renten an ehemalige Beamte (ZVOBl 1948, 467) erhalten hatte.

Der Kl. verlangt von der Bekl. die Zahlung eines Teilbetrages von 1510 DM-West, da die Anrechnung der in der Sowjetzone gezahlten Renten auf sein Ruhegehalt nicht gerechtfertigt sei. Die Vorinstanzen haben der Klage stattgegeben. Auf die Revision der Bekl. wurden diese Entscheidungen aufgehoben und die Klage abgewiesen.

Aus den Gründen:

„1. Beide Vorinstanzen halten den im Einvernehmen mit dem Innenminister ergangenen Runderlaß des Finanzministers von Nordrhein-Westfalen vom 6. 3. 1952 (MBl 235), mit dem die Anrechnung der in der sowjet. Zone an Versorgungsempfäger gezahlten ‚Pensionsrenten' auf im Lande Nordrhein-Westfalen zu zahlende Versorgungsbezüge im Verhältnis 1 DM-West = 1 DM-Ost angeordnet ist, für ungültig und für nicht anwendbar, weil für eine solche Anordnung eine gesetzliche Grundlage fehle. Zwar erkennt auch das OLG den beamtenrechtlichen Grundsatz an, daß der Beamte, wenn er schon aus zwei Dienststellungen im Ergebnis nur einmal eine Versorgung erhalten soll — wie sich aus § 129 DGB ergebe —, um so mehr auch aus einer Dienststellung nur einmal Versorgung beziehen dürfe. Das Berufungsgericht würde deshalb eine Anrechnung der in der sowjet. Zone gezahlten ‚Pensionsrente' dann für zulässig halten, wenn es sich dabei um eine ‚Beamtenversorgung im Sinne des DBG' handele. Das verneint aber der Vorderrichter.

2. Gegen die von den Vorinstanzen angenommene Ungültigkeit des Erlasses des Finanzministers für Nordrhein-Westfalen vom 6. 3. 1950 (MBl 235) wendet sich die Revision mit Recht.

Das OLG stellt bei seiner Prüfung der Zulässigkeit dieser Anordnung allein darauf ab, ob die in der sowjet. Zone an den Kl. gezahlte Rente eine ,Beamtenversorgung im Sinne des DBG' ist. Damit wird der Vorderrichter weder den Grundsätzen des beamtenrechtlichen Versorgungsrechts gerecht noch den tatsächlichen Gegebenheiten, wie sie sich nach 1945 entwickelt und zur Spaltung des Deutschen Reiches in zwei Teilgebiete mit völlig wesenverschiedenen Wirtschafts- und Rechtssystemen geführt haben (vgl. schon BGHZ 7, 218 [221] = LM Nr. 2 zu § 606 ZPO[1]).

Auszugehen ist davon, daß das Zusammentreffen mehrerer Versorgungsbezüge in §§ 129ff. DGB, das für den im Streit befindlichen Klageanspruch als Landesbeamtenrecht noch Geltungskraft hat, grundsätzlich geregelt ist; danach erhält, wenn zwei Versorgungsansprüche aus zwei Dienststellungen zusammentreffen, der Versorgungsberechtigte im Ergebnis nur einmal eine (möglicherweise der Höhe nach verbesserte) Versorgung aus öffentlichen Mitteln. Daß bei dem Zusammentreffen von zwei Versorgungsbezügen gemäß § 129 II DBG der eine Versorgungsbezug nicht Wartegeld oder Ruhegehalt im beamtenrechtlichen Sinne zu sein braucht, ergibt sich schon aus der Einführung des Begriffs ,ruhegehaltähnliche' Versorgung [wird ausgeführt].

Der vorliegende Sachverhalt ist nun so gelagert, daß infolge der Spaltung des Deutschen Reiches in zwei Gebietsteile mit völlig verschiedenen Rechtssystemen an einen Versorgungsberechtigten in einem Gebietsteil Deutschlands eine sogenannte ,Pensionsrente' und in dem anderen Gebietsteil eine echte beamtenrechtliche Versorgung gezahlt wird. Es ist also zu fragen, ob die Berücksichtigung der ,Pensionsrente' bei der Zahlung des echten Ruhegehalts die beamtenrechtlichen oder versorgungsrechtlichen Grundsätze verletzt. Dazu bedarf es einer Charakterisierung der in der sowjet. Zone gezahlten ,Pensionsrente'.

[Das Gericht legt dar, daß Verpflichtungsgrund für die nach der AO der DWK vom 8. 10. 1948 und der DfBest. hierzu vom 31. 12. 1948 (ZVOBl 1948, 467 und 1949, 30) an den Kl. gezahlte Rente der frühere öffentliche Dienst des Rentenempfängers als Beamter ist.] Daß der Umfang der in der sowjet. Zone an Ruhestandsbeamte gewährten ,Versorgung' in krasser Weise der beamtenrechtlichen Alimentationspflicht des Dienstherrn, wie sie im rechtsstaatlichen Sinne entwickelt ist, widerspricht, berührt nicht den eigentlichen Verpflichtungsgrund der Rente und die Tatsache, daß auch diese Rente aus öffentlichen Mitteln gezahlt wird. Die andersartige Gestaltung der ,Beamtenversorgung' in der sowjet. Zone hat eben ihren Grund ausschließlich in der Abschaffung des Beamtentums und der beamtenrechtlichen Versorgung in dem früher im ganzen Deutschen Reich geltenden Sinne (vgl. hierzu allgemein: *Korte*, RiA 1954, 186ff. und die hier aufgeführten Erlasse der zuständigen Bundesminister). Auch wenn also mit dem Berufungsgericht die in der sowjet. Zone gezahlte Rente keine ,Beamtenversorgung im Sinne des DBG' ist, bleibt jedoch, daß sie jedenfalls eine aus öffentlichen Mitteln geleistete ,Beamtenversorgung' besonderer Art ist, die lediglich

[1] IzRspr. 1945—1953 Nr. 532.

durch die in der sowjet. Zone erfolgte besondere staatsrechtliche Entwicklung und tatsächlich geschaffene Lage bedingt ist.

Wenn deshalb eine ‚Anrechnung‘ dieser andersartigen ‚Beamtenversorgung‘ der sowjet. Zone auf das in der Bundesrepublik zu zahlende Ruhegehalt oder richtiger das teilweise Ruhen der in der Bundesrepublik zu zahlenden Versorgung in Höhe der ‚Pensionsrente‘ von den zuständigen Landesministern angeordnet worden ist, so entspricht diese Regelung dem Grundgedanken der beamtenrechtlichen Versorgung, daß der Ruhegehaltsempfänger aus einer Dienststellung oder für die gleiche Dienstleistung nicht zwei verschiedene und unabhängig voneinander zu zahlende ‚Versorgungsbezüge‘ erhalten soll und daß bei dem Zusammentreffen zweier ‚Versorgungsbezüge‘ der eine nicht ein solcher im beamtenrechtlichen Sinne zu sein braucht.

Die von den zuständigen Landesministern getroffene Regelung ist also rechtlich nicht zu beanstanden. Auch gegen die ‚Anrechnung‘ der in DM-Ost gezahlten Rente im Verhältnis 1:1 auf das in DM-West zu zahlende Ruhegehalt bestehen keine Bedenken, weil die Empfänger der Renten diese in der sowjet. Zone für ihren Lebensunterhalt verwerten müssen und verwertet haben und insoweit jedenfalls die Kaufkraft dieser geringen Rente infolge der anders gearteten Lebensverhältnisse in der sowjet. Zone ungefähr gleich der Kaufkraft der DM-West ist (vgl. BGHZ 14, 214 [222] = LM Nr. 14 zu Artt. 7ff. EGBGB[1]; *Korte*, aaO und *Kegel*, NJW 1953, 615 [617]).“

124. Der Anspruch auf Erstattung von Aufwendungen entsteht in der Währung, in der die Aufwendungen gemacht wurden. — Der Gläubiger eines in DM-Ost entstandenen Anspruches kann Zahlung in DM-West verlangen, wenn der Schuldner dem nicht widerspricht; in diesem Falle sind die in DM-Ost entstandenen Aufwendungen Rechnungsposten zur Bestimmung des in DM-West festzusetzenden Aufwendungsersatzes. — In DM-Ost entstandene Aufwendungen sind nach dem Wechselstubenkurs in DM-West zu ersetzen. — § 244 BGB ist im interzonalen Recht entsprechend anzuwenden; mangels eines amtlichen Kurses genügt der am Wohnsitz des Schuldners gebildete verkehrsübliche Kurs. — Ein Bereicherungsanspruch entsteht in der Währung, in der die Bereicherung erlangt wurde.

OLG Düsseldorf, Beschl. v. 24. 7. 1957 — 4 U 170/57: JMBl NRW 1957, 244; Auszug in DRsp. II (250) 36a—c; Leitsätze in Betrieb 1957, 1125; BB 1958, 322 und DRiZ 1958 B 2 Nr. 13.

Die Bekl. ist die Stieftochter des 1952 in A. (sowjet.) verstorbenen Rentners H. Dieser hatte sie 1931 durch Erbvertrag zur Alleinerbin eingesetzt. Zur Zeit seines Todes bestand sein Vermögen im wesentlichen aus zwei Grundstücken in A.

Der Verstorbene war in den letzten Lebensjahren bettlägerig und in hohem Maße pflegebedürftig. Er wurde von der Kl. in A. betreut und gepflegt und hatte dafür die Kl. zu 1) und als Ersatzerben ihren Ehemann, den Kl. zu 2) durch letztwillige Verfügungen aus den Jahren 1938 und 1951 zu Erben seines gesamten Vermögens eingesetzt. Diese Erbeinsetzung war jedoch im Hinblick auf den Erbvertrag

[1] Siehe oben Nr. 120.

mit der Bekl. unwirksam. Die Kl. fordert deshalb von der Bekl. Ersatz für ihre Aufwendungen und Leistungen zugunsten des Erblassers, die sie insgesamt mit 2700 DM-Ost berechnen. Von diesem Betrage hat ihnen das AG W. antragsgemäß 500 DM-West zur Zahlung auf ein in der Bundesrepublik zu errichtendes Sperrkonto rechtskräftig zugesprochen.

Mit der vorliegenden Klage verfolgen sie den Anspruch in Höhe von 2200 DM-West weiter. Das LG hat den Anspruch dem Grunde nach als gerechtfertigt angesehen, die Forderung jedoch nach dem Wechselstubenkurs im Verhältnis 1:4 umgerechnet und die Bekl. verurteilt, an die Kl. 550 DM-West auf ein für die Kl. zu errichtendes Sperrkonto in der Bundesrepublik zu zahlen. Die Kl. erbitten das Armenrecht für die Berufung gegen dieses Urteil. Sie sind der Ansicht, die Umrechnung nach dem Wechselstubenkurs sei nicht gerechtfertigt, und verfolgen ihren erstinstanzlichen Antrag weiter. Das OLG wies den Antrag mangels Aussicht auf Erfolg zurück.

Aus den Gründen:

„Den Kl. war das Armenrecht für die Berufungsinstanz zu versagen, weil die beabsichtigte weitere Rechtsverfolgung hinreichende Aussicht auf Erfolg nicht bietet (§ 114 ZPO). Dem LG ist vielmehr darin beizustimmen, daß die Kl. für ihre Aufwendungen in DM-Ost nur den nach dem Wechselstubenkurs zu berechnenden Gegenwert in DM-West von der Bekl. zu beanspruchen haben.

Es kann dahinstehen, ob die Ansprüche der Kl. gegen die Bekl. als Alleinerbin des verstorbenen Rentners H. sich aus § 1967 BGB ergeben, ob sie auf § 812 BGB beruhen, wie das LG in der irrigen Annahme meint, die Bekl. sei dem Erblasser als Tochter an sich unterhaltspflichtig, zur Leistung des Unterhalts aber außerstande gewesen, oder ob die Ansprüche aus Geschäftsführung ohne Auftrag (§§ 683, 670 BGB) oder aus Auftrag (§§ 662 ff. BGB) herzuleiten sind. Nachall diesen Bestimmungen können die Kl. die Erstattung ihrer in A. erbrachten Aufwendungen und Leistungen nur in DM-Ost verlangen, weil sie ihre Leistungen in dieser Währung erbracht haben (*Beitzke*, JR 1952, 419 ff.; *Werner*, NJW 1954, 1762).

Den Kl. ist indes nicht verwehrt, Zahlung von DM-West an Stelle von DM-Ost zu verlangen (*Beitzke*, aaO). Das gilt zumindest schon deshalb, weil die Bekl. insoweit Einwendungen nicht erhoben hat (BGHZ 14, 212[1]). In diesem Falle sind die in fremder Währung (DM-Ost) entstandenen Ansprüche Rechnungsfaktoren, mittels deren zu ermitteln ist, welche Zahlungsansprüche die Kl. in DM-West gegen die Bekl. haben. Wenn die Kl. also mit ihrem Antrage auf Verurteilung der Bekl. zur Zahlung in DM-West ihre ursprünglich in DM-Ost entstandenen Ansprüche in der Bundesrepublik geltend machen, so ist damit noch nicht entschieden, daß sie DM-West für DM-Ost zum gleichen Nennbetrage zu beanspruchen haben. Das wäre vielmehr schon deshalb nicht gerechtfertigt, weil Kaufkraft und innerer Wert beider Währungen sich erheblich unterscheiden und es sich daher wertmäßig um ganz verschiedene Leistungen handelt.

Es läßt sich allerdings nicht allgemein bestimmen, in welcher Weise ein Anspruch auf Zahlung von DM-Ost auf DM-West umzurechnen ist. So ist insbesondere streitig, ob Unterhaltsansprüche von Gläubigern

[1] Siehe oben Nr. 120.

aus dem Gebiete der sowjet. Besatzungszone gegen Schuldner im Bundesgebiet in entsprechender Anwendung des § 244 BGB nach Wechselstubenkurs (so die von *Kegel*, NJW 1953, 615ff. Fußnote 36 angeführte Rechtsprechung; ferner für den Fall der Vollstreckung aus einem auf DM-Ost lautenden Titel OLG Hamm, NJW 1955, 67[1] und die dort zitierten Entscheidungen) oder im Verhältnis 1:1 (so die von *Kegel*, aaO Fußnote 37 zitierte Rechtsprechung und Literatur) oder nach einem dazwischenliegenden Kurs, dem sogenannten ‚Warenkorb-Vergleich' (so *Kegel*, aaO) umzustellen sind. Bei Schadensersatzansprüchen ist von der Rechtsprechung anerkannt, daß sie nicht von vornherein in einer bestimmten Währung entstehen und die Vorschrift des § 244 BGB daher unanwendbar ist (BGHZ 14, 212[2]). Der Schuldner hat unabhängig von den Kursverhältnissen in diesem Falle soviel zu leisten, wie zur Schadensregulierung am Leistungsort erforderlich ist (BGH, aaO; BGHZ 5, 138[3]). Die letzte Entscheidung deutet an, daß es jedoch einen Unterschied ausmachen könne, ob der eingeklagte Geldbetrag zur Beseitigung des Schadens in Natur oder nur zum Ausgleich für den finanziellen Aufwand führen soll, mit dem der ursprüngliche Schaden schon behoben worden ist. Im übrigen ist der Maßstab der Umwechslung dem inneren Wertverhältnis der beiden Währungen zu entnehmen (BGHZ 14, 212[4]).

Den Kl. steht indes nach dem unstreitigen Sachverhalt weder ein Unterhalts- noch ein Schadensersatzanspruch gegen die Bekl. zu, so daß die hierfür entwickelten Rechtsgrundsätze nicht ohne weiteres herangezogen werden können. Zwar haben die Kl. eine Vermögenseinbuße erlitten, doch ist die Bekl. nicht zur Wiederherstellung des früheren Zustandes, sondern lediglich zum Geldersatz schlechthin verpflichtet. Im vorliegenden Fall entfällt daher ein Vergleich zwischen der Kaufkraft beider Währungen im Hinblick auf einen bestimmten Zweck, z. B. Bestreitung des Unterhalts, Beseitigung eines konkreten Schadens, wie es der BGH aaO in dem von ihm zu entscheidenden Fall für erforderlich gehalten hat.

Der von den Kl. geltend gemachte Ersatzanspruch in DM-West für ihre zunächst in DM-Ost entstandenen Ansprüche ist vielmehr nur umgerechnet nach dem Wechselstubenkurs begründet. Das folgt aus einer entsprechenden Anwendung des § 244 II BGB, wonach eine Schuld in ausländischer Währung zum Kurswert umzurechnen ist, wenn der Verpflichtete in heimischer Währung zahlen soll. Zwar ist die DM-Ost nicht eigentlich eine ausländische Zahlungseinheit. Da sie aber mit der im Bundesgebiet geltenden DM-West nicht identisch ist, ist der § 244 II BGH hier sinngemäß anzuwenden (OLG Hamm aaO mit weiteren Nachweisen). Daß eine amtliche Kursnotiz für das Wertverhältnis zwischen DM-Ost und DM-West fehlt, steht dem nicht entgegen. In einem solchen Falle genügt auch der frei und innerhalb der Bundesrepublik, also nach dem Währungsrecht der Bekl., legal gebildete, üblicherweise gehandelte

---

[1] Siehe unten Nr. 162.
[2] Siehe oben Nr. 120.
[3] IzRspr. 1945—1953 Nr. 144b.
[4] Siehe oben Nr. 120.

Kurs (OLG Hamm aaO; OLG Hamburg, MDR 1951, 109[1]; *Soergel* [BGB][8] §244 BGB Anm. 4; *Staudinger* [BGB][10] §244 BGB Anm. 45). Entgegen der Auffassung der Kl. kann darin weder allgemein noch für den vorliegenden Fall eine Unbilligkeit erblickt werden. Zwar ist nicht zu verkennen, daß die Kl. im Gebiet der sowjet. Besatzungszone keine legale Möglichkeit haben, den ihnen zuerkannten Betrag zum Wechselstubenkurs in DM-Ost einzutauschen und auf diese Weise den ihnen an sich zustehenden Ostmark-Betrag zu erlangen. Der Nachteil, der den Kl. dadurch entsteht, ist jedoch nicht auf die im Bundesgebiet geltenden Gesetze, sondern allein auf die sowjetzonale Regelung zurückzuführen, wonach ungeachtet des tatsächlichen Wertes eine Umrechnung des auf Sperrkonto gezahlten Betrages nur im Verhältnis 1:1 erfolgt, während ein etwaiger Kursgewinn der DDR zugute kommt. Es geht aber nicht an, die dadurch entstehenden Nachteile von den Bewohnern der sowjet. Besatzungszone auf Bürger der Bundesrepublik abzuwälzen und ihnen höhere Zahlungen aufzuerlegen, als sie nach ihrem Währungsrecht zu leisten verpflichtet wären (ähnlich OLG Hamm aaO). Dazu kommt, daß die Kl. den auf Sperrkonto in der Bundesrepublik eingezahlten Betrag möglicherweise im Rahmen der dafür geltenden Bestimmungen in der Bundesrepublik verwenden können und daß dadurch der auf ihrem Devisenrecht beruhende Nachteil wenigstens ausgeglichen werden kann. Im vorliegenden Fall wird dieser auf dem Recht der DDR beruhende Nachteil der Kl. schließlich noch dadurch gemindert, daß das AG W. den Kl. auf ihre ursprünglich 2700 DM-Ost lautende Forderung durch rechtskräftiges Urteil 500 DM-West zugesprochen hat, die den Kl. auf ihre Gesamtforderung nicht nach Wechselstubenkurs, sondern im Verhältnis 1:1 angerechnet worden sind. Die Kl. tragen somit den Kursunterschied nur teilweise.

Auch die von den Kl. vorgetragenen besonderen Verhältnisse geben zu einer anderen Beurteilung keinen Anlaß. Selbst wenn man davon ausgeht, daß es nach dem Erbvertrage in erster Linie Sache der Bekl. gewesen wäre, für die Betreuung ihres erkrankten Stiefvaters aufzukommen und die dafür benötigten Geldmittel zur Verfügung zu stellen, ist die Bekl. zu einer höheren Zahlung nicht verpflichtet. Da die Bekl., wie die Kl. nicht bestreiten, mangels ausreichenden Einkommens zum Unterhalt ihres Stiefvaters nicht in der Lage gewesen wäre, hätte der Erblasser, wenn er nicht die finanzielle Hilfe der Kl. gehabt hätte, seine beiden in der sowjet. Besatzungszone gelegenen Grundstücke veräußern oder belasten müssen, um die erforderlichen Unterhaltsmittel selber aufbringen zu können. Eine dadurch bedingte Wertminderung des der Bekl. zugefallenen Nachlasses hätte sich somit in DM-Ost ausgewirkt, nicht aber zum gleichen Nennwert in DM-West. Es erscheint daher nicht unbillig, daß die Bekl. nur den realen Gegenwert der Vermögensminderung zu bezahlen hat, die durch die Leistungen der Kl. vermieden worden ist. Auch eine Bereicherung der Bekl. könnte nur darin gesehen werden, daß der ihr zugefallene Nachlaß nicht um die zur Pflege des Erblassers er-

[1] IzRspr. 1945—1953 Nr. 143.

forderlichen Geldbeträge vermindert worden ist, also Ausgaben in DM-Ost erspart geblieben sind. Auch unter diesem rechtlichen Gesichtspunkt lautet der Herausgabeanspruch gemäß §§ 812ff. auf DM-Ost, weil nur Geld in dieser Währung ‚erlangt' worden ist (*Beitzke*, JR 1952, 421)."

2. Unterhaltsansprüche

Vorbemerkung: Das verwirrende Bild, welches die Rechtsprechung zum „Währungsstatut" von Unterhaltsansprüchen anfangs geboten hatte (siehe die kurze Übersicht in IzRspr. 1945—1953, Vorbemerkung vor Nr. 235), hat sich inzwischen weithin geklärt. Als vorherrschend kann die Ansicht bezeichnet werden, nach der Unterhaltsansprüche in der am Wohnsitz des Berechtigten geltenden Währung entstehen (Nr. 127, 128, 131—135, 137, 138, 141, 142). Die vereinzelt vertretene Auffassung, daß sich das Währungsstatut nach dem Schuldstatut richte, führt bei Unterhaltsansprüchen unehelicher Kinder über Art. 21 EGBGB zu demselben Ergebnis (Nr. 125); für Unterhaltsansprüche von Ehegatten kann dagegen ein anderes Währungsrecht maßgebend sein, wenn hier auch der Umfang der Unterhaltspflicht doch wieder nach den Verhältnissen am Wohnort des Berechtigten bestimmt wird (Nr. 130).

Auch wenn die Unterhaltsansprüche in DM-Ost entstehen, werden die westdeutschen Unterhaltsschuldner doch fast durchweg wegen der devisenrechtlichen Transferschwierigkeiten zur Zahlung des vollen Nennbetrages der Unterhaltsschuld in DM-West auf ein westdeutsches Sperrkonto des Gläubigers verurteilt (Nr. 126, 129, 131, 132, 134, 135, 137, 138, 142; im Ergebnis auch Nr. 128 und 136).

Ob ein westdeutscher Unterhaltsschuldner sich von seiner zwar in DM-Ost entstandenen, aber grundsätzlich durch Sperrkontozahlung in DM-West zu erfüllenden Unterhaltsverpflichtung durch Zahlung von DM-Ost unmittelbar an den Unterhaltsberechtigten in der Sowjetzone befreien kann („Ersetzungsbefugnis"), ist noch umstritten, wird aber überwiegend angenommen (Nr. 125, 126, 128, 131, 132, 134—137, 142), vereinzelt jedoch abgelehnt (Nr. 133, 138).

125. **Auf das deutsche interlokale Recht sind die Bestimmungen des internat. Privatrechts entsprechend anwendbar. — Der Unterhaltsanspruch eines unehelichen Kindes beurteilt sich nach dem Recht des Wohnsitzes von Mutter und Kind. — Der Unterhaltsanspruch entsteht in der Währung der für den Anspruch maßgebenden Rechtsordnung. — Der Unterhaltsanspruch eines in der Sowjetzone wohnenden Gläubigers gegen den im Bundesgebiet lebenden Schuldner kann nur in DM-West geltend gemacht werden, auch wenn der Gläubiger bis zur Klageerhebung Zahlungen in DM-Ost angenommen hat. — Dem Schuldner kann nicht nachgelassen werden, seine in DM-West festzusetzende Verpflichtung durch Zahlung von DM-Ost zu erfüllen, wenn er nicht ein Guthaben in der Sowjetzone hat. — Der Unterhaltsschuldner wird nicht dadurch befreit, daß nur ein Teil der von ihm gezahlten Unterhaltsrente transferiert werden kann und der Rest auf Sperrkonto einzuzahlen ist.**

LG Braunschweig, Urt. v. 13. 10. 1953 — 8 S 211/53: DAVorm. 27 (1954/55) 63.

Der bei seiner Mutter in der Sowjetzone lebende Kl. ist ein uneheliches Kind des im Bundesgebiet lebenden Bekl.; er verlangt von diesem monatlich 50 DM-West Unterhalt.

Das LG gab der Klage statt.

Aus den Gründen:

„Zutreffend ist das AG davon ausgegangen, daß der Kl. durch das von dem Bekl. vor dem AG am 11. 8. 1950 abgegebene Versprechen zur Zahlung einer Unterhaltsrente von 50 DM-Ost nicht gehindert ist, eine Unterhaltsklage auf Zahlung von DM-West zu erheben.

Der Kl. ist durch die Entgegennahme dieses Unterhaltsversprechens des Bekl. nicht gebunden. Es liegt kein bindender Unterhaltsvergleich vor, weil diese Unterhaltsregelung nicht vormundschaftsgerichtlich genehmigt worden ist (§ 1714 BGB). Der Kl. kann von dem Bekl. eine andere Regelung des Unterhalts verlangen, ohne darlegen zu müssen, daß seit Abgabe des Unterhaltsversprechens vom 11.8.1950 die besonderen Voraussetzungen aus § 323 I und IV ZPO für eine Änderung von Urteilen oder Vergleichen vorliegen.

Es bestehen auch keine Bedenken dagegen, daß der Kl. seinen Anspruch auf Zahlung von Westmark richtet. Nach dem auf die interlokalen Beziehungen zwischen den beiden deutschen Staaten entsprechend anwendbaren Art. 21 EGBGB ist der Unterhaltsanspruch nach den Gesetzen der DDR zu beurteilen, in der der Kl. und dessen Mutter wohnen. Der Anspruch des Kl. geht danach an sich auf Zahlung von Ost-Mark, wie es das für die DDR maßgebliche Währungs-Statut festsetzt.

Der Bekl. kann jedoch auf legalem Wege seine Schuld an den Kl. nur in West-Mark tilgen. Nach § 1 Ziffer 2 des WährungsGes. sind in der Bundesrepublik alleinige gesetzliche Zahlungsmittel die auf Deutsche Mark und Pfennig lautenden Noten und Münzen, die von der BdL herausgegeben worden sind. Eine andere Möglichkeit, Unterhalt zu zahlen, hat der Bekl., solange er im Bundesgebiet wohnt, nicht. Die Genehmigung der 19. DVO zum UG bezieht sich nur auf Verbindlichkeiten in DM-West. Bei diesen Gegebenheiten ist es notwendig und sachdienlich, daß der Kl. seinen Anspruch auf Zahlung in DM-West gerichtlich geltend macht (vgl. auch den Beschluß des OLG Braunschweig v. 5. 9. 1951[1]).

Es kann dem Bekl. auch nicht nachgelassen werden, seine in DM-West festzusetzende Unterhaltsverpflichtung in DM-Ost zu erfüllen. Der Bekl. hat zwar bisher dem Kl. 50 DM-Ost auf irgendeinem nicht legalen Wege jeweils gezahlt. Es kann jedoch dem Bekl. nicht von seiten des Gerichts die Hand dazu geboten werden, einen derartigen illegalen Weg zu gehen. Auch kann dem Kl. nicht zugemutet werden, das auf unzulässige Weise in die Ostzone übermittelte Geld anzunehmen. Der Fall, daß der Bekl. ein Guthaben in der Ostzone hat, über das er verfügen kann, liegt offensichtlich nicht vor. Der Bekl. hat derartiges nicht näher dargelegt.

[1] Siehe IzRspr. 1945—1953 Nr. 305.

Dem Verlangen des Kl. nach Zahlung von DM-West steht nicht entgegen, daß der Kl. bis zur Klageerhebung Zahlungen in DM-Ost angenommen hat.

Das Maß des Unterhalts bestimmt sich nach dem in der DDR geltenden Recht (Art. 21 EGBGB). Nach § 17 II MKSchG soll sich der Unterhalt, den die Mutter für das nicht eheliche Kind zu beanspruchen hat, nach der wirtschaftlichen Lage beider Eltern richten. Es ist demnach nicht die Lebensstellung der Mutter allein maßgebend, wie es § 1708 BGB vorsieht. Es ist auch die Leistungsfähigkeit des Vaters (Bekl.) zu berücksichtigen. Der Bekl. ist Verwaltungsangestellter. . . .

Der Bekl. kann sich schließlich nicht darauf berufen, daß sich aus der Devisenlage ergeben kann, daß monatlich nur ein geringerer Betrag als 50 DM-West in DM-Ost transferiert werden kann. Denn der Bekl. hat immer die Möglichkeit, die Unterhaltsrente auf ein Sperrkonto einzuzahlen. Es kann dem Kl. nicht die nach der 37. DVO zum UG gegebene Möglichkeit genommen werden, sich den Westmarkbetrag in der Westzone auszahlen zu lassen und ihn in der Westzone zur Befriedigung seines Lebensbedarfs zu verwerten."

126. Ein westdeutsches Gericht kann einen auf RM lautenden Titel nicht auf DM-Ost umstellen. — Ein westdeutsches Gericht kann einen im Bundesgebiet wohnhaften Unterhaltsschuldner zur Zahlung von DM-Ost an den in der Sowjetzone lebenden Unterhaltsgläubiger nur dann verurteilen, wenn der Schuldner in der Sowjetzone über ein Guthaben verfügt. — Grundsätzlich hat ein westdeutscher Unterhaltsschuldner den Unterhaltsbetrag in voller Höhe in DM-West auf ein Sperrkonto des Gläubigers im Bundesgebiet einzuzahlen.

LG Lüneburg, Beschl. v. 17. 12. 1953 — 1 SH 100/53: DAVorm. 27 (1954/55) 131.

Der ASt. ist der uneheliche Vater der AGg. Er hat sich in einer 1942 errichteten vollstreckbaren Urkunde zur Zahlung von vierteljährlich 90 RM verpflichtet. Das AG L. (Bundesgebiet) hat die Umstellung dieses Titels auf DM-West rechtskräftig abgelehnt.

Die AGg. hat daraufhin gegen den ASt. ein Urteil erwirkt auf Zahlung von monatlich 30 DM-West an Stelle des in der vollstreckbaren Urkunde genannten Betrages. Der ASt. hat gebeten, ihm für die Berufungsinstanz das Armenrecht zu bewilligen.

Das LG hat den Antrag wegen Aussichtslosigkeit der Rechtsverfolgung abgelehnt.

Aus den Gründen:

„Der von der AGg. erhobenen Klage fehlt es nicht am Rechtsschutzbedürfnis. Der Titel, den die AGg. in der Hand hat, lautet auf RM. Aus ihm kann sie daher entsprechend der allgemeinen Umstellung von RM-Forderungen im Verhältnis 10:1 nur auf Zahlung von 10% des Nennbetrages, d. h. von 3 DM-West monatlich vollstrecken. Die Vollstreckung zu einem höheren Betrag wäre von der Erteilung eines Umstellungsvermerks abhängig. Die Umstellung auf DM-West ist rechtskräftig abgelehnt worden. Eine Umstellung auf DM-Ost kommt nicht in Frage, da sich westdeutschen Instanzen dafür keine Handhabe bietet und in der Ostzone eine Umstellung der Schuldverbindlichkeiten von RM auf DM-Ost nicht stattgefunden hat, dort vielmehr 1 RM = 1 DM-Ost ist. Die Möglichkeit der Vollstreckung aus dem alten Titel wegen 3 DM-West monatlich läßt aber das Rechtsschutzbedürfnis der Klage auf Zahlung eines Unterhalts von 30 DM-West monatlich unberührt, da dieser Betrag sich ohnedies noch unter dem Mindestsatz hält, der in Westdeutschland dem unehelichen Kind einer in einfachen Verhältnissen lebenden Mutter zuerkannt wird.

Die Zahlung des Unterhalts kann die Antragsgegnerin auch in der verlangten Art und Höhe beanspruchen. Eine Verurteilung in DM-Ost käme nach den devisenrechtlichen Bestimmungen nur dann in Frage, wenn der ASt. über ein Guthaben in der Ostzone verfügte, aus dem er den Unterhaltsanspruch der AGg. tilgen könnte. Da dies nicht der Fall ist, hat der ASt. den Unterhalt in DM-West, und zwar in der Weise zu leisten, daß die AGg. auf legalem Wege in den Genuß der Summe kommt, deren sie zur Bestreitung ihres Lebensunterhaltes bedarf. Dazu ist nach der 19. DVO zum UG und der dieser entsprechenden Allgemeinen Genehmigung Nr. 47/49 die Einzahlung des Unterhaltsbetrages in DM-West auf ein Sperrkonto bei einem hiesigen Geldinstitut erforderlich. Der Höhe nach muß es sich um einen Betrag handeln, der es der AGg. ermöglichen würde, den ihr zustehenden Unterhalt zu decken, wenn sie ständig in der Bundesrepublik lebte. Denn legale Möglichkeiten für die Realisierung der Sperrguthaben bestehen lediglich in ihrer Freigabe für Anschaffungen im Bundesgebiet oder in der Verrechnung im Verhältnis 1:1 mit ostzonalen Sperrkonten. (Vgl. LG Köln, NJW 1953, 629[1]; LG Dortmund, MDR 1953, 367[2])."

127. Unterhaltsansprüche entstehen in der Währung des Gebietes, in dem der Unterhaltsberechtigte lebt. — Der Unterhaltsgläubiger kann Erfüllung grundsätzlich nur in der Währung verlangen, in welcher der Anspruch entstanden ist, soweit nicht das Devisenrecht des Bundesgebietes entgegensteht. — Die Abtretung einer Forderung gegen einen Schuldner in der Sowjetzone durch den Gläubiger im Bundesgebiet an eine andere Person im Bundesgebiet bedarf (nur) der devisenrechtlichen Genehmigung im Bundesgebiet. — Das Währungsstatut bestimmt auch die Umstellung einer Forderung. — Erhält die Klägerin anstelle des beantragten Betrages in DM-West den gleichen Betrag in DM-Ost zugesprochen, so ist sie — auf Grund des Kaufkraftverhältnisses der beiden Währungen — wertmäßig zur Hälfte unterlegen.

LG Dortmund, Urt. v. 26. 1. 1954 — 2 S 627/53: *Auszug in MDR 1954, 298.

Die Kl. ist das 1937 geborene uneheliche Kind des Bekl. Ein 1938 vor dem AG T. (östlich der Oder-Neiße-Linie) von der Kl. erwirkter Unterhaltstitel über monatlich 20 RM ist verlorengegangen und hat nicht wiederhergestellt werden können.

---

[1] IzRspr. 1945—1953 Nr. 280. [2] IzRspr. 1945—1953 Nr. 285.

1951 forderte die Kl. den jetzt im Bundesgebiet lebenden Bekl. zur Zahlung des seit 1. 3. 1945 rückständigen sowie des laufenden Unterhalts auf. Daraufhin ließ sich der Bekl. von seiner in D. (Bundesgebiet) lebenden Mutter eine Forderung von 678 DM-Ost gegen Frau G. S. in W. (sowjet.) abtreten. Das Jugendamt in L. (sowjet.) lehnte jedoch unter Hinweis auf das sowjetzonale Ges. zur Regelung des innerdeutschen Zahlungsverkehrs vom 15. 12. 1950 die Annahme der von der Schuldnerin geleisteten Zahlung ab.

Das AG hat den Bekl. nach Antrag für die Zeit vom 1.3.1945 bis 30. 6. 1948 zu monatlich 20 DM-West, für die Zeit vom 1. 7. 1948 bis 16. 5. 1952 zu monatlich 20 DM-West und für die Zeit vom 17. 5. 1952 bis 20. 12. 1953 zu monatlich 32,50 DM-West verurteilt.

Der Bekl. hat in der Berufungsinstanz einen Bescheid der Landeszentralbank in D. (Bundesgebiet) vorgelegt, in dem die Abtretung der Forderung gegen Frau G. S. in W. (sowjet.) an den Bekl. genehmigt wird. Der Bekl. beantragt, das angefochtene Urteil abzuändern und die Klage abzuweisen, soweit er für die Zeit vom 1. 3. 1945 bis 31. 12. 1950 zur Zahlung von 680 DM-West verurteilt worden sei, hilfsweise ihn für diesen Zeitraum nur zur Zahlung von DM-Ost zu verurteilen.

Das LG gab der Berufung teilweise statt.

Aus den Gründen:

[Das Gericht führt zunächst aus, daß die Kl. hinsichtlich der 678 DM-Ost zwar in Annahmeverzug sei, die Verbindlichkeit des Bekl. dadurch aber nicht erloschen sei; der Hauptantrag des Bekl. sei daher unbegründet.]

„Dem Hilfsantrag des Bekl., ihn für die Zeit vom 1. 3. 1945 bis zum 31. 12. 1950 nur zur Zahlung von DM-Ost anstelle von DM-West zu verurteilen, mußte jedoch teilweise stattgegeben werden, nachdem der Bekl. im zweiten Rechtszug die erforderliche Genehmigung der Landeszentralbank zur Abtretung der seiner Mutter zustehenden Forderung von 678 DM-Ost gegen die Ehefrau G. S. in W. an ihn beigebracht hat.

In Übereinstimmung mit den Ausführungen des AG in den Entscheidungsgründen des angefochtenen Urteils vertritt die Kammer in ständiger Rechtsprechung die Ansicht, daß Unterhaltsansprüche in der Währung des Gebietes entstehen, in dem der Unterhaltsberechtigte lebt (vgl. die ausführliche Begründung dieser Ansicht in Sachen L. S. — 2 S 286/52 LG Dortmund[1]; 1 S 488/52 — LG Dortmund; ebenso LG Bochum, NJW 1951, 239[2]; LG Würzburg, MDR 1951, 490[3]; LG Düsseldorf, MDR 1952, 298[4]; LG Lüneburg, MDR 1951,746[5]; LG Kassel, MDR 1953, 105; *Beitzke*, NJW 1950, 928; *Palandt*, BGB[10] Anm. 14 g vor Art. 7 EGBGB). Davon, in welcher Währung der Unterhaltsanspruch e n t s t e h t, ist aber die Frage zu unterscheiden, in welcher Währung der Unterhaltsanspruch zu e r f ü l l e n ist (vgl. LG Dortmund — 2 S 286/52[6]; *Beitzke* JR 1952, 419). Zu diesem Punkt vertritt die Kammer in Übereinstimmung mit dem AG die Auffassung, daß der Gläubiger eines in DM-Ost entstandenen Unterhaltsanspruches grundsätzlich nur Erfüllung in DM-Ost verlangen kann und daß der Schuldner zur Zahlung in DM-Ost zu verurteilen ist, soweit nicht die Devisengesetze der Bundesrepublik einer solchen Verurteilung entgegenstehen. Nach Art. I 1 F, h,

[1] IzRspr. 1945—1953 Nr. 285.
[2] IzRspr. 1945—1953 Nr. 258.
[3] IzRspr. 1945—1953 Nr. 261.
[4] IzRspr. 1945—1953 Nr. 273a.
[5] IzRspr. 1945—1953 Nr. 267.
[6] IzRspr. 1945—1953 Nr. 285.

X des MilRegGes. Nr. 53 in der Neufassung vom 19. 9. 1949 sind Zahlungen an Gläubiger in der sowjetisch besetzten Zone Deutschlands verboten, sofern nicht entweder eine Genehmigung der MilReg. im Einzelfall oder eine allgemeine Genehmigung erteilt ist. Auf Grund allgemein erteilter Ermächtigungen sind zwei Zahlungsweisen erlaubt.

1. Nach der Allgemeinen Genehmigung Nr. 41/50 dürfen Guthaben und Forderungen, die auf DM-Ost lauten, u. a. zur Zahlung von Unterhaltsbeträgen an Personen mit gewöhnlichem Aufenthalt in der sowjetisch besetzten Zone Deutschlands verwandt werden.
2. Nach der Allgemeinen Genehmigung Nr. 27/49 i. V. m. der 19. DVO zum UG darf ein in der Bundesrepublik wohnhafter Schuldner seine Schuldverbindlichkeit gegenüber einem in der sowjetisch besetzten Zone Deutschlands wohnhaften Gläubiger durch Zahlung in DM-West auf ein Sperrkonto des Gläubigers erfüllen, das bei einem Geldinstitut oder Postscheckamt in der Bundesrepublik einzurichten ist.

Die Möglichkeit der letztgenannten Zahlungsweise bei Unterhaltsansprüchen ist inzwischen allgemein anerkannt, obwohl die 19. DVO zum UG an sich nur für Verbindlichkeiten gedacht war, die ursprünglich auf DM-West lauteten (vgl. dazu *Beitzke*, NJW 1950, 928 und JR 1952, 422; LG Würzburg, MDR 1951, 491[1]; LG Düsseldorf, MDR 1952, 300[2]).

Hiernach kann ein in der Bundesrepublik ansässiger Schuldner zur Erfüllung seiner Unterhaltsverpflichtungen gegenüber einem Ostzonengläubiger in DM-West nur verurteilt werden, wenn er weder eine Einzelgenehmigung zur Zahlung von DM-Ost erhalten hat noch Inhaber eines auf Ostmark lautenden Guthabens oder einer auf Ostmark lautenden Forderung ist. In allen anderen Fällen kann der in der sowjet. Besatzungszone lebende Unterhaltsgläubiger nur Zahlung in DM-Ost verlangen und der Schuldner nur zur Zahlung in DM-Ost verurteilt werden.

Bis zum Schluß der letzten mündlichen Verhandlung erster Instanz hatte der Bekl. weder eine Einzelgenehmigung zur Zahlung von DM-Ost beigebracht noch nachgewiesen, daß er Inhaber eines auf Ostmark lautenden Guthabens oder einer auf Ostmark lautenden Forderung war. Zwar hatte seine Mutter ihm ihre Forderung gegen die Ehefrau G. S. in W. abgetreten; diese Abtretung entbehrte jedoch der erforderlichen Genehmigung der zuständigen Landeszentralbank und damit der rechtlichen Wirksamkeit. Infolgedessen ist das angefochtene Urteil, wonach der Bekl. auch für die Zeit vom 1. 3. 1945 bis zum 31. 12. 1950 zur Zahlung in DM-West verurteilt worden ist, zu Recht ergangen.

Im zweiten Rechtszuge hat sich diese Situation jedoch insofern geändert, als der Bekl. nunmehr die erforderliche Genehmigung der Landeszentralbank zu der vorgenannten Abtretung beigebracht hat. Damit ist nachgewiesen, daß der Bekl. nunmehr Inhaber einer auf Ostmark lautenden Forderung im Betrage von 678 DM-Ost ist. Nach der Allgemeinen Genehmigung Nr. 41/50 darf der Bekl. diese Ostmarkforderung zur Begleichung seiner Unterhaltsverpflichtungen gegenüber der Kl. verwenden. Infolgedessen muß nunmehr dem in der Berufungsinstanz gestellten Hilfsantrag des Bekl., ihn für die Zeit vom 1. 2. 1945 bis zum 31. 12. 1950

[1] IzRspr. 1945—1953 Nr. 261. [2] IzRspr. 1945—1953 Nr. 273a.

nur zur Zahlung von DM-Ost zu verurteilen, Rechnung getragen werden, soweit dies möglich ist.

Hierbei war jedoch zu beachten, daß zwischen den Parteien bereits früher ein rechtskräftig abgeschlossener Prozeß geschwebt hat, in dem nach der eidlichen Aussage der Kindesmutter ein Blutgruppengutachten eingeholt worden war . . . und allem Anschein nach eine Verurteilung — nicht nur eine freiwillige Verpflichtung — des Bekl. zur Zahlung einer Unterhaltsrente von monatlich 20 RM erfolgt ist. Da der Bekl. insoweit auch ausdrücklich den Einwand der rechtskräftig entschiedenen Sache erhoben hat, darf die nunmehr zu treffende Entscheidung gemäß § 322 ZPO für die Zeit vom 1. 3. 1945 bis zum 31. 12. 1950 nicht anders lauten als der frühere Unterhaltstitel, da dessen Rechtskraft das jetzt zur erneuten Entscheidung berufene Gericht bindet (vgl. *Baumbach-Lauterbach*, ZPO[21] Einführung 1 B und 3 c; *Stein-Jonas-Schönke*, ZPO[17] § 322 Anm. II 2). Eine Abweichung von dem Inhalt des früheren Unterhaltstitels kann nur insoweit für zulässig erachtet werden, als der jetzt neu zu schaffende Titel infolge der eingetretenen Währungsänderung nicht mehr auf ‚Reichsmark', sondern auf ‚Deutsche Mark' zu lauten hat, und zwar vorliegend auf DM-Ost, soweit der Umfang der dem Bekl. gegen die Ehefrau S. in W. zustehenden Ostmarkforderung reicht.

Hiernach müßte der Bekl. für die Zeit vom 1. 3. 1945 bis zum 31. 12. 1950 an sich 1400 DM-Ost (70 Monate × 20 DM = 1400 DM) zahlen, da Schuldnerverbindlichkeiten durch die Währungsreform der sowjet. besetzten Zone Deutschlands — ausgenommen den Fall des bereits eingetretenen Gläubigerverzuges — (vgl. *Buder*, DRZ 1948, 415) grundsätzlich im Verhältnis 1:1 in die neue Währung umgestellt worden sind, sodaß eine Herabsetzung der Unterhaltsrückstände für die Zeit vom 1. 3. 1945 bis zum 30. 6. 1948 nicht in Betracht kommt, sofern der Bekl. zur Zahlung von DM-Ost anstelle von DM-West verurteilt wird. Andererseits darf hierbei nicht außer acht gelassen werden, daß der Bekl. nur eine Ostmarkforderung im Betrage von 678 DM-Ost besitzt und durch das angefochtene Urteil für die Zeit vom 1. 3. 1945 bis zum 30. 6. 1948 im Hinblick auf die Währungsgesetzgebung der Bundesrepublik nur zur Zahlung von monatlich 2 DM-West (= 20 RM umgestellt im Verhältnis 10:1 auf 2 DM-West) verurteilt worden ist. Da die Berufung des Bekl. nicht zu einer Abänderung des angefochtenen Urteils zu seinen Ungunsten führen darf, muß es hiernach für die Zeit vom 1. 3. 1945 bis zum 30. 6. 1948 bei der Entscheidung des angefochtenen Urteils bleiben, wonach der Bekl. monatlich 2 DM-West zu zahlen hat. Insoweit war die Berufung zurückzuweisen.

Für die Zeit vom 1. 7. 1948 bis zum 31. 12. 1950 war das angefochtene Urteil dagegen mit der Maßgabe abzuändern, daß der Bekl. anstelle von monatlich 20 DM-West nur 20 DM-Ost zu zahlen hat; insoweit ist es dem Bekl. durch die Allgemeine Genehmigung Nr. 41/50 gestattet, seine Ostmark-Forderung gegen die Ehefrau S. in W. zur Erfüllung seiner Unterhaltspflicht gegenüber der Kl. zu verwenden (30 Monate × 20 = 600 DM-Ost). Hierdurch wird die Ostmarkforderung des Bekl. gegen die

Ehefrau S. zwar nicht in vollem Umfang aufgezehrt, über den 31. 12. 1950 hinaus konnte eine Abänderung des angefochtenen Urteils aber nicht erfolgen, da die Berufung des Bekl. auf diesen Zeitraum beschränkt war.

Soweit der Zeitraum vom 1. 7. 1948 bis zum 31. 12. 1950 in Betracht kommt, steht die Abänderung des angefochtenen Urteils nicht in Widerspruch zu dem Klageantrag der Kl. Zwar hat die Kl. vorliegend ausdrücklich Zahlung von DM-West verlangt, obwohl sie für die Zeit vom 1. 7. 1948 bis zum 31. 12. 1950 nach Maßgabe der vorstehenden Ausführungen nur Zahlung von DM-Ost verlangen konnte. Nach der erfolgten Abänderung spricht das angefochtene Urteil der Kl. aber nicht eine andere als die verlangte Leistung zu, denn der Antrag der Kl. muß dahin ausgelegt werden, daß sie auf jeden Fall in den Genuß des ihr zustehenden Unterhalts kommen will, und zwar in erster Linie durch Zahlung in DM-West, hilfsweise aber durch Zahlung in DM-Ost. Da die Kl. insoweit aber nur mit ihren hilfsweise gestellten Begehren Erfolg erzielt, war auszusprechen, daß die Klage ‚im übrigen abgewiesen' wird.

Über die Kosten des ersten Rechtszuges war auf die Berufung des Bekl. neu zu entscheiden (§ 308 II ZPO). Hierbei war zu berücksichtigen, daß die Kl. für die Zeit vom 1.7.1948 bis zum 31.12.1950 nur insgesamt 600 DM-Ost anstelle von DM-West erhält. Da die innere Kaufkraft der DM-Ost aber nur halb so groß ist wie die Kaufkraft der DM-West (vgl. LG Dortmund — 1 T 22/53), ist die Kl. insoweit wertmäßig mit 300 DM-West unterlegen. . . .

Die Kosten des zweiten Rechtszuges waren dem Bekl. nach § 97 I und II ZPO in voller Höhe aufzuerlegen, da er eine Abänderung des angefochtenen Urteils nur erreicht hat, weil er nunmehr die erforderliche Genehmigung der Landeszentralbank zur Abtretung vom 10. 12. 1953 beigebracht hat. Diese Genehmigung hätte er aber schon im ersten Rechtszug beibringen können, nachdem ihm die Auskunft der Landeszentralbank vom 22. 12. 1952 mitgeteilt worden war; bei rechtzeitiger Beibrinder Genehmigung würde das AG ebenso entschieden haben, wie es die Kammer jetzt getan hat."

128. Die Entscheidung über das für ein Rechtsverhältnis maßgebende Recht kann dahingestellt bleiben, soweit eine Rechtsverschiedenheit zwischen den Zonen nicht besteht. — Trotz Übereinstimmung der maßgebenden Gesetzesbestimmungen kann eine Rechtsverschiedenheit auch dann vorliegen, wenn die ständige Rechtsprechung in den beiden Gebietsteilen Abweichungen aufweist. — Der Unterhaltsanspruch entsteht in der Währung des Ortes, an dem der Unterhaltsberechtigte lebt; zur Zahlung in einer anderen Währung kann der Schuldner nur hilfsweise für den Fall verurteilt werden, daß er infolge devisenrechtlicher Beschränkungen in der primär geschuldeten Währung nicht leisten kann. — Westdeutsche Gerichte können zur Zahlung von DM-Ost verurteilen. — Ein devisenrechtlicher Vorbehalt braucht in den Tenor eines auf DM-Ost lautenden Urteils nicht aufgenommen zu werden, da er bei einer Fremdwährungsschuld selbstverständlich ist. — Die Verurteilung zur Leistung von Unter-

haltsbeiträgen in DM-Ost kann unabhängig davon erfolgen, ob dem Schuldner die Leistung zur Zeit devisenrechtlich möglich ist. — Ist die Erfüllung einer Unterhaltsforderung in der primär geschuldeten fremden Währung devisenrechtlich nicht möglich, so wird der Schuldner verpflichtet, sich durch Zahlung der an seinem Wohnsitz geltenden Währung von seiner Unterhaltsverbindlichkeit zu befreien; in diesem Falle ist, da die Unterhaltsgewährung praktisch im Bundesgebiet erfolgt, der Unterhaltsbetrag nach den westdeutschen Verhältnissen zu bemessen. — Ein Schadensersatzanspruch entsteht in der Währung, in welcher die zum Ersatz verpflichtenden Aufwendungen gemacht wurden. — Auch bei devisenrechtlicher Unmöglichkeit der Leistung in der geschuldeten Währung ist der Gläubiger eines Schadensersatzanspruches nicht zur Zahlung in der an seinem Wohnsitz geltenden Währung verpflichtet.

LG Düsseldorf, Urt. v. 12. 2. 1954 — 13 S 326/53: *Auszüge in MDR 1954, 358 und DRsp. II (250) 34 c—d.

Die Parteien sind getrennt lebende Eheleute. Der in D. (Bundesgebiet) lebende Bekl. ist auf Grund eines Urteils des AG L. (sowjet.) der in F. (sowjet.) lebenden Kl. zur Leistung von Unterhalt bei „freier Miete und Stromentnahme" verpflichtet; die Kl. hat vom 1. 9. 1950 bis 30. 6. 1952 382,90 DM-Ost für Miete und Strom ausgelegt.

Die Kl. beantragte, den Bekl. zur Zahlung von 382,90 DM zu verurteilen und ferner das Urteil des AG L. wegen wesentlicher Veränderung der Umstände dahin abzuändern, daß der Bekl. ab 24. 3. 1953 weitere 50 DM monatlich zu entrichten habe.

Das AG gab der Klage statt.

In der Berufungsinstanz beantragte die Kl., die Berufung des Bekl. zurückzuweisen mit der Maßgabe, daß der Bekl. über die im Urteil des AG L. zuerkannten Beträge zur Zahlung von monatlich 100 DM-Ost, hilfsweise 50 DM-West verurteilt werde.

Das LG gab diesem Antrag statt.

Aus den Gründen:

„II. Es kann dahin gestellt bleiben, ob für den Unterhaltsanspruch der Kl. das in der DDR geltende Recht oder das Recht der Bundesrepublik maßgebend ist, denn hinsichtlich des Unterhaltsanspruchs der getrennt lebenden Ehefrau besteht zwischen den beiden Zonen keine Rechtsverschiedenheit. Auch in der DDR gelten die Bestimmungen der §§ 1360, 1361 BGB. Es ist zwar richtig, daß eine Rechtsverschiedenheit auch schon dann vorliegt, wenn die Rechtsprechung beider Gebiete voneinander abweicht und die fremde Rechtsprechung über einzelne Fälle hinaus von Bedeutung ist. Aber auch die Rechtsprechung der DDR führt in vorliegendem Falle zu keinem anderen Ergebnis als die Rechtsprechung der Bundesrepublik, denn Entscheidungen, in denen die getrennt lebende Ehefrau zur Bestreitung ihres Unterhalts grundsätzlich auf ihre eigene Arbeitskraft verwiesen wird, liegen bisher nicht vor. In seiner Entscheidung vom 30. 3. 1953 (NJ 1953, 370[1]) hat das OG der DDR zwar festgestellt, daß infolge der Gleichberechtigung von Mann und Frau auch die Bestimmungen der §§ 1360, 1361 BGB mit neuem Inhalt anzuwenden

[1] IzRspr. 1945—1953 Nr. 65.

seien. Es sei davon auszugehen, daß beide Gatten sich gegenseitig Unterhalt zu leisten hätten und daher in den Fällen, in denen die Frau ihre Arbeitsleistung nicht mehr für das gemeinsame Hauswesen einsetzte, auch für sie die Pflicht zur eigenen Arbeitstätigkeit bestehe, jedoch nur im Rahmen des ihr Zumutbaren. Mit dieser Beschränkung auf das der Ehefrau zumutbare Maß der Erwerbstätigkeit weicht die Rechtsprechung der DDR aber nicht wesentlich von der seit dem 1. 4. 1953 (Außerkrafttreten aller Bestimmungen, die dem Grundsatz der Gleichberechtigung von Mann und Frau entgegenstehen) auch in der Bundesrepublik herrschenden Rechtsprechung ab.

Die Kl. hat auch nach dem 1. 4. 1953 noch einen Unterhaltsanspruch gegen den Bekl. in der begehrten Höhe [wird ausgeführt].

III. Der Unterhaltsanspruch der in der DDR lebenden Kl. entsteht in DM-Ost-Währung. Der Unterhaltsanspruch ist kein rein schuldrechtlicher Anspruch, sondern ein Anspruch, der seinem Sinn und Zweck nach darauf gerichtet ist, dem Berechtigten die Bestreitung seiner täglichen Lebenshaltungskosten zu ermöglichen. Daraus folgt aber, daß der Unterhaltsanspruch immer in der Währung des Ortes entsteht, in dem die Lebenshaltungskosten des Unterhaltsberechtigten tatsächlich aufgewandt werden müssen (vgl. u. a. LG Düsseldorf, MDR 1952, 298[1]; LG Bochum, MDR 1952 169[2]; LG München, NJW 1952, 1179[3]; LG Oldenburg, NJW 1953, 1183[4]; LG Kassel, MDR 1953, 105; LG Köln, NJW 1953, 629[5]).

Der in der Bundesrepublik lebende Bekl. kann durch die Gerichte der Bundesrepublik auch zu einer Unterhaltszahlung in der Währung der DDR verurteilt werden. Auch insoweit kann hinsichtlich der Begründung auf die oben zitierte Entscheidung der Kammer und auf die nunmehr herrschende Rechtsprechung, insbesondere auf die Entscheidung des BGH in BGHZ 7, 232[6] verwiesen werden. Um eine devisenrechtlich nicht zulässige Zahlung auszuschließen, hat die Kammer in bisheriger Rechtsprechung eine entsprechende Zahlungsbeschränkung in den erkennenden Teil des Urteils aufgenommen. Das LG Oldenburg hat diese Beschränkung mit Rücksicht auf die Wandlungsfähigkeit der devisenrechtlichen Bestimmungen im interzonalen Verkehr dahin erweitert, daß es dem Unterhaltsschuldner gewährte, sich durch Leistung in DM-Ost ‚in jeder devisenrechtlich zulässigen Weise' zu befreien. Die Kammer ist jedoch nach erneuter Überprüfung dieser Frage der Ansicht, daß die Aufnahme einer dahingehenden Beschränkung in den erkennenden Teil des Urteils deshalb nicht erforderlich erscheint, weil diese Beschränkung im interzonalen Geldverkehr dem auf fremde Währung lautenden Titel als selbstverständlich innewohnt.

Nach den zur Zeit geltenden devisenrechtlichen Bestimmungen kann der Bekl. DM-Ost-Zahlungen nur aus einem auf DM der Deutschen Notenbank (Ostmark) lautenden bereitgestellten Guthaben oder aus eben-

---

[1] IzRspr. 1945—1953 Nr. 273a.
[2] IzRspr. 1945—1953 Nr. 272.
[3] IzRspr. 1945—1953 Nr. 281.
[4] IzRspr. 1945—1953 Nr. 287.
[5] IzRspr. 1945—1953 Nr. 280.
[6] IzRspr. 1945—1953 Nr. 213b.

solchen Forderungen leisten. Seine Verurteilung zur Unterhaltsleistung in DM-Ost muß jedoch unabhängig davon erfolgen, ob der Bekl. jetzt über eine solche Möglichkeit verfügt oder nicht. Der Unterhaltsanspruch der Kl. ist auf zukünftig fällig werdende Leistungen gerichtet, so daß sowohl die Möglichkeit besteht, daß der Bekl. ein Ostmark-Konto oder eine Ostmark-Forderung erwirkt, als auch, daß allgemein ein Transfer der Ostmark erlaubt wird.

IV. Obwohl somit davon auszugehen ist, daß der Unterhaltsanspruch des in der DDR lebenden Unterhaltsberechtigten in DM-Ost-Währung entsteht und dem in der Bundesrepublik lebenden Unterhaltsschuldner eine Leistung in DM-Ost grundsätzlich auch möglich ist, verurteilen einige LGe den in der Bundesrepublik lebenden Unterhaltsschuldner in erster Linie zur Zahlung von DM-West auf ein Sperrkonto eines Bankinstituts der Bundesrepublik und geben ihm nur wahlweise die Möglichkeit, sich in jeder devisenrechtlich zulässigen Weise durch Zahlung in DM-Ost zu befreien (LG München, NJW 1952, 1179[1]; LG Oldenburg, NJW 1953, 1183[2]; LG Köln, NJW 1953, 628[3]). Diese Entscheidung hält die Kammer nicht für begründet, denn nach materiellem Recht wird der Unterhaltsanspruch in erster Linie in der Währung geschuldet, in der er entsteht. Selbst wenn unterstellt wird, daß dem Unterhaltsgläubiger unter Umständen die Vollstreckung aus dem auf Zahlung in DM-West auf Sperrkonto gerichteten Titel leichter möglich ist als die Vollstreckung aus dem auf DM-Ost lautenden Titel, der den devisenrechtlichen Beschränkungen unterliegt, rechtfertigt dies nicht die Verurteilung zur Zahlung in einer primär nicht geschuldeten Währung (ebenso *Beitzke*, NJW 1953, 1184). Im übrigen kann nicht davon ausgegangen werden, daß die Vollstreckung des auf Zahlung von DM-West auf ein Sperrkonto gerichteten Titels immer die für den in der DDR lebenden Unterhaltsgläubiger sicherste Möglichkeit der Unterhaltsgewährung ist. Die Verwendung der auf ein Sperrkonto eines Geldinstituts der Bundesrepublik eingezahlten Beträge unterliegt, wie unten näher ausgeführt, erheblichen Einschränkungen, so daß der Gläubiger dann, wenn Ostmarkguthaben oder Ostmarkforderungen bestehen, unter Umständen schneller und für ihn brauchbarer seinen Unterhalt erwerben kann. Aber selbst wenn ein auf Ostmark lautendes Konto oder eine solche Forderung nicht besteht oder späterhin erschöpft sein würde, wäre der Kl. eine weitere Vollstreckung nicht unmöglich gemacht, wie dies das LG Oldenburg in der oben zitierten Entscheidung annimmt; in diesem Fall ist die Zwangsvollstreckung aus einem auf DM-West zu richtenden Hilfstitel (vgl. unten) möglich.

V. Nur wenn und soweit der Bekl. nicht die Möglichkeit hat, der Kl. Unterhalt in DM-Ost zu gewähren, ist er hilfsweise zur Zahlung des Unterhalts in DM-West zu verurteilen, wobei sowohl die Erfüllung als auch die Vollstreckung nur mit der Maßgabe zulässig ist, daß die geschuldeten bzw. gepfändeten Beträge auf ein für die Kl. bei einem Geldinstitut des

[1] IzRspr. 1945—1953 Nr. 281.
[2] IzRspr. 1945—1953 Nr. 287.
[3] IzRspr. 1945—1953 Nr. 280.

Währungsgebietes errichteten Sperrkonto einzuzahlen sind (19. DVO zum UmstG und Allgemeine Genehmigung Nr. 27/49 zum Ges. Nr. 52/53). Allerdings ist gemäß § 244 BGB derjenige, der zur Zahlung einer in fremder Währung ausgedrückten Schuld verurteilt ist, lediglich berechtigt, sich durch Zahlung in der Währung an seinem Wohnsitz zu befreien. Aus diesem Befreiungsrecht muß aber gemäß § 242 BGB dann eine Befreiungspflicht werden, wenn es dem Schuldner unmöglich ist, in der geschuldeten Währung zu leisten. Auch dies folgt aus der Zweckgebundenheit des Unterhaltsanspruches, der auf die Bestreitung der täglichen Lebenshaltungskosten gerichtet ist (vgl. auch insoweit die oben zitierte Entscheidung der Kammer und die dort angeführte Literatur und Rechtsprechung).

VI. Bei einer Zahlung in DM-West auf Sperrkonto hat die Kl. einen Unterhaltsanspruch in der begehrten Höhe von 50 DM-West monatlich. Eine Verwendung der auf Sperrkonto eingezahlten DM-West-Beträge ist der Kl. nur möglich, indem sie entweder bis zu 25 DM monatlich Gebrauchsgüter zum Versand in die DDR einkauft oder den Betrag (bis zu 600 DM) bei Reisen in der Bundesrepublik verwendet. Unter Umständen ist auch eine Verwendung in der Form möglich, daß das Westmark-Sperrguthaben der Kl. gegen ein Ostmark-Sperrguthaben eines in der DDR lebenden Unterhaltsberechtigten verrechnet wird, wobei eine Verrechnung 1:1 erfolgt. Es ist somit davon auszugehen, daß der in DM-West auf Sperrkonto gezahlte Betrag ausschließlich in der Bundesrepublik ausgegeben werden kann. Daraus folgt aber, daß der Bekl. den Unterhaltsbetrag aufwenden muß, den er aufzuwenden hätte, wenn die Kl. ständig in der Bundesrepublik lebte; die von der Kl. begehrte Summe von 50 DM-West monatlich (zusätzlich zu dem vom AG L. [sowjet.] erkannten Betrag von 13,50 DM-Ost wöchentlich) ist daher durchaus angemessen, und die vom Bekl. beabsichtigte Anordnung nach dem Wechselstubenkurs ist abwegig (ebenso u. a. *Kegel*, NJW 1953, 617; LG Oldenburg aaO; LG Ellwangen, NJW 1953, 1185[1]; a. A. *Beitzke*, NJW 1953, 1183).

VII. Der Bekl. ist bei Berücksichtigung seiner Einkommensverhältnisse zur Unterhaltszahlung in der von der Kl. begehrten Höhe auch in der Lage . . .

VIII. Soweit die Kl. die Zahlung eines Betrages von 382,90 DM verlangt, ist ihr Anspruch als Schadensersatzanspruch gemäß § 280 BGB begründet.

Auch dieser Zahlungsanspruch der Kl., der dadurch entstanden ist, daß der Bekl. seiner Verpflichtung, der Kl. freie Miete und freien Strom zu gewähren, nicht nachgekommen ist, ist in DM-Ost entstanden. Der Schadensersatzanspruch ist seinem Inhalt nach darauf gerichtet, den Berechtigten so zu stellen, als ob der zum Ersatz verpflichtende Umstand nicht eingetreten wäre; dies ist aber erreicht, wenn die Kl. den in DM-Ost verauslagten Betrag vom Bekl. in DM-Ost zurückerhält. Daß

[1] IzRspr. 1945—1953 Nr. 204.

der Bekl. auch zur Leistung in DM-Ost verurteilt werden kann, ist oben ausgeführt.

IX. Anders als oben für den Unterhaltsanspruch ausgeführt, hat die Kl. aber hinsichtlich des Schadensersatzanspruches für den Fall, daß der Bekl. keine Möglichkeit hat, den geschuldeten Betrag in DM-Ost zu zahlen, keinen Anspruch darauf, daß der Bekl. den entsprechenden Betrag in DM-West auf ein Sperrkonto der Kl. in der Bundesrepublik einzahlt.

Wie oben ausgeführt, hat der Schuldner einer in fremder Währung ausgedrückten Schuld gemäß § 244 BGB lediglich die Möglichkeit, sich durch Zahlung in der an seinem Wohnort geltenden Währung zu befreien, ohne daß insoweit auch eine schuldnerische Pflicht besteht. Bei einem auf eine einmalige Leistung gerichteten Schadensersatzanspruch ist — anders als [dies] bei dem Unterhaltsanspruch — die Begründung einer schuldnerischen Leistungspflicht gemäß § 242 BGB nicht gerechtfertigt.

Der Zinsanspruch der Kl. rechtfertigt sich aus dem Gesichtspunkt des Verzuges (§ 288 BGB).

Da das AG den Bekl. hinsichtlich beider Forderungen ausschließlich zur Zahlung in DM-West auf Sperrkonto verurteilt hatte, mußte die Berufung des Bekl. insoweit Erfolg haben, als er zur Unterhaltsleistung primär und zur Schadensersatzleistung ausschließlich in DM-Ost zu verurteilen war.

Die weitergehende Klage der Kl., die zunächst ausschließlich die Verurteilung des Bekl. zur Zahlung in DM-West begehrt hatte und diesen Antrag hinsichtlich des Schadensersatzanspruchs auch in der zweiten Instanz aufrecht erhalten hat, war daher abzuweisen.“

129. Ist der Transfer einer in DM-Ost entstandenen Unterhaltsrente nur zum Kurse von 1 DM-Ost = 1 DM-West möglich, so hat der Schuldner den Nennbetrag der Unterhaltsforderung in DM-West zu leisten.

LG Gießen, Beschl. v. 25. 2. 1954 — 1 T 72/54: DAVorm. 27 (1953/54) 159.

Der Bekl. ist auf Grund einer vollstreckbaren Urkunde verpflichtet, an den Kl. eine laufende Unterhaltsrente von 25 DM zu zahlen. Der Kl. begehrt, im Wege der Abänderungsklage den Bekl. nunmehr zur Zahlung einer Unterhaltsrente von monatlich 35 DM zu verurteilen, und beantragt für diese Klage die Bewilligung des Armenrechts. Das AG hat ihm durch den angefochtenen Beschluß das Armenrecht versagt, weil der Kl. nur Anspruch auf eine Rente in DM-Ost habe. Da bereits ein Titel über 25 DM-West vorliege, dieser Betrag zum Wechselstubenkurs umgerechnet aber bereits einem Betrag von 100 bis 125 DM-Ost entspreche, könne er keine Erhöhung der Unterhaltsrente in DM-West verlangen.

Die dagegen eingelegte Beschwerde des Kl. ist zulässig und begründet.

Aus den Gründen:

„Der Kl. kann nicht auf den inoffiziellen Wechselstubenkurs zwischen DM-West und DM-Ost verwiesen werden, da zur Zeit keine legale Transfermöglichkeit von DM-West in DM-Ost in diesem Kurs besteht. Eine Zwangsvollstreckung aus dem Titel ist nur in der Weise möglich, daß die zu zahlende Rente auf ein Sperrkonto gebracht wird. Die Transferierung dieses Kontos ist aber zur Zeit jedenfalls nur im Verhältnis von 1 DM-West = 1 DM-Ost möglich. Um den Kl. in den Genuß einer angemessenen und seinen Bedürfnissen entsprechenden Unterhaltsrente zu setzen, kann die ihm zu zahlende Rente deshalb nur in entsprechender Höhe in DM-West zuerkannt werden.“

130. Die Regeln des interzonalen Privatrechts sind im allgemeinen in Anlehnung an die Grundsätze des internationalen Privatrechts zu bilden. — Der Unterhalt zwischen Ehegatten während eines Scheidungsverfahrens beurteilt sich nach der für die Ehewirkungen maßgebenden Rechtsordnung. — Im interzonalen Recht wird die Staatsangehörigkeit als Anknüpfungspunkt durch den Wohnsitz oder den gewöhnlichen Aufenthalt ersetzt. — Ein Anspruch entsteht in der Währung des Gebietes, dessen Recht maßgebend ist. — Bei Bemessung der Höhe eines Unterhaltsbeitrages sind grundsätzlich die Verhältnisse am Wohnsitz des Unterhaltsberechtigten zugrunde zu legen, es sei denn, daß die Unterhaltsgewährung nach den Umständen des Falles und den devisenrechtlichen Möglichkeiten praktisch am Wohnsitz des Unterhaltsschuldners erfolgt. — Eine devisenrechtliche Zahlungsbeschränkung ist in den Tenor der Entscheidung aufzunehmen.

OLG Braunschweig, Beschl. v. 23. 3. 1954 — 2 U 149/53: *Leitsätze in MDR 1954, 422.

Zwischen den Parteien schwebt ein Scheidungsrechtsstreit in der Berufungsinstanz. Die in der Sowjetzone lebende ASt. hat beantragt, dem im Bundesgebiet wohnhaften AGg. durch einstweilige Anordnung für die Dauer des Scheidungsstreits aufzugeben, eine Unterhaltsrente von 30 DM-West monatlich zu zahlen.

Das OLG gab dem Antrag statt.

Aus den Gründen:

„Die Rechtsverschiedenheit, insbesondere auch auf dem Gebiete des Währungsrechts in der Bundesrepublik und in der sowjet. Besatzungszone läßt nun aber die Frage entstehen, welches Recht für die Bemessung des Unterhaltsbeitrages maßgebend ist und welches Währungsrecht zur Anwendung kommt. Mit der überwiegenden, auch vom BGH geteilten Ansicht in der Rechtsprechung (vgl. BGH vom 26. 1. 1951, MDR 1951, 288 = DRsp. II (250) 1001[1]) ist der Senat der Auffassung, daß diese Fragen mit Hilfe des deutschen interzonalen Privatrechts, dessen Regeln im allgemeinen in Anlehnung an die des deutschen internat. Privatrechts entwickelt werden müssen, zu lösen sind (vgl. u. a. OLG Braunschweig, NdsRpfl. 1950, 140[2]; OLG Schleswig, SchlHolAnz. 1950, 301[3]; OLG Oldenburg, MDR 1950, 430[4]; *Raape*, IPR³ 212; *Marquordt*, MDR 1950, 8 und 1951, 390; *Wälde*, NJW 1951, 216; a. M. u. a. *Beitzke*, NJW 1950, 928 und 1952, 1179, der das anzuwendende Währungsrecht wegen seines öffentlich-rechtlichen Charakters nicht

[1] IzRspr. 1945—1953 Nr. 232.
[2] IzRspr. 1945—1953 Nr. 240.
[3] IzRspr. 1945—1953 Nr. 250.
[4] IzRspr. 1945—1953 Nr. 338.

analog den Regeln des internat. Privatrechts, sondern nach dem Wesen der Schuld zu finden für erforderlich hält). Da der nicht auf den Güterstand gegründete Unterhaltsanspruch eines Ehegatten zu den allgemeinen Ehewirkungen gehört (vgl. *M. Wolff*, IPR² 169 und *Raape*, aaO), kommt somit das deutsche internat. Familienrecht, hier also Art. 14 EGBGB entsprechend zur Anwendung, wobei der für das internat. Privatrecht maßgebende Begriff der Staatsangehörigkeit durch den hier entsprechenden Begriff des Wohnsitzes oder des gewöhnlichen Aufenthaltsortes zu ersetzen ist (vgl. u. a. *Raape*, aaO 106). Ob westdeutsches Währungsrecht zur Anwendung kommt, ist, wie der BGH aaO entschieden hat, hierbei ebenfalls eine Frage des interzonalen Privatrechts.

Der Anspruch der im sowjet. Besatzungsgebiet wohnenden ASt. gegen den in der Bundesrepublik wohnenden AGg. ist hiernach nach dem Recht der Bundesrepublik zu beurteilen und erwächst demgemäß auch in DM-West, wenn auch dem AGg. eine Zahlung in DM-Ost nicht unmöglich sein und ferner auch die Möglichkeit einer Zwangsvollstreckung aus einem auf DM-Ost lautenden Titel im Gebiet der Bundesrepublik an sich gegeben sein würde und daher gegen eine Verurteilung zur Zahlung von DM-Ost rechtsgrundsätzliche Bedenken nicht bestehen würden (siehe BGH vom 30. 9. 1952, BB 1952, 867 = DRsp. II [250] 29[1] sowie *Kühne*, NJW 1950, 729 und *Beitzke*, NJW 1950, 929). Da der zu zahlende Unterhalt dazu bestimmt ist, die Lebensbedürfnisse des Unterhaltsberechtigten in angemessenen Grenzen zu befriedigen, entsteht jedoch die Frage, ob nicht wegen des Umrechnungsverhältnisses von DM-West in DM-Ost und der verschiedenen Kaufkraft beider Währungen im Einzelfalle zunächst der am Ort der Befriedigung des Bedürfnisses, also am Wohnsitz oder Aufenthaltsort des Unterhaltsberechtigten notwendige Betrag in der Währung dieses Ortes festzustellen ist, um so zu verhindern, daß der Berechtigte mehr erhält, als er zur Befriedigung eines berechtigten Bedürfnisses benötigt (vgl. hierzu *Marquordt*, MDR 1951, 393 und *Wälde*, NJW 1951, 216). Im allgemeinen sind solche Erwägungen zwar erforderlich. In dem hier zu entscheidenden besonderen Falle jedoch scheiden sie aus. So wie die Verhältnisse hier liegen, ist die in bescheidenen Verhältnissen lebende ASt., soweit sich erkennen läßt, darauf angewiesen, sich für den vom AGg. zu zahlenden Unterhaltsbeitrag im Gebiet der Bundesrepublik Naturalien kaufen und sie sich zuschicken zu lassen. Eine andere legale Möglichkeit, etwa das Geld in Empfang zu nehmen und zu dem Wechselstubenkurs umzuwechseln und es alsdann mit an ihren Wohnsitz zu nehmen, scheidet hier praktisch aus. Auch sind keinerlei Anhaltspunkte dafür vorhanden, daß etwa der AGg. ein Ostzonenkonto unterhielte und aus ihm einen Unterhaltsbeitrag zahlen könnte. Die Verschiedenheit der Kaufkraft und das Umrechnungsverhältnis von DM-West in DM-Ost sind demnach in diesem Falle ohne Bedeutung, da die ASt. das ihr vom AGg. zu zahlende Geld im Gebiet der DM-West verwenden muß, sich also keine Vorteile aus dem Umrechnungsverhältnis verschaffen kann.

---

[1] IzRspr. 1945—1953 Nr. 213b.

Für die hiernach in DM-West anzuordnende Unterhaltszahlung an die in der sowjet. Besatzungszone wohnende ASt. besteht jedoch das Erfordernis der devisenrechtlichen Genehmigung nach Art. I 1d und Art. X des MilRegGes. Nr. 53. Eine Einzelgenehmigung solcher Art liegt nicht vor. Infolgedessen ist hier gemäß der in der 19. DVO zum UG erteilten allgemeinen Genehmigung zu verfahren, wonach die Erfüllung einer Verbindlichkeit in DM-West durch Zahlung auf ein nach § 26 II UG gesperrtes Konto des ostzonalen Gläubigers bei einem Geldinstitut oder einem Postscheckamt im Währungsgebiet der Bundesrepublik vorgenommen werden darf. Im Rahmen dieser allgemeinen Genehmigung kann dem AGg. die Zahlung eines Unterhaltsbeitrages an die ASt. auferlegt werden. Mit dieser Einschränkung ist der von der ASt. erhobene Anspruch der Höhe nach begründet."

131. Beantragt der Kläger Verurteilung in DM-West und ergeht das Urteil in DM-Ost, so ist der Kläger wegen des Kursunterschiedes der beiden Währungen beschwert. — Im interzonalen Recht sind die Regeln des internationalen Privatrechts entsprechend anzuwenden; an die Stelle der Staatsangehörigkeit tritt der Wohnsitz oder der gewöhnliche Aufenthalt. — Gemäß Art. 21 EGBGB bestimmt sich die Unterhaltspflicht des Erzeugers gegenüber seinem unehelichen Kind nach dem Recht am gewöhnlichen Aufenthalt der Mutter. — Westdeutsche Gerichte können grundsätzlich zur Zahlung von DM-Ost verurteilen; aus einem solchen Urteil wird entsprechend § 244 BGB vollstreckt. — Der Unterhaltsanspruch entsteht in der am Wohnsitz des Berechtigten geltenden Währung. — Der im Bundesgebiet wohnhafte Unterhaltsschuldner kann seine Verbindlichkeit entweder in DM-Ost aus Vermögenswerten in der Sowjetzone oder durch Einzahlung von DM-West auf ein Sperrkonto im Bundesgebiet befriedigen; im letzten Fall ist der Unterhaltsbetrag in DM-West zum Nennbetrag des in DM-Ost geschuldeten Betrages festzusetzen. — Unterhaltsrückstände aus der Zeit vor der Währungsreform sind nach westdeutschem Währungsrecht umzustellen. (!)

LG Frankenthal, Urt. v. 28. 7. 1954 — 1 S 80/54: *Auszug in MDR 1954, 614; Leitsätze in FamRZ 1954, 258.

Die 1945 in I. (sowjet.) unehelich geborene und in der Sowjetzone wohnhafte Kl. nimmt den im Bundesgebiet lebenden Bekl. als ihren Erzeuger auf Unterhalt in Anspruch. Sie beantragt, den Bekl. zur Zahlung von monatlich 3,50 DM für die Zeit vom 30. 10. 1945 bis 20. 6. 1948 und von 35 DM für die Zeit seit dem 21. 6. 1948 zu verurteilen.

Das AG verurteilte den Bekl. zur Zahlung eines Unterhaltsbetrages von monatlich 35 DM-Ost. Auf die Berufung der Kl. wurde das Urteil des AG abgeändert und der Bekl. nach Antrag verurteilt.

Aus den Gründen:

„Die Berufung ist an sich statthaft (§ 511 ZPO). Entgegen der Ansicht des Bekl. ist auch die nach § 511 a ZPO erforderliche Beschwer gegeben. Der Erstrichter hat den Bekl. zu Unterhaltszahlungen in DM-Ost verurteilt, die Kl. verlangt die gleichen Beträge in DM-West, also mehr. Dieses Mehr ergibt sich aus dem Kursunterschied der beiden

Währungen und überschreitet die Berufungssumme des § 511a ZPO... Danach ist die Berufung zulässig (§ 519b ZPO). Sie ist aber auch sachlich begründet.

Die Kl. ist am 30. 10. 1945 in I. in der Sowjetzone geboren, der von ihr als Erzeuger in Anspruch genommene Bekl. wohnt in Westdeutschland. Es ist h. M., daß im interzonalen Privatrecht die Regeln des internat. Privatrechts entsprechend anzuwenden sind. An die Stelle der Staatsangehörigkeit tritt der Wohnsitz oder gewöhnliche Aufenthalt. Nach Art. 21 EGBGB bemißt sich demgemäß interzonal die Unterhaltspflicht des Vaters gegenüber seinem unehelichen Kinde nach den Gesetzen des Ortes des gewöhnlichen Aufenthaltes der Mutter. Inwieweit nun die am 7. 10. 1949 in Kraft getretene Verfassung der DDR das Recht der unehelichen Kinder für die Sowjetzone geändert hat, ist streitig und kann für die Entscheidung dieses Rechtsstreits auch dahingestellt bleiben. Das erkennende Gericht tritt den Entscheidungen des LG Köln vom 29. 5. 1952 (NJW 1953, 629[1]) und LG Aachen vom 21. 8. 1953 (NJW 1954, 841[2]) insoweit nicht bei, als aus der verfassungsmäßigen Gleichstellung der unehelichen mit den ehelichen Kindern in der Ostzone gefolgert wird, daß der westzonale Vater nur noch im Rahmen der §§ 1601 ff. BGB hafte, also nur bei Bedürftigkeit des Kindes und nur insoweit, als er nach seinen Vermögens- und Einkommensverhältnissen zur Unterhaltsleistung in der Lage ist. *Kegel* (NJW 1953, 615) hat festgestellt, daß, obgleich man im Osten die Haftung des unehelichen Vaters wie die des ehelichen nach § 1603 II BGB mildern wollte, doch die Praxis dahin geht, durch die Neuregelung den unehelichen Vater nicht zu begünstigen, indem man sogar den leistungsunfähigen unehelichen Vater den der mütterlichen Lebensstellung entsprechenden Unterhalt zahlen läßt. Deshalb hält die Kammer für die Bemessung der Unterhaltspflicht eines unehelichen Vaters die Anwendung der §§ 1708, 1710, 1711 BGB auch dann für angezeigt, wenn das Kind mit der Mutter seinen dauernden Aufenthalt in der Ostzone hat.

In welcher Währung (DM-West oder DM-Ost) die nach § 1710 BGB zu entrichtende Geldrente zu zahlen ist, ist in der Rechtsprechung nicht einheitlich entschieden.

Zwar stimmt das Berufungsgericht mit dem angefochtenen Urteil dahin überein, daß westzonale Gerichte grundsätzlich auch zur Zahlung von DM-Ost verurteilen können und daß die Vollstreckung aus derartigen Urteilen in entsprechender Anwendung des § 244 BGB zu erfolgen hat. Diese Ansicht wird in Rechtsprechung und Rechtslehre geteilt von *Kühne*, NJW 1950, 729; OLG Köln, JZ 1951, 309[3]; *Wälde*, NJW 1951, 213; LG Bochum, NJW 1951, 239[4]; LG Stuttgart, NJW 1951, 241[5]; *Truckenbrodt*, MDR 1951, 83; OLG Celle, NJW 1952, 473[6] mit zustimmender Anm. von *Beitzke*; BGHZ 6, 315, NJW 1952, 1011 (mit diesem Urteil vom 16. 6. 1952 hat der III. ZS des BGH die Revision

---

[1] IzRspr. 1945–1953 Nr. 280.
[2] IzRspr. 1945–1953 Nr. 56a.
[3] IzRspr. 1945–1953 Nr. 211.
[4] IzRspr. 1945–1953 Nr. 258.
[5] IzRspr. 1945–1953 Nr. 256.
[6] IzRspr. 1945–1953 Nr. 213a.

gegen ein Urteil des KG, das zur Zahlung in Ostmark verurteilt hatte, als unbegründet zurückgewiesen. In den Urteilsgründen ist allerdings nichts zu der Frage einer Verurteilung in Ostmark ausgeführt. Aus diesem Grunde ist wohl auch die Tatsache, daß das Berufungsgericht zu Ostmark verurteilt hatte, bei der in stark abgekürzter Form erfolgten Veröffentlichung nicht besonders erwähnt worden); *Marquordt*, MDR 1952, 394; BGHZ 7, 231[1]; JZ 1952, 720 (mit zustimmender Anm. *Beitzke*) = NJW 1953, 340 (mit zustimmender Besprechung von *Harmening*); OLG Neustadt in dem nicht veröffentlichten Beschluß vom 5. 6. 1953 — 3 W 46/53; LG Frankenthal, NJW 1954, 842[2]; LG Dortmund, MDR 1954, 298[3]; LG Düsseldorf, MDR 1954, 358[4]. Diese an sich bestehende Möglichkeit einer Verurteilung durch westdeutsche Gerichte zur Zahlung in DM-Ost kann aber nach der Überzeugung der Kammer noch nicht die Verurteilung des Bekl. zur Erfüllung seiner Unterhaltsverpflichtung durch Zahlung in DM-Ost rechtfertigen, da sie der Besonderheit des Falles nicht genügend Rechnung trägt.

Der von der DDR amtlich festgesetzte Kurs zwischen DM-Ost und DM-West beträgt 1:1, d. h. eine DM-Ost hat den Wert einer DM-West. Demgegenüber wird zur Zeit von den westdeutschen Banken und Wechselstuben für 100 DM-Ost beim Verkauf 21,50 DM-West verlangt und beim Ankauf 19,50 DM-West gezahlt, im Durchschnitt ist also das Verhältnis 5:1. Der Ansicht von *Beitzke* (NJW 1952, 1179; NJW 1953, 1183) und *Eichel* (NJW 1952, 450), der westdeutsche Unterhaltsschuldner habe deshalb nur den Betrag in DM-West zu zahlen, der nach dem Wechselstubenkurs dem geschuldeten DM-Ost-Betrag entspreche, vermag die Kammer nicht beizupflichten. Dies würde eine nicht zu rechtfertigende Besserstellung des unehelichen Vaters bedeuten, dessen Kind in der Ostzone lebt, gegenüber dem Vater, dessen Kind in Westdeutschland beheimatet ist. Eine Schlechterstellung ist durch Art. 21 Halbsatz 2 EGBGB ausgeschlossen, eine Besserstellung aber durch nichts begründet. Auch der von *Kegel* (NJW 1953, 617) und im Anschluß hieran von *Beitzke* (NJW 1953, 1184) empfohlene sogenannte Warenkorbvergleich führt nach der Überzeugung des Berufungsgerichts zu keiner befriedigenden Lösung (ablehnend auch LG Dortmund, MDR 1953, 367[5]). Danach soll der uneheliche Vater nur so viel DM-West zahlen, wie der dem Kinde zustehende effektive Unterhalt (Warenkorbvergleich) im Westen kostet. Diese Lösung hält die Mitte zwischen der Zahlungspflicht zum Umrechnungskurs und der Zahlungspflicht 1:1. Schon *Kegel* aaO räumt ein, daß die Durchführung des Warenkorbvergleichs im Einzelfall sicher höchst lästig sei. Die Kammer ist darüber hinaus der Ansicht, daß der Vorschlag praktisch auch kaum durchzuführen ist.

Das Berufungsgericht hält vielmehr an seiner schon im Urteil vom 24. 6. 1953 — 1 S 143/53 — niedergelegten Ansicht fest, daß der in Westdeutschland lebende Unterhaltsschuldner zum vollen Betrag in DM-West zu verurteilen ist, weil bei dem gesetzlich allein zulässigen amtlichen

[1] IzRspr. 1945—1953 Nr. 213b.
[2] Siehe unten Nr. 148.
[3] Siehe oben Nr. 127.
[4] Siehe oben Nr. 128.
[5] IzRspr. 1945—1953 Nr. 285.

Transfer die DM-West nur zum Kurs 1:1 in DM-Ost umgewechselt wird und der höhere illegale Wechselstubenkurs dem in der Ostzone lebenden Gläubiger nicht zugute kommt. Auch die Beschwerdekammer des erkennenden Gerichts hat sich in dem Beschluß vom 6.9.1952 — 1 T 225/52 (MDR 1954, 241[1]) in gleichem Sinne dahin geäußert, daß nach der ständigen Rechtsprechung der Kammer der in der Bundesrepublik wohnende Unterhaltsschuldner seinem in der Ostzone lebenden unehelichen Kinde den üblichen Unterhaltssatz in DM-West zu zahlen hat. (Für Umrechnung 1:1 im Rahmen des Mindestbedarfs auch LG Kassel, MDR 1953, 237[2] und LG Aachen, NJW 1954, 841[3]). Wenn also auch der Unterhaltsanspruch der Kl. in DM-Ost enstanden ist (ebenso LG Kassel, aaO; LG Köln, NJW 1953, 629[4]; LG Oldenburg, NJW 1953, 1183[5]), so ist eine Verurteilung des Bekl. zur Zahlung in DM-West auf ein Sperrkonto die einzige zulässige Möglichkeit, um den Unterhalt der Kl. sicherzustellen (ebenso LG München II, NJW 1952, 1179[6]; LG Dortmund, MDR 1953, 367[7]; LG Oldenburg, NJW 1953, 1183[8]; OLG Braunschweig, MDR 1954, 422[9]). Hierzu ist keine besondere devisenrechtliche Genehmigung erforderlich. Nach Art. 1 I a und Art. 2 der 4. DVO zum Ges. Nr. 52 der MilReg. und der 3. DVO zum Ges. Nr. 53 i. V. m. Art. I 1 f und Art. II Ges. Nr. 52 sowie Art. I 1 h und Art. X g Ges. Nr. 53 bedarf zwar grundsätzlich bereits der Erlaß eines Urteils zugunsten einer Person außerhalb des westdeutschen Bundesgebietes der Genehmigung der zuständigen Landeszentralbank. Jedoch dürfen Verbindlichkeiten in DM-West, die ein Angehöriger der Bundesrepublik gegenüber einem in der Sowjetzone wohnenden Gläubiger hat, nach § 1 der 19. DVO zum UG allgemein in der Weise beglichen werden, daß der geschuldete Betrag auf ein nach § 26 II UG gesperrtes Konto des Gläubigers bei einer westdeutschen Bank eingezahlt wird, ohne daß noch eine besondere Leistungsgenehmigung erforderlich wäre. Selbstverständlich steht es dabei dem Schuldner frei, falls er eine Zwangsvollstreckung vermeiden will und in der Ostzone über Vermögen oder ein Bankkonto verfügt, statt die Unterhaltsbeträge in DM-West auf das Sperrkonto in der Bundesrepublik einzuzahlen, den Gläubiger in devisenrechtlich zulässiger Weise in DM-Ost aus seinen in der Sowjetzone befindlichen Vermögenswerten zu befriedigen (ebenso LG München II, NJW 1952, 1179[10]; LG Oldenburg, NJW 1953, 1183[11]). Die Kammer hält es jedoch nicht für erforderlich, diese an sich zulässige Zahlungsmodalität, wie von der Kl. hilfsweise beantragt, noch im Urteilssatz besonders auszusprechen, zumal der Bekl. selbst auch nicht behauptet hat, aus Vermögenswerten in der Ostzone an die Kl. leisten zu können.

Es ist dem erkennenden Gericht bekannt, daß zwischen den Jugendämtern der beiden Zonen ein von der Landeszentralbank Rheinland-

---

[1] IzRspr. 1945—1953 Nr. 283.
[2] IzRspr. 1945—1953 Nr. 284.
[3] IzRspr. 1945—1953 Nr. 56a.
[4] IzRspr. 1945—1953 Nr. 280.
[5] IzRspr. 1945—1953 Nr. 287.
[6] IzRspr. 1945—1954 Nr. 281.
[7] IzRspr. 1945—1953 Nr. 285.
[8] IzRspr. 1945—1953 Nr. 287.
[9] Siehe oben Nr. 130.
[10] IzRspr. 1945—1953 Nr. 281.
[11] IzRspr. 1945—1953 Nr. 287.

Pfalz auf Grund einer Ermächtigung der BdL genehmigtes Abkommen besteht (*Kegel*, NJW 1953, 617 nennt es ‚Kinder-Clearing'), wonach die Zahlungen der Unterhaltsschuldner jeweils auf ein Sperrkonto geleistet werden. Aus den in der Westzone errichteten Sperrkonten erfolgen sodann die Zahlungen an die hier lebenden unehelichen Kinder, während aus den in der Ostzone angelegten Sperrkonten die Unterhaltsansprüche der dort lebenden Kinder befriedigt werden. Der dabei zur Auszahlung kommende Unterhaltsbetrag darf je Empfänger im Bundesgebiet 300 DM-West je Monat und Unterhaltsberechtigten nicht übersteigen. Zweifellos eine ganz auf die Bedürfnisse der Praxis abgestellte brauchbare Lösung des an sich schwierigen Problems! Dabei teilt die Kammer nicht die Bedenken *Kegels* aaO, daß dadurch das ohnehin schwache persönliche Band ganz zerschnitten wird und die Unterhaltspflicht sich einer Sozialabgabe nähert. In der weitaus überwiegenden Zahl aller Fälle besteht zwischen dem unehelichen Vater und seinem Kinde sowieso keine über die ‚Zahlvaterschaft' hinausgehende Bindung. Wo eine solche tatsächlich aber doch besteht, wird sie nach der Überzeugung des Gerichts auch durch das die Unterhaltszahlungen regelnde Clearing-System der Jugendämter nicht beeinträchtigt. Durch dieses System kann auch weder der Westvater noch das Ostkind aus der Verschiedenheit der Währungen einen unberechtigten Vorteil ziehen: der Vater zahlt den Betrag, den er auch zahlen müßte, wenn sein Kind in der Westzone lebte, und das Kind erhält den gleichen Unterhaltsbetrag, den es auch von einem in der Ostzone wohnenden Vater bekommen würde.

Die von der Kl. nach § 1710 BGB verlangte Unterhaltsrente von 35 DM monatlich ist von dem Bekl. der Höhe nach an sich nicht bestritten, sie ist gemäß § 1708 BGB auch angemessen. Die von dem Bekl. bis zum 20. 6. 1948 geschuldeten Beträge waren nach § 16 UG auf 3,50 DM monatlich umzustellen."

132. Ein Unterhaltsschuldner wird durch Transfer-Schwierigkeiten nicht von seiner Verbindlichkeit befreit. — Die Frage des anzuwendenden Rechts braucht nicht entschieden zu werden, wenn die in Frage kommenden Rechtsordnungen inhaltlich übereinstimmen. — Der Unterhaltsanspruch entsteht in der Währung des Gebietes, in dem der Unterhaltsberechtigte seinen Wohnsitz hat. — Die Zwangsvollstreckung aus einem auf DM-Ost lautenden Titel ist im Bundesgebiet zulässig; die Vollstreckung erfolgt unter entsprechender Anwendung von § 244 BGB nach dem Wechselstubenkurs. — Der im Bundesgebiet wohnhafte Unterhaltsschuldner darf (von Amts wegen) nur dann zur Zahlung von DM-Ost an sein in der Sowjetzone lebendes Kind verurteilt werden, wenn eine ausreichende Vollstreckungsmöglichkeit in der Sowjetzone nachgewiesen ist und eine sowjetzonale Devisengenehmigung vorliegt; sonst ist der Schuldner zur Zahlung von DM-West im Nennbetrag der DM-Ost Verbindlichkeit zu verurteilen. — Verlegt der Unterhaltsschuldner seinen Wohnsitz aus der Sowjetzone in das Bundesgebiet, so liegt darin eine wesentliche Änderung der Verhältnisse im Sinne des § 323 ZPO.

LG Bremen, Urt. v. 8. 9. 1954 — 3 S 409/54: Rpfl. 1954, 572 (zust. *Berner*); Auszüge in MDR 1955, 547; DRsp. II (250) 35 b und ZBlJR 1954, 331; Leitsätze in NJW 1954, 1768 und FamRZ 1955, 55.

Die Kl., ein uneheliches Kind, hat 1950 gegen den Bekl., ihren Erzeuger, ein Urteil des AG M. (sowjet.) erstritten, auf Grund dessen der Bekl. monatlich 30 DM-Ost Unterhalt zu zahlen hatte. Die Parteien lebten damals in der Sowjetzone. Nachdem der Bekl. in das Bundesgebiet übergesiedelt war, ließ die Kl. eine Lohnforderung des Bekl. pfänden; das AG Bremen vollstreckte unter Anwendung des Wechselstubenkurses.

Die Kl. beantragt daher nunmehr, das Urteil des AG M. gemäß § 323 ZPO dahin abzuändern, daß der Bekl. von der Geburt bis zur Vollendung des 16. Lebensjahres der Kl. 30 DM-West zu zahlen habe.

Das AG wies die Klage ab. Das LG hob dieses Urteil auf und verurteilte den Bekl., ab Klagezustellung bis zur Vollendung des 16. Lebensjahres an Stelle von 30 DM-Ost monatlich 30 DM-West auf Sperrkonto zu zahlen; außerdem wurde dem Bekl. nachgelassen, sich durch eine devisenrechtlich zulässige Zahlung von 30 DM-Ost in der Ostzone zu befreien.

Aus den Gründen:

„Im Falle der Verurteilung zu künftig fällig werdenden Leistungen kann eine Abänderung des Urteils gemäß § 323 ZPO nur dann beansprucht werden, wenn eine wesentliche Veränderung der für den Urteilsspruch maßgebenden Verhältnisse eingetreten ist. Eine derartige Veränderung ist vorliegend die Wohnsitzverlegung des Bekl. aus der Ostzone in die Bundesrepublik, denn diese Tatsache ergreift das zwischen den Parteien bestehende Rechtsverhältnis in seinem Kern. Sie betrifft die Verpflichtung des Bekl., in einer der beiden heute gültigen deutschen Währungen zu zahlen; da aber nach Ansicht des Gerichts der Erzeuger, der schon vor Erhebung der Unterhaltsklage in der Bundesrepublik wohnt, in DM-West zu verurteilen ist, muß die Kl., die im Besitze des Ost-Titels ist, dem Bekl. seinen Umzug in die Bundesrepublik als eine wesentliche Veränderung der für die Verurteilung maßgeblichen Verhältnisse entgegenhalten können. Die für das Rechtsschutzbedürfnis der Abänderungsklage als entscheidend erkannte, in Rechtsprechung und Schrifttum stark umstrittene Vorfrage, daß das in der Sowjetzone wohnende uneheliche Kind von seinem in der Bundesrepublik wohnhaften Erzeuger Zahlung in DM-West verlangen kann, beruht auf folgenden Erwägungen: Zunächst ist festzustellen, daß der Unterhaltsanspruch als solcher nicht von den augenblicklichen Transferschwierigkeiten betroffen werden kann, denn die Gewährung von Unterhalt aus dem Westen in die Ostzone ist nur erschwert, nicht aber völlig unmöglich. Neben den verschiedenen Möglichkeiten, die das Kind zur Verwertung eines vom Vater angelegten DM-West-Sperrkontos hat, kann der Unterhalt auch durch Zahlung von DM-Ost in der Ostzone oder durch Übersendung von Naturalien gewährt werden.

Wenn somit feststeht, daß die Kl. trotz der Zonentrennung Unterhalt verlangen kann, ist weiter zu entscheiden, ob sie Zahlung in DM-Ost oder in DM-West zu beanspruchen hat. Hierbei ist unerheblich, welche Rechtsordnung nach den Regeln des interzonalen Privatrechts anzuwenden ist, denn sowohl nach hiesigem als auch nach ostzonalem Recht ist die Frage in gleicher Weise zu beantworten.

Beide Rechtsordnungen bestimmen nicht, in welcher Währung der Anspruch entsteht. Es heißt jeweils nur, der Vater habe ‚den Unterhalt' zu gewähren. Daher läßt sich diese Frage nur aus dem Sinn und Zweck des Unterhaltsanspruchs beantworten.

Das Kind bestreitet mit den Unterhaltsbeträgen die Ausgaben für Ernährung, Kleidung, Fortbildung usw. Es hat diese Zahlungen in aller Regel in der Währung seines Wohnortes zu leisten. Wenn ein Kind in der Ostzone wohnt, braucht es also DM-Ost. Nur diese hat es zu beanspruchen, auch wenn der Unterhaltsverpflichtete in der Bundesrepublik wohnt (h. M., vgl. Düsseldorf, MDR 1954, 358[1]; LG Köln, NJW 1953, 629[2]; AG Plön, MDR 1952, 42[3]; LG Bochum, MDR 1952, 169[4]; LG Düsseldorf, MDR 1952, 298[5]; LG Bochum, MDR 1952, 622[6]; LG Aachen, NJW 1952, 471[7]; LG München II, NJW 1952, 1179[8]; *Beitzke*, NJW 1953, 1184; *Marquordt*, MDR 1951, 393 u. a.). Dies hat das AG nur im Ergebnis zutreffend erkannt, das sich nicht mit Art. 21 EGBGB und der danach anzuwendenden Rechtsordnung begründen läßt. Da nämlich der Wohnsitz der Mutter zur Zeit der Geburt des Kindes für die Anwendung der Rechtsordnung maßgebend ist, würde sich das Kind auch dann mit DM-Ost unterhalten müssen, wenn später beide Parteien in die Bundesrepublik gezogen wären. Dieses Resultat ist widersinnig. Deshalb ist die Frage, in welcher Währung der Unterhaltsanspruch entsteht, stets danach zu beurteilen, in welchem Währungsgebiet der Unterhaltsberechtigte seinen ständigen Wohnsitz hat.

Gleichwohl muß der Bekl. aus Billigkeitserwägungen zur Zahlung von DM-West verurteilt werden, da heute nur dann gewährleistet ist, daß der vom Gesetzgeber mit der Regelung der Unterhaltspflicht erstrebte Erfolg in Fällen wie diesem durch das Urteil herbeigeführt wird. Es kommt in jedem Fall darauf an, daß das Kind den Unterhalt effektiv erhält, den es zum Leben benötigt. Der Vater muß dabei jeden Weg beschreiten, der noch als zumutbar bezeichnet werden kann. Gemäß § 242 BGB hat er seine Schuld so zu erfüllen, wie Treu und Glauben mit Rücksicht auf die Verkehrssitte es erfordern. Diesem Grundsatz aber sind auch die Gerichte beim Erkennen des jeweiligen Leistungsverhältnisses unterworfen. Die Rechtsmeinungen, die eine Verurteilung in DM-West schlechthin verneinen und die Gesetzestreue für sich in Anspruch nehmen, übersehen gerade diese Bindung des Richters an das Gesetz. Hiervon ausgehend läßt sich die Kammer weiter davon leiten, daß der erstrebte und erzielte Titel geeignet sein muß, den Unterhalt im Zwangswege einzutreiben.

Die Kl. könnte mit dem DM-Ost-Titel in der Ostzone vollstrecken. Das würde für sie nur dann von Wert sein, wenn der Bekl. so viele Vermögensgegenstände in der Ostzone zurückgelassen hätte, daß sie zur Erfüllung der vieljährigen Verpflichtung ausreichen. Das hat der Bekl. in erster Instanz selbst nicht behauptet, jedenfalls ändert es nichts, wenn

---

[1] Siehe oben Nr. 128.
[2] IzRspr. 1945—1953 Nr. 280.
[3] IzRspr. 1945—1953 Nr. 265.
[4] IzRspr. 1945—1953 Nr. 272.
[5] IzRspr. 1945—1953 Nr. 273a.
[6] IzRspr. 1945—1953 Nr. 282.
[7] IzRspr. 1945—1953 Nr. 273.
[8] IzRspr. 1945—1953 Nr. 281.

der Bekl. vorgebracht hat, seine Verwandten seien zur Zahlung in DM-Ost bereit. Nach § 7 der DB zum Ges. zur Regelung des innerdeutschen Zahlungsverkehrs vom 30. 12. 1950 darf die Annahme von Zahlungen zur Erfüllung von Geldforderungen ostzonaler Gläubiger gegen Westschuldner nur durch Vermittlung der Deutschen Notenbank (Ostzone) erfolgen, und es dürfen ohne Vermittlung der Deutschen Notenbank angenommene Zahlungen nur mit Genehmigung der Deutschen Notenbank verwendet werden (vgl. *Buchholz*, Rpfl. 1951, 339). Der Bekl. hat nicht erklärt, daß solche Genehmigungen vorlägen. Erst diese würden die Kl. in den vollen Genuß der Gelder bringen. Davon abgesehen könnte die Kl. nicht gegen die Verwandten vollstrecken, wenn diese ihre Zahlungen eines Tages einstellen würden; auch ist ihr nicht zuzumuten, den Bekl. aus der Haftung zu entlassen. Sie kann also stets einen gegen den Bekl. vollstreckungsfähigen Titel beanspruchen.

Der Einwand des Bekl., daß die Kl. sich zunächst an sein gesperrtes Guthaben von 250 DM-Ost halten müsse, ist ebenfalls unbegründet. Wenn der Bekl. eine Freigabe seines Guthabens bisher nicht erreichen konnte, so darf das nicht zu Lasten der Kl. gehen, die für Vorschriften und Maßnahmen der ostzonalen Behörden nicht verantwortlich gemacht werden kann. Außerdem reicht das Guthaben noch nicht einmal zur Abdeckung der in DM-Ost entstandenen Rückstände von 1665 DM-Ost aus, geschweige denn zur Erfüllung der laufenden Verpflichtungen. Außerdem ist ein hierauf abzielendes Vorbringen in zweiter Instanz nicht zu berücksichtigen, da wegen seiner Säumnis der Vortrag der Kl. als zugestanden zu gelten hat (§§ 542, 331 ZPO).

Der zu entscheidende Fall unterscheidet sich mithin nicht von den vielen gleichgelagerten Unterhaltsstreitigkeiten in welchen das in der Sowjetzone wohnende Kind in der Bundesrepublik vollstrecken muß. Zwar halten einige Gerichte die Zwangsvollstreckung aus einem DM-Ost-Titel in der Bundesrepublik für unzulässig (LG Hannover, NdsRpfl. 1949, 154; LG Bremen, Rpfl. 1949, 616[1]; OLG Bamberg, BB 1949, 299; LG Verden, MDR 1950, 430[2]; LG Frankfurt, NJW 1950, 610[3]; LG München I, BB 1949, 299; LG München II, NJW 1952, 1179[4]; auch *Buchholz*, Rpfl. 1951, 346). Es kann jedoch heute als h. M. angesehen werden, daß aus solchen Titeln auch gegen Schuldner in der Bundesrepublik vollstreckt werden kann. Allerdings kann der Schuldner nur zur Zahlung von DM-West gezwungen werden; nur DM-West kann bei der Zwangsversteigerung von gepfändeten Gegenständen erzielt werden, und regelmäßig ist auch nur DM-West auf dem Wege über die Lohnpfändung zu erreichen. So hat das erkennende Gericht bereits in seinem Beschluß vom 25. 4. 1950 — 3 T 80/50 — (Rpfl. 1950, 277) ausgeführt, daß dem Gläubiger die Vollstreckung aus einem DM-Ost-Titel nicht verwehrt werden darf, wenn alle Beteiligten in der Bundesrepublik wohnen. Das gleiche muß gelten, wenn der Gläubiger in der Ostzone wohnt, wenngleich er dann regelmäßig nach § 26 II UG i. V. m. MilRegGes. Nr. 52 und Nr. 53 einer devisenrechtlichen Genehmigung bedarf. Soweit die Gerichte

[1] IzRspr. 1945—1953 Nr. 194.
[2] IzRspr. 1945—1953 Nr. 314.
[3] IzRspr. 1945—1953 Nr. 313.
[4] IzRspr. 1945—1953 Nr. 257b.

der Bundesrepublik die Vollstreckung überhaupt zulassen, haben sie sich übereinstimmend dahin entschieden, daß aus DM-Ost-Titeln in sinngemäßer Anwendung von § 244 BGB nur zum jeweiligen Wechselstubenkurs (etwa 1:5) in DM-West vollstreckt werden könne (vgl. LG Bremen, Rpfl. 1950, 277; OLG Celle, NdsRpfl. 1951, 69[1]; OLG Hamburg, MDR 1951, 109[2]; LG Stuttgart, MDR 1951, 559[3]; OLG Celle, 1951, 619[4]; LG Lüneburg, MDR 1951, 746[5]; LG Bremen, MDR 1951, 748[6]; LG Ellwangen, NJW 1952, 708[7]; OLG Neustadt an der Weinstraße vom 5. 6. 1953, NJW 1954, 843; auch *Kühne*, NJW 1950, 729 f.; *Beitzke*, NJW 1950, 929 und JR 1952, 422; *Wälde*, NJW 1951, 217; *Marquordt*, MDR 1951, 394; *Kegel*, JZ 1951, 82; *Skaupy*, BB 1951, 126). Demnach kann ein Kind mit einem über monatlich 30 DM-Ost lautenden Titel von seinem Vater nur die Zahlung von 6 DM-West monatlich erzwingen.

Die aus der Zwangsvollstreckung erzielten DM-West-Beträge sind gemäß § 26 II UG zugunsten des Kindes auf ein Sperrkonto bei einer Bank in der Bundesrepublik einzuzahlen. Dieses Sperrkonto kann es auf vier Arten verwerten:

1. Es kann einem Bekannten oder Verwandten in der Bundesrepublik das Geld in gewissen monatlichen Raten auszahlen und sich dafür Lebensmittel und Gegenstände für den persönlichen Ver- und Gebrauch schicken lassen. Die Landeszentralbanken erteilen hierfür augenblicklich Devisengenehmigungen über 100 DM-West monatlich.

2. Es kann sich gelegentlich eines Besuches in der Bundesrepublik selbst das Geld auszahlen lassen und es für Reisekosten oder Einkäufe in der Bundesrepublik verwenden.

3. Es kann das Guthaben aufsummen lassen, bis eine Änderung der Gesetzgebung ihm eine andere Verfügungsmöglichkeit eröffnet. Diese Möglichkeit kann hier ganz außer Betracht bleiben, da die meisten Kinder auf sofortige Verwertung angewiesen sind.

4. Es kann auf dem zwischen den Jugendämtern vereinbarten Verrechnungswege eine Auszahlung eines Guthabens im Verhältnis 1:1 in DM-Ost erreichen.

Ein Umtausch der DM-West-Beträge in DM-Ost zum Wechselstubenkurs ist dagegen bei Unterhaltszahlungen nicht möglich. Die Landeszentralbanken haben keine Befugnis, die Sperrguthaben für einen solchen Transfer freizugeben. Eine Überweisung zum Wechselstubenkurs ist nur bei freiwilligen und unentgeltlichen Zuwendungen möglich (monatlich höchstens der Gegenwert von 300 DM-Ost), d. h. also bei solchen Geldern, die nicht gemäß § 26 UG gesperrt waren.

Von den vier bezeichneten Verwendungsmöglichkeiten kann nur die letzte für die hier zu entscheidende Frage beachtlich sein. § 1710 I BGB bestimmt, daß der Unterhalt durch Entrichtung einer Geldrente zu gewähren ist. Der gesetzgeberische Gedanke, daß nur durch eine in Geld

---

[1] IzRspr. 1945—1953 Nr. 257b.
[2] IzRspr. 1945—1953 Nr. 143.
[3] IzRspr. 1945—1953 Nr. 212.
[4] IzRspr. 1945—1953 Nr. 198.
[5] IzRspr. 1945—1953 Nr. 267.
[6] IzRspr. 1945—1953 Nr. 201.
[7] IzRspr. 1945—1953 Nr. 322.

ausgedrückte Verpflichtung der Unterhalt des unehelichen Kindes gleichbleibend sichergestellt ist, führt zu der Erkenntnis, daß nur der tatsächliche Empfang des geschuldeten Betrages (30 DM-Ost) die Befriedigung des Gläubigers gemäß und vor allem im Sinne des Gesetzes darstellen kann. Abgesehen davon muß auch schon deshalb von der letzten der 4 gezeigten Verwendungsmöglichkeiten ausgegangen werden, weil sie den Regelfall bildet und den Verrechnungsweg im Gegensatz zu den anderen 3 Möglichkeiten jedes in der Sowjetzone ansässige uneheliche Kind beschreiten kann.

Die Kl. auf ihren schon erzielten Osttitel verweisen, hieße aber, ihr die an sich bereits zuerkannte Befriedigungsmöglichkeit nehmen; ebenso wie der bloße Zuspruch von DM-Ost durch ein Gericht der Bundesrepublik in hier ursprünglich anhängig gemachten Unterhaltsprozessen als Widersinn in sich selbst erscheinen muß. In beiden Fällen wird in gleicher Weise die besondere Unbilligkeit deutlich, daß der Anspruch über einen DM-Ost-Betrag zwar im Urteil ausdrücklich zuerkannt wird, jedoch aus dem gleichen Urteil nur zu etwa $^1/_5$ (nämlich für 30 DM-Ost 6 DM-West) zu vollstrecken ist. Hinzu kommt, daß diesem Nachteil des Kindes der Vorteil des Erzeugers gegenübersteht, daß er nur einen um $^4/_5$ verminderten Teil seines Arbeitseinkommens — gleiche Nominalhöhe vorausgesetzt — für sein Kind aufwenden müßte. Die Nachteile der Währungsspaltung gingen allein zu Lasten der unehelichen Kinder; das Kind kann als Ausgleich auch nicht auf seinenAnspruch gegen die Mutter und auf die ostzonale Fürsorge verwiesen werden (vgl. hierzu *Eichel*, NJW 1952, 451), solange die gesetzliche Möglichkeit und damit das Erfordernis besteht, das Schuldverhältnis den Gegebenheiten anzupassen.

Die zahlreich vertretene Gegenmeinung (vgl. für DM-Ost: LG Wiesbaden, MDR 1950, 553[1]; LG Kassel, MDR, 1950, 741[2]; LG Lüneburg, MDR 1951, 746[3]; LG Bochum, NJW 1951, 239[4]; LG Stuttgart, NJW 1951, 241[5]; LG Dortmund, MDR 1954, 298[6]; *Beitzke*, MDR 1950, 554; NJW 1950, 930; *Marquordt*, MDR 1950, 11; MDR 1951, 393; *Schweckendieck*, JR 1952, 468; für DM-West 1:5: LG Bochum, MDR 1952, 169[7]; LG Aachen, NJW 1952, 471[8]; *Eichel*, NJW 1952, 451; *Beitzke*, MDR 1949, 758; NJW 1950, 930; 1952, 709; 1952, 1179; 1953, 1184) vermag nicht zu überzeugen.

Kegel (NJW 1953, 615) meint zwar, der Westvater brauche nicht die ‚tückische Tauschpraxis des Ostens' hinzunehmen. Diese Begründung ist indes bedenklich, weil man damit praktisch die in der Ostzone wohnenden unehelichen Kinder für die Gesetzgebung ihrer Machthaber verantwortlich macht. Außerdem beruht die Unmöglichkeit des Transfers zum Kurswert ebenso auf den Devisenbestimmungen der Bundesrepublik wie auf denen der Ostzone. *Kegel* versucht, seine Ansicht damit zu stützen, daß nach Art. 21 EGBGB nur das Privatrecht, nicht aber die öffentlichrechtlichen Devisengesetze der Ostzone anzuwenden seien. Dabei be-

[1] IzRspr. 1945—1953 Nr. 249.
[2] IzRspr. 1945—1953 Nr. 246.
[3] IzRspr. 1945—1953 Nr. 267.
[4] IzRspr. 1945—1953 Nr. 258.
[5] IzRspr. 1945—1953 Nr. 256.
[6] Siehe oben Nr. 127.
[7] IzRspr. 1945—1953 Nr. 272.
[8] IzRspr. 1945—1953 Nr. 273.

rücksichtigt er jedoch nicht, daß die Entscheidung hauptsächlich auf § 242 BGB beruht, der im Osten wie im Westen gilt und nach dem alle maßgeblichen Umstände, also auch die Tauschpraxis des Ostens, in Rechnung zu stellen sind. Aus dem von der Ostzone geübten Tauschmodus wären Folgerungen zugunsten des Bekl. erst dann zu ziehen, wenn er für diesen unbillige Härten mit sich bringen würde (z. B. wenn DM-West in DM-Ost noch ungünstiger als 1:1 umgetauscht würde). Das ist hier aber nicht der Fall, denn der Schuldner hat nicht mehr zu zahlen als andere westdeutsche Väter auch. Zudem werden solche Härten schon durch Art. 21 Halbsatz 2 EGBGB vermieden.

Die Lösung ist auch nicht deswegen unbillig, weil der in der Bundesrepublik wohnende Vater mit seinen DM-West-Zahlungen praktisch ein ihm fremdes Kind in der Bundesrepublik unterhält, während sein Kind in der Ostzone nur etwa den fünften Teil seiner Zahlung — gemessen am Wechselstubenkurs — erhält. Für die Entscheidung gemäß § 242 BGB kann es nur auf das direkte Verhältnis zwischen den Parteien und die für sie bestehenden Transfermöglichkeiten, nicht aber darauf ankommen, welche weiteren Auswirkungen auf Dritte sich ergeben.

Ein Vergleich mit Fällen, in denen sich der Schuldner im Ausland und der Gläubiger im Inland befindet, ist ebenfalls nicht angebracht. Einmal wird ein Transfer in das Ausland zum Kurswert ohne weiteres möglich sein, zum anderen stehen Lebenshaltungskosten meistens etwa im gleichen Verhältnis zueinander wie die Kurswerte der Währungen. Schließlich sind diese Fälle nicht so häufig, daß sie einer ausgleichenden Regelung unter Berücksichtigung aller berührten Interessen unbedingt bedürften.

Die Tatsache, daß die für die vertretene Ansicht zugrunde gelegten Verhältnisse labil sind und sich jederzeit durch eine Änderung der gesetzlichen Vorschriften, der geübten Praxis oder anderer maßgeblicher Umstände verschieben können, muß ebenfalls außer Betracht bleiben. Das Gericht hat nach den im Zeitpunkt der letzten mündlichen Verhandlung gültigen Gesetzen und dem bis dahin vorgetragenen Streitstoff zu urteilen. In der Zukunft liegende Änderungen können höchstens dann im Urteil berücksichtigt werden, wenn ihr Eintreten bereits mit der nötigen Sicherheit feststeht. Im übrigen muß die später infolge der Änderung der Verhältnisse benachteiligte Partei auf den Weg des § 323 ZPO verwiesen werden. Dieser Weg steht schon deshalb stets offen, weil hier ausdrücklich die augenblicklichen Schwierigkeiten des Geldtransfers als für die Entscheidung maßgebend bezeichnet worden sind.

Wegen der Möglichkeiten, das Sperrkonto für Einkäufe im Westen zu verwerten, wird vorgebracht, daß das Kind mehr bekommen würde, als ihm zusteht, wenn der Vater 1:1 in DM-West verurteilt wird. Auch diese Vorstellungen können die Ansicht der Kammer nicht widerlegen. Es ist zwar richtig, daß für den Einkauf von Waren in der Bundesrepublik ein geringerer Betrag in DM-West aufgewendet zu werden braucht als beim Einkauf der entsprechenden Güter in der Ostzone in DM-Ost.

Die deshalb von verschiedenen Autoren und Gerichten befürwortete Lösung des Problems nach dem ‚Warenkorbvergleich' (vgl. AG Berlin-

Charlottenburg, NdsRpfl. 1950, 176[1]; LG Osnabrück, MDR 1951, 745[2]; LG Berlin-West, JR 1952, 407; LG Bochum, MDR 1952, 622[3]; LG Düsseldorf, MDR 1952, 298[4]; LG Kassel, MDR 1953, 105; LG Kassel, MDR 1953,237[5]; *Wälde*, NJW 1951, 216; *Kegel*, NJW 1953, 617), wonach der Unterhaltsschuldner nur zur Zahlung in DM-West im Verhältnis der Kaufkraft von DM-West zu DM-Ost verurteilt werden soll, übersieht jedoch die schon oben aus dem Gesetz erkannte Unmöglichkeit, alle denkbaren Verwendungsmöglichkeiten des Sperrguthabens in die Lösung einzubeziehen. Hinzu kommt auch hier, daß viele Gläubiger auf den Verrechnungsweg angewiesen sind und diese nur die um den ‚Warenkorb' verminderte Unterhaltssumme in DM-Ost erhalten. Dieser Nachteil wird ganz besonders spürbar, weil der den unehelichen Kindern zugebilligte Satz ohnehin das Mindeste darstellt, was ein Mensch zum Leben braucht.

Nach alledem darf das Urteil nicht über DM-Ost lauten, außer wenn bewiesen ist, daß ausreichende Vollstreckungsmöglichkeit in der Ostzone besteht. Ebensowenig darf der Vater zur Zahlung von DM-West zum Wechselstubenkurs verurteilt werden, denn das würde im Ergebnis aufs gleiche hinauskommen. Vielmehr läßt sich ein billiges Resultat nur dann erreichen, wenn das Urteil auf Zahlung von DM-West im Verhältnis 1:1 lautet (ebenso, jedenfalls im Ergebnis, die überwiegende Rechtsprechung, vgl. u.a. BGHZ 5, 302[5a]; AG Plön, MDR 1952, 42[6]; LG Bielefeld, MDR 1952, 108[7]; LG Passau, MDR 1952, 169[8]; LG Kaiserslautern, MDR 1952, 301; LG Hamburg, MDR 1952, 301[9]; LG Hamburg, MDR 1952, 423[10]; LG Frankenthal, NJW 1952, 710[11]; LG Mannheim, NJW 1952, 748; LG Hildesheim, NdsRpfl. 1952, 155[12]; LG Dortmund, MDR 1953, 367[12a]; LG Köln, NJW 1953, 629[12b]; auch *Kegel*, JZ 1951, 83).

Zu berücksichtigen bleibt allerdings, daß, obwohl die Kl. primär nur DM-Ost zu beanspruchen hat, der Bekl. sich dennoch nicht durch Zahlung von DM-Ost befreien kann, wenn er einmal zu DM-West verurteilt worden ist, oder daß seine DM-Ost-Zahlung höchstens zum Kurswert angerechnet werden kann (vgl. LG Göttingen, NdsRpfl. 1949, 93[13]; LG Braunschweig, NJW 1950, 751[14]; OLG Schleswig, MDR 1950, 235[15]; OLG Celle, NJW 1951, 484[16]; LG Lüneburg, MDR 1951, 303[17]; LG Ellwangen, NJW 1953, 1183[18]; a. A. (befreit zu $^1/_2$): LG Osnabrück, MDR 1951, 745[19]; LG Hannover, NJW 1951, 240[20]; OLG Celle, NdsRpfl. 1951, 69[21];

[1] IzRspr. 1945—1953 Nr. 245.
[2] IzRspr. 1945—1953 Nr. 262.
[3] IzRspr. 1945—1953 Nr. 282.
[4] IzRspr. 1945—1953 Nr. 273a.
[5] IzRspr. 1945—1953 Nr. 284.
[5a] IzRspr. 1945—1953 Nr. 216.
[6] IzRspr. 1945—1953 Nr. 265.
[7] IzRspr. 1945—1953 Nr. 266.
[8] IzRspr. 1945—1953 Nr. 263.
[9] IzRspr. 1945—1953 Nr. 271.
[10] IzRspr. 1945—1953 Nr. 269.
[11] IzRspr. 1945—1953 Nr. 274.
[12] IzRspr. 1945—1953 Nr. 53.
[12a] IzRspr. 1945—1953 Nr. 285.
[12b] IzRspr. 1945—1953 Nr. 280.
[13] IzRspr. 1945—1953 Nr. 310.
[14] IzRspr. 1945—1953 Nr. 200.
[15] IzRspr. 1945—1953 Nr. 203a.
[16] IzRspr. 1945—1953 Nr. 257b.
[17] IzRspr. 1945—1953 Nr. 347.
[18] IzRspr. 1945—1953 Nr. 204.
[19] IzRspr. 1945—1953 Nr. 262.
[20] IzRspr. 1945—1953 Nr. 257a.
[21] IzRspr. 1945—1953 Nr. 257b.

(befreit 1:1): LG Göttingen, NdsRpfl. 1950, 90[1]; LG Hannover, NdsRpfl. 1950, 158[2]; *Buchholz*, Rpfl. 1951, 345). Hier zwingt Treu und Glauben dazu, dem Bekl., der aus Billigkeitsrücksichten zur Zahlung von DM-West verurteilt wurde, die Möglichkeit zu geben, sich durch Zahlung in DM-Ost von der Schuld zu befreien. Dies wird vorliegend insbesondere auch deshalb geboten sein, weil der Bekl. mit einem Ostguthaben — und diene es nur zu einer Teiltilgung — nichts anderes anfangen könnte.

Ein den beiderseitigen Interessen angepaßter Ausgleich läßt sich dadurch finden, daß dem Bekl. im Urteil nachgelassen wird, sich durch devisenrechtlich zulässige Zahlung von DM-Ost in gleicher Höhe im Währungsgebiet der Kl. zu befreien (ebenso, jedenfalls im Ergebnis: LG Göttingen, NJW 1950, 602[3]; NdsRpfl. 1950, 90; LG Hannover, NdsRpfl. 1950, 158[4]; LG Stuttgart, MDR 1951, 367[5]; LG Göttingen, NdsRpfl. 1951, 101[6]; LG München II, NJW 1952, 1179[7]; LG Düsseldorf, MDR 1952, 556[8]; LG Kassel, MDR 1953, 105; LG Oldenburg, NJW 1953, 1183[9]; LG Düsseldorf, MDR 1954, 358[10]; *Truckenbrodt*, NJW 1950, 602; *Buchholz*, Rpfl. 1951, 344; *Kegel*, NJW 1953, 616f.). Eine devisenrechtlich unzulässige Zahlung kann nach § 134 BGB nicht als Erfüllung angesehen werden. Die Zahlung muß auch in der Ostzone angeboten werden, weil der Kl. ein Guthaben in DM-Ost in der Bundesrepublik nichts nützt.

Damit hat der Schuldner die Möglichkeit, nach Einholung der erforderlichen Devisengenehmigungen seine Bank- oder anderen Guthaben oder den Erlös von versilberten Sachwerten entsprechend zu verwerten oder Verwandte in der Ostzone zur Zahlung des Unterhaltes zu bewegen und dafür die wertvollere DM-West zu sparen. Verweigert der Gläubiger die Annahme der DM-Ost, so kann der Schuldner sich gegen Vollstreckungsmaßnahmen aus dem DM-West-Titel mit den Rechtsmitteln der Zwangsvollstreckung wehren.

Die auch in dieser Hinsicht erhobenen Gegenargumente sind nach Meinung der Kammer verfehlt. So trifft es nicht zu, wenn *Beitzke* (NJW 1952, 1179) den Standpunkt vertritt, daß Zahlung in DM-West — Befreiung in DM-Ost eine Umkehrung des Regel-Ausnahme-Verhältnisses darstelle und daß eine solche Regelung darüber hinweggehe, daß der Anspruch in DM-Ost erwachse. Daß dies der Fall ist, hat die Kammer nicht verkannt und dieses auch zum Ausgangspunkt ihrer Erwägungen gemacht. Indes zeigte sich, daß aus den dargelegten Gründen gleichwohl Zahlung in DM-West und nur solche verlangt werden kann, mithin die ‚Klageforderung' in DM-West besteht. Nur hierüber kann ein Urteil gegen den Bekl. ergehen. Das aber bedeutet, daß eine Befreiungsmöglichkeit auch nur im Sinne DM-Ost für DM-West geschaffen werden kann. Damit erledigen sich auch die vom LG Düsseldorf (MDR 1952, 556[11]; MDR 1954, 358[12]) insoweit geltend gemachten Bedenken.

[1] IzRspr. 1945–1953 Nr. 242.
[2] IzRspr. 1945–1953 Nr. 251.
[3] IzRspr. 1945–1953 Nr. 239.
[4] IzRspr. 1945–1953 Nr. 251.
[5] IzRspr. 1945–1953 Nr. 319.
[6] IzRspr. 1945–1953 Nr. 254.
[7] IzRspr. 1945–1954 Nr. 281.
[8] IzRspr. 1945–1953 Nr. 54.
[9] IzRspr. 1945–1953 Nr. 287.
[10] Siehe oben Nr. 128.
[11] IzRspr. 1945–1953 Nr. 54.
[12] Siehe oben Nr. 128.

Es kommt rein tatsächlich hinzu, daß sich bei einer anderen Formulierung — Zahlung in DM-Ost, Befreiungspflicht 1:1 in DM-West-Schwierigkeiten insofern ergeben, als der Gläubiger vor der Vollstrekkung in DM-West jeweils nachweisen müßte, daß in DM-Ost-Werte des Schuldners nicht vollstreckt werden kann. Es erscheint schließlich auch zweckmäßiger, wenn man in dem Schuldner ein Interesse an freiwilliger Zahlung (in DM-Ost) erweckt.

Die Ungerechtigkeit, daß nur Schuldner, die zufällig Vermögen oder Verwandte in der Ostzone haben, von der Befreiungsmöglichkeit Gebrauch machen können, läßt sich dabei nicht vermeiden. Sie ist eher in Kauf zu nehmen als die Nachteile der anderen Lösungen.

Der Vorbehalt bedarf keines Antrages, weil der Anspruch der Kl., wie erkannt, nur mit der durch die Befreiungsmöglichkeit des Bekl. gegebenen Einschränkung besteht. Der Vorbehalt ist daher in jedem Fall, d. h. auch bei einem Versäumnis-Urteil in den Tenor aufzunehmen. Der unbeschränkt gestellte Antrag der Kl. ist daher insoweit unbegründet. Der Kl. ist auch im Versäumnisverfahren nicht mehr zuzusprechen, als nach ihrem eigenen Vorbringen gerechtfertigt ist (§ 331 II ZPO). Das Urteil des AG M. war daher unter gleichzeitiger Aufnahme des Vorbehaltes abzuändern."

133. **Die Unterhaltspflicht zwischen Ehegatten richtet sich im interzonalen Recht in entsprechender Anwendung von Art. 14 EGBGB nach dem am Wohnsitz des Ehemannes geltenden Recht. — Eine wesentliche Verschlechterung der Verhältnisse des Unterhaltsberechtigten in der Sowjetzone kann durch die unmittelbare Übermittlung größerer monatlicher Zahlungen von DM-Ost nicht abgewendet werden (!). — Der Unterhaltsanspruch entsteht in der Währung des Gebiets, in dem der Berechtigte wohnt. — Aus devisenrechtlichen Gründen kann ein Unterhaltsschuldner im Bundesgebiet nur zur Zahlung von DM-West verurteilt werden; eine Befreiung durch Zahlung von DM-Ost ist ausgeschlossen.**

LG Verden/Aller, Urt. v. 7. 12. 1954 — 1 S 346/54: *unveröff.

Die Parteien sind Eheleute, die 1924 geheiratet hatten und seit 1943 getrennt leben. Die Kl. wohnt jetzt in L. (sowjet), der Bekl. in W. (Bundesgebiet). 1948 ist der Bekl. durch Urteil des AG B. (Bundesgebiet) zur Zahlung einer Unterhaltsrente von monatlich 50 DM an die Kl. verurteilt worden. Die Kl. verlangt in Abänderung dieses Urteils eine Erhöhung der Unterhaltsrente von 50 auf 100 DM.

AG und LG gaben der Klage statt.

Aus den Gründen:

„Einer wesentlichen Veränderung der Verhältnisse auf Seiten der Kl. steht auch nicht etwa der Umstand entgegen, daß der Bekl. der Kl. seit Beginn dieses Jahres monatlich 200 DM-Ost zukommen läßt. Diese Zuwendung würde zwar eine 200%ige Besserstellung der Kl. für den Fall bedeuten, daß sie sich aus dem Sperrkonto an ihrem derzeitigen Wohnsitz befriedigt, d. h. wenn sie die vom Bekl. auf das Sperrkonto eingezahlten Beträge durch die zuständigen Stellen im Verhältnis 1:1 transferieren läßt. Zu Unrecht beruft sich der Bekl. jedoch darauf, daß dieses die einzige gesetzmäßige Art der Verwertung des von ihm zu zahlenden

Unterhalts sei und deshalb davon ausgegangen werden müsse. Sicher würde die Kl. sich unter diesen Umständen besser stehen als mit einem auf das Sperrkonto zu zahlenden Betrag von 100 DM und weitaus besser als mit dem bisher gezahlten Betrag von 50 DM. Aber eine andere Verwertung der Sperrkontobeträge muß nicht unbedingt illegal sein, wie der Bekl. meint. Sie darf daher nicht ohne weiteres unterstellt werden. Die Kl. hat nämlich die Möglichkeit, die auf das Sperrkonto überwiesenen Unterhaltsbeträge jeweils mit Genehmigung der Landeszentralbank persönlich abzuheben. Wenn sie diese Beträge sodann über die Zonengrenze verbringen würde, verstieße sie zwar gegen die geltenden devisenrechtlichen Bestimmungen, doch hat sie daneben die Möglichkeit, sich jederzeit diesseits der Zonengrenze aus den Unterhaltsbeträgen zu ernähren und zu kleiden oder sich unter Bezahlung in der Westzone von dort Lebensmittel u. a. an ihren Wohnsitz schicken zu lassen und dort zu verbrauchen. Bei einer solchen Handhabung würde sie sich mit den vom Bekl. monatlich zur Verfügung gestellten 200 DM-Ost beträchtlich schlechter stehen als mit dem Betrag von 50 DM, zu deren Zahlung der Bekl. verurteilt ist, oder gar als mit den von der Kl. begehrten 100 DM. Der Bekl. kann demnach eine wesentliche Verschlechterung der Verhältnisse der Kl. nicht durch Zahlung von 200 DM-Ost ausgleichen.

Das AG hat demnach zutreffend die Voraussetzungen des § 323 ZPO bejaht und in entsprechender Anwendung von Art. 14 EGBGB gemäß § 1361 BGB unter Abwägung der Leistungsfähigkeit des Bekl. und der Bedürftigkeit der Kl. der Abänderungsklage stattgegeben. Die Berufung des Bekl. ist daher, was zunächst seinen Hauptantrag auf Abweisung der Klage betrifft, unbegründet.

Aber auch der Hilfsantrag des Bekl., ihm die Befreiung von seiner Verbindlichkeit durch Zahlung von 200 DM-Ost nachzulassen, ist unbegründet. Die Kammer steht auf den Standpunkt,daß der Anspruch der Kl. in DM-Ost entsteht, weil der vom Bekl. zu leistende Unterhalt den Lebensbedarf seiner Ehefrau decken soll und dessen Höhe sich nur dort feststellen und währungsmäßig festlegen läßt, wo sie wohnt, nämlich im Gebiet der Ostzonenwährung (vgl. *Beitzke*, NJW 1950, 928; LG Wiesbaden, MDR 1950, 553[1]; LG Dortmund, MDR 1953, 367[2]). Damit steht aber nicht etwa fest, daß der Bekl. den Unterhaltsanspruch der Kl. auch in DM-Ost zu erfüllen hätte (vgl. LG Dortmund, MDR 1950, 552[3]). Einer solchen Erfüllung und einer entsprechenden Verurteilung stehen die für die Westzone geltenden Devisen- und Währungsvorschriften entgegen. Hiernach sind Zahlungen an Gläubiger in der Ostzone ohne Rücksicht darauf, ob sie in DM-Ost oder in DM-West zu entrichten sind, grundsätzlich unzulässig (Art. I 1 D X Ges. Nr. 53). Ausnahmen hiervon sind nur auf Grund besonders erwirkter oder allgemein erteilter Genehmigung zulässig. Allgemeine Genehmigungen ermöglichen die Zahlung aus einem ostzonalen Guthaben (Allgemeine Genehmigung Nr. 45/50) und die Zahlung in DM-West auf ein Sperrkonto in der Westzone (19. DVO zum Ges. Nr. 63), über welches die Kl. mit Genehmigung der zuständigen

[1] IzRspr. 1945—1953 Nr. 249.
[2] IzRspr. 1945—1953 Nr. 285.
[3] IzRspr. 1945—1953 Nr. 241.

Landeszentralbank verfügen könnte (37. DVO zum Ges. Nr. 63). Abgesehen davon, daß der Bekl. die erstere Möglichkeit selbst nicht geltend gemacht hat, hält die Kammer entgegen der bisherigen Praxis in Übereinstimmung mit LG Braunschweig (MDR 1951, 238[4]) eine Befreiung von der Verbindlichkeit durch Nachlaß der Zahlung aus einem Ostzonenkonto im Verhältnis 1:1 nicht für zulässig. Es würde sich in diesen Fällen durchweg um ein Konto handeln, das dem Schuldner zwar zur Verfügung steht, aber nicht sein eigenes ist. Der danach bestehenden rechtlichen Unmöglichkeit der Verpflichtung des Bekl. zur Zahlung in Ostzonenwährung steht auch nicht der Einwand des Bekl. entgegen, daß er seit dem 1. 1. 1954 auf legale Weise der Kl. DM-West-Beträge zukommen läßt. Es mag dahingestellt bleiben, ob das vom Bekl. dabei beobachtete Verfahren zulässig ist, denn es bezieht sich auf freiwillige Unterstützungszulagen, während es hier um die Zahlung von Unterhaltsbeträgen geht, die auf einer rechtlichen Verpflichtung beruhen. Der Bekl. kann daher zur Erfüllung des in DM-Ost gegebenen Anspruchs der Kl. nur durch Zahlung in ‚DM', d. h. in DM-West, angehalten werden.

Es erscheint der Kammer auch zweckentsprechend, daß der Unterhaltsanspruch in DM-West zu erfüllen ist. Es mag sein, daß die Kl. sich bei einem über 50 DM hinausgehenden Unterhaltsbetrag mit dem Gegenwert von 100 DM-West in der Ostzone besser stehen würde als in der Westzone. Von dieser Besserstellung kann jedoch nicht ausgegangen werden, weil sie illegal erreicht werden würde, denn legal würde die Kl. an ihrem Wohnsitz nur 100 DM-Ost in bar zur Verfügung haben. Die Höhe des Unterhalts richtet sich einerseits nach der Lebensstellung, dem Vermögen und der Erwerbsfähigkeit des Bekl. (§ 1360 I BGB) und unter Anwendung des Grundsatzes der Gleichheit der Geschlechter andererseits nach der Fähigkeit der Kl., durch eigene Arbeit zum Unterhalt beizutragen. Da letztere Möglichkeit bei der Kl. nicht gegeben ist, ist die Höhe des vom Bekl. zu leistenden Unterhalts ausschließlich durch dessen Leistungsfähigkeit bestimmt. Es muß der Kl. als verlassener und berechtigt getrennt lebender Ehefrau, die noch dazu allein steht, überlassen bleiben, den vom Bekl. zu erbringenden Geldbetrag auf gesetzmäßige Weise so günstig wie möglich für sich zu verwenden. Ob sie das an ihrem Wohnsitz in der Ostzone oder im Währungsgebiet des Bekl. und damit im Bereich des für sie in DM-West verwertbaren Sperrkontos tut, kann sich auf den Umfang der Unterhaltspflicht, d. h. auf die Frage, ob der Bekl. in DM-West oder DM-Ost zu zahlen hat, nicht auswirken. Es steht fest, daß sie sich bis zu einem Betrag von 50 DM in der Westzone ebenso unterhalten kann, wie in der Ostzone mit Hilfe der dort bewirtschafteten Lebensmittel. Aber auch mit einem Betrage von 100 DM-West oder -Ost kann die Kl. weder hier noch dort ein auskömmliches Leben führen. Es geht nicht an, daß der Bekl. durch Zahlung etwa der Hälfte oder gar nur eines Viertels derjenigen Summe, die er in DM-West zu zahlen hat, in DM-Ost der Kl. die Möglichkeit der legalen vollen Ausnutzung des Sperrkontoguthabens nimmt und selbst praktisch nur einen

---

[4] IzRspr. 1945–1953 Nr. 255.

Bruchteil dessen zahlt, was er zahlen soll. Es besteht keine Veranlassung, den Bekl. hinsichtlich seiner Verpflichtung zur Zahlung des von der Kl. zu Recht verlangten Unterhalts nur deshalb besserzustellen, weil die Kl. in der Ostzone lebt. Dieser Umstand würde dem Bekl. unverdient zugutekommen, der Kl. aber trotz gesetzmäßiger Verwertung der ihr zugewendeten Beträge empfindliche Nachteile bringen und bei längerem Aufenthalt der Kl. in der Westzone erneute berechtigte Abänderungsklagen mit dem Ziel weiterer Erhöhung des Unterhalts notwendig machen.

Da die Kammer nach alledem entgegen einer Reihe von Entscheidungen, u. a. des LG Göttingen (NJW 1950, 602[1], NdsRpfl. 1951, 101[2]), LG Würzburg (MDR 1951, 490[3]), LG Osnabrück (MDR 1951, 745[4]) eine Befreiungsmöglichkeit durch Zahlung in DM-Ost nicht für zulässig hält, bedarf es auch nicht der beispielsweise vom LG Hannover (NJW 1951, 240[5]) und vom LG Kassel (MDR 1953, 237[6]) angestellten Erörterungen, in welchem Verhältnis zur Westzonenwährung Zahlung erfolgen soll, ob nach dem sogenannten Warenkorbvergleich im Verhältnis 2:1 (LG Hannover) oder im Verhältnis 1:1,5 bis 2 (LG Kassel).

Die Kl. verlangt daher zu Recht die Erhöhung ihrer Unterhaltsrente von 50 DM auf 100 DM unter Zahlung auf ihr Sperrkonto, ohne daß sie sich auf die Annahme von direkt bezahlten DM-Ost-Beträgen des Bekl. verweisen zu lassen braucht. Der Hilfsantrag des Bekl., sich durch Zahlung von 200 DM-Ost monatlich von seiner Unterhaltsverpflichtung zu befreien, ist daher ebenso unbegründet wie sein auf Abweisung der Klage gerichteter Hauptantrag.“

134. Der Unterhaltsanspruch eines in der Sowjetzone wohnhaften Unterhaltsberechtigten entsteht in DM-Ost. — Der Unterhaltsschuldner kann nicht zu einer Zahlung verurteilt werden, deren Annahme nach dem für den Unterhaltsberechtigten maßgebenden Devisenrecht strafbar ist. — Ein Unterhaltsschuldner im Bundesgebiet kann nur dann zur Zahlung von DM-Ost an den Unterhaltsberechtigten in der Sowjetzone verurteilt werden, wenn er Vermögenswerte in der Sowjetzone hat. — Wird der Unterhaltsschuldner aus devisenrechtlichen Gründen zur Zahlung von DM-West verurteilt, so ist der Betrag in dieser Währung nach dem Nennwert des in DM-Ost geschuldeten Betrages zu bemessen. — Ein Unterhaltsschuldner kann sich in den Grenzen des Zumutbaren nicht darauf berufen, daß bei der Überweisung seiner Zahlungen ostzonale Behörden unberechtigte Kursgewinne erzielen.

LG Hagen, Beschl. v. 20. 12. 1954 — 1 T 57/54: *Auszug in MDR 1955, 230.

Aus den Gründen:

„Der in der Ostzone wohnende Kl. begehrt das Armenrecht zur Durchführung einer Unterhaltsklage in Höhe von 34,50 DM monatlich gegen seinen in der Bundesrepublik lebenden ehelichen Vater. Der

[1] IzRspr. 1945—1953 Nr. 239.
[2] IzRspr. 1945—1953 Nr. 254.
[3] IzRspr. 1945—1953 Nr. 261.
[4] IzRspr. 1945—1953 Nr. 262.
[5] IzRspr. 1945—1953 Nr. 257.
[6] IzRspr. 1945—1953 Nr. 284.

Bekl. hat seine Schuld in einer vollstreckbaren Urkunde anerkannt. Er verpflichtet sich darin, den Unterhalt in DM-Ost in der Weise zu zahlen, daß er einen entsprechenden Betrag DM-West unter Zugrundelegung des Ostmarkkurses an dem für die Stadt E. (Bundesgebiet) zuständigen Wechselstubenplatz einzahlt. Der Kl. verlangt jedoch eine Umrechnung von DM-Ost in DM-West im Verhältnis 1:1 und begehrt Erlaß eines dahingehenden Urteils. Das AG hat sein Armenrechtsgesuch für diese Klage verweigert, da die Rechtsverfolgung keine hinreichende Aussicht auf Erfolg biete. Der Beschwerde des Kl. gegen diesen Beschluß des AG war stattzugeben. Es ist dem Bekl. zwar zuzugeben, daß der Unterhaltsanspruch des in der Ostzone lebenden Kl. grundsätzlich in DM-Ost erwächst (vgl. hierzu u. a. *Beitzke*, NJW 1950, 929 und LG Düsseldorf, MDR 1952, 200). Damit sind die weiteren Fragen, in welcher Währung der Schuldner zu verurteilen ist und ob, falls eine Verurteilung in DM-West erfolgt, der Kurs der Wechselstuben zugrundegelegt werden muß, jedoch noch nicht beantwortet.

Eine Verurteilung zur Zahlung in DM-Ost wird von verschiedenen Seiten für zulässig erklärt (so vor allem *Kühne*, NJW 1950, 729), von der überwiegenden Meinung aber — abgesehen von den Fällen, in denen der Schuldner über ein Ostzonenguthaben verfügt — abgelehnt (u. a. von *Beitzke*, NJW 1950, 929; LG München, NJW 1952, 1179[1] und LG Lüneburg, DAVorm. 1954/55, 131[2]). Die Vertreter dieser Meinung sprechen sich für eine Verurteilung in DM-West aus, weil die Zahlung von DM-West auf ein Sperrkonto in der Bundesrepublik devisenrechtlich die einzige Möglichkeit sei, Gelder an einen Gläubiger in der Ostzone gelangen zu lassen, auf eine devisenrechtlich unzulässige Leistung aber nicht erkannt werden dürfe. Es kann dahingestellt bleiben, ob eine Verurteilung in DM-Ost grundsätzlich zulässig ist; denn vorliegend ist im schutzwürdigen Interesse des Kl. schon nach Treu und Glauben (§ 242 BGB) die Verurteilung des Bekl. in DM-West geboten. Der Bekl. hat nichts dafür vorgetragen, daß er ein Guthaben in der Ostzone besitzt und aus diesem Grunde in der Lage wäre, dem Kl., ohne daß dieser sich durch die Annahme des Geldes devisenrechtlich strafbar machte, den von ihm benötigten Betrag von 34,50 DM-Ost zukommen zu lassen. Auch aus Gründen der Zwangsvollstreckung hat er kein beachtliches Interesse an einer Verurteilung in DM-Ost. Ein solches Interesse wäre nur dann zu bejahen, wenn er bei der Vollstreckung unter Inanspruchnahme der Wechselstuben durch den Gerichtsvollzieher den für ihn günstigen Kurs dieser Wechselstuben ausnutzen könnte. Diese Möglichkeit besteht jedoch nicht. Die Wechselstuben werden von der Ostzone nicht anerkannt. Bewohner der Ostzone, die Geld von den Wechselstuben annehmen, machen sich strafbar. Der Bekl. kann den Kl., zumal dieser sein Kind ist, nicht zwingen, Geld auf eine Weise anzunehmen, in der dieser sich strafbar macht. Hat der Bekl. jedoch auch aus Gründen der Zwangsvollstreckung kein beachtliches Interesse an einer Verurteilung in DM-Ost, so ist schon im Hinblick auf eine möglichst einfach

---

[1] Siehe IzRspr. 1945–1953 Nr. 281. [2] Siehe oben Nr. 126.

gestaltete und praktisch wirksame Vollstreckung eine Verurteilung in DM-West auszusprechen.

Bei dieser Verurteilung zur Zahlung in DM-West darf der Wechselstubenkurs nicht zugrunde gelegt werden, vielmehr muß eine Verurteilung im Verhältnis 1 DM-West = 1 DM-Ost erfolgen. Ein offizieller Kurs zwischen diesen beiden Währungen besteht nicht. Die Wechselstuben haben in der Bundesrepublik lediglich inoffiziellen Charakter, in der Ostzone sind sie, wie schon ausgeführt, verboten. Die einzige legale Möglichkeit, Geld an einen Gläubiger in der Ostzone zu zahlen, besteht im Verrechnungswege über ein Sperrkonto (19. DVO zum UG). Hierbei erhält der Gläubiger in der Ostzone einen entsprechenden Betrag DM-Ost nur im Verhältnis 1:1 ausbezahlt. Würde der Schuldner auf das Sperrkonto DM-West nach dem Kurse der Wechselstuben einzahlen, so erhielte der Gläubiger in der Ostzone nicht die erforderlichen Gelder, um seinen Unterhalt bestreiten zu können. Das aber widerspräche dem Sinn der gesetzlichen Unterhaltspflicht, wodurch der gesamte Lebensbedarf des Unterhaltsberechtigten sichergestellt werden soll. Aber auch wenn man § 244 II BGB heranzieht und den Wechselstubenkurs den Anforderungen dieser Vorschrift genügen läßt, kann er nicht zugrundegelegt werden. Die Bestimmung des § 244 II BGB legt nämlich den Kurswert zugrunde, der zur Zeit der Zahlung für den Zahlungsort maßgebend ist. Zahlungsort ist vorliegend jedoch die Ostzone (§§ 269, 270 BGB). Dort aber erfolgt eine Umrechnung nur im Verhältnis 1:1.

Entgegen der Ansicht des Bekl. nehmen die Behörden der Sowjetzone auf dem offiziellen Überweisungsweg auch nicht $^5/_6$ des Wertes der DM-West an sich. Da Zahlungen nur im Verrechnungswege vorgenommen werden, gelangen die eingezahlten DM-West überhaupt nicht in den Besitz der Behörden der Sowjetzone, so daß diese jedenfalls keine unmittelbaren währungsmäßigen Vorteile aus der Umstellung im Verhältnis 1:1 ziehen können. Im übrigen könnte der Bekl. als Vater sich auch durch eigennützige Eingriffe von Behörden solange nicht von der Erfüllung seiner Unterhaltspflicht abhalten lassen, als die von ihm verlangte Mehrleistung ihm noch zuzumuten ist; das ist bei einer Leistung in der Höhe, wie sie ein in Westdeutschland lebendes Kind verlangen könnte, noch der Fall. Unberechtigte Kursgewinne der Ostzonenbehörden zu verhindern, ist im übrigen nicht Sache des Bekl., sondern der westdeutschen Devisenbehörden.

Schließlich besteht für den Kl. die Möglichkeit, sich bei einem Besuch in der Westzone einen DM-West-Betrag zur Bestreitung des Aufenthalts und zur Beschaffung notwendiger Gegenstände auszahlen zu lassen (37. DVO zum UG). Diese Möglichkeit darf dem Kl. nicht abgeschnitten werden."

135. Der Unterhaltsanspruch eines unehelichen Kindes gegen seinen Erzeuger entsteht in der am Wohnsitz des Kindes geltenden Währung. — Da aus einem auf DM-Ost lautenden Urteil im Bundesgebiet nur zum Wechselstubenkurs vollstreckt werden kann, besteht für den in der Sowjetzone lebenden Unterhaltsberechtigten ein Rechtsschutzbedürfnis zur Er-

langung eines auf DM-West lautenden Titels. — Wird der Nennbetrag eines auf DM-Ost lautenden Vollstreckungstitels in DM-West eingeklagt, so liegt darin ein Verzicht auf den alten Titel. — Der Unterhaltsschuldner kann sich jedoch durch Zahlung des Nennbetrages in DM-Ost (aus Vermögenswerten in der Ostzone) von seiner Verbindlichkeit befreien.

LG Mainz, Urt. v. 25. 5. 1955 — 3 S 2/55: DAVorm. 28 (1954/55) 120; Leitsatz in FamRZ 1956, 32.

Aus den Gründen:

„Der Klageanspruch braucht bei dem vorliegenden Sachverhalt nicht auf § 323 ZPO gestützt zu werden. Bei der vollstreckbaren Anerkennungs- und Verpflichtungsurkunde des AG J. (sowjet.) handelt es sich um ein einseitiges Anerkenntnis in Form einer vollstreckbaren Urkunde, die der Rechtskraft nicht fähig ist. Auf derartige vollstreckbare Urkunden ist auch § 323 ZPO nicht anwendbar. Es ist vielmehr ohne Heranziehung dieser Bestimmung eine Leistungsklage möglich, wenn auf Grund veränderter Verhältnisse sich für den Kl. die Notwendigkeit zur Erhebung einer solchen Klage ergibt. Lediglich ein Rechtsschutzbedürfnis muß als Voraussetzung einer Klageerhebung gegeben sein (vgl. dazu *Baumbach*, ZPO Anm. 5A und *Stein-Jonas*, Anm. IV 1 zu § 323 ZPO).

Ein derartiges Rechtsschutzbedürfnis für die Erhebung der Leistungsklage auf Zahlung von Unterhalt für die Kl. ist aber im vorliegenden Fall zu bejahen.

Die Kl. wohnt in der Sowjetzone, während der Bekl. — ihr unehelicher Vater — in der Bundesrepublik wohnt.

Nach ganz überwiegender Ansicht in Rechtsprechung und Lehre entsteht der Anspruch des in der Sowjetzone wohnenden unehelichen Kindes gegen seinen Erzeuger in DM-Ost. Die Kl. hat auf Grund des Vollstreckungstitels, in dem sich der Bekl. verpflichtet, eine monatliche Unterhaltsrente in Höhe von 35 DM-Ost zu zahlen, die Zwangsvollstreckung gegen den Bekl. betrieben. Der Pfändungs- und Überweisungsbeschluß des AG Mainz ist dahin ergangen, daß die Unterhaltsforderungen der Kl. zum jeweiligen Wechselkurs umzurechnen seien. Die gegen diesen Pfändungs- und Überweisungsbeschluß eingelegte Erinnerung der Kl. ist zurückgewiesen worden. Bei Anwendung dieses Umrechnungskurses kann die Kl. aber nur einen Bruchteil der ihr zustehenden Unterhaltsmittel erhalten. Es sind seitens der Drittschuldnerin monatlich 8,75 DM-West abgeführt worden, die im Wege des Clearings nur im Verhältnis 1:1, also in Höhe von 8,75 DM-Ost der Kl. zugute kommen können. Daraus ergibt sich, daß die Kl. auf diese Weise nicht zu den ihr zustehenden Unterhaltsbeträgen kommen kann. Sie hat aber einen Anspruch darauf, die Unterhaltsrente von 35 DM-Ost in zulässiger Weise voll zu bekommen. Aus diesem Sachverhalt ergibt sich das Rechtsschutzbedürfnis der Kl. zur Erhebung der vorliegenden Klage.

Zum gleichen Ergebnis kommt *Kühne* in seinem Aufsatz ‚Die Durchsetzung von Ostmarkforderungen im westdeutschen Bundesgebiet' (NJW 1950, 729ff.). In der erhobenen Klage auf Zahlung des vollen Unterhaltsbetrages von 35 DM in der Währung der Bundesrepublik ist ein Verzicht der Kl. auf ihren DM-Ost-Titel zu sehen. Danach bestehen keine Bedenken, den Unterhaltsverpflichteten zur Zahlung der vollen monatlichen Unterhaltsrente von 35 DM in der Westwährung zu verurteilen, da auf Grund des für derartige Unterhaltsansprüche bestehenden Clearings nur eine Umrechnung 1:1 in Betracht kommt, so daß die Kl. den ihr zustehenden Unterhaltsbetrag nur in Höhe von 35 DM-Ost erhält (vgl. Runderlaß der BdL Nr. 116/1951). Die Zahlung der Unterhaltsbeträge hat entsprechend der 19. DVO zum UG in Allgemeiner Genehmigung Nr. 27/49 des Ges. 52/53 auf ein Sperrkonto im westdeutschen Währungsgebiet zu erfolgen.

Zu dem gleichen Ergebnis kommen die Entscheidungen des LG Oldenburg vom 15. 4. 1953 (NJW 1953, 1183[1]), des LG Bremen vom 8. 9. 1954 (NJW 1954, 1768[2]) und des LG Frankenthal, MDR 1955, 230[3] (letztere unter Anwendung des § 323 ZPO).

Dieses Ergebnis entspricht auch der Billigkeit. Denn der Bekl. müßte den gleichen Betrag von 35 DM-West für ein uneheliches Kind im Gebiete der Bundesrepublik aufwenden.

Jedoch erscheint es trotz der Verurteilung des Bekl. zur vollen Unterhaltszahlung in DM-West geboten, dem Bekl. die rechtlich zulässige Leistung in DM-Ost zu ermöglichen, um sich auf diese Weise von seiner Unterhaltsverpflichtung zu befreien, falls er dazu in der Lage ist. Das LG Bremen hat in dem vorstehend zitierten Urteil die Festlegung dieser Befreiungsmöglichkeit ohne Antrag von Amts wegen für zulässig erachtet. Es kann dahingestellt bleiben, ob diese Möglichkeit dem Bekl. von Amts wegen oder nur auf Antrag zugebilligt werden kann. Denn in dem Klageabweisungsantrag des Bekl. ist der hilfsweise Antrag zu sehen, ihm die Zahlung der Unterhaltsrente von 35 DM monatlich in DM-Ost zu ermöglichen, soweit er über DM-Ost-Beträge verfügt."

136. Der westdeutsche Schuldner eines in der Sowjetzone wohnhaften Unterhaltsberechtigten kann sich durch Zahlung von DM-Ost nach dem Devisenrecht des Bundesgebiets und der Sowjetzone nur dann befreien, wenn er Vermögen in der Sowjetzone nachweist. — Zahlungen, durch deren Annahme der Unterhaltsgläubiger gegen das für ihn maßgebliche Devisenrecht verstößt, brauchen nicht angenommen zu werden; sind sie jedoch angenommen worden, so ist die Unterhaltsverbindlichkeit insoweit rechtswirksam getilgt. — Kann der Unterhaltsschuldner DM-Ost in der Sowjetzone nicht leisten, so wird der Schuldner verpflichtet, in der an seinem Wohnsitz geltenden Währung zu zahlen. — In diesem Fall ist die Höhe des Unterhaltsbetrages nach dem Kaufkraftverhältnis der beiden deutschen Währungen festzusetzen.

LG Aachen, Urt. v. 18. 6. 1955 — 5 S 26/55: DAVorm. 28 (1954/55) 232.

Aus den Gründen:

„Eine Verurteilung des westdeutschen Unterhaltsschuldners zur Zahlung von DM-Ost ist nur in den Fällen zulässig, in denen der Schuldner

[1] IzRspr. 1945—1953 Nr. 287. [2] Siehe oben Nr. 132.
[3] Siehe oben Nr. 26.

über ein in der Ostzone belegenes DM-Ost-Vermögen verfügt und daher die legale Möglichkeit hat, dem Gläubiger den für seinen Lebensbedarf notwendigen Unterhalt in der vollen Höhe des aus dem Urteil ersichtlichen Nennbetrages zukommen zu lassen. Wo eine derartige Erfüllungsmöglichkeit nicht besteht, wird das entsprechend § 244 BGB bestehende Recht auf Befreiung durch Zahlung in eigener Währung nach Treu und Glauben zu einer Befreiungspflicht des Schuldners, weil auf legalem Wege nur so der in der Ostzone lebende Gläubiger in ausreichendem Maße in den Genuß der Unterhaltsleistungen kommen kann. Für die Höhe der auf DM-West lautenden Verurteilung kann nicht der jeweilige Kurs der westdeutschen Wechselstuben maßgebend sein. Vielmehr ist der westdeutsche Unterhaltsschuldner — unter Berücksichtigung seiner eigenen Leistungsfähigkeit — zu dem Betrage zu verurteilen, den der Unterhaltsgläubiger benötigt, um an seinem Wohnsitz in der Ostzone leben zu können. Bei der Ermittelung der Betragshöhe ist deshalb von der Kaufkraft der beiden Währungen auszugehen, die im Bereich des lebensnotwendigen Bedarfs gleichwertig ist. (Vgl. auch BGH, JZ 1955, 162[1].) Nur auf diese Weise ist unter Berücksichtigung der Verwertungsmöglichkeiten von Sperrguthaben gewährleistet, daß dem Unterhaltsgläubiger an seinem Wohnsitz in der Ostzone die auf Grund des Urteils freiwillig geleisteten oder im Wege der Zwangsvollstreckung beigetriebenen DM-West-Beträge auch in dem Maße zugute kommen, wie er sie für den lebensnotwendigen Unterhalt braucht.

Hat sonach grundsätzlich ein Urteil, das einen in Westdeutschland wohnenden Unterhaltsschuldner zur Zahlung von Unterhalt an seine in der Ostzone lebenden Angehörigen verurteilt, auf DM-West zu lauten, so wird die Frage, ob dem Unterhaltsschuldner nachzulassen sei, sich durch Zahlung in DM-Ost zu befreien, von den westdeutschen Gerichten nicht einhellig beantwortet. Die Kammer hat bereits in ihrem Urteil vom 27. 5. 1955 — 5 S 347/54 — zu dieser Frage Stellung genommen und dahin entschieden, daß der Nachweis einer legalen Befreiungsmöglichkeit nicht entbehrlich sei, weil andernfalls nicht gewährleistet sei, daß der ostzonale Unterhaltsgläubiger auch wirklich nur in devisenrechtlich zulässiger Weise in den Besitz von DM-Ost-Beträgen gelange. Die Kammer sieht keine Veranlassung, von dieser Auffassung abzugehen.

Die Anwendung der vorstehenden Grundsätze auf den hier zur Entscheidung stehenden Fall führt zu folgendem Ergebnis:

Der Bekl. ist auf Zahlung von Unterhalt in DM-West zu verurteilen. Ein Befreiungsrecht durch Zahlung in DM-Ost kann ihm nicht eingeräumt werden. Zwar hat er unstreitig schon bisher größere DM-Ost-Zahlungen an die Kl. geleistet. Daß dies auf eine Weise erfolgt sei, die sowohl nach dem Devisenrecht der Bundesrepublik als auch nach dem Devisenrecht der Ostzone gestattet ist, hat er hinreichend nicht dargetan. Vermögen in der Ostzone besitzt der Bekl. jedenfalls nicht.

Es kann den Kl. aber nicht zugemutet werden, in Zukunft Unterhaltsbeträge in DM-Ost, deren devisenrechtlich zulässige Zahlung durch den

---

[1] Siehe oben Nr. 120.

Bekl. sie nicht nachprüfen können, anzunehmen. Eine andere Frage ist, ob und in welchem Umfang sich die Kl. die DM-Ostbeträge, die sie bisher bereits angenommen haben, anrechnen lassen müssen.

Auf die angefallenen Rückstände müssen sich die Kl. die vom Bekl. bisher unstreitig gezahlten 889,50 DM-Ost in voller Höhe anrechnen lassen. Hinsichtlich eines Betrages in Höhe von 554,50 DM ergibt sich dies bereits aus der von den Kl. abgegebenen Einverständniserklärung. Aber auch die weiter entrichteten 335 DM-Ost müssen sich die Kl. in voller Höhe so anrechnen lassen, als sei die Zahlung in DM-West erfolgt. Hätte der Bekl. diesen Betrag in DM-West auf ein Sperrkonto in Westdeutschland eingezahlt, so wären die Kl. auf legale Weise nicht etwa in den Genuß eines höheren, nach dem Wechselstubenkurs errechneten Betrages in DM-Ost gekommen, sondern hätten lediglich einen gleich hohen Betrag in DM-Ost erlangt. Am Wohnort der Kl. wird der westliche Wechselstubenkurs nämlich nicht anerkannt und kann deshalb auf legale Weise auch nicht verwirklicht werden. Dort erhält ein Gläubiger, soweit die Einfuhr von Westdeutschland überhaupt statthaft ist oder die Auszahlung westzonaler Sperrguthaben im Verrechnungswege ermöglicht wird, für 1 DM-West höchstens 1 DM-Ost ausgezahlt. Die Kl. haben also das erhalten, was sie auch bei einer Einzahlung durch den Bekl. in DM-West-Beträgen erhalten hätten. Da sie die ihnen angebotenen DM-Ost-Beträge laufend angenommen haben, können sie sich nicht darauf berufen, daß die Zahlungen des Bekl. möglicherweise auf illegalem Wege erfolgt sind. Abgesehen davon ist, wie bereits hervorgehoben wurde, im Rahmen des Mindestbedarfs, mit dem wir es hier zu tun haben, eine DM-Ost einer DM-West gleichzusetzen. Die Kl. können aus diesem Grunde also auch nicht verlangen, so gestellt zu werden, wie sie sich ständen, wenn der Bekl. DM-West-Beträge eingezahlt hätte und diese nach dem Wechselstubenkurs in DM-Ost-Beträge umgewechselt worden wären.

Auch etwaige weitere Zahlungen in DM-Ost, die die Kl. bis zum Erlaß dieses Urteils nachweislich angenommen haben, müssen sie sich nach dem vorstehend Gesagten in voller Höhe anrechnen lassen.

Illegale Zahlungen von DM-Ost-Beträgen durch den Bekl. brauchen die Kl. jedoch nicht anzunehmen. Sollte der Bekl. weiterhin Zahlungen in DM-Ost anbieten, so können sie deren Annahme verweigern und im Vollstreckungswege die Einzahlung von DM-West-Beträgen auf ein Sperrkonto erzwingen.“

137. Der im Bundesgebiet lebende Unterhaltsschuldner kann sich auf ein am Wohnsitz des Unterhaltsberechtigten in der Sowjetzone geltendes devisenrechtliches Verbotsgesetz nicht berufen. — Der Unterhaltsanspruch entsteht in der Währung des Gebietes, in dem der Unterhaltsberechtigte lebt. — Nach westdeutschem Devisenrecht kann im Bundesgebiet der Schuldner einer auf DM-Ost lautenden Unterhaltsverbindlichkeit nur zur Zahlung des Nennbetrages in DM-West verurteilt werden. — Verlegt der Unterhaltsschuldner seinen Wohnsitz aus der Sowjetzone in das Bundesgebiet, so liegt darin eine wesentliche Veränderung der Verhältnisse im

Sinne des § 323 ZPO. — Der westdeutsche Unterhaltsschuldner kann sich durch Zahlung von DM-Ost in der Sowjetzone von seiner auf DM-West festgesetzten Unterhaltsverbindlichkeit befreien. — (In der Kostenentscheidung ist das Kaufkraftverhältnis der beiden deutschen Währungen zu berücksichtigen.)

LG Stuttgart, Urt. v. 7. 10. 1955 — 3 S 286/55: *Auszug in MDR 1956, 34; Leitsatz in FamRZ 1956, 123.

Die Ehe der Parteien wurde aus Verschulden des Bekl. geschieden. Der Bekl. wurde im Jahre 1949 durch Urteil des AG Berlin-T. (Berlin-West) zur Zahlung einer Unterhaltsrente von monatlich 50 DM verurteilt; seiner Entlohnung entsprechend waren $^1/_4$ des Betrages in DM-West und $^3/_4$ in DM-Ost zu entrichten. Inzwischen ist der Bekl. nach F. (Bundesgebiet) verzogen und hat hier erneut geheiratet.

Das AG verurteilte den Bekl. an Stelle der im Urteil des AG Berlin-T. erkannten Beträge für die Zeit vom 1. 8. 1954 bis 31. 3. 1955 zur Zahlung von monatlich 40 DM-West und ab 1. 4. 1955 zu 50 DM-West. Mit der Berufung beantragt der Bekl. in erster Linie Klageabweisung, hilfweise: ihm nachzulassen, sich durch Zahlung der Urteilsbeträge zum Nennbetrag in DM-Ost in devisenrechtlich zulässiger Weise zu befreien.

Das LG änderte das Urteil der Vorinstanz nur hinsichtlich des Hilfsantrages ab.

Aus den Gründen:

„Die Berufung ist zulässig, begründet ist jedoch nur ihr Hilfsantrag, dagegen nicht ihr Hauptantrag.

1. Es kann dahingestellt bleiben, ob die Kl. durch die Einrichtung eines Westberliner Kontos und Abhebungen von DM-West-Beträgen von diesem Konto gegen gesetzliche Bestimmungen der DDR verstößt. Da sich die Kl. ein solches Konto hat einrichten lassen und Zahlung auf dieses Konto begehrt, muß davon ausgegangen werden, daß sie dazu nach den in der DDR geltenden Bestimmungen berechtigt ist. Selbst wenn es aber anders sein sollte, könnte der Bekl. daraus keine Rechte herleiten, da ein etwaiges Verbotsgesetz der DDR sich immer nur gegen ein Tun der Kl., nicht aber gegen die Handlung richtet, zu deren Vornahme der Bekl. verurteilt worden ist.

Zu Unrecht stellt der Bekl. auch in Abrede, daß mit seiner Übersiedlung von Berlin, wo er nur $^1/_4$ seines Lohns in DM-West, den Rest jedoch in DM-Ost erhielt, die Möglichkeit einer Verurteilung zu DM-Ost weggefallen ist. Zwar hat die in Ostberlin wohnende Kl. einen Anspruch auf Unterhaltszahlung nur in DM-Ost. Nach den in der Bundesrepublik geltenden Devisenvorschriften kann aber ein hier lebender Schuldner nur zur Zahlung von DM-West im Nennbetrag der DM-Ost-Unterhaltsforderung auf ein Sperrkonto verurteilt werden, da sonst der DM-Ost-Gläubiger nicht den ihm zustehenden Unterhalt auf gesetzlich zulässige Weise erhalten würde (vgl. dazu das ausführlich begründete Urteil des LG Bremen, MDR 1955, 547f.[1]). Die Übersiedlung des Bekl. aus Berlin nach der Bundesrepublik, wo er ausschließlich in DM-West entlohnt wird, stellt daher im Sinne von § 323 ZPO eine wesentliche Veränderung derjenigen Verhältnisse dar, die für die Verurteilung des Bekl. im Vorprozeß, also zu einer Zeit maßgebend waren, als der Bekl. $^3/_4$ seines Lohns in DM-Ost erhielt (so auch LG Tübingen, MDR 1955, 487[2]).

[1] Siehe oben Nr. 132.

[2] Siehe oben Nr. 29.

Es mag zwar sein, daß die Kl. bei Umwechslung des ihr zugesprochenen Westmarkbetrags nach dem Wechselstubenkurs das $2^1/_2$fache des ihr früher zuerkannten Betrags erhalten würde. Das muß jedoch in Kauf genommen werden, solange in beiden Teilen Deutschlands verschiedene Währungen gelten und keine gesetzliche Möglichkeit für eine Transferierung von DM-West in DM-Ost besteht. Zu Recht hat daher das AG der auf Zahlung nur in DM-West auf ein Sperrkonto gerichteten Klage stattgegeben.

2. Dagegen hat es zu Unrecht die Ersetzungsbefugnis des Bekl. durch eine devisenrechtlich zulässige Zahlung in DM-Ost verneint. Seine dafür gegebene Begründung, die Kl. wohne in Berlin und müsse daher die Möglichkeit behalten, von ihrem Sperrkonto Westgeld zum Verbrauch in den Westsektoren in zulässiger Weise zu verwenden, ist nicht stichhaltig. Eine verschiedene Behandlung von Einwohnern Ostberlins und und solchen der übrigen DDR ist nicht gerechtfertigt, da beide im gleichen Währungsgebiet leben. Die Ersetzungsbefugnis als solche kann aber dem Bekl. grundsätzlich nicht versagt werden. Die Gewährung dieser Befugnis entspricht Treu und Glauben, da der Bekl. unstreitig Verwandte in Ostberlin hat, die bereit und in der Lage sind, der Kl. den Unterhaltsbetrag in DM-Ost zukommen zu lassen (ebenso LG Bremen aaO und die dort angeführte Rechtsprechung).

Die Meinung der Kl., der Hilfsantrag auf Gewährung der Ersetzungsbefugnis sei unzulässig und unbegründet, da sie sich durch die Annahme einer Ostmarkzahlung nach dem Ges. über den innerdeutschen Zahlungsverkehr vom 18. 12. 1950 strafbar mache, ist unzutreffend. Wie die Kammer schon in ihrem Urteil vom 20. 10. 1954 — 3 S 393/53 — ausgeführt hat, ist die Annahme der Ostmarkzahlung eines in der Bundesrepublik wohnenden Schuldners gemäß § 8 II Satz 2 des erwähnten Gesetzes nicht schlechthin, sondern nur dann strafbar, wenn der Empfänger dazu keine Genehmigung erhalten hat. Da die Kl. jedoch nicht vorgetragen hat, daß sie eine derartige Genehmigung zwar nachgesucht habe, sie ihr aber verweigert worden sei, kann dem Bekl. die Ersetzungsbefugnis nicht versagt werden. Seine Berufung war daher mit der Maßgabe als unbegründet zurückzuweisen, daß ihm die Ersetzungsbefugnis gewährt wird.

3. Die Kostenentscheidung folgt aus den §§ 91, 92, 97 ZPO. Dabei wurde berücksichtigt, daß, soweit Abänderung der Verurteilung des Bekl. zu 37,50 DM-Ost zum Nennbetrag in DM-West beantragt war, nicht der Wechselstubenkurs, sondern ein der DM-Ost günstigeres Umrechnungsverhältnis zugrunde zu legen war, da angenommen werden konnte, daß die Kl. mit den ihr im Vorprozeß zugesprochenen DM-Ost-Beträgen in Ost-Berlin eingekauft und dabei für bewirtschaftete Waren nicht sehr viel mehr aufgewendet hat, als sie für die gleichen Waren in West-Berlin hätte ausgeben müssen. Ferner wurde in Betracht gezogen, daß der Bekl. seinen Verwandten in Ost-Berlin, die für ihn den Unterhalt an die Kl. in Ost-DM zahlen wollen, eine Entschädigung durch Sendungen von Lebensmitteln und Kleidungsstücken zukommen lassen muß, für deren Einkauf er hier nicht viel weniger aufwenden muß als seine Verwandten beim Einkauf mit Ost-Mark in Ost-Berlin."

138. Auf das interzonale Recht sind die Grundsätze des internationalen Privatrechts entsprechend anwendbar. — Der Unterhaltsanspruch eines bei seiner Mutter in der Sowjetzone lebenden unehelichen Kindes gegen seinen Erzeuger richtet sich nach dem Recht der Sowjetzone. — Es widerspricht nicht dem ordre public der Bundesrepublik, daß ein im Bundesgebiet lebender Erzeuger seinem unehelichen Kind nur noch im Rahmen seiner eigenen Leistungsfähigkeit und der Bedürftigkeit des Kindes zum Unterhalt verpflichtet ist. — Der Unterhaltsanspruch eines unehelichen Kindes entsteht in der Währung des Gebietes, in dem das Kind lebt. — Der im Bundesgebiet wohnhafte Unterhaltsschuldner hat den Unterhalt für sein in der Sowjetzone lebendes uneheliches Kind in DM-West zu leisten. — Zahlungen in DM-Ost an den Unterhaltsberechtigten in der Sowjetzone wirken nur dann befreiend, wenn sie von der für die Sowjetzone zuständigen Stelle devisenrechtlich genehmigt werden. — (Devisenrechtlich zulässige Zahlungen in DM-Ost sind zum Nennbetrag auf die in DM-West festgesetzten Zahlungsverpflichtungen anzurechnen.)

LG Verden/Aller, Urt. v. 29. 11. 1955 — 1 S 235/55: *Auszug in MDR 1956, 104; Leitsatz in FamRZ 1956, 123.

Der bei seiner Mutter in R. (sowjet.) lebende Kl., ein uneheliches Kind des im Bundesgebiet wohnhaften Bekl., nimmt diesen auf Unterhalt in Anspruch. Das AG verurteilte den Bekl. zur Zahlung von monatlich 120 DM-Ost, unter voller Anrechnung von drei Zahlungen zu je 40 DM-Ost.

Auf die Berufung des Kl. verurteilte das LG den Bekl. zur monatlichen Zahlung von DM-West-Beträgen in verschiedener Höhe; auf die zu zahlenden Beträge sollen drei Zahlungen von je 40 DM-Ost sowie während des Berufungsverfahrens gezahlte weitere 600 DM-Ost angerechnet werden, „soweit diese Zahlungen durch die Deutsche Notenbank Berlin (Innerdeutscher Zahlungsverkehr) genehmigt werden".

Aus den Gründen:

„Die auf §§ 1708, 1717 BGB gestützte Klage ist begründet.

1. Die Unterhaltspflicht des Bekl. als außerehelicher Erzeuger (§§ 1708, 1717 BGB) ist nach Art. 21 EGBGB nach dem Gesetz des Staates zu beurteilen, dem die Mutter zur Zeit der Geburt des Kindes angehört. Nach dieser Bestimmung können jedoch nicht weitergehende Ansprüche geltend gemacht werden, als sie nach den deutschen Gesetzen begründet sind. Nach Art. 30 EGBGB ist die Anwendung eines ausländischen Gesetzes nur dann ausgeschlossen, wenn die Anwendung gegen die guten Sitten oder den Zweck eines deutschen Gesetzes verstoßen würde. Diese Grundsätze sind auf das Verhältnis zwischen West- und Ostrecht entsprechend anzuwenden. Der Unterhaltsanspruch des Kl. richtet sich also nach dem Recht der DDR. Durch Art. 33 der am 7. 10. 1949 in Kraft getretenen Verfassung der DDR ist bestimmt worden, daß die außereheliche Geburt einem Kinde und seinen Eltern nicht zum Nachteil gereichen dürfe; entgegenstehende Bestimmungen sind aufgehoben worden. Nach § 17 II des MKSchG soll sich der Unterhalt, den die Mutter für das nicht eheliche Kind zu beanspruchen hat, nach der wirtschaftlichen Lage beider Eltern richten. Die dadurch ausgesprochene rechtliche Gleichstellung der unehelichen Kinder ist aber bereits durch

die Verfassung herbeigeführt worden, weil dort in Art. 144 bestimmt ist, daß alle Bestimmungen der Verfassung unmittelbar geltendes Recht sind.

Wie die Kammer bereits in 1 S 364/53, 1 S 346[1] und 351/54[2] ausgesprochen hat, haftet also der uneheliche Vater in einem derartigen Falle nur noch im Rahmen der §§ 1601 ff. BGB. Danach ist gemäß § 1603 BGB die Leistungsfähigkeit des Vaters und gemäß § 1602 BGB die Bedürftigkeit des Kindes zu berücksichtigen. Die Bestimmung des § 1606 II Satz 2 BGB (Vorrang des Vaters vor der Mutter) kann unter Berücksichtigung des § 17 II des MKSchG nur dahin aufgefaßt werden, daß beide Elternteile nach ihrer wirtschaftlichen Lage für den Unterhalt des Kindes zu sorgen haben (vgl. dazu im einzelnen LG Aachen, NJW 1954, 841[3] mit weiteren Nachweisen). Der vom LG Berlin-West (MDR 1953, 44[4]) — gleiche Ansicht LG Frankenthal, MDR 1954, 614[5] — unter Hinweis auf Art. 30 EGBGB vertretenen abweichenden Auffassung, daß sich der im Geltungsbereich des GG wohnende uneheliche Vater des Kindes nicht auf § 17 des MKSchG berufen könne, hat sich die Kammer nicht anschließen können. Aus Art. 30 EGBGB können schon deshalb keine Bedenken hergeleitet werden, weil in Art. 3 II und Art. 6 V GG ähnliche Grundsätze enthalten sind (vgl. dazu LG Aachen aaO mit weiteren Nachweisen).

Im übrigen hat sich der Kl. selbst diesen Erwägungen nicht verschlossen, weil er für die Zeit, in der die Mutter des Kl. gearbeitet und verdient hat, statt 40 DM nur 20 DM monatlich verlangt.

Es war also zu entscheiden, in welchem Umfang der Kl. seit dem 25. 6. 1954 bedürftig und der Bekl. leistungsfähig ist . . .

2. Entgegen der Auffassung des AG kann die Verurteilung des Bekl. lediglich in DM-West erfolgen. Diesen Standpunkt vertritt die Kammer in ständiger Rechtsprechung (vgl. 1 S 346/54[6] und 1 S 351/54[7]).

Der Unterhaltsanspruch des Kl. ist zwar in DM-Ost entstanden, weil der Kl. in der Ostzone lebt. Die Zahlung der Unterhaltsrente kann jedoch nur in DM-West ausgesprochen werden. Insbesondere ist der Kursunterschied zwischen DM-West und DM-Ost nicht zu berücksichtigen. Die Zahlung hat auf ein in der Westzone zu errichtendes Sperrkonto zu erfolgen (19. DVO zum UG in Allgemeiner Genehmigung Nr. 27/49 des Ges. 52/53). Dem Wunsche des Bekl., in DM-Ost zu zahlen, konnte nicht entsprochen werden. Die Kammer ist der grundsätzlichen Auffassung, daß die Zahlungen ausnahmslos in DM-West auf ein Sperrkonto zu erfolgen haben. Der in der Westzone lebende Unterhaltsverpflichtete hat namentlich bei verhältnismäßig niedrigen Unterhaltsbeträgen den in der Ostzone lebenden Unterhaltsberechtigten so zu stellen, als ob dieser in der Westzone lebte. Er hat ihm daher in der in der Westzone allein zulässigen Zahlungsweise, also in DM-West, den erforderlichen Unterhalt zu zahlen. Jede andere Regelung würde dazu führen, daß der Unter-

[1] Siehe oben Nr. 133.
[2] Siehe oben Nr. 25.
[3] IzRspr. 1945—1953 Nr. 56a.
[4] IzRspr. 1945—1953 Nr. 52.
[5] Siehe oben Nr. 131
[6] Siehe oben Nr. 131.
[7] Siehe oben Nr. 25.

haltsverpflichtete ohne Rechtsgrund den wechselnden Kursunterschied zwischen DM-West und DM-Ost für sich ausnutzen könnte und weniger zu zahlen brauchte, als er einem Unterhaltsberechtigten, der in der Westzone lebt, zahlen müßte. Der Verpflichtete muß also den Betrag zahlen, den er nach seinen Verhältnissen zahlen kann, darf aber dafür nicht einen niedrigeren Betrag aufwenden, der ausreichen würde, um unter Ausnutzung des Kursunterschiedes den Unterhaltssatz in nominell gleicher Höhe, aber in DM-Ost, zu erreichen. Diese allein billige Regelung stellt den Unterhaltspflichtigen nicht schlechter. Sie stellt aber auch den Unterhaltsberechtigten nicht besser, da ihm der auf Sperrkonto eingezahlte Betrag nur im Verhältnis 1:1 zur Verfügung steht, mag er den Unterhalt nun von der DDR oder von der Westzone her in Anspruch nehmen.

Wollte man dem Bekl. gestatten, die Beträge, wie bisher, in DM-Ost zu zahlen, so würde das zu einer Umgehung gesetzlicher Bestimmungen führen und die Wechselbeziehungen bei Unterhaltszahlungen im Verhältnis der DDR zur Westzone und umgekehrt beeinträchtigen.

3. Der Bekl. hat allerdings in Erfüllung seiner Unterhaltspflicht die im einzelnen aus der Urteilsformel ersichtlichen Zahlungen von insgesamt 720 DM-Ost geleistet. Diese Beträge können jedoch nur dann auf die Unterhaltsforderung des Kl. und die Verbindlichkeit des Bekl. angerechnet werden, falls sie durch die dafür zuständige Stelle genehmigt werden. Nur in diesem Falle sind sie als rechtswirksame Zahlungen anzusehen und anzurechnen. Wie der Kl. in der letzten mündlichen Verhandlung vorgetragen hat, hat er die erforderliche Genehmigung beantragt. Die Anrechnung der gezahlten Beträge war daher nur mit der aus der Urteilsformel ersichtlichen Einschränkung auszusprechen."

139. Das Urteil eines Gerichts in der Sowjetzone ist kein „ausländisches Urteil" im Sinne von § 722 ZPO. — Ein sowjetzonales Urteil ist im Bundesgebiet nicht anzuerkennen, wenn es gegen den westdeutschen ordre public verstößt. — Es verstößt nicht gegen den westdeutschen ordre public, wenn über ein Rechtsmittel im Beschlußverfahren entschieden wird; eine sachliche Nachprüfung der anzuerkennenden Entscheidung findet nicht statt. — Aus dem Urteil eines sowjetzonalen Gerichts kann im Bundesgebiet vollstreckt werden. — Die Vollstreckung eines auf DM-Ost lautenden Titels erfolgt unter entsprechender Anwendung von § 244 BGB in DM-West unter Umrechnung nach dem Wechselstubenkurs; diese Regel gilt auch für die Vollstreckung wegen Unterhaltsansprüchen eines unehelichen Kindes. — Die Kosten des Beschwerdeverfahrens sind nach dem Umrechnungskurs festzulegen.

LG Marburg, Beschl. v. 22. 12. 1955 — T 140/55: *Auszug in MDR 1956, 552.

Der in H. (sowjet.) wohnhafte Gläubiger ist das uneheliche Kind des in M. (Bundesgebiet) lebenden Schuldners. Durch Urteil des AG H. vom August 1952 ist der Schuldner verurteilt worden, vierteljährlich 90 DM-Ost an den Gläubiger zu zahlen; die Berufung des Schuldners ist im März 1953 durch Beschluß des 2. ZS des Bezirksgerichts H. als offensichtlich unbegründet verworfen worden.

Auf Grund dieses Titels hat der Gläubiger eine Forderung des Schuldners gegen den in N. (Bundesgebiet) ansässigen Drittschuldner gepfändet und sich überweisen lassen.

Erinnerung, sofortige Beschwerde und sofortige weitere Beschwerde des Schuldners waren erfolglos.

Aus den Gründen:

„Nach h. M. ist ein in der DDR ergangenes Urteil kein „ausländisches" Urteil im Sinne von § 722 ZPO; es ist vielmehr als ein inländisches Urteil anzusehen (siehe *Baumbach*, ZPO § 328 Anm. 1; *Stein-Jonas*, ZPO § 328 Anm. III 4; OLG Celle, MDR 1951, 619[1]; *Beitzke*, NJW 1953, 1757). Es handelt sich um ein Urteil einer fremden inländischen Hoheitsgewalt, welches zwar im Grundsatz in der Bundesrepublik Deutschland als inländisches angesehen wird, dessen Anerkennung aber wegen Verstoßes gegen den ordre public der Bundesrepublik ausgeschlossen werden kann (vgl. *Beitzke*, NJW 1953, 1757). Zur Annahme eines solchen Verstoßes besteht kein Anlaß.

In dem Unterhaltsprozeß der Parteien ist dem Schuldner der Rechtsschutz nicht versagt worden. Es hat eine umfangreiche Beweisaufnahme stattgefunden. Dabei sind auch Gerichte in der Bundesrepublik im Wege der Rechtshilfe tätig geworden. Der Schuldner hat dann gegen das gegen ihn ergangene Urteil Berufung eingelegt. Ein Verstoß gegen den ordre public kann auch nicht darin erblickt werden, daß die Berufung des Schuldners auf Grund des § 41 der AngleichungsVO vom 4. 10. 1952 verworfen worden ist. Der Schuldner war in der Berufungsinstanz durch einen Rechtsanwalt vertreten. Es ist ihm auch in dieser Instanz nicht das rechtliche Gehör verweigert worden. Dieses setzt keineswegs Mündlichkeit des Verfahrens voraus. Dem Schuldner ist dabei auch keine Tatsacheninstanz genommen worden. Der Unterschied zur Behandlung von gleichgelagerten Rechtsstreitigkeiten in der Bundesrepublik besteht lediglich darin, daß eine Prüfung und Entscheidung im Beschlußverfahren erfolgt ist. Das ist eine reine prozeßwirtschaftliche Maßnahme. Diese ist auch in der Bundesrepublik durchaus gebräuchlich, wie sich aus § 349 StPO ergibt. Dem Schuldner ist durch diese Art der Behandlung auch der Rechtsschutz nicht beschnitten worden. Der Rechtsweg im Sinne des GG bedeutet lediglich den Weg zu den Gerichten als staatlichen Institutionen. Aus dem rechtsstaatlichen Prinzip als solchem ergibt sich jedoch nicht, daß der Rechtsweg in allen Zweigen einen erschöpfenden Instanzenzug haben müsse. Es gab von jeher unanfechtbare erstinstanzliche Gerichtsentscheidungen. Auch nach dem gegenwärtig geltenden Gerichtsverfassungsrecht gibt es sogar Gerichte, die in erster und letzter Instanz entscheiden (siehe hierzu OVG Lüneburg, NJW 1954, 1740; BVerwG, NJW 1954, 1172). Auch auf zivilrechtlichem Gebiet ist in der Bundesrepublik gegen Urteile des AG nicht in allen Fällen ein Rechtsmittel gegeben (siehe § 511a ZPO). Es liegen somit auf prozeßrechtlichem Gebiet keine Umstände vor, welche zu einer Versagung der Anerkennung des Urteils des AG in H. führen könnten.

---

[1] IzRspr. 1945—1953 Nr. 198.

Mit Recht weist weiter das AG bereits in dem angefochtenen Beschluß darauf hin, daß im Vollstreckungsverfahren eine materielle Prüfung des vorliegenden Schuldtitels nicht erfolgen könne. Was diese jedoch anbelangt, ergibt sich der ordre public aus der Rechtsprechung der Gerichte in der Bundesrepublik. Der Schuldner wendet sich dazu im wesentlichen gegen die Beweiswürdigung in dem Urteil des AG in H. sowie dem Beschluß des 2. ZS des Bezirksgerichts in H. Soweit diese fehlerhaft sein sollte, kann dies auf die Anerkennung des Urteils keinen Einfluß haben. Nach der Rechtsprechung des BGH wird der Bestand eines Unterhaltsurteils nicht einmal dadurch beeinträchtigt, daß sich im Statusverfahren auf Feststellung der mangelnden Vaterschaft eine Unrichtigkeit herausstellt (siehe BGH, NJW 1953, 1545). Auch aus diesem Grunde kann von einem Verstoß gegen den ordre public, der zu einer Versagung der Anerkennung des vorliegenden Schuldtitels führen könnte, nicht gesprochen werden.

Bei dem rechtskräftigen Urteil des AG in H. handelt es sich also um einen Titel eines deutschen Gerichts, auf Grund dessen die Zwangsvollstreckung auch in der Bundesrepublik betrieben werden kann (vgl. OLG Hamm, NJW 1955, 68[1]). Allerdings lautet der Titel auf DM-Ost. Die Verurteilung des Schuldners zur Zahlung ist also, wie die Dinge sich nun einmal entwickelt haben, in einer in der Bundesrepublik Deutschland nicht gültigen Währung erfolgt (vgl. OLG Celle, NJW 1951, 484[2]; OLG Hamm, NJW 1955, 68[1]).

Die Frage, wie die Vollstreckung aus einem Titel zu erfolgen hat, der eine Zahlung in einer Währung ausspricht, die an dem Ort der Zwangsvollstreckung nicht die gültige Währung ist, ist bereits in einer Entscheidung des RG in RGZ 106, 74ff. entschieden worden. In einem solchen Falle hat eine Vollstreckung nach § 803 ZPO zu erfolgen (vgl. *Wälde*, NJW 1951, 213). Insbesondere bedarf es einer vorgängigen gerichtlichen Entscheidung über eine ziffernmäßige ‚Umstellung' des Titels auf die am Orte der Zwangsvollstreckung gültige Währung nicht. Das Vollstreckungsorgan hat dies vielmehr selbst zu prüfen.

Nach h. M. hat in sinngemäßer Anwendung des § 244 BGB eine Umrechnung des auf DM-Ost lautenden Schuldtitels in DM-West zu erfolgen (vgl. *Baumbach*, ZPO § 704 Vorbem. 4 A f; OLG Hamm, NJW 1955, 68[3] und die dort zitierten Entscheidungen). Maßgebend für den Zeitpunkt der Umrechnung ist nach § 244 BGB analog der Tag der Zahlung (vgl. *Baumbach*, ZPO § 704 Vorbem. 4 A f; Celle, NJW 1951, 484[4]; *Wälde*, NJW 1951, 213). Daraus folgt, daß das Vollstreckungsorgan am Tage der Zahlung durch den Schuldner die Umrechnung vorzunehmen hat. Dabei muß berücksichtigt werden, daß der Umrechnungskurs sich von Tag zu Tag ändern kann. Erfolgt die Zahlung auf Grund eines Pfändungs- und Überweisungsbeschlusses durch einen Drittschuldner, dann muß dieser entsprechend die Umrechnung vornehmen.

Für die Umrechnung von auf DM-Ost lautenden Titeln in DM-West ist der jeweilige Kurs der Wechselstuben maßgebend. Wenn es sich dabei

[1] Siehe unten Nr. 162

[2] IzRspr. 1945–1953 Nr. 257b.

[3] Siehe unten Nr. 162.

[4] IzRspr. 1945–1953 Nr. 257b.

auch um keinen amtlichen Kurs handelt, so darf doch nicht außer Betracht bleiben, daß sich ein solcher legal bildet. Daß der Wechselkurs maßgebend ist, folgt daraus, daß § 244 BGB nicht das Erfordernis einer amtlichen Kursbildung voraussetzt, sondern lediglich von einem ‚maßgebenden' Kurswert spricht (vgl. *Baumbach*, ZPO § 704 Vorbem. 4 A f; *Stein-Jonas*, ZPO § 704 Vorbem. X 2a; OLG Celle, NJW 1951, 484[1]; OLG Hamm, NJW 1955, 68[2]; *Kühne*, NJW 1950, 729; *Wälde*, NJW 1951, 213).

Die von dem AG in dem angefochtenen Beschluß vertretene Auffassung, es müsse im Verhältnis 1:1 umgerechnet werden, greift daher nicht durch. Auch bei Urteilen auf Unterhaltsleistungen an ein außereheliches Kind kann eine Ausnahme nicht gebilligt werden. Maßgebend für die Höhe des Unterhalts eines solchen Kindes ist die Lebensstellung der Mutter (§ 1708 BGB). Daraus folgt, daß das Kind nicht ohne weiteres Ansprüche daraus herleiten kann, wenn lediglich in den Lebensverhältnissen des Zahlvaters eine Änderung eingetreten ist. Sollte der Gläubiger volle Westmark verlangen wollen, insbesondere wenn er selbst nach der Bundesrepublik Deutschland kommen sollte, so müßte er den Klageweg beschreiten (siehe § 323 ZPO; *Kühne*, NJW 1950, 729). Der von dem Gläubiger erwähnte Beschluß des LG in Nürnberg vom 3. 2. 1954 — 1 T 282/53 (siehe Anlage zum Schriftsatz des Gläubigers vom . . .) behandelt einen anders gelagerten Fall. Dort handelt es sich um Unterhaltsansprüche ehelicher Kinder; diese Ansprüche richten sich auch nach der Leistungsfähigkeit des Vaters (§ 1603 BGB). Der Gläubiger kann sich daher auf die Ausführungen in dem vorerwähnten Beschluß nicht berufen. . . .

Die Entscheidung über die in beiden Rechtszügen entstandenen außergerichtlichen Kosten beruht auf § 92 ZPO. Dabei war der gegenwärtige Umrechnungskurs von DM-West auf DM-Ost für die Verteilung der Kosten zugrunde zu legen, so daß der Gläubiger $^4/_5$ und der Schuldner $^1/_5$ Anteile zu tragen haben."

Die sofortige weitere Beschwerde des Schuldners ist durch Beschluß des OLG Frankfurt a. M., ZS Kassel, vom 2. 2. 1956 — 1 W 13/56 — als unzulässig verworfen worden.

140. Urteile von Gerichten der Sowjetzone sind inländische Urteile; diese sind grundsätzlich anzuerkennen und vollstreckungsfähig, wenn sie nicht gegen den ordre public verstoßen. — Die DM-Ost ist in der Bundesrepublik zwar nicht gesetzliches Zahlungsmittel, sie ist aber ein deutsches Zahlungsmittel. — Ein Gericht des Bundesgebiets kann zur Zahlung von DM-Ost verurteilen. — Die Vollstreckung aus einem auf DM-Ost lautenden Titel erfolgt zum Wechselstubenkurs. — Verlegt ein Unterhaltsschuldner seinen Wohnsitz aus der Sowjetzone in das Bundesgebiet, so besteht kein Rechtsschutzbedürfnis für eine Klage auf Abänderung eines in der Sowjetzone ergangenen, auf DM-Ost lautenden Titels gegen den Schuldner.

LG Baden-Baden, Urt. v. 23. 3. 1956 — 3 S 34/56: MDR 1956, 421.

---

[1] IzRspr. 1945—1953 Nr. 257b. [2] Siehe unten Nr. 162.

Der Kl. ist das eheliche Kind des Bekl. und wohnt in der Sowjetzone. Der Bekl., der jetzt in der Westzone wohnt, hatte in der Urkunde vom 21. 4. 1951 vor dem AG P. (Sowjetzone) anerkannt, ab 1. 3. 1951 monatlich 35 DM-Ost an den Kl. zu schulden. Nachdem der Bekl. in die Bundesrepublik übersiedelte, erhob der Kl. vor dem AG Klage auf Zahlung einer monatlichen Unterhaltsrente von 35 DM-West. Das AG war der Auffassung, daß die Klage als Abänderungsklage anzusehen und daher zulässig sei. Entsprechend dem Wechselstubenkurs sprach es indessen nur 12 DM-West zu. Die hiergegen vom Kl. eingelegte Berufung wurde als unbegründet zurückgewiesen.

Aus den Gründen:

„Entscheidend war die Tatsache, daß eine vollstreckbare Ausfertigung des in der Sowjetzone gelegenen AG P. vorliegt, wonach sich der Bekl. zur Zahlung von 35 DM-Ost verpflichtete. Diese Urkunde ist ein Vollstreckungstitel im Sinne von § 794 I Nr. 5 ZPO. Aus dieser vollstreckbaren Urkunde ist aber auch die Zwangsvollstreckung im Gebiet der Bundesrepublik zulässig. Denn es handelt sich bei dem AG P. um ein deutsches AG. Ausländische Gerichte im Sinne von § 328 oder § 722 ZPO sind nur Gerichte außerhalb der Grenzen Deutschlands. Deshalb sind Urteile von Gerichten der Sowjetzone als inländische Urteile anzusehen (vgl. *Stein-Jonas*, ZPO[18] § 328 Anm. III 4; *Baumbach-Lauterbach*, ZPO[21] § 328 Anm. 1; KG, MDR 1954, 168f.[1]; OLG Celle, MDR 1951, 619f. = BB 1951, 513 Nr. 1331[2]). Nur dann können Urteile von Gerichten der Sowjetzone in der Bundesrepublik nicht anerkannt werden, wenn sie gegen den ordre public verstoßen würden. Dies liegt jedoch vorliegendenfalls nicht vor. Es ist also daran festzuhalten, daß grundsätzlich Urteile von Ostzonengerichten oder vollstreckbare Ausfertigungen solcher Gerichte im Gebiet der Bundesrepublik zwangsvollstreckt werden können (siehe dazu auch OLG Hamm, BB 1955[5], 175[3]; OLG Hamburg, DRspr. II [250] 16d[4]; OLG Celle, DRspr. II [250] 20[5]).

Diese Ansicht wird noch dadurch bestärkt, daß auch Gerichte der Bundesrepublik zur Zahlung in DM-Ost verurteilen können und Schuldner, die sich im Gebiet der Bundesrepublik befinden, Zahlung in DM-Ost leisten können. Die DM-Ost ist in der Bundesrepublik zwar kein gesetzliches Zahlungsmittel. Für sie besteht aber auch kein Verbot. Sie gilt als deutsches, nicht ausländisches Zahlungsmittel (vgl. dazu *Kühne*, NJW 1950, 729). Die DM-Ost ist auch ohne Schwierigkeiten in den zahlreich zugelassenen Wechselstuben der Bundesrepublik und West-Berlins zu beschaffen. Es besteht hinsichtlich des Verhältnisses DM-West zu DM-Ost ein sich freibildender Kurs. In der Bundesrepublik kann also auch eine DM-Ost-Schuld in DM-Ost erfüllt werden und demzufolge selbstverständlich auch eine Verurteilung eines Schuldners zur Zahlung in DM-Ost erfolgen (siehe dazu BGHZ 7, 231[6]). Ein Schuldner, der demzufolge wegen eines Ostmarktitels, gleichgültig, ob von einem Sowjetzonengericht oder einem Gericht der Bundesrepublik ausgesprochen, mit der Zwangsvollstreckung betrieben wird, kann deshalb seine Schuld durch Zahlung von DM-Ost erfüllen. Die Tatsache, daß die

[1] IzRspr. 1945—1953 Nr. 505a.
[2] IzRspr. 1945—1953 Nr. 198.
[3] Siehe unten Nr. 163.
[4] IzRspr. 1945—1953 Nr. 143.
[5] IzRspr. 1945—1953 Nr. 191.
[6] IzRspr. 1945—1953 Nr. 213b.

Behörden der Sowjetzone die Einfuhr von DM-Ost-Beträgen nicht genehmigen, kann nicht zu Lasten des westdeutschen Schuldners gehen. Ein westdeutscher Schuldner kann auch bei Verurteilung in DM-Ost bei der Zwangsvollstreckung in DM-West zu dem jeweils von den Wechselstuben gebildeten Kurs bezahlen. Wenn dabei im Clearingverfahren zwischen Sowjetzone und Bundesrepublik die Sowjetzone entgegen den tatsächlichen Kursunterschieden und -verhältnissen auf einem Verrechnungskurs von 1 DM-Ost : 1 DM-West besteht und dadurch Unbilligkeiten für die Ostzonengläubiger entstehen, so beruht diese Unbilligkeit nur auf dem Verhalten der Sowjetzone, die den tatsächlichen Kursunterschied nicht wahrhaben will. Da also schon ein vollstreckbarer Titel eines deutschen Gerichts vorliegt, aus dem die Zwangsvollstreckung zulässig ist, fehlte es der Klage am Rechtsschutzbedürfnis. Das AG hätte demzufolge die Klage insgesamt abweisen müssen, da die Prozeßvoraussetzung des Rechtsschutzbedürfnisses fehlte. Jedenfalls war die eingelegte Berufung des Kl. zu verwerfen, da mangels Rechtsschutzbedürfnisses noch nicht einmal zu 12 DM-West hätte vom AG verurteilt werden dürfen. Zwar kann das Urteil, [obwohl] die Kammer der Überzeugung ist, daß es nicht hätte erlassen werden dürfen, sondern die Klage hätte abgewiesen werden müssen, nicht aufgehoben werden. Denn dazu hätte es eines Antrags des Bekl. im Anschlußberufungsverfahren bedurft. Da ein solcher Antrag nicht gestellt worden ist, konnte vorliegendenfalls nur die eingelegte Berufung des Kl. zurückgewiesen werden, während das Urteil des AG mangels Anschlußberufung nicht aufgehoben werden konnte. Es sei zu diesem Urteil nur vermerkt, daß auch die Kammer wie das Vordergericht in Übereinstimmung mit OLG Hamm, BB 1955[5], 175[1]; OLG Celle, MDR 1951, 619[2]; LG Braunschweig NJW 1950, 751[3]; OLG Hamburg, MDR 1951, 109[4] der Ansicht ist, daß bei Umrechnung einer auf DM-Ost lautenden Forderung, wenn diese Forderung nicht in DM-Ost befriedigt wird, eine Umrechnung in DM-West erfolgen muß, wobei für diese Umrechnung der jeweilige Wechselstubenkurs maßgebend ist."

141. Unterhaltsansprüche eines in der Sowjetzone lebenden Gläubigers entstehen in erster Linie in DM-Ost. — Nur für den Fall, daß der Schuldner im Bundesgebiet nicht die Möglichkeit hat, seine Schuld in gesetzlich zulässiger Weise in DM-Ost zu begleichen, muß er die Zahlung in DM-West auf ein Sperrkonto leisten. — § 8 des sowjetzonalen Gestzes über den innerdeutschen Zahlungsverkehr verbietet dem in der Sowjetzone lebenden Gläubiger nicht die Annahme von Zahlungen in DM-Ost aus den Händen eines ebenfalls in der Sowjetzone wohnhaften Dritten, der die Zahlung im Auftrag des im Bundesgebiet ansässigen Schuldners leistet.

LG Düsseldorf, Beschl. v. 8. 5. 1957 — 13 T 214/57: ROW 1957, 213 (abl. *Gentzmann*).

---

1 Siehe unten Nr. 163.
2 IzRspr. 1945—1953 Nr. 191.
3 IzRspr. 1945—1953 Nr. 200.
4 IzRspr. 1945—1953 Nr. 143.

Die Kl., die ehelichen Kinder des Bekl., haben auf Grund eines Urteils des Kreisgerichts B. (sowjet.) einen Unterhaltsanspruch gegen den Bekl. von monatlich je 35 DM-Ost. Diesen Betrag hat der im Bundesgebiet lebende Bekl. an die mit ihrer Mutter in der Sowjetzone lebenden Kl. durch seine dort ebenfalls lebenden Eltern überweisen lassen. Die Kl. begehren nunmehr Abänderung des Titels dahin, daß der Bekl. ihnen monatlich je 85 DM-West auf ein westdeutsches Sperrkonto zu leisten habe.

AG und LG haben den Kl. das Armenrecht für diese Klage versagt.

Aus den Gründen:

„Die Beschwerde ist zulässig, in sachlicher Hinsicht konnte ihr jedoch ein Erfolg nicht beschieden sein. Das AG hat aus den im angefochtenen Beschluß genannten zutreffenden Gründen die Erfolgsaussicht der Klage mit Recht verneint. Auch das mit Unterhaltssachen ständig befaßte Beschwerdegericht bekennt sich in Übereinstimmung mit der überwiegenden Rechtsprechung zu dem Standpunkt, daß Unterhaltsansprüche der in Ostdeutschland lebenden Kl. in erster Linie in DM-Ost entstehen und der Bekl. nur für den Fall DM-West auf ein Sperrkonto zu leisten hat, daß ihm die Möglichkeit, sich seiner Schuld auf legalem Wege in DM-Ost zu entledigen, fehlt. Nun behaupten zwar die Kl., daß die vom Bekl. beschriebene Zahlungsweise den an ihrem Wohnsitz geltenden Gesetzen zuwider laufe und die Annahme der Beträge für sie bzw. ihre Mutter strafrechtliche Folgen nach sich ziehe. Diese Ansicht findet indessen in dem auf wiederholte Anfrage von ihnen genannten Gesetz und den dazu ergangenen Richtlinien keine Stütze. § 8 des Ges. über den innerdeutschen Zahlungsverkehr besagt für den vorstehenden Streitfall nämlich lediglich, daß die Kl. ihre Forderung gegen den Bekl. bei der Deutschen Notenbank anzumelden haben und daß die Forderungen auf Verlangen der Notenbank auf diese zu übertragen oder nach deren Weisungen zu verwenden sind. Eine Beschlagnahme der Forderungen der Kl. oder bestimmte Weisungen sind aber bisher nicht ergangen. Hierzu gibt das Gesetz auch keine Handhabe. Daß es den Kl. untersagt ist, von den in Ostdeutschland lebenden Eltern des Bekl. Geld, und sei es auch im Auftrage des Bekl., jedoch aus allein in Ostdeutschland befindlichen Mitteln zu empfangen, ist weder dem vorbezeichneten Gesetz noch den dazu ergangenen Richtlinien zu entnehmen. Es handelt sich hier auch nicht etwa um ein Umgehungsgeschäft. Insoweit könnte nämlich allein eine Umgehung des § 1 der AO über die Ein- und Ausfuhr von Zahlungsmitteln vom 23. 3. 1949 in Betracht kommen, wonach es verboten ist, DM-Ost aus Westdeutschland nach Ostdeutschland einzuführen. Sinn und Zweck dieses Gesetzes kann aber nur darin bestehen, zu vermeiden, daß unkontrollierbare Geldmittel ins Land fließen, die den Wirtschaftsablauf stören könnten. Wird der Unterhalt aber im vorliegenden Falle aus in Ostdeutschland befindlichen Mitteln bezahlt, so geschieht nicht mehr, als wenn die Eltern des Bekl. den Kl. schenkweise eine Rente zahlten, was ebenfalls nicht verboten ist. Daß sie im übrigen die Schuld des Bekl. tilgen können, folgt aus § 267 BGB.“

142. Der Unterhaltsanspruch eines in der Sowjetzone lebenden unehelichen Kindes gegen seinen im Bundesgebiet lebenden Erzeuger entsteht in der Währung der Sowjetzone, ist jedoch mangels eines Überweisungsweges zum Nennbetrag in DM-West auf Sperrkonto zu erfüllen. — Dem Gläubiger kann jedoch im Urteil nachgelassen werden, sich durch Leistung von DM-Ost zum Nennbetrag von seiner Verbindlichkeit zu befreien, wenn er nachweist, daß er vollstreckungsfreies Vermögen in der Sowjetzone hat. — Verlegt der Erzeuger eines unehelichen Kindes seinen Wohnsitz aus der Sowjetzone in das Bundesgebiet, so ist die Voraussetzung für eine Abänderungsklage gegeben.

LG Hof, Urt. v. 18. 7. 1957 — S 89/56: DAVorm. 30 (1957/58) 173; Leitsatz in ArchJugR 1957, 57.

Aus den Gründen:

„Es ist herrschende Rechtsprechung, daß einerseits der Unterhaltsanspruch eines in der Ostzone lebenden Kindes in DM-Ost entsteht, weil der Unterhalt den Lebensbedarf des Kindes sichern soll, andererseits die Verurteilung des in der Westzone lebenden Vaters, mangels Transfermöglichkeit von DM-Ost, auf Zahlung in DM-West auf ein Sperrkonto zu lauten hat, außer wenn der Schuldner eine ausreichende Vollstreckungsmöglichkeit in der Ostzone, z. B. den Besitz eines ausreichenden ostzonalen Guthabens nachweist. Für Zahlungen der an sich in DM-Ost entstandenen Unterhaltsschuld in DM-West auf ein Sperrkonto sprechen sich u. a. folgende Gerichte aus: LG Dortmund, DRsp. II (250) 9c—d[1] und 32b[2]; LG Göttingen, DRsp. II(250) 19a[3]; LG Würzburg, aaO 21b—d[4]; LG Hildesheim, DRsp. II (250) 28d[5]; LG München, aaO 29d—e[6]; LG Köln, DRsp. II (250) 32c[7]; LG Oldenburg, NJW 1953, 1183[8]; LG Bremen, DRsp. II (250) 35b[9]. Die Ausnahme, daß bei Nachweis ausreichender Vollstreckungsmöglichkeit in der Ostzone, zu erbringen durch den Schuldner, dieser zur Zahlung in DM-Ost zu verurteilen ist, nennen LG Würzburg, LG Köln und LG Bremen je aaO; das erkennende Gericht schließt sich dieser Meinung an.

Der Bekl. hat aber den ihm obliegenden Nachweis, daß gegen ihn ausreichende Vollstreckungsmöglichkeit in der Ostzone besteht, nicht erbracht. Es genügt nicht, daß er auf die Größe seines Landgutes verweist, die normalerweise die Herauswirtschaftung von monatlich 40 DM ermöglichen würde, und vom Kl. fordert, daß dieser durch Vorlage eines genauen Wirtschaftsplanes die Unmöglichkeit solcher Herauswirtschaftung beweise. Es sind vielmehr auch die aus der dortigen Gesetzgebung und Wirtschaftsführung folgenden Bindungen der Bewirtschaftung zu berücksichtigen, die der Anwendung einer gewöhnlichen Ertragsberechnung entgegenstehen. Das Gut steht laut Auskunft des

[1] IzRspr. 1945—1953 Nr. 241.
[2] IzRspr. 1945—1953 Nr. 285.
[3] IzRspr. 1945—1953 Nr. 254.
[4] IzRspr. 1945—1953 Nr. 261.
[5] IzRspr. 1945—1953 Nr. 53.
[6] IzRspr. 1945—1953 Nr. 281.
[7] IzRspr. 1945—1953 Nr. 280.
[8] IzRspr. 1945—1953 Nr. 287.
[9] Siehe oben Nr. 132.

Kreises O. noch in der Verwaltung des Rates der Gemeinde S., in die es gemäß § 6 der dortigen VO zur Sicherung von Vermögenswerten vom 17. 7. 1952 (GVBl DDR 615) gekommen war. . . .

Der Erstrichter hat daher den Bekl. mit Recht zur Zahlung des erhöhten und zweifellos angemessenen Unterhaltsbetrages von monatlich 40 DM in DM-West, einzuzahlen auf ein hiesiges Sperrkonto, verurteilt (wobei er in Übereinstimmung mit den LG Göttingen, München, Oldenburg, Bremen dem Bekl. nachgelassen hat, sich durch devisenrechtlich zulässige Zahlung von DM-Ost in gleicher Höhe in der Ostzone zu befreien; denn der Bekl. kann ja später einmal ein Guthaben in der Ostzone erlangen). Es ist auch nicht zu beanstanden, wenn der Erstrichter bei der Bemessung des Unterhalts in DM-West (und ebenso bezüglich der Ersetzungsbefugnis der DM-West durch DM-Ost) das Verhältnis 1:1 angewendet hat; denn die Deutsche Notenbank genehmigt eine Verrechnung der beiden Währungen nur in diesem Verhältnis (ebenso die LG Göttingen, Hildesheim, Dortmund, Oldenburg, Bremen). Daß der erste Schuldtitel als Urteil eines ostzonalen Gerichts auf Zahlung in DM-Ost ergangen ist, auch wenn er nur schlechthin von DM gesprochen hat, hindert nicht, bei der jetzigen Verurteilung zu einer Unterhaltserhöhung durch ein westzonales Gericht den gesamten Unterhaltsbetrag in DM-West festzusetzen; denn die Ersetzung der DM-Ost eines ostzonalen Titels durch DM-West nach einer Wohnsitzverlegung des Schuldners von Ost nach West kann für sich allein ebenfalls den Inhalt einer Abänderungsklage nach § 323 ZPO bilden (siehe hierzu LG Bremen aaO)."

3. Andere Forderungen

143. Das Gebiet der Sowjetzone ist im Verhältnis zum Bundesgebiet nicht Ausland; die Zuständigkeit von Gerichten des Bundesgebiets im Verhältnis zur Sowjetzone berührt daher nicht ihre internationale Zuständigkeit. — Richterliche Vertragshilfe kann im Bundesgebiet auch ein Schuldner mit Sitz in der Sowjetzone in Anspruch nehmen. — Der Gerichtsstand des Vermögens ist im Verhältnis zur Sowjetzone gegeben. — Das Währungsstatut eines Pensionsvertrages ist, wenn ein ausdrücklicher oder stillschweigender Parteiwille als Anknüpfungspunkt fehlt, aus der Eigenart des Falles und nach der sich bei objektiver Betrachtung ergebenden individuellen Interessenlage zu bestimmen. — Ein Pensionsanspruch entsteht im allgemeinen in der Währung des Gebiets, in dem der Wohnsitz des Berechtigten liegt. — Der Ausgleich von Nachteilen, die einem zur Zahlung von DM-West verpflichteten Schuldner mit Sitz in der Sowjetzone aus dem Umrechnungskurs zwischen DM-West und DM-Ost entstehen, kann nur im Vertragshilfeverfahren erfolgen.

BGH, Urt. v. 24. 3. 1954 — II ZR 108/53: *LM Nr. 13 zu § 242 (A) BGB; Auszüge in Betrieb 1954, 412; BB 1954, 445.

B., der Ehemann der Kl. zu 1) und Vater der Kl. zu 2) bis 4), war von 1925 bis 1945 Generaldirektor der Bekl. in Berlin. In mehreren Verträgen war festgelegt, daß B. und seine Hinterbliebenen Anspruch auf Ruhegehalt nach den gesetzlichen Bestimmungen für höhere Staatsbeamte haben sollten.

B. flüchtete 1945 mit seiner Familie nach H. (Bundesgebiet). Der Sitz und das Hauptvermögen der Bekl. befinden sich in Ost-Berlin; das Vermögen im Bundesgebiet wird von einem Treuhänder in H. verwaltet.

Die Kl. machen Ansprüche auf Hinterbliebenenbezüge geltend. Das LG gab der Klage statt. Das Berufungsgericht hat eine Eventualaufrechnung der Bekl. nicht zugelassen, dem in der Berufungsinstanz erhöhten Zahlungsantrag stattgegeben und die Berufung zurückgewiesen. Der BGH verwies die Sache insoweit zurück, als die Eventualaufrechnung der Bekl. den Klageantrag erfaßt; im übrigen aber wies der BGH die Revision der Bekl. zurück.

Aus den Gründen:

„I. Zur Einrede der Unzuständigkeit des angerufenen Gerichts führt das Berufungsurteil aus, die Bekl. habe das Rechtsmittel der Berufung gemäß § 512a ZPO nicht darauf stützen können, daß das Gericht des ersten Rechtszuges seine örtliche Zuständigkeit mit Unrecht angenommen habe. Die Revision macht hiergegen geltend, es gehe nicht um die Frage der örtlichen, sondern um die der ‚internationalen Zuständigkeit' (*Riezler*, Internat. Zivilprozeßrecht [1949] 203), da die Parteien die Anwendbarkeit des § 23 ZPO, mit dem das LG seine Zuständigkeit begründet habe, vertraglich ausgeschlossen hätten. Ob dies der Fall ist, kann dahingestellt bleiben. Denn die Revision kann mit diesem Angriff nicht durchdringen, weil Entscheidungen der unteren Instanzen, die die örtliche Zuständigkeit bejahen, jeder Nachprüfung entzogen sind, also auch dann, wenn das Verhältnis zum Ausland und damit die sogenannte internat. Zuständigkeit in Frage steht (BGH, NJW 1953, 222 mit weiteren Nachweisen; *Stein-Jonas-Schönke*, Erläuterung IV 2 vor § 12, I zu § 512a, VII zu § 549 ZPO; *Baumbach* [ZPO] § 512a Anm. 2). Wollte man mit *Riezler* (aaO 197, 318) und *Matthies* (NJW 1953, 546) selbst annehmen, daß die Fälle der internat. Zuständigkeit von dem Nachprüfungsverbot der §§ 512a, 549 II ZPO auszunehmen seien, so würde die Rüge der Revision daran scheitern, daß die Frage der internat. Zuständigkeit nur dann berührt ist, wenn streitig ist, ob nach deutschem internat. Prozeßrecht ein deutsches oder ein ausländisches Gericht örtlich zuständig ist (BGH, NJW 1953, 222), und daß das Gebiet der sowjetisch besetzten Zone, wie der Senat bereits in seinem Urteil vom 24. 11. 1951 — II ZR 26/51 — (BGHZ 4, 62[1]) entschieden hat, nicht Ausland ist.

II. . . .

Die Bekl. kann ihre Verurteilung auch nicht damit abwenden, daß sich ihre wirtschaftliche Lage durch Kriegs- und Währungsverluste grundlegend verschlechtert habe.

Das Berufungsgericht hat hierzu zutreffend ausgeführt, daß insoweit die Voraussetzungen für eine richterliche Vertragshilfe durch das Prozeßgericht nicht gegeben sind, weil die Kl. als Gläubiger die erforderliche Zustimmung nicht erteilt haben (§ 11 IV VHG). Der Bekl. verbleibt aber, da sie sich auf Umstände beruft, die gemäß § 1 VHG die Einleitung eines Vertragshilfeverfahrens rechtfertigen, die rechtliche Möglichkeit, diese Umstände außerhalb des anhängigen Rechtsstreits im

---

[1] IzRspr. 1945—1953 Nr. 467.

Vertragshilfeverfahren (§ 18 VHG) geltend zu machen. Der Regelung durch richterliche Vertragshilfe unterliegen entgegen dem Wortlaut von § 6 Nr. 3 VHG insbesondere auch Ruhegehälter (*Saage*, VHG § 6 Anm. II 3f; *Duden-Rowedder*, VHG § 6 Anm. 1). Daß die Bekl. ihren Sitz im Ostsektor Berlins hat, steht der Möglichkeit der Vertragshilferegelung nicht entgegen, da sie sich selbst auf die Vertragshilfe berufen hat und ihr zur Durchführung des Vertragshilfeverfahrens der Gerichtsstand des § 23 ZPO zur Verfügung steht (*Duden-Rowedder*, aaO § 7 Anm. 4; BGHZ 4, 66[1]). . . .

[4. Der BGH führt aus, daß das Berufungsgericht zu Unrecht eine Eventualaufrechnung der Bekl. nicht berücksichtigt habe.]

5. Soweit die Verurteilung der Bekl. hiernach bestehen bleibt, lautet sie zu Recht auf DM-West. Daran, daß die Kl. Zahlung in DM-West beantragt haben, kann entgegen der Meinung der Revision angesichts des klaren Wortlauts des Verhandlungsprotokolls vom 11. 10. 1952 in Verbindung mit dem Schriftsatz der Kl. vom 26. 8. 1952 kein Zweifel bestehen. Selbst wenn die Kl. die Möglichkeit einer Verurteilung der Bekl. zur Zahlung von DM-Ost hätten offenlassen wollen, so beinhaltete ihr Antrag auf Zahlung von ‚23 000 DM' jedenfalls das Verlangen auf Zahlung von DM-West. Ihnen ist daher nicht mehr zugesprochen worden, als sie beantragt haben. Die Verurteilung der Bekl. zur Zahlung in DM-West rechtfertigt sich aus der besonderen Natur des Schuldverhältnisses. Bei der Ermittlung des für das Vertragsverhältnis der Parteien geltenden Währungsstatuts war, da ein ausdrücklicher oder stillschweigender Parteiwille als Anknüpfungspunkt fehlt, zu prüfen, ob sich aus dem zu entscheidenden Fall an sich nach seiner Eigenart und nach der sich bei objektiver Betrachtung ergebenden individuellen Interessenlage ein besonderer Anknüpfungspunkt bietet (BGHZ 7, 231[2]). Die hiernach vorzunehmende Beurteilung muß zu dem Ergebnis führen, daß die Parteibeziehungen sich nach der für den Wohnsitz der Kl. geltenden Währung zu regeln haben. Das Ziel der getroffenen Pensionsvereinbarung, nämlich die Alters- und Hinterbliebenenversorgung, konnte nur erreicht werden, wenn die Versorgungsbezüge in der Währung berechnet und ausgezahlt wurden, die für den Wohnsitz der Versorgungsberechtigten maßgebend war. Jede andere Regelung schloß notwendigerweise das Risiko mehr oder weniger großer Kursverluste ein, durch die der mit der Versorgung untrennbar verbundene Zweck der Existenzsicherung jederzeit vereitelt werden konnte, wie das Absinken des Ostmarkkurses auch mit Deutlichkeit gezeigt hat. Das Interesse der Bekl. daran, nicht mit Zahlungen belastet zu werden, die bei dem Verhältnis der DM-Ost zur DM-West weit über dasjenige hinausgehen, was sie an im Bereich der Ostwährung wohnende ehemalige Betriebsangehörige in einem entsprechenden Fall zu zahlen hätte, muß demgegenüber bei der Frage der Ermittlung des Währungsstatuts zurücktreten. Auf den nur hilfsweise heranzuziehenden allgemeinen Anknüpfungspunkt (Wohnsitz des Schuldners) kommt es danach nicht an.

---

[1] IzRspr. 1945—1953 Nr. 467.

[2] IzRspr. 1945—1953 Nr. 213b.

An dem Ergebnis, daß die Kl. hiernach grundsätzlich berechtigt sind, von der Bekl. Zahlung der Versorgungsbezüge in DM-West zu verlangen, ändert auch nichts die Erwägung, daß der Bekl. damit im Endergebnis möglicherweise eine unbillig hohe Leistung zugemutet wird. Die Verurteilung zur Zahlung in DM-West läuft zwar für die Bekl., deren Einkünfte sich nach Ostwährung richten, bei dem gegenwärtigen Umwechslungsverhältnis der DM-Ost zur DM-West darauf hinaus, daß sie für die Kl. annähernd das Fünffache dessen aufwenden muß, was sie an Versorgungsempfänger im Bereich der Ostwährung zu zahlen hätte. Die sich hieraus ergebenden Nachteile könnte die Bekl. jedoch, da es sich auch insoweit jedenfalls im weiteren Sinn um Folgen des Krieges und der Währungsreform handelt, im Wege der Vertragshilfe geltend machen. Ist dies aber der Fall, dann ist die Bekl. auch in dieser Hinsicht auf die Geltendmachung im Vertragshilfeverfahren ausschließlich angewiesen."

144. DM-Ost-Beträge, die in DM-West zu erstatten sind, müssen zum Kurs der Wechselstube umgerechnet werden.

ORG Berlin, Entsch. v. 8. 9. 1954 — ORG/A/40: ORGE Berlin 2,30; NJW/RzW 1954, 360.

Aus den Gründen:

„II. Die gegenseitigen Zahlungsverpflichtungen der Parteien. Die WK hatte den Rückerstattungspflichtigen verurteilt, dem Berechtigten als Saldo der gegenseitigen Zahlungsverpflichtungen der Parteien einen Betrag von 2886,57 DM-West zu zahlen [wird ausgeführt].

1. Bezüglich der von dem Rückerstattungspflichtigen in Ostmark eingenommenen Beträge, die in Westmark zu erstatten sind, lehnt das Gericht die Forderung des Rückerstattungspflichtigen nach einem höheren als dem von der WK angewandten Umstellungssatz von 4:1 ab. Dieser Satz entspricht dem Durchschnitt der in dieser Zeit angewendeten Umrechnungskurse, und das Gericht sieht keinen Anlaß, ihn zu ändern."

145. Die Währungsumstellung von Versicherungsverträgen erfolgt nach dem für den „Bestand" maßgebenden Währungsrecht. — Es ist kein Rechtsfehler, einen Vertrag über den Ankauf eines Geschäftsbetriebes, dessen Preis in DM-Ost festgesetzt ist, dahin auszulegen, daß die als Nebenleistung vereinbarte Bezahlung von Versicherungsprämien in der Währung und Höhe des für den Versicherungsvertrag jeweils maßgebenden Rechts erfolgen soll.

BGH, Urt. v. 24. 11. 1954 — II ZR 236/53: VersR 1955, 33.

Die Bekl. betrieben bis zum Jahre 1946 gemeinsam in Form einer OHG eine Klinik in West-Berlin. Im Jahre 1946 verkaufte der Bekl. zu 2) den ihm zustehenden Gesellschaftsanteil an die Kl. zum Preise von 20000 RM. In diesem Vertrag war bestimmt, daß die Gesellschaft die Zahlung der Versicherungsprämien für den Bekl. zu 2) übernehme. Diese Versicherungen des Bekl. zu 2) waren bei Westberliner Versicherungsunternehmen abgeschlossen. Durch Vertrag vom 12. 2. 1949 verkaufte auch die Bekl. zu 1) den ihr zustehenden Gesellschaftsanteil an die Kl., und zwar zu einem Preise von 25000 DM-Ost. In diesem Vertrag, der auch von dem Bekl. zu 2) unterschrieben ist, war des weiteren bestimmt, daß die bisher von der Gesellschaft für den Bekl. zu 2) bezahlten Versicherungsbeiträge für Lebenszeit des Bekl. zu 2) in gleicher Höhe wie bisher von der Gesellschaft bezahlt werden.

Im Zeitpunkt des Abschlusses des Vertrages vom 12. 2. 1949 wurden die Prämien für die Versicherungen in DM-Ost bezahlt. Die Bekl. hielten sich zu diesem Zeitpunkt, wie es auch in dem Vertrag vom 12. 2. 1949 heißt, in Thüringen (sowjet.) auf, wobei es zwischen den Parteien streitig ist, ob sich die Bekl. damals nur vorübergehend dort aufhielten oder ob sie damals dort ihren ständigen Wohnsitz hatten. Seit dem 6. 4. 1949 haben sie jedenfalls ihren ständigen Wohnsitz in der Bundesrepublik genommen. Als die Versicherungen des Bekl. zu 2) auf Grund der in Berlin ergangenen gesetzlichen Bestimmungen im Laufe des Jahres 1949 auf DM-West umgestellt wurden, kam es zwischen den Parteien zu Meinungsverschiedenheiten darüber, ob die Kl. verpflichtet sei, die Prämien nunmehr in DM-West zu zahlen. Die Kl. ist der Meinung, daß eine solche Verpflichtung für sie nicht bestehe, da der Vertrag vom 12. 2. 1949 auf der Basis von DM-Ost abgeschlossen worden sei; die Bekl. sind insoweit der gegenteiligen Auffassung. Die Kl. hat deshalb mit der Klage die Feststellung begehrt, daß sie auf Grund des Vertrages vom 12. 2. 1949 nicht verpflichtet sei, die Prämien für die Lebensversicherungen des Bekl. zu 2) in DM-West zu zahlen.

Das LG hat dem Feststellungsbegehren der Kl. entsprochen, das KG hingegen hat die Feststellungsklage abgewiesen. Die Revision der Kl. hatte keinen Erfolg.

Aus den Gründen:

„Ausgangspunkt für die Beurteilung des Klaganspruchs bildet die Frage, welches Schicksal die Lebensversicherungen des Bekl. zu 2) bei der Umstellung der Währung erlitten haben, insbesondere die Frage, welches Währungsrecht auf diese Lebensversicherungen anzuwenden ist. Im Unterschied zu den sonstigen Schuldverhältnissen ist für den Bereich der Privatversicherungen hierfür eine eingehende Regelung getroffen worden. Diese Regelung stellt darauf ab, zu welchem Versicherungsbestand die jeweils in Betracht kommenden Versicherungen im Zeitpunkt der Währungsumstellung gehört haben. Haben die hier in Frage stehenden Lebensversicherungen des Bekl. zu 2) in dem genannten Zeitpunkt zum Westberliner Bestand gehört, so finden auf sie die Westberliner Umstellungsvorschriften Anwendung. Für die Beurteilung dieser Frage ist es zunächst von Bedeutung, daß die Lebensversicherungen des Bekl. zu 2) vor dem 9. 5. 1945 abgeschlossen worden waren und daß sie sodann durch Weiterzahlung der Prämien über den 9. 5. 1945 hinaus bei den Westberliner Versicherern aufrechterhalten worden sind. Für solche erneuerten Versicherungsverträge bestimmt § 1 des Rundschreibens R 59/49 des Aufsichtsamts für das Versicherungswesen in Berlin (VA Berlin 1949, 4), daß sie ohne Rücksicht auf den Wohnsitz des Versicherungsnehmers in Berlin geltend gemacht werden können, also zum Westberliner Versicherungsbestand gehören, wenn die letzte Beitragszahlung vor dem Währungsstichtag in Berlin erfolgt ist. Diese Regelung hat sodann durch das spätere Rundschreiben R 2/50 (VA Berlin 1950, 3) für die hier in Betracht kommenden Lebensversicherungen des Bekl. zu 2) keine Änderung erfahren. Wenn in diesem Rundschreiben in Anlehnung an das Rundschreiben R 17/49 (VA Berlin 1949, 1) für die Bestimmung des Westberliner Versicherungsbestandes darauf abgestellt ist, ob der Versicherungsnehmer seinen Wohnsitz am 20. 3. 1949 in West-Berlin gehabt hat, so gilt diese Regelung nur für die Abgrenzung des Westberliner vom Ostberliner Versicherungsbestand. Diese Regelung kommt also nur dann zur Anwendung, wenn der Versicherungsnehmer seinen Wohnsitz in Berlin gehabt hat und nun zu entscheiden ist, ob seine Versicherung zum Westberliner oder zum Ostberliner Versicherungsbestand gehört. Dagegen gilt die Regelung des R 2/50 von vornherein nicht für die Fälle, in denen der Versicherungsnehmer in der Sowjetzone oder im Gebiet der jetzigen Bundesrepublik seinen Wohnsitz gehabt hat. Für diese Fälle verbleibt es vielmehr bei der oben erwähnten Regelung des R 59/49, wonach die Lebensversicherungen ohne Rücksicht auf den Wohnsitz des Versicherungsnehmers dann zum Westberliner Bestand gehören, wenn die Versicherung nach dem 9. 5. 1945 erneuert worden und die letzte Beitragszahlung vor dem Währungsstichtag in Berlin erfolgt ist (vgl. Stellungnahme des Versicherungsaufsichtsamts Berlin in VA Berlin 1950, 67; *Neumann*, VA Berlin 1950, 31; *Hartmann-Meisch*, Die Lebensversicherungsverträge in der Währungsumstellung[2] [1950] 100). Hieraus folgt, daß nach der Regelung in den Rundschreiben des Aufsichtsamtes für das Versicherungswesen in Berlin die Lebensversicherungen des Bekl. zu 2) zum Westberliner Versicherungsbestand gehören, und zwar ohne Rücksicht darauf, ob der Bekl. zu 2) am Währungsstichtag seinen Wohnsitz, wie er behauptet, in West-Berlin oder, wie die Kl. behauptet, in Thüringen gehabt hat.

Gegen die Wirksamkeit dieser in den genannten Rundschreiben getroffenen Regelung über die Abgrenzung des Westberliner Versicherungsbestandes bestehen keine durchgreifenden Bedenken. Nach Nr. 29 der DB Nr. 4 zur UVO ist die Aufsichtsbehörde zum Erlaß weiterer Vorschriften ermächtigt worden, soweit sie das zur Wahrung der Interessen der Versicherungsnehmer für erforderlich hält. Von dieser Ermächtigung sind die genannten Rundschreiben gedeckt, da danach von dem Versicherungsaufsichtsamt vor allem auch eine Regelung darüber getroffen werden konnte, auf welche Versicherungsverhältnisse Westberliner Umstellungsrecht Anwendung zu finden hat (vgl. *Prölss*, VersR 1952, 197 mit weiteren Nachweisen).

Aus der Anwendung des Westberliner Umstellungsrechts auf die Lebensversicherungen des Bekl. zu 2) folgt, daß diese der 1. AO aus Anlaß der Neuordnung des Geldwesens in Berlin (Lebensversicherung) vom 26. 7. 1948 (VA Berlin 1948 Nr. 2) unterliegen, die zunächst eine den Vorschriften der westdeutschen VO über die Lebens- und Rentenversicherung aus Anlaß der Neuordnung des Geldwesens vom 5. 7. 1948 (VOBl brit. Zone 1948, 249) fast gleiche Regelung über die Umstellung der laufenden Lebensversicherungsverträge aufweist. Sodann enthält die genannte AO in § 9 die praktisch bedeutungsvolle Bestimmung, daß Versicherungsverträge nach Vereinbarung auch in DM der Deutschen Notenbank (DM-Ost) weitergeführt werden dürfen und daß in diesem Fall für den weitergeführten Teil die Versicherungsleistungen in der gleichen Währung erfolgen. Diese Möglichkeit, von der auch für die Lebensversicherungen des Bekl. zu 2) Gebrauch gemacht worden ist, blieb jedoch nur für eine vorübergehende Zeit bestehen. Auf Grund der 3. VO zur Neuordnung des Geldwesens (WährungsergänzungsVO) vom 20. 3. 1949 (VOBl Berlin 1949, 86) wurde die DM der BdL (DM-West) für das Gebiet von West-Berlin als alleiniges gesetzliches Zahlungsmittel festgesetzt. Demgemäß wurde gemäß §§ 1, 7 des Rundschreibens R 17/49 des Aufsichtsamts für das Versicherungswesen in Berlin vom 26. 3. 1949 (VA Berlin 1949, 1) bestimmt, daß die zum Westberliner Bestand gehörenden Lebensversicherungsverträge, soweit sie bisher auf Ostmark lauten, ab 20. 3. 1949 im gleichen Nennbetrag in Westmark laufen und daß nach dem 19. 3. 1949 fällig werdende Beiträge zum vereinbarten Nennbetrag in Westmark zu erheben sind. Dieser Änderung unterlagen auch die Lebensversicherungen des Bekl. zu 2), weil auch diese nach den vorstehenden Ausführungen zum Westberliner Bestand gehörten. Dabei ist es in dieser Hinsicht ohne Bedeutung, ob der Bekl. zu 2) zu diesem Zeitpunkt, wie die Kl. behauptet, in der Sowjetzone seinen Wohnsitz hatte oder ob er zu diesem Zeitpunkt seinen Wohnsitz in West-Berlin hatte. Die Lebensversicherungen des Bekl. zu 2) liefen demgemäß ab 20. 3. 1949 im bisherigen Nennbetrag nunmehr auf DM-West, und es waren für sie nunmehr auch die Beiträge zum vereinbarten Nennbetrag in DM-West zu leisten. Ein Fortbestand dieser Versicherungen auf der Grundlage der DM-Ost war, selbst wenn der Bekl. zu 2) am 20. 3. 1949 seinen Wohnsitz in Thüringen gehabt haben sollte, nach diesem Rundschreiben und der WährungsergänzungsVO nicht mehr möglich.

Diese Rechtslage hat Bedeutung für die Frage, in welcher Währung die Kl. nach dem 20. 3. 1949 die von ihr übernommene Verpflichtung zur Zahlung der Versicherungsprämien zu erfüllen hatte, und sie gewinnt entscheidendes Gewicht für die Revisionsrügen, mit denen die Revision die Auslegung des Berufungsgerichts angreift. Da es nach den vorstehenden Ausführungen für den Fortbestand der Versicherungen und für die Art der Prämienzahlungen seit dem 20. 3. 1949 nicht darauf ankommt, ob der Bekl. zu 2) zu diesem Zeitpunkt seinen Wohnsitz in Thüringen gehabt hat, brauchte das Berufungsgericht unter diesem Gesichtspunkt auch nicht der dahingehenden Behauptung der Kl. nachzugehen. Die Annahme der Revision, die Umstellung der Versicherungen auf DM-West sei lediglich durch den Umzug des Bekl. zu 2) von Thüringen nach der Bundesrepublik bedingt, erweist sich nach der gesetzlichen Regelung über den Westberliner Versicherungsbestand ohne weiteres als irrig. Auch der Hinweis der Revision auf die vom BGH entwickelten Rechtsgrundsätze für den Fall, daß im Zeitpunkt der Währungsreform Gläubiger und Schuldner verschiedenen Staatsgewalten angehören (BGHZ 1, 109[1]; 5, 35[2], 303[3]; 7, 231[4]), geht fehl. Angesichts der besonderen Regelung, die die Versicherungsverhältnisse des Westberliner Bestandes gefunden haben, brauchte die Frage nicht weiter erörtert zu werden, ob die in einem Währungsgebiet vollzogene Währungsreform auch diejenigen Schuldverhältnisse ergreife, die mit Rücksicht auf einen einer anderen Staatsgewalt unterworfenen Beteiligten oder die mit Rücksicht auf die Natur des Schuldverhältnisses eine Beziehung zu einem anderen Staatsgebiet haben. Des weiteren kann unter Berücksichtigung der gekennzeichneten Rechtslage auch der Ansicht der Revision nicht beigetreten

[1] Siehe IzRspr. 1945—1953 Nr. 232.
[2] Siehe IzRspr. 1945—1953 Nr. 402b.
[3] Siehe IzRspr. 1945—1953 Nr. 216.
[4] Siehe IzRspr. 1945—1953 Nr. 213b.

werden, daß der Wortlaut des Vertrages vom 12. 2. 1949 zwingend gegen die Auslegung des Berufungsgerichts spreche. Die Revision stützt ihre dahingehende Ansicht darauf, daß nach dem Wortlaut des Vertrages die Versicherungsbeiträge „in der gleichen Höhe wie bisher" weiterbezahlt werden sollten. Die Revision verkennt bei dieser Rüge, daß nach der Einführung der DM-West als dem alleinigen gesetzlichen Zahlungsmittel in West-Berlin alle laufenden Verpflichtungen, wie etwa Gehälter, Löhne, Mieten, nunmehr grundsätzlich allein in DM-West zu erfüllen waren, auch wenn sie bis dahin ganz oder teilweise in DM-Ost erfüllt worden waren. Gerade auf dieser Erwägung beruht es, daß der Gesetzgeber die Zahlung der Versicherungsprämien, die bisher in DM-Ost gezahlt worden waren, ab 20. 3. 1949 zum gleichen Nennbetrag in DM-West vorschrieb (*Neumann*, VersW 1949, 154). Bei dieser Rechtslage kann daher auch nicht davon gesprochen werden, daß die etwaige Verpflichtung der Kl. zur Zahlung der Versicherungsbeiträge in DM-West nicht mehr eine solche zur Zahlung der Beiträge „in der gleichen Höhe wie bisher" sei.

Unbegründet ist auch der Angriff der Revision, mit dem diese darzutun versucht, das Berufungsgericht hätte aus dem Umstand, daß im Vertrag vom 12. 2. 1949 als Kaufpreis ein Betrag in DM-Ost-Währung vereinbart worden sei, zwingend darauf schließen müssen, daß die Kl. auch bei einer gesetzlich herbeigeführten Umstellung der Versicherungen auf DM-West die Versicherungsprämien weiterhin nur in DM-Ost oder zu einem entsprechenden Umrechnungskurs in DM-West zu zahlen brauche. Ein solcher Schluß ist keineswegs zwingend. Es liegt vielmehr, wenn man den Gesichtspunkt der Versorgung und Sicherstellung der Bekl. berücksichtigt, der nach dem Verkauf der Klinik bei Übernahme der Verpflichtung der Kl. zur Zahlung der Versicherungsprämien ganz offensichtlich eine Rolle gespielt hat, die gegenteilige Annahme sehr viel näher. Jedenfalls kann dem Berufungsgericht ein rechtlicher Fehler nicht zum Vorwurf gemacht werden, wenn es bei der ihm obliegenden Feststellung dem in der Revision hervorgehobenen Umstand nicht die Bedeutung beigemessen hat, die die Revision ihm beizulegen wünscht.

Der Revision kann auch darin nicht beigetreten werden, daß bei der Auslegung des Berufungsgerichts eine notwendige Feststellung fehle, nämlich die, daß im Vertrag vom 12. 2. 1949 die Währung, in der die Versicherungsprämien zu zahlen seien, nicht festgelegt sei. Diese Auffassung der Revision könnte unter Umständen nur dann vertreten werden, wenn die Umstellung der Versicherungen auf DM-West, wovon die Revision auch ausgegangen war, nur durch den Fortzug der Bekl. von Thüringen, nicht aber durch das obengenannte Rundschreiben R 17/49 i. V. m. der WährungsergänzungsVO herbeigeführt worden wäre. Da dieser Ausgangspunkt der Revision jedoch unzutreffend ist und da die Verpflichtung der Kl. zur Zahlung der Versicherungsprämien in dem Vertrag nochmals ausdrücklich bestätigt worden ist, mußte sie mangels einer ausdrücklichen abweichenden Vertragsvereinbarung nunmehr auch die auf DM-West gesetzlich umgestellten Versicherungsprämien zahlen.

Ferner rügt die Revision noch die Übergehung eines Beweisantrages. Die Kl. hatte sich in der Berufungsinstanz auf das Zeugnis des den Vertrag vom 12. 2. 1949 beurkundenden Notars dafür berufen, daß der Vertrag nach dem von den Parteien anläßlich der Verhandlung ausdrücklich bekundeten Parteiwillen auf Ostmarkbasis abgeschlossen worden sei. Allein auch diese Rüge ist unbegründet. Bei Beurteilung dieses Revisionsangriffs ist allerdings davon auszugehen, daß die Parteien die rechtliche Möglichkeit hatten, die Verpflichtung der Kl. zur Zahlung der Versicherungsprämien in der Weise zu beschränken, daß sie auch bei einer Umstellung der Versicherungen auf DM-West die Prämien nur in einer Höhe zu bezahlen hatte, die der ursprünglichen Prämienzahlung in DM-Ost unter Berücksichtigung des jeweiligen Umrechnungskurses entsprach. In diesem Falle wäre es dann die Aufgabe des Bekl. zu 2) gewesen, den entsprechenden Unterschiedsbetrag der Prämien selbst zu entrichten oder eine entsprechende Änderung seiner Versicherung durch Vereinbarung mit seinen Versicherern herbeizuführen. Den Abschluß einer solchen Vereinbarung hat die Kl. aber nicht behauptet. Insbesondere kann in der Behauptung, daß der Vertrag vom 12. 2. 1949 auf Ostmarkbasis geschlossen worden sei, eine dahingehende Behauptung nicht erblickt werden. Dazu hätte es näherer Angaben in der Richtung bedurft, daß es bei einer Prämienzahlung in Ostmark oder bei einer Prämienzahlung zu einem entsprechenden Umrechnungskurs in DM-West auch dann verbleiben sollte, wenn die DM-West, wie das etwa 6 Wochen später geschehen ist und wie es auch schon zur Zeit des Vertragsabschlusses nach den allgemeinen Erörterungen in der Öffentlichkeit durchaus im Bereich des Möglichen stand, als das alleinige gesetzliche Zahlungsmittel in Westberlin bestimmt werden und daher Prämienzahlungen in der Währung der DM-Ost nicht mehr zulässig sein würden. Eine solche Vereinbarung hätte also vorausgesetzt, daß die Parteien für den Fall der Einführung der DM-West als dem alleinigen gesetzlichen Zahlungsmittel in West-Berlin davon ausgegangen waren, daß dann eine Herabsetzung der Versicherungen des Bekl. zu 2) oder eine teilweise Prämienzahlung auch durch den Bekl. zu 2) in Betracht kommen sollte. In der Behauptung der Kl., daß der Vertrag vom 12. 2. 1949 auf der Basis der DM-Ost geschlossen worden sei, kann unter diesen Umständen nicht die Behauptung vom Abschluß einer solchen Vereinbarung erblickt werden, die allein für die Kl. das Recht begründen könnte, nach der Änderung der gesetzlichen Währungsbestimmungen am 20. 3. 1949 die Versicherungsprämien in DM-West nur in Höhe des jeweiligen Umrechnungskurses der ursprünglichen Ostmark zu entrichten. Damit erweist sich auch die Rüge der Revision, der den Vertrag vom 12. 2. 1949 beurkundende Notar sei zu Unrecht nicht vernommen worden, im Ergebnis als unbegründet.

Schließlich läßt sich ein teilweiser Wegfall der Verpflichtung der Kl. zur Zahlung der Versicherungsprämien auch nicht unter dem rechtlichen Gesichtspunkt vom Wegfall der Geschäftsgrundlage begründen. Selbst wenn man insoweit unterstellt, daß die Kl. beim Abschluß des Vertrages vom 12. 2. 1949 davon ausgegangen ist, daß sie in Zukunft die Versicherungsprämien bei der Umstellung auf DM-West nur zu einem entsprechenden Umrechnungskurs in DM-West unter Berücksichtigung der bisherigen Höhe zu zahlen brauche, so läßt sich daraus die Anwendung der Grundsätze vom Wegfall der Geschäftsgrundlage noch nicht rechtfertigen. Zum mindesten wäre es hierfür erforderlich, daß durch die spätere Umstellung der Versicherungen auf DM-West das in dem Vertrag vorausgesetzte Gleichwertigkeitsverhältnis zwischen Leistung und Gegenleistung in einem solchen Maße zerstört worden ist, daß eine Aufrechterhaltung des Vertrages mit der Verpflichtung der Kl. zur Zahlung der Versicherungsprämien in voller Höhe in der Währung von DM-West mit den Grundsätzen von Treu und Glauben schlechterdings nicht zu vereinbaren wäre. Davon kann aber bei den gegebenen Verhältnissen hier nicht gesprochen werden. Denn es ist zu berücksichtigen, daß sich für die Kl. ihre Verpflichtung zur Zahlung der Versicherungsprämien in DM-West nach Erlaß der WährungsergänzungsVO nicht als eine entscheidende Erhöhung ihrer bisherigen Verbindlichkeit darstellt. Bis zum Erlaß dieser VO war sie unter Umständen gehalten, in ihrem Klinikbetrieb von den Westberliner Patienten auch die wertmäßig geringere DM-Ost zum Nominalbetrag an Stelle einer Zahlung in DM-West anzunehmen, so wie sie andererseits auch in der Lage war, die Löhne und Gehälter ihren Angestellten zu einem erheblichen Anteil in DM-Ost zu bezahlen. Nach dem Erlaß der WährungsergänzungsVO brauchte sie sich auf eine solche Zahlung nicht mehr einzulassen, so wie sie andererseits auch solche Zahlungen an ihre Arbeiter und Angestellten nicht mehr entrichten konnte. Angesichts dieser gesetzlichen Regelung würde für sie die Annahme, daß sie auch nach dem 20. 3. 1949 die Versicherungsprämien nur noch in DM-Ost oder zu einem entsprechenden Umrechnungskurs in DM-West zu zahlen brauche, eine fühlbare wirtschaftliche Besserstellung bedeuten. Unter Berücksichtigung dieser Umstände muß daher eine Anwendung der Grundsätze vom Wegfall der Geschäftsgrundlage ausscheiden, weil die oben genannten Voraussetzungen für eine solche Anwendung hier von vornherein nicht gegeben sind."

146. **Die Pflicht zur Zahlung von Zinsen für ein Darlehen, welches hypothekarisch gesichert ist, bestimmt sich nach dem für das Darlehen maßgebenden Recht, dem Schuldstatut. — Das Schuldstatut ist im interzonalen Privatrecht nach den für das internationale Privatrecht geltenden Grundsätzen zu ermitteln. — Das Schuldstatut ist in erster Linie nach dem ausdrücklichen oder stillschweigenden Parteiwillen, hilfsweise nach dem mutmaßlichen Parteiwillen und in letzter Linie nach dem Erfüllungsort zu bestimmen. — Im interzonalen Privatrecht wird sich bei Rechtsgeschäften, die vor der Besetzung Deutschlands abgeschlossen worden sind, ein ausdrücklicher oder stillschweigender Parteiwille in aller Regel nicht feststellen lassen können. — Zur Bestimmung des mutmaßlichen Parteiwillens sind die Interessen der Beteiligten auf objektiver Grundlage in vernünftiger Weise abzuwägen, um den Schwerpunkt des Schuldverhältnisses aufzufinden; maßgebend ist der Zeitpunkt der Besetzung Deutschlands. — Schuldstatut und Währungsstatut einer Forderung decken sich nicht. — Das Währungsstatut ist entsprechend den Grund-**

sätzen für die Ermittlung des Schuldstatuts festzustellen; maßgebend sind jedoch die Verhältnisse im Zeitpunkt der Währungsreform. — Schwerpunkt einer hypothekarisch gesicherten Darlehensforderung ist der Grundstücksort dann, wenn das Darlehen mit Rücksicht auf den Wert des belasteten Grundstückes gegeben wurde; sonst ist Schwerpunkt der Wohnsitz des Schuldners. — Eine auf DM-Ost umgestellte Forderung kann nur in DM-Ost geltend gemacht werden(?).

BGH, Urt. v. 30. 3. 1955 — IV ZR 210/54: WM IV B 1955, 658; NJW 1955, 827; BGHZ 17, 89; MDR 1955, 407; JR 1955, 341; JZ 1955, 584 (*Beitzke*); Auszüge in BB 1955, 398; AZGB Nr. 181 no. 837; DRsp. I (181) 43a und II (250) 35a; Leitsätze in LM Nr. 12 zu Art. 7ff. EGBGB (*Johannsen*) und in DRiZ 1955, 144.

Die Kl. macht einen Teilbetrag von 1000 DM-West für Zinsen aus einer hypothekarisch gesicherten Darlehensforderung geltend. Die Hypothek wurde 1931 für ein Darlehen von 200000 RM, mit 8,5% jährlich verzinslich, für die Großmutter der Kl. auf einem Grundstück in Ost-Berlin eingetragen. Das Grundstück gehörte damals Frau L., die auch Darlehensschuldnerin war. Frau L. verkaufte das Grundstück an die Erbengemeinschaft H., die auch das Darlehen unter Anrechnung auf den Kaufpreis übernahm; die neuen Eigentümer wurden 1940 im Grundbuch eingetragen. Das Grundstück wurde im Kriege völlig zerstört.

Die Kl. hat von dem Bekl., der Mitglied der Erbengemeinschaft H. ist, den Teilbetrag eines Zinsrückstandes eingeklagt.

LG und OLG gaben der Klage statt; die Revision des Bekl. führte zur Abweisung der Klage.

Aus den Gründen:

„I. Das OLG hätte den Sachverhalt nach dem Recht des russischbesetzten Sektors Berlins beurteilen müssen.

1. Es geht mit dem LG davon aus, daß sich sowohl die Frage der Zinszahlungspflicht als solcher wie diejenige der Umstellung der Darlehensforderung nebst Zinsen nach dem Recht der Bundesrepublik richte, und führt hierzu aus:

Für die Umstellung sei maßgebend, wo der Schuldner im Zeitpunkt der Währungsreform seinen Wohnsitz gehabt habe; das sei beim Bekl. die Bundesrepublik gewesen. Es werde zwar die Ansicht vertreten, bei einer hypothekarisch gesicherten Forderung sei das Recht der belegenen Sache jedenfalls dann maßgebend, wenn sie aus einem Darlehen stamme, das der Kapitalanlage dienen solle und keine näheren persönlichen Beziehungen zwischen Darlehensnehmer und Darlehensgeber erkennen lasse. Das LG stimme mit seiner Ansicht, daß auch in diesen Fällen die Forderung am Wohnsitz des Schuldners belegen sei, mit der Rechtsprechung des BGH (BGHZ 1, 109 [112, 114] = NJW 1951, 400f.[1]; BGHZ 5, 35 = NJW 1952, 540[2]; NJW 1952, 420 = LM Nr. 2 zu Art. 7ff. EGBGB[3]) überein, der ganz besondere, erheblich über die hier vorgetragenen Gründe hinausgehende Umstände fordere, falls das Recht der belegenen Sache auch für die persönliche Forderung gelten solle. Der Entscheidung des BGH sei beizutreten. Denn nach dem Aufbau des BGB

[1] IzRspr. 1945—1953 Nr. 232. [2] IzRspr. 1945—1953 Nr. 402b.
[3] IzRspr. 1945—1953 Nr. 348b.

sei die persönliche Forderung die Hauptsache, während die Hypothek nur der Sicherung dieser Forderung diene, möge auch der wirtschaftliche Schwerpunkt vielleicht bei der Hypothek als Grundpfandrecht liegen. Weiterhin sei nach h. M. eine ungesicherte persönliche Forderung am Wohnsitz des Schuldners belegen. Eine durch Bürgschaft oder Faustpfandrecht gesicherte Forderung werde ebenso beurteilt. Die Darlehensforderung, die darüber hinaus mit einer Hypothek gesichert sei, könne demnach nicht für den Gläubiger ungünstiger behandelt werden. Beide Parteien wohnten in der Bundesrepublik. Für die Beurteilung der schuldrechtlichen Beziehungen der Parteien bedürfe es daher keiner Verweisung auf das Recht außerhalb der Bundesrepublik.

2. Das OLG hat nach seinen Ausführungen den Unterschied zwischen dem Schuldstatut und dem Währungsstatut nicht beachtet; es hat außerdem in der Frage des Währungsstatuts aus der Rechtsprechung des BGH irrige Folgerungen gezogen.

a) Die Frage, ob und gegebenenfalls in welcher Höhe der Bekl. trotz der Zerstörung des Grundstücks und trotz einer möglicherweise zu besorgenden Rückerstattung an seine hypothekarisch gesichertenGläubiger Zinsen zahlen muß, bestimmt sich zwar grundsätzlich nach dem Recht, dem das Darlehensschuldverhältnis unterliegt, weil nach dem BGB die persönliche Forderung das Hauptrecht, die Hypothek jedoch nur ein Nebenrecht ist (RGZ 81, 266 [268f.]). Es kommt daher für die hypothekarisch gesicherte Forderung nicht auf das im Sachenrecht maßgebliche Recht der belegenen Sache, sondern auf das sogenannte Schuldstatut an. Hiervon ist das Währungsstatut zu unterscheiden. Das hat der BGH in seinen Entscheidungen wiederholt bemerkt (BGH, NJW 1952, 540 [541] = LM Nr. 1 zu § 128 HGB[2] mit Anm. von *Wilde*; BGHZ 7, 231 [234] = NJW 1953, 339[3]). Soweit die Rechtsprechung des BGH sich darauf beschränkt, das Währungsstatut zu bestimmen, kann sie daher für die Frage, welches Schuldstatut in Betracht kommt, nicht unmittelbar verwertet werden. Das hat das Berufungsgericht verkannt, indem es allein darauf abgestellt hat, nach der Rechtsprechung des BGH sei „für die Umstellung maßgebend, wo der Schuldner im Zeitpunkt der Währungsreform wohnt".

Für das Schuldstatut ist im internat. Privatrecht nach feststehender Rechtsprechung in erster Linie der ausdrückliche oder stillschweigende Parteiwille, in zweiter der sogenannte mutmaßliche (hypothetische) Parteiwille und in dritter der Erfüllungsort maßgebend (BGH, NJW 1952, 540 [541][2] mit Nachweisen, insoweit in BGHZ 5, 35 nicht abgedruckt; BGHZ 7, 231 [234] = NJW 1953, 339 Nr. 3[3] und 9, 221 [222f.] = NJW 1953, 1140 Nr. 4 = LM Nr. 2 zu § 49 Binnenschiffahrtsgesetz[4] mit Anm. von *Lindenmaier*). Dieser Grundsatz ist auf das deutsche interzonale Privatrecht entsprechend anzuwenden (BGH, 20. 11. 1952, IV ZR 35/52 = LM Nr. 7 zu Artt. 7ff. EGBGB[5]). Abweichend vom internat. Privatrecht wird insoweit bei Schuldverhältnissen, die vor dem 8. 5. 1945 begründet worden sind, ein ausdrücklicher oder stillschweigender Partei-

[1] IzRspr. 1945—1953 Nr. 402b.
[2] IzRspr. 1945—1953 Nr. 213b.
[3] IPRspr. 1952—1953 Nr. 40.
[4] IzRspr. 1945—1953 Nr. 1.

wille allerdings kaum in Betracht kommen, weil die Vertragspartner nicht daran gedacht haben, daß die Rechtseinheit in Deutschland einmal beseitigt werden könnte, und sich deshalb ihr Wille nicht auf die späteren völlig umgestalteten Verhältnisse richten konnte. Anders ist es jedoch bei dem sogenannten mutmaßlichen (hypothetischen) Parteiwillen. Denn hierbei handelt es sich nicht darum, hypothetisch-subjektive Vorstellungen der Vertragsteile zu ermitteln, sondern darum, die Interessen der Beteiligten — im Wege der ergänzenden Rechtsfindung — auf objektiver Grundlage in vernünftiger Weise abzuwägen (vgl. insbesondere BGHZ 9, 221 [223] = NJW 1953, 1140 f.[1]), also festzustellen, ob der Schwerpunkt des Schuldverhältnisses objektiv auf eine bestimmte Rechtsordnung hinweist. Während nun aber für die entsprechende Frage beim Währungsstatut auf den Zeitpunkt der Währungsspaltung abzustellen ist (BGH, NJW 1952, 540 [541][2]), kann für die Frage des Schuldstatuts im interzonalen Privatrecht nur der Zeitpunkt maßgebend sein, von dem an die Rechtsentwicklung in den verschiedenen Zonen des Deutschen Reichs sich unterschiedlich entwickelt hat, also frühestens der Tag des Zusammenbruchs, der 8. 5. 1945. Es ist also zu prüfen, wo bei einer objektiven Interessenwertung nach diesem Tage der Schwerpunkt des Schuldverhältnisses gelegen hat.

Es kommt daher für die Frage des Schuldstatuts hier weder darauf an, daß der Bekl. im Zeitpunkt der Währungsreform im Bereich der Bundesrepublik gewohnt hat, noch darauf, daß beide Parteien jetzt hier wohnen, wie das Berufungsgericht ausdrücklich feststellt. Eher könnte bedeutsam sein, wo die Parteien, insbesondere der Schuldner, zur Zeit des Zusammenbruchs gewohnt haben.

b) Das Berufungsgericht hat außerdem verkannt, daß der BGH die Frage, ob das Recht der Darlehensforderung im interzonalen Privatrecht regelmäßig dem Recht der Hypothek folgt oder ob die Forderung und das dingliche Recht verschieden behandelt werden können, auch bei der Ermittlung des Währungsstatuts bisher nicht allgemein entschieden hat. Im Urteil des V. ZS vom 26. 1. 1951 — V ZR 43/50 — ist die Frage ausdrücklich dahingestellt geblieben (BGHZ 1, 109 [114][3]). In dem weiter vom Berufungsgericht angeführten Urteil des I. ZS vom 1. 2. 1952 — I ZR 123/50 — (NJW 1952, 540[4]) ist die Frage nicht erörtert worden; dort handelte es sich um eine Gesellschaftsschuld. Dagegen hat auch der erkennende Senat schon in einer Entscheidung vom 31. 1. 1952 —IV ZR 70/51 (LM Nr. 3 zu EGBGB Art. 7 ff.[5]) — ausdrücklich offengelassen, ob bei einer dinglich gesicherten Forderung andere Grundsätze gelten können, als sie für die Umstellung einer rein persönlichen Forderung entwickelt worden sind (vgl. auch das Urteil vom 26. 3. 1953 — IV ZR 128/52 = BGHZ 9, 151 [156 f.][6]).

Auch für die Ermittlung des Währungsstatuts ist in entsprechender Anwendung der oben wiedergegebenen Grundsätze zum Schuldstatut

[1] IPRspr. 1952—1953 Nr. 40.
[2] IzRspr. 1945—1953 Nr. 402b.
[3] IzRspr. 1945—1953 Nr. 232.
[4] IzRspr. 1945—1953 Nr. 402b.
[5] IzRspr. 1945—1953 Nr. 214.
[6] IzRspr. 1945—1953 Nr. 234.

zunächst zu prüfen, ob sich — mangels ausdrücklicher oder stillschweigender Parteiabrede — bei einer objektiven Wertung der beiderseitigen Interessen ein Schwerpunkt feststellen läßt, der auf die eine oder die andere Rechtsordnung hinweist, bevor etwa an den Erfüllungsort oder — an Stelle eines durch die Ereignisse überholten Erfüllungsortes (BGHZ 1, 109 [112] = NJW 1951, 400[1]) — an den Wohnsitz des Schuldners vom 20. 6. 1948 angeknüpft werden kann (BGH, NJW 1952, 540 [541][1a]; BGHZ 5, 302 [309—311] = NJW 1952, 741[2]: BGHZ 7, 231 [234f.] = NJW 1953, 339[2a]; *Raape*, IPR³ 347; vgl. hierzu auch KG, NJW 1953, 29[3] bei Grundbesitz in West-Berlin und Schuldnerwohnsitz in Westdeutschland).

c) Es spricht viel dafür, den Schwerpunkt hypothekarisch gesicherter Darlehensschuldverhältnisse in der Regel am Sitze der Hypothek zu suchen. Denn — abweichend von dem Aufbau des Hypothekenrechts im BGB — hat die Entwicklung dazu geführt, daß zumeist die Hypothek wirtschaftlich gegenüber der Forderung überwiegt, die persönliche Forderung praktisch in den Hintergrund tritt und die Hypothek von vornherein regelmäßig die Zweckbestimmung hat, der Befriedigung des Gläubigers — nicht nur seiner Sicherung — zu dienen. Diese wirtschaftliche Entwicklung ist auch bei der rechtlichen Beurteilung zu berücksichtigen (BGH, Urteil vom 1. 2. 1952 — V ZR 16/51 = NJW 1952, 420[4]; *Staudinger-Kober*, BGB¹⁰ § 1113 Anm. 7). Der V. ZS hat demgemäß in der vorerwähnten Entscheidung ausgesprochen, es könne jedenfalls die persönliche Forderung die dingliche Haftung nicht nach sich ziehen, eher umgekehrt die dingliche Haftung die persönliche Forderung; er hat insoweit mit Recht die insbesondere von *Seeger* (JR 1951, 359; NJW 1952, 210) vertretene Unterscheidung zwischen einem Realkredit und einem Personalkredit — trotz gewisser Abgrenzungsschwierigkeiten — als beachtlich bezeichnet. Für die Ermittlung des Schwerpunktes eines hypothekarisch gesicherten Darlehensschuldverhältnisses kann die Unterscheidung jedenfalls erheblich sein. Denn bei einer objektiven Interessenabwägung ist es bei einem echten Realkredit, d. h. einem Kredit, für den der Wert des belasteten Grundstücks, nicht aber derjenige des sonstigen Schuldnervermögens oder die persönliche Kreditwürdigkeit des Schuldners entscheidend waren, angezeigt, für die Ermittlung des Schuld- und Währungsstatuts in erster Linie an die Lage des Grundstückes anzuknüpfen, während bei einem Personalkredit, bei dem die Bestellung der Hypothek wirklich nur eine — wirtschaftlich untergeordnete — Sicherung ist, als Anknüpfungspunkt die Person des Schuldners und damit regelmäßig dessen Wohnsitz näher liegt. Hieraus ergibt sich für den vorliegenden Fall folgendes: Nach dem Sachvortrag der Parteien läßt sich sowohl für das Schuldstatut wie für das Währungsstatut in der maßgeblichen Zeit ein Schwerpunkt feststellen, der auf das Ostberliner Recht hinweist.

---

[1] IzRspr. 1945—1953 Nr. 232.
[1a] IzRspr. 1945—1953 Nr. 402b.
[2] IzRspr. 1945—1953 Nr. 216.
[2a] IzRspr. 1945—1953 Nr. 213b.
[3] IzRspr. 1945—1953 Nr. 233.
[4] IzRspr. 1945—1953 Nr. 384b.

Wie oben ausgeführt ist, ist für die Ermittlung des Schuldstatuts frühestens der 8. 5. 1945 und für das Währungsstatut der 20. 6. 1948 maßgebend. Auch wenn das Darlehen, was schon bei der Höhe des Betrages wenig wahrscheinlich ist, in erster Linie als Personalkredit, nicht als Realkredit gegeben worden ist, hat es sich zu einem Realkredit entwickelt, bei dem die — ursprünglich möglicherweise bestimmenden — persönlichen Beziehungen der früheren Vertragsteile bedeutungslos geworden sind und der Charakter einer reinen Kapitalanlage immer mehr in Erscheinung getreten ist. Dafür spricht — abgesehen von der Höhe des Betrages — schon der Umstand, daß die Hypothek seit 1931 unter Anpassung an die jeweils üblichen Zinssätze in voller Höhe bestehengeblieben, ferner daß sie auch bei den Personenwechseln auf der Gläubiger- und Schuldnerseite jeweils voll aufrechterhalten worden ist. Hiernach war im Verhältnis der Parteien zueinander, worauf es entgegen der Annahme des Berufungsgerichts zeitlich allein ankommt, nicht das früher einmal gegebene Darlehen, sondern das Grundpfandrecht — wirtschaftlich gesehen als ein Anteil an dem Grundbesitz der Erben H. — das Wesentlichere.

d) Demgegenüber kann nicht — mit dem Berufungsgericht — eingewandt werden, die Darlehensforderung, die ‚darüber hinaus' mit einer Hypothek gesichert worden sei, könne nicht für den Gläubiger ungünstiger behandelt werden als die ungesicherte Darlehensforderung. Die dingliche Sicherung einer Forderung verschafft keinen Anspruch darauf, daß der Darlehenshypothekengläubiger in jeder Beziehung — also unabhängig von der Sicherung — zu jeder Zeit mindestens ebenso günstig gestellt wird wie der ungesicherte Darlehensgläubiger. Die Betrachtungsweise der Kl. beruht darauf, daß es ihr auf Grund der besonderen Entwicklung in Deutschland seit dem Zusammenbruch im Jahre 1945 und der persönlichen Verhältnisse des Bekl. im Augenblick günstiger erscheint, sich an den Schuldner selbst zu halten, anstatt in erster Linie die Vollstreckung aus dem Grundstück zu betreiben. Das sind jedoch tatsächliche Umstände, die für die rechtliche Beurteilung nicht entscheidend sein können. Die Entwicklung hätte auch so verlaufen können, daß die Hypothekengläubiger — auch über die bloße dingliche Sicherung hinaus — besser gestellt waren als die Gläubiger rein persönlicher Forderungen. Die Kl. kann sich nicht deshalb auf die Rechtsordnung berufen, die für sie jeweils am günstigsten ist, weil ihre Forderung dinglich gesichert ist.

II. Das Urteil des Berufungsgerichts ist daher aufzuheben. Die Klage ist abzuweisen. Nach den bisher gestellten Anträgen besteht kein Anlaß, die Sache an das Berufungsgericht zurückzuverweisen, damit dieses nunmehr das einschlägige Ostberliner Recht ermittelt und anwendet. Die Kl. kann allenfalls Zahlung in DM der Deutschen Notenbank (Ostmark) verlangen. Sie hat sich bisher darauf beschränkt, den Rechtsstreit wegen eines Teilbetrages ihrer angeblichen Zinsforderung in Höhe von 1000 DM-West zu führen. Es kann daher dahinstehen, ob sie einen solchen Hilfsantrag noch im Revisions-Rechtszug einführen dürfte, ob darin insbesondere eine unzulässige Klagänderung liegen würde (vgl. RGZ 160, 204 [212f.]; OGHZ 2, 226 [231] = NJW 1949, 784[1]).“

147. **Es entspricht der gefestigten Rechtsprechung der Gerichte, daß Enteignungsmaßnahmen in der Sowjetzone nicht das im Bundesgebiet belegene Vermögen berühren. — Hat eine juristische Person oder eine Personalhandelsgesellschaft von der Enteignung nicht erfaßtes Vermögen im Bundesgebiet, so erlischt sie nicht infolge der Enteignung. — Es ist Tatfrage, ob ein solches Unternehmen als werbende Gesellschaft fortbesteht oder in Liquidation tritt. — Die Umstellung einer Forderung richtet sich nach dem Währungsrecht am Wohnsitz des Schuldners. — Die Umstellung einer Bürgschaftsforderung richtet sich auch dann nach dem für die Hauptforderung maßgebenden Währungsrecht, wenn sich der Wohnsitz des Bürgen in einem anderen Rechtsgebiet als demjenigen des Sitzes des Hauptschuldners befindet. — Westdeutsche und Westberliner Gerichte können zur Zahlung von DM-Ost verurteilen. — Durch die Enteignung seines Vermögens wird ein Schuldner grundsätzlich nicht von der Haftung für seine Verbindlichkeiten befreit. — Ein in Reichsmark entstandener und in DM-Ost umgestellter, aber zunächst in DM-West erhobener Anspruch ist hinsichtlich des Betrages in DM-Ost rechtshängig geworden, der sich bei der Umstellung aus demjenigen Reichsmarkbetrag ergibt, der zunächst in DM-West geltend gemacht worden war.**

BGH, Urt. v. 16. 5. 1955 — II ZR 249/54: WM IV B 1955, 974; Auszug in Betrieb 1955, 685; Leitsätze in BB 1955, 586.

Der Kl. war persönlich haftender Gesellschafter der KG. C. & Co., die ihren Sitz im jetzigen Gebiet von Ost-Berlin hatte. Ende 1944 traten der Bekl. zu 3) als persönlich haftender Gesellschafter und die Bekl. zu 2) als Kommanditistin in die Gesellschaft ein, während zugleich der Kl. und seine Tochter aus der Gesellschaft ausschieden. In einem gleichzeitig abgeschlossenen Vertrag verpflichtete sich die KG., dem Kl. ab 1. 1. 1945 eine Rente von jährlich 18000 RM auf die Dauer von 12 Jahren zu zahlen; diese Rente wurde anläßlich des Ausscheidens des Kl. aus der KG. „für seine geleistete Arbeit und die Entwicklung der Firma auf ihren heutigen Stand“ gewährt. Die Bekl. zu 2) übernahm für diese Rentenverpflichtung die selbstschuldnerische Bürgschaft.

Der Kl. nimmt die Bekl. zu 1) mit der Behauptung, daß sie mit der Schuldnerin der Rente identisch sei, sowie die Bekl. zu 2) als Bürgin und den Bekl. zu 3) als persönlich haftenden Gesellschafter in Anspruch und hat beantragt, die Bekl. als Gesamtschuldner zur Zahlung von 108000 DM-Ost zu verurteilen.

Das LG hat die Klage abgewiesen, das KG hat ihr stattgegeben. Auf die Revision der Bekl. wurde die Klage in Höhe von 9000 DM-Ost abgewiesen; in Höhe von 99000 DM-Ost wurde ihr gegenüber den Bekl. zu 2) und 3) stattgegeben, hinsichtlich der Bekl. zu 1) aber an das Berufungsgericht zurückgewiesen.

Aus den Gründen:

„1. Nach den Darlegungen des Berufungsgerichts ist die ursprüngliche Schuldnerin der Rente, die Firma C. & Co. KG., durch die gegen sie gerichteten Enteignungsmaßnahmen nicht fortgefallen. Nach den Feststellungen des Berufungsgerichts hatte diese Gesellschaft auch in den Westsektoren von Berlin Vermögen, das von den Enteignungsmaß-

[1] IPRspr. 1945—1949 Nr. 9.

nahmen nicht betroffen wurde, so daß sie auch ohne eine besondere Sitzverlegung und ohne eine neue Eintragung in das Handelsregister fortbestanden habe. Der Bekl. zu 3) habe nach Wiederaufnahme des Geschäftsbetriebes zunächst auch die Geschäfte dieser Gesellschaft geführt. Die geringfügige Änderung der Gesellschaftsfirma stehe dieser Annahme nicht entgegen, da diese Änderung nur mit Rücksicht auf etwaige Schwierigkeiten, die mit dem alten Namen hätten verbunden sein können, vorgenommen worden sei. Von einer Einzelfirma des Bekl. zu 3) könne daher insoweit nicht gesprochen werden, zumal der Bekl. zu 3) dann aus firmenrechtlichen Gründen für diese Firma einen völlig anderen Namen hätte wählen müssen.

Diese Darlegungen und Feststellungen, die von der Revision nicht angegriffen werden, sind aus Rechtsgründen nicht zu beanstanden. Die Auffassung des Berufungsgerichts, daß Enteignungsmaßnahmen im Sowjetsektor von Berlin und in der Sowjetzone nicht das in der Bundesrepublik und in West-Berlin belegene Vermögen des enteigneten Unternehmens berühren, entspricht der gefestigten Rechtsprechung der Gerichte. Daraus folgt weiter, daß in einem solchen Fall eine juristische Person oder eine Personalhandelsgesellschaft durch die gegen sie gerichtete Enteignungsmaßnahme der sowjetzonalen oder sowjetsektoralen Dienststellen nicht erlischt. Dabei ist es im einzelnen Tatfrage, ob eine Personalhandelsgesellschaft, die von einer derartigen Enteignungsmaßnahme betroffen wird, aber in der Bundesrepublik oder in West-Berlin noch Vermögen besitzt, in den Zustand der Auflösung und der Liquidation tritt oder als werbende Gesellschaft weiter besteht. Das hängt in jedem Fall davon ab, ob die Gesellschafter unbeschadet der erfolgten Enteignungsmaßnahme mit den Mitteln des ihnen verbliebenen Gesellschaftsvermögens das Unternehmen fortführen oder sich durch die vorgenommene Enteignung an einer Fortführung des Unternehmens im Westen gehindert sehen. Da das Berufungsgericht in tatsächlicher Hinsicht festgestellt hat, daß der Bekl. zu 3) mit den in den Westsektoren Berlins befindlichen Vermögenswerten der Gesellschaft das Unternehmen fortgeführt hat, ist daher die Auffassung von dem Fortbestand der alten Gesellschaft aus Rechtsgründen nicht zu beanstanden.

In diesem Zusammenhang ist auch es ohne Belang, ob der Bekl. zu 3) mit der Aufnahme der Geschäfte in West-Berlin schon vor der Enteignung des Gesellschaftsunternehmens im Ostsektor Berlins begonnen hat. Denn diese Möglichkeit schließt keineswegs aus, daß dies der Bekl. zu 3) im Rahmen der bestehenden Gesellschaft getan hat. Entgegen der Auffassung der Bekl. ist es rechtlich durchaus denkbar, daß die damals noch im Ostsektor bestehende und befindliche Gesellschaft im Hinblick auf die dort für sie auftretenden Schwierigkeiten und Hemmnisse ihren Geschäftsbetrieb mit den in West-Berlin befindlichen Mitteln tatsächlich auch in West-Berlin geführt hat. Es spricht also die unter Umständen schon vor der Enteignung des Gesellschaftsunternehmens erfolgte Aufnahme des Geschäftsbetriebes in West-Berlin durch den Bekl. zu 3) rechtlich nicht zwingend gegen die Auffassung des Berufungsgerichts, daß diese Geschäfte im Rahmen der alten KG. betrieben worden sind.

2. Das Berufungsgericht legt sodann dar, daß die Forderung des Kl. in ihrem rechtlichen Bestand durch die Enteignungsmaßnahmen gegen die KG. und durch sonstige Umstände nicht berührt worden sei. Die hiergegen gerichteten Angriffe der Revision sind nicht begründet.

a) Im Zeitpunkt der Währungsumstellung handelte es sich bei der Forderung des Kl. um eine solche, die sich gegen eine damals noch im Ostsektor Berlins befindliche Gesellschaft richtete. Die Forderung unterlag daher den dort geltenden Umstellungsvorschriften und wurde demgemäß bei der Währungsumstellung im Verhältnis 1:1 in DM-Ost umgestellt. Das gleiche rechtliche Schicksal hatte die Bürgschaftsverpflichtung der Bekl. zu 2), da sich Inhalt und Umfang dieser Verpflichtung nach der Umstellung der Hauptschuld richtet, und zwar im Verhältnis zu den Währungsgesetzen der Sowjetzone auch dann, wenn der Bürge seinen Wohnsitz im Gebiet der Bundesrepublik hat (RGRK, BGB § 765 Bem. 1e a. E).

b) Es bestehen auch keine Bedenken dagegen, daß der Kl. die auf DM-Ost lautende Forderung vor den Westberliner Gerichten geltend gemacht hat. Denn wie der BGH bereits dargelegt hat, ist es den Gerichten der Bundesrepublik — das gleiche gilt um so mehr für die Gerichte von West-Berlin — nicht verwehrt, zur Zahlung in DM-Ost zu verurteilen (BGHZ 7, 231[1]).

c) Da die Schuldnerin der Rente, die Firma C. & Co. KG., durch die gegen sie gerichteten Enteignungsmaßnahmen in ihrem rechtlichen Bestand nicht berührt worden ist, konnten diese Maßnahmen auch nicht die Forderung des Kl. vernichten. Die Auffassung der Revision, dem Kl. sei durch die Enteignungsmaßnahme das Objekt seiner Haftung, nämlich das Gesellschaftsvermögen, genommen worden, ist unzutreffend. Denn das Gesellschaftsvermögen ist zwar durch die Enteignungsmaßnahme betroffen und dadurch entsprechend verringert worden, aber weggefallen ist es nicht, da die Gesellschaft auch noch in den Westsektoren Berlins Vermögen besaß und mit Hilfe dieses Vermögens ihren Betrieb dort weiterführte.

d) Auch unter dem rechtlichen Gesichtspunkt des Wegfalls der Geschäftsgrundlage läßt sich gegen den Bestand der Forderung nichts einwenden. Insoweit könnten nach dem vorliegenden Sachverhalt nur die Vorschriften über die Gewährung der Vertragshilfe in Betracht kommen. Eine Anwendung der Grundsätze vom Wegfall der Geschäftsgrundlage ist daneben nach der gefestigten Rechtsprechung des BGH im allgemeinen nicht möglich. Daß hier eine Aufhebung der Forderung in vollem Umfang in Betracht kommen könnte — ein Fall, der ausnahmsweise beim Vorliegen der Voraussetzungen über die Gewährung der Vertragshilfe die Anwendung der Grundsätze vom Wegfall der Geschäftsgrundlage rechtfertigen könnte —, hat das Berufungsgericht unter Berücksichtigung der von den Bekl. vorgetragenen Umstände zutreffend verneint.

---

[1] IzRspr. 1945—1953 Nr. 213b.

3. Die Bekl. haben des weiteren gegenüber dem Anspruch des Kl. die Einrede der Verjährung geltend gemacht. Das Berufungsgericht ist der Meinung, daß diese Einrede im vorliegenden Fall nicht durchgreife. Die hiergegen von der Revision erhobenen Angriffe sind im Ergebnis zu einem geringen Teil begründet. [Das Gericht legt dar, daß die Forderung des Kl. der vierjährigen Verjährungsfrist des § 197 BGB unterlegen habe, der Ablauf der Verjährung aber durch die 1946 ausgesprochene Beschlagnahme des Vermögens der KG. bis 1950 gehemmt worden sei.] Die Rentenansprüche des Kl. aus dem Jahre 1945 waren daher, da von der vierjährigen Verjährungsfrist bereits ein Jahr im Jahre 1946 verstrichen war, am 17. 3. 1953 verjährt, sofern die Verjährung nicht vorher durch gerichtliche Geltendmachung unterbrochen oder ihr Ablauf aus einem anderen Grunde gehemmt war.

d) Im Termin vom 15. 3. 1952 hatte der Kl. den Antrag gestellt,die Bekl. zur Zahlung von 7000 DM-West zu verurteilen, wovon ein Teilbetrag von 900 DM-West auf die Zeit ab 1. 1. 1945, der Rest auf die Zeit ab 1. 7. 1948 in Ansatz gebracht wurde. Damals gingen die Parteien noch übereinstimmend davon aus, daß die Klageforderung bei der Währungsreform durch die westdeutschen Währungsgesetze in DM-West umgestellt worden sei. Es fragt sich daher, in welchem Umfange dieser auf DM-West lautende Teilantrag für die Zeit ab 1. 1. 1945 die auf das Jahr 1945 entfallende Rentenforderung erfaßt hat. Der Kl. ist bei der Stellung dieses Antrages davon ausgegangen, daß seine Forderung im Verhältnis 1:1 in DM-West umgestellt sei, während die Bekl. meinten, daß nur eine Umstellung im Verhältnis 10:1 in Betracht käme. Da der Kl. seinen Antrag für die Zeit vor der Währungsreform nicht in der Form gefaßt hatte, daß im Fall einer Umstellung seiner Forderung im Verhältnis 10:1 ein Teil seiner Klage (nämlich zu $^{9}/_{10}$) für die Zeit vor der Währungsreform hätte abgewiesen werden müssen, sondern da sein Antrag so gestellt war, daß er im Fall einer Umstellung im Verhältnis 10:1 die Rentenforderung des Kl. aus dem Jahre 1945 für einen entsprechend längeren Zeitraum mit umfaßte, war der Anspruch des Kl. aus dem Jahre 1945 auch in Höhe der ursprünglichen Forderung von 9000 DM rechtshängig geworden. Denn in dieser Höhe hätte das Gericht über den Anspruch des Kl. bei einer Umstellung im Verhältnis 10:1 befinden können und befinden müssen. Da der Umfang der Rechtshängigkeit für die Unterbrechung der Verjährung gemäß § 209 BGB maßgeblich ist (RGZ 75, 306; 163, 398), war daher die Verjährung der Rentenforderung des Kl. aus dem Jahre 1945 zu einem Teilbetrag von 9000 DM, bei der gebotenen Umstellung im Verhältnis 1:1 auf DM-Ost, also zu einem Teilbetrag von 9000 DM-Ost, unterbrochen. In diesem Umfange vermag daher die Einrede der Verjährung nicht durchzudringen. . . .

Zusammenfassend ergibt sich somit, daß die von den Bekl. erhobene Einrede der Verjährung insoweit, aber auch nur insoweit, durchgreift, als der Kl. Rentenansprüche aus dem Jahre 1945 von mehr als 9000 DM-Ost geltend macht, da sein entsprechender Klageantrag in diesem Umfange erst nach der am 17. 3. 1953 eingetretenen Verjährung gestellt worden ist. Daher muß das Berufungsurteil zu einem Teilbetrage von 9000 DM-Ost einschließlich der auf diesen Teilbetrag entfallenden Zinsen aufgehoben und die Klage in dieser Höhe gegen die Bekl. zu 1) bis 3) abgewiesen werden.“

4. Umstellung von gerichtlichen Titeln

148. Ein in der Sowjetzone ergangener RM-Titel kann auf DM-West umgestellt werden, wenn der Schuldner zur Zeit der Währungsreform seinen Wohnsitz in den Westzonen hatte. — Im Verfahren der 16. DVO zum Umstellungsgesetz kann ein RM-Titel nicht auf DM-Ost umgestellt werden. — Bei der Umstellung eines RM-Titels auf DM-West kann dem Schuldner nicht nachgelassen werden, sich durch Zahlung von DM-Ost von seiner Verbindlichkeit zu befreien. — Die Umstellung eines RM-Titels ist abzulehnen, wenn sie für den Schuldner eine unbillige Härte mit sich bringt, die nicht nur auf den Währungsverhältnissen beruht und auch durch Abänderungs- oder durch Vollstreckungsgegenklage nicht abgewendet werden kann; die Erhebung dieser Klagen in der Sowjetzone ist praktisch ausgeschlossen.

LG Frankenthal, Beschl. v. 20. 1. 1954 — T 230/53: NJW 1954, 842; BB 1954, 295; Auszug in DRsp. II (250) 33a—c.

Die Ehe der Parteien ist 1946 durch das LG D. (sowjet.) geschieden worden. In einem Prozeßvergleich verpflichtet sich der AGg., an die ASt. sowie die beiden ehelichen Kinder monatlich insgesamt 150 RM als Unterhaltsrente zu zahlen. Die Parteien lebten damals in der Sowjetzone.

Der AGg. ist inzwischen in das Bundesgebiet übergesiedelt. Die in der Sowjetzone lebende ASt. hat beantragt, den RM-Betrag des Vergleiches in voller Höhe auf DM umzustellen.

Das AG gab dem Antrag statt; auf die Beschwerde des AGg. wies das LG den Antrag zurück.

Aus den Gründen:

„Allerdings ist die Auffassung des Beschwerdeführers, der streitige Titel könne nach der 16. DVO zum UG auch auf DM-Ost umgestellt werden, ebenso unrichtig wie die von der Gegenpartei vertretene Ansicht, aus einem auf DM-Ost lautenden Titel könne in der Westzone nicht vollstreckt werden. Nur für das Zivilprozeßverfahren hat der BGH in seiner Entscheidung vom 30. 9. 1952[1] eine Verurteilung in DM-Ost zugelassen (NJW 1953, 339). Dort ist auch ausgeführt, die Vollstreckung eines auf DM-Ost lautenden Titels sei in der Westzone ‚rechtsgrundsätzlich untersagt‘. Das OLG Neustadt an der Weinstraße hat in dem nicht veröffentlichten Beschluß vom 5. 6. 1953 (3 W 46/53) noch erläuternd hinzugefügt: ‚Aus einem solchen Titel kann in der Bundesrepublik entsprechend § 244 BGB nach dem jeweiligen Wechselstubenkurs der Ost-Mark im Verhältnis zur West-Mark vollstreckt werden.‘

Damit ist jedoch noch nicht die Frage entschieden, ob in dem besonderen Verfahren der 16. DVO zum UG auch eine Umstellung auf DM-Ost erfolgen kann. Daß sich die 16. DVO auch auf RM-Ostzonentitel

[1] IzRspr. 1945—1953 Nr. 213b.

bezieht — jedenfalls dann, wenn der Schuldner am 21. 6. 1948 seinen Wohnsitz in der Westzone hatte (§§ 1, 3 III der 16. DVO zum UG i. V. m. § 13 III UG), kann heute als einhellige Rechtsprechung gelten (vgl. statt aller OLG Düsseldorf vom 8. 2. 1951, DRsp. II [250] 21 a[1]). Ob die Anwendung der 16. DVO auch gerechtfertigt ist, wenn der Schuldner erst nach der Währungsreform seinen Wohnsitz in die Westzone verlegt hat — eine Frage, die von der Kammer im Beschluß vom 20. 3. 1952 (NJW 1952, 710 Nr. 16[2]) bejaht wurde —, braucht hier nicht nochmals untersucht zu werden, da der Beschwerdeführer bereits vor dem 21. 6. 1948 in der Westzone gewohnt hat. Die Rechtsprechung ist jedoch niemals so weit gegangen, die Umstellung eines RM-Ostzonentitels im Verfahren der 16. DVO zum UG auf DM-Ost zuzulassen (vgl. hierzu LG Stuttgart, NJW 1951, 241[3]; LG Oldenburg, DRsp. II [250] 23 a[4] und LG Ellwangen, NJW 1952, 708[5]). Der Grund hierfür ist einleuchtend: Das UG und die dazu erlassenen DVOen wollen nur die Währungsverhältnisse der DM-West regeln. Die DM-Ost gab es zur Zeit des Erlasses des UG überhaupt noch nicht. Also konnte sie schon aus diesem Grunde von dem Gesetz nicht miteinbezogen werden. Andererseits können die zum UG erlassenen DVOen nicht über den Rahmen des zugrunde liegenden Gesetzes hinausgehen.

Aus diesen Erwägungen löst sich auch die Frage, ob bei einer Umstellung in DM-West dem Schuldner wenigstens nachgelassen werden kann, sich durch Zahlungen in DM-Ost von der Verbindlichkeit zu befreien. Das OLG Stuttgart hat diese Frage in der Entscheidung vom 22. 8. 1952 (EJF 1953, 37 Nr. 6[6]) mit Recht verneint, indem es zutreffend darauf hingewiesen hat, daß für eine solche facultas alternativa in dem Umstellungsverfahren nach der 16. DVO kein Raum sei. Dieser Auffassung hat neuerdings auch das LG Ellwangen im Beschluß vom 15. 5. 1953 (NJW 1953, 1183 Nr. 11[7]) beigestimmt. Ebenso hat sich ihr *Beitzke* in einer Anmerkung zu der eben genannten Entscheidung (aaO) angeschlossen. Dem Hilfsantrag des Beschwerdeführers, ihm jedenfalls eine Ablösungsbefugnis in DM-Ost zu gewähren, konnte daher auch nicht stattgegeben werden.

Es ist vielmehr davon auszugehen, daß lediglich eine Umstellung in DM-West, und zwar hier auch nur im Verhältnis von 10:1 (§ 16 UG) oder 1:1 (§ 18 UG) möglich ist. Abzulehnen ist somit auch die von *Beitzke* (NJW 1950, 930 Anm. 24) geäußerte Meinung, von der 16. DVO zum UG sei auch jede höhere Umstellung als 10:1, nicht nur die 1:1 zugelassen. Die Ansicht *Beitzkes* widerspricht dem klaren Wortlaut des UG. Wo bei dieser starren Umstellung Härten entstanden, griff früher § 21 UG ein und ermöglichte ein Vertragshilfeverfahren. Diese Bestimmung ist jetzt durch § 21 Ziffer 15 des VHG vom 26. 3. 1952 (BGBl I 198) aufgehoben worden; dadurch hat sie jedoch praktisch ihre Gültigkeit nicht verloren; sie ist vielmehr in dem eben genannten Ges. vom 26. 3.

[1] IzRspr. 1945—1953 Nr. 320.
[2] IzRspr. 1945—1953 Nr. 274.
[3] IzRspr. 1945—1953 Nr. 256.
[4] IzRspr. 1945—1953 Nr. 264.
[5] IzRspr. 1945—1953 Nr. 322.
[6] IzRspr. 1945—1953 Nr. 203.
[7] IzRspr. 1945—1953 Nr. 204.

1952 aufgegangen (*Duden-Rowedder*, VHG [1952] 27 Anm. 5 und 29 Anm. 9). Ein Vertragshilfeverfahren ist jedoch im vorliegenden Fall von keiner der Parteien beantragt worden, so daß es sich erübrigt, näher hierauf einzugehen. An dieser Stelle genügt der Hinweis, daß hier lediglich die Umstellung nach § 18 I UG in Anspruch genommen wird und daß nach dem eindeutigen Wortlaut des Gesetzes für sie nur ein Titel des Inhalts in Betracht kommt, ‚daß der Schuldner für jede RM eine DM zu zahlen hat' (Absatz I aaO).

Der Schuldner hat hier in einer durchaus schlüssigen Form dargetan, daß diese starre Regelung für ihn recht erhebliche Härten zur Folge habe. Soweit diese Härten ihre Ursachen lediglich in der Verschiedenheit der Währungen haben, müssen sie in dem vorliegenden Umstellungsverfahren grundsätzlich hingenommen werden; denn jede Währungsumstellung bringt für den einzelnen mehr oder minder Unbilligkeiten und Vermögenseinbußen mit sich. Aber auch soweit noch andere hinzukommende Umstände eine zu starke Belastung des Schuldners herbeiführen, darf die Umstellung 1:1 hier nicht abgelehnt werden, solange der Schuldner die Möglichkeit hat, durch anderweitige Rechtsbehelfe Mängel zu korrigieren und eine den wirklichen Interessen beider Parteien entsprechende Lösung herbeizuführen. Macht der Schuldner von diesen Rechtsbehelfen keinen Gebrauch, so ist es seine eigene Schuld, wenn durch die Umstellung des Titels für ihn untragbare Verbindlichkeiten begründet werden.

Bei Unterhaltsverpflichtungen hat der Gesetzgeber durch § 323 ZPO die Möglichkeit eröffnet, auch beim Vorliegen eines vollstreckbaren Titels auf Grund veränderter Verhältnisse eine Neuordnung herbeizuführen. Wie die Kammer bereits in ihrem Beschluß vom 20. 3. 1952 (NJW 1952, 710 Nr. 16[1]) ausgeführt hat, müßte ein solcher Prozeß allerdings am allgemeinen Gerichtsstand der Bekl., hier also in der Ostzone, durchgeführt werden. Dies gilt trotz § 11 BGB auch im Verhältnis zu den Kindern, da die Bestimmung jetzt im Hinblick auf die (auch in der Ostzone geltende) Gleichberechtigung der Eltern nicht aufrechtzuerhalten ist.

Ein weiterer Rechtsbehelf des Schuldners bestände in dem bereits erörterten Vertragshilfeverfahren, das an sich neben der Klage nach § 323 ZPO denkbar ist (*Duden-Rowedder*, aaO 38f. Anm. 24). Ob im einzelnen gerade hier die Voraussetzungen dieses Verfahrens gegeben sind, braucht nicht näher untersucht zu werden. Selbst wenn es dem Schuldner gelänge, durch die Vertragshilfe eine ihm günstige Entscheidung herbeizuführen, so müßte er nunmehr, da bereits ein Vollstreckungstitel vorliegt, die Vollstreckungsgegenklage nach § 767 ZPO erheben (*Duden-Rowedder*, aaO Anm. 8 letzter Absatz zu § 1 VHG). Dieser Rechtsstreit müßte nach dem ausdrücklichen Wortlaut des § 767 ‚bei dem Prozeßgericht erster Instanz', also ebenfalls in der Ostzone, durchgeführt werden.

Nicht mit Unrecht weist der Schuldner darauf hin, daß eine derartige Prozeßführung in der Ostzone — sei es nach § 323 ZPO, sei es nach § 767

[1] IzRspr. 1945—1953 Nr. 274.

ZPO — praktisch für ihn ein kaum gangbarer Weg sei. In der Ostzone Deutschlands bestehen politische, wirtschaftliche und Währungs-Verhältnisse, die derart von denen in der Westzone abweichen, daß ein dortiges Gericht kaum noch in der Lage ist, die Leistungsfähigkeit des in der Westzone lebenden Schuldners richtig zu würdigen und damit zu einem rechtlich einwandfreien Ergebnis zu kommen. Praktisch läuft also der Schuldner Gefahr, daß eine unbillige Währungsumstellung dauernd auf ihm lasten bleibt.

Hier ist also tatsächlich der Fall gegeben, daß eine unbillige Härte der Währungsumstellung, die nicht nur in den Währungsverhältnissen ihre Ursache hat, durch §§ 323, 767 ZPO nicht mehr vom Schuldner beseitigt werden kann.

Der Beschwerdeführer meint, in diesem Falle bestehe nur ein Ausweg, nämlich der, die Umstellung des Vollstreckungstitels überhaupt abzulehnen. Er beruft sich dabei auf *Beitzke*, der in einer Anmerkung zu der oben zitierten Entscheidung des LG Ellwangen vom 15. 5. 1953 (NJW 1953, 1184[1]) wörtlich ausgeführt hat: ‚Meines Erachtens sollte von Titelumstellungen abgesehen werden, welche zu einem Ergebnis führen, welches mit der materiellen Rechtslage nicht in Einklang steht und welches nicht mehr hinreichend Aussicht hat, mit §§ 323 und 767 ZPO korrigiert zu werden. Hier ist es besser, einen neuen Titel erwirken zu lassen.'

Beitzke hat seine Lehrmeinung juristisch-konstruktiv in keiner Weise begründet. Man muß hierbei immer berücksichtigen, daß das Währungsrecht interzonales Verwaltungsrecht, also öffentliches Recht darstellt, daß es auch zur Regelung einer öffentlichen Angelegenheit, nämlich der Währung, geschaffen worden ist, während die persönlichen Beziehungen der Parteien in das Gebiet des Privatrechts gehören. Es handelt sich also hier um zwei Rechtskreise, die grundsätzlich voneinander geschieden werden müssen. Man wird also rechtlichen Erwägungen, die ihre Wurzel im Verhältnis der Parteien haben, hier nur insoweit Raum geben können, als durch die von der ASt. erstrebte Titelumstellung so allgemeingültige Rechtsgrundsätze verletzt werden, daß ihre Berücksichtigung sowohl im Privatrecht wie auch im öffentlichen Recht angebracht ist.

Ein solcher nicht nur im Privatrecht, sondern auch im Verwaltungsrecht geltender Grundsatz ist der des Schutzes von Treu und Glauben (vgl. dazu OVG Lüneburg vom 14. 3. 1951, MDR 1951, 443). Das RG hat aus diesem Leitsatz den Begriff der Einrede der ‚Arglist' bzw. der ‚unzulässigen Rechtsausübung' hergeleitet (RGZ 150, 242; 156, 78; 116, 357 und die dort zitierte weitere Judikatur). Demgemäß ist die Einrede der Arglist sogar gegenüber einem rechtskräftigen Urteil zugelassen worden, nämlich dann, wenn dieses entweder arglistig erwirkt oder erschlichen worden ist oder wenn der Gegner Rechte aus einem als unhaltbar erkannten Urteil geltend macht und besondere Umstände hinzutreten, welche die Ausnutzung des Urteils als sittenwidrig erscheinen lassen (BGH vom 21. 6. 1951, NJW 1951, 759 Nr. 3 und OLG Bremen vom 8. 7. 1952, EJF 1953, 35 Nr. 2). ‚Hierzu gehört auch der Fall, daß das

---

[1] IzRspr. 1945—1953 Nr. 204.

Urteil sich nachträglich als 'offensichtlich' objektiv unzutreffend herausstellt und daß seine Vollstreckung oder sonstige Geltendmachung für den Betroffenen eine dem allgemeinen Sittlichkeitsempfinden gröblich widersprechende Härte, auf seiten des Berechtigten ein unredliches Ausnutzen einer formalen Rechtsposition darstellen würde' (BGH, aaO und die dort zitierte weitere Literatur).

Diese Rechtsprechung kann auch für das hier vorliegende Umstellungsverfahren fruchtbar gemacht werden. Die Umstellung des RM-Titels im Verhältnis 1:1 ist dann (aber auch nur dann!) abzulehnen, wenn der Schuldner mit Erfolg die Einrede der Arglist (in dem oben erörterten Sinne) erheben kann. Hierbei ist aber gerade bei Unterhaltstiteln auch zu berücksichtigen, daß die verwandtschaftlichen Bande, die zum mindesten noch zwischen dem Vater und den Kindern bestehen, eine besondere Rücksichtnahme auf die beiderseitigen Belange erfordern. Es wird hierzu auf die Entscheidung des RG vom 25. 1. 1912 (JW 1912, 395) verwiesen, in welcher ausgeführt wird, daß beim Rechtsmißbrauch im Familienrecht keineswegs Schikane (§ 226 BGB) vorzuliegen brauche. ‚Als ein solcher Mißbrauch kann vielmehr ein Verlangen angesehen werden, das nicht ausschließlich den Zweck der Schadenszufügung verfolgt. Im Familienrecht besteht die Pflicht, bei Ausübung seines Rechts auf die berechtigten Interessen der übrigen Familienmitglieder die gebührende Rücksicht zu nehmen.'

Der Beschwerdeführer hat hier dargetan, er sei beim Abschluß des umzustellenden Vergleichs vom 6. 7. 1946 ein gut verdienender selbständiger Kaufmann gewesen, dann aber nach seiner Übersiedelung in die Westzone in Vermögensverfall und schließlich sogar in Konkurs geraten, so daß er jetzt in abhängiger Stellung mit erheblich geringerem Verdienst sei und trotzdem noch Abzahlungen an frühere Gläubiger leisten müsse. Andererseits sei seine geschiedene Ehefrau sehr wohl in der Lage, sich selbst und die Kinder zu unterhalten, da sie ein gut gehendes Damenschneidergeschäft betreibe und er — der Schuldner — Lebensmittelpakete in die Ostzone geschickt habe und noch schicke. Angesichts der erstrebten Umstellung des Vollstreckungstitels habe er der Gegenpartei seine prekäre Lage geschildert und eine vergleichsweise Regelung unter Berücksichtigung der beiderseitigen Belange erstrebt. Die ASt. habe jedoch alles abgelehnt. Diese Ausführungen, welche durch die Stellungnahme der ASt. im Beschwerdeverfahren zum Teil bestätigt werden, erwecken den Anschein, als wolle sich die Ehefrau die aus der günstigen Währungsumstellung entstehenden Vermögensvorteile ohne Rücksicht auf die ihr bekannte schlechte Finanzlage des Beschwerdeführers verschaffen und als beabsichtige sie, später ebenso rücksichtslos in das Arbeitseinkommen des Schuldners zu vollstrecken, wenn dieser nicht freiwillig zahle. Eine solche Rechtsausübung wäre aber hier gegenüber dem Ehemann vor allem deshalb arglistig, weil dieser praktisch kaum eine Möglichkeit hätte, durch Klage nach §§ 323, 767 ZPO sich dagegen zur Wehr zu setzen, sondern weil er gleichsam durch das Vorgehen seiner früheren Ehefrau geknebelt würde. Letztlich würde die ASt. hierbei nicht einmal das eigene wohlverstandene Interesse und das ihrer Kinder wahren. Mit Recht weist nämlich der Beschwerdeführer darauf hin, daß das Endergebnis der Gehaltspfändungen sehr leicht ein Verlust seiner jetzigen Dienststellung sein könne und daß damit auch den Gläubigern selbst nur geschadet würde."

149. Ein auf DM-Ost lautender Titel kann nicht auf DM-West umgestellt werden. — Die Umstellung eines RM-Titels auf eine der beiden in Deutschland geltenden Währungen ist nur möglich, wenn beide Parteien in demselben Währungsgebiet leben; vorher kann sich jedoch der Schuldner durch Zahlung der in seinem Währungsgebiet geltenden Währung von der Verbindlichkeit befreien.

LG Berlin-West, Beschl. v. 5. 4. 1954 — 83 T 125/54: DAVorm. 27 (1954/55) 156.

Aus den Gründen:

„Dem AG ist insoweit zu folgen, als nach der UVO vom 4. 7. 1948 die Umstellung von sogenannten Ostmarktiteln auf DM der BdL nicht möglich ist. Es handelt sich aber vorliegend nicht um eine derartige Umstellung. Der RM-Titel aus dem Jahre 1938 konnte einheitlich, d. h. für die Parteien verbindlich, erst in dem Augenblick auf eine der in Deutschland geltenden Währungen umgestellt werden, als beide Parteien in einem Währungsgebiet lebten. Dementsprechend hat auch der BGH ausgeführt, daß der in dem Währungsgebiet der DM der BdL wohnende Schuldner einem sogenannten Ostgläubiger gegenüber seine alten RM-Verbindlichkeiten nach dem für ihn geltenden Währungsgesetz zu tilgen hat. Umgekehrt muß das gleiche gelten. Der zur Zeit der Währungsreform im Währungsgebiet der DM der deutschen Notenbank lebende Schuldner kann sich dem RM-Gläubiger, der in dem Währungsgebiet der DM der BdL wohnt, durch Zahlung in DM der deutschen Notenbank von der RM-Verbindlichkeit befreien. Diese Tatsache läßt aber entgegen der Auffassung des AG nicht den Schluß zu, daß auch die zur Zeit der Währungsreform zwischen den Parteien bestehende ursprüngliche RM-Verbindlichkeit in eine sogenannte Ostmark-Verbindlichkeit umgestellt worden ist. Die Umstellung dieses RM-Titels blieb vielmehr in der Schwebe. Der Antragsgegner konnte sich lediglich nach den für ihn geltenden sowjetzonalen Währungsbestimmungen von der RM-Verbindlichkeit befreien.

Das AG hat deshalb die Umstellung des RM-Titels für die Zeit von der Währungsreform bis Ende September 1949 auf DM der BdL im Verhältnis 1:1 mit Recht abgelehnt. In diesem Zeitraum brauchte der Antragsgegner (weil er in der Ostzone lebt) nur DM der deutschen Notenbank zur Tilgung des RM-Nennbetrages zu leisten.

Für diesen Zeitraum ist aber entgegen der Auffassung des AG, wie bereits weiter oben dargelegt, eine Umstellung des RM-Titels nicht eingetreten.

Diese Rechtslage hat sich mit dem Verzug des Antragsgegners aus dem Währungsgebiet der DM der deutschen Notenbank in dasjenige der DM der BdL geändert. Die Parteien unterliegen nunmehr beide einer einheitlichen Währungsgesetzgebung, nämlich der Währungsgesetzgebung des Gebietes der DM der BdL. Nach dieser Währungsgesetzgebung werden Unterhaltsverbindlichkeiten aus der RM-Zeit im Verhältnis 1:1 auf DM der BdL umgestellt (Art. 16 der UVO vom 4. 7. 1949). Nach Artt. 3 und 13 der DVO zur UVO vom 4. 7. 1948 ist diese Umstellung durch einen Umstellungsvermerk auf der Schuldurkunde festzulegen, was hiermit geschehen ist."

150. Die untere Verwaltungsbehörde in der Sowjetzone ist nur Beistand, nicht aber gesetzlicher Vertreter des unehelichen Kindes. — Im interzonalen Privatrecht sind die Grundsätze des internationalen Privatrechts entsprechend anzuwenden. — Der Unterhaltsanspruch eines unehelichen Kindes entsteht nicht in der am Wohnsitz des Schuldners, sondern in der am Wohnsitz des Kindes geltenden Währung. — Das Währungsstatut eines Anspruches bestimmt das Umstellungsverhältnis der bis zur Währungsreform fällig gewordenen Rückstände. — Im Verfahren der 16. DVO zum Umstellungsgesetz kann ein RM-Titel nicht auf DM-Ost umgestellt werden. — Ist die Umstellung eines RM-Titels nach westdeutschem Recht ausgeschlossen, so besteht ein Rechtsschutzbedürfnis für eine neue Klage des Unterhaltsgläubigers.

LG Braunschweig, Beschl. v. 23. 7. 1954 — 18 T 233/54: NdsRpfl. 1954, 172.

Der AGg. hat sich 1946 in einer vollstreckbaren Urkunde vor dem AG B. (sowjet.) verpflichtet, der ASt., seinem unehelichen Kind, vierteljährlich 90 RM Unterhalt zu zahlen. Der AGg. wohnt jetzt im Bundesgebiet.

Der Rat der Stadt C. (sowjet.) hat beantragt, den Schuldtitel hinsichtlich der nach dem 20. 6. 1948 fälligen Raten des Unterhaltsanspruchs im Verhältnis 1:1 auf DM umzustellen. Der Rat der Stadt C. hat eine Bescheinigung des AG M. (sowjet.) aus dem Jahre 1952 vorgelegt, wonach die Beistandschaft des Jugendamtes der Stadt C. eingetreten sei. Außerdem hat die Mutter der Gläubigerin die Umstellung des Schuldtitels schriftlich beantragt und mitgeteilt, daß sie „diese Aufgabe" dem Rat der Stadt C. „übertragen" habe.

Das AG hat den Antrag abgelehnt; das LG wies die Beschwerde als unbegründet zurück.

Aus den Gründen:

„Der Rat der Stadt C. hat sich als gesetzlich vertretungsberechtigter Beistand der Mutter nicht legitimiert. Hierfür wäre der Nachweis erforderlich gewesen, daß ihm das Vormundschaftsgericht auf Antrag der Mutter die gesamte oder teilweise Vermögensverwaltung übertragen hat (§ 1693 BGB). Diesen Beschluß hat er jedoch nicht beigebracht. Die Ansicht des Rates der Stadt C., er sei auch ohne den Beschluß des Vormundschaftsgerichts nach § 17 I MKSchG befugt, das Verfahren für die Gläubigerin zu führen, ist rechtsirrig. Nach dieser Vorschrift sind die Amtsvormundschaften der Jugendämter über nichteheliche Kinder gemäß §§ 35 ff. JWG beseitigt worden, und die unteren Verwaltungsbehörden dürfen zur Durchsetzung der Unterhaltsansprüche gegen den Vater nur noch als Beistände tätig werden. Diese Bestimmung kann auch nicht so ausgelegt werden, daß die untere Verwaltungsbehörde nunmehr auf dem

Wege der Beistandschaft mit dem Recht der Vermögensverwaltung über die Vorschrift des § 1693 BGB hinaus nun doch kraft Gesetzes vormundschaftliche Rechte ausüben darf (so allerdings Bezirksgericht Potsdam, NJ 1953, 503). Denn das MKSchG nimmt durch die Verwendung des Begriffs „Beistand" auf das bürgerliche Recht (§§ 1687ff. BGB) Bezug, und nach dessen Regelung erlangt der Beistand das Recht zur gesamten oder teilweisen Vermögensverwaltung erst durch einen besonderen Beschluß des Vormundschaftsgerichts, der nur auf Antrag der Mutter ergehen kann.

Die Mutter der Gläubigerin hat aber als gesetzliche Vertreterin (§ 17 MKSchG) dem Gericht ein Schreiben zugesandt, in dem sie zum Ausdruck bringt, daß der Rat der Stadt C. von ihr beauftragt worden sei, die Durchsetzung der Ansprüche ihres Kindes gegen den Vater zu betreiben. Dieser ist daher als Prozeßbevollmächtigter der Mutter anzusehen. Danach gelten die Erklärungen des Rates der Stadt C. als Erklärungen der gesetzlichen Vertreterin, so daß auch die Beschwerde wirksam eingelegt ist.

Die Beschwerdeführerin hat jedoch in der Sache selbst keinen Erfolg. Der Umstellungsvermerk nach § 1 der 16. DVO zum UG kann nur erteilt werden, wenn die Forderung nach § 18 UG im Verhältnis 1:1 auf DM-West umgestellt ist. Das trifft für die Unterhaltsforderung der Gläubigerin gegen den Schuldner nicht zu. Vielmehr wird die Forderung von den westdeutschen Währungsvorschriften überhaupt nicht betroffen. Ihre Umstellung unterliegt dem Währungsrecht in der Ostzone.

Dieses Ergebnis folgt aus der Tatsache, daß durch die voneinander unabhängig durchgeführten Währungsreformen in der Ostzone und in den Westzonen zwei getrennte Währungsgebiete entstanden sind. Wäre für das gesamte Gebiet der früheren RM-Währung eine einheitliche Geldumwertung erfolgt, so wäre jeder RM-Schuldner verpflichtet, in der gedachten einheitlichen DM-Währung zu leisten, und es hinge nur von einem einheitlichen Umstellungsgesetz ab, in welchem Verhältnis die Schuld von RM auf DM umgestellt sei. Das Entstehen zweier Währungsgebiete aus einem zuvor einheitlichen Währungsgebiet wirft aber zunächst in jedem Einzelfall die Frage auf, in welcher Währung nunmehr eine Verbindlichkeit geschuldet wird (OLG Braunschweig, JZ 1951, 81[1]). Erst hiernach entstehen die beiden weiteren Fragen, in welchem Verhältnis die Schuld von RM in die nunmehr geschuldete Währung umgestellt ist und ob und wie der etwa schon vorliegende Titel durch einen Umstellungsvermerk zu berichtigen ist.

Keine dieser Fragen beantwortet sich aus dem UG selbst, denn die Vorschriften beider Währungsgebiete sind unabhängig voneinander und ohne Beziehung zueinander geschaffen worden. Sie enthalten keine Kollisionsnormen. Auch wenn dies nicht ausdrücklich ausgesprochen worden ist, wirken sie nur auf Verbindlichkeiten in ihrer eigenen Währung, denn nach dem UG ist nur eine Umstellung in DM-West und nach den ostzonalen Vorschriften nur eine Umstellung in DM-Ost möglich. Maßgebend für die Frage, in welcher Währung nunmehr die alte RM-Ver-

[1] IzRspr. 1945–1953 Nr. 240.

bindlichkeit geschuldet wird, ist das aus den Normen des internat. Privatrechts in analoger Anwendung zu bildende interzonale Privatrecht; denn wie das interzonale Recht die anzuwendende Rechtsordnung bestimmt, wo ein Rechtsverhältnis zu zwei verschiedenen Rechtsordnungen in Beziehung tritt, so muß es auch entsprechend dort gelten, wo zwei Rechtsordnungen, nämlich zwei Währungsordnungen, zu einem bestehenden Rechtsverhältnis in Beziehung treten. Eine solche Beziehung zu den beiden Währungsordnungen ist schon dann gegeben, wenn wie im vorliegenden Fall Gläubiger und Schuldner zur Zeit der Währungsreform in den beiden verschiedenen Währungsgebieten ihren Wohnsitz hatten (BGH, NJW 1953, 830).

Bei Ermittlung der Währung, in der eine Leistung nach der Währungsreform geschuldet wird, kann nun nicht davon ausgegangen werden, daß der Schuldner Geld seines Wohnsitzes schulde (so *Kegel*, JZ 1951, 53; LG Oldenburg, MDR 1952, 107[1]). Ein solcher Rechtssatz besteht weder im internat. noch im interzonalen Recht. Nur das Wesen der Schuld kann ihre Währung ergeben (*Beitzke*, NJW 1950, 929), und es fragt sich, zu welcher der beiden Währungsordnungen das Rechtsverhältnis eine so enge Beziehung aufweist, daß in ihrer Währung zu leisten ist.

Im vorliegenden Fall schuldet der Schuldner die seit der Währungsreform fälligen Unterhaltsraten in DM-Ost. Das ergibt sich schon aus dem Rechtsgedanken des Art. 21 EGBGB, wonach für den Unterhaltsanspruch des nichtehelichen Kindes gegen seinen Vater das Recht des Wohnsitzes der Mutter zur Zeit der Geburt des Kindes maßgebend ist (*Palandt*, Vorbem. zu Art. 7 EGBGB g ff.). Es folgt aber vor allem daraus, daß der Schwerpunkt dieses Rechtsverhältnisses ganz in der Ostzone liegt, denn einmal vereinigen sich alle daraus entstehenden Rechte bei dem Kind und keines bei dem in der Westzone lebenden Vater, und zum anderen richten sich die Lebensbedürfnisse des Kindes, die der Vater sicherzustellen hat, nach den in der Ostzone herrschenden Lebensumständen.

Werden aber seit dem Zeitpunkt der Währungsreform DM-Ost geschuldet, so ergibt sich das Umstellungsverhältnis allein aus den ostzonalen Währungsvorschriften (OLG Braunschweig aaO). Die alten, bis zur Währungsreform fälligen Raten wären danach, anders als nach westdeutschem Währungsrecht, im Verhältnis 1:1 in DM-Ost zu zahlen. Die nach der Währungsreform fälligen Raten sind erst nach der Währungsreform entstanden, und zwar in der zu dieser Zeit bereits gültigen Währung. Sie unterliegen daher auch nicht der Umstellung im eigentlichen Sinne, sondern sind von vornherein in gleicher Höhe in DM-Ost entstanden (vgl. *Beitzke*, NJW 1950, 929; 1952, 708; *Raape*, IPR[3] 344; LG Hannover, NdsRpfl. 1950, 158[2]; LG Frankenthal, NJW 1952, 710[3]).

In der Bundesrepublik ist aber kein Verfahren eröffnet, in dem ein Umstellungsvermerk für einen materiell auf Zahlung von DM-Ost gerichteten RM-Titel erteilt werden kann. Nach der 16. DVO zum UG werden nur solche Titel mit einem Umstellungsvermerk versehen, deren

[1] IzRspr. 1945—1953 Nr. 264.
[2] IzRspr. 1945—1953 Nr. 250.
[3] IzRspr. 1945—1953 Nr. 274.

Forderung materiell gemäß § 18 UG im Verhältnis 1:1 auf DM-West umgestellt sind (so auch im Ergebnis LG Stuttgart, MDR 1951, 367[1]).

Der von einigen Gerichten vertretenen Auffassung, wonach sämtliche RM-Titel nach westdeutschem Währungsrecht ohne Rücksicht darauf, was materiell geschuldet ist, umzustellen sind (KG, JR 1950, 666[2]; LG Hannover, aaO; OLG Düsseldorf, MDR 1951, 491[3]; LG Frankenthal, NJW 1954, 842[4]), vermag die Kammer nicht zu folgen. Der Herrschaftsbereich beider Währungsordnungen und insbesondere der Umstellungsvorschriften ist nicht derselbe. Wie bereits erwähnt, beschränkt sich die Umstellung nach beiden Währungsordnungen im Rahmen der interzonalen Normen jeweils auf die Rechtsverhältnisse, die ihnen wesensgemäß zugehören. Andernfalls wäre die gesamte Umstellung relativ, indem Verbindlichkeiten sowohl nach ostzonalem Recht als auch zugleich nach westdeutschem Recht umgestellt wären (vgl. *Beitzke*, NJW 1952, 708). In einem Verfahren nach der obigen Auffassung würden auch Vollstreckungsmöglichkeiten für Beträge eröffnet, die, wenn sie materiell DM-Ost-Schulden sind, gar nicht geschuldet sind. Dabei würde der Schuldner einen Ausgleich [illegible] Währungsunterschieds auf dem Wege des § 323 oder des § 767 ZPO nu[illegible]ei Zuständigkeit eines westdeutschen Gerichts erreichen können, da ein Gericht der DDR infolge der Fiktion DM-Ost = DM-West keinen Grund zur Aufhebung der Vollstreckungsmaßnahmen sehen dürfte (*Beitzke*, aaO). Diese Zuständigkeit eines westdeutschen Gerichts ist aber zumindest für eine Klage aus § 323 ZPO niemals dann gegeben, wenn der Gläubiger in der Ostzone wohnt. Schließlich werden die vom LG Frankenthal (NJW 1954, 842)[5] getroffenen Feststellungen über die Voraussetzungen einer unzulässigen Rechtsausübung nur in den wenigsten Fällen gegeben sein.

Aber auch der von *Beitzke* (NJW 1950, 929;1952, 708) vorgeschlagene Weg, die Nachteile des Währungsunterschieds im Verfahren nach der 16. DVO auszuschalten und einen Umstellungsvermerk dahin zu erteilen, daß soviel DM zu zahlen seien, wie am Zahlungstage dem im Urteil festgelegten RM-Betrag in DM-Ost entspricht, ist trotz seiner praktischen Vorteile nicht gangbar. Das Verfahren nach der 16. DVO sieht nur eine Umstellung im Verhältnis 1:1 vor und enthält keine Norm für die Erteilung eines Umstellungsvermerks, welcher die Höhe der Umstellung vom jeweiligen Kurs einer fremden Währung abhängig macht.

Die Gläubigerin wird durch die Versagung eines Umstellungsvermerks nach der 16. DVO nicht rechtlos gestellt. Zwar ist eine Vollstreckung aus dem RM-Titel in einem günstigeren Verhältnis von RM zu DM als 10:1 nicht möglich, jedoch bleibt der Gläubigerin unter diesen Umständen die Klage aus materiellem Recht offen, ohne daß ihr der Einwand des fehlenden Rechtsschutzbedürfnisses entgegengehalten werden könnte."

---

[1] IzRspr. 1945–1953 Nr. 319.
[2] IzRspr. 1945–1953 Nr. 243.
[3] IzRspr. 1945–1953 Nr. 320.
[4] Siehe oben Nr. 148.
[5] Siehe oben Nr. 148.

151. **Ein RM-Titel kann auf DM-West umgestellt werden, wenn und solange der Schuldner seinen Wohnsitz im Bundesgebiet hat. — Die Umstellung einer Forderung richtet sich grundsätzlich nach dem Recht am Wohnsitz des Schuldners im Zeitpunkt der Währungsreform; bei Unterhaltsansprüchen ist jedoch der Wohnsitz des Schuldners im jeweiligen Zeitpunkt der Fälligkeit einer Rate maßgebend.**

LG München I, Beschl. v. 4. 4. 1955 — 15 T 940/54: DAVorm. 28 (1955/56) 119.

Aus den Gründen:

„Es kann nach der zu der 16. DVO zum UG ergangenen Rechtsprechung heute als feststehend gelten, daß es für die Anwendung der VO auf den Wohnsitz des Schuldners ankommt. (Vgl. für viele: LG Frankenthal, NJW 1954, 842[1].) Vollstreckungstitel gegen Schuldner, die ihren Wohnsitz in der Ostzone haben, werden nicht nach den westdeutschen Währungsgesetzen auf DM umgestellt. Dies bedeutet, daß die Umstellung des gegen den AGg. ergangenen Anerkenntnisurteils für die Zeit, während der er seinen Wohnsitz in der Ostzone hatte, also bis zum 4. 1. 1952, nicht gerechtfertigt ist. Insoweit mußte der AGg. daher mit seiner sofortigen Beschwerde durchdringen.

Was jedoch die Zeit nach seinem Zuzug in die Bundesrepublik anlangt, so ist das Anerkenntnisurteil vom 20. 6. 1947 im Verhältnis 1:1 auf DM umgestellt. Wenn es auch für die Umstellung einer Forderung grundsätzlich auf den Wohnsitz des Schuldners im Zeitpunkt der Währungsreform am 21. 6. 1948 ankommt, so gilt dies doch nicht uneingeschränkt. Die in dem Beschluß des LG München I vom 30. 12. 1953 — II T 1204/53 — vertretene gegenteilige Auffassung wird nicht aufrechterhalten. Die Kammer schließt sich vielmehr der Meinung des LG Frankenthal (vgl. NJW 1952, 710[2]) und des LG Berlin (vgl. DAVorm. 27 [1954/55] 156[3]) an, welche die Umstellung eines in der Ostzone ergangenen Unterhaltstitels auf DM-West auch dann zulassen, wenn der Schuldner erst nach dem 21. 6. 1948 seinen Wohnsitz nach Westdeutschland verlegt hat. Die in der Ostzone erfolgte Umstellung der fälligen Forderungen in DM-Ost hindert die Umstellung der später fällig gewordenen oder noch fällig werdenden Forderungen in DM-West nicht. Da die Unterhaltspflicht in den einzelnen Raten immer neu entsteht, werden die Ansprüche von dem Zeitpunkt an, zu dem der Schuldner seinen Wohnsitz in das westdeutsche Währungsgebiet verlegt, nach dessen Währungsgesetzen behandelt. Diese Regelung allein entspricht der Sachlage.

Aus diesen Erwägungen folgt, daß das Anerkenntnisurteil vom 20.6. 1947 mit Wirkung vom 4.1.1952 im Verhältnis 1:1 auf DM umgestellt sti (§ 1 Satz 2 der 16. DVO zum UG und § 18 I Ziffer 1 UG). Auf den Zeitpunkt des Zuzugs des ASt. in die Bundesrepublik kommt es nicht an."

[1] Siehe oben Nr. 148.
[2] IzRspr. 1945—1953 Nr. 274.
[3] Siehe oben Nr. 149.

152. Die Umstellung eines RM-Titels richtet sich grundsätzlich nach dem Recht des Gebietes, in dem der Schuldner im Zeitpunkt der Währungsreform seinen Wohnsitz hatte. — Betrifft der Titel Unterhaltsansprüche eines unehelichen Kindes, so erfolgt die Umstellung nach dem Recht des Gebietes, in dem die Mutter zur Zeit der Währungsreform ihren gewöhnlichen Aufenthalt hatte.

LG Berlin-West, Beschl. v. 13. 5. 1955 — 71 T Umst 6/55: DAVorm. 28 (1955/56) 181.

Aus den Gründen:

„Da die Gläubigerin, wie dem Schuldtitel zu entnehmen ist, seit ihrer Geburt in D., Kreis M. [Bundesgebiet] wohnt, während der Schuldner seinen Wohnsitz bis Ende Oktober 1953 in dem heutigen Ostwährungsgebiet gehabt hat, hängt die Entscheidung davon ab, welches Währungsstatut für die Umstellung der sich aus dem Schuldtitel ergebenden RM-Forderung maßgebend ist, wobei es nicht darauf ankommt, daß der Schuldner nach der Währungsreform seinen Wohnsitz nach West-Berlin verlegt hat. Diese Frage ist nach interzonalem Recht zu beurteilen (vgl. BGH 1, 112[1]; 5, 309[2]; 7, 234[3]; 9, 151[4]). Ein hypothetischer Parteiwille scheidet bei dem hier vorliegenden gesetzlichen Schuldverhältnis ohnehin als Anknüpfungspunkt aus. Es ist dann nach der angeführten Rechtsprechung des BGH auf das Recht derjenigen Gewalt abzustellen, der der Schuldner zur Zeit der Währungsreform angehört hat, sofern sich nicht ein anderer Anknüpfungspunkt finden läßt (vgl. BGH 5, 309; 9, 151). Ein solcher ist aber hier gegeben. Es entspricht anerkannten Grundsätzen des interzonalen Privatrechts, die Unterhaltspflicht des Vaters gegenüber dem unehelichen Kind unter Heranziehung von Art. 21 EGBGB nach den Gesetzen des Zonengebiets zu beurteilen, in welchem die Mutter in dem für die Beurteilung maßgebenden Zeitpunkt — hier also im Zeitpunkt der Währungsreform — ihren gewöhnlichen Aufenthalt hatte (vgl. *Beitzke*, JR 1952, 144; *Schwekendieck*, JR 1952, 463). Sollte die Mutter verstorben sein, so wäre der vom Vormund bestimmte Wohnsitz des Kindes maßgebend. Dort liegt übrigens auch der Schwerpunkt des Schuldverhältnisses, wenn man in Betracht zieht, daß die rechtlichen und wirtschaftlichen Verhältnisse in dem betreffenden Zonengebiet für den Unterhaltsbedarf und dessen Befriedigung von ausschlaggebender Bedeutung sind.

Daraus folgt, daß hier das Westwährungsrecht Anwendung findet. Die RM-Verbindlichkeit, über die sich der Schuldtitel verhält, gehört zu denjenigen, die nach Art. 16 Ziffer 36 der UVO mit der Wirkung auf DM der BdL umgestellt sind, daß der Schuldner für jede RM eine DM zu zahlen hat. Demgemäß bedarf es eines Umstellungsvermerks auf dem Vollstreckungstitel (Art. 1 der DB Nr. 13).“

---

[1] IzRspr. 1945—1953 Nr. 232.
[2] IzRspr. 1945—1953 Nr. 216.
[3] IzRspr. 1945—1953 Nr. 213b.
[4] IzRspr. 1945—1953 Nr. 234.

153. Die Umstellung eines RM-Titels auf DM-West ist zulässig, wenn der Schuldner im Zeitpunkt der Währungsreform im Bundesgebiet gelebt hat. — Die spätere Verlegung des Wohnsitzes des Schuldners ist unerheblich; dies gilt auch bei Ansprüchen auf Zahlung einer Unterhaltsrente.

LG Göttingen, Beschl. v. 10. 11. 1955 — 5 T 309/55: MDR 1956, 228.

Aus den Gründen:

„Darüber, ob die 16. DVO auch auf solche RM-Titel anzuwenden ist, bei denen der Gläubiger in der Sowjetzone wohnt, der Schuldner seinen Wohnsitz aber erst nach der Währungsreform von der Sowjetzone in die Westzone verlegt hat, besteht Streit. (Bejahend: LG Hannover, Nds Rpfl. 1950, 158[1]; LG Frankenthal, NJW 1952, 710f.[2]; verneinend: LG Ellwangen, NJW 1952, 708[3]; LG Stuttgart, MDR 1953, 367[4]). Die 16. DVO zum UG besagt nichts darüber, welche Titel von ihr betroffen werden. Sicherlich ist der RM-Titel eines Sowjetzonengerichts nicht in jedem Falle nach sowjetzonalem Währungsrecht umgestellt und damit der Einwirkung westdeutschen Währungsrechts entzogen. Ein solcher Titel kann vielmehr auch nach westdeutschen Währungsgesetzen umgestellt sein. Würden alle RM-Titel als nach westdeutschem Währungsrecht umgestellt anzusehen sein — ohne eine Abgrenzung der kollidierenden Währungsrechte —, so hätte das zur Folge, daß jeder RM-Titel in der Sowjetzone 1:1 in DM-Ost und gleichzeitig in der Westzone 10:1 — bei besonderem Umstellungsvermerk 1:1 — in DM-West umgestellt ist. Dann aber könnte, falls der Schuldner erst nach der Währungsreform in die Westzone gezogen ist, der Schuldbetrag in der Westzone schon für die Zeit ab Währungsreform beigetrieben werden (vgl. *Beitzke*, NJW 1952, 709) — ein Ergebnis, das den Schuldner unbillig belasten würde und deshalb offensichtlich unbefriedigend ist.

Es bedarf also einer Abgrenzung des Geltungsbereichs der westdeutschen Umstellungs-Vorschriften gegenüber dem sowjetzonalen Währungsrecht. Dabei muß dem Umstand Rechnung getragen werden, daß währungsrechtliche Eingriffe ein Ausfluß der staatlichen Währungshoheit sind, und daß sie nur gegenüber denjenigen Rechts- und Schuldverhältnissen durchgesetzt werden können, die der Gesetzgebungs- und Zwangsgewalt des über das Währungsrecht bestimmenden Hoheitsträgers unterliegen (so BGH, NJW 1951, 400f. = BGHZ 1, 109[5]; NJW 1952, 741[6]). Stellt man auf diese Gesichtspunkte ab, so kann westdeutsches Währungsrecht nicht angewendet werden, wenn das Rechtsverhältnis zwischen Gläubiger und Schuldner nicht in westdeutsches Währungsgebiet herüberwirkt. Eine RM-Forderung kann demnach nicht in DM-West umgestellt sein, wenn Schuldner und Gläubiger in der Sowjetzone wohnen. Zeitlich bestimmt sich die Grenze — da über die Umstellung der RM-Forderung zu entscheiden ist — nach den Verhältnissen

[1] IzRspr. 1945—1953 Nr. 251.
[2] IzRspr. 1945—1953 Nr. 274.
[3] IzRspr. 1945—1953 Nr. 322.
[4] IzRspr. 1945—1953 Nr. 286.
[5] IzRspr. 1945—1953 Nr. 232.
[6] IzRspr. 1945—1953 Nr. 216.

im Zeitpunkt der Währungsreform (so BGH aaO, der auf den Wohnsitz des Schuldners in diesem Zeitpunkt abstellt). Damit ist die Anwendung westdeutscher Währungsvorschriften in den Fällen gerechtfertigt, in denen der Schuldner seinen Wohnsitz zur Zeit der Währungsreform in der Westzone hatte (LG Frankenthal, NJW 1954, 843[1]). Wohnte er aber am 21. 6. 1948 in der Sowjetzone, so können westdeutsche UGe keine Anwendung finden, auch wenn er später seinen Wohnsitz in die Westzone verlegt hat. Die Umstellung richtet sich dann allein nach sowjetzonalem Währungsrecht.

Ein gegenteiliges Ergebnis kann nicht etwa dadurch erreicht werden, daß man — mit Rücksicht auf den Charakter des Unterhaltsanspruches, der mit jeder Rate neu entsteht — die Verbindlichkeit zu dem Zeitpunkt als nach westdeutschem Währungsrecht umgestellt ansieht, zu dem der Schuldner in die Westzone gezogen ist (so LG Hannover aaO). Zwar mag sich durch den Wechsel die materielle Schuld verändert haben. Daraus kann jedoch nicht gefolgert werden, daß damit die Forderung nunmehr in DM-West umgestellt sei. Eine Umstellung kann nur einmal stattfinden, nämlich beim Währungswechsel; ein Titel, dessen Umstellung sich nach sowjetzonalem Währungsrecht richtet, kann durch den Umzug nicht nachträglich ein zweites Mal, nämlich nach westdeutschem Währungsrecht, umgestellt werden (*Beitzke*, aaO). Das ergibt sich sowohl aus dem UG als auch aus der 16. DVO zum UG. Diese Vorschriften regeln die Umstellung von RM-Forderungen in DM-West, nicht aber eine Umstellung von DM-Ost in DM-West. Der Ansicht des LG Frankenthal (NJW 1952, 710[2]), die 16. DVO zum UG habe nicht nur vollstreckungsrechtliche Funktion, sondern enthalte auch eine materielle ‚Faustregel', sie gestatte deshalb die Umstellung in einem Falle wie dem vorliegenden, kann nicht beigetreten werden.

Da somit die Unterhaltsforderung der Gläubigerin nicht in DM-West umgestellt ist, konnte der Titel nicht mit einem Umstellungsvermerk gemäß § 3 der 16. DVO zum UG versehen werden. Es muß der Gläubigerin überlassen bleiben, einen neuen Titel in DM-West zu erwirken."

154. **Die Umstellung eines gerichtlichen Titels richtet sich nach der Umstellung des dem Titel zugrunde liegenden Rechtsverhältnisses. — Die Umstellung eines Schuldverhältnisses bestimmt sich nach dem Recht des Gebietes, in dem der Schuldner im Zeitpunkt der Währungsreform seinen Wohnsitz hatte.**

LG Berlin-West, Beschl. v. 5. 1. 1956 — 71 T Umst 18/55: DAVorm. 28 (1955/56) 317.

Aus den Gründen:

„Da der Gläubiger, wie dem Schuldtitel zu entnehmen ist, seit seiner Geburt in Berlin-Sch. [Berlin-West] wohnt, während der Schuldner nach der eigenen Angabe des Gläubigers seinen Wohnsitz bis zum März 1955 in der sowjet. Besatzungszone, also dem heutigen Ostwährungsgebiet, gehabt

[1] Siehe oben Nr. 148. [2] IzRspr. 1945–1953 Nr. 274.

hat, hängt die Entscheidung über die beantragte Umstellung des Schuldtitels davon ab, welches Währungsstatut für die Umstellung der sich aus dem Schuldtitel ergebenden RM-Verbindlichkeit maßgebend ist. Ebenso wie das westdeutsche UG enthält die Berliner UVO keine Bestimmung darüber, welche Geldschuldverhältnisse von ihr erfaßt werden, wenn es sich um Verbindlichkeiten handelt, die sich in mehreren Zonen auswirken. Gehören Gläubiger und Schuldner im Zeitpunkt der Währungsreform wie hier verschiedenen Staatsgewalten an, dann kann und muß im Hinblick auf die Gleichberechtigung oder schon das bloße Nebeneinanderbestehen verschiedener Währungsordnungen die Frage gelöst werden, ob die in einem Währungsgebiet vollzogene Währungsreform auch diejenigen Schuldverhältnisse ergreift, die mit Rücksicht auf einen einer anderen Staatsgewalt unterworfenen Beteiligten oder die Natur des Schuldverhältnisses auch eine Beziehung zu einem anderen Staatsgebiet haben. Nur in solchen Fällen können Zweifel auftauchen, zu welchen der konkurrierenden Gebietskörperschaften das Schuldverhältnis so enge Beziehungen aufweist, daß es seiner Währungsordnung unterworfen ist (so BGHZ 9, 151[1]). Unter diesen Gesichtspunkten ist nach der überwiegenden Meinung der Wohnsitz des Schuldners zur Zeit der Währungsreform als der maßgebenden Anknüpfungszeit entscheidend, weil nur er dem Umstand Rechnung trägt, daß währungsrechtliche Eingriffe ein Ausfluß der staatlichen Währungshoheit sind und daß sie nur gegenüber denjenigen Rechts- und Schuldverhältnissen durchgesetzt werden können, die der Gesetzgebungs- und Zwangsgewalt des über das Währungsrecht bestimmenden Hoheitsträgers unterliegen (vgl. dazu BGH 1, 109[2] und KG 1 W Umst 2232/55 vom 22. 8. 1955). Die Beschwerdekammer, die früher insoweit eine abweichende Auffassung vertreten hat, als sie bei der Umstellung von Unterhaltsansprüchen unehelicher Kinder in Anlehnung an Art. 21 EGBGB eine Verknüpfung des Währungsstatuts mit dem in Betracht kommenden Schuldstatut für geboten hielt[3], hat sich in späteren Entscheidungen im Interesse der Einheitlichkeit der Rechtsprechung im Bezirk des KG der als herrschend anzusehenden Meinung angeschlossen, daß in allen Fällen der Wohnsitz des Schuldners im Zeitpunkt der Währungsreform für die Umstellung entscheidet (vgl. z. B. 71 T 178/55 vom 10. 10. 1955). Sie kann sich auch nicht der Auffassung der 83. ZK des LG in dem vom Gläubiger zitierten Beschluß anschließen, wonach die Umstellung solange in der Schwebe bleibt, als Gläubiger und Schuldner in verschiedenen Währungsgebieten ihren Wohnsitz haben[4]."

155. **Die Umstellung einer Forderung richtet sich nach dem Recht des Erfüllungsortes im Zeitpunkt der Währungsreform. — Wird eine Unterhaltsforderung von dem Gläubiger in der Sowjetzone, der den RM-Titel im Verhältnis 1:1 auf DM-West hat umstellen lassen, gegen den im Bun-**

---

[1] IzRspr. 1945—1953 Nr. 234.
[2] IzRspr. 1945—1953 Nr. 232.
[3] Siehe oben Nr. 152.
[4] Siehe oben Nr. 149.

desgebiet wohnhaften Schuldner vollstreckt, so liegt darin keine unzulässige Rechtsausübung.

AG Berlin-Lichterfelde, Urt. v. 21. 4. 1956 — 10 C 166/56: MDR 1956, 677.

1947 verpflichtete sich der Kl. in vollstreckbarer Urkunde zur Zahlung einer Unterhaltsrente von vierteljährlich 120 RM an die Bekl., sein uneheliches Kind. Der Titel wurde 1955 durch das erkennende Gericht im Verhältnis 1:1 auf DM-West umgestellt.

Der Kl. hat Zwangsvollstreckungsgegenklage erhoben; er meint, der Titel habe im Verhältnis 1:1 auf DM-Ost umgestellt werden müssen und die Zwangsvollstreckung aus dem umgestellten Titel sei eine unzulässige Rechtsausübung.

Das AG wies die Klage ab.

Aus den Gründen:

„Maßgebend für die Umstellung von Forderungen ist der Erfüllungsort einer Forderung zur Zeit der Währungsreform. Dieser Erfüllungsort ist gesetzlich nicht besonders geregelt, die Bestimmung des § 269 BGB findet Anwendung. Danach hat die Leistung an dem Ort zu folgen, an dem der Schuldner seinen Wohnsitz hat. Am Währungsstichtag wohnte der Kl. in West-Berlin, also im Gebiet der DM-West. Die Umstellung 1:1 von RM in DM-West ist kraft Gesetzes eingetreten. Der Beschluß vom 18. 11. 1955 hat nur feststellende (deklaratorische) Wirkung, aber keine rechtsbegründende. Ein Umstellungs-Begehren in einem anderen Verhältnis hat das KG Berlin (JR 1950, 960) für unzulässig erklärt und dem Schuldner anheimgestellt, sein etwaiges Gegenvorbringen im Zwangsvollstreckungs-Verfahren geltend zu machen, wenn er sich davon Erfolg verspricht. Der Kl. hat bis zum März 1955 seine Unterhaltszahlung in DM-Ost geleistet, die Bekl. die Zahlungen als Erfüllung angenommen. Dann hat der Kl. seine Leistungen eingestellt. Die Bekl. konnte erst nach Umstellung des Schuldtitels von RM auf DM — hier DM-West — vollstrecken. Eine unzulässige Rechtsausübung kann in dem Begehren der Bekl. nicht erblickt werden, wie sich aus nachstehenden Erwägungen ergibt: Die Unterhaltsrente soll dazu dienen, dem Kinde an seinem Wohnsitz die Möglichkeit zu geben, seine Lebensbedürfnisse zu befriedigen. Die vom Kl. zu entrichtenden Beträge sind auf ein Sperrkonto einer Berliner Bank einzuzahlen. Werden die Beträge an die Deutsche Notenbank transferiert, so erhält die Bekl. dieselben Beträge in DM-Ost. Hebt die Bekl. die Beträge in West-Berlin ab und kauft hier ein, so erhält sie auch nur den Lebensbedarf, der für 40 DM-West gedeckt werden kann. Tauscht die Bekl. die DM-West in DM-Ost um, so kann sie zwar im Gebiet der DM-Ost mehr einkaufen, als wenn sie nur 40 DM-Ost erhielte. Es ist jedoch gerichtsbekannt, daß im sowjetisch verwalteten Gebiet Waren für den allgemeinen Lebensbedarf nur in beschränkten Mengen auf Karten zu erhalten sind. Demzufolge muß die Bekl., wenn sie sich zusätzlich zu rationierten Lebensmitteln und Bedarfsartikeln, wie Kleidung und Schuhwerk, etwas anschaffen will, in den HO-Läden erheblich höhere Beträge aufwenden. Infolgedessen benötigt die Bekl. erheblich höhere Summe in DM-Ost, als entsprechend umgewertet in DM-West zu zahlen wären. Es ist nicht so, daß beim Einkauf in den HO-Läden die Preise etwa [in] einem

Verhältnis von 1 DM-West = 1 DM-Ost sind, vielmehr ist der innere Wert der DM-Ost in bezug auf die gleiche Warenmenge etwa $^1/_4$ bis $^1/_5$ zur DM-West. Die Forderung der Bekl. auf Zahlung und Vollstreckung ihres Anspruches in DM-West stellt daher keine unzulässige Rechtsausübung dar."

156. Aus dem Titel eines sowjetzonalen Gerichts kann im Bundesgebiet grundsätzlich vollstreckt werden, falls die Entscheidung nicht gegen den westdeutschen ordre public verstößt. — Erteilt ein Gericht in der Sowjetzone einem auf RM lautenden Titel die Vollstreckungsklausel, so liegt darin keine Umstellung des Titels auf DM-Ost, auch wenn aus diesem Titel in der Sowjetzone ohne weiteres in DM-Ost vollstreckt werden könnte. — Ein RM-Titel kann in dem besonderen Umstellungsverfahren der 16. DVO zum Umstellungsgesetz auf DM-West umgestellt werden, auch wenn der Titel von einem Gericht außerhalb des Bundesgebiets erlassen und die ihm zugrunde liegende Forderung nicht nach westdeutschem Währungsrecht umzustellen ist.

OLG Düsseldorf, Beschl. v. 9. 10. 1956 — 3 W 246/56: JMBl NRW 1957, 31; NJW 1957, 916; Auszug in DRsp. II (250) 37b—c.

Die Schuldnerin hat durch Vertrag vom 10. 11. 1936, der vor einem Notar in Berlin-P. (jetzt: Ost-Berlin) geschlossen wurde, ein in Berlin-K. gelegenes Grundstück erworben und sich in der Urkunde wegen des gestundeten Restkaufpreises nebst Zinsen sowie wegen der zu dessen Sicherung bestellten Hypothek der sofortigen Zwangsvollstreckung aus der Urkunde unterworfen. Die Gläubiger haben auf Grund der Urkunde, die am 17. 1. 1949 von dem AG Berlin-P., das die Akten des inzwischen verstorbenen Notars in Verwahrung hat, mit der Vollstreckungsklausel versehen worden ist, wegen rückständiger Zinsen für die Zeit vom 1. 1. 1948 bis 31. 1. 1956 die Mobiliarzwangsvollstreckung gegen die in D. (Bundesgebiet) wohnende Schuldnerin betrieben. Sie haben die Zinsen in voller Höhe in DM-Ost errechnet, sie dann nach dem Tageswechselstubenkurs in DM-West umgerechnet und wegen des sich danach ergebenden DM-West-Betrages die Vollstreckung beantragt, die der Gerichtsvollzieher durch Pfändung mehrerer Sachen der Schuldnerin durchgeführt hat.
Das OLG hat die Vollstreckung nur in Höhe von 10% des RM-Betrages der Zinsen für zulässig erachtet.

Aus den Gründen:

„Zutreffend weisen zwar die Gläubiger darauf hin, daß nach der inzwischen wohl gefestigten Rechtsprechung die Zwangsvollstreckung aus sowjetzonalen Titeln in den Westzonen grundsätzlich — unter Vorbehalt eines Verstoßes gegen den ordre public — zulässig ist. Dies gilt aber uneingeschränkt nur insoweit, als diese Titel auf DM (-Ost oder -West) lauten. Die Schuldurkunde, auf Grund deren hier vollstreckt wird, stammt jedoch aus dem Jahre 1936 und lautet noch auf RM (bzw. Goldmark). Allerdings ist sie nach der Währungsumstellung, nämlich am 17. 1. 1949 von dem AG in Berlin-P., also einem Gericht, das in dem sowjetzonalen Währungsgebiet liegt, in zutreffender Annahme seiner Zuständigkeit (§ 797 II ZPO) mit der Vollstreckungsklausel versehen worden. Dadurch wurde sie aber nicht zu einem nunmehr auf DM-Ost lautenden Titel. Die Klausel hat den üblichen Inhalt des § 725 ZPO. Sie enthält nicht etwa einen Ausspruch über die Umstellung der in der Urkunde bezeichneten

Reichsmarkforderungen auf solche in DM-Ost. Die Vollstreckungsklausel des § 725 ZPO hat aber ausschließlich formelle Bedeutung als Voraussetzung für die Zwangsvollstreckung auf Grund der Urkunde. Den materiellen vollstreckbaren Anspruch der Urkunde berührt sie nicht. Im vorliegenden Falle vermochte sie daher auch nicht etwa den auf RM lautenden Titel in einen solchen auf DM-Ost umzuwandeln. Sie schuf lediglich die Voraussetzung dafür, daß aus der Urkunde überhaupt vollstreckt werden kann. Weitere Bedeutung hat sie dagegen nicht, insbesondere nicht für die hier interessierende Frage, ob und wie auf Grund der noch auf Reichsmark lautenden Schuldurkunde vollstreckt werden kann. Dies ist allein nach den in den beiden Währungsgebieten geltenden Vorschriften zu beurteilen.

In der Sowjetzone mag nun aus diesem Titel ohne weiteres vollstreckt werden können, und zwar in voller Höhe der Ansprüche in DM-Ost, weil nach Ziffer VI 18 der VO über die Währungsreform in der sowjet. Besatzungszone alte Schuldverpflichtungen unverändert geblieben und nicht der Umwertung unterstellt worden sind, so daß, wenn die Schuldnerin noch in jenem Währungsgebiet wohnte, die Vollstreckung zulässig wäre. Da jedoch gegen die in D. wohnende Schuldnerin vollstreckt werden soll, richtet sich die Vollstreckung nach dem westzonalen Recht.

Zwar wird auch die Ansicht vertreten, daß dann, wenn die Parteien im Zeitpunkt der Währungsumstellung ihren Wohnsitz in dem sowjet. Währungsgebiet hatten, die noch auf Reichsmark lautende Schuldurkunde nunmehr als ein auf DM-Ost lautender Titel angesehen und behandelt werden müsse, weil die Forderungen des Gläubigers dann kraft Gesetzes von RM auf DM-Ost umgestellt worden seien (vgl. OLG Hamm, JMBl NRW 1955, 39[1]). Der gleichen Ansicht ist offenbar der angefochtene Beschluß ganz allgemein für alle Fälle, in denen sich die Umstellung nach sowjetzonalem Währungsrecht richtet. Ob die Auffassung des OLG Hamm gebilligt werden kann, kann hier dahingestellt bleiben, weil die von ihm erwähnte Voraussetzung, daß beide Parteien im Zeitpunkt der Währungsumstellung im sowjet. Währungsgebiet wohnten, hier nicht vorliegt. Beide Parteien wohnten unstreitig bereits zu der Zeit im westzonalen Währungsgebiet. Der allgemeineren Ansicht des LG vermag der Senat nicht zuzustimmen. Die Bestimmung der Ziffer VI 18 der erwähnten sowjetzonalen VO mag, wie dargelegt, zwar für das sowjetzonale Währungsgebiet auch die vollstreckungsrechtliche Bedeutung haben, daß ohne besondere Umschreibung der alten Titel auf DM-Ost aus ihnen in voller Höhe vollstreckt werden kann. Diese Wirkung kann sich aber nur auf den Geltungsbereich dieser VO beschränken. Für das westdeutsche Währungsgebiet ist dagegen vollstreckungsrechtlich davon auszugehen, daß hier ein auf RM lautender Titel vorliegt, aus dem vollstreckt werden soll. Ob und inwieweit dies möglich ist, ist allein nach den hier geltenden Vorschriften zu entscheiden.

In dieser Hinsicht ist von der Bestimmung des § 1 der 16. DVO zum UG auszugehen. Danach werden „Vollstreckungstitel über RM-Forderungen (§ 13 III UG), die nach den Vorschriften der ZPO zu vollstrecken

[1] Siehe unten Nr. 163.

sind, in DM zu 10% ihres Reichsmarkbetrages vollstreckt. Nimmt der Gläubiger eine höhere Umstellung in Anspruch, so bedarf es zur Vollstreckung wegen des Mehrbetrages eines Umstellungsvermerks auf dem Vollstreckungstitel". Nach der Auffassung des Senats hat diese Regelung in erster Linie rein vollstreckungsrechtliche Bedeutung. Sie schafft für die Vollstreckungsorgane eine klare und eindeutige Richtlinie und nimmt ihnen die oft schwierige Nachprüfung der Frage ab, in welchem Verhältnis die titulierte Forderung umgestellt ist. Die Regelung gilt ferner grundsätzlich für alle deutschen Titel, auch wenn sie von einer Stelle in einem Gebiet erteilt worden sind, das nicht in den jetzigen Westzonen liegt. Dafür bietet einen gewissen Anhaltspunkt die Vorschrift des § 3 III der erwähnten VO, nach der bei solchen Titeln über die Erteilung des Vermerks über eine höhere Umstellung das AG entscheidet, an dem der Schuldner seinen allgemeinen Wohnsitz hat (vgl. auch *Beitzke*, NJW 1952, 708 und 1953, 1767 mit weiteren Hinweisen). Allerdings wird auch die Auffassung vertreten, aus dem Hinweis in § 1 der 16. DVO auf § 13 III UG müsse gefolgert werden, daß er den Kreis der RM-Forderungen auf solche beschränke, die dem UG unterliegen (vgl. hierzu *Kegel*, JZ 1951, 82). Dies würde zur Folge haben, daß, wenn sich die Umstellung nach sowjetzonalem Recht richtet, eine Vollstreckung auf Grund eines solchen Titels überhaupt nicht zulässig sei. Diese Auffassung kann aber nicht gebilligt werden. Der Senat mißt der Erwähnung des § 13 III UG nur die Bedeutung bei, daß durch sie der Begriff der RM-Forderung bestimmt werden soll. Jene Auffassung würde auch bedeuten, daß die Vollstreckungsorgane bei einem Vollstreckungsantrag auf Grund eines Titels, der von einer Stelle stammt, die außerhalb des westdeutschen Währungsgebiets liegt, zunächst in jedem Falle zu prüfen hätten, ob der Anspruch überhaupt nach westdeutschem Währungsrecht umgestellt ist oder nicht. Diese meist recht schwierige Prüfung kann nicht ihre Aufgabe sein. Sie von den Vollstreckungsorganen, insbesondere dem Gerichtsvollzieher, zu verlangen, würde auch dem Grundgedanken widersprechen, der, wie erwähnt, der rein vollstreckungsrechtlichen Regelung des § 1 der 16. DVO zugrunde liegt.

Somit ist der hier vorliegende Vollstreckungstitel zur Vollstreckung gegen die Schuldnerin in DM-West nur wegen der Ansprüche in Höhe von 10% ihres RM-Betrages geeignet. Soweit die Gläubiger wegen eines höheren Betrages die Vollstreckung betreiben wollen, reicht der Titel nicht aus und muß es ihnen überlassen bleiben, auf einem anderen Wege, notfalls durch einen neuen Titel, sich die hierfür notwendigen vollstreckungsrechtlichen Voraussetzungen zu verschaffen. Die Vollstreckung ist daher nur in Höhe von 10% des RM-Betrages zulässig."

157. Ein RM-Titel kann nicht in DM-West umgestellt werden, wenn Gläubiger und Schuldner im Zeitpunkt der Währungsreform in der Sowjetzone gewohnt haben. — (Die Rate eines Unterhaltsanspruches entsteht in der Währung des Gebietes, in dem der Unterhaltsberechtigte wohnt); eine spätere Verlegung des Wohnsitzes ist unerheblich. — Ein

im Bundesgebiet wohnhafter Unterhaltsschuldner kann sich von einer auf DM-Ost lautenden Verbindlichkeit gemäß § 244 BGB durch Zahlung von DM-West befreien; die Umrechnung erfolgt zum Wechselstubenkurs.

LG Bremen, Beschl. v. 10. 11. 1956 — 5 T 621/56: *Leitsätze in MDR 1957, 101; ArchJugR 1957, 54.

Der AGg. hatte sich im Januar 1948 durch Vergleich vor dem AG T. (sowjet.) zur Zahlung einer Unterhaltsrente von monatlich 50 RM an die ASt. verpflichtet. Der AGg. hat die Raten für die Monate Mai bis September 1952 nicht geleistet. Der AGg. lebt seit 1952, die ASt. seit 1953 im Bundesgebiet.

Die ASt. hat das Armenrecht für eine Klage auf Zahlung von 165 DM beantragt. Das AG lehnte den Antrag ab; das LG wies die Beschwerde der ASt. zurück.

Aus den Gründen:

„Die Rechtsverfolgung der ASt. scheitert zwar nicht schon daran, daß sie auf Grund des zwischen ihren Eltern am 27. 1. 1948 vor dem AG T. (sowjet.) abgeschlossenen Vergleichs vom AGg. die begehrte Leistung verlangen und auch durch Zwangsvollstreckung verwirklichen kann. Dieser Titel nämlich, der auf Zahlung von 50 DM-Ost monatlich lautet, ist nach der Übersiedlung der ASt. in die Bundesrepublik für sie wertlos geworden, da er nicht im Verhältnis 1 RM = 1 DM umgestellt werden kann. Nach h. M. kann eine RM-Forderung nicht in DM-West umgestellt werden — nämlich gemäß § 3 der 16. DVO zum UG, wenn Gläubiger und Schuldner im Zeitpunkt des Währungsstichtages in der sowjet. Besatzungszone gewohnt haben (vgl. LG Göttingen, MDR 1956, 228[1] mit weiteren Nachweisen). Das aber ist hier unstreitig der Fall. Der AGg. hat die sowjet. Besatzungszone im Jahre 1952, die ASt. hat dieses Gebiet im Jahre 1953 verlassen.

Die Rechtsverfolgung der ASt., die hiernach zur Geltendmachung von Unterhaltsansprüchen eines Titels bedarf, bietet jedoch aus anderen Gründen keine hinreichende Aussicht auf Erfolg. Unzweifelhaft sind ihr die rückständigen Unterhaltsforderungen aus den Monaten Mai bis September 1952 auf Grund des Vergleichs vom 27. 1. 1948 in DM-Ost erwachsen. In dieser Währung bestand daher auch die Unterhaltsschuld des AGg. noch, als die ASt. selbst in die Bundesrepublik verzog. Die Übersiedlung hierher hat an dem Währungscharakter der Forderung nichts geändert, da hierfür allein die Entstehung der Schuld maßgebend ist. Der AGg. schuldete deshalb einen Betrag von 220 DM-Ost. Hiervon konnte er sich gemäß § 244 BGB durch Zahlung eines dem Wechselstubenkurs entsprechenden DM-West-Betrages, d. h. durch Zahlung von 55 DM befreien. Es ist anerkannt, daß auch die DM-Ost-Schuld Fremdwährungsschuld ist und § 244 BGB mindestens entsprechend angewandt werden muß (vgl. *Palandt*, Anm. 4d mit weiteren Nachweisen).

Weitergehende Ansprüche hätte die ASt. daher nur erheben können, wenn sie geltend machen könnte, ihr sei durch den Verzug des AGg. ein Schaden entstanden, etwa dadurch, daß sie bei Dritten habe Darlehen aufnehmen müssen und hierdurch in Schwierigkeiten geraten sei. In dieser Hinsicht hat die ASt. jedoch nichts vorgetragen."

[1] Siehe oben Nr. 153.

158. **Die Umstellung einer Forderung richtet sich nach dem Recht des Gebietes, in dem der Schuldner im Zeitpunkt der Währungsreform seinen Wohnsitz hat. — Dieser Grundsatz gilt auch für die Unterhaltsforderung eines unehelichen Kindes, obwohl für diese zivilrechtlich das Recht des Gebietes maßgebend ist, in dem das Kind bei seiner Mutter wohnt. — Der Aufenthalt in einem Durchgangslager für Flüchtlinge aus der Sowjetzone begründet keinen Wohnsitz im Bundesgebiet. — Ein RM-Titel kann nicht auf DM-West umgestellt werden, wenn der Schuldner zur Zeit der Währungsreform in der Sowjetzone wohnte; eine spätere Verlegung des Wohnsitzes ist unerheblich.**

LG Lübeck, Beschl. v. 30. 11. 1956 — 9 T 792/56: SchlHolAnz. 1957, 12; DAVorm. 30 (1957/58) 48; Leitsatz in ArchJugR 1957, 54.

Der AGg. hat sich 1943 in einer vollstreckbaren Urkunde verpflichtet, dem ASt., seinem unehelichen Kind, eine monatliche Unterhaltsrente von 30 RM zu zahlen. Der ASt. wohnt im Bundesgebiet; der AGg. lebte zur Zeit der Währungsreform in der Sowjetzone und hält sich seit 1955 in einem Durchgangslager für Flüchtlinge aus der Sowjetzone auf.

Der ASt. hat die Umstellung des Schuldtitels auf DM im Verhältnis 1:1 beantragt. Das AG lehnte den Antrag ab; das LG wies die Beschwerde zurück.

Aus den Gründen:

„Das Verfahren nach der 16. DVO zum UG soll den Gläubigern, die einen Vollstreckungstitel über eine RM-Forderung haben und ein Umstellungsvorrecht für sich in Anspruch nehmen, eine Möglichkeit geben, aus diesem Vollstreckungstitel die Zwangsvollstreckung durchzuführen, ohne einen neuen Schuldtitel erwirken zu müssen. Das Gericht hat in diesem Verfahren zu prüfen, ob ein RM-Titel im Sinne des § 1 Satz 1 der VO vorliegt, ob er auf DM-West umgestellt ist und in welchem Verhältnis er umgestellt ist (so LG Lübeck, Beschluß vom 21. 8. 1954 — 9 T 515/54). Ein RM-Titel in diesem Sinne liegt zwar hier vor. Jedoch ist dem AG darin beizutreten, daß er nicht auf DM-West umgestellt ist, weil der Schuldner am Währungsstichtage, an dem sich die Umstellung kraft Gesetzes (§ 1 WährungsG) vollzog, seinen Wohnsitz nicht im Währungsgebiet, sondern in der sowjet. Besatzungszone hatte. Es ist in der Rechtsprechung jetzt allgemein anerkannt, daß die Umstellung von Forderungen sich nach dem Wohnsitz des Schuldners am Währungsstichtage richtet (so SchlHolOLG schon im Beschluß vom 21. 11. 1950, MDR 1951, 172; ferner *Palandt-Lauterbach*, [BGB][14] Vorbem. 14g dd zu Art. 7 EGBGB mit Nachweisen). Der BGH (BGHZ 5, 302[1]) hat diesen Grundsatz auch auf wiederkehrende Leistungen angewendet (vertragliche Zahlungen für das außereheliche Kind an die Kindesmutter). Der an sich auch im Interzonenrecht entsprechend anzuwendende Art. 21 EGBGB steht der Anwendung dieses Grundsatzes auf Unterhaltsforderungen unehelicher Kinder nicht entgegen. Zwar richtet sich der Unterhaltsanspruch des unehelichen Kindes (zivilrechtlich) nach dem Recht des Gebietes, in dem es bei seiner Mutter wohnt (so *Palandt-Lauterbach*, aaO Vorbem. 14g, ff), der hoheitsrechtliche Eingriff der Währungsum-

[1] IzRspr. 1945—1953 Nr. 216.

stellung aber muß auch in diesen Fällen nach dem Recht des Gebietes beurteilt werden, in dem der Schuldner im Zeitpunkt des Währungswechsels seinen Wohnsitz hatte (so *Palandt-Lauterbach*, aaO Vorbem. 14g, ff; LG Lübeck vom 21. 8. 1954 — 9 T 515/54).

Daran, daß die Forderung des Beschwerdeführers nicht in DM-West umgestellt ist, ändert auch die nach dem Währungsstichtage erfolgte Übersiedlung des Schuldners in das Währungsgebiet (der BdL) nichts. Ob er überhaupt schon einen Wohnsitz in der Bundesrepublik hat, kann übrigens sehr zweifelhaft sein, da er sich zur Zeit noch in einem Durchgangslager für Sowjetzonenflüchtlinge aufhält und die Insassen dieser Lager dort normalerweise keinen Wohnsitz haben (so Beschluß der Kammer vom 14. 2. 1956 — 9 T 131/56). Doch mag das dahingestellt bleiben. Entscheidend ist, daß die Währungsänderung im Währungsgebiet (der BdL) sich am 21. 6. 1948 vollzogen hat und daß Forderungen, die damals nicht der Umstellung unterlagen, nicht mehr nachträglich umgestellt werden können, mag es sich nun um Dauerschuldverhältnisse handeln oder nicht. Eine andere Ansicht wäre mit dem Sinn und Zweck der Währungsgesetze, die den Währungsschnitt an einem Tage vollziehen sollten und keine unklaren Schwebezustände hinnehmen konnten, nicht vereinbar. Dies hat bereits *Beitzke* (NJW 1952, 709), auf dessen Ausführungen verwiesen wird, überzeugend dargelegt. Die Gründe, die von verschiedenen Gerichten (z. B. LG Frankenthal, NJW 1952, 710[2]; LG Berlin, DAVorm. 1954, 156[3]; LG München I, DAVorm. 1955, 119[4]) für eine nachträgliche Umstellung von Unterhaltsforderungen vorgebracht werden, vermögen nicht zu überzeugen. Es kann z. B. entgegen der Ansicht des LG Berlin (aaO) nicht darauf ankommen, in welcher Währung der Schuldner, der in einem anderen Währungsgebiet als der Gläubiger wohnt, mit befreiender Wirkung zahlen kann, und auch nicht darauf, ob Gläubiger und Schuldner jetzt — Jahre nach der bereits im Jahre 1948 vollzogenen Währungsänderung — in demselben Währungsgebiet leben. Es mag sein, daß der materiellrechtliche, gesetzliche Unterhaltsanspruch sich mit dem Umzug eines Beteiligten in ein anderes Rechtsgebiet in gewissem Umfange ändert (vgl. dazu *Palandt-Lauterbach*, Vorbem. 14g ff vor Art. 7 EGBGB). Das betrifft aber nicht die Frage, ob und in welche Währung die in dem Schuldtitel ausgedrückte Reichsmarkforderung umgestellt ist und ob auf dem Titel ein Umstellungsvermerk nach § 1 Satz 2 der 16. DVO zum UG eingetragen werden kann. Denn die 16. DVO hat, wie das LG Frankenthal (aaO) insofern richtig sagt, nur eine prozessuale Funktion. Wenn das LG München I (aaO) und das LG Frankenthal (dieses unter Hinweis auf RGZ 46, 68) ausführen, daß die gesetzliche Unterhaltspflicht in ihren einzelnen Raten jeweils neu entstehe, so mag das durchaus richtig sein. Doch kann daraus nicht gefolgert werden, daß Jahre nach der im Jahre 1948 vollzogenen Währungsänderung eine RM-Forderung, die damals nicht in DM-West umgestellt worden ist, nur wegen des Wohnsitzwechsels des Schuldners von nun an in DM-West umgestellt sei. Eine

---

[2] IzRspr. 1945—1953 Nr. 274. [3] Siehe oben Nr. 149.
[4] Siehe oben Nr. 151.

Umstellung gab es, wie *Beitzke* (aaO 709) sagt, nur einmal, nämlich beim Währungswechsel. Aus der bereits angeführten Entscheidung des BGH (BGHZ 5, 302[1]) ist zu entnehmen, daß auch nach Ansicht des BGH bei Dauerschuldverhältnissen die Umstellung sich allein nach der Sachlage zur Zeit des Währungsstichtages richtet, daß also eine nachträgliche, anderweitige Umstellung bei einer Änderung der Sachlage nicht denkbar ist. Es ergibt sich hiernach, daß die aus dem Schuldtitel ersichtliche RM-Forderung des Beschwerdeführers weder ganz noch teilweise auf DM-West umgestellt sein kann und daß somit auch die Eintragung eines auf DM-West lautenden Umstellungsvermerks auf dem Vollstreckungstitel nicht zulässig ist (so u. a. *Stein-Jonas*, Vorbem. XVI vor § 704 ZPO mit Nachweisen; LG Göttingen, MDR 1956, 228[2]; LG Ellwangen, NJW 1952, 708[3]; LG Köln, BB 1952, 300[4]; LG Osnabrück, MDR 1951, 745[5]).

Dieses Ergebnis mag für den Gläubiger insofern unbequem sein, als er nun unter Umständen einen neuen Titel in DM-West gegen den Schuldner erwirken muß. — Im vorliegenden Fall wird das übrigens nicht so schwierig sein, da der Schuldner seine Unterhaltspflicht anscheinend nie bestritten hat. — Dieser Nachteil muß angesichts der zwingenden Bestimmungen des Währungsrechts, die ja mancherlei Härten mit sich gebracht haben, in Kauf genommen werden. Es gilt auch hier, was der BGH in der bereits angeführten Entscheidung (BGHZ 5, 312[6]) in anderm Zusammenhange sagt: ‚Sie (— Unbilligkeiten —) würden keineswegs ausgeschlossen sein, wenn für die Umstellung an andere Punkte angeknüpft würde. Jeder denkbare Anknüpfungspunkt kann, wenn sich die Verhältnisse ändern, indem die eine oder andere Partei ihren Wohnsitz in ein anderes Währungsgebiet verlegt, zu Unbilligkeiten führen.‘ Im übrigen würde nach Ansicht der Kammer die Rechtssicherheit leiden, wenn man annehmen wollte, daß Jahre nach der Währungsänderung die Umstellung einer Reihe von Forderungen noch immer nicht feststeht, sondern sich auch künftig noch mit dem jeweiligen Wohnsitz des Schuldners ändern kann. Daß eine solche Unsicherheit mit dem Zweck der Währungsänderung nicht vereinbar ist, ist bereits ausgeführt worden.“

5. Vollstreckung

159. Ein nach der Währungsreform von einem Gericht in der Sowjetzone erlassenes Urteil, welches auf DM lautet, ist auf Zahlung von DM-Ost gerichtet. — Ein auf DM-Ost lautendes Urteil kann nicht auf DM-West umgestellt werden. — Die Vollstreckung eines auf DM-Ost lautenden Titels erfolgt im Bundesgebiet zum Wechselstubenkurs. — Die Vollstreckung aus einem in der Sowjetzone ergangenes Urteil bedarf im Bundesgebiet keiner devisenrechtlichen Genehmigung, wenn Gläubiger und Schuldner im Bundesgebiet wohnen.

LG Bremen, Beschl. v. 20. 3. 1954 — 5 T 158/54: DAVorm. 27 (1954/55) 175; Rpfl. 1954, 254 (zust. *Berner*).

[1] IzRspr. 1945—1953 Nr. 216.
[2] Siehe oben Nr. 153.
[3] IzRspr. 1945—1953 Nr. 322.
[4] IzRspr. 1945—1953 Nr. 280.
[5] IzRspr. 1945—1953 Nr. 262.
[6] IzRspr. 1945—1953 Nr. 216.

Aus den Gründen:

„Das nach der Währungsreform von einem Gericht der sowjet. Besatzungszone gegen den damals dort wohnhaften Schuldner erlassene Urteil ist — trotz der gleichlautenden Bezeichnungen „Deutsche Mark" für die von der BdL bzw. der Deutschen Notenbank kontrollierten Währungen — eindeutig auf Zahlung von DM der letzteren Art, kurz DM-Ost genannt, gerichtet. Das ergibt sich nicht nur aus dem damaligen Wohnsitz des Schuldners, sondern auch aus dem für die Gerichte der sowjet. Besatzungszone geltenden Verbot zu einer Verurteilung in DM-West. In den beiden Hälften Deutschlands gelten verschiedene Währungen, deshalb besteht keine gesetzliche Möglichkeit zu der vom Gläubiger gewünschten ‚Umstellung' im Verhältnis von 1 DM-Ost zu 1 DM-West; wenn nach einem Verrechnungsabkommen zwischen den Jugendämtern der beiden Zonen von Schuldnern im Osten beigetriebene DM-Ost den Gläubigern im Westen als DM-West und umgekehrt gutgeschrieben werden, so kann daraus nicht hergeleitet werden, daß auf DM-Ost-Titel innerhalb der Bundesrepublik vom Schuldner DM-West beizutreiben sind. Solche Geldwertforderungen im Sinne des § 244 BGB (die nicht vom Bestehen eines amtlichen Kurses abhängig sind) können nur nach Maßgabe des Wechselstubenkurses vollstreckt werden (vgl. *Kühne*, NJW 1950, 730 unter 6c aa *Wälde*, NJW 1951, 213 unter I 2; LG Bremen, 4. ZK in DRspr. II (250) 22b = JR 1952, 280[1]; LG Bremen 3. ZK, RPfl. 1950, 277; LG Mönchen-Gladbach — 4 T 279/50, NJW, Fundheft Zivilrecht II 2, 183 Nr. 310; OLG Celle, MDR 1951, 619[2] und *Buchholz*, Rpfl. 1952, 574 unter II 2). Der Umstand, daß Gläubiger und jetzt auch Schuldner in der Bundesrepublik ansässig sind, also die Bedürfnisse des einen wie die Einkünfte des anderen in DM-West erwachsen, erlaubt nicht, dem außerhalb der Bundesrepublik entstandenen Titel nunmehr einen anderen Sinn unterzuschieben; dadurch entfallen nur die devisenrechtlichen Beschränkungen.

Im Rahmen der Zwangsvollstreckung ist eine dem Gläubiger günstigere Auslegung des vom AG G. [sowjet.] erlassenen Urteils nicht möglich; das muß zur Zurückweisung der sofortigen Beschwerde mit Kostenfolge aus § 97 ZPO führen."

160. Ein von einem Gericht in der Sowjetzone erlassenes Urteil, welches auf DM lautet, ist auf Zahlung von DM-Ost gerichtet. — Sind Gläubiger und Schuldner einer Unterhaltsforderung aus der Sowjetzone in das Bundesgebiet übergesiedelt, so sind die Voraussetzungen einer Abänderungsklage gemäß § 323 ZPO gegeben. — Die Vollstreckung aus einem auf DM-Ost lautenden Urteil erfolgt in entsprechender Anwendung von § 244 BGB zum Wechselstubenkurs. — Die Vollstreckung aus einem in der Sowjetzone ergangenen Urteil bedarf im Bundesgebiet auch dann der devisenrechtlichen Genehmigung, wenn Gläubiger und Schuldner im Bundesgebiet wohnen.

LG Darmstadt, Beschl. v. 2. 7. 1954 — 5 T 521/54: DAVorm. 27 (1954/55) 157.

---

[1] IzRspr. 1945—1953 Nr. 201. [2] IzRspr. 1945—1953 Nr. 198.

Aus den Gründen:

„Der Gläubiger ist das eheliche Kind des Schuldners, dessen Ehe mit der Mutter des Gläubigers geschieden worden ist. Durch Urteil des AG in L. [sowjet.] ist der Schuldner zur Zahlung einer Unterhaltsrente von monatlich 20 DM verurteilt worden. Der Gläubiger wohnt jetzt mit seiner Mutter in Niedersachsen [Bundesgebiet], der Schuldner in D. [Bundesgebiet].

Durch den angefochtenen Beschluß hat das AG den Antrag des Gläubigers auf Erlaß eines Pfändungs- und Überweisungsbeschlusses wegen rückständigen und laufenden Unterhalts mit der Begründung zurückgewiesen, in der Bundesrepublik Deutschland sei weder die DM-Ost als gesetzliches Zahlungsmittel zugelassen noch bestehe ein amtliches Kursverhältnis, auf Grund dessen die Ostmarkforderung des Gläubigers in Westmark umgerechnet werden könnte.

Die sofortige Beschwerde des Gläubigers hiergegen ist zulässig und mußte zur Aufhebung des angefochtenen Beschlusses führen. Allerdings kann der Gläubiger nicht, wie er meint, auf Grund des Urteils des AG in L. monatlich 20 DM-West beitreiben, und zwar auch dann nicht, wenn ihm mit Rücksicht darauf, daß beide Parteien jetzt im westdeutschen Währungsgebiet wohnen, ein Unterhaltsanspruch in dieser Höhe zusteht. Denn maßgebend für die Zwangsvollstreckung ist allein der Inhalt des vom Gläubiger erwirkten und vorgelegten Urteils, und hier kann unter DM ohne besonderen Zusatz, da es sich um ein Urteil eines Gerichts der sowjet. Besatzungszone handelt, nur DM-Ost verstanden werden.

Eine Anpassung dieses Urteils an die seit der Übersiedlung der Parteien nach Westdeutschland eingetretenen Veränderungen in den Bedürfnissen des Gläubigers und der Leistungsfähigkeit des Schuldners kann, wie in dem angefochtenen Beschluß zutreffend ausgeführt, nur auf Abänderungsklage gemäß § 323 ZPO erfolgen. Dies kann aber nicht dazu führen, das Interesse des Gläubigers an der Beitreibung des rückständigen und des bis zu einer etwaigen Abänderung fällig werdenden Unterhalts auf Grund des Urteils vom 19. 3. 1949 zu verneinen, zumal eine Abänderung gemäß § 323 III ZPO nur für die Zukunft (ab Erhebung der Abänderungsklage) erfolgen kann.

Der Zwangsvollstreckung steht auch nicht entgegen, daß in der Bundesrepublik Deutschland die DM-Ost weder als gesetzliches Zahlungsmittel zugelassen ist noch ein amtliches Kursverhältnis zur DM-West besteht. Die sich daraus für die Berechnung des beizutreibenden Betrages ergebenden Schwierigkeiten sind keineswegs unüberwindlich, vielmehr ist hierfür in entsprechender Anwendung des § 244 BGB der Kurs der Wechselstuben zugrunde zu legen (vgl. *Baumbach* [ZPO][22] vor § 704 A 4; *Stein-Jonas* [ZPO][17] A X vor § 704; OLG Celle, MDR 1951, 619[1]; *Kühne*, NJW 1950, 729). Dabei ist es ohne Bedeutung, daß der Wechselstubenkurs kein amtliches Kursverhältnis darstellt, denn § 244 BGB enthält nicht das Erfordernis eines amtlichen Kursverhältnisses. Die

---

[1] IzRspr. 1945—1953 Nr. 198.

Wechselstuben sind von den Bankaufsichtsbehörden des Bundesgebietes zugelassene und beaufsichtigte Institute zum Umtausch von DM-West in DM-Ost und umgekehrt, der von ihnen auf Grund von Angebot und Nachfrage gebildete Kurs stellt also zwar keinen amtlichen, aber doch einen legalen Kurs dar. Das genügt für die entsprechende Anwendung des § 244 BGB.

Der Erlaß des beantragten Pfändungs- und Überweisungsbeschlusses durfte hiernach nicht aus den Gründen des angefochtenen Beschlusses abgelehnt werden.

Besonders sei darauf hingewiesen, daß nach der 3. DVO zum MilRegGes. Nr. 53 eine devisenrechtliche Genehmigung erforderlich ist, da die Vollstreckung eines von einem Gericht der sowjet. Besatzungszone erlassenen Urteils in den Westzonen zum Kreis der ‚verbotenen Geschäfte' des Art. I MilRegGes. Nr. 53 gehört (vgl. *Baumbach* [ZPO][23] Schlußanhang IV C, 3. DVO zum MilRegGes. Nr. 53)."

161. Ein nach der Währungsreform von einem Gericht in der Sowjetzone erlassenes Urteil, welches auf DM lautet, ist auf Zahlung von DM-Ost gerichtet. — Die Vollstreckung aus einem auf DM-Ost lautenden Urteil erfolgt zum Wechselstubenkurs am Tage der Vollstreckung. — Die Vollstreckung aus einem in der Sowjetzone ergangenen Urteil bedarf im Bundesgebiet einer devisenrechtlichen Genehmigung.

LG Essen, Beschl. v. 3. 9. 1954 — 11 T 483/54: Rpfl. 1955, 49.

Aus den Gründen:

„Das Urteil stellt — obwohl es keine Bezeichnung der Währung enthält — ohne weiteres eine Verurteilung zur Zahlung von DM-Ost dar, da es nach der Währungsreform von einem Gericht in der Sowjetzone verkündet worden ist.

Die Tatsache, daß ein amtlicher Umrechnungskurs für Ostmark-Westmark nicht besteht, ist — entgegen der Ansicht des AG — kein Hindernis für die Vollstreckung aus einem Ostmarktitel in eine Westmarkforderung. In den westdeutschen Wechselstuben hat sich ein Umrechnungskurs Ostmark-Westmark gebildet. Diese Wechselstuben sind keine Einrichtungen des schwarzen Marktes; sie werden vielmehr nicht nur amtlich geduldet, sondern bedürfen sogar einer amtlichen Zulassung. Der in ihnen gebildete Wechselkurs ist daher als legal anzusehen. Dem steht nicht entgegen, daß er von den ostzonalen Behörden nicht anerkannt wird. Bei den westzonalen Gerichten hat sich daher überwiegend die Praxis durchgesetzt, daß die Vollstreckung aus Titeln auf Zahlung von DM-Ost unter Zugrundelegung des Wechselstubenkurses am Vollstreckungstage zugelassen wird (vgl. zu dieser Frage insbesondere MDR 1951, 169 und *Buchholz*, Rpfl. 1952, 573ff. II 2, 3).

Vollstreckungen aus Osttiteln bedürfen allerdings in jedem Falle der devisenrechtlichen Genehmigung nach Art. 1 (1) b der 3. DVO zum MilRegGes. Nr. 53. Nachdem die Gläubigerin nunmehr diese Genehmigung beigebracht hat und sich ausdrücklich auch damit einverstanden erklärte, daß der Pfändungs- und Überweisungsbeschluß mit der Maßgabe erlassen wird, daß die DM-Ost-Beträge nach dem am Zahlungstage gültigen Wechselstubenkurs in DM-West umgerechnet werden, bestehen insoweit keine Bedenken, ihrem Antrage stattzugeben."

162. Urteile von Gerichten in der Sowjetzone sind nicht ausländische Urteile; sie werden daher im Bundesgebiet anerkannt, soweit sie nicht gegen den ordre public verstoßen. — Ein von einem Gericht in der Sowjetzone erlassenes Urteil, welches auf DM lautet, ist auf DM-Ost gerichtet, wenn beide Parteien im Zeitpunkt des Erlasses des Urteils ihren Wohnsitz in der Sowjetzone hatten. — Die DM-Ost ist im Bundesgebiet ein deutsches Zahlungsmittel. — Die Gerichte im Bundesgebiet können zur Zahlung von DM-Ost verurteilen. — Eine auf DM-Ost lautende Verbindlichkeit kann im Bundesgebiet in entsprechender Anwendung von § 244 BGB erfüllt werden. — Stehen devisenrechtliche Bestimmungen in der Sowjetzone der Überweisung von DM-Ost-Beträgen an einen Gläubiger in der Sowjetzone entgegen, so kann diese Beschränkung nicht zu Lasten eines Schuldners im Bundesgebiet gehen. — Die Vollstreckung eines auf DM-Ost lautenden Titels erfolgt zum Wechselstubenkurs; die unterschiedliche Kaufkraft der beiden deutschen Währungen kann im Vollstreckungsverfahren nicht berücksichtigt werden. — Die Anwendung eines den tatsächlichen Verhältnissen nicht entsprechenden Umrechnungskurses durch die Behörden der Sowjetzone kann nicht zu Lasten eines Schuldners im Bundesgebiet gehen.

OLG Hamm, Beschl. v. 28. 10. 1954 — 15 W 475/54: Rpfl. 1954, 631 (zust. *Berner*); NJW 1955, 67.

Aus den Gründen:

„1. Ausländische Gerichte im Sinne von §§ 328, 722 ZPO sind nur solche außerhalb der Grenzen Deutschlands. Deshalb sind Urteile von Gerichten der sowjet. Besatzungszone als inländische Urteile anzusehen (vgl. *Stein-Jonas-Schönke-Pohle*, ZPO[18] § 328 Anm. III 4; *Baumbach-Lauterbach*, ZPO[21] § 328 Anm. 1; KG-West, MDR 1954, 168[1]; OLG Celle, MDR 1951, 619[2]). Ihre Anerkennung ist allerdings dann nicht möglich, wenn sie gegen den ordre public der Bundesrepublik verstoßen würden (vgl. *Stein-Jonas-Schönke-Pohle* aaO).

Das Urteil des Bezirksgerichts C. [sowjet.] ist also ein Urteil eines deutschen Gerichts. Es widerspricht auch nicht dem ordre public der Bundesrepublik. Aus ihm kann deshalb vollstreckt werden.

2. In diesem Urteil ist nur gesagt, daß der Schuldner zur Zahlung von je 40 DM monatlich Unterhalt an jede Gläubigerin verurteilt wird, ohne klarzustellen, ob es sich um DM-Ost oder DM-West handelt. Da aber das Bezirksgericht davon ausgegangen ist, daß beide Parteien ihren Wohnsitz in der Sowjetzone hatten, ergibt sich daraus eindeutig, daß eine Verurteilung zur Zahlung von je 40 DM-Ost monatlich gemeint

[1] IzRspr. 1945—1953 Nr. 505a. [2] IzRspr. 1945—1953 Nr. 198.

war. Es fragt sich nun, ob und in welcher Form aus einem solchen Titel in der Bundesrepublik vollstreckt werden kann.

a) DM-Ost und DM-West sind verschiedene Zahlungsmittel und können deshalb nicht gleichgesetzt werden. Das ist auch wirtschaftlich nicht gerechtfertigt, da ihr innerer Wert verschieden ist. Die DM-Ost ist in der Bundesrepublik zwar kein gesetzliches Zahlungsmittel. Für sie besteht aber auch kein Verbot, vielmehr gilt sie als deutsches, nicht ausländisches Zahlungsmittel (vgl. *Kühne*, NJW 1950, 730). Sie ist auch ohne Schwierigkeiten in den zahlreichen zugelassenen Wechselstuben der Bundesrepublik zu beschaffen. Es besteht ein Kurs, der sich frei bildet. Daraus ergibt sich, daß in der Bundesrepublik eine DM-Ost-Schuld in DM-Ost erfüllt werden kann. Die Gerichte der Bundesrepublik können auch zur Zahlung in DM-Ost verurteilen (vgl. BGHZ 7, 231ff.[1]; *Seeger-Kelbe*, NJW 1950, 750; *Kühne*, aaO; *Wälde*, NJW 1952, 748; *Beitzke*, NJW 1952, 474; a. A.: AG Frankfurt, NJW 1950, 750[2]; LG Mannheim, NJW 1952, 748; LG Bielefeld, MDR 1952, 108[3]). Unter diesen Umständen ist eine entsprechende Anwendung von § 244 BGB gerechtfertigt (vgl. *Palandt* [BGB]^{12} § 244 Anm. 4d; *Erman-Böhle-Stamschräder*, § 244 Anm. 8; OLG Hamm, JMBl NRW 1953, 103; LG Bremen, Rpfl. 1950, 277 u. 1954, 572ff.[4]; LG Lüneburg, MDR 1951, 746[5]; a. M.: LG Bremen, Rpfl. 1949, 616[6]; LG Frankfurt, NJW 1950, 610[7]). Dem steht nicht entgegen, daß kein amtlicher Kurs besteht. Schon *Staudinger-Weber* [BGB]^{10} § 244 Anm. 45 sagt, wenn infolge Schließung der Börse oder aus einem anderen Grunde keine amtliche Notiz bestehe und die Valuta nachweisbar zu einem von dem letztnotierten wesentlich abweichenden Kurs reell gehandelt werde, sei dieser Kurs zugrunde zu legen.

b) Schwierigkeiten bei der Erfüllung einer auf DM-Ost lautenden Verbindlichkeit ergeben sich dann, wenn der Schuldner in der Bundesrepublik und der Gläubiger in der Sowjetzone wohnt, weil nach den dort geltenden Bestimmungen DM-Ost nicht eingeführt werden kann und keine Möglichkeit besteht, von der Bundesrepublik aus in zulässiger Weise DM-Ost-Beträge an Personen in der Sowjetzone zu überweisen. Diese Schwierigkeiten sind allein durch Bestimmungen verursacht, die in der Sowjetzone erlassen worden sind. Sie können deshalb nicht zu Lasten eines in der Bundesrepublik befindlichen Schuldners gehen.

c) Soll in der Bundesrepublik wegen einer auf DM-Ost lautenden Forderung die Zwangsvollstreckung betrieben werden, so muß zunächst eine Umrechnung in DM-West erfolgen, da diese in der Bundesrepublik das alleinige gesetzliche Zahlungsmittel ist. Für diese Umrechnung ist der Wechselstubenkurs maßgebend (so auch OLG Celle, MDR 1951, 619[8]; LG Braunschweig, NJW 1950, 751[9]; OLG Hamburg, MDR 1951, 109[10]; LG Bremen, Rpfl. 1950, 277 u. 1954, 572ff.[11] sowie MDR 1951, 748[12]; LG

[1] IzRspr. 1945–1953 Nr. 213b.
[2] IzRspr. 1945–1953 Nr. 195.
[3] IzRspr. 1945–1953 Nr. 266.
[4] Siehe oben Nr. 132.
[5] IzRspr. 1945–1953 Nr. 267.
[6] IzRspr. 1945–1953 Nr. 194.
[7] IzRspr. 1945–1953 Nr. 313.
[8] IzRspr. 1945–1953 Nr. 198.
[9] IzRspr. 1945–1953 Nr. 200.
[10] IzRspr. 1945–1953 Nr. 143.
[11] Siehe oben Nr. 132.
[12] IzRspr. 1945–1953 Nr. 201.

Stuttgart, MDR 1951, 559[1]; *Berner*, Rpfl. 1954, 578f.). Daß diese Auffassung richtig ist, wird durch die Tatsache bestätigt, daß der Gläubiger für den durch die Zwangsvollstreckung erlangten DM-West-Betrag in der Bundesrepublik wieder DM-Ost erwerben kann und so zu dem in dem Urteil angegebenen DM-Ost-Betrag kommt. Der Umstand, daß es in der Bundesrepublik keinen amtlichen Kurs für die DM-Ost gibt, steht der hier vertretenen Ansicht nicht entgegen. Es kommt nur darauf an, daß DM-Ost tatsächlich auf gesetzmäßige Weise zu einem legal gebildeten Kurs ohne Schwierigkeiten beschafft werden kann.

Es ist zuzugeben, daß in den Fällen, wo der nach dem Wechselstubenkurs umgerechnete DM-Ost-Betrag in DM-West auf ein Sperrkonto eingezahlt wird, eine Härte für den in der Sowjetzone wohnenden Gläubiger entstehen kann. Wird er an einem sogenannten Unterhalts-clearing beteiligt (vgl. *Kegel*, NJW 1954, 617), so erhält er den DM-West-Betrag nur im Verhältnis 1:1 in DM-Ost ausgezahlt. Diese Unbilligkeit beruht aber auf dem Verhalten der Behörden der Sowjetzone, die auf diesem Berechnungsverhältnis bestehen, obwohl es nicht den tatsächlichen Verhältnissen entspricht. Das kann aber dem Schuldner nicht zum Nachteil gereichen.

d) Der BGH hat in NJW 1954, 1441[2] bei einem Schadensersatzanspruch ausgesprochen, die Berechnung des DM-West-Betrages könne bei Fehlen einer Transfermöglichkeit weder nach dem in der sowjet. Besatzungszone noch nach dem in den Wechselstuben der Bundesrepublik angewendeten Umrechnungskurs von DM-Ost zu DM-West vorgenommen werden. Maßgebend sei in der Regel vielmehr ein Vergleich, welche Aufwendungen nach ihrer Kaufkraft in DM-Ost und DM-West erforderlich seien, um den konkreten Schaden zu ersetzen. Eine Anwendung dieser Grundsätze auf den vorliegenden Fall ist nicht möglich. Einmal handelt es sich in dem entschiedenen Falle um Schadensersatz- und nicht um gesetzliche Unterhaltsansprüche. Selbst wenn man aber ähnliche Gedanken an sich für die Bemessung der Höhe des Unterhaltsanspruchs billigen würde (die sogenannte „Warenkorb-Lösung", vgl. *Kegel*, NJW 1953, 617 und die dort Nr. 35 angeführten Entscheidungen sowie *Beitzke*, NJW 1953, 1184), so kann ein solcher Vergleich der zur Bestreitung des Unterhalts notwendigen Aufwendungen in DM-Ost und DM-West im Zwangsvollstreckungsverfahren auf keinen Fall mehr vorgenommen werden. Dieses Verfahren ist zur Klärung derartig schwieriger Fragen nicht geeignet. Insbesondere kann die Bestimmung der Höhe der beizutreibenden Forderung nicht dem Gerichtsvollzieher überlassen werden. Das widerspricht auch dem Wesen des Zwangsvollstreckungsverfahrens.

e) Somit ist die Auffassung des LG richtig, daß nicht nur die Rückstände, sondern auch die laufenden Unterhaltsforderungen nach dem Wechselstubenkurs umzurechnen sind."

[1] IzRspr. 1945—1953 Nr. 212. [2] Siehe oben Nr. 120.

163. **Urteile von Gerichten in der Sowjetzone sind nicht ausländische Urteile; sie werden daher im Bundesgebiet anerkannt, soweit sie nicht gegen den ordre public verstoßen. — Diese Grundsätze gelten auch für vollstreckbare Urkunden eines Notars in der Sowjetzone. — Ein RM-Titel ist auf DM-Ost umgestellt worden, wenn beide Parteien zur Zeit der Währungsreform ihren Wohnsitz in der Sowjetzone hatten; eine spätere Verlegung des Wohnsitzes des Schuldners ist unerheblich.**

OLG Hamm, Beschl. v. 28. 10. 1954 — 15 W 441/54: JMBl NRW 1955, 39; BB 1955, 175; Leitsätze in DNotZ 1955, 613.

Aus den Gründen:

„1. Ausländische Gerichte im Sinne von §§ 328, 722 ZPO sind nur solche außerhalb der Grenzen Deutschlands. Deshalb sind Urteile von Gerichten der sowjet. Besatzungszone als inländische Urteile anzusehen (vgl. *Stein-Jonas-Schönke-Pohle*, ZPO[18] § 328 Anm. III, 4; *Baumbach-Lauterbach*, ZPO[21] § 328 Anm. 1; KG-West, MDR 1954, 168[1]; OLG Celle, MDR 1951, 619[2]). Ihre Anerkennung ist allerdings dann nicht möglich, wenn sie gegen den ordre public der Bundesrepublik verstoßen würde (vgl. *Stein-Jonas-Schönke-Pohle* aaO). Dieselben Grundsätze müssen für vollstreckbare Urkunden eines deutschen Notars gelten (§§ 794 I Nr. 5, 795 ZPO).

2. Die notarielle Urkunde lautet jedoch auf RM. Der Antrag des Gläubigers auf Umstellung von RM auf DM-West ist durch Beschluß des AG rechtskräftig zurückgewiesen worden. Da im Zeitpunkt der Währungsumstellung beide Parteien ihren Wohnsitz in der Sowjetzone hatten, ist die Forderung des Gläubigers kraft Gesetzes von RM auf DM-Ost umgestellt worden. Die im Jahre 1949 erfolgte Übersiedelung des Schuldners nach den Westzonen hat keine Veränderung des nunmehr auf DM-Ost lautenden Vollstreckungstitels herbeigeführt. Es fragt sich nun, ob und in welcher Form aus einem solchen Titel in der Bundesrepublik vollstreckt werden kann.“

(Buchstaben a)—d) der Begründung entsprechen wörtlich Ziffer 2 Buchstaben a)—d) des vorstehend [Nr. 162] abgedruckten Beschlusses vom gleichen Tage.)

164. **Die Gerichte der Sowjetzone sind deutsche Gerichte; aus ihren Urteilen kann im Bundesgebiet vollstreckt werden. — Aus einem auf DM-Ost lautenden Urteil kann in entsprechender Anwendung von § 244 BGB zum Wechselstubenkurs vollstreckt werden. — Liegt einem auf DM-Ost lautenden Titel ein Unterhaltsanspruch zugrunde, so erfolgt die Vollstreckung von Rückständen nach dem Wechselstubenkurs; die Vollstreckung der laufend fälligen Raten muß dagegen nach Treu und Glauben im Verhältnis 1:1 vorgenommen werden.**

OLG Köln, Beschl. v. 10. 12. 1954 — 2 W 217/54: Rpfl. 1955, 192 (abl. *Berner*).

---

[1] IzRspr. 1945—1953 Nr. 505a. [2] IzRspr. 1945—1953 Nr. 198.

Die ASt., zwei eheliche Kinder mit Wohnsitz in der Sowjetzone, vollstrecken gegen den AGg., ihren im Bundesgebiet lebenden Vater, auf Grund eines vor dem AG M. (sowjet.) geschlossenen Vergleiches, in dem sich der AGg. zur Zahlung von monatlich 25 DM an jedes Kind verpflichtet hatte.

Im Pfändungs- und Überweisungsbeschluß des AG wurden die Rückstände und die laufenden Raten auf Grund des Wechselstubenkurses in DM-West umgerechnet. Die Erinnerung wurde zurückgewiesen.

Auf Beschwerde der ASt. änderte das LG den Beschluß dahin ab, daß die DM-Ost-Beträge zum Kurs 1:1 in DM-West umgerechnet wurden. Auf die weitere Beschwerde des AGg. änderte das OLG die Beschlüsse dahin ab, daß die Rückstände zum Wechselstubenkurs, die laufenden Raten zum Kurs von 1:1 in DM-West umgerechnet wurden.

Aus den Gründen:

„Die Zwangsvollstreckung ist nach § 794 I Ziffer 1 ZPO zulässig; denn die Gerichte der DDR sind ebenso deutsche Gerichte wie die der Bundesrepublik (vgl. hierzu Präambel und Art. 116 GG). Der Schuldner hat auch bisher keine Einwendungen gegen die Vollstreckbarkeit des Titels erhoben.

Andererseits sind auf dem Gebiet der Geldschulden im interzonalen Verkehr besondere Schwierigkeiten entstanden, weil für DM-Ost kein amtlicher Kurs besteht und wie hier die Lohnpfändungen nur DM-West erbringen kann. Es ist nun nicht einzusehen, daß dem Gläubiger einer in ausländischer Währung ausgedrückten Geldforderung über § 244 BGB geholfen werden kann, während dies bei DM-Ost-Titeln mangels eines amtlichen Kurses nicht möglich sein soll. Der Senat schließt sich deshalb der h. M. an (zusammengestellt im Urteil des LG Bremen vom 8. 9 1954, Rpfl. 1954, 574[1]), nach der aus DM-Ost-Titeln in sinngemäßer Anwendung von § 244 BGB zum jeweiligen Wechselstubenkurs (etwa 1:5) in DM-West vollstreckt werden kann; denn diesem, keinem im Verhältnis zum übrigen Zahlungsverkehr ungewöhnlichen Schwankungen unterworfenen Kurs, der sich eingebürgert hat, kann schon eine legale Bedeutung beigemessen werden. Andererseits wäre bei den bestehenden Transferschwierigkeiten der Erfolg, daß die Gläubiger nur etwa 10 DM-Ost monatlich erzwingen könnten. Trotzdem erscheint eine Umstellung 1:1 im Vollstreckungsverfahren unzulässig, weil der Titel einen anderen Inhalt erhalten würde. Dazu bedurfte es schon einer Abänderung des Vergleichs nach § 323 ZPO, also in einem dem Prozeßrecht vorbehaltenen Verfahren, das nach der ständigen Rechtsprechung, insbesondere der des für den Wohnsitz des Schuldners zuständigen LG Köln Aussicht auf Erfolg hätte. Die Änderung würde aber nach § 323 III ZPO erst für die Zeit nach der Klageerhebung erfolgen können. Das Verhalten des Schuldners, der seinen Kindern einen Unterhaltsbetrag vorenthalten will, den jeder Vater für seine im Währungsgebiet der Bundesrepublik lebenden Kinder ebenfalls aufbringen muß, ist unlauter. Auch in der Zwangsvollstreckung sind Treu und Glauben zu wahren, so daß der Schuldner heute nicht verwehren darf, was er in kürzerer Zeit doch leisten müßte. Seine Beschwerde war deshalb, soweit es sich um die nach dem Vollstreckungsantrag fällig gewordenen Unterhaltsbeträge handelt, zurückzuweisen.

---

[1] Siehe oben Nr. 132.

Anders ist der Unterhaltsrückstand zu behandeln. In der Vergangenheit lebt man nicht, und das Unterbleiben eines Vollstreckungsversuchs zeigt, daß die Vertreterin der Gläubiger mit keinem oder nur einem geringen Erfolg gerechnet hat. Das in § 323 ZPO enthaltene Rückwirkungsverbot rechtfertigt es unter diesen Umständen, den Rückstand nach der allgemeinen Regel umzurechnen.“

165. Ein auf DM-Ost lautendes Urteil wird im Bundesgebiet zum Wechselstubenkurs vollstreckt. — § 244 BGB ist im interzonalen Recht entsprechend anwendbar; maßgebend ist der Umrechnungskurs des Zahlungsorts. — Die in der Sowjetzone bestehenden devisenrechtlichen Bestimmungen und der dort geübte fiktive Umrechnungskurs können nicht zu Lasten eines Schuldners im Bundesgebiet gehen.

OLG Hamm, Beschl. v. 25. 3. 1955 — 15 W 70/55: Rpfl. 1956, 251 (zust. *Berner*).

Der in der Sowjetzone wohnhafte Gläubiger betreibt auf Grund eines von einem Gericht in der Sowjetzone erlassenen Vollstreckungsbefehls das Offenbarungseidverfahren gegen den im Bundesgebiet lebenden Schuldner. Der Schuldner hat auf den Titel eine zum Wechselstubenkurs in DM-West umgerechnete Zahlung geleistet.

Das AG hat diese Zahlung zum Nennbetrag auf den Titel angerechnet und wegen des Restbetrages die Erinnerung des Schuldners gegen den Haftbefehl und seinen Widerspruch gegen die Leistung des Offenbarungseides zurückgewiesen. Das LG hat die Vollstreckung eingestellt. Die sofortige weitere Beschwerde des Gläubigers wurde vom OLG zurückgewiesen.

Aus den Gründen:

„Das LG hat mit Recht die Zahlung des Schuldners zum Wechselstubenkurs angerechnet und deshalb die Forderung des Gläubigers als getilgt angesehen. Es steht damit im Einklang mit der Rechtsprechung des Senats, dessen Entscheidung vom 28. 10. 1954 (Rpfl. 1954, 631 = NJW 1955, 67[1]) es angeführt hat. Der Senat verbleibt auch gegenüber den neuen Ausführungen des Gläubigers bei seiner Ansicht. Auch die von ihm angeführten Beschlüsse des OLG Schleswig vom 7. 12. 1954 (4 W 197/54[2]) und des AG Bonn vnm 31. 1. 1955 (21 M 2297/54) geben keinen Anlaß, von dieser Ansicht abzugehen.

Das OLG Schleswig befindet in der genannten Entscheidung über eine sofortige Beschwerde der in der Ostzone wohnhaften Kl. gegen einen Kostenfestsetzungsbeschluß des LG Flensburg, durch den die Kosten des Rechtsanwalts in E. [sowjet.] (des Gläubigers des vorliegenden Verfahrens) für die Vertretung der Kl. als Verkehrsanwalt nur nach dem Wechselstubenkurse festgesetzt worden waren; das OLG Schleswig hat die Kosten alsdann nach dem Nennbetrage der ostzonalen Kostenschuld in DM-West festgesetzt mit der Maßgabe, daß dieser Betrag auf ein Sperrkonto der Kl. einzuzahlen sei. Diese Entscheidung ist also — ebenso wie der Beschluß des BGH vom 12. 2. 1954 (NJW 1954, 1200)[3] — bereits im Verfahren zur Erwirkung des Schuldtitels vor dem westdeutschen

[1] Siehe oben Nr. 162. [2] Siehe unten Nr. 184.
[3] Siehe unten Nr. 181.

Gericht ergangen, während es sich im vorliegenden Falle erst um die Vollstreckung eines vor dem Ostzonengericht erwirkten Schuldtitels in der Bundesrepublik handelt. Der Senat hat aber seine Entscheidung vom 28. 10. 1954 ausdrücklich und bewußt auf die ihm allein obliegende Entscheidung im Zwangsvollstreckungsverfahren beschränkt. Er hat (zu d) ausgeführt, ein Vergleich der zur Bestreitung des Unterhalts notwendigen Aufwendungen in DM-Ost und DM-West, wie er in Unterhaltsprozessen vielfach vorgenommen werde, oder ein Vergleich der zur Ersetzung eines Schadens nach ihrer Kaufkraft in DM-Ost und DM-West erforderlichen Aufwendungen, wie ihn der BGH (NJW 1954, 1441[1]) angestellt habe, könne im Zwangsvollstreckungsverfahren nicht mehr vorgenommen werden. Das Verfahren sei zur Klärung derart schwieriger Fragen nicht geeignet. Insbesondere könne die Bestimmung der Höhe der beizutreibenden Forderungen nicht dem Gerichtsvollzieher überlassen werden. Das widerspreche auch dem Wesen des Vollstreckungsverfahrens.

Dagegen befaßt sich das AG Bonn in der oben angeführten Entscheidung gleich dem vorliegenden Falle mit der Zwangsvollstreckung aus dem ostzonalen Schuldtitel gegen einen in der Bundesrepublik wohnhaften Schuldner. Es rechnet die Zahlung des Schuldners in DM-West zum Nennbetrage auf die Schuld in DM-Ost an und verwirft deshalb den Widerspruch des Schuldners gegen die Leistung des Offenbarungseides. Zutreffend geht es davon aus, daß das Vollstreckungsgericht befugt sei, zu prüfen, ob die Schuld bereits getilgt sei oder nicht, indem es auf § 900 IV ZPO verweist. Eindeutig ergibt sich diese Verpflichtung des Vollstreckungsorgans bereits aus § 774 Ziffer 4 und 5 ZPO. Das AG Bonn hält des weiteren (in Übereinstimmung mit OLG Hamm, NJW 1953, 750[2]) die entsprechende Anwendung der Grundsätze des internat. Privatrechts, so auch die entsprechende Anwendung des § 244 BGB, auf den West-Ost-Zahlungsverkehr für zulässig. Es meint jedoch, die Voraussetzungen des § 244 seien nicht erfüllt, da die Schuld nach dem zugrundeliegenden Rechtsverhältnis nicht im Währungsgebiet der Bundesrepublik zu zahlen sei, sondern nach § 269 BGB in der Sowjetzone, wie aus den Umständen zu entnehmen sei, weil der Gläubiger als Rechtsanwalt für den Schuldner nur habe tätig werden wollen, wenn sein Gebührenanspruch im vollen Wert befriedigt werde. Abgesehen davon, daß Leistungs- (oder Erfüllungs-)ort nach § 269 BGB und Zahlungsort nach § 270 BGB nicht klar unterschieden sind, ist dies Zurückgehen auf das zugrundeliegende Rechtsverhältnis im Zwangsvollstreckungsverfahren unzulässig. Für dieses ist der Vollstreckungstitel, wie er dem jeweiligen Vollstreckungsorgan — dem Gerichtsvollzieher oder dem Vollstreckungsgericht — vorliegt, maßgebend. Das Vollstreckungsorgan hat und vermag nur die Umstände zu beachten, die sich ohne weiteres bei einer den praktischen Bedürfnissen angemessenen Auslegung aus dem Titel ergeben. Das sind in entsprechender Anwendung des § 244 BGB die Umstände, daß der Titel von einem Ostzonengericht erlassen ist, also offensichtlich Leistung von DM-Ost auferlegt, und daß der Schuldner im Bundesgebiet als dem Währungsinlande wohnt, also eine in fremder Wäh-

[1] Siehe oben Nr. 120 [2] IzRspr. 1945—1953 Nr. 307.

rung ausgedrückte Geldschuld im Inlande zu zahlen hat. Dann kann er sich aber nach § 244 BGB durch Zahlung in Reichswährung, also hier DM-West, befreien, da Zahlung in DM-Ost im Titel ihm nicht ausdrücklich aufgegeben ist, und zwar umgerechnet nach dem Kurswerte, der zur Zeit der Zahlung für den Zahlungsort maßgebend ist. Die Prüfung dieser Umstände einschließlich des Wechselstubenkurses ist dem Vollstreckungsorgan noch zuzumuten, zumal auch der Gerichtsvollzieher mit derartigen Aufgaben öfters befaßt wird (vgl. § 821 ZPO). Eine Prüfung der sachlichrechtlichen Voraussetzungen der Leistungspflicht obliegt ihm dagegen nicht. Eine solche Prüfung wäre nur in einem — hier gesetzlich nicht vorgesehenen — besonderen, etwa den §§ 328, 722 ZPO nachgebildeten Verfahren denkbar.

Des weiteren meint das AG Bonn, die oben erwähnte Entscheidung des erkennenden Senats v. 28. 10. 1954 berücksichtigte nicht in dem Maße, wie es erforderlich scheine, daß der Ostzonen-Gläubiger DM-Ost nicht in die Sowjetzone einführen dürfe und jede Geldforderung gegen im Bundesgebiet wohnhafte Personen bei der Deutschen Notenbank anmelden müsse (Ges. zur Regelung des innerdeutschen Zahlungsverkehrs vom 15. 12. 1950, GBl DDR 1202), so daß der Schuldner im Bundesgebiet zwar DM-Ost zum Wechselstubenkurse erwerben, aber nicht zur Erfüllung einer DM-Ost-Verbindlichkeit verwenden könne; er könne auf legalem Wege seine Schuld nur durch Zahlung auf das Sperrkonto des Gläubigers erbringen, wenn dieser unter Einschaltung der Deutschen Notenbank bei Umrechnung zum Nennbetrage seine volle Befriedigung erhalten solle; diese Umstände seien aber nicht auf ein vom Gläubiger zu vertretendes Verhalten zurückzuführen. Letzteres trifft ohne Zweifel zu. Demgegenüber ist aber darauf zu verweisen — der Senat hat in der erwähnten Entscheidung darauf verwiesen —, daß diese Umstände allein durch die in der Sowjetzone erlassenen gesetzlichen Bestimmungen und das dort geübte, dem Wertverhältnisse der beiden Währungen keine Rechnung tragende Umrechnungsverfahren verursacht sind und deshalb nicht zu Lasten des im Bundesgebiet wohnenden Schuldners gehen dürfen. Der Senat sieht keinen Anlaß, diesen Standpunkt aufzugeben."

166. Aus dem Titel eines sowjetzonalen Gerichts kann im Bundesgebiet grundsätzlich vollstreckt werden, wenn die Entscheidung nicht im Einzelfall gegen den westdeutschen ordre public verstößt. — § 244 BGB ist im interzonalen Recht entsprechend anzuwenden. — Die Vollstreckung aus einem auf DM-Ost lautenden Titel erfolgt im Bundesgebiet zum Umrechnungskurs der Wechselstuben. — Wirkt sich die Vollstreckung eines auf DM-Ost lautenden Titels zum Wechselstubenkurs unbillig aus, so besteht ein Rechtsschutzbedürfnis für eine neue Klage.

OLG Celle, Beschl. v. 16. 5. 1955 — 8 W 287/54: NdsRpfl. 1955, 168; Leitsatz in FamRZ 1956, 123.

Aus den Gründen:

„Die in der Ostzone wohnenden Gläubiger sind die geschiedene Ehefrau und die drei ehelichen minderjährigen Kinder des jetzt in der Bundesrepublik lebenden, allein schuldig geschiedenen Schuldners, eines Arztes. Auf Grund eines vollstreckbaren Schuldtitels eines ostzonalen Gerichts haben sie wegen und in Höhe eines Unterhaltsrückstandes von fast 12000 DM im Bundesgebiet belegene angebliche Forderungen des Schuldners pfänden und sich zur Einziehung überweisen lassen.

Es ist streitig, ob die Zwangsvollstreckung aus dem fraglichen Titel in DM-West nur nach Umrechnung der DM-Ost nach dem Wechselstubenkurs erfolgen kann, wie das LG entschieden hat, oder im Verhältnis 1:1, eine Auffassung, die das AG vertreten hatte.

Der Senat ist dem LG beigetreten.

Die Vollstreckbarkeit eines auf DM-Ost lautenden Titels eines Ost-Gerichts in der Bundesrepublik ist von der Rechtsprechung grundsätzlich anerkannt. (Vgl. dazu u. a. die Entscheidungen des Senats in NdsRpfl. 1951, 157; MDR 1951, 619[1] und 8 W 105/54 sowie OLG Hamm, NJW 1955, 67[2]; OLG Köln, 2 W 217/54[3]; LG Bremen, Rpfl. 1950, 277 und 1954, 522[3a]; OLG Hamburg, MDR 1951, 109[4] und *Kühne*, NJW 1950, 729.)

Der Vollstreckung steht hier auch nicht der vom Schuldner erhobene Einwand der Rechtsbeugung entgegen, der in entsprechender Anwendung des § 328 Ziffer 4 ZPO beachtlich sein könnte; denn für eine solche Rechtsbeugung liegt hier kein Anhalt vor.

Für die sonach unbedenklich zuzulassende Vollstreckung des Ost-Titels muß nun die Ost-Währung umgerechnet werden in die hier geltende DM-West-Währung.

Das erfolgt für die Zwangsvollstreckung nach der in der Rechtsprechung vorherrschenden Meinung in entsprechender Anwendung des § 244 BGB (so der Senat, NdsRpfl. 1951, 157[5]; ferner 8 W 105/54; OLG Hamm, NJW 1955, 67[6]; OLG Köln — 2 W 217/54[7]; ferner *Kühne*, NJW 1950, 729f.; auch *Beitzke*, NJW 1952, 1179). Zwar ist die DM-Ost keine ausländische Währung (vgl. *Kühne* aaO), sie wird aber durch die entsprechende Anwendung des § 244 BGB so behandelt, als wäre sie es, damit eine Zwangsvollstreckung überhaupt möglich und nicht ausgeschlossen ist, weil der Ost-Titel über DM-Ost und damit zwar nicht über eine ausländische, aber doch über eine andere Währung lautet, als sie im Bundesgebiet als dem Vollstreckungsgebiet gilt. Ein DM-Ost-Titel könnte hier ohne entsprechende Anwendung des § 244 BGB überhaupt nicht in DM-West vollstreckt werden. Als Kurs im Sinne dieser Bestimmung kann dabei nur, wie noch näher auszuführen sein wird, der sich zur Zeit im Verhältnis 5 DM-Ost : 1 DM-West bewegende Wechselstubenkurs, der in der Bundesrepublik als legal anzusehen ist, gelten.

Der Transfer des geschuldeten Unterhalts zum Wohnsitz der Gläubiger ist allerdings nach einer vom Senat beigezogenen Auskunft der Landeszentralbank von Niedersachsen nach wie vor infolge Verbots der ostzonalen Behörden so gut wie ausgeschlossen. Vielmehr muß der Schuldner die Beträge hier auf ein westdeutsches Sperrkonto, das auf den Namen des Ost-Gläubigers lautet, einzahlen, der darüber auf die folgenden drei Arten verfügen kann:

[1] IzRspr. 1945—1953 Nr. 198.
[2] Siehe oben Nr. 162.
[3] Siehe oben Nr. 164.
[3a] Gemeint ist offenbar die Entscheidung oben Nr. 132.
[4] IzRspr. 1945—1953 Nr. 143.
[5] IzRspr. 1945—1953 Nr. 198.
[6] Siehe oben Nr. 162.
[7] Siehe oben Nr. 164.

a) durch Auszahlung an einen westdeutschen Beauftragten des Gläubigers, der dafür Waren einkauft und sie dem Gläubiger übersendet;
b) durch Reisen des Gläubigers in das Bundesgebiet und Verbrauch des Guthabens;
c) durch Verrechnung mit Forderungen westdeutscher Gläubiger gegen ostzonale Schuldner, wozu jedoch die ostzonalen Behörden ihre Zustimmung nach den Erfahrungen der Landeszentralbank nur im Falle von Mündelgeldern erteilen. Dabei kommt auch nur eine Verrechnung 1:1 in Betracht.

Praktisch sind daher die Gläubiger auf die beiden ersten Möglichkeiten beschränkt, die im übrigen an eine Genehmigung gebunden sind, die allerdings in der Regel in der Bundesrepublik erteilt wird, in der Ostzone aber auf Schwierigkeiten stoßen kann.

Muß der Gläubiger aber selbst oder durch einen Beauftragten in Westdeutschland Waren kaufen, um sein Konto zu nutzen, so kann er schon dadurch stark benachteiligt sein, weil für die Güter des einfachsten Lebensbedarfs die Preise hier und in der Ostzone im wesentlichen gleich sind, der Gläubiger aber durch den Umrechnungskurs $^4/_5$ der ihm zustehenden Beträge verliert. Dasselbe gilt, wenn er gezwungen ist, sein DM-West-Konto einer Ostbank im Verhältnis 1:1 zur Verfügung zu stellen, weil die ostzonalen Stellen diesen Zwangskurs in ihrem Bereich zu halten suchen.

Gleichwohl gibt das geltende Recht nach Auffassung des Senats keine Möglichkeit, diese ungünstige Lage des Ost-Gläubigers im Zwangsvollstreckungsverfahren zu bessern.

Wollte man die entsprechende Anwendung des § 244 BGB überhaupt ablehnen, so würde das, wie schon angedeutet, die Vollstreckung eines Ost-Titels im Bundesgebiet ganz unmöglich machen, weil dann ein Umrechnungsmaßstab für die beiden nun einmal verschiedenen Währungen ganz fehlen würde; denn die Ersetzung des Wechselstubenkurses durch einen anderen, günstigeren Kurs ist im Zwangsvollstreckungsverfahren nicht möglich, weil ein solcher Kurs nicht vorhanden ist.

Zu denken ist hier an den sogenannten Warenkorbvergleich. Er bedeutet, daß der Schuldner bis höchstens zum Nennwert soviel Westmark zahlen muß, wie der Ost-Gläubiger für seinen Lebensbedarf, den der Unterhalt decken soll, braucht. Er läuft also auf einen Vergleich der beiden Währungen hinaus. Dieses Verfahren wird von den erkennenden Prozeßgerichten in steigendem Maße verwandt, weil es billigere Ergebnisse gestattet. Ihm hat sich auch der BGH in einem Schadensersatzfall angeschlossen (vgl. BGH, NJW 1954, 1441[1]). Der BGH hat dabei jedoch ausgesprochen, daß es in seinem Falle nicht darauf ankomme, eine DM-Ost-Schuld ‚umzurechnen' in DM-West, sondern einen Schaden gutzumachen, der von vornherein in Westmark entstanden sei. Daraus ergibt sich die Ansicht des BGH, daß der Warenkorbvergleich für die Umrechnung von DM-Ost-Schulden in Westmarkbeträge und damit für den vorliegenden Fall ungeeignet ist. Das ist auch richtig; denn der

---

[1] Siehe oben Nr. 120.

Warenkorbvergleich kann schon deshalb nicht als ein Kurs im Sinne des § 244 BGB betrachtet werden, weil es bei ihm an der erforderlichen Bestimmtheit fehlt, die Wesensmerkmal eines Kurses ist. Zum Begriff des Kurses gehört die Publizität, Klarheit und Erkennbarkeit des Umrechnungsfaktors. Genau so wie beim Börsenkurs gestattet auch der Wechselstubenkurs sofort und ohne weiteres die Feststellung, in welchem Verhältnis die eine Währung in die andere umzurechnen ist und genügt damit den bezeichneten Erfordernissen des Kurses. Anders steht es beim Warenkorbvergleich, bei dem die Kaufkraft der beiden Währungen verglichen werden muß, was einen oft schwierigen Denkprozeß erfordert und unterschiedliche Ergebnisse zeitigen kann. Machen schon diese Erwägungen den Warenkorbvergleich zur Verwendung als Kurs im Sinne des § 244 BGB ungeeignet, so ergibt sich für den vorliegenden Fall seine Unanwendbarkeit wegen völliger Unbestimmtheit auch aus folgenden Erwägungen:

Die Vollstreckung wird hier betrieben wegen fast 12000 DM. Es fehlt aber jeder Anhalt dafür, wieviel DM-West der Kaufkraft von 12000 DM-Ost entsprechen. Zwar mag eine Familie in der Ostzone für eine verhältnismäßig geringe Summe in DM-Ost laufend dieselben Gegenstände des notwendigsten Lebensbedarfs, insbesondere wenn ihr Marken zur Verfügung stehen, kaufen können, wie im Bundesgebiet mit derselben Summe in DM-West. Insoweit mag also die DM-Ost dieselbe Kaufkraft haben wie die DM-West und es möchte sich insoweit ein Umrechungsverhältnis 1:1 rechtfertigen. Die meisten Gegenstände des gehobenen Lebensbedarfs sind aber in der Ostzone fast nur in den HO-Läden, und zwar im Verhältnis zu denen der Bundesrepublik nur zu stark überhöhten Preisen zu beziehen. Dies hat zur Folge, daß, wie dem Senat aus anderen Prozessen bekannt ist, höhere Beträge in Ostmark eine imVerhältnis zu Westmark immer geringer werdende Kaufkraft haben. Auch deswegen ist es gar nicht möglich, die Kaufkraft von 12000 DM-Ost ohne eine eingehende Prüfung durch einen Sachverständigen in Westmark auszudrücken. Dazu kommt hier auch noch, daß der Schuldner, der zur Zeit Arbeitslosenunterstützung bezieht, die Schuld wahrscheinlich nur in kleinen und kleinsten Raten wird abzahlen können, mindestens vorerst. Damit würde abermals ein neues Moment in die Umrechnung hineinkommen, ganz abgesehen davon, daß gänzlich ungewiß ist, wie die Gläubiger die Westmark tatsächlich verwerten können. Bei dieser Lage aber wäre jeder Versuch des Vollstreckungsgerichts, einen Umrechnungsbetrag anhand des Warenkorbvergleichs als ‚Kurs' im Sinne des § 244 BGB zu bestimmen, aussichtslos. Jede der beiden Parteien könnte mit guten Gründen darlegen, daß die vom Gericht vorgenommene Berechnung falsch sei. Es handelte sich auch um keine ‚Berechnung', kaum noch um eine Schätzung, weil jeder zuverlässige Anhaltspunkt fehlt. Damit aber scheidet der Warenkorbvergleich als ‚Kurs' mindestens für den vorliegenden Fall als ungeeignet aus.

Zu einem anderen Ergebnis ist allerdings das LG Dortmund in einem unveröffentlichten Beschluß vom 14. 7. 1954 — 9 T 325/54 — gekommen, auf den sich die Gläubiger berufen haben und den der Senat deshalb beigezogen hat. Das LG Dortmund sieht als Kurs im Sinne des § 244 BGB das Verhältnis 1:1 an, weil im Bundesgebiet 1 DM-West aufgewendet werden müsse, um dem Ost-Gläubiger den Wert von 1 DM-Ost zukommen zu lassen. Das soll jedoch nur für Unterhaltsforderungen gelten und wird im wesentlichen daraus gefolgert, daß nach den ostzonalen Zwangsbestimmungen praktisch eine ‚bessere Verwertung' der DM-West als im Verhältnis 1:1 zur DM-Ost verhindert werde.

Dem kann nicht gefolgt werden. Ein Kurs im Sinne des § 244 muß nicht nur eindeutig bestimmt und klar erkennbar sein, er muß auch für alle Fälle einer Umrechnung gelten. Es kann nicht für einzelne Fallgruppen ein besonderer Kurs gebildet werden. Zwar kann ein Kurs sich verändern, und er tut es auch, aber allein nach dem Gesetz von Angebot und Nachfrage und dann stets für sämtliche Umrechnungsfälle. Allerdings wäre die Annahme eines Kurses 1:1 hinlänglich bestimmt, er fände aber für die beiden deutschen Währungen DM-Ost und DM-West weder im Gesetz noch vor allem in den Tatsachen eine Stütze. Er wäre damit gesetzwidrig. Nach § 244 II BGB ist im übrigen auch maßgebend der Kurs des Zahlungsorts, Zahlungsort ist aber, solange die westdeutschen Schuldner infolge des ostzonalen Transfer-Verbots auf Sperrkonten zahlen müssen, der jeweilige Ort, an dem das Sperrkonto geführt wird, jedenfalls innerhalb der Bundesrepublik (so *Palandt* [BGB][12] § 244 Anm. 4b). Im übrigen folgt das auch aus § 270 BGB. Im Bundesgebiet besteht aber tatsächlich kein Kurs 1:1. Es besteht allein der Wechselstubenkurs, der, wie schon ausgeführt, hilfsweise herangezogen werden muß, um überhaupt zu einer Vollstreckung zu kommen.

Damit sind die Möglichkeiten, durch eine Auslegung des § 244 BGB zu helfen, erschöpft. Dem Vollstreckungsgericht stehen in der Zwangsvollstreckung nicht auch jene Möglichkeiten zu Gebote, die Leistungen des Schuldners zu bemessen, von denen die erkennenden Prozeßgerichte Gebrauch machen, indem sie nach Möglichkeit die Leistung des Schuldners so bemessen, daß der Ost-Gläubiger ein Optimum erhält (vgl. dazu aus der umfangreichen Rechtsprechung LG München, NJW 1952, 1179[1]; LG Hamburg, MDR 1952, 423[2] und 301[3]; LG Hildesheim, NdsRpfl. 1952, 155[4]; LG Dortmund, MDR 1953, 367[5]; LG Mannheim, NJW 1952, 748; LG Bremen mit besonders eingehender Begründung in Rpfl. 1954, 572ff.[6]; auch *Hahnenfeld*, NJW 1955, 530). Insoweit ist das Prozeßgericht viel freier gestellt als das Vollstreckungsgericht, welches an den Ostmarktitel gebunden ist, den es nicht zu ändern, sondern nur zu vollstrecken hat. Jede anderweite Bemessung der Leistung des Schuldners, die sich nicht unmittelbar aus dem Titel ergibt, ist ihm verwehrt. Das ergibt sich aus dem Sinn des Gesetzes, das jede Änderung des auch nur vorläufig vollstreckbaren Titels auf einem anderen Wege als durch Einlegung von Rechtsmitteln und nach Rechtskraft durch Abänderungsklage ausschließt und das gegen die Zwangsvollstreckung allein die Vollstreckungsgegenklage vorsieht. Diese klare und begrenzte Regelung des

---

[1] IzRspr. 1945–1953 Nr. 281.
[2] IzRspr. 1945–1953 Nr. 269.
[3] IzRspr. 1945–1953 Nr. 271.
[4] IzRspr. 1945–1953 Nr. 53.
[5] IzRspr. 1945–1953 Nr. 285.
[6] Siehe oben Nr. 132.

Gesetzes zusammen mit der Rechtskraft und ihrer Durchbrechung nur in Ausnahmefällen zeigen, daß dem Vollstreckungsgericht keine Möglichkeit zur Änderung des Titels gegeben ist, auf die das Begehren der Gläubiger hier im Ergebnis hinausläuft.

Ihnen wird nach allem keine andere Möglichkeit bleiben, wenn sie nicht doch die beigetriebenen DM-West besser, d. h. kursmäßig verwerten können, als erneut bei dem zuständigen Westgericht zu klagen, um sich im Erkenntnisverfahren, in dem ihre mißliche Lage als Ost-Gläubiger berücksichtigt werden kann, einen Westmark-Titel zu verschaffen. Ein Rechtsschutzbedürfnis für eine solche neue Klage wird von den westdeutschen Gerichten angesichts der mangelhaften Vollstreckungsmöglichkeit aus den Ost-Titeln allgemein bejaht."

167. Aus einem auf DM-Ost lautenden Titel kann im Bundesgebiet nur zum Umrechnungskurs der Wechselstuben vollstreckt werden.

LG Verden/Aller, Beschl. v. 6. 9. 1955 — 2 T 138/55: MDR 1956, 44; Leitsatz in FamRZ 1956, 123.

Aus den Gründen:

„Die Beschwerdekammer steht mit der h. M. auf dem Standpunkt, daß die Vollstreckung einer DM-Ost-Forderung in der Bundesrepublik angesichts des Wertunterschiedes beider Währungen nur in der Form möglich ist, daß die eine Währung in die andere in entsprechender Anwendung des § 244 II BGB nach dem jeweiligen Wechselstubenkurs (zur Zeit etwa 1:5) umgerechnet wird (vgl. §§ 11, 12 der EntlastungsVO vom 13. 5. 1924). Das muß jedenfalls dann gelten, wenn, wie hier, die Gläubigerin nur die Genehmigung erhalten hat, die auf Sperrkonto eingezahlten Beträge bei einem Aufenthalt in der Westzone zum alsbaldigen Verbrauch abzuheben, als die Unterhaltszahlung kapitalisiert wird (*Beitzke*, ZBlJR 1954, 324; vgl. im übrigen Rpfl. 1954, 572[1], 631[2], 1955, 49[3], 192[4]; FamRZ 1955, 147[5]; NJW 1955, 68[6], 528; MDR 1955, 230[7], 547[8]). Bei einer solchen Sachlage kann auch nicht eine Umrechnung im Verhältnis der Kaufkraft von DM-West zu DM-Ost (sogenannter Warenkorbvergleich) erfolgen (NJW 1954, 1441[9], 1763[9], 1768[10]). Ob die Gläubigerin im Wege der Änderungsklage nach § 323 ZPO eine Umrechnung des DM-Ost-Schuldtitels auf DM-West im Verhältnis 1:1 erreichen kann, mag dahingestellt bleiben. Eine solche Anpassung an die Transfer-Schwierigkeiten ist bisher, soweit ersichtlich, nur für den Fall zugelassen worden, daß der Schuldner nach Urteilserlaß in die Bundesrepublik verzogen ist, was offenbar hier nicht zutrifft (vgl. hierzu Rpfl. 1954, 572[11]; MDR 1955, 167[12], 230[13], 547[14])."

---

[1] Siehe oben Nr. 132.
[2] Siehe oben Nr. 162.
[3] Siehe oben Nr. 161.
[4] Siehe oben Nr. 164.
[5] Siehe oben Nr. 26.
[6] Siehe oben Nr. 162.
[7] Siehe oben Nr. 134.
[8] Siehe oben Nr. 132.
[9] Siehe oben Nr. 120.
[10] Siehe oben Nr. 132.
[11] Siehe oben Nr. 132.
[12] Siehe oben Nr. 25.
[13] Siehe oben Nr. 26 und 134.
[14] Siehe oben Nr. 132.

168. Aus dem Titel eines sowjetzonalen Gerichts kann im Bundesgebiet ohne Vollstreckungsurteil grundsätzlich vollstreckt werden, wenn die Entscheidung nicht im Einzelfall gegen den westdeutschen ordre public verstößt. — „DM" im Titel eines sowjetzonalen Gerichts bedeuten DM-Ost. — § 244 BGB ist im interzonalen Recht entsprechend anzuwenden. — Aus einem auf DM-Ost lautenden Titel ist im Bundesgebiet zum Umrechnungskurs der Wechselstuben zu vollstrecken.

LG Braunschweig, Beschl. v. 1. 10. 1955 — 18 T 817/55: DAVorm. 29 (1956/57) 109.

Aus den Gründen:

„Grundsätzliche Bedenken gegen die Zulässigkeit der direkten Zwangsvollstreckung aus Urteilen von Gerichten der sowjet. Besatzungszone bestehen nicht. Wenn auch die Gründungen der Bundesrepublik Deutschland und der DDR zu Verhältnissen geführt haben, die zum Teil die Rechtsbeziehungen beider Gebiete als die zwischen In- und Ausland erscheinen lassen, so ist aber doch davon auszugehen, daß das Gebiet des früheren Deutschen Reiches staatsrechtlich eine Einheit darstellt. Da somit die Gerichte im Gebiete der DDR nicht als ausländische Gerichte anzusehen sind, erfolgt die Zwangsvollstreckung ohne ein besonderes Vollstreckungsurteil des § 722 ZPO (*Baumbach-Lauterbach*, ZPO[23] § 328 Anm. 1). Da ferner das Urteil des AG K. [sowjet.] keinen Verstoß gegen den ordre public der Bundesrepublik enthält, bestehen gegen die grundsätzliche Zulässigkeit der Zwangsvollstreckung keine Bedenken (siehe Beschluß der Kammer vom 14. 9. 1955—18 T 769/55).

Das Urteil des AG K. [sowjet.] lautet auf Zahlung der Unterhaltsrente in ‚DM' schlechthin; es ist also aus dem Wortlaut des Urteils nicht klar ersichtlich, ob es sich um DM-Ost oder um DM-West handelt. Da sowohl in der DDR als auch in der Bundesrepublik die ‚D-Mark' als gesetzliches Zahlungsmittel dient, wobei in der DDR die Deutsche Notenbank, in der Bundesrepublik die BdL als Herausgeber fungieren, kann das AG K. nur die in der DDR gültige Währung, nämlich DM-Ost gemeint haben. Andernfalls hätte das AG im Tenor seines Urteils ausdrücklich auf DM-West erkennen müssen. Bei der Einstellung der offiziellen Stellen der DDR zur DM-West erscheint es jedoch überhaupt zweifelhaft, ob ein Gericht der DDR jemals auf eine Westmarkschuld erkennen würde.

Die Zwangsvollstreckung dient lediglich der Durchsetzung des im Schuldtitel ausgesprochenen Anspruchs. Das Vollstreckungsgericht ist an den Osttitel gebunden, es darf ihn nicht abändern. Der Pfändungs- und Überweisungsbeschluß kann nur auf der Grundlage des im Urteil erkannten Zahlungsanspruchs erlassen werden. Im Pfändungs- und Überweisungsbeschluß mußte daher die Forderung der Gläubigerin in DM-Ost gekennzeichnet werden.

In der Bundesrepublik ist als alleiniges gesetzliches Zahlungsmittel die DM-West anerkannt. Wenn eine in einer anderen Währung ausgedrückte Geldsummenschuld in der Bundesrepublik vollstreckt werden soll, so ist das nur dadurch möglich, daß eine Umrechnung erfolgt. Für ausländische Währungen bestimmt hierzu § 244 II BGB, daß die Umrechnung nach dem Kurswert zu erfolgen hat, der zur Zeit der Zahlung für den Zahlungsort maßgebend ist. Da aber die in der DDR geltende Währung der DM-Ost im Verhältnis zur Bundesrepublik — wie festgestellt — keine ausländische Währung ist, kann § 244 BGB keine unmittelbare Anwendung finden. Wenn auch für die DM-Ost nach den in der Bundesrepublik geltenden Bestimmungen kein Verbot gilt, sie vielmehr im freien Handel der Wechselstuben beschafft werden kann, so ist sie aber dennoch in der Bundesrepublik nicht gesetzliches Zahlungsmittel. Demnach muß eine Verbindlichkeit eines Bewohners der Bundesrepublik in DM-Ost wie eine Fremdwährungsschuld angesehen werden. Das rechtfertigt eine entsprechende Anwendung des § 244 BGB, um überhaupt eine Vollstreckung aus einem DM-Ost-Titel in der Bundesrepublik zu ermöglichen.

Eine Umrechnung der DM-Ost-Schuld in DM-West kann aber nur nach dem sich im westdeutschen Währungsgebiet in den amtlich zugelassenen Wechselstuben bildenden Kurs erfolgen. Dieser Kurs ist zwar kein amtlicher; ein solcher ist in § 244 II BGB aber auch nicht vorgeschrieben. Der Wechselstubenkurs ist vielmehr ein Kurs, der sich faktisch im Verkehr zwischen zwei Nationen auf legale Weise herausgebildet hat. Von einem solchen Kurs geht § 244 BGB aus (*Staudinger-Werner* [BGB][10] § 244 Anm. 45). Einen solchen Kurs stellt der Wechselstubenkurs in der Bundesrepublik auch dar. Er bildet sich in den zugelassenen Wechselstuben frei nach dem Grundsatz von Angebot und Nachfrage und ist deshalb einer Börsennotierung gleichzusetzen. Das trifft jedenfalls für das in der Ostzone bestehende Umrechnungsverhältnis von 1:1 nicht zu, da dieses ein staatlicher Zwangskurs ist und in krassem Gegensatz zu den tatsächlichen Verhältnissen steht. Demnach ist also in der Zwangsvollstreckung die Forderung in DM-Ost nach dem Wechselstubenkurs am Zahlungstage in DM-West umzurechnen (so die h. M. im Schrifttum und in der Rechtsprechung; letzthin OLG Celle, Beschluß vom 16. 5. 1955, NdsRpfl. 1955, 168 ff.[1]; ferner die ständige Rechtsprechung der beschließenden Kammer: Beschlüsse vom 5. 12. 1950 — 18 T 640/50, vom 9. 4. 1954 — 18 T 342/54, vom 2. 9. 1954 — 18 T 816/54, vom 16. 10. 1954 — 18 T 936/54, vom 22. 7. 1955 — 18 T 581/55 und vom 14. 9. 1955 — 18 T 769/55). Dem steht das Urteil des BGH vom 10. 7. 1954, NJW 1954, 1441[2] nicht entgegen; denn dort hatte der BGH in einem Schadenersatzprozeß die Ersatzpflicht des Bekl. als DM-West-Schuld angesehen, so daß er folgerichtig eine Anwendung des § 244 BGB verneinen mußte.

Für das Beschwerdeverfahren ist allein ausschlaggebend, daß das AG K. in seinem Urteil auf eine Unterhaltsschuld in der dort geltenden Ostmark-Währung erkannt hat. Bei allen Vollstreckungsmaßnahmen kommt es nur auf den zugrunde liegenden Schuldtitel an. Der Pfändungs- und Überweisungsbeschluß, der die Währungsbezeichnung ‚DM-Ost' enthält, erfüllt mit dieser Kennzeichnung die Voraussetzungen des Urteils, aus dem vollstreckt werden soll.

[1] Siehe oben Nr. 166. [2] Siehe oben Nr. 120.

Wenn die Gläubigerin auf Grund der gesetzlichen Bestimmungen der DDR keine Möglichkeit hat, die von ihr in der Bundesrepublik im Wege der Zwangsvollstreckung beizutreibenden Unterhaltsbeträge zum Wechselkurs der Bundesrepublik in die DDR zu transferieren, so muß es ihr überlassen bleiben, falls sie sich davon Erfolg verspricht, erneut Klage vor dem zuständigen Gericht der Westzone zu erheben, um ihre Rechtsposition gegenüber dem Schuldner zu verbessern. Ein Rechtsschutzbedürfnis für eine solche Klage dürfte nach der Rechtsprechung der Gerichte der Bundesrepublik zu bejahen sein."

169. § 244 BGB ist im interzonalen Recht entsprechend anzuwenden. — Aus einem auf DM-Ost lautenden Titel ist im Bundesgebiet zum Umrechnungskurs der Wechselstuben zu vollstrecken.

OLG Koblenz, Beschl. v. 14.10.1955 — 5 W 360/55:* NJW 1956, 383; MDR 1956, 164.

Der Gläubiger, ein Rechtsanwalt und Notar in E. (sowjet.), hatte den Schuldner vor dem Kreisgericht E. (sowjet.) vertreten. Für seine Gebühren erwirkte der Gläubiger am 15. 3. 1954 einen Kostenfestsetzungsbeschluß gegen den Schuldner über 111,23 DM-Ost. Wegen dieses Betrages und der angefallenen Zwangsvollstreckungskosten, insgesamt nunmehr wegen 120,50 DM, betrieb der Gläubiger die Zwangsvollstreckung gegen den Schuldner. Dieser zahlte am 3. und 25. 6. 1954 insgesamt 30,30 DM-West auf das Sperrkonto des Gläubigers bei der Kreissparkasse in Esch. (Bundesgebiet) ein. Er war dabei der Meinung, seine Schuld unter Beachtung des Berliner Wechselstubenkurses von 4 DM-Ost = 1 DM-West getilgt zu haben. Der Gläubiger setzte jedoch die Zwangsvollstreckung fort, weil er der Ansicht ist, eine Umstellung seines Titels von DM-Ost auf DM-West im Verhältnis 1:1 beanspruchen zu können. Diese Zwangsvollstreckung verlief fruchtlos.

Hierauf hat der Gläubiger bei dem AG am Wohnsitz des Schuldners in W. (Bundesgebiet) Anberaumung eines Termins zur Leistung des Offenbarungseides beantragt. Der Schuldner hat hiergegen Widerspruch erhoben und die Zahlung von 30,30 DM-West urkundlich nachgewiesen.

Den Widerspruch des Schuldners hat das AG mit der Begründung verworfen, die Befriedigung des Gläubigers könne nur durch eine Vollstreckungsgegenklage nach § 767 ZPO geltend gemacht werden. Im übrigen sei die Schuld nicht getilgt, weil der Schuldner den Nennbetrag der DM-Ost Forderung in DM-West zu zahlen habe.

Das LG hat diesen Beschluß aufgehoben und den Antrag des Gläubigers auf Leistung des Offenbarungseides durch den Schuldner zurückgewiesen, da durch die Zahlung von 30,30 DM-West die Forderung des Gläubigers erloschen sei. Es hält eine analoge Anwendung von § 244 BGB für geboten. Als Umrechnungskurs legt es im Hinblick auf § 244 II BGB den Berliner Wechselstubenkurs zugrunde, der zur Zeit der Zahlung des Schuldners unstreitig 4 DM-Ost = 1 DM-West betragen hat. Eine Umstellung der Forderung des Gläubigers im Verhältnis 1:1 auf Grund der Entscheidung des BGH, NJW 1954, 1200[1] lehnt es ab, weil diese Entscheidung einen anders gelagerten Fall betreffe.

Das OLG hat die sofortige weitere Beschwerde zurückgewiesen.

Aus den Gründen:

„Der Ansicht des LG, daß im vorliegenden Falle § 244 BGB entsprechend anzuwenden ist, ist zuzustimmen. Die sowjet. Zone ist zwar im Verhältnis zur Bundesrepublik kein Ausland. Die dort geltende Währung ist aber eine ‚andere' Währung als die in der Bundesrepublik geltende.

---

[1] Siehe unten Nr. 181.

Wenn der Schuldner bei einer in ausländischer Währung ausgedrückten Geldschuld nach § 244 I BGB zur Zahlung in Bundeswährung berechtigt ist, so muß ihm dieses Recht auch bei Bezahlung einer in ‚anderer‘ Währung ausgedrückten Geldschuld zustehen. Dann ist aber auch der Absatz 2 des § 244 BGB anzuwenden, der bestimmt, daß ‚die Umrechnung nach dem Kurswerte erfolgt, der zur Zeit der Zahlung für den Zahlungsort maßgebend ist‘. Ein Kurswert der DM-Ost besteht in der Bundesrepublik, und zwar der Wechselstubenkurs. In den meisten Fällen ist es üblich, den Berliner Wechselstubenkurs zugrunde zu legen, wie es der Schuldner im vorliegenden Falle getan hat, ohne daß vom Gläubiger die Anwendung des Kurses einer anderen Wechselstube, etwa der dem Schuldner am nächsten gelegenen, verlangt worden ist. Unstreitig hat der Berliner Wechselstubenkurs zur Zeit der Zahlung des Schuldners 4:1 betragen. Wenn er daher auf das Sperrkonto des Gläubigers 30,30 DM-West überwiesen hat, so hat er damit eine Schuld von 120,50 DM-Ost getilgt, und sein Widerspruch gegen die Verpflichtung zur Leistung des Offenbarungseides ist begründet. Das LG hat daher mit Recht den amtsgerichtlichen Beschluß aufgehoben und den Antrag des Gläubigers auf Leistung des Offenbarungseides durch den Schuldner zurückgewiesen.

Dem steht der oben erwähnte Beschluß des BGH nicht entgegen. Wie das LG zutreffend ausgeführt hat, betrifft dieser Beschluß einen anders gelagerten Fall.“

170. Aus dem Titel eines sowjetzonalen Gerichts kann im Bundesgebiet ohne Vollstreckungsurteil grundsätzlich vollstreckt werden, wenn die Entscheidung nicht im Einzelfall gegen den westdeutschen ordre public verstößt. — „DM“ im Titel eines sowjetzonalen Gerichtes bedeuten DM-Ost. — Aus einem auf DM-Ost lautenden Titel ist im Bundesgebiet zum Umrechnungskurs der Wechselstuben zu vollstrecken, wenn der beigetriebene Betrag auf ein Sperrkonto des Gläubigers im Bundesgebiet zu zahlen ist.

OLG Frankfurt a. M., Beschl. v. 20. 4. 1956 — 6 W 63/56: Rpfl. 1956, 252[1] (zust. *Berner*); Betrieb 1956, 523; MDR 1956, 420.

Die in der Sowjetzone wohnhafte Gläubigerin hatte in der Sowjetzone einen Titel gegen den im Bundesgebiet wohnhaften Schuldner erwirkt, wonach dieser zur Zahlung eines Unterhaltsrückstandes von 750 DM sowie 79,52 DM Kosten verurteilt wurde. Auf Grund dieses Titels erließ das AG am Sitz des Drittschuldners im Bundesgebiet einen Pfändungs- und Überweisungsbeschluß unter Umrechnung des Vollstreckungsbetrages nach dem Wechselstubenkurs im Verhältnis 5:1. Das LG wies auf sofortige Beschwerde der Gläubigerin das AG an, im Verhältnis 1:1 zu vollstrecken.

Das OLG gab der sofortigen weiteren Beschwerde des Schuldners statt.

Aus den Gründen:

„In Rechtsprechung und Schrifttum herrscht Einigkeit darüber, daß ein ostzonaler Schuldtitel, der sich auf Unterhalts- und Kostenforderungen bezieht, in der Bundesrepublik grundsätzlich vollstreckbar ist, da

[1] Hier unter falschem Datum veröffentlicht.

die sowjet. besetzte Zone nicht als Ausland im Sinne des § 328 ZPO anzusehen ist (vgl. KG, MDR 1954, 168[1]; OLG Celle, MDR 1951, 619[2] und NdsRpfl. 1955, 168[3]; OLG Hamm, Rpfl. 1954, 631 = NJW 1955, 67[4]; OLG Köln, Rpfl. 1955, 192[5]; *Stein-Jonas-Schönke*, III 4 zu § 328 ZPO; *Baumbach-Lauterbach*, 1 zu § 328 ZPO). Der ordre public könnte zwar der Vollstreckung entgegenstehen, wenn erwiesen wäre, daß die vorliegenden Titel auf einem Akt der Willkür und Rechtlosigkeit beruhten; Anhaltspunkte hierfür sind aber nicht vorgetragen. Auch kann in Fällen der vorliegenden Art kein Zweifel sein, daß unter der Bezeichnung ‚DM' ‚DM-Ost' zu verstehen sind (LG Bremen, Rpfl. 1954, 254[6]; LG Essen, Rpfl. 1955, 49[7]). Umstritten ist allerdings die Frage, welches Umrechnungsverhältnis bei Vollstreckung eines auf Ost-Mark lautenden Titels in der Bundesrepublik anzuwenden ist, insbesondere, ob dabei 1 DM-Ost = 1 DM-West anzunehmen ist oder ob unter Anwendung des Wechselstubenkurses 5 DM-Ost einer DM-West gleichzusetzen sind.

Die Entscheidung des BGH, NJW 1954, 1441[8], die unter Hinweis auf die den beiden Währungen innewohnende verschiedene Kaufkraft auf den sogenannten Warenkorbvergleich abstellt, kann hier nicht herangezogen werden, da es sich in dem dort entschiedenen Falle um die Ermittlung der Höhe eines — zugunsten des in der Sowjetzone wohnhaften Gläubigers — in DM-West erwachsenen Schadensersatzanspruches handelte. Ebensowenig kann die im landgerichtlichen Beschluß zitierte Entscheidung des BGH, NJW 1954, 1200[9] zur Lösung der hier zu entscheidenden Frage in Betracht kommen; denn dieser Beschluß ist zu einer Zeit ergangen, als die Transferierung in die Ostzone noch zulässig und möglich war; seine Entscheidungsgründe sind auf diese Tatsache maßgeblich gestützt; zwischenzeitlich ist diese Voraussetzung weggefallen. Der in der Bundesrepublik wohnhafte Schuldner kann daher zur Zeit ostzonale Forderungen nur in der Weise befriedigen, daß er entweder dem in der Westzone vorübergehend anwesenden Gläubiger den DM-Ost-Betrag, den er sich durch Kauf erworben hat, unmittelbar übergibt oder daß er DM-West-Geld auf ein Sperrkonto des Gläubigers in der Bundesrepublik einzahlt, das diesem nach Maßgabe der jeweils geltenden Vorschriften zur freien Verfügung steht, insbesondere zur Beschaffung von Paketen oder zum Bestreiten des eigenen Unterhalts in der Bundesrepublik verwandt werden kann. Daneben gibt es hinsichtlich der Erfüllung von Unterhaltsforderungen gegenüber unehelichen Kindern in einem gewissen beschränkten Umfange die weitere tatsächliche Möglichkeit, den Schuldbetrag durch Einzahlung bei den beiderseitigen Jugendämtern zur Verrechnung zu bringen, wobei der Schuldbetrag jeweils im Verhältnis 1:1 einzuzahlen ist; in Fällen dieser Art muß aber die Voraussetzung gegeben sein, daß das Jugendamt der Bundesrepublik auf die

[1] IzRspr. 1945—1953 Nr. 505a.
[2] IzRspr. 1945—1953 Nr. 198.
[3] Siehe oben Nr. 166.
[4] Siehe oben Nr. 162.
[5] Siehe oben Nr. 164.
[6] Siehe oben Nr. 159.
[7] Siehe oben Nr. 161.
[8] Siehe oben Nr. 120.
[9] Siehe unten Nr. 181.

Unterhaltszahlung eines in der Sowjetzone wohnhaften Schuldners angewiesen ist (vgl. die zutreffenden Ausführungen von *Berner*, Rpfl. 1955, 193).

Inzwischen hat sich, soweit es sich um die hier allein in Betracht kommende Einzahlung auf ein Sperrmark-Konto des Gläubigers in der Bundesrepublik handelt, eine h. A. dahingehend herausgebildet, daß in diesen Fällen § 244 II BGB in der Weise entsprechend anzuwenden ist, daß der DM-Ost-Schuldbetrag nach dem geltenden Wechselstubenkurs im Verhältnis 5:1 in DM-West vollstreckbar ist (vgl. die Zusammenstellung im Beschluß des LG Bremen, Rpfl. 1954, 574[1]; ferner OLG Celle, NdsRpfl. 1955, 168[2]). Im Gegensatz hierzu hat das OLG Köln (Rpfl. 1955, 192[3]) einen Unterschied gemacht zwischen den jeweils fällig werdenden und zur Sicherung des künftigen Unterhalts dienenden Zahlungsraten einerseits und dem Unterhaltsrückstand andererseits. Im ersteren Falle läßt es unter Berufung auf die Grundsätze von Treu und Glauben, abweichend von der h. A., eine Umrechnung der Forderungen im Verhältnis 1:1 zu, während es für die Unterhaltsrückstände den Wechselstubenkurs mit der Begründung anwendet, daß ‚in der Vergangenheit nicht gelebt wird'; daneben folgert es aus der Tatsache, daß ein Vollstreckungsversuch insoweit unterblieben ist, als der Gläubiger mit keinem oder nur mit einem geringen Erfolg seiner Vollstreckung gerechnet habe.

Für den vorliegenden Fall, in dem es sich um Unterhaltsrückstände und um einen geringfügigen Kostenbetrag handelt, schließt sich der Senat der h. M. und hinsichtlich der Unterhaltsrückstände zugleich der Ansicht des OLG Köln an. Ausschlaggebend erscheint dabei dem Senat die Erwägung, daß der Gläubiger nach dem Titel nur einen auf DM-Ost lautenden Anspruch hat und daher von dem Schuldner nicht mehr verlangen kann, als er könnte, wenn dieser in der Lage wäre, den geschuldeten DM-Ost-Betrag dem Gläubiger in bar auszuzahlen oder zu überweisen. Dabei läßt der Senat die Frage dahingestellt, ob die besondere Lagerung der Umstände im Einzelfalle mit Rücksicht auf die auch im Vollstreckungsverfahren geltenden Grundsätze von Treu und Glauben es ausnahmsweise geboten erscheinen lassen können, einen günstigeren Umrechnungsfaktor, bestenfalls das Umrechnungsverhältnis 1:1 zuzulassen."

171. Das Devisenrecht der Sowjetzone ist im Bundesgebiet zu beachten; eine Zahlung unter Verletzung seiner Vorschriften wirkt nicht schuldbefreiend. — Den Wertunterschied zwischen DM-Ost und DM-West hat nicht der in der Sowjetzone wohnhafte Gläubiger allein zu vertreten; seine auf DM-Ost lautende Forderung hat vielmehr der im Bundesgebiet lebende Schuldner zum Nennbetrag in DM-West zu erfüllen. — Einem in der Sowjetzone wohnhaften Gläubiger ist das Armenrecht zu bewilligen, wenn er glaubhaft macht, im Bundesgebiet kein Vermögen zu haben.

LG Fulda, Beschl. v. 14. 8. 1956 — 2 T 29/56: *unveröff.

[1] Siehe oben Nr. 132.
[2] Siehe oben Nr. 166.
[3] Siehe oben Nr. 164.

Aus den Gründen:

„Durch den angefochtenen Beschluß wurde die Erinnerung des Gläubigers gegen die Weigerung des Gerichtsvollziehers, auf Grund des im entscheidenden Teil des Beschlusses bezeichneten ostzonalen Schuldtitels zum vollen Nennbetrag der Forderung in DM-West die Zwangsvollstreckung gegen den Schuldner durchzuführen, zurückgewiesen. Außerdem wurde dem Gläubiger das für die Zwangsvollstreckung nachgesuchte Armenrecht versagt.

Die sofortige Beschwerde des Gläubigers, die sich gegen die Zurückweisung seiner Erinnerung richtet, ist nach § 793 ZPO zulässig. Sie wurde insbesondere nach § 577 II ZPO rechtzeitig eingelegt. Sachlich ist sie auch begründet.

Entgegen der von dem AG vertretenen Auffassung kommt der auf Veranlassung des Schuldners durch einen Dritten bei dem Postamt in E. [sowjet.] am 11. 8. 1955 zugunsten des Gläubigers vorgenommenen Einzahlung von 130 DM-Ost keine schuldtilgende Wirkung nach § 362 BGB zu. Nach dem ostzonalen Ges. zur Regelung des innerdeutschen Zahlungsverkehrs vom 15. 12. 1950, das u. a. Bestimmungen über die Geldansprüche von Ostgläubigern gegen Westschuldner enthält, war für den Gläubiger ohne vorherige Zustimmung des Ministeriums für Finanzen die Annahme des für ihn eingezahlten Betrags verboten und sogar unter Strafe gestellt. Diese ostzonalen Devisenvorschriften sind auch, wie insbesondere das LG in Kassel in seinem Beschluß vom 19. 4. 1956 — 6 T 91/56 — mit überzeugender Begründung dargelegt, in der Bundesrepublik Deutschland zu beachten. Indem der hier wohnende Schuldner ohne vorherige Einholung der ostzonalen Devisengenehmigung 130 DM-Ost an den Gläubiger überweisen ließ, verstieß er gegen ein gesetzliches Verbot. Nach § 134 BGB war seine Zahlung als Rechtsgeschäft nichtig. Sie konnte ihn nicht von seiner Zahlungsverbindlichkeit gegenüber dem in der Ostzone wohnhaften Gläubiger befreien (so auch Beschluß des LG Hamburg vom 16. 2. 1956 — 9 T 355/55). Selbst wenn der Schuldner bereits dem Gerichtsvollzieher den Postschein über die Einzahlung vom 11. 8. 1955 vorgelegt hätte, durfte wegen der angeblichen Erfüllung der Zahlungsverbindlichkeit die Ausführung des von dem Gläubiger erteilten Vollstreckungsauftrags nicht nach § 775 Ziffer 5 i. V. m. § 795 ZPO abgelehnt werden.

Die dem Gläubiger nach wie vor in unverminderter Höhe zustehende vollstreckbare Rechtsanwaltsgebührenforderung auf Zahlung von 100DM-Ost nebst Kosten und Zinsen, die auf dem Vollstreckungsbefehl des Kreisgerichts in E. [sowjet.] vom 11. 1. 1955 beruht, kann der Schuldner nicht in entsprechender Anwendung des § 244 II BGB durch Zahlung des wertmäßig entsprechenden DM-West-Betrags, der nach den Kurswerten der Berliner Wechselstuben dem geschuldeten DM-Ost-Betrag entspricht, tilgen. Wie der BGH (NJW 1954, 1200[1]) mit zutreffender Begründung ausführt, würde eine solche Zahlungsweise nicht zur vollen Befriedigung des Gläubigers führen. Zu diesem Zweck müsse der West-

---

[1] Siehe unten Nr. 181.

schuldner regelmäßig den Nennbetrag der ostzonalen Schuld in DM-West für den Ostgläubiger auf dessen in der Westzone eingerichtetes Sperrkonto einzahlen. Zwar ist nicht zu verkennen, daß diese höchstrichterliche Entscheidung lediglich für den Bereich des Kostenfestsetzungsverfahrens auf Grund der Kostenentscheidung eines westdeutschen Gerichts ergangen ist. Jedoch muß der von dem BGH entwickelte Grundsatz aus Gründen der Gerechtigkeit auch auf den vorliegenden Fall Anwendung finden (vgl. Beschluß der 3. ZK vom 21. 6. 1956 — 2 T 57/56). Im wirtschaftlichen Ergebnis ist der Sachverhalt der gleiche. Der Umstand, daß der Gläubiger wegen seines ostzonalen Schuldtitels, der die Zahlung von Rechtsanwaltsgebühren in DM-Ost zum Gegenstand hat, vollstrecken will, rechtfertigt keine unterschiedliche Behandlung des in der Bundesrepublik wohnhaften Schuldners. Mit dem auch im Zwangsvollstreckungsrecht geltenden Grundsatz von Treu und Glauben ist es unvereinbar, dem Schuldner den Währungsgewinn zugute kommen zu lassen, während der Gläubiger nach den für ihn geltenden Währungsbestimmungen so gestellt wird, als ob das effektive Währungsverhältnis zwischen DM-West und DM-Ost 1:1 sei. Ein solcher Verstoß gegen Treu und Glauben ist im Verhältnis der Parteien um so mehr zu bejahen, als der Schuldner nach Erlaß des Vollstreckungsbefehls sich in seinem Schreiben vom 26. 5. 1955 zur Zahlung der Gebührenforderung des Gläubigers in DM-West ausdrücklich bereit erklärt hat. Es geht nicht an, den in der Ostzone wohnhaften Gläubiger mit dem Währungsverlust als einer Folge der dortigen Währungsgesetzgebung, die er nicht zu vertreten hat, zu belasten. Im Interesse der Gerechtigkeit müssen die formalrechtlichen Bedenken, die sich aus der Bemessung der vom Westschuldner auf Grund eines ostzonalen Schuldtitels zu erbringenden Geldleistung durch die Vollstreckungsorgane ergeben, zurückgestellt werden (so im Ergebnis der Beschluß des LG in Bielefeld vom 10. 6. 1955 — 3 T 361/55).

Deshalb war unter Aufhebung des angefochtenen Beschlusses der Gerichtsvollzieher anzuweisen, dem Auftrag des Gläubigers entsprechend die Zwangsvollstreckung zum vollen Nennbetrag der vollstreckbaren Forderung in DM-West gegen den Schuldner durchzuführen. Gleichzeitig war dem Gläubiger, der auch gegen die Versagung des Armenrechts nach § 127 ZPO Beschwerde eingelegt und glaubhaft gemacht hat, daß er in der Bundesrepuplik über kein Vermögen verfügt, das beantragte Armenrecht für die Zwangsvollstreckung zu bewilligen."

172. Aus dem Titel eines sowjetzonalen Gerichts kann im Bundesgebiet vollstreckt werden. — Aus einem auf DM-Ost lautenden Titel ist im Bundesgebiet zum Umrechnungskurs der Wechselstuben auch dann zu vollstrecken, wenn Gläubiger und Schuldner zur Zeit der Vollstreckung im Bundesgebiet wohnen. — „DM" im Titel eines sowjetzonalen Gerichts bedeuten DM-Ost.

OLG Hamm, Beschl. v. 7. 12. 1956 — 15 W 527/56: JMBlNRW 1957, 41; DAVorm. 30 (1957/58) 50; Auszug in DRsp. II (250) 37 a; Leitsätze in BB 1957, 195; ArchJugR 1957, 6 und 57.

Aus den Gründen:

„Der Senat hält an seiner in fortlaufender Rechtsprechung vertretenen Auffassung fest, daß aus Vollstreckungstiteln von Gerichten der Sowjetzone in der Bundesrepublik vollstreckt werden kann, daß jedoch in entsprechender Anwendung des § 244 II BGB die Umrechnung des DM-Ost-Betrages des Vollstreckungstitels in DM-West nach dem Wechselstubenkurs zu erfolgen hat (Beschluß vom 28. 10. 1954, JMBlNRW 1955, 39[1], vom 28. 10. 1954, NJW 1955, 67[2] und vom 25. 3. 1955, Rpfl. 1956, 251[3]). Die Umrechnung zum Wechselstubenkurs wird auch nicht dadurch entbehrlich, daß Gläubiger und Schuldner nunmehr in der Bundesrepublik leben. Dies hat nur zur Folge, daß die devisenrechtlichen Beschränkungen entfallen, insbesondere die sonst gemäß Art. I MilRegGes. Nr. 53 i. V. m. Art. I (1) b der 3. DVO hierzu erforderliche Genehmigung entbehrlich ist (so auch LG Bremen, Rpfl. 1954, 254[4] mit zust. Anm. von *Berner*; *Stein-Jonas*, ZPO[18] Vorbem. X 2 a vor § 704). Die Zwangsvollstreckung hat sich streng nach dem ihr zugrunde liegenden Titel zu richten. Ein Abgehen von seinem Inhalt ist unstatthaft. Der Vollstreckungstitel geht hier aber, weil er zu einer Zeit, als beide Parteien noch in der Sowjetzone lebten, im dortigen Währungsgebiet erlassen ist — auch wenn darin schlechthin von DM die Rede ist — auf DM-Ost. Von diesem Inhalt des Vollstreckungstitels abzuweichen und den Pfändungs- und Überweisungsbeschluß in vollem Umfang auf DM-West zu stellen, war dem Vollstrekkungsgericht nicht gestattet. “

173. § 244 BGB ist im interzonalen Recht entsprechend anzuwenden. — Aus einem auf DM-Ost lautenden Titel ist im Bundesgebiet zum Umrechnungskurs der Wechselstuben auch dann zu vollstrecken, wenn dem Vollstreckungstitel ein Unterhaltsanspruch zugrunde liegt.

OLG Düsseldorf, Beschl. v. 17. 12. 1956 — 3 W 350/56: JMBl NRW 1957, 40; Rpfl. 1957, 258 (zust. *Berner*); MDR 1957, 225; Leitsätze in DAVorm. 30 (1957/58) 50; ArchJugR 1957, 6 und 57; Archiv-Bericht 1957, 82; DRiZ 1958 B 12 Nr. 162 und BB 1957, 195.

Auf Grund eines vor einem sowjetzonalen Gericht geschlossenen Vergleichs ist der Schuldner verpflichtet, an den Gläubiger, sein ersteheliches Kind, monatlich 60 DM-Ost zu zahlen. Nach Abschluß des Vergleichs ist er in die Bundesrepublik übergesiedelt. Der Gläubiger hat wegen des rückständigen und laufenden Unterhalts die Pfändung und Überweisung des Arbeitseinkommens des Schuldners beantragt. Das AG hat einen entsprechenden Beschluß erlassen, jedoch mit der Maßgabe, daß die Umrechnung der in DM-Ost geschuldeten Beträge in DM-West nach dem jeweiligen Wechselstubenkurs zu erfolgen habe. Der Gläubiger erstrebt die Abänderung dieser Anordnung dahin, daß die Umrechnung zum vollen Nennwert in DM-West zu erfolgen habe. Die Vorinstanzen haben die entsprechende Eingabe des Gläubigers als sofortige Hilfsbeschwerde behandelt, der das LG auch stattgegeben hat. Auf die sofortige weitere Beschwerde des Schuldners hat das OLG in Abänderung des Beschlusses des LG die Beschwerde des Gläubigers gegen den Pfändungs- und Überweisungsbeschluß des AG zurückgewiesen.

---

[1] Siehe oben Nr. 163.
[2] Siehe oben Nr. 162.
[3] Siehe oben Nr. 165.
[4] Siehe oben Nr. 159.

Aus den Gründen:

„In der Sache selbst vermag der Senat der Ansicht des LG nicht zu folgen. Er ist vielmehr in Übereinstimmung mit der überwiegenden Meinung der Auffassung, daß aus Schuldtiteln, die auf DM-Ost lauten, in der Bundesrepublik in DM-West nur nach dem jeweiligen Wechselstubenkurs der DM-Ost vollstreckt werden kann, und zwar auch dann, wenn es sich um einen Unterhaltstitel handelt (vgl. aus jüngerer Zeit besonders OLG Celle, NdsRpfl. 1955, 168[1]; OLG Hamm JMBlNRW 1955, 39[2] und Rpfl. 1956, 251[3]; LG Marburg, MDR 1956, 552[4]; LG Verden, MDR 1956, 44[5]; LG Bremen, MDR 1955, 547[6]; LG Frankenthal, MDR 1955, 230[7] sowie *Berner*, Rpfl. 1955, 192 und 1956, 253, jeweils mit weiteren Hinweisen). Vor allem die eingehenden Begründungen der OLG Celle und Hamm in den erwähnten Entscheidungen hält der Senat für überzeugend. Ihnen schließt er sich daher in vollem Umfange an. Demgegenüber können die Bedenken, die das LG gegen die entsprechende Anwendung des § 244 II BGB anführt, nicht durchschlagen. Die Nichtanwendung dieser Vorschrift würde dazu führen müssen, daß eine Vollstreckung überhaupt nicht möglich wäre. Die Vollstreckungsorgane haben lediglich die Aufgabe, den durch einen Titel festgestellten Anspruch zu vollstrecken. Entsprechend dem allgemeinen Grundsatz, daß eine Vollstreckung nur dann möglich ist, wenn der Anspruch in dem Titel eindeutig bestimmt ist, kann aus einem Zahlungstitel, der nicht auf das in der Bundesrepublik allein geltende gesetzliche Zahlungsmittel DM-West lautet, nur vollstreckt werden, wenn ein eindeutig bestimmter, klar erkennbarer und allgemein geltender Umrechnungskurs vorhanden ist. Das ist für die DM-Ost ausschließlich der Wechselstubenkurs, der in der Bundesrepublik als legal anerkannt wird. Ein anderer Kurs, der die erwähnten Voraussetzungen erfüllt, besteht nicht. Insbesondere scheidet der sogenannte Warenkorbvergleich, der es entscheidend auf die innere Kaufkraft der beiden Währungen abstellt und auf dessen Anwendung im Ergebnis der angefochtene Beschluß hinausläuft, als ein solcher aus. Der Hinweis des LG, daß zur Erfüllung des notwendigen Lebensbedarfs eines Unterhaltsgläubigers in beiden Währungsgebieten etwa die gleichen Nennbeträge aufzuwenden seien, gilt eben allenfalls nur ‚in etwa'. Es wäre schon eine genaue Untersuchung des tatsächlichen Verhältnisses der inneren Kaufkraft der beiden Währungen zueinander unter Berücksichtigung der jeweiligen besonderen Verhältnisse des Unterhaltsgläubigers erforderlich, um feststellen zu können, welche DM-West-Beträge den DM-Ost-Beträgen, die dem Gläubiger nach dem Titel zur Bestreitung seines Unterhalts zuerkannt sind, entsprechen. Unter diesen Umständen kann aber von einer klaren und bestimmten Umrechnungsmöglichkeit, die für alle Fälle einen einheitlichen Maßstab abgeben könnte, keine Rede sein (vgl. OLG Celle aaO). Ein solcher Vergleich mag in dem Erkenntnisverfahren, in dem es um die Festsetzung

---

[1] Siehe oben Nr. 166.
[2] Siehe oben Nr. 163.
[3] Siehe oben Nr. 165.
[4] Siehe oben Nr. 139.
[5] Siehe oben Nr. 167.
[6] Siehe oben Nr. 132.
[7] Siehe oben Nr. 26.

der Höhe des Unterhalts geht, in Fällen der vorliegenden Art angebracht sein und wird auch in steigendem Maße in der Praxis der Gerichte vorgenommen. Im Zwangsvollstreckungsverfahren ist aber für ein derartiges Vorgehen kein Raum (vgl. OLG Hamm und OLG Celle aaO).

Der Senat verkennt ebenso wie die erwähnten anderen Gerichte nicht, daß diese Ansicht besonders dann eine Härte für den in der sowjet. Besatzungszone wohnenden Gläubiger bedeutet, wenn er wie hier an einem sogenannten Unterhaltsclearing beteiligt wird, weil er dann tatsächlich nur den nach dem Wechselstubenkurs umgerechneten DM-West-Betrag im Verhältnis 1:1 in DM-Ost, also einen geringen Bruchteil seiner Unterhaltsforderung erhält. Dies beruht aber ausschließlich darauf, daß die sowjetzonalen Behörden auf dem Umrechnungsverhältnis 1 DM-Ost = 1 DM-West bestehen, obwohl es den tatsächlichen Verhältnissen nicht gerecht wird (OLG Hamm, JMBl NRW 1955, 39[1]). Jedenfalls sieht der Senat keine Möglichkeit, im Zwangsvollstreckungsverfahren zu einem Ausgleich dieser Härte zu gelangen. Dies ist allenfalls auf dem Wege einer neuen Klage (nach § 323 ZPO) bei dem für den Schuldner zuständigen Gericht möglich; das Rechtsschutzbedürfnis für eine solche Klage wird von den westdeutschen Gerichten, wenn auch nicht einhellig, so doch weitgehend bejaht. Insbesondere erscheint es auch nicht angängig, im Hinblick darauf, daß auch im Zwangsvollstreckungsverfahren an sich der Grundsatz von Treu und Glauben herrscht, zu einer Vollstreckung im Verhältnis 1:1 zu kommen, wie das OLG Köln für den laufenden Unterhalt entschieden hat (Rpfl. 1955, 192[2]). Es kann dahingestellt bleiben ob es im Einzelfalle wegen der besonderen Lage der Umstände ausnahmsweise als rechtsmißbräuchlich angesehen werden kann, wenn der Schuldner die Vollstreckung aus einem DM-Ost-Unterhaltstitel nur zu dem Umrechnungsverhältnis des Wechselstubenkurses gelten lassen will. Im allgemeinen kann jedenfalls nicht ohne weiteres gesagt werden, daß ein solcher Schuldner unlauter handele. Wie *Berner* in der Anmerkung zu der erwähnten Entscheidung des OLG Köln mit Recht hervorhebt, sind verschiedene Gründe für diese Haltung des Schuldners denkbar. Vor allem erscheint die Erwägung von Bedeutung, daß der Gläubiger nach dem Titel grundsätzlich nur einen auf DM-Ost lautenden Anspruch hat und daher von dem Schuldner auch nicht mehr verlangen kann als dann, wenn dieser in der Lage wäre, den geschuldeten DM-Ost-Betrag dem Gläubiger in bar auszuzahlen oder zu überweisen (vgl. OLG Frankfurt a. M., MDR 1956, 420[3]).

174. Das Urteil eines Gerichts in der Sowjetzone ist kein ausländisches Urteil und kann daher grundsätzlich im Bundesgebiet vollstreckt werden. — Die Vollstreckung eines auf DM-Ost lautenden Urteils erfolgt in der Regel in entsprechender Anwendung des § 244 BGB zum Wechselstubenkurs. — Der Unterhaltsanspruch eines ehelichen Kindes entsteht in der

[1] Siehe oben Nr. 163.
[2] Siehe oben Nr. 164.
[3] Siehe oben Nr. 170.

Währung des Gebiets, in dem das Kind seinen Wohnsitz hat. — Die Vollstreckung eines auf DM-Ost lautenden Unterhaltstitels erfolgt im Verhältnis 1:1.

LG Bamberg, Beschl. v. 29. 12. 1956 — 1 T 82/56: NJW 1957, 676 (abl. *Heinemann* S. 1112); Leitsätze in Archiv-Bericht 1957, 61 und 82.

Aus den Gründen:

„Ein Urteil der Ostzone gilt nach dem Prozeßrecht in Westdeutschland nicht als ausländisches Urteil. Es kann daher grundsätzlich hier vollstreckt werden, soweit es nicht gegen das GG oder ein sonstiges Verbotsgesetz verstößt (vgl. *Baumbach-Lauterbach*, ZPO[23] Anm. 1 zu § 328). Beide Zonen haben jedoch eine verschiedene gesetzliche Währung. In der Regel wird deshalb die Umrechnung eines auf DM-Ost lautenden Urteils in DM-West in analoger Anwendung des § 244 II BGB zu erfolgen haben; also nach dem jeweiligen Kurswert. Dies kann ausnahmslos aber nur für eine Geldsummenschuld oder Betragsschuld gelten, deren Leistungswert von der Höhe einer Geldsumme bestimmt wird. Im Gegensatz hierzu steht eine Wertschuld. Hierbei wird nicht ein im voraus bestimmter Nennbetrag, sondern eine anderweit zu ermittelnde Geldsumme geschuldet; sie ist zwar in Geld zu erfüllen, also Geldschuld, ihren Wert aber bestimmen andere Faktoren als das Währungsgeld (vgl. *Palandt*, BGB[15] Anm. 2 zu §§ 244 und 245).

Das der Zwangsvollstreckung aus dem Pfändungs- und Überweisungsbeschluß zugrunde liegende Urteil beruht hier auf Unterhaltsforderungen, die der Schuldner seinem ehelichen Kind nach der Ehescheidung zu gewähren hat (§ 71 EheG). Im einzelnen regelt sich die Unterhaltspflicht weiter nach §§ 1601 ff. BGB, wie es für eine nicht getrennt lebende Familie bestimmt ist. Den Sinn und Zweck der gesetzlichen Unterhaltspflicht umreißt § 1610 BGB. Hiernach umfaßt der Unterhalt den gesamten Lebensbedarf des Unterhaltsberechtigten. Es gehören dazu der Ankauf von Nahrungsmitteln und Bekleidung sowie alle Kosten, die mit der Erziehung und Bildung eines Kindes zusammenhängen. Für das Maß des zu gewährenden Unterhalts bestimmt § 1610 I lediglich, daß standesgemäßer Unterhalt zu gewähren ist. Der Gesetzgeber hat also bewußt keine bestimmten Summen — auch nicht in verschiedenen Abstufungen — für die Erfüllung der Unterhaltspflichten festgesetzt, sondern den Gerichten freien Spielraum gelassen, Einzelregelungen zu treffen, die der Lebensstellung der Eltern und damit der Kinder gerecht werden. Gewöhnlich erschöpft sich auch die Unterhaltspflicht der Eltern gegenüber Kindern darin, daß sie ihnen Naturalien verabreichen und kraft ihrer Lebensstellung alle anderen Werte des menschlichen Daseins erschließen. Die Leistung von Bargeld ist zumindest bei ehelichen Kindern lediglich ein Unterhaltsersatz (vgl. LG Bochum, MDR 1952, 622[1]) für Fälle, in denen die Lebensgemeinschaft zwischen Unterhaltsverpflichteten und Berechtigten gesprengt ist. Daraus geht hervor, daß die Unterhaltsrente keine Geldsummenschuld, sondern eine Wertschuld ist (vgl. auch *Wälde*, NJW 1951, 213 ff.). Typische Wertschulden sind

[1] IzRspr. 1945—1953 Nr. 282.

auch Schadensersatzansprüche (vgl. *Palandt* [BGB][15] Anm. 2 zu §§ 244 und 245). Für Schadensersatzansprüche in Form einer Rente hat aber der BGH (NJW 1954, 1441[1]) ausgeführt, daß sie nicht zu solchen Ansprüchen gehören, die von vornherein auf eine bestimmte Währung lauten; in der Regel sei vielmehr anzunehmen, daß das Urteil auf Zahlung in der heimischen Währung zu ergehen habe. Fehle es aber der Sache nach an einer auf DM-Ost lautenden spezifischen Fremdwährungsschuld, so sei für die Anwendung des § 244 BGB kein Raum.

Nur diese grundsätzliche Erkenntnis ist es aber, die für die hier zu treffende Entscheidung richtungweisend angewandt wird. Es schadet daher nicht, daß der Sachverhalt dort ein anderer war als hier. Auch haben die anderen Gerichte, deren Entscheidung das AG zur Unterstützung seiner Ansicht herangezogen hat, es unterlassen, auf diesen entscheidenden Gesichtspunkt einzugehen, und letztlich lagen auch ihnen jeweils andere sachliche Verhältnisse zugrunde, die eine gerechte Entscheidung verlangten.

Die im Erkenntnisverfahren ergangene Entscheidung des BGH berechtigte allerdings den Senat an gleicher Stelle fortzufahren: ‚Es kommt nicht in Betracht, daß eine in DM-Ost ausgedrückte Geldschuld des Bekl. in DM-West umzurechnen wäre; vielmehr geht es nur darum, die von vornherein in DM-West bestehende Schadensersatzpflicht des Bekl. zu bestimmen.' Die Kammer verkennt nicht, daß im vorliegenden Falle das Kreisgericht in der Ostzone zweifellos formell die Geldschuld des Beschwerdegegners im Vollstreckungsurteil in DM-Ost ausgedrückt hat. Gleichwohl ist auch hier von der Anwendung des § 244 BGB abzusehen.

Unstreitig ist, daß die Beschwerdeführerin seit ihrer Unterhaltsberechtigung ihren dauernden Aufenthalt in Westdeutschland hat. Sie muß DM-West aufwenden, um ihre tatsächlichen Lebensbedürfnisse zu befriedigen. Folglich sind ihre Unterhaltsansprüche in der Währung erwachsen, in deren Gebiet sie ihren Wohnsitz hat, also in DM-West (vgl. auch *Raape*, IPR[3] 344 und *Palandt*, Vorbem. 14 g, cc vor Art. 7 EGBGB). Da auch die Einkünfte und Ausgaben sowie der ganze Lebensstandard des Schuldners nunmehr auf der Währung der Bundesrepublik beruht, gilt für beide Parteien dasselbe Währungsstatut.

Desgleichen ist das Schuldstatut, das sich in der Regel nach dem Wohnsitz des Schuldners richtet, in Westdeutschland belegen. Daran kann der kurze Aufenthalt des Schuldners in der Ostzone ohne Wohnsitzgründung — wie er selbst unter Beweis gestellt hat — und ohne den es ohnehin zu einer Verurteilung an einem westdeutschen Gericht gekommen wäre, nichts ändern. Im Zweifel entscheidet der Schwerpunkt des Schuldverhältnisses, und dieser befand und befindet sich, wie bereits näher dargelegt, in Westdeutschland. Außerdem liegen Gesichtspunkte nahe, auf die es hier nicht mehr anzukommen hat, daß bei Rentenzahlungen das Schuldstatut durch den Wohnsitz des Gläubigers bestimmt wird. Letztlich beruht auch das Familienstatut der Parteien gemäß § 19 BGB [wohl: Art. 19 EGBGB] auf westdeutscher Gesetzgebung; denn der

[1] Siehe oben Nr. 120.

Schuldner hat nicht behauptet, daß er im Besitz einer anderen Staatsbürgerschaft als der Bundesrepublik wäre.

Da alle Statuten der Sache nach in Westdeutschland belegen sind, kann der in der Rechtsprechung bestehende Streit darüber, ob zunächst das Währungsstatut oder Schuldstatut und ob das Währungsrecht nach den Bestimmungen des internat. Privatrechts zu ermitteln sei, dahingestellt bleiben. Vielmehr hat es bei Wertschulden in erster Linie darauf anzukommen, daß der Unterhaltsschuldner dem Gläubiger die Geldmittel bietet, die seinen Lebensbedarf sichern. Eine Umstellung[1] nach dem Wechselstubenkurs, der zwischen dem Verhältnis 1:4 bis 1:6 schwankt, würde diese Lebensforderung nicht gewährleisten. Auch bei einer Umstellung von 1:4 würde der Lebensstandard der Beschwerdeführerin nicht annähernd den ihres gleichfalls in Westdeutschland lebenden Vaters erreichen, und zwar selbst dann nicht, wenn man den von der Mutter der Beschwerdeführerin zu leistenden Unterhaltsanteil hinzurechnet. Bei einer Umstellung[1] von 1:1 ist dagegen das Ergebnis in dieser Hinsicht tragbarer. Wie die Genehmigung der zuständigen Bankbehörde beweist, bestehen hiergegen auch keine devisenrechtlichen Bedenken. Außerdem ist der Wechselstubenkurs kein amtlicher Kurs. Er bestimmt sich nach Angebot und Nachfrage im außergeschäftlichen Geldverkehr der beiden Zonen (vgl. LG Hannover, NJW 1951, 240[2]).

Die Umstellung[1] nach dem Wechselstubenkurs würde eine Entwertung des Urteils bedeuten, für das die Gläubigerin auch keinen Ersatz zu erlangen vermag, da ihr bei erneuter Klageerhebung die Einrede des mangelnden Rechtsschutzbedürfnisses entgegenstünde. Es ist auch viel wahrscheinlicher, daß der Schuldner — im Gegensatz zur Gläubigerin —, dessen Arbeits- und Wohnsitzverhältnisse häufigem Wechsel unterlagen, eher in der Lage sein wird, die Voraussetzungen für eine Abänderungsklage gemäß § 323 ZPO nachzuweisen. Dies ist der Weg, auf dem der Schuldner eventuell eine Anpassung seiner Zahlungsverpflichtungen an seinen derzeitigen Lebensstandard und an das Kaufkraftverhältnis der DM-Ost zur DM-West erreichen kann. Im Zwangsvollstreckungsverfahren sind dagegen Maßnahmen, wie z. B. die Ermittlung des sogenannten Warenkorbvergleichs auf Grund Sachverständigengutachtens nicht angezeigt. Es würde auch außerhalb der funktionellen Zuständigkeit des Beschwerdegerichts liegen, die Unterhaltsleistungen darauf zu prüfen, ob sie dem standesgemäßen Unterhalt der Bedürftigen entsprechen, da das zugrunde liegende Urteil im Versäumnisverfahren ergangen ist und daselbst eine Prüfung in dieser Richtung nicht erfolgt ist. Wollte man übrigens dem Antrag des Schuldners stattgeben, so würde dieser Beschluß möglicherweise für die Unterhaltsverpflichteten der West-Zone, die sich vorsätzlich ihren vollen Zahlungsverpflichtungen entziehen wollen, einen Anreiz bieten, sich für die Dauer eines Unterhaltsprozesses in der Ost-Zone niederzulassen, um dann nach der Rückkehr die im Urteil ausgesprochene Leistungsverpflichtung langjährig durch die Umstellung

[1] Das Gericht meint nach dem Zusammenhang offenbar: die Umrechnung des Titels bei der Vollstreckung.

[2] Siehe IzRspr. 1945—1953 Nr. 257a.

zu umgehen. Eine Rechtsprechung, die solche Möglichkeiten eröffnet, wäre aber bedenklich."

175. Vollstreckt der in der Sowjetzone wohnhafte Gläubiger aus einem auf DM-Ost lautenden Titel eines sowjetzonalen Gerichts, so ist bei der Vollstreckung das sowjetzonale Devisenrecht zu beachten. — § 244 BGB ist im interzonalen Recht nicht entsprechend anwendbar. — Nach Treu und Glauben ist der auf DM-Ost lautende Titel eines Gläubigers in der Sowjetzone grundsätzlich in DM-West zum Nennbetrage zu vollstrecken. — Urteile ostzonaler Gerichte sind im Bundesgebiet als Entscheidungen deutscher Gerichte anzuerkennen, falls sie nicht gegen den westdeutschen ordre public verstoßen oder unter Verletzung rechtsstaatlicher Verfahrensgrundsätze zustande gekommen sind.

OLG Karlsruhe, 4. ZS Freiburg, Beschl. v. 19. 8. 1957 — 4 W 80/56: *Rpfl. 1958, 91 (abl. *Berner*); NJW 1957, 1603 (abl. *Brunn*, NJW 1958, 754); AZGB Nr. 196 no. 914; Auszug in DRsp. II (250) 36 d; Leitsätze in DRiZ 1958 B 11 Nr. 144; Archiv-Bericht 1957, 134 und 1958, 94.

Die Parteien streiten im Offenbarungseidverfahren darüber, ob die westdeutsche Schuldnerin die durch Urteil des Bezirksgerichts E. (sowjet.) vom 8. 2. 1955 festgestellte Forderung des ostzonalen Gläubigers auf Zahlung von 170,39 DM-Ost Anwaltsgebühren nebst Zinsen durch Zahlung des zum Wechselstubenkurs umgerechneten Betrags von 48,86 DM-West auf ein westdeutsches Sperrkonto des Gläubigers getilgt hat. Das AG hat dies in sinngemäßer Anwendung des § 244 BGB bejaht und den Antrag des Gläubigers auf Fortsetzung des Offenbarungseidverfahrens zurückgewiesen. Das LG hat die sofortige Beschwerde des Gläubigers zurückgewiesen, da die Zwangsvollstreckung mangels Vorliegens der erforderlichen Devisengenehmigung unzulässig sei. Das OLG hat der weiteren sofortigen Beschwerde des Gläubigers, mit der die Devisengenehmigung der Landeszentralbank nachgereicht wurde, stattgegeben.

Aus den Gründen:

„II. Der ostzonale Gläubiger darf nach den für ihn maßgeblichen Devisenbestimmungen (§ 8 des Ges. vom 15. 12. 1950 zur Regelung des innerdeutschen Zahlungsverkehrs, GBl 1202, i. V. m. § 11 der 2. DB vom 1. 10. 1951, GBl 897), abgesehen von hier nicht in Betracht kommenden Ausnahmen, vom westdeutschen Schuldner nicht DM-Ost zur Tilgung einer DM-Ost-Forderung entgegennehmen. Die Erfüllung einer derartigen West-Ost-Verbindlichkeit ist vielmehr auf einem für beide Teile legalen Wege nur in der Form möglich, daß der Schuldner nach Erteilung der hierzu erforderlichen Devisengenehmigung (vgl. *Baumbach-Lauterbach*, [ZPO][23] Schlußanhang IV 2 b) auf ein westdeutsches Sperrkonto DM-West einzahlt, die dem Gläubiger, sofern er nicht ausnahmsweise zur Abhebung ermächtigt wird, im Verrechnungswege von den ostzonalen Stellen zum Nennbetrag in DM-Ost vergütet werden. Es fragt sich demnach, ob der westdeutsche Schuldner, der für den legalen Erwerb der geschuldeten DM-Ost in einer Wechselstube der Bundesrepublik nur etwa $^1/_4$ des Nennbetrags in DM-West aufwenden müßte, im Hinblick auf die für den Gläubiger maßgeblichen Bestimmungen der sowjet. Besatzungszone gehalten ist, den Nennbetrag seiner Ost-Mark-Verbindlichkeiten in DM-West auf das Sperrkonto einzuzahlen, oder ob er seiner Verpflichtung — entsprechend § 244 BGB — schon durch Leistung des zum Ankauf der geschuldeten DM-Ost zum Wechselstubenkurs erforderlichen DM-West-Betrages genügt.

Im Schrifttum und in der Rechtsprechung der OLG wird fast einhellig das letztere angenommen (*Baumbach-Lauterbach* [aaO], Grundzüge § 704 ZPO 4 A f; *Stein-Jonas-Schönke*, Anm. X vor § 704 ZPO; *Rosenberg*, [Lehrbuch des Zivilprozeßrechts][7] 895; *Palandt*, § 244 BGB Anm. 4 d; *Kühne*, NJW 1950, 731; *Wälde*, NJW 1951, 213; OLG Hamm, NJW 1955, 68[1] und Rpfl. 1956, 251[2]; OLG Koblenz, NJW 1956, 383[3]; OLG Frankfurt, MDR 1956, 420 = Rpfl. 1956, 252[4] mit zustimmender Anm. von *Berner* unter Angabe weiterer Entscheidungen; OLG Köln, Rpfl. 1955, 192[5] mit der Beschränkung auf Unterhaltsrückstände, während für den laufenden Unterhalt die Umrechnung 1:1 erfolgen soll). Der Gläubiger habe nur Anspruch auf DM-Ost und könne nicht mehr verlangen, als wenn Zahlung in Ostmark zulässig wäre (OLG Frankfurt aaO). Schwierigkeiten, die sich aus den Bestimmungen der sowjet. Besatzungszone ergäben und zu Härten für den Gläubiger führten, könnten nicht zu Lasten eines in der Bundesrepublik befindlichen Schuldners gehen (OLG Hamm, NJW 1955, 68[6]). Auch sei die in der Entscheidung des BGH, NJW 1954, 1441[7] zur urteilsmäßigen Feststellung von Schadenersatz oder Unterhaltsansprüchen angewandte sogenannte ‚Warenkorb-Lösung' im Zwangsvollstreckungsverfahren nicht mehr zulässig, da es dem Wesen dieses Verfahrens widerspreche, dem Gerichtsvollzieher die Bestimmung der Höhe der beizutreibenden Forderung zu überlassen (OLG Hamm, NJW 1955, 68[8] und Rpfl. 1956, 251[9]).

Der Senat kann dem nicht beipflichten. Für eine entsprechende Anwendung des § 244 BGB ist hier kein Raum. Diese Vorschrift beruht auf dem Gedanken der Gleichwertigkeit zwischen der geschuldeten, fremden und der zur Schuldtilgung verwandten, inländischen Währung. Der Gläubiger darf durch die Zahlung in Inlandswährung keine Einbuße erleiden, sondern soll denselben Vermögenswert erhalten wie bei Zahlung in fremder Währung (RGZ 101, 313). Mit Recht hat daher der BGH für den Bereich des Kostenfestsetzungsverfahrens ausgesprochen, der westdeutsche Schuldner müsse, weil der ostzonale Gläubiger andernfalls nur einen Bruchteil der ihm in DM-Ost erwachsenen Anwaltskosten erhalte, aus Gründen der Gerechtigkeit den Nennbetrag der Kostenforderung in DM-West bis zur Höhe des Betrags erstatten, der für die Gebührenschuld nach den in der Bundesrepublik geltenden Vorschriften entstanden wäre (BGH, NJW 1954, 1200[10]).

In der Tat ist die hier zu entscheidende Frage nach der Umrechnung der beiden Währungen nur nach den Grundsätzen von Treu und Glauben zu lösen, die auch für das Vollstreckungsverfahren gelten (*Stein-Jonas-*

---

[1] Siehe oben Nr. 162.
[2] Siehe oben Nr. 165.
[3] Siehe oben Nr. 169.
[4] Siehe oben Nr. 170.
[5] Siehe oben Nr. 164.
[6] Siehe oben Nr. 162.
[7] Siehe oben Nr. 120.
[8] Siehe oben Nr. 162.
[9] Siehe oben Nr. 165.
[10] Siehe unten Nr. 181.

Schönke, II 7 vor § 704 ZPO). Danach wird dem westdeutschen Schuldner in der Regel zuzumuten sein, zwecks vollständiger Befriedigung des ostzonalen Gläubigers den Nennbetrag in DM-West zu zahlen und damit auf die Vorteile, die ihm aus der niedrigen Bewertung der DM-Ost im freien Zahlungsverkehr der Bundesrepublik erwachsen, jedenfalls insoweit zu verzichten, als ihm dadurch keine höheren Lasten entstehen würden als aus einer gleichartigen Verbindlichkeit gegenüber einem westdeutschen Gläubiger. Das muß auch gelten, weil der ostdeutsche Gläubiger, der seine Rechte vor einem westdeutschen Gericht geltend macht, ebenfalls im allgemeinen Zahlung in DM-West 1:1 oder doch in einem annähernd gleichen Verhältnis beanspruchen kann (BGH, NJW 1954, 1200[1]; BGHZ 14, 212[2]). Er kann aber nicht schlechter gestellt werden, wenn er aus einem Titel vollstreckt, den er vor einem Gericht der sowjet. Besatzungszone erwirkt hat. Denn Urteile ostzonaler Gerichte sind in der Bundesrepublik als Entscheidungen deutscher Gerichte anzuerkennen (BGHZ 20, 323 = JZ 1956, 496[3]; a. M. OLG Stuttgart, JZ 1957, 496[4] mit abl. Anm. von *Beitzke*). Eine unterschiedliche Behandlung gleichartiger Ansprüche je nachdem, ob sie von Gerichten der Bundesrepublik oder der sowjet. Besatzungszone festgestellt werden, erscheint daher nicht angängig.

Unbillige Ergebnisse für den Schuldner auf Grund der nicht von den rechtsstaatlichen Grundsätzen westlicher Demokratien getragenen Gesetzgebung und Rechtsprechung der sowjet. Besatzungszone sind schon deshalb kaum zu befürchten, weil Urteile der Gerichte der sowjet. Besatzungszone in der Bundesrepublik nicht anerkannt werden, wenn sie gegen den ordre public verstoßen oder wenn in dem Verfahren, das ihnen zugrunde liegt, rechtsstaatliche Verfahrensgrundsätze nicht angewandt worden sind (vgl. BGHZ 20, 323 = JZ 1956, 496[5]). Im übrigen ermöglichen die Vorschriften des § 765a ZPO (vgl. *Baumbach*, § 765a 2 C) und des § 88 BVG einen weitgehenden Schutz des Schuldners. Sofern diese Bestimmungen jedoch nicht ausreichen sollten, wäre es Sache des Gesetzgebers, in ähnlicher Weise wie durch das Berliner Ges. über die Vollstreckung von Entscheidungen auswärtiger Gerichte vom 31. 5. 1950 (VOBl 151) Abhilfe zu schaffen. Daß die andersartigen Währungsbestimmungen der sowjet. Besatzungszone zu einer unzumutbaren Belastung des westdeutschen Schuldners führen könnten, ist schon deshalb kaum zu erwarten, weil die Vollstreckung seitens des ostzonalen Gläubigers der Devisengenehmigung bedarf.

Auch die Bedenken des OLG Hamm (aaO), daß sich aus einer Umrechnung nach den in BGHZ 14, 221[6] aufgestellten Grundsätzen Schwierigkeiten ergeben würden, die im Zwangsvollstreckungsverfahren nicht zu lösen seien, können nicht durchgreifen. Im Vollstreckungsverfahren wird in der Regel im Verhältnis 1:1 umzurechnen sein. Soweit nach den oben erwähnten Grundsätzen anders zu verfahren wäre, würden darüber auf die Erinnerung des Schuldners die Gerichte zu entscheiden haben.

---

[1] Siehe unten Nr. 181.
[2] Siehe oben Nr. 120.
[3] Siehe unten Nr. 322.
[4] Gemeint ist offenbar unten Nr. 353.
[5] Siehe unten Nr. 322.
[6] Siehe oben Nr. 120.

Im vorliegenden Falle besteht kein Anlaß, die Forderung des Gläubigers anders als im Verhältnis 1:1 umzurechnen, da die hier geforderten Anwaltsgebühren der sowjet. Besatzungszone den vor der Gebühren-Erhöhung des Ges. vom 7. 8. 1952 (BGBl I 401) in der Bundesrepublik geltenden Sätzen entsprechen. Die angefochtenen Entscheidungen waren daher aufzuheben.“

176. Ist der im Bundesgebiet wohnhafte Schuldner zur Zahlung von DM-West auf ein westdeutsches Sperrkonto seiner in der Sowjetzone wohnhaften Gläubiger verurteilt, so ist es eine andere Leistung, wenn er Zahlung inD M-Ost in der Sowjetzone anbietet. — Die Gläubiger haben ein Rechtsschutzinteresse an der Vollstreckung des Titels, wenn sie die in der Sowjetzone angebotene Zahlung von DM-Ost abgelehnt haben.

OLG Hamm, Beschl. v. 26. 9. 1957 — 15 W 465/57: Rpfl. 1958, 280 (zust. *Berner*).

Der in der Bundesrepublik wohnhafte Schuldner ist der eheliche Vater der beiden minderjährigen Gläubiger, die sich in der Sowjetzone aufhalten; das AG E. (Bundesgebiet) hat ihn im Jahre 1953 verurteilt, jedem Gläubiger monatlich 40 DM-West zu zahlen, und zwar durch Einzahlung auf ein Sperrkonto. Die Gläubiger vollstrecken wegen der Unterhaltsbeiträge für die Monate Februar bis April 1957 und verlangen die Leistung des Offenbarungseides. Der Schuldner bestreitet ein Rechtsschutzbedürfnis; er habe die Deutsche Notenbank in B. (sowjet.) beauftragt, von einem mit Genehmigung der zuständigen sowjetzonalen Stelle auf seinen Namen errichteten Ostmarkkonto den monatlichen Unterhalt in Ostwährung zu seinen Lasten an die Gläubiger auszuzahlen. Diese hätten jedoch die Annahme verweigert. Solange dies der Fall sei, sei er zur Leistung des Offenbarungseides nicht verpflichtet.

Das AG erklärte die Zwangsvollstreckung für unzulässig. Auf die sofortige Beschwerde der Gläubiger hob das LG den Beschluß des AG auf und wies die Einwendung des Schuldners zurück. Die sofortige weitere Beschwerde des Schuldners hatte keinen Erfolg.

Aus den Gründen:

„Der Senat stimmt den Darlegungen des LG bei. Mit Recht bejaht es ein Rechtsschutzinteresse der Gläubiger im vorliegenden Verfahren. Zwar hat das Vollstreckungsgericht wie in jedem Verfahren so auch im Offenbarungseidverfahren das Begehren des Gläubigers zurückzuweisen, wenn ihm das Rechtsschutzinteresse fehlt, etwa wenn er über die vermögensrechtliche Lage des Schuldners bereits genau unterrichtet ist (vgl. *Baumbach*, ZPO[24] § 900 Anm. 3 A). Die Prüfung des Rechtsschutzinteresses seitens des Vollstreckungsgerichts darf sich aber grundsätzlich nicht auf den im Vollstreckungstitel rechtskräftig zuerkannten Anspruch erstrecken. An diesen Titel ist es vielmehr gebunden. Einwendungen gegen den darin festgestellten Anspruch kann der Schuldner — abgesehen von dem Nachweis der Erfüllung oder Stundung nach § 775 Ziffer 4 und 5 ZPO, den auch das Vollstreckungsorgan zu beachten hat —, nur im Wege der Vollstreckungsabwehrklage — oder gegebenenfalls der Abänderungsklage nach § 323 ZPO — geltend machen. ‚Eine Berichtigung des auf bessere Prüfung hin‘ — nämlich im Erkenntnisverfahren — ‚erlassenen Titels in der Vollstreckungsinstanz ist schlechthin unzulässig und muß zur völligen Vernichtung der Rechtskraftwirkung führen' (*Baumbach*, ZPO § 765 a Anm. 2 C; vgl. ferner *Stein-Jonas-Schönke*, ZPO[18] § 900 Anm. II 2 und 3; *Beitzke*, Anm. zu NJW 1953, 1183 Nr. 11). Dabei erfaßt die Rechtskraft auch die Anordnung der Einzahlung auf Sperrkonto. Diese Anordnung ist nicht nur, wie der Schuldner vorträgt, ein Hinweis auf eine mögliche Art der Zahlung, sondern von erheblich sachlichrechtlicher Bedeutung. Die Zulassung einer anderen Art der Zahlung, etwa von DM-Ost vom Konto des Schuldners in der Ostzone, würde eine ganz andere Leistung an die Stelle der rechtskräftig zugesprochenen setzen. Das LG hat zutreffend auf den unterschiedlichen Wert der verschiedenen Leistungsarten hingewiesen. Die Gläubiger dürfen im Rahmen der Allgemeinen Genehmigung Nr. 75 (Neufassung vom 26. 3. 1956, BAnz. 1956 Nr. 65) über die DM-Sperrguthaben verfügen. Der Schuldner mag, wenn er sich im Hinblick auf die im Februar und März 1956 in der Sowjetzone erlassenen neuen devisenrechtlichen Bestimmungen davon Erfolg verspricht, in der von ihm bereits im Offenbarungseidtermin am 27. 5. 1957 angekündigten Vollstreckungsabwehrklage eine Abänderung des Titels zu erreichen versuchen. Auf den angeblichen Widerspruch des angefochtenen Beschlusses zu der Entscheidung einer anderen Kammer des LG kommt es somit nicht entscheidend an.

Das LG hat somit die Erinnerung des Schuldners zu Recht zurückgewiesen."

6. Kosten- und Gebührenrecht

177. Die Kosten eines in der Sowjetzone ansässigen Verkehrsanwalts, der in einem Rechtsstreit vor einem westdeutschen Gericht tätig geworden ist, sind nach den westdeutschen Vorschriften und in DM-West zu erstatten. — Ein westdeutsches Gericht kann Kosten nur in DM-West festsetzen. — Das am Wohnsitz des Gläubigers geltende fremde Devisenrecht ist im Bundesgebiet nicht zu beachten. — Beschränkungen auf Grund des westdeutschen Devisenrechts sind in den Tenor der Entscheidung aufzunehmen.

OLG Stuttgart, Nebensitz Karlsruhe, Beschl. v. 27. 8. 1952 — 3 W 445/52: *Leitsatz in Rpfl. 1957, 42.

Die Ehe der Parteien ist durch das LG H. (Bundesgebiet) aus dem Verschulden des Bekl. geschieden worden; der Bekl. hat die Kosten des Verfahrens zu tragen. Der Urkundsbeamte der Geschäftsstelle des LG H. hat die Kosten des von der Kl. an ihrem Wohnort E. (sowjet.) beigezogenen Verkehrsanwalts in Höhe einer Gebühr nach § 44 RAGebO mit Auslagen auf insgesamt 84 DM festgesetzt. Erinnerung und sofortige Beschwerde des Bekl. waren erfolglos.

Aus den Gründen:

[Das OLG bejaht zunächst die Notwendigkeit, einen Verkehrsanwalt zu bestellen.]

„Auch die weitere Begründung der sofortigen Beschwerde, der Kostenfestsetzungsbeschluß hätte nicht in voller Höhe der Gebühr erlassen werden dürfen, weil der Verkehrsanwalt in der Ostzone ansässig ist, greift nicht durch. Die Kosten eines ostdeutschen Verkehrsanwalts, der in einem in der Bundesrepublik anhängigen Rechtsstreit tätig war, sind in der gesetzlichen Höhe in Westmark zu erstatten. Das ergibt sich einmal daraus, daß ein Gericht in der Bundesrepublik Kosten nur in DM-West festsetzen kann, andererseits daraus, daß die Verkehrsgebühr stets die gleiche sein muß wie die Prozeßgebühr. Die nach dem Westmark-Streitwert zu berechnenden Anwaltsgebühren entstehen also auch dann in Westmark und sind vom in die Kosten verurteilten Gegner in Westmark zu erstatten, wenn es sich um Gebühren eines in der Ostzone ansässigen Verkehrsanwalts handelt. Wohnt die zahlungspflichtige Partei — wie hier — in der Bundesrepublik, entstehen auch weder Zahlungs- noch Vollstreckungsschwierigkeiten. Daß für den in der Ostzone wohnenden Gläubiger das dort geltende Ges. zur Regelung des innerdeutschen Zahlungsverkehrs vom 15. 12. 1950 eingreift, ist hier nicht zu beachten (vgl. *Gerold*, RAGebO Anm. 40 zu § 44 und Anm. 13—18 zu § 9).

Dagegen trifft es zu, daß die Kostenfestsetzung zweckmäßigerweise nicht ohne Berücksichtigung der aus dem Devisenrecht sich ergebenden Beschränkungen erfolgt (vgl. ABl des Württemberg-Badischen Justizministeriums 1952, 29). Der Senat ist der Auffassung, daß eine Einschränkung, wie sie der entscheidende Teil dieses Beschlusses trifft, diesen Belangen in ausreichender Weise Rechnung trägt."

177 A. (Der Streitwert ist von einem westdeutschen Gericht in DM-West festzusetzen). Zur Errechnung des Streitwertes ist eine auf DM-Ost lautende Forderungen nach dem Wechselkurs am Tage der Einreichung des Rechtsmittels in DM-West umzurechnen.

BGH, Beschl. v. 14. 1. 1953 — II ZB 19/52:* Leitsatz in DRpfl. 1959, 1.[1]

Der Beschwerdeführer war durch Urteil des LG Berlin 2 (Berlin-Ost) zur Zahlung von 12 500 DM-Ost verurteilt worden. Gegen dieses Urteil hatte er beim KG Berlin-West Berufung eingelegt. Die Beschwerde gegen die Zurückweisung dieser Berufung hatte der BGH durch Beschluß vom 17. 11. 1952 (siehe IzRspr. 1945—1953 Nr. 542) zurückgewiesen.

Auf Antrag des Beschwerdeführers setzte der BGH den Streitwert anderweit auf 2 950 DM-West fest.

Aus den Gründen:

„Für die Höhe des Streitwerts ist von dem Betrag auszugehen, zu dem der Bekl. durch Urteil des LG Berlin C 2 verurteilt worden ist, nämlich von dem Betrag von 12 500 DM-Ost. Dieser Betrag ist nach dem Berliner Tageskurs in DM-West umzurechnen. Bei dieser Umrechnung ist entgegen der Auffassung des Beschwerdeführers nicht von dem Kurswert für 100 DM-West, sondern von dem Kurswert für 100 DM-Ost auszugehen. Auch kann nicht der Tageskurs vom 17. 11. 1952, dem Tage der Entscheidung über die Beschwerde, sondern es muß der Tageskurs vom 7. 10. 1952, dem Tage der Einreichung der Beschwerde, zugrunde gelegt werden,

[1] Hier unter falschem Datum veröffentlicht.

da nach § 9 GKG, § 4 ZPO für die Berechnung des Streitwerts grundsätzlich von dem Tage der Einreichung des Rechtsmittels auszugehen ist und die Voraussetzungen für eine Anwendung des § 9 II GKG hier nicht gegeben sind. Der Berliner Tageskurs für 100 DM-Ost betrug am 7. 10. 1952 23,60 DM-West. Danach ergibt sich als Streitwert der Betrag von 2950 DM."

178. Ein im Bundesgebiet tätiger Notar kann seine Kosten nur in DM-West berechnen. — Der Geschäftswert einer Beurkundung, die sich auf einen in der Sowjetzone belegenen Vermögenswert bezieht, ist nach dem Umrechnungskurs der Wechselstuben festzustellen.

OLG Hamm, Beschl. v. 14. 11. 1953 — 14 W 133/53: *Leitsatz in Rpfl. 1955, 257.

Der Beteiligte zu 2) war zu $^1/_8$ an einer Erbengemeinschaft beteiligt, die Grund- und Geschäftsvermögen in der Ostzone hat. Der beschwerdeführende Notar hat ein Angebot des Beteiligten zu 2) beurkundet, wonach dieser seiner in der Ostzone wohnenden Mutter anbot, ihr seinen Erbteil zu übertragen. Den Wert des Erbteils gab der Beteiligte zu 2) auf 37500 DM-Ost an. Der Notar berechnete die Gebühr für die Beurkundung des Angebots nach einem Geschäftswert von 37500 DM-West, so daß die Kostenrechnung einschließlich Schreib- und Postgebühren sowie Umsatzsteuer mit 176,02 DM auslief. Der Notar hat auf Anweisung des LG-Präsidenten die Entscheidung des LG nachgesucht, nachdem der Beteiligte zu 2) die Annahme eines Geschäftswertes von 37500 DM-West als zu hoch beanstandet hatte.

Das LG hat den Geschäftswert auf nur 10000 DM angenommen, dementsprechend die Kostenrechnung des Notars auf 75,62 DM herabgesetzt und die weitere Beschwerde zugelassen. Das OLG wies die weitere Beschwerde des Notars zurück.

Aus den Gründen:

„Der Geschäftswert bestimmt sich bei Beurkundungen gemäß § 32 (1) Kostenordnung nach dem Wert des Rechtsverhältnisses, auf das sich die beurkundete Erklärung bezieht. Handelt es sich um Veränderungen eines Rechtsverhältnisses (wozu auch die Übertragung gehört, *Baumbach-Lauterbach*, Kostenordnung[10] § 32 Anm. 2B), so darf der Wert des von der Veränderung betroffenen Rechtsverhältnisses nicht überschritten werden.

Das von der Übertragung betroffene Rechtsverhältnis war im vorliegenden Falle der Erbanteil des Beteiligten zu 2). Da war der Gegenwert in DM-West zu ermitteln, weil der in der Bundesrepublik tätige Notar eine legale Kostenrechnung in DM-Ost nicht aufstellen konnte. Diese Ermittlung geht hinsichtlich der DM-Ost grundsätzlich nicht anders vor sich als hinsichtlich ausländischer Valuten; denn obwohl die DM-Ost keine ausländische Währung im Wortsinn ist, steht sie doch praktisch einer solchen für den Bewohner der Bundesrepublik gleich. Es war also der Wechselkurs der DM-Ost am Tage der Ausstellung der Kostenrechnung festzustellen. (Vgl. zu alledem die grundsätzlichen Ausführungen des Senats in JMBl NRW 1953, 103[1].) Angesichts des Höchststandes dieses Kurses aus der letzten Zeit (1:4) betrug daher der Geschäftswert bestenfalls 9375 DM-West. Schon hiernach ist die Bewertung des LG im Ergebnis gerechtfertigt, so daß die übrigen Erwägungen des angefochtenen Beschlusses auf sich beruhen können."

[1] IzRspr. 1945—1953 Nr. 307.

179. Die Gebühren des in einem anderen Rechtsgebiet ansässigen Verkehrsanwalts bestimmen sich nach der an seinem Sitz maßgebenden Gebührenordnung; diese Gebühren sind in voller Höhe zu erstatten, auch wenn sie die Gebühren nach der Gebührenordnung des Prozeßgerichts übersteigen.

OLG Koblenz, Beschl. v. 26. 11. 1953 — 5 W 34/53: *Leitsatz in Rpfl. 1956, 147.

Der Kl. erlitt im März 1948 im Bundesgebiet einen Eisenbahnunfall: er hatte damals seinen Wohnsitz in S. (Saargebiet).

Zur Führung des Schadensersatzprozesses gegen die beklagte Bundesbahn vor dem LG K. (Bundesgebiet) beauftragte er auch Verkehrsanwälte in S. Durch Urteil des LG K. wurden dem Kl. $^2/_3$, der Bekl. $^1/_3$ der Kosten des Rechtsstreites auferlegt.

Der Urkundsbeamte des LG K. hatte die Kosten der Verkehrsanwälte in S. nicht für erstattungsfähig gehalten, da diese nicht erforderlich gewesen seien. Das LG K. hat die Gebühr der Anwälte in S. in voller Höhe für erstattungsfähig angesehen. Das OLG hat diesen Beschluß auf die sofortige Beschwerde der Bekl. nur in einem hier nicht erheblichen Punkt geringfügig abgeändert.

Aus den Gründen:

„Maßgebend für die Höhe der Gebühr ist die am Wohnsitz eines Korrespondenzanwaltes gültige Gebührenordnung. Da die vom Kl. beauftragten Korrespondenzanwälte ihren Wohnsitz in S. haben, bestimmt sich die Höhe der entstandenen Gebühr vorliegend nach der im Saargebiet geltenden Gebührenordnung, dem JustizkostenGes. vom 20. 4. 1950. Unter Zugrundelegung eines Geschäftswertes von 84000 DM und eines Umrechnungskurses von einer DM = 84 Frs. ergibt sich nach §§ 151, 129 I Ziffer 1 des vorgenannten JustizkostenGes. und der dazugehörigen Tabelle 11 bei einem umgerechneten Geschäftswert von 7056000 Frs. eine Korrespondenzgebühr in Höhe von 99 500 Frs. Nach § 4 des JustizkostenGes. (i. V. m. Tabelle 11) steht den Korrespondenzanwälten zu der eigentlichen Korrespondenzgebühr noch ein Pauschsatz in Höhe von 5000 Frs. zu. Umgerechnet in DM ergibt dies für die Korrespondenzanwälte eine Gebühr in Höhe von 1244 DM (= 104500 Frs.). Die danach errechnete Korrespondenzgebühr ist in voller Höhe erstattungsfähig, und zwar auch insoweit, als sie die Korrespondenzgebühr der im Gebiete des Prozeßgerichts geltenden Gebührenordnung übersteigt (vgl. OLG Nürnberg, JW 1928, 2034; *Gerold*, Kommentar zur RAGebO Anm. 40 zu § 44 mit weiteren Zitaten; *Willenbücher*, Kostenfestsetzungsverfahren[15] 120 Anm. 3b zu § 44 RAGebO für einen ausländischen Verkehrsanwalt)."

180. Die in DM-Ost erwachsenen Auslagen eines in der Sowjetzone wohnhaften Zeugen in dem Rechtsstreit vor einem westdeutschen Gericht sind unter Berücksichtigung des tatsächlich angewendeten Umrechnungskurses zu erstatten.

OLG Celle, Beschl. v. 3. 2. 1954 — 1 U 166/52: Rpfl. 1955, 140.

Der Zeuge W., der in der Ostzone wohnt, war zu dem vor dem westdeutschen Gericht stattfindendenden Termin als Zeuge geladen und erschienen. Auf Grund der Berechnung des Urkundsbeamten der Geschäftsstelle ist dem Zeugen ein Betrag von 85,50 DM-West ausgezahlt.

Hiergegen wendet sich der Zeuge und beantragt gerichtliche Festsetzung seiner Gebühren auf 141,30 DM-West. Er begründet seinen Antrag im wesentlichen damit, daß ihm durch die währungsunterschiedliche Umstellung der in der Ostzone entstandenen Ausgaben auf DM-West ein Schaden entstanden sei.

Aus den Gründen:

„Bei der Festsetzung der zu gewährenden Beträge nach § 20 Gebührenordnung für Zeugen und Sachverständige ist davon auszugehen, daß die Zeugen aus der Staatskasse nicht eine Vergütung für die Erfüllung ihrer Zeugnispflicht erhalten, sondern lediglich nur einen Ersatz für den durch die Erfüllung ihrer allgemeinen Staatsbürgerpflichten entstehenden Vermögensschaden. Soweit es sich bei den Zeugen aus der Ostzone um den Ersatz von Auslagen handelt, die diesen in Ostmark entstanden sind, darf eine Entschädigung nicht über einen Schadensausgleich hinausgehen und nicht zu einer Bereicherung der Zeugen führen. Das würde der Fall sein, wenn die Zeugen ihre in der Ostzone gehabten Ausgaben in voller Höhe in DM-West erhalten und diesen Betrag in der Westzone umsetzen würden. Sobald aber nachweislich eine derartige Ausnutzung des Währungsunterschiedes entfällt, die Zeugen genötigt sind, an der Zonengrenze die ihnen erstatteten DM-West-Beträge in Beträge Ostmark im Verhältnis 1:1 umzutauschen, kann von einer Bereicherung nicht mehr die Rede sein. Inwieweit und für wen sich der Währungsunterschied auswirkt, mag dahingestellt bleiben. Der Zeuge selbst hat davon keinen Vorteil.

Im vorliegenden Falle hat der Zeuge nachweislich in der Ostzone an Ausgaben 69,30 DM-Ost gehabt. Auf diesen Betrag sind ihm 16,50 DM-West erstattet. Wie sich aus der vorgelegten Bescheinigung der Deutschen Notenbank Wechselstelle ergibt, hat der Zeuge bei seinem Zonenübertritt 69,30 DM-West umgetauscht und dafür 69,30 DM-Ost erhalten. Dieser Umtausch war dem Zeugen nur möglich, nachdem er sich zu dem erstatteten Betrage von 16,50 DM-West den Differenzbetrag von 52,80 DM in westdeutscher Währung geliehen hatte. In Höhe dieses Betrages ist ihm somit ein Schaden entstanden, der ihm zu ersetzen ist."

181. **Der Gebührenanspruch eines in der Sowjetzone ansässigen Anwalts gegenüber seinem ebenfalls in der Sowjetzone wohnhaften Mandanten bestimmt sich nach dem sowjetzonalen Gebührenrecht und entsteht in DM-Ost. — Dieser Gebührenanspruch verändert sich nicht dadurch, daß er Gegenstand des Erstattungsanspruchs gegenüber dem im Bundesgebiet lebenden Kostenschuldner wird. — Infolge des tatsächlich zu erzielenden Umrechnungskurses von 1:1 kann im interzonalen Recht die Kostenschuld beim Kostenfestsetzungsverfahren nicht in entsprechender Anwendung von § 244 BGB nach dem Wechselstubenkurs umgerechnet werden. — Der danach festzusetzende Betrag darf nicht die Gebühren übersteigen, welche der Kostenschuldner unter Anwendung der westdeutschen Gebührenordnung in DM-West zu erstatten haben würde.**

BGH, Beschl. v. 12. 2. 1954 — I ZR 106/51: Rpfl. 1955, 67; NJW 1954, 1200 (teilweise abl. *Wagner* S. 1487); Auszüge in LM Nr. 2 zu § 91

ZPO; DRsp. II (250) 33d und BB 1954, 512; Leitsätze in Betrieb 1954, 517 und Rpfl. 1959, 239.

Aus den Gründen:

„Die Kosten des zweiten Prozeßvertreters (Patentanwalts) sind den Kl. in DM-Ost erwachsen, da die Kl. und ihr Patentanwalt ihren Sitz bzw. Wohnsitz in der Ostzone haben. Dadurch, daß die Gebührenschuld zum Inhalt des Erstattungsanspruchs der Kl. gegenüber der in der Bundesrepublik domizilierenden Bekl. geworden ist, wird diese Schuld der Kl. als Ostmark-Gebührenschuld nicht berührt (KG, JR 1949, 390[1]; OLG Braunschweig, MDR 1952, 170[2]; OLG Hamm, BB 1953, 183[3]). Die Bekl., die auf Grund der Kostenentscheidung gehalten ist, die Kl. von den ihnen erwachsenen Kosten freizustellen, wäre an sich nur verpflichtet, diese Kosten in DM-Ost zu erstatten. Die Zahlung einer Verbindlichkeit an einen Gläubiger in der Ostzone — gleichviel ob auf DM-West oder DM-Ost gerichtet — bedarf jedoch grundsätzlich devisenrechtlicher Genehmigung (§ 3 Satz 1 WährungsG; Art. I 1d und h, Art. X MilRegGes. Nr. 53), die durch die 19. DVO zum UG allgemein mit der Maßgabe erteilt ist, daß Zahlung nur auf Sperrkonto (§ 26 II UG) einer Bank oder eines Postscheckamtes in DM-West erfolgen darf.

Es ist die Ansicht vertreten worden, der Betrag der Kostenschuld des westdeutschen Kostenschuldners sei dabei in rechtsähnlicher Anwendung des dem deutschen internat. Privatrecht angehörenden § 244 BGB nach dem Kurswerte der DM-Ost in DM-West umzuwerten. Da ein amtlicher Kurs für die DM-Ost nicht festgestellt werde, sei auf die Kursnotierungen der Berliner Wechselstuben zurückzugreifen (OLG Braunschweig und Hamm aaO). Dieser Meinung kann sich der Senat aus Gründen der Gerechtigkeit für den Bereich des Kostenfestsetzungsverfahrens, das lediglich der zahlenmäßigen Kostenentscheidung dient, nicht anschließen. Bei der tatsächlich im West-Ost-Zahlungsverkehr gegebenen Lage führt diese Ansicht dazu, daß der ostdeutsche Kostengläubiger, der — wie im vorliegenden Falle — von allen ihm erwachsenen Kosten nach der zugrunde liegenden Kostenentscheidung durch den Kostenschuldner in der Bundesrepublik freizustellen ist, tatsächlich Erstattung nur zu einem Bruchteil dieser Kosten erhält, denn ihm fließt bekanntlich nur der Nennbetrag der in DM-West auf Sperrkonto gezahlten Summe in DM-Ost zu. Der ostzonale Kostengläubiger müßte danach den überwiegenden Teil seiner als erstattungsfähig anerkannten Kosten selbst tragen, obwohl er nach dem für die Kostentragung maßgeblichen Titel von allen ihm erwachsenen notwendigen Kosten freigestellt werden soll. Diese tatsächliche Situation darf bei der Entscheidung nicht unberücksichtigt bleiben. Dem Ziele des Kostenfestsetzungsverfahrens kann daher nur dadurch Rechnung getragen werden, daß der Kostenschuldner in der Bundesrepublik zugunsten seines ostzonalen Kostengläubigers einen DM-West-Betrag in solcher Höhe auf Sperrkonto zahlt, daß dieser dadurch in die Lage gesetzt wird, von der Tragung seiner als erstattungs-

[1] IzRspr. 1945—1953 Nr. 296.
[2] IzRspr. 1945—1953 Nr. 305.
[3] IzRspr. 1945—1953 Nr. 307.

fähig anerkannten Prozeßkosten in dem Titel festgelegten Umfange tatsächlich frei zu werden. Ihre obere Grenze findet diese Verpflichtung des Kostenschuldners bei den zu erstattenden Vertretergebühren in der Zahlung des DM-West-Betrages, den er zu erstatten haben würde, falls die Gebührenschuld des Erstattungsberechtigten nach den in der Bundesrepublik geltenden Gebührenvorschriften in DM-West entstanden wäre. Im Kostenfestsetzungsverfahren ist demgemäß von dem in DM-West festgesetzten Streitwert auszugehen und der für die Erstattung in Betracht kommende Gebührenbetrag unter Anwendung der ostzonalen Gebührenvorschriften festzustellen; der erstattungsfähige Betrag ist danach unter Beachtung der bezeichneten oberen Erstattungsgrenze in DM-West festzusetzen."

182. Die Gebührenforderung eines Verkehrsanwalts mit Amtssitz in der Sowjetzone gegenüber seinem ebenfalls dort wohnhaften Klienten richtet sich nach der sowjetzonalen Gebührenordnung und entsteht in DM-Ost. — Der westdeutsche Kostenschuldner hat die in DM-Ost entstandenen Gebühren des gegnerischen Verkehrsanwalts zu erstatten. — Beantragt der Kostengläubiger die Festsetzung seiner Aufwendungen in DM-West, so sind die in DM-Ost entstandenen Gebühren nach dem Umrechnungskurs der Wechselstuben am Tage der Festsetzung festzusetzen. — § 244 BGB ist im interzonalen Recht entsprechend anwendbar.

OLG Braunschweig, Beschl. v. 8. 5. 1954 — 1 W 41/54: *Leitsätze in MDR 1954, 560 und Rpfl. 1956, 116.

Der Kl., der in E. (sowjet.) wohnt, hat im Prozeßverfahren vor dem LG B. (Bundesgebiet) den ebenfalls in E. wohnhaften Rechtsanwalt Dr. S. als Verkehrsanwalt in Anspruch genommen. Der Urkundsbeamte der Geschäftsstelle des LG B. hat bei der Festsetzung der Prozeßkosten die Kosten des Rechtsanwalts S. mit 64,15 DM-West berücksichtigt. Dabei wurden die Gebühren und Auslagen des Rechtsanwalts Dr. S. mit insgesamt 266,60 DM-Ost zugrunde gelegt, aber nach dem Wechselkurs des Tages der Festsetzung im Verhältnis 4,2:1 in DM-West umgerechnet.

Das LG hat die dagegen vom Kl. und von Rechtsanwalt S. eingelegte Beschwerde, das OLG seine sofortige Beschwerde zurückgewiesen.

Aus den Gründen:

„Das LG ist zutreffend davon ausgegangen, daß sich das Vertragsverhältnis zwischen dem Kl. und seinem Verkehrsanwalt Dr. S. ausschließlich im ostzonalen Währungsgebiet vollzogen hat, die Gebührenforderung des Verkehrsanwalts daher in DM-Ost entstanden ist und mithin der entsprechende Betrag von DM-Ost als die tatsächlich aufgewendeten Kosten gemäß § 91 ZPO zu erstatten ist.

Insoweit wird die Entscheidung des LG auch von den Beschwerdeführern nicht bemängelt, vielmehr nur deswegen, weil die tatsächlich entstandenen Kosten von 214,74 DM-Ost — im ursprünglichen Kostenfestsetzungsantrag des Kl. und auch im Beschluß des Urkundsbeamten sind dagegen, wie die Nachrechnung ergibt, Kosten von 266,60 DM-Ost in der Annahme zugrunde gelegt, daß auch in der Ostzone die in der Bundesrepublik 1952 erfolgte Gebührenerhöhung in Kraft getreten sei — nicht im Verhältnis 1:1, sondern 4,2:1 in DM-West festgesetzt seien.

Die sofortige Beschwerde weist insbesondere darauf hin, daß der Verkehrsanwalt nach dem in der Sowjetzone geltenden Recht über den in DM-West festgesetzten Betrag nur im Verhältnis 1:1 in Ostmark verfügen könne und somit durch die vom Urkundsbeamten festgesetzte Einzahlung von 64,15 DM-West auf ein Westzonensperrkonto eine Kostenschuld gegenüber dem Verkehrsanwalt in Höhe von 150,59 DM-Ost bestehen bleibe. Die im Festsetzungsbeschluß vorgenommene Umwandlung sei unzulässig. Weder die Grundsätze des internat. Privatrechts noch § 244 BGB könnten Anwendung finden. Die vorgenommene Festsetzung widerspreche auch dem Grundsatz des § 242 BGB.

Wenn, wie die sofortige Beschwerde selbst fordert, eine Festsetzung der Kosten nicht in DM-Ost, sondern in DM-West vorgenommen werden soll, so ist zu berücksichtigen, daß es sich bei der Kostenschuld nicht um eine Geldwertschuld wie bei Schadensersatz und Unterhaltsansprüchen handelt, aus deren Art zu entnehmen wäre, daß der Gläubiger in den Genuß eines entsprechenden Betrages von DM-Ost kommen müßte (OLG Hamm, NJW 1953, 750 Nr. 12[1]). Vielmehr liegt eine reine Geldsummenschuld vor. Von ihr kann sich der Bekl. durch Zahlung in DM-West auf dem Wege befreien, den § 244 BGB bietet, der in Absatz 2 die Umrechnung nach dem Kurswert bestimmt, der zur Zeit der Zahlung für den Zahlungsort maßgebend ist. Die DM-Ost ist zwar keine ausländische Währung, steht aber nach den tatsächlichen Verhältnissen für einen in der Bundesrepublik wohnhaften Schuldner einer ausländischen Währung gleich. Ob die Grundsätze des internat. Privatrechts im internat. [gemeint wohl: interzonalen] Rechtsverkehr anzuwenden sind, kann dahingestellt bleiben, denn sie stehen jedenfalls einer entsprechenden Anwendung des § 244 BGB nicht entgegen. Ebenso sind keine Bedenken gegen die Zugrundelegung des Wechselstubenkurses am Tage der Festsetzung der Kosten anstatt am Tage der Zahlung zu erheben, da bei der Festsetzung die Umrechnung im voraus vorgenommen werden muß. Ein etwaiger Kursunterschied kann sich zugunsten oder zum Nachteil sowohl des Kostengläubigers als auch des Kostenschuldners auswirken. (Ebenso OLG Hamm aaO; siehe ferner OLG Celle, NdsRpfl. 1951, 204; LG Bielefeld, MDR 1951, 304; OLG Braunschweig, NdsRpfl. 1952, 27 = MDR 1952, 170[2]). Die Notwendigkeit der Zahlung auf ein Sperrkonto ergibt sich aus der 19. DVO zum UG.

Die Ansicht der Beschwerdeführer, daß der Kostenschuldner durch die vorgenommene Kostenfestsetzung einen nur in seinem Lande bestehenden Wechselkurs mißbräuchlich ausnutzen und seine Schuld nur zum Teil tilgen dürfe, trifft nicht zu. Denn die Schuld besteht nur in einem Ostmarkbetrage, der nach den tatsächlichen Verhältnissen nicht im Verhältnis 1:1 einem Westmarkbetrag gleichgesetzt werden kann. Schon deshalb können sich die Beschwerdeführer auch nicht mit Erfolg auf den im Rechtsverkehr geltenden Grundsatz von Treu und Glauben berufen.

Dadurch, daß der Urkundsbeamte einen Betrag von 266,60 DM-Ost anstelle von 214,74 DM-Ost zum Kurs von 4,2:1 in DM-West umge-

[1] IzRspr. 1945—1953 Nr. 307. [2] IzRspr. 1945—1953 Nr. 305.

rechnet hat (die Beträge von 138,80 und 52,50 DM-Ost sind versehentlich in den Beschluß eingesetzt, aber nicht der Umrechnung zugrunde gelegt), sind die Beschwerdeführer nicht beschwert, sondern begünstigt. Eine Abänderung des Beschlusses zu ihrem Nachteil ist aber nicht zulässig (vgl. *Baumbach*, Anm. 4c zu § 104 ZPO)."

183. Liegt der Schwerpunkt des zu entscheidenden Rechtsstreites im Währungsgebiet der DM-Ost, so handelt es sich um eine „Ostsache". — In Ostsachen ist der Streitwert unter Umrechnung nach dem Wechselstubenkurs in DM-West festzusetzen. — Ein Gericht hat grundsätzlich das am Gerichtsort geltende Verfahrensrecht anzuwenden. — Das Währungsrecht gehört jedenfalls insoweit zum öffentlichen Recht, als es in das Verfahrensrecht eingreift.

KG Berlin-West, Beschl. v. 7. 10. 1954 — 4 W 3193/54: NJW 1955, 349.

Aus den Gründen:

„Die Parteien wohnten, als sie den nichtigen Kaufvertrag über die Lieferung von Zement abschlossen, im sowjet. Besatzungsgebiet Deutschlands. Das zwischen ihnen begründete Rechtsverhältnis war somit im Währungsgebiet der DM-Ost gelegen. Erst im Laufe des Rechtsstreits sind die Parteien verzogen, und zwar der Kl. nach West-Berlin und der Bekl. in die Bundesrepublik. Die Rechtsmeinungen gehen auseinander, in welcher Währung der Streitwert für die Kostenberechnung festzusetzen ist, wenn ein Rechtsstreit über ein im Ostwährungsgebiet begründetes Rechtsverhältnis vor dem LG und KG in West-Berlin anhängig wird. Der beschließende Senat vertritt entgegen der Rechtsmeinung des 1. ZS des KG (vgl. JR 1949, 477[1] und NJW 1954, 38[2]) seit dem Erlaß der WEVO insbesondere im Hinblick auf deren Absatz I Buchstabe a, die jetzt i. d. F. der Änderungsbestimmungen Nr. 4 vom 23. 4. 1951 (VBl 360) gilt, in ständiger Rechtsprechung die Auffassung, daß der Streitwert auch für sogenannte Ostsachen, in denen der Schwerpunkt des zur Entscheidung unterbreiteten Rechtsverhältnisses im östlichen Währungsgebiet liegt, stets in DM-West festzusetzen ist, gegebenenfalls unter Anwendung von § 4 ZPO, § 9 GKG durch Umrechnung zum jeweiligen Wechselkurs.

Die Streitwertfestsetzung dient entweder der Feststellung der Zuständigkeit oder der Zulässigkeit eines Rechtsmittels oder der Berechnung der Gerichtskosten und Armenanwaltskosten und — soweit für die Kostenerstattung notwendig — auch der übrigen gesetzlich bestimmten Anwaltsgebühren. Es handelt sich dabei um die Anwendung von Verfahrensrecht, somit öffentlichem Recht. Von Ausnahmen abgesehen ist das am Ort des Gerichtes geltende Verfahrensrecht anzuwenden. Das Währungsrecht ist jedenfalls, soweit es in das öffentliche Recht, hier das Verfahrensrecht, eingreift und dieses ergänzt, selbst auch als öffentliches Recht anzusehen. Es kann daher von West-Berliner Gerichten nur in

---

[1] IzRspr. 1945—1953 Nr. 301. [2] IzRspr. 1945—1953 Nr. 308.

West-Berlin geltendes Währungsrecht bei der Streitwertfestsetzung angewendet werden. Dies zwingt seit der genannten WEVO dazu, den Streitwert in DM-West festzusetzen. Denn Absatz I Buchstabe a WEVO bestimmt die DM-West als alleiniges gesetzliches Zahlungsmittel. Die DM-West ist somit die in West-Berlin geltende Währung. Für die Streitwertfestsetzung ist allein die Währung maßgebend. Wenn demgegenüber der 1. ZS aaO und ferner 1 AR 20/53 vom 18. 5. 1953 und *Tschischgale*, JR 1954, 135f. auf Absatz I Buchstabe d WEVO in der geltenden Fassung hinweisen, der den Besitz und die Verwendung von Ostmark und Verträge in Ostmark mit der Einschränkung aus Absatz I Buchstabe e gestattet, so wird durch diese Bestimmung nichts daran geändert, daß allein die DM-West die in West-Berlin geltende Währung ist. Der Besitz von Geldscheinen und -münzen fremder Währung ist, abgesehen von entgegenstehenden Devisenbestimmungen, erlaubt, ohne daß damit eine Doppelwährung in West-Berlin gilt. Wenn ferner Verträge in DM-Ost gestattet sind, womit nach dem Sinn der Bestimmung solche des Privatrechts gemeint sind, so beinhaltet diese Vorschrift nichts anderes, als daß Verträge in fremder Währung zulässig sind (so auch *Hodes* in der Anm. NJW 1954, 39). Damit ist nicht die Währung der Deutschen Notenbank als in West-Berlin geltend anerkannt. Aus diesen Bestimmungen kann somit nichts für die Tätigkeit der Gerichte hinsichtlich der Streitßerıfestsetzung, einer öffentlich-rechtlichen Angelegenheit, entnommen werden. Die Tatsache, daß zur Zeit innerhalb Deutschlands zwei räumlich begrenzte Währungen gelten, ist nicht wegzuleugnen.

Soweit die Zuständigkeit und die Zulässigkeit eines Rechtsmittels in Frage stehen, folgt aus Art. 1 II 2. Halbsatz des Berliner RechtseinheitsG (REinhG) vom 9. 1. 1951 (VOBl 99) i. V. m. §23 Ziffer 1 GVG und § 511 a I ZPO zwingend, daß ein Streitwert in DM-West festzusetzen ist. Es ist hier nicht zu entscheiden, ob dies im Verhältnis 1:1 oder unter Umrechnung zum Kurswert zu geschehen hat. An dieser Bestimmung kann nicht vorübergegangen werden, wenn es sich um die Streitwertfestsetzung nach § 18 GKG für die Kostenberechnung handelt. *Tschischgale* kann insofern darin nicht gefolgt werden, daß das REinhG sich nur auf „die territorial auf ihn" — den Geltungsbereich West-Berlin — bezogene Rechtsprechung auswirke. Das REinhG gilt für alle Rechtsstreitigkeiten, die vor den Gerichten West-Berlins geführt werden, gleich auf welches Gebiet auch immer sich materiell die Rechtsprechung bezieht.

Der 1. ZS und *Tschischgale* leugnen nicht, daß die von ihnen vertretene Rechtsmeinung ausschließlich für die Rechtsprechung vor den West-Berliner Gerichten gelten soll. Es kann jetzt dahingestellt bleiben, ob für die erste Zeit nach der Währungsreform bis zum Erlaß der WEVO, solange in West-Berlin praktisch sowohl die DM-West als auch die DM-Ost nebeneinander gesetzliches Zahlungsmittel waren, die Rechtsprechung der West-Berliner Gerichte diesem zeitweiligen Zustand Rechnung tragen mußte, da der Gesetzgeber schwieg, so daß eine unterschiedliche Streitwertfestsetzung in DM-West oder DM-Ost gerechtfertigt oder sogar notwendig war. Nachdem die DM-West die alleinige Währung in West-Berlin ist, ist nach dem oben Ausgeführten auch bei den West-Berliner

Gerichten gleich den Gerichten in der Bundesrepublik eine andere Streitwertfestsetzung als in DM-West nicht möglich (so auch die überwiegende Meinung des Schrifttums, vgl. *Baumbach*, Kostengesetze[11] Einleitung Ziffer 7 und *Hillach*, Handbuch des Streitwerts[2] 49 IV 1a bis c mit weiteren Nachweisen; vgl. auch *Stein-Jonas-Schönke*, ZPO[18] zu § 3 III 2).

Dem 1. ZS kann schließlich auch darin nicht gefolgt werden, daß die von ihm vertretene Rechtsmeinung aus Billigkeitserwägungen allein vertretbar sei. Die Rechtsungleichheit, die durch die Spaltung Deutschlands eingetreten ist, muß notwendig im Einzelfall zu gewissen Unbilligkeiten führen. Es müßte aber als unbillig erscheinen, wenn der Streitwert für die Kostenberechnung ein und derselben Forderung je nachdem, ob sie vor einem Gericht in West-Berlin oder in der Bundesrepublik geltend gemacht wird, verschieden festgesetzt würde. Damit würde ein drittes Rechtsgebiet innerhalb Deutschlands begründet, obwohl insofern das in der Bundesrepublik und West-Berlin geltende Kostenrecht das gleiche ist. Die vom 1. ZS vertretene Rechtsmeinung erscheint aber auch schon dann nicht billig, wenn beide Parteien seit Begründung der Rechtsbeziehungen im östlichen Währungsgebiet in das westliche Währungsgebiet verzogen sind und hier vielleicht eine wirtschaftliche Lebensgrundlage gefunden haben, die sich von der der übrigen Bewohner West-Berlins und der Bundesrepublik nicht unterscheidet. Es bedarf keiner Ausführung, daß es unmöglich wäre, hier etwa den Streitwert nach den persönlichen Verhältnissen der Parteien zu bemessen. Eine Streitwertfestsetzung in DM-Ost zum Nennwert in sogenannten Ostsachen bedeutet überdies für die Parteien eine Kostenbelastung insofern, als sie eine Klage über einen Anspruch von mehr als 1000 DM-Ost beim LG unter Anwaltszwang anhängig machen müssen, obwohl der Nominalwert von 1000 DM auch im östlichen Währungsgebiet nach dem Lohn- und Preisgefüge bemessen heute vielfach einen geringeren inneren Wert darstellt. Insofern ist auch von Bedeutung, daß im östlichen Währungsgebiet seit dem Ges. vom 2. 10. 1952 (GBl 983ff.) — vgl. NJW 1953, 247ff. — für alle Klagen das Kreisgericht — ohne Anwaltszwang — zuständig ist, ausgenommen nur solche Klagen, in denen eine Partei Träger gesellschaftlichen Eigentums ist und der Streitwert 3000 DM-Ost übersteigt; bedeutsam ist ferner, daß die Berufungssumme in West-Berlin und der Bundesrepublik 50 DM-West, im Osten aber 300 DM-Ost beträgt. Demgegenüber erscheint die Rechtsmeinung nicht zutreffend, es dürfe durch eine Streitwertfestsetzung in DM-West dem Ostgläubiger, der eine Forderung von mehr als 1000 DM-Ost, aber weniger als 1000 DM-West geltend macht, nicht die Möglichkeit genommen werden, das LG als Kollegialgericht anzurufen. Der Ostgläubiger erleidet grundsätzlich keinen sachlichen Nachteil, wenn er einen solchen Anspruch beim AG geltend macht. Kommt die Zuständigkeit eines AG in der Bundesrepublik nicht in Betracht und fehlt es an der örtlichen Zuständigkeit eines West-Berliner AG, so bleibt, was hier nicht zu entscheiden ist, mangels einer gesetzlichen Regelung die Möglichkeit, hinsichtlich der Zuständigkeit in rechtsschöpferischer Weise nach Maßgabe des Einzelfalles die Zuständigkeit eines Gerichts zu begründen.

Der Streitwert ist dementsprechend in vorliegender Sache in DM-West festzusetzen, und zwar unter Umrechnung zum Kurswert (wie allgemein angenommen wird, vgl. *Hillach* aaO)."

184. Der Beschwerdewert ist in der Währung der lex fori zu berechnen. — Die Gebührenforderung eines Verkehrsanwalts mit Sitz in der Sowjetzone gegenüber seinem ebenfalls dort wohnhaften Klienten entsteht in DM-Ost. — Nach dem Devisenrecht des Bundesgebiets darf eine auf DM-Ost lautende Verbindlichkeit nur durch Zahlung von DM-West auf ein Sperrkonto des Gläubigers im Bundesgebiet erfüllt werden. — Infolge des bei der Überweisung tatsächlich angewandten Umrechnungskurses von 1:1 hat der im Bundesgebiet wohnhafte Kostenschuldner seine auf DM-Ost lautende Verbindlichkeit in DM-West zum Nennwert zu tilgen. — Obere Grenze der Verpflichtung des Schuldners ist die nach den westdeutschen Vorschriften entstehende Gebühr.

SchlHolOLG, Beschl. v. 7. 12. 1954 — 4 W 197/54: *unveröff.

Die in E. (sowjet.) wohnhafte Kl. erhob im Jahre 1949 Ehescheidungsklage gegen ihren bei H. (Bundesgebiet) lebenden Ehemann. Der Kl. wurde das Armenrecht bewilligt und ein bei dem Prozeßgericht zugelassener Anwalt beigeordnet. Durch rechtskräftiges Urteil des LG F. (Bundesgebiet) wurde die Ehe der Parteien aus dem Verschulden des Bekl. geschieden und dieser verurteilt, die Kosten des Rechtsstreites zu tragen.

Der Urkundsbeamte des LG hat auf Antrag des Rechtsanwalts Dr. L. in E. dessen Kosten als Verkehrsanwalt nach einem Wert von 88,64 DM-Ost unter Anwendung des Wechselstubenkurses in DM-West festgesetzt. Mit der Erinnerung beantragte die Kl., die Kosten des Verkehrsanwalts zum Nennwert in DM-West festzusetzen.

Das LG hat die Erinnerung zurückgewiesen, das OLG der dagegen eingelegten sofortigen Beschwerde stattgegeben.

Aus den Gründen:

„Die sofortige Beschwerde ist gemäß §§ 104 V, 567, 577 ZPO zulässig. Auch ist der nach § 567 II erforderliche Beschwerdewert von über 50 DM erreicht. Denn selbst bei Zugrundelegung eines für den Ostgläubiger noch sehr günstigen Umrechnungskurses von 1 DM-West = 4 DM-Ost, wenn der Bekl. also nur $^1/_4$ des geschuldeten Betrages von 88,64 DM = 22,16 DM-West auf Sperrkonto für die Kl. einzuzahlen hätte, würde für die Kl., die eine Umrechnung im Verhältnis 1:1 erstrebt, noch eine Beschwer von 66,48 DM und damit von über 50 DM gegeben sein. Die Beschwerde ist ferner in rechter Form und Frist eingelegt worden. Sie ist sachlich auch begründet.

Nach § 91 ZPO hat der in die Kosten des Rechtsstreits verurteilte Bekl. der Kl. die notwendigen Kosten der Rechtsverfolgung zu erstatten. Dazu gehören nach dem insoweit unangefochten gebliebenen Kostenfestsetzungsbeschluß vom 26. 8. 1954 auch die Kosten des Verkehrsanwalts der Kl. in Höhe von 88,64 DM. Allerdings handelt es sich insoweit nur um eine Verbindlichkeit in DM-Ost, da die Gebührenschuld der Kl. bei ihrem Verkehrsanwalt in ostzonaler Währung erwachsen ist. Die Zahlung von Verbindlichkeiten an einen Gläubiger der Ostzone, gleichgültig ob sie auf DM-West oder DM-Ost lauten, bedarf jedoch devisenrechtlicher Genehmigung (§ 3 Satz 1 WährungsG; § 26 II UG). Diese Genehmigung ist durch die 19. DVO zum UG generell mit der Maßgabe erteilt, daß eine Zahlung nur in DM-West und auf Sperrkonto einer Bank oder eines Postscheckamts im Währungsgebiet erfolgen darf.

Zweifelhaft und streitig ist hier nun, in welcher Höhe eine Einzahlung auf das Sperrkonto der ostzonalen Gläubigerin vorzunehmen ist. Die OLG Braunschweig und Hamm sowie der erkennende Senat in einer früheren Entscheidung wollen in Ermangelung eines amtlichen Kurses für die DM-West auf die Kursnotierungen der Berliner Wechselstuben zurückgreifen und den Westschuldner nur für verpflichtet halten, den Betrag in DM-West auf Sperrkonto einzuzahlen, der nach den Kurswerten der Berliner Wechselstuben der geschuldeten Summe in DM-Ost entspricht (OLG Braunschweig, MDR 1952, 170[1]; OLG Hamm, NJW 1953, 750[2]; SchlHOLG — 4 W 453/50). Demgegenüber hat jedoch der BGH, NJW 1954, 1200[3] darauf hingewiesen, daß eine solche Zahlungsweise nicht zu einer Befriedigung des Ostgläubigers führen würde, da dieser tatsächlich nur den Nennwert des auf Sperrkonto eingezahlten Betrages erhalten würde und danach den übrigen Teil seiner als erstattungsfähig anerkannten Kosten selbst tragen müßte. Da der Transfer eines DM-West-Betrages in die Ostzone nach Erteilung der erforderlichen Genehmigung durch die Landeszentralbanken zum Nennwert beider Währungen erfolgt, erfordert die Verwirklichung der Kostenfestsetzung, wonach der Ostgläubiger von allen notwendigen Kosten freizustellen ist, nach Auffassung des BGH, daß der Kostenschuldner in der Bundesrepublik regelmäßig den Nennwert der ostzonalen Kostenschuld zugunsten des Ostgläubigers auf Sperrkonto einzuzahlen hat. Der Senat ist dieser Auffassung unter Aufgabe seines früheren Standpunktes gefolgt, da nach den heutigen tatsächlichen Verhältnissen nur auf diesem Wege erreicht wird, daß der ostzonale Gläubiger auf legalem Wege von allen Kosten befreit wird, die nach dem Kostenfestsetzungsverfahren der Gegenseite zur Last fallen sollen. Nach Ansicht des BGH findet die Verpflichtung des Westschuldners zwar ihre obere Grenze in dem Betrage, der nach den Gebühren und Vorschriften der Westzone allenfalls entstanden sein würde. Es ist hier jedoch nicht ersichtlich, daß der von der Kl. für ihren Verkehrsanwalt verlangte Betrag nach dem Gebührenrecht der Westzone niedriger sein würde. Der von der Kl. zur Festsetzung beantragte Betrag von 88,64 DM war daher in Änderung des angefochtenen Beschlusses zu seinem vollen Nennwert in DM-West festzusetzen, und zwar mit der Maßgabe, daß der Betrag auf ein Sperrkonto bei einem von der Kl. zu benennenden Kreditinstitut des westdeutschen Währungsgebietes einzuzahlen ist."

---

[1] IzRspr. 1945—1953 Nr. 305.
[2] IzRspr. 1945—1953 Nr. 307.
[3] Siehe oben Nr. 181.

185. Die Gebührenforderung eines Verkehrsanwalts mit Amtssitz in der Sowjetzone gegenüber seinem ebenfalls dort wohnhaften Mandanten richtet sich nach dem Gebührenrecht der Sowjetzone; diese Rechtsordnung ist auch maßgeblich dafür, ob eine Person „Rechtsanwalt" ist. — (Diese Grundsätze gelten auch dann, wenn der Gebührenanspruch Gegenstand des Erstattungsanspruches gegenüber dem im Bundesgebiet lebenden Kostenschuldner wird. — Die in DM-Ost erwachsene Kostenschuld ist im Kostenfestsetzungsverfahren im Verhältnis 1:1 in DM-West umzurechnen.)

SchlHolOLG, Beschl. v. 19. 2. 1955 — 4 W 238/54: *Leitsatz in Rpfl. 1957, 4.

Die Parteien sind Eheleute; die Scheidungsklage des in L. (Bundesgebiet) wohnhaften Ehemannes gegen die im Kreise W. (sowjet.) lebende Ehefrau ist durch rechtskräftiges Urteil des LG L. abgewiesen worden. Das OLG hat das Armenrechtsgesuch der Bekl. für die Berufungsinstanz abgelehnt.

Die Bekl. war durch Rechtsanwalt A. in L. als Armenanwalt vertreten. Auf Grund eines Rechtshilfeersuchens des Prozeßgerichts war die Bekl. durch das Kreisgericht in W. im September 1953 angehört und im Mai 1954 eidlich vernommen worden. In diesen beiden Terminen war die Bekl. mit Rechtsanwalt L. aus W. (sowjet.) erschienen.

Durch Kostenfestsetzungsbeschluß vom Oktober 1954 hat der Urkundsbeamte des LG L. auf den Antrag des Rechtsanwalts A. die von dem Kl. an die Bekl. zu erstattenden Kosten festgesetzt. In diesem Betrag waren 155,33 DM Kosten für Rechtsanwalt L. in W. enthalten, nämlich eine Korrespondenz- und eine Beweisgebühr sowie Portoauslagen und Umsatzsteuer für die erste Instanz und eine weitere Gebühr mit Auslagen und Umsatzsteuer für das Armenrechtsverfahren der zweiten Instanz.

Das LG wies die Erinnerung des Kl. gegen den Festsetzungsbeschluß zurück, das OLG gab ihr teilweise statt.

Aus den Gründen:

[Das OLG legt zunächst dar, daß die Inanspruchnahme von Rechtsanwalt L. in W. notwendig war, und bemerkt dazu unter anderem:]

„Hinzu kamen im vorliegenden Fall die Schwierigkeiten, die sich für die Bekl. daraus ergaben, daß der Rechtsstreit in einer anderen Zone mit teilweise anderen Vorschriften und einer anderen Prozeßordnung geführt wurde.

War hiernach die Inanspruchnahme eines Rechtsanwalts in der Sowjetzone zur zweckentsprechenden Rechtsverteidigung notwendig, so ist auch die Berechnung der hierdurch entstandenen Kosten nicht zu beanstanden. Die Bekl. hat einen Anspruch auf Erstattung der Kosten, die sie selbst an Rechtsanwalt L. zu bezahlen hat. Diese Kosten ergeben sich — wie das LG mit Recht angenommen hat — aus der RAGebO i.d.F. der VO vom 21. 4. 1944 (RGBl I 104), die sich von der in der Bundesrepublik geltenden neuen RAGebO u. a. dadurch unterscheidet, daß in ihr die Gebührenzuschläge nicht enthalten sind. Hiernach ist die Gebühr richtig berechnet. Die Behauptung des Kl., daß Rechtsanwalt L. nach westdeutschem Recht nicht die Voraussetzungen für die Zulassung zum Anwaltsberuf erfülle, ist unerheblich. Da es sich hier nur um einen Erstattungsanspruch handelt, kommt es allein darauf an, ob Rechtsanwalt

L. der Bekl. gegenüber berechtigt ist, die Sätze der RAGebO zu berechnen. Dieses Recht steht ihm auf Grund der Zulassung als Rechtsanwalt zu, gleichgültig, ob er auch in den Westzonen hätte Rechtsanwalt werden können. Die Zulassung aber bestreitet auch der Kl. nicht. Es unterliegt nach der Auffassung des Senats auch keinem Zweifel, daß Rechtsanwalt L. nach den in der sowjet. Besatzungszone geltenden Bestimmungen Rechtsanwalt geworden ist, denn es erscheint ausgeschlossen, daß er andernfalls im Beweisprotokoll des Kreisgerichts in W. ausdrücklich als Rechtsanwalt aufgeführt worden wäre, zumal mit Sicherheit anzunehmen ist, daß er durch seine Tätigkeit im Bezirk W. dem dortigen Kreisgericht bekannt ist.

Die von Rechtsanwalt L. für seine Tätigkeit in Ansatz gebrachte Korrespondenzgebühr des § 44 RAGebO ist mithin sowohl dem Grunde als auch der Höhe nach berechtigt, denn sie entspricht nach einem Streitwert von 2000 DM den Sätzen der in der Sowjetzone geltenden alten RAGebO.

Die weiterhin in Ansatz gebrachte Beweisgebühr für Rechtsanwalt L. ist dem Grunde und der Höhe nach ebenfalls berechtigt und erstattungsfähig. Da die Bekl. vor dem Kreisgericht in W. gemäß §§ 445 ff. ZPO eidlich vernommen worden ist und Rechtsanwalt L. ausweislich des Protokolls vom 3. 5. 1954 in diesem Termin zugegen war, liegt schon aus diesem Grunde eine im Rahmen der gebührenrechtlichen Vorschriften zu berücksichtigende Beweisaufnahme vor, so daß die Anhörung der Bekl. nach § 619 ZPO im Termin vom 23. 9. 1953 und die übrigen Beweisaufnahmen außer Betracht bleiben können. Eine auswärtige Beweisaufnahme liegt zwar grundsätzlich dem Prozeßbevollmächtigten am Gerichtsort ob. Jedoch ist der in einer größeren Stadt tätige Rechtsanwalt, wie hier Rechtsanwalt A. aus L., zur Wahrnehmung eines auswärtigen Beweistermins nicht verpflichtet, da er sonst die Interessen seiner anderen Klienten gefährden würde (KG, JW 1930, 194; *Willenbücher*, 232). Dieses hatte für den in W. stattgefundenen Beweistermin um so mehr zu gelten, als eine Reise des Prozeßbevollmächtigten [aus L.] nach dort wegen der besonderen Verhältnisse im interzonalen Grenz- und Reiseverkehr zudem noch mit unzumutbaren Schwierigkeiten verbunden gewesen wäre. Andererseits war es zur zweckentsprechenden Verteidigung notwendig, daß die Bekl. anläßlich ihrer Parteivernehmung sich des Beistandes eines Anwalts bediente, zumal es dem Kl. auf diese Parteivernehmung in Ermangelung anderer geeigneter Beweismittel entscheidend ankam. Darüber hinaus ist zu berücksichtigen, daß die Bekl. eine rechtsunkundige Frau von einfacher Bildung ist, bei der eine Erfahrung in gerichtlichen Dingen nicht vorausgesetzt werden kann. Es konnte ihr nicht versagt werden, sich zu ihrer Unterstützung und Beratung in diesem entscheidenden Termin die Hilfe eines Rechtsanwalts zu sichern. Daß Rechtsanwalt L. nach dem Protokoll des Kreisgerichts in W. während der Beweisaufnahme nicht erkennbar tätig geworden ist und allem Anschein nach von seiner Seite aus ein Vorhalt nicht erforderlich war, ist für die Entstehung und die Erstattung der Beweisgebühr unerheblich, denn die Notwendigkeit der Hinzuziehung von Rechtsanwalt L. ergibt sich nicht aus dem Ergebnis der Beweisaufnahme, sondern aus der Lage, in der sich die Bekl. zur Zeit der Beweisaufnahme befand (*Baumbach*, aaO Anm. 2 zu § 45 RAGebO).

Die im übrigen in Ansatz gebrachten Portoauslagen sind der Höhe nach versichert und nach § 76 RAGebO erstattungsfähig. Die für die Kosten der ersten Instanz in Ansatz gebrachte Umsatzsteuer ist der Höhe nach ebenfalls berechtigt, denn in der Sowjetzone werden 3% Umsatzsteuer erhoben. Sie ist nach ständiger Rechtsprechung gemäß § 670 BGB erstattungsfähig.

Hingegen ist die Beschwerde begründet, soweit sie sich auf die Kosten des Armenrechtsverfahrens für die Berufung bezieht. Nach § 118a IV ZPO findet eine Erstattung der dem Gegner durch die Anhörung im Armenrechtsverfahren erwachsenen Kosten nicht statt. Eine Anhörung in diesem Sinne ist auch die schriftliche Äußerung des AGg. zu einem Armenrechtsgesuch. Die Vorschrift ist nach ständiger Rechtsprechung dahin zu verstehen, daß dem Gegner in keinem Fall irgendwelche Unkosten für seine Beteiligung oder Vertretung in diesem Verfahren zu ersetzen sind, so daß also jede Kostenerstattung entfällt (KG, JW 1935, 2586; *Baumbach-Lauterbach*, aaO § 118a Anm. 4). Die hierfür berechneten Kosten mußten daher abgesetzt werden.

In der Frage, ob die Kosten in DM-Ost oder DM-West festzusetzen sind, welcher Umrechnungskurs zugrunde zu legen ist und welche Modalitäten sonst zu beachten sind, folgt der Senat auch im vorliegenden Falle — ebenso wie in dem Beschluß vom 7.12.1954 (4 W 197/54[1]) — der vom BGH (NJW 1954, 1200 und LM Nr. 2 zu § 91 ZPO[2]) vertretenen, überzeugend begründeten Ansicht."

186. Ein im Bundesgebiet wohnhafter Gebührenschuldner hat die auf DM-Ost lautende Gebührenforderung des in der Sowjetzone wohnhaften Gläubigers durch Zahlung des Nennbetrages in DM-West auf ein westdeutsches Sperrkonto des Gläubigers zu tilgen.

LG Wiesbaden, Beschl. v. 23. 2. 1955 — 4 T 54/55: *unveröff.

Der Gläubiger, ein Rechtsanwalt, der den damals noch in der Sowjetzone wohnhaften Schuldner in mehreren Verfahren vor sowjetzonalen Gerichten vertreten und wegen seiner Gebührenforderungen ein Urteil des Kreisgerichts E. (sowjet.) über 999 DM-Ost erwirkt hatte, betreibt aus diesem Titel gegen den jetzt im Bundesgebiet lebenden Schuldner die Zwangsvollstreckung.

Den Pfändungs- und Überweisungsbeschluß, der in Höhe des Nennbetrages des Titels ergangen war, hatte das AG auf Erinnerung des Schuldners dahin abgeändert, daß die Zwangsvollstreckung nur zu $^1/_6$ des Nennbetrages des Titels zugelassen wurde; das LG hat diesen Beschluß aufgehoben und die Erinnerung des Schuldners zurückgewiesen.

Aus den Gründen:

„Die sofortige Beschwerde ist . . . begründet. Der Schuldner, der auf Grund des ergangenen Titels gehalten ist, den Gläubiger zu befriedigen, wäre an sich nur verpflichtet, diese Verbindlichkeit in DM-Ost zu erfüllen. Die Zahlung einer Verbindlichkeit an einen Gläubiger in der Ost-

[1] Siehe oben Nr. 184. [2] Siehe oben Nr. 181.

zone — gleichviel ob auf DM-West oder DM-Ost gerichtet — bedarf jedoch grundsätzlich devisenrechtlicher Genehmigung (§ 3 Satz 1 WährungsG; Art. I 1d und H, Art. X MilRegGes. Nr. 53), die durch die 19. DVO zum UG allgemein mit der Maßgabe erteilt ist, daß Zahlung nur auf Sperrkonto (§ 26 II UG) einer Bank oder eines Postscheckamtes in DM-West erfolgen darf.

Zweifelhaft und streitig ist hier nun, in welcher Höhe eine Einzahlung auf das Sperrkonto eines ostzonalen Gläubigers vorzunehmen ist. Die OLG Braunschweig und Hamm — sowie das AG Wiesbaden in dem angefochtenen Beschluß — wollen in Ermangelung eines amtlichen Kurses für die DM-Ost — in rechtsähnlicher Anwendung des § 244 BGB — auf die Kursnotierung der Berliner Wechselstuben zurückgreifen und den Westschuldner nur für verpflichtet halten, den Betrag in DM-West auf Sperrkonto einzuzahlen, der nach den Kurswerten der Berliner Wechselstuben der geschuldeten Summe in DM-Ost entspricht (OLG Braunschweig, MDR 1952, 170[1]; OLG Hamm, NJW 1953, 750[2]; SchlHolOLG — 4 W 453/50). Demgegenüber hat jedoch der BGH (NJW 1954, 1200[3]) darauf hingewiesen, daß eine solche Zahlungsweise nicht zu einer Befriedigung des Ostgläubigers führe, da dieser tatsächlich nur den Nennbetrag des auf Sperrkonto eingezahlten Betrages erhalte und danach den übrigen Teil seiner als erstattungsfähig anerkannten Kosten selbst tragen müsse. Da der Transfer eines DM-West-Betrages nach Erteilung der erforderlichen Genehmigung durch die Landeszentralbank zum Nennwert beider Währungen erfolgt, erfordert die Verwirklichung der Kostenfestsetzung, wonach der Ostgläubiger von allen notwendigen Kosten freizustellen ist, nach Auffassung des BGH, daß der Kostenschuldner in der Bundesrepublik regelmäßig den Nennbetrag der ostzonalen Kostenschuld zugunsten des Ostgläubigers auf Sperrkonto einzuzahlen hat.

Die Kammer ist bei ihrer Entscheidung dieser Auffassung gefolgt, da nach den heutigen tatsächlichen Verhältnissen nur auf diesem Wege erreicht wird, daß der ostzonale Gläubiger zu seinem Anspruch kommt. Dabei ist zu berücksichtigen, daß der Gläubiger DM-Ost in die Sowjetzone nicht einführen darf und daß der Gläubiger nach § 8 des Ges. über den innerdeutschen Zahlungsverkehr vom 15. 12. 1950 (GBl DDR 1202) verpflichtet ist, jede Geldforderung gegen im Bundesgebiet wohnhafte Personen bei der Deutschen Notenbank anzumelden. Unter Einschaltung der Deutschen Notenbank wird im legalen Zahlungsverkehr zwischen dem Bundesgebiet und der Sowjetzone für 1 DM-West dem Gläubiger nur 1 DM-Ost angerechnet (vgl. BGH, NJW 1954, 1200).

Daraus folgt, daß der Schuldner verpflichtet ist, die gesamte DM-Ost-Forderung in voller Höhe in DM-West auf ein Sperrkonto zu erbringen. Der Gläubiger hat auf Erfüllung seiner Forderung in voller Höhe in DM-Ost einen Anspruch. Er erhält auch nicht mehr, da die Umrechnung im Verhältnis 1:1 erfolgt."

---

[1] IzRspr. 1945—1953 Nr. 305. [2] IzRspr. 1945—1953 Nr. 307.
[3] Siehe oben Nr. 181.

187. **Werden Ansprüche gerichtlich geltend gemacht, die im Währungsgebiet der DM-Ost begründet worden sind und in DM-Ost beziffert sind, so handelt es sich um eine „Ostsache". — In Ostsachen ist nicht nur der Streitwert, sondern auch die Beschwer in DM-Ost zu berechnen. — Ist die Zwangsvollstreckung aus der Entscheidung eines sowjetzonalen Gerichts für unzulässig erklärt worden, so wird auch die Kostenentscheidung des Titels wirkungslos. — Wird ein Rechtsstreit von einem sowjetzonalen Gericht an ein Gericht in West-Berlin verwiesen, so sind die Gerichtskosten (einschließlich der Prozeßgebühr) durch ordnungsmäßige Zahlung an die Gerichtskasse des sowjetzonalen Gerichts getilgt.**

KG Berlin-West, Beschl. v. 7. 3. 1955 — 1 W 610/55: * Leitsatz in Rpfl. 1956, 91.

Die Kl. erhob im Juli 1950 vor dem LG P. (sowjet.) Klage auf Zahlung von 10 000 DM-Ost wegen Ansprüchen aus einem Bauvertrag gegen die Firma A. und deren Gesellschafter B. und C. Der Sitz der Firma sowie der Wohnsitz des Gesellschafters B. befanden sich in X. (sowjet.), während C. in West-Berlin wohnte. Die Kl. zahlte einen Gerichtskostenvorschuß von 130 DM-Ost in Kostenmarken.

Die Firma A. und der Gesellschafter B. beantragten Klageabweisung und erhoben Widerklage auf Zahlung von 3 487 DM-Ost. Gegen den nicht vertretenen Gesellschafter C. erging im zweiten Verhandlungstermin Versäumnisurteil, durch das er zur Zahlung von 10 000 DM-Ost verurteilt und ihm die Kosten des Rechtsstreites gesamtschuldnerisch mit B. auferlegt wurden.

Nachdem C. Einspruch gegen das Versäumnisurteil eingelegt hatte, verwarf das LG P. die von ihm erhobene Einrede der örtlichen Unzuständigkeit durch Zwischenurteil. Da inzwischen auch B. seinen Wohnsitz nach West-Berlin verlegt hatte, wurde der Rechtsstreit auf Antrag der Kl. gemäß § 276 ZPO an das LG Berlin-West verwiesen. Dort ist der Rechtsstreit noch anhängig.

Im April 1951 hatte C. beim LG Berlin-West beantragt, die Zwangsvollstreckung aus dem Versäumnisurteil des LG P. auf Grund von § 1 des Westberliner Ges. über die Vollstreckung von Entscheidungen auswärtiger Gerichte vom 31. 5. 1950 für unzulässig zu erklären. Dieses Verfahren war ausgesetzt worden und am 19. 3. 1953 infolge der Neufassung des Ges. vom 31. 5. 1950 durch das Ges. vom 26. 2. 1953 eingestellt worden. Daraufhin beantragte die Kl., die Zwangsvollstreckung aus dem Versäumnisurteil des LG P. für zulässig zu erklären. Dieses Verfahren ist bis zur rechtskräftigen Entscheidung der nunmehr beim LG Berlin-West anhängigen Hauptsache ausgesetzt worden.

Die Gerichtskasse des LG Berlin-West hat für die Parteien Gerichtskosten festgesetzt. Auf die Erinnerung des Beschwerdeführers, des Gesellschafters C., wurde diesem die anteilige Prozeßgebühr für die Klage, deren Kosten er nach dem Versäumnisurteil des LG P. zu tragen hat, in Höhe von 47,80 DM-Ost auferlegt. Auf die Beschwerde des A. wurde sein Anteil an dieser Prozeßgebühr auf 7 DM-Ost festgesetzt.

Aus den Gründen:

„Die Beschwerde ist zulässig (§ 4 II GKG i. V. m. § 567 II ZPO); denn auch die Beschwerdesumme ist erreicht. Hierfür ist nicht die den Beschwerdeführer nach dem angefochenen Beschluß noch treffende Belastung in DM-West, sondern in DM-Ost maßgebend. Es handelt sich nämlich bei dem zugrunde liegenden Rechtsstreit um eine sogenannte „Ostsache". Gegenstand der Klage und Widerklage sind Ansprüche in DM-Ost. Dem entsprechen die Klageanträge. Das zugrunde liegende Rechtsverhältnis ist auch im Währungsgebiet der DM-Ost begründet worden und belegen. Dort war er auch im maßgebenden Zeitpunkte der

Klageerhebung zuständigkeitsverhaftet. In diesen Fällen ist nicht nur der Streitwert in DM-Ost festzusetzen und dementsprechend die Gebührenberechnung in dieser Währung vorzunehmen, es bemißt sich vielmehr auch die Beschwer eines Rechtsmittels nach dem Ostmarkbetrage, wie der Senat in ständiger Rechtsprechung angenommen hat (vgl. KG, JR 1949, 477[1]; *Tschischgale*, Kostenrecht in Zivilsachen 113—119 und JR 1954, 135; *Nehlert*, JR 1949, 230; a. A. *Baumbach-Lauterbach*, Kostengesetze[11] Einleitung 7). Daran hält der Senat auch gegenüber der abweichenden Ansicht des 4. ZS des KG (NJW 1955, 349[2]) fest. Der angefochtene Beschluß belastet den Beschwerdeführer aber noch in Höhe von 85,10 DM-Ost.

Sachlich ist die Beschwerde nur zum Teil gerechtfertigt.

Dem Beschwerdeführer ist zuzugeben, daß ein Urteil, aus dem der Gläubiger nicht vollstrecken darf, weil das zuständige Westberliner Gericht die Unzulässigkeit der Vollstreckung der Entscheidung nach dem Ges. über die Vollstreckung von Entscheidungen auswärtiger Gerichte festgestellt hat, kein geeigneter Titel dafür wäre, den darin in die Kosten Verurteilten als Kostenschuldner gemäß § 79 Nr. 1 GKG in Anspruch zu nehmen. Verstößt nämlich die Entscheidung oder ihre Vollstreckung gegen die verfassungsmäßigen Grundsätze, die guten Sitten oder den Zweck bestehender Rechtsvorschriften, so ist auch die Kostenentscheidung in vollem Umfang mitbetroffen und daher auch für den Staat ihrer sich aus §§ 79 und 82 II GKG, § 8 I Kostenordnung ergebenden Wirkung entkleidet.

Entgegen der Behauptung des Beschwerdeführers ist eine derartige Feststellung weder in dem von ihm selbst veranlaßten Verfahren — 23 TM 41/51 des LG Berlin — noch in dem auf Antrag der Kl. durchgeführten Verfahren — 81 TM 94/53 des LG Berlin — getroffen worden. Der Beschwerdeführer kann daher auf Grund der Kostenentscheidung des Versäumnisurteils des LG P. (sowjet.) vom 27. 11. 1950 für die bis dahin entstandenen Kosten in Anspruch genommen werden (§ 79 Nr. 1 GKG).

Der Beschwerdeführer ist in dem angefochtenen Beschluß auch als Entscheidungsschuldner für die anteilige Prozeßgebühr hinsichtlich der Klage in Anspruch genommen worden. Insoweit kann dem angefochtenen Beschluß jedoch nicht voll beigetreten werden. . . .

Der Beschwerdeführer haftet aber, obwohl er durch die Kostenentscheidung des Versäumnisurteils des LG P. vom 27. 11. 1950 an sich Kostenschuldner gemäß § 79 Nr. 1 GKG geworden ist, im wesentlichen nicht für die anteilige Prozeßgebühr hinsichtlich der Klage, auch nicht in Höhe von 47,80 DM-Ost. Die Forderung der Staatskasse auf die anteilige Prozeßgebühr wegen der Klage war nämlich in dem Augenblick, als der Beschwerdeführer gemäß § 79 Nr. 1 GKG als Kostenschuldner neben die Kl. trat, die als Veranlasserin der Instanz nach § 77 GKG haftete, in ihrem damaligen Umfange von 130 DM-Ost bereits durch Tilgung erloschen.

Das hat das LG offensichtlich übersehen.

---

[1] IzRspr. 1945—1953 Nr. 301. [2] Siehe oben Nr. 183.

Die Kl. hatte die Prozeßgebühr für die Klage schon bei Einreichung der Klageschrift vom damaligen Standpunkte aus in voller Höhe bezahlt. Zwar hat der OGH Köln (NJW 1949, 265) die Tilgung der Prozeßgebühr durch Zahlung des nach § 74 II GKG vorweg zu leistenden Betrages verneint. Dieser Auffassung kann jedoch nicht gefolgt werden [wird ausgeführt].

Die tilgende Wirkung wird auch nicht dadurch gehindert, daß die Zahlung bei der Gerichtskasse des LG P. erfolgt ist (§ 276 III ZPO i. V. m. § 27 I GKG; vgl. *Tschischgale*, Kostenrecht in Zivilsachen 24).

Nun war aber der vorliegende Rechtsstreit über den Stichtag des Gesetzes zur Übernahme des Ges. über Maßnahmen auf dem Gebiete des Kostenrechts vom 13.11.1952 (GVBl 1025), nämlich den 8.9.1952 (vgl. Art. III des Ges.), hinaus in der gleichen Instanz anhängig. Das hatte gemäß Art. 16 I des Ges. über Maßnahmen auf dem Gebiete des Kostenrechts vom 7.8.1952 (GVBl 1025) zur Folge, daß rückwirkend mit Wirkung gegenüber allen Kostenschuldnern die Gebührenerhöhung dieses Gesetzes zur Anwendung kommt; die geleistete Zahlung von 130 DM-Ost stellt mit Rücksicht hierauf nunmehr nur noch eine entsprechende Teilzahlung auf die Prozeßgebühr der Klage dar. Es ergibt sich daher jetzt die folgende Berechnung:

Nach § 13 I GKG sind für die Gebührenberechnung die Gegenstände von Klage und Widerklage zusammenzurechnen. Nach dem sich ergebenden Gesamtstreitwert von 13487,47 DM-Ost beträgt die auf Grund des KostenmaßnahmenGes. erhöhte Gebühr (Prozeßgebühr) 184,40 DM-Ost. Wird diese Summe im Verhältnis von Klage- zum Widerklagegegenstand (10000:3487,47 DM) aufgeteilt, so ergibt sich als anteilige Prozeßgebühr für die Klage der Betrag von 137 DM-Ost. Da von der Kl. also nur 130 DM gezahlt worden sind, ist insoweit noch ein Betrag von 7 DM offen, für den der Beschwerdeführer in Gemäßheit des § 82 II GKG als Erstschuldner haftet.

Aus diesen Gründen mußte der angefochtene Beschluß insoweit aufgehoben werden, als darin eine Belastung des Beschwerdeführers mit der anteiligen Prozeßgebühr für die Klage für mehr als 7 DM-Ost angeordnet worden ist."

188. Der Streitwert ist stets in der am Gerichtsort geltenden Währung festzusetzen. — Der Richter darf nur die (dem öffentlichen Recht zuzurechnenden) Prozeß- und Währungsvorschriften seines Gerichtsbezirks beachten. — Wird ein Anspruch in fremder Währung geltend gemacht, so ist der Streitwert nach dem Umrechnungskurs der Wechselstuben in die Währung des Gerichtsortes umzurechnen.

BAG, Beschl. v. 20. 4. 1955 — 2 AZR 68/55: BAGS 1, 333; AP Nr. 27 zu § 72 ArbGG 1953 (zust. *Beitzke*); NJW 1955, 927; Auszug in DRsp. II (250) 35c; Leitsätze in BB 1955, 479 und ARSt. VIII, 392.

Der in der Ostzone wohnende 79jährige Kl. war seit vielen Jahren Prokurist in einer Teppichfabrik in P. (sowjet.). Diese wurde von einer KG. betrieben, deren persönlich haftende Gesellschafter die Bekl. waren. Diese mußten im September 1950 infolge der Maßnahmen der politischen Behörden ihr Unternehmen aufgeben. Der Kl. war in der unter Treuhänderschaft stehenden Fabrik zunächst weiter tätig und wurde am 1. 9. 1951 entlassen. Er erhält nur eine Sozialrente, aber nicht das ihm nach einem Vertrag mit den Bekl. aus dem Jahre 1948 zustehende Ruhegehalt von 150 DM-Ost.

Deshalb erhob der Kl. bei dem ArbG Berlin gegen die Bekl. Klage auf Zahlung von 4500 DM-Ost rückständigen Ruhegehalts und von monatlich 150 DM-Ost ab 1. 3. 1954. Das ArbG sprach ihm unter Abweisung der Klage im übrigen die verlangte Unterstützung mit Wirkung ab 1. 7. 1954 zu. Auf die Berufung der Bekl. hat das angefochtene Urteil die Klage auf Grund des § 88 BVG in vollem Umfang abgewiesen und den Streitwert auf 9000 DM-Ost neu festgesetzt. Das BAG hat die Revision des Kl. als unzulässig verworfen.

Aus den Gründen:

„Der Kl. vertritt in der von ihm eingelegten Revision den Standpunkt, die Mark der Deutschen Notenbank (DM-Ost) sei der Mark der BdL (DM-West) gleichzusetzen, soweit es sich um die Frage der Zulässigkeit eines Rechtsmittels handele. Da das angefochtene Urteil die Revision nicht zugelassen hat, auch eine Divergenz des angefochtenen Urteils zu denen anderer LAG oder des BAG im Sinne des § 72 I Satz 2 und 3 ArbGG nicht geltend gemacht wird, hängt in der Tat die Zulässigkeit der Revision von der Frage ab, ob der Beschwerdewert, der hier dem festgesetzten Streitwert entspricht, die nach § 72 I Satz 4 ArbGG, § 546 I ZPO vorgesehene Revisionssumme von 6000 DM erreicht. Daß die ZPO in der für das Gebiet der Bundesrepublik und West-Berlins geltenden Fassung des VereinheitlichungsG vom 12. 9. 1950 (BGBl 455, GVOBl 1951, 99) und ebenso das neue ArbGG vom 3. 9. 1953 (BGBl I 1267, GVOBl Berlin 1231) unter „Deutscher Mark" lediglich die Mark der BdL (DM-West) verstehen, ergibt sich schon daraus, daß die West-Mark nach §§ 1, 2 WährungsGes., Ziffer 1a der WEVO für West-Berlin vom 20. 3. 1949 (i. d. F. der Änderungsbestimmung Nr. 4 vom 23. 4. 1951) und Ziffer 6 der WEVO (GVOBl Berlin 1949, 86; 1951, 360) alleiniges gesetzliches Zahlungsmittel in diesen Gebieten ist und in allen Gesetzen, VOen usw. an die Stelle der RM, Goldmark und Rentenmark tritt. Für Berlin wird zur Verdeutlichung in Art. 1 II des Ges. zur Einführung des VereinheitlichungsG vom 9. 1. 1951 (GVOBl West-Berlin 99) zudem noch ausgesprochen, unter „Deutscher Mark" sei die Mark der BdL zu verstehen.

Das LAG hat nun den Streitwert, weil der Kl. eine DM-Ost-Forderung geltend macht, auch in DM-Ost festgesetzt, also in einer Währung, die nicht gesetzliches Zahlungsmittel am Gerichtsort ist. Eine derartige Festsetzung ist unzulässig. Unbeschadet der Frage, ob und unter welchen Voraussetzungen, insbesondere auf dem Gebiete des Devisenrechts, Zahlungsansprüche in einer fremden Währung, zu der auch die DM-Ost zu rechnen ist, geltend gemacht und auch entsprechende Titel erwirkt werden können, hat die Streitwertfestsetzung stets in der am Gerichtssitz geltenden Währung zu erfolgen. Die Streitwertfestsetzung bildet nicht nur die Grundlage für die Berechnung der Gerichts- und Anwaltsgebühren, sondern dient gerade im arbeitsgerichtlichen Verfahren angesichts der zwingend vorgeschriebenen Aufnahme in das Urteil (§§ 61 II, 69 II ArbGG) der alsbaldigen Klarstellung der Zulässigkeit eines Rechtsmittels. Im Gegensatz zu dem Verfahren der ordentlichen Zivilgerichtsbarkeit und mit Ausnahme des in § 72 I Satz 5 ArbGG geregelten Falles der Revision bei Rechtsstreitigkeiten über Zahlungsansprüche hängt im arbeitsgerichtlichen Verfahren die Statthaftigkeit eines Rechtsmittels nicht von der Beschwer einer Partei ab, die das Rechtsmittelgericht selbständig nachprüft, sondern von der Höhe des im angefochtenen Urteil festgesetzten Streitwertes (§ 64 I, § 72 II Satz 4 ArbGG). Die Streitwertbestimmung hat im Arbeitsgerichtsprozeß erhebliche prozeßrechtliche Funktionen zu erfüllen. Jeder Richter darf aber nur die dem öffentlichen Recht zuzurechnenden Prozeß- und Währungsvorschriften seines Gerichtsbezirks beachten (Grundsatz der „lex fori", vgl. *Wolff*, IPR³ 130; *Stein-Jonas* [ZPO]¹⁸, § 3 Anm. III 2; *Baumbach-Lauterbach*, Kostengesetz¹¹ Einleitung Anm. 7 A c; *derselbe*, ZPO²² § 3 Anm. 2 A). Wird eine Forderung in fremder Währung geltend gemacht, so wird zur Berechnung des Streitwertes in der Währung des Gerichtsortes eine Umrechnung nach dem Kurswert vorgenommen (vgl. den vom OLG Hamm entschiedenen Fall in JW 1922, 171 und die vorstehend sowie weiter unten für die Berliner Verhältnisse zitierte Rechtsprechung und Literatur).

Etwas anderes gilt auch nicht etwa für das Gebiet von West-Berlin. Der 1. ZS (Kosten-Senat) des KG vertritt zwar in ständiger Rechtsprechung den Standpunkt, in sogenannten „Ostsachen" sei der Streitwert in DM-Ost festzusetzen (Beschluß vom 29. 8. 1949, JR 1949, 477[1]; Beschluß vom 13. 7. 1953, NJW 1954, 38[2]). In der Entscheidung aus dem Jahre 1949 wird dies damit begründet, LG und KG Berlin-West nähmen nach wie vor die Gerichtsbarkeit für ganz Berlin in Anspruch; wenn ein Rechtsverhältnis seinen „Sitz" im Ostsektor von Berlin habe, sei der Streitwert in DM-Ost festzusetzen. In dem Beschluß aus dem Jahre 1954 wird unterstützend bemerkt, Ziffer 1 d der WEVO i. d. F. vom 23. 4. 1951 gestatte für West-Berlin ausdrücklich den Besitz von DM-Ost und den Abschluß von Verträgen in dieser Währung. Abgesehen davon, daß der 1. ZS des KG diese Grundsätze offenbar nur im Verhältnis von West- zu Ost-Berlin anwenden will (so auch die an sich dem KG zustimmende Äußerung von *Tschischgale*, JR 1954, 135) — hier aber der Sitz des Rechtsverhältnisses in P. liegt, im vorliegenden Fall also selbst nach der Meinung des KG der Streitwert nicht in DM-Ost festgesetzt werden könnte —, kann dieser Ansicht auch für das Gebiet von West-Berlin nicht zugestimmt werden. Der Sitz eines Rechtsverhältnisses mag für die Frage von Bedeutung sein, ob nach materiellem Recht eine DM-West- oder DM-Ost-Forderung besteht. Diese Frage hat aber nichts damit zu tun, daß auch die West-Berliner Gerichte den Streitwert aus den zuvor schon angeführten Gründen in dem alleinigen gesetzlichen Zahlungsmittel des Gerichtsortes, der DM-West, jedenfalls seit Erlaß der WEVO vom 20. 3. 1949 festzusetzen haben. Ziffer 1 d der WEVO n. F. stellt auch nur eine allgemeine devisenrechtliche Ausnahmegenehmigung dar und behält nicht etwa die DM-Ost als zweites gesetzliches Zahlungsmittel für West-Berlin bei. In Literatur und Rechtsprechung ist die Meinung des 1. ZS des KG auch überwiegend abgelehnt worden (vgl.

[1] IzRspr. 1945–1953 Nr. 301. [2] IzRspr. 1945–1953 Nr. 308.

KG, 4. ZS, Beschluß vom 7. 10. 1954, NJW 1955, 349[1]; LG Berlin, Beschluß vom 29. 7. 1949, JR 1950, 58[2]; *Krech*, JR 1949, 140; *Werthauer*, JR 1949, 210; *Skaupy*, JR 1949, 480; *Hodes*, NJW 1954, 38; *Hillach*, Handbuch des Streitwertes in bürgerlichen Rechtsstreitigkeiten 49; a. M. *Tschischgale*, JR 1949, 479 und JR 1954, 135).

Hätte demnach die Streitwertfestsetzung nicht in DM-Ost erfolgen dürfen, so ist die Entscheidung des LAG insoweit doch nicht als unwirksam mit der Folge anzusehen, daß überhaupt noch keine Streitwertfestsetzung vorhanden ist. Die Unwirksamkeit eines Urteils kommt nur in seltenen Ausnahmefällen in Betracht, die hier nicht gegeben sind (z. B. Fehlen der Gerichtsbarkeit, Nichtexistenz einer Partei oder völlige Unbestimmtheit eines Urteilsspruchs). Hier liegt vielmehr nur eine fehlerhafte Streitwertfestsetzung vor. Dies kann weder vom LAG selbst mangels Vorliegens der Voraussetzungen der §§ 319 oder 321 ZPO abgeändert werden, noch vom Revisionsgericht, wie der Senat in Übereinstimmung mit der Rechtsprechung des RAG bereits entschieden hat (Beschluß vom 2. 6. 1954, BAGS 1, 8).

Es bleibt angesichts dieser Sach- und Rechtslage nichts anderes übrig, als bei der Prüfung der Zulässigkeit der Revision nunmehr die Umrechnung des festg· setzten DM-Ost-Streitwertes in DM-West vorzunehmen, die schon bei Ermittlung des Streitwertes hätte erfolgen müssen, und zwar in entsprechender Anwendung des § 244 II BGB etwa zu dem zwar nicht amtlich anerkannten, aber legalen Berliner Wechselstubenkurs als dem Spiegelbild des inneren Wertverhältnisses der beiden Zahlungsmittel. Es kommt weder eine Umrechnung im Verhältnis 1:1 in Betracht, die mit den tatsächlichen Gegebenheiten in unvereinbarem Widerspruch stehen würde, noch eine solche nach dem sogenannten „Warenkorbvergleich", der nur bei Unterhaltsforderungen oder Schadensersatzansprüchen aus §§ 843, 844 BGB zur Errechnung der auf DM-West festgesetzten Beträge herangezogen werden kann, falls DM-West-Beträge eingeklagt sind. Hier sind aber die Ansprüche des Kl. von vornherein lediglich auf Zahlung in DM-Ost gerichtet, so daß für die Aufstellung eines Relationsverhältnisses zwischen beiden Währungen für die Berechnung der Klageforderung kein Anlaß besteht. Daß die Umrechnung etwa im Verhältnis des Wechselstubenkurses gerechtfertigt ist, ergibt sich auch aus der Betrachtung der Lage, die bei einer Verurteilung der Bekl. zur Zahlung von DM-Ost-Beträgen durch das LAG eingetreten wäre. Nach der von zahlreichen westdeutschen Gerichten vertretenen Meinung (vgl. z. B. LG Köln, JR 1951, 606; LG Bremen, MDR 1951, 748[3]; LG Essen, Rpfl. 1955, 49[4] und zuletzt OLG Hamm, NJW 1955, 67[5]) hätte eine Zwangsvollstreckung des auf DM-Ost lautenden Titels in DM-West unter Umrechnung zum Wechselstubenkurs gemäß § 244 BGB zu erfolgen. Zudem gestattet Ziffer 1d der WEVO n. F. für Berlin ausdrücklich, daß sich ein Schuldner seiner DM-Ost-Verpflichtung durch Zahlung einer entsprechenden DM-West-Summe zum Wechselstubenkurs entledigt. Für die Bekl. hätte im Falle einer Verurteilung

[1] Siehe oben Nr. 183. [2] IzRspr. 1945—1953 Nr. 297.
[3] IzRspr. 1945—1953 Nr. 201. [4] Siehe oben Nr. 161. [5] Siehe oben Nr. 162.

also nur eine Beschwer in Höhe von etwa 2000 DM-West vorgelegen, so daß eine Revision wegen des geringen Beschwerdewertes nicht zulässig wäre. Das gleiche muß aber im umgekehrten Fall auch für den Kl. gelten. Die Beschwer kann im Falle der Klageabweisung für den Kl. nicht höher sein als im Falle der Verurteilung für die Bekl. Es bedarf hier keiner näheren Prüfung mehr, welcher genaue Zeitpunkt der Umrechnung zugrunde zu legen ist und ob sich diese jeweils genau nach dem Wechselstubenkurs zu richten hat oder ob dieser lediglich als Anhaltspunkt für die Ermittlung des inneren Wertverhältnisses in Betracht kommt. Der Kl. ist jedenfalls nur in Höhe eines DM-West-Betrages durch das angefochtene Urteil beschwert, der weit unter der Revisionsgrenze von 6000 DM liegt.

Aus den dargelegten Gründen muß die Revision gemäß § 74 II ArbGG, § 554a ZPO als unzulässig verworfen werden."

189. Die Umstellung einer Forderung und der zu ihrer Sicherung an einem Grundstück in der Sowjetzone bestellten Hypothek richten sich nach dem Währungsrecht der Sowjetzone. — Der Geschäftswert eines Geschäfts, welches in DM-Ost bezifferte Vermögenswerte in der Sowjetzone betrifft, ist unter Umrechnung nach dem Wechselstubenkurs in DM-West festzusetzen.

LG Frankfurt a. M., Beschl. v. 30. 9. 1955 — 2/9 T 704/55: DNotZ 1956, 161.

Der Notar hat einen Abtretungsvertrag über zwei in L. (sowjet.) belegene, im dortigen Grundbuch mit dem Nennwert von zusammen 27030,74 RM eingetragene Hypotheken beurkundet. Die Gebühr gemäß den §§ 144, 26, 29 II Kostenordnung hat er aus einem Wert von 27030,74 DM errechnet. Gegen diese Wertfestsetzung wendet sich der Kostenschuldner mit dem Hinweis darauf, daß der angesetzte Wert nicht dem wahren Wert der Hypotheken entspreche.

Der LGPräsident ist gemäß § 156 Kostenordnung gehört worden. Er vertritt die Auffassung, daß es der Billigkeit entspräche, den RM-Nennbetrag der Hypotheken nur zu einem Zehntel in DM-West der Wertberechnung zugrunde zu legen, da bei einer Wiedervereinigung Deutschlands sehr wahrscheinlich auch die Hypotheken in Mitteldeutschland im Verhältnis 10:1 umgestellt werden würden und eine dann in der Höhe von 9:10 des Nennwertes entstehende Umstellungsgrundschuld von einer jetzt vorgenommenen Abtretung einer in Mitteldeutschland belegenen Hypothek nicht berührt werde.

Aus den Gründen:

„Für den von dem Notar beurkundeten Abtretungsvertrag erwächst eine doppelte Gebühr gemäß den §§ 144, 26, 29 II Kostenordnung. Der Wert, von dem diese Gebühr zu errechnen ist, bestimmt sich nach § 21 II Kostenordnung. Hiernach gilt als Wert einer Hypothek, soweit nicht der Wert des belasteten Grundstücks geringer ist, der Wert der Schuld. Da in Mitteldeutschland die Umstellung der Grundpfandrechte und der ihnen zugrunde liegenden Forderungen — anders als in der Bundesrepublik und in West-Berlin — grundsätzlich im Verhältnis 1:1 stattgefunden hat (vgl. VO der DWK vom 21. 6. 1948 Nr. 18, ZVOBl 1948, 220, abgedruckt bei *Harmening-Duden*, Währungsgesetze 509ff.; vgl. *Palandt*, BGB[14] Anh. zu §§ 1105—1203 1b; *Erman* zu § 1113 BGB Anm. VI Ziffer 19), ist der frühere RM-Nennwert gleich dem jetzigen DM-Ost-

Nennwert der Schuld. Zwar ist die DM-Ost keine ausländische, aber doch eine fremde Währungseinheit, weshalb der in DM-Ost feststehende Nennwert auf DM-West umzurechnen ist (vgl. *Jonas-Melsheimer-Hornig-Stemmler*, Kostenordnung[4] Anm. II 2 zu § 21 Anm. VI zu § 17; *Korintenberg-Wenz*, Kostenordnung[2] Anm. VII 1 zu § 18; *Baumbach-Lauterbach*, Kostenordnung[10] Anm. 2). Da ein amtlicher Umrechnungsschlüssel fehlt, hat die Umrechnung im vorliegenden Fall nach dem Wechselstubenkurs zu erfolgen, der für den Zeitpunkt des Vertragsabschlusses festzustellen ist. Dies bedeutet, daß der Geschäftswert, in DM-West ausgedrückt, nur etwa 20%—25% des DM-Ost-Nennwertes der Hypothek ausmachen wird, ein Ergebnis, das in Anbetracht der unbestimmten realen Wertverhältnisse etwa der wirtschaftlichen Bedeutung des Geschäfts entspricht.

Eine weitere Herabsetzung des Geschäftswertes könnte nur gemäß § 24 Kostenordnung erfolgen. Die Anwendung dieser Vorschrift scheidet jedoch aus, solange der Geschäftswert sich [nicht] aus anderen Vorschriften der Kostenordnung ergibt. Da § 21 II Kostenordnung anwendbar ist, kann mithin auf § 24 Kostenordnung nicht zurückgegriffen werden (vgl. auch OLG Hamm, JMBl NRW 1953, 186.

Zu einer nach allgemeinen Billigkeitserwägungen vorzunehmenden Herabsetzung des Geschäftswertes ist nach Auffassung der Kammer aus allgemeinen kostenrechtlichen Erwägungen kein Raum."

190. (Die Umstellung einer RM-Forderung richtet sich nach dem am Wohnsitz des Gläubigers geltenden Währungsrecht.) — Der in der Sowjetzone lebende Gläubiger braucht nur eine nach den sowjetzonalen Devisengesetzen zulässige Zahlung anzunehmen. — Den Wertunterschied zwischen DM-Ost und DM-West haben der in der Sowjetzone wohnhafte Gläubiger und sein im Bundesgebiet lebender Schuldner gemeinsam zu tragen. — Der Schuldner hat die auf DM-Ost lautende Kostenentscheidung eines sowjetzonalen Gerichts zum Nennbetrag in DM-West zu erfüllen.

LG Arnsberg, Beschl. v. 31. 1. 1957 — 3 T 164/56: * unveröff.

Die in E. (sowjet.) wohnhafte Gläubigerin betreibt gegen den im Bundesgebiet lebenden Schuldner die Zwangsvollstreckung aus einem Kostenfestsetzungsbeschluß des LG E. vom 20. 10. 1948 und verlangt die Ableistung des Offenbarungseides, da die zum Wechselstubenkurs erbrachte Leistung den Schuldner nicht voll befreit habe.

Das AG hat den Widerspruch des Schuldners für begründet erklärt; das LG hat jedoch der sofortigen Beschwerde der Gläubigerin stattgegeben.

Aus den Gründen:

„Zu Unrecht beruft sich das AG auf eine angeblich herrschende Meinung in Literatur und Rechtsprechung, wonach Schuldtitel der Sowjetzone, die auf DM-Ost lauten, in der Bundesrepublik in sinngemäßer Anwendung des § 244 II BGB in DM-West nach dem Wechselstubenkurs am Zahltag zu tilgen seien. Wenn auch vereinzelt solche Entscheidungen ergangen sind, so sind sie unzutreffend und werden der wirklichen Sach- und Rechtslage nicht gerecht. Es kann ihnen daher auch nicht gefolgt werden.

Der Gläubigerin steht gegen den Schuldner aus dem Kostenfestsetzungsbeschluß eine Forderung in Höhe von 157,94 RM zu. Da die Gläubigerin im Währungsgebiet der DM-Ost wohnt, hat sie zwar nur einen Anspruch auf Zahlung dieses Betrages in DM-Ost. Dieser Betrag muß ihr aber auf legalem Wege zufließen. Nach dem derzeitigen Stand der Gesetzgebung in der sowjetisch besetzten Zone (Ges. zur Regelung des innerdeutschen Zahlungsverkehrs vom 15. 12. 1950, GBl 1202 nebst DfBest. und Richtlinien vom 30. 12. 1950, GBl 1951, 18) und der für das Gebiet der Bundesrepublik Deutschland geltenden 19. und 37. DVO zum MilRegGes. Nr. 53 (vgl. *Baumbach-Lauterbach*, ZPO[20] Anm. Schlußanhang IV C 1) ist ein legaler Weg nur dann gegeben, wenn der Schuldner seine Zahlungen in DM-West auf ein Sperrkonto bei der BdL einzahlt, die den Gegenwert im Verhältnis 1:1 der Deutschen Notenbank zur Verfügung stellt. Da nur dieser Weg allein zulässig ist, auch mit im Wege der Zwangsvollstreckung beigetriebenen Beträgen so zu verfahren ist, ist nicht zweifelhaft, daß die Gläubigerin nach den Gesetzen in der Sowjetzone und in der Bundesrepublik Deutschland nur dann in den Genuß der Zahlung kommen kann, wenn dieser legale Weg eingehalten wird, andernfalls sich die Gläubigerin sowohl einer Strafverfolgung als auch der Beschlagnahme des Betrages aussetzen würde. Es ergibt sich auch hieraus keine Unbilligkeit für den Schuldner, da ihn die Vollstrekkung in DM-West nicht schlechter stellt, als wenn die Gläubigerin in Westdeutschland wohnen würde. Der Gläubigerin kann auch keine höhere Summe zufließen, als sie auf Grund des Titels in DM-Ost gehabt hätte. Denn die Gläubigerin kann sich durch die Umrechnung DM-West zu DM-Ost zum Wechselstubenkurs keinen ungerechtfertigten Vorteil verschaffen, weil sie über die BdL/Deutsche Notenbank lediglich den Gegenwert im Verhältnis 1:1 in DM-Ost ausgezahlt erhält.

Der Schuldner kann auch nicht in entsprechender Anwendung des § 244 II BGB die Forderung der Gläubigerin durch Zahlung des wertmäßig entsprechenden DM-West-Betrages, der nach dem Kurswert der Berliner Wechselstuben dem geschuldeten DM-Ost-Betrag entspricht, tilgen. Der BGH hat in seiner hierfür maßgeblichen Entscheidung (NJW 1954, 1200[1]) mit zutreffender Begründung ausgeführt, daß eine solche Zahlungsweise nicht mit dem Grundsatz der Gerechtigkeit vereinbar sei, da sie nicht zur vollen Befriedigung des Gläubigers führen würde. Bei der tatsächlichen im West-Ost-Zahlungsverkehr gegebenen Lage führt die entsprechende Anwendung des § 244 II BGB dazu, daß der ostdeutsche Kostengläubiger nur einen Bruchteil seiner Kostenforderung erhält, da ihm bekanntlich nur der Nennbetrag der in DM-West auf Sperrkonto gezahlten Summe in DM-Ost zufließt. Es geht nicht an, den Sowjetzonenbewohner als Gläubiger mit dem Währungsverlust als einer Folge der dortigen Währungsgesetzgebung, die er nicht zu vertreten hat, zu belasten. Bei dieser aus dem genannten Beschluß des BGH geschöpften Überzeugung verkennt die Kammer nicht, daß der

[1] Siehe oben Nr. 181.

Entscheidung des BGH und dem vorliegenden Beschluß verschiedene Sachverhalte zugrunde liegen. Der BGH hatte darüber zu entscheiden, ob der in der Bundesrepublik wohnende, auf Grund der Entscheidung eines Gerichts der Bundesrepublik zur Erstattung von Prozeßkosten Verpflichtete diese prozeßrechtliche Verpflichtung gegenüber dem in der Sowjetzone wohnenden Berechtigten durch Zahlung von DM-West auf ein Sperrkonto so zu erfüllen habe, daß der Berechtigte hinsichtlich der ihm in DM-Ost erwachsenen notwendigen Prozeßkosten im Rahmen der Kostenentscheidung auch tatsächlich freigestellt wird. Der Unterschied besteht darin, daß es sich im vorliegenden Falle um einen Kostenfestsetzungsbeschluß eines Gerichts der Sowjetzone handelt. Dieser Unterschied muß aber ohne Einfluß auf die Entscheidung bleiben. Wirtschaftlich ist es im Endergebnis nämlich das gleiche, ob der Schuldner auf Grund eines von einem Gericht der Bundesrepublik oder eines von einem sowjetzonalen Gericht erlassenen Kostenfestsetzungsbeschlusses zu erfüllen hat, denn im wirtschaftlichen Ergebnis ist für diese Frage der Sachverhalt der gleiche. Soweit bisher die OLG Braunschweig, Schleswig-Holstein und Hamm die gegenteilige Auffassung vertreten hatten, hat inzwischen das OLG Schleswig-Holstein mit Rücksicht auf die genannte Entscheidung des BGH seine Rechtsprechung ausdrücklich aufgegeben. [Das Gericht zitiert einen längeren Auszug aus der Entscheidung des SchlHolOLG vom 7. 12. 1954[1].]

Daraus folgt also, daß mindestens das OLG Schleswig-Holstein inzwischen seine frühere anderslautende Rechtsprechung aufgegeben hat. Ob das OLG Braunschweig mit einer derartigen Frage nach dem Beschluß des BGH befaßt worden ist, ist nicht bekannt. Es ist aber anzunehmen, daß es sich dann wohl auch der bundesrichterlichen Rechtsprechung anschließen würde. Es kann deshalb auch die Entscheidung des OLG Hamm in 15 W 70/55[2] — die den Wechselstubenkurs der DM-West zur DM-Ost deshalb für schuldtilgend hält, weil die Gesetzgebung der Sowjetzone und das dort geübte, dem Wertverhältnis der beiden Währungen keine Rechnung tragende Umrechnungsverfahren nicht zu Lasten des im Bundesgebiet wohnenden Schuldners gehen dürfe — die Überzeugung der erkennenden Kammer von der Richtigkeit der Auffassung des BGH [nicht] erschüttern. Zudem haben zahlreiche andere Gerichte der Bundesrepublik den hier vertretenen Standpunkt geteilt, so LG Wiesbaden — 4 T 54/55[3]; LG Bielefeld — 3 T 361/55; LG Münster — 5 T 592/55; AG Mannheim — 3 M 187/56; AG München — 16 M 6692/55; LG Kassel — 6 T 91/56; LG Fulda — 2 T 29/56[4]; AG Fulda — 5 M 917/56; LG Fulda — 2 T 3/57.

Auch diese genannten Entscheidungen lassen mit überzeugender Begründung unter Hinweis auf die Rechtsprechung des BGH den hier vertretenen Standpunkt erkennen.

Der Schuldner ist also durch die nach dem Umrechnungskurs der Berliner Wechselstuben gezahlte Summe in DM-West nicht befreit

---

[1] Siehe oben Nr. 184.
[2] Siehe oben Nr. 165.
[3] Siehe oben Nr. 186.
[4] Siehe oben Nr. 171.

worden, er hat nur einen Teil seiner Kostenschuld bezahlt und ist, soweit er fruchtlos gepfändet ist, zur Leistung des Offenbarungseides verpflichtet."

VII. Devisenrecht

191. Ein im Bundesgebiet wohnhafter Schuldner kann eine Verbindlichkeit gegenüber einem in der Sowjetzone wohnhaften Gläubiger nur dann in DM-Ost tilgen, wenn die Zahlung nach den Devisenvorschriften sowohl des Bundesgebiets als auch der Sowjetzone zulässig ist. — Ein in der Sowjetzone wohnhafter Unterhaltsgläubiger braucht nur solche Zahlungen anzunehmen, die nach dem Devisenrecht seiner Zone zulässig sind.

LG Frankfurt a. M., Beschl. v. 17. 9. 1954 — 2/1 T 76/54: DAVorm. 27 (1954/55) 276.

„Wie die Kammer schon in der Sache 2/1 S 873/53 ausgesprochen hat, braucht der Unterhaltsberechtigte in der sowjet. Besatzungszone nur solche Zahlungen anzunehmen, die nach dem Devisenrecht seiner Zone zulässig sind. Die Zahlungsweise des Bekl. ist nach dem Ges. über den innerdeutschen Zahlungsverkehr vom 15. 12. 1950 verboten. Dritte Personen, die in der sowjet. Zone wohnen, dürfen die Schuldverpflichtungen des Bekl. nicht ohne Genehmigung der Deutschen Notenbank erfüllen. Die Kl. würde sich durch die Annahme der von dritten Personen angebotenen Zahlungen in DM-Ost strafbar machen. Der Bekl. kann sich von seiner Unterhaltspflicht nur dann durch Zahlung in DM-Ost befreien, wenn die Zahlungsweise sowohl nach dem Devisenrecht der Bundesrepublik wie auch nach dem Devisenrecht der sowjet. Zone gestattet ist. Da der Bekl. den Unterhalt nicht in devisenrechtlich zulässiger Weise angeboten hat, hat die beabsichtigte Rechtsverfolgung Aussicht auf Erfolg."

192. Ein Vertrag, der eine Person mit Wohnsitz in der Sowjetzone zu einer Zahlung an eine Person mit Wohnsitz in Westdeutschland verpflichtet, kann auch nach Vertragsabschluß noch genehmigt werden; bis zur Erteilung der Genehmigung ist der Vertrag schwebend unwirksam.

OG der DDR (sowjet.), Urt. v. 25. 8. 1955 — 1 Zz 105/55: OGZ 4, 147; NJ 1955, 704.

Aus den Gründen:

„Zutreffend hat das Bezirksgericht festgestellt, daß der zwischen den Erben, den Töchtern des Franz S., abgeschlossene Erbauseinandersetzungsvertrag einer Genehmigung durch die vom Ministerium der Finanzen beauftragte Stelle deshalb bedurft hat, weil mit ihm eine Zahlungsverpflichtung an die in Westdeutschland wohnende Frau L. übernommen worden ist. Wenn Gegenstand des vorliegenden Rechtsstreits auch ausschließlich die Herausgabe von Sachwerten ist, so muß der Vertrag doch als Ganzes betrachtet werden, da er neben Vereinbarungen über Sachwerte eben auch solche über Geldleistungen enthält. Die vom Bezirksgericht aus den §§ 1 und 6 des Ges. zur Regelung des innerdeutschen Zahlungsverkehrs abgeleitete Rechtsauffassung, ein ohne vorherige Genehmigung abgeschlossener Vertrag verstoße gegen ein gesetzliches Verbot und sei daher nichtig, ist dagegen unrichtig. Eine Auslegung des Gesetzes in diesem Sinne bedeutet eine Verkennung seines Inhaltes und Zweckes. Die Bestimmung, daß u. a. Zahlungsverpflichtungen an Personen, die ihren Wohnsitz in Westdeutschland haben, ohne vorherige Genehmigung nicht zu begründen sind, kann nur dahin ausgelegt werden, daß die Ausführung einer vertraglich übernommenen Zahlungsverpflichtung nicht erfolgen darf, bevor nicht die Genehmigung dazu erteilt worden ist. Dagegen wird in aller Regel ein für die Vertragschließenden vorbehaltlich der Zustimmung verbindliches Rechtsgeschäft bereits vor deren Einholung abgeschlossen sein müssen, weil die hierfür zuständigen Stellen — das Ministerium der Finanzen oder die Abteilung Finanzen der Räte der Bezirke — erst an Hand konkret vorliegender Verträge prüfen und entscheiden können, ob die darin getroffenen Vereinbarungen den Erfordernissen des innerdeutschen Zahlungsverkehrs genügen. Wollte man den Zeitpunkt der Einleitung eines Genehmigungsverfahrens oder sogar die Erteilung der Genehmigung vor den Abschluß eines Rechtsgeschäfts verlegen, würde nicht nur der Rechtsverkehr wesentlich gehemmt, sondern auch die entsprechende Verwaltungstätigkeit würde damit erschwert. Diese müßte dann nämlich neben den Vertragschließenden in jedem Falle an der konkreten Festlegung des Vertragsinhalts mitwirken, auf Grund dessen eine Zahlungsverpflichtung übernommen wird. Das wäre aber nich tnur eine ungemein einschneidende Maßnahme für die Vertragsparteien, sondern würde auch über das gesetzliche Ziel, den innerdeutschen Zahlungsverkehr finanzbehördlich zu kontrollieren und zu regeln, weit hinausgehen.

Es ist also zulässig, Verträge abzuschließen, für die die Zustimmung der vom Ministerium der Finanzen beauftragten Stelle noch eingeholt werden soll und die bis zu deren Erteilung schwebend unwirksam sind."

193. **(Die Übertragbarkeit eines Devisenbonus bestimmt sich nach dem Recht derjenigen Zone, welche den Devisenbonus gewährt und in welcher der Abtretende sowie die Devisenstelle ihren Sitz haben.)**

BGH, Urt. v. 30. 1. 1956 — II ZR 145/54: WM IV B 1956, 360.

Verschiedene Firmen mit Sitz in der französ. Besatzungszone haben im Jahre 1949 durch Vermittlung des Kl. Devisenbonus-Gutschriften an die Bekl., eine Firma mit Sitz außerhalb der französ. Zone, übertragen. Die Außenhandelsstelle Koblenz hat die Dollar-Gutschriften von den Konten der Veräußerer auf das Konto der Bekl. umgebucht.

Der Kl. hat vorgetragen, daß die Bekl. ihm eine Provision von 1% auf die vermittelten Bonusbeträge von 143939 US-$ zugesagt habe; die Bekl. schulde ihm daher den Gegenwert von 1439 $ in DM. Die Bekl. hat geltend gemacht, die vom Kl. vermittelten Geschäfte seien nichtig, weil die Übertragung von Dollarbonus-Gutschriften devisenrechtlich verboten gewesen sei.

Das LG hat der Klage stattgegeben, das OLG hat sie abgewiesen. Die Revision des Kl. führte zur Wiederherstellung des landgerichtlichen Urteils.

Aus den Gründen:

„Das Berufungsgericht hat den Provisionsanspruch des Kl. für unbegründet erachtet, weil die ihm zugrunde liegenden Geschäfte wegen

Verstoßes gegen Art. 1 Ib des MilRegGes. Nr. 53 in der am 19. 9. 1949 in Kraft getretenen Fassung i. V. m. den JEIA-Anweisungen Nr. 6 vom 23. 9. 1947 und Nr. 20 vom 21. 6. 1948 nichtig seien. Diese Auffassung ist rechtlich nicht haltbar. Denn abgesehen davon, daß nach der neueren Rechtsprechung ungenehmigte Devisengeschäfte — den Fall der beiderseits bewußten Zuwiderhandlung ausgenommen — nicht schechthin nichtig, sondern nur schwebend unwirksam sind (BGH, WM 1955, 1385), hat das Berufungsgericht vor allem übersehen, daß die Rechtsnatur der Devisenbonus-Gutschriften wie auch die für ihre Erteilung und Verwendung geltenden Bestimmungen in der französ. Besatzungszone andere waren als in der ehemaligen Bi-Zone. Aus den vom Senat eingeholten Rechtsauskünften der BdL, der Außenhandelsstelle der Industrie- und Handelskammer für die Pfalz in Neustadt a. d. W. und der Industrie- und Handelskammer Baden-Baden, die in der Revisionsinstanz unbedenklich verwertet werden können, da sie sich nicht auf Tatfragen, sondern lediglich auf die in der französ. Zone seinerzeit bestehende Rechtslage beziehen, ergibt sich nämlich folgendes:

1. Das Devisenbonusverfahren war in der französisch besetzten Zone von vornherein abweichend von den im brit.-amerik. Besatzungsgebiet gültigen Vorschriften geregelt. Erst Monate nach der Gewährung von Devisenbonus-Gutschriften durch die JEIA an Exporteure in der Bizone entschloß sich auch das französische Außenhandelszentralamt Office du Commerce Exterieur (OFICOMEX), das im Laufe des Jahres 1949 auf Grund der VO Nr. 189 (JO 1761) in eine Zweigstelle der JEIA mit dem Sitz in Baden-Baden umgewandelt wurde, für Ausfuhren aus der französ. Zone einen Devisenbonus zu gewähren. Jedoch lehnte diese Behörde es ausdrücklich ab, das für die Bizone maßgebende Devisenbonusverfahren auch im französ. Besatzungsgebiet einzuführen. Anders als in der Bizone wurden deutsche Stellen in das Verfahren zunächst nicht eingeschaltet. Lediglich die Benachrichtigung der bonusberechtigten Exportfirmen wurde den Industrie- und Handelskammern übertragen. In mehreren Rundschreiben wurden die Bonusempfänger ausdrücklich darauf hingewiesen, daß es sich bei den Bonusbeträgen nicht um effektive Devisenwerte, sondern lediglich um eine Anwartschaft auf Erteilung einer Devisenerwerbsgenehmigung für die Einfuhr bestimmter Waren, die Finanzierung von Auslandsreisen oder die Bezahlung sonstiger Nebenkosten im Ausland handele. Dementsprechend vertritt die BdL die Auffassung, daß die Devisenbonus-Gutschriften nicht als Devisenwerte im Sinne von Art. X (d) des MilRegGes. Nr. 53 (Neufassung) bzw. der VO Nr. 235 des französ. Hohen Kommissars vom 18. 9. 1949 anzusehen seien. Dem schließt sich der Senat jedenfalls insoweit an, als die in der französ. Zone zugeteilten Dollarbonusbeträge in Frage stehen. Denn wenn diese Gutschriften für die begünstigten Firmen keine effektiven Dollarguthaben begründeten, über die sie unmittelbar verfügen konnten, sondern ihnen lediglich ein Anrecht auf die Genehmigung von Warenimporten und anderen Aufwendungen bis zur Höhe des gutgeschriebenen Betrages gaben, so handelte es sich dabei nicht um Devisenwerte im Sinne der Begriffsbestimmung des Art. X (d) MilRegGes.

Nr. 53/VO Nr. 235, insbesondere nicht um Ansprüche, die auf eine außerdeutsche Währung lauteten (Art. X d Nr. 3 II). Die Abtretung von Bonusgutschriften war daher kein nach Art. 1 I a) und b) MilRegGes. Nr. 53/VO Nr. 235 verbotenes Geschäft, das Devisenwerte zum Gegenstand hatte oder sich auf solche bezog.

2. Allerdings konnten die JEIA bzw. OFICOMEX als die für den deutschen Außenhandel und die Devisenbewirtschaftung zuständigen Besatzungsdienststellen die Abtretung von Bonusgutschriften durch besondere Anordnung ausschließen (vgl. auch Art. X (d) Nr. 6 MilRegGes. Nr. 53/VO Nr. 235). Im Vereinigten Wirtschaftsgebiet ist dies auch tatsächlich geschehen. Die JEIA-Anweisung Nr. 6 führte zunächst sogenannte Bonusgutscheine A (für Materialeinkäufe) und B (zur Verwendung für die Belegschaft) ein, die auf den Namen des Exporteurs ausgestellt wurden, auf einen bestimmten Dollarbetrag lauteten und ausdrücklich für nicht übertragbar erklärt waren. An die Stelle der Bonus-A-Gutscheine traten dann nach der JEIA-Anweisung Nr. 20 in gewissem Umfang, nämlich für Textil- und Keramikausfuhren, Devisengutschriften bei einer Außenhandelsbank, die ebenfalls auf den Namen des Ausführers erfolgten und für ihn im Rahmen des zugelassenen Verwendungszwecks frei verfügbar, jedoch wiederum unübertragbar waren. Im vorliegenden Fall kommt es indessen nicht auf den Rechtszustand im Vereinigten Wirtschaftsgebiet, sondern allein auf das in der französ. Besatzungszone geltende Recht an. Denn die vom Kl. vermittelten Dollarbonusbeträge waren in der französ. Zone angefallen und unterlagen ausschließlich der Bewirtschaftung durch die dortigen Behörden. Nach einem Rundschreiben der Außenhandelsstelle in Koblenz vom 26. 9. 1949 waren auch bei Einschaltung eines Importeurs der Bizone die Unterlagen über die Verwendung des Devisenbonus bei dieser Stelle einzureichen, die sie wiederum nach erfolgter Genehmigung einer Außenhandelsbank in der französ. Zone vorlegen mußte. So sind denn auch die an die Bekl. abgetretenen Bonus-Gutschriften nicht etwa über eine Verwaltungsstelle der Bizone, sondern über die Koblenzer Außenhandelsstelle abgewickelt worden.

In der französ. Besatzungszone sind aber, wie die Auskünfte der Industrie- und Handelskammer Neustadt und Baden-Baden bestätigen, die JEIA-Anweisungen Nr. 6 und 20 oder ihnen entsprechende Vorschriften auch nach der Verschmelzung des OFICOMEX mit der JEIA nicht in Kraft getreten. Im Laufe des Jahres 1949 kam es zwischen der JEIA Baden-Baden und der Industrie- und Handelskammer Baden-Baden als der federführenden deutschen Stelle zu Verhandlungen, die Ende Juli 1949 zu dem Ergebnis führten, daß den Industrie- und Handelskammern der französ. Zone als Außenhandelsstellen außer der weiteren Benachrichtigung der Bonusempfänger auch die Vorprüfung und Überwachung der Bonusverwendung und die Buchführung über die Ausgaben übertragen wurden. Um dieselbe Zeit wurde im Hinblick auf die Tatsache, daß die überwiegend im Holzgeschäft tätigen Exporteure der französ. Zone für die ihnen zugeteilten Bonusbeträge vielfach keine Verwendung hatten und die Anwartschaften damit der französ. Zone verloren zu gehen drohten, in verschiedenen Besprechungen die Frage der grundsätzlichen Übertragbarkeit von Bonusgutschriften dahin geklärt, daß nunmehr jede bonusberechtigte Firma den Bonus an einen Importeur übertragen durfte mit dem Auftrag, Waren für sie einzukaufen, und daß ferner auch die Außenhandelsstellen der Industrie- und Handelskammern ermächtigt wurden, nicht ausgenutzte Bonusbeträge auf andere Betriebe zu übertragen. Hierüber erschien am 23. 8. 1949 im Nachrichtendienst der Vereinigten Wirtschaftsdienste eine Pressenotiz. Außerdem wurden die Bonusinhaber in verschiedenen Rundschreiben darauf aufmerksam gemacht, daß eine unmittelbare Abtretung von Bonusbeträgen möglich sei, sofern die Außenhandelsstelle hiervon in Kenntnis gesetzt werde, so in den Rundschreiben der Außenhandelsstelle Koblenz vom 26. 9. 1949 und der Industrie- und Handelskammer in Neustadt vom 7. 10. 1949 und 7. 2. 1950. Demgemäß wurden nunmehr mit Billigung der Landeswirtschaftsministerien der französ. Zone laufend Übertragungen von Bonusgutschriften vorgenommen, die jeweils der buchführenden Stelle gemeldet werden mußten. Daraus geht hervor, daß die Bonusgutschriften in der französ. Zone im Gegensatz zu der im Vereinigten Wirtschaftsgebiet geltenden Regelung grundsätzlich als übertragbar angesehen wurden und daß diese rechtliche Möglichkeit einer Abtretung spätestens seit dem Herbst 1949 zugleich mit der Einschaltung der deutschen Außenhandelsstellen in das Bonusverfahren auch praktisch verwirklicht werden konnte.

3. Die Zulässigkeit der vom Kl. vermittelten Bonusgeschäfte wird auch nicht dadurch in Frage gestellt, daß die Gutschriften hier auf eine außerhalb der französ. Zone ansässige Firma übertragen worden sind. Nach dem schon erwähnten Rundschreiben der Außenhandelsstelle Koblenz vom 26. 9. 1949 konnte auch ein Importeur der Bizone in die Verwertung der Bonusbeträge eingeschaltet werden. Freilich verfolgten die geschilderten mündlichen und schriftlichen Vereinbarungen zwischen der alliierten und deutschen Außenhandelsstelle in erster Linie das Ziel, Bonusbeträge, die zu verfallen drohten, auf irgendeine Weise der gegenüber der Bizone ohnehin benachteiligten Wirtschaft der französ. Zone nutzbar zu machen, sei es durch Einschaltung eines Importeurs, sei es durch Übertragung der Gutschriften auf einen anderen Betrieb, dessen Einfuhrbedarf über den ihm bereits zugeteilten Bonus hinausging. Ob die an die Bekl. abgetretenen Bonusgutschriften tatsächlich diesem Zweck entsprechend verwendet worden sind, ist aus dem von den Parteien vorgetragenen Sachverhalt nicht klar ersichtlich. Darauf kommt es aber auch nicht entscheidend an. Die Wirksamkeit der vom Kl. vermittelten Geschäfte hängt vielmehr allein davon ab, ob in der französ. Zone ein gesetzliches Verbot im Sinne des § 134 BGB bestand, das die Übertragung von Bonusgutschriften grundsätzlich ausschloß. Nach den übereinstimmenden Auskünften der vom Senat befragten Stellen war dies nicht der Fall. Die für Devisenfragen zuständige JEIA hatte die Übertragbarkeit sogar ausdrücklich anerkannt und lediglich die auf den Bonus einzuführenden Warengattungen durch Verbotslisten beschränkt. Devisenrechtliche Bedenken können im vorliegenden Fall um so weniger bestehen, als weder die Außenhandelsstelle in Koblenz, die von der Ab-

tretung der Bonusgutschriften an die Bekl. ordnungsgemäß unterrichtet worden ist, noch die JEIA, die auf Grund der ihr einzureichenden Lizenzanträge die Verwendung des Bonus genau kontrollieren konnte und daher von der Abtretung ebenfalls Kenntnis haben mußte, irgendwelche Beanstandungen erhoben haben und die Bonusbeträge über diese Stellen reibungslos abgewickelt worden sind."

194. Schuldbefreiend wirken nur devisenrechtlich zulässige Zahlungen. — Diese Regel gilt auch für Zahlungen in DM-Ost, durch welche sich der im Bundesgebiet wohnhafte Schuldner von seiner Unterhaltspflicht gegenüber dem in der Sowjetzone wohnhaften Berechtigten befreien kann.

AG Uslar, Urt. v. 24. 7. 1956 — 4 C 177/56: *DAVorm. 29 (1956/57) 158.

Durch Urteil des LG G. (Bundesgebiet) vom 7.2.1951 wurde der in W. (Bundesgebiet) wohnhafte Kl. rechtskräftig verurteilt, dem in Ch. (sowjet.) lebenden Bekl. eine Unterhaltsrente von jährlich 351 RM bzw. DM zu zahlen. Ihm wurde nachgelassen, sich durch Zahlung eines seiner Unterhaltspflicht entsprechenden DM-Ost-Betrages zu befreien, solange sich der Kl. in der Ostzone aufhält.

Durch Beschluß des AG U. (Bundesgebiet) pfändete der Bekl. den Lohnanspruch des Kl. gegen die Firma I.-GmbH in U. wegen eines Unterhaltsrückstandes von 2495 DM sowie wegen der laufenden Unterhaltsrente und ließ ihn sich zur Einziehung überweisen.

Der Kl. hat Vollstreckungsgegenklage erhoben mit der Behauptung, daß er seit dem 1. 2. 1956 die Begünstigung im Urteil des LG vom 7. 2. 1951 ausgenutzt und monatlich insgesamt 50 DM durch Vermittlung eines Bankinstitutes in Ostwährung an den Bekl. überwiesen habe, und zwar bis Mai 1956. Er habe damit seine Unterhaltsverpflichtung erfüllt. Im übrigen beabsichtige er, seine Unterhaltspflicht nunmehr über seinen in der Sowjetzone lebenden Bruder zu erfüllen, mit dem er eine entsprechende Abrede getroffen habe.

Das AG hat die Klage abgewiesen.

Aus den Gründen:

„Der Kl. hat weder seine Unterhaltsrückstände bezahlt, noch ist er seiner laufenden Unterhaltszahlung ab 1. 2. 1956 mit befreiender Wirkung nachgekommen. Die Zahlung von 50 DM in Ostwährung durch Vermittlung eines Bankinstituts stellt keine Erfüllung seiner Schuld dar. Der Bekl. hat sich mit einer solchen illegalen Überweisung der monatlichen Unterhaltszahlung nicht einverstanden erklärt. Wenn er mit dem Kl. über die Höhe der monatlich von diesem zu leistenden Abschlagszahlungen verhandelt hat, dann immer unter der selbstverständlichen Voraussetzung, daß diese Zahlungen auf gesetzlichem Wege erfolgen. Auch das Urteil des LG Göttingen vom 7. 2. 1951 kann nur dahin ausgelegt werden, daß eine Zahlung in DM-Ost den Kl. nur dann befreien soll, wenn sie im Einklang mit den devisenrechtlichen Bestimmungen steht. Dagegen aber hat der Kl. mit seinen Zahlungen verstoßen. Auch die von ihm beabsichtigte Zahlung durch einen in der Ostzone lebenden Bruder genügt den gesetzlichen Anforderungen nicht. Der Kl. hat also seine Unterhaltsverpflichtungen gegenüber dem Bekl. nicht erfüllt; der Pfändungs- und Überweisungsbeschluß, gegen den er sich wendet, besteht daher zu Recht."

195. **Ist auf Grund westdeutscher Devisenbestimmungen die Unterhaltsrente für eine in der Sowjetzone wohnhafte Unterhaltsberechtigte auf ein Sperrkonto der Gläubigerin bei einer westdeutschen Bank zu zahlen, so ist die Pfändung dieses Sperrkontos jedenfalls insoweit zulässig, als die Gläubigerin über das Konto frei verfügen kann. — Sowjetzonale Devisenvorschriften können nicht auf ihre Rechtsgrundlage überprüft werden. — Die durch sowjetzonale Devisenvorschriften begründeten (strafrechtlichen) Hindernisse bei der Verwendung von Guthaben sind von einem westdeutschen Gericht zu beachten; die Beachtung reicht jedoch nur so weit, wie dies die tatsächlichen Verhältnisse gebieten.**

KG Berlin-West, Beschl. v. 27. 5. 1957 — 1 W 227/57: NJW 1957, 1443; Auszug in DRsp. II (250) 37 d; Leitsätze in DRiZ 1958 B 12 Nr. 163 und Archiv-Bericht 1957, 133.

Der in West-Berlin wohnhafte Gläubiger hat der in der Sowjetzone lebenden Schuldnerin, seiner geschiedenen Ehefrau, als Unterhalt monatlich 88 DM-West auf ein Sperrkonto der Schuldnerin bei einer Westberliner Bank zu zahlen. Auf Grund eines gegen die Schuldnerin erwirkten Kostenfestsetzungsbeschlusses über 142,75 DM hat der Gläubiger den Anspruch der Schuldnerin auf das Sperrguthaben gepfändet.

Die Schuldnerin hat gegen die Pfändung Erinnerung eingelegt mit der Begründung, daß ihr Sperrguthaben ausschließlich aus angesammelten Unterhaltsbeträgen bestehe und daher nicht pfändbar sei.

Das AG hat die Erinnerung zurückgewiesen; das LG hat der Beschwerde der Schuldnerin stattgegeben. Das KG hat diese Entscheidung aufgehoben und die Beschwerde des Gläubigers zurückgewiesen.

Aus den Gründen:

„Bei der Unterhaltsforderung der Schuldnerin gegen den Gläubiger auf Zahlung von monatlich 88 DM-West handelte es sich um eine auf gesetzlicher Vorschrift beruhende Unterhaltsrente, die nach § 850 b I Ziffer 2 ZPO grundsätzlich unpfändbar ist. Eine bedingte Pfändbarkeit nach § 850 b II ZPO entfällt, weil die Forderung gemäß § 850 b I ZPO unter der Pfändungsgrenze von 169 DM monatlich liegt. Den Pfändungsschutz genießt nach dem Gesetz die ‚Unterhaltsrente', d. h. die Forderung des Unterhaltsberechtigten gegen den Unterhaltsschuldner, nicht aber dasjenige, was auf Grund der Forderung an den Berechtigten geleistet wird. Hier hat der Beschwerdeführer den Geldbetrag auf ein Bankkonto seiner unterhaltsberechtigten Ehefrau eingezahlt. Dadurch ist die Unterhaltsforderung insoweit nach § 362 II BGB erloschen.

An ihrer Stelle hat die Berechtigte einen Anspruch gegen die Bank auf Auszahlung des nunmehr entstandenen Guthabens erworben. Ob dabei die Einzahlung auf ein freies Bankkonto oder auf ein Sperrkonto erfolgt ist, hat für die Frage der Unpfändbarkeit im Sinne des § 850 b I Ziffer 2 ZPO keine Bedeutung. Denn in jedem dieser beiden Fälle beruht der Anspruch der Unterhaltsberechtigten gegen die Bank auf einem anderen Rechtsgrunde und ist von der ursprünglichen Unterhaltsforderung rechtlich verschieden. Die Einzahlung auf ein Sperrkonto der Unterhaltsberechtigten schränkt daher die Pfändbarkeit des Anspruchs auf Auszahlung des Guthabens in keiner Weise ein; vielmehr unterliegt auch der Anspruch des Inhabers eines Sperrkontos gegen die Bank auf Auszahlung seines Guthabens grundsätzlich der Pfändung.

Soweit die Ansicht vertreten wird, der Anspruch auf Auszahlung eines Guthabens auf einem (freien) Bankkonto, welches durch Einzahlungen entstanden ist, die zur Tilgung unpfändbarer Forderungen vorgenommen worden sind, genieße allgemein denselben Pfändungsschutz wie die ursprüngliche Forderung (so im Ergebnis *Baumbach-Lauterbach*, ZPO[24] Einführung zu §§ 850 bis 852 Anm. 1 A), kann diese auch bei Berücksichtigung des Zweckes der Pfändungsschutzvorschriften nicht gebilligt werden. . . .

Bei einem DM-Sperrkonto, welches einem im Währungsgebiet der DM-Ost wohnenden Berechtigten zusteht, sind allerdings weitere Gesichtspunkte zu beachten. Nach Art. 1 Nr. 1 h der VO Nr. 500 über Devisenbewirtschaftung und Kontrolle des Güterverkehrs vom 15. 7. 1950 — VOBl 1950 I 304 — i. V. m. Abschnitt B Nr. 1 der Allgemeinen Genehmigung Nr. 75/55 der Berliner Zentralbank vom 28. 10. 1955 (GVBl 951) können an einen im Währungsgebiet der DM-Ost wohnenden Gläubiger von einem im Währungsgebiet der DM-West wohnenden Schuldner Zahlungen grundsätzlich nur in der Weise geleistet werden, daß diese auf ein Sperrkonto bei einem Geldinstitut im Währungsgebiet der DM-West erfolgen. Daß die Zahlungen auf ein solches Konto vorgenommen werden, beruht also nicht auf der freien Entschließung des Kontoinhabers. Andererseits ist durch die Allgemeine Genehmigung Nr. 75/55 neben anderen Erleichterungen in Abschnitt A Teil I Nr. 1 angeordnet, daß an den Inhaber eines solchen Sperrkontos oder an bestimmte von ihm ermächtigte Familienangehörige Beträge bis zu 1000 DM-West monatlich ausgezahlt werden dürfen. Die rechtliche Verfügungsmacht des Kontoinhabers ist mithin im Ergebnis, wenn es sich, wie hier, nicht um höhere Beträge handelt, nicht eingeschränkt. Für eine freie Verfügungsmacht in dem oben erörterten Sinne muß diese Rechtslage als ausreichend angesehen werden. Denn der Berechtigte ist in der Lage, das Guthaben für seine Zwecke zu verwenden. Zwar ist zu berücksichtigen, daß das Sperrkonto nicht bei einem Geldinstitut am Wohnort des Berechtigten besteht und daß die Verfügung über das Konto seine Anwesenheit oder diejenige eines Familienangehörigen in West-Berlin erfordert. Das mag je nach der Lage des Wohnortes des Berechtigten und nach den Umständen des Einzelfalles mit mehr oder weniger großen Schwierigkeiten verbunden sein. Ferner trifft es zu, daß ein Berechtigter mit dem Wohnsitz im Währungsgebiet der DM-Ost nach den dort geltenden Bestimmungen weder die von dem Sperrkonto abgehobenen Westmarkbeträge noch dafür eingetauschte Ostmarkbeträge noch in West-Berlin erworbene Konsumgüter in das Währungsgebiet der DM-Ost verbringen darf. Allerdings kommt es, entgegen der Ansicht des Beschwerdeführers, nicht darauf an, ob diese Bestimmungen zu Recht oder zu Unrecht bestehen, sondern maßgebend ist allein, daß sie bestehen und zur Folge haben, daß der Berechtigte in gewissem Umfange in der Verwendung des Guthabens behindert ist. Den tatsächlichen

Verhältnissen würde es aber nicht entsprechen, wenn man mit dem LG annehmen wollte, daß die im Währungsgebiet der DM-Ost wohnenden Berechtigten unbeschadet der entgegenstehenden dortigen Bestimmungen überhaupt nicht in der Lage wären, eingetauschte Ostmark oder in West-Berlin erworbene Konsumgüter nach ihrem Wohnort mitzunehmen oder sie in West-Berlin für ihre Zwecke zu verwenden. Die hierfür gegebenen Möglichkeiten sind so mannigfaltig, daß die Frage der Pfändbarkeit auch nicht von der besonderen Lage des jeweiligen Berechtigten, die ihm die tatsächliche Verwendung des Guthabens in größerem oder geringerem Umfange gestattet, abhängig gemacht werden kann.

Im vorliegenden Falle ist eine freie Verfügungsmacht der Schuldnerin auf Grund der oben angeführten devisenrechtlichen Bestimmungen anzunehmen. Da daß Guthaben der Schuldnerin unter einem Betrage von 1000 DM liegt, konnte sie über den ganzen Betrag uneingeschränkt verfügen."

196. Ein auf „DM" lautendes Zahlungsurteil eines westdeutschen Gerichts ist auf Zahlung von DM-West gerichtet. — Die Erfüllung einer auf DM-West lautenden Verbindlichkeit kann auch durch Zahlung von DM-Ost erfolgen. — Der in der Sowjetzone wohnhafte Gläubiger ist nicht verpflichtet, eine gegen das sowjetzonale Devisenrecht verstoßende Zahlung anzunehmen.

LG München I, Urt. v. 6. 6. 1957 — 12 S 30/57: DAVorm. 30 (1957/58) 171; Leitsatz in ArchJugR 1957, 57.

Aus den Gründen:

„Das AG ist zutreffend davon ausgegangen, daß der zugrunde liegende Schuldtitel auf Zahlung in DM-West lautet. Der Meinung des Kl., daß der Vollstreckungstitel bei Verurteilung zur Zahlung in DM es nach Wahl des Schuldners dahingestellt sein lasse, in DM-Ost oder DM-West zu erfüllen, kann nicht beigepflichtet werden. Die Meinung, daß eine Verurteilung zu DM schlechthin erfolgt sei, mangelt schon der gemäß § 253 II Ziffer 2 ZPO erforderlichen Bestimmtheit. Eine Verurteilung kann nur auf eine bestimmte Leistung ergehen. Die Entscheidung, in welcher Währung zu zahlen ist, ist schon im Erkenntnisverfahren gefällt worden und konnte nicht der Vollstreckung vorbehalten werden. In der Bundesrepublik Deutschland gilt die DM-Währung. . . .

In der sowjet. Besatzungszone (DDR) gilt eine Währung, deren Rechnungseinheit ebenfalls als DM bezeichnet wird. Alleiniges gesetzliches Zahlungsmittel sind die Noten der ‚Deutschen Notenbank' (vgl. ZVOBl 1948, 217, 220, 291, 295). Es bedarf keiner weiteren Ausführungen, daß wegen der Verschiedenheit des Ausgebers und des Währungsgebietes es sich trotz der gleichen Benennung der Rechnungseinheit tatsächlich um verschiedene Währungen handelt.

Die Zahlung einer Verbindlichkeit an einen Gläubiger in der Ostzone bedarf grundsätzlich devisenrechtlicher Genehmigung, die durch die 19. DVO zum UG allgemein mit der Maßgabe [als erteilt] gilt, daß die Zahlung auf ein Sperrkonto (§ 26 II UG) einer Bank oder eines Postscheckamtes in DM-West erfolgen dürfe. Die Allgemeine Genehmigung Nr. 27/49 der BdL ist aufgehoben. An ihrer Stelle bestimmt die Allgemeine Genehmigung Nr. 75/55 der BdL vom 19. 10. 1955 (BAnz. Nr. 206 vom 25. 10. 1955) i. d. F. vom 26. 3. 1956 (BAnz. Nr. 63 vom 4. 4. 1596, Mittlg. BdL Nr. 6009/56) unter Abschnitt B: Forderungen in DM, die natürlichen Personen mit gewöhnlichem Aufenthalt im Währungsgebiet der DM-Ost gegen Schuldner mit gewöhnlichem Aufenthalt oder Sitz im Bundesgebiet zustehen, dürfen durch Zahlung in DM auf ein DM-Sperrkonto des Gläubigers bei einem Geldinstitut im Bundesgebiet oder in Berlin-West beglichen werden. Diesen Weg hat der Kl. nicht beschritten.

Dem Kl. kann daneben, wie das angefochtene Urteil zutreffend ausführt, eine unmittelbare Erfüllung durch Zahlung in DM-Ost, sofern sie der Schuldner aus seinem Guthaben in der Ostzone leistet, grundsätzlich nicht verwehrt werden. Zu beachten bleibt jedoch, daß einer solchen Zahlung devisenrechtliche Vorschriften nicht entgegenstehen. Voraussetzung ist, daß der Schuldner diese Zahlungen aus einem Guthaben in DM-Ost vornimmt, über das er devisenrechtlich verfügungsberechtigt ist. Wenn der Kl. über ein Guthaben in der Ostzone verfügt, so lassen sowohl die devisenrechtlichen Vorschriften in der Westzone als auch in der Ostzone zu, daß die Begleichung des Unterhalts aus diesem Guthaben erfolgen kann (vgl. Mittlg. BdL 6005 und 6007/51 und GBl DDR 1950, 1202 und 1951, 18). Eine solche devisenrechtlich mögliche und erforderliche Genehmigung hat der Kl. nicht dargetan. Der Kl. behauptet zwar, daß er die Zahlungen durch Personen im Ostsektor Berlin geleistet habe, gegen die er Forderungen gehabt habe. Er hat aber nicht dargetan, daß er devisenrechtlich berechtigt war, aus solchen Guthaben unmittelbar Zahlungen an die Bekl. in der DDR zu leisten. Der Kl. hat seine angeblichen Schuldner nicht benannt. Er hat nicht angegeben, aus welchem Rechtsgrund und gegen wen ihm solche Forderungen zustehen würden. Er mußte zugeben, daß die Einzelbeträge unter fingierten Anschriften bei verschiedenen Postämtern in Ostberlin eingezahlt wurden. Eine devisenrechtliche Genehmigung zur Verfügung über solche Guthaben hatte der Kl. nicht. Andererseits war der Kl. zur Einfuhr von DM-Ost in das Währungsgebiet der DDR nicht berechtigt. Nach der AO der DWK vom 23. 3. 1949 (ZVOBl 1949, 211) ist die DM-Ost in ihrem Währungsgebiet Binnenwährung und ihre Einfuhr devisenrechtlich untersagt (AO der DWK vom 26. 11. 1948, ZVOBl 1948, 561). Die vom Kl. geleisteten Zahlungen verstoßen daher gegen die geltenden Devisenvorschriften. Dem die Bekl. vertretenden Jugendamt konnte die Annahme illegaler und damit unter Strafe gestellter Zahlungen nicht zugemutet werden (vgl. auch DAVorm. XXVII, 63 und 275). Sie hat diese, insbesondere nachdem sie unter fingierten Anschriften eingezahlt worden sind, was der Kl. zu vertreten hat, mit Recht zurückgewiesen. Eine Erfüllung der Unterhaltsverpflichtung durch die Beschreitung eines illegalen Zahlungsweges ist nicht eingetreten. Der Kl. hätte den Weg der Sperrkonteneinzahlung wählen müssen oder sich zur Verfügung über seine angeblichen Guthaben in der Ostzone eine devisenrechtliche Genehmigung verschaffen müssen."